LUKA BRENESELOVIĆ

Die wissenschaftskritischen Zuordnungen von Franz von Liszt

Schriften zur Rechtsgeschichte

Band 191

Die wissenschaftskritischen Zuordnungen von Franz von Liszt

Ein Beitrag zum Verständnis der Modernen Schule des Strafrechts

Von

Luka Breneselović

Duncker & Humblot · Berlin

Gedruckt mit Unterstützung des Förderungsfonds Wissenschaft
der VG WORT.

Die Juristische Fakultät der Ludwig-Maximilians-Universität München
hat diese Arbeit im Jahre 2019 als Dissertation angenommen.

Bibliografische Information der Deutschen Nationalbibliothek

Die Deutsche Nationalbibliothek verzeichnet diese Publikation in
der Deutschen Nationalbibliografie; detaillierte bibliografische Daten
sind im Internet über http://dnb.d-nb.de abrufbar.

Druck: CPI buchbücher.de gmbh, Birkach
Printed in Germany

ISSN 0720-7379
ISBN 978-3-428-15978-9 (Print)
ISBN 978-3-428-55978-7 (E-Book)

Gedruckt auf alterungsbeständigem (säurefreiem) Papier
entsprechend ISO 9706 ♾

Internet: http://www.duncker-humblot.de

Vorwort

Bei dem vorliegenden Buch über Franz von Liszt, sein Werk und die Einschätzung seiner Arbeit und kriminalpolitischen Forderungen in der Forschung der vergangenen 100 Jahre handelt es sich um meine Dissertation, die im Sommer 2019 von der Juristischen Fakultät der LMU München angenommen wurde.

Meinen besonderen Dank möchte ich meinem Doktorvater Herrn Prof. Dr. Dr. h.c. mult. Claus Roxin, Herrn Prof. Dr. Ralf Kölbel und der Konrad-Adenauer-Stiftung aussprechen. Dieses Buch ist das Ergebnis der Anleitung und Unterstützung, die ich von Prof. Roxin erhalten habe. Seine Seminare mit Prof. Dr. Ulrich Schroth auf dem Chiemsee haben bei mir einen bleibenden akademischen Eindruck hinterlassen. Prof. Ralf Kölbel hat mir zwischen 2014 und 2018 ermöglicht, als wissenschaftlicher Mitarbeiter an seinem Lehrstuhl für Strafrecht und Kriminologie einen unmittelbaren Kontakt zur strafrechtlichen Grundlagenforschung und den Nachbardisziplinen zu gewinnen. Schließlich verdanke ich die erste Anregung, eine Dissertation anzustreben, Herrn Dr. Detlev Preuße von der Konrad-Adenauer-Stiftung. Ich bin für die materielle und die – zu Recht gerühmte – ideelle Förderung durch die Stiftung sehr dankbar.

Das Buch hat zwei Teile. Im ersten Teil werden Liszts wissenschaftliche Stellungnahmen und Reformüberlegungen geschildert; ebenso sein Leben und akademisches Wirken. Im zweiten Teil wird der Versuch einer Darstellung der bisherigen Analysen und Bewertungen in der Forschung unternommen. Für diesen Zweck konnte ich die Literatur bis Herbst 2018/Anfang 2019 systematisch auswerten. Das Buch würdigt die umfangreiche Kritik an Liszt in der NS-Zeit, die kriminalpolitischen Stellungnahmen in der Großen Strafrechtsreform, die marxistische und die radikale Kritik an Liszt seit den 1980er Jahren, und schließlich die neuesten Forschungsansätze, von denen einige – wichtigste – im Augsburger Sammelband über Liszt von 2016 vereint sind. So werden die unterschiedlichen Stoßrichtungen und Vorverständnisse der Liszt-Forschung in den ersten 100 Jahren nach dessen Tod chronologisch geordnet und analytisch gewürdigt.

Mich verbindet mit dem Leben und Forschen in München eine Reihe von positiven Erfahrungen und Erinnerungen an Unterstützung und an freundschaftliche und kollegiale Gesten, die mir täglich begegnet sind. Ein internationaler deutsch-italienisch-chinesisch-lateinamerikanischer Fachkreis hat mich auch persönlich geprägt. An dieser Stelle möchte ich mich für ihr Zuvorkommen und ihre Unterstützung bei Prof. Dr. Dr. h.c. mult. Bernd Schünemann, Frau Prof. Dr. Petra Wittig, Prof. Dr. Peter Kasiske (jetzt Augsburg), Prof. Dr. Luís Greco (jetzt Berlin), Frau Ref. jur. Jasmina Agić, Frau Dr. Susanne Selter und Herrn Ilias Spyropoulos,

LL.M., bedanken. Außerhalb von München haben Interesse und Worte der Unterstützung immer wieder meine Familie in Belgrad, Prof. Dr. Dr. Michael Bock, Prof. Dr. Stephan Meder, Prof. Dr. Arnd Koch und Herr Notar Dr. Michael Bernauer gezeigt.

Belgrad, im April 2020 *Luka Breneselović*

Inhaltsverzeichnis

2. Kapitel

Liszt in Österreich 38

3. Kapitel

Innere Richtung der Graf Thun'schen Universitätsreform: Historische Rechtsschule und Strafrecht des Vormärz 61

4. Kapitel

Neue intellektuelle Kontexte 142

5. Kapitel

Liszt in Deutschland in institutioneller Perspektive 183

12. Kapitel

Marxistische Kritik an Liszt 408

13. Kapitel

Erweiterte Perspektiven in den 1970ern: Marxen (1975); Schreiber (1976) 428

14. Kapitel

Spaltung der Liszt-Forschung seit den 1980ern (1): Die radikale Kritik seit den 1980er Jahren von Naucke, Vormbaum u. a. 434

Abbildungs- und Übersichtenverzeichnis

Einleitung

I. Die literarische Tradition, Grundperspektive und zwei Teile der Untersuchung

In den vergangenen zwanzig Jahren hat eine Reihe von Autoren, die wichtig für das Verständnis und für die Entwicklung des modernen Strafrechts sind, eine „eigene" Monographie erhalten. Zu erwähnen sind hier etwa die Studien über *Mezger* von *Thulfaut*, über *Eduard Kohlrausch* von *Karitzky*, über den Juristen und Kriminologen *Hans Hentig* von *Mayenburg*, über *Wilhelm Kahl* von *Appel*, oder die von *Gräfin Hardenberg* sehr affirmativ verfasste Studie über *Eberhard Schmidt.*[1] Diese Untersuchungen bringen wichtige biographische Materialien zusammen, verbinden lebendig den Werdegang mit dem Werk des untersuchten Autors und haben, immer mit einer spezifischen Perspektive, wesentlich zur Erläuterung der breiteren strafrechtlichen und kriminalpolitischen Zusammenhänge beigetragen. Auch *Liszt* hat bereits eine vorzügliche Monographie erhalten.[2] Sie bezieht sich jedoch nicht auf seine kriminalwissenschaftlichen Konzepte, sondern erhellt seine Beiträge zur Entwicklung des Völkerrechts und zur Etablierung des Völkerrechts als akademischer Disziplin.

Mit der vorliegenden Untersuchung soll *Liszt* und dem Themenkomplex seiner Strafrechtswissenschaft eine Studie gewidmet werden. Die oben genannten und verwandten Einzeluntersuchungen über moderne Autoren stützen sich im Wesentlichen auf die bekannte theoretische Zuordnung von *Liszt*, die *Welzel* und weitere Teile der Kritik vorgenommen haben. Das ist für die Untersuchungen außerhalb der Liszt-Forschung eine legitime Perspektive, aber es versteht sich von selbst, dass in einer Untersuchung über *Liszt* gerade die Frage aufgegriffen werden muss, wie er bisher in der Forschung bewertet wurde und ob und ggf. wie die älteren Urteile komplementiert werden können. Möchte man den Inhalt der hiesigen Untersuchung mit zwei groben Strichen zusammenfassen, so beinhaltet der erste Teil eine Analyse von *Liszts* Werk aus der Sicht der intellektuellen Kontexte, in denen er seine wis-

---

[1] *G. Thulfaut*, Kriminalpolitik und Strafrechtslehre bei Edmund Mezger (1883–1962), 2000; *H. Karitzky*, Eduard Kohlrausch – Kriminalpolitik in vier Systemen: Eine strafrechtshistorische Biographie, 2002; *D. Mayenburg*, Kriminologie und Strafrecht zwischen Kaiserreich und Nationalsozialismus: Hans von Hentig (1887–1974), 2006; *K. Appel*, Der Strafrechtler und Strafrechtsreformer Wilhelm Kahl (1849–1932), 2014; *S. Gräfin v. Hardenberg*, Eberhard Schmidt (1891–1977): Ein Beitrag zur Geschichte unseres Rechtsstaats, 2009.

[2] *F. Herrmann*, Das Standardwerk: Franz von Liszt und das Völkerrecht, 2001.

senschaftlichen Konzepte gestaltet hat. Der zweite Teil beinhaltet einen Überblick über die Analyse und Bewertung von *Liszts* Werk in der Forschung.

1. Der erste Teil der Untersuchung: Die Wiedergewinnung der intellektuellen Kontexte der Reformbewegung

Bisher wurde in vielen Richtungen der Liszt-Forschung ein positivistisches Bild von *Liszt* herausgearbeitet, bei welchem *Liszt* als Naturalist oder Positivist im Sinne der „philosophie positive" von *Comte* erschien. Die bekannteste Zuordnung dieser Provenienz bot *Welzel.*[3] Es ist zugleich die Zuordnung, die ein wichtiger Strang der Liszt-Kritik bis zum heutigen Tag tradiert und in manchen nicht unwesentlichen Punkten sogar weit über *Welzels* Ansatz hinaus zuspitzt. *Liszts* Werk und Forderungen werden, was tatsächlich der allgemeinen Tendenz des Positivismus entsprechen mag, als traditionslose Schöpfungen aufgefasst. Stark wertbeladen sind hierbei die aktuellen Versuche, *Liszt* auf Grund seiner Einordnung als Positivist, seines Fortschrittsglaubens und seiner Hinwendung zu den ethisch abstrakten, „wertfreien" Naturwissenschaften in einem Kontext der Biologisierung des Menschen zu beurteilen, und ihm sogar die Verantwortung für rassistische Diskriminierung vorzuhalten.

So wird in der neusten Ausgabe des „Marburger Programms" aus 2002 *Liszts* Konzept von *Köhler* als Herausgeber ein „revolutionärer Ton" und eine „Unvermitteltheit des Neuanfangs" attestiert.[4] Der revolutionäre Charakter würde auf die „Überlegenheits- und Fortschrittsgewissheit", die im Zusammenhang mit der Anlehnung an die Naturwissenschaften zu sehen sei, zurückgehen.[5] *Koch* spricht in dem neusten Augsburger Sammelband über *Liszt* (2016), in welchem die Erträge der Diskussion der vergangenen Jahrzehnte und neueste Einsichten zusammengefasst sind, von einem „radikalen Bruch mit tradiertem Wissenschaftsverständnis" bei *Liszt.*[6] Das ist im Grunde auch die Auffassung in den allgemeinen Darstellungen der Strafrechtsgeschichte, wie in jener von *Vormbaum*, die sich zentral und insoweit vertieft auch mit *Liszts* Werk auseinandersetzt.[7] *Liszt* gehört für alle genannten Autoren und mit nur wenigen Ausnahmen für die Liszt-Forschung überhaupt dem Prozess der Modernisierung des Rechts unter dem Einfluss von außerjuristischen Disziplinen am Ende des 19. Jahrhunderts und keiner älteren juristischen Tradition an.

---

[3] *H. Welzel*, Naturalismus und Wertphilosophie im Strafrecht, 1935.

[4] *M. Köhler*, in: Liszt, Der Zweckgedanke im Strafrecht, 2002, S. VII.

[5] *M. Köhler*, a.a.O. (2002), S. VII.

[6] *A. Koch*, „v. Liszt-Schule" – Personen, Institutionen, Gegner, in: A. Koch/M. Löhnig (Hrsg.), Die Schule Franz von Liszts, Spezialpräventive Kriminalpolitik und die Entstehung des modernen Strafrechts, 2016, S. 33.

[7] *T. Vormbaum*, Einführung in die moderne Strafrechtsgeschichte, 3. Aufl. 2016, S. 113 ff.

Mit der positivistischen Einordnung hingen bisher verschiedene, mal mehr, mal weniger für die Strafrechtswissenschaft und die kriminalpolitische Diskussion wichtige Folgerungen zusammen. Bereits *Welzel* hatte bei seiner Diagnose des „evolutionistischen Positivismus" von *Liszt* dessen Glauben in den Mittelpunkt gestellt, dass die gesellschaftliche Entwicklung notwendig-kausal „unaufhaltsam nach vorwärts" schreitet.[8] Das führte bei *Liszt*, so der Vorwurf in der Tradition von *Welzel*, zu einer Verwechslung von Sein und Sollen, weil im „evolutionistischen Positivismus" das Neue und Kommende mit dem Fortschrittlichen und Guten verwechselt werde.[9] Insbesondere *Liszts* Kampf gegen die Philosophie im Strafrecht wurde als ein Anwendungsfall der Comte'schen Lehre von dem Fortschritt der Wissenschaft in drei Stadien, vom religiösen über das metaphysische in das positive, hingestellt (vgl. Punkt A.–B. im 4. Kapitel). Eine Durchsicht von *Liszts* Werk zeigt jedoch, dass bei ihm mehrfach Stellen zu finden sind, die mit den genannten und verwandten Deutungen schwer oder sogar ganz unvereinbar erscheinen. *Liszt* sieht in zahlreichen sozialen Konflikten und dem Stand der Rechtswissenschaft eine *Verschlechterung* gegenüber dem älteren Zustand. Das würde dem Gedanken eines ewigen Fortschritts, sollte er praktikabel für die Wissenschaft verwertbar sein, offenbar widersprechen. So ist für *Liszt:*

- während seiner Professur in Marburg ein „Niedergang des juristischen Studiums"[10] und eine „geistige Verödung" des zeitgenössischen Juristenstandes zu verzeichnen.[11]
- Ähnlich sei die äußere Entwicklung der kriminalpolitischen Diskussion nach der Aufklärung und nach dem Vormärz ein „Niedergang" gewesen.[12] Die Strafrechtswissenschaft würde sich nach der ersten Hälfte des 19. Jahrhunderts durch einen „Verfall" auszeichnen.[13]
- Das 19. Jahrhundert nennt er 1892 in Anbetracht der ungelösten sozialen Spannungen ein „sinkendes Jahrhundert".[14]
- Das gesamte moderne Zeitalter der großen Werke der Kodifikation und Gesetzgebung bewertet er als „Zeichen sinkender Volkskraft".[15]

---

[8] *H. Welzel*, a.a.O. (1935), S. 31.

[9] *A. Kaufmann/D. v. d. Pfordten*, in: W. Hassemer/U. Neumann/F. Saliger, Einführung in die Rechtsphilosphie und Rechtstheorie der Gegenwart, 9. Aufl. 2016, S. 69 f.

[10] *Liszt*, Die Reform des Juristischen Studiums in Preußen, 1886, Titel von Punkt I., S. 6.

[11] *Liszt*, Die Reform des Juristischen Studiums in Preußen, 1886, S. 17.

[12] *Liszt*, Der italienische Strafgesetzentwurf von 1887 (1888), AuV II, Nr. 10, S. 252.

[13] *Liszt*, Lehrbuch des Deutschen Strafrechts, 6. Aufl. 1894, S. VIII, 37 ff.

[14] *Liszt*, Die Zukunft der Rechtsstrafe, Sozialpolitisches Centralblatt 1 (1892), S. 463.

[15] *Liszt*, Vorentwurf eines schweiz. Strafgesetzbuchs (1893), AuV II, Nr. 18, S. 102.

- Er hielt das Reichsstrafgesetzbuch schon am Tag „als es ins Leben kam“ für „völlig veraltet“.[16] Zwar werden aus dieser Perspektive die Änderungen leicht als „Fortschritt“ beurteilt, aber das neue Gesetzbuch selbst offenbar nicht.
- Im Bereich des Strafverfahrens greift er nach 1905 mit Protest gegen den neuen Entwurf ein, um die „Gefahr einer rückschrittlichen Umgestaltung“ zu verhindern.[17]

Auch bei den Bemühungen, *Liszts* Äußerungen mit *Comtes* Gesetz der fortschreitenden Entwicklung der Wissenschaft in drei Stadien zu verbinden, stößt man auf interessante Widersprüche. *Comtes* Gesetz, das im 4. Kapitel weiter erörtert wird, besagt, dass nach der traditionellen Übermacht der Philosophie für die Zukunft ein neues Stadium, die Entwicklungsstufe der positiven Wissenschaft, eingeleitet wird. Anders als *Comte* und diejenigen Autoren, die sich selbst zum Positivismus offen bekennen, geht *Liszt* nicht davon aus, dass die (Rechts)Wissenschaft durch die historisch einmalige *Überwindung* eines älteren religiös-idealistischen Zustands *erst geschaffen* werden wird. Seine Sichtweise zeichnet sich durch eine Vorstellung aus, die damit vielleicht verwandt, aber doch grundsätzlich anderer Art ist: Für *Liszt* soll eine *bereits vorhandene Rechtswissenschaft* vor einem *Übergriff* der Philosophie verteidigt werden (Punkt B. im 3. Kapitel).

Die vorliegende Untersuchung möchte im ersten Teil eine Antwort auf die Frage geben, welchem intellektuellen Kontext das charakteristische Liszt'sche Ressentiment gegen gesellschaftliche und wissenschaftliche Zustände entsprang und welche Wissenschaft als ein zusammenhängender Komplex des Wissens und Forschens bei *Liszt* vor einem philosophischen Übergriff verteidigt werden sollte. Die Beantwortung der ersten Frage ist in hohem Maße biographisch bereits vorbestimmt, aber zugleich mit besonderen methodologischen Herausforderungen verknüpft. Die intellektuellen Kontexte können nur, wie in der zivilistischen Tradition der Rechtsgeschichte, durch Untersuchung und Vergleich gewonnen werden. Gerade diese rechtswissenschaftliche Tradition der Erfassung der intellektuellen Geschichte der Vergangenheit wurde aber bisher im Bereich der Strafrechtswissenschaft unter der Herrschaft der älteren Methode und ihres phänomenologischen Zugangs zu Texten größtenteils vernachlässigt.

Man beachte schlagwortartig folgende Aspekte: *Liszt* gehörte in Österreich zu einer spezifischen Klasse der „deutsch-nationalen“ Jahrgänge, die im Grunde zahlreiche gesellschaftliche Erscheinungen ihrer Zeit als Verfall beurteilt haben. Das Interesse dieser Jugend erstreckte sich unter einer nationalen Prämisse auf alle Gebiete des menschlichen Schaffens und lässt sich nicht auf eine technisch-naturwissenschaftliche Systematik reduzieren. Auch die allgemeinen philosophischen Vorstellungen in Österreich förderten bereits im Gymnasium eine Anbindung an *Herbart* und ein Verständnis der „Anthropologie“ und „Psychologie“, das sich aus

[16] *Liszt*, Strafrechtsreform (1914), AuV III, Nr. 13, S. 344.

[17] *Liszt*, Die Reform des Strafverfahrens (1906), AuV III, Nr. 3, S. 57, 100.

der älteren philosophischen Tradition und nicht aus der Positivierung der Wissenschaften herleitete. Schließlich war die wissenschaftliche Grundrichtung der Studienreform in Wien das Ergebnis einer späten Anlehnung an den in Deutschland bereits als veraltet geltenden *Savigny* und an die Historische Rechtsschule. Diese Anbindung lieferte in *Liszts* Umgebung ein Muster für die Auffassung von den gesellschaftlichen Zuständen und der Geschichte, in dessen Zentrum der Gedanke eines historischen „Verfalls“ (nämlich des römischen Rechts und Staates) und einer rationalen Erneuerung (nämlich durch die Methode der klassischen römischen Juristen), und nicht eines linearen Fortschritts von Zivilisation und Rechtswissenschaft stand.

Es war kein Fehler von *Welzel*, dass er in *Liszts* Werk die positivistisch inspirierten Teile aufgesucht und dokumentiert hat. Das war sein Verdienst. *Welzels* Grundfehler bestand darin, dass er eine kleine Zahl von aufgefundenen, positivistisch kalibrierten Stellen als einen linearen Nachweis dafür verwendet hat, dass *Liszt* auf einer höchsten theoretisch-politischen Ebene ein Positivist war, und dass er sich dementsprechend nur bemüht haben sollte, im Rahmen seiner Kräfte auf dem besonderen Gebiet des Strafrechts so viel wie möglich aus dem allgemeinen Programm des Positivismus zu deduzieren. Die hiesige Untersuchung soll stattdessen die Polyvalenz des intellektuellen Kontextes untersuchen, und sorgsam nachzeichnen, wann, unter welchen Umständen und auf welche Art und Weise *Liszt* auch positivistische Bausteine für seine Überlegungen verwendet hat. Es soll also nicht einfach die bisherige positivistische Deutung durch eine neukantianische oder historistische ersetzt werden, sondern es soll ein methodologisch vollkommen anderer Zugang etabliert werden, der sich um die Feststellung und Gewinnung der Ordnung in polymorph konstruierten Ansätzen und Forderungen bemüht. Entsprechend wird im ersten Teil neben der Historischen Rechtsschule als Wiener Grundkontext (3. Kapitel) auch auf parallele, chronologisch neuere Kontexte und Konzepte hingewiesen, die spätestens zur Zeit von *Liszts* Dozentur in Graz für ihn aktuell wurden (4. Kapitel).

Die vielleicht interessantere und biographisch nicht in gleich hohem Maße indizierte Herausforderung bildet die Frage, *welche* Wissenschaft *Liszt* vor dem Übergriff der Philosophie in Schutz nehmen wollte. War nicht das ganze 19. Jahrhundert vor *Liszt* streng philosophisch und idealistisch? War nicht alles Empirische und Tatsächliche erst eine Mode des ausgehenden Jahrhunderts und des Fin de Siècle? Man könnte natürlich denken, dass es *Liszt* um die Verteidigung einer ideellen Wissenschaft, einer gedachten Strafrechtswissenschaft ging, wie sie durch Kritik an der Philosophie erst in der Zukunft zustande kommen sollte. Das impliziert die oben bezeichnete Zuordnung, die die modernen Elemente in *Liszts* Wissenschaft als gegenwärtige, mit keiner Vorstufe der Wissenschaft verwandte, revolutionäre Deduktion aus dem Positivismus verstehen möchte. Und auch weitere Deutungsmuster waren zweifellos dazu berufen, diese Deutung zu verfestigen. Hier ist an erster Stelle der Umstand zu erwähnen, dass *Liszt* in der Weimarer Republik, teilweise fahrlässig, teilweise zielgerichtet zur Legitimierung der Reform allgemein eine *Pionierrolle* auf dem Gebiet der Strafrechtsreform und der Erneuerung der Rechtswissenschaft zugesprochen wurde (Punkt A. im 9. Kapitel).

Im Gegensatz zur herrschenden Auffassung von der intellektuellen Vergangenheit des Strafrechts und der positivistischen Interpretation des strafrechtlichen Modernismus, konnten in der Untersuchung jedoch wichtige Übereinstimmungen zwischen dem progressiven Teil der Strafrechtswissenschaft im Vormärz einerseits, und *Liszt* und seinen Wiener Lehrern *Glaser* und *Wahlberg* andererseits, festgestellt werden. Danach wollte *Liszt* nicht eine erst in Zukunft noch zu schaffende Disziplin vor einem *Übergriff* schützen. Das ergäbe streng logisch betrachtet auch keinen Sinn. Sinnvoll und angemessen erscheint die Abwehr eines Übergriffs nur, wenn man davon ausgeht, dass bereits eine als fruchtbar erwiesene, dem empirischen Paradigma untergeordnete Herangehensweise existent war und sodann durch die Hochkonjunktur der Philosophie um 1850 in Zweifel gezogen wurde. All diese Umstände werden umfangreich in den Kapiteln 2. und 3. geschildert.

Die neue Verbindung zwischen dem Reformstrafrecht des Vormärz und *Liszt*, die hier betont wird, baut ihre Einsichten auf die erst in den letzten zehn bis dreißig Jahren veröffentlichten Untersuchungen über *Mittermaier* und die Historische Rechtsschule auf, die auf die Epoche des Vormärz nicht nur, wie die übliche Redeweise lautet, ein ganz anderes Licht warfen, sondern in dieser Schatzkammer unserer Wissenschaft überhaupt erst das Licht angeschaltet haben. Während in der üblichen Erzählung das Strafrecht *vor* 1882 und die Strafrechtswissenschaft ein Produkt idealistischer Philosophie ohne Konkurrenz waren, muss heute davon ausgegangen werden, dass bereits seit der Aufklärung zwei Spuren der Wissenschaftlichkeit vorhanden waren. Eine Spur war empirisch und gründete sich in den ersten Untersuchungen von *John Howard, Benjamin Rush* sowie in der Herangehensweise zahlreicher Praktiker und Juristen; die andere Spur war philosophisch. Im Vormärz wurden in wichtigen Bereichen wie dem Verfahrensrecht oder der Kriminalstatistik die realistischen Diskurse der Aufklärung in die Strafrechtswissenschaft eingebunden (Punk B., D. im 3. Kapitel). Es darf nebenbei bemerkt werden, dass sich auch im Urteil *Liszts* die Tätigkeit *Mittermaiers* durch das „unermüdliche Bestreben" auszeichnete, „die sogenannten Hilfswissenschaften des Strafrechts mit diesem zu einer Einheit zu verschmelzen".[18]

Aus dem Kreis der neueren Literatur kommt dabei der Studie von *Riemer* über *Mittermaiers* wissenschaftliches Netz im 19. Jahrhundert eine besondere Bedeutung zu.[19] Die Studie hat nachgewiesen, dass, anders als in der späteren, politisch motivierten Geschichtsschreibung behauptet wird, *Mittermaiers* empirisch angereichertem Konzept der Wissenschaft, für welches zahlreiche Zeitschriftenforen errichtet worden waren (ab 1817 „Neues Archiv des Criminalrechts", ab 1829 „Kritische Zeitschrift für Rechtswissenschaft und Gesetzgebung des Auslandes"), in

---

[18] Vgl. *Liszt*, Lehrbuch des Deutschen Strafrechts, 3. Aufl. 1888, S. 59; 8. Aufl. 1897, S. 47.

[19] *L. H. Riemer*, Das Netzwerk der „Gefängnisfreunde" (1830–1872): Karl Josef Anton Mittermaiers Briefwechsel mit europäischen Strafvollzugsexperten, 2005.

Deutschland und im Ausland zwischen 1814 und 1848/49 eine zentrale Bedeutung zukam. Ein ähnlicher Nachweis wurde durch die Veröffentlichung von *Mittermaiers* weiteren Korrespondenzen am „Max-Planck-Institut für die europäische Rechtsgeschichte" in Frankfurt erbracht.[20] *Mittermaier* war ab ca. 1818 der nachdrücklichste Befürworter einer antiphilosophischen Methode auf dem Gebiet des Strafrechts, und sein Konzept der Strafrechtswissenschaft bildete den maßgeblichen Bezugspunkt bei der Konstruktion der Strafrechtswissenschaft in Wien zu der Zeit, als *Liszt* dort studiert hat.

Auch die allgemeine Forschung über *Savigny* und die Historische Rechtsschule hat in den vergangenen Jahrzehnten wichtige Einsichten ans Licht gebracht, die feine Verknüpfungen auch dort ermöglichen, wo man bisher die Bedeutung der Historischen Rechtsschule nicht diskutiert hat. Nach dem Zweiten Weltkrieg wurde in den Standardwerken von *Wieacker* und *Larenz* die Historische Rechtsschule vor allem als eine methodologisch lebensferne Richtung analysiert. Sie wurde, sofern man dies überhaupt eine Würdigung nennen kann, für Erscheinungen wie den Quietismus und die Begriffsjurisprudenz gewürdigt (vgl. Punkt C.IV. im 3. Kapitel). Demgegenüber soll hier der Name *Savignys* auch für eine realistische Wende in der Rechtswissenschaft in Anspruch genommen werden. Für die Bemühungen im neueren Schrifttum, bei den Autoren aus dem Kreis um *Savigny* und seinen Nachfolgern realistische Sequenzen zu erkennen, darf hier plakativ auf die Studie zu *Savignys* Hermeneutik von *Meder*,[21]auf seine Einführung in die Rechtsgeschichte,[22] und auf die Untersuchung über epistemologische Vielfalt im Werk *Puchtas* von *Haferkamp* hingewiesen werden, wo auch die geschichtlichen Missdeutungen vor und nach dem Zweiten Weltkrieg akribisch genau dokumentiert sind.[23]

Savigny hat am Anfang des 19. Jahrhunderts Bemühungen angestellt, die Rechtswissenschaft aus inneren Gründen heraus *antiphilosophisch* zu erneuern, lange bevor *Comte* literarisch tätig wurde. In dieser Tradition stehen *Mittermaiers* epistemologischer Kampf gegen „Generalisierung" im Strafrecht (1819, 1820), *Wahlbergs* korrespondierendes Hauptwerk über „Individualisierung" (1869) und

[20] Vgl. *N. Luigi*, Bibliographie der Werke Karl Josef Anton Mittermaiers, 2004. Erschienen ist seit 2000 eine Reihe von eigenständigen Briefeditionen, die zum Teil von dem Phänomen eines literarisch-kollektiven Austauschs der Erfahrung („kollektive Empirie") zeugen: Briefwechsel Karl Josef Anton Mittermaier – Hermann Fitting (2000); Karl Josef Anton Mittermaier – Rudolf von Gneist (2001); Briefe deutscher und Schweizer Germanisten an Karl Josef Anton Mittermaier (2001); Briefe von Mitgliedern der badischen Gesetzgebungskommissionen an Karl Josef Anton Mittermaier (2002); Briefwechsel Karl Josef Anton Mittermaier – Robert von Mohl (2005); Briefe deutscher Strafrechtler an Karl Josef Anton Mittermaier 1832–1866 [mit Ausschluss von Korrespondenz mit Glaser] (2005); Briefe Herrmann Theodor Goltdammers an Karl Josef Anton Mittermaier (2007); Briefe Leopold August Warnkönigs an Karl Josef Anton Mittermaier 1833–1858 (2009).

[21] *S. Meder*, Missverstehen und Verstehen: Savignys Grundlegung der juristischen Hermeneutik, 2004.

[22] *S. Meder*, Rechtsgeschichte, 6. Aufl. 2017.

[23] *H.-P. Haferkamp*, Georg Friedrich Puchta und die „Begriffsjurisprudenz", 2004.

letztendlich auch mehrere Ansichten bei *Liszt*, der sich, ohne dass das die Bedeutung anderer Lehrer ausschließen würde, selbst als Schüler *Wahlbergs* bezeichnet hat (Punkt B. im 3. Kapitel).[24] Bei der Untersuchung der intellektuellen Kontexte von *Liszts* Schaffen soll aber nicht in Einseitigkeit verfallen werden. Die Tradition der Pandektistik und der Systembildung gehört zu der Tradition der Historischen Rechtsschule ebenso wie die kleinen Ventile, die es Anhängern dieser Schule ermöglichten, in zahlreichen Bereichen einen realistischen Zugang zu etablieren. Auf *Liszts* positive Auffassung der „konstruktiven Jurisprudenz" wird in einem besonderen Abschnitt der Untersuchung hingewiesen (Punkt C.IV. im 3. Kapitel).

Mit dem Hinweis auf die neuere Entwicklung in der Literatur, die sich mit der intellektuellen Vergangenheit der Rechtswissenschaft befasst, ist auch die Zugehörigkeit dieser Untersuchung zu einer literarischen Tradition entschieden. Sie gehört nicht zu den oben genannten Monographien, die in der Regel bemüht sind, konkrete Einzelheiten aus dem Leben und Werk eines Autors in bereits etablierten Narrativen über die Geschichte des Strafrechts zu verorten. Sie versucht vielmehr, wie es bereits auf dem Gebiet der Erfassung der intellektuellen Vergangenheit des Zivilrechts geschah, die fernere Vergangenheit von den spezifischen Sichtweisen der nachkommenden, jüngeren Vergangenheit zu befreien, überall dort eine Mannigfaltigkeit aufzuspüren, wo für die Forschung bisher nur rigide Zugehörigkeit zu einer bestimmten Epoche oder Richtung in Frage kam. Dass zu dieser Herangehensweise nicht nur der durch *Riemer* und andere Autoren ans Licht gebrachte neue Stoff, sondern auch grundlegende theoretische Überlegungen verpflichteten, wird im 1. Kapitel dargelegt, wo für die Untersuchung und für das Aufgreifen von intellektuellen Epochen eine alte neukantianische Kritik an die Geschichtsphilosophie wieder aufgegriffen wird.

2. Der zweite Teil der Untersuchung: Darstellung der Zuordnungskontroversen und der theoretischen Entwicklungen in der Liszt-Forschung

Die im ersten Teil der Untersuchung vorgenommene Verschiebung von einer monistischen positivistischen Zuordnung zu einem Set von verschiedenen wissenschaftlichen Mustern, die *Liszt* teilweise im Schulalter, teilweise für die Ausarbeitung von vereinzelten Ansätzen später aufgenommen und verwertet hat, impliziert die Aufgabe, aufzuzeigen, auf welche Art und Weise die bisherige Forschung mit der Mannigfaltigkeit der Kontexte, manchmal fördernd, manchmal hinderlich, umgegangen ist. Wie ist es möglich geworden, dass ein vielschichtiges Werk lange Zeit, in unterschiedlichen Epochen, nur als ein vollkommenes Exemplar des positivistischen Denkens dargestellt wurde? Die Untersuchung dieser Entwicklung ist nicht nur ein für sich genommen bereits interessanter Gegenstand. Das vertiefte Verständnis des Zustandekommens einer monistischen positivistischen Zuordnung stellt vielmehr

---

[24] *Liszt*, Strafrechtsreform (1914), AuV III, Nr. 13, S. 345.

eine wesentliche Voraussetzung für den vollständigen Nachweis dafür dar, dass sie keine Berechtigung hat. Insofern ist der zweite Teil der Untersuchung kein bloßer Anhang zum ersten Teil. Die Analyse von verschiedenen Ansätzen und ihrer Berechtigung ist eine Pflicht jeder kritisch und diskursiv verfahrenden Wissenschaft.

Für die Erfüllung der genannten Aufgabe wurden unterschiedliche Richtungen und Gelegenheiten, in welchen der intellektuelle Kontext von *Liszts* Werk erörtert wurde, zusammengefasst und untersucht. So enthält der zweite Teil eine Analyse der ersten konservativen Zuordnungen von *Liszt* (8. Kapitel), der legitimatorischen Bemühungen in der Weimarer Republik und im Dritten Reich (9. Kapitel), der kriminalpolitischen Bemühungen in der großen Strafrechtsreform (10. und 11. Kapitel), der marxistischen Kritik an *Liszt* und ihrer Anlehnung an die ausländische Literatur (12. Kapitel), der alternativen, im Wesentlichen günstigen und methodologisch verfeinerten Deutungen in den 1970ern (13. Kapitel), des Aufkommens und der Entwicklung des geschichtsphilosophischen Zugangs in der radikalen Liszt-Kritik seit den 1980er Jahren (14. Kapitel) und der ihr entgegengesetzten Richtungen, vor allem Diskursanalysen, ebenso seit den 1980ern (15. Kapitel). Angestrebt wird nicht eine bloße Dekonstruktion des einen oder anderen Topos, sondern eine innere Rekonstruktion der Belange, Werte, Methoden und Gedanken der genannten Richtungen, soweit sie in einem Zusammenhang mit der Bewertung von *Liszts* Werk stehen.

Die verschiedenen Äußerungen zu *Liszt* zwischen 1880 und 2015 sind, auch dann, wenn sie äußerlich übereinstimmen, kein Teil eines einheitlichen Diskurses, bei welchem es nur um eine argumentative Auseinandersetzung zu einem Thema oder um eine Untersuchung ein und desselben Gegenstandes gehen würde. Die rechtsextreme Kritik an *Liszt* in den 1930er Jahren, die marxistische Kritik an *Liszt* in der DDR oder die radikale Kritik an *Liszt* seit den 1980er Jahren sind Konzepte mit exzentrischen Paradigmen, deren Aussagen nur dann richtig bewertet werden können, wenn das Anliegen und das spezifische wissenschaftliche und in manchen Fällen auch das politische Verständnis der Autoren mitberücksichtigt wird. Man kann, um ein einfaches Beispiel zu nennen, nicht verstehen, wie die marxistische Kritik *Liszts* Annahme einer *doppelten* Verursachung durch Anlage und Umwelt für falsch hält (und *Liszt* als Anhänger der Kriminalbiologie bezeichnet), wenn man sich nicht verdeutlicht, dass in dieser Kritik der Ursachenbegriff noch im vorkritischen Sinne nur die „wahren Ursachen" und nicht jede Bedingung umfassen soll.

Der Aufteilung auf einzelne Diskurse und ihrer separaten Erkundung kommt noch ein zusätzlicher Wert für das Verständnis der Wandlung von verschiedenen Zuordnungen und Werturteilen zu, die sich äußerlich gleich in verschiedenen Richtungen der Liszt-Forschung wiederfinden. Die Vernachlässigung von paradigmatischen Unterschieden innerhalb der Liszt-Forschung hat sich bisher unmittelbar ungünstig auf den Kenntnisstand und das Verständnis der Reform des Strafrechts ausgewirkt. Wenn beispielsweise *Ehret* ihre Kritik an *Liszts* Auffassungen dem ganzen Anschein nach der marxistischen Kritik entlehnt (Punkt C. im 14. Kapitel), so ist in diesem Fall nicht genügend Sorgfalt auf den Umstand verwendet worden, dass die marxistische Liszt-Kritik die üblichen Wissenschaftskriterien nicht teilt (Punkt B. im 12. Kapitel). Wenn bei *Vormbaum*, in seinem gerne auch im Ausland rezipierten Standardwerk „Einführung in die moderne Strafrechtsgeschichte“, die positivistisch-naturalistische Zuordnung wiederbelebt wird (Punkt D. im 14. Kapitel), dann fehlt in diesem Fall ein Gespür dafür, dass der Positivismus in *Welzels* älterer Begrifflichkeit einen anderen systematischen Stellenwert als in der heutigen Diskussion hat (Punkt D. im 14. Kapitel).

II. Gang und Technik der Untersuchung

1. Der Gang

In Zentrum des ersten Teils werden die intellektuellen Kontexte überprüft, in welchen *Liszt* seine Gedanken geformt hat. Die Analyse soll zeigen, dass seine Konzepte nicht oder nicht nur aus einer theoretischen Überzeugung deduziert waren. Seine Erlebniswelt, die Art und Weise, den Stoff zu behandeln, und vor allem auch der Gedanke der Strafrechtsreform selbst werden zumindest in wichtigen Teilen immer wieder in seinem Schaffen *einer älteren Stufe* der Strafrechtswissenschaft entnommen. Bei diesem Phänomen bei *Liszt* geht es nicht um die Nachahmung oder die Übernahme von Ergebnissen, sondern um einen produktiven Anschluss an eine ältere Diskussion und Begrifflichkeit im Sinne der wissenschaftlichen Enkulturation. Begonnen werden soll die Untersuchung mit einer theoretischen Auseinandersetzung mit Zuordnungen im Bereich der Erfassung der intellektuellen Geschichte des Strafrechts. Es werden Umstände genannt, aufgrund derer eine Auffassung, die von einer einheitlichen Bedeutung von „Aufklärung“ oder „Positivismus“ oder „Liberalismus“ oder „Begriffsjurisprudenz“ in einer Epoche ausgeht, theoretisch nicht haltbar ist (Punkt A. im 1. Kapitel). Auf dieser Basis wird die Mannigfaltigkeit in der Aufklärungsepoche wiederhergestellt: Bereits sie enthält neben einem philosophischen Teil auch verschiedene empirische Zugänge zum Strafphänomen und eindeutige Versuche, die empirischen Einsichten fruchtbar für die Diskussion kriminalpolitischer Streitigkeiten zu verwerten (Punkt D. im 1. Kapitel).

Die Befassung mit der Aufklärung im 1. Kapitel hat ein zweifaches Ziel: ihr soll erstens ein demonstrativer Charakter zukommen, indem sie anschaulich die Berechtigung des theoretischen Grundsatzes der Mannigfaltigkeit belegt; sie soll aber zugleich die Anknüpfung an das historische Verständnis der Entwicklung der Strafrechtswissenschaft im 19. Jahrhundert, und zwar in seinen beiden Hälften, ermöglichen. Im 2. Kapitel wird *Liszts* Erlebniswelt als Student und Schüler in Wien erschlossen – ein Thema, das bereits im ersten Punkt der Einleitung angesprochen wurde. Dort soll beispielsweise nicht nur der Inhalt von *Liszts* österreichischem „Doktoratabschluss“ erörtert (Punkt A. im 2. Kapitel), sondern auch die Gründung und Tätigkeit im „Verein der deutschen Studenten Wiens“ geschildert werden

(Punkt B.II.). Man kann durch eine Verfolgung der im Verein abgehandelten Themen eine Sensibilität für die Zeit gewinnen und überprüfen, inwiefern die Studenten technisch-naturalistisch oder vielleicht humanistisch und national orientiert waren.

In den zwei folgenden Kapiteln werden die intellektuellen Kontexte des Studiums und der Rechtswissenschaft in Wien nach Graf *Thuns* Reform erschlossen. Es soll erörtert werden, dass *Thun* eine klare Absicht hatte, künstlich die Tradition der Historischen Rechtsschule nachzuholen. Er war dazu noch selbst im Vormärz ein Strafrechtsreformer und es soll anhand von Beispielen aus seinen Schriften seinen Grundwertungen im Strafrecht nachgegangen werden. Neben einer grundsätzlichen Philosophiefeindlichkeit, die oben schon erwähnt wurde (Punkt B. im 3. Kapitel), soll *Thuns* Reform auch in einzelnen Aspekten wie der Stellungnahme zur Internationalisierung der Wissenschaft und zum Topos des „Volksrechtsbewusstseins" untersucht werden (Punkt C. im 3. Kapitel). Ein besonderer Punkt ist *Liszts* Habilitationsschrift über den Meineid aus dem Jahr 1876 gewidmet, die in der wissenschaftlichen Tradition der Historischen Rechtsschule verortet wird. Dort werden auch wichtige Unterschiede zwischen *Liszt* und *Jhering* ersichtlich (Punkt D. im 3. Kapitel). Den neuen Kontexten, vor allem dem Positivismus und dem Neukantianismus, soll ein besonderes Kapitel gewidmet werden (4. Kapitel).

Das 5. Kapitel enthält eine Darstellung von *Liszts* institutioneller Tätigkeit an vier deutschen Universitäten. Neben der Analyse von Vorlesungsverzeichnissen aus Gießen, Marburg, Halle und Berlin, soll zudem der Versuch unternommen werden, die Zahl von Studenten und ausländischen Teilnehmern in groben Zügen festzustellen (Punkt A. im 5. Kapitel). Die Vorlesungsverzeichnisse können unter Umständen wichtige Anhaltspunkte für die Interpretation von *Liszts* Werk geben. Im Einklang mit der neueren Forschung auf dem Gebiet der Wissenschaftsgeschichte und der Kriminalitätsgeschichte, soll insbesondere überprüft werden, inwiefern eine äußere oder vielleicht auch innere Verflechtung zwischen *Liszts* wissenschaftlicher Tätigkeit und seinem Engagement in der bürgerlichen Gesellschaft bestand. Die Prüfung soll eine Klärung von *Liszts* Parteiengagement und der Frage bringen, welcher liberalen Partei er angehörte (Punkt B.I. im 5. Kapitel). Ein besonderer Punkt wird *Liszts* Tätigkeit im „Verein zur Abwehr des Antisemitismus" gewidmet werden, wo auch auf die Interdependenz seines wissenschaftlichen Interesses und seiner Stellungnahmen im Verein hingewiesen werden soll (Punkt B.II. im 5. Kapitel).

Im 6. Kapitel soll *Liszts* Verständnis der Reform des Strafrechts analysiert werden. Dort wird die Analyse zeigen, dieses Ergebnis darf vorweggenommen werden, dass sein Reformverständnis nicht als eine Einheit aufgefasst werden darf. Es können bei *Liszt* vier unterschiedliche Schichten der Legitimierung und Bewertung der Reform festgestellt werden. *Liszt* hat vornehmlich die Reform des Strafrechts nicht als einen neuen Prozess begriffen, sondern als einen Teil der fortdauernden Reform der Gesetzgebung in den deutschen Ländern seit dem Vormärz (Punkt A. im 6. Kapitel). Es finden sich mehrere historistische und ein interessantes evolutionistisches Begründungsmuster (Punkt B.–C. im 6. Kapitel). Aber den wesentlichen Aspekt bildet der „Zweck“. Es soll analysiert werden, inwiefern *Liszts* Zweckgedanke als eine Deduktion aus *Jherings* Zwecktheorie gedeutet werden kann und es soll gezeigt werden, dass auch *Liszts* Umgang mit dem Zweck nicht in allen Teilen seines Schaffens gleich war (Punkt D. im 6. Kapitel). Das angehängte 7. Kapitel soll einen kleinen bescheidenen Überblick über die Familie *Liszt* und über bedeutende Juristen und Jugendreformer in der Familie geben, aber nur soweit interessante Bezüge zu *Liszts* Karriere oder zu Themen, die für ihn wichtig waren, angedeutet werden können.

Mit der genannten Einschränkung und Verortung der familiären Aspekte soll unter anderem auch dem Missverständnis vorgebeugt werden, dass es bei der Kontextualisierung des Autors und seines Werks um einen Biographismus oder um biographische Annotationen im Sinne von *Eb. Schmidts* Methode gehen sollte.[25] Es kann und darf nicht darum gehen, losgelöst von thematischen Schwerpunkten, Daten über die Heirat oder den Militärdienst hervorzuheben, oder in einem psychologisierenden Duktus die Angaben, dass die Geburt schwer, der Vater streng aber gerecht, der Onkel oder ein sonstiger Verwandter musikalisch begabt war, so darzustellen, als ob diese Kuriosa unmittelbar Aspekte im Schaffen des untersuchten Autors erklären würden.[26] Diese Art von Lebensschilderungen war bereits als *Schmidt* sich ihrer in erster Auflage seiner „Einführung in die Geschichte der deutschen Strafrechtspflege“ (1947) bediente, im Grunde nur noch ein besonderer Stil der biographischen Lexika, aber keine Methode, und dürfte dem heutigen Leser, der kein Bedürfnis hat, die Gestalten der Geschichte durch Banalisierungen zu erklären, auch theoretisch fremd sein.

Worauf es ankommt, ist der Umstand, dass die Wissenschaft eine gemeinsame und soziale Tätigkeit ist. Der Autor ist vor und während des Schaffens in die begriffliche Welt, die Wertungen, gesellschaftlich vorprofilierten Themen und Einrichtungen sowie die gängigen wissenschaftlichen Diskurse eingebunden. Es ist gegen die phänomenologische Herangehensweise in der radikalen Kritik an *Liszt* seit den 1980er Jahren notwendig, darauf zu bestehen, dass das Werk und das Wort des Autors nur als Gestaltungen im Kontext begriffen, verstanden und ausgewertet werden können. Sie sind keine losgelösten Offenbarungen und Forderungen von einem begrifflich-gedanklichen Nullpunkt aus. Für eine andere Annahme, wie in der Theologie, gibt es keinen Anlass. Für eine andere Herangehensweise, wie bei der Untersuchung der Denker aus nicht näher dokumentierten Zeiten, fehlt es an der Berechtigung.

Der Inhalt des zweiten Teils wurde bereits oben geschildert. Der Teil enthält folgende Kapitel: Zuordnungen vor dem Ersten Weltkrieg (8. Kapitel), Weimarer

---

[25] Vgl. *Eb. Schmidt*, Einführung in die Geschichte der deutschen Strafrechtspflege, 1. Aufl. 1947, 3. Aufl. 1965.

[26] Vgl. im gleichen Sinne *L. Greco*, Lebendiges und Totes in Feuerbachs Straftheorie, 2009, S. 26.

Republik und nationalsozialistische Entwicklung (9. Kapitel), *Liszts* Bild in der Großen Strafrechtsreform (1): *Eb. Schmidt* (1947, 1956–7, 1965), konservative Kritik, *Roxin* (1969), weitere Autoren in der GS Liszt (1969) (10. Kapitel), *Liszts* Bild in der Großen Strafrechtsreform (2): Die Diskontinuität und Kontinuität des Naturalismus-Topos (11. Kapitel), Marxistische Kritik an *Liszt* (12. Kapitel), Erweiterte Perspektiven in den 1970ern: *Marxen* und *Schreiber* (13. Kapitel); Spaltung der Liszt-Forschung seit den 1980ern (1): Die radikale Kritik seit den 1980er Jahren von *Naucke, Vormbaum* u. a. (14. Kapitel); Spaltung der Liszt-Forschung seit den 1980ern (2): Systematisch-interpretative Bearbeitung und Durchbrüche zu den tatsächlichen Diskursen (15. Kapitel). – In einem kurzen Schlusskapitel (16. Kapitel) wird die Bedeutung *Liszts* für die weitere wissenschaftliche Debatte angesprochen.

2. Zum eingesetzten Zitationsstil

Für die Zitierweise wurde eine Art der Wiedergabe gewählt, bei welcher *in jedem* Kapitel alle Werke bei der ersten Erwähnung vollständig mit Angabe des Autors, des Titels und des Jahres der Veröffentlichung angeführt werden. Bei Zeitschriften und Sammelbänden treten entsprechende Angaben zur übergreifenden Publikation dazu. Eine wichtige Besonderheit im Vergleich mit vielen zeitgenössischen Untersuchungen besteht darin, dass jede weitere Erwähnung des zitierten Werks im Kapitel – ohne Angabe des Titels – mit der Hervorhebung des Jahres der originalen Ausgabe erfolgt. Die gewählte Herangehensweise soll zwei Anforderungen genügen: Das Ziel der vollständigen Angabe am Anfang von jedem Kapitel ist nicht nur, den Aufwand für den Vergleich mit dem Literaturverzeichnis zu vermindern, sondern es soll zugleich ermöglicht werden, dass die bedeutenden Veröffentlichungen dem Titel nach leicht erkannt werden können. Die fortdauernde Angabe des Jahres, in welchem ein Werk oder die relevante Ausgabe zuerst veröffentlicht wurde, soll gewährleisten, dass die Zeitperspektive im Forschungs- und Darstellungskomplex ständig mitberücksichtigt wird. Gerade in einer Untersuchung, die mit wichtigen zeitlichen Zäsuren arbeitet wie „Aufklärung" oder „1848/1849", „1882" oder „1919", „Marburg", „Halle", „Berlin" bildet die Zeit der Veröffentlichung einen wesentlichen Aspekt der Diskussion. Es war deshalb nicht der Praxis zu folgen, die Werke zeitunabhängig, beispielsweise nur mit dem Hinweis auf die Veröffentlichung in einem späteren Sammelband oder überhaupt ohne Jahresangabe, zitiert (vgl. für die „Philologie" von Liszts Werken Punkt A.II. im 15. Kapitel).

Von dem genannten Grundmodell wurde eine ständige Ausnahme nur – aber gleichzeitig bei allen – Liszt-Werken gemacht. Sie werden nicht etwa, wie es ihrer großen Frequenz im Text entsprechen könnte, kürzer, sondern umgekehrt *immer vollständig* zitiert. In Anbetracht der hohen Zahl der mitberücksichtigten Literatur aus dem Oeuvre *Liszts*, aber auch in Anbetracht einer hohen, durch ähnliche Titel und einen nahen Zeitkontext bedingten Verwechselungsgefahr, hätte bei *Liszts* Werken jede Reduktion der Angabe vielleicht nicht den Faden zu ihrer bibliographischen Bestimmung getrennt, aber die Komplexität der Darstellung durch Weglassungen wesentlich erhöht. Es ist hier erwähnenswert, dass eine Reihe von Veröffentlichungen mit dokumentarischem Wert und von *Liszts* eigenen Veröffentlichungen mitberücksichtigt werden konnte, die bisher in der Liszt-Forschung nie oder nur ausnahmsweise herangezogen wurden.

Gerade *Welzels* Kritik und die Kritik nach dem Zweiten Weltkrieg stützen sich in der Regel auf *Liszts* Sammlung „Aufsätze und Vorträge I–II" (1905) und die umfangreiche Analyse des „Lehrbuchs des Deutschen Strafrechts" (1. Aufl. 1881, 21./22. Aufl. 1919). Hier konnten wichtige weitere Werke außerhalb der Sammlung bzw. neben dem „Lehrbuch" mitberücksichtigt werden. Genannt seien an der ersten Stelle *Liszts* Habilitationsschrift „Meineid und falsches Zeugnis: Eine strafrechts-geschichtliche Studie" (1876) und der umfangreiche dogmatisch-kriminalpolitische Ergänzungsband „Die falsche Aussage vor Gericht oder öffentlicher Behörde nach deutschem und österreichischem Recht" (1877). Einige für die Untersuchung wichtige Stellen konnten *Liszts* „Lehrbuch des österreichischen Pressrechts" (1878) entnommen werden, von welchem auch eine gekürzte deutsche Ausgabe für das Kaiserreich erschien („Das deutsche Reichs-Pressrecht", 1880). Ebenso konnte vereinzelt auf die Zusammenhänge in *Liszts* Lehrbuch „Das Völkerrecht" hingewiesen werden (1. Aufl. 1898, 11. Aufl. 1918), und eingearbeitet ist auch eine ganze Reihe von Besprechungen und Aufsätzen, insbesondere aus dem Frühwerk (bis 1880) und aus der Berliner Zeit (1899–1919), die nicht in der Sammlung „Aufsätze und Vorträge" enthalten sind.

1. Teil

Strafrechtliche Mannigfaltigkeit, Liszts wissenschaftliche Stationen und seine Reformkonzepte

1. Kapitel

Vielfalt in der intellektuellen Geschichte des Strafrechts

A. Epochen und Richtungen in der Geistesgeschichte

Hinter festen Epochen und Richtungsbezeichnungen wie „Aufklärung“, „Liberalismus“, „Positivismus“ oder „Begriffsjurisprudenz“ erstreckt sich eine lebendige Mannigfaltigkeit, die nur durch den Begriff, als Form unserer Auffassung, einheitlich erfasst wird. Die Bestrebungen und die Schulen, die sich mit der intellektuellen Deutung der Vergangenheit befassen, können grundlegend in solche aufgeteilt werden, die die genannte theoretische Einsicht anerkennen, und jene, die sie – nicht anerkennen. Für die ersten besteht die grundlegende Aufgabe der Forschung in der Feststellung von letzten interessanten Unterschieden sowie Gemeinsamkeiten, jedoch nur soweit jene streng am Maßstab des Forschungsinteresses ermittelt werden. Der zweite Typus der Bestrebungen verfährt so, als ob die Epochen und Richtungen feste, wesenhafte Gattungen wären, zu denen die untersuchten Einzelautoren gleich den Exemplaren bloß hinzugehören würden. Die typische Aufgabe in dieser Richtung ist es, eine bloße Subsumtion des Autors unter allgemeine Merkmale der Epoche zu bejahen oder zu verneinen.

Die bisherige Liszt-Forschung ist diesbezüglich nicht einheitlich. Die bedeutenden und einflussreichen Konzepte wie *Welzels* Kritik aus dem Jahr 1935 und die radikale Liszt-Kritik seit den 1980er Jahren gehören jedoch dem zweiten Typus an. Das heißt, um drei Beispiele zu nennen: Man interessiert sich, sollte die Möglichkeit einer Zuordnung von *Liszt* zu der geistigen Welt des Positivismus überhaupt aufgegriffen werden, nicht dafür, wie *Liszt* seine Eindrücke und seine Meinung im positivistischen Sinne gestaltete, sondern projiziert lediglich auf sein Werk die allgemeinen, soziologischen oder philosophischen, Erzählungen über den Positivismus. Das heißt ferner: Man nimmt, entgegen der neueren Philosophiegeschichte und

Geschichtsschreibung, die „Aufklärung" nicht als ein Auffassungsmuster wahr, sondern als einen einheitlich bestimmten Gegenstand.[1] Es wird nicht der Stoff der Aufklärung untersucht, damit er nach dem Forschungsinteresse jeweils konkret und materialnah unterschieden wird, sondern er wird lediglich im Einzelfall zur Demonstration des gedachten Aufklärungsbegriffes verwendet. Das kann und heißt oft drittens: Es wird nicht *Liszts* Konzept des Liberalismus untersucht, wie er sich in seinen Handlungen und in seiner Positionierung in den Streitigkeiten ausnimmt, sondern sein Liberalismus wird lediglich als Gattungsexemplar des einen oder anderen politischen Programms oder einer in der allgemeinen Forschung bekannten Liberalismusart behandelt.

Die vorliegende Untersuchung geht davon aus, dass die bezeichnete Art des Zugangs zu *Liszts* Werk und überhaupt zu einem wissenschaftlichen Werk und seinem Autor *theoretisch* verfehlt ist. Epochen und Richtungen sind stoffnah ausgearbeitete Ordnungskonstrukte, die das Interesse der Forschung an dem angeschauten Stoff widerspiegeln. Eine Bestimmung, was die Aufklärung „ist", die im Rahmen der Philosophiegeschichte erfolgt, kann nicht in dem Sinne für eine strafrechtliche Untersuchung verwendet werden, dass nur jene Phänomene aufgesucht und registriert werden, die dieser Bestimmung entsprechen. Die strafrechtliche Mannigfaltigkeit „in der Aufklärung" kann auch ganz andere Phänomene umfassen, die für philosophisches Interesse und Definitionsbildung nebensächlich sind. Ähnlich kann eine für die Zivilistik und für ihr Forschungsinteresse charakteristische Gleichstellung der Rechtsdiskussion „in der Aufklärung" mit dem Themenkomplex des Vernunftrechts und der vernunftrechtlichen Kodifikationen nicht die methodologische Mannigfaltigkeit im Bereich des „Criminalrechts" der Zeit auslöschen, sondern lediglich, als ein unkritisch verwendeter Begriff, verbergen.

Diese begriffskritische Einsicht lässt sich aus verschiedenen theoretischen Perspektiven gewinnen. Man denkt in erster Linie an die Diskursanalyse, die durch ihre Verschiebung zum Interesse dafür, wie der einzelne Autor gestalterisch an einem Diskurs teilnimmt, praktisch alle wichtigen Gefahren des Gattungsdenkens umgeht. Für sie ist im Bereich der Erforschung der Kriminalitäts- und Kriminologiegeschichte, die sich auch oft mit Strafrecht im engeren Sinne befasst, insbesondere auf die Studie von *Freitag* zu verweisen (Punkt E. im 15. Kapitel).[2] Ihr positives Beispiel

[1] Vgl. *F. Valjavec*, Die Aufklärung (1960), Ausgewählte Aufsätze, 1963, 270; *W. Röd*, Die Philosophie der Neuzeit 2 (Röds Geschichte der Philosophie, Bd. 8), 1984, S. 11 ff.; *R. Porter*, Kleine Geschichte der Aufklärung, 1991, S. 19 („amorph und vielseitig"); *J. Rohbeck*, in: Die Philosophie des 18. Jahrhunderts (Der neue Ueberweg), Bd. 2/1, 2008, S. XIX ff.; *A. Meyer*, Die Epoche der Aufklärung, 2. Aufl. 2017, S. 11 ff.; *E. Hilgendorf*, Aufklärung, in: E. Hilgendorf/J. C. Joerden (Hrsg.), Handbuch Rechtsphilosophie, 2017, 137. Für die österreichische Perspektive *F. L. Fillafer*, Leo Thun und die Aufklärung: Wissenschaftsideal, Berufungspolitik und Deutungskämpfe, in: A. Christof/B. Matohl (Hrsg.), Die Thun-Hohenstein'schen Universitätsreformen 1849–1860, 2017, S. 56 ff.

[2] *S. Freitag*, Kriminologie in der Zivilgesellschaft, 2014, S. 1 ff. Deutlich idealistischer ist die Diskursanalyse aufgefasst bei *P. Becker*, Verderbnis und Entartung, 2002, S. 11 ff. Für die Entwicklung der diskursiven Zugänge in der Liszt-Forschung vgl. Punkt C.–E. im 15. Kapitel

hat die Pflicht statuiert, in den nächsten Jahren oder sogar Jahrzehnten die Themen und Zeitabschnitte wieder zu öffnen, die bisher zwar erörtert, aber nicht mit einer für die Vielfalt von Diskursen und einzelnen Positionierungen sensiblen Methode bewertet wurden. Auch kann im Kontext der Kriminalwissenschaften für die begriffskritische Einsicht an den sozialwissenschaftlichen, symbolischen Interaktionismus gedacht werden, der eine Reihe von fruchtbaren Denkmustern und Begriffen für die Analyse jenseits des Gattungsdenkens und jenseits der „Objektbehandlung" der vorgefundenen Autoren und Werke erlaubt.[3] Zahlreiche Sachverhalte in der intellektuellen Geschichte von Wissenschaften ließen sich präzise unter dem Aspekt einer Etikettierung mit Epochenbegriffen auffassen.

Die kritische Haltung soll hier, so weit wie möglich, in der Begrifflichkeit des Neukantianismus und seiner grundsätzlichen Erkenntniskritik ausgedrückt werden. Dafür sprach erstens der Umstand, dass die neukantianische Kritik an der Begriffsbildung die allgemeinste Form einer theoretischen Auseinandersetzung ist, die fördernd für die Einzeluntersuchung sein kann. Sie ist nicht begrenzt auf die Literaturwissenschaft, Geschichtswissenschaft, Philosophie oder Kriminologie, sondern beherbergt eine grundlegende epistemologische Sequenz, die als solche auch für alle Aspekte der Rechtswissenschaft fördernd war und fördernd sein kann. Nah verwandt damit ist auch der Umstand, dass der Neukantianismus nicht nur systematisch, sondern auch geschichtlich einigen später entstandenen kritischen Richtungen vorausgeht. So lässt sich beispielsweise hervorheben, dass die Handlungstheorie von *Mead* und der symbolische Interaktionismus von *Blumer* während *Meads* Studienzeiten in Deutschland vorkonzeptualisiert wurden.[4] Der praktische Grund für die bevorzugte Stellung des Neukantianismus bei der Kritik des Umgangs mit der intellektuellen Vergangenheit liegt darin, dass diese Richtung, anders als die Diskursanalyse oder der symbolische Interaktionismus, den Juristen, insbesondere im Kreise unter Strafrechtlern, nicht ganz unbekannt ist und dementsprechend auch als eine bessere Verständigungsbasis für die Überprüfung der Berechtigung des Anliegens dienen kann.

B. Die kritische Auffassung und der Neukantianismus

Mit der Wende zur kritischen Auffassung der Begrifflichkeit möchte sich diese Studie als ein neukantianischer Beitrag auf dem Gebiete der intellektuellen Geschichte des Strafrechts verstehen. In unterschiedlichen Fassungen und in unter-

---

(Literaturwissenschaft, Ansätze in der Rechtswissenschaft, geschichtswissenschaftliche Untersuchungen).

[3] Vgl. *U. Eisenberg/R. Kölbel*, Kriminologie, 7. Aufl. 2017, § 2, Rn. 20 ff.

[4] Der Begründer der „Chicago School" *Robert Park* war ein Doktorand von *Windelband* (vgl. *M. Bulmer*, The Chicago School of Sociology, 1984, S. 37 f.). *George Herbert Mead*, der Lehrer von *Herbert Blumer*, hat in Leipzig und Berlin studiert (vgl. *H. Joas*, Praktische Intersubjektivität, 1980, S. 23 ff.).

schiedlichen Disziplinen hatte die Idee einer Anlehnung an den Kritizismus von *Kant* ihren Höhepunkt zuerst in den theoretischen Auseinandersetzungen in den 1870er Jahren erreicht (Punkt A.II. im 4. Kapitel), dann um 1900 als Wertphilosophie und Kritik der naturwissenschaftlichen Begriffsbildung, nach 1900 als theoretische Plattform für eine wertende Wende in der Strafrechtswissenschaft, aber auch für den Rechtspositivismus und war vereinzelt, wie in der Literaturwissenschaft und Wissenschaftskritik, auch für die Entwicklungen nach dem Ersten Weltkrieg von hoher Bedeutung. Die für die Auffassung von intellektueller Vergangenheit relevante kritische Einsicht wird im Anschluss an einige Vermerke von *Kant* als „kopernikanische Wende" in der Erkenntnistheorie bezeichnet.[5] Die auch sonst zum zentralen Punkt erhobene Aussage des Neukantianismus ist in folgendem Satz der Koryphäe der kritischen Wissenschaftslehre *Heinrich Rickert* enthalten:

> „Nicht *wir* ‚richten uns' nach den von uns unabhängigen Formen der Gegenstände, wozu wir nicht imstande wären, sondern die Gegenstände ‚richten sich', falls wir die paradoxe Wendung akzeptieren wollen, in formaler Hinsicht ‚nach uns', d. h. sie gehen beim Erkennen in die Formen des Anschauens und Denkens ein."[6]

Vereinfacht unser Denken die unüberschaubare Mannigfaltigkeit der Realität, so stellen die Subsumtionen unter Begriffe wie „Positivismus" oder „Aufklärung" nur eine ordnende Leistung dar; die Heterogenität und Identität von einzelnen Erscheinungen wird dadurch nicht aufgelöst. Die Begriffe selbst werden nicht einfach von einzelnen Erscheinungen abgelesen, sondern spiegeln immer ein besonderes Erkenntnisinteresse wider und können demzufolge für *einen* Zweck, in *einer* Art der Forschung zutreffend sein, und für ein anderes Forschungsinteresse, etwa weil sie zu allgemein sind oder einem anderen Blickwinkel dienen, unpassend und sogar verfehlt sein. Nicht ein Spiegel der Welt sei unser Geist, sondern ein Schöpfer des Spiegels.[7] Sogar den Kategorien im engeren Sinne dürfe man kein „Sein an sich zuschreiben"; ihre Wirklichkeit bestehe eigentlich nur im „Leben des der Erfahrung sich bemächtigenden ursprünglichen Bewusstseins".[8]

Ob die Richtung im streng formalen Sinne „kantisch" ist, oder tendenziell bloß auf *Kant* als einen fixierten Vorgänger aufbaut, ist lange Gegenstand von unter-

---

[5] Vgl. *I. Kant*, Kritik der reinen Vernunft (1781/1787), B XIII ff.; *F. Kaulbach*, Die Copernikanische Denkfigur bei Kant, Kant-Studien 64 (1973), 30; *V. Gerhardt*, Kants kopernikanische Wende, Kant-Studien 78 (1987), 133. S. aus dem juristischen Schrifttum zur Kopernikanischen Wende *S. Meder*, Mißsverstehen und Verstehen, 2004, S. 49 ff.; *S. Ziemann*, Neukantianisches Strafrechtsdenken, 2009, S. 34 f.; *C.-F. Stuckenberg*, Vorstudien zu Vorsatz und Irrtum, 2007, S. 102 f.; *S. Stübinger*, Das „idealisierte" Strafrecht, 2008, S. 199 ff., 416 ff.; *U. Eisenberg/R. Kölbel*, Kriminologie, 7. Aufl. 2017, § 2. Aus Primärschrifttum *J. H. Witte*, Über Freiheit des Willens,1882, S. III ff., 23 ff. und öfters; *W. Windelband*, Was ist Philosophie? (1882), in seinen Präludien, Bd. 1, 9. Aufl. 1924, S. 17; *J. Volkelt*, Kant's kategorischer Imperativ und die Gegenwart [Vortrag im Leseverein der deutschen Studenten Wien's], 1875, S. 5.

[6] *H. Rickert*, Die Heidelberger Tradition und Kants Kritizismus, 1934, S. 31 f. (= Deutsche systematische Philosophie nach ihren Gestaltern, Bd. 2, 1934, S. 263 f.).

[7] *J. H. Witte*, a.a.O. (1882), S. 40.

[8] *J. H. Witte*, a.a.O. (1882), S. 42.

schiedlich akzentuierten Darstellungen gewesen.[9] Man war besonders in den 1870er Jahren geneigt, *Kant* als einen freien und ersetzbaren Bezugspunkt hervorzuheben, während die spätere Entwicklung in der Philosophie, auch mit einem nationalen Pathos, auf das Prädikat kantisch bestand. Jedenfalls verhalf die Kant-Anbindung der Philosophie in der zweiten Hälfte des 19. Jahrhundert dazu, die nach dem Zerfall des Hegelianismus eingetretene Gefahr einer Reduktion auf die Philosophiegeschichte zu umgehen.[10] Die Haupteinsichten gewinnt die neukantianische Philosophie, besonders in ihrer frühen Form, vor allem aus dem Kontakt mit den Einzelwissenschaften.[11] Sie versteht sich auch im Grunde und in der Selbstbesinnung ihrer geschichtlichen Bedeutung als eine Erkenntnistheorie[12] und distanziert sich epistemologisch so weit von Phänomenen wie dem Comte'schen Positivismus oder dem objektiven Idealismus, dass die beiden letztgenannten Richtungen, trotz einer gepflegten inneren Feindschaft und unterschiedlicher Entstehungskontexte, sich einander näher stehen als jeweils oder zusammen genommen zum Neukantianismus.

C. Die „Geistesgeschichte" und die neukantianische Epochenkritik

Die Bedeutung der oben von *Rickert* definierten kritischen Wende für die Analyse der intellektuellen Geschichte und die begriffliche Auffassung der Vergangenheit in „Epochen" und „Richtungen", wurde maßgeblich von der Richtung, die unter dem

---

[9] Vgl. *R. A. Bast*, Vorwort in: H. Rickert, Philosophische Aufsätze, 1999, S. X; etwa zu *Windelband H. Holzey/W. Röd*, Die Philosophie des ausgehenden 19. und des 20. Jahrhunderts (Röds Geschichte der Philosophie, Bd. 12), 2004, S. 90; zu *Rickert* seine eigene Ausrichtung in: Allgemeine Grundlegung der Philosophie (System, Bd. 1), 1921, Vorwort S. VIII ff.; *E. Zeller*, Über die Bedeutung und Aufgabe der Erkenntnistheorie (1862–1877), Vorträge und Abhandlungen II, S. 497 ff.; *A. Riehl*, Der philosophische Kriticismus und seine Bedeutung für die positive Wissenschaft, Bd. 1, 1876, S. III ff., 1 ff.; *S. Ziemann*, a.a.O. (2009), S. 23 f., 30.

[10] *T. K. Oesterreich*, Die dt. Philosophie des XIX. Jahrhunderts und der Gegenwart (Ueberweg, Bd. 4), 12. Aufl. 1923, S. 309 ff., 416 ff.; *H. Holzey/W. Röd*, a.a.O. (2004), S. 28 ff.; *K. C. Köhnke*, Entstehung und Aufstieg des Neukantianismus, 1986, insb. S. 168 ff.; vgl. jetzt aus dem Blinkwinkel des Strafrechts *M. Pawlik*, v. Liszt im Kontext zeitgenössischer philosophischer Strömungen, in: A. Koch/M. Löhnig, Die Schule Franz von Liszts, 2016, S. 59 ff.

[11] Vgl. *J. H. Witte*, a.a.O. (1882), S. 6 ff., S. III („stetige Fühlung mit den Fachwissenschaften"); charakteristisch ist der Inhalt von *H. Rickerts* Hauptwerk „Die Grenzen der naturwissenschaftlichen Begriffsbildung" (1. Aufl. 1896–1902, 5. Aulf. 1929). Vgl. noch, zu verschiedenen Bestimmungen des Verhältnisses zwischen Philosophie und „besonderen Wissenschaften", *W. Windelband*, Lehrbuch der Geschichte der Philosophie (6. Aufl. 1912), 18. Aufl. 1993, S. 3 ff.

[12] Vgl. dazu *E. Zeller*, a.a.O. (1862–1877), S. 479 ff.; *ders.*, Über die gegenwärtige Stellung und Aufgabe der deutschen Philosophie (1872), Vorträge und Abhandlungen, Bd. 2, 1877, 467; *W. Windelband*, a.a.O. (1912/1993), S. 3 („abschließender Begriff der Philosophie"); *ders.*, Nach hundert Jahren (1904), Präludien, Bd. 1, S. 148 ff.; *ders.*, Über die gegenwärtige Lage und Aufgabe der Philosophie (1907), Präludien, Bd. 2, S. 6 ff.

Namen „Geistesgeschichte“ bekannt ist, in der Weimarer Republik ausgearbeitet. Als Haupt dieser Richtung darf *Erich Rothacker* genannt werden. Neben seinen Büchern „Einleitung in die Geisteswissenschaften“ und „Logik und Systematik der Geisteswissenschaften“,[13] kam der von ihm mit *Paul Kluckhohn* herausgegebenen Zeitschrift „Deutsche Vierteljahresschrift für Literaturwissenschaft und Geistesgeschichte“ zentrale Bedeutung zu.[14] Das Interesse für die „Literatur“ wurde im Sinne eines Interesses für die historischen Zeugnisse des Geistes in allen schriftlich überlieferten Äußerungen abzüglich der wirtschaftlichen Bilanzen und ähnlichen Erzeugnissen verstanden. Die Richtung ist also, was zu Gunsten der Entwicklung nach dem Zweiten Weltkrieg oft übersehen wird, ein Vorläufer der diskursiv geordneten Wissenschaftsgeschichte.[15]

Den Umgang mit „Epochen“ und mit den für sie maßgebenden Richtungen hat *Benno Wiese* im 11. Band der „Vierteljahresschrift“ kritisiert und die neukantianische Sichtweise demonstriert.[16] In der Auffassung *Wieses*, welche sich stark auf die Bedeutung von Epochen in der Literatur- und Kunstgeschichte stützt, ist eine kritische Behandlung des Epochenbegriffs notwendig, wenn man nicht mehr „mit den Mitteln naturwissenschaftlicher Vergleichung die übereinstimmenden Ähnlichkeiten und wiederkehrende Motive der literarischen Stile“ sondern die „Einmaligkeit und Unvertauschbarkeit geistiger Gehalte“ aufzufassen sucht.[17] Die „Hypostasierungen der Kategorie zum Ding“ seien abzulehnen.[18] Sie schieben „ein konstruktives Schema dem geschichtlichen Wissen“ unter, wodurch eine Wissenschaft der Geistesgeschichte vorgetäuscht werde, wo „nur von einer metaphysischen Konstruktion des Geistes die Rede sein kann“.[19] Die Epochen werden in der Forschung unkritisch aus bloßen Denk- und Anschauungsformen des historischen Bewusstseins zu Seinsformen der Geschichte selbst umgedeutet. Es „wird eine methodische Kategorie zu einer geschichtlichen Wirklichkeit“ gestempelt.[20]

---

[13] *E. Rothacker*, Einleitung in die Geisteswissenschaften, 1. Aufl. 1920, 2. Aufl. 1930; *ders.* Logik und Systematik der Geisteswissenschaften, 1926.

[14] S. *C. König*, „Made in Heidelberg“: Erich Rothacker und die Anfänge der „Deutschen Vierteljahresschrift für Literaturwissenschaft und Geistesgeschichte“, in: Treiber/Sauerland (Hrsg.), Heidelberg im Schnittpunkt intellektueller Kreise, 1995, 170.

[15] Zur Wissenschaftsgeschichte *E. Rothacker*, Philosophiegeschichte und Geistesgeschichte, Deutsche Vierteljahresschrift für Literaturwissenschaft und Geistesgeschichte 13 (1940), S. 1 ff.

[16] *B. Wiese*, Zur Kritik des geistesgeschichtlichen Epochenbegriffes, Deutsche Vierteljahresschrift für Literaturwissenschaft und Geistesgeschichte 11 (1933), 130. Für den neukantianischen Zusammenhang vgl. den Hinweis auf Kant (S. 134), sowie den ausdrücklichen Hinweis, dass der Aufsatz bereits im August 1931 verfasst war (S. 144).

[17] *B. Wiese*, a.a.O. (1933), S. 131 f.

[18] *B. Wiese*, a.a.O. (1933), S. 136.

[19] *B. Wiese*, a.a.O. (1933), S. 133.

[20] *B. Wiese*, a.a.O. (1933), S. 137.

„Jeder Versuch, generelle Epochenbegriffe zu einem bestimmten Sein umzudeuten und die bloße Kategorie in eine geschichtliches An-sich zu verwandeln, hat nur einen subjektiven Anspruch aus dem zum Bilde werden des Deutenden heraus, nicht aber einen objektiven, der innerhalb eines Forschungszusammenhangs übertragbar wäre. Romantik, Sturm und Drang, Impressionismus usw. sind nicht wirklich bestehende geschichtliche Einheiten, die sich wie eine Art Seuche ausbreiten, sondern literarhistorische Kategorien, mit deren Hilfe der geschichtliche Zusammenhang des Geistes interpretiert werden soll.“[21]

Obwohl sich *Wiese* im Näheren mit Epochen der Kunstgeschichte auseinandersetzt, ist die Kritik grundsätzlicher Art und kann und sollte hier in ihrem grundsätzlichen Gehalt auch im Umgang mit den Wissenschaften als Erzeugnisse des Geistes angewendet werden. Die Richtungen wie „Positivismus“, „Aufklärung“ oder „Idealismus“ dürfen weder, wenn die Wissenschaft mit Kunst umgeht, noch, wenn sie mit vergangenen Wissenschaftsformen umgeht, als „Seuchen“ behandelt werden, die sich nur, wie *Wiese* schreibt, „ausbreiten“ würden. Epochen und Richtungen können nicht einfach bei einem Autor diagnostiziert oder nicht diagnostiziert werden. Vielmehr ist die unüberschaubare Mannigfaltigkeit von Gedanken und die Kreativität der Autoren der geschichtliche Sachverhalt, in Bezug auf welchen wir für Belange unserer Erkenntnis durch die zweckhafte Herausarbeitung des Typus die Ordnung schaffen.

„Die Verabsolutierung der Kategorien zu geschichtlichen Dingen an sich zerstört jede sinnvolle historische Forschung nach Entwicklungszusammenhängen, nach der Vor- und Nachgeschichte, indem nunmehr alle einzelne Phänomene der verdinglichten Kategorie, gleichgültig mit welchem Postulat sie im Einzelnen bestimmt seien, zum Opfer fallen. (...) Zunächst muß dabei grundsätzlich an der erkenntnistheoretischen Einsicht festgehalten werden, dass solche Epochenbegriffe geschichtliche Kategorien, nicht aber geschichtliche Substanzen sind, begriffliche Schemata, die dem Verstehen und Gliedern des geschichtlichen Stromes dienen sollen, nicht aber wirkliche Einheiten, die das Genie des Forschers in einer besonders originellen ‚Schau‘ endgültig entdeckt und fixiert hat.“[22]

Mit einem ganz anderen Auffassungsprogramm hat die „Geistesgeschichte“ in dem nationalsozialistisch orientierten Schrifttum gearbeitet. Dort wird, wie noch am Beispiel des Ansatzes von *Wolf* und *Welzel* zu zeigen ist, der „Positivismus“ als eine geistige Macht vorgestellt, die geographisch einen Übersturz von Frankreich und England aus auf deutschen Boden geübt habe (Punkt D. im 9. Kapitel). In dieser Art der Vorstellung sind die einzelnen untersuchten Autoren nur bloße Anhänger der neuen Epoche. Sie demonstrieren allein die große Richtung auf ihren jeweils spezifischen Gegenstand wie Sprachwissenschaft oder Strafrecht. Alle übrigen Motivationen und konkurrierende Ansätze sind prinzipiell ausgeschlossen, weil die kritisierte Richtung selbst als ein kompaktes Wesen vorgestellt wird. Arbeitet man andersherum mit Typen statt mit Verdinglichungen, so kann die individuelle Analyse die Daten ans Licht bringen, die die Notwendigkeit hervorheben, dass ein und

---

[21] *B. Wiese*, a.a.O. (1933), S. 135.

[22] *B. Wiese*, a.a.O. (1933), S. 135 ff.

derselbe Autor aus der Sicht von zwei „Epochen“ oder mehreren Richtungen untersucht wird.

> „Die geistesgeschichtlichen Epochen folgen sich nicht im ausrechenbaren Gänsemarsch, sondern befinden sich in einer stets sich umformenden Durchdringung, wobei jede regulativ bestimmbare Einheit eine ganze Fülle von anderen Einheiten noch in sich enthält. (...) (Die Epochen) sind nicht im antithetischen Rhythmus gesetzmäßig folgende Figuren, sondern im Wachstumsprozess der Geschichte gewordene Selbstinterpretationen, die sich gegenseitig verflechten und die in ihrer relativen Einheit nacheinander, gegeneinander und ineinander durch das geschichtliche Wissen ausgelegt werden. (...) Die geschichtliche Wissenschaft des Geistes ist aber dabei kein Algebra, sondern durchdringt mit regulativen, in der Geschichte selber gewordenen Richtungsbegriffen, die unendliche Fülle geistiger Wesenheiten.“[23]

Die kritische Grundhaltung, wie sie von *Wiese* demonstriert wurde, hat hier den Charakter der ganzen Untersuchung mitbestimmt. Für die allgemeine Probe darf besonders auf die Untersuchung über „evolutionistische“ Elemente in *Liszts* Werk verwiesen werden (Punkt C. im 6. Kapitel). *Welzel* ging davon aus, dass der Positivismus im Werk eines Autors nur bejaht oder verneint werden kann. Demgegenüber stellt sich für die Untersuchung im 6. Kapitel, die von der kritischen Prämisse geleitet ist, die Aufgabe, eine mehrfache Analyse durchzuführen. Sie fragt nicht einfach nach einem „ja“ oder „nein“, sondern versucht unterschiedliche Impulse für die Verwendung des Topos des Evolutionismus zu erkennen, also bereits bei der Motivation eine geschichtliche Vielfalt zu rekonstruieren. In einem zweiten Schritt werden unterschiedliche, polymorphe intellektuelle Bausteine für die Verwirklichung des polyvalent bestimmten Grundanliegens identifiziert. Als Ergebnis bringt diese Art der Untersuchung die Einsicht, dass *Liszts* Deutung der Evolution des Rechts auf vielfache Weise durch verschiedene Modeströmungen und praktische Aspekte der Zeit motiviert war und keinesfalls einen bloßen Anwendungsfall der positivistischen Philosophie darstellt. Somit wird der Positivismus von einer Epoche, die ihre Autoren produziert, zu einer Bezugsgröße des geistigen Schaffens unter anderen.

Die starre Zuordnung, nach welcher die einzelnen Autoren nur als Gattungsexemplare einer Epoche oder einer geistesgeschichtlichen Richtung erscheinen, wird zu Gunsten einer nicht nur geschichtsphilosophisch sondern auch *wissenschaftlich* haltbaren Einordnung innerhalb von unterschiedlichen Typen des Denkens, Typen des „Wissenschaftlichen“, des Kreativen auf dem Gebiete des Rechts und der Geisteswissenschaften abgelöst. Die Autoren gehören in dieser Art der Analyse keiner Epoche im Sinne einer verzauberten Welt, sondern vor allem sich selbst an, und es ist ein Merkmal unserer Beobachtung und Analyse, wenn wir zur wissenschaftlichen Überwindung der unendlichen Mannigfaltigkeit in Bezug auf Einstellungen, Äußerungen, wissenschaftliche Absichten von monumentalen Epochen oder Richtungen wie „wissenschaftlicher Positivismus“ sprechen.

---

[23] *B. Wiese*, a.a.O. (1933), S. 144.

Die Autoren können auf dem genannten Weg, anstatt den leeren Abstrakta zugewiesen zu werden, in ein Verhältnis zu lebendigen Typen der wissenschaftlichen Orientierung gebracht werden. Beispielsweise ist für *Liszts* Werdegang die Rezeption der Historischen Rechtsschule in Wien interessant (also nicht die Historische Rechtsschule an sich, sondern ihre Rezeption als institutioneller Vorgang besonderer Art mit Akzentverschiebungen, neuen Themen mit alten Begründungsmustern usw.). Oder es lassen sich *Liszts* Begründungsmuster von Kausalität mit einem charakteristischen Amalgam des Positivismus und Neukantianismus in den 1870er Jahren in Verbindung bringen (also nicht mit dem Neukantianismus oder Positivismus als solchem, sondern mit einer spezifischen, verbreiteten Form der Argumentation, die ihre Elemente sowohl positivistisch als auch mit Hinweisen aus *Kants* Werk abzurunden suchte).

Das Gattungsdenken wirkt sich nicht nur negativ auf die Auffassung von einzelnen Autoren und Werken aus, sondern auch auf die Erfassung und Bestimmung von Epochen als abstrakte Konstrukte. Die begrifflichen Vorentscheidungen können nämlich, wenn sie nicht von einer prinzipiellen Überzeugung geleitet sind, dass der Stoff mannigfaltig ist, im extremen Fall zu einem einseitigen Verständnis der Epoche führen, das unberechtigterweise weite ihr faktisch zugehörigen Teile nicht mitberücksichtigt. Diese Gefahr besteht besonders dort, wo die Epochen wie die „Aufklärung" auch in den allgemein-philosophischen oder handbuchartigen Darstellungen gerne geschildert werden oder sogar zu einem Grundstock des gymnasialen Wissens zählen. Denn ein Forscher auf dem Gebiet der Philosophie oder Politik tritt dem Stoff mit eigenen Interesse gegenüber und konstruiert in seinem Handbuch den Begriff der Aufklärung gleichsam so, dass er seinen Auffassungsschwerpunkten entspricht. Die Gefahr von geschichtlichen Blindflecken entsteht, wenn auf dem Gebiet der Erforschung der Strafrechtswissenschaft und ihrer intellektuellen Vergangenheit der abstrakte Begriff der Aufklärung übernommen, und in einem weiteren Schritt der geschichtliche Stoff nur nach den im Begriff enthaltenen Kriterien durchsucht und analysiert wird.

D. Strafrechtliche Vielfalt in der Aufklärung als Voraussetzung für die weitere Untersuchung

Die Grundvoraussetzung für die Auffassung der Mannigfaltigkeit in der strafrechtlichen Aufklärung ist die Auflösung von starren, oft in Bezug auf andere Gebiete der Aufklärung erarbeiteten Epochen-Begriffen. Statt einer bloßen Subsumtion der kriminalrechtlichen Vielfalt unter einen abstrakten Begriff der Aufklärung, sollte eine strafrechtliche Analyse eine konturentreue Auffassung des Stoffes gewährleisten. Letztere hat nicht nur Gespür für die inhaltliche Heterogenität von Äußerungen zu zeigen, sondern auch für methodologische Gegensätze und Unterschiede in der Entfaltung der spezifischen Felder der Betätigung. Die ideale Herangehensweise wird schon aus *methodologischen Gründen* dort unmöglich, wo die Forschung von einem einheitlich-personifizierten Verständnis der Aufklärung ausgeht,[24] oder, unter Anlehnung an die Gesichtspunkte, die für die Zivilrechtswissenschaft interessant sind, die Tendenz zeigt, das ganze rechtliche Phänomen der Aufklärung mit Vernunftrecht und großen rationalistischen Kodifikationsbemühungen gleichzusetzen.[25]

Eine besondere begriffliche Gefahr des Sich-Verschließens vor der Mannigfaltigkeit der Epoche bzw. des untersuchten Spezialgebiets liegt vor, wenn man wie *Küper* den rationalistischen Gesichtspunkt der Vernunft als Maßstab der Epoche im Bereich des Strafrechts *herausgreift*, ohne eine Überprüfung, in welchem Sinne die Vernunft in der allgemeinen Literatur als wichtiges Merkmal der Epoche als Ganzes hervorgehoben wird. *Küper* sieht die wesentliche Bestimmung der Aufklärung darin, dass sie „allein mit Hilfe der menschlichen Vernunft, aus der als vernünftig und zweckmäßig erkannten Natur der Dinge heraus, suchte (...) die Rechtsordnung zu gestalten".[26] Gegen diese und ähnliche Wendungen kann kein Einwand erhoben werden, solange sie, wie in der allgemeinen Philosophiegeschichte, dazu dienen, die Epoche „nach Rückwärts" vom Glauben und von der theologischen Metaphysik abzusondern.[27]

Die Wendung kann aber, wenn sie von ihrem Entstehungszusammenhang abstrahiert wird, auch eine andere Bedeutung erhalten. Es ist verfehlt, im Sinne von *Küper* den Hinweis auf das Vertrauen in die Vernunft so zu interpretieren, dass es den Protagonisten in der Aufklärung maßgeblich darauf ankam, *nur* die Vernunftarbeit und nicht etwa auch die faktischen Erkundungen zu würdigen. Beispielsweise ist im

---

[24] Kennzeichnend für dieses Verständnis sind die Ausführungen von *Eb. Schmidt*, Die geistesgeschichtliche Bedeutung der Aufklärung für die Entwicklung der Strafjustiz aus der Sicht des 20. Jahrhunderts, ZStR 71 (1958), S. 22 f.

[25] Für solche Tendenzen, auch bei dezidiert strafrechtlichen Darstellungen, vgl. *R. Stintzing/E. Landsberg*, Geschichte der Deutschen Rechtswissenschaft, Bd. 3/1, 1910, S. 363 ff., 386 ff.; *Eb. Schmidt*, Einführung, 3. Aufl. 1965, S. 203 ff.; *H. Rüping/J. Jerouschek*, Grundriß der Strafrechtsgeschichte, 6. Aufl. 2011, S. 133 ff.; *T. Vormbaum*, Einführung, 3. Aufl. 2016, S. 33 ff. (Gleichsetzung aller Kodifikationen, als ob sie einem Typus angehören würden). In der 1. Aufl. des „Handwörterbuchs zur deutschen Rechtsgeschichte" wird vom leeren Lemma „Aufklärung" (Bd. 1, 251) auf „Naturrecht" (Bd. 13, 933 ff.) verwiesen. Anders jetzt in der 2. Aufl. die Ausführungen von *T. Simon*, Bd. 1, s.v. „Aufklärung". Kennzeichnend ist auch eine Verkürzung der Reformen von *Leopold* von Toskana auf sein Gesetzbuch: *K. Kroeschell*, Deutsche Rechtsgeschichte, Bd. 3, 5. Aufl. 2008, S. 92. Vormals hat sich bereits *F. Wieacker* für eine strenge Unterscheidung der Aufklärung von Vernunftrecht und Naturrecht eingesetzt, vgl. seine Privatrechtsgeschichte der Neuzeit, 2. Aufl. 1967, S. 312 ff. und seine kleine Spezialuntersuchung Das Naturrecht und die Aufklärung, 1967.

[26] *W. Küper*, Cesare Beccaria, JuS 1968, S. 548.

[27] Vgl. für diese Art von Bestimmungen in der (älteren) Philosophiegeschichte *M. Frischeisen-Köhler/W. Moog*, Die Philosophie der Neuzeit bis zum Ende des XVIII. Jahrhunderts (Ueberweg, Bd. 3), 12. Aufl. 1924, S. 350 („Alleinherrschaft der Vernunft"), 351 („Ideal der Vernunft"); *J. Rohbeck*, in: Die Philosophie des 18. Jahrhunderts (Der neue Ueberweg), Bd. 2/1, 2008, S. XIX.

Bereich der Geschichtsforschung ein wesentlicher Aspekt der Aufklärung die Stellung von erhöhten Anforderungen an die Faktensammlung und an die Pflege eines neuen, insoweit nicht mythisch-spekulativen, sondern empirischen Diskurses.[28] Die Aufklärung kennt auch auf dem spezifischen Gebiet der Strafrechtpflege eine bewusste Hinwendung zu einer weiteren, über das bloße Räsonieren und über eine bloße Deduktion hinausgehende Stufe der Erfassung der gesellschaftlichen Problematik, nämlich durch Sammlung von tatsächlichen „Nachrichten" und durch eine begriffliche Auffassung der tatsächlichen institutionellen und sozialen Zustände.

I. Die thematische Mannigfaltigkeit

Die *inhaltliche* Mannigfaltigkeit der Aufklärung auf dem kriminalistischen Gebiet ist bereits im Werk des Mailänders Marquise *Cesare Beccaria* (1738–1794) in ihrer ganzen Fülle ersichtlich. In dem berühmtesten Werk der kriminalistischen Aufklärung, in seinem „Dei delitti e delle pene" (1764),[29] trifft man auf eine so große Palette der angesprochenen Themen, dass praktisch jeder justizkritische Gedanke der nächsten hundert Jahre, von theoretisch-politischen Grundlagen des Strafrechts über Fragen des Verfahrensgangs und der Kriminalisierung von einzelnen Handlungen, bis zu Fragen außerstrafrechtlicher Präventionsmöglichkeiten, in sein Raster eingebunden werden kann. Die literarische Geschichte des Buches zeichnet sich durch eine außerordentliche Vielfalt von originalen Ausgaben und Übersetzungen aus, und es ist auch unverkennbar, dass viele Übersetzer den Text und die Namen von einzelnen Kapiteln nicht nur übersetzt, sondern in Richtung von eigenständigen, für die lokalen „Fachmänner" und für das lokale Publikum besonders verständlichen Ausgaben, gestaltet und umgestaltet haben. Hier darf zur Illustration der Vielseitigkeit von *Beccarias* Themen auf den Kapitelkatalog in einer ausgewählten Übersetzung des 18. Jahrhunderts verwiesen werden. Zusätzlich wird auch der Katalog in der Übersetzung von *Liszts* Lehrer *Glaser* aus dem Jahr 1851 wiedergegeben, mit welcher – vermutlich – auch *Liszt* näher vertraut war.

„1. Einleitung und Absicht dieses Buches; 2. Von dem Ursprunge der Strafe und von dem Strafrechte; 3. Folgerungen; 4. Von der Auslegung der Gesetze; 5. Von der Dunkelheit der Gesetze; 6. Von der Verhaftnehmung; 7. Von den Anzeigen und von der Form der Urtheilssprüche; 8. Von den Zeugen; 9. Von geheimen Anklagen; 10. Von verfänglichen Fragen

---

[28] *J. Rüsen*, Konfigurationen des Historismus, 1993, S. 29 ff.; *A. Seifert*, Cognitio historica: Die Geschichte als Namengeberin der frühneuzeitlichen Empirie, 1976. Für die Auffassung der Aufklärung in der Tradition der Geschichtswissenschaft vgl. *A. Meyer*, a.a.O. (2017), S. 11 ff., 155 ff.

[29] Allein im 18. Jahrhundert wurde das Buch mindestens fünf Mal auf Deutsch, jeweils mit wertvollen („konservativen" oder „humanistischen") Anmerkungen von verschiedenen Übersetzern, verlegt. Vgl. dazu *G. Böhmer*, Handbuch der Literatur des Criminalrechts, 1816, S. 191 ff., 194 ff.; *W. Rother*, Die Philosophie des 18. Jahrhunderts (Der neue Ueberweg), Bd. 3: Italien, 2011, S. 296 ff. Die neuste Übersetzung (Ausgabe 1764) stammt von *Vormbaum* (2004).

und von den Aussagen; 11. Von den Eiden; 12. Von der Tortur; 13. Von den Prozessen und von der Verjährung; 14. Von den Anschlägen auf jemandes Leben oder Güter, von den Mitschuldigen und Erlassung der Strafe; 15. Von der Gelindigkeit der Strafe; 16. Von der Todesstrafe; 17. Von der Landesverweisung und Einziehung der Güter; 18. Von der Ehrlosigkeit; 19. Von der geschwinden Vollziehung der Strafe; 20. Von der Gewissheit und Unfehlbarkeit der Strafen, von Begnadigungen; 21. Von den Freistätten; 22. Von dem Preiße auf dem Kopf eines Verbrechers; 23. Von dem Verhältnisse zwischen Verbrechen und Strafen; 24. Von dem Maßstabe der Verbrechen; 25. Von der Eintheilung der Verbrechen; 26. Von den Verbrechen der beleidigten Majestät; 27. Von den Verbrechen gegen die Sicherheit irgend eines Privatmannes. Von Gewaltthätigkeiten; 28. Von Beleidigungen (Injurien) 29. Von den Quellen; 30. Von Diebstählen; 31. Von dem Schleichhandel und von dem Unterschleife; 32. Von den Schuldnern; 33. Von der öffentlichen Ruhe; 34. Von dem politischen Müssiggange; 35. Von dem Selbstmorde und von Auswanderungen; 36. Von Verbrechen, die schwer zu beweisen sind; 37. Von einer besondern Gattung von Verbrechen; 38. Von einer Quelle von Irrthümern und von Ungerechtigkeiten in der Gesetzgebung; und zwar erstlich von den falschen Begriffen des Nützlichen; 39. Von dem Familiengeiste; 40. Von dem Fiskus; 41. Von Vorbeugungsmittel gegen Verbrechen.“[30]

„1. Einleitung; 2. Ursprung der Strafen – Strafberechtigung; 3. Folgerungen; 4. Auslegung der Gesetze; 5. Undeutlichkeit der Gesetze, 6. Von der Untersuchungshaft; 7. Indicien und Prozessformen; 8. Zeugen; 9. Geheime Anklagen; 10. Suggestivfragen. Gerichtliche Aussagen; 11. Von der Beeidigung des Angeklagten; 12. Von der Tortur; 13. Prozessdauer und Verjährung; 14. Versuch, Mitschuldige, Straflosigkeit; 15. Milde der Strafen; 16. Von der Todesstrafe; 17. Verbannung und Confiscation; 18. Ehrlosigkeit; 19. Rasche Bestrafung; 20. Unausbleiblichkeit der Strafen. Begnadigung; 21. Asyle; 22. Von der Ächtung; 23. Verhältnis zwischen Verbrechen und Strafen; 24. Maß der Verbrechen; 25. Eintheilung der Verbrechen; 26. Majestätsverbrechen; 27. Verbrechen gegen die Sicherheit der Privaten, Gewaltthätigkeit; 28. Ehrenbeleidigungen; 29. Vom Zweikampf; 30. Diebstahl; 31. Schmuggel; 32. Von den Schuldnern; 33. Von der öffentlichen Ordnung; 34. Vom politischen Müssiggang; 35. Vom Selbstmord und der Auswanderung; 36. Schwer erweisliche Verbrechen; 37. Von einer besonderen Art der Verbrechen; 38. Falsche Vorstellungen von Nützlichkeit; 39. Vom Familiengeist; 40, Vom Fiscus; 41. Wie man den Verbrechen vorbeugt; 42. Schlüsse.“ [31]

Die Hauptforderungen an Politik und Recht in der Aufklärung erfolgten, insoweit anders als es ein homogenes, rationalistisches Verständnis der Aufklärung suggeriert, kontextgebunden. Das heißt, die bekanntesten Forderungen aus der kriminalistischen Aufklärung waren oft durch konkrete Missstände in der Bestrafungspraxis oder sogar durch einzelne misslungene Strafverfahren hervorgerufen,[32] und nicht aus einem

---

[30] *C. Beccaria*, Abhandlung über Verbrechen und Strafen, übersetzt von Johann Adam Bergk (Mit Anmerkungen von Diderot, mit Noten und Abhandlungen vom Übersetzer, mit den Meinungen der berühmtesten Schriftsteller über die Todesstrafe, nebst einer Kritik derselben, und mit einem Anhange über die Nothwendigkeit des Geschwornengerichts und über die Beschaffenheit und die Vortheile desselben in England, Nordamerika und Frankreich), 1798.

[31] *C. Beccaria*, Über Verbrechen und Strafen, übersetzt von Julius Glaser, 1. Aufl. 1851, 2. Aufl. 1876.

[32] Vgl. für die Chronologie der damals skandalisierten Verfahren *E. Hertz*, Voltaire und die französische Strafrechtspflege im achtzehnten Jahrhundert, 1887, S. 157 ff.; *E. Hilgendorf*, Die

bloß abstrakten philosophischen System der Humanität oder der Staatszwecke deduziert. Dementsprechend werden unterschiedliche Aspekte, die heute als Teil ein und derselben Problematik betrachtet werden, in der Aufklärung jeweils abhängig vom Autor, dem Anlass und der Richtung, jeweils unterschiedlichen Bewertungen unterzogen. So durfte in „Dei delitti e delle pene" mit *Beccarias* größter Zuneigung der Beschuldigte rechnen, der nicht nur von der Folter verschont wird,[33] sondern allgemein in Bezug auf das Strafverfahren mit der Berücksichtigung seiner psychologisch ungünstigen Lage rechnen darf.[34] Anderseits wird der überführte Verbrecher zwar von der Todesstrafe und der unnötigen Grausamkeit verschont. Aber er soll als Strafe, wie *Beccaria* schreibt, „ewige Knechtschaft" hinnehmen müssen, in welcher er „in Ketten, unter Schlägen, in einem eisernen Käfig" sein Leben verbringen werde.[35]

Bei der Berücksichtigung des Umstands, dass sich einige Stellen durch besondere Milde und Humanität, andere durch besondere Strenge auszeichnen, muss mitberücksichtigt werden, dass sowohl die Humanität als auch die Härte, nicht nur aus einer inneren Überzeugung heraus gefordert werden, sondern oft die besondere Perspektive des Autors bei der Argumentation widerspiegeln. Der Autor in der Aufklärung reicht nicht ein fertiges Set von wissenschaftlichen Forderungen ein. Er muss vielmehr mit den auf mannigfaltigem Weg gewonnenen Einsichten, das Richtige zu tun, ein empörtes allgemeines Publikum oder einen verunsicherten oder sogar skeptischen Herrscher überzeugen. Die Forschung über die kriminalistische Aufklärung soll insofern auch für die *Motivvielfalt* der anzutreffenden Begründungen und der gestellten Forderungen eine Grundsensibilität zeigen. Beispielsweise geht es bei der Bestimmung von einer harten „Knechtschaft" bei *Beccaria* keinesfalls nur um eine abstrakte Bestimmung der besten Lösung; vielmehr scheint das Motiv mitzuspielen, bei der Verwerfung der Todesstrafe auch soweit wie möglich das Publikum, das Volk oder den Herrscher von der prinzipiellen Härte der verbleibenden Maßnahmen zu überzeugen.[36]

Geburt des modernen Strafverfahrens aus der Erfahrung ungerechter Verfolgung, in: E. Hilgendorf et al. (Hrsg.), Vernunft gegen Hexenwahn, 2017, S. 159 ff., 175 ff.

[33] Zur Struktur der Argumentation bei *Beccaria* und Topoi der Beccaria-Kritik *K. Ambos*, Cesare Beccaria und die Folter, ZStW 122 (2010), 504.

[34] S. *C. Beccaria*, a.a.O. (Übersetzung Bergk 1798), S. 136. Auch bei *Voltaire* ist der „beschuldigte Unschuldige" einer der Haupttopoi; vgl. *Voltaire*, Kommentar zu dem Buch „Über Verbrechen und Strafen" (1766), in: Republikanische Ideen, Schriften 2, 1979, S. 58 f., 85 f.

[35] *C. Beccaria*, a.a.O. (Übersetzung Bergk 1798), S. 180, 181 f.

[36] Eine umfangreiche Studie über die Argumentation in der Aufklärung mit dem Schwerpunkt in der Analyse von Zuschriften auf die Berner Preisfrage hat neulich *Luther* veröffentlicht. *C. Luther*, Aufgeklärt strafen, 2016.

II. Die Gesetzgebung

Ein weiterer Punkt, der die Aufmerksamkeit für einen kritischen Zugang verdient, sind die Spezifika der kriminalistischen Aufklärung im Bereich der staatlichen Tätigkeit und der Gesetzgebung. Auf dem Gebiet des Strafrechts bestehen Besonderheiten, die eine exklusive Befassung mit der sog. vernunftrechtlichen Kodifikation unsachgemäß erscheinen lassen.[37] Das trifft zum einen auf die Existenz von besonderen administrativen und juristischen Gattungen wie die des preußischen „General-Plans zur allgemeinen Einführung einer bessern Kriminal-Gerichts-Verfassung, und zur Verbesserung der Gefängniß- und Straf-Anstalten" vom 16.9.1804 zu (vgl. Punkt D.II. im 6. Kapitel).[38] Aber auch die fertigen Gesetzeswerke auf dem Gebiet des Strafrechts weisen zum anderen bereits im 18. Jahrhundert Besonderheiten auf, welche dort, wo sie vorhanden sind, in die klassische, zivilistische Kritik der Kodifikationen nicht plausibel eingeordnet werden können. Das gilt vor allem für die meistgepriesene strafrechtliche Reform der Aufklärung und ihr Gesetzbuch, die sogenannten toskanischen Reformen und den Kodex „Leopoldina" unter der Herrschaft des Großherzogs *Peter Leopold* von Toskana (1765–1790).

Der von *Friedrich Wilhelm III.* genehmigte preußische „General-Plan" von 1804 versteht sich als ein Merkblatt, in welchem Prinzipien für die Verbesserung der Strafrechtspflege aufgestellt werden und ist Zeugnis eines Versuchs der lebendigen, bedürfnisnahen Systematisierung einiger Forderungen der kriminalistisch interessierten Kreise der Aufklärung.[39] Die besondere Stellung des Plans für die Diskussion ergibt sich sowohl aufgrund der in ihm geäußerten Absichten als auch wegen der Topoi, die in Bezug auf die Notwendigkeit des differenzierten Umgangs mit unterschiedlichen Verbrechern auftauchen. Ein neues „Criminal-Gesetzbuch" und eine neue „Prozeß-Ordnung" werden, wie es im General-Plan angekündigt war, „ein genaueres Verhältniß des Strafübels zum Zweck der Strafe herstellen".[40] Als Zweck der „Straf-Anstalten" werden im „General-Plan" Sicherung, Besserung und Abschreckung unterschieden.[41] Die drei Zwecke werden in Bezug auf einzelne Gruppen von Tätern erörtert. Der Plan sieht eine besondere Abteilung für *„incorrigible Verbrecher"* (= unverbesserliche) vor, bei denen „der Besserungs-Zweck, nachdem die Mittel in allen Graden versucht worden sind, ganz verfehlt ist".[42] Bei ihnen muss die Sicherung im Vordergrund stehen, sie „bleiben auf immer von der menschlichen

---

[37] Für diese Kodifikationen vgl. die Ausführungen in *Liszts* Habilitationsschrift Meineid und falsches Zeugnis, 1876, S. 121 ff., wo *Liszt* anschaulich die rückständige *Theresiana* v. 1768 mit der mit „Geist der Aufklärungsperiode erfüllten" *Josephina* v. 1787 vergleicht.

[38] Abgedruckt im Klein's Annalen der Gesetzgebung und Rechtgelehrsamkeit in den Preussischen Staaten 23 (1805), 213–237.

[39] Vgl. zum General-Plan *Eb. Schmidt*, Einführung, 3. Aufl. 1965, S. 253 ff.; *T. Nutz*, Strafanstalt als Besserungsmaschine, 2001, S. 112 ff.; *C. Brich*, Criminalrecht und Criminaljustiz in Süd- und Neuostpreußen 1793–1806/07, 2006, S. 73 ff.

[40] General-Plan (Klein's Annalen), S. 213.

[41] General-Plan (Klein's Annalen), S. 229.

[42] General-Plan (Klein's Annalen), S. 230 f.

Gesellschaft abgesondert, und werden stets unter strenger Aufsicht mit harter Arbeit (…) beschäftigt". Für die Gruppe von *„unverdorbenen Verbrechern"*, die „nur in einem einzelnen Fall gegen ein Straf-Gesetz handelten", ist in einer besonderen Abteilung die bloße Abschreckung vorgesehen. Schließlich sind für das „Heer aller übrigen Verbrecher" besondere Anstalten vorgesehen, in welchen „alle drei Zwecke der Einsperrungs-Strafen zugleich erreicht werden sollen" (vgl. Punkt D.II. im 6. Kapitel).[43]

Die toskanischen Reformen bilden, sowohl wegen ihres Inhalts als auch wegen des immensen Echos in Europa, das sie hatten, einen besonderen Topos der strafrechtlichen Aufklärung.[44] Sie gemeinsam mit Kodifikationen wie dem preußischen ALR von 1794 oder der „Josephina" von 1787 zu behandeln, heißt, den unterschiedlichen symbolischen Wert von einzelnen Erscheinungen für die zeitgenössische Fachwelt verkennen. Die Eigentümlichkeit der toskanischen Reformen, welche das Interesse der Fachwelt weckte, war, dass sie die wesentlichen, in den kriminalistisch interessierten Kreisen der Aufklärung an die Strafrechtspflege hervorgewachsenen Forderungen erfüllten, ohne in ein vernunftrechtlich-kodifikatorisches Ressentiment zu verfallen. Die Reformen erfolgten schrittweise unter der lebensnahen Berücksichtigung der Umstände und Gewohnheiten im Land, sowie mit der Überprüfung von tatsächlichen Folgen der praktizierten Neuerungen.[45] In *Leopolds* Verständnis war der absolutistische Staat ein „Bankrott-Geschäft", was zu einer vermehrten Berücksichtigung der bestehenden Umstände, der „naturrechtlich legitimierten Menschenrechte" und der tatsächlichen Verständnisse des Volkes führte.[46]

Bereits in den Schilderungen der toskanischen Reformen, die im 18. Jahrhundert entstanden sind, lassen sich zwei wichtige Topoi bezeugen, die theoretisch erst in der Folgezeit im Rahmen der Historischen Rechtsschule ausgearbeitet wurden. Das trifft erstens auf die anzutreffenden Hervorhebungen zu, dass die Reformen eng in Bezug auf den tatsächlichen Charakter des „Volks in Toskana" durchgeführt wurden.

---

[43] General-Plan (Klein's Annalen), S. 230 f.

[44] *C.-D. Erhard*, Betrachtungen über Leopolds des Weisen Gesetzgebung in Toskana, 1791; *F. Gianni/A. Crome*, Die Staatsverwaltung von Toskana unter der Regierung seiner königlichen Majestät Leopold II., 1797, S. 121 ff.; *G. Carmignani/C. J. A. Mittermaier*, Über die Schicksale der Todesstrafe in der Gesetzgebung von Toscana, Krit. Zeit. für Rechtswissenschaft und Gesetzgebung 2 (1830), 385; *H. Rüping*, Das leopoldinische Strafgesetzbuch und die strafrechtliche Aufklärung in Deutschland, in: La „Leopoldina", Bd. 5, 1989, 535; *H. Schlosser*, Die toskanische „Leopoldina" von 1786, FS Hofmeister, 1996, 461; *ders.*, Methodische Konzeption und System der aufgeklärten toskanischen „Leopoldina" vom 30. November 1786, in: C. Schott (Hrsg.), Juristische Methodenlehre zwischen Humanismus und Naturrecht, 1999, 136; *ders.*, Die „Leopoldina": Toskanisches Strafgesetzbuch vom 30. November 1786, 2010.

Vgl. *H. Schlosser*, a.a.O. (1996), S. 644.

[45] Vgl. die Angabe von einzelnen Verordnungen bei *F. Gianni/A. Crome*, a.a.O. (1797), S. 121 ff. *G. Carmignani/C. J. A. Mittermaier*, a.a.O. (1830), S. 387 ff., 393 ff.; *H. Schlosser*, a.a.O. (1999), S. 147 ff.

[46] Vgl. *H. Schlosser*, a.a.O. (1996), S. 644.

Ausschlaggebend war es – wie man es für hervorhebungswert hielt –, dass das Volk in der Toskana einen anderen „Charakter“ und andere „Meinungen“ und „Gewohnheiten“ habe als die „Römer“, „Piemonteser“, „Genuesen“ und überhaupt die Bevölkerungen in benachbarten italienischen Staaten (vgl. Punkt C.II.1. im 3. Kapitel).[47] Der zweite Punkt betrifft die Kontrastierung der schrittweise erfolgten und gelungenen philanthropischen Reform in der Toskana mit den revolutionären Umstürzen in Frankreich am Ende des 18. Jahrhunderts, wo man, wie in einem natürlichen sozialen Experiment, die Überzeugung gewinnen konnte, dass die Lösungen, die man abstrakt für die besten und teuersten hält, für die Menschen nicht durch einen bloßen Rechtssetzungsakt von oben tatsächlich wirksam werden können (Punkt C.II.2. im 3. Kapitel).[48]

Das toskanische Gesetzbuch von 1786 (*Codice leopoldino*, „Leopoldina“) war anders als die dem klassischen Vernunftrecht verpflichteten Gesetzgebungswerke aus dem 18. Jahrhundert, nicht als logischer und praktischer Anfang der Reform gedacht, sondern stellte nur in Form eines Gesetzbuches die Beurkundung der zuerst schrittweise praktisch erfolgten Verbesserungsbemühungen dar. Die „Leopoldina“ nahm ihre Lückenhaftigkeit ausdrücklich in Kauf und hatte nicht den Anspruch, alle älteren Rechtsquellen abzulösen.[49] Die Lage in der Toskana zeichnete sich vor der Reform, wie in den Werken zu *Leopolds* Erfolgen geschildert wird, durch eine strenge Sanktionspalette („System der Staatsschlächterei“) und durch hohe Kriminalität aus.[50] Der Großherzog *Leopold* war der Überzeugung, dass anstatt durch grausame Strafen die „Ruhe und Sicherheit“ als Folgen der Anhebung des allgemeinen Wohlstands in der Toskana zu erreichen sind.[51] Die Toskana hatte in der strafrechtlichen Diskussion bis tief in das 19. Jahrhundert eine ähnliche Stellung, wie sie in der zweiten Hälfte des 20. Jahrhunderts oder auch heute international den skandinavischen Ländern zugeschrieben wird.[52]

In der Wahrnehmung der Nachwelt kam es in *Leopolds* Toskana durch eine auf den allgemeinen Wohlstand und die Abschaffung der Grausamkeit zentrierte Reform zu einem „in der Geschichte einzigen Wunder“, wo die Landesgefängnisse im Jahr 1786, aufgrund der Kriminalitätssenkung, fünf Monate lang „leer von Angeklagten und Verbrechern waren“.[53] Der Reform werden zahlreiche moderne Aspekte zugeschrieben. So hob man beispielsweise hervor, dass eine besondere, für die Jugend-

---

[47] *F. Gianni/A. Crome*, a.a.O. (1797), S. 86, 139 ff.

[48] Vgl. *C.-D. Erhard*, a.a.O. (1791), S. 3 ff.

[49] *G. Carmignani/C. J. A. Mittermaier*, a.a.O. (1830), S. 393 f.

[50] *G. Carmignani/C. J. A. Mittermaier*, a.a.O. (1830), S. 386.

[51] *G. Carmignani/C. J. A. Mittermaier*, a.a.O (1830), S. 388 ff. Vgl. auch *H. Schlosser*, a.a.O. (1996), S. 644.

[52] Vgl. *H. Rüping/J. Jerouschek*, Grundriss, 6. Aufl. 2011, Rn. 192 („europäischer Modellcharakter“), sowie *H. Rüping*, a.a.O. (1989), S. 536 ff. Vgl. noch *H. Schlosser*, a.a.O. (1996), S. 658, der freilich „Modell“ in einem anderen Sinne verwertet.

[53] Für die Einzelheiten dieser (fantastischen) Schilderung s. *G. Carmignani/C. J. A. Mittermaier*, a.a.O. (1830), S. 395, 406 ff. (dort auch weitere Statistik).

lichen vorgesehene Sanktion der „Einsperrung ins Correktionshaus“ vom Großherzog aufgegeben wurde, weil sie „mehr schädliche als heilsame Wirkungen hervorbrachte“.[54] Den alten Geheimprozess, in welchem, mit zahlreichen Standesprivilegien und Exemtionen, derselbe Richter „in Personalunion“ untersucht, angeklagt und entschieden hat, ersetzte die „Leopoldina“ durch eine neue Verfahrensstruktur, die sich durch strenge personale Trennung des Amts des öffentlichen Anklägers, des Amts eines besonderen Voruntersuchungsbeamten („ministro processante“) und des Richteramtes auszeichnete.[55] Die Wahrheitsfindung und ein zügiges, für den Angeklagten so wenig wie möglich nachteiliges Verfahren wurden ausdrücklich als Hauptziele des Strafverfahrens etabliert.[56] Erwähnt wird noch eine ständige Bemühung um Erweiterung und Sicherung von Verteidigungsmöglichkeiten (die „Leopoldina“ sah eine Pflichtverteidigung vor) und die Einführung der freien Beweiswürdigung, die ausdrücklich wegen Sorgen um die Wahrheit des Richterspruchs eingeführt wurde.[57]

In der „Leopoldina“ finden sich auch zahlreiche weitere Themen, die teilweise bereits auf *Beccarias* Ausführungen zurückgehen, teilweise als Neuerungen selbst die kriminalpolitische Diskussion der Nachwelt beschäftigt haben. Man denke nur an die Abschaffung der Folter und der grausamen Strafen,[58] die Abschaffung der Todesstrafe,[59] die Dekriminalisierung von Majestätsverbrechen,[60] die Umstrukturierung von Religionsdelikten.[61] Neben den inhaltlichen Aspekten sorgten jedoch zumindest gleich stark auch die *methodologischen Aspekte* für Bewunderung und Interesse der Zeitgenossen und der Nachwelt. Die Reform in der Toskana zeichnete sich nämlich durch die Tendenz der Auflösung des bloßen Räsonierens zugunsten einer Erkundung von Zuständen und Folgen aus. Im Vormärz stößt man auf das Urteil, dass die „Regierung des Großherzogs Leopold (...) in ihren langen Vorbereitungen eine weit erhabenere und nützlichere Schule, als die des Plato“, also als die der Philosophie, ist.[62] In der Toskana war man, wie man mit Bewunderung 1830 berichtete, im Stande, auf der Grundlage von „rein empirischer Untersuchung“ urteilen zu können anstatt die Sache so darzustellen, als ob es nur um „abstrakte Berechtigung“ gehen würde.[63] Der Großherzog habe, dieser Hinweis ist auch empirisch gemeint, gerade „durch die Tat“ bewährt, dass Anordnungen, die der Wohlfahrt dienen, auch die „Milde“ und „Ordnung“ unter Menschen hervorrufen,

---

[54] *G. Carmignani/C. J. A. Mittermaier*, a.a.O. (1830), S. 399.

[55] *H. Schlosser*, a.a.O. (1996), S. 648 ff.; *ders.*, a.a.O. (2010), S. 21.

[56] *H. Schlosser*, a.a.O. (1996), S. 649; *ders.*, a.a.O. (2010), S. 26 ff.

[57] *H. Schlosser*, a.a.O. (1996), S. 649.

[58] *G. Carmignani/C. J. A. Mittermaier*, a.a.O. (1830), S. 393.

[59] *G. Carmignani/C. J. A. Mittermaier*, a.a.O. (1830), S. 391 ff.

[60] *G. Carmignani/C. J. A. Mittermaier*, a.a.O. (1830), S. 395.

[61] *G. Carmignani/C. J. A. Mittermaier*, a.a.O. (1830), S. 655 ff.

[62] *G. Carmignani/C. J. A. Mittermaier*, a.a.O. (1830), S. 390 f.

[63] *G. Carmignani/C. J. A. Mittermaier*, a.a.O. (1830), S. 385.

während „der Schrecken der Strafe, wie der Aberglaube das Herz des Menschen ungebessert lässt“.[64]

Als methodologisches Gegenstück zu den Reformen in der Toskana kann der „Entwurf zu einem allgemeinen Strafkodex“ von *Dufriche Valazé* genannt werden, der zeitweise ebenso, wie u. a. die zeitnahe deutsche Übersetzung des Werks zeugt, für Aufmerksamkeit in gelehrten Kreisen sorgte.[65] Der Entwurf zeichnet sich durch eine ausgeprägt vernunftrechtliche Bearbeitung und Systematisierung aus. Es wird ein System der Straftatbestände dargeboten, das im Verständnis des Autors aus einigen vernünftig begründeten Prinzipien und Klassifikationen bis aufs Kleinste deduziert wurde und einen Anspruch besitzt, unabhängig von Ort und Zeit die Tatbestände sowie die „Größe“ der Tat und die passende Sanktion zu bestimmen. Dieser Aspekt der kriminalistischen Aufklärung kann für die Beurteilung der Vorgeschichte der Rechtsgutslehre, die sich vermutlich in einigen Punkten auf die älteren Bemühungen um eine kohärente Systematisierung der Verbrechen stützt, von Interesse sein (vgl. Punkt D.II. im 3. Kapitel).

Ein methodologischer Unterschied zwischen verschiedenen Anläufen und Versuchen in der strafrechtlichen Aufklärung ist nicht auf das Gebiet der Gesetzgebung und Deliktsbestimmung begrenzt. Wir finden schon bei *Beccaria*, der sein Werk an die französischen Enzyklopädisten angelehnt hat,[66] als auch in den mannigfaltigen Äußerungen, die unmittelbar der „Gallia revoluta“ entstammen, verschiedene Zugänge und Bemühungen, tatsächliche Erfahrung lebendig mit rechtspolitischen Ausführungen zu verbinden. Auch die Eingänge auf die berühmte Berner Preisfrage von 1777 zeigen deutliche paradigmatische Unterschiede auf. Es finden sich einerseits Manuskripte, die historisch getönt sind und eine Anlehnung an *Montesquieu* anstreben. Andererseits finden sich parallel auch Manuskripte, die eindeutig in einer anderen wissenschaftlichen Tradition verfasst sind und vor allem systematisch-deduktive Argumente hervorbringen möchten.[67]

---

[64] *G. Carmignani/C. J. A. Mittermaier*, a.a.O. (1830), S. 391.

[65] *C. E. Dufriche-Valazé*, Loix pénales, 1784. Die deutsche Übersetzung erschien bereits 1786: *C. E. Dufriche-Valazé*, Über die Strafgesetze oder Entwurf zu einem allgemeinen Strafkodex, 1786.

[66] Vgl. Brief *Beccarias* an *André Morellet*, in: *C. Beccaria*, a.a.O. (Übersetzung Bergk, 1798), S. 1 ff.

[67] Für historische Schattierung und Anlehnung an *Montesquieu* s. etwa Manuskript Mss. Oek. Ges. f° 19/4 bzw. GA Oek. Ges. 56(9), bei *Ch. Luther* (Hrsg.), Ein Strafrecht der Gerechtigkeit und der Menschenliebe, 2014, S. 391 ff. Für eine vernunftrechtlich-universalistische Akzentuierung s. Manuskript Mss. Oek. Ges. q° 9/3 bzw. GA Oek. Ges. 55(5) von *Johann Wolfgang Brenk*, bei *Luther*, a.a.O. (2014), S. 141 ff. Zur Berner Preisfrage umfassend *C. Luther*, a.a.O. (2016), S. 42 ff., 169 ff., 391 ff., 471 ff.

III. Forschung und Wissen

Im Bereich *der Forschung und des Wissensstandes* findet sich in der kriminalistisch interessierten Aufklärung Schulter an Schulter mit den metaphysischen Zuspitzungen aus dem Kreis der Philosophie, eine planmäßige und theoretisch durchdachte Hinwendung zur empirischen Erforschung der Sanktionswirklichkeit. In diesem Kontext sind besonders die Gefängniskundler bzw. ihre Vorläufer erwähnungswürdig. Zu einem der wichtigsten Topoi der kriminalistisch interessierten Kreise in der Aufklärung gehört die Tätigkeit und Rezeption des Werks von *John Howard* (1726–1790). Er hat, wie die üblichen biographischen Passagen mitzuteilen pflegen, nach einem eigenen Erlebnis in der Haft, sein Leben der Erkundung und Besserung der „Zustände" in Gefängnissen und Lazaretten gewidmet.[68] Sein Hauptwerk „The State of the Prisons in England and Wales" erschien bereits 1780 in deutscher Übersetzung und umfasst, anders als der Haupttitel nahelegt, neben den britischen Zuständen auch die Darstellung von Gefängniszuständen in Holland, Deutschland, Russland, Italien, Schweiz, Flandern, Spanien und Frankreich.[69] Die Erkundung der Zustände, welche durch zahlreiche Besichtigungen[70] und durch Sammeln von „Nachrichten" aus verschiedenen Ländern erfolgte, war kein Zweck für sich. *Howard* ging es darum „den Zustand zu kennen um ihn verbessern zu können".[71] Charakteristisch ist die Reihenfolge seiner Darstellung in „The State of the Prisons": Dem ersten Abschnitt, der einen „allgemeinen Blick über das Elend in Gefängnissen" enthält, folgt ein Abschnitt über die „üblen Gewohnheiten und Missbräuche in den Gefängnissen", auf welchen ein Abschnitt mit „vorgeschlagenen Verbesserungen" folgt.

Die Bemühungen zeigen eine theoretische Ebene auf, die in Bezügen der klassischen Kunst des Vernunftrechts im späten 18. Jahrhundert nicht erreichbar gewesen wäre. Das Leben von Gefangenen wird in dem Gefüge der tatsächlichen Herausforderungen für die Verbrecher und für die Anstalt betrachtet. Ein Beispiel für diese, im strafrechtlichen Bereich neue Art, die Erkenntnisse und Handlungsnormen zu verbinden, bietet die Problematik des „Lazarettfiebers" (Typhus-Krankheit). Sobald, nach dem damaligen Stand des Wissens, die Luft als Ansteckungsvermittler der Krankheit identifiziert wurde, arbeitete *Howard* ein systematisches Handlungspro-

[68] Vgl. *D. L. Howard*, John Howard: Prison Reformer, 1958; *T. Nutz*, Strafanstalt als Besserungsmaschine, 2001, S. 23 ff.; *M. Friedrich*, John Howard und die Strafvollzugsreformen in Süddeutschland in der ersten Hälfte des 19. Jahrhunderts, 2013, S. 17 ff.; wichtig für die Wahrnehmung im 19. Jahrhundert sind ältere Schilderungen, z. B. *J. B. Brown*, Memoirs of the Public and Private Life of John Howard, the Philanthropist, 1818.

[69] *J. Howard*, The State of the Prisons in England and Wales, 1. Aufl. 1777, 4. Aufl. 1792; und auf Deutsch *William (John!) Howard*, Ueber Gefängnisse und Zuchthäuser, 1780.

[70] Es wird berichtet, dass *Howard* während seines Lebens mindestens 38 Besichtigungsreisen in England und 7 weitere auf dem europäischen Festland zum Zweck der Erkundung von verschiedenen Einrichtungen unternommen hat. *S. R. W. England*, Introduction, in: J. Howard, Prisons and Lazzaretos, 1973, S. XV.

[71] Vgl. Vorwort in der deutschen Ausgabe von *Howard*, a.a.O. (1780), S. 3 ff.

gramm zur Vorbeugung der schlechten Luft in Gefängnisräumen aus.[72] Ein weiteres Beispiel bildet die Aufarbeitung der sozialen Interaktion im Gefängnis. Die Erscheinung, dass die 12- oder 14-Jährigen die unstrukturierte Zeit in Gefängnissen damit verbringen, die „Erzählungen" von älteren Verbrechern zu bewundern und sich von ihnen anwerben lassen, wollte *Howard* durch Normativisierung einer Trennung von verschiedenen Insassen nach Alter verhindern.[73] Auch weitere Einsichten und Vorschläge von *Howard* leiteten sich nicht von einer generalisierten Vorstellung oder Prämisse von dem Charakter der Menschen ab. Vielmehr ging es bei *Howard* um Reformpläne, die eine Kenntnis des Lebens in Gefängnissen bereits begrifflich voraussetzten.

Aus der Tätigkeit *Howards* ging im frühen 19. Jahrhundert die sog. „Gefängniskunde" hervor, welche als eine internationale Plattform des Nachrichten- und Ideenaustausches nach einer Krise um 1848 bis tief in das 19. Jahrhundert gewirkt hat.[74] Nicht anders als bei *Howard* gehörte es zum Selbstverständnis des Faches, dass man Wissen über verschiedene Zustände und Anstaltstypen durch Besichtigungen und Erkundungen gewinnt. Man hat neben einer unmittelbaren Anschauung auch der Statistik eine große Rolle eingeräumt. Ebenso durch Verwertung des medizinischen und technischen Wissens sowie eine Rückkoppelung an naturwissenschaftliche Überlegungen bei der Ausarbeitung der brennenden Fragen des Faches, hatte die Disziplin – auch in der ersten Hälfte des 19. Jahrhunderts – den ausgeprägten Charakter einer „Erfahrungswissenschaft".[75] Im deutschsprachigen Bereich hatte sie ihre bekannten Vertreter in Person des Strafrechtlers *Mittermaier* und in der späteren Phase in *Liszts* akademischem Lehrer *Emil Wahlberg* (vgl. Punkt C.I.1. im 3. Kapitel).

Während wir in *Howard* einen praktischen Geist sehen, bemühte sich *Benjamin Rush* (1746–1813), einer der Gründungsväter der Vereinigten Staaten und führender nordamerikanischer Aufklärer, um einen theoretisch begründeten Zugang zur Erfahrung. Unmittelbar im Bereich des Strafrechts steht er für seine Erforschung der Sanktionswirkungen und Vorschläge zur Gefängniseinrichtung. Er plädierte ausdrücklich für eine Eingrenzung des Schließens „a priori"[76] und bemühte sich, seine Forderungen im Einklang mit „Zeugnissen" von „Erfahrung" und „Beobachtungen" zu formulieren.[77] Seine unzählige Male aufgelegte Schrift „An Enquiry into the

---

[72] *S. R. W. England*, a.a.O. (1973), S. XII; *J. Howard*, a.a.O. (1792), S. 8.

[73] *S. R. W. England*, a.a.O. (1973), S. XIII; *J. Howard*, a.a.O. (1792), S. 8.

[74] Zur Disziplingeschichte *L. H. Riemer*, Das Netzwerk der „Gefängnisfreunde" (1830–1872), 2005, S. 3 ff.; *T. Nutz*, a.a.O. (2001), S. 23 ff., 209 ff.; *M. Hentze*, Strafvollzugsreformen im 19. Jahrhundert, 2003.

[75] *L. H. Riemer*, a.a.O. (2005), S. 94 ff., 99 ff. Vgl. noch *S. Kesper-Biermann*, Einheit und Recht: Strafgesetzgebung und Kriminalrechtsexperten in Deutschland vom Beginn des 19. Jahrhunderts bis zum Reichsstrafgesetzbuch von 1871, 2009, S. 35 ff., 106 ff.

[76] *B. Rush*, An Enquiry into the Effects of Public Punishments upon Criminals and upon Society, 1787, S. 2 f.

[77] *B. Rush*, a.a.O. (1787), S. 2 ff. („experiment", „experience", „observations").

Effects of Public Punishments upon Criminals and upon Society" von 1787,[78] in welcher *Rush* die Abschaffung von öffentlichen Strafen forderte, wurde bereits 1792 ins Deutsche übersetzt[79] und zählte jahrzehntelang zu der Hauptliteratur der strafrechtlichen Aufklärung. Charakteristisch ist für die Schrift und insbesondere für die deutsche Übersetzung, dass sie an zentraler Stelle, am Beginn, drei „Absichten" („Intentions") „der Strafen" schildert, nämlich die Besserung, Abschreckung (der Öffentlichkeit) und Unschädlichmachung.[80]

IV. Paradigmatische Unterschiede

Der im Lehrbuch von *Feuerbach* spürbare Gegensatz zur *Rushs* Untersuchungen über die Wirkungen der Strafe, verdeutlicht plastisch, dass es auch in der Aufklärung und bei Autoren, die vom 18. Jahrhundert mitinspiriert waren, trotz vieler gemeinsamer Orte und Absichten, an paradigmatisch bedingten Unterschieden nicht gefehlt hat. *Rush* hat sich in seiner „Enquiry into the Effects of Public Punishments" aufgrund von Einsichten in die tatsächlichen Wirkungen des öffentlichen Strafens, wohl einige Punkte von *Beccaria* aufnehmend, gegen die öffentliche Bestrafung ausgesprochen. *Rushs* Befund ist, dass der öffentliche Vollzug der Strafe nicht (wie von vielen ohne empirische Überlegung vorausgesetzt) abschreckend wirkt, sondern gerade im Gegenteil, in vielen Fällen eine Solidarität mit dem Verbrecher und Tadel gegenüber der Regierung auslöst.[81] Demgegenüber schreibt *Feuerbach* in seinem Lehrbuch im Abschnitt über die Strafen: „*Die Strafe muss öffentlich vollzogen werden* wegen der Notwendigkeit der Bekräftigung des drohenden Gesetzes durch die Vollstreckung".[82] „Schon hieraus", erklärt *Feuerbach* weiter, „widerlegt sich die Meinung des Benjamin Rusch".[83]

Der genannte Gegensatz steht für den Unterschied zwischen einer philosophisch-metaphysisch arbeitenden Richtung einerseits und einer empirischen Richtung andererseits. Denn der Befund, dass das öffentliche Strafen generalpräventiv *nicht wirkt*, ist seiner Gattung nach ein *empirischer Befund* und kann nicht mit dem Hinweis auf die gedachte Notwendigkeit der Einwirkung durch (öffentliches) Strafen, wie *Feuerbach* schreibt, „sich wiederlegen". Vielmehr ist es wohl umgekehrt: Eine empirische Wirksamkeit muss die Voraussetzung jeder Behauptung sein, dass die Strafe wegen der Einwirkung auf die Menge öffentlich vollzogen werden

---

[78] *B. Rush*, a.a.O. (1787).

[79] *B. Rush*, Untersuchung der Wirkungen öffentlicher Strafen auf die Verbrecher und auf die Gesellschaft, 1792.

[80] *B. Rush*, a.a.O. (1792), S. 9 f.

[81] Vgl. noch *C. J. A. Mittermaier*, Über die Grundfehler der Behandlung des Criminalrechts, 1819, S. 54 ff.

[82] *P. J. A. Feuerbach*, Lehrbuch, 14. Aufl. 1847, S. 237 f. (§ 140); vgl. bereits 1. Aufl. 1801, S. 126 (§ 164).

[83] *P. J. A. Feuerbach*, Lehrbuch, 14. Aufl. 1847, S. 238.

muss. Hier zeichnet sich eine gewisse Relativität der Wirklichkeit ab, je nachdem, ob man gewohnt ist, die Welt dem Denken oder das Denken der Welt voranzustellen. Insofern sind die Unterschiede paradigmatisch und es fehlt grundsätzlich an einer Verständnismöglichkeit zwischen zwei Autoren.[84]

Auch *Kants* Kritik an *Beccaria* lässt einige paradigmatische Unterschiede erahnen, obwohl *Beccaria* zweifelsohne stark in der Tradition jenes Philosophierens verwurzelt war, das man im 18. Jahrhundert aus Frankreich als „freies Schriftstellertum" und einen Teil der Philosophie kannte.[85] In *Kants* Auffassung müssen die Mörder und die an dem Mord Beteiligten „auch den Tod leiden". Dagegen, schreibt weiter *Kant*, hat „nun der Marchese *Beccaria*, aus teilnehmender Empfindelei einer affekt(u)ierten Humanität (compassibilitas), seine Behauptung der Unrechtmäßigkeit aller Todesstrafe aufgestellt, weil sie im ursprünglichen bürgerlichen Vertrage nicht enthalten sein könnte".[86] Der Streit erhält – zumindest aus abolitionistischer Sicht – zusätzliche Brisanz, wenn man weitere Anmerkungen von *Kant* aus seinem Nachlass mitberücksichtigt.[87] Doch ist an dieser Stelle nicht interessant, wer von beiden Autoren Recht in Bezug auf den möglichen Inhalt und die Folgen aus dem Gesellschaftsvertrag hat.[88] Vielmehr erweckt Interesse, dass *Kant* – wohl von seinem Standpunkt konsequent – *nur* die *kontraktualistische Kritik* an der Todesstrafe bei *Beccaria* wahrnimmt, und so *Beccarias* weitere Erwägungen zu tatsächlichen Folgewirkungen der Strafe in der Bevölkerung aus dem Kreis von gültigen Argumenten ausschließt bzw. diese überhaupt nicht rezipiert.[89]

Für die intellektuelle Geschichte des Strafrechts ist von wesentlichem Interesse, dass der Gegensatz von zwei vom Grunde aus verschiedenen Herangehensweisen oder Denkarten eine umfangreiche Aufarbeitung im Strafrecht des Vormärzes erfuhr, welches, soweit man nicht bloß an der Systematik des gemeinen Strafrechts interessiert war, unter Rekurs auf die Epistemologie der Historischen Rechtsschule, die philosophisch-metaphysischen Äußerungen und die Zweige der Aufklärung aus dem

---

[84] Paradigmatische Unterschiede im Sinne von *L. Fleck*, Entstehung und Entwicklung einer wissenschaftlichen Tatsache (1935), 1980, S. 131. Zur neueren Paradigmaforschung vgl. *St. Kornmesser/G. Schurz*, in: Die multiparadigmatische Struktur der Wissenschaften, 2014, S. 11 ff.

[85] Vgl. zum „freien Schriftstellertum" *M. Frischeisen-Köhler/W. Moog*, a.a.O. (1924), S. 350.

[86] *I. Kant*, Die Metaphysik der Sitten (1797), AA VI, S. 334 f.

[87] *Kants* „Reflexionen zur Rechtsphilosophie", Akademie-Ausgabe XIX, S. 551 f., Nr. 7914: „Der Bürger hat nicht, wie Beccaria glaubt, das recht über sein Leben (...) es kommt gar nicht auf sein Belieben an, ob er wolle gestraft werden, sondern er verliert den *statum civilem* und ist vogelfrey", ähnlich S. 586, Nr. 8031.

[88] Vgl. dazu *M. Cattaneo*, Beccaria und Kant (1981), in seiner Sammlung Aufklärung und Strafrecht, 1998, S. 7 ff.; *G. Radbruch*, Rechtsphilosophie (1932), Gesamtausgabe, Bd. 2, S. 110 ff.

[89] Vgl. noch *T. Vormbaum*, Einführung, 3. Aufl. 2016, S. 30 ff.; *ders.*, Beccaria und die strafrechtliche Aufklärung in der gegenwärtigen strafrechtwissenschaftlichen Diskussion, in: H. C. Jacobs (Hrsg.), Gegen Folter und Todesstrafe, 2007, S. 305 ff.

Kreis der fortführungswürdigen Ansätze auszuklammern suchte. Man begegnet im Strafrecht des Vormärzes einer Hinwendung zur Auffassung von verschiedenen Verfahrenstypen in Zivil- und Strafsachen durch Gerichtsbesichtigungen und Aktenuntersuchungen, man begegnet der Hinwendung zur Statistik (vgl. C.IV.4. im 3. Kapitel) und einem Interesse für die Zustände in den Gefängnissen (vgl. Punkt C.II.1. im 3. Kapitel), und nicht zuletzt einer bis zu dem 20. Jahrhundert nicht überbotenen methodologischen Besinnung, die auf *Savignys* Kritik des Vernunftrechts aufbaut.

Durch den kritischen Zugang zu den Erscheinungen der strafrechtlichen Aufklärung wird nicht nur die Mannigfaltigkeit, immer dort, wo sie der bestehenden Begrifflichkeit einen unwiderstehlichen Widerstand leistet, gerecht aufgefasst, sondern es wird auch eine wesentliche *Voraussetzung* für die Bewertung der späteren Epochen und für die Zuordnung von Erscheinungen innerhalb von späteren Epochen geschaffen. Denn, wenn man, nur um beim einfachsten Beispiel zu bleiben, den *empirisch* orientierten Teil der Aufklärung sowie die auf ihm aufbauende empirische Tradition im Strafrecht des Vormärzes *ausblendet*, so muss das Interesse an „Erfahrung" oder „Gesellschaft" eines Autors im späten 19. Jahrhundert, etwa um 1860 oder 1880, als etwas Plötzliches und Kurioses erscheinen. Umgekehrt besteht bei der Rücksichtnahme auf die spezifisch kriminalistische Entwicklung in der Aufklärung die Aufgabe für die Forschung, die späteren empirischen Richtungen auch aus der Sicht der älteren Diskurse zu bewerten. Das gilt speziell für die Konstellationen, für welche, wie im Falle von *Liszts* Tätigkeit, besondere, institutionelle und personelle Traditionslinien nachgewiesen werden können.

2. Kapitel

Liszt in Österreich

A. Studium der Rechts- und Staatswissenschaften an der Universität Wien (1869–1874)

I. Gang der reformierten Studien und Liszts Doktorat-Abschluss

Das juristische Studium in Österreich in den 1860er und 1870er Jahren zeichnete sich durch eine Reihe von Besonderheiten aus, welchen für das Verständnis der intellektuellen Formung *Liszts* größte Aufmerksamkeit gebührt. Thematisch handelt es sich um die Einzelheiten der von Graf *Leo Thun* in den 1850er Jahren arrangierten Universitätsreform, deren wichtigster praktischer Schwerpunkt in der Neuprofilierung der juristischen, „rechts- und staatswissenschaftlichen" Fakultät der „Universität zu Wien" lag. Die inhaltlichen Auswirkungen der Reform werden in einem besonderen Kapitel besprochen (3. Kapitel). Für die äußere Betrachtung setzte sich das reformierte Studium aus vier akademischen Jahren mit jeweils zwei Semestern zusammen (das „Quadriennium").[90] Schon nach diesem Kriterium wich das Thun'sche Studienprogramm beträchtlich von dem juristischen Studium an den vom Deutschen Reich 1871 erfassten Universitäten ab, wo die vorgesehene Studienzeit in aller Regel nur sechs Semester betrug.[91] Das deutsche Modell entsprach im Grunde einem „Triennium", aber die Bezeichnung war damals nur bedingt richtig. Bei den vorgeschriebenen sechs Semestern handelte es sich nur um eine formell-zeitliche Voraussetzung für die Anmeldung zum Staatsexamen, und in der Mehrheit der deutschen Einzelstaaten konnte auf die sechs Semester auch das ganze obligatorische Militärjahr angerechnet werden.[92]

---

[90] *H. Lentze*, Die Universitätsreform des Ministers Graf Leo Thun-Hohenstein, 1962, S. 244 ff.; A.H. Entschließung vom 27.9.1855 über die juridische Studienreform, ebendort, S. 362 ff.; Erlass des Ministeriums für Cultus und Unterricht vom 2.10.1855, in: *R. Kink*, Über die neueste Regelung der rechts- und staatswissenschaftlichen Studien in Österreich, 1856, S. 2 ff. (vgl. *Liszt*, Die Reform des Juristischen Studiums, 1886, S. 42).

[91] Vgl. *W. Lexis*, Die deutschen Universitäten, Bd. 1, 1893, S. 131 ff.

[92] Vgl. *H. Titze*, in: W. Lexis (Hrsg.), Die Universitäten im Deutschen Reich, 1904, S. 115, 121; *U. Kühn*, Die Reform des Rechtsstudiums zwischen 1848 und 1933, 2000, S. 135 ff.; *T. Sander*, in: V. Müller-Benedict (Hrsg.), Akademische Karrieren in Preußen und Deutschland, 2008, S. 98 ff.

Die verlängerte Studienzeit in Wien beruhte, was für das Verständnis der wissenschaftlichen Prägung von *Liszt* von größter Bedeutung ist, auf einer Integration und Wandlung des Studiums der „Rechts- und Staatswissenschaften" zu einem umfassenden Programm der Rechts- und Staatskenntnis.[93] Es führte in allen Etappen des Studiums eine charakteristische Mischung von dogmatischen, nicht-dogmatischen und außerjuristischen Fächern herbei. Im ersten Jahr wurde der Akzent auf propädeutisch gedachte geschichtliche Fächer gesetzt („Deutsche Reichs- und Rechtsgeschichte", Römische Rechtsgeschichte).[94] Im zweiten Jahr zählte die Rechtsphilosophie neben einer „Enzyklopädie der Rechtswissenschaften" zu den Pflichtfächern.[95] Im dritten und vierten Jahr hörte man drei Semester lang „politische Wissenschaften", worunter man die Vorlesungen zu Nationalökonomie, Finanzwissenschaften und Verwaltungslehre verstand.[96] Im letzten Semester war „österreichische Statistik" als Pflichtfach vorgesehen.[97] Diese Fächer bildeten mit vielfachen dogmatischen Fächern eine Einheit, die in Anbetracht der teilweisen *Verdreifachung* des dogmatischen Gegenstandes (römisches Recht, deutsches Recht, österreichisches Recht) nicht nur eine hohe Belastung mit sich brachte, sondern auch über das Potenzial verfügte, für eine relativistische Haltung gegenüber dem positiven Recht zu sorgen.

Die Fakultät war verpflichtet, in „regelmäßigen Abständen" eine Reihe von Zusatzvorlesungen anzubieten, unter anderem die „Statistik der europäischen Staaten" sowie „gerichtliche Medizin" und „Staatsrechnungswissenschaft".[98] Die Studenten waren verpflichtet, ein zusätzliches Studium an der – fachlich noch sehr umfassend geprägten – „philosophischen Fakultät" aufzunehmen. Dort war man zum Hören zumindest einer Vorlesung aus dem Bereich der praktischen Philosophie verpflichtet. Große Bedeutung wurde der Wahl von geschichtlichen Vorlesungen an derselben Fakultät beigemessen.[99] Im Falle *Liszts*, wie den unten wiedergegebenen Einträgen aus seinem Studienbuch zu entnehmen ist, waren es „Österreichische Geschichte" im ersten und „Römische Geschichte" im vierten

---

[93] *H. Lentze*, a.a.O. (1962), S. 42 ff. *T. Simon*, Die Thun-Hohensteinschen Universitätsreform und die Neuordnung der juristischen Studien- und Prüfungsordnung in Österreich, in: Z. Pokrovac (Hrsg.), Juristenausbildung in Osteuropa bis zum Ersten Weltkrieg, 2007, S. 15 ff.; *L. M. von Thun und Hohenstein*, Bildungspolitik im Kaiserreich: Die Thun-Hohenstein'schen Universitätsreform insbesondere am Beispiel der Juristenausbildung im Österreich, 2015, S. 189 ff. Für die Hintergründe des „juridisch-politischen" Studiums im 18. Jahrhundert vgl. *W. E. Wahlberg*, Die Reform der Rechtslehre an der Wiener Hochschule seit deren Umwandlung zu einer Staatsanstalt (1865), in seinen Kleineren Schriften, Bd. 2, 1877, S. 6 ff.

[94] A.H. Entschließung, in: *H. Lentze*, a.a.O. (1962), S. 362.

[95] A.H. Entschließung, in: *H. Lentze*, a.a.O. (1962), S. 362.

[96] A.H. Entschließung, in: *H. Lentze*, a.a.O. (1962), S. 363.

[97] A.H. Entschließung, in: *H. Lentze*, a.a.O. (1962), S. 363.

[98] A.H. Entschließung, in: *H. Lentze*, a.a.O. (1962), S. 362 f.

[99] A.H. Entschließung, in: *H. Lentze*, a.a.O. (1962), S. 363.

Studienjahr.[100] Neben diesen Fächern, die noch in einer inhaltlichen Einheit mit dem integrierten Studium der „Rechts- und Staatswissenschaften" standen, mussten sich die Studenten im Sinne eines allgemeinen Bildungsideals für ein Vorlesungskontingent „nach ihrer eigenen Wahl an was immer für einer Universitätsfakultät" entscheiden.[101] Dieses Kontingent sollte nach der Studienordnung, jeweils abhängig von der tatsächlichen Belastung im Hauptstudium, 2 bis 4 Semesterwochenstunden umfassen.[102]

Das integrierte Studium der „Rechts- und Staatswissenschaften" konnte nach den von *Thun* angeregten Änderungen mit zwei unterschiedlichen Abschlüssen angestrebt und abgeschlossen werden. Die erste Möglichkeit bestand in einem Abschluss „ohne Doktorat" für Studierende, die sich „dem Staatsdienst" widmen wollten. Das betraf Stellen, die heute beispielsweise mit Absolventen der Volkswirtschaft oder vielleicht auch von unterschiedlichen Fachhochschulstudiengängen besetzt werden. Der für diese Abschlüsse entscheidende Kanon von Fächern wie Finanzwissenschaft oder Kameralistik begegnet uns in Deutschland in den Vorlesungskatalogen aus der Zeit von *Liszts* Lehrtätigkeit nicht im Curriculum der juristischen, sondern der philosophischen Fakultäten (vgl. Halle, Punkt C.I.3. im 5. Kapitel). Der Abschluss „ohne Doktorat" an den „rechts- und staatswissenschaftlichen Fakultäten" in Österreich setzte neben einer erfolgreichen Zwischenprüfung zwei zusätzliche große Prüfungen voraus.[103]

Der höherwertige Abschluss bestand im Erwerb eines „Doktorats der Rechte und Staatswissenschaften". Das war der eigentliche, gesetzliche Abschluss des „Studiums des Jus", mit welchem man sich den traditionellen juristischen Berufen widmen konnte (man beachte zum Beispiel, dass in Italien auch heute alle Diplomjuristen „dottoren" sind bzw. als „dottoren" bezeichnet werden). Dieser Abschluss setzte neben der erfolgreich bestandenen, für alle Studenten einheitlichen Zwischenprüfung, das Bestehen von drei Rigorosa voraus, welche *Liszt* von Oktober 1873 bis April 1874, also außerhalb der Regelstudienzeit, bestanden hat.[104] Diesem Titel-System, das sich in Österreich bis in die zweite Hälfte des 20. Jahrhunderts bewähren konnte,[105] entsprechend wurde an *Liszt* und seine Kommilitonen, die einen juristischen Abschluss erfolgreich angestrebt haben, ein Doktortitel vergeben. Es war aber keine Dissertation oder sonstige schriftliche Arbeit Voraussetzung für die Promotion

[100] Vgl. die Übersichten unten.

[101] A.H. Entschließung, in: *H. Lentze*, a.a.O. (1962), S. 364.

[102] A.H. Entschließung, in: *H. Lentze*, a.a.O. (1962), S. 364 (für die Bedeutung vgl. *Lentze*, ebendort, S. 239 f.). Das Kontingent wurde, soweit ersichtlich, nicht in die Studienbücher eingetragen. Vgl. *H. Zeman*, Wilhelm Scherer (1841–1886) und Österreich, in: Literatur-Geschichte-Österreich, 2011, S. 74; *Liszt*, Reform des juristischen Studiums, 1886, S. 17.

[103] A.H. Entschließung, in: *H. Lentze*, a.a.O. (1962), S. 364, Punkt 6.

[104] *R. Moos*, Franz von Liszt als Österreicher, GS Liszt, 1969, S. 126; *Probst*, Geschichte der Rechtswissenschaftlichen Fakultät der Universität Graz, Bd. 3, 1987, S. 20; *H. Lentze*, a.a.O. (1962), S. 245, 246 f.

[105] Vgl. *R. Moos*, a.a.O. (1969), S. 126.

und dementsprechend auch keine erhalten.[106] Nach dem Bestehen von drei Rigorosen durfte *Liszt* als fertiger Jurist (= Erwerb des Doktorats der Rechts- und Staatswissenschaften) in der Rolle des Rechtsauskultants (Referendars) der Staatsanwaltschaft Wien beitreten.[107]

II. Studienbücher und ausgewählte Lehrer

1. Die „Nationalien"

Das spezielle Studienbuchsystem, das die Wiener Universität damals geführt hat (administrativ aufbewahrte „Nationalien", auch „Nationale", „Inskriptionsformulare"), erlaubt einen näheren Einblick in das Studium und die Wahl der Vorlesungen, welche *Liszt* getroffen hat. Da die großen Vorlesungen von verschiedenen Dozenten gleichzeitig angeboten wurden und außerdem das System offen für Ausnahmen von der oben beschriebenen Vorlesungsreihenfolge war, handelt es sich bei der Wahl von Vorlesungen oft vornehmlich um die Wahl des Dozenten. Man sollte sich aber davor hüten, in der Manier einer idealistischen Interpretation in jeder Wahl eine inhaltliche Qualitätspräferenz des Hörers zu sehen. Die erhaltenen Einträge stellen nur eine Mitteilung am Semesteranfang dar, welche Veranstaltungen vom Hörer während des Semesters voraussichtlich besucht *werden*, und besagen natürlich nichts über den näheren Ablauf von Veranstaltungen oder das tatsächliche Bewertungsspektrum und die Interaktion zwischen Hörern und Dozenten. Unabhängig von dieser Einschränkung sind die Einträge aus den „Nationalien" in jedem einzelnen Fall, der untersucht wird, gut dazu geeignet, ein lebendiges Zeugnis des spezifischen, auf ein breiteres und durch verschiedene dogmatische Bezugssysteme und außerdogmatische Fächer erweitertes „Studium des Jus" in Wien, abzugeben.

---

[106] Vgl. für „Dissertationen" und „Exegesen" im Deutschen Reich: *H. Titze*, in: W. Lexis (Hrsg.), Die Universitäten im Deutschen Reich, 1904, S. 119 f.

[107] *R. Moos*, a.a.O. (1969), S. 126. Für die Selbstbezeichnung als „Verteidiger in Strafsachen", vgl. *Moos*, ebendort, S. 129.

Übersicht 1

Auszüge aus Liszts Studienbuch („Nationalien“)[108]

I. Jahr. Erstes Semester. Wintersemester 1869/70	
Institutionen des römischen Rechts, achtstündig.	*Rudolph Jhering.*[109]
Österreichische Geschichte, fünfstündig.	*(Zusatzstudium, Jäger)*
Deutsche Reichs- und Rechtsgeschichte, fünfstündig.	*Georg Philipps.*
Kirchenrecht der in Österreich anerkannten christlichen Confessionen, fünfstündig.	*Joseph Zhishman.*

I. Jahr. Zweites Semester. Sommersemester 1870	
Geschichte des Processes in Deutschland, einstündig.	*Heinrich Siegel.*
Pandekten, allgemeiner Theil und Sachenrechte, zehnstündig.	*Rudolph Jhering.*
Römisches Obligationenrecht, fünfstündig.	*Ludwig Arndts.*
Deutsche Reichs- und Rechtsgeschichte.	*Georg Philipps*
Römisches Familienrecht, vierstündig.	*Ludwig Arndts.*

[108] Zur Vereinheitlichung und Wiedergabe: Ein kleiner Ausschnitt aus den Einträgen wurde bereits von *Moos* 1969 veröffentlicht (GS Liszt, 1969, S. 116). Archiv der Universität Wien: AT-UAW/Studentenevidenz. Vorlesungen, die in „Nationalien“ eingetragen aber gestrichen wurden, werden nicht wiedergegeben. Alle übrigen Einträge *Liszts* wurden mit dem Vorlesungsverzeichnis der Universität Wien abgeglichen (Öffentliche Vorlesungen an der k.k. Universität zu Wien, WS 1869/71–SS 1873).

[109] Die Veranstaltung mit dem Eintrag „Geschichte und Institutionen des römischen Rechts“ (so in den „Nationalien“), wurde in dem WS 1869/70 unter diesem Titel von *Ludwig Arndts* angeboten, während *Jherings* Veranstaltung „Institutionen des römischen Rechts“ hieß. In der Regel waren seit der ersten Hälfte des 19. Jh. die „Institutionen“ als eine geschichtliche Einführung in die Entstehung des römischen Rechts gedacht. Der oft gelesene „Cursus“ der Institutionen von *Puchta* beinhaltete auch wichtige rechtstheoretische Äußerungen. Vgl. *G. F. Puchta/A. F. Rudorff*, Cursus der Institutionen: Geschichte des Rechts bei dem römischen Volk, mit einer Einleitung in die Rechtswissenschaft, 6. Aufl. 1865.

II. Jahr. Drittes Semester. Wintersemester 1870/71	
Deutsches Privatrecht, fünfstündig.	*Heinrich Siegel.*
Kirchenrecht, fünfstündig.	*Georg Philipps.*
Römischer Civilprocess, vierstündig.	*Joseph Unger.*
Besonderer Theil des römischen Obligationenrechts, zweistündig.	*Joseph Unger.*
Römisches Erbrecht, fünfstündig.	*Ludwig Arndts.*
Erklärung ausgewählter Stellen der Quellen, einstündig.	*Ludwig Arndts.*
Theorie der Rechtsquellen, zweistündig.	*Rudolph Jhering.*

II. Jahr. Viertes Semester. Sommersemester 1871	
Kirchenrecht, II. Teil (Eherecht), fünfstündig.	*Georg Philipps.*
Rechtsphilosophie, fünfstündig (vierstündig?).	*Lorenz von Stein.*

III. Jahr. Fünftes Semester. Wintersemester 1871/72	
Praktische Übungen in Entscheidungen von Rechtsquellen nach römischem Recht, zweistündig [sog. Pandekten-Praktikum].	*Rudolph Jhering.*
Österreichisches materielles Strafrecht, fünfstündig.	*Julius Glaser.*
Österreichisches Privatrecht (allgemeiner Teil und Besitz), fünfstündig.	*Joseph Unger.*
Österreichisches Privatrecht (Personenrecht und dingliche Sachenrechte nach dem österreichischen bürgerlichen Gesetzbüche), fünfstündig.	*Peter Harum.*
Nationalökonomie, fünfstündig.	*Lorenz von Stein.*

III. Jahr. Sechstes Semester. Sommersemester 1872	
Österreichisches Civilrecht, Obligationenrecht, sechsstündig.	*Peter Harum.*
Österreichisches Strafverfahren mit Rücksicht auf die Entwürfe der Strafprocessordnung, fünfstündig.	*Wilhelm Wahlberg.*
Finanzwissenschaft, fünfstündig.	*Lorenz von Stein.*
Römische Geschichte, fünfstündig.	*(Zusatzstudium)*

IV. Jahr. Siebtes Semester. Wintersemester 1872/73	
Österreichischer Civilprocess, siebenstündig.	*Moriz Heyssler.*
Concursrecht, dreistündig.	*Joseph Kaserer.*
Handels- und Wechselrecht, fünfstündig.	*Samuel Grünhut.*
Verwaltungslehre, vierstündig.	*Lorenz von Stein.*

IV. Jahr. Achtes Semester. Sommersemester 1873	
Handelsrecht (die einzelnen Handelsgeschäfte), zweistündig.	*Samuel Grünhut.*
Wechselrecht, vierstündig.	*Samuel Grünhut.*
Österreichisches Verfahren in und ausser den Streitsachen, siebenstündig.	*Moriz Heyssler.*
Österreichische Statistik.	*Leopold Neumann.*
Seminar für criminalistische Praxis und Gefängniskunde, zweistündig. [bei *Liszt:* Gefängniskunde: Seminar für criminalistische Praxis]	*Wilhelm Wahlberg.*

2. Strafrechtliche Einträge und Lehrer

Die strafrechtlichen Vorlesungen hat *Liszt* nach Einträgen in den Studienbüchern im Wintersemester 1871/72 bei *Julius Glaser* („Österreichisches materielles Strafrecht") und im Sommersemester 1872 bei *Emil Wahlberg* („Österreichisches Strafverfahren mit Rücksicht auf die Entwürfe der Strafprocessordnung") gehört. Die Reihe schließt *Wahlbergs* Veranstaltung „Seminar für criminalistische Praxis und Gefängniskunde" im Sommersemester 1873 ab. Die Veranstaltung ist von *Liszt* im letzten Abschnitt des Curriculums belegt worden (4. Studienjahr, Sommersemester). Es ist ein wichtiger Hinweis dafür, dass *Wahlbergs* Seminar, anders als vergleichbare „juristische Seminare" in Deutschland (Punkt A.III. im 5. Kapitel), nicht als Ort für Anfängerübungen gestaltet war, sondern als ein Treffpunkt für fortgeschrittene Studenten mit Forschungssinn und -interesse, und vielleicht auch für schon diplomierte Fachleute, die eine Vertiefung oder akademische Karriere anstrebten.[110] In groben Zügen entspricht dies dem Typus des „Seminars", den *Liszt* im „kriminalistischen Seminar" nach seiner Emanzipation von Anfängerübungen ausgebaut hat (Punkt A.III.4.a) im 5. Kapitel).

Glaser war von November 1871 bis 1879 österreichischer Justizminister.[111] Ihm ist *Liszts* Habilitationsschrift „Meineid und falsches Zeugniß" gewidmet.[112] Für die Liszt-Forschung ist er wegen seiner zahlreichen Einsichten in fremdes Recht und die Reformtätigkeit,[113] als Übersetzer und Würdiger von *Beccaria*,[114] als Vertreter der

[110] Vgl. für den Typus des Seminars in der österreichischen Universitätsreform: *W. Höflechner*, Die Thun'schen Reformen im Kontext der Wissenschaftsentwicklung in Österreich, in: A. Christof/B. Mazohl (Hrsg.), Die Thun-Hohenstein'schen Universitätsreformen 1849–1860, 2017, S. 49. Für *Wahlbergs* pädagogische Grundsätze vgl. in seiner Rede beim Antritte des Rectorats, in: Kleinere Schriften, Bd. 1, 1875, S. 238 ff. Für *Wahlbergs* Verhältnis zu den Göttinger Grundsätzen vgl. seinen Aufsatz Die Reform der Rechtlehre an der Wiener Hochschule (1865), Kleinere Schriften, Bd. 2, 1877, S. 42 ff.; *ders.*, Wien und Göttingen (1855), Kleineren Schriften, Bd. 3, 1882, S. 328 ff. (zum gesellschaftlichen Verkehr der Studenten mit Professoren).

[111] Vgl. Österreichisches Biographisches Lexikon 1815–1950, Bd. 2., S. 3; *H. Lammasch*, Julius Glaser: Eine Charakteristik, Grünhut's Zeitschrift 14 (1887), 675; *R. Stintzing/ E. Landsberg*, Geschichte der deutschen Rechtswissenschaft, Bd. 3/2, 1910, S. 954 ff., 963; *C. J. A. Mittermaier*, Über Glaser's Abhandlungen aus dem österreichischen Strafrecht, Allg. österr. Gerichtszeitung 9 (1858), S. 273, 279; *R. Moos*, Verbrechensbegriff in Österreich, 1968, S. 366 ff.; *ders.*, a.a.O. (1969), S. 121 ff.; *P. Goller*, Naturrecht, Rechtsphilosophie oder Rechtstheorie: Zur Geschichte der Rechtsphilosophie an Österreichs Universitäten, 1997, S. 74 ff.

[112] *Liszt*, Meineid und falsches Zeugniß, 1876, S. III.

[113] Vgl. *J. Glaser*, Das englisch-schottische Strafverfahren: Uebersichtlich dargestellt zur Vergleichung mit der neuesten französich-deutschen namentlich der oesterreichischen Legislation, 1850; *ders.*, Die Vorbereitung der Hauptverhandlung im französischen Schwurgerichtsverfahren, 1866.

[114] *C. Beccaria*, Über Verbrechen und Strafen, übersetzt von Julius Glaser, 1. Aufl. 1851, 2. Aufl. 1876. (Vgl. Punkt D.I. im 1. Kapitel).

Äquivalenzlehre,[115] als Reformer des Inquisitionsverfahrens (1861–1873)[116] und als Kritiker der Vergeltung interessant. Die Vergeltung wird bei *Glaser* bereits 1849 in seiner Züricher Dissertation verworfen, freilich mit einem ganz spezifischen humanistischen und christlichen Pathos und im Bereich der Staatsphilosophie, nicht der Rechtswissenschaft.[117] Nicht ein Übel kann durch Übel aufgehoben werden, sondern allein die schlechten Taten durch die guten Taten, wie auch die guten durch die schlechten.[118] Nach einer Tat ist der erste Eindruck, dass „wir das Unangenehme, das sie herbeiführt, auf den Thäter zurückgewälzt wünschen".[119] Sobald aber „dann ruhigere Überlegung eintritt, drängt sich uns auch sogleich die Überzeugung auf, dass *dadurch* das vorhandene Unangenehme nicht aufgehoben werde, wenn wir ein neues [Übel] dem Urheber des ersteren aufbürden".[120] Vergeltung sei „ein Verfahren (...) das dem Menschen bei kalter Besinnung als unzulässig erscheint".[121] Er kommt in einer komplizierten, stark hegelianisch gefärbten Analyse der Staatsaufgaben zum Ergebnis, dass dem Staat eine vielfältige Verpflichtung zur Intervention zukommt, und zwar sowohl gegenüber dem Einzelnen, der die gewachsenen Werte der Gemeinschaft angreift, als auch gegenüber gesellschaftlichen Umständen wie Hunger, die den Einzelnen zum Bösen des Verbrechens verleiten können.[122] Insofern wird bei *Glaser* der Dualismus von Kriminalpolitik und Sozialpolitik angesprochen.

Wahlberg stellte eine für Graf *Thuns* Reform charakteristische Transferpersönlichkeit zwischen dem Strafrecht des Vormärzes und der modernen Strafrechtswissenschaft dar.[123] Ihn verbinden mit dem Vormärz nicht nur eine Reihe von gemeinsamen Sichtweisen, sondern auch institutionelle Übereinstimmungen wie das Engagement in der Gefängniskunde und in den Gefängniskongressen. Hat *Mittermaier* in den 1820er und 1830er Jahren auf dem Boden der Rechtsquellenkritik der Historischen Rechtsschule als Hauptmakel der Strafgesetzgebung die übertriebene Tendenz zur „Generalisierung" kritisiert, so hat *Wahlberg* das Stichwort umgekehrt und von dem vorhandenen Zustand der Gesetzgebung aus eine „Individualisierung" der Strafverfolgungspraxis gefordert (Punkt B.III. im nächsten Kapitel). Er ist der

---

[115] Vgl. zu seiner Kausalitätsformel und Übernahme durch *Liszt: R. Moos*, a.a.O. (1968), S. 406. *C. Roxin*, Strafrecht AT, Bd. 1, 4. Aufl. 2006, § 11, Rn. 5.

[116] Vgl. *H. Lammasch*, a.a.O. (1887), S. 692 ff. *J. Glaser*, Die geschichtlichen Grundlagen des neuen Deutschen Strafprozeßrechts, 1879.

[117] *J. Glaser*, Vergeltung und Strafe: Beitrag zur Philosophie des Rechts, 1849.

[118] *J. Glaser*, a.a.O. (1849), S. 18.

[119] *J. Glaser*, a.a.O. (1849), S. 18 f.

[120] *J. Glaser*, a.a.O. (1849), S. 19.

[121] *J. Glaser*, a.a.O. (1849), S. 19.

[122] *J. Glaser*, a.a.O. (1849), S. 33, 37.

[123] *C. Wurzbach*, Biographisches Lexikon des Kaiserthums Österreich, Bd. 52, 1885, S. 133 ff., s.v. Wilhelm Emil Wahlberg; *H. Lammasch*, Wilhelm Emil Wahlberg (Nachruf), Allg. österr. Gerichtszeitung. 52 (1901), 49; *ders.*, Wahlberg (Nachruf), Blätter für Gefängniskunde 35 (1901), 520; *R. Stintzing/E. Landsberg*, a.a.O. (1910), S. 954 ff.; *R. Moos*, a.a.O. (1968), S. 366 ff., 416 ff.; *P. Goller*, a.a.O. (1997), S. 74 ff.

eigentliche Princeps des „Individualisierungsgedankens“, in dessen Prisma neuere Forscher, an der Spitze *Pifferi*, die ganze europäische, englische und US-amerikanische Reformbewegung des Strafrechts zusammenzufassen suchen.[124] „Es geht nicht an“, so *Wahlberg*, „das Verbrechen aus dem übrigen Leben des Übeltäters auszuscheiden und isoliert, losgetrennt für sich allein, zu beurteilen“.[125]

Für die Liszt-Forschung war immer wieder von besonderem Interesse, dass *Wahlberg* beim Gefängniskongress in Stockholm (1876) die Aufteilung in Gewohnheits- und Gelegenheitsverbrecher favorisiert hat. Freilich wird die Originalität *Wahlbergs* in diesem Bereich zugunsten einer geschichtsphilosophischen Erzählung, die alle für sie inhaltlich suspekten Einrichtungen als Beschwerden der Moderne auffasst, stark überschätzt. Die Unterscheidung und die Begrifflichkeit eines „Gewohnheitsverbrechers“ gehen im Grunde auf die philosophische Psychologie der Aufklärung zurück und das kriminalpolitische Konzept findet sich bereits in englischen Gesetzbüchern vor dem Stockholmer Kongress (vgl. Punkt A.II. im 6. Kapitel). Die übermäßige Würdigung *Wahlbergs* in diesem Aspekt erhöht vielleicht die Verdienste des Autors, blendet aber die Verbindungslinien zum Gedankengut der Aufklärung aus, und fördert das Vorurteil, demzufolge die Topoi der modernen Strafrechtsreform erst im Kielwasser eines modernistischen Positivismus, etwa im Konzept von *Comte*, zustande gekommen sind.

B. Intellektuelle Kontexte

I. Kontext: Hochschulreife am Schottengymnasium als intellektuelles Kapital

Für eine kritische retrospektive Erfassung der intellektuellen Entwicklung stellt die Schulzeit in der Regel einen schwer erschließbaren Lebensabschnitt dar. Sicher wird es oft besser sein, zu grobe Einsichten zu unterlassen, als den späteren Werdegang, der mit viel konkreteren Einsichten geschildert werden kann, durch Spekulation methodisch zu kompromittieren. Die Verhältnisse am Wiener Schottengymnasium in den 1860er Jahren, das auch *Liszt* besucht hat, bilden freilich eine bedeutende Ausnahme. Der Schule hat *McGrath* eine detailreiche Untersuchung über die Erlebniswelt der Schüler (sogenannte „Schottner“) gewidmet, der für die österreichische politische Geschichte höchste Bedeutung zukommt.[126] Die Einsichten aus dieser Studie sind in Bezug auf die Liszt-Forschung und ihre For-

---

[124] *M. Pifferi*, Reinventing Punishment, 2016. Vgl. noch Punkt E. im 15. Kapitel und *H. Jung*, Saleilles und der Grundsatz der Individualisierung, Goltdammer's Archiv 164 (2017), 57.

[125] *W. E. Wahlberg*, Das Princip der Individualisirung in der Strafrechtspflege, 1869, S. 53; vgl. noch *J. Glaser*, Über Aufgabe und Behandlung der Wissenschaft des österreichischen Strafrechts (Antrittsrede, 1854), in seinen Kleineren Schriften, Bd. 1, 1868, S. 11.

[126] *W. J. McGrath*, Dionysian Art and Populist Politics in Austria, 1974.

schungsinteressen als ein Glücksfall einzustufen. Neben ihr stellen auch Festschriften und regelmäßige Jahresberichte des Gymnasiums wichtige Quellen für die Erschließung von substantiierten Einsichten in die Lebenswelt des Gymnasiums und die soziale und geistige Orientierung ihrer Schüler dar.

Im Zentrum von *McGraths* Untersuchung steht die Zusammenkunft von *Victor Adler, Max Gruber, Heinrich Friedjung* und *Engelbert Pernerstorfer* zu einem informellen Telyn-Kreis.[127] Diese Berühmtheiten der späteren österreichischen Geschichte waren zwar ein Jahr jünger als *Liszt*, begegnen uns jedoch nach 1871 in der unmittelbaren Nähe *Liszts* als seine Mitarbeiter im „Leseverein der deutschen Studenten Wiens" (Punkt B.II. in diesem Kapitel). *Adler*, der spätere Begründer der Sozialdemokratischen Arbeiterpartei in Österreich, und *Pernerstorfer*, auch ein bekannter Sozialdemokrat, sind in den Berichten von *Liszts* „Leseverein" als Veranstalter einer der zentralen Einrichtungen, der „Redehalle", verzeichnet.[128] Auch unabhängig von persönlichen Beziehungen zu *Liszt*, kommt der Analyse der Entwicklung und ideologischen Ausrichtung der Telyn-Gruppe eine große Bedeutung für das Begreifen der intellektuellen Landschaft jener Jahrgänge zu, die in den 1860er Jahren ins Schulalter kamen: Die Gesinnung des Telyn-Kreises zeugt von Freiräumen für die bürgerliche Differenzierung und intellektuelle Spezifizierung, in welchen man sich als junger Wiener damals bewegt hat.

1. Nationale und soziale Gesinnung

Zwei intellektuelle Grundkoordinaten der Telyn-Gruppe waren (1) Deutschnationalismus und (2) eine sozialistische Orientierung, die sich vorzugsweise gegen eine Wertdominanz des großen Kapitals richtete. In beiden Hinsichten spiegelte das Interesse der Gruppe das Weltgeschehen der Zeit. Der österreichische Deutschnationalismus ist eng mit politischen und militärischen Prozessen der deutschen Einigung verbunden. Eine der größten Befürchtungen in der Telyn-Gruppe war zum Beispiel, dass das katholische Österreich mit Frankreich gegen Preußen antreten werde, und damit einem religiösen und keinem nationalen Prinzip folgen werde.[129] Bezeichnend für das Schottengymnasium, aber auch für die spätere Haltung *Liszts* im Kampf gegen den Antisemitismus, war ein offenes Verhältnis zur jüdischen Komponente *(Adler, Friedjung)* trotz und gerade im Rahmen der „deutschnationalen" intellektuellen Beziehungen und trotz des katholischen Charakters des Gymnasiums (vgl. Punkt B.II. im 5. Kapitel).[130]

Neben der ersehnten deutschen Einigung stand der Telyn-Kreis auch unter dem Eindruck der Sozialistenverfolgung in Wien nach 1868 und der Pariser Kommune im

[127] *W. J. McGrath*, a.a.O. (1974), S. 17 ff.

[128] Jahresbericht des Lesevereines der deutschen Studenten Wien's: 1872–73, 2 (1873), S. 7; *W. J. McGrath*, a.a.O. (1974), S. 33 ff., 39.

[129] *W. J. McGrath*, a.a.O. (1974), S. 22 ff., 26.

[130] Vgl. dazu *W. J. McGrath*, a.a.O. (1974), S. 5 f.

Frühling 1871. Im Falle von *Victor Adler* führten die Pariser Ereignisse zu einer heftigen persönlichen Revolte.[131] Im Urteil von *McGrath* ging es bei den Jugendlichen damals um eine wenig theoretisch differenzierte, eigentlich „protosozialistische" Haltung, bei welcher die „soziale Frage" im Mittelpunkt gestanden hat.[132] Eine vergleichbare Haltung kann bei *Liszt* nicht unmittelbar nachgewiesen werden. Die gesellschaftliche Stellung der Familie *Liszt* war, sowohl in Anbetracht des bekannten Komponisten als auch in Bezug auf *Liszts* Vater (Punkt A.–B. im 7. Kapitel), deutlich vornehmer und revoltenresistenter, als bei den Mitgliedern der Telyn-Gruppe.[133] Man darf jedoch nicht aus dem Auge verlieren, dass die Stellung der „sozialen Frage" in jener Zeit polyvalent war. Die Auseinandersetzungen um Kulturwerte der Nation und der Kampf gegen die Reduktion der gesellschaftlichen auf die wirtschaftlichen Werte in der Studentenschaft bzw. in dem „Leseverein" (Punkt B.II. in diesem Kapitel), zeugen von einem bedeutenden Potenzial der Zeit, die später als sozialistisch ausdifferenzierten Werte mit nationaler Gesinnung gleichzusetzen.[134]

Für die Liszt-Forschung sind die nationalen und sozialen Impulse, denen die Wiener Jugend durch Ereignisse wie die Pariser Kommune ausgesetzt war, von wesentlicher Bedeutung für das Verständnis von *Liszts* Staatsverständnis und politischer Orientierung. Die marxistischen Autoren waren allzu leicht geneigt, auf *Liszt* das übliche Verständnis eines bürgerlichen Autors zu projizieren. Für *Renneberg* war er schlicht ein „Burgois und Spießer".[135] Nach dem etwas feineren Urteil des niederländischen Marxisten *Kempe* hatte *Liszt* überall, wo er „Volk" geschrieben oder Interessen der Bevölkerung behandelt hat, eigentlich den bürgerlichen Mittelstand gemeint.[136] Diese Sichtweise marxistischer Autoren erhält bei ihnen eine wesentliche Bedeutung bei der Beurteilung von kriminalpolitischen Forderungen, die *Liszt* gestellt hat. Die *Prämisse*, dass *Liszt* nur Gespür für die Interessen der bürgerlichen Klasse hatte, wird zur Legitimation für die Behauptung, dass seine Kriminalpolitik als Teil eines rücksichtlosen Klassenkampfs interpretiert werden sollte (12. Kapitel).

Die marxistische Sichtweise lässt die besondere österreichische Erfahrung von *Liszt* außer Betracht. Nicht nur durch äußerliche Ereignisse, wie das gesteigerte Interesse für die Pariser Kommune und die wirtschaftliche Lage in Österreich in den

---

131 Vgl. *W. J. McGrath*, a.a.O. (1974), S. 24 f.

132 *W. J. McGrath*, a.a.O. (1967), S. 189 ff.

133 Vgl. *W. J. McGrath*, a.a.O. (1974), S. 18.

134 Vgl. *W. J. McGrath*, a.a.O. (1974), S. 22 ff., 26 ff.; *ders.*, a.a.O. (1967), S. 189 ff. Im Urteil von *McGrath* wäre in Bezug auf *Liszts* „Leseverein" in den ersten Jahren seines Bestehens (Gründung 1871), trotz der regen Teilnahme von sozialistisch gesinnten Mitgliedern der Telyn-Gruppe, im Allgemeinen von einer Nähe zu dem „progressiven Flügel der liberalen Bewegung" und nicht zum Sozialismus oder Konservativismus auszugehen (S. 35).

135 *J. Renneberg*, Die kriminalsoziologischen und kriminalbiologischen Lehren und Strafrechtsreformvorschläge Liszts und die Zerstörung der Gesetzlichkeit im bürgerlichen Strafrecht, 1956, S. 39.

136 *G. T. Kempe*, Franz von Liszt und die Kriminologie, GS Liszt, 1969, S. 265.

1870er Jahren, sondern auch durch die intellektuelle Verschiebung von einem Gegensatz zwischen Gruppen und Klassen zu einem für Österreich charakteristischen Gegensatz von Nationalitäten, entspricht *Liszts* Bewertung vor allem einer Gesellschaft als differenzierter aber verbundener Schicksalsgemeinschaft, bei welcher der Staat, die Parteien, das Recht und die Wissenschaft parallel die Interessen von verschiedenen Bevölkerungsgruppen vertreten. Das ist beispielsweise wichtig für die Betrachtung der Kontroverse, ob das Jugendstrafrecht und die Bevorzugung der Jugendwohlfahrt bei *Liszt* ein Kontrollmittel im Kampf gegen Arbeiterklasse sind, wie die marxistische Kritik ohne nähere Nachweise annimmt, oder ob sich *Liszts* Interesse an Jugend vielmehr als ein klassenunspezifisches Anliegen verstehen lässt, das sich von der Gesamtvorstellung über das Wohl der Nation und des Staatsvolkes ableitet.

Dem nationalen Komplex gehören, mehr oder minder mittelbar, unter sich so verschiedene Erscheinungen an, wie *Liszts* Bemühung, die Interessen der Arbeiter in das Programm des Liberalismus einzubeziehen,[137] die energische Forderung des allgemeinen Wahlrechts,[138] die Besorgnis über die Studienaussichten von armen Studenten und der Tadel einer schichtbezogenen Selektion von Richtern.[139] Auch die verwerfliche Auffassung des Massenelends „neben dem Reichtum Einzelner" im System der gesellschaftlichen Verantwortungszuschreibung korreliert mit einem Verständnis der ausgewogenen Gemeinschaft des gesamten Staatsvolkes.[140] Umgekehrt müsse das Dogma fallen, dass der Reichtum an sich die Schutzwehr gegen verbrecherische Neigung wäre: der Gegenbeweis finde sich in „unserer ‚guten Gesellschaft'".[141] Wichtig sind nicht zuletzt auch verschiedene Aufwertungen des Volksbegriffs im Sinne der Historischen Rechtsschule, auf welche noch unten hingewiesen wird (Punkt C.II.2. im 3. Kapitel). Ganz im Gegensatz zur marxistischen Vorstellung eines Klassenkampfes steht *Liszts* romantisiertes Verständnis der Aufklärung und des Vormärz, in denen angeblich das ganze Volk, unter Einschluss der Regenten, für Fortschritte auf dem Gebiet der Strafrechtspflege gekämpft hat.[142]

---

[137] Vgl. seine Analyse der Parteien in Die Zukunft des deutschen Liberalismus, Der Tag v. 16. 5. 1908, S. 1 f.; v. 26. 5. 1908, S. 1.

[138] *H. Ostendorf*, Franz von Liszt als Kriminalpolitiker, Kriminalsoziologische Bibliographie 11 (1984), S. 3.

[139] *Liszt*, Die Reform des Strafverfahrens (1906), AuV III, Nr. 3, S. 61, 67. Vgl. noch *Liszt*, Kriminalpolitische Aufgaben (1889–1892), AuV I, Nr. 11, S. 417 („das Rechtsbewußtsein des Volkes tief erschütternde Bevorzugung der Wohlhabenderen").

[140] *Liszt*, Die gesellschaftlichen Ursachen des Verbrechens, Sozialpolitisches Centralblatt 1 (1892), S. 60 („Neben dem Reichtum Einzelner das Massenelend. Dann wundern wir uns noch, wenn der Kriminalstatistiker über die steigende Menge der Zählkarten klagt.").

[141] *Liszt*, Die sozialpolitische Auffassung des Verbrechens, Sozialpolitisches Centrallblatt 1 (1892), S. 5.

[142] Vgl. *Liszt*, Das „amerikanische Duell" (1875), AuV I, Nr. 1, S. 252; Kriminalpolitische Aufgaben (1889–1892), AuV I, Nr. 11, S. 324, 329; Die deterministischen Gegner der Zweckstrafe (1893), AuV II, Nr. 16, S. 30 f.; Die Forderungen der Kriminalpolitik und der

2. Humanistische Bildung und Rhetorik

Die veröffentlichten Jahresberichte und Festschriften des Schottengymnasiums lassen einen Einblick in die geistige Welt des Gymnasiums zu, auch wenn solche Berichte natürlich immer von einem Bedürfnis der Selbstdarstellung geprägt sind, von der beschriebenen Praxis abweichen können und letztendlich das Angebot, nicht die pädagogische Wirkung beschreiben. Als wichtiger Eckpfeiler kommt die humanistische Bildung in Betracht. Sie kann für die spätere Rhetorik der Schüler als formend begriffen werden. *Pernerstorfer* hat vermerkt, dass *Adlers* Redeart, obwohl er Medizin studiert hat, dank des Unterrichts am Gymnasium ständig „gesättigt in Form und Geist der humanistischen Bildung“ war; „Man mustere seine Reden und man wird finden, daß alle die tieferen Beziehungen, die Bilder, die antithetischen Darstellungen aus humanistischem Boden wachsen“.[143] In diesem Kontext ist, neben der forensischen Rede, die in Österreich große Verehrung genossen hat,[144] auch *Liszts* Redekunst und Ausdrucksweise nicht als eine idiosynkratische Ausbildung, sondern als geglücktes Produkt einer spezifischen Bildung zu betrachten.

Liszts Rhetorik, besonders die üppige, bis zu Kitsch und Karikatur getriebene *delectatio* (anfängliches Wohlwollen und die scheinbare Parteinahme für eine Meinung, die im Laufe der Rede dann schroff verworfen wird)[145] war, wie es scheint, abermals im weniger humanistisch ausgeprägten Milieu die Hauptursache für die Fehlinterpretation von *Liszts* Stellungnahmen (vgl. Punkt A.II.3.–4. im 12. Kapitel; B.II. im 14. Kapitel). Seine Texte zeigen im Allgemeinen eine anspruchsvolle Spannungsstruktur, in der die Hervorhebung von einzelnen Elementen nicht abstrakt

Vorentwurf eines schweizerischen StGB (1893), AuV II, Nr. 18, S. 132; E. F. Klein und die unbestimmte Verurteilung (1894), Nr. 19, S. 135 f.; A. *Prins*, Mitt. IKV 1 (1889), S. 179.

143 *E. Pernerstorfer*, Aus jungen Tagen, Der Strom 1912/13, S. 99 f.

144 Vgl. für forensische Rede von *Liszts* Vater die Ausführungen in: Dr. Eduard Ritter von Liszt: eine Gedenkschrift, 1906; für *Glaser*, der Vorträge im Wiener Verein zur Übung gerichtlicher Beredsamkeit gehalten hat: *H. Lammasch*, Julius Glaser: Eine Charakteristik, Grünhut's Zeitschrift 14 (1887), S. 694 f. Die Standardanleitung im 19. Jahrhundert war von *C. J. A. Mittermaier*, Anleitung zur Vertheidigungskunst im deutschen Criminalprozesse und in dem auf Öffentlichkeit und Geschwornengerichte gebauten Strafverfahren, 1814; Anleitung zur Vertheidigungskunst im deutschen Strafprocesse und in den auf Mündlichkeit und Öffentlichkeit gebauten Strafverfahren, 4. Aufl. 1845.

145 Für diese Figur und die verwandte rhetorische Strategie vgl. die Art der Würdigung und Kritik in den Bemerkungen zum Entwurfe des Allgemeinen Teils eines Strafgesetzbuches für Russland (1883), AuV I, Nr. 8, 180 ff.; verschiedene Reden *Liszts* als Parlamentarier, vgl. etwa Stenographische Berichte über die Verhandlungen des Preußischen Hauses der Abgeordneten 21. Legislaturperiode, II. Session, Bd. 2, S. 2041 ff. Vgl. 12. Kapitel (marxistische Kritik), 14. Kapitel (radikale Liszt-Kritik). Für *delectatio* und vergleichbare Taktikten vgl. noch – aus dem für österreichische Verhältnisse wichtigen Schrifttum – das Schema in *C. J. A. Mittermaier*, Eintrag „Feuerbach“, in Bluntschlis Staatswörterbuch, Bd. 3, 1858, 503; *Glasers* Kritik an Monografien über Notwehr, in seinen Kleineren Schriften, Bd. 1, 1868, S. 195 ff.; eine elegante Erwiderung von *L. Eisner*, in Allg. österr. Gerichtszeitung 58 (1907), S. 89; sowie *Savignys* Umgang im „Beruf“ mit preußischem Allgemeinem Landrecht: *F. C. Savigny*, Vom Beruf unsrer Zeit für Gesetzgebung und Rechtswissenschaft, 1814, S. 81 ff.

bestimmbar ist, sondern sich aus der Möglichkeit ableitet, durch eine umfassendere rhetorische Figur den Leser und Zuhörer für sich zu gewinnen.[146] Wegen dieser Eigenschaft können beispielsweise *Liszts* Texte, in denen *Lombroso* erwähnt wird, in Abhängigkeit von der Lesegewohnheit und dem Leser, als pro und auch als contra *Lombroso* gelesen, aber letztlich nur als contra *Lombroso* verstanden werden. So werden, beispielsweise, in einem bekannten Text die von *Lombroso* festgestellten körperlichen und geistigen Eigenschaften des „Verbrechers" von *Liszt* ausdrücklich als „genaue Beschreibungen" gepriesen.[147] Man gewinnt beinah den Eindruck, dass *Liszt* die Funde *Lombrosos* hochschätzen möchte. Erst im zweiten Absatz lernt man aber die Struktur des Witzes kennen. Man dürfe die technische Genauigkeit der Messung (= „genaue Beschreibungen") nicht mit der Richtigkeit von Thesen verwechseln. – „Es scheint mir fast überflüssig zu betonen, dass ich von alldem nichts glaube" – das ist im zweiten Absatz *Liszts* eigentliches Urteil über die Lehren *Lombrosos.*[148]

3. Nibelungen-Topos

Ein weiterer interessanter Aspekt des Schottengymnasiums für die Liszt-Forschung ist der Unterricht des Mittelhochdeutschen ab der 6. (= 10.) Klasse, in dessen Mittelpunkt das Lesen des Nibelungenliedes stand.[149] Der mittelhochdeutsche Unterricht hat, wie mehreren Zeugnissen zu entnehmen ist, einen besonders starken Eindruck auf die Schüler hinterlassen.[150] Von *Pernerstorfer* ist in einer Schilderung überliefert worden, dass auch *Liszt* die Qualität des Unterrichts des Mittelhochdeutschen am Schottengymnasium sehr geschätzt haben soll.[151] Im Kriegsjahr 1914 wird das Nibelungenlied zum Leitmotiv eines in der „Auguststimmung", kriegerisch-national verfassten Vortrags *Liszts* („Nibelungentreue"), in dem er für den militärischen Verband von Österreich und Deutschland plädierte. *Reinhard Merkel*

---

[146] Vgl. *G. Radbruch*, Franz v. Liszt – Anlage und Umwelt (1938), Gesamtausgabe, Bd. 16, S. 31.

[147] *Liszt*, Die kriminalpolitischen Aufgaben (1889–1892), AuV I, Nr. 11, S. 305.

[148] *Liszt*, Die kriminalpolitischen Aufgaben (1889–1892), AuV I, Nr. 11, S. 305. Vgl. für gleiches Verfahren noch die Hinweise auf *Merkel* bei *Liszt*, Die deterministischen Gegner der Zweckstrafe (1893), AuV II, Nr. 16, S. 52; und auf *Kant* in: Liszt, Lehrbuch des Deutschen Strafrechts, 4. Aufl. 1891, S. 39 („Kants großartiger Versuch die Strafe vom Recht loszulösen ...").

[149] Vgl. Jahres-Bericht des kais.-kön. Ober-Gymnasiums zu den Schotten in Wien: Schuljahr 1868 (1868), S. 41 f. Vgl. noch den Wiener Vortrag von *W. Scherer*, Über das Nibelungenlied (1865), in seinen Vorträgen und Aufsätzen, 1874, 100.

[150] Vgl. *W. J. McGrath*, a.a.O. (1974), S. 29 ff.; *E. Pernerstorfer*, Rede, in: A. Huebel (Hrsg.), Zur Erinnerung an die Jahrhundertfeier des k.k. Schottengymnasiums in Wien, 1908, S. 35.

[151] *E. Pernerstorfer*, a.a.O. (1908), S. 35 („Der heutige große Strafrechtlehrer Liszt in Berlin hat mir einmal gesagt: ‚Was ich beim Professor Hugo im Mittelhochdeutschen gelernt habe, war hinreichend für mein ganzes Lebensstudium, wo immer ich deutsche Rechtsquellen brauchte'.").

hat vor einigen Jahren über diese Schrift vermerkt, dass sie „voll von peinlichen Klischees und Allegorien aus der germanischen Mythologie“ sei.[152] Man wird davon ausgehen dürfen, dass diese „Klischees“ dem im Gymnasium gewonnen geistigen Material entstammen.[153]

4. Enzyklopädie des Wissens

Der Stellenwert der damaligen Unterrichtseinheit Philosophie und Logik im Gymnasium ist einer Anekdote mit *Liszt* bei seinem Klassenkameraden *Hans Chiari* zu entnehmen.[154] Im von vielen geteilten Urteil von *Chiari*, war der Logikprofessor *Sigismund Geschwandner* eine prägende Figur am Gymnasium. In den Jahres-Berichten wurden in einem umfangreichen Aufsatz die von ihm erstellten Ziele des Gymnasiums präsentiert, die für die hiesige Betrachtung wegen der dort erhaltenen Enzyklopädie des Wissens interessant sind. Das Gymnasium solle im Konzept *Geschwandners* zwei große Wissenskompendien vermitteln: „Das Wissen vom Göttlichen“ und das „Wissen vom menschlichen und natürlichen“. Letzteres gliedere sich in „Die Sprachwissenschaft und Literatur“, „Kunstsinn“, „Mathematik“, „Geschichte“, „Die Naturwissenschaften“, „Logik“, „Anthropologie“ und „Philosophie“.[155] Im Schulalter wird man also von einer doktrinären Beeinflussung durch wissenschaftlichen Positivismus in *Liszts* Fall nicht ausgehen dürfen.

Für die Liszt-Forschung dürfte von besonderer Bedeutung der in den „Jahres-Berichten“ erhaltene Vermerk sein, dass der Unterricht der „Psychologie und allgemeinen Einleitung in die Philosophie“ nach dem „Lehrbuch zur Einleitung in die Philosophie“ von *Lichtenfels* gehalten wurde, das im Grunde auf Vorlagen aus 1825 zurückgeht.[156] Das Lehrbuch enthält eine Bestimmung von unterschiedlichen Disziplinen und Anthropologien, die als charakteristische „Neigungen zu klassifikatorischen Spielereien“ bezeichnet werden können und insofern am ehesten der fortlebenden „scholastischen“ Tradition in Österreich entsprechen.[157] Man kann das Schema von Disziplinen in zweifacher Weise bei *Liszt* wiedererkennen. Erstens ist

[152] *R. Merkel*, Franz von Liszt und Karl Kraus, ZStW 105 (1993), S. 897.

[153] Vgl. für *Liszt* und Auguststimmung noch *J. Ungern-Sternberg*, Der Aufruf „An die Kulturwelt!“: Das Manifest der 93 und die Anfänge der Kriegspropaganda im Ersten Weltkrieg, 1996; *F. Herrmann*, Das Standardwerk, 2001, S. 101 ff.

[154] *H. Chiari*, Sepere aude! Eine Erinnerung an Prof. Sigismund Gschwandner, in: Festgabe zum 100-jährigen Jubiläum des Schottengymnaisums, 1907, S. 37.

[155] *S. Geschwandner*, Die Ziele des Gymnasiusm: ein Ideal für die Jugend, Jahres-Bericht des kais.-kön. Ober-Gymnasiums zu den Schotten in Wien, Schuljahr 1867 (1867), 1.

[156] *J. Lichtenfels*, Lehrbuch zur Einleitung in die Philosophie: Allgemeine Einleitung, Psychologie, Logik, 5. Aufl. 1863. Jahres-Bericht des kais.-kön. Ober-Gymnasiums zu den Schotten in Wien, Schuljahr 1869 (1869), S. 63.

[157] Vgl. *E. Rothacker*, Einleitung in die Geisteswissenschaften, 2. Aufl. 1930, S. 208 (in Österreich: „erstaunliche dialektische Gewandtheit (…) zugleich aber Neigungen zu klassifikatorischen Spielereien, Definiersucht, Formalismus, kurz „scholastische“ Eigenschaften in tadelnswerten Sinne“).

auch in *Liszts* Veröffentlichungen eine Tendenz vorhanden, die Disziplinen auf eine Art und Weise zu systematisieren, in denen die Grenzen zwischen ihrem tatsächlichen Inhalt und dem Inhalt, der durch die Systematik verordnet wird, ganz verschwinden. Besonders auffallend ist, dass *Liszt* beliebig mit modernen Stichwörtern wie „Biologie" und „Soziologie" umgeht und sie durch eine einzigartige Gewandtheit in ein System von Anthropologie oder Statistik einzufügen möchte.[158]

Eine wichtige Übereinstimmung mit der in *Lichtenfels*' Lehrbuch enthaltenen Systematik findet sich nicht nur in methodologischer Hinsicht, sondern auch bei der Bestimmung der Anthropologie. *Liszt* hat ungefähr bis 1900 auf einem Konzept der „Kriminalanthropologie" bestanden, dessen wesentlicher Bestandteil die Kriminalpsychologie ist, so wie in *Lichtenfels'* System die Psychologie ein Bestandteil der allgemeinen Anthropologie ist.[159] *Liszts* begriffliche Vorerfahrung aus Österreich kann gut erklären, wieso er viele Jahre hindurch, anders als andere Autoren, sich weigerte, Kriminalanthropologie mit der Schule *Lombrosos* gleichzusetzen, und seinen Kampf gegen *Lombroso* nicht als einen Kampf gegen die Kriminalanthropologie, sondern als einen Kampf gegen *Lombrosos* Lehren innerhalb der Kriminalanthropologie geführt hat (Punkt A.III. im 6. Kapitel).[160] In *Lichtenfels'* Konzept hat die Anthropologie einen psychologischen und einen physiologischen Bestandteil.[161] Die gleiche Unterteilung – psychologisch/physiologisch – ist auch wichtig für *Liszts* System der Wissenschaft.[162]

Die Bezeichnung von zwei unterschiedlichen wissenschaftlichen Komplexen mit dem Ausdruck „Anthropologie" hat öfter in der Liszt-Forschung zu Mutmaßungen geführt, dass *Liszt* durch Erwähnung der Kriminalanthropologie doch auch eine Annäherung an *Lombroso* bezweckt hat. Dafür steht besonders die marxistische Kritik, die auf Grundlage dieser und weiterer begrifflichen Verwechslungen versucht hat, *Liszt* als einen ausschließlichen Anlage-Theoretiker im Sinne von *Lombroso* zu kritisieren (Punkt A.II.4. im 12. Kapitel). Der letztendlich philosophische Charakter der Bestimmung der Inhalte einzelner Disziplinen spiegelt sich eindeutig in *Liszts* Anforderungen an die Forschung in den einzelnen Disziplinen wider. Für ihn leiteten sich die „Aufgaben" von Disziplinen nicht aus ihrer Forschungstradition, ihrem Wissensstand oder ihren methodologischen Möglichkeiten ab, sondern aus einem im Voraus errichteten System, in dem jeder Disziplin einzelne Aufgaben zukommen.

---

158 Vgl. *Liszt*, Kriminalpolitische Aufgaben (1889–1892), AuV I, Nr. 11, S. 291.

159 *J. Lichtenfels*, a.a.O. (1863), S. 23 ff.

160 Vgl. Kriminalpolitischen Aufgaben (1889–1892), AuV I, Nr. 11, S. 291, 296; Die deterministischen Gegner der Zweckstrafe (1893), AuV II, Nr. 16, S. 34 f. („Eine Kriminal-Anthropologie hat es (…) lange vor Lombroso gegeben"); Über den Einfluss der soziologischen und anthropologischen Forschung (1893), AuV II, Nr. 17, S. 78; Das Verbrechen als sozialpathologische Erscheinung (1898), AuV II, Nr. 23, S. 232.

161 *J. Lichtenfels*, a.a.O. (1863), S. 23 f.

162 *Liszt*, Die Aufgaben und Methode der Strafrechtswissenschaft (1899), AuV II, Nr. 25, S. 289 f.

II. Kontext: Gründung und Umgangsformen im „Leseverein der deutschen Studenten Wiens“

In den 1860er Jahren bildete „Der akademische Leserverein“ (auch: „Akademische Lesehalle“) einen wichtigen Ort des Zusammentreffens der, national betrachtet, deutsch gesinnten Studenten in Wien. Dieser Verein wurde im Dezember 1870, in der Mitte des Deutsch-Französischen Krieges, wegen Politisierung und großdeutscher Gesinnung aufgelöst.[163] Ob und wie sich *Liszt* in *diesem* Verein engagiert hat, ist nicht bekannt. Demgegenüber kommt *Liszt* bei der Gründung des nach der Schließung des „Akademischen Lesevereins“ etablierten Ersatz-Vereins unter dem Namen „Leseverein der deutschen Studenten Wiens“ im Dezember 1871 eine tragende Rolle zu.[164]

Für die Liszt-Forschung ist die Möglichkeit, die Tätigkeit des 1871 gegründeten Vereins in seinen „Berichten“ zu verfolgen, aus zwei Gründen wichtig. Die Berichte erhalten erstens biographische Nachweise für die Bewertung der Rolle, die *Liszt* bei der Gründung des Vereins zukam. Er war formelles Mitglied des „Gründungscomités“, und von ihm wurde das Hauptreferat bei der Gründungsversammlung erstattet.[165] *Liszt* war auch vom Anfang an der Präsident des Vereinsausschusses (= Vorstandsvorsitzender).[166] Diesen Führungsposten hat er offenbar am Ende seiner Regelstudienzeit und nach Beendigung des zweiten Vereinsjahrs (1872/73) aufgegeben. Seitdem wurde er in Vereinsberichten nur als Mitglied, und später, als junger Dozent in Graz, auch als Ehrenmitglied geführt.[167]

1. Identitätsfrage

Der „Leseverein“ gehörte der Gattung nach den sogenannten „Lesehallen“ und „Lesevereinen“ zu, die in Österreich, sowohl in Wien, als auch etwa in der Provinz Dalmatien, eine der Hauptformen der Organisation von vielen „Völkern“ des Landes

---

[163] *A. Hiller*, Der Leseverein der deutschen Studenten, in: Die Lesevereine der deutschen Hochschüler an der Wiener Universität, 1912, S. 4 ff.

[164] Vgl. *H. Zeman*, a.a.O. (2011), S. 84 ff.; *E. Bum* (?), Franz von Liszt (Nachruf), Juristische Blätter 1919, S. 206; *P.M.*, Der Leseverein der deutschen Studenten, in: Die Lesevereine der deutschen Hochschüler an der Wiener Universität, 1912, S. 10 ff. (nur mit Bedenken zu lesen).

[165] Jahresbericht des Lesev. der deutschen Studenten Wien's: 1871–72, 1 (1872), S. 3, 5, 7, 14.

[166] Jahresbericht des Lesevereines der deutschen Studenten Wien's: 1871–72, 1 (1872), S. 7; 1872–73, 2 (1873), S. 9. Vgl. zur praktischen Tätigkeit *Liszts* ein Brief von *Wilhelm Scherer* an *Anton Bettelheim* vom Anfang 1872, *H. Zeman*, a.a.O. (2011), S. 85.

[167] Jahresbericht des Lesev. der deutschen Studenten Wien's: 1873–74, 3 (1874), S. 20; 1874–75, 4 (1875), S. 24 (nur Mitglied); 1875–1876, 5 (1876), S. 15 (Ehrenmitglied, emeritierter Obmann des Lesevereins); 1876–77, 6 (1877), S. 18; 1877–78, 7 (1878), S. 12. Vgl. noch den Nachruf in Juristischen Blättern 1919, S. 206.

darstellten.[168] *Liszts* Verein sollte insofern eine ähnliche Begegnungsmöglichkeit für deutsch gesinnte (= nicht ungarische, nicht slawische, nicht italienische) Studenten anbieten.[169] Zusammen mit dem kräftigen Engagement *Liszts* für den Verein und im Verein, zeugt der Zweck des Vereins von einem der zwei Eckpfeiler der Liszt'schen Identität in seiner österreichischen Zeit. Er ist vor allem national gesinnt und steht dem religiösen Gedanken im Grunde fremd gegenüber. Letzteres leitet sich sowohl aus dem Umstand der kirchlichen Spaltung der deutschen Länder, als auch aus dem Umstand ab, dass im Rahmen der Reform *Thuns* die akademische Freiheit als Emanzipation von der kirchlichen Beeinflussung erkämpft wurde.

Für die nationale Orientierung des Vereins ist der Umstand interessant, dass eine Delegation des Vereins im Jahr 1873 die Märzgefallenen bzw. die Opfer aus der Revolution von 1848/49 in Wien gewürdigt hat.[170] Es wird mehrfach ein Akzent auf die „schwarz-rot-goldene" Schleife gesetzt.[171] An dem Verein waren auch wichtige Teile der sozialistischen Jugend und Juden, wie beispielsweise *Victor Adler* und *Sigmund Freud*, beteiligt.[172] Das für die Zeit um 1870 charakteristische – und später in studentischen Vereinen und in der akademischen Agitation in Österreich nicht mehr zu verzeichnende – Fehlen einer antisemitischen Komponente, zeichnet sich in *Liszts* späterem Agieren im „Verein zur Abwehr des Antisemitismus" in Deutschland ab (Punkt B.II. im 5. Kapitel).

In der zweiten Hälfte der 1870er Jahre, nachdem *Liszt* die Führungsrolle im Verein bereits aufgegeben, aber sich zumindest mit einer Festrede (1874) und einem wissenschaftlichen Vortrag (1876) am Verein weiterbeteiligt hatte, wurde das Narrativ der „Gleichstellung" der deutschen Studentenschaft mit anderen Nationalitäten zugunsten eines allgemeineren politischen Charakters verlassen. Seit 1876 bot sich kulturell deutsch orientierten Studenten die neue Möglichkeit an, zwischen dem alten „Leseverein der deutschen Studenten Wiens" und einem neuen Alternativverein unter dem Namen „Deutsch-österreichischer Leseverein", mit stärkeren Bezügen zur österreichischen staatlichen und Vielvölkertradition, zu wählen.[173] 1878 haben zwei junge Vorstandsmitglieder, die interessanterweise später Sozialdemokraten wurden, auch in der Hinsicht auf die weitere Politisierung des einst unter der Führung *Liszts* stehenden Lesevereins hingewirkt, dass sie eine Verbindung zum berüchtigten Nationalisten und Antisemiten *Georg Schönerer* förderten. Daraufhin wurde der Verein im gleichen Jahr wegen politischer Tätigkeit und Verbreitung nationaler Unruhen

---

[168] Vgl. Die Lesevereine der deutschen Hochschüler an der Wiener Universität, 1912; *M. Glettler*, Die Wiener „Slovanská Beseda" und Baltazar Bogišić, GS Bogišić, Bd. 1, 2011, S. 65.

[169] Vgl. *Liszts* Bericht in: Jahresbericht des Lesev. der deutschen Studenten Wien's: 1871–72, 1 (1872), 3 ff.; 1872–73, 2 (1873), 3 ff. Ferner Bericht von *A. Haider*, ebendort, 1874–75, 5 (1875), S. 3 ff.

[170] Jahresbericht des Lesev. der deutschen Studenten Wien's: 1872–73, 2 (1873), S. 8.

[171] Jahresbericht des Lesev. der deutschen Studenten Wien's: 1872–73, 2 (1873), S. 8.

[172] *R. Gasser*, Nietzsche und Freud, 1997, S. 8 ff. *W. J. McGrath*, a.a.O. (1967), 183.

[173] *R. Gasser*, a.a.O. (1997), S. 9.

behördlich aufgelöst.[174] Soweit ersichtlich, besteht zwischen *Liszt* nach seinem Ausscheiden aus dem Vorstand (1873) und der politischen Weiterentwicklung des Vereins keine Verbindung.

2. Mannigfaltigkeit des Interesses

Die Vereinsberichte eröffnen zusätzlich die Möglichkeit, auf Grundlage einer sorgsam geführten Liste von Vorträgen, die im Verein gehalten wurden, zu verfolgen, mit welchen Wissensmengen *Liszt* und die Studenten im Verein konfrontiert waren. Dabei ist davon auszugehen, dass die Auswahl von Themen grundsätzlich entweder das ideale Equilibrium des Wissens im Sinne einer Enzyklopädie von Kenntnissen oder den Wunsch, mit viel Publikum rechnen zu können, reflektierte.[175] Die Verzeichnisse zeigen – überraschenderweise – dass im Verein, anders als einige Schilderungen des Zeitgeistes in der Liszt-Forschung nahe legen (Punkt D.II. im 14. Kapitel), nicht die naturalistischen und technischen Themen prävaliert haben. Auch fehlt ein Hinweis, dass eine Indoktrination zum wissenschaftlichen Positivismus stattgefunden hätte. Man stößt vielmehr parallel auf ein Interesse für philosophische, dichterische, naturwissenschaftliche und viele andere Themen, die teilweise explizit antipositivistisch behandelt werden.

Im ersten Vereinsjahr wurden zum Beispiel „populär-wissenschaftliche Vorträge“[176] über die Stanzen des Raffael oder über den gerade verstorbenen Dichter *Grillparzer*, und zwar vom bekannten Literaturhistoriker *Wilhelm Scherer*, angeboten.[177] *Lorenz Stein* lieferte einen Vortrag über Schutzzoll und Freihandel.[178] Weitere Vorträge waren: „Die Sternschnuppen“, „Sappho und die Sapphosage“, „Das naturwissenschaftliche in der Musik“, „Über den Parthenon“, „Entstehung unserer Schrift- und Zahlzeichen“, „Der Garten des Epikur“, „Über die psychischen Leistungen des Gehirns“,[179] „Zweck und Stand der österreich-ungarischen Nordpol-Expedition“.[180] – Eine ähnliche Mixtur wiederholt sich auch in den anderen jährlichen Berichten über die Vereinstätigkeit.[181] Für den 14. 3. 1876 ist *Liszts* Gastvortrag aus der strafrechtlichen Aufklärung unter dem Titel „Sonnenfels und seine Zeit (Aus Anlass des hundertjährigen Jubiläums der Aufhebung der Tortur)“ verzeichnet.[182]

---

[174] *M. Wladika*, Hitlers Vätergeneration, 2005, S. 77 ff.; *R. Gasser*, a.a.O. (1997), S. 9.

[175] Vgl. Jahresbericht des Lesev. der deutschen Studenten Wien's: 1872–73, 2 (1873), S. 3.

[176] Vgl. für diese Bezeichnung Jahresbericht des Lesevereines der deutschen Studenten Wien's: 1872–73, 2 (1873), S. 3.

[177] Jahresbericht des Lesev. der deutschen Studenten Wien's: 1871–72, 1 (1872), S. 6

[178] Jahresbericht des Lesev. der deutschen Studenten Wien's: 1871–72, 1 (1872), S. 6.

[179] Jahresbericht des Lesev. der deutschen Studenten Wien's: 1871–72, 1 (1872), S. 6.

[180] Jahresbericht des Lesev. der deutschen Studenten Wien's: 1871–72, 1 (1872), S. 7.

[181] Jahresbericht des Lesev. der deutschen Studenten Wien's: 1872–73, 2 (1873), S. 7–8; 1873–74, 3 (1874), S. 6 f.; 1874–75, 4 (1875), S. 10 ff.; 1875–76, 5 (1876), S. 26; 1876–77, 6 (1877), S. 29; 1877–78, 7 (1878), S. 25.

[182] Jahresbericht des Lesev. der deutschen Studenten Wien's: 1875–76, 5 (1876), S. 26.

Die Vorträge im Verein sind nur ausnahmsweise in der gedruckten Fassung erhalten. Zu den wenigen Ausnahmen zählt bezeichnenderweise der Vortrag „Kant's kategorischer Imperativ und die Gegenwart", der von *Johannes Volkelt* am 10.3. 1875 gehalten wurde.[183] Der Vortrag ist wichtig für die Einordnung des wissenschaftlichen Interesses am Materialismusstreit und an dem spezifischen positivistisch-neukantianischen Amalgam der 1870er.[184] Er beinhaltet, in Kürze gesagt, eine charakteristisch neukantianische, auf der kritischen Erkenntnislehre basierende Hochwürdigung *Kants.*[185] Die Erstellung der Druckfassung wurde vom Leseverein angeregt, weil der Vorstand des Vereins „den darin ausgesprochenen Ansichten nur seine volle Zustimmung geben kann" und „ihm eine Verbreitung des Vortrags auch in weitere Kreise als wünschenswert" erscheint.[186] Auch wenn sich dieses Urteil des Vorstands vordergründig auf die in dem Vortrag mitenthaltene Kritik des Wirtschaftssystems und der mangelnden Verfolgung von unredlichen Wirtschaftspraktiken beziehen sollte, stellt die Veröffentlichung eine eigenständige Episode in der Verbreitung und Popularisierung des Neukantianismus dar.

Interessant für die Beurteilung der nicht (nur) naturwissenschaftlich-technischen Ausrichtung im Verein ist auch die Reihenfolge, in welcher nach Disziplinen die Zeitschriften, die die Lesehalle erhalten hat, geordnet werden;[187] sowie die Auswahl von bekannten Persönlichkeiten, in welcher gleichzeitig romantische Dichter und Schauspieler neben Nordpolbesteigern als Gastredner anzutreffen sind.[188] Sowohl die neukantianischen Diskussionen als auch die zwei letztgenannten Punkte sind Zeugnisse einer Stimmung und intellektuellen Haltung, die

---

183 *J. Volkelt*, Kant's kategorischer Imperativ und die Gegenwart, 1875. *W. J. McGrath*, Student Radicalism in Vienna, Journal of Contemporary History 2 (1967), S. 189 ff.; *ders.*, a.a.O. (1974), S. 45 ff.

184 Vgl. noch den Vortrag „Kant und die Naturwissenschaften" am 14. 3. 1876 (Jahresbericht 5, S. 26), und den Redeabend mit Thema „Über Lange's Geschichte des Materialismus" am 17.11.1877 (Jahresbericht 7, S. 25).

185 *J. Volkelt*, a.a.O. (1875), S. 5 ff.

186 Anmerkung in: *Volkelt*, a.a.O. (1875), S. 3. Der Vortrag von *Volkelt* zeugt von einer differenzierten Bewertung des gesellschaftlichen Fortschritts und von einer Skepsis in den 1870ern, die sich nicht – wie in der Liszt-Forschung (Einleitung; Punkt D. im 14. Kapitel) – unter dem Stichwort des Fortschrittsglaubens fassen lässt. Es wird ein Fortschritt *des Komforts* („Zeit allgemeiner Auspolsterung") dem gesellschaftlichen *Rückschritt* des verantwortlichen und tiefgesinnten Handelns – ausgehend von einzelnen Rechtsbereichen („Kampf ums Recht") bis zu Lesergewohnheiten – gegenübergestellt. *J. Volkelt*, a.a.O., S. 15 ff. Vgl. für Nietzsche-Wagner Bezug *W. J. McGrath*, a.a.O. (1967), S. 192 ff.; *ders.*, a.a.O. (1974), S. 54 ff.

187 Vgl. Jahresbericht des Lesev. der deutschen Studenten Wien's: 1872–73, 2 (1873), S. 26 ff. (Reichsrathsverhandlungen; Jurisprudenz; Medicin, Pharmacie und Balneologie; Naturwissenschaften; Geschichte und Hilfswissenschaften; Literatur, Kunst und Theater; Philosophie, Philologie und Pädagogik; Stenographie; Militärwissenschaften; Technik und Gewerbe; Volkswirtschaft; Bodencultur; Bibliographie; Varia;; Zeitschriften politischen Inhalts;; Unterhaltungsblätter). Im Band 4 (1875), S. 32 ff. findet eine Neuordnung statt, sodass u. a. „Geschichte, Geographie, Statistik" vor „Naturwissenschaften" katalogisiert werden.

188 Vgl. Jahresbericht 1871–72, 1 (1872), 6 f.; 1873–1874, 4 (1875), S. 5 f.

keinesfalls mit einer üblichen, für die Zuordnung von *Liszt* charakteristischen Perspektive übereinstimmen, nach welcher sich *Liszts* Zeit allein durch Bewunderung der Technik und Naturwissenschaften ausgezeichnet haben soll. Im 14. Kapitel, bei der Analyse der heute aktuellen Bewertungen in der radikalen Liszt-Kritik, wird noch der besondere Hinweis gemacht, dass dieser Strang der Liszt-Forschung allzu unkritisch mit der Stigmatisierung unterschiedlicher Epochen als „naturalistisches" Zeitalter umgeht.

Geistesgeschichtlich ist von besonderem Interesse, dass in den spezifischen Ausprägungen des „Deutschnationalismus" unter den jungen Generationen in Österreich, der „Leseverein" in den ersten Jahren seines Bestehens Kontakt zu Professoren und Lehren suchte, deren „Ideen die Notwendigkeit einer wesentlich stärkeren gesellschaftlichen Verantwortung" vermittelten.[189] Das ist an erster Stelle für *Stein* zu behaupten, der mehrmals Vorträge im Leseverein hielt und dessen Vorlesungen an der Rechts- und Staatsfakultät auch in *Liszts* Curriculum standen (vgl. oben Überblick im Punkt A.II.). *Stein* vertrat eine charakteristische Mischung zwischen Aufwertung der Individualautonomie und Stärkung des Kollektiven.[190] Nach der Untersuchung von *McGrath* ist davon auszugehen, dass auch *Schopenhauer* und sein Werk ein erlösendes „Schlagwort" für weltanschauliche Verunsicherung der Vereinsmitglieder war.[191] In der Liszt-Forschung ist selten beachtet worden, dass *Schopenhauer* ein prominenter Gegner des Vergeltungsgedankens war.[192] Ein charakteristisch idealistisch geprägter Gedanke *Schopenhauers*, der vielleicht eine Entsprechung im „Marburger Programm" hat, ist die Idee, dass die einzelnen Strafmittel nicht unterschiedlichen Zwecken zugeordnet werden können oder sollten.[193]

3. Liszts Tätigkeiten

Den Jahresberichten sind folgende weitere Einzelheiten über die Tätigkeit *Liszts* zu entnehmen: am 1.5.1872 Teilnahme und Begrüßung im Namen der deutschen Studentenschaft Wiens bei den Eröffnungsfeierlichkeiten der „wiedergewonnenen

---

[189] *W. J. McGrath*, a.a.O. (1974), S. 44.

[190] Vgl. *W. McGrath*, a.a.O. (1974), S. 36f.; *S. Ehret*, Franz von Liszt und das Gesetzlichkeitsprinzip, 1996, S. 139; *S. Koslowski*, Zur Philosophie von Wirtschaft und Recht, 2005, S. 176ff. Vgl. für ähnliche Grundstimmung bei anderen Staatsphilosophen in Österreich: *P. Goller*, Rechtsphilosophie an der Universität Graz (1848–1945), in: T. Binder et al. (Hrsg.), Bausteine zu einer Geschichte der Philosophie an der Universität Graz, 2001, S. 605ff.

[191] Vgl. *W. McGrath*, a.a.O. (1974), S. 40ff. Vgl. noch zum Pessimismus *W. Scherer*, Die neue Generation (1870), in seinen Vorträgen und Aufsätzen, 1874, 408.

[192] Vgl. nur *F. Bauer*, Das Strafrecht und das heutige Bild vom Menschen in: L. Reinisch (Hrsg.), Die deutsche Strafrechtsreform, 1967, S. 15; *ders.*, Schopenhauer und die Strafrechtsproblematik (1968), in: Humanität der Rechtsordnung, 1998, S. 341; *L. Jiménez de Asúa*, „Corsi e ricorsi": Die Wiederkehr Franz von Liszts, GS Liszt, 1969, S. 151.

[193] Vgl. *F. Bauer*, a.a.O. (1968), S. 354f.

Universität Strassburg".[194] Am 30.5.–2.6. 1873 Besuch der „Lese- und Redehalle deutscher Studenten" in Prag; Begrüßung durch *Liszt*.[195] (Dieser Besuch war wichtig für die Konstitution einer „Redehalle" innerhalb des Wiener „Lesevereins"; die Redehalle kann als ein Vorbild der „Vorträge mit Debatte" in *Liszts* Seminar gewertet werden). Am 30. 3. 1874 Festrede für *Merkel*, welcher einen Ruf nach Straßburg angenommen hat.[196] Ergänzend darf auf eine Rede *Pernerstorfers* verwiesen werden, welcher zu entnehmen ist, dass gegen die Vorstandsmitglieder des Vereins, damit auch gegen *Liszt*, 1872 ein Disziplinarverfahren durch den Rektor eingeleitet wurde. Ausschlaggebend waren die geplanten Manifestationen im Verein anlässlich des Jahrestags des französisch-preußischen Friedens in Frankfurt.[197]

4. „Redehalle" und Umgang zwischen Professoren und Studenten

Von Interesse für *Liszts* wissenschaftlichen Umgang ist, dass der Verein seit dem zweiten Vereinsjahr nach dem Prager Vorbild neben einer „Lesehalle" (Angebot an laufenden Fachzeitschriften und Zeitungen) zusätzlich eine „Redehalle" (auch: „Rede-Club") angeboten hat, in welcher die Studenten Gelegenheit hatten, selbst Vorträge zu halten („allgemeine wissenschaftliche und Fachvorträge der studentischen Mitgliedschaft").[198] Es ist davon auszugehen, dass die in dem Leseverein entwickelten Formen des akademischen Umgangs zwischen Studenten und Professoren sowie das dort verbreitete Verständnis des Vortrags und der Diskussion *Liszt* auf Dauer geprägt haben. Zu bedenken ist, dass besondere Formen der Geselligkeit und ein hohes nationales Ziel, das Vereinsmitgliedern und Vereinsfreunden ständig vorschwebte, die sonst vorhandenen unterschiedlichen gesellschaftlichen Rollen und den gesellschaftlichen Status der Veranstaltungsbesucher einebneten und potenziell einen privaten Umgang zwischen Professoren und Studenten ermöglichten, für welchen auch die spätere professionelle und private Gastfreundschaft *Liszts* charakteristisch war.[199]

---

[194] Jahresbericht des Lesev. der deutschen Studenten Wien's: 1871–72, 1 (1872), S. 6f.

[195] Jahresbericht des Lesev. der deutschen Studenten Wien's: 1872–73, 2 (1873), S. 8.

[196] Jahresbericht des Lesev. der deutschen Studenten Wien's: 1873–74, 3 (1874), S. 7. *Liszt* hob besonders die „ideale Richtung" von *Merkel* hervor. Vgl. für gleichen Lob *Liszts* Nachruf an *Hamel*, in ZStW 38 (1917), 553 und *Liszt*, JW 1918, S. 754 (gegen „verbreitete materialistische Anbetung des äußeren Erfolgs").

[197] *W. J. McGrath*, a.a.O. (1974), S. 38.

[198] Vgl. *Liszt*, in: Jahresbericht des Lesev. der deutschen Studenten Wien's: 1872–73, 2 (1873), S. 4f.; die Chronik, ebendort, S. 7.

[199] Vgl. *K. Lilienthal*, Franz v. Liszt (Nachruf), ZStW 40 (1919), S. 535ff.; *R. Hippel*, Franz v. Liszt (Nachruf), ZStW 40 (1919), S. 529ff.; *G. Radbruch*, Der innere Weg (1951), Gesamtausgabe, Bd. 16, 1988, S. 208ff.; *Eb. Schmidt*, Persönliche Erinnerungen an Franz von Liszt, GS Liszt, 1969, S. 1ff.

3. Kapitel

Innere Richtung der Graf Thun'schen Universitätsreform: Historische Rechtsschule und Strafrecht des Vormärz

A. Die geistesgeschichtliche „Anomalie" in Österreich

I. Grundsätzlich

Für das Verständnis des geistesgeschichtlichen Zeitpunkts an der Universität Wien in der zweiten Hälfte des 19. Jahrhunderts ist von wesentlicher Bedeutung die Vergewisserung, dass die österreichische bzw. habsburgische akademische Landschaft (u. a. Wien, Padua, Krakau, Prag, Graz) einer anderen Entwicklung als die deutschen Universitäten nördlich von Österreich ausgesetzt war. Für die allgemeine Universitätsgeschichte geht es dabei um den Umstand, dass die Inhalte des Studiums und die Lehr- und Lernfreiheit bis 1848/49 unmittelbar durch Staat und Kirche bestimmt bzw. eingeschränkt waren.[200] Für die Rechtswissenschaft ist neben der Lehrfreiheit eine Reihe von akademischen Sondergesichtspunkten interessant. Die Rechtswissenschaft in Österreich und der akademische Unterricht blieben bis zu Graf *Thuns* Reform in den 1850er Jahren scharf von der Erneuerung der Jurisprudenz durch *Savigny* und die Historische Rechtsschule abgekoppelt. Man hat diesen Sachverhalt in der Geschichte der Rechtswissenschaft lange Zeit nur negativ dargestellt, in dem Sinne, dass durch Graf *Thuns* Reform ein vollkommener Missstand überwunden wurde.[201] Heute stößt man auf ausgewogenere Darstellungen, die sich

---

[200] *H. Lentze*, Die Universitätsreform des Ministers Graf Leo Thun-Hohenstein, 1962, S. 74 ff.; *T. Simon*, Die Thun-Hohensteinschen Universitätsreform und die Neuordnung der juristischen Studien- und Prüfungsordnung in Österreich, in: Z. Pokrovac (Hrsg.), Juristenausbildung in Osteuropa bis zum Ersten Weltkrieg, 2007, S. 2, 7 ff.; *C. Aichner/B. Mazohl*, „Für Geist und Licht! … Das Dunkel schwand!": Die Thun-Hohenstein'schen Universitätsreformen, in: dies. (Hrsg.), Die Thun-Hohenstein'schen Universitätsreformen 1849–1860, 2017, S. 14 ff.; *W. Höflechner*, Die Thun'schen Reformen im Kontext der Wissenschaftsentwicklung in Österreich, in demselben Sammelband (2017), S. 30 ff.; *F. L. Fillafer*, Leo Thun und die Aufklärung, ebendort (2017), 55; *M. G. Ash*, Wurde ein „deutsches Universitätsmodell" nach Österreich importiert?, ebendort (2017), 76; *T. Maisel*, Lehr- und Lernfreiheit und die ersten Schritte zu einer Universitäts- und Studienreform im Revolutionsjahr 1848/49, ebendort (2017), 99.

[201] Vgl. *H. Lentze*, a.a.O. (1962), S. 61 ff.; *T. Simon*, a.a.O. (2007), S. 5 f., 21 ff.; *L. M. von Thun und Hohenstein*, Bildungspolitik im Kaiserreich, 2015, S. 189 ff.; *C. Aichner/B. Mazohl*, a.a.O. (2017), S. 14 ff.; *F. L. Fillafer*, a.a.O. (2017), S. 63 ff.; *H. Lammasch*, Julius Glaser: Eine

bemühen, auch Teile der österreichischen Rechtstradition vor *Thuns* Reform positiv zu würdigen.[202]

Die Etablierung der Lehrfreiheit in den 1850er Jahren und *Thuns* Versuche, durch sein Programm und die Berufungspolitik die Entwicklung im Sinne der Historischen Rechtsschule in Österreich künstlich nachzuholen, haben in Bezug auf Lehreinheiten, Schwerpunkte und allgemein in Bezug auf das Verständnis von der Aktualität von Themen und einzelnen Werken zu einer Reihe von Erscheinungen geführt, die aus Sicht der Entwicklung der Wissenschaft und des Studiums des Rechts in den von dem Deutschen Reich 1871 umfassten Ländern als eine Anomalie erscheinen müssen. Das betrifft erstens den Höhepunkt der Lehren der Historischen Rechtsschule und des Interesses für *Savignys* Schrifttum, der im Vergleich zu Deutschland von den 1820er und 1830er Jahren in Österreich auf die Zeit zwischen 1855 und 1875 verlegt wurde. Der zweite Punkt betrifft die Rezeption der statistischen Analysen der Kriminalität. Die erste Hälfte des 19. Jahrhunderts war sowohl in England, Frankreich als auch im deutschen Vormärz die Blütezeit der analytischen (und kritischen) Erstellung von Korrelationen zwischen dem Zivilisierungsniveau (etwa „Bildung") und den Kriminalitätsziffern. Diese Rezeption wurde in Österreich politisch unterdrückt und das Interesse für diese Art der statistischen Kriminalitätsbetrachtung konnte sich erst nach 1848 entfalten.[203]

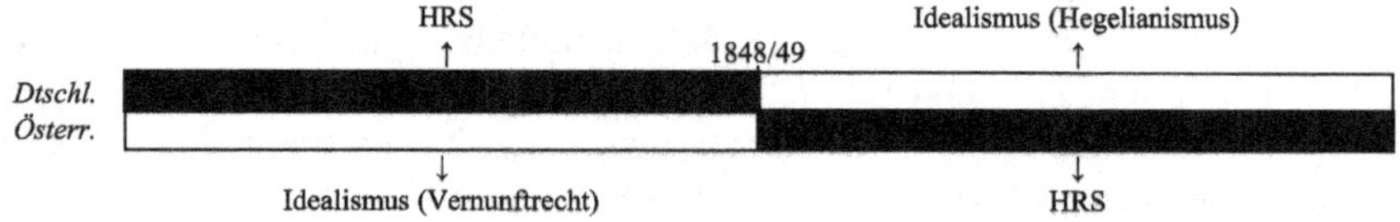

Abbildung 1: Schematische Darstellung der geistesgeschichtlichen „Rochade" zwischen Deutschland und Österreich (Rechtswissenschaft) im 19. Jahrhundert

Charakteristik, Grünhut's Zeitschrift 14 (1887), S. 677 („Oberflächlichkeit, Unwissenschaftlichkeit und Buchmacherei").

[202] *H. Mohnhaupt*, Zum Verhältnis zwischen Kodifikation und Rechtsprechung am Beispiel von Kommentaren und Rechtsprechungssammlungen zum ABGB, in: 200 Jahre ABGB, 2012, 121; *P. Goller*, Naturrecht, Rechtsphilosophie oder Rechtstheorie?, 1997, S. 65 ff., 76 f. Man beachte, dass eine Darstellung, die nicht auf die Entwicklung der Universität konzentriert ist, zur Einsicht kommen muss, dass die an den Universitäten fehlende Forschungsfunktion in anderen Institutionen, wie Gelehrtengesellschaften, vorhanden war (vgl. *W. Höflechner*, a.a.O. (2017), S. 31 ff.). Im juristischen Bereich ist beachtenswert, dass die Erstellung von einer qualitätsvollen Kommentarliteratur auf den außeruniversitären Bereich verschoben werden kann (vgl. für Gefahr der institutionellen Blindflecken der Kritik bereits *F. C. Savigny*, Vom Beruf, 2. Aufl. 1828, Vorwort S. VI; vgl. noch *Mohnhaupt*, loc. cit.; *Fillafer*, a.a.O. (2017), 63 f.). Es fehlte einerseits die Einrichtung der Aktenversendung und damit die Integrierung der Lehre in die Rechtsprechung; andererseits prägten unmittelbar die Justizorgane einen wissenschaftlicheren Begründungsstil als die Gerichte im Deutschen Reich (vgl. die Tätigkeit von *Liszts* Vater, Punkt B. im 7. Kapitel).

[203] Vid. *A. Pilgram*, Kriminalität in Österreich, 1980, S. 74 f.

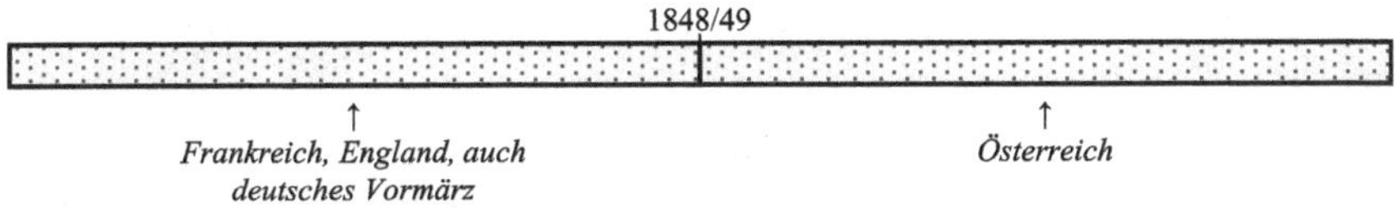

Abbildung 2: Verspätete Blütezeit der Verbindung zwischen Kriminalität und „Zivilisation", „Bildung" u. ä. Umständen bei der Erstellung von numeral-statistischen Korrelationen (in Österreich: „vor 1848 streng unterdruckte Rezeption"[204])

II. Bedeutung für die Liszt-Forschung

1. Das theoretische Paradigma der Historischen Rechtsschule

Für das Verständnis und die Einordnung von *Liszts* Werk kommt dem Umstand der Verschiebung der Blütezeit der Historischen Rechtsschule um einige Jahrzehnte große Bedeutung zu. Die Liszt-Forschung, besonders in der Tradition von *Welzel*, ist bislang immer von den zeitlichen Koordinaten der intellektuellen Entwicklung ausgegangen, die für Deutschland und das Kaiserreich maßgeblich waren, und hat es unterlassen, die markanten Punkte von *Liszts* Ansatz, wie etwa seine antiphilosophische „Pose", mit dem historischen österreichischen Hintergrund abzugleichen. Für die meisten Autoren war der Hinweis, dass *Liszt* ein Österreicher war, nicht viel mehr als eine einfache biographische Trivialität oder, wie bei *Radbruch*, der Anlass für bloß psychologisierende Erörterungen über österreichischen Charakter und rhetorisches Talent.[205] Erst in der deutlich moderner ausgerichteten Studie über

---

[204] *A. Pilgram*, a.a.O. (1980), S. 74 f.

[205] Vgl. *A. Grabovsky*, Nachruf Liszt, Das neue Deutschland 7 (1918/19), S. 417 f., 421; *A. Löffler*, Nachruf Liszt, Juristische Blätter, 1919, S. 222; *G. Radbruch*, Franz v. Liszt – Anlage und Umwelt (1938), Gesamtausgabe Bd. 16, S. 27; *St. Hurwicz*, Franz von Liszt og vor tids kriminalpolitik, Nordisk tidsskrift for kriminalvidenskab 1951, S. 11 (dazu *F. Bauer*, Das Verbrechen und die Gesellschaft, 1957, S. 148 f.); *Eb. Schmidt*, Einführung, 3. Aufl. 1965, S. 357 ff.; *ders.* Franz v. Liszt, in: Die großen Deutschen, Bd. 5, 1957, S. 409 f.; *R. Moos*, Franz v. Liszt als Österreicher, GS Liszt, 1969, 116; *G. T. Kempe*, Franz von Liszt und die Kriminologie, GS Liszt 1969, S. 811 f.; *K. Schwabe*, Wissenschaft und Kriegsmoral, 1969, S. 63; *A. Krebs*, Franz von Liszt zum Vollzug der Freiheitsstrafe, FS Würtenberger, 1977, S. 400 f.; *H. Müller-Dietz*, Das Marburger Programm aus der Sicht des Strafvollzugs, ZStW 94 (1982), S. 600; *H.-H. Jescheck*, Freiheitsstrafe bei Franz v. Liszt im Lichte der modernen Kriminalpolitik, FS U. Klug, Bd. 2, 1983, S. 258 f.; *H. Ostendorf*, Franz von Liszt als Kriminalpolitiker, Kriminalsoziologische Bibliografie 11 (1984), S. 2 f. (stark einschränkend); *M. Frommel*, Die Rolle der Erfahrungswissenschaften in Franz von Liszt's „Gesamter Strafrechtswissenschaft", Kriminalsoziologische Bibliografie 11 (1984), S. 44; *dies.*, Präventionsmodelle in der dt. Strafzweck-Diskussion, 1987, besonders S. 83 ff., 181; *K. Probst*, Geschichte der Rechtswissenschaftlichen Fakultät der Universität Graz, Bd. 3, 1987, S, 83 ff.; *H.-H. Jescheck*, ZStW 102 (1990), S. 658 f.; *P. Goller*, a.a.O. (1997), S. 125, 294 m.w.N.; *O. Hein*, Vom Rohen zum Hohen, 2001, S. 123 f.; *F. Herrmann*, Das Standardwerk, 2001, S. 11 ff., 178 ff.; *M. Kubiciel*,

„Liszt als Österreicher" von *Moos* wird auch unmittelbar auf Graf *Thuns* Reform verwiesen.[206]

Aus einer nur deutschen Perspektive, die sich mit intellektuellen Zuständen im Kaiserreich befasst, können *Liszts* strafrechtliche Grundsätze allzu schnell als individuelle, kontextunabhängige Schöpfungen erscheinen. Eine Würdigung der Historischen Rechtsschule und des mit ihr zusammenhängenden Strafrechts des Vormärz soll zeigen, dass *Liszts* Werk in vielerlei Hinsicht nur eine Neuordnung und Neubegründung des älteren Stoffes und keine modernistische Schöpfung von einem Nullpunkt aus enthalten hat. Das gilt für einzelne Aspekte, aber auch allgemein für die antiphilosophische Haltung, die bisher einseitig als die Folge eines äußeren Einflusses des Comte'schen Positivismus erörtert wurde, im Grunde aber der für die Historische Rechtsschule charakteristischen Debatte aus dem inneren Bereich der Rechtswissenschaft entspringt (Punkt B. in diesem Kapitel).

Im Rahmen der Reform Graf *Thuns* wurden Autoren aus dem Vormärz als Gewährsmänner für eine erkenntnistheoretische Position wahrgenommen, die sich der Philosophie und ihren Einflüssen auf die Rechtswissenschaft widersetzt hat. *Savignys* aus der „Beruf"-Schrift und auch sonst aus seinen Schriften abstrahierbare Hermeneutik stellt in diesem Verständnis eine Neuordnung zwischen Begriff und Wirklichkeit in der Rechtswissenschaft dar. Im Gegensatz zum philosophischen Schrifttum, das zur Generalisierung und spekulativer Abstraktion neige, soll die Bedeutung *der individuellen Erscheinung* rekonstruiert werden. Der Wert von allgemeinen Gedanken wird nicht prinzipiell bestritten, sie werden jedoch im neuen (historistischen) Paradigma nicht apriori konstruiert, sondern als „stoffverantwortliche" Auffassungsmuster in Verbindung mit bestehenden gesellschaftlichen Einrichtungen legitimiert. Für *Savigny* zeigte das Beispiel der klassischen römischen Juristen, dass ein virtuoser Umgang mit dem Stoff, eine lebendige Hin- und Herbewegung zwischen abstrakten Instituten und konkreten Sachverhalten des Lebens ohne philosophische Spekulation und übertriebene Deduktion möglich ist.

Die genannte epistemologische Grundhaltung, die auch als Mannigfaltigkeitsfreude bezeichnet werden kann, war keine Neuerfindung und auch keine Exklusivität *Savignys.* Man findet eine Abneigung gegen philosophische Verallgemeinerungen und eine Aufwertung der Individualität im Gegensatz zu abstrakten philosophischen Begriffen sowohl in allgemeinen Überlegungen über Recht und Freiheit, etwa 1778 bei dem von *Savigny* geschätzten *Möser,*[207] als auch bei zahlreichen Autoren des

---

Franz v. Liszt und das Europäische Strafrecht, in: A. Koch/M. Löhnig (Hrsg.), Die Schule Franz von Liszts, 2016, 230. Vgl. noch *R. Stintzing/E. Landsberg*, Geschichte der deutschen Rechtswissenschaft, Bd. 3/2, 1910, S. 954 ff., 963.

[206] Vgl. *R. Moos*, a.a.O. (1969), S. 121.

[207] *J. Möser*, Der jetzige Hang zu allgemeinen Gesetzen und Verordnungen ist der gemeinen Freyheit gefährlich (1778), Patriotische Phantasien, in: Justus Möser's sämmtliche Werke, Bd. 2, 1858, 20. Vgl. *H. Mohnhaupt*, a.a.O. (2012), S. 122. Die für *Möser, Savigny, Humboldt* und zahlreiche Autoren des Vormärzes charakteristische *obsessio* mit „Mannigfaltigkeit", die gegen „Begriffe" kämpft und durch sie nur bruchhaft gewürdigt wird, kulminiert in der

deutschen Vormärzes, wie bei *Platner*[208] und bei dem für die hiesige Untersuchung wichtigen *Mittermaier*.[209] Die anderen Autoren ergänzen, übertreffen und nehmen *Savigny* sogar teilweise vorweg. Sie etablieren alle zusammen sowohl zeitlich als auch systematisch einen spezifischen antiphilosophischen Block zwischen dem Vernunftrecht und dem Hegelianismus.[210] Dieser Block kritisiert, verwirft und schränkt die Philosophie im Rahmen der Rechtswissenschaft nicht aus der Lust an einem abstrakten antiphilosophischen Programm, etwa im Sinne des Positivismus bei *Comte*, ein, sondern aus der lebendigen Einsicht, dass die Philosophie in der Rechtswissenschaft sowohl im Bereich der Gesetzgebung als auch in dem Forum der wissenschaftlichen Auseinandersetzung selbst zu einer Reihe von Fehlentwicklungen geführt hat. Die philosophischen Missverständnisse, die angegriffen werden,

theoretischen Auffassung der „Grenzen der naturwissenschaftlichen Begriffsbildung" bei *Rickert*. Vgl. *Möser* loc.cit.; *K. L. Reinhold*, Über den Begriff der Geschichte der Philosophie, in: Beyträge zur Geschichte der Philosophie, Bd. 1, 1791, S. 12; *W. Humboldt*, Ideen zu einem Versuch, die Grenzen der Wirksamkeit des Staats zu bestimmen (partiell zuerst 1792 veröffentlicht), 1851, etwa S. 3, 9, 11 f., 13, 37, 41, 43, 56, 72, 149; *F. C. Savigny*, Vom Beruf, 1814, S. 14, 22, 41 ff., 127 f. Für politische Mannigfaltigkeit und Pluralismusforschung vgl. *S. Meder*, Doppelte Körper im Recht: Traditionen des Pluralismus zwischen staatlicher Einheit und transnationaler Vielheit, 2015, S. 164 ff. Für erkenntnistheoretische Zuspitzung *H. Rickert*, Die Grenzen der naturwissenschaftlichen Begriffsbildung, 5. Aufl. 1929 (Überwindung der Mannigfaltigkeit durch Begriffe als Hauptstichwort des Buches). Für Topos der Mannigfaltigkeit in Wien *J. Glaser*, Über Aufgabe und Behandlung der Wissenschaft des österreichischen Strafrechts (1854), in seinen Kleineren Schriften, Bd. 1, 1868, , S. 12, 14 f., 17 und *W. E. Wahlbergs* Das Princip der Individualisierung, 1869.

[208] Vgl. *Ed. Platner*, Abhandlung über die wissenschaftliche Behandlung der römischen Alterthümer, 1812; *ders.*, Die Idee und ihre Carricaturgestalten, 1837; *ders.*, Über die falsche Idealität, 1838, S. 6 („Gespänster (…) ohne Fleisch und Blut"); *ders.*, Über die Bedeutung und Realität des Rechtsbegriffs, 1839, S. 286 ff.; *ders.*, Über die Individualität in ihrer Verirrung und in ihrer Wahrheit, 1840; *ders.*, Über die Entwicklung des Volksindividualität, 1843, S. 11.

[209] Vgl. *C. J. A. Mittermaier*, Einleitung in das Studium der Geschichte des germanischen Rechts, 1812; *ders.*, Über die Grundfehler der Behandlung des Criminalrechts in Lehr- und Strafgesetzbüchern, 1819, S. 36; *ders.*, Über den neusten Zustand der Criminalrechtswissenschaft in Deutschland, Neues Archiv des Criminalrechts 4 (1820), S. 76 ff.; *ders.*, Werth der Kenntnis der Rechtsübung für die Gesetzgeber (1849), in *Feuerbachs* Aktenmäßigen Darstellung merkwürdiger Verbrechen, 3. Aufl. 1849, S. 1 ff.

[210] Für die theoretische Zwischenstellung der Historischen Rechtsschule s. vor allem *E. Rothacker*, Einleitung in die Geisteswissenschaften, 2. Aufl. 1930, S. 37 ff.; *ders.*, Die deutsche Historische Schule (1950), in seiner Sammlung Mensch und Geschichte, 1950, 9. Eine soziologisch-modernistische Interpretation von *Savignys* Anliegen geben *A. Manigk*, Savigny und der Modernismus im Recht, 1914; und mit Bezug auf die Wiener Verhältnisse und Graf Thuns Reform *W. Zimmermann*, Valtazar Bogišić, 1962, S. 214 ff. Klassische Deutung mit Hervorhebung des ontologisierenden Gehalts der Dogmatik *J. Rückert*, Idealismus, Jurisprudenz und Politik bei Friedrich Carl von Savigny, 1984; moderne Deutung mit Akzent auf rechtswissenschaftlich grundierte Hermeneutik der Dogmatik *S. Meder*, Missverstehen und Verstehen: Savignys Grundlegung der juristischen Hermeneutik, 2004; moderne Deutung mit Akzent auf Renaissance des klassischen Altertums *O. Behrends*, Savignys Geistigkeit und der Geist der justinianischen Kodifikation: Fortdauernde Wirkung trotz gravierender neuzeitlicher, nationalistischer und idealistischer Missdeutungen, in: S. Meder/C.-E. Mecke (Hrsg.), Savigny global „1814–2014", 2016, 25.

reichen von der Verkennung der historischen Kontextualität beim Auslegen und bei der Verwertung des Schrifttums bis zur Förderung einer dysfunktionalen akademischen Diskussionskultur, bei welcher jeder Autor-Philosoph auch künstlich Gegensätze und neue Sichtweisen produziert hat, um sich öffentlich durch eine eigene Theorie auszeichnen zu können.

2. Besonders zum Vorgang der Rezeption

Die Historische Rechtsschule bildete für die Belange von *Thuns* Reform ebensowenig wie die strafrechtliche Reformbewegung und andere für Gespräch und Erkenntnis zusammengefasste Richtungen eine Einheit. Man hat in Österreich unter dem Legitimationsdrang, nachweislich im Sinne der Historischen Rechtsschule zu arbeiten, auf verschiedene Autoren und Ansätze zurückgegriffen, die in Deutschland aus dem Fokus geraten waren. Die Zeitdistanz schuf Raum für Zuspitzungen und für Deutungen im Sinne von aktuellen Bedürfnissen. Es wurden Schwerpunkte ausgeformt, die in den Originalschriften nur ein Teil des in der Rezeption selektiv wahrgenommenen Äußerungskontinuums waren. Man erkennt im Österreich der 1850er, 1860er und 1870er Jahre trotz gleicher nationalen Prämisse („deutsche Rechtswissenschaft“) einen konstitutiv rezeptiven Vorgang, mit eigenen, von außen herangetragenen Akzenten, die sich nur teilweise mit Nuancen und Impulsen decken, die in der Originalliteratur des Vormärz enthalten waren.[211]

Was im Grunde in der österreichischen Renaissance der Historischen Rechtsschule vorhanden war, war *eine künstlich herbeigeführte Kontinuität* zwischen den einerseits in Deutschland 1814–1848 entwickelten und andererseits seit *Thuns* Reform in Österreich propagierten Handlungspraktiken und Topoi. Die entscheidende literarische Bedeutung kam dabei einer Neutheorisierung der rechtswissenschaftlichen Methode auf der Grundlage von *Savignys* Äußerungen in „Beruf“ (1814) und der methodologischen Ausführungen in seinem „System des heutigen Römischen Rechts“ (1840–1849) zu. Die Antrittsvorlesungen von *Thuns* Hauptprotagonisten wie *Unger* im Zivilrecht oder *Glaser* im Strafrecht stellen Manifeste der österreichischen Historischen Rechtsschule dar, in welchen sich die neuen Dozenten bemüht haben, im Einklang mit *Savignys* Programm die von *Thun* gewünschte

[211] Vgl. zur Rezeptionsproblematik *H. Dedek*, „Darwin before Darwin“: Berufsschrift und Evolutionsgedanke, in: S. Meder/C.-E. Mecke (Hrsg.), Savigny global, 2016, S. 82 ff. Für die Wahrnehmung der Historischen Rechtsschule in rezeptiven Vorgängen *M. Reimann*, Historische Schule und Common Law, 1993; *A. Bürge*, Der Streit zwischen „philosophischer“ und „historischer“ Rechtsschule aus französischer Sicht, in: R. Blänkner et al. (Hrsg.), Eduard Gans (1797–1839), 2002, S. 313 ff.; *C. Gadomski*, Die Rezeption der historischen Rechtsschule und der Pandektenwissenschaft in der italienischen Wissenschaft, 2006; *S. Meder*, Rechtsgeschichte, 6. Aufl. 2017, S. 354 ff., 363 ff.; *H.-P. Haferkamp*, Die Historische Rechtsschule, 2018, S. 443 ff.

antiphilosophische Wende in einzelnen Bereichen der Rechtswissenschaft zu begründen.[212]

3. Besonders zum Strafrecht des Vormärz

Im Bereich des Strafrechts ist neben der theoretischen Nähe von *Mittermaier* zu *Savigny*[213] zu vermuten, dass ein weiterer wichtiger Punkt in Wien zur Übernahme und zur Anlehnung an die Sichtweisen, Themen und Handlungsweisen der Strafrechtswissenschaft aus dem deutschen Vormärz geführt hat. Der progressive und reformorientierte Teil dieser Wissenschaft zeichnet sich durch eine vollständige Verbindung der Prozesskunde, der dogmatischen Überlegungen, der Gefängniskunde, der gesellschaftlichen Analyse der Verbrechensursachen, der Überlegungen über die Verhaltensmuster von Richtern und von zahlreichen forensischen und medizinischen Einsichten zu einem einheitlichen rechtspolitischen Thema aus. Das Zentralorgan dieser international geprägten Richtung war in Deutschland das „(Neue) Archiv des Criminalrechts", dessen maßgeblicher Herausgeber seit seiner Gründung 1817 *Mittermaier* war. Anders als in Deutschland, wo *Mittermaier* und grundsätzlich die Ideale und führenden Persönlichkeiten seines Jahrgangs nach den Ereignissen von 1848/49 marginalisiert und in der kabinettsgeleiteten Geschichtsschreibung entwertet waren, kann in Österreich auch in den 1860er Jahren eine staatliche Förderung von *Mittermaiers* strafrechtlichem Werk nachgewiesen werden.[214] Graf *Thun* war selbst im Bereich des Strafrechts ein Reformer des Sträflingswesens vor der Revolution.[215]

---

[212] Vgl. *J. Unger*, Über die wissenschaftliche Behandlung des österreichischen gemeinen Privatrechts (Prager Antrittsrede), 1853; *ders.* Über den Entwickelungsgang der österreichischen Civiljurisprudenz seit der Einführung des allgemeinen bürgerlichen Gesetzbuches (1855), Anhang in seinem System des österreichischen allgemeinen Privatrechts, Bd. 1, 3. Aufl. 1868 (1856), S. 637 ff., sowie S. III ff.; *J. Glaser*, Antrittsrede (Über Aufgabe und Behandlung der Wissenschaft des österreichischen Strafrechts), a.a.O. (1854), 3 (dazu *Mittermaier*, a.a.O. (1858), S. 273); *ders.*, Über das Verhältnis der Theorie und Praxis im Strafrecht (1857), in Kleineren Schriften, Bd. 1, 1868, 65 (vgl. *Savigny*, a.a.O. (System), Bd. 1, 1840, S. XIX ff.); *ders.*, Über Notwehr, in Kleineren Schriften, Bd. 1, 1868, 195; *V. Bogišić*, Über das wissenschaftliche Studium des slavischen Rechts (Antrittsvorlesung, 1869), in: W. Zimmermann, a.a.O. (1962), S. 359 ff. Vgl. auch *R. Jherings* Wiener Antrittsvorlesung: Ist die Jurisprudenz eine Wissenschaft? (1868), 1998 (Erstveröffentlichung).

[213] Vgl. die Stellung der „historischen" Methode und Kritik an Generalisierung bei *Mittermaier*, a.a.O. (1819), S. 3 ff.; *ders.*, a.a.O. (1820), S. 76 ff.

[214] Vgl. Bohemia, Morgenblatt für 5. 1. 1865, S.602 (Entscheidung über Vergabe der Ehrendoktorwürde anlässlich des 500. Jubiläums der Universität zu Wien an *Mittermaier* sowie einige Koryphäen der sog. zweiten Generation der Historischen Schule wie *Bluntschli*, *Gneist*, *Zachariä*, *Mohl*); Neues Fremden-Blatt (Wien), v. 7. 8. 1867 (Nr. 214), S. 1 (Auszeichnung von *Mittermaier* durch den Kaiser). Vgl. auch *Liszt*, Strafrecht und Strafprocess, in: W. Lexis (Hrsg.), Die deutschen Universitäten, 1893, S. 354.

[215] Vgl. *A. Helfert*, Graf Leo Thun: Lehr und Wanderjahre (Helferts) Österreichisches Jahrbuch 15 (1891), S. 170 ff. Vgl. noch *L. H. Riemer*, Das Netzwerk der „Gefängnisfreunde", 2005, S. 531, 612, 1292 (Thuns Erwähnung in *Mittermaiers* Korrespondenz). *Thun* lernte

Eine besondere Hervorhebung verdient *Thuns* 1836 erschienenes Buch über die „Nothwendigkeit der moralischen Reform der Gefängnisse“, in dem er mit klassischen Topoi der Zeit die Zerstörung von „Gesundheit und Leben“ in Gefängnissen beschreibt und das Werk *John Howards* würdigt,[216] die vorgefundenen Gefängniszustände als „wahre Schule der Verbrecher“ kritisiert und die „Bedürfnisse eines weißen Fortschritts“ als Maßstab für die Änderungen setzt.[217] Die Diskussion im Buch gehört zur Diskussion über den Zweck der Strafe im Vormärz, auf welche noch weiter unten, im Kapitel über *Liszts* Zweckgedanken hingewiesen wird (Punkt D. im 6. Kapitel). Für die Beurteilung der Gefängnisstrafe und die Einrichtung der Gefängnisse fordert *Thun* primär die Untersuchung des „Zwecks, den man dadurch zu erreichen wünscht“.[218] In seinem Konzept können Eckpfeiler der Strafzwecksystematisierung bei *Liszt* wiedererkannt werden. Es sollten folgende Zwecke berücksichtigt werden: „sichere Verwahrung des Verurteilten (...) und so viel als möglich Abschreckung und Besserung“.[219] Es ist zu vermuten, dass sich der reformkriminalistische Hintergrund von *Thun* maßgeblich auf die Berufung von Strafrechtlern wie *Glaser* und *Wahlberg* und auf die von ihnen vorgestellten Lehrprogramme in Österreich während der Universitätsreform ausgewirkt hat. Die Berufungspolitik an reformierten Universitäten wurde unmittelbar und als praktischer Schwerpunkt der Reform bis ins Detail persönlich von Graf *Thun* gestaltet.[220]

4. Überblick über wichtige Punkte

Die folgenden Ausführungen sollen in dreifacher Hinsicht die Bedeutung von Graf *Thuns* Reform und der herbeigeführten Kontinuität mit der Historischen Rechtsschule und dem Strafrecht des Vormärzes dokumentieren. Es wird zuerst auf die grundsätzliche Bedeutung der Philosophiekritik im Rahmen der Historischen Rechtsschule hingewiesen (Punkt B.). Dem folgt eine Analyse von institutionellen Praktiken des Vormärzes, die im Rahmen von Graf *Thuns* Reform wiederaufgewertet wurden. In diesem Zusammenhang wird die Bedeutung der Gefängniskunde festgestellt und der Vorschlag gemacht, dass *Liszts* „ZStW“ als eine Neugründung von

---

1831–35 während der Studienreise in England und Frankreich die sozialreformatorischen Ideen aus erster Hand kennen (*A. Helfert*, a.a.O., S. 153 ff., 166 ff.); Ende der 1830er Jahre veröffentlichte er mehrere Schriften, in welchen er sich für die Reform der Gefängnisse und das Ideal der Rehabilitation eingesetzt hat. Im Jahr 1839 war er in Prag Gründer und Leiter eines „Schutzvereins für entlassene Züchtlinge“ (*L. Thun*, Verein zum Wohle der entlassenen Züchtlingen, Jahrbücher der Gefängnisskunde und Besserungsanstalten 1 (1842), S. 278; *C. J. A. Mittermaier*, Über den gegenwärtigen Zustand des Gefängniswesens in Europa und Nordamerika, Archiv des Criminalrechts 10 (1843), S. 297; *A. Helfert*, a.a.O., S. 190 ff.).

[216] *L. Thun*, Die Nothwendigkeit der moralischen Reform der Gefängnisse mit Hinweisung auf die zur Einführung derselben in einigen Ländern getroffenen Massregeln, 1836, S. 3.

[217] *L. Thun*, a.a.O. (1836), S. 7, 43.

[218] *L. Thun*, a.a.O. (1836), S. 4.

[219] *L. Thun*, a.a.O. (1836), S. 5.

[220] Über die Berufungspolitik *H. Lentze*, a.a.o. (1962), S. 113 ff., 257 ff.

Mittermaiers „Archiv" beurteilt wird (Punkt C.I.). Im folgenden Schritt wird auf die Kontinuität von Topoi wie „Evolution statt Revolution" und „die gerechte Strafe ist die notwendige Strafe" hingewiesen (hier wird unterschieden zwischen allgemein-juristischen Topoi der Historischen Rechtsschule im Punkt C.II. und Topoi des Strafrechts des Vormärzes im Punkt C.III.). Schließlich wird im Rahmen eines offenen Umgangs mit der Historischen Rechtsschule, der verschiedene Entwicklungslinien mitberücksichtigt, darauf hingewiesen, dass *Savignys* Grundprogrammatik sowohl als maßgeblicher Kontext einer inneren begrifflichen „Störung" in der Rechtswissenschaft (Stichwort: System, Begriffsjurisprudenz) als auch als der eigentliche theoretische Anstoß für den empirischen Ton in der Rechtswissenschaft angesehen werden kann (Punkt D.).

Für die Darstellung ist wichtig hervorzuheben, dass das Strafrecht des Vormärz dem Forscher heute dank einer Reihe von neueren Veröffentlichungen des „Max-Planck Instituts für europäische Rechtsgeschichte" in Frankfurt, in einem anderen Gewand als noch am Ende des 20. Jahrhunderts, begegnet (vgl. Einleitung, Punkt I.1.). Das betrifft in erster Linie das Werk von *Karl Mittermaier*. Ihm gebührt nach der neueren Forschung der Platz einer Zentralgestalt der deutschen und europäischen Strafrechtswissenschaft im Vormärz,[221] während er früher als ein „empirischer" Exzentriker in der Strafrechtswissenschaft porträtiert wurde, der keine Nachfolger hinterlassen hat.[222] *Mittermaier* war um 1820 der ausdrückliche Befürworter einer antiphilosophischen, „historischen" Methode auf dem Gebiet des Strafrechts und sein Konzept der Strafrechtswissenschaft bildete den Grundbezugspunkt bei der Konstruktion der Strafrechtswissenschaft in Wien. Das wird unten am Beispiel der Forderung der „Individualisierung" bei *Wahlberg* demonstriert (Punkt B.III. in diesem Kapitel).

B. Wissenschaftlichkeit ohne bzw. neben Philosophie

I. Die antiphilosophische „Pose" beim frühen Savigny

Die Savigny-Forschung bemüht sich, etwa in der Tradition von *Wolf* und *Rückert*, auf einem beachtenswerten Niveau durch die Auffassung von verschiedenen Teilen seiner Korrespondenz und mannigfaltig erhaltenen Vorlesungsnachschriften, verschiedene Gedankenmassen auch dort zu verfolgen, wo es, sei es zeitlich oder

[221] *L. H. Riemer*, a.a.O. (2005); *ders.*, „Die Welt regiert sich nicht durch Theorien": Strafrechtsvergleichung und Rechtspolitik in Karl Josef Anton Mittermaiers Konzept einer „praktischen Rechtswissenschaft", in: S. Kesper et al. (Hrsg.), Die Internationalisierung von Strafrechtswissenschaft und Kriminalpolitik (1870–1930), 2007, 19.

[222] *Eb. Schmidt*, Einführung, 3. Aufl. 1965, S. 289; *K. Lüderssen*, Karl Joseph Anton Mittermaier und der Empirismus in der Strafrechtswissenschaft, JuS 1967, 444; *D. Stephanitz*, Exakte Wissenschaft und Recht, 1970, S. 200 (systematische Übereinstimmung zwischen *Mittermaier* und *Liszt*).

systematisch bedingt, an Äußerungen in *Savignys* grundlegenden Werken fehlt.[223] Man diskutiert *Savignys* Sichtweisen in Anbetracht seiner frühen Äußerungen in der Korrespondenz unter dem Topos des Antikantianismus.[224] Der Korrespondenz und den Nachschriften sollte nicht die gleiche Bedeutung zukommen wie den fertigen und imprimatorisch besiegelten Werken. Die interessanten Stellen dürfen jedoch hier nicht übergangen werden, weil sie aus der Zeit stammen, in welcher sich *Savigny* noch als Strafrechtler zu profilieren suchte. Seine Dissertation über die Idealkonkurrenz (1800) und seine erste Vorlesung (1800/1801) waren strafrechtlich.[225]

Einem Brief *Savignys* ist seine vollständige Haltung gegenüber dem metaphysischen Vergeltungsgedanken bei *Kant* zu entnehmen. Für *Savigny* ist wichtig, dass sich „die Rechtlichkeit" der Strafe „nicht von selbst verstehe", sobald eine „ungerechte Handlung" (Tat) von einem Menschen verrichtet wurde. Sogar aber unter dieser Prämisse möchte *Savigny* gegen die Vergeltung den Einwand vorbringen, dass es unmöglich ist, der „ungerechten Handlung" den (retributiven) „Maßstab" für die „Behandlung des Menschen" bzw. die Sanktion abzugewinnen.[226] Deswegen müsste im philosophischen Sinne retributiv Strafen heißen, „nur an die Stelle einer Willkür im Einzelnen eine Willkür im Ganzen zu setzen".[227] In einem weiteren Brief aus der Zeit kritisiert *Savigny* das Vernunftrecht, er nimmt als Beispiel *Feuerbach*, und vermerkt, dass er in Schriften, die in diesem Geiste entstanden sind, nicht die Wahrheit, im Sinne der Schlüssigkeit der transzendenten Folgerung, „sondern die Existenz" vermisse.[228] Im gleichen Brief äußert er die Meinung, dass hinter metaphysischen Rechtskonstruktionen oft Unkenntnis des Rechtsphänomens steht:

---

223 Vgl. *E. Wolf*, Große Rechtsdenker, 4. Aufl. 1963, S. 480; *J. Rückert*, Methode und Zivilrecht beim Klassiker Savigny, in: J. Rückert/R. Seinecke (Hrsg.), Methodik des Zivilrechts, 3. Aufl. 2017, 53; *H. Akamatsu/J. Rückert*, in: H. Akamatsu/J. Rückert (Hrsg.), Friedrich Carl von Savigny: Politik und neuere Legislationen, 2000, Einleitung, S. XVII.

224 *O. Behrends*, Savignys Geistigkeit und der Geist der justinianischen Kodifikation, in: S. Meder/C.-E. Mecke, Savigny global 1814–2014, S. 50ff.; *E. Wolf*, a.a.O. (4. Aufl. 1963), S. 476; *J. Rückert*, a.a.O. (1984), S. 196; *F. C. Beiser*, The German Historicist Tradition, 2011, S. 224ff. Vgl. noch *C.-E. Mecke*, Begriff und System des Rechts bei Georg Friedrich Puchta, 2009, S. 444f.

225 Dazu *Savigny* in: Vermischte Schriften, Bd. 4, 1850, S. 74ff. *F. C. Savigny*, Dissertatio inauguralis juridica de concursu delictorum formali (...), 1800, in: Vermischte Schriften, Bd. 4, 1850, 74. Zur Vorlesung aus dem Jahr 1800/1801 insbesondere *A. Mazzacane*, Friedrich Carl von Savigny: Vorlesungen über juristische Methodologie, 2. Aufl. 2004, S. 133; *J. Rückert*, a.a.O. (1984), S. 65ff. („Die sog. Strafrechtsepisode"). Man begegnet in seiner für die Rechtstheorie wichtigen Ausarbeitung der Vorlesung zur „Juristischen Methodologie" (1802/1803) Punkte, in denen gesondert das Strafrecht angesprochen wird. Vgl. „Methodologie (1802/1803)", in: *A. Mazzacane*, a.a.O. (2004), S. 91, 102, 108, 130ff.; „Juristische Methodologie" (Nachschrift von J. Grimm), ebendort (2004), S. 137ff., 141, 157, 166, 189ff.

226 Savignys Brief an Brüder Kreuzer und Schwarz, vom 13.03.1800, in: *A. Stoll*, Der junge Savigny, 1927, S. 148.

227 Savignys Brief an Brüder Kreuzer und Schwarz, vom 13.03.1800, in: *Stoll*, a.a.O. (1927), S. 148.

228 Savignys Brief an Jakob Fries, vom 3.2.1802, in *E. L. Henke*, Jakob Friedrich Fries, 1867, S. 294.

„Kants Naturrecht hat mich ganz und gar nicht angesprochen. Es kam mir vor, als habe er geglaubt, aus seinem metaphysischen Standpunkt auch etwas sagen zu müssen über diesen Gegenstand, obgleich ihm dieser fremd war und fremd blieb."[229]

II. Die antiphilosophische „Pose" in Savignys „Beruf", bei Mittermaier und in Wien

Die „Beruf"-Schrift von *Savigny* enthält eine zweifache Kritik an der philosophischen Behandlung des Rechts. Sie wird erstens als eine Erscheinung in der Wissenschaft, zweitens als eine Mode in der Gesetzgebung kritisiert. In Bezug auf die Wissenschaft geht es, wie sich *Savigny* ausdrückt, um eine „unglückliche" Einwirkung der Philosophie auf die Rechtswissenschaft des 18. Jahrhunderts.[230] Im Mittelpunkt der Kritik stehen nicht die an sich änderbaren Ergebnisse, zu denen philosophisch beeinflusste Schriftsteller gekommen sind, sondern die Herangehensweise, ein „vielfältig flaches Bestreben in der Philosophie".[231] Den vernunftrechtlichen Kodifikationen würde die falsche Überzeugung zugrunde liegen, dass das Recht erschöpfend durch Gesetze bestimmt werde und in der Rechtspraxis nur als eine „Art mechanischer Anwendung" bestehen könne.[232] Als größte Verfehlung wäre einzuschätzen, dass die Redaktoren von einer „großsprechenden, völlig hohlen Ansicht" ausgingen, derzufolge ein „allgemeines Vernunftrecht, ohne Rücksicht auf etwas bestehendes" die Inhalte des Gesetzes bestimmen solle.[233]

Das strafrechtliche Pendant zu *Savignys* Kritik im „Beruf" bildete im Vormärz *Mittermaiers* Kritik an der philosophischen Behandlung. Sie ist schwerpunktmäßig in seinen zwei grundlegenden Texten aus 1819 und 1820 enthalten: in der Abhandlung „Über die Grundfehler der Behandlung des Criminalrechts in Lehr- und Strafgesetzbüchern"[234] und im Aufsatz „Über den neusten Zustand der Criminalrechtswissenschaft in Deutschland".[235] Die Übernahme der kritischen Sicht *Savignys* im Bereich des Strafrechts erscheint aus mindestens zwei Gründen nicht willkürlich, sondern als sinnvoller Teil eines konsequenten Ausbaus des antiphilosophischen Blocks. Erstens ist zu berücksichtigen, dass die neuere Savigny-Forschung durch die Kritik der Editionsgeschichte den Nachweis erbracht hat, dass die „Beruf"-Schrift nur äußerlich auf die Herausforderungen des sog. zivilistischen „Kodifikationsstreites"[236] abgestimmt war. Die eigentliche Kritik in der Schrift wurde von *Savigny*

---

[229] Savignys Brief an Jakob Fries, vom 3.2.1802, in *E. L. Henke*, a.a.O. (1867), S. 295.

[230] *F. C. Savigny*, Beruf (1814), S. 48; 2. Aufl. 1828, Vorwort, S. V.

[231] *F. C. Savigny*, Beruf (1814), S. 48; 2. Aufl. 1828, Vorwort, S. V.

[232] *F. C. Savigny*, Beruf (1814), S. 6ff., 16ff., 54ff., 87f.; *ders.*, System des heutigen Römischen Rechts, Bd. 7, 1848, Vorrede S. VIII.

[233] *F. C. Savigny*, Beruf (1814), S. 17f.

[234] *C. J. A. Mittermaier*, a.a.O. (1819).

[235] *C. J. A. Mittermaier*, a.a.O. (1820).

[236] *H. Hattenhauer*, Thibaut und Savigny, 2. Aufl. 2002, Einführung.

als theoretische Auseinandersetzung *grundlegender* Art, und zwar mit dem spekulativen Recht und der abstrakten Gesetzgebung konzipiert.[237] Zweitens ermöglichte die realistische Note, die in der Beruf-Schrift im Gegensatz zur philosophischen Behandlung vorhanden ist („Rücksicht auf etwas Bestehendes"), eine glückliche Anbindung an ältere kriminalistische Ansätze in der empirischen Tradition der Aufklärung. Sie mussten, wie die oben dargelegten Ausführungen über *Savignys* Kritik an *Kant* zeigen, auch *Savigny* geläufig gewesen sein und können in vielfacher Hinsicht als die eigentliche Grundlage seines erkenntnistheoretischen Standpunkts aufgefasst werden.

Die antiphilosophische Haltung wird bei *Mittermaier* durch die Forderung eines „allein richtigen historischen Wegs" gegenüber dem bloßen „Philosophieren" oder der „rein philosophischen Behandlung" artikuliert.[238] Allerdings ist unverkennbar, dass „historisch" im Text in einem Sinne verwendet wird, der sich heute nicht leicht und nicht von selbst erschließt. In der klassischen Ausdrucksweise des 18. Jahrhunderts, die vereinzelt noch im Vormärz nachgewiesen werden kann, artikuliert das Stichwort „historisch" eine tatsachengebundene Ebene im Unterschied zu der philosophischen.[239] Bei *Savigny* und *Mittermaier* geht es um die Historizität des Rechtssatzes und allgemein um die Historizität der Erscheinungen. Die Rechtssprüche der älteren Zeit und die Meinungen von älteren Autoren stellen durch die Anschauung und Orientierung in der Umwelt gewonnene Äußerungen dar (sei es mit normativem Charakter wie in der Rechtswissenschaft oder mit dem deskriptiven Charakter wie in der Naturphilosophie oder Geschichte). Deswegen können die Rechtssätze nicht einfach, wie in der Philosophie, verallgemeinert werden (Punkt B.III.1.) oder jeder beliebigen Gesellschaft, unabhängig von dem Charakter des Landes und der Bevölkerung, aufgebürdet werden (Punkt C.II.1.). Negativ geht es beiden Autoren um eine Kritik der Philosophie im Sinne der Spekulation und des deduktiven Verfahrens. Positiv geht es um einen Aufruf zur sinnvollen Verbindung des normativen Urteils mit dem vorgegebenen tatsächlichen Stoff, sei es in der Form

---

[237] *H. Akamatsu/J. Rückert* (Hrsg.), a.a.O. (2000).

[238] *C. J. A. Mittermaier*, a.a.O. (1819), S. 8, 47; *ders.*, a.a.O. (1820), S. 88; *ders.*, Über die neusten Fortschritte der Criminalgesetzgebung in Deutschland, Neues Archiv des Criminalrechts 4 (1821), S. 159.

[239] *A. Seifert*, Cognitio historica: Die Geschichte als Namengeberin der frühneuzeitlichen Empirie, 1976; Die Bedeutung „historisch", im Sinne über den gegenwärtigen Zustand ausrichtend, ist erwähnenswerterweise im Titel eines der wichtigsten Bücher der kriminalistischen Aufklärung enthalten: *H. B. Wagnitz*, Historische Nachrichten und Bemerkungen über die merkwürdigsten Zuchthäuser in Deutschland, 1791–1794. Wagnitz berichtet in seinem Buch *nicht* etwa über Anstalten aus der Geschichte, sondern über Zustände in deutschen Ländern. Vgl. noch *I. Kant*, Kritik der reinen Vernunft (1781/1787), B 864 („Wenn ich von allem Inhalte der Erkenntniß, objectiv betrachtet abstrahire, so ist alles Erkenntniß subjectiv entweder historisch oder rational. Die historische Erkenntnis ist cognitio ex datis, die rationale aber cognitio ex principiis."). *K. L. Reinhold*, a.a.O. (1791), S. 9 ff., 12 („Man nennt die Erkenntnis historisch, in wie ferne sie von eigener oder fremder *Erfahrung*, *philosophisch*, in wie ferne sie vom *Denken* abhängt.").

der Rechtsverhältnisse, sei es in Form des Volkscharakters, sei es in Form von akuten Bedürfnissen.[240]

Das letztgesagte erklärt den Umstand, dass *Savigny* und *Mittermaier* noch ein ambivalentes Verhältnis zur Philosophie hatten. Sie wollten nicht jede philosophische Erkundung prinzipiell desavouieren; beiden schwebte vor, dass es nicht um einen Ausschluss der Philosophie in jedem möglichen Gewand und für jeden Gegenstand geht, sondern um die Korrektur eines *Übergriffes* des abstrakten Denkens auf die Materie der Rechtswissenschaft. Kritisiert werden beim frühen *Savigny* die „philosophischen Juristen“, die „eine Einheit suchen, worin das Mannigfaltige selbst nicht mehr enthalten ist“.[241] Ihre Methode sei im Verhältnis zur „wahren Methode“: die „Willkühr“.[242] Andererseits tritt bei *Savigny* auch die Forderung einer parallelen Würdigung des „historischen“ Zugangs und einer systematischen Behandlung auf, die er mit der Philosophie verbindet.[243] Bei *Mittermaier* ist die Ausdrucksweise schwankend. Er fordert einen „allein richtigen historischen Weg“, was den Ausschluss der Philosophie implizieren würde.[244] Aber andererseits weist er sprachlich parallel nur auf die fehlende Berechtigung eines *bloßen* „Philosophierens“ oder einer „rein philosophischen Behandlung“ hin.[245]

Der bei *Savigny* und *Mittermaier* für begriffliche Nuancen zuerst noch offene Gegensatz zur Philosophie wurde jedoch nach 1820 im Streit der Historischen Rechtsschule mit dem Hegelianismus in der Rechtswissenschaft deutlich in Richtung einer konsequenten Zurückweisung der Philosophie aus dem juristischen Bereich verschoben.[246] Interessant sind für diese Phase die Ausführungen von *Puchta*, der

---

[240] Vgl. für die Bedeutung der Bedürfnisse in der Diskussion des 19. Jahrhunderts *H.-P. Haferkamp*, Lebensbezüge in der Zivilrechtsdogmatik des 19. und 20. Jahrhunderts, in: GS Bogišić, Bd. 1, 2011, 302.

[241] *J. Rückert*, Thibaut – Savigny – Gans: Der Streit zwischen „historischer“ und „philosophischer“ Rechtsschule, in: R. Blänkner et al. (Hrsg.), Eduard Gans (1797–1839), 2002, S. 272 ff.; *A. Mazzacane*, a.a.O. (2004), S. 91 ff.

[242] *F. C. Savigny*, Vorlesung „Mehtodologie 1802/1803“, in: A. Mazzacane, a.a.O. (2004), S. 104.

[243] *J. Rückert*, a.a.O. (2002), S. 272 („*Philosophisch* kommt also doppelt, aber sehr unterschiedlich vor: apologetisch im Sinne von systematisch, kritisch im Sinne von willkürlich.“); *ders.*, a.a.O. (2017), S. 65 ff.

[244] *C. J. A. Mittermaier*, a.a.O. (1819), S. 8, 47; *ders.*, a.a.O. (1820), S. 88; *ders.*, a.a.O. (1821), S. 159.

[245] *C. J. A. Mittermaier*, a.a.O. (1819), S. 8, 47; *ders.*, a.a.O. (1820), S. 88; *ders.*, a.a.O. (1821), S. 159.

[246] Vgl. dazu *G. F. Puchta* (Rezension von Eduard Gans') Das Erbrecht in weltgeschichtlicher Entwicklung, in: Erlanger Jahrbücher 1 (1826), 1; *J. Rückert*, a.a.O. (2002), S. 247 ff., 281 ff.; *A. Bürge*, a.a.O. (2002), S. 313 ff., 324 („Schulenstreit“, „A l'heure qu'il est, l'école historique et la jeune école philosophique sont en présence à Berlin, M. De Savigny et M. de Gans. La guerre est flagrante.“); *H.-P. Haferkamp*, Georg Friedrich Puchta und die „Begriffsjurisprudenz“, 2004, S. 124 ff., 259 ff.; *L. Breneselović*, Fortführung und Facetten der Savigny-Schule bei ihrem Anhänger Valtazar Bogišić, in: S. Meder/C. E. Mecke, a.a.O. (2016),

sich als deklarierter Savigny-Anhänger am intensivsten am Streit mit Hegelianern beteiligt hat. Man beachte auch, dass seine „Institutionen" als ein propädeutisches Standardwerk vermutlich auch in Wien, als *Liszt* Student war, gelesen wurden.[247] Die Philosophie wird bei *Puchta* nicht aus einer äußeren Warte, etwa der Naturwissenschaften, angegriffen; vielmehr wird sie dafür getadelt, dass sie sich *selbst*, durch ihre Vorschläge und Methode, im juristischen Bereich diskreditiert hat.[248] Die Abwendung von der Philosophie erscheint insofern als Kritik an einer dysfunktionalen juristischen Lehre. Die philosophischen Prätensionen auf die Rechtswissenschaft werden als ein *Übergriff* in ein bereits konsolidiertes fremdes Fachgebiet und seine Deutungshoheit wahrgenommen. Den Philosophen wird zum Vorwurf gemacht, dass sie, anstatt sich der – für die Rechtswissenschaft irrelevanten – Aufgabe der höchsten Menschenkenntnis zu widmen, es vorziehen, „Staaten einzurichten, Gesetzbücher vorzuschlagen, oder eine Religion aufzustellen".[249] Die Sichtweise von *Puchta* kollidiert zweifach mit dem Comte'schen Konzept des Positivismus und seiner Kritik an der Philosophie. Erstens ging es *Comte* nicht darum, die Wissenschaft vor der Philosophie zu verteidigen, sondern in traditionellen philosophischen Bereichen erst recht eine „positive Methode" zu begründen. Zweitens wollte gerade *Comtes* „philosophie positive" durch eine vollkommene wissenschaftliche Methode ein neues soziales Konzept (Staatskonzept) und eine neue Glaubensrichtung („positive Religion") vorschlagen.

In Wien wurde in Graf *Thuns* Reform unter dem Eindruck der Auseinandersetzung mit den Hegelianern die Historische Rechtsschule maßgeblich als eine antiphilosophische Schule wahrgenommen. Für *Thuns* politische Argumentation war entscheidend, dass er in seinen Reformankündigungen *Savignys* Schule plakativ der „philosophischen Schule" gegenüberstellen konnte.[250] *Unger*, führender österreichischer Zivilist und *Liszts* Lehrer, spricht sich in seinem Programm für die Rechtserneuerung gegen einen Zugang „a priori" aus und setzt jenem den historischen Zugang von *Savigny* und *Puchta* entgegen.[251] *Glaser* kritisiert in seinem Programmaufsatz über die Strafrechtswissenschaft die Abstraktionen, von denen kein Pfad zurück in „das wirkliche Leben (führt) und dessen bunte, von keiner Regel, die Gedanken fassen und Worte aussprechen können, beherrschte Mannigfaltigkeit".[252] Die Philosophie des 18. Jahrhunderts habe mit dem Versprechen, aus sich heraus ein Strafrecht zu erzeugen, etwas versprochen „was sie nicht halten konn-

S. 186 ff.; *J. Braun*, Der Besitzrechtsstreit zwischen Savigny und Gans, Quaderni Fiorintini 9 (1980), 457.

247 Namentlich *Jhering* hat lange nach Puchtas „Institutionen" gelesen. Vgl. im 2. Kapitel die Vorlesungen in *Liszts* Einträgen, Punkt A.II.

248 *G. F. Puchta/A. F. Rudorff*, Cursus der Institutionen, 6. Aufl. 1865 (1. Aufl. 1841), S. 92 f.

249 *G. F. Puchta/A. F. Rudorff*, a.a.O. (1865), S. 86 ff., 92 f.

250 *H. Lentze*, a.a.O. (1962), S. 304.

251 *J. Unger*, a.a.O. (1853), S. 7 ff., 17 ff.

252 *J. Glaser*, a.a.O. (1854), S. 14 f.

te".[253] Die Jurisprudenz des 18. Jahrhunderts, die maßgeblich auch die österreichische Rechtswissenschaft in der ersten Hälfte des 19. Jahrhunderts beherrscht hat, wird als „unhistorisch, darum unwissenschaftlich" gegenüber der „neuen historischen Wissenschaft" getadelt.[254]

Glasers Antrittsrede (1854) und der Aufsatz „Über das Verhältnis von Theorie und Praxis im Strafrecht" (1857) stellen eine vollkommene Brücke zwischen *Savignys* Forderung der Einheit von Theorie und Praxis[255] und der Auffassung der Rechtswissenschaft als einer eminent praktischen Wissenschaft dar, die charakteristisch für *Glaser* und, in weitaus apodiktischerer Form, auch ein zentraler Topos bei *Liszt* ist.[256] Die Philosophie wird bei *Glaser*, im Anschluss an *Puchta*, nicht nur kritisch behandelt, sondern offenbar in die engen Schranken einer gymnasialen Propädeutik zurückgeschoben.[257] Ein „ausgebildetes System der Philosophie (ist) keineswegs als Voraussetzung der Jurisprudenz zu betrachten".[258] Wogegen „nicht laut und nicht beharrlich genug Verwahrung reingelegt werden kann", so *Glaser*, „das ist der Anspruch der abstracten Philosophie auf eine unmittelbare Herrschaft innerhalb der Rechtswissenschaft".[259] Die Philosophie erhebe eine „Prätension" gegenüber der Rechtswissenschaft, wenn sie falscherweise behauptet, dass der Gegensatz zu ihr nur eine „gedankenlose Beschäftigung mit der positiven Norm" wäre.[260]

Die wichtigste äußere Übereinstimmung zwischen der Kritik an der Philosophie in der Historischen Rechtsschule und *Liszt* besteht in den Formulierungen, denen zu entnehmen ist, dass es sich bei den philosophisch geleiteten Gedanken in der Rechtswissenschaft um einen *Übergriff* handelt. Man beachte etwa bei *Liszt* die bekannte Formulierung im Nachruf auf Dochow: die „unwissenschaftlichen Spekulationen", welche „nach dem sie von den Pforten jeder anderen Disziplin zurückgewiesen worden, sich das Gebiet strafrechtlicher Fragen zum Tummelplatz erkoren haben".[261] Diese Wendung setzt voraus, dass es Disziplinen *vor der Philosophie* und ihrem Eingriff gab, während für den Comte'schen Positivismus das Verständnis charakteristisch ist, dass die wissenschaftlichen Disziplinen im sogenannten dritten Stadium der Entwicklung der Erkenntnis durch Ablösung aus und Überwindung der Philosophie erst entstehen (Punkt A.II. im 4. Kapitel).

---

[253] *J. Glaser*, a.a.O. (1854), S. 15.

[254] *J. Glaser*, a.a.O. (1854), S. 15.

[255] *F. C. Savigny*, System des heutigen Römischen Rechts, Bd. 1, 1840, Vorrede, S. XX ff.

[256] *J. Glaser*, a.a.O. (1854), S. 3; *ders*, a.a.O. (1857), 63; *Liszt*, Rechtsgut und Handlungsbegriff im Bindingschen Handbuche (1886), AuV I, Nr. 9, S. 217 ff.

[257] *J. Glaser*, a.a.O. (1858), S. 189; *G. F. Puchta/A. F. Rudorff*, a.a.O. (1865), S. 86.

[258] *G. F. Puchta/A. F. Rudorff*, a.a.O. (1865), S. 86.

[259] *J. Glaser*, a.a.O. (1858), S. 189.

[260] *J. Glaser*, a.a.O. (1858), S. 189.

[261] *Liszt*, Nachruf Dochow (1881), AuV I, Nr. 5, S. 88.

An einer weiteren interessanten Stelle wird bei *Liszt* parallel der Schutz vor einem philosophischen und vor einem naturwissenschaftlichen Übergriff auf die Rechtswissenschaft erwogen. Er schreibt in der Besprechung eines Versuchs der naturalistischen Deutung des Rechts bei *Stricke*, dass seine und ähnliche Ausführungen „als ernste Mahnung zu betrachten" seien, „die früher von philosophischer Seite so oft überschrittenen Grenzen unserer Fachwissenschaft nunmehr auch gegen naturwissenschaftliche Übergriffe energischer als bisher zu verteidigen".[262] Die Stelle enthält im Grunde eine zweifache Kontraindikation für die Zuordnung von *Liszts* Antiphilosophie in den Ideenbereich des Comte'schen Positivismus. Erstens wird hier wiederholt das philosophische Gedankengut in der Rechtswissenschaft als ein nachträglicher Übergriff stilisiert. Zweitens widerspricht es dem üblichen Verständnis des Positivismus, dass die Elemente des naturwissenschaftlichen Denkens in einer Disziplin als illegitime Übergriffe aufgefasst werden.

Für *Liszts* Lieblingsvergleich zwischen Strafrechtlern, die das Leben und die Täter nur aus Papieren kennen und Strafrechtlern, die sich in der Wirklichkeit der Kriminalität und des Verbrechertums auskennen, lässt sich ein wichtiges Vorbild in *Mittermaiers* Kritik an *Feuerbach* finden. *Mittermaier*, der in Landshut sowohl Schüler von *Savigny* als auch von *Feuerbach* war, warf *Feuerbach* den Fehler der aequitas cerebrina (der eingebildeten Gerechtigkeit)[263] vor: *Feuerbach* war „leicht von dem Augenblicke beherrscht, mit lebhafter Phantasie begabt, die ihm schnell ein gewisses Bild vorspiegelte und ihn oft bestimmte, das, was er in schneller Auffassung sich vorstellte, für Wahrheit zu halten".[264] Er kannte „weder das Volk, noch die mannigfaltigen Schwierigkeiten der Führung der Untersuchung"[265] und war stattdessen „gewohnt zu generalisieren und sich die Welt nach einem gewissen Bilde zu construiren".[266] In einer späteren Wendung heißt es, dass *Feuerbach* „Leben und Menschen sich so konstruierte, wie sie ihm in der Studierstube vorkamen".[267] Das Bildnis einer vorwerfbaren Kabinettgelehrsamkeit hat natürlich in der Wissenschaftsgeschichte nicht nur *Mittermaier* verwendet, aber im Bereich des Strafrechts dürfte es doch ein seltener Vorwurf sein, dessen Wiederkehr in *Liszts* Werk eine Hervorhebung verdient. *Liszt* spricht von einem Studium nur „am grünen Tische" und kritisiert die „unwissenschaftlichen Spekulationen", die „Verbrechen und Strafe

---

[262] *Liszt*, Besprechungen, ZStW 5 (1885), S. 246.

[263] *C. J. A. Mittermaier*, a.a.O. (1849), S. 6 f. Vgl. für „aequitas cerebrina" *F. C. Savigny*, Beruf (1814), S. 107 f. Vgl. noch *C. J. A. Mittermaier*, Die Strafgesetzgebung in ihrer Fortbildung, 1841, S. 18 ff.; *ders.*, Eintrag „Feuerbach" in Bluntschlis Staatswörterbuch, Bd. 3, 1858, S. 508.

[264] *C. J. A. Mittermaier*, a.a.O. (1849), S. 6 f.

[265] *C. J. A. Mittermaier*, a.a.O. (1849), S. 6 f.

[266] *C. J. A. Mittermaier*, a.a.O. (1849), S. 6 f.

[267] *C. J. A. Mittermaier*, a.a.O. (1858), S. 506 f.

auf ihre letzten Gründe zurückzuführen sich anmaßen, ohne Verbrechen und Strafe anderswo studiert zu haben als am grünen Tische".[268]

III. Generalisieren und Individualisieren

1. Der Kampf gegen Generalisierung bei Mittermaier

Die antimetaphysische Wende der Historischen Rechtsschule vollzog sich bei *Mittermaier* in seinem Plädoyer für den „allein richtigen historischen Weg" gegenüber dem bloßen „Philosophieren" oder der „rein philosophischen Behandlung".[269] Das Wahrzeichen seiner Ausführungen ist eine üppige Kritik der „Generalisierung", die bei ihm als eine Denkarbeit aufgefasst wird, welche in Lehr- und gesetzgeberischen Systemen zu einer Entfremdung von rechtlich potenten Umständen des Einzelfalles führt, und daher zugleich die Unrichtigkeit und Unbrauchbarkeit jener Systeme widerspiegelt. Während bei *Savigny* im Mittelpunkt die Kritik des Vernunftrechts des 18. Jahrhunderts und von drei großen Kodifikationen des Privatrechts, die in diesem Geist verfasst wurden, stand (preußisches Allgemeines Landrecht, französisches Code civil, österreichisches ABGB), standen im Mittelpunkt von *Mittermaiers* Kritik die Strafrechtswissenschaft nach 1800 und, wenn nicht ausschließlich, so doch eindeutig, auch *Feuerbachs* Verständnis der Strafzwecke und das Bayerische Strafgesetzbuch.[270]

Entscheidend für *Mittermaiers* detailreiche Betrachtung ist die Einsicht, dass es durch „Systemsucht" und „Haschen" nach nur einem „gewissen Strafprinzip"[271] im Strafrecht zu einer inneren Störung zwischen Doktrin und Gesetzgebung einerseits und Leben andererseits gekommen ist.[272] Man dachte, so *Mittermaier*, dass man „wie mit einer Zauberformel, mit einem Prinzipe des Strafrechts ausreichen könne" und

---

[268] *Liszt*, Nachruf Dochow, AuV I, Nr. 6, S. 88. Vgl. noch *Liszt*, Bedingte Verurteilung, in: Vergleichende Darstellung AT, Bd. 3, 1908, S. 61 („Kritiker am grünen Tische"). Eine auffallende Übereinstimmung besteht zwischen *Mittermaiers* Vorwurf an *Feuerbach*, dass er das Leben deswegen nicht kannte, weil er „weder als Untersuchungsrichter, noch als Richter der ersten Instanz" tätig war (a.a.O., 1849, S. 6) und *Liszts* Forderung, dass die Professoren in der ersten, nicht in der zweiten Instanz als Richter engagiert werden sollen. Vgl. *Liszts* Rede in Stenographischen Berichten über die Verhandlungen des Preußischen Hauses der Abgeordneten 21. Legislaturperiode, II. Session, Bd. 2, S. 2045 („Wenn sie aber den juristischen Professoren eine Anschauung des Lebens geben, sie in der praktischen Jurisprudenz beschäftigen wollen, dann schicken Sie die Professoren hinein in die erste Instanz, nicht in die zweite.").

[269] *C. J. A. Mittermaier*, a.a.O. (1819), S. 8, 47; *ders.*, a.a.O. (1820), S. 88; *ders.*, a.a.O. (1821), S. 159. Vgl. für *Mittermaiers* Methode die moderne Darstellung von *L. H. Riemer*, a.a.O. (2005); *ders.*, a.a.O. (2007), 19. Auf ältere Einsichten von *R. Stintzing/E. Landsberg*, a.a.O. (1910), sind die Darstellung angelehnt bei: *K. Lüderssen*, a.a.O. (1967), 444 und *M. Hettinger*, Carl Joseph Anton Mittermaier, ZRG GA 107 (1990), 433.

[270] Vgl. *C. J. A. Mittermaier*, a.a.O. (1819), S. 34 f., 54 ff.; *ders.*, a.a.O. (1821), S. 159 ff.

[271] Vgl. *C. J. A. Mittermaier*, a.a.O. (1819), S. 51.

[272] *C. J. A. Mittermaier*, a.a.O. (1820), S. 85.

dass man „alle einzelnen Sätze als Folgerungen daraus ableiten könne".[273] Viele allgemein gefasste Bestimmungen in Lehr- und Gesetzsystemen waren eigentlich Folge einer unkritischen, für die historische „Werdung" blinden Verallgemeinerung, bei welcher man den Entstehungszusammenhang und die konkrete Berechtigung von Einzelbestimmungen, die man generalisiert hat, verkannt habe. Man habe ganz spezifische Regelungen zu einzelnen Delikten oder Prozesskonstellationen durch eine bloße Erweiterung des Begriffs zu allgemeinen Lehren und Geboten erklärt, denen eine juristische Berechtigung fehlt.[274]

Mittermaiers Auffassung ist stark an die günstige Erfahrung mit der richterlichen Entscheidungspraxis nach dem gemeinen Recht angelehnt.[275] Für ihn besteht die prinzipielle Aufgabe des Richters darin, die „Strafwürdigkeit eines Angeschuldigten zu ermitteln" und in Anbetracht der Schuld ein gerechtes Urteil zu fällen.[276] Es sei ein Besorgnis erregendes Problem, dass das Generalisieren und das Gesetzgebermonopol die Richter gezwungen habe, „lächerliche und störende Entscheidungen"[277] zu fällen oder gegen die „Natur der Sache"[278] zu urteilen. Man habe das „wahre Verhältnis des Richters zum Gesetze" verkannt.[279] Die Gesetzgeber erblickten aus niedrigen politischen Gründen „in den Richtern und im Volke ihre gefährlichen Nebenbuhler",[280] sie betrachteten das Gesetz und Recht als „bloßes Erzeugnis gesetzgeberischer Willkür" und suchten die Richter „als Sclaven des Gesetzes" an den Buchstaben zu binden.[281] Man bemühte sich aus „ängstlicher Furcht vor Richtergewalt"[282], anstatt die Vorzüge des richterlichen Urteils für die Bewertung der Finessen des Einzelfalles zu nützen, den Richter durch umfassende, teilweise mathematisch ausgeführte Anforderungen, vollständig zu fesseln.[283]

---

[273] Vgl. *C. J. A. Mittermaier*, a.a.O. (1819), S. 8, 17, 46.

[274] Vgl. *C. J. A. Mittermaier*, a.a.O. (1819), S. 11 ff.

[275] Vgl. *C. J. A. Mittermaier*, a.a.O. (1841), S. 2 („Die Geschichte lehrt, daß, je mehr ein Volk in der Civilisation fortschritt, auch die Strafgesetzgebung milder und daß immer mehr in der Erweiterung des richterlichen Ermessens ein Heilmittel gesucht wurde, die Härte der Strafdrohungen in einzelnen Fällen zu mildern und die Strafe der Größe der Verschuldung anzupassen").

[276] Vgl. *C. J. A. Mittermaier*, a.a.O. (1819), S. 4.

[277] Vgl. *C. J. A. Mittermaier*, a.a.O. (1819), S. 17.

[278] Vgl. *C. J. A. Mittermaier*, a.a.O. (1819), S. 19.

[279] Vgl. *C. J. A. Mittermaier*, a.a.O. (1819), S. 33 ff., 35.

[280] Vgl. *C. J. A. Mittermaier*, a.a.O. (1819), S. 33, 41. Diese in der Erfahrung mit dem gemeinen Recht und den dort durch Richter besorgten Milderungen von alten Vorschriften gegründete Einstellung korrelierte gleichzeitig mit der liberalen Auffassung des Richters als bürgerliches Element gegenüber dem Regenten. Vgl. *Mittermaier*, a.a.O. (1821), S. 186 (Richter als „ein unbeugsamer Priester des Rechts, und eine eiserne Schutzwehr für den Angeklagten"; Sicherheit und Beruhigung, dass „Bosheit und Willkür nicht ihr Spiel treiben können"; „Entfernung jedes Kabinettseinflusses").

[281] Vgl. *C. J. A. Mittermaier*, a.a.O. (1819), S. 33.

[282] Vgl. *C. J. A. Mittermaier*, a.a.O. (1819), S. 33, 41.

[283] Vgl. *C. J. A. Mittermaier*, a.a.O. (1819), S. 33 ff., 36.

Wichtig für die weitere Betrachtung ist, dass einer der Hauptkritikpunkte bei *Mittermaier* sich auf die Bestimmung der Strafe für den Einzelfall bezieht. Er nennt als Beispiel die abstrakte, jede Einzelheit von Umständen vernachlässigende Bestimmung der Strafe für den Teilnehmer im Gesetz, wo durch das Generalisieren verkannt wird, „daß ein allgemeiner Maßstab bei der Verschiedenheit der Verbrechen, und bei den überall verschiedenen Verhältnissen der Teilnahme zu Unbilligkeiten und selbst zu Härten führt".[284] Eine entsprechende Strafpraxis würde dem Wunsch und Glauben an die Bedeutung von allgemeinen Regeln entsprechen, trifft aber, wie *Mittermaier* an Beispielen darlegt,[285] nicht auf die Schuld des Einzelnen zu.[286] Entsprechend war in seinem Urteil das Bestreben der Rechtslehrer und Gesetzgeber „absolut bestimmte Strafgesetze zu geben" der „tadelswürdigste und gefährlichste aller Fehler" des Generalisierens.[287] Die notwendige Folge des Bestrebens, den „Richter möglichst zu binden", ist die Bemühung „streng mathematisch vorzuschreiben, wie die Strafe in allen Fällen zu berechnen ist".[288]

> „Mag auch (und wer weiß nicht, daß kein Fall dem Anderen gleiche?) die Strafe noch so unpassend im einzelnen Falle sein, das Gesetz spricht einmal, und kein Tag kann von der Strafe abgehen (...). Die Vorschrift ist einfach, und wenn der Richter nur gut rechnen kann, so ist er trefflich zu seinem Amte, und muß mit blutendem Herzen die Strafe aussprechen, welche er für durchaus unpassend erkennt."[289]

Mittermaiers Kritik hat eine erkenntnistheoretische Komponente und gehört als solche zum großen antimetaphysischen Zusammenhang, für welchen *Savignys* Kritik in der „Beruf"-Schrift steht. Bei der Bestimmung, ob die Richter oder der Gesetzgeber über die letzten Details der Schuld und Strafe bestimmen sollen, geht es bei *Mittermaier* nicht nur um einen politischen Kampf der bürgerlichen Gesellschaft mit dem Etatismus. Das negative Urteil über das Konzept der Alleinmacht des Gesetzgebers ist theoretischer Natur und leitet sich aus der Überzeugung ab, dass es auf der Ebene der Generalisierung unmöglich ist, richtige Entscheidungen zu treffen. Das „Haschen nach einem Worte, mit welchem man alles zu erschöpfen meint"[290] wird in *Mittermaiers* Konzept als logisch falsifizierbares Unterfangen dargelegt. Man ist in der philosophischen Richtung mit „oft kaum begreiflichen Leichtsinne (...) zu dem Glauben gekommen, dass mit *einem Prinzipe* des Strafrechts alles leicht geschehen sei".[291] Es ist, so *Mittermaier*, eine „unverkennbare Wahrheit (...), dass es ein fruchtloses Beginnen sei, die Erscheinungen des vielgestaltigen Lebens zu erschöpfen, und die Formen, unter welchen menschliche Leidenschaften sich ihre

---

[284] Vgl. *C. J. A. Mittermaier*, a.a.O. (1819), S. 19.

[285] Vgl. *C. J. A. Mittermaier*, a.a.O. (1819), S. 20f.

[286] Vgl. noch grundsätzlich *C. J. A. Mittermaier*, a.a.O. (1820), S. 400ff.

[287] *C. J. A. Mittermaier*, a.a.O. (1819), S. 33.

[288] *C. J. A. Mittermaier*, a.a.O. (1819), S. 38.

[289] *C. J. A. Mittermaier*, a.a.O. (1819), S. 38f.

[290] *C. J. A. Mittermaier*, a.a.O. (1820), S. 100.

[291] *C. J. A. Mittermaier*, a.a.O. (1819), S. 53.

Befriedigung suchen, voraus zu bestimmen, vorzudenken gleichsam einer ganzen Generation, und die Richter zu fesseln".[292] Ein wichtiger Punkt in *Mittermaiers* Konzept ist der Gedanke, dass der Richter, anders als der immer historische Gesetzgeber auch in einem ständigen und lebendigen Wissensaustausch mit der Psychologie und Medizin stehen kann. Es können deswegen Konstellationen vorkommen, in welchen sich die Regelungen des Gesetzgebers als nicht aufnahmefähig für neue Erkenntnisse erweisen, aber dennoch ein diesen Erkenntnissen entsprechendes Urteil getroffen werden muss.[293]

2. Generalisierung und Individualisierung bei Wahlberg

In Wien begegnet uns die erkenntnistheoretische Überzeugung einer Einmaligkeit jedes Falles bei *Liszts* Lehrer *Wahlberg*. Die Straffälle haben nach *Wahlberg* eine „individuelle Natur", welche „mit jeder abstracten Formel unaufhörlich Krieg führt".[294] Für *Wahlberg* ist charakteristisch, dass er die Kritik an der „Generalisierung" mit der Forderung der „Individualisierung" verbindet und zwar so, dass bei ihm eine eindeutige Verschiebung des Schwerpunktes vom ersten zum zweiten Gesichtspunkt zu verzeichnen ist. Diese Akzentwende erfolgt nicht zufällig, sondern steht im inneren Zusammenhang mit der Grundüberzeugung der Historischen Rechtsschule in Wien, nach welcher, anders als bei *Savigny* und *Mittermaier*, das Gesetz als *gegenwärtige* Hauptquelle des geltenden Rechts zu betrachten und anzuerkennen ist.[295]

Mittermaier geht im Unterschied zu *Wahlberg* von einem Zustand aus, in welchem die Gesetzgebung und die Richtergewalt als zwei eigenständige Quellen des Rechts fungieren und die Gesetzgebung nur eine mögliche Form der Stabilisierung und Ordnung des rechtlichen Inhaltes darstellt. Die individualisierende Handlungsweise ist in seinem Konzept schon vorgesetzlich bzw. unabhängig vom Gesetz vorhanden und sie kann ggf. durch „relativ unbestimmte Strafgesetze"[296] profiliert werden. Den Kernpunkt der Kritik in solchen Verhältnissen bildet die damals neuere Erscheinung der vollständigen Anmaßung des Urteils über den Einzelfall durch eine generelle legislatorische Regelung. *Wahlberg* andererseits sucht ein Stichwort zu finden für ein entwickeltes und sich in modernem Betrieb haltendes gesetzliches Programm. Aus dieser Perspektive liegt „in der individualisierenden Billigkeit" das

---

[292] *C. J. A. Mittermaier*, a.a.O. (1819), S. 36.

[293] *C. J. A. Mittermaier*, a.a.O. (1819), S. 36ff.

[294] *W. E. Wahlberg*, a.a.O. (1869), S. 185.

[295] Vergleiche neben den Ausführungen *Wahlbergs*, a.a.O. (1869), S. 3, für die Wiener lexzentrierte Auffassung die Bestimmung des Werts der Gesetzgebung bei *J. Glaser*, a.a.O. (1854), S. 16f.; und die theoretischen Ausführungen von *Unger* in seinem System des Privatrechts (System des österreichischen allgemeinen Privatrechts, Bd. 1, 3. Aufl. 1868 (1856), S. 1f., 23ff.), wo parallel neben einer Hochwürdigung *Savignys* die Stellung des Gesetzes markant anders bestimmt wird als im *Savignys* „System des heutigen Römischen Rechts".

[296] *C. J. A. Mittermaier*, a.a.O. (1819), S. 35f.; *ders.*, a.a.O. (1820), S. 78.

„Correctiv des starren Rechts".[297] „Das abstracte, die Regel der Fälle treffende Gesetz kann", so *Wahlberg*, „das Individuelle des einzelnen Falles nicht berücksichtigen".[298] Bei *Wahlberg* kämpfen nicht die Rechtsquellen. Die Diskussion ist im Grunde im Bereich der Bestimmung des Ermächtigungsumfangs zum freien Ermessen im Gesetze als anerkannte Grundquelle verortet.

3. Die Wiener Tradition bei Liszt

Man kann mit dem Konzept von *Wahlbergs* Forderung der „Individualisierung" zahlreiche Punkte in der Palette von *Liszts* Forderungen verbinden. Das gilt erstens ganz allgemein, wenn man, wie der italienische Autor *Pifferi*, unter dem Aspekt der „Individualisierung" bemüht ist, das ganze Anliegen der Reformbewegung am Ausgang des 19. Jahrhunderts zu erfassen.[299] Hinter der Diskussion über die sogenannte unbestimmte Verurteilung, an welcher auch die IKV lebhaft teilgenommen hat, stand keine abstrakte Logik der Ausschließung des Täters aus der Gesellschaft, sondern die Überzeugung, dass das *richtige Maß der Strafe* bzw. die Individualisierung *ohne Kenntnis der Persönlichkeit des Täters* allein im Strafverfahren nicht ermittelbar ist und dass diese Kenntnis am Besten in Strafvollzugsanstalten gewonnen werden kann.[300] Man hat diesbezüglich verschiedene Modelle vorgeschlagen, die auch anderswo erwachsene Institute miteinbezogen. Sie reichen von einer echten Verurteilung zu einer Gefängnisstrafe von im Voraus nicht bestimmter Dauer bis zum heute stabilisierten Modell einer (quasi)genauen Bestimmung der Strafdauer im Urteil mit der Möglichkeit einer vorzeitigen Entlassung.[301] *Liszt* hat bekanntlich ein Modell der „relativ bestimmten Verurteilung" vertreten,[302] bei welcher die Richter im Urteil jeweils ein Minimum und Maximum der Vollzugsdauer zu bestimmen hätten. (= Modell des öst. § 16 JGG bis 1988; vgl. § 19 JGG bis 1990).

Für die Liszt-Forschung ist von besonderem Interesse, dass sich bei *Liszt* Ausführungen über die Individualität des Einzelfalles finden, die man bisher nicht in Bezug auf die hier erörterten epistemologischen Kontexte gewürdigt hat oder wür-

---

[297] *W. E. Wahlberg*, a.a.O. (1872), S. 222.

[298] *W. E. Wahlberg*, a.a.O. (1872), S. 222.

[299] *M. Pifferi*, Reinventing Punishment, 2016. Vgl. Punkt E. im 15. Kapitel.

[300] Vgl. *Liszt*, Kriminalpolitische Aufgaben (1889–92), AuV I, Nr. 11, S. 332 ff. Vgl. *W. Frisch*, Franz v. Liszt – Werk und Wirkung, in: A. Koch/M. Löhnig (Hrsg.), Die Schule Franz von Liszts, 2016, S. 18 f., 21.

[301] Vgl. *M. Pifferi*, a.a.O. (2016), S. 99 ff.

[302] *Liszt*, Kriminalpolitische Aufgaben (1889–92), AuV I, Nr. 11, S. 338 ff.; Die Reform der Freiheitsstrafe (1890), AuV I, Nr. 13, S. 532 f.; Ueber den Einfluß der soziologischen und anthropologischen Forschungen auf die Grundbegriffe des Strafrechts (1893), AuV II, Nr. 17, S. 91 f.; E. F. Klein und die unbestimmte Verurteilung (1894), AuV II, Nr. 19; Nach welchen Grundsätzen ist die Revision des Strafgesetzbuchs in Aussicht zu nehmen (1902), AuV II, Nr. 29, S. 399; Lehrbuch des Deutschen Strafrechts, 6. Aufl. 1894, S. 61. *Liszt/Eb. Schmidt*, Lehrbuch des deutschen Strafrechts, Bd. 1, 26. Aufl. 1932, S. 26 ff. (auch IKV Diskussion).

digen konnte. In dem Aufsatz „Über die soziologischen und anthropologischen Grundlagen" konnotiert er negativ die „toten Zahlen der Kriminalstatistik" und gibt demgegenüber der „systematischen Einzelbeobachtung" (1893) den Vorzug.[303] In seiner Berliner Antrittsrede spricht er davon, dass die „systematischen Massenbeobachtungen" durch „wissenschaftlich-exakte Beobachtung einzelner Fälle" ergänzt werden müssen (1899).[304] In seinen Grundsätzen für die Vorbereitung des Strafgesetzbuchs aus dem Jahre 1902 schreibt *Liszt*, dass „neben die systematische Massenbeobachtung also die Statistik" auch eine „systematische Einzelbeobachtung treten muss".[305] „Nur diese vermag uns", so *Liszt*, „über die individuelle Gestaltung der verbrecherischen Laufbahn, über Ursache und Zeitpunkt des sozialen Schiffbruchs, über die grundlegende Unterscheidung von akuter und chronischer Kriminalität" aufzuklären.[306]

Die genannten Einschübe sind, soweit man in Bezug auf *Liszt* unbedingt mit einem naturalistischen Vorurteil arbeiten möchte, tatsächlich überraschend. *Radbruch* hat sie als Beweisstück dafür verwendet, dass es *Liszt* nicht nur um „Erklären" sondern auch um „Verstehen" geht.[307] Dieses Urteil dürfte im Grunde richtig sein, aber es ist zugleich das Zeugnis einer spezifischen Befangenheit in der Ausdruckspräferenz von *Radbruch* und seiner Zeit. Das „Verstehen" gehört zu einer Tradition der Individualisierung, die am allgemeinsten in *Rickerts* Gegenüberstellung eines „generalisierenden" und eines „individualisierenden" Verfahrens erfasst wird.[308] Es gibt weder Grund noch eine historische Berechtigung, überall wo es um Individualisierung geht, die Ausprägung oder Keime eines „Verstehens" im technischen Sinne der Methodenlehre einzelner Wissenschaften zu sehen. Die sorgsame Unterscheidung von *Radbruchs* verengter Perspektive einerseits und der allgemeinen theoretischen Warte andererseits, hat in Anbetracht der Zuordnung zur Problematik der einzelnen Disziplinen auch praktische Konsequenzen. *Radbruch* sprach vom „Erklären" und „Verstehen" im Sinne zweier methodologischer Grundmodi der „neueren Psychologie".[309] Für *Liszt* wäre die Durchführung von „Einzelbeobachtungen" keine Aufgabe für Psychologen oder nur für Psychologen, sondern eine „der lohnendsten Aufgaben der Gefängnisverwaltung".[310]

---

[303] *Liszt*, Über die soziologischen und anthropologischen Grundlagen (1893), AuV II, Nr. 17, S. 90.

[304] *Liszt*, Die Aufgaben und Methode der Strafrechtswissenschaft (1899), AuV II, Nr. 25, S. 290.

[305] *Liszt*, Zur Vorbereitung des Strafgesetzentwurfs, 1902, AuV II, Nr. 30, S. 417.

[306] *Liszt*, Zur Vorbereitung des Strafgesetzentwurfs, 1902, AuV II, Nr. 30, S. 417 f.

[307] *G. Radbruch*, a.a.O. (1938), S. 35 f.

[308] *H. Rickert*, Die Grenzen der naturwissenschaftlichen Begriffsbildung, 5. Aufl. 1929.

[309] *G. Radbruch*, a.a.O. (1938), S. 35.

[310] *Liszt*, Zur Vorbereitung des Strafgesetzentwurfs, 1902, AuV II, Nr. 30, S. 417. Vgl. noch *Liszt*, Besprechungen, ZStW 5 (1885), S. 246 („Es sind Verbrecherbiographieen, aus dem wirklichen Leben geschöpft, in anspruchsloser und doch lebhaft ansprechender Weise geschildert, und gerade darum von nicht zu unterschätzendem Werte").

Eine weitere, bisher unerkannte, Anlehnung an *Wahlbergs* theoretische Postulate ist dort ersichtlich, wo *Liszt* die Reichskriminalstatistik wegen des „Rechnens mit den großen Durchschnittszahlen" kritisiert, und „wissenschaftliche Einzelforschung" fordert.[311] Hier ist nicht die Individualisierung in Bezug auf einzelne Täter gemeint, sondern die Forderung nach einer angemessenen Bestimmung der geographisch-kulturellen Einheit, die erforscht wird. *Liszt* sprach insofern von „einzelnen in sich geschlossenen geographischen Gebieten".[312] Diese Forderung wurde von Zeitgenossen und Kritikern als eine Eigentümlichkeit von *Liszts* Zugang und seiner Anregungen im „kriminalistischen Seminar" angesehen (Punkt A.III.4.c) im 5. Kapitel). Der Topos der „großen Zahlen" findet sich als wichtiger Kritikpunkt bei *Wahlberg*, der in seinen Überlegungen zur Individualisierung von einer täuschenden statistischen Regelmäßigkeit der „in grossen Durchschnittszahlen constanten Verbrechen" spricht.[313]

4. Folgen für die Beurteilung des Reformanliegens

In Bezug auf Erscheinungen wie relative Sanktionsbestimmungen, unbestimmte oder relativ unbestimmte Urteile, erschließt sich durch die Analyse des Topos der Individualisierung eine ausgewogenere Perspektive auf die Entstehung der kriminalpolitischen Überlegungen und Forderungen der Zeit. *Mittermaiers* und *Wahlbergs* Ausführungen zeigen, dass die Diskussion und die Vorschläge, die Kriminalitätsursachen und Täter besser zu kennen, keinesfalls nur einer naturalistischen Inspiration und dem Bedürfnis, den Täter naturwissenschaftlich aufzufassen, entspringen müssen. Wenn *Wahlberg* in der Ausführung des Individualisierungsprinzips schreibt, dass es nicht angeht, „das Verbrechen aus dem übrigen Leben des Übeltäters auszuscheiden und isoliert, losgetrennt für sich allein, zu beurteilen",[314] dann bezweckt er nicht eine Integration der fremden Kenntnisse und Interessen in die Rechtswissenschaft, sondern ein fallgerechtes Urteil, das durch die Abstraktion der gesetzlichen Tatbestände verdunkelt wird. Die vorgeschlagenen Einrichtungen wie unbestimmte Verurteilung in ihren zahlreichen Facetten tauchen mit einer erkenntnistheoretischen Verfeinerung auf, als inneres disziplinäres Bedürfnis, die konstruktiven Probleme des Rechts, der Rechtsanwendung und der Rechtswissenschaft zu steuern. Die Anbindung an die Möglichkeiten und Ergebnisse etwa der „Kriminalpsychologie", der „Kriminalstatistik" oder „Kriminologie" erfolgt im Versuch, eine sinnvolle Allianz zur Befriedigung eines Bedürfnisses zu bilden, das daraus besteht,

---

[311] *Liszt*, Zur Vorbereitung des Strafgesetzentwurfs, 1902, AuV II, Nr. 30, S. 419, 421. Vgl. *E. Hurwicz*, Franz von Liszt und die sociologische Strafrechtsschule, Die neue Zeit 1919, S. 83 ff.

[312] *Liszt*, Das Problem der Kriminalität der Juden (1907), AuV III, Nr. 5, S. 122.

[313] *W. E. Wahlberg*, a.a.O. (1869), S. 102.

[314] *W. E. Wahlberg*, a.a.O. (1869), S. 53.

die elementaren Aspekte eines sinnvollen und fallgerechten Urteilens in der Gerichtspraxis zu sichern.[315]

In *Liszts* Ausführungen zum Problemkomplex der bedingten Verurteilung stehen die Belange der Individualisierung und einer gesetzlichen Vorabbestimmung des strafbaren Handelns in einem lebendigen Spannungsverhältnis. „Gesetzliche Regelung bedeutet stets", so *Liszt*, „eine Einschränkung des richterlichen Ermessens und birgt daher die Gefahr der Schablonisierung in sich".[316] Diese Gefahr sei, so *Liszt*, „unvermeidlich, will man die Freiheit des Staatsbürgers der Willkür des Staates nicht preisgeben".[317] Der Ausweg liegt für *Liszt* erstens darin, dass das freie Ermessen in problematisierten Konstellationen dem Richter und nicht der Verwaltung gewährt wird.[318] Die Zuständigkeit der „unabhängigen, nur durch das Gesetz gebundenen Richter", zähle, so *Liszt*, „zu den Fundamentalsätzen des Verfassungsstaates".[319] Zweitens geht es ihm um eine ausgewogene Lösung, bei welcher zwar auf die Ziehung der Grenzen des freien Ermessens durch das Gesetz nicht verzichtet wird, diese aber für die Erfassung der Besonderheiten des Einzelfalles, „weit genug" gezogen werden.[320]

Die genannte Möglichkeit, die Forderungen nach einem neuen Sanktionssystem schwerpunktmäßig als inneres Bedürfnisse des *rechtlichen Urteilens* zu erklären, schließt natürlich in einer Diskursanalyse nicht aus, dass es Autoren gab, die für Naturwissenschaften oder Psychologie auch auf den genannten Gebieten viel Interesse gezeigt haben. Die einzelnen Autoren sind keine Teilnehmer an einer gemeinsamen Absicht oder Exemplare einer einheitlichen Gattung. Es ist beispielsweise naheliegend, dass in Ländern wie Italien, wo eine berühmte, aber nicht vergleichbare rechtswissenschaftliche Tradition bestand, die ähnlichen, aber doch in zahlreichen Details unterschiedlichen Vorschläge eher als ein Versuch gedeutet werden könnten, aus den Naturwissenschaften heraus das Rechtssystem zu belehren (vgl. Punkt B.II. im 6. Kapitel). Nicht jede Gesellschaft arbeitet und begeistert sich für die gleichen Argumente, nicht jedes Land kennt die Verknüpfung von Rechtswissenschaft und Praxis, wie sie beispielsweise im Institut der Aktenversendung an Universitäten in Deutschland bis zur Einführung der Reichs-GVG üblich war. In einer Auffassung der intellektuellen Geschichte des Strafrechts, die keine Geschichtsphilosophie anstrebt, geht es nicht darum, *eine* Deutung monistisch zu be-

---

[315] Vgl. *L. Breneselović*, Kann und soll die bevorstehende (Re)Rationalisierung des Strafrechts auf den Gedanken Franz von Liszts aufbauen?, in: M. Asholt et al. (Hrsg.), Grundlagen und Grenzen des Strafens, 2015, 35; und die umfangreiche Studie von *H. Plank*, „Gesamte Strafrechtswissenschaft", 2017.

[316] *Liszt*, Bedingte Verurteilung, in: Vergleichende Darstellung AT, Bd. 3, 1908, S. 62.

[317] *Liszt*, Bedingte Verurteilung, in: Vergleichende Darstellung AT, Bd. 3, 1908, S. 62. Vgl. noch *Liszt*, Tötung und Lebensgefährdung, in: Vergleichende Darstellung BT, Bd. 5, 1905, S. 25.

[318] *Liszt*, Bedingte Verurteilung, in: Vergleichende Darstellung AT, Bd. 3, 1908, S. 61 f.

[319] *Liszt*, Bedingte Verurteilung, in: Vergleichende Darstellung AT, Bd. 3, 1908, S. 61.

[320] *Liszt*, Bedingte Verurteilung, in: Vergleichende Darstellung AT, Bd. 3, 1908, S. 62.

haupten, sondern Handlungsräume und sinnvolle, nahstehende einzelne Formen der Orientierung in den Arbeitshallen der Wissenschaft nachzuzeichnen.

IV. Glasers Kampf gegen die „hyperabstracte" Richtung

In der Liszt-Forschung hat *Frommel* in den 1980er Jahren die Ansicht vertreten, dass es sich bei der Gegenüberstellung einer spekulativen und einer antispekulativen Schule in der zweiten Hälfte des 19. Jahrhunderts bloß um eine Legende handelt, die mit dem zeitlichen Durchgang von intellektuellen Massen zu jener Zeit nicht vereinbar wäre.[321] Jedoch zeigen die Auseinandersetzungen in *Glasers* Schriften, dass das strenge Urteil von *Frommel* im Wesentlichen daher kommt, dass *Frommel* nur die deutschen Umstände, nicht aber die spezifische österreichische Geistesgeschichte mitberücksichtigt hat. Die Miteinbeziehung des besonderen österreichischen Kontextes und der dortigen geistesgeschichtlichen Anomalie zeigt, dass gerade zu Zeiten von *Liszts* Studium immer noch inhaltliche Auseinandersetzungen mit der Anwendung der idealistischen Philosophie im Strafrecht stattfanden. Das schließt natürlich aber umgekehrt nicht aus, dass *Liszt* in Deutschland später auf einem Gegensatz bestanden hat, für dessen Akzentuierung in der hiesigen Literatur und ihren methodologischen Schwerpunkten eine vollständige Berechtigung fehlte.

Wertvoll für das Verständnis der Entgegensetzung von Rechtswissenschaft und Philosophie in Wien sind *Glasers* Ausführungen über die Konzepte der Notwehr im philosophisch geprägten Schrifttum. Das Anliegen von *Glaser* lässt sich inhaltlich als Verteidigung des subjektiven Notwehrrechts des Angegriffenen vor der philosophischen Metaphysik bezeichnen. *Glaser* forderte nicht nur, im Sinne der heutigen dogmatischen Auseinandersetzungen, einfach eine andere Wertung als die Vertreter des philosophischen Zugangs, sondern verfasste seine Studie als eine Kritik an der verfehlten philosophischen Methode. Entscheidend für die Ergebnisse seiner Gegner war, dass sie nicht die typische Notwehrsituation und die Bedürfnisse des Verkehrs eingeschätzt haben, sondern auf Grund einer Deduktion aus einem vorgegebenen Postulat, die allgemeine Unzulässigkeit der Notwehr propagieren wollten. Dieses Postulat war die philosophisch gewonnene Prämisse des „Missfallens am Streit", die als Ausgangspunkt einer bloßen Deduktion des Notwehr-Verbots diente.[322]

Glaser ging es so wenig wie *Savigny* darum, einen Gesetzespositivismus zu etablieren. Die philosophische Schule wird nicht kritisiert, weil sie Maßstäbe kennt, die auch außerhalb des Bereichs der Gesetzgebung stehen, sondern deswegen, weil die Lösung inhaltlich besser im Rahmen der Rechtswissenschaft und ihrer üblichen

[321] *M. Frommel*, Präventionsmodelle in der dt. Strafzweck-Diskussion, 1987, S. 163 ff. Vgl. noch *dies.*, Was bedeutet uns heute noch Franz v. Liszt, Jahrbuch der Juristischen Zeitgeschichte 14 (2013), S. S. 293 („erst nach 1911").

[322] *J. Glaser*, a.a.O. (1858), S. 195 ff. Vgl. zum diskursiven Hintergrund *R. Moos*, a.a.O. (1968), S. 371 ff., 378 ff.; *H. Lammasch*, a.a.O. (1887), S. 678.

Methoden einer lebendigen Wertung der Lebenskonstellationen gewonnen werden kann. Der Kampf wird nicht gegen die Idee inhaltlicher Maßstäbe des Rechts geführt, sondern gegen „eine Schule hyperabstracter, dem Leben abgewandter Theoretiker".[323] Die Liszt-Forschung sollte für den Umstand sensibilisiert werden, dass in dem „Wiener" rechtswissenschaftlichen Konzept von *Liszts* Lehrern der Wunsch antiphilosophisch zu sein, nicht zugleich eine Entscheidung für den Rechts- oder Gesetzespositivismus mitbeinhaltet. Vielmehr geht es allein darum die „philosophische", also spekulativ-deduktive, metaphysisch orientierte Methode zugunsten der traditionellen und fortentwickelten, sachgebundenen Begriffsarbeit der Rechtswissenschaft zu verwerfen.

C. Institutionelle und konzeptuelle Schichten der Kontinuität

I. Institutionelle Praktiken

1. Gefängnisbesuche als Teil der akademischen Berufsenkulturation im Bereich der Strafrechtswissenschaft

Einen wichtigen Punkt der fachlichen Sozialisierung im Vormärz bildeten, in der Tradition von *John Howard* (Punkt D.III. im 1. Kapitel), Gefängnisbesuche im Ausland. Die Studienreisen wurden teilweise auch staatlich gefördert und werden in der Forschung unter dem Stichwort „Gefängnistourismus" erörtert.[324] Die Besuche hatten den Zweck, eine Kenntniserweiterung und Anregung zu gewährleisten. In Anbetracht der hohen Bedeutung der Diskussion über ein richtiges Vollzugsystem kam dem Besuch von einzelnen, musterhaften Vollzugsanstalten auch der Charakter einer Einweihung in die Diskussion zu. Man wollte auch lebendig anschauen, ob und wie die in der Literatur angesprochenen Vorteile in der Praxis funktionieren, sodass die Touren einen Teil des empirischen Zusammenhangs der Gefängniskunde bildeten.[325] *Mittermaier* hat besonders die Schweizer Anstalten mehrmals besucht und kannte die Gefängnisse „zwischen Schottland und Sizilien", „zwischen Frankreich und Österreich" aus eigener Anschauung.[326]

In Österreich ist neben dem Umstand, dass Graf *Thun* selbst nach dem Studium der Rechte in Prag Kontakte mit englischen Whig-Sozialreformern und Quäkern knüpfte und Strafanstalten in Frankreich besuchte,[327] von Interesse, dass in *Thuns*

---

[323] *H. Lammasch*, a.a.O. (1887), S. 678.

[324] *L. H. Riemer*, a.a.O. (2008), S. 99 ff.; *F. Bretschneider*, Gefangene Gesellschaft, 2008, S. 426.

[325] *L. H. Riemer*, a.a.O. (2008), S. 94 ff.

[326] *L. H. Riemer*, a.a.O. (2008), S. 100.

[327] *F. L. Fillafer*, a.a.O. (2017), S. 57, 59, 62; *A. Helfert*, a.a.O. (1891), S. 169 f. („Bei Gefängnissen interessieren mich nicht so sehr die Details, als zu lernen worin Vorzug guter Gefängnisse besteht (…). Ich habe nicht die Prätension durch die Gelegenheiten, welche die

Reform die Strafrechtswissenschaft im Berufsbild der Strafrechtsprofessoren mit der Gefängniskunde verbunden wurde. Ähnlich wie *Mittermaier* vertrat *Wahlberg* fachlich neben materiellem Strafrecht und Prozessrecht auch die Gefängniskunde. Er war auch maßgeblich an einem von *Mittermaier* 1846 eingeleiteten Kongress für Gefängniskunde beteiligt und damit nicht nur nach dem Kriterium des Wissensgebiets, sondern auch institutionell in den alten Gefängnisreformdiskurs einbezogen. Besonders bekannt ist sein Gutachten für den Stockholmer Kongress 1876.[328]

Es ist das Ergebnis dieser Entwicklung, wenn *Liszt* im Rahmen seiner Auslandsaufenthalte während der Habilitation, nicht nur den zwei Muster-Universitäten, Göttingen und Heidelberg, als Gasthörer beiwohnte, sondern auch die Gefängnisanstalten besuchte und davon im Habilitationsverfahren eine besondere Mitteilung machte. Als Beispiele der besuchten Anstalten aus *Liszts* Habilitationsakte nennt *Probst*, der die Akten untersucht hat, die Gefängnisanstalten in Nürnberg, Bruchsal und St. Gallen.[329] Später vertrat *Liszt*, ähnlich wie *Wahlberg*, in der Lehre neben dem Strafrecht auch die Gefängniskunde, und baute sie stufenweise zu einem umfassenderen System der „Kriminalpolitik" aus (Punkt A.II.3.b) im 5. Kapitel). Bisher wenig beachtet war der Umstand, dass *Liszt* in Holtzendorff/Jagemanns „Handbuch des Gefängniswesens" der Berichterstatter über die Geschichte und den Stand der Gefängnisreform in Preußen, Sachsen, Hessen, Oldenburg, Thüringen, Anhalt, Braunschweig, Hansastädten, Österreich, Ungarn, Frankreich, Belgien und Niederlanden war.[330]

Ein Bruch mit der Gefängniskunde in *Liszts* Äußerungen lässt sich erst in den 1890er Jahren nachweisen. Entscheidend war dafür der Umstand, dass *Liszt*, anders als die Gefängniskundler, ein Gesamtkonzept der Strafrechtspflege vorschwebte, dessen Belange nicht nur durch eine Umgestaltung der Freiheitsstrafe zu erfüllen waren. Zu einem äußeren Bruch kam es, als die IKV 1890 zur Aufhebung der negativen Wirkungen der kurzen Freiheitsstrafe und als eine sinnvolle spezialpräventive Maßnahme eigener Art die bedingte Verurteilung vorschlug, während die Gefängnisbeamten den Ausweg in der weiteren Umgestaltung der Anstalten sahen

---

Reise uns bietet, gleich zu einer praktischen Tüchtigkeit und Einfluss zu gelangen, wozu ich nicht vorbereitet bin. Alles was ich wünsche und erstrebe ist sehen zu lernen in praktischen Dingen in allem was zum öffentlichen Leben gehört; zu verstehen welchen Einfluss gewisse Thatsachen, gewisse Institutionen und Gesetze auf das sociale Leben ausüben; zu erkennen was man wird studieren und sich aneignen müssen, nach der Rückkehr in die Heimath [für Staatsdienst]. Denn mehr und mehr sehe ich die Masse der Kenntnisse über Thatsächliches und Theoretisches, die mir fehlen (...)" – Graf *Thun*).

[328] *W. E. Wahlberg*, Gutachten für den internationalen Pönitentiar-Congress zu Stockholm, über die Mittel zur Bekämpfung der Rückfälligkeit (1878), in seinen Kleineren Schriften, Bd. 3, 1882, 213.

[329] *H. Probst*, a.a.O. (1987), S. 20f.

[330] *Liszt*, (Geschichte und Stand der Gefängniss-Reform:) Preußen, Königreich Sachsen und die übrigen Norddeutschen Staaten, in: F. Holtzendorff/E. Jagemann (Hrsg.), Handbuch des Gefängnisswesens, Bd. 1, 1888, 161; Österreich-Ungarische Monarchie, Frankreich, Belgien und Niederlande, ebendort, 246.

und die bedingte Verurteilung als Einrichtung insgesamt verwarfen.[331] Dieser Entwicklung der institutionell bedingt unterschiedlichen Einstellung zu Reformmöglichkeiten, und nicht einer abstrakten systematischen Überlegung, entspricht *Liszts* Entscheidung in den 1890er Jahren, der Gefängniswissenschaft den Charakter einer (selbstständigen) Disziplin kurzerhand abzuerkennen.[332]

2. Autonome wissenschaftliche Presse

Die bisherige Liszt-Forschung hat verkannt, dass es sich bei *Liszts* „ZStW" nicht unbedingt um einen neuen Typus von Zeitschrift handelte.[333] Charakteristisch ist etwa, wenn *Frommel* hervorhebt, dass die „ZStW" als „Forum für eine neue Art der Strafrechtswissenschaft" fungierte und dass in diesem innovativen Kontext ihr eigentümliches Ziel gewesen wäre: „die Beschränkung auf Dogmatik aufzugeben und umfassender zu informieren".[334] Diese Auffassung finden wir auch in den neusten Veröffentlichungen, die sich sonst durch die Vorzüge der modernen institutionellen Analyse ausweisen. Für *Koch* beispielsweise, ist die Konzeption der „ZStW" als ein Betreten von „Neuland" zu bewerten.[335] Sie wird als eines unter mehreren Beispielen für *Liszts* „radikalen Bruch mit dem tradierten Wissenschaftsverständnis" angeführt.[336] Diese Bewertung der publizistischen Geschichte der „ZStW" fügt sich in die Vorstellung ein, dass es sich bei allen Arbeiten, die nicht nur dogmatisch ausgerichtet sind, notwendigerweise um eine innovative und moderne Erscheinung in der Entwicklung der Strafrechtswissenschaft am Ende des 19. Jahrhunderts handelt. Die Bewertung ist äußerlich plausibel, lässt sich jedoch

---

[331] *Liszt*, Die Reform der Freiheitsstrafe (1890), AuV I, Nr. 13, S. 521, 523 ff., 530, 535.

[332] *Liszt*, Kriminalpolitische Aufgaben (1889–1892), AuV I, Nr. 11, S. 295 („Ich bestreite, daß es eine Gefängniswissenschaft gibt. Was man so nennt, ist ein Teil entweder des Strafrechts im engeren Sinne oder der Kriminalpolitik"). Vgl. noch dort S. 329 ff. und *Liszt*, Strafrecht und Strafprozeßrecht (1906), AuV III, Nr. 2, S. 19; unzutreffend *G. Radbruch*, a.a.O. (1938), S. 45.

[333] Vgl. *R. Hippel*, Nachruf, ZStW 40 (1919), S. 530; *K. Lilienthal*, Nachruf, ZStW 40 (1919), S. 536; *K. Miyazawa*, „Der Gerichtsaal", 1976, Vorwort, S. I; *H. Leferenz*, Rückkehr zur gesamten Strafrechtswissenschaft?, ZStW 93 (1981), 199; *H.-H. Jeschek*, Grundfragen der Dogmatik und Kriminalpolitik im Spiegel der Zeitschrift für die gesamte Strafrechtswissenschaft, ZStW 93 (1981), 3; *ders.*, a.a.O. (1983), S. 260; *W. Küper*, Der Heidelberger Strafrechtslehrer Karl von Lilienthal, in: Semper apertus, Bd. 2, 1985, S. 380; *M. Frommel*, Franz von Liszt: 1851–1919, in: W. Brauneder (Hrsg.), Juristen in Österreich: 1200–1980, 1987, S. 223; *A. Roth*, Strafrechtliche Zeitschriften im 19. Jahrhundert, in: M. Stolleis (Hrsg.), Juristische Zeitschriften, 1999, S. 320 ff.; *S. Galassi*, Kriminologie im Deutschen Kaiserreich, 2004, S. 246 ff.; *T. Stäcker*, Die Franz von Liszt-Schule, 2012, S. 73 f.; *C. E. McClelland*, Öffentlicher Raum und politische Kultur, in: Geschichte der Universität Unter den Linden, Bd. 1, 2012, S. 606; *A. Koch*, „v. Liszt-Schule", in: A. Koch/M. Löhnig (Hrsg.), Die Schule Franz von Liszts, 2016, S. 33 f.; *B. Zabel*, Franz v. Liszt und die Reformbewegung des Strafrechts, im gleichen Sammelband (2016), S. 91 f.

[334] *M. Frommel*, a.a.O. (Juristen in Österreich, 1987), S. 223.

[335] *A. Koch*, a.a.O. (2016), S. 34.

[336] *A. Koch*, a.a.O. (2016), S. 33.

nur schwer oder überhaupt nicht mit der Entwicklung der Strafrechtswissenschaft im Vormärz in Einklang bringen.

Man kann mit guten, wenn auch nicht gleichmäßig starken Gründen die „ZStW" als die Nachfolgezeitschrift des 1857 eingestellten „(Neuen) Archivs des Criminalrechts" auffassen. Erstens war für *Mittermaiers* „Archiv" charakteristisch, dass es zwar eine *strafrechtliche* Zeitschrift war, aber unterschiedliche Arbeiten mit den inhaltlichen Schwerpunkten im gemeinen Recht, in der Strafrechtsreform, im ausländischen Recht, in der Gefängniskunde, Rechtsmedizin und der Kriminalstatistik veröffentlichte. Man lese etwa als Probe nur *Mittermaiers* Schilderungen von *Galls* „Schädellehre" und die in der Zeitschrift geübte Kritik ihrer Folgerungen, dass die „Anlagen" als „uns angeboren angenommen werden müssten" (1820).[337] Es ist nicht das Wichtigste, aber es fällt auf, dass beide Zeitschriften, das „Archiv" und die „ZStW", der gleichen Art der Einreihung von Beiträgen folgen, bei welcher jedem Beitrag eine Nummerierung mit Ziffern vorausgeht.[338] Ein ähnliches System trifft man auch in *Savignys* „Zeitschrift für geschichtliche Rechtswissenschaft" (eingestellt 1848/49) und überhaupt in den älteren Periodika, aber soweit ersichtlich nicht in den Neugründungen aus den 1880er Jahren. Auch der verhältnismäßig schmale Satzspiegel und das kleine „Buchformat" der „ZStW" kann vermutlich als ein Anachronismus im Buchdruck gedeutet werden.

Entscheidend dürfte neben äußerlichen Übereinstimmungen sein, dass die „ZStW" auch als Mittel zur Füllung einer nach 1853/1857 entstandenen Lücke angesehen werden kann. In *Liszts* Erzählung hat die Strafrechtswissenschaft in Preußen nach der Rezeption des französischen Strafrechts 1851 an Bedeutung stark gegenüber einer mehr staatlichen und bürokratisch orientierten literarischen Richtung eingebüßt.[339] Der wichtigste Vertreter dieser Richtung war Obertribunalsrat *Thomas Goltdammer.* In *Liszts* eigener Darstellung kann diese Entwicklung auch am Schicksal der Zeitschriften beobachtet werden. Auf der einen Seite steuerte *Goltdammer* „kraftvoll" sein 1853 begründetes „Archiv für Preußisches Strafrecht" (= Goltdammer's Archiv); „der Präjudizienkult verdunkelt den Glanz der Wissenschaft".[340] Auf der anderen Seite „fand das alte von Professoren begründete und geleitete Archiv [des] Kriminalrechts (...) 1857 ein stilles ruhmloses Ende".[341]

Fasst man die „ZStW" als eine Art Wiederbelebung von *Mittermaiers* „Archiv" und als Gegensatz zu „Goltdammer's Archiv" auf, so wären ihre Hauptcharakteristika: inhaltliche Diversität im oben angegebenen Sinne; äußere Anlehnung an

---

[337] *C. J. A. Mittermaier*, a.a.O. (1820), S. 413 ff. Vgl. noch *A. Helfert*, a.a.O. (1891), S. 151.

[338] Die Gliederung wurde 1970/1971 modernisiert.

[339] Vgl. *Liszt*, Strafrecht und Strafprocess, in: W. Lexis (Hrsg.), Die Deutschen Universitäten, 1893, S. 355 ff.

[340] *Liszt*, Strafrecht und Strafprozess, in: W. Lexis (Hrsg.), Die Deutschen Universitäten, 1893, S. 355.

[341] *Liszt*, Strafrecht und Strafprozess, in: W. Lexis (Hrsg.), Die Deutschen Universitäten, 1893, S. 355 f.

ältere Zeitschriftenformen; ein Konzept der Strafrechtswissenschaft, bei welchem der Gegenstand der Wissenschaft nicht aus einem Reservoir der geltenden Normen heraus bestimmt wird („preußisches Strafrecht", Recht des Kaiserreichs); und, das ist am Wichtigsten, ein wissenschaftlicher Herausgeberkreis und die geschäftsmäßige Verlegung und damit eine Zeitschrift als autonomes Organ der Wissenschaft. Der Umstand, dass die „ZStW" nicht unmittelbar als eine Nachfolgezeitschrift des „Archivs" bestimmt wurde, könnte in enger Verbindung mit dem Diskurs im Kaiserreich stehen, in welchem wohlwollende Töne gegenüber dem Erbe liberaler Professoren wie *Mittermaier* und sogar *Savigny*, der 1848 als Minister entlassen wurde, nicht gewünscht waren.[342]

II. Zwei klassische Topoi der Historischen Rechtsschule

1. Volkscharakter und Volksbewusstsein

Für *Savigny* ist das Recht wie die Sprache ein sinnvoll-dynamisches Produkt des „Bewusstseins" oder des „Wesens und Charakters" des Volkes.[343] Für diese Vorstellung findet der Gesetzgeber, wenn man die organisch-biologische Metapher zulässt, einen „rechtlichen Garten" bereits in voller Blüte vor. Ihm kann die Aufgabe zukommen, den bestehenden Garten durch seine Rechtsquelle (Gesetze) zu pflegen und zu entfalten, nicht aber die Aufgabe, einen Garten auf dem blanken Boden erst durch die Legislative zu schaffen. Bei *Mittermaier* findet sich neben dieser Ansicht[344] auch eine etwas verschobene Sichtweise, nach welcher es die Aufgabe des Gesetzgebers wäre, Gesetze so zu schaffen und zu gestalten, dass sie als fertige Produkte zu dem Charakter des Volkes passen.[345] Diese Sichtweise ist auch in *Glasers* Werken anzutreffen.[346] Wenn man es in die Garten-Metapher überträgt, so schafft der Gesetzgeber in dieser Sichtweise selbst den Garten. Es kommt ihm nur eine Pflicht zu, aufzupassen, dass die Einzelheiten so eingerichtet werden, dass sie in einem notwendigen Maße dem Geschmack der Bevölkerung entsprechen, sodass sich das Volk im Garten zuhause fühlen kann.

---

[342] Vgl. *C. M. McClelland*, a.a.O. (2012), S. 557.

[343] *F. C. Savigny*, Beruf (1814), S. 8 ff.; *ders.*, a.a.O. (System, Bd. 1, 1840), S. 13 ff. *O. Behrends*, a.a.O. (2016), S. 41 ff.; *J. Rückert*, a.a.O. (2017), S. 62 f.; *S. Meder*, Valtazar Bogišić und die Historische Rechtsschule, in: GS Bogišić, Bd. 1, 2011, 517; *ders.*, a.a.O. (2015), S. 178 ff.; *J. Schröder*, Recht als Wissenschaft, 2. Aufl. 2012, S. 196 ff.

[344] *C. J. A. Mittermaier*, a.a.O. (1819), S. 33 f., 51 („aus dem Volke"); *ders.*, a.a.O. (1849), S. 1, 5 („Volksrechtsbewusstsein"); *ders.*, a.a.O. (1858), S. 507 („das Entstehen aus der Gewohnheit und aus der Quelle des Volksrechtsbewusstseins").

[345] *C. J. A. Mittermaier*, a.a.O. (1819), S. 51; *ders.*, a.a.O. (1820), S. 96 f. („Prüfung der Nation"); *ders.*, a.a.O. (1849), S. 5 („den Culturverhältnissen, dem Volkrechtsbewusstsein Baierns, den Ansichten und Bedürfnissen Baierns anpassen"); *ders.*, a.a.O. (1841), S. 1.

[346] Vgl. auch *J. Glaser*, a.a.O. (1854), S. 14; *ders.*, in: Motiven-Darstellung zu dem Entwurfe eines vollständigen neuen Strafgesetzes über Verbrechen und Vergehen, 1863, S. 105.

Bei *Liszt* trifft man bei verschiedenen Gelegenheiten auf den Topos des Volksbewusstseins. Ihm kommt manchmal der Charakter einer eigenständigen Abwandlung zu.[347] Oft ist aber eine Zuordnung zu einem der beiden oben bezeichneten Grundtypen möglich. In seinen rechtsgeschichtlichen Erörterungen aus der österreichischen Zeit (Habilitationsschrift) ist eine Nähe zu *Savignys* Grundkonzept zu verzeichnen. Das „Volksbewusstsein" und das „Rechtsbewusstsein des Volkes" sind bei *Liszt* die maßgeblichen Erklärungsgrößen für die Einrichtungen und die verfestigte Rechtspraxis des römischen Rechts. Er schreibt beispielsweise in der Deutung einer zensorischen Note, dass sie „nur der präcise Ausdruck des Rechtsbewusstseins des Volkes" wäre.[348] In abgeblasster Form findet sich dieser Topos in *Liszts* Würdigung des italienischen StGB-Entwurfs von 1887. Der Entwurf wird von *Liszt* dafür gelobt, dass er „die Bedürfnisse des italienischen Rechtslebens zu befriedigen" sucht, und dafür „aus dem italienischem Geiste" geschöpft hat.[349] In der methodologischen Note im Lehrbuch des Preßrechts heißt es schlicht, dass „alle Gebiete des Rechts durchflutet sein müssen von dem Einen großen Strome der Volkskraft, die das Recht geschaffen hat".[350]

Ein grundsätzlich anderes Bild begegnet uns bei *Liszt* dort, wo es ihm um die wissenschaftliche Ausarbeitung von aktuellen Forderungen und neuen Ansätzen geht. Es ist nicht sichtbar, dass *Liszt* seine Konzepte aus dem Volksgeist transparent ableitet oder in bestehenden Volksansichten primär begründet. Die Lösungen und Vorschläge neuer Institute werden bedürfnisnah als Zweckkonzepte entwickelt. Gleichwohl ist es, insofern ähnlich wie bei *Mittermaier* und *Glaser*, ein wichtiger Aspekt, dass die Gesetze und Institute dem Volksbewusstsein nicht widersprechen sollen. In dieser Hinsicht geht es *Liszt* darum, dass eine Regelung nicht dem „Rechtsgefühl des Volkes" widersprechen und es „untergraben" oder „verwirren" darf.[351] Man darf nicht durch widersprüchliche Bestimmungen der Strafhöhe das „Rechtsbewusstsein unserer Bevölkerung" erschüttern.[352] Die Regelungen, die –

---

[347] Vgl. *Liszt*, Nach welchen Grundsätzen ist die Revision des StGB in Aussicht zu nehmen? (1902), AuV II, Nr. 29, S. 358. Auch *Liszt*, Die falsche Aussage vor Gericht, 1877, S. 82; Die Reform des Strafverfahrens (1906), AuV III, Nr. 3, S. 60 f., 65; Bedingte Verurteilung, in: Vergleichende Darstellung AT, Bd. 3, 1908, S. 89.

[348] *Liszt*, Meineid und falsches Zeugnis, 1876, S. 7. Vgl. dort noch S. 8, 24, 27, 29, 59.

[349] *Liszt*, Der italienische Strafgesetzentwurf von 1887 (1888), AuV I, Nr. 9, S. 254, 288 f.: „Ein glänzender Zeugnis nationaler Kraft, ein nicht zu widerlegender Beweis für den Beruf zur Gesetzgebung (...)".

[350] *Liszt*, Lehrbuch des österr. Preßrechts, 1878, Vorwort, S. VII.

[351] *Liszt*, Die falsche Aussage vor Gericht, 1877, 1877, S. 79, 81, 82. Ebenso Das Prinzip der Strafverfolgung nach dem österr. Strafgesetzentwurfe (1877), AuV I, Nr. 2, S. 13, 24 ff., 31; Die Reform der Freiheitsstrafe (1890), Nr. 13, S. 531; Die deterministischen Gegner der Zweckstrafe (1893), AuV II, Nr. 16, S. 55 f.; Verbrechen und Vergehen wider das Leben I., in: Vergleichende Darstellung, BT, Bd. 5, 1905, S. 31 f., 69 f.; Schutz der Gesellschaft gegen gemeingefährliche Geisteskranke und vermindert Zurechnungsfähige (1904/05), AuV III, Nr. 1, S. 6.

[352] *Liszt*, Kriminalpolitische Aufgaben, AuV I, Nr. 11, S. 399 ff., 418, 427 („prüfen").

angeblich – den Anschauungen im Volk widersprechen, sollen, wenn sie sonst wertvoll sind, nicht verworfen werden. Es soll nur das richtige Tempo im Sinne der Ermöglichung einer schonenden Anpassung der Anschauung an die neue Regelung gefunden werden.[353]

Auch die allererste Empfehlung der IKV, die Empfehlung an Staaten, das Institut der bedingten Beurteilung vorzusehen (1889), erfolgte unter dem Hinweis darauf, dass auf lokale Umstände und auf den „Charakter des Volkes" Rücksicht zu nehmen ist.[354] Gelegentlich findet sich ein Mischtypus, bei welchem die „deutsche Rechtsanschauung" eine doppelte Funktion erhält. Sie wird als Grund für das Urteil, dass eine Einrichtung unpassend wäre, genommen und zugleich als produktiver Teil des Begründungszusammenhangs eines alternativen Vorschlags eingesetzt. Auf diesen Typus trifft man bei *Liszts* Bestimmung der Bedeutung eines Einverständnisses des Verletzten für die Strafaussetzung,[355] bei der Bewertung der „Vorsorgeerziehung" von Kindern,[356] sowie bei der Begründung des Richterprärogativs, zu dem *Liszt* die Meinung vertritt, dass die Polizeiaufsicht ohne richterliches Urteil für die „deutsche Rechtsanschauung" schlicht „unerträglich" wäre.[357] Es ist charakteristisch für den komplexen und wechselhaften Weg von *Liszts* Begründungen, dass in seinem späteren Werk das Richterprärogativ nicht durch Rekurs auf das Rechtsbewusstsein des Volkes, sondern als zweckhafte freiheitliche Einrichtung postuliert wird (vgl. Punkt D.IV. im 6. Kapitel).

Die Entwicklung bei *Mittermaier*, *Glaser* und *Liszt* ist im Vergleich zur Lehre *Savignys*, die eng mit dem Gedanken eines die Rechtseinrichtungen produzierenden *populus* verbunden ist, als eine Verarmung zu beurteilen. Das „Volk" wird im zweiten, von den genannten Autoren bevorzugten Typus, vom Produzenten zu einem schonungsbedürftigen Gegenstand der Rechtssetzung. Andererseits darf nicht übersehen werden, dass gerade der zweite Typus der Bewertung des „Rechtsbewusstseins des Volkes" einer weiteren Entwicklung des Diskurses am Ende des 19. Jahrhunderts glücklich zuwidergelaufen ist. Der zweite Typus konzentriert sich auf gegenwärtige Inhalte, und dringt damit zur Einsicht vor, dass sich auch das Rechtsbewusstsein des Volkes mit der Zeit *ändert*.[358] So entsteht eine Immunität

---

[353] *Liszt*, Die deterministische Gegner der Zweckstrafe (1893), AuV II, Nr. 16, S. 52.

[354] *Liszt*, Bedingte Verurteilung, in: Vergleichende Darstellung AT, Bd. 3, 1908, S. 43. Vgl. noch Vergleichende Darstellung, BT, Bd. 5, 1905, Vorwort (ohne Angabe des Autors), S. V.

[355] *Liszt*, Wortmeldung in: Mitt. IKV 1 (1889), S. 179 und darauf folgende Diskussion mit *Garofalo* und *Wesnitsch*.

[356] *Liszt*, Lässt das Zwangs-Gesetz Verbesserungen wünschenswert erscheinen? (1891), AuV I, Nr. 14, S. 555.

[357] *Liszt*, Kriminalpolitischen Aufgaben (1889–1892), AuV I, Nr. 11, S. 369; Die Reform der Freiheitsstrafe (1890), AuV I, Nr. 13, S. 527, 529 f.

[358] Vgl. oben den Gedanken einer langsamen Durchführung von Reformen und *Liszt*, Nach welchen Grundsätzen (1902), AuV II, Nr. 29, S. 362. Für diese Auffassung bestand ein mögliches Muster auch in der älteren Diskussion über gemeines Recht und Carolina, bei dessen späteren Anwendung man von einer „Veränderung der sittlichen, religiösen und politischen

gegen volksontologische Auffassungen, die alle rechtlichen Einrichtungen auf die wesenhaften und besonderen ethnischen Eigenschaften einer Völkerschaft zurückführen. Der Höhepunkt dieser Auffassung, die bereits in der zweiten Hälfte des 19. Jahrhunderts von bedeutenden Autoren, nicht aber von *Liszt* vertreten wurde, wurde bekanntermaßen im Nationalsozialismus erreicht.[359]

Die Immunisierung gegen eine ethnologisch-ontologische Auffassung des Rechtsbewusstseins konnte bei *Glaser* und *Liszt* besonders durch den österreichischen Hintergrund ihrer Erlebniswelt verstärkt werden.[360] Für den österreichischen Gesetzgeber gab es in dem Vielvölkerstaat nicht einen nationalen Adressaten. Stattdessen war der Normadressat des dortigen Gesetzgebers letztendlich die Gesellschaft. Einen weiteren Teil der Immunisierung durfte auch das ältere, bei *Mittermaier* vorhandene Analysemuster gewähren, welches das „Volksrechtsbewusstsein" alternativ auch als lokal-geographische und nicht nur als nationale Erscheinung versteht. Es ist sowohl für *Mittermaier* als auch für einige Stellen bei *Liszts* Analyse charakteristisch, wenn beispielsweise von einem besonderen „Volksrechtsbewusstsein Baierns" die Rede ist.[361] *Liszts* historische Analyse des Meineids zeichnet sich im ganzen Buch durch die Prämisse aus, dass hinter der besser ausgewogenen Strafpraxis im norddeutschen Mittelalter einerseits und nicht nur vereinzelten barbarischen Strafpraktiken in süddeutschen Ländern (altes Österreich in diesem Kontext inbegriffen) andererseits ein anderes Rechtsbewusstsein stand.[362] Diese Art von Mikrounterscheidungen ist eine Kontraindikation für die idealistische und nationalsozialistische Auffassung des Volkes. Sie sind keine Innovationen von *Liszt*, sondern spiegeln alte Bemühungen, die Charakterologie der Völker einer Region oder eines Herrschaftsbezirks zu würdigen, wider. Beispielsweise fanden sich solche Unterscheidungen im 18. Jahrhundert in der Literatur über die Toskana, in der man die Unterschiede zwischen der niedrigen Mordrate in der Toskana einerseits und hohen Zahlen von Mordopfern in Genua andererseits unter dem Aspekt des Charakters des Volkes diskutiert hat (vgl. Punkt D.II. im 1. Kapitel). Man glaubte, dass

---

Verhältnisse" ausging: vgl. *C. J. A. Mittermaier*, a.a.O. (1819), S. 5 ff.; *ders.*, a.a.O. (1820), S. 158.

[359] Vgl. *O. Behrends*, a.a.O. (2016), S. 45 f.

[360] Für gesetzgeberischen Raum- und Volksrelativismus im aufgeklärten Absolutismus der Habsburger vgl. *F. Gianni/A. Crome*, Die Staatsverwaltung von Toskana unter der Regierung seiner königlichen Majestät Leopold II., 1797. Zu dieser Tradition noch *J. Schröder*, Zur Vorgeschichte der Volksgeistlehre: Gesetzgebungs- und Rechtsquellentheorie im 17. und 18. Jahrhundert, ZRG GA 109 (1991), 1. Vgl. noch *C. Beccaria*, Abhandlung über Verbrechen und Strafen (Übersetzung Bergk), 1798, S. 167, 314 f.

[361] *C. J. A. Mittermaier*, a.a.O. (1849), S. 5.

[362] *Liszt*, Meineid und falsches Zeugnis, 1876, S. 63 ff., 105. Vgl. als eine weitere Kontraindikation: Die Forderungen der Kriminalpolitik und der Vorentwurf eines schweiz. Strafgesetzbuchs, AuV II, Nr. 18, S. 96 (gemeinsames Rechtsdenken in der Schweiz); E. F. Klein und die unbestimmte Verurteilung, AuV II, Nr. 19, S. 138 („preußisches Volk").

diese Unterschiede im Verhalten der Bevölkerung auch eine unterschiedliche Kriminalpolitik erklären und rechtfertigen können.[363]

2. Evolution statt Revolution

Bei *Savigny*, dessen Jahrgang die Schicksale der französischen Revolution noch gedanklich verinnerlichte, ist einer der zentralen Gedanken, dass im Bereich der Rechtserneuerung eine Revolution absolut nicht möglich ist. Er wendet sich in mehreren Anläufen gegen die Revolution[364] und bestreitet die Möglichkeit der „Auslöschung" des Vorhandenen.[365] Die Idee, dass man bestehenden „Stoff", so *Savigny*, „vernichten" könnte, sei verlockend, aber ihre Durchführung unmöglich.[366] Es bestehe ein „organischer Zusammenhang zwischen Geschlechtern und Zeitaltern", zwischen welchen „nur Entwicklung aber nicht absolutes Ende und absoluter Anfang gedacht werden kann".[367] Der Topos findet sich beispielsweise auch bei *Platner:* „nicht auf Einmal, sondern in allfälligen Übergängen", „denn eine plötzliche Umkehrung der Verhältnisse muss notwendig das Volk in sittlicher und intellektueller Hinsicht unvorbereitet finden".[368] *Mittermaier* spricht von der Notwendigkeit der Würdigung des bestehenden Zustands und einem „heilsamen Reformieren".[369] Bei *Glaser* findet sich der Gedanke der Evolution etwas bunter ausgeführt in der Bemerkung, dass „ein voreiliger Fortschritt nur allzuleicht einen beklagenswerten Rückfall zur Folge haben kann".[370]

Der Gedanke einer Entwicklung anstatt von Revolution ist einer der markantesten in *Liszts* Werk. Eine der Hauptaussagen in der Schlussfolgerung im Vortrag „Der Zweckgedanke im Strafrecht" (= „Marburger Programm") ist: „Nicht Revolution

---

363 Vgl. *F. Gianni/A. Crome*, a.a.O. (1797), S. 86, 139 ff.

364 *F. C. Savigny*, Beruf (1814), S. 55 ff.

365 *F. C. Savigny*, Beruf (1814), S. 56.

366 *F. C. Savigny*, Beruf (1814), S. 112. Vgl. für den Revolutionsdiskurs noch *H. Mohnhaupt*, Reform zwischen Revolution und Restauration, FS W. Brauneder, 2008, S. 345 ff., 356 ff.; sowie die Korrespondenz, angeführt bei *E. Wolf*, a.a.O. (4. Aufl. 1963), S. 480; *J. Rückert*, a.a.O. (2017), S. 69 f.

367 *F. C. Savigny*, Beruf (1814), S. 113; *ders.*, Über den Zweck dieser Zeitschrift, in: Zeitschrift für geschichtliche Rechtswissenschaft, 1 (1815), S. 3 f.; *ders.*, a.a.O. (System, Bd. 1, 1840), S. XIV f.

368 *E. Platner*, Über die politischen Bestrebungen der gegenwärtigen Zeit, 1832, S. 31.

369 Vgl. auch *C. J. A. Mittermaier*, a.a.O. (1820), S. 82 („Wer möchte es läugnen, daß für unsere Wissenschaft, wie für jeden Teil der Rechtswissenschaft, sich eine zweifache Aufgabe in unserer Zeit bildet? – einmal, das Bestehende, aus der Vergangenheit zu uns gekommene noch Geltende klar zu erkennen, den Sinn desselben durch historische Bestrebungen zu erforschen, und eine richtige Anwendung nach dem Geiste dieser Quellen zu begründen, dann aber auch, nicht ängstlich klebend an dem Alten, vorwärts zu streben, die Forderungen der Zeit und ihre Bedürfnisse sich klar zu machen, die Mittel, welche zu Gebote stehen, zu prüfen, und auf dem Wege des heilsamen Reformierens manche Fessel des Alten mit Besonnenheit auszuschütten").

370 *J. Glaser*, Über die Todesstrafe (1862), in seinen Keineren Schriften, 1868, S. 190.

sondern Reformation ist die Lösung".[371] Charakteristisch ist auch, wenn *Liszt* die Entwicklung des Strafrechts in Preußen dafür rühmt, dass die Vorschläge von *Beccaria* „und seinen Freunden" dort seit dem Machtantritt *Friedrich* des Großen „ruhig und langsam, aber stetig und entscheidend durchgeführt worden waren".[372] Er hebt bei dem „Zeitalter der Aufklärung" besonders hervor, dass es „auf dem strafrechtlichen Gebiet keinen grundsätzlichen Bruch" mit älteren Grundgedanken darstellt, sondern „deren reformierte Weiterbildung".[373] Die Unterscheidung einer Revolution und einer Reformation bzw. Entwicklung liegt auch seinen allgemeinen politischen Erwägungen zu Grunde.[374] Interessant in diesem Kontext ist das Urteil der Zeit, wonach „die modernen deutschen Kriminalisten" im Gegensatz zu ihren italienischen Kollegen „nicht als himmelstürmende Neuerer auftreten, sondern als vorsichtig abwägende, den Thatsachen möglichst nach jeder Richtung Rechnung tragende, ernste Gelehrte, deren Stimme um so mehr Beachtung und Gewicht beanspruchen darf".[375]

Eng mit dem Gedanken der Evolution ist die Fähigkeit der Reformer verbunden, eine gelungene Reform nicht mit einer *vollständigen Übernahme und Vergesetzlichung eines abstrakt gewünschten Zustandes* gleichzusetzen. Stattdessen wird die Reform mit einer erfolgreichen *Neukonzeption, die in den gegebenen Umständen möglich ist, und die in breiterer Schau eine Stufe des Fortschritts darstellt*, gleichgesetzt. Man hat besonders aus der Sicht des Idealismus (*Birkmeyers* Kritik) und aus der Sicht der rigiden dogmatischen Richtungen, wie des Marxismus (12. Kapitel) und der radikalen Kritik seit den 1980er Jahren (14. Kapitel), *Liszts* Kompromissbereitschaft als eine politische Herabmilderung des Reformanliegens gedeutet. Sie würde in dieser Hinsicht die wissenschaftliche Ehre des Autors kompromittieren. Die neuere Forschung erlaubt jedoch die Einsicht, dass eine ähnliche Reformstrategie bereits wissenschaftlich renommierten Reformern im Vormärz bekannt war.

Die bekannte Kompromissbereitschaft von *Mittermaier* wird beispielsweise unter strafrechtlichen Autoren bei *Vormbaum* kritisiert.[376] Die neuen Erkenntnisse über *Savignys* Tätigkeit als Minister für Gesetzesrevision haben gezeigt, dass *Savigny* maßgeblich an der Reform der preußischen Kriminal-Ordnung (Strafprozessord-

---

[371] *Liszt*, Der Zweckgedanke im Strafrecht, 1882, S. 32; Über den Einfluß der soziologischen und anthropologischen Forschung (1893), AuV II, Nr. 17, S. 82 f., 89, 93; Nach welchen Grundsätzen ist die Revision des Strafgesetzbuchs in Aussicht zu nehmen? (1902), AuV II, Nr. 29, S. 369, 394; Meineid und falsches Zeugnis, 1876, S. 106.

[372] *Liszt*, Strafrecht und Strafprozess, in: W. Lexis (Hrsg.), Die deutschen Universitäten, 1893, S. 351.

[373] *Liszt*, Strafrecht und Strafprozeßrecht (1906), AuV III, Nr. 2, S. 12.

[374] *Liszt*, Die Zukunft des deutschen Liberalismus, Der Tag v. 9.5.1908, S. 1 f. (Unterscheidung zwischen „Zusammenbruch" und „Umgestaltung" der gesellschaftlichen Ordnung).

[375] Strafrechtslehre, National-Zeitung, Morgenausgabe v. 2.11.1899, S. 1.

[376] *T. Vormbaum*, Johann Michael Franz Birnbaum und die Folgen, in: „Birnbaum, zwei Aufsätze", 2011, S. 99 f. Vgl. noch *A. Reiter*, Die Sammlung A. W. Heil, S. 226, Nr. 420 (Mittermaier als lavatrix parlamentaris centralis); *M. Hettinger*, a.a.O. (1990), S. 435.

nung) von 1846 beteiligt war. Aus dieser Zeit stammen die von dem Ministerium für Gesetzesrevision gedruckten „Prinzipienfragen in Beziehung auf eine neue Strafprozess-Ordnung", die vor einiger Zeit mit der Angabe *Savignys* als Autor wieder gedruckt worden sind.[377] Man geht heute davon aus, dass *Savignys* Verdienste an der Reform im reaktionären Schrifttum nach 1848/49 in denunziatorischer Absicht verkannt wurden. Heute kommt man zum Schluss, dass es sich bei *Savigny* um einen fruchtbaren und ausgewogenen Reformer gehandelt hat.[378] „Er trennt", dadurch zeichnet sich im Urteil von *Arnswaldt* Savignys Reformtätigkeit aus, „zwischen den wünschenswerten und den realisierbaren Zielen"; „Er stellt keine Maximen auf, sondern passt seine Vorstellungen einer annehmbaren Form zugunsten ihrer Realisierbarkeit" an.[379] Aus dieser Perspektive wäre die sog. „Kompromissbereitschaft" bei *Liszt* Teil einer erhöhten, in Deutschland schon vor *Liszt* theoretisch begründeten Besinnung auf das Gemeinwesen, und kein kurzsichtiges Missverständnis des politischen und wissenschaftlichen Berufs.

Eng mit dem Thema der Evolution ist auch der Gedanke des Fortschritts und die Orientierung an technischem und wissenschaftlichem Fortschritt verbunden, den man, besonders in den 1930er Jahren, als eine späte Anbindung *Liszts* an die geistige Welt des Positivismus gedeutet hat (Punkt D. im 9. Kapitel; auch D.II. im 14. Kapitel). In diesem Kontext erscheint interessant, dass die relevanten Hinweise auf die Bedeutung des Fortschritts und der Naturwissenschaften bereits bei *Mittermaier* erfolgt sind. Von besonderem Interesse ist dabei nicht nur die Chronologie, sondern auch der Umstand, dass *Mittermaier* die Forderung nach der Mitberücksichtigung der Fortschritte der anderen Wissenschaften nicht aus einer theoretischen, etwa positivistischen Überzeugung deduziert. Er stellt stattdessen seine Forderung im Zusammenhang mit den Verfehlungen in der Gerichtspraxis und der Notwendigkeit der Mitberücksichtigung von Erfahrungswissenschaften für die Erhaltung einer sachgerechten Spruchpraxis zusammen.

Die ersten wichtigen Hinweise finden sich bereits 1819 im Rahmen von *Mittermaiers* Rechtsquellenkritik. Dort ist die Rede von einem „unaufhaltsamen Fortschritt der Bildung [Wissenschaft]", die es auch unmöglich macht, vollständig im Voraus eine gesetzlich bestimmte Entscheidungsprogrammatik vorzuschlagen.[380] Auch *Savigny* sprach von dem „steten, lebendigen Fortschritt" der Wissenschaft.[381] Die Gesetzgebung kann nach *Mittermaier* nicht alle Fälle vorausdenken, sie kann nicht „alle Entdeckungen der rastlos fortschreitenden Wissenschaft wie im Zau-

---

377 „Friedrich Carl von Savigny: Die Prinzipienfragen in Beziehung auf eine neue Strafprozeß-Ordnung", eingeleitet und herausgegeben von *W. Schubert*, 2011.

378 *W.-C. Arnswaldt*, Savigny als Strafrechtspraktiker: Ministerium für die Gesetzrevision (1842–1848), 2003, S. 61 ff. Vgl. auch die Einleitung von *W. Schubert*, a.a.O. (2011), S. VII.

379 *W.-C. Arnswaldt*, a.a.O. (2003), S. 316.

380 *C. J. A. Mittermaier*, a.a.O. (1819), S. 36.

381 *F. C. Savigny*, a.a.O. (System, Bd. 1, 1840), Vorrede, S. X.

berspiegel der Zukunft voraussehen".[382] Es sind immer neue „ärztliche und psychologische Entdeckungen" vorhanden; Fälle, „an die der Gesetzgeber nie gedacht hat" nötigen den Richter, „sich selbst Recht zu suchen".[383]

Die genannten, bereits im Jahre 1819 veröffentlichten Stellen sind ein wichtiges Zeugnis dafür, dass die Forderungen nach einer Kooperation oder inhaltlichen Annäherung zwischen Rechtswissenschaft und anderen Disziplinen wie Heilkunde oder Psychologie auch einem inneren Impuls in der Jurisprudenz entsprechen können. Bei *Mittermaier* ging es offenbar nicht um einen Wunsch, sich modisch und deduktiv den Naturwissenschaften zu unterwerfen, sondern darum, dass unnötige Ungerechtigkeiten in der Spruchpraxis vermieden werden. Insofern erweist es sich als verfehlt, wenn Autoren wie *Welzel* immer von einer Gleichwertigkeit der Motivation ausgehen, in dem Sinne, dass sie überall dort, wo die Naturwissenschaft oder ihre Fortschritte erwähnt werden, den Comte'schen Positivismus als maßgebliche Inspiration hierfür bestimmen (vgl. für die Kritik dieser Sichtweise Punkt C. im 6. Kapitel). Als verkürzt und verfehlt erweisen sich auch jene Ansätze, die nicht lebendige Inhalte der Rechtswissenschaft im 19. Jahrhundert aufgreifen, sondern von der Vorstellung *ausgehen*, dass die Rechtswissenschaft im 19. Jahrhundert nur an der bloßen Wiedergabe von Gesetzesinhalten interessiert war (vgl. Punkt A.I. im 6. Kapitel; E.IV. im 15. Kapitel).

Eine vergleichbar hohe Bedeutung für den Nachweis einer Diskussion über den Stand der Naturwissenschaften im Rahmen der Strafrechtswissenschaft vor *Liszt* kommt noch der Spätschrift *Mittermaiers* über die Todesstrafe aus dem Jahre 1862 zu. Dort wird zuerst behauptet, dass die „Naturwissenschaften, besonders die Heilkunde", ihre „ungeheuren Fortschritte" einer „zuverlässigen Grundlage zur Erkenntnis der Natur der anzuwendenden Mittel und ihrer Wirksamkeit" schulden, die durch „sorgfältige Beobachtung und gesammelte Erfahrung" gewonnen wurde.[384] In einem weiteren Schritt fordert dann *Mittermaier* eine vergleichbar gewonnene Grundlage für das „Gebiet des Strafrechts, insbesondere in Bezug auf die Strafarten".[385] Die Erforschung der „Bedeutung jeder Strafart für den Zweck der Strafgewalt", die „sorgfältig gesammelten Erfahrungen" für die Erforschung der „wahren Natur der Strafart und ihrer Wirkungen", diese Aspekte würden ermöglichen, so *Mittermaier*, dass die Gesetzgebungen „mehr mit den Bedürfnissen und mit dem Zustande der Gesittung im Einklang stehen" und sich „einer besseren Wirksamkeit erfreuen" können.[386]

---

[382] *C. J. A. Mittermaier*, a.a.O. (1819), S. 38.

[383] *C. J. A. Mittermaier*, a.a.O. (1819), S. 37; *ders.*, a.a.O. (1820), S. 413.

[384] *C. J. A. Mittermaier*, Die Todesstrafe nach den Ergebnissen der wissenschaftlichen Forschungen, der Fortschritte der Gesetzgebung und der Erfahrungen, 1862, S. III. Vgl. für *Mittermaiers* Vergleich mit Heilkunde noch seine Ausführungen in den Verhandlungen der ersten Versammlung für Gefängnißreform (Frankfurt 1846), 1847, S. 17 ff. Vgl. noch *M. Hentze*, Strafvollzugsreformen im 19. Jahrhundert, 2003, S. 26.

[385] *C. J. A. Mittermaier*, a.a.O. (1862), S. III.

[386] *C. J. A. Mittermaier*, a.a.O. (1862), S. III.

Bedeutend für ein richtiges und kein voreiliges Verständnis der letzten Zitate ist, dass *Mittermaier* das Geschäft der „gewissenhaften Sammlung der Erfahrungen" schon durch sein Bestreben, verschiedene „Nachrichten" und Untersuchungen über das Gefängniswesen in den letzten 50 Jahren[387] zu sammeln, im Zeitpunkt der Veröffentlichung der Monografie über die Todesstrafe (1862), bereits als *erfüllt* angesehen hat.[388] Eine Anlehnung oder ein Austausch mit Naturwissenschaften wären dementsprechend keine Aufgabe für die Zukunft; der Vergleich mit frappanten Erfolgen der Heilkunde soll nicht eine Anbindung an die Medizinwissenschaft herbeiführen, sondern nur den allgemeinen Lesern inhaltlich die Bedeutung der empirischen Sachkenntnis, wie sie bereits in der Strafrechtswissenschaft vorhanden ist, an einem leicht zu denkenden Beispiel veranschaulichen.

Im Grunde genommen wiederholen *Mittermaiers* Ausführungen die alten Forderungen und die grundlegende Entgegensetzung in der Aufklärung, die oben am Beispiel des Missverständnisses zwischen *Benjamin Rush* und *Feuerbach* dargestellt wurde (Punkt D.III.–IV. im 1. Kapitel). *Mittermaiers* Hervorhebung der Bedeutung der Empirie ist eine Gegenstellungnahme zu *Berners* Bemühungen, die Bedeutung der „bloßen Empirie" und der „statistischen Berechnungen" für die Entscheidung über das Verbot der Todesstrafe für irrelevant zu erklären.[389] Die Verwendung von Stichwörtern wie „Wirkung", „Zustände" und „Nachrichten" bei *Mittermaier* (Nachrichten über die Wirkung der Todesstrafe, Folgen ihrer Aussetzung usw.) weist eindeutig auf ältere empirische Schichten in der kriminalwissenschaftlichen Aufklärung hin, vor allem auf *Rushs* „Enquiries" und den „Nachrichten"-Diskurs, für welchen hier beispielhaft auf *Wagnitz* verwiesen werden kann (vgl. Punkt D.III. im 1. Kapitel).[390]

III. Zwei klassische Topoi des Reformstrafrechts des Vormärzes

1. Die notwendige Strafe

In *Liszts* Werk tritt an mehreren Stellen, mit kleinen Unterschieden, die Wendung auf, dass die gerechte Strafe die notwendige Strafe ist. Die Wendung kann unterschiedlich gelesen und verstanden werden. Als zwei Gegenpole der Interpretation stehen sich gegeneinander die Möglichkeit, die Wendung so zu lesen, dass eine Strafe die zuerst als gerecht bestimmt wird, deswegen auch notwendig sein muss. Und umgekehrt, dass die Notwendigkeit der eigentliche Maßstab der Gerechtigkeit ist.

387 *C. J. A. Mittermaier*, a.a.O. (1862), S. IV.

388 *C. J. A. Mittermaier*, a.a.O. (1862), S. III.

389 *A. F. Berner*, Abschaffung der Todesstrafe, 1861, S. 41.

390 *H. B. Wagnitz*, Historische Nachrichten und Bemerkungen über die merkwürdigsten Zuchthäuser in Deutschland, Nebst einem Anhange über die zweckmässigste Einrichtung der Gefängnisse und Irrenanstalten, 1791–1794.

Bei *Liszt* ist die Wendung, was auch nicht angezweifelt wird, immer in dem zweiten Sinne gemeint, aber bisher wurde kaum der Umstand erörtert, dass gerade in diesem zweiten Sinne die Wendung nicht neu war. Im Vortrag „Der Zweckgedanke im Strafrecht" (= „Marburger Programm") steht: „Die richtige, daher die gerechte Strafe ist die notwendige Strafe".[391] „Nur die notwendige Strafe ist gerecht".[392] Im Nachruf auf *Dochow* wird die Formel im Gewand „Sie ist gerecht, soweit sie notwendig ist" erwähnt.[393] Es ist auch in *Liszts* „Lehrbuch" ein wichiger Topos.[394]

In der Liszt-Forschung wurde die markante Wendung mehrmals als ein wichtiger Teil von *Liszts* Konzept aufgegriffen. Sie hat aber, wie bereits angedeutet, bisher nirgendwo eine festere Kontextualisierung erfahren.[395] Der breitere Zusammenhang ist besonders bei jenen Autoren verdeckt, die *Liszts* Formel als eine Neuerung darstellen, die charakteristisch für seine Deduktion aus einer naturalistischen Welt- und Gesellschaftsauffassung wäre. Es ist kennzeichnend, wenn sogar in einer detailreichen Untersuchung wie bei *Kubink* die Formel unter dem Aspekt des „Theoriewandels von Strafrecht und Kriminalpolitik" nach 1880 erörtert wird.[396] Wie in einem Thriller erfährt der Leser, dass es sich bei *Liszts* Bestimmung um ein „neues ‚Gerechtigkeits'-Verständnis" handele.[397] Die Anführungszeichen werden gesetzt (die „Gerechtigkeit"), weil dem Konzept, als einem modernistisch-kollektivistischen Missbrauch, die innere Berechtigung abgesprochen werden soll, den

---

[391] *Liszt*, Der Zweckgedanke im Strafrecht, 1882, S. 21.

[392] *Liszt*, Der Zweckgedanke im Strafrecht, 1882, S. 22.

[393] *Liszt*, Nachruf Dochow (1881), AuV I, Nr. 5, S. 88.

[394] *Liszt*, Lehrbuch des Deutschen Strafrechts, 3. Aufl. 1888, S. 18 ff., 8. Aufl. 1897, S. 63; 9. Aufl. 1899, S. 53; 10. Aufl. 1900, S. 5; 16/17. Aufl. 1908, S. 80; 21/22. Aufl. 1919, S. 6.

[395] Vgl. *G. Simson*, Franz von Liszt und die schwedische Kriminalpolitik, in: FS K. Schlyter, 1949, S. 316; *Eb. Schmidt*, Franz von Liszt und die heutige Problematik des Strafrechts, FS J. Gierke, 1950, S. 219; *A. Rebhahn*, Franz v. Liszt und die moderne défense sociale, 1962, S. 23; *J. Baumann*, Kleine Streitschriften zur Strafrechtsreform, 1965, S. 203; *C. Roxin*, Franz von Liszt und die kriminalpolitische Konzeption des Alternativentwurfs, GS Liszt, 1969, S. 73 f.; *L. Jiménez de Asúa*, „Corsi e ricorsi", GS Liszt, 1969, S. 150; *K.-H. Kurze*, Theologische Aspekte der Kriminalstrafe, 1978, S. 174 ff.; *H. Ostendorf*, Von der Rache zur Zweckstrafe, 1982, S. 15; *W. Naucke*, a.a.O. (1982), S. 533 f.; *U. Ewald*, Theoretische Probleme und Ideologie des „Täterstrafrechts" im imperialistischen Deutschland, 1983, S. 123; *L. Radzinowicz*, The Roots of the International Association of Criminal Law and their Significance (1991), S. 70; *H. Peters*, Muß Strafe sein?, 1993, S. 80; *H.-H. Jescheck/T. Weigend*, Lehrbuch des Strafrechts AT, 5. Aufl. 1996, S. 73 f.; *S. Ehret*, a.a.O. (1996), S. 109 ff.; *S. Günzel*, Die geschichtliche Entwicklung des Jugendstrafrechts, 2001, S. 117; *M. Kubink*, Strafen und ihre Alternativen, 2002, S. 66 ff.; *T. Stäcker*, Die Franz von-Liszt, 2012, S. 29; *C. O. Kreher*, Herkunft und Entwicklung des Zweckgedankens bei Franz von Liszt, 2015, S. 31 f.; *A. Coninx*, Life within Parole for Preventive Reasons, in: D. van Zyl Smit/C. Appleton (Hrsg.), Life Inprisonment and Human Rights, 2016, S. 450; *M. Pawlik*, v. Liszt im Kontext zeitgenössischer philosophischer Strömungen, in: A. Koch/M. Löhnig (Hrsg.), Die Schule Franz von Liszts 2016, S. 74; *B. Zabel*, Franz v. Liszt und die Reformbewegung des Strafrechts, ebendort (2016), S. 95.

[396] *M. Kubink*, a.a.O. (2001), S. 65 ff.

[397] *M. Kubink*, a.a.O. (2001), S. 66.

Anspruch auf die Bezeichnung *Gerechtigkeit* zu erheben.[398] Ein ähnliches Verständnis begegnet dem Leser in der neueren Untersuchung von *Kreher.* Er möchte *Liszts* Formel als die Stelle bewerten, welche die „Übernahme des Zweckgedankens" von *Jhering* in *Liszts* Werk nachweist.[399] Es wird also auf dem Umweg, über die Verbindung mit *Jhering*, der Gedanke einer kriminalpolitischen Neuigkeit konstruiert. Die Formel „Nur die notwendige Strafe ist gerecht" wäre in dieser Sichtweise nur eine Konkretisierung des neuen Zweckgedankens und damit nicht älter als *Liszts* Anlehnung an *Jhering* oder höchstens *Jherings* eigene Grundauffassung. In gleichem Sinne einer Neuerung nennt der sonst sorgfältig vorgehende *Ostendorf* die Formel von *Liszt* eine „eigene These".[400]

Der Satz, dass die Strafe, die gerecht sein möchte, in einem Staat notwendig sein muss, findet sich schon bei *Beccaria.* Man liest in seinem hochgelobten Werk über Verbrechen und Strafen: „Soll die Strafe gerecht sein, so darf sie keinen höheren Grad von Intensität haben, als nötig ist, die Menschen von Verbrechen abzuschrecken".[401] Der Satz wurde in „Dei delitti e delle pene" noch in einem lebendigen Fluss der Äußerungen formuliert und ist bei einer genaueren Lektüre sehr stark mit *Beccarias* eigener und keinesfalls sehr prinzipieller Bestimmung des Strafzwecks verknüpft. In der französischen Revolution hat der Satz dann jedoch auch eine abstrakt-normative Bestimmung erfahren. Er begegnet uns als eine der Hauptforderungen an die Einrichtungen des Staates nach dem Maßstab der freiheitlichen Ordnung. Im Art. 8 der Erklärung der Menschen- und Bürgerrechte von 1789/1791 heißt es: „Das Gesetz soll nur Strafen festsetzen, die unbedingt und offenbar notwendig sind (strictement et évidemment nécessaires), und niemand darf anders als aufgrund eines Gesetzes bestraft werden, das vor Begehung der Straftat beschlossen, verkündet und rechtmäßig angewandt wurde".[402]

Im Vormärz sind von Interesse die Änderungen bzw. Zusätze, die *Mittermaier* in den von ihm bearbeiteten Auflagen des Lehrbuchs von *Feuerbach* durchgeführt hat. Er hat in seinen Auflagen den Spruch integriert, dass die „Gerechtigkeit des Staats" auf den „nämlichen Grundlagen berühren (muss), wie die Gerechtigkeit überhaupt", „nämlich auf dem Gesetze, nach welchem jeder Zwang nur durch seine Nothwen-

---

[398] Einen modernistischen Kollektivismus haben neben *Kubink* vor allem folgende Autoren als Maßstab der Interpretation vorausgesetzt oder hineininterpretiert: *J. Renneberg* (1956); *W. Naucke*, a.a.O. (1982), S. 525 f.; *D. Mayenbrug*, a.a.O. (2006), S. 168 ff.

[399] *C. O. Kreher*, a.a.O. (2015), S. 31 f.

[400] *H. Ostendorf*, a.a.O. (1982), S. 15.

[401] *C. Beccaria*, Über Verbrechen und Strafen, Glasers Übersetzung, 2. Aufl. 1876, S. 69. Vgl. *W. Küper*, Cesare Beccaria und die krimpolitische Aufklärung, JuS 1968, 548; *W. Naucke*, Die Modernisierung des Strafrechts durch Beccaria, in: G. Deimling (Hrsg.), Cesare Beccaria, 1989, S. 45 f.; *G. Spiess*, Wenn nicht mehr, wenn nicht härter, Soziale Probleme 24 (2013), S. 88.

[402] Vgl. *J. Bentham*, An Examination of the Declaration of the Rights of the Man and the Citizen Decreed by the Constituent Assembly in France, in seinen Works, Bd. 2, 1843, S. 496 ff.; *G. Spiess*, a.a.O. (2013), S. 88.

digkeit bedingt ist".[403] In *Glasers* Lehre hat die Notwendigkeit eine ähnliche Bestimmung wie in der Deklaration der Menschen- und Bürgerrechte. „Die Strafe soll nur eintreten können", schreibt *Glaser*, „wo und so weit sie unbedingt nothwendig und als solche allgemein erkennbar ist".[404] Er setzt sich gleichzeitig für ein Konzept des Verfahrens ein, in welchem „jeder Zweifel dem Angeklagten zu Statten kommen" muss.[405] Auch das Gesetzlichkeitsprinzip im Bereich des Strafrechts wird bei *Glaser*, etwas idealistisch, unter dem begrifflichen Aspekt der Notwendigkeit behandelt: Das Vorhandensein eines Strafgesetzes gehöre zur Notwendigkeit. Die Gesetzgebung sei auf dem Gebiet des Strafrechts „rechtlich-nothwendige Voraussetzung jeder Strafanwendung".[406]

Alle genannten Äußerungen, von *Beccaria*, in der Menschenrechteerklärung, von *Mittermaier*, *Glaser* und von *Liszt* befinden sich in einem Diskurs, womit natürlich nicht die Unterschiede im Einzelnen und ihre Bedeutung für die Bewertung der Konzepte der einzelnen Autoren geleugnet werden sollten oder dürften. Für eine tragfähige Diskursanalyse besteht die Verpflichtung nicht nur darin, die Kontinuität der Topoi festzustellen, sondern auch zu verdeutlichen, wie die Inhalte jeweils von unterschiedlichen Diskursteilnehmern anders akzentuiert und konkretisiert werden. Für *Mittermaier* war beispielsweise charakteristisch, dass er seiner Lehre von der „Notwendigkeit" eine Reihe von Überlegungen über „unnöthige Strafen" an die Seite gestellt hat. In seinem Konzept war also besonders das Begriffspaar nötig/unnötig produktiv. Es wird gefordert „nicht unnöthig Verbrechen zu häufen, und nicht Handlungen dazu zu stempeln, bei welchen auch der Civiljustizzwang hinreicht, um das zu bewirken, was man erreichen will".[407] Er fordert „nicht unnöthiger Weise harte, weder dem Verbrechen, noch den nationalen Verhältnissen anpassende oder die Nation entwürdigende Strafen anzuwenden."[408] Man erkennt in diesen Ausführungen das Subsidiaritätsprinzip, das hier, anders als später, noch organisch mit der Wendung der „Notwendigkeit" zusammengewachsen ist.

In einer späteren Schrift aus den 1840er Jahren, hat *Mittermaier* gegen die schlecht verstandenen utilitaristischen und idealistischen Konzepte eine aufwändige Forderung eines „bürgerlichen Gerechtigkeitsprinzips" aufgestellt, das ihm zufolge das einzige „wahre" Gerechtigkeitsprinzip sein darf.[409] Man beachte hier, dass im

---

[403] *P. J. A. Feuerbach*, mit Zusätzen von *C. J. A. Mittermaier*, Lehrbuch des gemeinen in Deutschland gültigen Peinlichen Rechts, 14. Aufl. 1847, S. 43 (Zusatz „§ 20b").

[404] *J. Glaser*, a.a.O. (1854), S. 16f.

[405] *J. Glaser*, a.a.O. (1854), S. 16f.

[406] *J. Glaser*, a.a.O. (1854), S. 17.

[407] *C. J. A. Mittermaier*, a.a.O. (1820), S. 97.

[408] *C. J. A. Mittermaier*, a.a.O. (1820), S. 97.

[409] *C. J. A. Mittermaier*, Die Strafgesetzgebung in ihrer Fortbildung: geprüft nach den Forderungen der Wissenschaft und nach den Erfahrungen über den Werth neuer Gesetzgebungen, und über die Schwierigkeiten der Codification, mit vorzüglicher Rücksicht auf den Gang der Berathungen von Entwürfen der Strafgesetzgebung in constitutionellen Staaten, Bd. 1, 1841, S. 3f. Vgl. *D. Blasius*, Bürgerliche Gesellschaft und Kriminalität, 1976, S. 110f.

19. Jahrhundert *utilitas* neben einem abstrakten Wert des Nutzens in der rationalistischen Philosophie, den auch *Mittermaier* verwirft, offenbar im damaligen Diskurs auch im römischen Sinne als *utilitas publica*, als mittelbar dienende Gesichtspunkte eines Gemeinwohls, im Gegensatz zum bloßen Eigennutz, auftauchen kann.[410] Die von *Mittermaier* vorgetragene Lösung ähnelt in wichtigen Punkten den progressiven Reformvorstellungen aus den 1960er Jahren: Man darf nicht über die Grenzen der „Größe der Verschuldung" des Täters hinausgehen,[411] aber im Rahmen dieser Grenzen „benützt" die Gerechtigkeit „alle in der Strafe liegenden Merkmale der Abschreckung, Sicherung und Besserung auf die zweckmäßigste Weise".[412]

Es verdient, nicht zuletzt zum Zweck der Abbildung des organischen Zusammenhangs aller Forderungen, Erwähnung, dass *Mitttermaier* aus seinem Gerechtigkeitsprinzip auch die Notwendigkeit ableitet, dass die Reaktion nicht nur in Bezug auf die Tat, sondern auch in Bezug auf den Täter, auf die Umstände, welche zur Tat geführt haben und auf die Motive des Täters, erfolgen soll.[413] Es liegt damit noch ein Beispiel vor, an welchem sichtbar wird, dass weder die Notwendigkeit einer zweckvollen Reaktion noch allgemein betrachtet das Interesse für den Täter im Gegensatz zum Interesse für die Tat nur als Teil eines naturalistischen Utilitarismus auftreten. Es sind vielmehr Erwägungen eines subtilen politischen Konzeptes in einer freiheitlichen Staatsgemeinschaft, der durch das Recht auf Selbstverwaltung auch in einzelnen Fällen eine Pflicht zukommt, ihrem Grundzweck entsprechend die Eingriffsbefugnis zu verwenden.

Liszts Wendung, dass die gerechte Strafe, die notwendige Strafe ist, kann in Anbetracht der Prominenz der Formel in der Aufklärung und im Vormärz nur als eine Neuerung innerhalb eines bestehenden Äußerungszusammenhangs gewertet werden. Neben dem Gedanken der Subsidiarität liegt eine weitere, wichtige aber in der bisherigen Liszt-Forschung nicht diskutierte Verwandtschaft auf der Ebene der gewählten Ausdrücke. Man beachte, dass *Mittermaier* von „Angriffen auf (die) bürgerliche Gesellschaft" und – wiederum bereits 1841 – über den Schutz der „Interessen der bürgerlichen Gesellschaft" spricht.[414] Das verdeutlicht, dass die Wendung vom „Interessensschutz" im Strafrecht älter als ähnliche Formulierungen bei *Liszt* ist, die man bisher ohne nähere Nachweise auf einen Einfluss von *Jhering* (1818–1892) zurückgeführt hat.[415]

---

410 Vgl. *O. Behrends*, Rudolf von Jhering: Ist die Jurisprudenz eine Wissenschaft, 1998, S. 154 f. Vgl. noch *J. Vargha*, Die Abschaffung der Strafknechtschaft, Bd. 2, 1897, S. 244 ff.

411 *C. J. A. Mittermaier*, a.a.O. (1841), S. 2 ff. („Kampf von zwei Schulen"), S. 4.

412 *C. J. A. Mittermaier*, a.a.O. (1841), S. 4 f.

413 *C. J. A. Mittermaier*, a.a.O. (1841), S. 3.

414 *C. J. A. Mittermaier*, a.a.O. (1841), S. 4. Vgl. noch *ders.*, Die Gesetzgebung und Rechtsübung über Strafverfahren nach ihrer neuesten Fortbildung, 1856, S. 290 („Angriff auf die bürgerliche Ordnung und die Gesellschaft").

415 *Liszt*, Das deutsche Reichsstrafrecht (1. Auflage des „Lehrbuchs"), 1881, S. 2 f. Für die Tradition der Benennung vor *Jhering* vgl. *H. Coing*, Bentham's Importance in the Development of Interessenjurisprudenz and General Jurisprudence, Irish Journal 2 (1967), 336; *R. Summers*,

Was *Liszt* von *Mittermaier* unterscheidet, ist, dass er – äußerlich betrachtet – nicht vom Schutz der „bürgerlichen Gesellschaft" sondern vom Schutz der „Gesellschaft" spricht.[416] Man muss jedoch bei einer inhaltlich kohärenten Lesung von *Liszts* Werk zum Schluss kommen, dass es sich innerlich bei den Autoren um die gleiche Formel handelt. Dem Inhalt nach lässt sich auch *Liszts* folgende Bestimmung vollständig unter *Mittermaiers* Begriff der „bürgerlichen Gesellschaft" subsumieren: „Das Recht bezweckt den *Schutz* derjenigen Interessen, zu deren Schutz und Förderung die Einzelnen zur staatlichen Gemeinschaft zusammengetreten sind. Wir können diese vom Recht, dem Gesamtwillen der Gemeinschaft, geschützten Interessen als *Rechtsgüter* bezeichnen."[417] Die Verwendung der einfachen Bezeichnung „Gesellschaft" dort, wo aus dem Kontext offenbar eine durch gesellschaftlichen Vertrag gebundene Gesellschaft gemeint ist, lässt sich nicht nur bei *Liszt*, sondern auch bei anderen Autoren nachweisen.[418] Umgekehrt finden sich, wenn auch vereinzelt und durch besondere Kontexte begünstigt, auch bei *Liszt* Stellen, an denen ausdrücklich die Rede von der „bürgerlichen Gesellschaft" ist.[419]

Die Existenz einer älteren Tradition des Schutzes der Gesellschaft verdeutlicht besonders die Notwendigkeit der Vorsicht, die bei der Lektüre von *Welzels* Untersuchung aus dem Jahr 1935 angezeigt ist. Die spätere Liszt-Forschung hat übersehen, dass bei *Welzel* die Aufklärung und der Positivismus eine geistesgeschichtliche Einheit bilden (vgl. Punkt B.II. im 9. Kapitel; D.II. im 14. Kapitel). So hat *Welzel*, obwohl das aus heutiger Perspektive befremdlich erscheint, gerade durch die Zuordnung von *Liszt* und seinem Konzept der „Gesellschaft"[420] zur Sphäre des Positivismus auch den Themenbereich des Sozialvertrags aus der Zeit des 18. und beginnenden 19. Jahrhunderts abgearbeitet. Die spätere Forschung hat abstrakt *Welzels*

Rudolf von Jhering's Influence on American Legal Theory, in: O. Behrends (Hrsg.) Jherings Rechtsdenken, 1996, S. 68; *Y. Greve*, Verbrechen und Krankheit, 2004, S. 145 ff.

[416] *Liszt*, Der Zweckgedanke im Strafrecht, 1882, S. 26.

[417] *Liszt*, Das deutsche Reichsstrafrecht (1. Auflage des „Lehrbuchs"), 1881, S. 2 f.

[418] Vgl. besonders die Hommelische Vorrede in seiner Übersetzung von *Beccarias* „Dei delitti e delle pene", 1778, S. XXXI; *H. B. Wagnitz*, Historische Nachrichten und Bemerkungen über die merkwürdigsten Zuchthäuser in Deutschland, Nebst einem Anhange über die zweckmässigste Einrichtung der Gefängnisse und Irrenanstalten, Bd. 1, 1791, S. 3 f.; *B. Rush*, Untersuchung der Wirkungen öffentlicher Strafen auf die Verbrecher und auf die Gesellschaft, 1792, S. 9 f. („Man sagt die Absicht der Strafen sey (…) 3. Diejenigen Personen aus der Gesellschaft wegzuschaffen, die sich durch ihre Beschaffenheit und Verbrechen als unfähig in solcher zu leben, gezeigt haben."); *G. F. Müller*, Einige Bemerkungen zu der Preisschrift des Hrn. Bergk, Archiv des Criminalrechts 4 (1801), S. 5 ff.; die Rezension und Darstellung des Inhalts der in Mailand erschienen „Strafrechts" von *Romagnosi*, in: Zeitschrift für österreichische Rechtsgelehrsamkeit und politische Gesetzeskunde 3 (1828), S. 7 („Der einzige Zweck der Strafe ist Verbrechen von der Gesellschaft abzuwenden").

[419] *Liszt*, Bemerkungen zum russischen AT-Entwurf, AuV I, Nr. 8, S. 184; E. F. Klein und die unbestimmte Verurteilung (1894), AuV II, Nr. 19, S. 139 (securitas civitatis – über Preußen); Schutz der Gesellschaft gegen gemeingefährliche Geisteskranke (1904/05), AuV III, Nr. 1, S. 12 f.

[420] *H. Welzel*, Naturalismus und Wertphilosophie im Strafrecht 1935, S. 8, 35.

Kritik an der „Gesellschaft“ (im Gegensatz zu Volk, Staat) übernommen, aber verkannt, dass in *Welzels* Positivismus-Kritik der Themenbereich einer darwinistischen Interpretation der Gesellschaft im Sinne des ausgehenden 19. Jahrhunderts mit dem Themenbereich des gesellschaftlichen Vertrags im Sinne der Diskussion vor oder nach 1800 implizit integriert war.

So entstand der falsche Eindruck, dass man bei einer bloßen Zuordnung von *Liszts* Konzepten in den Bereich von modernistisch-kollektivistischen Ansichten über die „Gesellschaft“ auf einer sicheren, in den 1930er Jahren fest errichteten Grundierung, nur noch die Einzelheiten eines insgesamt naturalistischen Bildes vervollständigen kann. Es ist ein Grundfehler, der die ganze radikale Liszt-Kritik seit den 1980er Jahren bestimmt (Punkt D.II. im 14. Kapitel). Hier darf zur Verdeutlichung noch einmal auf die oben erwähnte Studie von *Kubink* verwiesen werden. Seinen Lesern wird in sonst detailreichen und sehr gut dokumentierten Ausführungen suggeriert, dass der Schutz der „Gesellschaft“ bei *Liszt* selbstverständlich als ein Teil einer breiteren naturalistischen Verschiebung des politischen und wissenschaftlichen Klimas zum Schutz des biologischen Kollektivs gedeutet werden muss. Die Marker wie „Schutz der Gesellschaft“ oder „Interessen“ der Gesellschaft werden automatisch als Nachweise eines Positivismus oder einer naturwissenschaftlichen Konzeptualisierung gedeutet, aber nicht mehr im originalen breiten Sinn von *Welzel*, sondern im verengten Sinn der Nachkriegskritik am Positivismus. Eine solche Auffassung von *Liszts* Stellungnahmen impliziert natürlich eine ganz andere Auslegung und Bewertung von *Liszts* Werk, als wenn man seine hier erörterte Wendung über die Notwendigkeit der Strafe in eine Äußerungskontinuität setzt, die sich aus vorteilhaften freiheitlichen Sprüchen der französischen Revolution oder auch aus strafrechtlichen Überlegungen *Mittermaiers* aus dem hoffnungsvollen Vormärz zusammensetzt.

2. Wissenschaftlicher „Internationalismus“

In der bisherigen Liszt-Forschung hat man die internationale Betätigung *Liszts* und die Arbeit der IKV seit ihrer Gründung 1889 vornehmlich als einen *Zusatz* zu den fertigen nationalen Wissenschaften aufgegriffen.[421] Im Hintergrund dieser Sicht-

[421] Vgl. für die IKV *Eb. Schmidt*, Einführung, 3. Aufl. 1965, 359 f.; *ders.*, Persönliche Erinnerungen an Franz von Liszt, GS Liszt, 1969, S. 5 f.; *R. Moos*, Die Reformbewegung des Strafrechts, FS W. Wilburg, 1975, S. 258 ff.; *H. Ostendorf*, Franz von Liszt als Kriminalpolitiker, Kriminalsoziologische Bibliografie 11 (1984), S. 18; *K. Probst*, a.a.O. (1987), S. 23; *M. Frommel*, Internationale Reformbewegung zwischen 1880 und 1920, in: J. Schönert (Hrsg.), Erzählte Kriminalität, 1991, 468; *A. Herrmann*, a.a.O. (2001), S. 51 ff.; *U. Germann*, Psychiatrie und Strafjustiz, 2004, S. 96 ff.; *S. Galassi*, a.a.O. (2004), S. 292 ff.; *M. Henze*, a.a.O. (2007), 55; *S. Kesper-Biermann*, Die IKV, in: dies./P. Overath (Hrsg.), Die Internationalisierung von Strafrechtswissenschaft, 85; *dies.*, Wissenschaftlicher Ideenaustausch und „kriminalpolitische Propaganda“, Die Internationale Kriminalistische Vereinigung (1889–1937) und der Strafvollzug, in: D. Schauz/S. Freitag (Hrsg.), Verbrecher im Visier der Experten 2007, 79; *M. Frommel*, Was bedeutet uns heute noch Franz von Liszt?, Jahrbuch der Juristischen Zeit-

weise steht einerseits die von *Eb. Schmidt* stark nationalbezogene Geschichtsschreibung. In ihr werden auch Epochen vor der Bildung der Nationen auf künstliche Weise national aufgefasst (Punkt E.II. im 15. Kapitel). Andererseits ist oft, insbesondere nach 2000, eine Bemühung ersichtlich, die Entwicklung der Strafrechtswissenschaft aus der an die Geschichte von Disziplinen wie zum Beispiel die Infektologie oder die Orientalistik angepassten Perspektive der „Internationalisierung" und internationaler Kooperationsstrategien im späten 19. Jahrhundert heraus zu behandeln (ebenso 15. Kapitel). Größtenteils wurde dabei verkannt, dass die Rechtswissenschaft älter als der Prozess der Nationenbildung ist, und dass dementsprechend für die Erforschung der Rechtswissenschaft im 19. Jahrhundert eine Figur der „Nationalisierung" ebenso ertragreich oder sogar viel förderlicher wäre als die Perspektive der „Internationalisierung".

Im Grunde genommen führten Phänomene wie die Rezeption des römischen Rechts oder des gemeinen Strafrechts innerlich zu einer institutionell fest umrissenen Wissenschaft, die sich durch einen *modus operandi* auszeichnet, für welchen jede Beschränkung auf die nur einheimische Literatur und den einheimischen Rechtsstoff fremd war. Diese Rechtswissenschaft umfasste mannigfache, kleine Rechtsordnungen und betrachtete die Gesetzgebung zwar als geltendes, aber nur zufällig zustande gekommenes Recht, das den Figuren der Wissenschaft untergeordnet ist. Zum Selbstverständnis der Strafrechtswissenschaft trat noch die grenzüberschreitende Entrüstung über die Zustände in der Justiz und in Gefängnissen hinzu, die auch im 18. und frühen 19. Jahrhundert in gemeinsamer Begrifflichkeit, sei es in Bezug auf Folter, in Bezug auf die Wirkungen des öffentlichen Strafens oder in Bezug auf die Folgen aus dem Gesellschaftsvertrag, diskutiert wurden. Wichtige Thematisierungen der „Internationalität" sind bei *Mittermaier* im Jahre 1830 und in Wien bei *Glaser* nachweisbar. Es handelt sich dementsprechend nicht um moderne Phänomene des späten 19. Jahrhunderts.

> „Die Begriffe von Recht, Staat und Strafe sind Grundbegriffe, und die Forschungen darüber gehören nicht *einem* bestimmten Lande, sondern der Wissenschaft an, welche an keine Landesgrenzen gebunden ist. Die Ergebnisse dieser Forschungen sind Gemeingut der Menschheit; eine große Idee, welche die Begeisterung eines Italieners hervorrief, entzündet neue Discussionen der Nachbarn; der in einem Lande begonnene Kampf gegen eingewurzelte Vorurtheile einer Zeit weckt bald die schlummernde Kraft im Nachbarstaate. – Vorzüglich wichtig wird im Criminalrechte der Blick auf den Zustand der Forschung bei den Völkern, mit welchen uns Gleichheit der Schicksale, Culturverhältnisse und Bedürfnisse verbunden hat. Mit Recht nennt man die durch Montesquieu,

geschichte 14 (2013), S. 305; *S. Freitag*, Kriminologie in der Zivilgesellschaft, 2014, 181 ff.; *A. Koch*, a.a.O. (2016), S. 34 ff.; *B. Zabel*, a.a.O. (2016), S. 93; *R. Wetzell*, zuletzt im Aufsatz Franz v. Liszt und die internationale Strafrechtsreformbewegung, „v. Liszt-Schule", in: A. Koch/M. Löhnig (Hrsg.), Die Schule Franz von Liszts, S. 207 ff.; *M. Pifferi*, Reinventing Punishment, 2016, S. 46 ff. Und die monographischen Bearbeitungen von *F. Kitzinger*, Die IKV, 1905; *L. Radzinowicz*, a.a.O. (1991); *E. Bellmann*, Die Internationale Kriminalistische Vereinigung (1889–1933), 1994. *Liszt*, ZStW 5 (1885), 243 f.; Festgabe IKV, 1914, S. 1 ff.; Nachruf Hamel, ZStW 38 (1917), 553.

Voltaire, Beccaria usw. im vorigen Jahrhunderte angeregte geistige Revolution im Criminalrechte eine europäische (…).“[422]

Auch *Glaser* sprach davon, dass man „trotz der buntesten Mannigfaltigkeit“, in Anbetracht der Fortschritte der Aufklärung und der durchgehenden Wandlung des Strafrechts vom Privat- zum öffentlichen Recht, „immer noch mit Fug und Recht von einem gemeinen Strafrecht Europas, wenigstens des europäischen Continents, sprechen kann“.[423] Es läge überall „dieselbe Grundanschauung des Verbrechens und der Strafe, überall dasselbe Streben nach Klärung der Begriffe und nach vernünftiger Weiterentwicklung“ vor.[424] Nichts, „was einen wesentlichen Fortschritt für das Strafrecht irgend eines Landes enthält“, kann nach *Glaser*, „für die Wissenschaft des Strafrechts eines anderen Landes gleichgültig“ sein.[425] In der Regel wird es „auch ihr ein willkommener Anlaß zu fröhlichem Vorwärtsschreiten sein“.[426] Wie die Grundlagen überall dieselben sind“, so ist auch, nach *Glaser*, „die Arbeit zur Weiterbildung eine gemeinsame“.[427]

Dem entspricht es, dass die IKV nicht als ein Forum für die Mitteilung der Erträge der nationalen Wissenschaft konzipiert wurde, sondern als eine Plattform für die gemeinsame Ausarbeitung der dogmatischen Lösungen, die dann jeweils nationalen oder regionalen Gesetzgebern empfohlen wurden. Im 15. Kapitel wird das anschaulich anhand der von *Rotsch* rekonstruierten Diskussion über die Einheitstäterschaft vorgeführt. Wie viele Elemente von *Liszts* Betätigung, bildete auch die IKV aus dieser Perspektive einen auffallenden Anachronismus im Gefüge der nationalen Staaten und der Wissenschaften, der eigentlich gegen internationale Kooperationsmodalitäten um 1900 verstieß. Die Teilnehmer an der Arbeit der IKV waren keine „Delegaten“ eines Staates, sondern, ähnlich wie beim DJT, Mitglieder eines (übernationalen) Vereins, die ohne jede diplomatische Rücksicht, über die Formen des richtigen Rechts und der Modernisierung der Rechtsordnungen diskutiert haben. Diese Arbeitsweise, wie der Verein (IKV) selbst, konnten leicht in Augen der Behörden als eine private „Anmaßung“ erscheinen.[428]

---

422 *C. J. A. Mittermeier*, Blicke auf den Zustand der Ausbildung des Crimalrechts im Auslande: insbesondere in Italien, Frankreich, England, Spanien, Portugal und den Niederlanden –, Kritische Zeitschrift für Rechtswissenschaft 2 (1830), 328 f. Vgl. für Topos der Kulturgemeinschaft noch *Liszt*, Zur Einführung: Rückblick und Zukunftspläne, in: Die Strafgesetzgebung der Gegenwart, Bd. 1, 1894, S. XI ff.; Zur Vorbereitung des Strafgesetzentwurfs (1902), AuV II, S. 427 und seine Lehre des Völkerrechts (dazu *F. Herrmann*, a.a.O. (2001), S. 193 ff.). Vgl. Punkte C. und D. im 6. Kapitel. Zum Topos der Bedeutung von einzelnen Autoren vgl. *F. C. Savigny*, Beruf (1814), S. 126.

423 *J. Glaser*, a.a.O. (Über Aufgabe, 1854), S. 17.

424 *J. Glaser*, a.a.O. (1854), S. 17.

425 *J. Glaser*, a.a.O. (1854), S. 17.

426 *J. Glaser*, a.a.O. (1854), S. 17.

427 *J. Glaser*, a.a.O. (1854), S. 17.

428 Vgl. *Liszts* Konflikt bei der Forderung der „bedingten Verurteilung“: *Liszt*, Das Gutachten der Präsidenten der Oberlandesgericht und der Oberstaatsanwälte (Preußens) über die sogenannte „bedingte Verurteilung“ (1890), AuV I, Nr. 12, S. 468 ff.

IV. Methodische Handlungsmuster: konstruktive Systembildung und empirische Bedeutung der hermeneutischen Wende

1. Savignys Impulse zur epistemologischen Neuordnung und unterschiedliche Traditionsstränge

Die Schilderung der inneren Bedeutung von Graf *Thuns* Reform hängt wesentlich mit der jeweils aktuellen Bewertung der Historischen Rechtsschule zusammen, die gerade in den letzten dreißig Jahren mit feineren und ausgewogeneren Akzenten erfolgt ist, als in den traditionellen Überblicken von *Wieacker* oder *Larenz*. Der Umstand, dass *Eb. Schmidt* oder beispielsweise die Mittermaier-Kritiker in den 1960er Jahren in der Historischen Rechtsschule kein Muster für eine realistische Rechtsauffassung erkennen konnten, gründet sich vermutlich zum großen Teil in dem Charakter und den Inhalten der allgemeinen Einführungen, auf welche man die eigene Untersuchung stützen konnte.[429]

Nach der zuerst nach dem Zweiten Weltkrieg vorherrschenden Auffassung sollte die Historische Rechtsschule immer vor allem als eine formalistische Richtung analysiert werden, deren Kennzeichen ein übertriebener Hang zum System und zur Begriffsjurisprudenz wäre.[430] Diese, auf die Kritik der Pandektistik ausgerichtete Auffassung wurde in den vergangenen dreißig Jahren stark durch Untersuchungen relativiert, die gerade in Bezug auf ehemalige hauptangeklagte Begriffsjuristen, wie *Puchta* und *Windscheid*, zu dem Schluss gekommen sind, dass ihr Werk sorgsamer in der Spannung zwischen der Begriffswelt und der Rechtswirklichkeit eingeordnet werden muss.[431] Positiv wird im neueren Schrifttum, etwa bei *Meder* oder bei der Bewertung der Rezeption der Historischen Rechtsschule im Ausland von *Dedek*, in *Savingys* Anliegen und Konzept neben dem systematischen auch ein realistisches oder soziologisches Moment gesehen.[432] Diese Perspektive ermöglicht es, in *Liszts* Werk die Verbindungen zu historistischen Denkmustern nicht nur in jenen Bereichen,

---

[429] Vgl. *Eb. Schmidt*, Einführung, 3. Aufl. 1965, S. 355 f.; *K. Lüderssen*, a.a.O. (1967), S. 444 ff.

[430] Vgl. den Überblick über zivilistische Analysen der Rechtsgeschichte des 19. Jahrhunderts bei *H.-P. Haferkamp*, a.a.O. (2004), S. 5 ff.; *O. Behrends*, a.a.O. (2016), S. 50 ff.; *J. Rückert*, a.a.O. (2017). *F. Wieacker*, Privatrechtsgeschichte der Neuzeit, 2. Aufl. 1967, S. 348 ff.

[431] U. *Falk*, Ein Gelehrter wie Windscheid: Erkundungen auf den Feldern der sogenannten Begriffsjurisprudenz, 1989; *H.-P. Haferkamp*, a.a.O. (2004); *C.-E. Mecke*, a.a.O. (2009), S. 23 ff.; *R. Seinecke*, Rudolf von Jhering anno 1858: Interpretation, Konstruktion und Recht der sog. „Begriffsjurisprudenz", ZRG GA 130 (2013), S. 238 ff.; *J. Schröder*, a.a.O. (2012), S. 247 ff.

[432] *S. Meder*, a.a.O. (2004); *ders.*, Rechtsgeschichte, 6. Aufl. 2017, S. 299 ff., 363 ff.; *H. Dedek*, a.a.O. (2016), S. 75 ff. Mit Bezug auf die Wiener Verhältnisse und Graf Thuns Reform *W. Zimmermann*, Valtazar Bogišić, 1962, S. 214 ff.; *S. Meder*, a.a.O. (2011), S. 517 ff., 533 ff. Grundlegend ist die Gegenüberstellung der älteren und neueren Sichtweise bei *H.-P. Haferkamp*, a.a.O. (Lebensbezüge, 2011), S. 302 ff.

in denen es um Systembildung und konstruktive Jurisprudenz geht, sondern auch in der Öffnung der Strafrechtswissenschaft gegenüber der Empirie, zu sehen.

Savignys Grundanliegen entsprach es, im Gegensatz zu philosophisch gesinnten Ansätzen, für die Rechtswissenschaft als ausschließliches Vorbild die klassische römische Jurisprudenz zu setzen. Dabei ging es nicht um die Inhalte und Lösungen, zu denen die Römer gekommen sind. Das Hauptdiktum von *Savignys* „Beruf"-Schrift und in theoretischen Äußerungen in seinem „System" ist, dass man von den römischen Juristen die *Methode* lernen sollte.[433] Die überlieferten Ausführungen von römischen Klassikern hätten eine doppelte Beweiskraft. Sie würden nachweisen, dass man den Rechtsstoff kennen und gestalten kann, ohne das Leben durch eine spekulative, rein gedankliche Arbeit zu kompromittieren. Sie würden andererseits belegen, dass eine eigenständige wissenschaftliche Behandlung oberhalb einer bloß vom Eindruck des Falles geleiteten Entscheidungspraxis möglich ist. Die Anknüpfung an die römische Jurisprudenz soll eine Neuordnung des Verhältnisses zwischen Begriff und Wirklichkeit herbeiführen und die in der Philosophie durch Generalisierung einerseits, in der Praxis durch ihre Trennung von der Wissenschaft andererseits eingetretenen Missständen, abschaffen.

Bei der praktischen Verwertung der Methode der römischen Juristen, die *Savigny* wiederzubeleben suchte, ist natürlich zwischen dem zu unterscheiden, was die römische Methode in der Wirklichkeit, in vollständigen institutionellen Bezügen ihrer Tätigkeit im 1. oder frühen 3. Jahrhundert n. Chr. war, und wie sie *Savigny*, in Anlehnung an justinianische Exzerpte, nach der Erfahrung mit den Irrtümern des Mittelalters und in Bezug auf den Quellenstand seiner Zeit, theoretisch aufgefasst hat.[434] Im Wesentlichen ging es um zwei Ideale. Erstens muss die Rechtsfindung im Rahmen der Jurisprudenz als eine *gemeinsame* Tätigkeit an geteilter Begrifflichkeit und an einem gemeinsamen Verständnis des Rechtsverkehrs gestaltet werden.[435] Dieser Topos musste auch in der Perspektive der strafrechtlichen Missstände besonders plausibel erscheinen. Das kollektive Verständnis der Wissenschaft stellt ein Gegenmodell zur rationalistischen Handhabung dar, bei welcher, wie es *Mittermaier* im Bereich seiner Kritik des philosophischen Zugangs vermerkt hat, auch bei einer einheitlichen Auffassung die Gegensätze künstlich durch Erfindung von neuen Theorienamen und Verdrehung von Begriffen produziert wurden, weil jeder Autor es

---

[433] *F. C. Savigny*, Beruf (1814) S. 22 ff., 117; *ders.*, a.a.O. (System, Bd. 1, 1840), S. XIV ff., XVIII ff., XXV ff., XXX f. („Wenn wir gelernt haben werden, den gegebenen Rechtsstoff mit derselben Freyheit und Herrschaft zu behandeln, die wir an den Römern bewundern, dann können wir sie als Vorbilder entbehren, und der Geschichte zu dankbaren Erinnerung übergeben."). *O. Behrends*, a.a.O. (2016), S. 29; *H.-P. Haferkamp*, a.a.O. (2004), S. 121.

[434] Vgl. *F. Wieacker*, Römische Rechtsgeschichte, Bd. 2, 2006, S. 44 ff.; *N. Jansen*, Methoden, Institutionen, Texte, ZRG GA 128 (2011), 1; *S. Meder*, a.a.O. (2004), S. 72 ff.; *O. Behrends*, a.a.O. (2016), S. 33 ff.; *J. Rückert*, a.a.O. (2017), S. 53 ff.; *H.-P. Haferkamp*, a.a.O. (2018), S. 204 ff.

[435] *F. C. Savigny*, Beruf (1814), S. 3, 29, 33, 60 f., 125 f., 167; *ders.*, a.a.O. (System, Bd. 1, 1840), S. IX f., XI, XII, XIII, XVI f., XXIII, XXV f., XLX.

für eine vornehme und wohl auch lukrative Aufgabe der Gelehrsamkeit hielt, eine eigene Theorie zu haben.[436]

Während die gemeinsame Arbeit als ein organisatorisches Kriterium bezeichnet werden kann, ging es *Savigny*, das ist der zweite wesentliche Aspekt, inhaltlich um eine Neuordnung des Verhältnisses von Begriff und Wirklichkeit, das in den Vernunftrechtslehren zu Gunsten der lebenslosen Abstraktion, und in einer unwissenschaftlichen Praxis zu Gunsten einer bloß statischen Fallkenntnis verschoben wurde. Es soll einerseits ein System als Ergebnis der gemeinsamen Pflege von Begriffen und Instituten herrschen, andererseits eine ebenso gemeinsame, lebendige Rückführung an das Tatsächliche und die Anschauung des Konkreten angestrebt werden. Es sollte sowohl verhindert werden, dass sich die Theorie „in die hohlen Abstractionen eines vermeintlichen Naturrechts" verflüchtigt, als auch, dass die Praxis zu einem „geistlosen, unbefriedigenden Handwerk" herabsinkt.[437]

> „Das Recht nämlich hat kein Daseyn für sich, sein Wesen vielmehr ist das Leben der Menschen selbst, von einer besonderen Seite angesehen. Wenn sich nun die Wissenschaft des Rechts von diesem ihrem Objecte ablöst, so wird die wissenschaftliche Thätigkeit ihren einseitigen Weg fortgehen können, ohne von einer entsprechenden Anschauung der Rechtsverhältnisse selbst begleitet zu seyn; die Wissenschaft wird alsdann einen hohen Grad formeller Ausbildung erlangen können, und doch alle eigentliche Realität entbehren. Aber gerade von dieser Seite erscheint die Methode der Römischen Juristen am vortrefflichsten. Haben sie einen Rechtsfall zu beurtheilen, so gehen sie von der lebendigsten Anschauung desselben aus, und wir sehen vor unsern Augen das ganze Verhältniß Schritt vor Schritt entstehen und sich verändern. Es ist nun, als ob dieser Fall der Anfangspunkt der ganzen Wissenschaft wäre, welche von hier aus erfunden werden sollte. So ist ihnen Theorie und Praxis eigentlich gar nicht verschieden, ihre Theorie ist bis zur unmittelbarsten Anwendung durchgebildet, und ihre Praxis wird stets durch wissenschaftliche Behandlung geadelt. In jedem Grundsatz sehen sie zugleich einen Fall der Anwendung, in jedem Rechtsfall zugleich die Regel, wodurch er bestimmt wird, und in der Leichtigkeit, womit sie so vom allgemeinen zum besondern und vom besondern zum allgemeinen übergehen, ist ihre Meisterschaft unverkennbar. Und in dieser Methode, das Recht zu finden und zu weisen, haben sie ihren eigenthümlichsten Werth, darin den germanischen Schöffen unähnlich, daß ihre Kunst zugleich zu wissenschaftlicher Erkenntniß und Mittheilung ausgebildet ist, doch ohne die Anschaulichkeit und Lebendigkeit einzubüßen, welche früheren Zeitaltern eigen zu seyn pflegen."[438]

Die Korrektur des Verhältnisses zwischen dem „Allgemeinem" und „Besonderen" bedeutete zwar den Abschied von einem abstrakten Recht im Sinne der phi-

---

[436] *C. J. A. Mittermaier*, a.a.O. (1819), 46 ff., 49 (zu „rein philosophischen Behandlung des Criminalrechts": „Bei den Streitigkeiten der Rechtlehrer über die Strafprinzipien war es ein gewöhnlich vorkommendes Mittel, absichtlich die Ansichten des Gegners lächerlich zu machen, seine Behauptungen zu verdrehen, und im Worte unterzulegen, um dagegen Einwürfe vorzubringen."); *ders.*, a.a.O. (1820), S. 94 („nach Worten gehascht, ihre Gegner zu widerlegen"). Vgl. noch *F. C. Savigny*, a.a.O. (System, Bd. 1, 1840), S. XXII f.

[437] *F. C. Savigny*, a.a.O. (System, Bd. 7, 1848), Vorrede S. VIII.

[438] *F. C. Savigny*, Beruf (1814), S. 30 f.

losophisch-vernunftrechtlichen Diskurse, führte aber sonst zu mannigfaltigsten rechtswissenschaftlichen Schattierungen zwischen der begrifflichen Rigidität und einer empirischen Auffassung der Rechtswirklichkeit. So waren beispielsweise selbst bei *Savigny* die Analysen der Institute, zumindest in manchen Fällen, stark ontologisch konnotiert.[439] Die Programmatik war im Laufe der Zeit, je nachdem ob man sich um die Pflege der Institute und ihres Systems mehr bemüht hat (Pandektistik) oder um die Erkundung der Rechtsverhältnisse und der tatsächlichen Rechtsabläufe, sowohl für eine *innerjuristische* begriffliche Dialektik, als auch für verschiedene Arten der Erkundung der tatsächlichen Grundlagen und Folgen des Rechts fördernd. Beide Stränge der Entwicklung sind für die Liszt-Forschung wichtig, weil sie unter Umständen die maßgeblichen Kontexte und sogar unmittelbare Vorbilder sowohl für die rigid systematische Verbrechenslehre bei *Liszt* bilden als auch für seine Offenheit gegenüber tatsächlichen Aspekten und empirischer Forschung.

2. Die „Begriffsjurisprudenz" als Systembildung bei Liszt

Für die Stellung des Systems und seiner Konstruktion durch Begriffsarbeit finden sich wertvolle Anhaltspunkte in verschiedenen Auflagen von drei Lehrbüchern, die *Liszt* geschrieben hat („Preßrecht", „Strafrecht", „Völkerrecht"). Besonders bedeutend sind die einleitenden Ausführungen im am wenigsten beachteten „Lehrbuch des österreichischen Preßrechts".[440] Sie enthalten unter der Verwendung der Begrifflichkeit der Historischen Rechtsschule eine ausdrückliche Stellungnahme *Liszts* zur Bedeutung der Systembildung.[441] Daneben ist eine kleine Reihe weiterer Äußerungen *Liszts* zum System von Interesse, die unten näher in Anmerkungen dokumentiert werden. Hier soll in Bezug auf zwei wichtige Punkte verdeutlicht werden, dass sich die Stellung des Systems bei *Liszt*, wenn man im Einzelnen *seine tatsächliche Herangehensweise* verfolgt, deutlich von jener unterscheidet, die *er theoretisch* zu bestimmen bemüht war. Es zeigt sich, wovor in der Zivilistik bereits seit den 1980er Jahren gewarnt wird, dass die Methodenäußerungen in den einleitenden Kapiteln und in „Sonntagsreden" des ausgehenden 19. Jahrhunderts oft nicht mit der wirklichen, dogmatischen oder rechtspolitischen Verfahrensweise des Autors übereinstimmen.[442]

---

[439] Vgl. dazu insb. *J. Rückert*, a.a.O. (1984), 342 ff.; *W. P. Reutter*, „Objektiv Wirkliches" in Friedrich Carl von Savignys Rechtsdenken, 2011; *J. Schröder*, a.a.O. (2012), S. 195 f. Eine Auffassung *Savignys* Ontologie mit strenger Prämisse, dass nicht alles ontologische der Nachweis des objektiven Idealismus ist, steht noch aus.

[440] *Liszt*, Lehrbuch des österr. Preßrechts, 1878.

[441] *Liszt*, Lehrbuch des österr. Preßrechts, 1878, S. VII.

[442] Vgl. *H. P. Haferkamp*, a.a.O. (2004), S. 3. Demgegenüber sind in der Liszt-Forschung, besonders betroffen ist das Jubiläumsschrifttum der 1980er Jahre (15. Kapitel), Darstellungen beliebt, die den theoretischen Äußerungen des Autors ein Primat für die Rekonstruktion seiner Position geben. In diesen Untersuchungen wird verkannt, dass die theoretischen Bestimmungen am ausgehenden 19. Jahrhundert immer stark durch die spezifischen Begründungs-Drucklagen,

a) Positive Haltung gegenüber der Begriffsjurisprudenz und ihre Gleichsetzung mit konstruktiver Systembildung

Für *Liszts* Auffassung ist charakteristisch, dass er die konstruktive Begriffsjurisprudenz als Methode der Systembildung nicht als eine paradigmatisch vorbedingte Form der Jurisprudenz, die es ganz zu verwerfen gelte, sondern als *eines* der legitimen Arbeitsfelder der Jurisprudenz auffasst. In frühen Besprechungen aus seiner Grazer Zeit wird mehrfach im guten Licht eine „gesunde constructive Jurisprudenz" erwogen (1878/1879).[443] Im theoretisch wichtigen ersten Aufsatz gegen *Binding* (1886) wird die Suche nach dem „höchsten Begriff" und die Herausbildung des „allgemeinen Teils" und Systems durch Abstraktion vom Besonderen zum Allgemeinen zwar in *gewissem* Maße, aber *nicht an sich* kritisiert. Gegenstand der Kritik an *Binding* bildet lediglich der Umstand der Vernachlässigung der doppelten Aufgabe der Rechtswissenschaft, bzw. dass die Juristen neben der systematisch-begrifflichen Bearbeitung auch einen „praktischen" Strang würdigen müssen, der sich mit Tatsachen beschäftigt, denen das ganze Recht, bevor es zum System steigt, eigentlich entspringen würde.[444]

Das positive Urteil über die Begriffsjurisprudenz im Sinne der aktiven Systembildung hat sich im Laufe der Zeit bei *Liszt* nur relativ zu Gunsten der zweiten, „praktischen" Aufgabe verschoben, aber grundsätzlich nie geändert. In den „Kriminalpolitischen Aufgaben" verwendet er den Ausdruck „Begriffsjurisprudenz" als neutrale Bezeichnung eines Arbeitsfeldes, das im Bereich des Zivilrechts erfolgreich gedeihen würde (1889–1892).[445] In einem Diktum über die IKV bezeichnet *Liszt* die Vereinigung als Sammelplatz für alle, die „in der Begriffsjurisprudenz nicht die einzige, und lange nicht die höchste Aufgabe für Wissenschaft und Anwendung des Strafrechts erblickten" (1893).[446] Wie ersichtlich, wird hier der Schwerpunkt der Arbeit weiter verschoben, aber die Legitimität der „Begriffsjurisprudenz" nicht grundsätzlich in Frage gestellt. Ähnlich wird auch in einer seiner allgemeinen Darstellungen des Strafrechts die Bedeutung der „Weiterbildung der Begriffsjurisprudenz" nicht prinzipiell, sondern nur in Bezug auf die Rangfolge der wissen-

in welchen sich der Autor befunden hat, mitbestimmt wurden. Auch ist zu beachten, dass solche Bestimmungen (vgl. *Liszt*, AuV II, Nr. 25) oft für allgemeines Publikum gedacht waren und insofern eine andere Qualität haben, als für die innersten Belange, etwa in den 1930er Jahren, entwickelte methodische Grundlagenbeiträge von *Dahm* und *Schaffstein* oder auch *Welzel*.

443 *Liszt*, Besprechung von H. Pfenningers „Der Begriff der Strafe", Grünhut's Zeitchrift 5 (1878), S. 191 ff.; von Rohlands „Das internationale Strafrecht", Grünhut's Zeitchrift 6 (1879), S. 432.

444 *Liszt*, Rechtsgut und Handlungsbegriff im Bindingischen Handbuche (1886), AuV I, Nr. 9, S. 214 ff.

445 *Liszt*, Kriminalpolitische Aufgaben (1889–1892), AuV I, Nr. 11, S. 331.

446 *Liszt*, AuV II, Nr. 16, 30. Vgl. noch *Liszts* Ansprache in Mitt. IKV 1 (1889), S. 176 („nicht allein begrifflicher Natur").

schaftlichen Aufgaben in Frage gestellt (1906).[447] Die deutsche Strafrechtswissenschaft wird für eine „Schärfe der Begriffsbildung" gelobt, durch welche „selbst die stolze römische Jurisprudenz in den Schatten gestellt wird".[448] Die grundsätzlich positive Konnotierung des Ausdrucks „Begriffsjurisprudenz" und ihre Gleichsetzung mit der „konstruktiven Dogmatik" und Systembildung bei *Liszt* stellt eine Ausnahme unter den Schriftstellern seiner Zeit dar, bei welchen der Ausdruck in der Regel bzw. sogar ausschließlich nur im negativen Lichte auftaucht.[449]

Die Bewunderung der konstruktiven Jurisprudenz ist bei *Liszt* mit der Warnung verbunden, dass die begriffliche Arbeit nicht das Leben, das ihr logisch vorgegeben ist, aus der Sicht lassen darf. Es bestehe sonst die Gefahr, dass ein Formalismus, also eine abstrakte, lebensunabhängige, nur durch ihr eigenes System legitimierte Wissenschaft entsteht. Das ist ein wichtiger Topos, der bereits in *Savignys* „System des heutigen Römischen Rechts" anzutreffen ist. Für *Savigny* muss in der Jurisprudenz die „ursprüngliche Einheit" zwischen dem „theoretischen" und „praktischen" Element des Rechts notfalls künstlich aufbewahrt werden.[450] Wo die Trennung zwischen „Theorie" und „Praxis" eine absolute wird, dort entstehe unvermeidlich die Gefahr, „dass die Theorie zu einem leeren Spiel, die Praxis zu einem bloßen Handwerk herabsinke".[451] Wichtig ist hervorzuheben, dass die Verbindung zwischen Theorie und Praxis bei *Savigny* nicht in dem Sinne erwogen wird, dass der Theoretiker in der Praxis beschäftigt sein muss. Seine Erwägung ist methodologischer Art: jeder Theoretiker soll „ein praktisches Element in sich tragen".[452] Der „praktische Sinn" soll das theoretische Wissen „beleben",[453] und der praktische Sinn heißt im Idealfall, dass die Theorie „durch die vollständige, durchgeführte Anschauung des gesamten Rechtsverkehrs belebt" wird.[454] Einem „vollständigen Theoretiker" müssen „alle sittlich religiösen, politischen, staatswirthschaftlichen Beziehungen des wirklichen Lebens (…) vor Augen" stehen.[455]

Auch bei *Liszt* wird auf die Gefahren eines rein theoretischen Formalismus hingewiesen, mit der Besonderheit, dass bei *Liszt* Lehrsätze und keine transparenten Schilderungen eines problematischen theoretischen bzw. methodologischen Sach-

[447] *Liszt*, Strafrecht und Strafprozessrecht (1906), AuV III, Nr. 2, S. 37; vgl. noch S. 13, 17, 20 ebendort. Ähnlich *Liszt*, Das „richtige Recht" in der Strafgesetzgebung (1906), AuV III, Nr. 4, S. 110: die „konstruktive Dogmatik" sei nicht die „allein wissenschaftliche Behandlungsweise des Rechts".

[448] *Liszt*, Strafrecht und Strafprozeßrecht (1906), AuV III, Nr. 2, S. 17, 20.

[449] Vgl. für nur pejorative Verwendung des Audrucks „Begriffsjurisprudenz" *H.-P. Haferkamp*, Die sog. Begriffsjurisprudenz im 19. Jahrhundert – ein „reines" Recht?, in: O. Depenheuer (Hrsg.), Die Reinheit des Rechts, 2010, S. 79 f.; *C.-E. Mecke*, a.a.O. (2009), S. 19.

[450] *F. C. Savigny*, System des heutigen Römischen Rechts, Bd. 1, 1840, S. XX, XXV.

[451] *F. C. Savigny*, a.a.O. (System, Bd. 1, 1840), S. XX.

[452] *F. C. Savigny*, a.a.O. (System, Bd. 1, 1840), S. XXI, XXIV.

[453] *F. C. Savigny*, a.a.O. (System, Bd. 1, 1840), S. XXII.

[454] *F. C. Savigny*, a.a.O. (System, Bd. 1, 1840), S. XXI.

[455] *F. C. Savigny*, a.a.O. (System, Bd. 1, 1840), S. XXI.

verhalts anzutreffen sind. Im ersten Aufsatz contra *Binding* wird darauf hingewiesen, dass die Rechtswissenschaft in Wahrheit nicht systematisch sein kann, wenn sie nicht „praktisch" ist (1886).[456] In der dritten Auflage des „Lehrbuchs" (1888) findet sich eine parallele Hervorhebung, dass das Lehrbuch einerseits die „technisch-juristische Aufgabe" habe „die Einzelbestimmungen der Strafgesetzgebung im geschlossenen Systeme der Grundbegriffe und Grundsätze vorzuführen", dass andererseits nicht außer Acht gelassen werden darf, dass „Verbrechen und Strafe nicht bloße Begriffe, sondern Ereignisse der Sinnenwelt sind".[457] In der vierten Auflage (1891) wird die Gefahr etwas näher geschildert: „Und das Strafrecht versinkt in lebensfremdes, öd-unfruchtbares Formelspiel, sobald es nicht von der Erkenntnis durchdrungen und geleitet wird, dass das Verbrechen nicht nur ein Begriff ist, sondern ein Ereignis der Sinnenwelt, ein folgenschweres Ereignis im Leben des Einzelnen und der Gesellschaft."[458]

In späteren Äußerungen würdigte *Liszt* nach wie vor positiv einerseits den Systemgedanken, andererseits die Kritik an jeder Art von Formalismus im genannten Sinne. Die Rechtswissenschaft würde sich in seinem Urteil von 1913 in einer Phase befinden, in welcher sie sich aktiv von dem Formalismus abwendet. Als zeitgenössischer Ausgangspunkt soll „nicht die Ordnung an sich, sondern die geordneten Lebensverhältnisse" dienen (1913).[459] In den 1930er Jahren hat vor allem *Schwarzschild* erkannt, dass auch *Liszts* Dogmatik nach 1900 in wichtigen Teilen teleologisiert war, sodass das Verhältnis zwischen Begriff und Stoff fortschreitend zu Gunsten des Stoffes umgekehrt wurde (Punkt E.I. im 9. Kapitel). Lehrreich für eine fortschreitende Verschiebung der Akzente ist *Liszts* Stellungnahme zur Kritik, die *Nelson* an den deutschen Lehren des Völkerrechts geübt hat (1918). *Nelson* erblickte in *Liszts* System des Völkerrechts „einen nur durch Wortkünste zu verdeckenden leeren Scholastizismus".[460] *Liszt* erklärt in der Erwiderung, dass für ihn die strittigen Ergebnisse seines Systems „völlig Nebensache" seien, und dass die Hauptherausforderung für die Rechtswissenschaft, eben wie auch bei *Nelson*, in den Bemühungen um die Lösung der Frage nach dem „richtigen Recht" jenseits der naturrechtlichen

---

456 *Liszt*, Rechtsgut und Handlungsbegriff im Bindingschen Handbuche (1886), AuV I, Nr. 9, S. 214 ff., 217 („Sie ist nicht nur eine eminent systematisch, sie ist zugleich auch eine eminent *praktische* Wissenschaft"; „sie ist letzteres soweit sie das erstere ist, und sie muss ersteres zu werden sich bemühen, will sie in Wahrheit letzteres sein"). Vgl. noch *Liszt*, Strafrecht und Strafprocess, in: W. Lexis (Hrsg.), Die deutschen Universitäten, 1893, S. 357 („Nur zu leicht übersieht sie hinter den logischen Gebilden das Leben, dem jene zu dienen berufen sind (...)").

457 *Liszt*, Lehrbuch des Deutschen Strafrechts, 3. Aufl. 1888, S. 5

458 *Liszt*, Lehrbuch des Deutschen Strafrechts, 4. Aufl. 1891, S. 6.

459 *Liszt*, Der Gesetzesentwurf über das Verfahren gegen Jugendliche (1913), AuV III, Nr. 12, S. 322.

460 *F. Hippel*, Zu Leonhard Nelsons „Rechtswissenschaft ohne Recht" (1949), in seiner Sammlung „Rechtstheorie und Rechtsdogmatik", S. 409.

Diskussion bestehe.[461] *Nelsons* schonungslose Kritik verdiene eine Danksagung, sie treffe „fast überall“ zu.[462]

b) Unterschiede zwischen Definition und Praxis bei Liszt und die Methodenehrlichkeit

Die erste wichtige Divergenz zwischen theoretischer Bestimmung und Handlungspraxis besteht im Rahmen von *Liszts* gelegentlichen Bemühungen, die Systembildung nur als ein pädagogisches Konstrukt zu legitimieren. In seinen Überlegungen über das juristische Studium in Preußen findet sich der interessante Gedanke, dass die Umstellung vom schriftlichen zum mündlichen Verfahren im 19. Jahrhundert „ungleich höhere Anforderungen an alle Beteiligte“ in Bezug „auf den Umfang und die stete Verfügbarkeit der Kenntnisse“ stellte.[463] In diesem Sinne wäre das Unterrichten eines „geschlossenen Systems“ in den Vorlesungen,[464] als Vermittlung einer praktikablen Gedächtnishilfe für die praktische Tätigkeit im dynamischen mündlichen Verfahren aufzufassen. Auch im späteren Werk hat sich *Liszt* gelegentlich in dem Sinne geäußert, dass das System nur ein Medium für die Weitergabe des Wissens[465] oder praktischer Beherrschung des Stoffes wäre.[466] In Wirklichkeit kommt aber dem System bei *Liszt* keineswegs nur ein pädagogischer Charakter zu. Es ist vielmehr, wie gleich nachzuweisen ist, eine Arbeitsstätte, deren Ergebnisse sogar einen Maßstab für den Gesetzgeber darbieten sollen.

Die oben erwähnte theoretische Bestimmung der Bedeutung des Systems im „Lehrbuch des Preßrechts“ enthält in mehrfacher Hinsicht eine Anbindung an die Begriffe der Historischen Rechtsschule. Man beachte beispielsweise *Liszts* Volkskraft-Wendung, nach welcher „alle Gebiete des Rechts durchflutet sein müssen von dem *einen* großen Strome der Volkskraft, die das Recht geschaffen hat“.[467] Ebenso historistisch ist die Anmerkung, dass das System einen „organischen Zusammenhang“ begreift oder voraussetzt.[468] Obwohl in der Tradition der Historischen Rechtsschule verfasst, enthalten beide Äußerungen eine leicht ersichtliche, eigenwillige Verschiebung in die rechtspositivistische Richtung. Bei *Savigny* besteht die organische Einheit zwischen Recht und Leben, während bei *Liszt* der organische

---

[461] *Liszt*, Besprechung von Nelsons „Rechtswissenschaft ohne Recht“, JW 1918, S. 754.

[462] *Liszt*, Besprechung von Nelsons „Rechtswissenschaft ohne Recht“, JW 1918, S. 754 f.

[463] *Liszt*, Reform des juristischen Studiums, 1886, S. 19. *G. F. Puchta/A. F. Rudorff*, a.a.O. (1865), Vorrede, S. VI.

[464] *Liszt*, Reform des juristischen Studiums, 1886, S. 24 f.

[465] *Liszt*, Über den Einfluss der soziologischen und anthropologischen Forschung (1893), AuV II, Nr. 17, 81; Die Aufgabe und die Methode der Strafrechtswissenschaft (1899), AuV II, Nr. 25, S. 286.

[466] *Liszt*, Rechtsguts und Handlungsbegriff im Bindingschen Handbuche (1886), AuV I, Nr. 9, S. 215; Strafrecht und Strafprozessrecht (1906), AuV III, Nr. 2, S. 13, 20.

[467] *Liszt*, Lehrbuch des österr. Preßrechts, 1878, S. VII.

[468] *Liszt*, Lehrbuch des österr. Preßrechts, 1878, S. VII.

Zusammenhang als ein innerer Zusammenhang zwischen einzelnen, durch den Gesetzgeber bestimmten Rechtsgebieten vorgestellt wird. Ferner ist zu beachten, dass das System bei *Liszt* allein durch die logische Methode aus den „Rechtsregeln, die der Staat aufstellt", gewonnen werden soll.[469] Es soll, so die theoretische Bestimmung, nur um eine „Abstraktion" von besonderen Begriffen zu allgemeinen Begriffen gehen.[470]

In letztgenannter Angelegenheit unterscheidet sich *Liszt* von dem damals bedeutenden Systemtheoretiker *Puchta.* Bei diesem wird das System als ein Zwischengebilde aufgefasst, dessen Inhalte gleichzeitig durch Mitberücksichtigung von höheren begrifflichen Bestimmungen, die sich etwa auch am Rechtsbegriff orientieren, einerseits und von besonderen Bestimmungen der Gesetzgebung andererseits gewonnen werden. Einfach gesagt, geht es bei *Puchta* theoretisch um ein „auf- und abwärts"[471], in *Liszts* Theorie dagegen nur um ein aufwärts zu höheren Begriffen. Bei *Puchta* ist jeder gewonnener Begriff des Systems „ein lebendiges Wesen, nicht ein totes Werkzeug, das bloß das Empfangene weiter befördert",[472] wogegen bei *Liszt* die Begriffe nur Abstraktionsprodukte einer logischen Leistung sind. Abstraktion ist ein wichtiger Begriff der juristischen Methodenlehre des 19. Jahrhunderts.[473]

Die theoretische Haltung *Liszts* kann in Anbetracht der besonderen Herausforderung für die Historische Rechtsschule in Wien, die Gesetzgebung als Hauptrechtsquelle anzuerkennen, nicht überraschen. Auf diesen Umstand wurde bereits oben, bei der Darstellung der Unterschiede zwischen *Mittermaier* und *Wahlberg* hingewiesen (Punkt B.III.2. in diesem Kapitel). *Liszt* konstruiert eine Theorie, die der Idee des Gesetzes als einziger Rechtsquelle entspricht, aber verfährt selbst nach wie vor in der Praxis nicht im Einklang mit diesem Ansatz. Die Herangehensweise ist insgesamt aber nicht widersprüchlich, wenn man mitbedenkt, dass es bei der Fixierung auf die positiven Gesetze um die Leugnung der Berechtigung eines abstrakten, philosophischen Vernunftrechts ging, und nicht um den Ausschluss der traditionellen Formen des juristischen Schließens und Umgangs mit Quellen. *Liszts* Werk gehört damit zu einer Vorstufe der reinen Rechtslehre, die zwar äußerlich dem Gesetzpositivismus ähnliche Definitionen abgibt, in Wahrheit aber immer noch eine eigenständige Rechtswissenschaft entfaltet und vorschreibt.[474] Damit ist der zweite

469 Vgl. *Liszt,* Über den Einfluss der soziologischen und anthropologischen Forschung (1893), AuV II, Nr. 17, S. 81.

470 *Liszt,* Rechtsguts und Handlungsbegriff im Bindingschen Handbuche (1886), AuV I, Nr. 9, S. 214 ff.; Über den Einfluss der soziologischen und anthropologischen Forschung (1893), AuV II, Nr. 17, S. 77; Strafrecht und Strafprozess, in: W. Lexis (Hrsg.), Die deutschen Universitäten, 1893, S. 357; Die Gesellschaftlichen Faktoren der Kriminalität (1902), AuV II, Nr. 31, S. 433 f.

471 *G. F. Puchta/A. F. Rudorff,* a.a.O. (1865), S. 89.

472 *G. F. Puchta/A. F. Rudorff,* a.a.O. (1865), S. 89.

473 *M. Frommel,* a.a.O. (1987), S. 69 ff.; *J. Schröder,* a.a.O. (2012), S. 252 ff.

474 Vgl. Überblick über rechtstheoretische Orientierungen in Österreich bei *P. Goller,* a.a.O. (1997), S. 81 ff.

Punkt erreicht, in welchem die theoretische Bestimmung vom praktischen Verfahren bei *Liszt* abweicht. Folgenden Punkten seiner Lehren ist zu entnehmen, dass sein System und seine dogmatische Konstruktion nicht nur induktiv gemeint waren:

- Erstens, nach *Liszt* gibt es Fälle, in denen der Gesetzgeber systemwidrig handeln kann.[475] Das System kann dann aber nicht ein Produkt der Induktion aus Gesetzen sein, sondern nur eine selbstständige, der Gesetzgebung vorgerückte Entität, welche der Gesetzgeber mehr oder weniger glücklich befolgt und deren Teile durch die Gesetzgebung mitbestimmt, aber nicht vollständig bedingt werden.
- Zweitens vertritt *Liszt* die für die Stellung der Gesetzgebung im Rahmen der Quellenlehre der Historischen Rechtsschule charakteristische Lehre, nach der die Begriffsbestimmung nicht die Aufgabe des Gesetzgebers, sondern der Rechtswissenschaft ist.[476] Dann sind die wissenschaftlich in das System integrierten Begriffe aber keine Ableitungen aus Gesetzen, sondern feste Teile eines Instituts, aus dem auch der Gesetzgeber schöpft.
- Lehrreich ist drittens *Liszts* frühe Stellungnahme zur Regelung der Zurechnungsfähigkeit in den Gesetzen. Er vertrat die Auffassung, dass die Schilderung der Voraussetzungen einer Normallage wie „Zurechnungsfähigkeit“ nicht im Gesetz erfolgen muss.[477] Da diese Lagen aber in seinem System der Verbrechenslehre diskutiert werden, besteht offenbar ein Schatz an Bestimmungen, die nicht induktiv aus dem Gesetz gewonnen werden.
- Viertens vertrat *Liszt* die Berechtigung der Konstruktion der mittelbaren Täterschaft, unabhängig davon, ob der Gesetzgeber sie ausdrücklich erwähnt, oder die Motive der Verfasser sogar auf ihre Abneigung gegenüber der Konstruktion hindeuten.[478]
- Fünftens weist die Struktur der Arbeit in der IKV (vgl. oben Punkt C.III.2.) auf ein dogmatisches Verständnis hin, in welchem die richtige Dogmatik unabhängig von der Legislatur entwickelt werden kann und entwickelt werden soll.

---

[475] *Liszt*, Lehrbuch des österr. Preßrechts, 1878, S. VII.

[476] *Liszt*, Der italienische Strafgesetzentwurf von 1887 (1888), AuV I, Nr. 10, S. 270 ff.; Die Forderungen der Kriminalpolitik und der Vorentwurf eines schweizerischen Strafgesetzbuches (1893), Auv II, Nr. 18, S. 115 (Zum Entwurf Stooß: „Nicht die Begriffsbestimmungen, die Stooß gibt, sondern die, die er nicht gibt, sichern den Erfolg seines Werkes“). Vgl. für „Kunst des Weglassens“ *B. Mertens*, Gesetzgebungskunst im Zeitalter der Kodifikationen, 2004, S. 318 ff., 406 ff.; vgl. noch *Liszt*, Der Vorentwurf eines Reichsstrafgesetzbuches (1910), AuV III, Nr. 9, S. 262.

[477] *Liszt*, Lehrbuch des Deutschen Strafrechts, 2. Aufl. 1884, S. 136 („Die nähere Untersuchung lehrt, daß *gar keine besonderen* Voraussetzungen nötig sind, um die Zurechnungsfähigkeit zu *begründen*. Es dürfen nur gewiße Voraussetzungen *nicht* gegeben sein, welche sie als *ausgeschlossen* erscheinen lassen. Jeder Mensch ist zurechnungsfähig, der nicht aus besonderen Gründen zurechnungsunfähig ist. (...) Die Zurechnungsfähigkeit ist das Normale; ihr Wegfall die besonders zu motivierende Ausnahme. Nicht die Zurechnungsfähigkeit, sondern die Fälle der Zurechnungsunfähigkeit bedürfen der gesetzlichen Definierung.“).

[478] *Liszt*, Der Vorentwurf eines Reichsstrafgesetzbuches (1910), AuV III, Nr. 9, S. 285.

Später wird von *Liszt* selbst gelegentlich auch ein erhöhtes Maß an Methodenehrlichkeit gefordert. Hochgradige Bedeutung kommt für diese Perspektive seiner Einführung zum ersten Band der „Strafgesetzgebung der Gegenwart" zu (1894).[479] Er geht in den dortigen Ausführungen, die einen allgemeinen theoretischen Charakter haben, davon aus, dass die Wissenschaft *neben* der Gesetzgebung und nicht nur aus ihr heraus eine Konstruktion leistet.[480] „Die gesamte allgemeine Lehre vom Verbrechen", so *Liszt*, „kann und muss *in ihren Grundzügen* unabhängig von dem jeweils geltenden Recht aufgebaut werden".[481] Das „Beste" was „dogmatische Kollegen" geben, das „haben sie wahrhaftig nicht aus den Gesetzbüchern geschöpft".[482] „Die Auffassung der Anstiftung und der Täterschaft ist in ihrem innersten Kern unabhängig von jeder positiv-rechtlichen Gestaltung".[483]

Bei den zuletzt genannten Gedankengängen besteht eine innere Anbindung an die ältere Historische Rechtsschule. Das ist dort ersichtlich, wo *Liszt*, ähnlich wie *Savigny* in seinem „System des heutigen Römischen Rechts", behauptet, dass die umfassenden Gesetze, welche auch theoretische Entscheidungen treffen, immer zu einer Erstarrung führen würden.[484] *Liszt* kann einerseits als ein wichtiger Vorarbeiter des Freirechts angesehen werden, besonders wenn man den Gang und die Art *Kantorowicz*' Kritik an der Unehrlichkeit der juristischen Methode und den institutionellen Umstand mitberücksichtigt, dass *Kantorowicz* ein wichtiger Teilnehmer in *Liszts* Seminar war.[485] Anders als *Kantorowicz* aber, der für eine zutreffende, aber nie erschöpfend zu verwirklichende Rationalisierung der Gründe plädierte, verknüpfte *Liszt* die „wissenschaftliche Konstruktion"[486] zumindest äußerlich mit seiner Überzeugung, dass die Wissenschaft fest und objektiv vorhandene Wesenheiten wie „Entschluss", „Überlegung" nur zutreffend und logisch kohärent zu schildern und begrifflich zu bestimmen hat.[487] Die konstruktive „Begriffsjurisprudenz" war für *Liszt* ein methodologisches Modul im Rahmen der Rechtswissenschaft, das, ähnlich

---

[479] *Liszt*, Zur Einführung: Rückblick und Zukunftspläne, in: Die Strafgesetzgebung der Gegenwart, Bd. 1, 1894, S. XXII ff.

[480] *Liszt*, Zur Einführung: Rückblick und Zukunftspläne, in: Die Strafgesetzgebung der Gegenwart, Bd. 1, 1894, S. XXII.

[481] *Liszt*, Zur Einführung: Rückblick und Zukunftspläne, in: Die Strafgesetzgebung der Gegenwart, Bd. 1, 1894, S. XXIII.

[482] *Liszt*, Zur Einführung: Rückblick und Zukunftspläne, in: Die Strafgesetzgebung der Gegenwart, Bd. 1, 1894, S. XXIV.

[483] *Liszt*, Zur Einführung: Rückblick und Zukunftspläne, in: Die Strafgesetzgebung der Gegenwart, Bd. 1, 1894, S. XXIV.

[484] *Liszt*, Zur Einführung: Rückblick und Zukunftspläne, in: Die Strafgesetzgebung der Gegenwart, Bd. 1, 1894, S. XXIV.

[485] Vgl. *H. Kantorowicz*, Probleme der Strafrechtsvergleichung, Monatsschrift für Kriminalpsychologie und Strafrechtsreform 4 (1907/08), 65. Punkt C. im 6. Kapitel.

[486] *Liszt*, Zur Einführung: Rückblick und Zukunftspläne, in: Die Strafgesetzgebung der Gegenwart, Bd. 1, 1894, S. XXIII.

[487] Vgl. *Liszt*, Zur Einführung: Rückblick und Zukunftspläne, in: Die Strafgesetzgebung der Gegenwart, Bd. 1, 1894, S. XXIV.

wie die fest auspräparierten Methoden der „empirischen Sozialforschung“ in manchen Schulen der Soziologie heute, in sich und aus sich den Ergebnissen der rechtswissenschaftlichen Arbeit die Wissenschaftlichkeit verschaffte.

3. Das Falldenken und logisches „ist“ als Prototyp des Wirklichkeitsbezugs der Rechtswissenschaft

Für den Einstieg in die Problematik des Falldenkens und des logischen „ist“, kann zuerst die Bestimmung der Rechtswissenschaft aufgegriffen werden, mit welchen die außerjuristischen Teile der Liszt-Forschung arbeiten. In dem einflussreichen Buch über die Etablierung der empirischen Forschung und Kriminologie im Kaiserreich von *Galassi* wird als Prämisse gesetzt, dass die Rechtswissenschaft allgemein, und so auch im 19. Jahrhundert, eine abgeschottete literarische Normkenntnis wäre. Sie wäre eine Wissenschaft, die die „Gesetztexte als Grundlage fraglos akzeptiert“ und insgesamt sich auf „unhinterfragbaren Prämissen“ gründet (Punkt E.IV. im 15. Kapitel). Das Interesse für die Wirklichkeit und die Mitberücksichtigung der Wirklichkeit werden in dieser Perspektive immer als eine außerjuristische Angelegenheit dargestellt, sodass ein logisch kohärenter Eindruck erwächst, dass *Liszts* Wirklichkeitsinteresse aus der exogenen Entwicklung der Soziologie oder der Kriminalanthropologie abgeleitet werden muss (Punkt A.I. im 6. Kapitel).

Das Urteil über den Charakter der Rechtswissenschaft, wie wir ihm bei *Galassi* begegnen, gründet sich nicht auf der Analyse der Rechtswissenschaft oder ihrer tatsächlichen Methodologie im 19. Jahrhundert, sondern begegnet uns in *Galassis* Untersuchung offen als eine Entlehnung aus dem soziologischen Schrifttum der 1970er Jahre.[488] Dieses hatte im Grunde nie die Rechtswissenschaft einer Nation oder einer Epoche analysiert, sondern aus einem gedachten System der Wissenschaften heraus, die Rechtswissenschaft als „Nicht-Wirklichkeitswissenschaft“ bestimmt. Es gibt sicher Epochen oder nationale Ausprägungen der Rechtswissenschaft im 20. Jahrhundert, auf welche das soziologisch-systematische Verständnis der Rechtswissenschaft als „Nicht-Wirklichkeitswissenschaft“ in hohem Maße oder sogar ganz zutrifft. Uns begegnet aber in der Tradition der Historischen Rechtsschule, in der Anlehnung an die Hermeneutik, die *Savigny* fördern wollte, bei *Liszt* eine andere Rechtswissenschaft, deren Urteil auf eine breite Basis von Einsichten in die Abläufe der Wirklichkeit gegründet wird.

Der Hauptpunkt von *Savignys* Kritik an der durch die philosophische Methode und das philosophische System bestimmten Rechtswissenschaft richtete sich gegen ihre Lebensfremdheit. Oben wurde bereits darauf hingewiesen, dass *Savigny* den Sprüchen des Vernunftrechts und von Autoren wie *Feuerbach* bereits früh nicht die „Wahrheit“ im Sinne eines nach philosophischen Maßstäben gültigen Aussagewerts absprechen wollte, sondern die „Existenz“ im Sinne einer Komptabilität mit der Realität (Punkt B.I.). Der Gedanke kehrt im „Beruf“ wieder, wo *Savigny*, rhetorisch

---

488 *S. Galassi*, a.a.O. (2004), S. 19.

elegant, der philosophischen Rechtswissenschaft nicht die Wissenschaftlichkeit im Sinne eines hohen Grades des förmlich ausgebauten Satzzusammenhangs, dafür aber die notwendige Harmonie mit geregeltem Lebensstoff abspricht („alle eigentliche Realität entbehren").[489] Als vorzugswürdige alternative Art der Behandlung beruft sich *Savigny* auf die römischen Juristen. Sie pflegten ein lebendiges Wechselverhältnis zwischen juristischen Figuren, seien es Regeln, Begriffe oder Grundsätze, einerseits und der Wirklichkeit andererseits. „In jedem Grundsatz", so *Savigny*, „sehen sie zugleich einen Fall der Anwendung, in jedem Rechtsfall zugleich die Regel, wodurch er bestimmt wird".[490] Ihre Meisterschaft zeichnet eine „Leichtigkeit" aus, „womit sie so vom allgemeinen zum besondern und vom besondern zum allgemeinen übergehen".[491] Ihre Rechtsüberlegungen zeichnen sich, anders als die durch philosophische Manier bestimmte, durch „Anschaulichkeit und Lebendigkeit" aus.[492]

Auf Grund der genannten Äußerungen wird *Savignys* Werk im neueren Schrifttum unter dem Aspekt der Begründung einer juristischen Hermeneutik erörtert.[493] Der Akzent wird von Befehlsrelationen, die bei den totalitären Tendenzen des Vernunftrechts im Mittelpunkt stehen, zu tatsächlichen Rechtsverhältnissen verlagert.[494] Die Neuordnung zwischen „Allgemeinem" und „Besonderem" führt im Bereich der Rechtsanwendung zur Überzeugung, dass die Sachverhalte des Lebens nicht mehr logisch von Grundsätzen völlig abgelöste Anwendungsfälle, sondern rechtlich potente Erscheinungen sind, die die Regeln mitbestimmen. Die „Auslegungswelt", die in den Untersuchungen von Nicht-Juristen überhaupt nicht problematisiert wird, ist in einer fest angesetzten Hermeneutik immer eine andere als bei bloßer Gesetzeskenntnis und setzt einen Austausch mit der Wirklichkeit voraus.[495] Es herrscht, wenn man einzelne Untersuchungen von *Mittermaier* oder *Liszt* anschaut, der Eindruck vor, dass diese Autoren sich jenem Typus der Bearbeitung der Rechtsmaterie angenähert haben, die die römischen Juristen ausgezeichnet haben soll: es ist der Typus einer Diskussionskultur, die anhand von konkreten Fällen Probleme bespricht.[496]

---

489 *F. C. Savigny*, Beruf (1814), S. 30 f. („Das Recht nämlich hat kein Daseyn für sich, sein Wesen vielmehr ist das Leben der Menschen selbst, von einer besonderen Seite angesehen. Wenn sich nun die Wissenschaft des Rechts von diesem ihrem Objecte ablöst, so wird die wissenschaftliche Thätigkeit ihren einseitigen Weg fortgehen können, ohne von einer entsprechenden Anschauung der Rechtsverhältnisse selbst begleitet zu seyn; die Wissenschaft wird alsdann einen hohen Grad formeller Ausbildung erlangen können, und doch alle eigentliche Realität entbehren.").

490 *F. C. Savigny*, Beruf (1814), S. 30.

491 *F. C. Savigny*, Beruf (1814), S. 31.

492 *F. C. Savigny*, Beruf (1814), S. 31.

493 *S. Meder*, a.a.O. (2004); *F. Müller/R. Christensen*, Juristische Methodik, Bd. 1, 11. Aufl. 2013, S. 124 ff.

494 Vgl. dazu *O. Behrends*, a.a.O. (2016), S. 43 ff.

495 *J. Rückert*, a.a.O. (2017), S. 66 ff.

496 Vgl. *H.-P. Haferkamp*, a.a.O. (2010), S. 82.

Die realistischen Aspekte der juristischen Methode in der Tradition von *Savigny* haben eine besondere Bedeutung bei der Betrachtung der österreichischen Verhältnisse, wo eine Reihe von Wiener Absolventen „des Jus" in der Geschichte zugleich den Titel der Pioniere der Soziologie beansprucht. Man darf an dieser Stelle neben *Liszt* auf *Ludwig Gumplowicz* hinweisen, der sich zeitgleich mit *Liszt* in Graz habilitierte und Staatsrecht dozierte.[497] *Liszt* protestierte, was für seine Epistemologie wichtig ist, gegen *Gumplowicz*' Ausrichtung auf ein gesellschaftliches „Aggregat" im Sinne der Sozialwissenschaften und gegen die Forderung der „Eliminierung des Individuums" aus der soziologischen Betrachtung (vgl. unten). Es ist ferner auf die österreichische soziologische Schule des Völkerrechts hinzuweisen.[498] Und es darf noch natürlich auf *Ehrlich* sowie den zeitweiligen Präsidenten des Internationalen Instituts für Soziologie in Paris *Bogišić* verwiesen werden. Beide letzgenannten Rechtssoziologen waren Österreicher und Wiener Schüler und beide haben eine tatsachengebundene Rechtswissenschaft gefordert.[499] Man kann insoweit davon sprechen, dass *Thuns* Reform eine soziologische Affinität in Österreich im Rahmen der Rechtswissenschaft produziert hat, die auch für *Liszt* charakteristisch war.

Das Falldenken und die Verschaffung einer tatsächlichen Basis für juristische Wertungen begegnet uns in *Liszts* Werk nicht durchgehend, sondern als eine besondere Methode der Bearbeitung, neben welcher ebenbürtig auch an sich widersprüchliche Konzepte, wie die oben beschriebene konstruierende Systembildung, stehen können. In *Liszts* Werk ist insofern, wie mehrmals bereits in der Liszt-Forschung erörtert, eine methodologische Zwiespältigkeit vorhanden (Punkt E. im 9. Kapitel). Die Denkart, die das richtige Ergebnis von der konkreten Konstellation abhängen lässt, ist in *Liszts* großem System des Strafrechts oft unsichtbar, denn es ist für eine, bei *Liszt* nicht negativ konnotierte, begriffsjuristische Bearbeitung reserviert. Das gilt insbesondere für den allgemeinen Teil der Verbrechenslehre, wo *Liszt*, wie *Radbruch* einmal vermerkt hat, bisweilen „in die reinste Begriffsjurisprudenz" verfällt.[500] Anders verhält es sich aber in Bezug auf seine besonderen Untersuchungen von Einrichtungen des materiellen und formellen Strafrechts. Man vergleiche folgende Wirklichkeitsbezüge in *Liszts* Analyse der falschen Aussage, die als Grundlage für verschiedene Wertungen und wichtige Argumente erarbeitet werden:

---

[497] *G. Mozetič*, Ludwig Gumplowicz auf dem Weg von der Jurisprudenz zur Soziologie, in: GS V. Bogišić, 2011, 149; *ders.*, Ludwig Gumplowicz – ein Grazer Pionier der Soziologie, in: K. Acham, Rechts-, Sozial- und Wirtschaftswissenschaften aus Graz, 2011, 433; *K. Acham*, Wien und Graz als Stätten einer frühen soziologischen Forschungs- und Vereinstätigkeit, ebendort (2011), S. 421 ff.

[498] *F. Herrmann*, a.a.O. (2001), S. 177 ff.

[499] Vgl. *W. Zimmermann*, Valtazar Bogišić, 1962; *M. Rehbinder*, Valtazar Bogišić in der Sicht des Rechtssoziologen Eugen Ehrlich, GS V. Bogišić, 2011, 165; *S. Meder*, a.a.O. (2011), 517.

[500] *G. Radbruch*, a.a.O. (1938), S. 47. Vgl. auch Punkt E.I. im 9. Kapitel: *Schwarzschild* bemühte sich um Nachweis, dass auch *Liszts* Dogmatik methodologisch gespalten ist und dass er teilweise parallel „kategorial" und „teleologisch" argumentiert.

- Offene Möglichkeiten des tatsächlichen Umgangs als Argument gegen die Notwendigkeit der Strafbarkeit: „Dass Jemand bona fide eine Thatsache für wahr hält, während er bei Anwendung der gehörigen Sorgfalt die Überzeugung von Gegentheile sich hätte verschaffen können, mag, wenn auch nur selten, vorkommen; allein eine Strafbestimmung ist hier nicht notwendig. Durch verständiges Befragen über die ratio scientiae von Seiten des Richters, dürfte einerseits für diesen die Glaubwürdigkeit der Aussage leicht feststellbar sein, während andererseits auch bei dem Aussagenden selbst dadurch die leichtsinnig gewonnene bona fides erschüttert werden dürfte. Sobald aber dies der Fall, sobald der Zweifel an die Stelle der Überzeugung tritt, geht auch der fahrlässige Falscheid in eigentlichen Meineid über."[501]
- Frequenter Fall aus der Wirklichkeit als Anlass für die rechtliche Zuordnung: Häufig vorkommende Entschuldigung, dass der Schwörende von der Rechtsmäßigkeit seines Anspruches überzeugt gewesen sei.[502] Dieser tatsächliche Umstand soll nicht für die Beantwortung der „Schuldfrage", sondern für die Strafzumessung von Relevanz sein.[503]
- Wirklichkeitsbezogenes Argument gegen die Bestrafung des fahrlässigen Meineides: Die Geschworenen pflegen auch dann, wenn der Beweis des dolus vollständig erbracht ist, in leichteren Fällen unter Verneinung der Hauptfrage die auf fahrlässigen Falscheid gestellte Zusatzfrage zu bejahen, um den Eintritt der Zuchthausstrafe auszuschließen.[504]
- Wirklichkeitsbezogenes Argument gegen die Bestrafung des fahrlässigen Meineides: „Jeder Praktiker dürfte bestätigen, dass in vielen Fällen von allen bei Gericht, insbesondere bei Strafverhandlungen thätigen Personen, jede durch das Gesetz gestattete Pression auf den Zeugen ausgeübt wird, um denselben zu bestimmten unzweifelhaften Aussagen zu veranlassen. Der Zeuge, der über ein vielleicht monatelang zurückliegendes Ereignis aussagen soll, wird von dem Vorsitzenden vernommen, vom Staatsanwalt und Vertheidiger im Kreuzverhöre in die Enge getrieben, die ‚Abweichungen' von den in der Voruntersuchung gemachten Angaben, die ja so oft in der unvermeidlichen Ungenauigkeit einer schriftlichen Fixierung ihren Grund haben, werden ihm vorgehalten, und von allen Seiten fragt man mit strenger Miene, aus welcher die Drohung mit strafgerichtlicher Verfolgung hervorleuchtet: ja, wissen Sie es oder wissen Sie es nicht? Kann man es dem Manne verargen, wenn er statt der Wahrheit gemäß die Unsicherheit seiner Wahrnehmungen zu betonen, statt zuzugeben, dass er sich nicht mehr genau an den Fall erinnern könne, und die in dem Plaidoyeres drohende levis macula einer ‚schwankenden, keinen Glauben verdienenden Aussage' in Geduld auf sich zu nehmen – durch eine plötzliche Anstrengung seines Erinnerungsvermögens

[501] *Liszt*, Die falsche Aussage vor Gericht, 1877, S. 46.

[502] *Liszt*, Die falsche Aussage vor Gericht, 1877, S. 39.

[503] *Liszt*, Die falsche Aussage vor Gericht, 1877, S. 39.

[504] *Liszt*, Die falsche Aussage vor Gericht, 1877, S. 47.

eine völlig bestimmte Antwort zu Stande bringt, und aussagt wie Vorsitzender, Staatsanwalt und Vertheidiger es wünschen? Man steure diesem Unwesen, man verhalte den Zeugen, den Grund seines Dafürhaltens anzugeben, man warne ihn davor, in categorischer Weise auszusprechen, war er nur vermuthet, vielleicht aus entfernten Indicien schließt – und manche fahrlässige falsche Aussage wird im Keime unterdrückt werden. Aber das doppelte Democlesschwwert des § 163 einerseits und der gerichtlichen Pression andererseits über dem Haupte des Zeugen schweben zu lassen, der vielleicht mit nicht unbedeutenden persönlichen Opfern seine Staatsbürgerpflicht erfüllt, das kann weder nothwendig noch zweckmäßig sein!"[505]

- Logische Abwandlung des Falles zwecks Eröffnung der juristischen Analyse („casus"): „Statt des B, welchem der Eid zuerkannt wurde, schwört der A, indem er sich für den B ausgibt".[506]
- Die Brandmarkung von Zeugen in der Praxis als faktische Basis für die Bewertung der Frage, ob in persönlich-sensiblen Angelegenheiten falsches Zeugnis straflos bleiben sollte: „Nur zu häufig geschieht es in der Praxis, dass der Eine oder der Andere der zu vernehmenden Zeugen, wenn die Wahrheit ans Tageslicht kommt, viel tiefer in der öffentlichen Meinung sinkt als der Angeklagte, mehr als dieser gebrandmarkt aus dem Verhandlungssaale geht, ohne dass er gerade selbst der eigentliche Schuldige wäre, oder dass seine Handlungsweise überhaupt unter das Strafgesetz fiele".[507]

Wie ersichtlich, handelt es sich bei den genannten Einsichten in die Wirklichkeit um Bemerkungen unterschiedlicher Art. Sie reichen von der Übernahme fremder Behauptungen über übliche Abläufe in der Praxis bis zu reinem juristischen „casus". Das Falldenken bildet damit ein komplexes rechtswissenschaftliches Gebilde. Grundsätzlich steht ein logisches „ist" im Vordergrund, daher nur die gedachte Konstellation („Statt des B, welchem der Eid zuerkannt wurde, schwört der A, indem er sich für den B ausgibt"). Dieses logische „ist" wird aber, wie die anderen Beispiele zeigen, nicht durch eine reine Abwandlung von juristischen Fällen gewonnen, sondern wird mit eigenen und fremden Erfahrungen oder den Inhalten der communis opinio über Probleme und Herausforderungen in der Praxis gefüllt. Damit erscheint die Öffnung der Rechtswissenschaft gegenüber der Wirklichkeitsforschung durch ihre eigene Methode und nicht durch eine fremde wissenschaftliche Methodologie vorangetrieben zu sein. Bei *Galassi* und bei Autoren, die ähnlich wie *Galassi* verfahren, liegt ein grundsätzlicher Fehler vor, wenn sie das Wirklichkeitsinteresse in der Rechtswissenschaft und ihre Wirklichkeitsbezüge erklären, ohne die innere Herangehensweise der Rechtswissenschaft mitzuberücksichtigen.

---

[505] *Liszt*, Die falsche Aussage vor Gericht, 1877, S. 47.

[506] *Liszt*, Die falsche Aussage vor Gericht, 1877, S. 83.

[507] *Liszt*, Die falsche Aussage vor Gericht, 1877, S. 137 f.

Die bezeichnete Art und Weise, in das Gewebe der juristischen Diskussion Einsichten aus der „Wirklichkeit" einzuführen, entspricht sicher auch der heutigen Handhabung in der deutschen Rechtswissenschaft. Sie ist jedoch nicht selbstverständlich, sondern ein geschichtlich gewachsenes Produkt, das im 19. Jahrhundert unter besonderen Prämissen der Entwicklung der antiphilosophischen Bemühungen entstanden ist, und unter besonderen Prämissen auch verschwinden kann. Die Eigenständigkeit des Zugangs ist gut sichtbar, wenn man ihn mit mehr philosophisch ausgerichteten Strängen vergleicht, wo, wie bei Gegnern von *Glaser* (Punkt B.IV.), eine Deduktion aus Prinzipien oder Spekulation herrscht. Man beachte auch, dass im Ausland auch heute noch die „Fälle", sollten sie überhaupt mitgeteilt werden, nur eine Art Einführung in die bürokratische Kunst der Praxis und als Hilfsmittel für die Erörterung des Rechtssatzes funktionieren, nicht aber den eigentlichen Grund der juristischen Raison bilden.

4. Volle Stufen der Empirie und Rückstände des Rationalismus

a) Das Wirklichkeitserlebnis im Vormärz und bei Liszt

Im Bereich der Strafrechtswissenschaft bot *Savignys* Programm die Möglichkeit, den empirischen Teil des Diskurses aus der Aufklärung (Punkt D. im 1. Kapitel) als einen Teil des rechtswissenschaftlichen Diskurses fortzuführen. Für diese Entwicklung stehen besonders *Mittermaiers* „Archiv" und auch eine Reihe seiner Monographien und Arbeiten, die sich mit dem kritischen Umgang mit Erfahrung befassen. Als ein interessantes Bindeglied zur Aufklärung kann die Darstellung über die Bedingungen und Wirkungen der Strafrechtsreform in der Toskana im 18. Jahrhundert genannt werden, die in der, ebenfalls von *Mittermaier* herausgegebenen, „Kritischen Zeitschrift für Rechtswissenschaft und Gesetzgebung des Auslandes" erschienen ist.[508] Dort wird der Gesetzgeber dafür kritisiert, dass er die Todesstrafe nach ihrer glücklichen Abschaffung in der Toskana ohne einen empirischen Anlass Ende der 1790er Jahre wieder eingeführt habe. Das Handeln des Gesetzgebers sei verwerflich, solange er seine Entscheidungen über die Todesstrafe „von wegen [sic!] Mutmaßungen und falschen Grundsätzen über ihre politische Wirksamkeit" trifft.[509] Als Voraussetzungen einer billigungswürdigen Herangehensweise werden erwähnt die „aus der Erfahrung geschöpften Reflexionen",[510] die „Erfahrung" und die „Prüfung".[511] Der Gesetzgeber sollte für seine Entscheidungen

[508] *G. Carmignani/C. J. A. Mittermaier*, Über die Schicksale der Todesstrafe in der Gesetzgebung von Toscana, Kritische Zeitschrift für Rechtswissenschaft und Gesetzgebung des Auslandes 2 (1830), 385.

[509] *G. Carmignani/C. J. A. Mittermaier*, a.a.O. (1830), S. 406.

[510] *G. Carmignani/C. J. A. Mittermaier*, a.a.O. (1830), S. 392.

[511] *G. Carmignani/C. J. A. Mittermaier*, a.a.O. (1830), S. 394 f.

„taugliche faktische Gründe für die Nothwendigkeit", „tatsächliche Stütze des Grundes"[512] und die „Data"[513] vorführen können.

Nach der Untersuchung von *Kesper-Biermann* prävalierten in den strafrechtlichen Gesetzgebungsbemühungen der einzelnen deutschen Staaten spätestens seit 1830 Hinweise auf die Bedeutung der Erfahrung.[514] Charakteristisch für die Sammlung von „Erfahrungen" ist *Mittermaiers* Monografie über die Strafrechtskodifikationen von 1841, bei welcher bereits im Titel die dort enthaltenen empirischen Einsichten angekündigt werden.[515] „Die Erfahrung liefert", so *Mittermaier*, die „Materialien, um die wahren Bedürfnisse der Gesellschaft, die Natur der Verbrechen und die zweckmäßigsten Mitteln zu erkennen".[516] Als Mittel für Erkenntnis nennt *Mittermaier* die „Criminalstatistik", die „Urteilssprüche einzelner Länder", die „Rechtsfälle, auf welche die neuen Gesetzbücher angewendet werden mussten", „die Ansichten der Richter, welche die Gesetze angewendet hatten".[517]

Eine vollständige Kohabitation zwischen Empirie und normativem Diskurs besteht also bereits im Vormärz, noch bevor von einer Beeinflussung eines positivistischen Programms im Sinne *Comtes* die Rede sein kann. Dieses Urteil trifft keinesfalls nur auf das Strafrecht zu. Im allgemeinen juristischen Bereich kann besonders auf die Erforschung der Rechtsgewohnheiten und auf die unmittelbare, empirische Erkundung von Verfahrensformen in verschiedenen Ländern hingewiesen werden. Dort geht es nicht mehr um ein logisches „ist" als Teil des juristischen Schließens, sondern um sein sauberes Interesse für „Zustände", „Beobachtungen" „Wirkungen" der Gesetzgebung, die „Verfahrensart". Man vergleiche etwa Schriften zu „Erfahrungen" und über die „Wirksamkeit" von Strafverfahrenstypen, die ein allgemeines prozessualistisches Interesse mit strafrechtlicher Sonderproblematik verbinden.[518]

---

[512] *G. Carmignani/C. J. A. Mittermaier*, a.a.O. (1830), S. 405.

[513] *G. Carmignani/C. J. A. Mittermaier*, a.a.O. (1830), S. 406.

[514] *S. Kesper-Biermann*, Einheit und Recht: Strafgesetzgebung und Kriminalrechtsexperten in Deutschland vom Beginn des 19. Jahrhunderts bis zum Reichsstrafgesetzbuch von 1871, 2009, S. 106 ff.

[515] *C. J. A. Mittermaier*, Die Strafgesetzgebung in ihrer Fortbildung, geprüft nach den Forderungen der Wissenschaft und nach den Erfahrungen über den Werth neuer Gesetzgebungen, und über die Schwierigkeiten der Codifikation; mit vorzüglicher Rücksicht auf den Gang der Berathungen von Entwürfen der Strafgesetzgebung in constitutionellen Staaten, 1841.

[516] *C. J. A. Mittermaier*, a.a.O. (1841), S. III.

[517] *C. J. A. Mittermaier*, a.a.O. (1841), S. V.

[518] Vgl. *C. J. A. Mittermaier*, Die Lehre vom Beweise im deutschen Strafprozesse: nach der Fortbildung durch Gerichtsgebrauch und deutsche Gesetzbücher in Vergleichung mit den Ansichten des englischen und französischen Strafverfahrens, 1834; *ders.*, Die Mündlichkeit, das Anklageprinzip, die Öffentlichkeit und das Geschwornengericht in ihrer Durchführung in den verschiedenen Gesetzgebungen: dargestellt und nach den Forderungen des Rechts und der Zweckmäßigkeit mit Rücksicht auf die Erfahrungen der verschiedenen Länder, 1845; *ders.*, Das englische, schottische und nordamerikanische Strafverfahren im Zusammenhang mit den politischen, sittlichen und socialen Zuständen und in den Einzelheiten der Rechtsübung, 1851;

Außerordentlich wichtig sind *Mittermaiers* „Beiträge zur Criminalstatistik mit vergleichenden Bemerkungen über die Verhältnisse der Verbrechen und der Criminal-Justiz in Frankreich, England, in den Niederlanden, der Schweiz, Baiern, Baden und Lippe-Detmold" aus dem Jahre 1830.[519] Die Veröffentlichung wurde in der neueren Zeit nur ausnahmsweise beachtet,[520] ist aber aus zwei Gründen bedeutsam. Sie beweist erstens, dass in der deutschen Strafrechtswissenschaft ein ausgeprägtes Bewusstsein für die Bedeutung der Kriminalstatistik bereits vor der Konjunktur der Auswertung der Kriminalstatistiken in Frankreich durch *Quetelet* bestand. Zweitens zeichnet sich *Mittermaiers* Analyse durch einen Umgang mit Faktoren aus, der in der französischen Tradition stark vernachlässigt wurde. Für *Mittermaier* stellt beispielsweise die Anzeigebereitschaft einen wesentlichen Faktor für die durch Statistik abgebildeten Zahlen dar.[521] Die Statistik ist hier keine Grundlage für die Bildung von spekulativen Mutmaßungen über die nationalen oder Weltkonjukturen der Kriminalität, sondern ein Hilfsmittel für die juristisch-politische Analyse.

Das reine empirische Interesse bei *Liszt* äußerste sich sowohl in seiner Auswertung von Daten, als auch in der Durchführung und Anregung der eigenständigen empirischen Forschung. Für den ersten Themenkomplex der Auswertung sind besonders seine statistischen Analysen in den „Kriminalpolitischen Aufgaben",[522] im Aufsatz „Kriminalität der Jugendlichen",[523] in der großen rechtsvergleichenden Studie über die „Bedingte Verurteilung"[524] und in der Untersuchung über die „Kriminalität der Juden" wichtig.[525] Die Auswertungen der Statistik, die *Liszt* im Rahmen seiner strafrechtswissenschaftlichen Texte vornimmt, sind kein Novum, sondern entsprechen der Praxis, die *Mittermaier* im Vormärz im strafrechtlichen Schrifttum etabliert hat. Die Statistik, wohl im breiten Sinne, war auch ein Teil von *Liszts* juristischen Studiencurriculums in Wien (Punkt A.II. im 2. Kapitel). Im Wintersemester 1885/86 bot *Liszt* in Marburg einen Sonderkurs „Criminalstatistik" an (Punkt A.II.2. im 5. Kapitel).

Bei den eigenständigen Erkundungen handelt es sich teilweise um Einsichten, die an der Grenze zur Erstellung eines logischen „ist" im oben genannten Sinne liegen. Man vergleiche etwa *Liszts* Kritik der preußischen Studienordnung, die er auch mit

ders., Erfahrungen über die Wirksamkeit der Schwurgerichte in Europa und Amerika über ihre Vorzüge, Mängel und Abhülfe, 1864.

519 *C. J. A. Mittermaier*, Beiträge zur Criminalstatistik, 1830 = Annalen der deutschen und ausländischen Criminal-Rechts-Pflege 7 (1830), S. 198 ff.

520 Vgl. *K. Lüderssen*, a.a.O. (1967), S. 444.

521 *C. J. A. Mittermaier*, a.a.O. (1830), S. 198 ff.

522 *Liszt*, Die kriminalpolitischen Aufgaben (1889–1892), AuV I, Nr. 11, 290.

523 *Liszt*, Die Kriminalität der Jugendlichen (1900), AuV II, Nr. 28, 331.

524 *Liszt*, Bedingte Verurteilung und bedingte Begnadigung, in: Vergleichende Darstellung, AT, Bd. 3, 1908, S. 10 ff., 22 ff., 48 ff., 53 f., 56, 60.

525 *Liszt*, Das Problem der Kriminalität der Juden (1907), AuV III, Nr. 5, 114.

seinen eigenen Einsichten, die er als Prüfer gemacht hat, untermauert hat.[526] Eine reine Art der empirischen Forschung stellt sein bekanntes, in den Vorlesungen und im Seminar durchgeführtes psychologisches Experiment dar, bei welchem die Zuhörer nach einem nicht angekündigten, geschauspielerten Zwischenfall die Ereignisse aus der Erinnerung schildern mussten (vgl. Punkt B.II. im 5. Kapitel). Sein besonderes Verdienst auf dem empirischen Gebiet liegt in der institutionellen Förderung der sogenannten mikrogeographischen Untersuchungen im Kriminalistischen Seminar (Punkt A.III.4.c) im 5. Kapitel).

b) Die Kontroverse über Liszt als Empiriker

Die in den 1930er Jahren eröffnete Kontroverse, ob *Liszt* als ein Empiriker oder sogar „Kriminologe" bezeichnet werden kann,[527] kann nicht ohne Mitberücksichtigung der damaligen theoretischen Auseinandersetzungen geklärt werden. Man hat damals, aufgrund der Hochkonjunktur des Irrationalismus, einen Kontrasteindruck gehabt, dass man *Liszt* berechtigterweise als Empiriker und Kriminologen auffassen sollte (Punkt F.III. – VI. im 9. Kapitel). Diese Auffassung hat nach dem Zweiten Weltkrieg *Eb. Schmidt* übernommen, während *Kempe* zuerst in den Niederlanden und dann auch in seiner deutschen Veröffentlichung aus den 1960ern gezeigt hat, dass *Liszt* aus der Warte auch einer sehr weit und nicht unbedingt kanonisch aufgefassten Kriminologie ein „Laie" war (Punkt B. im 10. Kapitel). Auch *Mayenburg* hat später aus der Warte eines sozialwissenschaftlichen, rigid-positivistischen Kanons versucht darzulegen, dass sich *Liszt* nur als Empiriker ausgeben wollte.[528]

Die Kontroverse verdient eine differenzierte Handhabung. *Liszts* Empirie entstammt nicht einem positivistischen Kontext und kann, wenn man nicht der Über-

---

[526] *Liszt*, Die Reform des Juristischen Studiums in Preussen, 1886.

[527] Vgl. *G. T. Kempe*, a.a.O. (1969), S. 279. Für Einschränkung der Einordnung von *Liszts* Arbeit im Kreis der empirischen Leistungen s. noch *L. Radzinowicz*, Strafrecht und Kriminologie, in: Strafrechtspflege und Strafrechtsreform, 1961, S. 21; *H. Göppinger*, Die gegenwärtige Situation der Kriminologie, 1964, S. 5; *M. Frommel*, a.a.O. (1984), S. 45; *dies.*, a.a.O. (Präventionsmodelle, 1987), S. 81 f.; *C. Fijnaut*, Die Fiktion einer integrierten Strafrechtswissenschaft, ZStW 96 (1984), S. 147 f.; *H. Ostendorf*, a.a.O. (1984), S. 12; *J. Schönert*, Bilder vom „Verbrechensmenschen" in den rechtkulturellen Diskursen um 1900, in: ders. (Hrsg.), Erzählte Kriminalität, 1991, S. 503; *R. Wetzell*, Inventing the Criminal, 2000, S. 37, 39; *M. Kubink*, a.a.O. (2002), S. 101; *Ch. Müller*, Verbrechensbekämpfung im Anstaltsstaat, 2004, S. 300 f.; *S. Galassi*, a.a.O. (2004), S. 129, 290, 349 ff., 412, 415 f.; *C. Emsley*, Crime, Policy and Penal Policy, 2007, S. 194; *D. Mayenburg*, Die Rolle psychologischen Wissens in Strafrecht und Kriminologie bei Franz von Liszt, in: M. Schmoeckel (Hrsg.), Psychologie als Argument in der juristischen Literatur des Kaiserreichs, 2009, S. 103 f., 111 ff., 130; *M. Bock*, Hans Gross und Julius Vargha, in: K. Acham (Hrsg.), Rechts-, Sozial-, und Wirtschaftswissenschaften aus Graz, 2011, 329; *S. Freitag*, Kriminologie in der Zivilgesellschaft, 2014, S. 419; *C. O. Kreher*, a.a.O. (2015), S. 56; *F. Streng*, Franz v. Liszt als Kriminologe und seine Schule, in: Koch/Löhnig (Hrsg.) Die Schule Franz von Liszts, 2016, S. 135 ff.; *R. Wetzell*, a.a.O. (2016), S. 212 f.

[528] *D. Mayenburg*, a.a.O. (2009), S. 103.

zeugung ist, dass nur einige verschulte Methodenregeln aus den 1970er Jahren als „empirische Sozialwissenschaft“ gelten dürfen, nicht nach diesen Maßstäben beurteilt werden. Anders als in den üblichen Vorstellungen über die Rechtswissenschaft in der allgemeinen Geschichtsschreibung oder in den soziologischen Vorlesungen suggeriert, zeichnete sich die deutsche Rechtswissenschaft im 19. Jahrhundert durch einen polymorphen Realitätskontakt aus. *Liszts* Werk, gesehen in dieser Tradition, bietet zahlreiche vereinzelte empirische Anhaltspunkte. Dieser Sonderweg der Rechtswissenschaft kann auch erklären, dass bei *Liszt* wirklichkeitsbezogene Äußerungen vereinzelt als seltsame Erscheinungen auftreten, denen der Charakter einer Überforderung der Realität durch die vorgesetzte Konstruktion nicht fehlt.

Eine entscheidende Stelle, an der man vielleicht eine empirische Begründung/Erkundung erwarten würde, blieb bei *Liszt* durch eine „seltsam rationalistisch anmutende“ Konzeption[529] überlagert, die bisher mehrmals in der Liszt-Forschung als Kuriosität vermerkt wurde.[530] Gemeint ist *Liszts* Dreiteilung der Strafzwecke und ihr Verhältnis zu drei Kategorien der Verbrecher im Vortrag „Der Zweckgedanke im Strafrecht“ (= „Marburger Programm“).[531] Hier wird, streng gesehen, nicht dem empirischen Sachverhalt eine Regelung wertend angehängt, sondern es werden umgekehrt, auf Grund einer nur logischen Systematik der Rechtsfolgenseite, die Unterscheidungen in der Wirklichkeit vorausgesetzt. „Wenn aber Besserung, Abschreckung, Unschädlichmachung wirklich die möglichen wesentlichen Wirkungen der Strafe und damit zugleich die möglichen Formen des Rechtsgüterschutzes durch Strafe sind“, schreibt *Liszt*, „so *müssen* diesen drei Strafformen auch *drei Kategorien von Verbrechern* entsprechen“.[532] Auch einige Jahre später, ließ sich *Liszt* von seiner Behauptung, dass bei jedem Verbrecher immer einer der drei Strafzwecke zu erreichen ist, nicht abbringen. Er schreibt dazu 1896: „diese Übereinstimmung beider Einteilungen galt mir von jeher als die sicherste Gewähr für die Richtigkeit meiner kriminalpolitischen Grundanschauung“.[533]

---

[529] *Eb. Schmidt*, Einführung, 3. Aufl. 1965, S. 376 f. (Punkt B. im 10. Kapitel).

[530] Vgl. *Eb. Schmidt*, Franz von Liszt, in: Die großen Deutschen, Bd. 5, 1957, S. B7; *ders.*, Einführung, 3. Aufl. 1965, S. 376 f.; *W. Frisch*, Das Marburger Programm und die Maßregeln der Besserung und Sicherung, ZStW 94 (1982), S. 575 f., 589 f.; *H. Schöch*, Das Marburger Programm aus der Sicht der modernen Kriminologie, ZStW 94 (1982), S. 870 f. („scheinrationalistische Konstruktion“); *M. Frommel*, a.a.O. (Präventionsmodelle, 1987), S. 87 f.; *R. Wetzell*, a.a.O. (2000), S. 35 f.; *T. Müller*, v. Liszt und die Folgen, in: G. Jerouschek/H. Rüping (Hrsg.), „Aus liebe der gerechtigkeit“, 2000, S. 221; *Ch. Müller*, a.a.O. (2004), S. 131, 285, 300 f.; *S. Galassi*, a.a.O. (2004), S. 351 ff.; *A. Koch*, Binding vs. v. Liszt, in: E. Hilgendorf/J. Weitzel (Hrsg.), Strafgedanke in seiner historischen Entwicklung, 2007, S. 140; *T. Stäcker*, a.a.O. (2012), S. 35 f., 39 ff.; *J. Kasper*, Die „Unschädlichmachung der Unverbesserlichen“, in: A. Koch/Löhnig (Hrsg.) Die Schule Franz von Liszts, 2016, S. 125; *J. Menne*, „Lombroso redivivus“, 2017, S. 26 f. mit jeweils eigener Thematisierung des Rationalismus der Formel.

[531] *Liszt*, Der Zweckgedanke im Strafrecht, 1882, S. 24.

[532] *Liszt*, Der Zweckgedanke im Strafrecht, 1882, S. 24.

[533] *Liszt*, Psychologischen Grundlagen der Kriminalpolitik (1896), AuV II, Nr. 21, S. 173. Vgl. noch *Liszt*, Kriminalpolitische Aufgaben (1889–1892), AuV I, Nr. 11, S. 395; Lehrbuch

Ein ähnliches Urteil kann man auch über einige weitere „empirische" Elemente in *Liszts* Denken herausarbeiten. Die Einsichten etwa in die fehlerhaften und schlechten Auswirkungen der Freiheitsstrafe sind bei *Mittermaier* noch Teil einer *kollektiven Empirie* von ihm und seinen Korrespondenten.[534] Es ist transparent, in Bezug auf welche Erscheinungen das Urteil einer schlechten Wirkung gegründet wird und es herrscht ein offener Umgang, sodass der Satz über die schädliche Wirkung der Freiheitsstrafe in diesem Gedankensystem ein Urteil über konkrete Erscheinungen ist und kein Satz mit absoluter Geltung, nach welchem jede (kurze) Freiheitsstrafe als schädlich zu betrachten wäre und nach welchem, logisch folgerichtig, die kurzen Freiheitsstrafen im allgemeinen abgeschafft werden sollten. Bei *Liszt* ähneln vergleichbare Einsichten mehr einer dogmatisch-lehrhaften Formel. Sie sind abstrakte Sätze einer Wissenschaft, seines „Systems der Kriminalpolitik",[535] und überspannen deutlich auf eine idealistische Weise die Polimorphologie der Wirklichkeit.

Abschließend wird man sagen können, dass „Empirie" bei *Liszt* ein vielschichtiges, aber keinesfalls naturalistisches Phänomen ist. Es ist erstens grundsätzlich das Phänomen eines Falldenkens und des logischen „ist" von dem Phänomen der Empirie im engeren Sinne zu unterscheiden, wenn auch das logische „ist" keinesfalls nur im Gewand eines gedachten juristischen *casus* auftritt, sondern oft auch selbstständige und bisweilen qualitätsvolle Einsichten in die Wirklichkeit mitenthält. Bei den eigentlichen empirischen Funden ist zusätzlich zwischen einem Kontingent von „Sätzen" aus fremder Erfahrung und selbstständiger Bemühung um Erfahrungserweiterung zu unterscheiden. In ersterem Fall zeigt sich *Liszts* Denkweise deutlich durch eine scholastische oder idealistische Neigung zu Gleichungen und Verabsolutierungen mitgeprägt. Er hat die ältere Empirie des Vormärzes vor allem als eine literarische Überlieferung vorgefunden und ging auf eine literarisch-systematisierende Weise mit ihr um. Andererseits zeigte auch *Liszt* grundsätzlich Offenheit gegenüber zeitgenössischer und zukünftiger Erfahrung. Dazu gehört nicht nur sein Interesse an zeitgenössischen empirischen Projekten, wie etwa der Lehre *Lombrosos*, die er verworfen hat, sondern auch die Anregung und Organisation von empirischer Forschung im „kriminalistischen Seminar", die in Bezug auf die methodologische Ausführung („Mikrogeographie") einen deutlichen Stempel der von *Liszt* und von *Wahlberg* früher eingesetzten Kritik der „großen Zahlen" trägt (Punkt A.III.4.c) im 5. Kapitel).

---

des Deutschen Strafrechts, 2. Aufl. 1884, S. 7 f. („es wird sich diesen [drei] Wirkungen des Strafvollzuges nichts Wichtiges hinzufügen lassen"; „vollständige Parallele und daher die beste Gewährung unserer Ansicht").

[534] Vgl. *C. J. A. Mittermaier*, a.a.O. (1830), S. 216; *ders.*, Praktische Ergebnisse der Criminalstatistik zur Aufhellung wichtiger Fragen des Strafrechts und Strafverfahrens, Der Gerichtssaal 13 (1861), S. 23 ff.

[535] *Liszt*, Strafrecht und Strafprozeßrecht (1906), AuV III, Nr. 2, S. 6; Strafrechtsreform (1914), AuV III, Nr. 13, S. 345.

D. Liszts Habilitation in Graz im Geiste der Historischen Rechtsschule und des Strafrechts des Vormärz

I. Grazer Habilitationsverfahren

1. Aufenthalte in Deutschland und Habilitationsschrift

Die einzelnen Etappen des Habilitationsverfahrens von *Liszt* sind zuerst von *Moos* und in den 1980er Jahren dank den archivarischen Untersuchungen von *Probst* sehr detailreich erhellt worden.[536] *Liszt* wurde bereits 1874 vom österreichischen Kultusministerium ein Reisestipendium zur „Vorbereitung auf das Lehrfach" gewährt. Die Reise setzte sich, als ein Teil des eigentlichen Habilitationsverfahrens, aus einem Semester in Göttingen (Wintersemester 1874/1875) und einem Semester in Heidelberg (Sommersemester 1875) zusammen. Beide Universitäten waren nicht zufällig gewählt worden. Göttingen war in Schriften von *Wahlberg* mehrmals als Musteruniversität erwähnt worden und es gehörte vor dem Ausbau der Berliner Universität zu den international am meisten frequentierten Universitäten in Deutschland.[537] Ruperto Carola wurde im Ausland seit *Mittermaiers* Berufung 1821 als führende Universität auf dem Gebiet des Strafrechts wahrgenommen.[538]

Dass *Liszt*, nach einer Überlieferung bei *Radbruch*, von seinem Studienaufenthalt in Deutschland enttäuscht war, lässt sich vermutlich damit erklären, dass er die Stationen nicht nach ihrer aktuellen, sondern ihrer geschichtlichen Bedeutung gewählt hat.[539] Während des Aufenthalts in Göttingen hörte er die Vorlesung zum Strafprozess bei *Heinrich Albert Zachariä*, einem engen Mitarbeiter *Mittermaiers*, und zum Strafrecht beim jungen *Karl Ziebarth.*[540] Unklar bleibt, welchem Seminartypus eine Veranstaltung bei *Ziebarth* angehörte, die ausdrücklich in den Akten unter dem Namen „Seminar" erwähnt wird.[541] In Heidelberg hat *Liszt* die Vorlesungen beim Prozessualisten und Strafrechtler *Friedrich Rudolf Heinze*, beim Gefängnisreformer *Karl Röder* und beim Gerichtsmediziner *Franz Knauff* besucht.[542]

---

[536] *R. Moos*, a.a.O. (1969), S. 126ff.; *K. Probst*, a.a.O. (1987), S. 20ff. Zur Stellung der Privatdozentur in Graf Thuns Reformen *C. Aichner/B. Mazohl*, a.a.O. (2017), S. 19; *A. Kerbauer*, Prinzipien, Pragmatismus und Innovation: die Umsetzung der Thun'schen Reform an der Universität Graz, in: B. Mazohl/C. Aichner, Die Thun-Hohenstein'schen Universitätsreformen, 2017, S. 137f.

[537] Vgl. *W. E. Wahlberg*, Die Reform der Rechtlehre an der Wiener Hochschule (1865), Kleinere Schriften, Bd. 2, 1877, S. 42ff.; *ders.*, Wien und Göttingen (1855), Kleineren Schriften, Bd. 3, 1882, S. 328ff.; vgl. noch *H.-P. Haferkamp*, a.a.O. (2018), S. 44f.

[538] Vgl. *M. Hettinger*, a.a.O. (1991), S. 440.

[539] Vgl. *G. Radbruch*, a.a.O. (1938), S. 33.

[540] *K. Probst*, a.a.O. (1987), S. 20.

[541] *K. Probst*, a.a.O. (1987), S. 20.

[542] *K. Probst*, a.a.O. (1987), S. 20.

Charakteristisch für *Liszts* peregrinatio academica ist, dass er sich unmittelbar über verschiedene Verfahrensarten (z.B. das Schöffengericht in Hannover und Baden) und die Zustände in den Gefängnissen erkundigt hat, worauf bereits ein Hinweis erfolgt ist.[543] Dieses für das Deutschland dieser Zeit anachronistische Curriculum kann nur als österreichische institutionelle Weiterentwicklung der Praktiken des Vormärz begriffen werden. Man beachte aber, dass es sich im Vormärz bei den empirischen Erkundungen des Verfahrens und Gefängnisbesuchen in der Regel um anlassbedingte private Verhaltensoptionen von Gelehrten handelte, die, wie im Falle vom Graf *Thun*, auch die Rücksicht auf die altertümlichen Praktiken des Wohnortswechsels des Adels beinhalteten. Demgegenüber war der Stellenwert von Gefängnisbesuchen in Graz modernisiert: sie sind Teil eines streng auf ein Jahr begrenzten Programms für den Erwerb und den Nachweis der Kompetenz des zukünftigen Dozenten, der eine Habilitation anstrebt.

Die formale Habilitation erfolgte 1875 nach *Liszts* Rückkehr aus Deutschland. *Liszts* als Habilitationsschrift eingereichte Untersuchung „Meineid und falsches Zeugnis: Eine strafrechts-geschichtliche Studie“ ist im Grunde eine Analyse der Stellungnahmen zum Meineid und zur Bestrafung der falschen Aussage in verschiedenen Epochen, vom alten Rom bis zum Vormärz.[544] Ein Jahr später erschien unter dem Titel „Die falsche Aussage vor Gericht oder öffentlicher Behörde“ als zweiter Teil der Untersuchung ein umfangreicher Supplementband mit einer dogmatischen, nach allen Seiten hin durch den ersten Band historisch begründeten Analyse der damals aktuellen Vorschläge in der Reform, sowohl des materiellen Strafrechts als auch des Strafverfahrens und Zivilrechts.[545] Der Umstand, dass *Liszt* die Habilitation mit einer *historischen* Untersuchung angestrebt hat, ist wesentlich mit der Stellung der Historischen Rechtsschule und ihrer Art der Behandlung des Stoffes in Österreich seit Graf *Thuns* Reform zu erklären. Auch die „Probevorlesung“, von welcher die Akten zeugen, war, soweit man nach Überlieferungen urteilen darf, historistisch ausgerichtet.[546]

2. Kritik an Liszt

Es ist ein interessantes Stück der österreichischen akademischen Widersprüche und ihrer Geschichte, dass *Liszts* Entscheidung, den Stoff in der Habilitationsschrift und in der „Probevorlesung“ historisch zu behandeln, auf Ungunst in der Ministerialverwaltung stieß, die mit der Entscheidung über die Habilitation beauftragt war. Die Untersuchungen von *Probst* weisen nach, dass *Liszts* Behandlung des Themas in

543 *K. Probst*, a.a.O. (1987), S. 20.

544 *Liszt*, Meineid und falsches Zeugnis: Eine strafrechts-geschichtliche Studie, 1876.

545 *Liszt*, Die falsche Aussage vor Gericht oder öffentlicher Behörde nach deutschem und österreichischem Recht, 1877.

546 *K. Probst*, a.a.O. (1987), S. 21; *R. Moos*, a.a.O. (1969), S. 128.

mehrfacher Hinsicht mit Kritik versehen wurde.[547] Die in der Form eines Aktenvermerks erhaltenen negativen Äußerungen des Bildungsministers *Stremayr* können im Kontext der etablierten Entgegensetzung der historischen und philosophischen Herangehensweise gelesen werden, wobei *Stremayr* den Standpunkt der Philosophen vertreten hat:

„Das Programm der Vorlesung, das auch bei den beiden Referenten Anstoß erregt hat, zeigt wohl, daß Dr. v. Liszt noch ziemlich unreif denkt, seine Auslassungen gegen die, wie immer Narren habende Philosophie, sind geradezu lächerlich. Solange es eine Philosophie gibt, wird sie in jedem Spezial-Gebiete wesentlichen Erkennens mitsprechen, ob es ihr die jungen Leute erlauben oder nicht. Auch hat noch kein verständiger Historiker sich so ausgedrückt, wie Dr. Liszt. Was ferner den im Programm formulierten Strafrechtsbegriff anlangt (äußerstes Mittel ‚ultima ratio'), so sollte damit nicht mehr als ein Aperçu gegeben sein, sonst müßte man glauben, daß der nächste beste zuständige Narr vom Strafrecht mehr weiß als der ‚Criminalist' Liszt. Endlich sei auch die vorgelegte Arbeit [die Habilitationsschrift „Meineid"] von der Gattung jener, die kaum ein Urteil über die Leistungsfähigkeit des Autors gestatten – der bekannte ‚erste' Theil, der den ‚zweiten' nirgend erwähnt, läßt zusammengeschriebene historiae ohne eigenes Urteil. Indessen stimmt Referent gern für die Zulassung des Candidaten, der gesetzlichen Vorschrift ist genügt und was Candidat sonst zu leisten vermag, wird sich ja zeigen."[548]

Stremayr gehörte noch zu jener Generation, die das Studium im bürokratischen Geiste mit einem Hauch spekulativer und systematischer Philosophie in Österreich vor 1848 abgeschlossen hat (Studienabschluss 1845).[549] Der Stellenwert des interessanten Topos der „ultima ratio" lässt sich leider wegen der Kürze der Äußerungen nicht näher erörtern. Anders verhält es sich mit der negativen Äußerung zu *Liszts* Kritik an Philosophie und mit dem Tadel *Stremayrs*, dass die Habilitationsschrift „Meineid" nur eine „historia ohne eigenes Urteil" enthalten würde. Zwei Umstände lassen die Vermutung zu, dass *Liszt* die Auslassungen gegen die Philosophie, ähnlich wie seine Wiener Lehrer nicht in einem positivistischen Programm, sondern als Entgegensetzung zwischen einer philosophischen Methode und „historischer" Wissenschaft profiliert hat. Erstens spricht dafür der historische Inhalt des Hauptteils seiner Habilitierung – die Schrift „Meineid". Zweitens dürfte ein wichtiger Schlüssel auch in *Stremayrs* Begriffswahl gesehen werden: Wenn *Stremayr* es für angebracht hält, hervorzuheben, dass sich im Sinne von *Liszt* „auch kein verständiger Historiker" geäußert hat, dann impliziert diese Äußerung, dass *Liszt* sich gerade in einem von ihm gewählten – historischen Modus nicht gelungen geäußert habe.

Besonders wertvoll für die Beurteilung der Auseinandersetzung ist der negativ konnotierte Hinweis *Stremayrs*, dass *Liszts* Habilitationsschrift nur die „zusammengeschriebenen historiae ohne eigenes Urteil" enthalten würde. Diese Bewertung fügt sich in eine Schablone der Unwerturteile, die im Verlauf des 19. Jahrhunderts

547 *K. Probst*, a.a.O. (1987), S. 20ff.

548 *K. Probst*, a.a.O. (1987), S. 21; *R. Moos*, a.a.O. (1969), S. 128.

549 *C. Wurzbach*, Biographisches Lexikon des Kaiserthums Oesterreich, Bd. 40 (1880), S. 36.

zwischen der Philosophie und der historischen Schule, sowohl im Recht, als auch in der Philologie und in der allgemeinen Geschichtsschreibung, ausgetauscht wurden. Aus dieser Perspektive dürfte *Stremayrs* kritische Stellungnahme nicht als eine nur aus dem Text des „Meineids" heraus gewonnene Kritik aufgefasst werden. Es dürfte vielmehr richtig sein, umgekehrt davon auszugehen, dass *Stremayr* kurzerhand *Liszts* Werk mit einem stereotypen Einwand aus dem Kreis der philosophischen Kritik versehen hat.

Man beachte für die vollständige Auffassung der Problematik besonders die Auseinandersetzung zwischen der Historischen Rechtsschule und den Hegelianern. Der bekannteste ist der Streit um die Berechtigung der „Universalgeschichte" des Rechts zwischen *Puchta* (in großen Teilen Historische Rechtsschule) und *Gans* (Hegelianer), der in den 1820er Jahren zu einem institutionellen Streit erwachsen ist.[550] Das bekannte Diktum von *Gans* gegen die Historische Rechtsschule lautet, dass sie nicht mehr als „der allgemeine Versammlungssaal für die sehr zerstreuten Quellenarbeiter" sei.[551] Dass in Österreich ähnliche Streitigkeiten auch später, in den 1870er Jahren geführt wurden,[552] überrascht zwar aus dem Blickwinkel der theoretischen Tiefe von Graf *Thuns* Reform, nicht aber, wenn man mitbedenkt, dass die Wertungen und Schwerpunkte, die von *Thun* gesetzt waren, erstens nur den jüngeren Jahrgängen vermittelt wurden, und zweitens oft nur auf Wien als Zentrum und Maßstab der Reform zutreffen, während in der Peripherie ein Mix von alten und neuen Lehren blieb.

Wie mit allen paradigmatischen Unterschieden,[553] so können auch in dem hier behandelten Fall die gegenseitigen Unwerturteile *zugleich* zutreffend und falsch sein. Sie sind zutreffend, soweit sie im gedanklichen und theoretischen System *des Kritikers* einen Sinn ergeben; sie sind falsch aus der Sichtweise *des kritisierten Ansatzes*, solange die Gegenposition, die der Kritiker einnimmt, für den Kritisierten ganz falsch ist. Im vorliegenden Fall lässt sich der paradigmatische Unterschied so auf den Punkt bringen: die philosophisch gesinnten Autoren betrachten die Zusammenfassung ihrer Gedanken als maßgebliche Auskunft über die Welt. Die faktische Welt stellt entweder nur ein Abbild oder nur die empirische Verunreinigung der apriorisch gewonnenen und in diesem Sinne an sich legitimen Wissenskonstruktion dar. Die

---

[550] Vgl. *H.-P. Haferkamp*, a.a.O. (2004), S. 124 ff.; *ders.* (2018), S. 129 ff., 158 f.; *J. Rückert*, a.a.O. (1984), S. 83; *ders.*, a.a.O. (2002), S. 254 ff., 305 ff.; *F. C. Savigny*, a.a.O. (1815), S. 4. Für Österreich *W. G. Zimmermann*, a.a.O. (1962), S. 242 ff.; *L. Breneselović*, Fortführung und Facetten der Savigny-Schule bei ihrem Anhänger Valtazar Bogišić, in: S. Meder/Ch.-E. Mecke, Savigny global, 2016, S. 186 ff.

[551] *E. Gans*, Das Erbrecht in weltgeschichtlicher Entwicklung, Bd. 1, 1824, Vorrede, S. IX; *H.-P. Haferkamp*, a.a.O. (2018), S. 158 f.

[552] Vgl. für Österreich *W. G. Zimmermann*, a.a.O. (1962), S. 242 ff.; *L. Breneselović*, a.a.O. (2016), S. 186 ff.

[553] Vgl. *L. Fleck*, Entstehung und Entwicklung einer wissenschaftlichen Tatsache (1935), 1980, S. 131. Zur neueren Paradigmaforschung *St. Kornmesser/G. Schurz*, in: Die multiparadigmatische Struktur der Wissenschaften, 2014, S. 11 ff.

wissenschaftliche Kunst würde nur darin bestehen, die „reinen Begriffe" in „dem zu erkennen wissen, das die geschichtliche Gestalt enthält".[554] Aus dieser Perspektive erscheint konsequent, dass man kein Verständnis für historische Einzelforschung zeigt. Die Häufung von „Beispielen" ist dort, wo sie nur Abbilder sind, redundant und unnötig. Sie kann dort, wo die Empirie nur als unvollkommene Verwirklichung von metaphysischen Urbildern aufgefasst wird, schon prinzipiell weder zu einer Besserung noch zur Bereicherung der eigenen Einsichten beitragen.

Umgekehrt verhält es sich mit dem historistischen Paradigma. Für dieses stellt das „Besondere" eben kein „Beispiel", keinen punktuellen, zufälligen und prinzipiell unnötigen Nachweis eines metaphysischen Szenarios auf der Welt dar, sondern die eigentliche Basis für die Bildung einer tragenden Systematisierung und Auffassung von geschichtlichen Ereignissen. Die Epochen sind bei *Liszt* Hilfsmechanismen der Darstellung, in welchen er die üppige Materie auf ihre Offenheit hin überprüft. Die kleinen Unterschiede werden genauso wie die Gemeinsamkeiten gesucht und *zeugen erst zusammen* über die Vorzüge und Nachteile des untersuchten Zeitalters. *Liszts* Bewertung der Geschichte fehlt es in doppelter Hinsicht nicht an einem eigenen Urteil. Erstens wird im „Meineid" das untersuchte Quellenmaterial sorgsam interpretiert – was, anders als die beliebige Verwertung von Einzelnachrichten in der Philosophie – eine feine Urteilskraft voraussetzt. Zweitens fehlt es in der Untersuchung auch nicht an allgemeinen Urteilen, wie etwa, dass in der Aufklärung eine Tendenz der Zurückdrängung von religiösen Aspekten vorhanden war. Diese Urteile werden aber aus dem Stoff gewonnen und finden ihre Grenze dort, wo die Spekulation anfängt.

Was bei *Liszt* tatsächlich fehlt, und das ist entscheidend für die Bestimmung seiner theoretischen Haltung, ist eine willkürliche Unterbringung des Stoffes in einer persönlich erdachten Universalgeschichte, in welcher die einzelnen Geschehnisse oder Rechtsregelungen nur ein philosophisch ausgedachtes Prinzip der geschichtlichen Entwicklung wiedergeben würden. Ob man das als positiv oder negativ bewerten möchte, ist eine Frage des eigenen Paradigmas. *Stremayr* hatte aus der Sicht des philosophischen Paradigmas Recht. *Liszts* Habilitationsschrift gehört nicht in die Tradition der Universalgeschichte, sie ist nicht philosophisch und eigentlich philosophiefeindlich. *Stremayrs* Einwand darf aber nicht so verstanden werden, dass *Liszts* Habilitationsschrift allgemein, unabhängig von den Voraussetzungen der Kritik, etwas gefehlt hat. Denn die Inhalte, die *Stremayr* vermisst, werden im historistischen Paradigma nicht übersehen oder fahrlässig unterlassen, sondern theoretisch als unwissenschaftlich verworfen und systematisch vermieden.

Wie die sorgsame Quellenarbeit und Stoffaufarbeitung der Historischen Rechtsschule paradigmatisch bedingt zum Spott von philosophisch beeinflussten Autoren wird, so wird auch im Rahmen der historistischen Untersuchungen negativ über die „Verallgemeinerungen" bei nicht streng historisch gesinnten Arbeiten ge-

[554] Vgl. *J. Rückert*, a.a.O. (2002), S. 208 f.

sprochen.[555] Ein bekanntes Diktum hat *Savigny* gegen die Forderung der Universalgeschichte bei *Feuerbach* und Hegelianern tenoriert: „Eine Rechtsgeschichte, die nicht (…)“ auf der „gründlichen Erforschung des Einzelnen beruht, kann unter dem Namen großer und kräftiger Ansichten nichts anderes geben, als ein allgemeines und flaches Räsonnement über halbwahre Tatsachen, und ein solches Verfahren halte ich für so leer und fruchtlos, dass ich daneben einer ganz rohen Empirie den Vorzug einräume“.[556] In einem verwandten Diktum eines Wiener Schülers und Professors der slawischen Rechtsgeschichte würden die in einer Untersuchung ermittelten „einzelnen Befunde“ durch „Verallgemeinerung“ ihren „ganzen wissenschaftlichen Wert verlieren“.[557] Ähnlich negativ äußerte sich auch *Liszt* in einer Rezension aus der Grazer Zeit über die „Vergleichende Darstellung der strafrechtlichen Gesetze und Bestimmungen aller Kulturvölker“. Er nennt die universalistischen Bestrebungen des Autors einen „bodenlosen Leichtsinn“, für welchen ein „konsequentes Ignorieren“ die beste Kritik wäre.[558] Ein anderes Bild wird uns jedoch in der Berliner Zeit nach 1900 begegnen. Dort hat *Liszt* einen Anschluss an *Kohlers* vergleichende Rechtswissenschaft gefunden und sein damaliges Werk kann unter ausgewählten Aspekten als Teil der damaligen Neuaufwertung von *Hegel* begriffen werden (Punkt C. im 6. Kapitel).

II. „Meineid und falsches Zeugnis“ (1875/76): Kulturrelativismus im Sinne der Historischen Schule und Weiterentwicklung des Standpunkts von Mittermaier

1. Theoretische Grundhaltung

Im Kern von *Savignys* historischem Programm steht der Gedanke, dass eine geschichtliche Untersuchung der geerbten und vorhandenen Masse an Rechtssätzen und Überlegungen deswegen notwendig ist, weil man erst durch Erkenntnis der Kontexte und Absichten, in denen diese Sätze entstanden sind, entscheiden kann, ob sie auch über das zeitgenössische Leben walten sollen und was an deren Inhalt vielleicht vorzüglich oder weniger vorzüglich ist.[559] Dieser Relativismus ist verfestigt in der methodologischen Prämisse, nach welcher das Wesen der „geschichtlichen Ansicht der Rechtswissenschaft“ in der „gleichmäßigen Anerkennung

---

[555] Vgl. *E. Rothacker*, a.a.O. (1930), S. 111 ff.; *L. Breneselović*, a.a.O. (2016), S. 186 ff.

[556] *F. C. Savigny*, Beruf (2. Aufl. 1828), S. 165.

[557] Vgl. *L. Breneselović*, a.a.O. (2016), S. 186 ff.

[558] *Liszt*, Besprechung von Samuel Mayers „Vergleichende Darstellung der strafretlichen Gesetze und Bestimmungen aller Culturvölker, von Moses, Solon etc. bis zur Gegenwart“, Grünhut's Zeitschrift 4 (1877), 403 ff. Vgl. zum Topos „bodenlos“ *F. C. Savigny*, a.a.O. (1814), S. 126 (sogar Teile von *Montesquieus* rechtsgeschichtlichen Untersuchungen waren wegen dem ungünstigen Stand der Rechtswissenschaft „völlig bodenlos“).

[559] *F. C. Savigny*, Beruf (1814), S. 112 ff.; *ders.*, a.a.O. (System, Bd. 1, 1840), S. XIV f.

des Werthes und der Selbstständigkeit jedes Zeitalters" liegt.[560] Im Einklang mit dieser Maxime besteht *Liszts* Untersuchung über „Meineid" in dem Aufgreifen der für die einzelnen Epochen charakteristischen begrifflichen Stützpunkte und Bestrebungen. Die Epochen und ihre Abschnitte stehen *nicht* in einem *fortschreitenden Zusammenhang*. Vielmehr wird stattdessen, was typisch für die Sichtweise des römischen Rechts in der Tradition von *Savigny* ist, die klassische Zeit der römischen Antike als Zeit genialer Einsichten und begrifflicher Unterscheidungen anerkannt, während alle übrigen Zeitalter – bei *Liszt* mit Ausnahme der Aufklärung – als *Verfall* stilisiert werden.[561]

Charakteristisch für die Methode der historischen Forschung *Liszts* ist, dass er, anstatt die begriffliche Allgemeinheit in den Stoff zu projizieren, überall die Differenzen aufstellt. Es fehlt zwar nicht an einer allgemeinen Vorstellung über die Richtung und den Wert der jeweiligen Epoche. Die Einzelheiten werden aber nicht einfach dieser allgemeinen Vorstellung untergeordnet, sondern als selbstständige und manchmal widersprüchliche Ausprägungen mit geschichtlich-positivem Charakter dargestellt. So untersucht *Liszt* in einer einheitlichen Abteilung das „deutsche Recht des Mittelalters", aber er besteht in jedem Schritt darauf, dass zwischen süddeutschen und norddeutschen Denkmälern wichtige Unterschiede bestehen.[562] Ähnlich wie *Savigny* behält er sich vor, trotz der schlechten Bewertung der Epoche, bei einzelnen Autoren und für das Strafrecht wichtigen historischen Herrschern die Verdienste für die Förderung eines Aspekts hervorzuheben. Nicht zuletzt auch deswegen begegnen dem Leser die Autoren in *Liszts* Untersuchung als lebendige Diskussionsteilnehmer, die eigenwillig die Argumentation entwickeln und im Rahmen der gleichen Epoche unterschiedliche Ergebnisse befürworten.[563] *Liszts* Methode befasst sich also soweit

---

[560] *F. C. Savigny*, a.a.O. (System, Bd. 1, 1840), S. XIV f.; *ders.*, a.a.O. (1815), S. 3.

[561] *Liszt*, Meineid und falsches Zeugnis, 1876, S. 15 ff., 92 ff.; das „ältere römische Recht", das „classische Recht" und postklassische Epoche mit dem Schwerpunkt auf der Zeit der „christlichen Kaiser" (§§ 1–7, S. 3–37); *leges barbarorum* und das „ältere deutsche Recht" überhaupt (§§ 8–9, S. 41–59); das deutsche Recht des Mittelalters (§§ 10–13, S. 63–86); das kanonische Recht (§ 14, S. 89–92); italienische und holländische Schriftsteller des 16. und 17. Jahrhunderts (§§ 15–16, S. 95–101); die Carolina und „das ältere gemeine Recht" (§§ 17–21, S. 105–118); schließlich das „österreichische Recht und die Periode der Aufklärung" (§§ 22–26, S. 105–144);; *Liszt*, Die falsche Aussage vor Gericht, 1877, S. 3. Vgl. für die Bewertung der Epochen: *F. C. Savigny*, Beruf (1814), S. 28, 33, 65, 140; *ders.*, Geschichte des römischen Rechts im Mittelalter, Bd. 1, 2. Aufl. 1834, S. 25 f.; *G. F. Puchta/A. F. Rudorff*, a.a.O. (1865), S. 230 ff., S. 373 f.; und für den Verfall in der nachklassischen Zeit *M. Kaser*, Das römische Privatrecht II: Nachklassische Entwicklungen, 2. Aufl. 1975, S. 2 ff.; *N. Jansen*, a.a.O. (2011), S. 21. Eduard Gibbon's historische Übersicht des Römischen Rechts (1789), Ausgabe von G. Hugo, hrsg. von O. Behrends, 1996; *S. Meder*, a.a,O. (2004), S. 43 ff. Für Kreis von in Wien ausgebildeten Juristen vgl. *V. Bogišić*, Zbornik sadašnjih pravnih običaja u južnih Slovena, = Collectio consuetudinum juris apud Slavos meridionales etiamnum vigentium, 1874, S. XVII ff.

[562] Vgl. *Liszt*, Meineid und falsches Zeugnis, 1876, S. 77.

[563] Vgl. *Liszt*, Meineid und falsches Zeugnis, 1876, S. 96 ff.

wie möglich immer mit minutiösen Einzelheiten der angestrebten Zwecke und der geistesgeschichtlichen Lagen, die hinter rechtlichen Änderungen stehen.

Die charakteristische Vorstellung eines Verfalls nach der römischen Klassik steht im Mittelpunkt von *Liszts* Überlegungen und fügt sich in den bereits oben angedeuteten Vorstellungskanon der Historischen Rechtsschule ein, der im Widerspruch zu einer Überzeugung des ständigen, von der Natur verordneten Fortschritts steht. Bei der Vorstellung eines Höhepunkts und Verfalls des römischen Staates und Rechts bestehen gleichwohl zwischen verschiedenen Autoren im Einzelnen Unterschiede. Bei *Savigny* ist Verfall entweder ein bloß positives (gegebenes) Faktum oder ein Zustand, der durch einen „naturalistischen“ Vergleich mit der Blüte und dem Niedergang des menschlichen Lebens und der Volksstämme gleichgesetzt wird.[564] Bei *Mittermaier* war die Verfallsvorstellung politischer Natur. Der Verfall des römischen Rechts bilde nur ein Abbild des Verfalls der Republik im Gegensatz zu der Kaiserzeit, die ihrer politischen Ordnung entsprechend die Gesetze mit dem despotischen Gehalt produzierte und damit das Recht entwertet habe.[565]

Bei *Liszt* wird, was charakteristisch auch für seine antiklerikale Grundhaltung ist, der Verfall mit dem Christentum in Verbindung gebracht. In diesem Aspekt ist eine Übereinstimmung mit der Schilderung der Entwicklung des römischen Rechts bei *Jhering* zu erkennen, der in seinem ersten Magnum Opus („Geist des römischen Rechts“), die Erfolge des römischen Rechts maßgeblich auf die frühe Trennung von Gewohnheit und Religion zurückgeführt hat.[566] Jedoch ist der Gedanke viel älter als *Jherings* Werk und figurierte als Topos bereits in der klassischen kriminalistischen Aufklärung.[567] In *Liszts* Darstellung wurde die vorzügliche und in Rom zuerst selbstverständliche Trennung dort in der Zeit der „christlichen Kaiser“ durchbrochen; ihre Epoche zeichne sich durch eine allgemeine rechtliche „Impotenz“ aus.[568] Das Christentum verrückte, so *Liszt*, im Mittelalter die Grenzen zwischen Staat und Kirche und nahm „Besitzstörungen“ vor, die „bis auf den heutigen Tag unausgetragen, noch unsere Urenkel an der freien geistigen Bewegung zu hemmen drohen“.[569] Die erste Gegenentwicklung nach dem Alten Rom setzte in der Epoche der Aufklärung ein.[570] *Letztere* ist bald zur Einsicht gekommen, dass die „Gottheit durch Handlungen des Menschen nicht verletzt werden

---

[564] Vgl. *F. C. Savigny*, Beruf (1814), S. 27 ff.

[565] Vgl. *C. J. A. Mittermaier*, a.a.O. (1820), S. 84.

[566] *R. Jhering*, Geist des römischen Rechts, Bd. 1, Teilband 1, 2. Aufl. 1866, S. 265 ff. (Trennung von *jus* und *fas*). *Liszt*, Meineid und falsches Zeugnis, 1876, S. 3.

[567] Vgl. Hommelische Vorrede in seiner Übersetzung von *Beccarias* „Dei delitti e delle pene“, 1778, S. V („Die Römer, ein Volk mit politischer Klugheit die bezwungene Welt durch weise Gesetze zu regieren, über alle Völker erhaben, hüteten sich wohl, ihre Religion in ihre peinliche Gesetze zu mengen.“). *E. Hertz*, Voltaire und die französische Strafrechtspflege im achtzehnten Jahrhundert, 1887, S. 431 f.

[568] *Liszt*, Meineid und falsches Zeugnis, 1876, S. 3 ff., 20 ff.

[569] *Liszt*, Die falsche Aussage vor Gericht, 1877, S. 3.

[570] *Liszt*, Meineid und falsches Zeugnis, 1876, S. 128 ff.

könne, dass es nicht Aufgabe der strafenden Gewalt des Staates sei, Gott oder die Religion, soweit diese nicht die Grundlagen des staatlichen Lebens bilden, zu schützen".[571] Auf ihre Einsichten ist die „moderne Auffassung auch heute noch im Wesentlichen aufgebaut".[572]

Die anti-christliche oder die antiklerikale Einstellung begegnet uns als ein Dauermotiv in *Liszts* Werk, und führte im Bereich der Strafrechtsreform zu einem offenen Konflikt zwischen *Liszt* und dem jesuitischen, zentrumsnahen Kritiker der Strafrechtsreform *Cathrein* (Punkt B. im 8. Kapitel); die Einstellung bestimmte auch *Liszts* Grundhaltung in dem großen weltanschaulichen Streit am Anfang des 20. Jahrhunderts (Punkt C.II.2.b) im 6. Kapitel); eine von seinen späten Befürchtungen war das „Risorgimento der katholischen Rechtslehre" im Völkerrecht.[573] Die Schrift „Meineid" ist ein Beleg dafür, dass entgegen der suggestiven Vorstellung bei *Cathrein*, die antiklerikale Haltung bei *Liszt* und in einem bedeutenden Teil der Rechtswissenschaft der Zeit, sich nicht in einem zeitgenössischen Naturalismus, etwa im Sinne der Gegenüberstellung der Artenlehre von *Darwin* und den kirchlichen kreationistischen Lehren, gründete. Vielmehr kämpfen hier zwei Vorstellungen der Welt miteinander, eine praktische und unmittelbare, die man glaubte auch bei Römern wiedererkennen zu können, und ein auf die Transzendenz ausgerichtetes Bestreben, durch Dogmen und Exegese von heiligen Büchern das Verhalten von Menschen zu bestimmen. *Liszt* hat in der Verarbeitung der österreichischen Geschichte des 18. Jahrhunderts und durch die Erörterung des Themenkomplexes „Meineid", wo es in der kirchlichen Literatur um die Beleidigung Gottes geht, die antiklerikale Haltung als eine typische Aufgabe der Aufklärung übernommen.

Liszts Verhältnis zu *Jhering*, der zum Kreis seiner Wiener Lehrer gehörte, verdient eine differenzierte Würdigung. Die bisherige Liszt-Forschung hat immer wieder auf eine Verbindung zwischen zwei Autoren hingewiesen, die methodologisch als eine Subsumtion des Besonderen (*Liszts* Strafrecht) unter das Allgemeine (Rechtslehre *Jherings*) gedacht war (Punkt D.I. im 6. Kapitel). Dieses Schema ist für die Auswertung von *Liszts* Schrift „Meineid" und seiner Analyse der vergangenen Epochen des Rechts zu einfach. Zwischen *Jherings* Untersuchung über den „Geist des römischen Rechts" und *Liszts* „Meineid" besteht ein Gleichklang in Bezug auf die Annahme einer radikalen Trennung von *ius* und *fas* im Alten Rom. *Jhering* greift dabei, wie so oft, nur ein altes Thema auf eine übertrieben systematische Weise auf. Methodologisch betrachtet ist das Verfahren der geschichtlichen Analyse bei *Jhering* und *Liszt* ganz unterschiedlich. Möchte man in Anlehnung an eine Kritik von *Savigny* die Unterscheidung zwischen dem Interesse für „mühseliges Detail" einerseits und einem bloßen Sich-Begnügen mit dem „Geist des Rechts" andererseits als Maßstab

---

[571] *Liszt*, Meineid und falsches Zeugnis, 1876, S. 129f.

[572] *Liszt*, Meineid und falsches Zeugnis, 1876, S. 129.

[573] *Liszt*, Besprechung von Nelsons Die Rechtswissenschaft ohne Recht, JW 1918, S. 754.

setzen,[574] gehört *Liszt* zu den Detail-Forschern, *Jhering* dagegen zu den Geisttheoretikern.

Der „Geist des römischen Rechts" stellt eine *idealistische* Aufarbeitung des historischen Stoffes dar. *Jhering* erblickt in dem Stoff die Verwirklichung von abstrakt gewonnen Einsichten, die in einem System der Geistesentwicklung geordnet werden. Er führt die rechtlichen Einzelheiten auf synthetisch konstruierte *Talente* der Volksstämme wie die Römer zurück und leugnet unter vorangestellten methodologischen Prämissen die Bedeutung jedweder Einzelleistung. Während sich Forscher wie *Savigny* oder *Liszt* über die vorhistorische Zeit nur ungerne äußern, fängt für *Jhering* die wahre Geschichte gerade dort an, wo sie für *Liszt* und *Savigny* aufhört: in nicht belegten Stadien der Menschheitsentwicklung, in der dunklen Schöpfung der Völker, die auf einer unvollkommenen Kenntnisbasis in ein vollkommenes System der großenteils spekulativ gewonnen Erkenntnisse untergebracht werden.[575]

2. Liszts Stellungnahme zum Tatbestand des Meineids und zu der falschen Aussage

Für die Bestimmung des intellektuellen Stellenwerts von *Liszts* Habilitationsschrift ist neben seiner grundsätzlichen Haltung und der Methode der Analyse, die er anwendet, auch seine unmittelbare Stellungnahme zum Tatbestand des Meineids von Interesse. *Liszts* Untersuchung des Meineids in verschiedenen Epochen ist als eine Suche und Bestimmung des geschützten Gutes oder der Schutzrichtung, die in der Epoche wichtig war, konzipiert. Der Ausdruck „Rechtsgut" wird mehrmals verwendet: es geht beispielsweise im Text darum, dass die Holländer über „das Wesen des von ihm [Meineid] verletzten Rechtsgutes" nicht klar geworden sind.[576] Die „richtige Erkenntnis des durch den Meineid verletzten Rechtsgutes" sei wichtig für die Entscheidung der dogmatischen Einzelfragen.[577] Die Herangehensweise von *Liszt* war nicht neu. Vielmehr fügte sich seine Beschäftigung mit dem Meineid in die Tradition der Analyse des Meineids von *Mittermaier*, dessen „epochemachender"[578] Aufsatz über Meineid aus 1818 mehr als fünfzig Jahre lang als unübertroffene Studie über den Gegenstand galt.[579] Insoweit gehört auch *Liszts* Thema der Habilitationsschrift zum großen Kontinuum des Reforminteresses und der literarischen Äußerungen in dem Strafrecht des Vormärzes, auf das auch im Abschnitt über *Liszts*

[574] Vgl. *F. C. Savigny*, Beruf (1814), S. 124. Vgl. noch den Blickwinkel bei *J. Rüsen*, Konfigurationen des Historismus, S. 1993, S. 58 ff., 61 (Historismus „verlagert die Methode der narrativen Synthesebildung von der Ebene der historiographischen Komposition auf diejenige der Forschung").

[575] Vgl. seine Untersuchung *R. Jhering*, Vorgeschichte der Indoeuropäer, 1894.

[576] *Liszt*, Meineid und falsches Zeugnis, 1876, S. 101.

[577] *Liszt*, Meineid und falsches Zeugnis, 1876, S. 92.

[578] *Liszt*, Die falsche Aussage vor Gericht, 1877, S. 9, 134 ff.

[579] *C. J. A. Mittermaier*, Über den Meineid nach dem gemeinen Rechte und den Bestimmungen der neusten Stragesetzbücher, Neues Archiv des Criminalrechts 2 (1818), 85.

Stellungnahmen zur Reform des Strafrechts hingewiesen wird (Punkt A. im 6. Kapitel).

Liszt konstruiert den zutreffenden Tatbestand des Meineids einerseits durch die Kritik an den religiösen Auffassungen und Bemühungen, andererseits durch die Kritik an *Feuerbachs* Konstruktion des Meineides als ein Privatdelikt (Betrug). In dieser Kritik stimmen *Mittermaier* und *Liszt* überein. Der Meineid soll nach beiden weder als ein Delikt gegen Gott und Religion noch als ein Delikt gegen Privatinteressen, sondern als ein öffentliches Delikt gegen „öffentliche Treue und Glauben" (auch: „publica fides") bestimmt werden.[580] Durch diese grundsätzliche Übereinstimmung wird aber keinesfalls eine weitere Profilierung bei *Liszt* als dem späteren Autor ausgeschlossen. Der eigene Beitrag ist weder bloß die Wiederholung von fremden Ergebnissen noch eine aprioristische Neuordnung der Materie, sondern erhält den Stellenwert der Teilnahme an einem verfestigten Diskurs, innerhalb von welchem *Mittermaier* kritisiert und ergänzt wird. Die eigene Auffassung wird dabei als ein Teil der Entwicklung konstruiert, die in der Aufklärung begann und durch *Mittermaier* im Vormärz im Grunde auf den richtigen Begriff gebracht wurde. Die Parteinahme *Liszts* für *Mittermaier* wird durch den Umstand verdeutlicht, dass zur Zeit, als *Liszt* seine beiden Monographien verfasst hat, wieder eine kleine entgegensetzte Entwicklung, nämlich die religiöse Auffassung des Meineides, zu verzeichnen war. Im 19. Jahrhundert finden sich, so *Liszt*, nur vereinzelt „verschämte"[581] Anhänger des Meineids als Religionsdelikt. Jedoch hatte gerade *Berner* in den 1870er Jahren die früher vertretene nicht-religiöse Auffassung aufgegeben und in aktuellen Auflagen seines Standardlehrbuchs Meineid als ein Verbrechen „mit Bezug auf Religion und Sitte" bestimmt.[582]

Das Kennzeichen der Weiterentwicklung des Standpunkts von *Mittermaier* ist das folgende: *Liszt* möchte, anders als *Mittermaier*, genau bestimmen, welche öffentlichen Belange durch den Meineid angegriffen werden. Die Angriffsrichtung sollte nicht abstrakt („unmittelbar gegen publica fides") bestimmt werden, sondern „nach der Natur des zunächst [!] angegriffenen Rechtsgutes".[583] Die falsche Aussage und der Meineid stören das Erkenntnisverfahren des Gerichts und sind dementsprechend als „Verbrechen gegen die Rechtspflege, beziehungsweise gegen die öffentliche Verwaltung" aufzufassen.[584] In *Liszts* eigenem Vorschlag, der heute als modern gelten darf, kann „das strafbare Moment bei den sogenannten Eidesdelikten" nur „in der Wahrheitswidrigkeit der Aussage gelegen (sein)".[585] „Die etwa hinzutretende Beeidigung" ist nur aus der Sicht der zusätzlichen funktionalen Störung der Wahr-

---

[580] *Liszt*, Die falsche Aussage vor Gericht, 1877, S. 9 ff., 134 ff.

[581] *Liszt*, Die falsche Aussage vor Gericht, 1877, S. 4.

[582] *Liszt*, Die falsche Aussage vor Gericht, 1877, S. 5.

[583] *Liszt*, Die falsche Aussage vor Gericht, 1877, S. 13.

[584] *Liszt*, Die falsche Aussage vor Gericht, 1877, S. 13.

[585] *Liszt*, Die falsche Aussage vor Gericht, 1877, S. VI.

heitsfeststellung zu betrachten; sie kann „nur ein zufälliger, lediglich die Strafe erhöhender, nicht aber sie erst begründender Umstand" sein.[586]

Mit den genannten Hinweisen kann auch, zumindest in Bezug auf *Liszt*, der alte Streit über die frühe Geschichte der Rechtsgutslehre entschieden werden.[587] Für den frühen *Liszt* ist die Wendung, dass man nach dem zutreffenden „Rechtsgut" sucht, nur eine unter möglichen *Bezeichnungen* für ein geschichtlich gewachsenes Verfahren der Überlegungen über die Legitimation von einzelnen Delikten. Dieser Komplex der Überlegungen entsprach nicht einer einheitlichen Logik oder Lehre, sondern fasste vielmehr ein Bündel von Rationalisierungstopoi der älteren kriminalistischen und staatstheoretischen Diskussion zusammen. Die Schriftsteller und jungen Dozenten wie *Liszt* wurden im Rahmen der anlaufenden Reform des Strafrechts in Österreich (vgl. Punkt A. im 6. Kapitel) in eine *Handlungsweise* bzw. Art und Weise, an der Reform des Strafrechts teilzunehmen, enkulturiert, die eine gewisse Haltung gegenüber Religion und Recht oder gegen „mittelbar" und „unmittelbar" bestimmte Angriffsobjekte als etablierte wissenschaftliche Haltung voraussetzte.

Dass die verschiedenen Elemente nicht einer einheitlichen Logik entsprechen, soll heißen, dass etwa einerseits die Bemühung, den religiösen Charakter des Delikts auszuschließen, den antiklerikalen Anstrengungen der Aufklärung entnommen wird.[588] Andererseits ist etwa die Forderung der Analyse, was die Tat „unmittelbar" oder „zunächst" angreift, ein komplexes Erbe der großen Deliktsysteme um 1800 (vgl. Entwurf zu einem allgemeinen Strafkodex von *Valazé*, Punkt D.III. im 1. Kapitel). Was bei *Liszt* neu ist, ist nicht die Herangehensweise, sondern eine abstrakte Verwendung des Ausdrucks „Rechtsgut". In „Meineid" wird der Ausdruck noch parallel mit unterschiedlichen sprachlichen Bezeichnungen für das gleiche Anliegen verwendet. Es geht um die Bestimmung des Rechtsgutes,[589] aber auch um die richtige systematische Auffassung,[590] ein Delikt kann sich konzeptuell „gegen die Religion" richten,[591] oder ein „Religionsdelict" sein.[592] Das sind alles Bezeichnungen für den gleichen Diskussionskontext der Bestimmung der Berechtigung der Strafbarkeit.

Dort, wo ein Bedürfnis besteht, sich mit einem klaren (Lehr)Satz auszudrücken, dort verwendete *Liszt* bereits in seinem frühen Werk das Stichwort des „Rechtsguts"

---

[586] *Liszt*, Die falsche Aussage vor Gericht, 1877, S. VI.

[587] *C. Roxin*, Strafrecht AT, Bd. 1, 4. Aufl. 2006, § 2, Rn. 4ff.; vgl. noch *ders.*, a.a.O. (1969), S. 78ff.

[588] Dabei werden nicht wirklich alle Motive, die in der Aufklärung auftauchen (wie die regierungssensible Teilung der staatlichen und kirchlichen Machtsphäre), wieder vollständig entfaltet und in die Gegenwart des Bewusstseins berufen.

[589] Vgl. *Liszt*, Meineid und falsches Zeugnis, 1876, S. 4, 7, 79, 92, 101, 107, 134.

[590] *Liszt*, Meineid und falsches Zeugnis, 1876, S. 111, 117.

[591] *Liszt*, Meineid und falsches Zeugnis, 1876, S. 132.

[592] *Liszt*, Meineid und falsches Zeugnis, 1876, S. 117, 129f.

bzw. des „Rechtsgüterschutzes". Im Aufsatz über das „Amerikanische Duell" wird von *Liszt* als Maßstab der Untersuchung folgender Satz aufgestellt: „die klare Erkenntnis des Rechtsgutes, das durch die fragliche Handlung angegriffen wird, das durch die Strafsanktion, die ultima ratio auf legislativem Gebiete, geschützt werden soll" (1875).[593] Dieselbe oder nah verwandte sprachliche Fassungen hat *Liszt* lebenslang für die abstrakte Bezeichnung der kriminalpolitischen Reformarbeit verwendet. An einer prominenten Stelle in seinen programmatischen Äußerungen zur Rechtsvergleichung und zu den Aufgaben des Gesetzgebers steht: Der Gesetzgeber muss „vor allem wissen, welches das Rechtsgut ist, das er durch seine Strafdrohungen schützen will" (1905).[594]

---

[593] *Liszt*, Das „amerikanische Duell" im österreichischen Strafgesetzentwürfe (1875), AuV I, Nr. 1, S. 2, 3, 7.

[594] *Liszt*, Verbrechen und Vergehen wider das Leben, in: Vergleichende Darstellung, BT, Bd. 5, 1905, S. 7 f.

4. Kapitel

Neue intellektuelle Kontexte

A. Das neukantianisch-positivistische Amalgam der 1870er Jahre

I. Alte und neue Kontexte

Die bisherige Untersuchung hat gezeigt, dass *Liszt* in Wien während seines Studiums vor allem mit historisch überlieferten, man könnte auch sagen künstlich wiederbelebten geistigen Massen des Vormärzes konfrontiert war. In den Denkweisen der Historischen Rechtsschule und der Strafrechtswissenschaft des Vormärzes wurden wichtige Elemente der für *Liszts* charakteristischen Gedankengänge wiedererkannt. Hier darf an folgende Punkte schlagwortartig erinnert werden: Die antiphilosophische Haltung war in Wien noch ein lebendiges Stück der Auseinandersetzung zwischen der Historischen Rechtsschule und der idealistischen Philosophie. Die Rechtswissenschaft wird nicht in Analogie zu den Naturwissenschaften erst von der Metaphysik befreit, sondern wird als eine bereits bestehende Disziplin – konstruiert wird ein tausendjähriges römisches Vorbild – vor einem Übergriff des metaphysischen Denkens in den Schutz genommen (Punkt B. im 3. Kapitel).

Im Einzelnen hatte *Savigny* eine Neuordnung des Allgemeinen und des Besonderen gestiftet, die die Rechtswissenschaft teilweise in die Richtung einer inneren Dialektik geführt hat (Pandekten, konstruktive Jurisprudenz bei *Liszt*), andererseits in anderen Bereichen das juristische Denken prinzipiell einem logischen „ist" untergeordnet hat. Dieses logische oder hermeneutische „ist" muss nicht selbst empirisch begründet sein, damit es legitim als Teil des juristischen Urteils figurieren kann. In den meisten Fällen trägt es aber entweder eine Einsicht aus der Wirklichkeit oder eine Einsicht in die Natur der Geschäfte und des Verhaltens unter Menschen in sich (Punkt C.IV.3. im 3. Kapitel). Es kann auch, ohne einer naturwissenschaftlichen Programmatik zu bedürfen, zu einer systematischen und kritischen Empirie erwachsen, die sich durch sanfte Übergänge zwischen dem normativen und faktischen Diskurs auszeichnet. – In diesem inneren Sachverhalt der Entwicklung der Jurisprudenz liegen sowohl die Keime jener Tendenz, die Auskünfte über die Wirklichkeit zu berücksichtigen, als auch die Keime einer vollständigen, im Rahmen der Rechtswissenschaft entwickelten Möglichkeit, mit diesen Kenntnissen fruchtbar umzugehen (im Punkt C.IV.4. ebenda).

Die Hinwendung zur Frage der Täterkenntnis, der Ursachen der Kriminalität oder der Wirkung der Strafpraxis, erscheint in einer durch die Historische Rechtsschule und das Strafrecht des Vormärzes vorkonstruierten Denkweise nur als ein besonderer Fall des durch die juristische Methode vorgebildeten Interesses, und nicht als eine Änderung der Rechtswissenschaft unter dem Eindruck einer äußeren Konjunktur der Naturwissenschaften. Sowohl wichtige Begriffe als auch Vorschläge, wie die unbestimmte Freiheitsstrafe (Punkt B.III.3. im 3. Kapitel), können unter Berücksichtigen der besonderen Wiener Verhältnisse als Konkretisierungen innerhalb eines älteren juristischen Diskurses aufgefasst werden und brauchen nicht als revolutionäre Akte einer Neuordnung der Welt gedeutet zu werden (auch insofern „Reformation" statt „Revolution", Punkt C.II.2. im 3. Kapitel). Es wurde teilweise am Beispiel von Graf *Thuns* eigenen Schriften über die Reform des Strafrechts aus dem Vormärz, in der Regel aber durch die Analyse von *Mittermaiers, Wahlbergs* und *Glasers* Werk die Entwicklung von wichtigen Topoi in der strafrechtlichen Diskussion nachgezeichnet, die unabhängig von *Liszts* Konstitution der Modernen Schule aufgetreten sind und die in *Liszts* Werk, an entscheidenden Stellen, wieder anzutreffen sind und nicht erst begründet werden (Punkt C.II.–III. im 3. Kapitel).

Die 1870er Jahre brachten in Österreich offenbar auch weitere wissenschaftliche Plattformen zur Diskussion als nur die Historische Rechtsschule. Das Studium, insbesondere „des Jus", mag noch anhand von alten Werken, wie *Ungers* „System" aus dem Jahre 1856, in alten Einrichtungen, wie *Wahlbergs* Seminar, oder auch im Bündel von alten Sorgen und Sichtweisen von Professoren wie *Unger, Wahlberg* und *Glaser* maßgeblich durchgeführt sein. Dem entspricht auch, dass *Liszts* Habilitationsschrift ein mustergültiges Werk nach dem Geschmack und der Richtung der Historischen Rechtsschule und des Strafrechts des Vormärzes ist (Punkt D. im 3. Kapitel). Aber andererseits war die universitäre und gesellschaftliche Landschaft nach 1870 offenbar auch für rezentere Plattformen der Verbegrifflichung der Wissenschaft offen. Die Vorträge im „Verein der deutschen Studenten Wiens" zeigen, dass spätestens 1875 der Neukantianismus auch in Österreich eine wichtige Rolle gespielt hat (Punkt B.II.2. im 2. Kapitel). Daneben gab es Disziplinen und ihre taktgebenden Vertreter, wie *Scherer* in der Wiener Literaturwissenschaft, die den begrifflichen Rahmen ihrer Wissenschaft maßgeblich, wohl in Anlehnung an die Entwicklung in romanischen Ländern, in einem Programm der Positivierung der Erkenntnis im Sinne von *Comtes* „philosophie positive" begründet haben. Unten wird der bisher in der Liszt-Forschung nicht erörterte Umstand hervorgehoben, dass *Liszts* Analyse von Anlage und Umwelt als eine Entlehnung aus dem Bereich des literaturwissenschaftlichen Positivismus und seiner Werk/Autor-Analyse gedeutet werden kann (Punkt A.III.2. in diesem Kapitel).

II. Neukantianismus und Positivismus

1. Neukantianismus und Positivismus als verwandte und entgegengesetzte Richtungen

Die Blüte des Neukantianismus fällt, je nachdem welches Kriterium man als maßgebend setzt, in die letzten drei Jahrzehnte des 19. Jahrhunderts bzw. in die ersten zwei bis drei Jahrzehnte des 20. Jahrhunderts. Die erstgenannte Zeit umfasst eine formative Phase, welche plakativ mit *Kuno Fischers* Untersuchungen zu *Kant*[595] und mit der „Geschichte des Materialismus“ von *Albert Lange* beginnt[596] und, was den südwestdeutschen Neukantianismus betrifft, den Abschluss in *Rickerts* „Grenzen der naturwissenschaftlichen Begriffsbildung“ findet.[597] Diese Richtung zeichnete sich, was bereits im 1. Kapitel, bei der Erörterung der Bedeutung des Neukantianismus für die intellektuelle Geschichte dargestellt wurde, durch eine Reduktion der Philosophie auf die Erkenntnislehre und eine im Bild der „kopernikanischen Wende“ zusammengefasste kritische Wendung gegenüber der Verbegrifflichung aus (Punkt B.–C. im 1. Kapitel). In Deutschland befand sich spätestens seit *Langes* „Geschichte des Materialismus“ die Wissenschaft inmitten einer erkenntnistheoretischen Debatte, in welcher auch die mit den Grundsätzen des Positivismus vertrauten Autoren ihre antimetaphysischen Positionen *parallel* mit Rückgriff auf *Kants* Kritizismus und dem positiv-philosophischen Begriffsschatz von *Comte* dargelegt haben. Umgekehrt wollte sich der Neukantianismus nur als eine höhere Theorie der bereits positiv arbeitenden Wissenschaften verstehen. Man geht in der philosophischen Forschung von einem charakteristischen Amalgam des frühen Neukantianismus und des Positivismus aus, bei welchem „erst die 1880er Jahre eine strikte Trennung zwischen diesen Richtungen (kennen)“.[598]

Der sogenannte „Positivismus“ wird in der Regel mit *Auguste Comte* in Verbindung gebracht, bei welchem es nicht allein um eine erkenntnistheoretische Position, sondern um eine umfangreiche „positive Philosophie“ ging. In jener bildete die Wissenschaft nur einen logisch untergeordneten Gegenstand in den Überlegungen über die Neuordnung des menschlichen Zusammenlebens.[599] Diskursiv

---

[595] *K. Fischer*, Immanuel Kant, 1860. Es erschien „Entstehung und Begründung der kritischen Philosophie: Die Kritik der reinen Vernunft“ als 1. Band und „Das Lehrgebäude der kritischen Philosophie: Das System der reinen Vernunft“ als 2. Band.

[596] *F. A. Lange*, Geschichte des Materialismus und Kritik seiner Bedeutung in der Gegenwart, 1. Aufl. 1866, 2. Aufl. in 2. Bänden 1873/75.

[597] *H. Rickert*, Die Grenzen der naturwissenschaftlichen Begriffsbildung: Eine logische Einleitung in die historischen Wissenschaften, 1. Aufl. 1896–1902, 5. Aufl. 1929. Vgl. für mögliche Periodisierung in der Philosophiegeschichte *H. Holzhey/W. Röd*, Die Philosophie des ausgehenden 19. und des 20. Jahrhunderts (Röds Geschichte der Philosophie, Bd. 12), 2004, S. 28 ff.; *F. C. Beiser*, The genesis of Neo-Kantianism, 1796–1880, 2014.

[598] *K. C. Köhnke*, Entstehung und Aufstieg des Neukantianismus, 1986, S. 388.

[599] *L. A. Coser*, Masters of Sociological Thought, 2. Aufl. 1977, 3 ff.; *M. Bock*, Kriminologie als Wirklichkeitswissenschaft, 1984; *ders.*, Auguste Comte, in D. Kaesler (Hrsg.),

betrachtet wird die positivistische Grunddiskussion nicht als ein Schutz von Disziplinen vor einem philosophisch-spekulativen Übergriff gestaltet, sondern als Neugründung des wissenschaftlichen Umgangs mit Gegenständen, die bisher nur im Analysebereich eines theologischen oder metaphysischen, und in diesem Sinne philosophisch-verwerflichen Denkens standen. Der Übergang von einem theologischen in das metaphysische und zuletzt in das „positive oder reale"[600] Denken entspricht nach *Comte* einem Gesetz der drei Stadien der Entwicklung.[601] Die Auffassung der Welt als ein Gegebenes, das durch Erfahrung feststellbaren „Gesetzen" untergeordnet ist, ist der wesentliche Zug der von *Comte* typisch angestrebten Auffassung einer „sozialen Physik".[602]

Der Positivismus, der uns im Rahmen der Liszt-Forschung interessiert, und wie er im Rahmen dieser Forschung oft angegriffen wurde, ist jedoch nicht immer der Positivismus *Comtes* im engeren Sinne, wenn man auch in den 1930er Jahren, unter besonderen methodischen Voraussetzungen, allgemein von der Urheberschaft *Comtes* sprach. *Comte* selbst kann man in zahlreicher Hinsicht, wie sich der Neukantianer *Windelband* ausgedrückt hat, als einen „doch genug weitschauenden Geist" bezeichnen.[603] Aus seinem Programm kann man beispielsweise sowohl die Notwendigkeit einer besonderen Methodologie für die Erfassung im sozialen Bereich ableiten,[604] als auch, durch stärkere Auslassung von *Comtes* eigenen Vorstellungen, die Forderungen einer einheitlichen Methode für alle Wissenschaften stellen.[605] Sein Programm hat als eine negative Kritik am Idealismus einen besonderen Eigenwert, der zahlreichen Disziplinen, wie der Etymologie, Teilen der Psychologie oder der Literaturwissenschaft, die sich gegen spekulative Ästhetik gewendet hat,

Klassiker der Soziologie, 6. Aufl. 2012, 39; *J. Young*, Criminological Imagination, 2011, S. 111 ff.; *T. J. Neyhouse*, Positivism in Criminological Thought, 2012; *U. Eisenberg/R. Kölbel*, Kriminologie, 7. Aufl. 2017, § 2; *W. Windelband*, Lehrbuch der Geschichte der Philosophie (6. Aufl. 1912), 18. Aufl. 1993, S. 545 ff.; *T. K. Österreich*, Die deutsche Philosophie des XIX. Jahrhunderts und der Gegenwart (Ueberweg, Teil 4), 12. Aufl. 1923, S. 285 ff.; *S. Poggi/W. Röd*, Die Philosophie der Neuzeit 4 (Röds Geschichte der Philosophie, Bd. 10), 1989, S. 13 ff., 90 ff.; *B. Plé*, Positivismus, in: Enzyklopädie Philosophie, 2. Aufl. 2010, S. 2099 ff.; *I. Fetscher*, Einleitung, in: A. Comte, Rede Über den Geist des Positivismus (1844), 1956, S. XV ff.; *E. Rothacker*, Einleitung in die Geisteswissenschaften, 2. Aufl. 1930, S. 190 ff., 204 ff.; *H. M. Krucks*, Positivismus/Biographismus, in: Methodengeschichte der Germanistik, 2009, 573.

600 *A. Comte*, Rede über den Geist des Positivismus (1844), 1956, S. 25.

601 *I. Fetscher*, a.a.O. (1956). S. XXIV ff.; *L. A. Coser*, a.a.O. (1977), S. 7 ff.; *M. Bock*, a.a.O. (2012), S. 43 ff.; *S. Poggi/W. Röd*, a.a.O. (1989), S. 28 ff.

602 *L. A. Coser*, a.a.O. (1977), S. 3; *M. Bock*, a.a.O. (2012), S. 45; *G. Wagner*, Die Wissenschaftstheorie der Soziologie, 2012, S. 5 ff.

603 *W. Windelband*, a.a.O. (1912/1993), S. 549.

604 *I. Fetscher*, a.a.O. (1956), S. XXX ff.; *L. A. Coser*, a.a.O. (1977), S. 3.

605 Vgl. *E. Rothacker*, a.a.O. (1930), S. 195 f.; *L. A. Coser*, a.a.O. (1977), S. 4 f.; *M. Bock*, a.a.O. (1984), S. 39 f.; *ders.*, a.a.O. (2012), S. 39 ff.; *G. H. Wright*, Erklären und Verstehen, 3. Aufl. 1991, 17 f.; *G. Wagner*, a.a.O. (2012), S. 5 ff.

den wissenschaftlichen Charakter gegeben, durch welchen sich diese Disziplinen im Prinzip noch heute auszeichnen.

In der klassischen Kritik am Positivismus wird unter *Comtes* Positivismus eine reine Analyse der Welt in kausal-mechanischen Relationen verstanden, wozu auch die Begrifflichkeit der „Gesetze“ der gesellschaftlichen Entwicklung gehört. Das positivistische Programm kann unter Umständen als Zustimmung zum Determinismus der Handlung verstanden werden, wenn auch *Comtes* eigene Auffassungen in der Regel auf die Erfassung von einem Aggregat („Gesellschaft“) gerichtet waren, und dementsprechend die Frage des Willens nicht so zentral aufgreifen mussten wie jene Disziplinen, wie die Psychologie oder unter Umständen die Politikwissenschaft, Kunstgeschichte und Kriminologie, die sich mit Einzelakten beschäftigen. Insoweit kommt es dort, wo, wie bei *Welzel*, der Determinismus im Sinne des Ausschlusses der Willensfreiheit als ein Aspekt von *Comtes* Positivismus dargestellt wird,[606] zu einer Akzentverschiebung, die nicht immer in *Comtes* Vorstellungen begründet ist. Sie ist jedoch sowohl aus der Sicht der Geschichte des Positivismus in einzelnen Disziplinen als auch in Bezug auf die Elemente der eigentlichen Comte'schen Methodologie nachvollziehbar, und in diesem Sinne auch in *Welzels* Untersuchung gut begründet. Willkürlich ist nicht die Betrachtung des Determinismus als ein Aspekt des Comte'schen Positivismus, sondern die Unterlassung der Einsicht, dass durch die Verschiebung des Interesses von *Comtes* Gesamtprogramm der „philosophie positive“ auf das Feld der Willensfreiheit, ein Aspekt angesprochen wird, der bei *Comte* dezentriert ist und gleichzeitig dem theoretischen Feld zahlreicher anderer Überlegungen und Richtungen angehört. Sowohl in der griechischen Philosophie, als auch in der Aufklärung und in den mannigfaltigen Richtungen des 19. Jahrhunderts wird das Problem der Willensfreiheit multipel deterministisch entschieden, sodass der kleine Aspekt des Determinismus nicht, wie bei *Welzel*, ein linearer Nachweis des Positivismus sein kann.[607]

---

[606] Vgl. *H. Welzel*, Naturalismus und Wertphilosophie im Strafrecht, 1935, S. 22 ff.

[607] Die Vorstellung einer Determiniertheit der menschlichen Handlungen, und damit ihrer Gleichsetzung mit physikalischen Naturereignissen, wird logisch von mehreren Aspekten gefördert, die selbst in *Comtes* Werk entwickelt waren oder die auf seine Billigung gestoßen sind. Es ist erstens das Postulat einer „sozialen Physik“, die *Comte* unabhängig von der anzuwendenden Methode (Einheitsmethode, oder besondere Methode) als eine Kunde von Gesetzen und damit von der natürlich-gesetzmäßigen Entwicklung der Gesellschaft versteht. Indem die gesellschaftlichen Ereignisse als notwendige Phänomene verstanden und analysiert werden, wird der Gedanke einer freien Gestaltung im Einzelbereich ausgeschlossen, weil man sonst in einen kausalen Widerspruch bzw. in die unvermeidbare Konkurrenz zwischen der Geltung der Gesetze und dem Machtbereich des freien Willens des Einzelnen fallen würde (vgl. für *Liszt*, Punkt C.II.4. im 6. Kapitel). Weiter spielt für das deterministische Verständnis des Positivismus eine wichtige Rolle die Logik der empirischen Forschung. Indem die theoretisch-normative Analyse des Induktionsverfahrens als Diskussion über *notwendige Bedingungen* geführt wird, wird die kausale Verursachung des Einzelereignisses schon auf der Ebene der Methode *vorausgesetzt* und damit in den Gegenstand hineinprojiziert, bevor er angefasst wird. Vgl. *S. Poggi/W. Röd*, a.a.O. (1989), S. 84 ff. *E. Rothacker*, a.a.O. (1930), S. 191, 203 f.

Für die Determinismus-Problematik und den Nachweis des Positivismus bei einzelnen Autoren ist besonders von Interesse, dass die „positive Philosophie" als politisches Gesamtkonzept ein Versprechen beinhaltet, dass durch die Positivisierung, die Wissenschaft bald im Stande sein wird, die Probleme und die Entwicklung der Gesellschaft durch die wissenschaftliche Erkenntnis vorauszusehen, um sie glücklich zu steuern („Prognose").[608] Das Voraussehen setzt begrifflich einen mechanischen Ablauf voraus, der durch Gesetze bestimmt ist, und daher intervenierende freie Größen wie den handelnden Menschen nicht kennt. Die „rationale Voraussicht"/„prévision rationnelle" genießt in *Comtes* System einen so hohen Stellenwert, dass sie von ihm sogar als „Endzweck der positiven Gesetze" bezeichnet wird.[609]

Außerhalb der engen zeitlichen Grenzen des Amalgams, liegt der Hauptunterschied zwischen dem Positivismus und dem Neukantianismus in der Erfassung von objektiv gegebenen Tatsachen. Die positivistische Programmatik glaubt an das eigentliche Bestehen von Fakten und ihre lineare Auffassung durch eine beobachtende und analytische Leistung. Demgegenüber stellt für den Neukantianismus jede Tatsachenfeststellung eine Verarbeitung des Erfahrungsmaterials dar, sodass die Begriffe keine Wesensaussagen beinhalten oder selbst wesensgleich wären. Sie sind nur ein Apparat für die Auffassung der Mannigfaltigkeit. Der erste, positivistische Standpunkt suggeriert in Anbetracht eines gemeinsamen Begriffs der „Tatsache" und des „Gesetzes" die Möglichkeit, auf gleiche Weise Naturereignisse und gesellschaftliche Ereignisse aufzufassen. Im Nährboden einer überproportional entwickelten Technik oder Naturwissenschaft liegt ein Transfer der methodologischen Forschungsstrategie in den Bereich der Erkundung des Sozialen nahe. Der zweite, neukantianische Standpunkt impliziert die Relativität jeder und so auch der naturwissenschaftlichen Herangehensweise. Sie wird als eine unter mehreren möglichen Methoden („Begriffsbildungen") analysiert und dekonstruiert.

Im letztgenannten Punkt trennen sich die zwei Richtungen in der deutschen Diskussion seit dem Ausgang des 19. Jahrhunderts nicht nur systematisch, sondern auch faktisch, nach dem Maß des Verfahrens in den Einzelwissenschaften, streng voneinander ab. Der Positivismus fordert im Schrifttum und sichert theoretisch eine Erstreckung der naturwissenschaftlichen Begriffsbildung auf den sozialen Bereich ab, sei es in der Geschichtswissenschaft oder in der Soziologie. In diesem Sinne wird auch „Naturalismus" für die Bezeichnung der positivistischen Methodik in den Sozial- und Geisteswissenschaften, und so auch in *Welzels* Untersuchung aus 1935, verwendet.[610] Der Neukantianismus ermöglicht die Herausbildung einer eigenstän-

[608] *L. A. Coser*, a.a.O. 3 f.; *U. Eisenberg/R. Kölbel*, a.a.O. (2017), § 2, Rn. 16, 29.

[609] *A. Comte*, a.a.O. (1844/1956), S. 33 ff.

[610] Für andere, teilweise unklare Verständnisse und semantische Verschiebungen vgl. Punkt A. im 8. Kapitel (*Mittelstädt*); Punkt B. im 8. Kapitel (kirchliche Kritik); Punkt E.II. im 9. Kapitel (drei Bedeutungen bei *Radbruch*); A. im 11. Kapitel (naturalistischer Handlungsbegriff); C.I. im 11. Kapitel (*Wieacker*). *E. Hilgendorf*, Naturalismus im (Straf-)Recht, Jahrbuch für Recht und Ethik 11 (2003), 83.

digen Methodologie der Sozial- und Geisteswissenschaften.[611] *Liszt* hat an diesem, erst nach 1890 zugespitzten Diskurs der Sozialwissenschaften nie teilgenommen. Er drückt sich vielmehr, charakteristisch für die 1870er Jahre, auf eine Weise aus, die gleichzeitig die Topoi aus der positivistischen Diskussion und aus *Kants* Werk rekrutiert. In einem wesentlich anderen Sinne wird der Neukantianismus bei *Liszt* nach 1900 im rechtswissenschaftlichen Bereich schlicht verworfen (Punkt C.II.2.a) im 6. Kapitel).

2. Diversität der Anknüpfungen und die Liszt-Forschung

Die positivistischen Elemente im Werk *Liszts* waren in der Liszt-Forschung bisher mehrfach verzeichnet worden. Sie teilen insoweit nicht das Schicksal der Historischen Rechtsschule und des Strafrechts des Vormärzes, die wegen der Vernachlässigung der österreichischen geistesgeschichtlichen Anomalie für die deutsche Liszt-Forschung in der Regel unzugänglich blieben. Die Auseinandersetzung mit positivistisch anklingenden Stellen in *Liszts* Werk erfolgte aber immer in einer Methode, die bemüht war, *Liszt*, im Sinne eines Gattungsdenkens, als einen „Positivisten" zu demonstrieren. Die erste Kritik dieser Art erfolgte in Rahmen der konservativen, kirchlich orientierten Literatur in den 1890er Jahren, deren Gattungsperspektive freilich ganz spezifisch durch den kirchlichen Streit mit der Wissenschaft überhaupt vorbestimmt wurde (Punkt B. im 8. Kapitel). Der klassische Höhepunkt des Topos „Liszt als Positivist" wurde in den 1930er Jahren im Buch „Naturalismus und Wertphilosophie" von *Welzel* erreicht (Punkt D. im 9. Kapitel). Die Zuordnung wurde in den 1960er Jahren relativiert (11. Kapitel), jedoch später, seit den 1980er Jahren, durch den unvorsichtigen Umgang in einem Teil der radikalen *Liszt* Kritik wiederbelebt und durch zahlreiche Vereinfachungen besonders verfestigt (14. Kapitel).

Liszt als Neukantianer wurde, soweit ersichtlich, zum ersten Mal bei *Radbruch* in den Blick genommen. Er sah 1905 in seinem Lehrer einen „ersichtlich an *Kant* geschulten Denker".[612] Dieses übertriebene Urteil konnte sich angesichts der Entwicklung der Strafrechtswissenschaft unter Einfluss eines normativisierenden Neukantianismus später auch bei *Radbruch* nicht mehr behaupten.[613] Anfang der 1930er Jahre hat *Kohlrausch* eine Nähe *Liszts* zu dem Kreis von Marburger Kantianern behauptet, aber nicht näher geschildert.[614] Vermutlich war damit die Figur des „richtigen Rechts" gemeint, die *Liszts* Marburger Kollege *Rudolf Stammler* favori-

---

[611] Vgl. *H. Rickert*, a.a.O. (1929); in der Tradition von M. Weber *M. Bock*, a.a.O. (1984), S. 76ff.; *G. H. Wright*, a.a.O. (1991), S. 16ff.

[612] *G. Radbruch*, Besprechung der 14/15. Aufl. des Liszt'schen Lehrbuchs von 1905 (1905/06), Gesamtausgabe Bd. 7, S. 254.

[613] Vgl. *Radbruch*, Franz v. Liszt – Anlage und Umwelt (1938), Gesamtausgabe, Bd. 16, S. 38 („Liszt übernahm eklektisch gewisse Formen des Kantianismus").

[614] *E. Kohlrausch*, Die geistesgeschichtliche Krise des Strafrechts, 1932, S. 16 (in Marburg „bei dortigen Kantschule Hilfe gesucht").

siert hat (vgl. Punkt C.I. im 6. Kapitel). Eine Diskussion über den Einfluss *Kants* bei *Liszt* findet sich nach dem Zweiten Weltkrieg bei *Rebhan.* Für ihn war insbesondere *Liszts* Kausalitätsvorstellung typisch kantisch.[615] In der späten DDR hat man den Neukantianismus bei *Liszt* als seinen Anteil an der Ideologie der bürgerlichen Klasse erwogen.[616] In neuster Zeit hat auf die Nähe zum Neukantianismus mit großer Gewandtheit und in einer offenen Polemik gegen die rigide positivistische Zuordnung *Pawlik* hingewiesen.[617] Seine Untersuchung ist insofern verdienstvoll, sofern ihr Grundgedanke sein sollte, dass bei *Liszt* wohl *auch* mit neukantianischen Gedankenmassen zu rechnen ist. Es wäre aber theoretisch verfehlt, zu dem Schluss zu kommen, dass die bisherige einseitige Zuordnung in die geistige Welt des Positivismus einfach mit einer ebenso einseitigen Zuordnung in den Neukantianismus ersetzt werden sollte.

III. Beispiele der positivistischen und neukantianischen Argumentation bei Liszt

1. Facetten der Kausalität und des Positivismus

Bei der Frage der kausalen Bestimmung können drei Problemkomplexe unterschieden werden, die bei *Welzel* und Autoren, die ihm folgen, unter der Prämisse einer allgegenwärtigen, logisch-deduktiven Anwendung des Positivismus bei *Liszt*, als Einheit betrachtet werden. Der erste Themenkomplex betrifft die Frage nach dem positivistischen Bezug der Vorstellung eines *mentalen kausalen Ablaufs der Handlung.* Dieser Themenkomplex wurde bereits in den 1960er Jahren zuerst durch *H. Mayer* und dann im Einzelnen durch *R. Moos* prinzipiell aus dem Themenbereich des Positivismus ausgeschlossen (Punkt B. im 11. Kapitel).[618] Es wurde demonstriert, dass *Liszt* einer älteren materialistischen Tradition der Psychologie folgte.[619] Es ist im Grunde die Haltung *Herbarts*, der in seiner „Psychologie des Menschen" (1824), die Seelenprozesse unter anderem auch unter dem Stichwort der „Statik und Mechanik des Geistes" begriffen hat.[620] Die Vorstellung der Interaktion zwischen

---

615 *A. Rebhahn*, Franz v. Liszt und die moderne défense sociale, 1962, S. 17 f.

616 *U. Ewald*, Die Notwendigkeit vertiefter Kritik der Auffassungen des Franz Eduard von Liszt zu Verbrechen und Strafrecht, Staat und Recht 32 (1983), S. 464.

617 *M. Pawlik*, v. Liszt im Kontext zeitgenössischer philosophischer Strömungen, in: A. Koch/M. Löhnig (Hrsg.), Die Schule Franz von Liszts, 2016, S. 63 ff.

618 Vgl. *H. Mayer*, Strafrechtsreform für heute und morgen, 1962, S. 2 f.; *R. Moos*, Franz von Liszt als Österreicher, GS Liszt, 1969, S. 125 f.

619 Vgl. *R. Moos*, a.a.O. (1969), S. 125 f. Vgl. noch *G. Radbruch* (Besprechung der 14/15. Aufl. von Liszts Lehrbuch) (1905/06), Gesamtausgabe Bd. 7, S. 253 ff.

620 *J. F. Herbart*, Psychologie als Wissenschaft, neu gegründet auf Erfahrung, Metaphysik, und Mathematik, Bd. 1, 1824. Für privilegierte Stellung *Herbarts* in Österreich im Gegensatz zu Hegel vgl. *R. Moos*, Der Verbrechensbegriff in Österreich, 1968, S. 361 f., 369 ff., 496 ff.;

Subjekt und Umwelt in mechanischen Sequenzen entspricht auch der Haltung großer Teile des Empirismus in der Aufklärung.[621]

An dieser Stelle verdient eine wichtige Eigenschaft von *Welzels* Kritik Hervorhebung. *Welzel* hat nämlich, wie viele andere Autoren in den 1930er Jahren, die Aufklärung und den Positivismus als eine geistesgeschichtliche Einheit betrachtet. Folglich hat er unter Positivismus und *Comtes* Programm auch jene Kontexte mitgedacht,[622] die man in der Nachkriegszeit oder in der heutigen Perspektive als ältere Stufen der Wissenschaft und nicht als den „Positivismus" auffassen müsste (vgl. noch Punkt C.II. im 6. Kapitel; D. im 9. Kapitel; D.II. im 14. Kapitel). *Welzels* gesamte Zuordnung von *Liszts* Werk in die geistige Welt des Positivismus ist wegen diesem besonderen Umstand in einem höheren Maße, als es äußerlich angenommen werden kann, nicht falsch, aber sehr missverständlich. Besondere Erscheinungen wie die ältere materialistische Psychologie oder die Bevorzugung der „Gesellschaft" vor dem Staat (Punkt C.III.1. im 3. Kapitel), werden bei *Welzel* durch den Hinweis auf den Positivismus implizit auch in den Bezügen der Aufklärung, im Rahmen der Diskussion über den Gesellschaftsvertrag und in den Bezügen der politisch valenten Wissenschaft der ersten Hälfte des 19. Jahrhunderts, beurteilt. Das wurde gründlich von den Autoren nach dem 2. Weltkrieg verkannt, die dort, wo sie sich, wie *Rebhan* oder die radikale Liszt-Kritik, mit dem Positivismus befassen, *Welzel* als Ausganspunkt und Gewährsmann für eine saubere Zuordnung von *Liszts* Werk zu dem Milieu von späten, vermeintlich technizistisch-modernistischen Entlehnungen in den Rechts- und Sozialwissenschaften um 1880 oder 1900 verstehen (Punkt D.II. im 14. Kapitel).

P. Goller, Naturrecht, Rechtsphilosophie oder Rechtstheorie?, Zur Geschichte der Rechtsphilosophie an Österreichs Universitäten, 1997, S. 81 ff.

621 *W. Windelband*, a.a.O. (1912/1993), S. 380 ff., 532 ff. Vgl. noch zum Anliegen, Geschichte und Widersprüchen des Materialismus *W. Wundt*, Vorlesungen über die Menschen- und Thierseele, 1863, 15 ff. („Den idealistischen Philosophen gegenüber, welche behauptet hatten, die Welt der äußern Erfahrung existiere für sich eigentlich nicht, sondern bloß durch das Denken, fasst der Materialismus das Denken selber nur als eine Eigenschaft des äußern materiellen Daseins auf. Überall da tritt diese Auffassung hervor, wo die sinnliche Erfahrung über die Spekulation das Übergewicht behält. Wie darum der Materialismus die ursprüngliche Weltanschauung ist, so kehrt er immer von Zeit zu Zeit wieder als eine Reaktion der einseitigen Naturbeobachtung gegen die einseitige Bevorzugung der Spekulation"); *ders.*, Grundriss der Psychologie, 13. Aufl. 1918, § 2; *E. Adickes*, Kant contra Haeckel: Für den Entwicklungsgedanken – gegen naturwissenschaftlichen Dogmatismus, 2. Aufl. 1906, S. 13 ff.; *H. Rickert*, a.a.O. (1929), S. 2 f. (deutscher Materialismus bei Schopenhauer als Erweiterung des Idealismus durch „naturwissenschaftliche Phrase", „physiologische Terminologie"), S. 149 ff.; *R. Moos*, a.a.O. (1968), S. 361 ff.

622 Vgl. etwa die Aufreihung bei Dahm und Schaffstein, *G. Dahm/F. Schaffstein*, Liberales oder autoritäres Strafrecht?, 1933, S. 3, 4, 9, 15, 37 f.: „Individualismus, Rationalismus, Materialismus", „Liberalismus", „rationalistisch-individualistisches Denken", „liberalistische und sozialistische Gedankengänge", „naturalistischer Positivismus", „seichte Sentimentalität", „Humanitätsdudelei". Und grundsätzlich Punkt B.–D. im 9. Kapitel.

Zwei weitere Komplexe bleiben übrig, die jeweils auf ihre eigene Polyvalenz der Kontexte/Impulse für das kausale Grundverständnis und den Charakter der für die Durchführung der kausalen Thesen verwendeten Gedanken hinweisen. Der erste betrifft *Liszts* kausale Vorstellung über die Entwicklung der Welt, der Ereignisse und etwa auch der Rechtseinrichtungen. Dieser thematische Komplex begegnet dem Leser in *Liszts* Werk rudimentär 1894 und in einer streng zeitlich abgegrenzten Phase von 1905 bis 1909. Die Chronologie weist einerseits auf die möglichen Vorbilder im (Neu)Hegelianismus hin, andererseits auf den Umstand, dass den kausalen Bestimmungen über das Werden der Welt und von den Rechtseinrichtungen in *Liszts* Werk ein funktioneller, streng mit den Herausforderungen der Zeit verbundener Charakter zukommen könnte. Zu beiden genannten Zeitpunkten ging es nämlich in *Liszts* Werk um die Etablierung der Rechtsvergleichung, die in der Hülse der „ethnologischen Jurisprudenz", der „Allgemeinen Rechtswissenschaft" von *Post* und der „vergleichenden Rechtswissenschaft" von *Kohler* eine spezifische, positivierte Form des Hegelianismus darstellte. Dieser Komplex der Kausalitätsproblematik (= kausale Entwicklung der Gesellschaft, des Rechts und der sozialen Einrichtungen) wird, mit einer Diskussion über *Welzels* Verhältnis zu *Hegels* Erbe, und seiner Tendenz, es bei *Liszt* nicht zu erwähnen, im Rahmen von *Liszts* Reformkonzepten diskutiert (Punkt C.II. im 6. Kapitel).

Der eigentliche Themenkomplex, der hier analysiert werden sollte, betrifft die Stellungnahmen zur „Willensfreiheit" im Allgemeinen und in der Strafrechtswissenschaft insbesondere. Hier ist zu zeigen, dass durch *Welzels* einfache Subsumtion des Determinismus unter den Begriff des Positivismus komplexe, lebendige gesellschaftlich-wissenschaftliche Vorgänge verborgen werden. Anders als in der Methode von *Welzel*, besteht für eine kritische Untersuchung die Notwendigkeit, nicht nur die Frage zu stellen, welches *Programm* ein wissenschaftlicher Ansatz *verwirklichen* möchte, sondern auch, welchem *Programm* er sich *entgegensetzen* möchte. So betrachtet kann es Fälle geben, in welchen eine positivistische oder auch neukantianische Begründung nicht aus der Überzeugung ihrer theoretischen Richtigkeit, sondern zwecks der Argumentation gegen einen älteren Ansatz gewählt wird. Der vollständige kulturelle Sachverhalt kann zeigen, dass beim untersuchten Autor nicht, wie etwa in dem nationalsozialistischen Schrifttum in den 1930er Jahren, aus einem verpflichtenden theoretischen und politischen Vorprogramm der Komplex des Strafrechts deduziert wurde; sondern dass umgekehrt, eine traditionelle innerstrafrechtliche Perspektive in freier Konkurrenz von Begründungs- und Erklärungsmustern verteidigt wird.

a) Strafrechtlicher Kontext und Begründungen des Determinismus bei Liszt

Welzel ging in seiner Untersuchung davon aus, dass die Bestimmungen im Sinne des Determinismus als ein Ausfluss des positivistischen Programms in *Liszts* Werk gedeutet werden müssen.[623] Diese Perspektive ist interessant, kann aber schon grundsätzlich eine Reihe von Umständen in *Liszts* Werk nicht erklären. Unerklärt muss bereits wegen der gewählten Methode der Gattungszuordnung der Umstand bleiben, dass die deterministische Haltung in *Liszts* Werk teilweise auch ausdrücklich kantisch begründet wird. Unerklärt muss in *Welzels* Art der Analyse bleiben, dass *Liszt* ab einer gewissen Zeit, ab der fünften (1892) und sechsten (1894) Auflage des „Lehrbuchs", die Problematik der Willensfreiheit fortschreitend für irrelevant im Bereich der Strafrechtswissenschaft erklärt hat. Und nicht zuletzt muss in *Welzels* Art der Analyse auch der Umstand unerklärt bleiben, dass *Liszt* außerhalb der abstrakten Diskussion über Strafrecht und Willensfreiheit, in welcher er strenger Determinist ist, sonst weder die Wissenschaft, noch den Täter, wenn er etwa freiwillig zum Rücktritt vom Versuch greift, deterministisch denkt. In letztem Punkt verfährt *Liszt* grundsätzlich anders als die Autoren, die von vornherein die positivistische Grundhaltung teilen und ein kausales Schema bei jeder Gelegenheit, auch in der angeblich gesetzmäßigen Auf- und Abentwicklung („Konjunkturschwankungen"[624]) von wissenschaftlichen Äußerungen und Richtungen, sehen möchten.

In der hiesigen Analyse wird, umgekehrt als bei *Welzel*, davon ausgegangen, dass der Determinismus, den *Liszt* vertreten hat, genuin einem inneren Belang des Strafrechts untergeordnet war und damit, dass er dementsprechend: (1) durch unterschiedliche theoretische Elemente begründet werden konnte und tatsächlich begründet war; (2) dass mit dem Dahinschwinden des ausschlaggebenden strafrechtswissenschaftlichen Anliegens, *Liszt* auch das Thema der Willensfreiheit für die Belange der Strafrechtswissenschaft als irrelevant betrachtete; (3) und dass er schließlich dort, wie bei dem freiwilligen Rücktritt, wo der Belang deterministisch zu argumentieren nicht lebendig präsent war, auch nicht auf den Gedanken des Determinismus gekommen ist. Die Berechtigung dieser Analyse hängt davon ab, ob sie die oben angezeigten Widersprüche von *Welzels* Analyse aufheben kann. Sie soll durch die angewendete Methode grundsätzlich das Gattungsdenken durchbrechen: die Autoren werden als handelnde Gestalter des wissenschaftlichen und gesell-

---

623 *H. Welzel*, a.a.O. (1935), S. 22 ff. Vgl. für unterschiedliche, teilweise entgegengesetzte Rubrizierungen des Determinismus *V. Cathrein*, Das Strafrecht der Zukunft, Stimmen aus Maria-Laach: katholische Blätter 50 (1896), S. 364 ff.; *A. Höfler*, Sieben Thesen zu Professor Dr. Franz von Liszt's Vortrag „Die strafrechtliche Zurechnungsfähigkeit", 1897; *C. Torp*, Birkmeyer contra v. Liszt, ZStW 28 (1908), S. 321; *E. Wolf*, Vom Wesen des Täters, 1932, S. 11; *G. Radbruch*, a.a.O. (1938), S. 35; *R. Lange*, Wandlungen in den kriminologischen Grundlagen (1960), in seinen Summa Criminologica, Bd. 1, 1991, S. 57; *A. Rebhan*, Franz v. Liszt und die moderne défense sociale, 1962, S. 16 ff.; *C. Roxin*, Franz von Liszt und die kriminalpolitische Konzeption des Alternativentwurfs, GS Liszt, 1969, S. 85 ff.; *H. Müller*, Der Begriff der Generalprävention im 19. Jahrhundert, 1984, S. 342 ff.; *M. Frommel*, Präventionsmodelle, 1987, S. 73; *M. Kubink*, Strafen und ihre Alternativen im zeitlichen Wandel, 2002, S. 66 ff.; *S. Galassi*, Kriminologie im Deutschen Kaiserreich, S. 127 ff.; *T. Stäcker*, Die Schule Franz v. Liszts, 2012, S. 32; *C. O. Kreher*, Herkunft und Entwicklung des Zweckgedankens bei Franz von Liszt, 2015, S. 11; *M. Frisch*, Franz v. Liszt – Werk und Wirkung, in: A. Koch/M. Löhnig (Hrsg.), Die Schule Franz von Liszts, 2016, S. 11.

624 Vgl. die „Konjunkturen" bei *T. J. Neyhouse*, Positivism in Criminological Thought, 2012.

schaftlichen Diskurses aufgefasst, die zwar höhere Theorien kennen und verwerten, aber nicht durch sie vollständig-linear bestimmt werden.

b) Das Grundanliegen: Antiidealismus bei der Bewertung der Tat und Reaktion

Entscheidend für das Verständnis der deterministischen Haltung bei *Liszt* ist nach der hier vertretenen Auffassung, dass der Begriff der Willensfreiheit durch die idealistische Philosophie in der Tradition von *Hegel* zu der Zeit, als *Liszt* sein strafrechtliches System konzipiert hat, grundsätzlich kompromittiert war. *Hegels* Strafphilosophie hat sich nicht nur abstrakt durch den Vergeltungsgedanken ausgezeichnet, sondern war Teil eines breiteren Verständnisses der menschlichen Tat, bei welcher diese immer und ausschließlich als Ausfluss eines bloßen Willens verstanden wurde. Es ist die reinste denkbare Variante des „starken Indeterminismus".[625] Das Konzept müsste einerseits die Abkehr von strafrechtlichen Grundsätzen aus dem Strafrecht des Vormärzes bedeuten. Denn diese beruhten nicht nur wesentlich auf einer Vorstellung über die Bedeutung der gesellschaftlichen Faktoren für die kriminelle Tat, sondern bestimmten die Berechtigung des Strafrechts durch Förderung der gesellschaftlichen Reform, des Besserungsideals oder durch die sonstige zweckhafte Beeinflussung des Täters oder der Öffentlichkeit. Eine strafrechtliche Reaktion, die diese Art von realen Wirkungen erzielen soll, ist jedoch, soll sie als sinnvolles Konzept postuliert sein, nur dann möglich, wenn man davon ausgeht, dass die Menschen nicht jeweils selbst, durch den freien Willen entscheiden, welche Kraft dem einen oder dem anderen Faktor der Gesellschaft oder der strafrechtlichen Reaktion zukommt.

> „Man drückt sich wohl so aus: mein Wille ist von diesen *Beweggründen, Umständen*, Reizungen und Antrieben bestimmt worden. Dieser Ausdruck enthält zunächst, daß ich mich dabei passiv verhalten habe. In Wahrheit aber habe ich mich nicht nur passiv, sondern auch wesentlich aktiv dabei verhalten, darin nämlich, daß mein Wille diese Umstände als Beweggründe aufgenommen hat, sie als Beweggründe gelten läßt. Das Kausalitätsverhältnis findet hierbei nicht statt. Die Umstände verhalten sich nicht als Ursachen und mein Wille nicht als Wirkung derselben. Nach diesem Verhältnis muß, was in der Ursache liegt, notwendig erfolgen. Als Reflexion aber kann ich über jede Bestimmung hinausgehen, welche durch die Umstände gesetzt ist. Insofern der Mensch sich darauf beruft, daß er durch Umstände, Reizungen usf. verführt worden sei, so will er damit die Handlung gleichsam von sich wegschieben, setzt sich aber damit nur zu einem unfreien oder Naturwesen herab, während seine Handlung in Wahrheit immer seine eigene, nicht die eines anderen oder nicht die Wirkung von etwas außer ihm ist. Die Umstände oder Beweggründe haben nur so viel Herrschaft über den Menschen, als er selbst ihnen einräumt."[626]

---

[625] Vgl. die Systematik bei *C.-F. Stuckenberg*, Willensfreiheit und strafrechtliche Schuld, 2009, S. 1 f.

[626] *G. W. F. Hegel*, Nürnberger und Heidelberger Schriften, 1808–1817, Werke (WW) 4, S. 222 f. (§ 15). *H. Güßbacher*, Hegels Psychologie der Intelligenz, 1988, S. 336 ff.; *I. Primoratz*, Banquos Geist: Hegels Theorie der Strafe, 1986, S. 29 ff.

Hegel hat im Grunde durch seinen Idealismus nicht nur die Möglichkeit der Beeinflussung der Umstände auf die Tat und der Wirkung der strafrechtlichen Reaktion geleugnet, sondern eine Kompromittierung der Begriffe des „Willens" und des „freien Willens" herbeigeführt, die es den Autoren in der Literatur jahrzehntelang verwehrt hat, ausgewogene Modelle zu erstellen, bei welchen etwa der „freie Wille" oder die „Freiheit" nicht eine relevante Kontextualität ihrer Betätigung ausschließen würden. Als Beispiel für die Probleme, die Kontextualität des Handelns auf einen richtigen Begriff zu bringen, ohne den eigenen Ansatz im Sinne von *Hegel* indeterministisch zu kompromittieren, darf auf das Werk des Statistikers *Oettingen* verwiesen werden, dem es darum ging, durch die *kausale* Analyse die Bedeutung einer sozialen Komponente des Handelns hervorzuheben, „d. h. der Geschichte und damit der realen gesellschaftlichen Möglichkeiten, in denen Freiheit gelebt werden kann."[627] *Hegel* hat die indeterministische Position so einseitig gestaltet, dass man die vermittelnde Position, nicht wie heute und wie es begrifflich nahe liegt, als einen „schwachen Indeterminismus" bezeichnen wollte,[628] sondern als „relativen Determinismus".[629]

Unter dem Aspekt der Kontinuität des progressiven Strafrechts des Vormärzes und des Strafkonzeptes von *Liszt* erscheint die Verwerfung der Willensfreiheit bei *Liszt* nicht als Produkt einer theoretischen Auseinandersetzung, in welcher der Determinismus aus prinzipiell-philosophischen Gründen befürwortet wird, sondern als Verwerfung eines „starken Indeterminismus", mit welchem der bereits in der Aufklärung und im Vormärz etablierte Zweckgedanke im Strafrecht (vgl. Punkt D.II.1. im 6. Kapitel) inkompatibel ist. Die Inkompatibilität ist zweifach. Erstens impliziert *Hegels* Haltung, dass die Kontexte für die Tat irrelevant sind, was den spätestens seit *Beccaria* geforderten Gedanken der *Prophylaxe* im Sinne der Sozialpolitik vor dem strafrechtlichen Eingreifen, untergräbt, und durch die Hintertür wieder die Vermengung der Ätiologie mit dem Moralisieren aktualisiert. Letztere sollte gerade in der Aufklärung durchbrochen werden, da für sie der Täter ein elender und kein böser Mensch war. Zweitens ist naheliegend, dass der „Besserungsgedanke", der für *Liszt* aufgrund seiner frühen Erfahrung mit der Gefängniskunde eine entscheidende Rolle auch in der Diskussion im Vortrag „Der Zweckgedanke im Strafrecht" spielte (Punkt D.II.2. im 6. Kapitel), als praktikabler Richtpunkt der Strafgesetzgebung nur dann Sinn macht, wenn *Hegel* nicht Recht hat. Der Determinismus ist aber auch in einem weiteren, legitimatorischen Sinne für den Besserungsgedanken wichtig. Indem er die sozialen Bezüge des Verbrechens markiert, postuliert er den Gedanken

---

[627] *G. Linnenbrink*, Die Sozialethik Alexander von Oettingens, 1961, S. 47 ff., 65 ff, 71 f.

[628] Vgl. zum Begriff *C.-F. Stuckenberg*, a.a.O. (2009), S. 3 ff.

[629] *J. H. Witte*, Über Freiheit des Willens, das sittliche Leben und seine Gesetz: Ein Beitrag zur Reform der Erkenntnistheorie, Psychologie und Moralphilosophie, 1882, S. 2, 11 ff., 84 ff. Mit *Liszts* Besprechung, ZStW 3 (1882), S. 170 ff.

der „Mitschuld der Gesellschaft" an der Kriminalität[630] und legitimiert damit auch ökonomisch und staatstheoretisch die Entscheidung für die Besserung des Täters, im Unterschied zu seiner Vernichtung oder beispielsweise auch zur bloßen Deportation.

Das Auffinden von deterministischen Strategien zur Förderung eines zweckhaften und rationalisierten Umgangs mit dem Verbrechen ist in der Geschichte des Strafens nichts Einmaliges. In der Aufklärung, in Frankreich begegnet uns ein teilweise auch stark erkenntnistheoretisch abgesicherter Determinismus mehrfach in jenen Konstellationen, in welchen die gesellschaftliche Nachsicht oder einfach ein rationaler Umgang mit den Ursachen der Tat und der Sanktionierung verlangt wird.[631] Näher an *Liszts* Zeit hat wesentlich *Schopenhauer* den Determinismus mit der Forderung eines ausgewogenen Zweckkonzepts an die Strafrechtspflege verbunden,[632] was auch aus dem Blickwinkel interessiert, dass *Schopenhauer* ein gern bewunderter Philosoph unter der Wiener Jugend und Studentenschaft war (Punkt V.II. im 2. Kapitel). In den 1870er Jahren wurde in der sozialistischen Presse sogar die Ansicht vertreten, dass Determinismus gleich einer Handlungsmaxime die kriminalpolitischen Überlegungen bestimmen soll. Der Mensch sei an sich frei, aber *in den heutigen* Zuständen nicht frei.[633]

In unserer Zeit wurde die Willensfreiheit mit dem Motiv, den Schuld-Diskurs in der Gesellschaft zu gestalten und den Besserungsgedanken zu fordern, in den 1950er und 1960er Jahren von *Bauer* geleugnet.[634] Der Gedanke, den Determinismus als kriminalpolitisches Argument zu verwenden, ist sehr verlockend und wird auch in der neusten Zeit offenbar gerne auch von Autoren verwendet, denen es kaum um Verantwortung für die metaphysischen und philosophischen Fragen gehen dürfte. Man beachte die Diskussion um das Jugendstrafrecht, wo die Neurowissenschaften herzlich begrüßt wurden, sobald sie einen Zusammenhang zwischen der physiologischen Reifung des Gehirns und dem Verhalten von jungen Tätern proklamiert haben (= Durchbrechung der These, dass das Gehirn im frühen Kindheitsalter anatomisch voll geformt wird). In diesem besonderen Zusammenhang werden sie von einem verpönten Gegner der Rechtswissenschaft zu gelobten Trägern eines Beweises, dass die im Voraus gebildete, erziehungsfreundliche kriminalpolitische

---

[630] Vgl. *J. Glaser*, Vergeltung und Strafe: Beitrag zur Philosophie des Rechts, 1849, S. 45: Der Staat dürfe bei der Sanktionierung eines Verbrechers nicht vergessen, dass „auch auf ihm eine Schuld (…) gegenüber dem Unglücklichen" laste.

[631] *E. Hertz*, Volatire und die französische Strafrechtspflege, 1887, S. 126 ff., 426 ff.

[632] *F. Bauer*, Die Schuld im Strafrecht (1962), in Sammlung seiner Schriften „Humanität der Rechtsordnung", 1998, S. 249 ff.; *F. Bauer*, Schopenhauer und die Strafrechtsproblematik (1968), ebendort (1998), 341; *C.-F. Stuckenberg*, a.a.O. (2009), S. 11.

[633] *N.N.*, Strafrecht, Strafverfahren und Strafvollzug im Lichte des Socialismus, Die Zukunft 1 (1877/78), S. 635 ff., 642 („Es giebt für Niemand innerhalb unserer gesellschaftlichen Zustände freien Willen").

[634] Vgl. *M. Worm*, SPD und Strafrechtsreform, 1968, S. 82 ff.

Überzeugung richtig ist, während sie bei der Erörterung von weiteren Aspekten von Schuld und Strafbarkeit gar nicht beachtet werden.[635]

Aus der Sicht einer oft wiederkehrenden Vorliebe der Strafrechtswissenschaft und der gesellschaftlich verantwortungsvollen Kriminalpolitik für den Determinismus stellt *Welzels* Analyse von *Liszts* Strafrecht keine Vertiefung der Strafrechtswissenschaft durch theoretische und philosophische Einsichten, sondern eine Bagatellisierung ihres gesellschaftlichen Zusammenhangs und des kulturellen Erbes dar. Das Wertungsgefüge und der Traditionszusammenhang des Determinismus in der Kriminalpolitik sind weitaus komplizierter und feiner als jedes philosophische System sein kann. Auch hier ist freilich zu bedenken, dass *Welzel* den Positivismus in einem erweiterten Sinne verstanden hat, sodass er die Bezüge und Inhalte der Aufklärung als einen logischen und axiologischen Vorhof des Positivismus aufgefasst hat, auf den sich *Comtes* Gedankenschatz rückwirkend erstrecken würde. Insoweit ist also die Verbindung zwischen dem Gedanken des Ausschlusses der Grausamkeit, des Ausschlusses von unnötigen Strafen, der Aufwertung der gesellschaftlichen (Mit)Verantwortung für die Tat und die Schuld einerseits und des Determinismus andererseits, in seinem Werk nicht ausdrücklich, aber *implizite* vorhanden und für die Leser der 1930er Jahre wohl auch ohne zusätzliche Erklärung nachvollziehbar gewesen. Die rechtsextremen Schriftsteller der 1930er Jahre wollten sich auch nie allein von einem „kausal-mechanischen" Weltbild abwenden, sondern bekämpften mit diesem Bild im Namen der neuen Ordnung und im Namen von *Hegel* den „Individualismus, Rationalismus, Materialismus", den „Liberalismus", die „liberalistischen und sozialistischen Gedankengänge" und die „Humanitätsduselei", was alles in ihrer Sicht die Grundeigenschaften der Aufklärung und von *Liszt* waren (Punkt B. im 9. Kapitel).[636]

c) Polymorphe Bausteine der Begründung

Die Verschiebung des ersten Schritts der Analyse von dem *Programm*, das *angestrebt* wird, zu dem *Programm*, von welchem sich der Autor abwenden möchte, erlaubt es, auch ohne Zuordnungswidersprüche festzustellen, dass *Liszt* bei der positiven Bestimmung seiner Haltung die Bausteine aus *verschiedenen* theoretischen Repertoires verwendete. Das bestimmende Anliegen ist die Korrektur der philosophischen Lehre von der Willensfreiheit und die Blockade ihrer Verbreitung und ihrer Folgen im strafrechtlichen Diskurs. Die Auswahl der Mittel dafür ist erst ein weiterer Schritt und kann in verschiedenen Zeitpunkten anders ausfallen. *Liszt* hat für die Korrektur *vier* unterschiedliche Strategien angewendet, die sich teilweise zeitlich und systematisch überschneiden. In der ersten Auflage des „Lehrbuchs" finden sich

---

[635] Vgl. *D. M. Bishop/B. C. Feld*, Trend in Juvenile Justice Policy and Practice, in: The Oxford Handbook of Juvenile Crime and Juvenile Justice, 2012, S. 909; *F. Dünkel*, Jugendkriminalpolitik in Europa und den USA: Von Erziehung zu Strafe und zurück?, in: Jugend ohne Rettungsschirm, 2015, S. 531 ff., 542 ff.

[636] *G. Dahm/F. Schaffstein*, a.a.O. (1933), S. 3, 4, 9, 15, 37 f.

Ausführungen, die einen kausal-mechanischen Grundton haben. In der zweiten und dritten Auflage wollte *Liszt* mehrere Begriffe der Willensfreiheit unterscheiden und verneinte die Willensfreiheit nur im Sinne eines starken, philosophischen Indeterminismus. Im weiteren Verlauf des Werks, im „Lehrbuch" und in dem bedeutenden Aufsatz über die „Deterministischen Gegner der Zweckstrafe" laufen zwei teilweise verwandte Strategien parallel nebeneinander: Einerseits wird die Kausalität ähnlich wie bei *Kant* bestimmt; Gleichzeitig wird, andererseits, die Willensfreiheit als eine berechtigte Frage der Philosophie und der Metaphysik, die ohne Bedeutung für die Wissenschaften ist, marginalisiert.

aa) Kausales Schema in der 1. Auflage des „Lehrbuchs"

Die Ausführungen *Liszts* in der ersten Auflage seines „Lehrbuchs" (1881) sind in allen Abschnitten sehr komprimiert gehalten. Trotzdem kann bei der Bestimmung des Determinismus ein kausal-mechanisches theoretisches Muster wiedererkannt werden. In dieser Eigenschaft liegt eine grundsätzliche Übereinstimmung mit dem in den späten 1870er Jahren durch *Ferri* vertretenen, positivistischen Determinismus des Verbrechens. Die verbrecherische Handlung wird von *Liszt* kurz als Produkt ihrer „Faktoren", das dem „Kräfteparallelogramm" entspricht, bestimmt.[637] Die Strafe würde erst durch den Determinismus „ihre feste praktische Grundlage" erhalten.[638] Das ist verständlich und nachvollziehbar, wenn man mitberücksichtigt, dass in *Hegels* Konzept das Subjekt selbst den Beweggründen und Umständen (hier = Strafe) die Herrschaft „einräumt", sodass die Wirkung nur von ihm abhängen würde.

Möchte man in den genannten Bestimmungen einen positivistischen Einschlag anerkennen, so könnte zeitlich ein Einfluss von *Ferri* in Frage kommen, in dessen Dissertation über die Zurechnung und Willensfreiheit (1878), entgegen der eigentlichen Comte'schen Ausrichtung auf das gesellschaftliche *Aggregat*, ein farbenreiches positivistisches Paradigma mit der Diskussion über die *Willensfreiheit* des Menschen verbunden ist.[639] Eine andere Quelle des Positivismus könnte in *Jellineks* Wiener Promotionsschrift „Die socialethische Bedeutung von Recht, Unrecht und Strafe" gesehen werden (1878).[640] Die Schrift enthält, charakteristisch für das neukantianisch-positivistische Amalgam der 1870er Jahre, eine Würdigung des

---

[637] *Liszt*, Das deutsche Reichsstrafrecht (1. Auflage des „Lehrbuchs"), 1881, S. 5.

[638] *Liszt*, Das deutsche Reichsstrafrecht (1. Auflage des „Lehrbuchs"), 1881, S. 5.

[639] *E. Ferri*, La teorica dell' imputabilità e la negazione del libero arbitrio, 1878. *M. Nese*, a.a.O. (1993), S. 113 ff. Vgl. für die Bedeutung *Ferris* in Graz die Analysen von *Liszts* Mitdozenten *Julius Vargha*, z. B. *K. Probst*, a.a.O. (1987), S. 23 ff.; *M. Bock*, Hans Gross und Julius Vargha, in: K. Acham (Hrsg.), Rechts-, Sozial- und Wirtschaftswissenschaften aus Graz, 2011, 329.

[640] *G. Jellinek*, Die socialethische Bedeutung von Recht, Unrecht und Strafe, 1878. *R. Moos*, a.a.O. (1968), S. 485 ff.; *P. Goller*, a.a.O. (1997), S. 103 ff.; *J. Kersten*, Georg Jellinek und die klassische Staatslehre, 2000, S. 321 ff.

Positivismus mit zahlreichen theoretischen Einschüben von *Kant*,[641] aber auch von anderen Philosophen, wie des in Österreich immer präsenten *Herbart*.[642] Die Bedeutung des Determinismus für die Entwicklung der Gesellschaft wird in einem Sinne hervorgehoben, der sehr nah an die Belange der Legitimierung des Besserungsgedanken kommt.[643] Ähnlich wie in *Liszts* Werk, werden bei *Jellinek* die Postulate und Lehren *Lombrosos* ganz verworfen.[644]

bb) Die Herbart'sche Unterscheidung von unterschiedlichen Arten der Freiheit und Kausalität

Während in der ersten Auflage des „Lehrbuchs" an Stelle des freien Willens ein Faktoren-Determinismus gestellt wird, findet sich in der zweiten (1884) und in der dritten Auflage (1888) die Bemühung, bei der Bestimmung der Willensfreiheit zu differenzieren und drei unterschiedliche Sachverhalte der „Willensfreiheit" voneinander zu trennen. Hier ist die Absicht enthalten, einen Indeterminismus im Sinne von *Hegel* zu verwerfen und gleichwohl eine besondere Form einer *„psychologischen" Willensfreiheit* zu *bejahen.* Besonders interessant erscheint der Umstand, dass *Liszt* in genannten Auflagen der Überzeugung war, dass durch sein Verfahren sowohl die „Fehler" der „Leugner der Willensfreiheit" als auch die Fehler einer metaphysischen Spekulation im Sinne *Hegels* umgangen werden.[645] Als Leugner der Willensfreiheit, deren Anliegen als verfehlt bezeichnet wird, nennt *Liszt* ausdrücklich die „modernen italienischen Kriminalisten".[646]

> „Wir unterscheiden: 1. Willensfreiheit als psychologische ist Bestimmbarkeit durch Motive statt durch die Gesetze des mechanischen Naturkausalismus. Daß Freiheit des Wollens in diesem Sinne besteht, kann keinem Zweifel unterliegen; ohne sie wären Recht, Moral und Religion nicht denkbar. 2. Willensfreiheit als ethische bedeutet das Bestimmtsein durch selbstgesetzte (autonome) Motive. Sie zu erringen, bildet das höchste, immer anzustrebende und niemals völlig zu erreichende Ideal des Menschen als Menschen. Jedes Verbrechen ist ein Beweis, daß die sittliche Freiheit nicht erreicht worden ist; jede Strafe die Anerkennung, daß sie erreicht werden soll. Eben darum kann sie nicht die Voraussetzung der Zurechnungsfähigkeit bilden; sonst wäre niemand in dieser Welt als zurechnungsfähig zu bezeichnen. 3. Willensfreiheit als metaphysische ist die Fähigkeit, als causa sui eine Kausalreihe zu beginnen. Sie führt uns zu Begriffen, die außer der Erfahrung, mithin außer aller Wissenschaft liegen. Mit dem Strafrecht als Wissenschaft hat sie nichts zu schaffen."[647]

---

[641] *G. Jellinek*, a.a.O. (1878), S. 63.

[642] *G. Jellinek*, a.a.O. (1878), S. 64 ff.

[643] *G. Jellinek*, a.a.O. (1878), S. 66.

[644] *G. Jellinek*, a.a.O. (1878), S. 66 ff.

[645] *Liszt*, Lehrbuch des Deutschen Strafrechts, 2. Aufl. 1884, S. 138.

[646] *Liszt*, Lehrbuch des Deutschen Strafrechts, 2. Aufl. 1884, S. 138.

[647] *Liszt*, Lehrbuch des Deutschen Strafrechts, 2. Aufl. 1884, S. 137 f.; 3. Aufl. 1888, S. 151 f. Vgl. *W. Frisch*, Franz v. Liszt – Werk und Wirkung, in: A. Koch/M. Löhnig (Hrsg.), Die Schule Franz von Liszts, 2016, S. 11.

Die genannte Tenorierung, insbesondere in Punkt 1., verweist eindeutig auf *Herbarts* Psychologie und die Auffassung, die *Jellinek* 1878 vertreten hat. Man kann auch rückblickend die Ausführungen in der ersten Auflage, in welcher in vollständiger Kürze auch „Motive“ erwähnt werden, als herbartinisch auffassen, obwohl dort das kausale Moment bei der Bestimmung ein eindeutiges Spezifikum ist.[648] Ähnlich wie *Liszt* hat auch *Jellinek* die von *Herbart* aufgestellte Unterscheidung der Bestimmung durch äußere Ursachen und innere Motive als einen richtigen Weg für die Korrektur der philosophischen Willensfreiheit begriffen. Er baut auf dieser Unterscheidung seine Sozialethik der Strafe auf. Der gemischte Charakter der Argumentation bei *Liszt* ist besonders in der dritten Auflage ersichtlich, wo in der Fußnote die Ansätze des später in den Mittelpunkt gestellten Kant-Topos zu erblicken sind. Es wird auf die Bedeutung von *Kants* Kausalitätsverständnis hingewiesen, und *Kant* wird auf einem mittelbaren Weg als Gewährsmann für die eigene Haltung angeführt.[649]

Der von *Welzel* erhobene Einwand, dass man, würde man den Gedanken der Bestimmbarkeit durch Motive zu Ende denken, ebenso zu einer mechanisch-determinierten Vorstellung kommen müsste, ist theoretisch richtig.[650] Ob er aber zugleich als Beweis für das Vorhandensein eines mechanisch-positivistischen Verständnisses des Menschen beim untersuchten Autor (hier: *Liszt*) verwertet werden kann, hängt jedoch nicht vom Einwand selbst ab, sondern gerade von jenen Prämissen, die in *Welzels* Analyse unhinterfragbar sind. *Welzel* setzt ein Bild von *Liszt* als Positivisten voraus und fühlt sich berufen, *Liszts* Aussagen und Werk auch dort kausal-positivistisch zu komplementieren, wo es *Liszt* selbst *nicht* gemacht hat. Umgekehrt hat eine Sichtweise zu verfahren, die Ausführungen über die Willensfreiheit funktional als Teil des kriminalpolitischen und strafrechtswissenschaftlichen Diskurses betrachtet. Für diese Sichtweise ist das, was äußerlich als Inkonsequenz erscheint, nur ein weiterer Nachweis dafür, dass es *Liszt* oder *Jellinek* überhaupt nicht um die mechanisch-kausale Vorstellung an sich ging, sondern um die Korrektur eines inoperablen und metaphysischen Menschenbildes, das im Bereich des Strafrechts nur Elend, Übertreibung, Grausamkeit und Leugnung der gesellschaftlichen Mitverantwortung produzieren kann.[651]

---

648 Vgl. die erste Auflage, 1881, S. 5 („Bestimmbarkeit durch Motive“).

649 *Liszt*, Lehrbuch des Deutschen Strafrechts, 3. Aufl. 1888, S. 152.

650 *H. Welzel*, a.a.O. (1935), S. 23 („Liszt selbst hat sich gegen diesen Vorwurf gewehrt, indem er darauf verwies, dass er neben der mechanischen Determination stets die Bestimmbarkeit des Menschen durch Vorstellungen anerkannt habe. Das ist natürlich selbstverständlich, trifft aber den Kern des Problems nicht. (...) Hat sie denselben mechanischen Bau, wie die Determination des physikalischen Geschehens, wonach der Effekt die „zufällige“, d.h. gleichgültige Resultante blinder Komponenten ist (...)“).

651 Vgl. *E. Hertz*, a.a.O. (1887), S. 132 („(...) indem sie der Vergeltung im Strafrecht das Wort reden, halten sie sich für die Vertreter einer geläuterten Rechtsauffassung. Dies erscheint jedoch wie Hohn, wenn man nur die Geschichte sprechen lässt. Denn gerade unter der Herrschaft dieses Vergeltungsprinzips und durch dasselbe gerieth die Strafrechtspflege in ganz

cc) Kantische Intarsien

Die Hinweise auf die Bedeutung *Kants* und seines Kausalitätsverständnisses finden sich bei *Liszt* bereits seit der dritten Auflage des „Lehrbuchs“, allerdings mit wechselnden Akzenten. Typisch für die frühe Auffassung ist, wenn in der dritten, vierten und fünften Auflage darauf verwiesen wird, dass sich *Kant* und *Schopenhauer* für die „ausnahmslose Geltung des Kausalgesetzes in der Welt der Erfahrung ausgesprochen“ haben.[652] Mit dieser Feststellung ist über *Kants* Auffassung noch nicht alles erfasst, was wichtig ist, denn *Kant* hat bekanntlich die theoretische Philosophie mit einer praktischen, die vom freien Willen ausgeht, komplementiert. Jedoch verwendet *Liszt* den Hinweis auf *Kant* offenbar in einem anderen Sinne: er nimmt nur den für die Neukantianer allein richtigen und wertvollen „theoretischen Kant“ wahr und geht davon aus, dass die Notwendigkeit der Kausalität („Geltung des Kausalgesetzes“) im theoretischen Bereich auch die Notwendigkeit impliziert, dass jede theoretische Disziplin (Wissenschaft) die Kausalität und in diesem Sinne den Determinismus zum Grund ihres Systems legt. In diesem Sinne wird von *Liszt* später hervorgehoben, dass die indeterministische Lehre in einem „Widerspruch mit unseren Denkgesetzen“ stehen würde.[653]

Die deutlichsten Anleihen aus dem Neukantianismus und seinem Verständnis der Kausalität finden sich zuerst außerhalb des Themenbereichs der Willensfreiheit. Bereits in der dritten Auflage des „Lehrbuchs“ wird bei der Dogmatik der Unterlassung hervorgehoben, dass die Kausalität nur eine „Form unseres Erkennens“ sei.[654] Unten wird erörtert, dass diese Stelle in der Unterlassungsdogmatik einen entscheidenden Hinweis darauf gewährt, dass *Liszt* den neukantianischen Kritizismus bei der Verwertung von Begriffen nur äußerlich, soweit es für seine Argumentation fördernd war, rezipiert hat (im Punkt A.IV.). Im jetzigen Punkt der Untersuchung soll zuerst nur dargestellt werden, inwiefern die Figur der *„nur eine Form“* unseres Erkennens für *Liszts* Stellungnahmen zur Willensfreiheit fördernd war. Die Wendung bildet einen zentralen Punkt in seiner Argumentation in dem bekannten Aufsatz über die „Deterministischen Gegner der Zweckstrafe“ aus dem Jahre 1893.[655] Dort wird, ähnlich wie in verschlüsselter Form in der dritten, vierten und fünften Auflage des „Lehrbuchs“, suggeriert, dass es bei der Bestimmung der Kausalität und Determiniertheit überhaupt nicht um einen letzten Satz über die Determiniertheit der Welt gehe, sondern nur um eine Wiederholung der für die Wissenschaft selbstverständlichen Erkenntnisvoraussetzungen. In diesem Sinne heißt es: Das „Gesetz der Kausalität“ sei nichts weiter als „Form unseres Erken-

---

Europa in jenen Zustand der Barbarei, aus welchen sie erst der „niedrige Nützlichkeitsgesichtspunkt“ der Aufklärer befreite.“).

[652] *Liszt*, Lehrbuch des Deutschen Strafrechts, 3. Aufl. 1888, S. 152; 5. Aufl. 1892, S. 159.

[653] *Liszt*, Lehrbuch des Deutschen Strafrechts, 8. Aufl. 1897, S. 78; 9. Aufl. 1899, S. 78; 12/13. Aufl. 1903, S. 84.

[654] *Liszt*, Lehrbuch des Deutschen Strafrechts, 3. Aufl. 1888, S. 125 f.

[655] *Liszt*, Die deterministischen Gegner der Zweckstrafe (1893), AuV II, Nr. 16, S. 38.

nens".[656] Sowohl *Rebhan* als auch *Pawlik* haben in dieser Bestimmung zu Recht einen neukantianischen, begriffskritischen Gedankengang wiedererkannt.[657]

Zu beachten ist jedoch, dass trotz einer formalen Nähe zum Neukantianismus, *Liszt* die Bestimmung, dass die Kausalität oder das Gesetz der Kausalität nur eine Form des Erkennens ist, auf eine unkonventionelle Art verwendet. Die Bestimmung *„nur eine Form"* soll allem Anschein nach für *Liszt* heißen, dass (1) die Frage der Kausalität eine praktische und keine metaphysische, auf die Willensfreiheit bezogene Frage ist. Insoweit sublimiert das Argument *„nur eine Form"* die von *Liszt* bereits zu dieser Zeit und in späterer Zeit fortschreitende Leugnung der Bedeutung der Willensfreiheitsproblematik (s. im nächsten Punkt). Andererseits heißt für ihn *„nur eine Form"* unserer Erkenntnis, dass (2) man unter dieser Form, eben weil sie nur eine Form ist, verschiedene Arten der Kausalität verstehen kann, und damit auch jene „nicht mechanische" von *Herbart.* Insoweit sublimiert das Argument *„nur eine Form"* die früher stärker zum Ausdruck gebrachte Anbindung an *Herbart.*[658] Unten wird, wie bereits angedeutet, am Beispiel der Unterlassungsdogmatik gezeigt, dass *Liszts* Verwendung der Wendung *„nur eine Form"* darauf hinweist, dass er sie nicht in dem eigentlichen Sinne des neukantianischen Kritizismus verstanden hat, obwohl die Wendung offenbar diesem Diskurs entlehnt ist.

Die Grazer Zeit erscheint für das Verständnis von *Liszts* Haltung gegenüber *Kant* besonders interessant. *Liszts* Privatdozentur in Graz deckt sich zeitlich mit der Professur von *Alois Riehl,* der in der Forschung, charakteristisch für die schwankende Beurteilung des Amalgams aus den 1870er Jahren, bald als Positivist (ältere Forschung), bald als Neukantianer (neuere Forschung) ins Visier genommen wurde.[659] *Riehl* könnte die Rolle eines Vermittlers des kantischen Kritizismus gehabt haben. Dafür könnte die *„nur eine Form"* Wendung bei der Bestimmung der Kausalität sprechen. Sie findet sich bei *Kant* und den Neukantianern in unterschiedlichen Facetten wieder, wird jedoch selten so zugespitzt wie bei *Riehl,* der im Anschluss an *Helmholtz* von der Kausalität als einem „regulativen Prinzip unseres Denkens" sprach.[660] In *Liszts* Grazer Zeit erschien der erste Band von *Riehls* „Der philosophische Kritizismus und seine Bedeutung für die positive Wissenschaft" (1876).[661] – Das Buch ist für die Liszt-Forschung und im Allgemeinen ein lehrreiches Stück über die Gedankengänge des Neukantianismus in den 1870er Jahren, als, anders noch als beim späten *Windelband* und *Rickert,* jede Art von Dogmatismus vermieden wurde.[662]

---

656 *Liszt,* Die deterministischen Gegner der Zweckstrafe (1893), AuV II, Nr. 16, S. 38.

657 *A. Rebhan,* a.a.O. (1962), S. 19 f.; *M. Pawlik,* a.a.O. (2016), S. 63 ff.

658 Das Thema findet sich, teilweise mit unterschiedlichen Formulierungen auch in den späteren Auflagen. Vgl. 12./13. Aufl. 1903, S. 83 f.

659 *T. K. Österreich,* a.a.O. (1923), S. 285 ff.

660 *A. Riehl,* Hermann von Helmholtz in seinem Verhältnis zu Kant, 1904, S. 13 ff., 40 ff.

661 *A. Riehl,* Der philosophische Kriticismus und seine Bedeutung für die positive Wissenschaft, Bd. 1: Geschichte und Methode des philosophische Kriticismus, 1876.

662 Vgl. *A. Riehl,* a.a.O. (1876), S. III ff.

dd) Fortschreitende Marginalisierung der Bedeutung der Willensfreiheit für die Strafrechtswissenschaft

Die bisherige Liszt-Forschung hat, unter der Prämisse, dass hinter *Liszts* Werk ein positivistisches Kausaldogma stand, in der Regel unterlassen hervorzuheben, dass *Liszt* bereits seit der vierten Auflage des „Lehrbuchs" (1891) fortschreitend für die Irrelevanz der Frage nach der Willensfreiheit für die Strafrechtswissenschaft plädierte.[663] Die Entwicklung ist sowohl an der Systematik und Einordnung der Erörterungen über die Willensfreit im „Lehrbuch", als auch an einzelnen Stellungnahmen zum Themenkomplex deutlich ersichtlich. Die Frage der Willensfreiheit wird bis zur vierten Auflage zentral bei der Zurechnung, also als ein praktisches, folgenreiches Problem der Strafrechtswissenschaft erörtert. Ab der vierten und insbesondere ab der sechsten Auflage sind die Ausführungen über die Willensfreiheit aus dem dogmatischen Zusammenhang gelöst und werden abstrakt in dem einführenden Teil des Lehrbuchs wiedergegeben und – im Prinzip – für unwichtig erklärt.[664]

Man beachte aus der Palette von einzelnen Stellungnahmen folgende Beispiele für die Irrelevanz des Streits um die Willensfreiheit für die Strafrechtswissenschaft: Es gehe nur um die „Bestimmbarkeit des Willens" (= Argument Herbart) und in diesem finde das Strafrecht „seine feste, dem Streite der Philosophen" *entrückte* Grundlage.[665] In der sechsten Auflage wird noch dezidierter die Frage der Willensfreiheit nur als ein „philosophischer Streit" bezeichnet, dessen Ergebnis, „wie auch immer" er ausfallen mag, die „Grundlage des Strafrechts ebensowenig wie die irgendeines andern Rechtsgebietes" erschüttern könne.[666] Charakteristisch für die Irrelevanz-These in dieser Auflage ist die Wendung, dass „die Zweckstrafe" mit der „Annahme einer dem Kausalgesetze entrückten Willensfreiheit durchaus vereinbar ist", dass sie aber gleichzeitig „von der Richtigkeit dieser Annahme völlig unabhängig" sei.[667] „Die Rechtfertigung der Zweckstrafe", so *Liszt*, „liegt in ihrer Notwendigkeit für die Aufrechterhaltung der Rechtsordnung und damit des Staates".[668] Eine weitere Rechtfertigung „ist *verfehlt*, sobald sie über die Grenzen des wissenschaftlichen Erkennens hinausführt".[669] Man beachte, dass *Liszt*, insoweit anders als *Hegel* oder die 1930er Jahre nicht eine Selbstherrlichkeit des Staates kennt, sondern die Notwendigkeit der Rechtsordnung allein und ausdrücklich im Kontrast zur Anarchie

---

[663] Vgl. *Liszt*, Lehrbuch des Deutschen Strafrechts, 4. Aufl. 1891, S. 160 ff.; 5. Aufl. 1892, S. 159; 6. Aufl. 1894, S. 63 ff.; 8. Aufl. 1897, S. 78; 9. Aufl. 1899, S. 78; 12./13. Aufl. 1903, S. 84; 18. Aufl. 1911, S. 90.

[664] Vgl. *Liszt*, Lehrbuch des Deutschen Strafrechts, 6. Aufl. 1894, S. 63 ff.

[665] *Liszt*, Lehrbuch des Deutschen Strafrechts, 4. Aufl. 1891, S. 160 f.

[666] *Liszt*, Lehrbuch des Deutschen Strafrechts, 6. Aufl. 1894, S. 64 f.

[667] *Liszt*, Lehrbuch des Deutschen Strafrechts, 6. Aufl. 1894, S. 63.

[668] *Liszt*, Lehrbuch des Deutschen Strafrechts, 6. Aufl. 1894, S. 62.

[669] *Liszt*, Lehrbuch des Deutschen Strafrechts, 6. Aufl. 1894, S. 62.

versteht.[670] Die Rechtsordnung sei eine Friedensordnung, die den Krieg Aller gegen Alle unterbinde.[671]

Ab 1903 wird die Irrelevanz-These auch mit den Hinweisen abgerundet, dass die Entgegensetzung des Indeterminismus und des Determinismus im Strafrecht auch durch und wegen der damals aktuellen Annäherung der Positionen entfallen ist. Dieser Punkt der Argumentation gegen die Bedeutung der Willensfreiheitproblematik ergibt nur dann Sinn, wenn man davon ausgehen kann, wofür hier plädiert wird, dass die frühe Behauptung des Determinismus bei *Liszt* (im plakativen und im Herbart'schen Sinne) durch die innere Struktur der Strafrechtswissenschaft und des kriminalpolitischen Grundproblems und nicht durch eine mechanisch-kausale Weltanschauung motiviert war. Die innerstrafrechtliche Relevanz ist durch einen zweifachen Vorgang der Annäherung entfallen: Erstens gäbe es keine Vertreter des indeterministisch inspirierten Vergeltungsgedankens mehr: der Streit der Strafrechtler, so *Liszt*, „dreht sich heute in Wirklichkeit um das Verhältnis zwischen Generalprävention und Spezialprävention“.[672] Zweitens werde von den aktuellen „Vertretern“ der „Willensfreiheit“ nach 1900 die Bestimmbarkeit durch Motive nicht in Frage gestellt. „Es genügt“ für das Grundkonzept des Strafrechts, so *Liszt*, die „von keiner Seite ernstlich bestrittene Annahme, dass alles menschliche Handeln psychisch (nicht mechanisch) kausiert, also durch Vorstellungen bestimmt, determiniert, motiviert“ ist.[673] Der Indeterminismus habe sich dem Determinismus gerade in jener Substanz angenähert, die für den letzteren in der kriminalpolitischen Debatte wichtig war: Die zeitgenössischen Anhänger der Willensfreiheit würden, so *Liszt* zuerst in der 18. Auflage (1911), nur einen „gemäßigten“ bzw. „relativen“ Indeterminismus vertreten,[674] was so viel als das heißt, dass sie die Bedeutung des Kontextes, in welchem gehandelt wird, für die Bewertung der Handlung nicht ausschließen (Kontextualität der Handlung).

Es scheint nach dem Gesagten unzutreffend, wenn *Stuckenberg* in seiner vorbildlich klar strukturierten Darstellung der Willensfreiheitsproblematik davon ausgeht, dass zwischen *Liszt* einerseits und den modernen Autoren wie *Roxin* andererseits, eine Übereinstimmung im Hinblick auf das Verständnis der Schuld anzutreffen ist, dass *Liszt* jedoch nicht zur Gruppe der modernen Autoren gehören würde, die die Bedeutung der Frage der Willensfreiheit für die Strafrechtswissenschaft ausschließen.[675] Nach *Stuckenberg* wird die Beantwortung der Frage, ob die Willensfreiheit besteht oder nicht, nur von modernen heutigen Schriftstellern für entbehrlich gehalten, nicht aber bei *Liszt*.[676] Dem ist entgegenzuhalten, dass *Liszt* bereits

---

[670] *Liszt*, Lehrbuch des Deutschen Strafrechts, 6. Aufl. 1894, S. 62.

[671] Diese Bestimmung tritt seit der 3. Aufl. von 1888, S. 3 auf; 6. Aufl. 1894, S. 49.

[672] *Liszt*, Lehrbuch des Deutschen Strafrechts, 12./13. Aufl. 1903, S. 85.

[673] *Liszt*, Lehrbuch des Deutschen Strafrechts, 12./13. Aufl. 1903, S. 84.

[674] *Liszt*, Lehrbuch des Deutschen Strafrechts, 18. Aufll. 1911, S. 90.

[675] *C.-F. Stuckenberg*, a.a.O. (2009), S. 14.

[676] *C.-F. Stuckenberg*, a.a.O. (2009), S. 14.

nach der vierten Auflage seines „Lehrbuchs" die Frage der Willensfreiheit *in jenem Sinne, der nach dem zweiten Weltkrieg diskutiert wurde*, genauso aus der inneren Problematik der Wissenschaft und der Strafrechtswissenschaft ausgeklammert hat, wie die spätere, moderne wissenschaftliche Analyse. Für *Liszt* gehört die eigentliche Frage nach der Willensfreiheit nur zum Bereich der Metaphysik, nicht der Wissenschaft. Es besteht demnach eine wissenschafts-konstruktive Übereinstimmung, kein Gegensatz mit Autoren wie *Roxin* oder etwa *Göppinger* im Bereich der Kriminologie.[677]

d) In nicht theoretischen Ausführungen: allgemeines Fehlen der deterministischen Konsequenz

Für die Forschung, die nicht schon auf der Ebene der Prämisse davon ausgeht, dass die Autoren nur Exemplare einer Gattung sind, ist die Frage nach den fehlenden Indikatoren für eine Zuordnung genauso wertvoll, wie die Frage nach vorhandenen Stellen, die positiv für eine Zuordnung verwendet werden können. Die erste Art der Herangehensweise, das Gattungsdenken, muss in den fehlenden Partien, die sie logisch als vorhanden voraussetzt, immer eine Inkonsequenz des untersuchten Autors oder seiner Darstellung erkennen. Demgegenüber stellt für die kritische Herangehensweise die Inkonsequenz eine Chance dar, ein funktionales System der Begründungsmuster zu erkennen, in welchen eine Aussage höherer Ordnung, wie die Verpflichtung zum Determinismus, einen kulturell bedingten Äußerungswert in der Einzeldisziplin hat. Der Determinismus kann dann als ein Teil eines sozialen oder kulturellen Zusammenhangs und nicht bloß als die hinterlassene Spur eines großen philosophischen oder weltanschaulichen Systems, mit welchem sich der Autor vermeintlich befasst hat, behandelt werden.

In einem offenbaren Widerspruch zum Determinismus steht der Zweckgedanke bei *Liszt*, denn für einen folgenreichen Determinismus kann es Begriffe des „Zwecks" oder „Plans" nicht geben.[678] Es wäre jedoch an dieser Stelle verfehlt, mit dem Hinweis auf Schlagwörter wie „Ursache" und „Zweck", die Problematik zu vereinfachen. In einem der nächsten Kapitel wird ausführlich die Stellung *Liszts* zum Zweck dargestellt, und zwar sowohl in Bezug auf seine soziale Analyse, wo zweckhaftes Tun mit kausalen Analysemustern konkurriert (Punkt C.II.4. im 6. Kapitel), als auch in Bezug auf die klassische Stellung des „Zwecks" im Rahmen von *Liszts* Begründungsmustern der Strafrechtsreform, wo Zweck eindeutig im Sinne einer unmittelbaren Bestimmung der Ziele des Tuns verstanden wird, und damit – der Traditionszusammenhang wird oft übersehen – die älteren Zweckkon-

---

[677] *C. Roxin*, Strafrecht AT, Bd. 1, 4. Aufl. 2006, § 3, Rn. 55 („Die Frage nach dem wirklichen Bestehen der Willensfreiheit kann und muss wegen ihrer objektiven Unentschiedbarkeit dabei ausgeklammert werden."); *H. Göppinger*, Kriminologie, 4. Aufl. 1980, S. 16 („Willensfreiheit ist empirisch nicht angehbar; da sie erfahrungswissenschaftlich nicht nachweisbar ist.").

[678] Vgl. *E. Adickes*, a.a.O. (1906), S. 13.

zepte aus der Aufklärung und dem Vormärz aufgegriffen werden (Punkt D.II.1. im 6. Kapitel). Unabhängig von dem Topos des Zwecks lassen sich bei *Liszt* zahlreiche Gebiete finden, wo eine deterministische Haltung nicht erwogen wird. Man kann mit *Bockelmann* folgende Punkte nennen, die für die „ideologische Verfestigung der spezialpräventiven Strafrechtstheorien“[679] charakteristisch sind:

> „Indessen ist es mit dieser Meinung [Leugnung der Willensfreiheit] auch dem eifrigsten Determinismus in Wirklichkeit gar nicht Ernst. Denn er denkt nicht daran, aus seiner Grundanschauung etwa die Folgerung zu ziehen, dass das Zivilrecht den Grundsatz der Privatautonomie, das Staatsrecht die Institution der Wahl aufgeben müsse, weil der Mensch mangels Willensfreiheit gar keine verantwortliche Willenserklärung abgeben und keinen wirklichen Wahlakt vollziehen könne. Vielmehr werden die Privatautonomie und das Wahlrecht, die doch die Freiheit des Menschen zu ausschließlich selbstbestimmten Entscheidung voraussetzen, nirgends in die Frage gestellt. Die Freiheit pflegt man nur mit Bezug auf das Strafrecht, in dem ihre Last zu tragen ist zu leugnen. (...) Aber selbst hier bleibt man nicht folgerichtig. Denn mit der Überzeugung, dass der Rechtsbrecher nur so handelt, wie er handeln muss, verbindet man ganz naiv die Vorstellung, dass aber der Richter, der Therapeut, der Pädagoge, der Vollzugsleiter usw. handeln und wollen können, wie sie wollen.“[680]

Diesen Ausführungen ist hinzuzufügen, dass für *Liszt* auch der Täter als Angeklagter frei war, und natürlich auch der Verletzte und alle interessierten Bürger im Strafverfahren, denen nach *Liszts* Konzept im Staat sogar eine „staatsbürgerliche Privatklage“ (Popularklage) zukommen sollte (vgl. Punkt A.I. im 6. Kapitel), sollten sie mit den einstellenden Tendenzen der Staatsanwaltschaft oder des – damaligen – Untersuchungsrichters nicht zufrieden sein. Auch der Täter als Gefangener soll aus seiner Objektrolle im Strafvollzug heraustreten und zukünftig als Partei eines „Rechtsverhältnisses“ angesehen werden (Punkt D.IV. im 6. Kapitel). Schließlich ist auch der Täter als Täter, also in seiner Rolle bei der Tat, bei *Liszt* dort, wo es nicht um Begründung, sondern Verneinung der Verantwortung geht, frei. Man erwähne aus dem allgemeinen Teil den freien bzw. – dieser Ausdruck wird in der Diskussion der Zeit und bei *Liszt* verwendet – freiwilligen Rücktritt.[681] Auch das Institut der Einwilligung (volenti non fit injuria)[682] dürfte für die Auseinandersetzung um den Determinismus ein lehrreiches Beispiel sein. Im besonderen Teil des „Lehrbuchs“ treten bisweilen Beispiele auf, in welchen ebenso offen die Rede von Freiwilligkeit ist. So läge für *Liszt*, wenn der A dem Suizidenten B auf sein Verlangen zwecks des Selbstmords die Fenster öffnet und das Zimmer verlässt, keine Tötung auf Verlangen vor, wenn der Suizident „freiwillig im Zimmer“ blieb.[683]

In *Liszts* Werk fehlen zwei klassische Topoi des Positivismus vollständig. Das ist erstens das Gesetz der Entwicklung der Wissenschaft in drei Stadien, dem in

---

[679] *P. Bockelmann*, Zur Kritik der Strafrechtskritik, FS R. Lange, 1976, S. 1.

[680] *P. Bockelmann*, a.a.O. (1976), S. 2.

[681] *Liszt*, Lehrbuch des Deutschen Strafrechts, 21/22. Aufl. 1919, S. 201.

[682] *Liszt*, Lehrbuch des Deutschen Strafrechts, 21/22. Aufl. 1919, S. 147.

[683] *Liszt*, Lehrbuch des Deutschen Strafrechts, 21/22. Aufl. 1919, S. 296.

mannigfaltigen Schriften weiterer Autoren der Charakter eines Signals der Vertrautheit mit dem Comte'schen Programm zukommt. Es findet sich bei *Jellinek*,[684] der es mit *Kant* kombiniert, nicht aber bei *Liszt*, der, wie oben dargelegt, den Kampf um die Rechtswissenschaft in der Tradition der Historischen Rechtsschule als Schutz einer bereits bestehenden Disziplin auffasst und nicht als ein erst zu erreichendes Stadium ansieht (Punkt B.II. im 3. Kapitel). In letzterem Konzept wird die Rechtswissenschaft von *Liszt* sowohl vor der Philosophie, als auch vor den Naturwissenschaften verteidigt („Das Buch von Kraus und die bereits oben erwähnte Schrift von Stricker, sind m. E. als ernste Mahnung zu betrachten, die früher von philosophischer Seite so oft überschrittenen Grenzen unserer Fachwissenschaft nunmehr auch gegen naturwissenschaftliche Übergriffe energischer als bisher zu verteidigen").[685]

Ein ebenso charakteristisch positivistischer Gedanke, der bei *Liszt* fehlt, ist die Behauptung, dass auch die eigene wissenschaftliche Meinung kausal, im Sinne einer Notwendigkeit des modernen Weltgeschehens, determiniert ist. Solche Sätze finden sich in positivistischen Programmen, vermutlich, weil dort die Autoren selbst den Vorwurf umgehen wollen, dass sie mit zweifachen Maßstäben verfahren, und das Verbrechen etwa für determiniert, das eigene Werk und Wirken jedoch für frei erklären. So hat *Ferri* verneint, dass seine positivistische Haltung einem willkürlichen Schaffen entsprechen würde. Die „Positive Schule der Kriminologie" sei vielmehr, wie er ausdrücklich sagt, ein „Naturprodukt", ein „notwendiges Phänomen", das dem Zustand der Kriminalwissenschaften entspringt.[686] *Welzel* hat zurecht daraufhin gewiesen, dass es solche Ansichten bei *Liszt* nicht gibt, und dass er vielmehr, widersprüchlich zu seiner eigenen Bestimmung des Täters, sich selbst als frei betrachtet.[687] Es ist aber wiederum eine Frage der Prämisse, ob der Kritiker dieses Fehlen der Selbstdeterminiertheit bei einem Autor wie *Liszt* als Anlass für die Ergänzung von Werk dieses Autors in einem vorgefassten Sinne verwenden möchte, oder ob man im Fehlen der Selbstdeterminiertheit ein weiteres Zeichen für den nur sekundären Charakter von kausalen Einschüben in *Liszts* Werk erkennen möchte.

Liszts ganzes Werk ist Zeugnis einer theoretischen Verpflichtung zur „Individualität". Diese Haltung kann in dem Milieu der zeitgenössischen Auffassungen des Verbrechens nur sporadisch festgestellt werden. Sie geht auf *Wahlbergs* theoretische Position zurück (Punkt B.III.2. im 3. Kapitel) und auch die Zeitgenossen, etwa die Statistiker, haben in *Liszts* Forderungen ein antigeneralisierendes Spezifikum wiedererkannt (Punkt A.III.4.c) im 5. Kapitel). Plakativ ist, wenn *Liszt* 1893 ausgesprochen gegen *Gumplowicz*, der nah zur positivistischen Soziologie stand, schreibt:

---

[684] *G. Jellinek*, a.a.O. (1878), S. 4.

[685] *Liszt*, Literaturübersicht, ZStW 5 (1885), S. 246.

[686] *E. Ferri*, The Positive School of Criminology, 1913, S. 7. Vgl. für eine umgekehrte, auf das persönliche Vedienst abstellende Schilderung *J. Glaser*, Abhandlungen aus dem österreichischen Strafrecht, Bd. 1, 1858, S. 3 f.

[687] *H. Welzel*, a.a.O. (1935), S. 23.

„Der Eliminierung des Individuums (Gumplowicz) aus der soziologischen Betrachtung treten wir entgegen".[688] Er möchte dabei nicht verkennen, dass das Individuum „aus den Verhältnissen" herausgewachsen ist, und insofern billigt auch *Liszt* die Berechtigung einer kausalen Auffassung der sozialen Gegebenheiten. Jedoch möchte *Liszt*, anders als die hart an *Comte* angelehnte Soziologie, nicht übersehen „dass der einzelne auch selbst wieder einwirkt auf die Verhältnisse, und um so kräftiger, je bedeutender seine Persönlichkeit ist".[689]

Dezidiert individualisierend ist *Liszts* Umgang immer auf einem anderen, ebenso wichtigen wissenschaftlichen Feld: in Bezug auf die einzelnen Strafrechtler und die Auffassung der Epochen. Das trifft nicht nur auf seine Habilitationsschrift „Meineid" zu (Punkt D.II. im 3. Kapitel), sondern auch auf den minuziösen Hinweis in seinem „Lehrbuch" auf verschiedene Vertreter des Zweckgedankens, die dem Leser als Meinungsträger und Individuen entgegentreten und nicht als bloße Exemplare einer Gattung.[690] Man könnte also sagen, dass *Liszt* nicht positivistisch verfahren ist, aber in gewissen Angelegenheiten Bausteine des Positivismus übernommen hat. Umgekehrt wollte *Welzel* paradoxerweise vor jeder Art des Positivismus warnen, wählte jedoch für seine Analyse der intellektuellen Geschichte eine Methode aus, die als Gattungsdenken im Bereich der Kritik der sozialen Erscheinungen und der Wissenschaft logisch keine Berechtigung hat.

Nach allem Gesagten darf gefolgert werden, dass die Vorstellung, dass *Liszt* seine „entscheidende Anregung dem Positivismus verdankt",[691] oder dass ihn ein „deterministisches Weltbild" zur funktionalen Begründung der Strafe „zwingt",[692] ein formal wohl valider Fund einer verfehlten Methode ist, die von *Welzel* etabliert wurde. Ihm ist diese Methode insbesondere auch deswegen vorzuwerfen, weil bereits in der Weimarer Republik die intellektuelle Geschichte mit viel feineren Mustern aufgegriffen wurde, sodass sein Fehler sich nicht dadurch erklären lässt, dass er Neuland betreten hat, sondern nur als eine radikale Vereinfachung der bunten Geschichte zu einer Erzählung, die Grund und Handlung verwechselt, gewertet werden kann (Punkt D.II. im 9. Kapitel). Der Stoff, das Material von *Liszts* Äußerungen, bestätigt nicht die These, dass *Liszt* aus einem „deterministischen Weltbild" zu „einer funktionalen Begründung der Strafe" gezwungen war. Es sind vielmehr, gerade umgekehrt, überwiegende Anhaltspunkte im Material dafür vorhanden, dass *Liszt* in einem fest abgrenzbaren Bereich eine traditionelle Ausrichtung des Strafrechts auf Rationalisierung, gesellschaftliche Mitverantwortung und u. a. auf den Besserungszweck (vgl. Punkt D. im 6. Kapitel) vor dem weltfremden Idealismus, solange

---

[688] *Liszt*, Die deterministischen Gegner der Zweckstrafe (1893), AuV II, Nr. 16, S. 67.

[689] *Liszt*, Die deterministischen Gegner der Zweckstrafe (1893), AuV II, Nr. 16, S. 67.

[690] Vgl. am besten die 2. Aufl., S. 14 ff. (Protragoras, Plato, Seneca, Hobbes, Spinoza, Locke, Pufendorf, Thomasius, Feuerbach, Bentham, Schopenhauer, Bauer, Stelzer, Groos, Krause, Ahrens, Schleiermacher, Röder, Servin, Rossi, Martin, Franck, Carmignani, Carrara, Romagnosi, Schule, Welcker).

[691] *H. Welzel*, a.a.O. (1935), S. 22.

[692] *D. Hermann*, Werte und Kriminalität, 2003, S. 41.

es dem Beruf der Zeit entsprach, unter anderem *auch* durch die deterministische Diskussion argumentativ hüten und beibehalten wollte.

2. Kriminalätiologie als Anlehnung an den literaturwissenschaftlichen Positivismus

Welzels Methode versagt nicht nur bei der Suche und bei der Bestimmung der alternativen, nicht-positivistischen Begründungen für die Phänomene wie Determinismus, sondern ist für eine ausgewogene Analyse grundsätzlich auch in jenen Bereichen ungeeignet, die berechtigterweise in Bezügen des zeitgenössischen Positivismus erörtert werden sollen. In *Welzels* Vorstellung besteht zwischen dem positivistischen Grundprogramm *Comtes* und den Ansätzen des Autors, dessen Werk kritisiert wird, immer ein unmittelbares Verhältnis. Die – unhinterfragbare – Prämisse lehrt, dass der Autor seine Sätze aus einer positivistischen Überzeugung unmittelbar aus den Grundsätzen des Positivismus deduziert. Eine interaktionistische Auffassung der wissenschaftlichen Tätigkeit muss aber ein Gespür für den Umstand zeigen, dass sich das wirkliche Verfahren der Wissenschaft auch durch zahlreiche Entlehnungen auszeichnen kann, die nicht theoretisch, sondern einfach praktisch, im Sinne der Vervollkommnung des eigenen Ansatzes und mit der Absicht einer Anbindung an einen erfolgreichen Begriffsapparat, motiviert werden können. Die modernen Sozialwissenschaften bieten für dieses Phänomen zahlreiche Beispiele, in welchen hoch erkenntnistheoretisch vorbestimmte „Methoden", beispielsweise der „empirischen Sozialforschung", als banale Requisite für eine zutreffende und legitime Behandlung ohne jedweden theoretischen Zusammenhang vermarktet und verbreitet werden.

In den „Kriminalpolitischen Aufgaben" aus 1889 stellte *Liszt* das Konzept auf, nach welchem jeder Mensch als „Produkt" aus „seiner angeerbten Veranlagung", „seiner Erziehung" und den „ihn umgebenden äußeren Verhältnissen" aufgefasst werden sollte.[693] Diese eindeutig deterministische Auffassung darf so wenig wie der Determinismus bei *Liszt* als eine eigenständige Deduktion aus den Grundsätzen des Positivismus betrachtet werden. Es ist charakteristisch, dass dieses Schema (1) bei *Liszt* im Rahmen der Kritik am „geborenen Verbrecher", also an der positivistischen „scuola positiva" auftritt, und (2), dass das Schema vollständig einer anderen positivistischen Schule entspricht, nämlich derjenigen von *Wilhelm Scherer* in den Literaturwissenschaften. Für *Scherer* galt, im Unterschied zur idealistischen Ästhetik und Deutung der literarischen Werke als bloße Ausflüsse eines künstlerischen Willens, die Prämisse, dass jeder Autor ein Produkt des „Ererbten", „Erlernten" und „Erlebten" sei.[694] Der Hintergrund dieser Bestimmung kann in *Scherers* Erfahrung

---

[693] *Liszt*, Kriminalpolitische Aufgaben (1889–1892), AuV I, Nr. 11, S. 309.

[694] *R. Baasner/M. Zens*, Methoden und Modelle der Literaturwissenschaft, 3. Aufl. 2005, S. 56; *H.-M. Kruckis*, Positivismus/Biographismus, in: J. Schneider (Hrsg.), Methodengeschichte der Germanistik, 2009, S. 575.

mit der romanistischen Literatur gesucht werden und entspricht insoweit tatsächlich *in letzter Linie* den Grundsätzen des französischen Positivismus. Auch *Liszts* Konzept ist in *diesem Sinne* positivistisch, aber es wird gleich gezeigt, dass sich hinter *Liszts* Floskel beliebige Inhalte verborgen haben, die nicht positivistisch indiziert sind.

Liszt hat erst im weiteren Verlauf des Werks die genannte Phraseologie einem Schema angepasst, für welches *Radbruch* und die Kritiker der gesellschaftlichen Faktoren in den 1930er Jahren die Kürzel „Anlage und Umwelt" verwendet haben.[695] In den „psychologischen Grundlagen der Kriminalpolitik" spricht *Liszt* vom Verbrechen als Produkt der „Eigenart des Täters" und der ihn „umgebenden äußeren Verhältnisse".[696] Diese Akzentverschiebung und ihre Interpretation werden auch deswegen kompliziert, weil *Liszt* im Grunde auch die „Eigenart des Täters" nicht nur mit der „vererbten Anlage" identifiziert, sondern den Täter als ein biologisch-soziologisch gebildetes Individuum auffasst (1896).[697] Später wird im Sinne der genannten Verschiebung in einem kriminalpolitischen Aufsatz von *Liszt* auf die „Anlage" neben „gesellschaftlichen Faktoren" des Verbrechens hingewiesen (1902).[698] In den „Gesellschaftlichen Faktoren der Kriminalität" wird das Verbrechen als „Produkt aus Eigenart und Milieu" bezeichnet, was wiederum auf eine neue Schicht des französischen Einflusses hindeutet (1902).[699] Auch in allgemeinen Überblicken und im „Lehrbuch" wird das „Verbrechen" als „Produkt aus der Eigenart des Verbrechers und den ihm umgebenden gesellschaftlichen Verhältnissen" verstanden (1906).[700]

Die Möglichkeit, die ersten Bemühungen von *Liszts* Analyse mit dem Diskurs der Literaturwissenschaft zu verbinden, ist aus zwei Gründen von besonderem Interesse. Erstens spricht die mögliche Verbindung zu *Scherers* Methoden und Begriffen erneut eindeutig die österreichischen Kontexte an, da *Scherer* in Wien der bekannteste Unterstützer des nationalen Anliegens von Studenten zur Zeit von *Liszts* Studium war. Er war, bevor er 1872 nach Straßburg wechselte, ein naher Mitarbeiter aus dem Professorenkreis in *Liszts* „Verein der deutschen Studenten Wiens". Oben wurde im

---

695 *G. Radbruch*, a.a.O. (1938), S. 16.

696 *Liszt*, Die psychologischen Grundlagen der Kriminalität (1896), AuV II, 21, S. 171 f.

697 Vgl. für die Problematik *F. Streng*, Franz v. Liszt als Kriminologe und seine Schule, in: A. Koch/M. Löhnig (Hrsg.), Die Schule Franz von Liszts 2016, S. 137 ff.

698 *Liszt*, Die Vorbereitung des Strafgesetzentwurfs (1902), AuV II, Nr. 30, S. 417.

699 *Liszt*, Die Vorbereitung des Strafgesetzentwurfs (1902), AuV II, Nr. 30, S. 440.

700 *Liszt*, Strafrecht und Strafprozeßrecht, AuV III, Nr. 2, S. 37; Die gesellschaftlichen Ursachen des Verbrechens, Sozialpolitisches Centralblatt, 1 (1892), S. 60; Lehrbuch des Deutschen Strafrechts, 2. Aufl. 1884, S. 2 („angeborene, erworbene und gelegentliche Faktoren"); und seit der teilweise kriminologisch-kriminalpolitisch ausgerichteten 6. Aufl. 1894, S. 56 ff.; 21/22. Aufl. 1919, S. 10 f. („Die Betrachtung lehrt, daß jedes einzelne Verbrechen, durch das Zusammenwirken zweier Gruppen von Bedingungen entsteht, der individuellen Eigenart des Verbrechers einerseits, der diesen umgebenden äußeren, physikalischen und gesellschaftlichen, insbesondere wirtschaftlichen Verhältnissen andrerseits.").

Kapitel über Österreich bereits erwähnt, dass zwischen *Liszt* und *Scherer* ein persönlicher Kontakt bestand und dass *Scherer* im Verein für die Mitglieder und das Publikum mehrfach literaturwissenschaftliche Vorträge mit einem tiefen nationalen Pathos gab (Punkt B.II.2. im 2. Kapitel).

Der zweite wichtige Grund für das besondere Interesse für die Möglichkeit der Verbindung von *Liszts* Täter- und Tatanalyse mit dem Positivismus in der Literaturwissenschaft liegt im Umstand, dass die heutige literaturwissenschaftliche Forschung einhellig davon ausgeht, dass es sich bei *Scherer* um einen Scheinpositivismus handelte, der sich zwar im Prinzip den Autor als kausiertes Wesen vorstellte, unterhalb von dieser allgemeinen theoretischen Überlegung aber den Autor in seiner Handlung verfolgte und, oft im Widerspruch mit dem kausalen Grundverständnis, die Absichten und Zwecke des Autors erkundete. *Scherer* und seine engeren Schüler haben programmatisch einen positivistischen Kanon erstellt, während sie praktisch in vielen Aspekten unabhängig von der deterministischen Prämisse die Täter bzw. die Autoren auf die konventionelle Weise betrachtet und behandelt haben.[701]

Bei *Liszt* ist die Disparität zwischen einem deterministischen Schema einerseits und seiner eigentlichen Betrachtung des Verbrechers und seiner Tat andererseits deutlich zu Gunsten von älteren, nicht deterministischen Sichtweisen verschoben, wenn auch eine differenzierte Betrachtung, wie überall, auch hier am Platz ist. *Liszt* hat, wie eine ganze Reihe seiner Aufsätze beweist, an der im Rahmen einer biologisch-soziologischen Dichotomie geführten Diskussion über die eigentlichen oder die überwiegenden Ursachen des Verbrechens rege teilgenommen und den „gesellschaftlichen Faktoren“ eine „ungleich größere Bedeutung“ zugemessen.[702] Diese Haltung blieb bei ihm nie ein abstraktes Bekenntnis, er hat sie auch am Beispiel der Kriminalität der Juden äußerst energisch vertreten (= besondere Belastungsverhältnisse bei Kriminalität der Juden als Folge des städtischen Lebens und eingegrenzter Berufswahl).[703]

Ein anderes Bild begegnet jedoch dem Leser, wenn das Feld von (kriminologischen) Makroanalysen und theoretischen Überlegungen zu Gunsten der Auffassung der individuellen Tat verlassen wird (Mikroebene). In diesem Bereich blieb *Liszt* einer Motivanalyse der Kriminalpsychologie verpflichtet. Sie ist ein logisches Gegenstück zum kausalen Modell, weil sie sogar dort, wo handfeste äußere Umstände wirken, die Kriminalität erst durch die Umformulierung in einen psychischen Sachverhalt der Absicht erklärt. Das Verbrechen als einzelne Erscheinung wird von *Liszt* im Prinzip, weit entfernt von jeder Moderne, als Ausfluss oder Entladung einer

---

[701] *M. Maren-Griesbach*, Methoden der Literaturwissenschaft, 8. Aufl. 1982, S. 10 ff.; *H.-M. Kruckis*, a.a.O. (2009), S. 575.

[702] Vgl. insb. *Liszt*, Die gesellschaftlichen Faktoren der Kriminalität (1902), AuV II, Nr. 31, S. 433.

[703] *Liszt*, Das Problem der Kriminalität der Juden (1907), Aufsätze und Vorträge III, Nr. 5, 114.

dramatisch zugespitzten Absicht oder eines Gemüts gedacht.[704] Es steht nicht bei *Liszt* etwa, dass die unerträglich gewordene äußere Lage das einzelne Verbrechen erklären würde. Man liest bei ihm, dass „die Sehnsucht nach Erlösung aus einer unerträglich gewordenen äußeren Lage" das Verbrechen erklären würde.[705] Die Verbrechen werden begangen „um der Strafanstalt, dem Militärdienst, dem Gesindeverhältnis, der Fremde, aus zerrütteten Familienverhältnissen zu entrinnen".[706] Es ist aus einer modernen, besonders soziologischen Perspektive auch höchst bemerkenswert, dass die Strafzumessungsregeln des „Gegenentwurfs" Kahl/Lilienthal/Liszt/Goldschmidt (1911) wesentlich auf die Würdigung des Motivs der Tat und nicht der sozialen Lage abstellen.[707]

Bei *Liszt* finden sich kaum konkrete Beispiele für die „Motive" des Verbrechens. Sein Schwerpunkt liegt vielmehr auf einer rationalistischen Motivsystematisierung, bei welcher auch eine große Zahl von Schlüssen über einzelne Motivlagen nur synthetisch – aus dem System heraus – gewonnen werden.[708] Zur Illustration des rückständigen Charakters der Motivlehre und ihrer möglichen Gefahren darf auf die von (*Liszts* Bruder) *Eduard Liszt* zusammengestellte Liste von „Motiven" der Frauen für die Abtreibung, die in der Literatur angegeben wurden, verwiesen werden. So wären nach dieser umfangreichen und lehrreichen Zusammenstellung die Beispiele ausschlaggebender Beweggründe für die Abtreibung: „Aus Eitelkeit der Frauen, um die Jungendfrische länger zu bewahren und gewisse Reize länger zu erhalten (z. B. damit die Mammae nicht schlaff und welk werden)"; „Um den Mann zu ärgern, wenn die Frau auf ihn wegen vermeintlicher Untreue eifersüchtig ist (Viti-Inseln)"; „Um das werdende Kind dem Joche der Fremdenherrschaft zu entziehen (die unter dem Joch der Spanier lebenden Eingeborenen von Amerika)"; „erbschleicherische Machinationen".[709]

Man kann sich des Eindrucks nicht erwehren, dass bei den aufgezählten, sogenannten Motiven beim Autor, der sie verzeichnet, das Gefühl, das man bei Betrachtung einer Kuriosität entwickelt, fahrlässig mit dem Gefühl verwechselt wird, dass man eine ganz tiefe Schicht der Kriminalitätsproblematik erwischt habe. Das Motiv-Denken erweist sich unfähig, auf eine moderne Weise, etwa im Sinne des

---

[704] Vgl. inbs. *Liszt*, Die psychologischen Grundlagen der Kriminalpolitik (1897), AuV II, Nr. 21, 170; Die Forderungen der Kriminalpolitik und der Vorentwurf eines schweizerischen Strafgesetzbuches (1893), AuV II, Nr. 18, S. 175 ff.; Die Aufgaben und die Methode der Strafrechtswissenschaft (1899), AuV II, Nr. 25, S. 289 f.; *Liszt*, Psychologie des Verbrechens, Festgabe zum 100järhigen Jubiläum des Schottengymnasiums, 1907, 173.

[705] *Liszt*, Die psychologischen Grundlagen der Kriminalpolitik (1897), AuV II, Nr. 21, S. 186.

[706] *Liszt*, Die psychologischen Grundlagen der Kriminalpolitik (1897), AuV II, Nr. 21, S. 186.

[707] Vgl. Gegenentwurf zum Vorentwurf eines deutschen Strafgesetzbuchs, 1911: § 81.

[708] Vgl. *Liszt*, Die psychologischen Grundlagen der Kriminalpolitik (1897), AuV II, Nr. 21, S. 182 ff.

[709] *Eduard Liszt*, Die kriminelle Fruchtabtreibung, Bd. 1, 1910, S. 14 ff.

sozialwissenschaftlichen Interaktionismus, die soziale Lage des Täters zu analysieren. Die oben genannte Aufzählung wird auch mit ökonomischen Umständen abgerundet: „Auch sonst aus ökonomischen Gründen (Zweikinder- und selbst Einkinder-System)", aber auch diese Akte der Verzweiflung werden offenbar nicht als trauriger Kontext eines diffusen Handelns begriffen, welches man am gleichen Morgen und am ihm folgenden Abend anders überlegen kann, sondern als ein festes „Motiv" rubriziert. In Hinblick auf *(Franz) Liszts* Zuneigung zur Motivlehre und in Hinblick auf ihre praktische Willkürlichkeit, wird man *Wolf* im Grunde Recht geben können, wenn er vermerkt, dass „der Mensch, den *Franz von Liszt* im Täter entdeckt haben wollte" im Grunde der „schicksalslose, individuell-beliebige Mensch des psychologischen Romans und der psychoanalytischen Diagnostik" war.[710]

IV. Die Qualität der „kopernikanischen Wende" in Liszts Werk

In *Liszts* Werk lassen sich neben oben erwähnten Stellungnahmen zur Willensfreiheit auch weitere Ausdrücke und Redeweisen finden, die – zumindest äußerlich betrachtet – einen deutlichen neukantianischen Zug aufweisen. Der neukantianischen Lehre von dem konstruktiven Charakter aller Erkenntnis entspricht es, wenn *Liszt* das Auseinanderhalten „von Denken und Sein" fordert (1886)[711] und den Begriff als nur „die Krücke für die den Dingen nachhinkende menschliche Erkenntnis" bestimmt (1896).[712] Er unterscheidet einen kranken von einem „gesunden Idealismus", der auf „realistischer Grundlage" beruhen würde, was im Grunde genau das neukantianische idealistische Selbstverständnis ist.[713] Er nennt die Philosophie an einer Stelle die „erkenntnistheoretische Beraterin" und möchte sie offenbar nur in diesem Sinne als legitime Disziplin zulassen (1894).[714] Das entspricht der neukantianischen Reduktion auf die Erkenntnislehre in den 1870er Jahren (vgl. Punkt B. im 1. Kapitel). In seiner Berliner Antrittsrede theorisiert *Liszt* verhältnismäßig gründlich die Unterscheidung des Bereichs des Wissens von dem Bereich des Glaubens im Sinne der „Kantschen Erkenntniskritik" (1899).[715]

---

[710] *E. Wolf*, a.a.O. (1932), S. 11 f.

[711] *Liszt*, Rechtsgut und Handlungsbegriff im Bindingschen Handbuche, AuV II, Nr. 9, S. 222.

[712] *Liszt*, Die strafrechtliche Zurechnungsfähigkeit (1896), Auv II, Nr. 22, S. 215. *L. Brenselović*, Kann und soll die bevorstehende (Re)Rationalisierung des Strafrechts auf den Gedanken Franz von Liszts aufbauen?, in: M. Asholt et al. (Hrsg.), Grundlagen und Grenzen des Strafens, 2015, S. 41.

[713] Vgl. *A. Riehl*, a.a.O. (1876), S. III ff.

[714] *Liszt*, E. F. Klein un die unbestimmte Verurteilung (1894), AuV II, Nr. 19, S. 134.

[715] *Liszt*, Die Aufgaben und Methode der Strafrechtswissenschaft (1899), AuV II, Nr. 25, S. 297. *M. Pawlik*, a.a.O. (2016), S. 63 ff.

Eine genauere Durchsicht seines Werkes zeigt, dass *Liszt* beim Neukantianismus nur äußerlich Anleihen gemacht hat, und in Wahrheit den verwendeten neukantianischen Phrasen beliebige Bedeutung zugeschrieben hat. Der Sachverhalt kann am saubersten am Beispiel von *Liszts* Kausalitätsvorstellung bei der Unterlassung aufgezeigt werden. *Liszt* hat in den ersten drei Auflagen seines „Lehrbuchs" die Kausalität der Unterlassung für den Taterfolg *bejaht* und grundsätzlich jene damals jüngere aber beinah herrschende Ansicht bekämpft, die das Schlagwort „Aus Nichts kann nichts werden" führte.[716] Da die Ansicht, welche die Kausalität der Unterlassung bejahte, im Rückzug begriffen war, versuchte *Liszt* in der dritten Auflage, bevor er die Ansicht selbst aufgab, die Kausalität mit Anleihen an *Kants* Kritizismus zu begründen. Sein Vorgehen dabei zeugt erstens plastisch vom funktionalen Charakter der einzelnen Begründungsmuster. Zudem geht aus den Einzelheiten der Argumentation bei *Liszt* unmissverständlich hervor, dass sich ihm der Sinn und Inhalt der kritischen Auffassung der Begriffe im Neukantianismus nicht richtig erschlossen hat.

In der ersten Auflage (1881), die in allen Abschnitten sehr komprimiert geschrieben ist, ist die Problematik der Kausalität der Unterlassung mit der Problematik ihres Handlungscharakters vermengt und soll hier zwecks der Übersichtlichkeit nur angedeutet werden.[717] Die zweite Auflage (1884) beinhaltet ein aufwändiges, mit Regeln der formalen Logik aufgestelltes Beweisschema, in dessen Ergebnis die Unterlassung selbst als Bedingung des Erfolgs bestimmt wird.[718] Das Resultat ist aber argumentativ äußerst dürftig, denn die „Kausalität der Unterlassung" wird unter dem Strich der logischen Gleichung eigentlich als die Kausalität der neben ihr wirkendenden Bedingungen behandelt. Damit wurde die Kausalität zwar als *Thema* bei Unterlassungsdelikten legitimiert, aber es bleibt unklar, worin die *Kausalität* gerade der Unterlassung liegen sollte. Diese Herangehensweise von *Liszt* offenbart einen Autor, dem die Kunst, in einem Gefecht um die eigene Meinung scholastisch in den Gegensätzen eine Identität zu sehen, nicht unbekannt ist.

In der dritten Auflage (1888) werden die logisch sauberen aber schwachen Argumente aus der zweiten Auflage mit einer überkantianisierten Argumentation ausgewechselt. In einem ersten Schritt räumt *Liszt* ein, dass der schlechte Schwimmer, der stirbt, wenn es sein Freund pflichtwidrig unterlässt, ihn zu retten, „nicht an dem verbrecherischen Entschlusse" des Freunds, sondern an Erstickung stirbt.[719] Aber damit ist für *Liszt* „die verursachende Bedeutung der Unterlassung durchaus nicht in Abrede gestellt".[720] Dieses überraschende Ergebnis wird mit dem Hinweis begründet, dass die Kausalität „keine Kraft, sondern eine *Form unseres*

[716] *Liszt*, Das deutsche Reichsstrafrecht (1. Auflage des „Lehrbuchs"), 1881, S. 80 ff.; Lehrbuch des Deutschen Strafrechts, 2. Aufl. 1884, S. 112 ff.; 3. Aufl. 1888, S. 123 ff.

[717] *Liszt*, Das deutsche Reichsstrafrecht, 1881, S. 80 ff.

[718] *Liszt*, Lehrbuch des Deutschen Strafrechts, 2. Aufl. 1884, S. 115.

[719] *Liszt*, Lehrbuch des Deutschen Strafrechts, 3. Aufl. 1888, S. 125.

[720] *Liszt*, Lehrbuch des Deutschen Strafrechts, 3. Aufl. 1888, S. 126.

Erkennens" sei.[721] Auch der Zusatz ist ganz neukantisch: „Wir bringen Einheit in die Mannigfaltigkeit unserer Erfahrung, indem wir Ereignisse unter den Denkform der Kausalität als Ursache und Wirkung mit einander verknüpfen".[722] Unter dieser Perspektive sei man, so *Liszt*, berechtigt, „nicht bloß den Eintritt eines wirklich eingetretenen, sondern auch den Nicht-Eintritt eines nur vorgestellten Ereignisses mit dem eingetretenen Erfolge in dieser Weise als dessen Ursache zu verknüpfen".[723]

In der vierten Auflage (1891) wird der Kampf um den Nachweis der Kausalität der Unterlassung von *Liszt* aufgegeben. In den Mittelpunkt tritt die Bestimmung der rechtlichen Pflicht zum Handeln, das vom Täter unterlassen wird.[724] „Es muss" so *Liszt*, „zugegeben werden, dass streng genommen, der eingetretene Erfolg niemals durch die Unterlassung an sich, sondern ausnahmslos durch *die neben Unterlassen tätigen Naturkräfte* verursacht wird".[725] „Der Unterlassende" habe „die Tat verschuldet, aber nicht bewirkt".[726] Die Redeweise von der Kausalität der Unterlassung würde „auf einem ungenauen Sprachgebrauch" beruhen.[727] Das ist im Grunde die Auffassung, die *Liszt* bis zur letzten Auflage seines „Lehrbuchs" vertreten hat, mit dem Unterschied, dass ab der 19. Auflage (1912), die verlassene Gegenansicht wieder mit etwas Milde erwähnt wird.[728] In der letzten Auflage (1919) wird davon gesprochen, dass die Unterlassung ein der Kausalität des Tuns analoges Merkmal besitze, aber nicht unmittelbar das Merkmal der Kausalität.[729]

Liszts Behandlung der Frage der Kausalität der Unterlassung lässt eine Einsicht in zwei wichtige Eigenschaften seiner Argumentation zu. Erstens zeigt sich auch hier wieder, dass er seine Ergebnisse nicht aus generellen theoretischen Überlegungen schöpft, sondern vielmehr für die komplex gewonnene strafrechtliche Haltung verschiedene Argumente oder auch theoretische Begründungsmuster aufsucht. Seine Hauptbesorgnis war nicht die Kausalität der Unterlassung, sondern der Umstand, dass durch ihre Verneinung eine Spaltung des Handlungsbegriffs zu entstehen hat, „für welche es keine Vereinigung mehr gibt".[730] Es ist wohl dieser Gesichtspunkt derjenige, aus welchem heraus die formale Logik (2. Auflage) oder *Kants* Kritizismus (3. Auflage) als auswechselbare Teile der juristischen Argumentation herangezogen werden. Es ist nicht umgekehrt so, dass *Liszt* als ein überzeugter oder doktrinärer Neukantianer, die Verwirklichung des Neukantianismus im Strafrechtssystem angestrebt hätte. Insoweit ist *Liszts* Verhältnis zum Neukantianismus

---

[721] *Liszt*, Lehrbuch des Deutschen Strafrechts, 3. Aufl. 1888, S. 126.
[722] *Liszt*, Lehrbuch des Deutschen Strafrechts, 3. Aufl. 1888, S. 126.
[723] *Liszt*, Lehrbuch des Deutschen Strafrechts, 3. Aufl. 1888, S. 126.
[724] *Liszt*, Lehrbuch des Deutschen Strafrechts, 5. Aufl. 1892, S. 138 ff.
[725] *Liszt*, Lehrbuch des Deutschen Strafrechts, 5. Aufl. 1892, S. 141.
[726] *Liszt*, Lehrbuch des Deutschen Strafrechts, 5. Aufl. 1892, S. 141.
[727] *Liszt*, Lehrbuch des Deutschen Strafrechts, 5. Aufl. 1892, S. 141.
[728] *Liszt*, Lehrbuch des Deutschen Strafrechts, 19. Aufl. 1912, S. 139 f.
[729] *Liszt*, Lehrbuch des Deutschen Strafrechts, 21/22. Aufl. 1919, S. 126.
[730] *Liszt*, Lehrbuch des Deutschen Strafrechts, 4. Aufl. 1891, S. 143.

kein anderes als zum Positivismus und nur als eine äußerliche Wechselbeziehung zu bezeichnen.

Zweitens muss hervorgehoben werden, dass *Liszts* an *Kant* angelehnte Kausalitätskritik, gerade dort, wo er eine Anbindung an sie anstreben wollte, nicht ihrem Inhalt gemäß aufgegriffen wird. Der Sinn des Satzes, dass die Kausalität „nur eine Form des Erkennens" ist, heißt im Neukantianismus, dass die Erstellung des kausalen Zusammenhangs eine immanente Denkarbeit ist und daher die Kausalität kein bloßer Teil oder ein bloßes Abbild der Wirklichkeit darstellt. Die Kausalität wird im Rahmen der Gesetze des Denkens aufgefasst, sie entspricht aber zugleich einer Struktur des realen Geschehens.[731]Die Erkenntnislehre wird im klassischen Neukantianismus insoweit doppelt korrigiert: Die Erkenntnis sei kein bloßes Abbild der Wirklichkeit, aber auch nicht nur ein Gedanke, sondern „das gemeinschaftliche Produkt aus den objektiven Eindrücken und der subjektiven Tätigkeit".[732] Es liegt eine schwere Verfehlung gegen den Grundgedanken des Kritizismus vor, wenn von *Liszt* die Wendung von der Kausalität als „Form des Erkennens", als ein Freibrief verstanden wird, der Form beliebige Inhalte hinzufügen. Nach *Liszts* Verständnis soll nämlich im Ergebnis die Kausalität auch dort bestehen, wo es an „objektiven Eindrücken" für das, was die Form der Kausalität ausmacht, fehlt.

Man vergleiche zur Verdeutlichung der komplizierten Problematik die Bestimmung von Atomen und Farben im Neukantianismus. Auch die Atome sind für die Neukantianer im Grunde nur eine Form unserer Erkenntnis. Es gibt nicht das Atom an sich, sondern es ist ein Begriffspräparat, mit welchem die Mannigfaltigkeit für unsere Erkenntnis auf einen Begriff reduziert wird. Dass das Atom die Form der Erkenntnis ist, heißt aber nicht, dass unter ihm auch Pferde oder Elefanten verstanden werden können, oder dass auch ein an sich nicht Vorhandenes, der leere Raum als Atom begrifflich aufgefasst werden kann. Auch der Hinweis, dass unsere Farbenmarker wie „schwarz" oder „weiß" nicht die Eigenschaft des Objekts einfach wiederspiegeln, sondern ein mitkonstruiertes Auffassungsmuster für die Erfassung von einem millionenhaft rezipierten Eindruck sind, heißt in der Ideenwelt des Neukantianismus nicht, dass es ein vor uns stehendes Schachbrettmuster jeweils vom Blickwinkel abhängig beliebig mal geben mal nicht geben kann, nur weil „schwarz" oder „weiß" die Form der Erkenntnis wäre, unter welcher man beliebige Erscheinungen, zur Not auch alle 64 Felder des Schachbretts als eine Farbe, miteinbeziehen kann.

---

[731] *E. Zeller*, Über die Bedeutung und Aufgabe der Erkenntnistheorie (1862–1877), in: Vorträge und Abhandlungen, Bd. 2, 1877, S. 514 ff.

[732] *E. Zeller*, a.a.O. (1862–1877), S. 514 ff.

B. Darwinismus

Die sensible Frage, ob in *Liszts* Werk und Einstellungen Anknüpfungspunkte an den Darwinismus bestehen, wurde in der Liszts-Forschung mehrmals, mit ganz unterschiedlichen Akzenten aufgegriffen.[733] Für die älteste Kritik an *Liszt* stand im Vordergrund der Gedanke, dass *Liszt, Lombroso* und *Darwin*, wohl nicht anders als *Voltaire, Comte, Humboldt, Helmholtz* oder *Jacob Burckhardt*, als drei Exemplare einer und derselben Gattung, nämlich des positivistisch-rationalen Weltbilds im Gegensatz zum theologisch-metaphysischen System stehen (Punkt B. im 8. Kapitel). Dort verbindet die Autoren primär die Entgegensetzung zum Glauben, und der jeweils individuellen wissenschaftlichen Position kommt nur eine sekundäre Bedeutung zu. Erst später wird, teilweise unter Verkennung der Bedeutung der weltanschaulichen Entgegensetzung für die Zusammenfügung, proklamiert, dass *Liszts* Strafrecht ein Anwendungsfall von *Darwins* Lehre des „Kampfs ums Dasein" war (vgl. Punkt D.II. im 14. Kapitel) oder dass *Liszt* eine Mitschuld an der Entwicklung von Rassendiskursen in der Tradition des Darwinismus zu geben wäre (Punkt B.II. im 5. Kapitel).

---

[733] *E. Wolf*, Krisis und Neubau der Strafrechtsreform, 1933; *H. Welzel*, a.a.O. (1935), S. 1 ff. 22 ff.; *G. Radbruch*, a.a.O. (1938), S. 38; *K. Böhmer*, Liszt und Lombroso, 1953, S. 5; *J. Renneberg*, Die kriminalsoziologischen und kriminalbiologischen Lehren und Strafrechtsreformvorschläge Liszts und die Zerstörung der Gesetzlichkeit im bürgerlichen Strafrecht, 1956, S. 34; *Eb. Schmidt*, Franz von Liszt, in: Die großen Deutschen, Bd. 5, 1957, S. 411; *ders.*, Einführung, 3. Aufl. 1965, S. 356 f., 368; *R. Lange*, Wandlungen in den kriminologischen Grundlagen (1960), in: Summa Criminologica, Bd. 1, S. 56, 58; *ders.*, Die Krise des Strafrechts und seiner Wissenschaft (1969), Summa Criminologica, Bd. 1, S. 257; *W. Stammberger*, Die Geschichte der Strafrechtsreform bis zum E 1962, in: Probleme der Strafrechtsreform, 1963, S. 21; *G. T. Kempe*, Franz von Liszt und die Kriminologie, GS Liszt, 1969, S. 279; A. *Rebhahn*, a.a.O. (1962), S. 15; *D. Stephanitz*, Exakte Wissenschaft und Recht, 1970, S. 201 ff.; *W. Naucke*, a.a.O. (1982), S. 526 („naturwissenschaftlich betriebene Evolutionslehre"); *H. Schöch*, Das Marburger Programm aus der Sicht der modernen Kriminologie, ZStW 94 (1982), S. 872, 874; *H. Ostendorf*, Von der Rache zur Zweckstrafe, 1982, S. 13; *M. Frommel*, Präventionsmodelle, 1987, S. 179 ff.; *R. Merkel*, Strafrecht und Satire im Werk von Karl Kraus, 1994, S. 299; *S. Ehret*, Franz von Liszt und das Gesetzlichkeitsprinzip, 1996, S. 105; *Ch. Müller*, Verbrechensbekämpfung im Anstaltsstaat, 2004, S. 130; *A. Koch*, Binding vs. v. Liszt – Klassische und moderne Strafrechtsschule, in: E. Hilgendorf/J. Weitzel (Hrsg.), Der Strafgedanke in seiner historischen Entwicklung, 2007, S. 135; *D. Schauz*, Strafen als moralische Besserung, 2008, S. 201; *D. Mayenburg*, Die Rolle psychologischen Wissens in Strafrecht und Kriminologie bei Franz von Liszt, in: M. Schmoeckel (Hrsg.), Psychologie als Argument in der juristischen Literatur des Kaiserreichs, 2009, S. 112; *A. Schmidt-Recla/H. Steinberg*, Eine publizistische Debatte als Geburtsstunde des „Marburger Programms", ZStW 119 (2007), S. 208; *dies.*, „Da wir köpfen und hängen nicht wollen und deportieren nicht können ...": Über Emil Kraepelins Einfluss auf Franz von Liszt, Nervenarzt 79 (2008), S. 300; *H.-P. Haferkamp*, Rechtsgeschichte und Evolutionstheorie, in: L. Siep (Hrsg.), Evolution und Kultur, 2011, S. 45 ff.; *S. A. Fleiter*, Punishment on the Path of Socialism, in: R. Wetzell (Hrsg.), Crime and Criminal Justice in Modern Germany, 2014, S. 70; *M. Löhnig*, Die v. Liszt-Schule im totalitären Kontext, in: A. Koch/M. Löhnig (Hrsg.), Die Schule Franz von Liszts, 2016, S. 185; *T. Vormbaum*, Einführung, 3. Aufl. 2016, S. 114 ff., 119.

Eine richtige Sichtweise setzt voraus, dass man den symbolischen Stellenwert von *Darwin* für die Zeitgenossen rekonstruiert, denn nur so, nicht durch eine rückwirkende Verbindung mit später prominenten Konzepten, kann auch die Bedeutung des Darwinismus für die Wissenschaftler in den 1870er oder 1910er Jahren bestimmt werden. Zwei Komplexe sollen dabei unterschieden werden. Den ersten bildet die interessante Frage nach der Bedeutung von *Darwins* Artenlehre (Entwicklungslehre) für die metaphysischen Entwicklungsverständnisse. *Darwin* figurierte für Denkrichtungen, die immer noch stark idealistisch vorgeprägt waren, als ein empirischer Gewährsmann, dass die Entwicklungsbegrifflichkeit nicht nur ein metaphysisches Konstrukt ist, sondern, wenn auch in einem kleinen Bereich, auch als faktischer Prozess bewiesen ist. Auf diesen Aspekt des Darwinismus wird im Rahmen der Ausführungen über den Entwicklungsgedanken wiederholt aufmerksam gemacht (vgl. Punkt C.II.2.a) im 6. Kapitel).[734] Demgegenüber soll in diesem Teil der Untersuchung die Bedeutung der politischen Theorien und der Sozialtheorien erörtert werden, die die Lehren und Anforderungen an die Gestaltung der Gesellschaft angeblich aus Elementen von *Darwins* Theorie ziehen wollten.

I. Module des politischen Darwinismus

Die Frage nach der möglichen Anknüpfung *Liszts* an den Sozialdarwinismus kann nicht durch einen eifrigen Streit über das Vorkommen von Stichwörtern entschieden werden. Es ist ein Nachteil, dass die bisherige Liszt-Forschung, anders als die Darwinismus-Forschung, den kulturellen Darwinismuskomplex nur als eine – stark negativ belastete – Einheit betrachtete, während im 19. und im beginnenden 20. Jahrhundert *Darwins* Artenlehre in so mannigfachen Richtungen eine argumentative Rolle spielte, wie in nur schwach positivierten idealistischen Systemen (vgl. dazu Punkt C.II.2.a) im 6. Kapitel), im Sozialismus, in der Theorie des liberalen Bürgerturms und auch in kollektivistischen Ansätzen.[735] Eine positive Würdigung eines Begriffs, der sich darwinistisch anhört, im Text eines Autors, kann also ganz unterschiedlichen Wertungskomplexen entstammen und mit einer impliziten oder ausdrücklichen Stellung von ganz unterschiedlichen Forderungen verknüpft sein. In Anlehnung an die neuere Darwinismus-Forschung sollen hier vier Module unterschieden werden, in welchen über die gesellschaftliche Materie darwinistisch diskutiert wurde, und die daher im weiteren Sinne als Sozialdarwinismus bezeichnet werden können und tatsächlich immer wieder in der Forschung als Darwinismus

---

[734] Vgl. *D. Solies*, Evolution oder Entwicklung? Kritik und Rezeption eines Darwinistischen Grundbegriffs, in: K. Bayertz/M. Gerhard/W. Jaeschke (Hrsg.), Der Darwinismus-Streit, 2007, S. 207 ff.; *H.-P. Haferkamp*, a.a.O. (2011), S. 39 ff.; *H. Dedek*, „Darwin before Darwin“: Berufsschrift und Evolutionsgedanke, in: S. Meder/C.-E. Mecke (Hrsg.), Savigny global, 2016, 76. Bereits *K. Popper*, Das Elend des Historizismus (1936), 2003, S. 94.

[735] *K. Bayertz*, Darwinismus als Politik: Zur Genese des Sozialdarwinismus in Deutschland 1860–1900, Stapfia 131 (1998), S. 229 ff.

markiert wurden.[736] Es kann dann im Anschluss jeweils in Bezug auf jedes einzelne Modul *Liszts* Haltung geprüft werden.

(1) Es gibt einen humanistisch-bürgerlichen Darwinismus.[737]

(2) Es gibt einen polemologischen Darwinismus (Lehre vom Krieg).[738]

(3) Es gibt einen sozialistischen Darwinismus.[739]

(4) Es gibt einen sozial-selektiven Darwinismus.[740]

Der humanistisch-bürgerliche Darwinismus (Modul 1) zog aus *Darwins* Artenlehre den Schluss, dass der Mensch sich durch Vernunft von anderen Tieren abgesondert hat und dass die weitere Entwicklung – im Sinne einer vollkommeneren Anwendung von intellektuellen Fähigkeiten – zur Demokratie führen würde.[741] Die Idee der Entwicklung in diesem Modul entsprach einem politischen Bedürfnis.[742] Diese Art des Darwinismus hat eine Tendenz, den Begriff des „Kampfs ums Dasein" aufzuwerten, um ihn, als eine dem Menschen unwürdige historische Konstellation, durch Sozialpolitik, medizinische Fürsorge und Bildung abzuschaffen.[743] Die Menschen sollen durch „vernünftige Regulierung in humane Formen des menschlichen Zusammenlebens" überführt werden.[744] *Bayertz* behandelt im Rahmen dieses Moduls die „Interpretation" *Darwins* in den Schriften von *Büchner*, des frühen *Haeckel* und bei dem bereits oben erwähnten frühen Neukantianer *Albert Lange*.[745] Für *Lange* wäre die Humanisierung im Sinne der „Verwandlung von Naturmacht in Vernunftmacht",[746] auch in der Form einer vernünftigen gesellschaftlichen Ordnung, ein Faktum der Geschichte und eine Aufgabe für die Gegenwart und Zukunft.[747]

In Zusammenhang mit dem Krieg und dem kolonialen Wettbewerb (Modul 2) begegnet uns der Darwinismus als Variation des alten Gedankens des Rechts des Stärkeren. *Darwins* „Kampf ums Dasein" ist hier eine Legitimationsplattform für die aggressive staatliche Außenpolitik. Umgekehrt wird auch der Kampf ums Dasein in der Natur als ein „Krieg" unter den Tieren interpretiert, was, wie die meisten Formen des Darwinismus, weit von *Darwins* Auffassung entfernt ist.[748] Auch diese inter-

---

[736] *K. Bayertz*, a.a.O. (1998), S. 229 ff.; *U. Dankmeier*, Naturwissenschaft und Christentum im Konflikt, 2007, S. 18 ff.

[737] Vgl. *K. Bayertz*, a.a.O. (1998), S. 234 ff.

[738] Vgl. *K. Bayertz*, a.a.O. (1998), S. 241 ff.

[739] Vgl. *K. Bayertz*, a.a.O. (1998), S. 260 ff.

[740] Vgl. *K. Bayertz*, a.a.O. (1998), S. 260 ff.

[741] *K. Bayertz*, a.a.O. (1998), S. 234 ff.

[742] *K. Bayertz*, a.a.O. (1998), S. 234 ff.

[743] Vgl. *K. Bayertz*, a.a.O. (1998), S. 241.

[744] *K. Bayertz*, a.a.O. (1998), S. 239.

[745] *K. Bayertz*, a.a.O. (1998), S. 237 ff.

[746] Vgl. *K. Bayertz*, a.a.O. (1998), S. 241.

[747] *K. Bayertz*, a.a.O. (1998), S. 241 f.

[748] *K. Bayertz*, a.a.O. (1998), S. 243.

essante Art des Darwinismus ist natürlich politisch, aber in einem ganz besonderen Sinne. Den polemologischen Darwinisten schwebt der Gedanke vor, dass die Legitimationsplattform für Gewalt in internationalen Beziehungen einem angeblich naturwissenschaftlichem Faktum des „Kampfs ums Dasein" entsprechen würde; durch diese Theorie sollen Pazifisten, Sozialdemokraten und die Liberalen, die sich gegen die Kriegspolitik gewendet haben, desavouiert werden.[749] Charakteristisch ist ein *Ausschluss der Rechtsfrage* unter dem Motto, dass „alles kämpft mit einander und jedes hat Recht".[750] In Worten eines weiteren Zitats der Zeit: „Es handelt sich darum wer siegt. Wer es auch sei, er muss über die Leichen der Besiegten hinwegschreiten, das ist Naturgesetz".[751]

Der sozialistische Sozialdarwinismus (Modul 3) stellt eine Sonderform des politischen Darwinismus dar, die nah an dem ersten Modul ist.[752] In dieser Art der Argumentation wird der Krieg als sozialschädlich kritisiert. *Darwin* wird vor allem als ein Gewährsmann für die empirische Richtigkeit des Entwicklungsgedankens überhaupt gesehen, also auch für die Bereiche, die unter „Entwicklung" traditionell in der Philosophie oder Politik diskutiert wurden, jedoch nur in einem sehr übertragenen Sinne in Verbindung mit *Darwins* Theorie gebracht werden können. Es wird erst unter dieser Prämisse verständlich, wenn im sozialistischen Darwinismus der Übergang vom Kapitalismus in den Kommunismus von Sozialisten unter Rekurs auf *Darwin* als „naturgeschichtliches Werden" bezeichnet wird.[753] Somit war in diesem Modul die Argumentation mit darwinistischen Elementen mit dem Gedanken der Erreichung der Gleichheit aller Menschen in der Zukunft verbunden.[754]

Während die oben bezeichneten Module 1 und 3 im engeren Sinne von der Gleichheit der Menschen ausgehen, zeichnet sich Modul 4 durch die Prämisse der Nicht-Gleichheit der Menschen aus. In diesem Modul wird der Selektionsgedanke, als Teil Darwins Theorie, zentral politisch verwertet. Die ersten Ansätze von diesem Darwinismus waren nicht völkisch oder rassisch ausgerichtet. Legitimiert wurde vielmehr die Aufrechterhaltung von Ständen innerhalb der Gesellschaft.[755] Aber der Gedanke eines äußeren, außerstaatlichen Kampfes ums Dasein mit anderen Völkern und Rassen, legte hier auch die Idee nah, dass das eigene Kollektiv, und nicht nur seine einzelnen Teile, den anderen insgesamt überlegen ist und für den allgemeinen Kampf ums Dasein auf der Welt ggf. tüchtig gehalten werden muss.[756] Besonders nach 1900 sind zahlreiche Verbindungen mit der Rassenlehre zu verzeichnen, die nicht nur eine negative Komponente hatte (Ausschluss von fremden Rassen), sondern

---

[749] *K. Bayertz*, a.a.O. (1998), S. 244.

[750] Vgl. *K. Bayertz*, a.a.O. (1998), S. 244.

[751] *K. Bayertz*, a.a.O. (1998), S. 244.

[752] *K. Bayertz*, a.a.O. (1998), S. 260 ff.

[753] *K. Bayertz*, a.a.O. (1998), S. 261.

[754] Vgl. *K. Bayertz*, a.a.O. (1998), S. 266.

[755] *K. Bayertz*, a.a.O. (1998), S. 273.

[756] *K. Bayertz*, a.a.O. (1998), S. 75 ff.

etwa auch im Gewand der Phantasien über Geburtshäuser eine aktive Zucht der eigenen Rasse verlangte.

II. Liszts Verhältnis zu einzelnen Modulen

Wie verhält sich *Liszts* Werk zu den genannten Modulen? *Liszt* hat durch seine Lehre des Völkerrechts und durch Konzepte einer friedenssichernden Rechtsgemeinschaft einen Standpunkt vertreten, der in diametralem Gegensatz zum Standpunkt des polemologischen Sozialdarwinismus steht (Modul 2).[757] Das müsste auch für die Zeitgenossen erkennbar gewesen sein. Ferner war *Liszt* auch ein zentraler Opponent des sozial-selektiven Darwinismus (Modul 4). In Bezug auf die rassistischen Diskurse vertrat *Liszt* die These „von der Gleichberechtigung aller Rassen", von „der wirklichen Gleichwertigkeit all dessen, was Menschenantlitz trägt" (Punkt B.II. im 5. Kapitel). Das heißt, dass bei *Liszt*, wie damals allgemein in den Sozialwissenschaften und wie noch heute in den USA üblich, nicht der Begriff der Rasse, sondern seine Relevanz für die normativen Überlegungen verworfen wurde. *Liszts* Stellung zur Rassenproblematik wird noch unten im Rahmen der Schilderungen seiner Tätigkeit im „Verein zur Abwehr (= Bekämpfung) des Antisemitismus" erörtert (Punkt B.II. im 5. Kapitel).

Damit bleibt der Darwinismus, abgesehen von seiner besonderen sozialistischen Form, die auf Sozialdemokraten und Marxisten begrenzt war (Modul 3), für die Liszt-Forschung in jenem humanistisch-bürgerlichen Gewand interessant, in welchem er beispielsweise bei *Albert Lange* anzutreffen war. Für diesen Typus deutet *Darwins* Artenlehre auf eine besondere Stellung des Menschen in der Naturwelt hin, die die Gesellschaft verpflichtet, die Vernunft als menschliches Spezifikum über den Instinkt zu setzen. Der Grundgedanke dieses bürgerlichen Konzepts entspricht dem Grundgedanken im Vortrag „Der Zweckgedanke im Strafrecht" (= „Marburger Programm"), in welchem die Triebe mit dem zweckhaften Handeln kontrastiert werden (vgl. Punkt D.I. im 6. Kapitel). Es kann jedoch nicht nachgewiesen werden, dass *Liszt* dieses Schema tatsächlich dem Konzept von *Lange* oder verwandten humanistisch-bürgerlichen Argumenten, die Anleihen bei *Darwin* gemacht haben, entlehnt hat. Das gleiche Ideal war in Österreich zugleich in der Tradition der Aufklärung (ratio) präsent und wurde im Kielwasser des neukantianisch-positivis-

[757] Vgl. *F. Hermann*, Das Standardwerk: Franz von Liszt und das Völkerrecht, 2001, S. 190 ff., 226 ff. Für die Friedensbemühungen während des Ersten Weltkriegs *W. H. van der Linden*, The International Peace Movement during the First World War, 2006. Vgl. *Liszt*, Das Völkerrecht, 1. Aufl. 1898, S. 207 ff. („Der Krieg als völkerrechtliches Rechtsverhältnis"); *Liszt*, Besprechung von Nelsons „Die Rechtswissenschaft ohne Recht", JW 1918, S. 754 (gegen die „jungdeutschen Machttheoretiker").

tischen Amalgams auch allgemein als moderner „kategorischer Imperativ" propagiert.[758]

Der Vernunft-Gedanke ist bei *Liszt* mit *Darwin* in einem kleinen Vortrag über „Psychologie des Verbrechens" verbunden, den *Liszt* für die Festschrift für sein Wiener Gymnasium eingereicht hat (1907). Dort wird hervorgehoben, dass „die kausale Erkenntnis selbst" den „Menschen über das Tier erhebt", und dass dieser Umstand das „Ergebnis einer unübersehbar langen Entwicklung durch den Kampf ums Dasein ist".[759] Es gehört zu diesem Entwicklungstatbestand nach *Liszt*, dass sich die kausale Betrachtung des Verbrechens nur „Schritt für Schritt" etabliert habe.[760] Und so erfolgte auch die Etablierung der „Psychologie des Verbrechens" als seine „kausale Erklärung" nicht auf einmal, sondern „Schritt für Schritt".[761] Die Schilderung ist äußert interessant für *Liszts* wissenschaftliches Verständnis. Er identifiziert das wissenschaftliche Wissen nicht mit deduzierten Disziplinen des ausgehenden 19. Jahrhunderts im Sinne des Positivismus, sondern betrachtet jede „kausale" Deutung des Verbrechens als eine psychologisch-wissenschaftliche Leistung.

Ausgehend von dem Positivismusvorurteil, müsste man zum Schluss kommen, dass die ersten Schritte der „kausalen Erklärung aus der Psyche des Verbrechers heraus"[762] und damit der „Psychologie des Verbrechens" gerade zur Zeit der vermeintlichen radikalen Neugründung der Wissenschaften in der 2. Hälfte des 19. Jahrhunderts stattgefunden haben. *Liszt* verortet jedoch die „Psychologie des Verbrechens" weder in diesen Disziplinen noch in dieser Epoche. Diese Ausführungen dürfen als ein weiterer Nachweis für den oben geschilderten Vorschlag angeführt werden, dass *Liszts* Wissenschaft auch in Anbetracht seiner literaturwissenschaftlichen Erfahrung beurteilt werden sollte. Die Psychologie des Verbrechens wäre nach *Liszt* „mit stufenweisem Fortschritt und mit steigender Klarheit" zuerst in der „Dichtung" geschaffen.[763] Zeitlich fängt ihre Etablierung in der „biblischen Schilderung des ersten Brüdermordes" an,[764] und sie kulminiert in den zeitgenös-

---

[758] *J. H. Witte*, Über Freiheit des Willens, 1882 S. 298 („Handle so, dass in jeder Deiner Handlungen sich stets zugleich irgendwie ein Erfolg der Vernunft über die Sinnlichkeit darstelle!").

[759] *Liszt*, Psychologie des Verbrechens, Festgabe zum 100jährigen Jubiläum des Schottengymnasiums, 1907, S. 173.

[760] *Liszt*, Psychologie des Verbrechens, Festgabe zum 100jährigen Jubiläum des Schottengymnasiums, 1907, S. 173.

[761] *Liszt*, Psychologie des Verbrechens, Festgabe zum 100jährigen Jubiläum des Schottengymnasiums, 1907, S. 173.

[762] *Liszt*, Psychologie des Verbrechens, Festgabe zum 100jährigen Jubiläum des Schottengymnasiums, 1907, S. 174.

[763] *Liszt*, Psychologie des Verbrechens, Festgabe zum 100jährigen Jubiläum des Schottengymnasiums, 1907, S. 174.

[764] *Liszt*, Psychologie des Verbrechens, Festgabe zum 100jährigen Jubiläum des Schottengymnasiums, 1907, S. 176.

sischen Werken der Dichtung bzw. der schönen Literatur wie in *Klara Viebigs* Roman „Absolvo te".[765]

In der Berliner Antrittsrede wird von *Liszt* die Ansicht vertreten, dass die Rechtswissenschaft die bereits etablierte Methode der Analyse der Verbrecherseele von der Dichtung übernehmen müsse (1899).[766] Die spezifische Vermischung des *Wissens* aus *Empirie* und des *Wissens* aus *Literatur* ist eine nicht exklusive, dafür aber charakteristische Erscheinung des Fin de Siècle (vgl. Punkt D.I.2. im 15. Kapitel). Sie zeugt zusammen mit weiteren Umständen von der grundsätzlichen Verfehlung, *Liszts* Verhältnis zum „Wissen" und zur „Wissenschaft" einseitig in den Relationen von *Comtes* Positivismus zu analysieren.[767] Darwinismus ist insoweit, wie ersichtlich, nur ein heutiges Schreckenswort, und es ist die Aufgabe der Wissenschaft im Gegensatz zur Geschichtsphilosophie, den jeweils tatsächlichen Stellenwert von Ausdrücken und Konzepten in der untersuchten Epoche festzustellen. Im 19. Jahrhundert und am Beginn des 20. Jahrhunderts konnte Darwinismus, wie am hier dargestellten Beispiel ersichtlich, sogar für jene Position in Anspruch genommen werden, die Phänomene des Wissens mehr traditionell-konventionell im Vergleich mit einer rigiden „positiven" Etablierung der Wissenschaft in einem theoretischen Nullpunkt identifiziert. Nur aus dieser Perspektive wird es verständlich, wenn *Savignys* Traditionalismus oder *Goethe* am Ausgang des 19. Jahrhunderts als wichtige und würdige Vorläufer von *Darwin* bezeichnet werden (Punkt C.II.2.a) im 6. Kapitel).

---

765 *Liszt*, Psychologie des Verbrechens, Festgabe zum 100jährigen Jubiläum des Schottengymnasiums, 1907, S. 176.

766 *Liszt*, Die Aufgaben und Methode der Strafrechtswissenschaft (1899), AuV II, Nr. 25, S. 289 f.

767 Die Inanspruchnahme der schönen Literatur für das Verstehen und Begreifen des menschlichen Wesens und der sozialen Wirklichkeit ist ein Standardtopos spätestens seit den älteren Sammlungen von Verbrechensschilderungen und seit dem Vormärz. Das Fin de Siècle hat nur die Menge und eine besondere Dynamik des Austauschs zwischen Wissenschaft und Literatur hinzugefügt, nicht die Verknüpfung selbst geschaffen. Für die ältere Wahrnehmung von *Schiller* („Verbrecher aus verlorener Ehre", „Räuber", „Kindesmörderin") und die Lehren von den „großen dramatischen Dichtern" in der Reformdiskussion vgl. *L. Thun*, Die Nothwendigkeit der moralischen Reform der Gefängnisse, 1836, S. 46; *J. Glaser*, Über Aufgabe und Behandlungsweise der Wissenschaft des österr. Strafrechts (1854), in seinen Kleineren Schriften, Bd. 1, 1868, S. 11, 16; *E. Wolf*, Große Rechtsdenker, 4. Aufl. 1962, S. 476 ff. Für *Shylock* vgl. *R. Jhering*, Kampf um's Recht, 1872, S. 63 ff.; *J. Kohler*, Shakespeare vor dem Forum der Jurisprudenz, 1883; und *A. Goll*, Verbrecher bei Shakespeare, 1908, mit *Liszts* Vorwort. Für russische Schriftsteller und ihre „Charakterpsychologie" *R. Nicolosi*, Degeneration erzählen, 2018. Verschollen aber mehrfach in der Literatur erwähnt ist *Liszts* Vortrag „Tolstoi als Kriminalist", vgl. *J. Schönert*, a.a.O. (1991), S. 528. Für Verflechtung mit modernen Darstellern und Motiven in bildender Kunst vgl. *P. Becker*, Verderbnis und Entartung, 2002, S. 35 ff., 75 ff. Für antike Literatur und rechtliche und moralische Diskurse vgl. das Buch des Juristen *Ed. Platner*, Über die Idee der Gerechtigkeit bei Aeschylus und Sophokles, 1858, S. 152. Chronik der Friedrich-Wilhelms Universität zu Berlin 20 (1907), S. 62.

5. Kapitel

Liszt in Deutschland in institutioneller Perspektive

A. Liszt in Deutschland als Ordinarius

I. Überblick

In diesem Kapitel wird *Liszts* Karriere aus der Sicht seiner institutionellen Betätigung als ordentlicher Professor in Deutschland betrachtet. Es ist ein aufsteigender Werdegang, der an der kleinen Universität Gießen begann (SS 1879 bis WS 1881/82). Dem folgten Wechsel nach Marburg (SS 1882–SS 1889), nach Halle (WS 1889/1890–SS 1899) und schließlich nach Berlin (ab WS 1899/1900), wo *Liszt* bis Wintersemester 1915/16 las und sodann bis zu seinem Tod im Juni 1919 als Emeritus in Verzeichnissen notiert wird. Die einzelnen Stationen brachten teilweise auch unterschiedliche Schwerpunkte in der Lehre. Vertreten wurde in Gießen und Marburg von *Liszt* neben dem Strafrecht mit einer „kriminalpolitischen" Erweiterung noch das Zivilverfahrensrecht. In Halle vertrat *Liszt* gleichmäßig vertieft das Strafrecht und das Völkerrecht. Das ist auch die Zeit, in der *Liszts* Lehrbuch „Das Völkerrecht" entstand, das über zwei Jahrzehnte lang als Standardwerk in diesem Fachgebiet herangezogen wurde. In Berlin kam zu den beiden Schwerpunkten, Strafrecht und Völkerrecht, noch die Vorlesung „Rechtsphilosophie" hinzu, die, offenbar als eine Art Grundlagenfach, kontinuierlich in mehreren Semestern angeboten wurde.

Übersicht 2

Liszts Lehrtätigkeit

	Strafrecht	Zivilprozess	Völkerrecht	Rechts-philosophie
Gießen	*	*		
Marburg	*	*		
Halle	*		*	
Berlin	*		*	*

II. Vier Universitäten

1. Großherzoglich Hessische Ludewigs-Universität zu Gießen

Liszt wurde Professor an der Universität zu Gießen im Sommersemester 1879.[768] Die Universität gehörte zu einem Typus der sehr kleinen Universitäten, die nur bedingt dem heutigen Verständnis der Universität entsprachen, wenn damit auch nicht ein Werturteil über das Lehrangebot verbunden werden darf. Im Sommersemester 1879, als *Liszt* seine ersten Lehrveranstaltungen angekündigt hat, setzte sich die juristische Fakultät in Gießen aus nur 5 ordentlichen Professoren und einem Privatdozenten zusammen.[769] Im Wintersemester 1881/82 schrumpfte die Zahl von ordentlichen Professoren auf 4, und es stand nach wie vor ein Privatdozent zur Verfügung.[770] Es gab im Sommersemester 1879 insgesamt 340 Studenten, und davon „widmeten sich" nur 92 der Rechtswissenschaft.[771] Den Vorlesungsverzeichnissen kann entnommen werden, dass das juristische Studium mehr dem Ideal einer Praktikerzertifizierung als der Bildung eines führenden gesellschaftlichen oder nationalen Standes verpflichtet war.

Übersicht 3

Liszts Lehrveranstaltungen in Gießen

Semester	Ankündigungen in: „Verzeichnis der Vorlesungen"[772]
SS 1879	Ankündigung einer Sonderanzeige der Veranstaltungen des Nachfolgers von Prof. Seuffert.
WS 1879/80	Gerichtsverfahren im deutschen Mittelalter. Reichsstrafprozeßrecht. Lesung und Erklärung der peinlichen Gerichtsordnung Karl's V. Praktische Übungen aus dem Strafrecht.
SS 1880	Zwangsvollstreckung. Deutsches Strafrecht. Übungen aus dem Civil- und Strafprozeßrecht.
WS 1880/81	Civilprozeßrecht. Strafprozeßrecht. Praktische strafrechtliche Übungen.

[768] Vgl. dazu *R. Moos*, Franz Liszt als Österreicher, GS Liszt, 1969, S. 131; *K. Probst*, Geschichte der rechtswissenschaftlichen Fakultät der Universität Graz, 1987, S. 22.

[769] Personal-Bestand der Großzerzoglich Hessischen Ludewigs-Universität Giessen, SS 1879, S. 8; WS 1879/80, S. 8; SS 1880, S. 8; WS 1880/81, S. 8; SS 1881, S. 8.

[770] Personal-Bestand der Großzerzoglich Hessischen Ludewigs-Universität Giessen, WS 1881/82, S. 8.

[771] Personal-Bestand der Großzerzoglich Hessischen Ludewigs-Universität Giessen, SS 1879, S. 32.

[772] Verzeichnis der Vorlesungen auf der Großherzoglich hessischen Ludewigs-Universität zu Gießen SS 1879–WS 1881/82.

SS 1881	Deutsches Strafrecht. Theoretische Übungen aus dem Strafrechte: die Lehre von den Unterlassungsdelicten („privatissime"). Vollstreckungsverfahren. Prozeßrechtliche Übungen.
WS 1881/82	Konkursprozeßrecht. Strafprozeßrecht. Strafrecht, besonderer Theil. Strafrechtliche Übungen: Exegese strafrechtlicher Nebengesetze. Bearbeitung strafrechtlicher Themata („privatissime et gratis").

Inhaltlich fällt in *Liszts* Vorlesungsangebot in Gießen eine starke Konzentration auf Verfahrensrecht auf. In diesem Bereich hat *Liszt* sowohl Strafverfahrensrecht als auch das gesamte Zivilverfahrensrecht mit dem Zwangsvollstreckungsrecht vertreten.[773] Das Zivilprozessrecht wurde von *Liszt* als eine der großen Veranstaltungen regelmäßig auch in Marburg angeboten. Für die gleichzeitige Vertretung von Strafverfahrens- und Zivilverfahrensrecht finden sich zahlreiche Vorbilder im Vormärz, wo die beiden Verfahrensarten aus der gemeinsamen Warte der Gerichtsverfassung diskutiert wurden. Von Interesse ist, dass in Gießen eine gemeinsame Übungseinheit für Strafverfahrens- und Zivilverfahrensrecht angeboten wurde (SS 1880): Das lässt die Vermutung zu, dass die Übungen in jenem Fall als eine „forensische Einleitung" gedacht waren und auch insoweit einer typischen Ausbildungsvorstellung im Vormärz entsprachen.[774]

2. Königlich Preußische Universität Marburg

a) Die Universität

Mit dem Wechsel nach Marburg, im Sommersemester 1882, erreichte *Liszt* eine größere Universität. Jedoch blieb die Zahl von Studenten der Rechtswissenschaft, besonders in Anbetracht der Dozentenzahl, sehr überschaubar. Nimmt man nur die Zahl der ordentlichen Professoren als engsten Maßstab, so entfielen auf jeden ordentlichen Professor in Semestern mit der höchsten Studentenanzahl rechnerisch nur ca. 20 Studenten („Betreuungsrelation").[775] Zum Vergleich entfielen in Deutschland

---

[773] Vgl. *R. Moos*, a.a.O. (1969), S. 128 f. *R. Hippel*, Nachruf Liszt, ZStW 40 (1919), S. 530 f.

[774] Vgl. *Liszt*, Strafrecht und Strafprozessrecht, in W. Lexis (Hrsg.), Die deutschen Universitäten, 1893, S. 360 f.

[775] Vgl. Verzeichnis des Personals und der Studirenden auf der Königl. Preußischen Universität Marburg, SS 1882, S. 32; WS 1882/83, S. 33 (insgesamt 756/davon RW 102); SS 1883, S. 35 (848/113); WS 1883/84, S. 32 (720/79); SS 1884, S. 33 (803/77); WS 1884/85, S. 32 (708/63); SS 1885, S. 32 (840/73), WS 1885/86, S. 34 (819/60); WS 1882/83, S. 33 (756/102); SS 1883, S. 35 (848/113); WS 1883/84, S. 32 (720/79); SS 1884, S. 33 (803/77); WS 1884/85, S. 32 (708/63); SS 1885, S. 32 (840/73); WS 1885/86, S. 34 (819/60); SS 1886, S. 37 (939/77); WS 1886/87, S. 36 (894/74); SS 1887, S. 38 (1009/114); WS 1887/88, S. 35 (863/104); SS 1888, S. 36 (928/128); WS 1888/89, S. 34 (791/101); SS 1889, S. 35 (852/117).

im Jahr 2000 auf eine „rechtswissenschaftliche Professur" im Durchschnitt 113 Studenten, im Jahr 2010 im Durchschnitt 102.[776] Während *Liszts* Professur in Marburg scheiterten 1884 – mit dem Hintergrund einer konservativen Kritik an *Liszt* in Österreich – die Bemühungen, *Liszt* als Nachfolger von *Glaser* an die Universität Wien zu berufen.[777] Dem folgte eine – institutionelle und finanzielle –[778] Stärkung seiner Stellung in Deutschland. Er war in der Folgezeit in Marburg Dekan „für 1885"[779] und Rektor der Universität im Wintersemester 1885/86 und Sommersemester 1886.[780] Mit dieser Zeit sind an der „juristischen Fakultät" der Universität Marburg größere Änderungen im Lehrprogramm verbunden, die auf eine Anbindung an die Grundsätze von Graf *Thuns* Reform hindeuten. 1888 wurde das „kriminalistische Seminar" gegründet.

b) Die Lehre

Übersicht 4

Liszts Lehrveranstaltungen in Marburg

Semester	**Ankündigungen im lateinischen Vorlesungsverzeichnis: „Indices Lectionum"**[781]	**Ankündigungen im deutschen Vorlesungsverzeichnis: „Verzeichnis der Vorlesungen"**[782]
SS 1882	1. („publice") historiam processus criminalis; 2. („privatim") a. doctrinam processus criminalis; b. in seminario iuridico instituet exercitationes practicas processus criminalis et civilis.	Geschichte des Strafprozesses (= 1.). Strafprozessrecht (= 2.a.). Praktische Übungen aus dem Civil- und Strafprozeßrecht (= 2.b.).

[776] Perspektiven der Rechtswissenschaft in Deutschland, 2012, S. 18.

[777] *R. Moos*, a.a.O. (1969), S. 135 f.; *F. Herrmann*, a.a.O. (2001), S. 40 ff.

[778] *R. Moos*, a.a.O. (1969), S. 135.

[779] Verzeichnis des Personals und der Studirenden auf der Königl. Preußischen Universität Marburg, SS 1884, S. 4.

[780] Verzeichnis des Personals und der Studirenden auf der Königl. Preußischen Universität Marburg, WS 1886/87, S. 3; SS 1887, S. 3.

[781] Indices Lectionum in Academia Marburgensi, SS 1882–WS 1889/90. Die lateinischen Bezeichnungen sind um die zugehörenden Verben, z. B. „docere, disserere, tradere (tractationem), moderare (colloquia), dirigere", abgekürzt, was die unterschiedlichen casus-Bestimmungen in der Übersicht erklärt. Die Verben wurden zur Förderung des Überblicks ausgelassen. Ihnen kann jedoch eine Bedeutung für die institutionelle Geschichte nicht vollständig abgesprochen werden.

[782] Verzeichnis der Vorlesungen auf der Universität Marburg, SS 1882–WS 1889/90.

WS 1882/83	1. („publice“) de teleologia in iure criminali; 2. („privatim“) a. ius criminale germanicum; b. in seminario iuridico instituet exercitationes processus civilis et criminalis.	Deutsches Strafrecht (= 2.a.). Über den Zweckgedanken im Strafrecht (= 1.). Übungen aus dem Prozessrecht (= 2.b.).
SS 1883	1. („publice“) de origine atque progressu rei carcerariae; 2. („privatim“) a. processum civilem nec non processum concursus creditorum imperii germanici; b. in seminario iuridico exercitationes iuris criminalis instituet; 3. („privatissime et gratis“) quaestionum criminalium tractationem.	Strafrechtliche Übungen (= 2.b.). Die Bearbeitung strafrechtlicher Themen (= 3.). Geschichte des Gefängniswesens (= 1.). Reichscivilprozeßrecht (mit Einschluß des Concursprozesses) mit besonderer Berücksichtigung des gemeinen Prozesses (= 2.a.).
WS 1883/84	1. („publice“) historiam iuris criminalis; 2. („privatim“) a. ius criminale germanicum; b. doctrinam processus criminalis; c. in seminario iuridico instituet exercitationes practicas processus civilis; 3. („privatissime et gratis“) exercitationes ad usum fontium iuris criminalis germanici exegeticas.	Geschichte des deutschen Strafrechts (= 1.). Übungen in den Quellen des deutschen Strafrechts (15. Jahrhundert) (= 3.). Reichsstrafrecht (= 2.a.). Praktische Übungen in Civilprozeßrecht (= 2.c.). Reichsstrafprozeß (= 2.b.).
SS 1884	1. („publice“) de origine atque progressu rei carcerariae; 2. („privatim“) a. processum civilem imperii germanici; b. in seminario iuridico practicum criminale instituet; 3. („privatissime et gratis“) quaestionum criminalium.	Strafrechts- und Strafprozeß-Praktikum nach Dochow Strafrechtsfälle (3. Ausg. Herausgeg. von v. Liszt 1884) (= 2.b.). Strafrechtliche Arbeiten (= 3.). Reichscivilprozeßrecht mit besonderer Berücksichtigung der Geschichte des Processes (= 2.a.). Geschichte und Reform des Gefängniswesens (= 1.).
WS 1884/85	1. („publice“) historiam iuris criminalis; 2. („privatim“) a. ius criminale germanicum; b. in seminario iuridico instituet exercitationes practicas processus civilis; 3. („privatissime et gratis“) quaestionum criminalium.	Geschichte des Strafrechts im Jahrhundert der Aufklärung (= 1.). Reichsstrafrecht (= 2.a.). Strafrechtliche wissenschaftliche Arbeiten (mit Dr. Bennecke) (= 3.). Praktische Übungen im Civilprozeßrecht (= 2.a.).

SS 1885	1. („publice") historiam et doctrinam iuris quod „Pressrecht" lingua vernacula nucnupatur; 2. („privatim"). a. processum civile imperii germanici; b. in seminario iuridico practicum criminale instituet; 3. („privatissime et gratis") quaestionum criminalium.	Praktische strafrechtliche Übungen (= 2.b.). Wissenschaftliche strafrechtliche Arbeiten (= 3.). Geschichte und System des Preßrechts (= 1.). Reichscivilproceßrecht (ohne Concursrecht) (= 2.a.).
WS 1885/86	1. („publice") statistica, quae dicitur, criminali; 2. („privatim") a. ius criminale germanicum; b. processum criminalem germanicum; c. in seminario iuridico instituet exercitationes practicas processus civilis 3. („privatissime et gratis") quaestionum criminalium.	Reichsstrafrecht (= 2.a.). Wissenschaftliche strafrechtliche Arbeiten (= 3.). Moralstatistik, insbesondere Criminalstatistik (= 1.). Ein Civilprozeßpraktikum mit Aktendarstellung (= 2.c.). Reichsstrafprozeßrecht (= 2.b.).
SS 1886	1. („publice") de origine ac progressu rei carcerariae; 2. („privatim") a. processum civilem imperii germanici; b. in seminario iuridico practicum criminale instituet; 3. („privatissime et gratis") quaestionum criminalium.	Praktische strafrechtliche Übungen (= 2.a.). Wissenschaftliche strafrechtliche Arbeiten (= 3.). Reichscivilproceßrecht (= 2.a.). Geschichte und Reform des Gefängniswesens (= 1.).
WS 1886/87	1. („publice") de concursu creditorum; 2. („privatim") a. ius criminale imperii germanici; b. processum criminalem; c. exercitationes practicas processus civilis; 3. („privatissime et gratis") quaestionum criminalium.	Concursrecht und Prozeß (= 1.). Strafrecht (= 2.a.). Wissenschaftliche strafrechtliche Arbeiten (= 3.). Civilprozeßpraktikum (= 2.c.). Strafprozeß (= 2.b.)
SS 1887	1. („publice") de origine ac progressu rei carcerariae; 2. („privatim") a. processum civilem imperii Germanici; b. in seminario iuridico practicum criminale instituet.	Civilprozeßrecht (= 2.a.). Strafrechts-Praktikum (= 2.b.). Geschichte und gegenwärtige Einrichtung des Gefängnißwesens (= 1.).

WS 1887/88[783]	1. („privatim") a. ius criminale imperii Germanici; b. processum criminalem; 2. Exercitationes de processu civili practicas in seminario iuridico instituet; 3. („privatissime et gratis") quaestionum criminalium tractationem; 4. („publice") de concursu creditorum.	Strafprozeßrecht (= 1.b.). Strafrecht (= 1.a.). Zivilprozeß-Praktikum (2.). Wissenschaftliche strafrechtliche Übungen (= 3.).
SS 1888	1. („privatim") processum criminalem imperii Germanici; 2. in seminario criminali a. („privatim") practicum criminale; b. („publice") colloquia de iure criminali; c. („privatissime") quaestionum criminalium tractationem.	Strafprozeßrecht (= 1.). Strafrechtspraktikum (= 2.a.). Leitung wissenschaftlich-strafrechtlicher Arbeiten (im kriminalistischen Seminar) (= 2.c.). Besprechung strafrechtlicher Fraugen (= 2.b.).
WS 1888/89	1. („privatim") a. ius criminale; b. collegium instituet quod vocabit „Grundzüge der Kriminalpolitik"; c. practicum criminale; 2. („privatissime et gratis") quaestionum criminalium tractationem.	Strafrecht (= 1.a.). Grundzüge der Kriminalpolitik mit besonderer Berücksichtigung des Gefängniswesens (= 1.b.). Praktische Übungen im Strafrecht und Strafprozeß verbunden mit Examinatorium und Repetitorium (im kriminalistischen Seminar) (= 1.c.). Leitung strafrechtlicher Arbeiten täglich (im kriminalistischen Seminar) (= 2.).
SS 1889	1. („privatim") processum civilem imperii Germanici; 2. in seminario criminali a. („privatim") practicum criminale instituet; b. („privatissime et gratis") quaestionum criminalium tractationem.	Reichscivilprozeßrecht (mit Ausschluß der Gerichtsverfassung) verbunden mit praktischen Übungen für Anfänger und Fortgeschrittenere (= 1.). Praktische strafrechtliche und strafprozessualistische Übungen verbunden mit einem examinatorischen Repetitorium und freien Vorträgen der Theilnehmer, im kriminalistischen Seminar (= 2.a.). Wissenschaftliche strafrechtliche Übungen, im kriminalistischen Seminar (= 2.b.).

[783] Ab diesem Semester gab es eine veränderte Systematik; hier werden Änderungen so weit wie möglich durch Edition nivelliert.

(WS 1889/1890) (nur angekündigt, Wechsel nach Halle)[784]	1.a. ius criminale; b. ius gentium; 2. in seminario criminali a. practicum criminale instituet; b. quaestionum criminalium tractationem.	Völkerrecht (= 1.b.). Strafrecht (= 1.a.). Praktische strafrechtliche Übungen verbunden mit einem examinatorischen Repetitorium des Strafrechts und Strafproceßrechts sowie mit freien Vorträgen der Theilnehmer, im kriminalistischen Seminar (= 2.a.). Anleitung zu wissenschaftlichen strafrechtlichen Arbeiten, im kriminalistischen Seminar (= 2.b.).

Der Vergleich des lateinischen mit dem deutschen Verzeichnis zeigt eine Tendenz von *Liszt*, traditionelle, im lateinischen Benennungssystem unverschiebbare Veranstaltungen, durch eine „historische" Perspektive zu bereichern. Das interessiert auf dem Hintergrund von *Liszts* Wiener Erfahrung. So erscheint für das Sommersemester 1884 die Ankündigung für *„processus civilis imperii Germanici"* sowohl von *Karl Fuchs* als auch von *Liszt*. Man kann auch davon ausgehen, dass diese Vorlesung ein Teil des festen Curriculums der Fakultät war. Während jedoch *Fuchs* seine Vorlesung dem Publikum im deutschen Verzeichnis unter dem Namen „Reichscivilprozeß" anbot, bot *Liszt* die Veranstaltung unter dem Titel „Reichscivilprozeßrecht mit besonderer Berücksichtigung der Geschichte des Processes" an.[785] Die Veranstaltung über Pressrecht (nicht = Presserecht), die im Sommersemester 1885 angeboten wurde, wird als „Geschichte und System des Preßrechts" angekündigt. Interessant erscheint auch die Vorlesung „Geschichte des Strafrechts im Jahrhundert der Aufklärung", die *Liszt* im Wintersemester 1884/85 angeboten hat, und die im lateinischen Vorlesungsverzeichnis unter dem undurchsichtigen Namen „historia iuris criminalis" erscheint.

Ein bemerkenswerter Hinweis in den Verzeichnissen findet sich für das Wintersemester 1882/83, in dem *Liszt* offenbar eine *vollständige*, alle Semesterwochen umfassende Vorlesung „Über den Zweckgedanken im Strafrecht" angekündigt hat. Das ist das Semester, zu dessen Anfang *Liszt* öffentlich den Vortrag „Der Zweckgedanke im Strafrecht" (= „Marburger Programm") gehalten hat. Die genannte Vorlesung findet sich im lateinischen Vorlesungsverzeichnis unter dem lexikalisch angepassten Namen „de teleologia in iure criminali" wieder.[786]

---

[784] *Liszt* fehlt als Dozent in dem Verzeichnis des Personals und Studierenden auf der Königl. Preußischen Universität Marburg, WS 1889/90, S. 4. Der Zeitpunkt des Wechsels ist wichtig für die Geschichte des Völkerrechts als Lehrfach; zu ergänzen ist *F. Herrmann*, a.a.O. (2001), S. 43 f.

[785] S. im Einzelnen Index Lectionum in Academia Marburgensi SS 1884, S. 2; Verzeichnis der Vorlesungen auf der Universität Marburg, SS 1884, S. 13.

[786] S. im Einzelnen Index Lectionum in Academia Marburgensi WS 1882/83, S. 2; Verzeichnis der Vorlesungen auf der Universität Marburg, WS 1882/83, S. 13.

Es prävaliert der Eindruck, dass das Curriculum der Fakultät seit *Liszts* Eintreffen 1882 bis zu seinem Wechsel nach Halle immer stärker die Züge der Graf-Thun'schen Reform und des Studiums in Wien angenommen hat (vgl. Punkt A. im 2. Kapitel). Die erkennbare Monotonie im Dreieck Geschichte (Institutionen; Geschichte des römischen Rechts) – Dogmatik (Pandekten) – Übungen, ändert sich in Marburg bezeichnenderweise ab dem Sommersemester 1884. Es wird dann zum ersten Mal eine theoretische Vorlesung „Recht- und Staatstheorien der Neuzeit" von *Rudolf Stammler* angeboten und allen übrigen Vorlesungen im Verzeichnis, auch jenen über das römische Recht, vorgezogen.[787] Im Wintersemester 1884/85 wird zum ersten Mal eine allgemeine Vorlesung unter dem Titel „Über Recht und Rechtsquellen" von *Enneccerus* angeboten, die dem Namen nach an das Wiener Curriculum erinnert.[788] Ab Wintersemester 1885/86 werden die Studenten nicht nur auf die „gerichtliche Medizin", sondern auch auf eine Veranstaltung zur „Psychiatrie für Juristen" hingewiesen.[789] Im Wintersemester 1887/88 (*Liszt* war Rektor 1885/86 und im Sommersemester 1886) treten zwei große Neuerungen im Curriculum auf: es werden „Theoretische Nationalökonomie", „Praktische Nationalökonomie", „Finanzwissenschaft", „Volkswirtschaftliche Übungen" angeboten.[790] Ab dem gleichen Semester heißt die juristische Rubrik im Vorlesungsverzeichnis nicht mehr „Rechtswissenschaft" sondern „Staats- und Rechtswissenschaft", ähnlich wie auch einst in Wien.[791]

Zum Kreis der neuen Veranstaltungen treten zwei Veranstaltungen von *Liszt* hinzu. Bereits ab dem Sommersemester 1883 wurde von *Liszt* eine Art Einführung in die Gefängniskunde angeboten.[792] Diese Veranstaltung ist zeitlich mit *Liszts* Bearbeitung von zwei wichtigen Teilen im „Handbuch des Gefängniswesens" verbunden.[793] Im Wintersemester 1884/85 führt er die Veranstaltung „Strafrechtliche wissenschaftliche Arbeiten" ein, die später die Kernveranstaltung des 1888 gegründeten „kriminalistischen Seminars" bilden wird.[794] Im Wintersemester 1885/86

---

[787] Verzeichnis der Vorlesungen auf der Universität Marburg, SS 1884, S. 11.

[788] Verzeichnis der Vorlesungen auf der Universität Marburg, WS 1885/86, S. 12.

[789] Verzeichnis der Vorlesungen auf der Universität Marburg, WS 1885/86, S. 13. Vgl. *Liszts* Einführung in *O. Lipmann*, Grundriss der Psychologie für Juristen, 2. Aufl. 1914, S. V f.

[790] Verzeichnis der Vorlesungen auf der Universität Marburg, WS 1887/88, S. 11. Vgl. auch *Liszts* monografisch ausgearbeitete Rektoratsantrittsrede: Die Reform des juristischen Studiums, 1886, S. 20 f.

[791] Vgl. Verzeichnis der Vorlesungen auf der Universität Marburg, SS 1887, S. 13; WS 1887/88, S. 11.

[792] Verzeichnis der Vorlesungen auf der Universität Marburg, SS 1883, S. 12.

[793] *Liszt*, (Geschichte und Stand der Gefängniss-Reform:) Preußen, Königreich Sachsen und die übrigen Norddeutschen Staaten, in: F. Holtzendorff/E. Jagemann (Hrsg.), Handbuch des Gefängnisswesens, Bd. 1, 1888, 161 (II.–IV. Kapitel); Österreich-Ungarische Monarchie, Frankreich, Belgien und Niederlande, ebendort, 246 (V.–VIII. Kapitel).

[794] Verzeichnis der Vorlesungen auf der Universität Marburg, WS 1884/85, S. 13. Vgl. für „questionum criminalium tractationem moderabitur" bereits WS 1884, S. 13.

bietet er „Moralstatistik, insbesondere Criminalstatistik" an.[795] Im Wintersemester 1888/89 wird die Einführung in die Gefängniskunde modifiziert und von *Liszt* unter folgendem Titel angeboten: „Grundzüge der Kriminalpolitik mit besonderer Berücksichtigung des Gefängniswesens". Dass die Veranstaltung mit der Tradition der Fakultät brach, ist auch daran zu erkennen, dass man im lateinischen Vorlesungsverzeichnis keinen passenden Marker für sie gefunden hat. Sie erscheint unter dem Titel *collegium quod vocabit „Grundzüge der Kriminalpolitik"*.

3. Königliche vereinigte Universität Halle-Wittenberg

a) Die Universität

In *Liszts* erstem Semester in Halle (Wintersemester 1889/90) betrug die Zahl von Immatrikulierten 1671, wovon 134 an der „juristischen Fakultät" eingeschrieben waren.[796] Während die Gesamtzahl der Studenten an der Universität während *Liszts* Tätigkeit in Halle stabil blieb (zwischen 1465 und 1671), verzeichnet das Amtliche Verzeichnis der Universität einen beinah ständigen Zuwachs an immatrikulierten Hörern der Rechtswissenschaft: Im Wintersemester 1892/93 waren es zum ersten Mal 200, im Sommersemester 1894 waren es 302, im Sommersemester 1889, vor *Liszts* Abschied, waren es 383.[797] Diesen Zahlen und der inneren Struktur des Lehrangebots ist zu entnehmen, dass die Universität Halle in *Liszts* Karriere die erste größere Universität mit einer Dynamik darstellte, in der auch heutige Grundzüge des akademischen Lebens wiedererkennbar sind (in Wien hat *Liszt* studiert, aber nicht gelehrt). Nach der Zahl der immatrikulierten Hörer war Halle von insgesamt 22 Universitäten die viertgrößte im Kaiserreich.[798] Sie stand nach diesem Kriterium unmittelbar nach Berlin, München und Leipzig, gehörte

---

[795] Verzeichnis der Vorlesungen auf der Universität Marburg, WS 1885/86, S. 13.

[796] Amtliches Verzeichnis des Personals und der Studirenden an der Königlichen vereinigten Universität Halle-Wittenberg, Nr. 135, SS 1889, S. 40; Nr. 137, Ausgabe für SS 1890, S. 43.

[797] Amtliches Verzeichnis des Personals und der Studirenden an der Königlichen vereinigten Universität Halle-Wittenberg, Nr. 137, SS 1890, S. 39 (1626/133); Nr. 140, SS 1891, S. 36 (1522/189), S. 40 (1493/146); Nr. 141, SS 1891, S. 39 (1540/191), S. 35 (1468/181); Nr. 142, WS 1892/93, S. 37 (1557/200); Nr. 143, SS 1893, S. 37 (1521/217); Nr. 144, WS 1893/94, S. 36 (1535/267); Nr. 145, SS 1894, S. 36 (1528/302); Nr. 146, WS 1894/95, S. 36 (1539/294); Nr. 147, SS 1895, S. 35 (1465/270); Nr. 148, WS 1895/96, S. 35 (1488/272); Nr. 149, SS 1896, S. 31 (1415/285); Nr. 150, WS 1896/97 (1501/293); Nr. 151, SS 1897, S. 36 (1534/335); Nr. 152, WS 1897/98, S. 38 (1606/346); Nr. 153, SS 1898, S. 38 (1604/372); Nr. 154, WS 1898/99, S. 38 (1605/373); Nr. 155, SS 1899, S. 42 (1623/383). Für die ersten sechs Semester konnten die Zahlen nicht immer aus dem jeweiligen Semesterheft exzerpiert werden und wurden dem jeweils folgenden oder vorausgehenden Heft entnommen. Damit besteht in diesem Betrachtungsabschnitt eine Inkohärenz in Bezug auf den Zeitpunkt des Zählens (Anfang/Ende des Semesters).

[798] Vgl. *J. Conrad*, Allgemeine Statistik der deutschen Universitäten, in: W. Lexis (Hrsg.), Die deutschen Universitäten, 1893, S. 118 f.

aber nicht zu dieser Gruppe der „sehr großen" Universitäten, sondern zur Gruppe der mittelgroßen Universitäten, zu denen beispielsweise auch Tübingen, Freiburg, Bonn oder Breslau zählten.[799]

Während in Gießen noch ganz klar und in Marburg in großen Teilen die introvertierte Ausrichtung auf das Pandekten-Handwerk des alten Schlags oder die Zertifizierung für die Anwalts- und Beamtentätigkeit spürbar ist, ist das Angebot in Halle zunehmend an die Idee einer großen Gesellschaft und politischen Gemeinschaft angepasst. Es wird, besonders durch inhaltliche Neuschöpfungen im Vorlesungsangebot, ein Programm angeboten, dessen Inhalt offenbar in lebendigem Austausch mit staatlichen und gesellschaftlichen Herausforderungen im Kaiserreich stand. Die Zahl von ordentlichen Professoren betrug vom Wintersemester 1889/90 bis Wintersemester 1898/99 in der Regel 8 oder 9.[800] Daneben wurde auf die Nationalökonomie, die Finanzwissenschaften und verwandte Fächer, die in Marburg in die „juristische Fakultät" integriert wurden, auf die Lehrveranstaltungen der noch breit angelegten „philosophischen Fakultät" und das dortige Studium der „Staats- und Kameralwissenschaften und Landwirtschaft" verwiesen.[801]

Liszt war in Halle Rektor vom 15. 8. 1894 bis zum 12. 7. 1895.[802] Seine Antrittsrede über „Ernst Ferdinand Klein und die unbestimmte Verurteilung" hielt er am 15. 8. 1894.[803] Sein Rektorat fiel in das Jahr, in dem die Universität das zweihundertjährige Jubiläum gefeiert hat.[804] Der Untersuchung *Herrmanns* zufolge war *Liszt* in Halle sogar dreimal zum Dekan gewählt worden, man beachte jedoch, dass es sich jeweils um eine einsemestrige Amtszeit gehandelt hat.[805] Halle kann auch als *Liszts* Ziel-Universität in dem Sinne bezeichnet werden, dass er bereits 1882 einen Wechsel nach Halle wünschte, wo er den Lehrstuhl des früh verstorbenen Mitbegründers der „ZStW" *Dochow* übernehmen würde. Die Berufung nach Halle scheiterte damals nur

---

799 *J. Conrad*, a.a.O. (1893), S. 118 f.

800 Index scholarum in Universitate Litteraria Fridericiana Halensi, WS 1889/90–SS 1895; Verzeichniß der Vorlesungen auf der Königlichen vereinigten Friedrichs-Universität Halle-Wittenberg WS 1895–WS 1898/99.

801 Vgl. Verzeichniß der Vorlesungen auf der Königlichen vereinigten Friedrichs-Universität Halle-Wittenberg, WS 1895/96, S. 15 f., 34 ff.; Amtliches Verzeichnis des Personals und der Studirenden an der Königlichen vereinigten Universität Halle-Wittenberg WS 1895/96, Nr. 148, S. 6 f.

802 Amtliches Verzeichnis des Personals und der Studirenden an der Königlichen vereinigten Universität Halle-Wittenberg, 1894/95, Nr. 146, S. III. Chronik der Königlichen Vereinigten Friedrichs-Universität Halle-Wittenberg 1889/1890, S. 23, 33; 1894/95, S. 3; 1895/96, S. 3; 1899/1900, S. 10.

803 Chronik der Königlichen Vereinigten Friedrichs-Universität Halle-Wittenberg 1894/95, S. 3.

804 Vgl. Chronik der Königlichen Vereinigten Friedrichs-Universität Halle-Wittenberg 1894/95, S. 27 ff.

805 *F. Herrmann*, a.a.O. (2001), S. 46.

an Formalitäten, die im Zusammenhang mit dem zeitlich nahen Wechsel von Gießen nach Marburg standen.[806]

b) Die Lehre

Übersicht 5

Liszts Lehrveranstaltungen in Halle

Semester	**Ankündigungen im lateinischen Vorlesungsverzeichnis: „Index Scholarum“**[807]	**Ankündigungen im deutschen Vorlesungsverzeichnis: „Verzeichnis der Vorlesungen“**[808]
WS 1889/90	(nicht rechtzeitig angekündigt)	(nicht rechtzeitig angekündigt)
SS 1890	1. („publice“) ius internationale privatum nec non criminale; 2. („privatim“) processum criminalem; 3. in seminario criminali a. („privatim“) exercitationes iuris criminalis practicas; b. („privatissime“) quaestionum criminalium.	Internationales Privat- und Strafrecht (= 1.). Reichsstrafprozeß (= 2.). Praktische strafrechtliche Übungen, verbunden mit einem repetitorischen Examinatorium des Strafrechtes und Strafprozeßrechtes, sowie mit freien Vorträgen der Theilnehmer (= 3.a.). Leitung wissenschaftlicher strafrechtlicher Arbeiten (= 3.b.).
WS 1890/91	1. („publice“) de propugnandis criminibus; 2. („privatim“) a. ius gentium; b. ius criminale; 3. in seminario criminali a. („privatim“) exercitationes iuris criminalis practicas; b. („privatissime“) quaestionum criminalium.	Strafrecht (= 2.b.). Die Bekämpfung des Verbrechens I. Theil: Das Verbrechen in Erscheinung und Ursachen (für Studierende aller Fakultäten) (= 1.). Völkerrecht (= 2.a.). Praktische strafrechtliche Übungen, verbunden mit einem repetitorischen Examinatorium des Strafrechts und Strafprozeßrechts, sowie mit freien Vorträgen der Theilnehmer (= 3.a.). Leitung wissenschaftlicher strafrechtlicher Arbeiten (= 3.b.).

806 *F. Herrmann*, a.a.O. (2001), S. 44.

807 Index scholarum in Universitate Litteraria Fridericiana Halensi, WS 1889/90–SS 1895.

808 Verzeichniß der Vorlesungen auf der Königlichen vereinigten Friedrichs-Universität Halle-Wittenberg, WS 1889/90–SS 1899.

SS 1891	1. („publice“) de propugnandis criminibus; 2. („privatim“) a. ius internationale privatum nec non criminale; b. processum criminalem; 3. in seminario criminali a. („privatim“) exercitationes iuris criminalis practicas; b. („privatissime et gratis“) quaestionum criminalium.	Internationales Privat- und Strafrecht (= 2.a.). Reichsstrafprozeß (= 2.b.). Die Bekämpfung des Verbrechens II. Theil: Die Kampfmittel des Staates und der Gesellschaft (für Studierende aller Fakultäten) (= 1.). Praktische strafrechtliche Übungen, verbunden mit einem repetitorischen Examinatorium des Strafrechts und Strafprozeßrechts, sowie mit freien Vorträgen der Theilnehmer (= 3.a.). Leitung wissenschaftlicher strafrechtlicher Arbeiten (= 3.b.).
WS 1891/92	1. („publice“) de propugnandis criminibus; 2. („privatim“) a. ius gentium; b. ius criminale; 3. in seminario criminali a. („privatim“) exercitationes iuris criminalis practicas; b. („privatissime et gratis“) quaestionum criminalium.	Strafrecht (= 2.b.). Die Bekämpfung des Verbrechens (für Studierende aller Fakultäten) (= 1.). Völkerrecht (mit Einschluß des internationalen öffentlichen Rechts) (= 2.a.). Praktische strafrechtliche Übungen, verbunden mit einem repetitorischen Examinatorium des Strafrechts und Strafprozeßrechts, sowie mit freien Vorträgen der Theilnehmer (= 3.a.). Leitung wissenschaftlicher strafrechtlicher Arbeiten (= 3.b.).
SS 1892	1. („publice“) de re carceraria; 2. („privatim“) a.principia iuris criminalis philosophica et historica; b. processum criminalem; 3. in seminario criminali a. („privatim“) exercitationes iuris criminalis practicas; b. („privatissime et gratis“) quaestionum criminalium.	Geschichte und philosophische Einleitung in das Strafrecht und Strafprozeßrecht (= 2.a.). Reichstrafprozeß (= 2.b.). Gefängniswesen (= 1.). Praktische strafrechtliche Übungen, verbunden mit einem repetitorischen Examinatorium des Strafrechts und Strafprozeßrechts, sowie mit freien Vorträgen der Theilnehmer (= 3.a.). Leitung wissenschaftlicher strafrechtlicher Arbeiten (= 3.b.).

WS 1892/93	1. („publice“) de propugnandis criminibus; 2. („privatim“) a. ius gentium; b. ius criminale; 3. in seminario criminali a. („privatim“) exercitationes iuris criminalis practicas; b. („privatissime“) quaestionum criminalium.	Strafrecht (= 2.a.). Der Kampf des Verbrecherthums gegen die Rechtsordnung (für Studierende aller Fakultäten) (= 1.). Völkerrecht (mit Einschluß des internationalen öffentlichen Rechts) (= 2.a.). Praktische strafrechtliche Übungen, verbunden mit einem repetitorischen Examinatorium des Strafrechts, sowie mit freien Vorträgen der Theilnehmer (= 3.a.). Leitung wissenschaftlicher strafrechtlicher Arbeiten (= 3.b.).
SS 1893	1. („publice“) de propugnandis criminibus; 2. („privatim“) a. principia iuris criminalis nec non iuris gentium philosophica et historica; b. processum criminalem; 3. in seminario criminali a. („privatim“) exercitationes iuris criminalis practicas; b. („privatissime et gratis“) quaestionum criminalium.	Geschichte und philosophische Einleitung in das Strafrecht und Völkerstrafrecht (= 2.a.). Reichsstrafprozeß (= 2.b.). Die Bekämpfung des Verbrechens (Kriminalpolitik) (für Studierende aller Fakultäten) (= 1.). Praktische strafrechtliche Übungen, verbunden mit einem repetitorischen Examinatorium des Strafrechts, sowie mit freien Vorträgen der Theilnehmer (= 3.a.). Leitung wissenschaftlicher strafrechtlicher Arbeiten (= 3.b.).
WS 1893/94	1. („publice“) de propugnandis criminibus; 2. („privatim“) a. ius gentium; b. ius criminale; 3. in seminario criminali a. („privatim“) exercitationes iuris criminalis practicas; b. („privatissime“) quaestionum criminalium.	Strafrecht (= 2.b.). Der Kampf des Verbrechertums mit der Rechtsordnung (für Studierende aller Fakultäten) (= 1.). Völkerrecht (mit Einschluß des internationalen öffentlichen Rechts) (= 2.a.). Praktische strafrechtliche Übungen, verbunden mit einem repetitorischen Examinatorium des Strafrechts, sowie mit freien Vorträgen der Theilnehmer (= 3.a.). Leitung wissenschaftlicher strafrechtlicher Arbeiten (= 3.b.).

SS 1894	1. („publice") de propugnandis criminibus; 2. („privatim") a. processum criminalem; b. exercitationes iuris criminalis in usum tironum; 3. in seminario criminali a. („privatim") exercitationes iuris criminalis practicas; b. („privatissime") quaestionum criminalium.	Reichsstrafprozeß (= 2.a.). Verhütung und Bestrafung des Verbrechens (Kriminalpolitik) (= 1.). Strafrechtliche Übungen für Anfänger (= 2.b.). Strafrechts-Praktikum (= 3.a.). Leitung wissenschaftlicher strafrechtlicher Arbeiten (= 3.b.).
WS 1894/95	1. („publice") de criminibus; 2. („privatim") a. ius gentium; b. ius criminale; c. exercitationes iuris criminalis in usum tironum; 3. in seminario criminali a. („privatim") exercitationes iuris criminalis practicas; b. („privatissime") quaestionum criminalium.	1. Strafrecht (2.b.). Das Verbrechen als sozialpathologische Erscheinung (für Studierende aller Fakultäten) (= 1.). Völkerrecht (= 2.a.). Praktische strafrechtliche Übungen, verbunden mit einem repetitorischen Examinatorium des Strafrechts; Strafrechtsübungen für Anfänger (= 3.a.). Leitung wissenschaftlicher strafrechtlicher Arbeiten (= 3.b.).
SS 1895	1. („publice") de propugnandis criminibus; 2. („privatim") a. processum criminalem; b. exercitationes iuris criminalis in usum tironum; 3. in seminario criminali a. („privatim") exercitationes iuris criminalis practicas; b. („privatissime et gratis") quaestionum criminalium.	Reichsstrafprozeß (2.a.). Bekämpfung des Verbrechens durch sozialpolitische Maßnahmen (Kriminalpolitik IV. Theil) (= 1.). Strafrechtliche Übungen für Anfänger (= 2.b.). Strafrechts-Praktikum (= 3.a.). Wissenschaftliche strafrechtliche Übungen (schriftliche Arbeiten, Vorträge), mit Prof. Fritz van Calker (= 3.b.).
WS 1895/96	–	1. („publice") Kriminalpsychologie (Kriminalpolitik I. Theil) (für Studierende aller Fakultäten); 2. („privatim") a. Strafrecht; b. Völkerrecht; c. Strafrechtliche Übungen für Anfänger; d. Strafrechts-Praktikum; 3. („privatissime") Wissenschaftliche strafrechtliche Übungen (schriftliche Arbeiten und Vorträge), mit Prof. Fritz van Calker.

SS 1896	–	1. („publice") Das Verbrechen als socialpathologische Erscheinung (für Studierende aller Fakultäten); 2. („privatim") a. Reichs-Strafprozess; b. Strafrechtspractikum; c. Völkerrechtliche Übungen (Aktenstücke zur orientalischen Frage); 3. („privatissime und gratis") Wissenschaftliche strafrechtliche Übungen (schriftliche Arbeiten, Vorträge).
WS 1896/97	–	1. („publice") Bekämpfung des Verbrechens durch die Strafe (Kriminalpolitik III. Theil) (für Studierende aller Fakultäten); 2. („privatim") a. Strafrecht; b. Völkerrecht; c. Strafrechtliche Übungen für Anfänger; 3. („privatissime") Wissenschaftliche strafrechtliche Übungen (schriftliche Arbeiten, Vorträge) [mit Dr. Ernst Rosenfeld].
SS 1897	–	1. („publice") Geschichte des Verbrechens als gesellschaftliche Erscheinung (für Studierende aller Fakultäten). 2. („privatim") a. Reichs-Strafprozess; b. Strafprozessrechtliche Übungen mit Actendarstellung; c. Strafrechtspracticum (im krim. Seminar). 3. („privatissime und gratis") Wissenschaftliche strafrechtliche Übungen (schriftliche Arbeiten, Vorträge, gemeinsam mit Dr. Ernst Rosenfeld): (1) für Vorgerückte: Vorträge über wissenschaftliche Themata; (2) für weniger Vorgerückte Anleitung zur schriftlichen Verarbeitung praktischer Fälle.

WS 1897/98	–	1. („publice“) Völkerfrieden und Schiedsgerichte (Die Bestrebungen des 19. Jahrhunderts zur friedlichen Beilegung völkerrechtlicher Streitigkeiten) (für Studierende aller Fakultäten); 2. („privatim“) a. Deutsches Strafrecht; b. Völkerrecht; c. Strafrechtliche Anfänger-Übungen mit schriftlichen Arbeiten; 3. („privatissime und gratis“) Wissenschaftliche strafrechtliche Übungen (1. Vorträge; 2. Anleitung zu schriftlichen Arbeiten) [mit Dr. Ernst Rosenfeld].
SS 1898	–	1. („publice“) Geschichte und System des Gefängniswesens (für Studierende aller Fakultäten); 2. („privatim“) a. Reichs-Strafprozess mit Anfängerübungen; b. Strafrechtspraktikum, c. Völkerrechtliche Übungen (Besprechung wichtiger Staatsverträge des deutschen Reichs). 3. („privatissime und gratis“) Wissenschaftliche strafrechtliche Übungen (gemeinsam mit Dr. Ernst Rosenfeld): (1) für Vorgerückte: Vorträge über wissenschaftliche Themata; (2) für weniger Vorgerückte: Anleitung zur schriftlichen Verarbeitung praktischer Fälle.
WS 1898/1899	–	1. („publice“) Internationales Privatrecht mit besonderer Berücksichtigung des Bürgerlichen Gesetzbuches; 2. („privatim“) a. deutsches Strafrecht, mit Anfängerübungen; b. Völkerrecht; 3. („privatissime und gratis“) Wissenschaftliche strafrechtliche Übungen: (1) für Vorgerückte: Vorträge über wissenschaftliche Themata; (2) für weniger Vorgerückte: Anleitung zur schriftlichen Verarbeitung praktischer Fälle [mit Dr. Ernst Rosenfeld und Dr. Moritz Liepmann].

SS 1899	–	1. („publice") Das Recht der Presse (für Studierende aller Fakultäten); 2. („privatim") a. Reich-Strafprocess mit Anfängerübungen; b. Strafrechtspraktikum (im criminalistischen Seminar); 3. („privatissime und gratis") Wissenschaftliche strafrechtliche Übungen (gemeinsam mit Dr. Ernst Rosenfeld und Dr. Moritz Liepmann): (1) für Vorgerücktere: Vorträge über wissenschaftliche Themata; (2) für weniger Vorgerückte: Anleitung zur schriftlichen Verarbeitung praktischer Fälle.

Während die Marburger Zeit im Zeichen des Strafrechts stand (Gründung der ZStW, Gründung eines kriminalistischen Seminars, Gründung der IKV), zeichnet sich die Hallenser Zeit durch eine Differenzierung des fachlichen Interesses von *Liszt* aus. Das Strafrecht im weiteren Sinne bleibt, sowohl was die Vorlesungen angeht, als auch in Anbetracht der institutionellen Einrichtungen, ein deutlicher Schwerpunkt, besonders in der ersten Hälfte der Professur. Daneben bildet sich das Völkerrecht als ein Sonderschwerpunkt in der zweiten Hälfte der Professur aus. Die Vorlesung Völkerrecht wurde von *Liszt* das erste Mal in Marburg für das Wintersemester 1889/90 angekündigt – jedoch nicht ausgeführt, da *Liszt* in diesem Semester bereits in Halle gelehrt hat. 1897 erschien auch die erste Auflage seines Lehrbuchs „Das Völkerrecht: Systematisch dargestellt", das über zwei Jahrzehnte als Standardwerk im Fachgebiet verwendet wurde. Diesem Teil von *Liszts* Werk widmete *Herrmann* vor einigen Jahren eine umfangreiche und gelungene Monographie.[809]

Für die Entwicklung des strafrechtlichen Angebots und als Prototyp einer kriminologischen Lehreinheit ist die Vorlesung, die im lateinischen Verzeichnis unter dem Namen „de propugnandis criminibus" registriert wird, von besonderem Interesse. Im ersten Ankündigungszug (WS 1890/91; SS 1891) ist die Bezeichnung der Veranstaltung im deutschen Verzeichnis noch neutral: „Die Bekämpfung des Verbrechens I.: Das Verbrechen in Erscheinung und Ursachen"; „Die Bekämpfung des Verbrechens II.: Die Kampfmittel des Staates und der Gesellschaft". Im Wintersemester 1892/93 und Sommersemester 1893 wird das Veranstaltungspaar in einer auffälligen dialektischen Form angeboten: „Der Kampf des Verbrecherthums gegen die Rechtsordnung"; „Die Bekämpfung des Verbrechens (Kriminalpolitik)". Im Wintersemester 1893/94 und Sommersemester 1894 ist nicht mehr die Rede von einem Kampf des Verbrechertums „gegen die Rechtsordnung", sondern „mit der Rechtsordnung"; der zweite Teil wurde unter dem Titel „Verhütung und Bestrafung des Verbrechens (Kriminalpolitik)" angekündigt. In der kommenden Zeit wird die Vorlesung „de propugnandis" dreigeteilt

[809] *F. Hermann*, a.a.O. (2001).

und es erscheinen vom Wintersemester 1895/96 bis Wintersemester 1896/97 unter dem gemeinsamen Titel der „Kriminalpolitik (I.–III.)“, die Teile „Kriminalpsychologie“, „Das Verbrechen als socialpathologische Erscheinung“ und die „Bekämpfung des Verbrechens durch die Strafe“.[810]

Die Reihenfolge der drei Vorlesungen, die *Liszt* vom Wintersemester 1895/96 bis zum Wintersemester 1896/97 angeboten hat, lässt die Vermutung zu, dass *Liszt* im Grunde eine Mikro- und Makroebene mit eigenen Erzähl-, Ordnungs- und Erklärungsmustern unterschieden hat. Diese These wurde bereits oben vorgetragen, wo es darum ging, hervorzuheben, dass *Liszts* Analyse der Gesamtkriminalität einer anderen Tradition entstammt, als seine Analyse der Einzelverbrechen, wo er der „psychologischen“ Motivlehre verpflichtet blieb (Punkt A.III.2. im 4. Kapitel). *Liszts* Vorlesungssystematik zeugt bildhaft davon, dass es in seinem akademischen Konzept nicht einfach um die sozialen Kontexte einerseits und die individuelle Verhaltensveranlagung des Handelns andererseits geht. Vielmehr unterscheidet er das Verbrechen als vereinzelte, psychologisch auffassbare Erscheinung (= Kriminalpsychologie) im Gegensatz zum Verbrechen als Baustein im Körper einer Gesellschaft (= Verbrechen als socialpathologische Erscheinung).[811]

In den letzten fünf Semestern in Halle wird die Vorlesung „de propugnandis criminibus“ nicht mehr angeboten. Es wird einmal die Gefängniskunde angeboten („Geschichte und System des Gefängniswesens“) und einmal eine neue Veranstaltung über „Geschichte des Verbrechens als gesellschaftliche Erscheinung“, die nicht als einfacher Ersatz für die komplexe Vorlesung „de propugnandis criminibus“ gewertet werden kann. Daneben, bestimmt im Zusammenhang mit dem voraussichtlichen Inkrafttreten des BGB: das „Internationale Privatrecht mit besonderer Berücksichtigung des Bürgerlichen Gesetzbuches“; eine völkerrechtliche Vorlesung über „Völkerfrieden und Schiedsgericht“; und, das erste Mal nach SS 1885, die kleine öffentliche Vorlesung „Das Recht der Presse“.

Ob der Verringerung des Lehrangebots zur Verbrechensbekämpfung in Halle vor dem Wechsel nach Berlin eine große Bedeutung beizumessen ist, ist eine Frage, die aufgrund von Vorlesungsverzeichnissen nicht abschließend beantwortet werden kann. Vieles spricht dafür, dass eine gewisse Distanz gegenüber der Verwendung von

---

[810] Vgl. noch *Liszt*, Strafrecht und Strafprozessrecht, in W. Lexis (Hrsg.), Die deutschen Universitäten, 1893, S. 360.

[811] In letzgenanntem Punkt können die Vorlesungsverzeichnisse wichtiges Material für das Verständnis von *Liszts* Äußerungen über „Kriminal-Biologie“ und „Kriminal-Anthropologie“ geben, das insbesondere in der marxistischen Forschung Gegenstand einer gravierenden Missdeutung war (Punkt A.II.4. im 12. Kapitel). Die „Kriminal-Biologie“ und „Kriminal-Anthropologie“ wären in *Liszts* Konzept keine reinen Wissenschaften von „Veranlagung“ und „Prädisposition“, sondern beinhalten immer auch soziale Elemente, soweit sie sich in die individuelle Perspektive auf den Verbrecher als Einzelwesen einfügen. Vornehmliche Aufgabe in diesen Wissensbereichen wäre in diesem Konzept die Erforschung des „ganzen Lebensganges des einzelnen und seiner Eltern“. *Liszt*, Kriminalpolitische Aufgaben (1889–1892), AuV I, Nr. 11, S. 311.

Ressourcen auf die Kriminalitätsbekämpfungsvorlesung im Wesentlichen mit den politischen Umwälzungen im Kaiserreich und einer in den 1890er Jahren einsetzenden Vertrauenskrise in die politischen Einrichtungen und die Justiz zusammenhängt.[812] Die thematisch überraschende neue Vorlesung „Das Recht der Presse" im Sommersemester 1899 wäre in diesem Kontext als subtiles, akademisches Engagement gegen Entwürfe der Lex Heinze zu deuten, die antiliberal waren und unter anderem eine maßgebliche Erweiterung der Verantwortung für Pressedelikte vorsahen.[813] „Das Recht der Presse" gehört zu jenen Vorlesungen, die wie vorher die „Kriminalpolitik", von *Liszt* ausdrücklich für die Zuhörer aller Fakultäten angeboten wurden und daher ein Teil von *Liszts* öffentlicher Pädagogik waren.

4. Die Königliche Friedrich-Wilhelms-Universität zu Berlin

a) Die Universität

Die Universität Berlin war die größte und wichtigste Universität im Kaiserreich. Sie verstand sich als eine moderne akademische Einrichtung, die auf den Grundsätzen der Bildungsdiskussion um 1800 entstanden ist, und sie durfte im 19. Jahrhundert Berühmtheiten wie *Wilhelm Humboldt, Savigny* und *Hegel* beheimaten.[814] In *Liszts* erstem Semester (WS 1899/1900) zählte die Universität insgesamt 6478 immatrikulierte Studenten, davon sogar 2334 als Hörer der Rechtswissenschaft. Mit der Einschränkung, dass im Sommersemester immer wesentlich weniger Studenten immatrikuliert waren als im Wintersemester, wuchs die Zahl der insgesamt Immatrikulierten kontinuierlich bis zum Ersten Weltkrieg an.[815] Die juristische Fakultät

---

812 Vgl. *U. Kühn*, Die Reform des Rechtsstudiums, 2000, S. 26 ff.; *D. Siemens*, Die „Vertrauenskrise der Justiz" in der Weimarer Republik, in: M. Föllmer (Hrsg.), Die Krise der Weimarer Republik, 2005, 139; *U. Wilhelm*, Das Deutsche Kaiserreich und seine Justiz, 2010, S. 323 ff., 479 ff.

813 Vgl. die monographische Darstellung: Lex Heinze: Dargestellt nach den Verhandlungen des Reichstags, 1901, S. 31 ff.

814 Vgl. *L. Bortkiewicz/W. Lexis*, Die Königlich Preußische Friedrich-Wilhelms-Universität zu Berlin, in: W. Lexis (Hrsg.), Die Universitäten im Deutschen Kaiserreich, 1904, S. 313 ff.; *G. Werle/M. Vormbaum*, Die „moderne Schule" an der Berliner Fakultät – Franz v. Liszt (1851 – 1919/1898 – 1917), in: H.-E. Tenorth, Geschichte der Universität unter den Linden, Bd. 5, 2010, 110; *C. E. McClelland*, Die Professoren an der Friedrich-Wilhelms-Universität, in gleichem Sammelband, Bd. 1, 2012, 427; *ders.*, Studium und Studenten, ebendort, 513. Für Universitäten Berlin, München und Leipzig als „Endstationen" eines typischen dreistufigen akademischen Werdegangs der Zeit vid. *M. Baumgarten*, Professoren und Universitäten im 19. Jahrhundert, 1997.

815 Amtliches Verzeichnis des Personals und der Studirenden an der Königlichen Friedrich-Wilhelms-Universität zu Berlin WS 1899/1900, S. 212 (6478/2334); SS 1900, S. 182 (5105/ 1498); WS 1900/01, S. 194 (5431/1510); WS 1901/02, S. 230 (6857/2393); SS 1902, S. 206 (5676/1714); WS 1902/03, S. 244 (7091/2428); SS 1903, S. 214 (5781/1717); WS 1903/04, S. 260 (7503/2565); SS 1904, S. 230 (6096/1766); WS 1904/05, S. 270 (7774/2756); SS 1905, S. 236 (6279/1852); WS 1905/06, S. 282 (8081/2702); SS 1906, S. 194 (6569/1888); WS 1906/07, S. 228 (8188/2761); SS 1907, S. 194 (6496/1935); WS 1907/08, S. 258 (8220/

zählte in allen Jahren von *Liszts* Tätigkeit 10–13 ordentliche Professoren.[816] Damit belief sich die „Betreuungsrelation“ (vgl. oben Punkt 2.) auf bis zu 275 Studenten pro ordentlichem Professor und überstieg die Relation aus Marburg um das 14-fache. Nach einem detailliert ausgeführten, landesweiten Universitäts-Kalender für das Jahr 1905 gab es im Kaiserreich insgesamt 30 ordentliche Professoren, die (auch) das Strafrecht vertreten haben, davon 3 in Berlin (*Liszt, Kahl, Kohler*).[817]

Die Universität Berlin war im späten Kaiserreich besonders für die große Zahl der ausländischen Studierenden bekannt – ein Thema, das vielfach auch Interesse von *Liszt* und der Liszt-Forschung fand. Beispielsweise waren im Wintersemester 1899/1900 insgesamt 855 ausländische Studierende immatrikuliert, wovon 122 als Hörer der Rechtswissenschaft.[818] Diese verhältnismäßig große Zahl von internationalen Studenten an der Universität Berlin wurde in einigen Kreisen als störend für den Lehrbetrieb oder die nationalen Aufgaben der Bildung empfunden.[819] Die Störung betraf eigentlich Fächer wie die Medizin, bei denen durch die erhöhte Zulassung zu Einrichtungen wie anatomischen Sälen die Qualität des Unterrichts herabsinken konnte. Die politischen Diskussionen, die um 1910 entfacht wurden, zeichneten sich jedoch durch nationalistische Untertöne und Bestrebungen aus, die Zulassung für ausländische Studenten *allgemein*, unabhängig von Fach und Veranstaltungsort, zu beschränken.

Liszt hatte in der Auseinandersetzung um die Einführung der Beschränkungen für internationale Studierende gegen die rechten und rechtsextremen Ausschreitungen zum Thema eine für ihn charakteristische differenzierte Lösung vertreten, die als eine pointierte Rationalisierung der Debatte gewertet werden kann.[820] Für ihn sind die Vorteile, wie einer seiner Parlamentsreden zu entnehmen ist, eines „Zuströmens der Ausländer“ in Berlin viel höher einzuschätzen als die nur vereinzelt durch be-

2747); SS 1908, S. 218 (6527/1792); WS 1908/09, S. 272 (8241+400 Frauen/2496+3); SS 1909, S. 240 (6777+417/1842+1); WS 1909/10, S. 291 (8610+632/2506+6); SS 1910, S. 261 (7276+626/1854+4); WS 1910/11, S. 307 (8880+806/2418+11); SS 1911, S. 273 (7344+695/1780+14); WS 1911/12, S. 315 (8984+845/2399+13); SS 1912, S. 279 (7483+717/1826+15); WS 1912/13, Nachtrag S. 21 (8902+904/2258+22); SS 1913, Nachtrag S. 17 (7613+770/1706+20); WS 1913/14, Nachtrag S. 19 (8713+880/1963+19); SS 1914, Nachtrag, S. 17 (7696+841/1564+17); WS 1914/15, Nachtrag S. 19 (7059+976/1485+16; beurlaubt: 4269+75); SS 1915, S. Nachtrag S. 15 (6990+1023/1498+19); WS 1915/16, Nachtrag S. 14 (7360+1224/1604+27); SS 1916, S. 282 (7486+1133/1651+22); WS 1916/17, S. 300 (8161+1276/1866+32); SS 1917, S. 314 (8918+1208/2166+28); WS 1917/18, S. 76 (9447+1322/2345+28); SS 1918 (nach SS 1919, S. 382) (10454+1361/2630+31); SS 1919, S. 410 (11725+1239/2855+36).

[816] Amtliches Verzeichnis des Personals und der Studirenden an der Königlichen Friedrich-Wilhelms-Universität zu Berlin WS 1899/1900–SS 1914.

[817] *G. Zieler/T. Scheffer* (Hrsg.), Die juristischen Fakultäten (Das akademische Deutschland, Bd. 2), 1905, S. 41 ff.

[818] Amtliches Verzeichnis des Personals und der Studirenden an der Königlichen Friedrich-Wilhelms-Universität zu Berlin WS 1899/1900, S. 213 ff.

[819] Vgl. *C. E. McClelland*, a.a.O. (2012), S. 549 ff.

[820] Vgl. Mitteilungen aus dem Verein zur Abwehr des Antisemitismus 1919, S. 112.

sondere Aufwendungen auftretenden Nachteile.[821] Man solle, so *Liszt*, bei der Suche nach der Lösung sorgsam die „Generalisierung der Einrichtungen" vermeiden.[822] Nur beim positiven Nachweis der Überbelastung eines Instituts solle es gerechtfertigt sein, besondere Vorkehrungen für die Teilnahme von ausländischen Studenten zu treffen. In Bezug auf die Eignung und Erforderlichkeit der Mittel erwägt *Liszt* nicht eine allgemeine Zulassungseinschränkung, sondern lediglich die Erhebung von höheren Gebühren für die Teilnehmer derjenigen Veranstaltungen, die am meisten belastet sind.[823]

Liszts Engagement in diesem Punkt kann nicht außerhalb seiner kontinuierlichen Bemühungen um die Reform der Universität aufgefasst werden. Er war in Berlin, wie es in Vereinsmitteilungen hieß, als „links-bürgerlicher Politiker und berühmter Strafrechtsordinarius" Ehrenpräsident der „Gesellschaft für Hochschulpädagogik".[824] Zwei Punkte erinnern besonders an seine einstige Erfahrung in Wien, wo er in einem Klima, in dem zahlreiche Vereine wegen politischer Meinungsäußerung geschlossen wurden, den „Leseverein der deutschen Studenten Wiens" gründete und während seiner Studienzeit für eine Gemeinschaft zwischen Professoren und Studenten sorgte. Er hat sich in Berlin in mehreren Schüben energisch gegen die Beschränkung der Meinungsfreiheit der Studenten geäußert, denen ein politisches Engagement untersagt wurde. Seine in Wien gebildete Vorstellung einer Gemeinsamkeit von Studenten und Professoren ist auch in Berlin zum Vorschein gekommen, als er anlässlich einer studentischen Versammlung, die sich gegen Einschränkungen der akademischen Freiheit wendete, der einzige Professor der Universität war, der an der Versammlung teilnahm.[825] *Liszts* erhaltene Rede aus dieser Versammlung ist unverkennbar von seiner eigenen studentischen Erfahrung in Wien um 1870 geprägt:

> „Wo war [in letzten zehn Jahren unter Studenten] die Begeisterung für die nationalen, sozialen, religiösen und politischen Strömungen unserer Zeit? Der Student soll keine Politik treiben, sagt man. Aber diese Behauptung ist unehrlich und zum größten Teil sogar falsch. *Unehrlich* deshalb, weil gerade diejenigen, die sie am lautesten verkünden, durch eine scheinbare Politiklosigkeit der Studentenschaft eine *Politik zugunsten der Machthaber* schaffen wollen, unehrlich deshalb, weil gerade diese den Studenten in ein einseitiges, parteipolitisches Getriebe hineinziehen. Und die Behauptung ist auch *falsch.* Wohl soll der Student keine Parteipolitik treiben, aber von denen, die einmal die geistigen Führer des

[821] *Liszts* Rede am 25.4.1910 im Preußischen Abgeordnetenhaus, Stenographische Berichte, 21. Legislaturperiode, III. Session, Bd. 4, Sp. 4664.

[822] *Liszts* Rede am 25.4.1910 im Preußischen Abgeordnetenhaus, Stenographische Berichte, 21. Legislaturperiode, III. Session, Bd. 4, Sp. 4664.

[823] *Liszts* Rede am 25.4.1910 im Preußischen Abgeordnetenhaus, Stenographische Berichte, 21. Legislaturperiode, III. Session, Bd. 4, Sp. 4664.

[824] *O. Feyl*, Zur Geschichte der öffentlichen Arbeit und Resonanz der Universitätsbibliothek Berlin, 1993, S. 8. Zeitschrift für Hochschulpädagogik 3 (1912), Heft 3, S. 117.

[825] „Professor von Liszt über das moderne Studententum", Mitteilungen aus dem Verein zur Abwehr des Antisemitismus, 1905, 59; Nachruf auf Liszt, Mitteilungen, 1919, 112; *Liszt*, Die Zukunft des deutschen Liberalismus, Der Tag v. 26.5.1908, S. 1. Vgl. *C. E. McClelland*, a.a.O. (2012), S. 557 ff.

Volkes werden wollen, müssen wir verlangen, daß sie die großen Strömungen der Zeitgeschichte kennen und auch die Menschen, in deren Persönlichkeiten sich diese Strömungen konzentrieren. Wo aber war bisher der flammende Zorn der Studentenschaft gegenüber der *Heuchelei in unserem gesellschaftlichen Leben?* Und vor allem: wo war der Mut zur Überzeugung? Ein *Strebergeist* hat sich in der Studentenschaft geltend gemacht, der nur nach Ehre, Karriere und Würden fragt. Um so größer ist aber unsere Freude über diese Bewegung. Die Einigkeit zwischen den Hochschulen ist jetzt da, die flammende Begeisterung für etwas Ideales, für die akademische Freiheit. Das ist die weit über die Gegenwart hinausragende Bedeutung dieser Bewegung. Bewahrt die Studentenschaft dieses Ideal und empfindet sie ihre akademische Freiheit im Inneren der Seele dann steht sie weit höher als die Philisterseelen, die sie ihr nehmen wollen."[826]

Auch später, 1910, beteiligte sich *Liszt* an der „Akademikerversammlung"[827] und setze sich im preußischen Abgeordnetenhaus[828] für eine zeitgemäße Reform bzw. Liberalisierung des Studentenrechts ein (vgl. Punkt B.I. in diesem Kapitel). Der Schwerpunkt lag in der Revision der veralteten Disziplinarordnungen. *Liszt* prägte ein damals viel beachtetes Schlagwort, demzufolge ein Lehrling mehr politische Vereins- und Versammlungsfreiheit besitzt als ein Student.[829] Man darf vermuten, dass es im Wesentlichen mit Verhältnissen im Wiener „Verein der deutschen Studenten Wiens" zusammenhängt, dass auch im „kriminalistischen Seminar" die Studenten als sog. „außerordentliche Teilnehmer" zu Übungen zugelassen waren, obwohl das Konzept dieser Übungen, wie unten noch geschildert wird, für Doktoranden und bereits promovierte junge Forscher entwickelt wurde (vgl. Punkt A.III. in diesem Kapitel).[830]

Liszts Antrittsrede am 27.10.1899 über „Die Aufgaben und die Methode der Strafrechtswissenschaft" kann sowohl als eine späte Reminiszenz an vergleichbare Themen der Antrittsreden in Wien, als auch im Rahmen des gewachsenen Interesses der Zeit an methodologischen Erörterungen gedeutet werden.[831] Kennzeichnend für die Mode der Zeit ist insbesondere, dass *Liszts* Rede um einen – mehr plakativen als wirklichen – Versuch der Anbindung an die „Kantsche Erkenntniskritik" bemüht

---

826 Auszüge aus Rede Liszts an der „großen Akademikerversammlung" am 17.2.1905, abgedruckt in Mitteilungen aus dem Verein zur Abwehr des Antisemitismus, 1905, 59.

827 Mitteilungen aus dem Verein zur Abwehr des Antisemitismus 1910, S. 367. Vgl. für *Liszts* weitere Reden vor den Studenten *F. Herrmann*, a.a.O. (2001), S. 69 ff.

828 Vgl. Mitteilungen aus dem Verein zur Abwehr des Antisemitismus 1910, S. 151, 207.

829 Mitteilungen aus dem Verein zur Abwehr des Antisemitismus 1910, S. 207.

830 Vgl. für *Liszts* Grundsätze über „persönliches Verkehr des Studenten mit seinen Professoren" den Jahresbericht des Lesevereines der deutschen Studenten Wien's: 1872–73, 2 (1873), S. 4. Für Distanzierung von Professoren und Studenten in Berlin als Regelfall nach 1900 vgl. *C. E. McClelland*, a.a.O. (2012), S. 532 f.

831 Nur wenige Tage vor *Liszts* Antrittsrede hielt in Berlin der neue Rektor die Antrittsrede „Über das Verhältnis der exakten Naturwissenschaften und Praxis". Chronik der Königlichen Friedrich-Wilhelms-Universität zu Berlin, für das Rechnungsjahr 1900, Bd. 14 (1901), S. 187.

ist.[832] *Liszts* letzte Vorlesungsankündigungen sind im Wintersemester 1915/1916 verzeichnet. Im Sommersemester 1916 wurden von *Liszt* keine Veranstaltungen angekündigt („für das Sommersemester beurlaubt“). Er wurde in diesem Jahr ärztlich behandelt und emeritiert.[833] Bis zum Sommersemester 1919 und seinem Tod am 21. 6. 1919 erscheint sein Name unter dem Vermerk „liest nicht“, wie es in Berlin für entpflichtete Professoren, etwa jahrelang auch *Albert Berner*, üblich war.

b) Die Lehre

Übersicht 6

Liszts Lehrveranstaltungen in Berlin

Semester	**Ankündigungen im lateinischen Vorlesungsverzeichnis: „Index lectionum“[834]**	**Ankündigungen im deutschen Vorlesungsverzeichnis: „Verzeichnis der Vorlesungen“[835]**
WS 1899/1900	1. („publice“) theoriam criminis socio-pathologicam; 2. („privatim“) a. ius criminale; b. processum criminalem; c. exercitationes iuris criminalis in usum tironum; 3. Exercitationes doctrinae criminalis in usum eorum qui studium academicum absolverunt.	Strafrecht (= 2.a.). Strafrechtliche Übungen für Anfänger (= 2.c.). Wissenschaftliche strafrechtliche Übungen (nur für Herren, die ihre akademischen Studien abgeschlossen haben) (= 3.). Strafprocess (= 2.b.).
SS 1900	1. („publice“) de re carceraria; 2. („privatim“) a. ius criminale; b. ius gentium hodiernum; c. exercitationes practicas iuris criminalis scriptione thematum adiuncta; 3. („privatissime et gratis“) exercitationes doctrinae iuris criminalis.	Völkerrecht (= 2.b.). Strafrecht (= 2.a.) Übungen im Strafrecht, mit schriftlichen Arbeiten (= 2.c.). Über Gefängniswesen (= 1.). Wissenschaftliche Übungen im Strafrecht (= 3.).

[832] *Liszt*, Die Aufgaben und die Methode der Strafrechtswissenschaft, AuV, II, Nr. 25, S. 297.

[833] Vgl. *R. Hippel*, DJZ 1916, 316; *H. Lindenau*, DJZ 1917, 107; *F. Herrmann*, a.a.O. (2001), S. 129 ff.

[834] Index lectionum in Universitate Litteraria Friderica Guilelma, WS 1899/1900 – SS 1906.

[835] Verzeichniss der Vorlesungen, welche auf der Friedrich-Wilhelms-Universität zu Berlin gehalten werden, WS 1899/1900 – SS 1919.

WS 1900/1901	1. („publice") de oppugnandis criminibus; 2. („privatim") a. ius criminale; b. processum criminalem; c. exercitationes practicas iuris criminalis scriptione thematum adiuncta; 3. („privatissime et gratis") exercitationes doctrinae iuris criminalis.	Strafrecht (= 2.a.). Übungen im Strafrecht (Strafrechtspraktieum) (= 2.c.). Wissenschaftliche Übungen im Strafrecht (im criminalistischen Seminar) (= 3.). Die Bekämpfung des Verbrechens durch Staat und Gesellschaft (= 1.). Stafprocess (= 2.b.).
SS 1901	1. („publice") de psychologia criminali; 2. („privatim") a. ius criminale; b. ius gentium hodiernum; c. exercitationes practicas iuris criminalis scriptione thematum adiuncta; 3. („privatissime et gratis") exercitationes doctrinae iuris criminalis.	Völkerrecht (= 2.b.). Strafrecht (= 2.a.). Wissenschaftliche strafrechtliche Übungen (im criminalistischen Seminar) (= 3.). Übungen im Strafrecht (Strafrechtspraktieum) (= 2.c.). Psychologie des Verbrechens (= 1.).
WS 1901/1902	1. („publicem") theoriam criminis socio-pathologicam; 2. („privatim") a. ius criminale; b. processum criminalem; c. exercitationes iuris criminalis practicas scriptione thematum adiuncta; 3. („privatissime et gratis") exercitationes doctrinae iuris criminalis.	Strafrecht (= 2.a.). Übungen im Strafrecht (Strafrechtspraktieum) (= 2.c.). Wissenschaftliche Übungen im Strafrecht (im criminalistischen Seminar) (= 3.). Das Verbrechen als social-pathologische Erscheinung (= 1.). Strafprocess (= 2.b.).
SS 1902	1. („privatim") a. ius criminale; b. philosophiam iuris; 2. („privatissime et gratis") exercitationes doctrinae iuris criminalis.	Rechtsphilosophie (allgemeine Staats- und Rechtslehre) (= 1.b.). Strafrecht (= 1.a.). Wissenschaftliche Übungen im Strafrecht (im criminalistischen Seminar) (= 2.).
WS 1902/1903	1. („publice") de optima ratione per leges criminales imperii Germanici futuras moribus et societati consulendi; 2. („privatim") a. ius criminale; b. processum criminalem; c. exercitationes iuris criminalis practicas scriptione thematum adiuncta; 3. („privatissime et gratis") exercitationes doctrinae iuris criminalis.	Strafrecht (= 2.a.). Übungen im Strafrecht (Strafrechtspraktieum) (= 2.c.). Wissenschaftliche Übungen im Strafrecht (im criminalistischen Seminar) (= 3.). Die socialethischen Anforderungen an das künftige Strafgesetzbuch für das Deutsche Reich (= 1.). Strafprocess (= 2.b.).

SS 1903	1. („privatim") a. ius gentium; b. philosophiam iuris; c. exercitationes iuris criminalis practicas scriptione thematum adiuncta; 2. („privatissime") exercitationes doctrinae iuris criminalis.	Rechtsphilosophie (allgemeine Staats- und Rechtslehre) (= 1.b.). Völkerrecht (= 1.a.). Strafrechtspraktikum (Übungen im Strafrecht, mit schriftlichen Arbeiten) (= 1.c.). Wissenschaftliche Übungen im Strafrecht (im criminalistischen Seminar) (= 2.).
WS 1903/1904	1. („publice") sociologiam criminalem; 2. („privatim") a. ius criminale; b. processum criminalem; c. exercitationes iuris criminalis practicas scriptione thematum adiuncta; 3. („privatissime und gratis") exercitationes doctrinae iuris criminalis.	Strafrecht (= 2.a.). Das Verbrechen als sozialpathologische Erscheinung (= 1.). Strafrechtliche Übungen (Strafrechtspraktikum) (= 2.c.). Wissenschaftliche Übungen im Strafrecht (im kriminalistischen Seminar) (= 3.). Strafprozeß (= 2.b.).
SS 1904	1. („privatim") a. ius gentium; b. philosophiam iuris; c. exercitationes iuris criminalis practicas scriptione thematum adiuncta; 2. („privatissime") exercitationes doctrinae iuris criminalis.	Rechtsphilosophie (= allgemeine Staats- und Rechtslehre) (=1.b.). Völkerrecht (= 1.a.). Wissenschaftliche Übungen im Strafrecht (im kriminalistischen Seminar) (= 2.). Strafrechtspraktikum (Übungen im Strafrecht, mit schriftlichen Arbeiten) (= 1.c.).
WS 1904/1905	1. („privatim") a. ius criminale; b. processum criminalem; c. exercitationes iuris criminalis practicas scriptione thematum adiuncta; 2. („privatissime") exercitationes doctrinae iuris criminalis.	Strafrecht (= 1.a.). Strafrechtliche Übungen (Strafrechtspraktikum) (= 1.c.). Wissenschaftliche Übungen im Strafrecht (im kriminalistischen Seminar) (= 2.). Strafprozeßrecht (= 1.b.).
SS 1905	1. („privatim") a. ius gentium; b. philosophiam iuris; c. de optima ratione per leges criminales imperii Germanici oppugnandis criminibus consulendi. 2. („privatissime et gratis") exercitationes doctrinae iuris criminalis.	Rechtsphilosophie (= allgemeine Staats- und Rechtslehre) (=1.b.). Völkerrecht (= 1.a.). Kriminalpolitik (im Hinblick auf die Reform des Reichsstrafgesetzbuches) (= 2.c.). Wissenschaftliche Übungen im Strafrecht (im kriminalistischen Seminar) (= 2.).
WS 1905/1906	1. („privatim") a. ius criminale; b. processum criminalem; c. exercitationes iuris criminalis practicas scriptione thematum adiuncta; 2. („privatissime et gratis") exercitationes doctrinae iuris criminalis.	Strafrecht (= 1.a.). Wissenschaftliche Übungen im Strafrecht (im kriminalistischen Seminar) (= 2.). Strafrechtliche Übungen (Strafrechtspraktikum) (= 1.c.). Strafprozeßrecht (= 1.b.).

SS 1906	1. („privatim“) a. ius gentium; b. philosophiam iuris; c. iuris criminalis partem specialem; 2. („privatissime et gratis“) exercitationes doctrinae iuris criminalis.	Rechtsphilosophie (allgemeine Staats- und Rechtslehre) (= 1.b.). Völkerrecht (= 1.a.). Strafrecht besonderer Teil (mit Besprechung einzelner Fälle) (= 1.c.). Wissenschaftliche Übungen im Strafrecht (im kriminalistischen Seminar) (= 2.).
WS 1906/1907	–	1. („privatim“) a. Strafrecht; b. Strafprozeßrecht; c. Schriftliche Übungen, Strafrechtspraktikum, mit schriftlichen Arbeiten; 2. („privatissime und unentgeltlich“) Wissenschaftliche Übungen im Strafrecht (im kriminalistischen Seminar).
SS 1907	–	1. („privatim“) a. Völkerrecht; b. Rechtsphilosophie [allgemeine Staats- und Rechtslehre[836]]; c. Strafrechtspraktikum (mit schriftlichen Arbeiten); 2. („privatissime und unentgeltlich“) Wissenschaftliche Übungen im Strafrecht (im kriminalistischen Seminar).
WS 1907/1908	–	1. („privatim“) a. Strafrecht; b. Strafprozeß; c. Strafrechtspraktikum [mit schriftlichen Arbeiten]; 2. („öffentlich“) Die Zielpunkte der Strafrechtsreform; 3. („privatissime und unentgeltlich“) Wissenschaftliche Übungen im Strafrecht (im kriminalistischen Seminar).
SS 1908	–	1. („privatim“) a. Völkerrecht; b. Rechtsphilosophie; c. Strafrechtspraktikum [mit schriftlichen Arbeiten]; 2. („öffentlich“) Die Kriminalität der Jugendlichen und ihre Behandlung; („privatissime und unentgeltlich“) Wissenschaftliche Übungen im Strafrecht (im kriminalistischen Seminar).

[836] Im systematischen Teil des Verzeichnisses blieb der Zusatz „allgemeine Staats- und Rechtslehre“, Verzeichnis der Vorlesungen, SS 1907, S. 11.

WS 1908/1909	–	1. („privatim") a. Strafrecht; b. Strafprozeß; c. Strafrechtspraktikum [mit schriftlichen Arbeiten]; 2. („privatissime und unentgeltlich") Wissenschaftliche Übungen im Strafrecht (im kriminalistischen Seminar).
SS 1909	–	1. („privatim") a. Völkerrecht; b. Rechtsphilosophie; c. Strafrechtspraktikum [mit schriftlichen Arbeiten]; 2. („privatissime und unentgeltlich") Wissenschaftliche strafrechtliche Übungen im kriminalistischen Seminar.
WS 1909/10	–	1. („privatim") a. Strafrecht; b. Strafprozeß; c. Strafrechtpraktikum [mit schriftlichen Arbeiten (nach seinen „Strafrechtsfällen", 9. Aufl., 1909)]; 2. („privatissime und unentgeltlich") Wissenschaftliche strafrechtliche Übungen (im kriminalistischen Seminar).
SS 1910	–	1. („privatim") a. Völkerrecht; b. Rechtsphilosophie; c. Strafrechtspraktikum [mit schriftlichen Arbeiten]; 2. („privatissime und unentgeltlich") Wissenschaftliche Übungen im kriminalistischen Seminar.
WS 1910/1911	–	1. („privatim") a. Strafrecht; b. Strafprozeßrecht; c. Strafrechtpraktikum [mit schriftlichen Arbeiten (nach seinen „Strafrechtsfällen", 9. Aufl., 1909)]; 2. („privatissime und unentgeltlich") Wissenschaftliche strafrechtliche Übungen (im kriminalistischen Seminar), mit Dr. Ernst Delaquis.

SS 1911	–	1. („privatim“) a. Völkerrecht; b. Rechtsphilosophie [I. Allgemeine Staats- und Rechtslehre; II. Politik]; c. Strafrechtspraktikum [mit schriftlichen Arbeiten]; 2. („privatissime und unentgeltlich“) Wissenschaftliche strafrechtliche Übungen (im Kriminalistischen Seminar), mit Dr. Ernst Delaquis.
WS 1911/12	–	1. („privatim“) a. Strafrecht; b. Strafprozeßrecht; c. Strafrechtpraktikum [mit schriftlichen Arbeiten (nach seinen „Strafrechtsfällen“, 9. Aufl., 1909)]; 2. („privatissime und unentgeltlich“) Wissenschaftliche strafrechtliche Übungen (im Kriminalistischen Seminar), mit Dr. Ernst Delaquis.
SS 1912	–	1. („privatim“) a. Völkerrecht; b. Rechtsphilosophie [I. Allgemeine Staats- und Rechtslehre; II. Politik]; c. Strafrechtspraktikum [mit schriftlichen Arbeiten]; 2. („privatissime und unentgeltlich“) Wissenschaftliche Übungen (im Kriminalistischen Seminar), mit Dr. Ernst Delaquis.
WS 1912/13	–	1. („privatim“) a. Strafrecht; b. Strafprozeßrecht; c. Strafrechtpraktikum [mit schriftlichen Arbeiten (nach seinen Strafrechtsfällen, 10. Aufl., 1911)]; 2. („privatissime und unentgeltlich“) Wissenschaftliche strafrechtliche Übungen (im Kriminalistischen Seminar), mit Dr. Ernst Delaquis.
SS 1913	–	1. („privatim“) a. Völkerrecht; b. Rechtsphilosophie [I. Allgemeine Staats- und Rechtslehre; II. Politik]; c. Strafrechtspraktikum (mit schriftlichen Arbeiten); 2. („privatissime und unentgeltlich“) Wissenschaftliche strafrechtliche Übungen (im Kriminalistischen Seminar), mit Dr. Ernst Delaquis.

WS 1913/1914	–	1. („privatim") a. Strafrecht; b. Strafprozeßrecht; c. Strafrechtpraktikum [mit schriftlichen Arbeiten (nach seinen Strafrechtsfällen, 10. Aufl., 1911)]; 2. („privatissime und unentgeltlich") Wissenschaftliche strafrechtliche Übungen (im Kriminalistischen Seminar), mit Dr. Ernst Delaquis.
SS 1914	–	1. („privatim") a. Rechtsphilosophie [I. Allgemeine Staats- und Rechtslehre; II. Politik]; b. Völkerrecht; c. Strafrechtspraktikum (mit schriftlichen Arbeiten [nach seinen Strafrechtsfällen, 11. Aufl., 1913]); 2. („privatissime und unentgeltlich") Wissenschaftliche strafrechtliche Übungen (im Kriminalistischen Institut), mit Dr. Ernst Delaquis.
WS 1914/15	–	1. („privatim") a. Strafrecht; b. Strafprozeßrecht; c. Strafrechtspraktikum, mit schriftlichen Arbeiten; 2. („privatissime und unentgeltlich") Wissenschaftliche strafrechtliche Übungen (im Kriminalistischen Institut).
SS 1915	–	1. („privatim") a. Rechtsphilosophie [I. Allgemeine Staats- und Rechtslehre; II. Politik]; b. Strafrechtspraktikum (mit schriftlichen Arbeiten Arbeiten [nach seinen Strafrechtsfällen, 11. Aufl., 1913]); 2. („privatissime und unentgeltlich") Wissenschaftliche strafrechtliche Übungen (im Kriminalistischen Institut).
WS 1915/16	–	1. („privatim") a. Strafrecht; b. Strafprozeßrecht; c. Strafrechtspraktikum, mit schriftlichen Arbeiten; 2. („privatissime und unentgeltlich") Wissenschaftliche strafrechtliche Übungen (im Kriminalistischen Institut).

SS 1916	–	„für das Sommersemester beurlaubt"
WS 1916/17 – SS 1919	–	„liest nicht"

Die Ankündigung der Vorlesung „Rechtsphilosophie" ist eine Neuheit in der Berliner Zeit. Sie wurde von *Liszt* seit 1902 immer im Sommersemester angeboten, also insgesamt 14 Mal. Bis Sommersemester 1907 wurde sie immer als „allgemeine Staats- und Rechtslehre" spezifiziert. Vom Sommersemester 1908 bis zum Sommersemester 1909 fehlt eine Spezifikation im Vorlesungsverzeichnis. Ab dem Sommersemester 1911 wird die Vorlesung mit dem Zusatz „I. Allgemeine Staats- und Rechtslehre; II. Politik" angekündigt.[837] Die Vorlesung entsprach offenbar dem Typus einer Veranstaltung für Anfänger, die, ähnlich wie auch heute an manchen deutschen Universitäten, jeweils abhängig vom Dozenten ganz unterschiedliche Schwerpunkte und Namen annehmen konnte. *Josef Kohler* hatte zum Beispiel die gleiche Studieneinheit als „Rechtsphilosophie und vergleichende Rechtswissenschaft" angeboten.[838] Daneben finden sich von verschiedenen Dozenten auch Ankündigungen wie „Rechtsphilosophie (Geschichte der Rechts- und Staatstheorien)", „Rechtsphilosophie mit einem Umriss der ethischen Principienlehre", „Rechtsphilosophie und Grundzüge der Staatswissenschaft".[839] *Hippel* hat aufgrund seiner Korrespondenz mit *Liszt* vermutet, dass in *Liszts* Nachlass ein Manuskript des Lehrbuchs der Rechtsphilosophie anzutreffen sein wird.[840]

Liszts Angebot an Veranstaltungen kann in Berlin nicht ohne die Parallelveranstaltungen der ihm zugeordneten oder nahestehenden Dozenten bewertet werden, die in Berlin neben ordentlichen Professoren einen beachtlichen Teil der Lehre geleistet haben. Während in Halle *Liszt* eine Unterstützung im „kriminalistischen Seminar" durch *Ernst Rosenfeld* und *Moritz Liepmann* erhielt, war sein nächster Mitarbeiter in Berlin *Ernst Delaquis*.[841] Er beteiligte sich zuerst im Rahmen eines persönlichen Treuverhältnisses, das auch heute etwa an italienischen Universitäten bekannt ist,

---

[837] Für den möglichen Stellenwert und die nähere inhaltliche Bestimmung in der Perspektive der Zeit vgl. *A. Merkel*, Rechtphilosophie, in: W. Lexis (Hrsg.), Die deutschen Universitäten, 1893, 406; *T. K. Österreich*, Die deutsche Philosophie des XIX. Jahrhunderts und der Gegenwart (Ueberweg, Teil 4), 12. Aufl. 1923, S. 656 f.; *E. Rothacker*, Einleitung in die Geisteswissenschaften, 2. Aufl. 1930, S. 193. *M. Frommel*, a.a.O. (1987), S. 57 ff.; *P. Goller*, a.a.O. (1997), S. 93 ff. m.w.N.; *ders.*, Rechtsphilosophie an der Universität Graz, in: T. Binder et al. (Hrsg.), Bausteine zu einer Geschichte der Philosophie an der Universität Graz, 2001, S. 603 ff.; *J. Schröder*, Recht als Wissenschaft, 2. Aufl. 2012, S. 205.

[838] Vgl. Vorlesungsverzeichnis WS 1902/1903, S. 3.

[839] Vorlesungsverzeichnis SS 1902, S. 3; WS 1902/1903, S. 3.

[840] *R. Hippel*, Nachruf, ZStW 40 (1919), S. 532; *A. Grabovsky*, Nachruf, Das neue Deutschland 7 (1918/1919), S. 420, 422. (Es bestand auch ein Vertrag mit dem „Springer"-Verlag, vgl. *F. Herrmann*, a.a.O. (2001), S. 51).

[841] Vgl. zu *Delaquis* in Berlin *Eb. Schmidt*, Persönliche Erinnerungen an Franz von Liszt, GS Liszt, 1969, S. 545 ff.

unentgeltlich als Assistent im Seminar. Seine feste Anstellung als Assistent im öffentlichen Dienst ist ein wichtiger Stein in der Geschichte der modernen Universität.[842] Die nahe Verbindung zwischen *Liszt* und *Delaquis* scheint 1914 abrupt beendet worden zu sein, als *Delaquis*, der ein Schweizer Staatsbürger war, Deutschland verlassen hat.[843]

Im Wintersemester 1907/1908 bot *Liszt* eine öffentliche Vorlesung „Die Zielpunkte der Strafrechtsreform" an.[844] Im Wintersemester 1909/10 und 1910/11 wurde die entsprechende Vorlesung von *Delaquis* unter dem Titel „Die Reform der Strafgesetzgebung" angeboten.[845] Auch ein Teil der Übungen im kriminalistischen Seminar wurde offenbar *Delaquis* anvertraut.[846] Die Arbeitsteilung ermöglichte vermutlich *Liszt*, sich im ausgewogenen Rhythmus an bereits ausgearbeiteten Vorlesungen und außeruniversitären Tätigkeiten zu orientieren. Laut *Grabovsky* waren *Liszts* große Vorlesungen sehr gut besucht (500 Zuhörer im Wintersemester), er selbst soll aber die kleinere Form – das kriminalistische Seminar – vorgezogen haben.[847] Man beachte, dass die Zuhörerzahl in den „privaten" Vorlesungen (und das heißt auch in allen großen Vorlesungen zum Strafrecht und Völkerrecht) damals noch keine reine Ehrensache war. Die obligatorischen Hörerhonorare für diese Art von Vorlesungen konnten die Einnahmen von Professoren im Vergleich zum Grundgehalt um ein Vielfaches im Jahr vermehren.[848]

---

[842] Vgl. *Liszt*, in: Chronik der Universität Berlin 22 (1909) für das Jahr 1908, S. 72; 25 (1912) 1911, S. 72.

[843] Vgl. noch *Eb. Schmidt*, a.a.O. (1969), S. 5 ff. Seine Angaben zur Entwicklung des Seminars sind nicht immer präzise.

[844] Vorlesungsverzeichnis WS 1907/1908, S. 16.

[845] Vorlesungsverzeichnis WS 1909/10, 17 f.; WS 1910/11, S. 20.

[846] Chronik der Universität Berlin 25 (1912) 1911, S. 72.

[847] *A. Grabovsky*, a.a.O. (1918/19), S. 421.

[848] Vgl. *W. Lexis*, Die Universitäten im Deutschen Reich, 1904, S. 42 ff.; Mitteilungen für die Studierenden der Universität Berlin, in: Verzeichniss der Vorlesungen WS 1906/07, S. 3 f. Während die Besoldung von ordentlichen Professoren um 1900 in Preußen jährlich in der Regel 4800 bis 7200 Mark betrug, gab es Ordinarier, die sogar über 30 000 Mark als Vorlesungshonorare im Jahr eingenommen haben. Der Höchstbeitrag für Zuhörerhonorar war auf 5 Mark pro SWS gesetzt. Nach den „Kaufkraftäquivalenten historischer Beiträge in deutschen Währungen" (Deutsche Bundesbank, Ausgabe vom Januar 2017), müssen die genannten Beiträge „mal 6,5" genommen werden, damit man – aus dem Blickwinkel der rechnerischen Kaufkraft –, zum heutigen (Euro)Wert der Besoldung und Einnahmen kommt. Beispielsweise haben nach dieser Rechnung die Studenten für jede SWS ein maximales Honorar im heutigen Wert von 32,5 Euro entrichtet (= 5 Mark um 1900). Ein jährliches Gesamteinkommen der Ordinarier in Preußen betrug im Jahr 1900 durchschnittlich 11 735 Mark (*W. Lexis*, loc. cit.).

III. Das „kriminalistische Seminar"

1. Verschiedene Traditionslinien

Was unter einem Seminar zu verstehen ist, ist abstrakt nicht eindeutig bestimmbar. Das liegt im Wesen des Verhältnisses von Tradition und Erneuerung in den akademischen Formen, in welchen verschiedene Inhalte, die jeweils in verschiedenen Absichten und mit verschiedenen Mitteln gestaltet und erarbeitet werden, sich in bereits vorhandene Metaformen des Curriculums oder Institutionsverzeichnisses wie „Seminar", „Labor", „Institut", „Kabinett", „Kolloquium", „Übung", „Consilium", „Collegium" u. Ä. einfügen. In der allgemeinen Wissenschaftsgeschichte untersucht man eine lange Entwicklungslinie von „Seminaren" der deutschen Universität, die auf die philologische und theologische Entwicklung in Göttingen im 18. Jahrhundert zurückgeht. Diese Tradition wird unter dem Stichwort „Forschungsseminar" erfasst.[849] Kennzeichnend für Göttingen war, dass man unter einer Devise der Verbindung von Forschung und Lehre, die Veranstaltungen in einer konzentriert kommunikativen Form gestaltet hat, sodass die einzelnen Denk- und Forschungsschritte des Lehrers für die Studenten nachvollziehbar waren, und umgekehrt der Lehrer selbst einen Teil der in der Manier der Forschung produzierten Analysen den wissenschaftlichen „Lehrlingen" abnehmen konnte.[850] Das entspricht in vielfacher Hinsicht dem modus operandi jener Teile von *Liszts* Seminar, die auf Herausbildung des wissenschaftlichen Nachwuchses ausgerichtet waren. Jedoch beheimatete *Liszts* Seminar, wie gleich noch näher zu schildern ist, in vielen Phasen seiner Entwicklung auch die praktischen Anfängerübungen, die einer anderen Seminar-Tradition entsprechen.

Die zentrale Bedeutung für die Liszt-Forschung kommt dem an der Universität Wien etablierten „Seminar für criminalistische Praxis und Gefängniskunde" von *Wahlberg* zu. Es ist das Bindeglied zwischen der Göttinger Tradition, wie sie bereits im 19. Jahrhundert diskutiert wurde, einerseits und dem „kriminalistischem Seminar" von *Liszt* andererseits. Für den Göttinger Charakter von *Wahlbergs* Seminar spricht besonders der Umstand, dass es immer im letzten Abschnitt des Studiums, unmittelbar vor der Vorbereitung auf die Doktorat-Rigorosa, angeboten wurde (vgl. Punkt A.II. im 2. Kapitel). Es war dementsprechend keine Unterrichtseinheit für Anfänger, sondern wurde für diejenigen Studenten veranstaltet, die mit den Grundzügen der Materie bereits vertraut waren und die Vorlesungen sowie die praktischen Übungen bereits hinter sich hatten. *Wahlberg* hat selbst in Aufsätzen über die akademische Stellung der Universitäten für die Universität Göttingen ständig eine Vorbildrolle reserviert.[851]

---

849 *W. Clark*, Academic Charisma and the Origins of the Research University, 2006, S. 142.

850 Vgl. *W. Clark*, a.a.O. (2006); *H.-P. Haferkamp*, a.a.O. (2018), S. 44 f.

851 Vgl. *W. E. Wahlbergs* Aufsatz Die Reform der Rechtlehre an der Wiener Hochschule (1865), Kleinere Schriften, Bd. 2, 1877, S. 42 ff.; *ders.*, Wien und Göttingen (1855), Kleinere Schriften, Bd. 3, 1882, S. 328 ff. (über den gesellschaftlichen Verkehr der Studenten mit Pro-

Ein zweiter Traditionszusammenhang, in welchem die Etablierung von *Liszts* „kriminalistischem Seminar“ zu diskutieren ist, besteht in der Errichtung von „juristischen Seminaren“ an den deutschen Universitäten. Anders als die Veranstaltungen in der Göttinger Tradition, stellen diese Seminare eine verhältnismäßig späte Erscheinung im 19. Jahrhundert dar. Die ersten zwei Seminare vom Typus des „juristischen Seminars“ wurden 1853 und 1856 auf die Initiative von *Windscheid* und *Beseler* (Zivilisten und Anhänger der Historischen Rechtsschule) an den Fakultäten Halle und Greifswald eingerichtet.[852] Das „juristische Seminar“ in Tübingen und Berlin wurde erst 1875 eingerichtet.[853] Die Gründung und begriffliche Institutionalisierung von diesen Seminaren, die keine Einrichtung eines Lehrers waren, sondern direkt unter der Leitung des Dekans oder des Kollegiums standen,[854] kann nicht ohne die besonderen Voraussetzungen für die Arbeit an Quellen des Zivilrechts in der Tradition der Historischen Rechtsschule begriffen werden. Jene Seminare sind aus dem Bedürfnis entstanden, eine Übung mit der *Literatur* zu halten.

Daraus erklärt sich, dass mit dem Seminartypus für die juristisch-praktischen Übungen eng auch das Verständnis des Seminars als einer *Fachbibliothek* verbunden ist, das bald stärker bald schwächer an einzelnen Universitäten hervortritt und teilweise bis heute tradiert wird. Man vergleiche für diese Wahrnehmung beispielsweise die Systematik der Einrichtungen in Gießen, wo die einzelnen Seminare vor einer „vereinigten Universitätsbibliothek“ genannt werden (vgl. für Nachweise die Literatur über Gießen im Punkt A.II.1.).[855] An manchen Universitäten, wie in Berlin, unterschied man sprachlich das „Seminar“ als Lehreinrichtung von einer dazugehörenden „Seminar-Bibliothek“.[856] An anderen Universitäten aber, wie in Marburg oder Halle, erwuchs die Bezeichnung „Juristisches Seminar“ im Laufe der Zeit zur abstrakten Benennung der Fachbibliothek.[857] Dass die Bezeichnung lange Zeit inhaltlich offen war und tendenziell auch die Bibliothek bezeichnen konnte, darf auch der Umstand bezeugen, dass die „Seminarkarten“, die von *Liszt* in Berichten

---

fessoren). Auch *Liszts* Idee, in das Seminar eine „kriminalistische Sammlung“ mit Gefängnismodellen zu integrieren, dürfte wesentlich auf den Schwerpunkt in *Wahlbergs* Seminar („criminalistische Praxis und Gefängniskunde“) zurückgehen. Vgl. *Liszt*, Das kriminalistische Seminar, in: Geschichte der königlichen Friedrich-Wilhelms-Universität zu Berlin, 1910, S. 31.

[852] *J. H. D. Pereira*, Vorwort in seiner Übersetzung des Lisztschen Lehrbuchs: *Liszt*, Tratado de direito penal allemão, Bd. 1, 1899, Vorwort.

[853] Statistik der Universität Tübingen, 1877, S. 61; Zentralblatt für die gesamte Unterrichtsverwaltung in Preußen: 1875, S. 310.

[854] Vgl. *J. H. D. Pereira*, a.a.O. (1899), Vorwort.

[855] Vgl. zur Konnotierung des Seminars mit Bibliothek noch *W. Lexis* (Hrsg.), Die deutschen Universitäten, 1893, S. 415; *H. Titze*, Die Juristische Fakultät: Der Lehrbetrieb, in: W. Lexis (Hrsg.), Die Universitäten im Deutschen Kaiserreich, 1904, S. 111 ff.

[856] Zentralblatt für die gesamte Unterrichtsverwaltung in Preußen: 1875, S. 311. Chronik der Universität Berlin 22 (1909) für das Jahr 1908, S. 68 f. (Unterscheidung von Handbibliothek und Seminarbibliothek).

[857] Vgl. *H. Lück* et al. (Hrsg.), 150 Jahre Juristisches Seminar der Martin-Luther-Universität Halle-Wittenberg, 2005.

über die Arbeit des „kriminalistisches Seminars" erwähnt werden, im Grunde Bibliotheksausweise waren.[858]

Die Geschichte von *Liszts* Seminar in Marburg, Halle und Berlin stellt keine Geschichte einer linearen Verwirklichung eines einheitlichen Konzeptes dar. *Liszts* Seminar war in jedem Stadium eine lebendig im vorhandenen institutionellen Gefüge und anhand der Lehrbedürfnisse profilierte Einrichtung.[859] In Marburg und Halle bot *Liszt* im „kriminalistischen Seminar" zwei Arten von Veranstaltungen an: die praktischen Übungen für die Anfänger, die sonst im „juristischen Seminar" angeboten wurden, sowie eine besondere Veranstaltung, die als Übung für das wissenschaftliche Arbeiten gedacht war. In der klassischen Zeit des „kriminalistischen Seminars" in Berlin nach seiner Spaltung in Sektionen 1903 bis 1913, wird das Seminar zu einem exklusiven Ort für wissenschaftliche Übungen und Begegnungen. Es ist also erst verhältnismäßig spät zur Etablierung jenes Modells gekommen, das heute als „Liszts Seminar" diskutiert wird. Zusätzlich spielte offenbar auch der besondere Gedanke des Seminars als Fachbibliothek in *Liszts* Begründung des Seminarkonzeptes immer eine herausragende Rolle.[860]

Für die geschichtliche Auffassung des „kriminalistischen Seminars" wird der Sachverhalt zusätzlich dadurch kompliziert, dass *Liszt* ab 1910 versucht hat, eine Anknüpfung an die Entwicklung der sogenannten kriminalistischen „Institute" zu finden, die damals europaweit im Anlauf war. In der Liszt-Forschung wurde bisher

---

[858] Vgl. Chronik Bd. 19 (1906) für das Jahr 1905, S. 68; Chronik 22 (1909) für 1908, S. 71. Vgl. noch *Liszt* über Fachbibliothek, Rede am 25.4.1910 im Preußischen Abgeordnetenhaus, Stenographische Berichte, 21. Legislaturperiode, III. Session, Bd. 4, Sp. 4664 ff.

[859] Vgl. *Liszt*, Die Reform des juristischen Studiums, 1886, S. 26 ff.; Strafrecht und Strafprozess, in: Die Deutschen Universitäten, 1893, S. 360 ff.; Das kriminalistische Seminar, in: Geschichte der königlichen Friedrich-Wilhelms-Universität zu Berlin, 1910, 28; *H. Lindenau/Liszt/F. Straßmann*, Denkschrift über die Errichtung kriminalistischer Institute: Den preußischen Ministern der Justiz, des Inneren und der geistlichen und Unterrichts-Angelegenheiten, Deutsche Strafrechts-Zeitung 1916, 97; *R. Hippel*, Nachruf auf Liszt, ZStW 40 (1919), S. 530 f., 532; *K. Lilienthal*, Nachruf, ZStW 40 (1919), S. 539; *H. Heinemann*, Nachruf, Juristische Wochenschrift 40 (1919), S. 545 f.; *A. Grabowsky*, Nachruf, Das neue Deutschland 7 (1918/19), S. 420 f.; *J. Goldschmidt*, Nachruf, Deutsche Juristenzeitung, 1919, 572; *ders.*, Franz von Liszt, Archiv für Kriminologie 73 (1921), 91; *O. K. McMurray*, The Place of Research in the American Law School, American Law School Review 5 (1922–1926), S. 637, sowie ebendort, S. 673, 674, 676. *Eb. Schmidt*, Einführung, 3. Aufl. 1965, S. 359; *ders.*, Persönliche Erinnerungen an Franz v. Liszt, GS Liszt, 1969, S. 1 f.; *L. Jiménez de Asúa*, Die Wiederkehr Franz von Liszts, ebendort (1969), S. 143 f.; *B. Zlatarić*, Die Ideen Franz von Liszts im früheren und heutigen Jugoslawien, ebendort (1969), S. 221 f., 227 f.; *M. Frommel*, a.a.O. (1984), S. 37 f.; *K. Probst*, a.a.O. (1987), S. 22 f.; *F. Herrmann*, a.a.O. (2001), S. 36 ff.; *Ch. Müller*, Verbrechensbekämpfung im Anstaltsstaat, 2004, S. 136; *S. Galassi*, Kriminologie im Deutschen Kaiserreich, 2004, S. 312 ff.; *A. Koch*, a.a.O. (2016), S. 39 ff., 55; (mit teilweise willkürlichen Angaben:) *A. Klopsch*, Die Geschichte der juristischen Fakultät der Friedrich-Wilhelms-Universität, 2009, S. 120 ff.

[860] *Liszt*, Strafrecht und Strafprozess, in: W. Lexis (Hrsg.), Die deutschen Universitäten, 1893, S. 361; Das kriminalistische Seminar, in: Geschichte der königlichen Friedrich-Wilhelms-Universität zu Berlin, 1910, S. 29 ff.

kaum der Umstand erörtert, dass an der Universität Berlin im Jahr 1913 – unter der Firma einer bloß formellen „Verstaatlichung" des Seminars – das „kriminalistische Seminar" grundsätzlich durch das neue Konzept eines kriminalistischen „Instituts" ersetzt wurde (Punkt A.IV. in diesem Kapitel). Dieses Konzept gehörte, wie unten näher darzustellen ist, einem ganz anderen Typus von Einrichtungen an, sodass die Umwandlung aus dieser Perspektive eigentlich das Ende des „kriminalistischen Seminars" bedeutete. In der Praxis war aber die Arbeit des Instituts bis zu *Liszts* Emeritierung (1916), soweit ersichtlich, sowohl räumlich als auch nach der Art der ausgeübten Funktion, im Wesentlichen mit jener im Seminar gleichgeblieben.

Übersicht 7

Die Entwicklung des „kriminalistischen Seminars" unter Liszts Führung

1. in Marburg (SS 1888–SS 1889)	Übernahme der bereits vorher angebotenen praktischen und wissenschaftlichen Übungen unter das Dach des neugegründeten Seminars. Teil der Übungen in der Privatwohnung. Es erscheinen erste Hefte der „Abhandlungen" (Bd. 1).
2. in Halle (WS 1889/90–SS 1899)	Gleiches Format (= praktische und wissenschaftliche Übungen). Es erscheinen bis 1895 weiter die „Abhandlungen" (Bd. 2–3). Überlegt wird eine Angliederung an das dortige „juristisches Seminar".
3. in Berlin (WS 1899/1900–WS 1912/13)	Nur wissenschaftliche Übungen, mit spezifischer Erweiterung der Tätigkeit. „Neue Folge" der „Abhandlungen" (Bd. 1–7). Unabhängig wird eine strafrechtliche Abteilung des „juristischen Seminars" eingerichtet. Ab 1903 Teilung in Sektionen. Von 1903 bis 1913 Höhepunkt des Seminars.
4. in Berlin (SS 1913–WS 1915/16) Umwandlung bzw. Integration in ein „Kriminalistisches Institut"	Konzeptuell: Seminar mit wissenschaftlichen Übungen nur als ein Teil des Instituts. Ausbau des Instituts nach internationalen Vorbildern. Professorenausschuss als gemeinsame Direktion. Neue Räumlichkeiten werden erwartet.[861] Praktisch: = kriminalistisches Seminar im Sinne von Punkt 3. Liszt als Leiter. Dritte Folge der „Abhandlungen" unter dem Titel „Abhandlungen des Kriminalistischen Instituts" (Bd. 1–3).

[861] Vgl. dazu *Eb. Schmidt*, a.a.O. (1969), S. 8.

2. Das Seminar in Marburg

Das 1888 gegründete „kriminalistische Seminar“ in Marburg war ein Ort des Forschens, der verschiedene Veranstaltungsarten und Publiken vereinte. In das Seminar wurden seit seiner Gründung die exercitationes/praktischen Übungen integriert, die vor der Gründung unter dem Vermerk „im juristischen Seminar“ angeboten wurden. Daneben wurden von *Liszt* unter dem Vermerk „im kriminalistischen Seminar“ noch zwei neue Veranstaltungen angeboten: ein Kolloquium („Besprechung strafrechtlicher Fragen“), und der Kursus „Leitung strafrechtlicher Arbeiten“, mit dem Vermerk „täglich“.[862] Anders als in der Berliner Zeit, wo offenbar die Vorträge „mit anschließender Debatte“ den Kernpunkt der gemeinsamen Aktivitäten bildeten, setzte das Seminar in Marburg, zumindest begrifflich, den Schwerpunkt auf die unmittelbare „Leitung“ der „wissenschaftlichen Arbeiten“. Nach *Liszts* Wechsel nach Halle taucht die Einrichtung „kriminalistisches Seminar“ in Verzeichnissen der Universität Marburg nicht mehr auf.[863]

Aus der Zeit der Gründung des „kriminalistischen Seminars“ stammt auch die bereits oben, im 2. Kapitel, erwähnte Schrift „Die Reform des juristischen Studiums“, in welcher *Liszt* kurz auch das Konzept eines Seminars an der juristischen Fakultät angesprochen hat.[864] Hier wird die Unterscheidung von zwei Übungsarten im Seminar in einer hochabstrakten Form erörtert und verfestigt: auf einer Seite sollen sich die „praktischen Übungen“ für alle befinden und auf der anderen die „wissenschaftlichen Übungen“, die nur für „die kleine Zahl derjenigen, welche Begabung, Fleiß und Zeit für selbstständige wissenschaftliche Tätigkeit, wenn auch in bescheidenem Umfange, besitzen“, gedacht sind.[865] Als Zweck der wissenschaftlichen Übungen schwebte *Liszt* die institutionelle Schaffung von Voraussetzungen für die „tüchtigen Doktordissertationen“ und die „Herausbildung eines kräftigen Nachwuchses von jungen Gelehrten“ vor Augen.[866] Interessant für die Erkundung der Zusammenhänge von *Liszts* Tätigkeit mit der Aufklärung erscheint der Umstand, dass die Universität Marburg mindestens einmal, 1889, eine strafrechtliche Preisfrage gestellt hat (vgl. die Übersicht 9 im nächsten Punkt; zur Berner Preisfrage Punkt D.II. im 1. Kapitel).

---

[862] Vgl. im Einzelnen Index Lectionum in Academia Marburgensi SS 1888, S. 2; Verzeichnis der Vorlesungen auf der Universität Marburg, SS 1888, S. 14, WS 1888/89, S. 14; SS 1889, S. 14; WS 1889/90, S. 14.

[863] Verzeichnis des Personals und Studierenden auf der Königl. Preußischen Universität Marburg, SS 1890, S. 10.

[864] *Liszt*, Die Reform des juristischen Studiums, 1886, S. 26 ff.

[865] *Liszt*, Die Reform des juristischen Studiums, 1886, S. 27 f.

[866] *Liszt*, Die Reform des juristischen Studiums, 1886, S. 28.

Übersicht 8

Abhandlungen des kriminalistischen Seminars zu Marburg (1888–1889)

1.1	Liszt, Der italienische Strafgesetzentwurf von 1887: Entwurf Zanardelli, 1888.
1.2	Ludwig Laß, Das Delikt gegen die Kriegsmacht des Staats nach § 329 Reichs-Strafgesetzbuch, 1889.
1.3	Robert Hippel, Die korrektionelle Nachhaft, 1889.
1.4	Hugo Heinemann, Die Binding'sche Schuldlehre: ein Beitrag zu ihrer Widerlegung, 1889.

3. Das Seminar in Halle

In Halle bestand bei *Liszts* Ankunft bereits ein „juristisches Seminar", das unter der Leitung aller „ordentlichen Professoren der juristischen Fakultät" stand.[867] Daneben trat, wie die Chronik der Universität verzeichnet, ab dem 1. Oktober 1889 ein „besonderes criminalistisches Seminar unter Leitung des Prof. Dr. von Liszt" ins Leben.[868] Den oben wiedergegebenen Vorlesungsverzeichnissen (vgl. oben die Übersicht 5 für Halle) kann entnommen werden, dass *Liszts* Seminar auch in Halle zwei Arten von Übungen vereinigt hat. In dem „kriminalistischen Seminar" wurden sowohl das „Strafrechtspraktikum" (praktische Übungen) als auch wissenschaftliche Übungen angeboten, allerding nur soweit diese Veranstaltungen von *Liszt* und nicht einem anderen Dozenten angeboten wurden. Anders als in Marburg wird in Halle das Seminar – zeitweilig – auch in den beiden ersten Semestern nach *Liszts* Wechsel nach Berlin als Einrichtung der Universität verzeichnet.[869]

[867] Vgl. Chronik der Königlichen Vereinigten Friedrichs-Universität Halle-Wittenberg SS 1890, Nr. 137, S. X.

[868] Chronik der Königlichen Vereinigten Friedrichs-Universität Halle-Wittenberg 1889/1890, S. 23.

[869] Vgl. Amtliches Verzeichnis des Personals und der Studirenden an der Königlichen vereinigten Universität Halle-Wittenberg, WS 1889/1900, Nr. 156, S. 10.

Übersicht 9

Abhandlungen des kriminalistischen Seminars (Vereinigte Friedrichs-Universität Halle-Wittenberg) (1890–1895)

2.1	Georg Crusen, Der strafrechtliche Schutz des Rechtsguts der Pietät, 1890.
2.2.	Ernst Rosenfeld, Welche Strafmittel können an die Stelle der kurzzeitigen Freiheitsstrafe gesetzt werden?: von der Marburger [!] Juristischen Fakultät gekrönte Preisschrift, 1890.[870]
3.1.	Jacob Sacker, Der Rückfall: eine kriminalpolitische und dogmatische Untersuchung, 1892.
3.2	Walter Loock, Der strafrechtliche Schutz der Eisenbahnen im Deutschen Reiche, 1893.
3.3	Arthur Schwarze, Der sogenannte Futterdiebstahl nach deutschem Recht, 1893.
3.4	Wilhelm Honemann, Das Verhältnis zwischen der Defraudation der Zölle und Verbrauchssteuern und dem Betruge nach deutschem Reichsrecht, 1894.
4.1	Walther Hippel, Wasser-Diebstahl, 1895.

4. Das Seminar in Berlin

a) Das „kriminalistische Seminar" als Sondereinrichtung für wissenschaftliche Übungen

In Berlin wird das „kriminalistische Seminar" zu einem exklusiven Treffpunkt für Forschung, aus welchem die bis dahin im Konzept des Seminars beheimateten „praktischen Übungen" ausgeschlossen werden. Das Seminar wird zu einer Einrichtung für „alle, die, sei es vorübergehend, sei es dauernd, auf dem Gesamtgebiet des Strafrechts wissenschaftlich zu arbeiten entschlossen waren".[871] Die umfangreiche „Fachbibliothek" wurde – in der Kantstraße – als systematisch gegliederter Präsenzbestand aufgestellt.[872] Der bei der Gründung des Seminars ins Auge gefasste Plan der Schaffung einer „kriminalistischen Sammlung" ist nicht zur Ausführung

[870] Zur Preisarbeit von *Rosenfeld* vgl. *Liszt*, Die Reform der Freiheitsstrafe (1890), AuV I, Nr. 13, S. 13. Für die Berner Preisfrage vgl. Punkt D.III. im 1. Kapitel.

[871] *Liszt*, Das kriminalistische Seminar, in: Geschichte der königlichen Friedrich-Wilhelms-Universität zu Berlin, 1910, S. 29.

[872] *Liszt*, Das kriminalistische Seminar, in: Geschichte der königlichen Friedrich-Wilhelms-Universität zu Berlin, 1910, S. 29 f.

gelangt.[873] Besonders nach 1903, als die Arbeit im Seminar in verschiedene Sektionen aufgeteilt wurde, führte die Konzentration auf wissenschaftliche Arbeit zu mehrfachen Erweiterungen des Tätigkeitsfeldes, worauf im nächsten Punkt mit einigen Details hingewiesen wird.

Die „Chronik" und Verzeichnisse der Universität Berlin zeugen von mannigfaltigen Neugründungen und Verselbstständigungen von bereits bestehenden Einrichtungen um 1900 und unmittelbar nach der Jahrhundertwende. Das Berliner „juristische Seminar" setzte sich im Wintersemester 1899/1900 aus einer römischen und einer kanonischen Abteilung zusammen. Dazu kam später noch ein besonderes „Seminar für Deutsches Recht".[874] Unmittelbar nach *Liszts* Ankunft in Berlin wurde das „juristische Seminar", ab dem Wintersemester 1900/01, auch um eine „strafrechtliche" Abteilung bereichert, die unter der Leitung von *Kohler* stand.[875] Der dritte Strafrechtsordinarius *Kahl* war Leiter der kanonischen Abteilung.[876] Ab 1909 werden im Verzeichnis der Einrichtungen alle Seminare großgeschrieben („Das Kriminalistische Seminar"), was als eine Nuance der um 1900 eingeleiteten, veränderten institutionellen Wahrnehmung gedeutet werden kann.[877]

[873] *Liszt*, Das kriminalistische Seminar, in: Geschichte der königlichen Friedrich-Wilhelms-Universität zu Berlin, 1910, S. 29, 31. Vgl. zur Bibliothek noch *R. Merkel*, Franz von Liszt und Karl Kraus, ZStW 105 (1993), S. 897; *F. Krause/A. Müller-Jerina*, Handbuch der historischen Buchbestände in Deutschland, Bd. 14: „Berlin", Teil 1, 1995, S. 165 ff.; *F. Herrmann*, a.a.O. (2001), S. 36 ff.

[874] Verzeichnis des Personals, WS 1899/1900, S. 23.

[875] Verzeichnis des Personals, WS 1900/01, S. 23.

[876] Verzeichnis des Personals, WS 1900/01, S. 23.

[877] Vgl. Verzeichnis des Personals, SS 1909, 37 ff. Für die Klein- und Großschreibung vgl. Folgendes: die Kleinschreibung von Einrichtungen wie „juristisches Seminar" und „kriminalistisches Seminar" wurde im Vorlesungsverzeichnis ab SS 1909, S. 37 mit Großschreibung geändert. In diesem Verzeichnis steht dann ausschließlich „Das Kriminalistische Seminar" (SS 1913, S. 44). Die „Chronik" der Universität kennt durchgehend nur die Kleinschreibung. In diesem Kapitel wird der Einfachheit wegen „kriminalistisches Seminar" immer klein geschrieben, wohingegen das 1913 gegründete Kriminalistische Institut, wie es der Gepflogenheit zur Zeit seiner Gründung entsprach, immer großgeschrieben wird.

Übersicht 10

Die fortschreitende Ausscheidung von „praktischen Übungen" aus dem „kriminalistischen Seminar"

	„Praktische Übungen"[878]	**„Wissenschaftliche Übungen"**[879]
Zielgruppe	Alle bzw. „Durchschnittsstudenten".[880]	„Elite der Studentenschaft"[881] (vor und nach dem Abschluss).
Tatsächliche Teilnehmer (in Berlin)	Studenten.	Ordentliche (Juristen und Fachleute, die wissenschaftliche Bestrebungen unternehmen). Außerordentliche (Studenten).
Ziele	Tüchtigkeit für die Praxis.[882]	Herausbildung des wissenschaftlichen Nachwuchses.
Grundmodelle	juristisches Seminar der deutschen Universitäten	Wahlbergs Wiener Seminar, Forschungsseminar.
Namensvariationen	Seminar.	Seminar; „Institut";[883] „Zentralstelle"[884] (an ausgewählten Universitäten, als Sammelort für die Fachliteratur).
Einrichtungen, welche die Veranstaltung organisatorisch tragen:		
Marburg	juristisches Seminar; kriminalistisches Seminar	kriminalistisches Seminar
Halle	kriminalistisches Seminar	kriminalistisches Seminar
Berlin	juristisches Seminar	kriminalistisches Seminar

878 *Liszt*, Strafrecht und Strafprozess, in W. Lexis (Hrsg.), Die deutschen Universitäten, 1893, S. 360.

879 *Liszt*, Strafrecht und Strafprozess, in W. Lexis (Hrsg.), Die deutschen Universitäten, 1893, S. 361; Die Reform des juristischen Studiums, 1896, S. 27.

880 *Liszt*, Strafrecht und Strafprozess, in W. Lexis (Hrsg.), Die deutschen Universitäten, 1893, S. 361.

881 *Liszts*, Strafrecht und Strafprozess, in W. Lexis (Hrsg.), Die deutschen Universitäten, 1893, S. 360; Die Reform des juristischen Studiums, 1886, S. 27.

882 *Liszt*, Strafrecht und Strafprozess, in W. Lexis (Hrsg.), Die deutschen Universitäten, 1893, S. 361; Die Reform des juristischen Studiums, 1886, S. 27 f.

883 Die Reform des juristischen Studiums, 1886, S. 28.

884 *Liszts* Rede am 25.4.1910 im Preußischen Abgeordnetenhaus, Stenographische Berichte, 21.III.1910, Bd. 4, Sp. 4665.

b) Die Arbeit im Seminar und seine Teilung in Sektionen

Dank den jährlichen Berichten in der Universitäts-„Chronik“ bis 1916/17 kann die Arbeit von *Liszts* Seminar in Berlin in zahlreichen Details erforscht werden. Bis 1913, als das Seminar in das „Kriminalistische Institut“ umgewandelt wurde, sind die Berichte sehr reichhaltig und ermöglichen eine kontinuierliche Einsicht in die Entwicklung der Zahl von „Teilnehmern an Seminarübungen“, der Anzahl von gehaltenen Vorträgen „mit Debatte“, die Zahl von eingeschriebenen Nutzern der Bibliothek und teilweise auch in die Themen der wissenschaftlichen Arbeiten, die im Seminar vorbereitet und dann in den „Abhandlungen“ des Seminars oder an anderen Stellen veröffentlicht wurden.[885]

Übersicht 11

Statistik des „kriminalistischen Seminars“ in Berlin

		Vorträge	**Ordentliche und außerordentliche (= studentische) Teilnehmer**	**Bibliothek, Zuwachs der Bände pro Jahr bzw. ihre Gesamtzahl**	**Ausgestellte „Seminarkarten“ (Bibliotheksausweise)**
1899	–	–	–	–	–
	WS 1899/1900	13	52	k.A.	k.A.[886]
1900	SS 1900	8	27 und 9	k.A.	41
	WS 1900/01	11	28 und 10		115
1901	SS 1901	11	32 und 14	1224	55
	WS 1901/02	11	32 und 30		150
1902	SS 1902	7	30 und 34	790	64
	WS 1902/03	9	50 und 34		134

[885] Chronik der Königlichen Friedrich-Wilhelms-Universität zu Berlin, 14 (1901) fürs Rechnungsjahr 1900 (= SS 1900 und WS 1900/01), S. 53f.; 15 (1902) 1901, S. 53ff.; 16 (1903) 1902, S. 60f.; 17 (1904) 1903, S. 63ff.; 18 (1905) 1904, S. 54ff.; 19 (1906) 1905, S. 66ff.; 20 (1907) 1906, S. 65ff.; 21 (1908) 1907, S. 64f.; 22 (1909), S. 70ff.; 23 (1910) 1909, S. 75ff.; 24 (1911) 1910, S. 93ff.; 25 (1912) 1911, S. 86f.; 26 (1913) 1912, S. 83; 27 (1914) 1913, S. 68; 28 (1915) 1914, S. 60f.; 29 (1916) 1915, S. 49.

[886] Im WS 1899/1900 war die Bibliothek in den Seminarräumen in der Kantstraße noch nicht errichtet.

1903	SS 1903	9[887]	37 und 16	879	134
	WS 1903/04	9	60 und 18		151
1904	SS 1904	10	39 und 14	921	98
	WS 1904/05	8	55 und 19		158
1905	SS 1905	9	24 und 20	708	83
	WS 1905/06	8	40 und 33		101
1906	SS 1906	7	23 und 31	623	95
	WS 1906/07	10	28 und 46		109
1907	SS 1907	7	26 und 21	724	103
	WS 1907/08	9	32 und 36		137
1908	SS 1908	6	22 und 22	= 18.129	115
	WS 1908/09	10	34 und 32		186
1909	SS 1909	7	23 und 20	= 19.046	137
	WS 1909/10	9	22 und 49		164
1910	SS 1910	7	16 und 22	= 19.911	171
	WS 1910/11	7	35 und 32		141
1911	SS 1911	7	31 und 19	= 20.706	175
	WS 1911/12	8	33 und 48		145

[887] Ab SS 1903 erfolgte die Teilung des Seminars auf Sektionen, sodass sich die Zahl auf sog. „Plenarsitzungen" bezieht. Die einzelnen Sektionen haben teilweise eigenständige Vortragssitzungen veranstaltet, die nicht von *Liszt* geleitet wurden.

1912	SS 1912	7	31 und 29	= 21.479	205
	WS 1912/13	8	30 und 27		218
1913	SS 1913	k.A.	k.A.	k.A.	153
	WS 1913/14	k.A.	k.A.	k.A.	136
1914	SS 1914	k.A.	k.A.	k.A.	108
	WS 1914/15	k.A.	k.A.	k.A.	26
1915	SS 1915	k.A.	k.A.	k.A.	24
	WS 1915/16	k.A.	k.A.	k.A.	30

Die wichtigste Neuerung in Berlin stellte, neben dem Ausschluss von Anfängerübungen, die Aufteilung der Arbeit in die einzelnen „Sektionen" dar, die im Bericht für das Sommersemester 1902 und Wintersemester 1902/03 angekündigt und ab Sommersemester 1903 auch praktisch durchgeführt wurde.[888] In der Begründung für die Aufteilung wird besonders der Umstand einer zu hohen Zahl der Teilnehmer an „seminaristischen Übungen" hervorgehoben. Es zeigte sich, so *Liszt*, „mehrfach" nicht nur, dass die Raumverhältnisse überfordert sind, sondern dass die „notwendige geistige Füllung zwischen den Teilnehmern durch ihre große Zahl beeinträchtigt wurde".[889] Formell betrachtet wurden bereits am Anfang sieben Sektionen begründet, die sich freilich im Laufe der Zeit nicht mit gleichem Erfolg etablieren konnten: 1. die dogmatische; 2. die kriminalpsychologische; 3. die kriminalstatistische; 4. die kriminalpolitische; 5. die rechtsphilosophische; 6. die strafprozessualistische; 7. die historische.[890]

Fasst man den Begriff der „seminaristischen Übungen" im weitesten Sinne auf, so setzte sich der Alltag im kriminalistischen Seminar für die Teilnehmer aus der unmittelbaren Einleitung in die Arbeit und Literatur (= wissenschaftliche Übungen im engeren Sinne),[891] und aus bekannten Vorträgen von Teilnehmern zusammen, bei welchen durchgehend der Vermerk erfolgt, dass es sich um Vorträge „mit an-

---

[888] Chronik 16 (1903) 1902, S. 60; 17 (1904) 1903, S. 63 f.

[889] Chronik 16 (1903) 1902, S. 60.

[890] Chronik 17 (1904) 1903, S. 63 f. Vgl. noch Ankündigung in Chronik 16 (1903) 1902, S. 60. *O. K. McMurray*, a.a.O. (1922–1926), S. 637. *Liszt*, Das kriminalistische Seminar, in: Geschichte der königlichen Friedrich-Wilhelms-Universität zu Berlin, 1910, S. 30 f.

[891] Chronik 14 (1901) für 1900, S. 53 („Anregung und Anleitung zu wissenschaftlichen Arbeiten"); 16 (1903) 1902, S. 60 (Anleitung ohne Teilnahme an Vorträgen).

schließender Debatte" gehandelt hat.[892] Die Trennung in einzelne Sektionen führte einerseits zur einer Arbeitsteilung im bestehenden dreifachen Zusammenhang von Bibliothek – Einführung in die Forschung – Vorträge mit Debatten, aber andererseits auch zu völlig neuen und zumindest in der Rechtswissenschaft bis dahin kaum beachteten Formen der gemeinsamen Arbeit unterhalb einer Ordinarien-Diskussion. Eine wichtige, aus den Sektionen heraus erwachsene Praxis, war die Gestaltung von „Kursen" *für* Sektionsteilnehmer.[893]

Im Ergebnis bildete die Aufteilung in einzelne Sektionen einen Meilenstein in der Entwicklung der rechtswissenschaftlichen Forschung. Entgegen der ursprünglichen Absicht, nur eine Entlastung für Hauptsitzungen zu schaffen (= Durchführung des bestehenden Seminarkonzeptes auf einer niedrigeren und thematisch überschaubaren Ebene), entwickelten sich die Sektionen zu eigenständigen Forschungsstätten, in welchen einzelne Themen und Aufgaben kollektiv bearbeitet wurden. Diese neue Arbeitsmethode lieferte sehr beachtenswerte Veröffentlichungen. Die „kriminal-psychologische Sektion" hat die „Materialien zur Lehre von der verminderten Zurechnungsfähigkeit" zusammengestellt. Die „kriminal-politische Sektion" hat eine umfassende Bibliographie „Zur Reform des Reichsstrafgesetzbuches" drucken lassen.[894] Ähnlich hatte die „strafprozessualistische Sektion" die Aufgabe übernommen, die Materialien über die Reform der Strafprozessordnung zu sammeln.[895]

Bei näherer Betrachtung setzte die geschilderte Arbeitsweise in den Sektionen nicht nur ein Denkmal einer *neuen* Entwicklung, sondern sie sollte zugleich aus der Sicht der Überlieferung von *älteren* wissenschaftlichen Auffassungsmustern analysiert werden. In der Arbeit des Seminars an seinem Höhepunkt zeigt sich im gewissen Sinne wieder die Bedeutung von Graf *Thuns* Reform und der historistischen Tradition für *Liszt*. Bezeichnend ist, dass er die Aufgabe der Schilderung der Entstehungsgeschichte des ersten Entwurfs eines deutschen Strafgesetzbuchs von 1849 der vereinten „dogmatisch-kriminalpolitischen" und nicht der historischen Sektion anvertraut hat.[896] Das ist einer unter mehreren Nachweisen, dass *Liszt* die Reform des Strafrechts als Pflege eines älteren rechtspolitischen Anliegens und nicht als eine modernistische Aufgabe verstanden hat (vgl. Punkt A. im 6. Kapitel). Die Be-

---

[892] Chronik 14 (1901) für 1900, S. 53 („Vorträge der Teilnehmer mit anschließender Debatte"); Chronik 15 (1902) für das Jahr 1901, S. 54 („vor der endgültigen Abschluss der Arbeit den Verfassern Gelegenheit geben, Methode und Ergebnisse gegen Bedenken und Einwände zu verteidigen"); 16 (1903) 1902, S. 60 (Fortsetzung der Debatte in der nächsten Seminarstunde); 17 (1904) 1903, S. 63 („sehr lebhaft und anregend"). Vgl. *Eb. Schmidt*, a.a.O. (1969), S. 3.

[893] Vgl. für die die Einführung in die Psychologie und die Einführung in die Psychiatrie Chronik 19 (1906) für das Jahr 1905, S. 67; Chronik 20 (1907) für das Jahr 1906, S. 63; Chronik 25 (1912) für 1911, S. 87.

[894] Chronik 18 (1905) für 1904, S. 55.

[895] Chronik 18 (1905) für 1904, S. 55; 19 (1905) für 1905, S. 67.

[896] Chronik 19 (1906), 1905, S. 67.

handlung der Gesetzgebung aus dem Jahr 1849 als ein Stück der zeitgenössischen Entwicklung ist nur in dem gedanklichen und Wertesystem der Historischen Rechtsschule vollständig nachvollziehbar: Die vergangene Gesetzgebung wird in diesem Fall nicht bloß als eine Antiquität aufgefasst, sondern als ein Teil der Gegenwart und als Schlüssel zum Verständnis der aktuellen Bestimmungen und Bestrebungen.

c) „Abhandlungen" und sonstige Publizistik

Den Berichten über die Arbeit des Seminars kann eindeutig entnommen werden, dass die Reihe „Abhandlungen" nicht alle und auch nicht alle wichtigsten Ergebnisse der im „kriminalistischen Seminar" erarbeiteten Untersuchungen enthalten hat. Viele vorzügliche Studien und Schilderungen wurden als selbstständige Dissertationen gedruckt oder als Aufsätze in den Zeitschriften (ZStW) veröffentlicht.[897] In den ersten Berichten wird ein großer Teil dieser Arbeiten thematisch oder sogar mit dem genauen Titel erwähnt, während die späteren Berichte keine vergleichbaren Aufzählungen erhalten. Es wurden erwähnt: die Arbeiten über das Züchtigungsrecht der Dienstherrschaft, über den Mädchenhandel, über die Entziehung elektrischer Energie, über den Polizeiberuf, über den Begriff des Zuhälters,[898] ferner die – nicht näher bestimmten Arbeiten – mit den Titeln: „Kriminalpolizei und Kriminologie", „Zur Lehre von dem autonomen Strafrecht öffentlich-rechtlicher Verbände", „Die bedingte Verurteilung in England", „Die Behandlung Trunksüchtiger".[899] Als Beispiel einer nicht in den „Abhandlungen" gedruckten wichtigen Arbeit, die zur Habilitation angenommen wurde, kann die Arbeit „Die Rehabilitation im Strafrecht" von *Delaquis* genannt werden.[900]

Ein besonderes Interesse der Liszt-Forschung verdienen die großen Untersuchungen empirischer Art, für welche das Seminar Reisestipendien bereitgestellt hat und dessen Ergebnisse ebenfalls außerhalb der „Abhandlungen" veröffentlicht wurden. Man beachte „Der progressive Strafvollzug in Ungarn, Kroatien und Bosnien. Ergebnisse einer Studienreise" von *Langer* und „Das moderne amerikanische Besserungssystem" von *Herr*.[901] Das Anbahnen dieser Studienreisen kann am besten als eine institutionalisierte Form des im Vormärz etablierten „Tourieren" von Gefängnissen aufgefasst werden. – Ebenso nur außerhalb der „Abhandlungen" wurden die Ergebnisse des bekannten, im Seminar veranstalteten psychologischen Experiments über den Wert von Zeugenaussagen, geschildert (vgl. Punkt B.II. in diesem

[897] Vgl. *Liszt*, Das kriminalistische Seminar, in: Geschichte der königlichen Friedrich-Wilhelms-Universität zu Berlin, 1910, S. 31.

[898] Chronik 15 (1902) für das Jahr 1901, 14 (1901) für das Jahr 1900, S. 54.

[899] Chronik 15 (1902) für das Jahr 1901, S. 54.

[900] Chronik 21 (1908) 1907, S. 64.

[901] Chronik 15 (1902) für das Jahr 1901, 14 (1901) für das Jahr 1900, S. 54; Chronik 16 (1903) für das Jahr1902, S. 61; Chronik 17 (1904) für 1903, S. 64 f.

Kapitel).[902] Die Beispiele zeigen deutlich, dass eine Geschichte von *Liszts* Seminar oder die Einschätzung seiner Anreize für die empirische Forschung nicht nur anhand von Untersuchungen, die in den „Abhandlungen“ gedruckt wurden, bewertet werden kann.

Für den Charakter der Förderung der empirischen Forschung durch *Liszt* ist besonders erwähnenswert, dass die Zeitgenossen die regionale, kulturgesättigte Auffassung von Kriminalität als ein Wahrzeichen der Arbeit im „kriminalistischen Seminar“ hervorgehoben haben (vgl. in der Übersicht der „Abhandlungen“, n.F. 2.2; n.F. 5.1).[903] In diesen Untersuchungen werden strictu sensu sowohl das positivistische Paradigma als auch das nationale Paradigma zu Gunsten einer Erforschung der empirisch fassbaren regionalen Einheiten durchbrochen. Es besteht ein innerer Zusammenhang sowohl zu *Wahlbergs* Aussprüchen gegen „große Zahlen“ (Punkt B.III.5.a) im 3. Kapitel) als auch zu *Liszts* bereits auf historischem Wege in seiner Habilitationsschrift „Meineid“ gewonnenen Einsicht, dass die nationale Identität keine Einheit des Rechtsbewusstseins und aus ihm hervorgebrachter Institute bedeutet (Punkt B.III.2.–3. im 3. Kapitel).

Übersicht 12

„Abhandlungen des kriminalistischen Seminars an der Universität Berlin“ (1901–1912/1915)

N.F., 1.1	Richard Katzenstein, Die Straflosigkeit der actio libera in causa, 1901.
N.F., 1.2	Berg Hermann, Getreidepreise und Kriminalität in Deutschland seit 1882, 1902.
N.F., 1.3	Gustav Radbruch, Die Lehre von der adäquaten Verursachung, 1902.
N.F., 1.4	Alexander zu Dohna, Die Stellung der Buße im reichsrechtlichen System des Immaterialgüterschutzes, 1902.
N.F., 1.5	Sally Jaffa, Der Begriff des Zuhälters im Reichsstrafgesetzbuch, 1902.
N.F., 2.1	Felix Genzmer, Der Begriff des Wirkens: ein Beitrag zur strafrechtlichen Kausalitätslehre, 1903.

902 Chronik 15 (1902) für das Jahr 1901, S. 54.

903 Vgl. *W. A. Bonger*, Criminality and Economic Conditions, 1916, S. 189 f. („criminal topography“); *E. Hurwicz*, Franz von Liszt und die sociologische Strafrechtsschule, Die neue Zeit 38 (1919), S. 83, 85 („detailgeographische Methode“); und mit spezifischer Kritik auch *H. Welzel*, Naturalismus und Wertphilosophie, 1935, S. 30 f. *A. Pilgram*, Kriminalität in Österreich, 1980, S. 94 f.; *M. Frommel*, a.a.O. (1987), S. 13 ff.

N.F., 2.2	Bruno Blau, Kriminalstatistische Untersuchung der Kreise Marienwerder und Thorn: zugleich ein Beitrag zur Methodik kriminalstatistischer Untersuchungen, 1903.
N.F., 2.3	Ernst Rosenfeld, Strafrechtspflege insbesondere Gefängniswesen in Ceylon, 1903.
N.F., 2.4	Lorenz Brütt, Das Koalitionsrecht der Arbeiter in Deutschland und seine Reformbedürftigkeit, 1903.
N.F., 2.5	Walther Haeger, Die Stellung des § 49a im System des Reichsstrafgesetzbuchs, 1903.
N.F., 3.1	Ernst Delaquis, Der untaugliche Versuch: ein Beitrag zur Reform der Strafgesetzgebung, 1904.
N.F., 4.1	Hermann U. Kantorowicz, Goblers Karolinen-Kommentar und seine Nachfolger, 1904.
N.F., 4.2	Walter Lehmann, Über die Vermögensstrafen des römischen Rechts : eine rechtshistorische Studie, 1904.
N.F., 4.3	Zur Reform des Reichsstrafgesetzbuches (allgemeiner Teil): Berichte über die Literatur der Jahre 1902–1904/i.A. der kriminalpolitischen Sektion des kriminalistischen Seminars der Universität Berlin hrsg. von Walter Lehmann, 1905.
N.F., 5.1	Franz Dochow, Die Kriminalität im Amtsbezirke Heidelberg, 1906.
N.F., 5.2	Alexander Philipsborn, Die Klassifikation der einzelnen strafbaren Handlungen, 1906.
N.F., 5.3	Ottokar Tesař, Die symptomatische Bedeutung des verbrecherischen Verhaltens: ein Beitrag zur Wertungslehre im Strafrecht, 1907.
N.F., 5.4	Demetrius Gusti, Die Grundbegriffe des Preßrechts: eine Studie zur Einführung in die preßrechtlichen Probleme, 1908.
N.F., 6.1	Siegfried Bleeck, Die Majestätsbeleidigung im geltenden deutschen Strafgesetz: (Strafgesetzbuch vom 26. Februar 1876 – Gesetz vom 17. Februar 1908), 1909.
N.F., 6.2	Josef Reinhold, Die Chantage: ein Beitrag zur Reform der Strafgesetzgebung, 1909.
N.F., 6.3	Horst Kollmann, Die Lehre von der Erpressung nach deutschem Recht, 1910.

N.F., 6.4	Elias Hurwicz, Rudolf von Ihering und die deutsche Rechtswissenschaft: mit besonderer Berücksichtigung des Strafrechts, 1911.
N.F., 7.1	Waldemar Banke, Der erste Entwurf eines deutschen Einheitsstrafrechts: 1: Die Verfasser des Entwurfs 1849 (mit einem diplomatisch genauen Abdruck des Entwurfs), 1912.
N.F., 7.2	Waldemar Banke, Der erste Entwurf eines deutschen Einheitsstrafrechts: 2: Der Vorentwurf zum ersten deutschen Einheitsstrafrecht (mit erstmaliger Herausgabe des preußischen Entwurfs 1848), 1915.

d) Schematische Darstellung des Seminars am Höhepunkt (1903–1913)

Übersicht 13: **Die Arbeitsweise im Seminar**

Angebot/ Tätigkeit	Praktische Übungen.	Fachbibliothek als „strenge Präsenzbibliothek“.[904]	Besprechungen, unmittelbare Einleitung in Arbeit, Literatur (= wissenschaftliche Übungen im engeren Sinne).[905]	Vorträge mit „Debatte“[906] zum Zweck der Bildung durch Vortrag und Debatte.	„Kriminalistische Bierabende“[907]	Forschungsreisen für empirische Erfassung von Einrichtungen.	Arbeit an gemeinsamen Forschungsprojekten.	Kurse *für* Mitglieder des Seminars.	Requisiten der Gefängniskunde und polizei-kriminalistischer Taktik („kriminalistische Sammlung“: nicht oder bis 1910 nicht erfüllt)	Kriminalistisch-kriminologische Forensik und Fortbildung für Außenstehende.
Mögliche Hintergründe und Vorbilder	Juristisches Seminar.	Forschungsseminar. Privatbestand als Rudiment der Veranstaltungen in privater Wohnung.	Forschungsseminar.	Redehalle des Vereins der deutschen Studenten Wiens.	„Vereinskneipen“ des Vereins der deutschen Studenten Wiens. Rudiment der Veranstaltungen in privater Wohnung.[908]	Strafrecht, Gefängniskunde und Prozesswissenschaft des Vormärzes.	Sonderentwicklung nach Bildung von Sektionen.	Sonderentwicklung nach Bildung von Sektionen	Ältere Sammlungen. Teilweise auch ausländische Institute.	Zahlreiche Institute und Studiengänge, bereits vor dem 1. Weltkrieg.[909]
		Liszts „kriminalistisches Seminar“ am Höhepunkt (1903–1913)								

904 Chronik 14 (1901) für 1900, S. 53.

905 Chronik 14 (1901) für 1900, S. 53 („Anregung und Anleitung zu wissenschaftlichen Arbeiten“); 16 (1903) 1902, S. 60 (Anleitung ohne Teilnahme an Vorträgen).

906 Chronik 14 (1901) für 1900, S. 53 („Vorträge der Teilnehmer mit anschließender Debatte“); Chronik 15 (1902) für das Jahr 1901, S. 54 („vor der endgültigen Abschluss der Arbeit den Verfassern Gelegenheit geben, Methode und Ergebnisse gegen Bedenken und Einwände zu verteidigen“); 16 (1903) 1902, S. 60 (Fortsetzung der Debatte in der nächsten Seminarstunde); 17 (1904) 1903, S. 63 („sehr lebhaft und anregend“).

907 *Eb. Schmidt*, a.a.O. (1969), S. 3.

908 Vgl. *C. E. McClelland*, a.a.O. (2012), S. 532.

909 Cf. *H. Lindenau/Liszt/F. Straßmann*, Denkschrift über die Einrichtung kriminalistischer Institute, Deutsche Strafrechts-Zeitung 1916, S. 99 f.

IV. „Kriminalistisches Institut“ als neues Konzeptualisierungsmuster (1913)

1. Die Umwandlung

Bei der Thematik der Umwandlung von *Liszts* kriminalistischem „Seminar“ in ein neugegründetes kriminalistisches „Institut“ 1913 muss zwischen dem Konzept, das angestrebt wurde, und der tatsächlichen, während *Liszts* Lehramts errichteten Tätigkeit und dem Ausbau des Instituts in Berlin unterschieden werden. Unter dem Schlagwort „Kriminalistisches Institut“ hat man in der Zeit, mit schwankenden Schwerpunkten, für einen Einrichtungstypus geworben, der am besten als eine Art Ausbildungsakademie bezeichnet werden kann. Sie würde sich vor allem aus einer öffentlich ausgerichteten Forschungsstätte für die Praktikerfortbildung und einer Zentralstelle für die Errichtung von Gutachten („kriminalistische Station“) zusammensetzen.[910] Das Konzept dieser Institute, die teilweise bereits zu Beginn des Jahrhunderts eingerichtet wurden, wurde nicht aus der inneruniversitären Lehrtradition heraus, sondern durch die Idee einer wissenschaftlich-institutionellen Leistung für die Öffentlichkeit, Praxis und Bürokratie bestimmt.

Wesentlich für das Verständnis des „Instituts“ im nach 1900 maßgebenden Sinne ist die „Denkschrift über die Errichtung kriminalistischer Institute“, welche *Liszt* mit zwei jüngeren Unterzeichnern 1913 oder 1914 gleichzeitig bei drei Ministerien einreichte.[911] In der Forschung wurden bisher mehrere Vorbilder für die Denkschrift und *Liszts* „Institut“ erwähnt. Allen voran das „Kriminalistische Universitätsinstitut“ von *Hans Gross* in Graz[912] und *Ferris* Vorschlag eines „Instituts der strafrechtlichen Praxis“.[913] Solche Hervorhebungen verdienen jedoch nur eine eingeschränkte Aufmerksamkeit. Sie spiegeln in der Regel eine Tendenz der Autoren wider, den eigenen

[910] Eine besondere Verwirrung vermag der Umstand zu schaffen, dass *Liszt* bereits 1886 an einer Nebenstelle den Vorschlag gemacht hat, das Wort „Institut“ an den deutschen juristischen Fakultäten für den Typus des Seminars mit wissenschaftlicher Ausrichtung zu verwenden. Im Gegensatz dazu wollte er damals das Wort „Seminar“ für die Einrichtung, die praktische juristische Übungen anbietet (= „juristisches Seminar“) beibehalten. Vgl. *Liszt*, Die Reform des juristischen Studiums, 1886, S. 28. Um 1913, als das „kriminalistische Seminar“ in ein „Kriminalistisches Institut“ umgewandelt wurde, bezog sich der Name der neuen Einrichtung nicht auf *Liszts* Vorschlag von 1886, sondern auf eine andere, nach 1900 angesetzte internationale Diskussion.

[911] *H. Lindenau/Liszt/F. Straßmann*, Denkschrift über die Errichtung kriminalistischer Institute: Den preußischen Ministern der Justiz, des Inneren und der geistlichen und Unterrichts-Angelegenheiten, Deutsche Strafrechts-Zeitung 1916, 97. *A. Lenz*, Die Denkschrift über die Errichtung kriminalistischer Institute, Deutsche Strafrechts-Zeitung 1916, 208; *L. Haber*, Die Denkschrift über die Errichtung kriminalistischer Institute, Deutsche Strafrechts-Zeitung 1916, 212. Vgl. noch für die Epoche der „Institute“ *S. Galassi*, a.a.O. (2004), S. 312 ff.; *Ch. McCelland*, Die Professoren an der Friedrich-Wilhelms-Universität, in: Geschichte der Universität Unter den Linden 1810–2010, Bd. 1, 2012, S. 483 f.

[912] *J. Goldschmidt*, Franz von Liszt, Archiv für Kriminologie 73 (1921), S. 92.

[913] *S. Ranieri*, Franz von Liszt und die positive Strafrechtsschule in Italien, GS Liszt, 1969, S. 173.

nationalen (etwa den italienischen oder österreichischen) Stolz in den geschichtlichen Erörterungen zu verfestigen, und nicht die tatsächlich feststellbare Bedeutung von Einrichtungen und Vorschlägen am Beginn des 20. Jahrhunderts. Die Tatsache, dass in Europa bereits kurz nach 1900 verschiedene Einrichtungen vorhanden waren oder unter dem Etikett des kriminalistischen „Instituts" diskutiert wurden, kann unmittelbar auch *Liszts* „Denkschrift" entnommen werden.[914] Die rein durch Zufall bestimmte Chronik der Einzelgründungen spiegelt die besonders günstigen finanziellen und personellen Verhältnisse in einzelnen Ländern, nicht jedoch ein intellektuell-geschichtliches Primat der Institute wieder.[915]

Das „Institut" im Sinne der „Denkschrift" und *Liszts* Seminar in seiner reifsten Ausprägung nach Teilung in Sektionen (1903) stellen konzeptuell betrachtet zwei ganz unterschiedliche Einrichtungen dar. Das Seminar war als ein Ort für die Fachenkulturation in die literarisch dominierten Diskurse der Strafrechtswissenschaft gedacht. Es ist mehr eine philologische als eine praktische Einrichtung und es ist, der Struktur seiner Veranstaltungen entsprechend, vollständig den Belangen einer wissenschaftlichen Pädagogik und des Forschens untergeordnet gewesen. Seine Arbeit erinnert in der heutigen Systematik an die Arbeit in den Doktorandenkollegien oder wissenschaftlich geleiteten Instituten der mitteleuropäischen Akademien. Der Leiter ist im Einrichtungstypus von *Liszts* Seminar im Grunde ein nicht ersetzbares Zentralglied des pädagogischen Angebots, und das Seminar selbst ist Teil *seines* Lehr- und Forschungsinstrumentariums, nicht umgekehrt ist er nur ein Glied im Angebot der Einrichtung.

Anders steht es mit dem Konzept des „Instituts" in der „Denkschrift", das von jedem vormodernen Zug entkleidet ist. Dem „Institut" soll die Aufgabe zukommen, den akademischen Unterricht in der Kriminologie und polizeilich-instrumentaler Kriminalistik für alle Studenten der Rechtswissenschaften zu gewährleisten (4 SWS); es soll praktischen Unterricht bzw. eine Art Training für die Praktiker der Strafrechtspflege ausbringen; es soll Gutachten erstatten, und als eine Art Fortbildungsstation dienen, in welcher jeder Praktiker ein Jahr verbringen muss, bevor er in seinem Beruf aufsteigen oder zum Richter ernannt werden kann.[916] Den drei Autoren der „Denkschrift" schwebt im Wesentlichen eine Verschmelzung mit bestehenden Einrichtungen der Polizei (Kriminalmuseum, Handschriftensammlung, Bibliothek, Kriminalarchiv, Hilfsmittel

---

[914] *H. Lindenau/Liszt/F. Straßmann*, Denkschrift über die Errichtung kriminalistischer Institute, Deutsche Strafrechts-Zeitung 3 (1916), S. 99 f.

[915] Bei der Analyse der internationalen Entwicklung ist besonders zu beachten, dass es in Europa später oft an einer tüchtigen Optik für die Verwertung der Sachlage gefehlt hat. In den USA waren die Einrichtungen, die funktional und geschichtlich zur Diskussion über kriminalistische „Institute" gehören, bereits verhältnismäßig früh gegründet. Dort fehlte aber ein für die europäischen Verallgemeinerungstendenzen charakteristisches „allgemein-kriminalistisches" Vorzeichen. Die amerikanischen Einrichtungen waren auf Jugendkriminalität spezialisiert und leisteten entsprechende Dienste und Begutachtungen. Vgl. *C. R. Bartol/M. Anne*, History of Forensic Psychology, in: I. B. Weiner/A. K. Hess (Hrsg.), The Handbook of Forensic Psychology, 3. Aufl. 2006, S. 14.

[916] *H. Lindenau/Liszt/F. Straßmann*, a.a.O. (1916), S. 103.

der Personenidentifikation) und eine teilweise institutionelle, teilweise räumliche Vermengung mit Einrichtungen der Gerichtsmedizin und des polizeilichen Laboratoriums sowie des staatlichen Leichenschauhauses vor.[917] In diesem Konzept wird das „kriminalistische Seminar" nur als ein Teil des neuen Konzepts erwogen. Es heißt, dass in Berlin die genannten Labore und weitere „Hilfsmittel" auch durch die Angliederung des „kriminalistischen Seminars" ergänzt werden könnten.[918] Sein Spezifikum wäre nach der „Denkschrift", dass es eine „außerordentlich reichhaltige Bibliothek" und die „Möglichkeit wissenschaftlicher Betätigung" bietet.[919]

2. Die Arbeitsweise und die „Abhandlungen" des Instituts

Das geschilderte Konzept des „Instituts" ist trotz der formellen Umwandlung in Berlin zu der Zeit, als *Liszt* noch nicht emeritiert war, praktisch nicht verwirklicht worden. Die Umwandlung wurde offenbar zu Beginn des Sommersemesters 1913 abgeschlossen.[920] Als größte formelle Neuerung kann genannt werden, dass das „Institut", anders als noch das „kriminalistische Seminar", nicht nur *Liszt*, sondern allen ordentlichen Professoren des Strafrechts untergeordnet wurde.[921] Praktisch brachte aber die Umwandlung keine sichtbaren Neuerungen. *Liszt* wurde unter drei Ordinarien des Strafrechts zum „geschäftsführenden Direktor ernannt" und inhaltlich wurden die Übungen „auf bisherige Weise gehalten".[922] Die Angaben in späteren Berichten sind äußerst spärlich und es ist zu vermuten, dass der Erste Weltkrieg eine tatsächliche Angleichung der Arbeit des Instituts an das Konzept der internationalen Diskussion obsolet gemacht hat.

Übersicht 14

Abhandlungen des Kriminalistischen Instituts an der Universität Berlin „Dritte Folge" (= Dritte Folge, Bd. 1.1914–3.1916)

3.1.1	Franz Exner, Die Theorie der Sicherungsmittel, 1914.
3.1.2	Eberhard Schmidt, Die Kriminalpolitik Preußens unter Friedrich Wilhelm I. und Friedrich II., 1914.
3.1.3	Ottokar Tesař, Staatsidee und Strafrecht: eine historische Untersuchung: Teil 1: Das griechische Recht und die griechische Lehre bis Aristoteles, 1914.

[917] *H. Lindenau/Liszt/F. Straßmann*, a.a.O. (1916), S. 102.

[918] *H. Lindenau/Liszt/F. Straßmann*, a.a.O. (1916), S. 102.

[919] *H. Lindenau/Liszt/F. Straßmann*, a.a.O. (1916), S. 102.

[920] Vgl. Verzeichnis der Vorlesungen, SS 1913, S. 44.

[921] Chronik 27 (1914) für 1913, S. 68; Chronik 28 (1915) für 1914, S. 60; Chronik 29 (1916) für 1915, S. 49.

[922] Chronik 27 (1914) für 1913, S. 68.

3.1.4	Adolf Löwe, Arbeitslosigkeit und Kriminalität: eine kriminologische Untersuchung, 1914.
3.2.1	Wilhelm Sauer, Die Ehre und ihre Verletzung: kritische Untersuchungen über Tatbestand und Rechtswidrigkeit der Beleidigung mit besonderer Rücksicht auf die deutsche Strafrechtsreform, 1915.
3.2.2	Eberhard Schmidt, Entwicklung und Vollzug der Freiheitsstrafe in Brandenburg-Preußen bis zum Ausgang des 18. Jahrhunderts: ein Beitrag zur Geschichte der Freiheitsstrafe, 1915.
3.3.1	Waldemar Banke, Der Entwurf eines deutschen Einheitsstrafrechts: 1: Der Entwurf 1849 als Bindeglied des Deutschen Strafrechts, 1916.

B. Komplementäre außerakademische Betätigung

In den neueren Forschung über Kriminologie und Kriminalpolitik wurde auf den Umstand hingewiesen, dass der eigentliche Wert von kriminalpolitischen und kriminologischen Standpunkten im 19. und am Anfang des 20. Jahrhunderts nicht ohne Kenntnis von außerakademischen und semiakademischen Diskursen, wie sie für die zivile Gesellschaft charakteristisch sind, beurteilt werden kann (Punkt E. im 15. Kapitel). Umgekehrt gilt auch für Autoren, die sowohl akademisch als auch in verschiedenen Feldern der zivilen und politisch organisierten Gesellschaft tätig waren, dass ihr Gesamtkonzept nicht ohne Gespür und Erkenntnis ihrer Tätigkeit im zivilen Bereich und im Parteiwesen beurteilt werden kann. Diese Tatsache wurde besonders in jenen Konzepten vernachlässigt, die, wie die radikale Liszt-Kritik, davon ausgehen, dass sich die Texte durch eine isolierte Interpretation aus sich selbst verstehen lassen (Punkt A.II. im 14. Kapitel). Hier soll durch eine Erkundung von *Liszts* Tätigkeit in dem politischen Leben und in der Entwicklung der bürgerlichen Gesellschaft eine Grundlage für die Einschätzung seiner kriminalpolitischen Konzepte auch aus der Sicht im politischen Streit getroffener Wertungen geschaffen werden.

Die folgende Untersuchung bringt zuerst einen Überblick über *Liszts* Tätigkeit im Rahmen politischer Parteien. Ein Schwerpunkt wird auf die komplizierte Frage gelegt, welcher Partei *Liszt* angehört hat und als Vertreter welcher Partei er im preußischen Landtag auftrat. An der zweiten Stelle werden danach seine Tätigkeit und sein Verhältnis zum „Verein zur Abwehr des Antisemitismus" geschildert. Dieser Verein stellt nur einen unter mehreren wohltätigen, politisch-engagierten Zusammenschlüssen und Kulturvereinen dar, an welchen *Liszt* teilnahm. Bei der Darstellung der Bedeutung von *Liszts* Tätigkeit in den Vereinen sprechen zwei Gründe für eine detaillierte Schilderung der Tätigkeit im „Verein zur Abwehr des

Antisemitismus". Erstens wurde bisher *Liszts* Tätigkeit in diesem Verein nicht beachtet und man darf annehmen, dass sie, anders als etwa seine Agitationen im Goethe-Bund, der Liszt-Forschung bisher nicht bekannt war. Zweitens eignet sich das Beispiel von *Liszts* Tätigkeit in diesem Verein hervorragend für die Illustration der Wechselbeziehungen zwischen der Forschung und der zivilen Gesellschaft, was lange Zeit auch allgemein ein vernachlässigter Aspekt bei der Auffassung der wissenschaftlichen Entwicklung war.

I. Liszt als linksliberaler Politiker und Abgeordneter

1. Verschiedene Hinweise in der Liszt-Forschung

Liszts Engagement in den politischen Parteien des Kaiserreichs wurde bisher mehrmals geschildert, freilich oft auf eine Art und Weise, die es, besonders mit heutiger Distanz, erschwert, genau zu beurteilen, welche Qualität dieses Engagement hatte und mit welcher Art von politischen Grundsätzen es zusammentraf. Für *Radbruch* war es in den 1930er Jahren, als die Etiketten und die Erinnerung an die untergegangenen Parteien noch lebendig waren, ausreichend, nur einen kleinen Hinweis zu geben, dass *Liszt* „linksliberal" war.[923] Später wurde in den 1960er Jahren und etwas später, in der Blüte der allgemeinen Parteiforschung, auch vielfach auf *Liszt* als einen der – nicht wenigen – Professorenpolitiker hingewiesen.[924] Die Frage wurde in der Liszt-Forschung mit wachsendem historischen Abstand höchst kontrovers behandelt. Anfang der 1980er Jahre wurden von *Naucke* grundsätzliche Zweifel an der Qualität und dem liberalen Charakter von *Liszts* Betätigung aufgeworfen.[925] Daraufhin hat *Ostendorf* 1984 sehr verdienstvoll einige Schwerpunkte des Parteilebens im Kaiserreich und von *Liszts* Engagement beleuchtet.[926] Seine sehr stoffnahe und detailreiche Behandlung der Problematik bildet einen Meilenstein in

---

[923] *G. Radbruch*, Franz v. Liszt – Anlage und Umwelt (1938), Gesamtausgabe, Bd. 16, S. 30.

[924] Vgl. *G. Seeber*, Zwischen Bebel und Bismarck, Zur Geschichte des Linksliberalismus in Deutschland, 1965; Die bürgerlichen Parteien in Deutschland, Bd. 1, 1968, S. 302 ff., 798 ff.; Bd. 2, 1968, S. 69 ff.; *K. Wegner*, Theodor Barth und die Freisinnige Vereinigung, 1968, S. 12; *L. Elm*, Zwischen Fortschritt und Reaktion, Geschichte der Parteien der liberalen Bourgeoisie in Deutschland, 1968, S. 108 ff.; *R. Gottschalk*, Die Linksliberalen zwischen Kaiserreich und Weimarer Republik, 1969; *L. Albertin*, Liberalismus und Demokratie am Anfang der Weimarer Republik, 1972; *L. Luckemeyer*, Die Deutsche Demokratische Partei von der Revolution bis zur Nationalversammlung, 1975. Einen soliden und kontinuierlichen Schwerpunkt bildet die Analyse der politischen Tätigkeit von Professoren, vgl. *H. P. Bleuel*, Deutschlands Bekenner: Professoren zwischen Kaiserreich und Diktatur, 1968; *K. Schwabe*, Wissenschaft und Kriegsmoral, 1969; *B. Brocke*, Professoren als Parlamentarier, in: Deutsche Hochschullehrer als Elite, 1988, 55; *J. Ungern-Sternberg*, Der Aufruf „An die Kulturwelt!", Das Manifest der 93 und die Anfänge der Kriegspropaganda im Ersten Weltkrieg, 1996, S. 43 ff., 137 ff., 172; die Sammlung von *R. vom Bruch*, Gelehrte Politiker und politisierende Gelehrte, 2006.

[925] *W. Naucke*, Die Kriminalpolitik des Marburger Programms, ZStW 94 (1982), S. 532 ff.

[926] *H. Ostendorf*, Franz von Liszt als Kriminalpolitiker, Kriminalsoziologische Bibliografie 11 (1984), S. 1 ff.

der Liszt-Forschung. Es ist der Beginn ihrer eigentlichen Spaltung in den 1980er Jahren, die sich bis heute durch einen stoffnäheren und teilweise diskursorientierten Umgang einerseits und durch die radikale Liszt-Kritik andererseits auszeichnet. Letztere konnte, nachdem *Ostendorf* einen festen Nachweis für *Liszts* liberales Engagement geliefert hat, nur noch in einem geschichtsphilosophischen Modus, aber nicht anhand des Stoffes die Zweifel am Liberalismus und die Vermutung einer Kontinuität zwischen *Liszt* und dem Nationalsozialismus weiterentwickeln (Punkt B.I. im 14. Kapitel).

Die Erfassung von *Liszts* parteipolitischem Engagement war immer mit zwei Grundschwierigkeiten verbunden, die bis heute nicht ganz überwunden zu sein scheinen. Die erste Schwierigkeit bezieht sich auf die Bestimmung von *Liszts* Parteizugehörigkeit. Die gelegentliche Bezeichnung *Liszts* früher politischer Ausrichtung als „deutsch-national" führte sogar bessere Autoren wie *Moos* zu dem Fehlschluss, dass *Liszt* für die – rechtsorientierte und ehemals *Bismarck* nahe – „Nationalliberale Partei" tätig war.[927] Dieser Verwechselung lag oft eine weitere, auch nicht ganz fehlerlose Überlegung zu Grunde: man hat die Geschichte der Nationalliberalen Partei und ihrer bekannten Bismarck-Treue auf *Liszt* als ihr vermeintliches Mitglied deduktiv projiziert und damit die ganz andere, besondere Bedeutung des Schlagwortes „deutschnational" im österreichischen Werdegang (Punkt B. im 2. Kapitel) verkannt.[928]

Bei Autoren, die die linksliberale Parteizugehörigkeit grundsätzlich nicht in Frage stellen, herrscht ständig die Unsicherheit, welcher linksliberalen Parteiformation *Liszt* angehört hat. Hinter diesem Mangel steht die komplizierte Entwicklung im Kaiserreich, die sich durch die ständigen Sonderungen, Koalitionen und Fusionen der Linksliberalen ausgezeichnet hat. So entstand die Unklarheit, ob *Liszt* der „Frei-

---

927 Vgl. *R. Moos*, a.a.O. (1969), 138; *W. Naucke*, a.a.O. (1982), S. 532, 549; *F. Herrmann*, Das Standardwerk: Franz von Liszt und das Völkerrecht, 2001, S. 65. *H. Ostendorf*, Franz von Liszt als Kriminalpolitiker, Kriminalsoziologische Bibliografie 11 (1984), S. 2 f.

928 Vgl. für den Bismarck-Topos in der Liszt-Forschung *G. Radbruch*, a.a.O. (1938), Gesamtausgabe, Bd. 16, S. 28, 30; *Eb. Schmidt*, Einführung, 3. Aufl. 1965, S. 358, 361; *ders.*, Die Reform des Strafrechts, 1956, S. B9 (*Liszt* und *Kahl* haben „dem Politiker Bismarck das Wesen aller Politik abgelauscht"); *J. Renneberg*, Die kriminalsoziologischen und kriminalbiologischen Lehren und Strafrechtsreformvorschläge Liszts und die Zerstörung der Gesetzlichkeit im bürgerlichen Strafrecht, 1956, S. 24, 44, 93; *G. T. Kempe*, Franz von Liszt und die Kriminologie, GS Liszt, 1969, S. 266 ff., 269 (Bismarck als Liszts „Idol"). Vgl. in der Tradition von *Renneberg* noch *Lekschas/Ewald*, Kriminalsoziologische Bibliographie 11 (1984), S. 84 ff. Aus der späteren und zeitgenössischen Literatur: *W. Naucke*, a.a.O. (1982), S. 529, 532, 548; *H.-H. Jescheck*, Freiheitsstrafe bei Franz v. Liszt im Lichte der modernen Kriminalpolitik, FS U. Klug, Bd. 2, 1983, S. 259 f. („glühender Anhänger Bismarcks"); *H. Ostendorf*, Kriminalsoziologische Bibliografie 1984, S. 9; *S. Scheerer*, Die soziale Aufgabe des Strafrechts, in: H. Peters (Hrsg.), Muß Strafe sein?, 1993, S. 88 („glühender Bismarck-Verehrer"); *F. Herrmann*, a.a.O. (2001), S. 65, 71; *D. Pöppmann*, Die Pädagogisierung des Rechts, in: D. Rustemeyer (Hrsg.), Erziehung in der Moderne, 2003, S. 178; *M. Kubiciel*, Franz v. Liszt und das Europäische Strafrecht, in: A. Koch/M. Löhnig, Die Schule Franz von Liszts, 2016, S. 229 („einst Anhänger v. Bismarcks").

sinnigen Vereinigung“ oder der „Freisinnigen Volkspartei“ angehört hat. Beide Parteien haben, getrennt voneinander, zur gleichen Zeit ihre Tätigkeit entfaltet (1893–1910), bevor sie, unter Mitwirkung *Liszts*, 1910 zu einer gemeinsamen „Fortschrittlichen Volkspartei“ fusioniert wurden.[929]

Übersicht 15

Liszt und die Parteien im Kaiserreich

Parteien im Kaiserreich	*Liszts Engagement*
Konservative Gruppierungen.	
Deutschkonservative Partei.	Unsicher. 1881/82 Weigerung, dem Parteiprogramm zuzustimmen. Selbstbezeichnung als „selbstständiger Conservativer“, mit der Absicht eine „freiconservative Partei zu bilden“. 1884 demonstrativer Abschied von den Konservativen.[930]
Linksliberale Gruppierungen.	
Freisinnige Vereinigung (Teilweise Hospitant in der Abgeordnetengruppe der Freisinnigen Volkspartei).	1902–1912: Stadtverordneter Charlottenburg. 1907: Kandidat für den Reichstag ohne Erfolg. 1908–1913: Abgeordneter im preußischen Landtag (unteres Haus), 21. Wahlperiode. 1912: Kandidat für den Reichstag mit Erfolg. 1912–1918: Mitglied des 13. Deutschen Reichstags (kriegsbedingt verlängertes Mandat auf 6 Jahre).[931]
Fortschrittliche Volkspartei (entstanden 1910 aus der Fusion von Freisinnigen Vereinigung; Freisinnigen Volkspartei und der Deutschen Volkspartei).	
Deutsche Demokratische Partei 1918/1919.	Unterzeichner des Gründungsaufrufs. Vermutlich auch Mitglied 1918–1919. Vor dem ersten Parteitag verstorben.[932]

Die zweite Schwierigkeit bei der Erfassung von *Liszts* parteipolitischem Engagement ist theoretischer Natur und bezieht sich auf den Umstand, dass nach dem Zweiten Weltkrieg viele Jahrzehnte lang die Fähigkeit fehlte, Überlegungen über Demokratie und Parteipolitik in älterer Zeit nicht mit den gleichen Schwerpunkten zu bilden, die das politische Leben in der Bonner Republik ausmachten. Die zum abstrakten Maßstab erhobene Nachkriegsperspektive führte dazu, dass man die poli-

[929] *L. Elm*, a.a.O. (1968), S. 79; *H. Ostendorf*, a.a.O. (1984), S. 2f. Andererseits vgl. *A. Baratta*, Anmerkungen in: Gustav Radbruchs Gesamtausgabe, Bd. 12, 1992, S. 293, sowie zweideutig *R. Hippel*, a.a.O. (1919), S. 533 („freisinnige Partei“).

[930] Neue Preußische Zeitung (Kreuzzeitung), Nr. 303 v. 25. 12. 1884, S. 1.

[931] *H. Ostendorf*, a.a.O. (1984), S. 5f.

[932] *H. P. Bleuel*, a.a.O. (1968), S. 99; Die bürgerlichen Parteien in Deutschland, Bd. 1, 1968, S. 302ff.; Berliner Tageblatt, Morgenausgabe v. 16. 11. 1918, S. 1 (Gründungsaufruf mit *Liszts* Namen).

tische, insbesondere parteipolitische Tätigkeit von *Liszt* ganz losgelöst von seiner akademischen Tätigkeit auffassen wollte. Man hat die zwei Gebiete als voneinander scharf getrennte Betätigungs- und Berufsfelder verstanden, was eine ausgewogene Handlungsanleitung für die Herausforderungen nach 1950 war, nicht jedoch dem historischen Sachverhalt und dem Beruf der Zeit um 1900 entsprach. In diesem Kontext suchten sogar auch sonst entgegengesetzte Autoren, wie *Naucke* oder *Ostendorf*, gemeinsam besondere Gründe auf, die die Motivation für *Liszts* politischen Einsatz als Exzess erklärten.[933] Es wurde die Prämisse vorgeschlagen oder sogar zugrunde gelegt, dass *Liszt* durch sein Engagement mit einem althergebrachten Typus des „unpolitischen" Professors brach.[934] *Liszt* ist in dieser Perspektive, ähnlich wie im Bereich seiner Kriminalpolitik, ein modernistischer Erneuerer, der keinen Sinn für die historisch bewährten Schranken seines Berufes zeigen wollte.

Dem Gedanken, dass *Liszt* durch sein politisches oder Parteiengagement ein tradiertes Rollenverständnis des Professors verletzt hat oder das akademische Selbstbewusstsein neuinterpretiert hat, muss in Anbetracht sowohl der älteren als auch der neueren politischen Forschung ein grundsätzlicher Einwand entgegengehalten werden. Es gibt, anders als *Naucke* vorsichtigt annimmt, im 19. Jahrhundert keine Herrschaft eines *althergebrachten* Typus des „unpolitischen" Professors, mit welchem *Liszt* hätte brechen können. Es gibt höchstens für eine kurze Zeit nach 1848/49 eine künstlich herbeigeführte Zurückdrängung von Professorenpolitikern, die sich aus den bekannten Umständen der Restauration und der neuen Personalpolitik der Bildungsministerien gut erklären lässt. Für die Professoren vor 1848/49, gerade für die Rechtswissenschaftler wie *Karl Mittermaier*, war eine politische Partizipation durch Parteiengagement oft selbstverständlich.[935] Viel zutreffender ist es, wenn *Herrmann* in seiner vorbildlichen Untersuchung über *Liszt* als Völkerrechtler, *Liszts* politische Tätigkeit, anstatt von einem Bruch zu sprechen, unter der Prämisse analysiert, dass der „politische Professor" am Ende des 19. Jahrhunderts eine „aussterbende Spezies" war.[936]

---

[933] Vgl. *W. Naucke*, a.a.O. (1982), S. 532 ff., 548; *H. Ostendorf*, a.a.O. (1984), S. 1 f.

[934] Vgl. *W. Naucke*, a.a.O. (1982), S. 548 f.; *H. Ostendorf*, a.a.O. (1984), S. 2.

[935] Vgl. *H. P. Bleuel*, a.a.O. (1968), S. 27 ff.; *K. Wegner*, a.a.O. (1968), S. 12; *B. Brocke*, a.a.O. (1988), 55; *C. E. McClelland*, a.a.O. (2012), S. 589 ff. Für die Konstruktion eines ideellen parteifernen Engagements vgl. noch *H.-C. Kraus*, Bismarck und die preußischen Konservativen, 2000, S. 3 f. Vgl. noch *Liszt*, Strafrecht und Strafprozess, in: W. Lexis (Hrsg.), Die deutschen Universitäten, 1893, S. 353; Die Zukunft des deutschen Liberalismus, Der Tag v. 26. 5. 1908, S. 1.

[936] *F. Herrmann*, a.a.O. (2001), S. 67 ff. Der Topos eines „unpolitischen" Professors in der Liszt-Forschung muss auch in Anbetracht der quantitativ bedeutenden Beteiligung von Professoren am parteigesteuerten politischen Leben im Kaiserreich überraschen. Setzt man als Kriterium der Auswahl kumulativ die Parteizugehörigkeit und die Mitgliedschaft im Reichstag auf, so ergibt die Durchsicht nur im juristischen Bereich namhafte Professorenpolitiker wie *Ludwig Bar*, *Georg Beseler*, *Fritz Calker*, *Ludwig Enneccerus*, *Rudolf Gneist*, *Levin Goldschmidt* und viele andere. Vgl. dazu *H. P. Bleuel*, op.cit. (1968), S. 76 ff.

2. Nachweis und Kontext Liszts ursprünglicher Zusammenarbeit mit den „Konservativen" (bis 1884)

Über *Liszts* frühe parteipolitische Orientierung im Kaiserreich ist nur wenig bekannt. Er stand am Anfang offenbar einer konservativen Partei, vermutlich den Deutschkonservativen, nahe. Für die Erkundung dieser Phase liegt zurzeit nur eine kurze Note in der „Neuen Preußischen Zeitung" von 1884 vor. Dort wird in einer Art Denunziation mitgeteilt, dass sich *Liszt* 1881/82 weigerte, dem konservativen Parteiprogramm zuzustimmen und bei Wahlen die Stimme – das Wahlgeheimnis war in der Praxis noch nicht abgesichert – für den Parteikandidaten abzugeben.[937] Über *Liszts* Nähe zu den Deutschkonservativen oder zu einer anderen konservativen Partei und seine Gründe für den Protest und die Abwendung kann ohne Spekulation nicht viel gesagt werden. Man möge beachten, dass es sich schließlich um politische Stellungnahmen und die Entwicklung eines 30-jährigen Ausländers handelte, der sich nach seinem Wechsel aus Österreich in einem ihm bis dahin nur aus der Ferne bekannten gesellschaftlichen und politischen System positionieren musste.

Von Interesse dürfte sein, dass in *Liszts* Heimat der „Konservativismus" geschichtlich viele Inhalte aufgenommen hat, die in Deutschland eher auf eine liberale oder sogar linke Provenienz hindeuten würden. So war beispielsweise auch Graf *Thun*, die maßgebliche Reformfigur in Österreich nach 1848/49, ein „Konservativer", wogegen seine ausländischen Bezugspunkte wie die englischen Whig-Reformer und *Karl Mittermaier* liberale Politiker waren (vgl. A.II.3. im 3. Kapitel). Es ist auch unverkennbar, dass *Thun* als Bildungsminister unter einem sorgsam gepflegten konservativen Vorzeichen eigentlich die liberalen Reformforderungen aus der Zeit um 1848/49 erfüllt hat.[938] Sinnvoll erscheint, dass *Liszt* im österreichischen Sinne konservativ sein wollte, jedoch mit dem spezifisch-ostelbischen Klassencharakter des deutsch-preußischen Konservativismus, welchem der reformatorisch-aufklärerische Grundton österreichischer Herrschaft fehlte, nicht zurechtkam.[939] *Liszts* Ausscheiden aus den konservativen Kreisen kann schließlich auch mit dem Antisemitismus im konservativen Wahlprogramm von 1881/82 in Verbindung gebracht werden, worauf später ein besonderer Hinweis erfolgen wird.

3. Liszts linksliberales Engagement (1902–1919)

Der durch verschiedene Kooperationen und Fusionen verkomplizierte Sachverhalt bei der Bestimmung, welcher linksliberalen Partei *Liszt* zugehört hat, ist fol-

---

[937] Neue Preußische Zeitung (Kreuzzeitung), Nr. 303 v. 25.12.1884, S. 1.

[938] Vgl. besonders zur konservativen Aufklärung in Österreich *F. L. Fillafer*, Leo Thun und die Aufklärung, in: C. Aichner/B. Mazohl (Hrsg.), Die Thun-Hohenstein'schen Universitätsreformen, 2017, 55.

[939] Vgl. später für Kritik an preußischen Konservativismus und seine partikulare Interessenvertretung *Liszts* Aufsatz Die Zukunft des deutschen Liberalismus, Der Tag v. 9.5.1908, S. 1 f.; Der Tag v. 16.5.1908, S. 1 f.; Der Tag v. 26.5.1908, S. 1.

gendermaßen aufzulösen: *Liszt* war ein Mitglied der von *Theodor Barth* gegründeten „Freisinnigen Vereinigung". Diese Partei hatte zuerst einen bürgerlich-elitären Charakter (Honoratiorenpartei) und versammelte in diesem Modus wichtige wissenschaftliche Persönlichkeiten wie den alten „1848er" *Theodor Mommsen* und *Lujo Brentano*. Der Grund für die verbreitete, aber nicht gerechtfertigte Annahme, dass *Liszt* nicht der „Freisinnigen Vereinigung", sondern der „Freisinnigen Volkspartei" angehört habe, liegt in dem Umstand, dass er im preußischen Landtag als Abgeordneter der „Freisinnigen Volkspartei" *verzeichnet wurde*. Jedoch ist den parlamentarischen Handbüchern zu entnehmen, dass er in der Abgeordnetengruppe dieser Partei lediglich ein „Hospitant" war. Das heißt, er ist am Vorabend der Fusion der linksliberalen Parteien nur wahltechnisch in Berlin als Kandidat der Freisinnigen Volkspartei aufgetreten, ohne dieser Partei zuzugehören.[940]

Von 1908 bis 1913 war *Liszt* Abgeordneter im preußischen Parlament (Haus der Abgeordneten = unteres Haus). Im geschilderten Sinne war er bis zur Fusion der Freisinnigen im Jahr 1910 ein Mitglied der „Freisinnigen Vereinigung", aber als Hospitant unter den Abgeordneten der „Freisinnigen Volkspartei" tätig. Ab 1910 repräsentierte er dann im Rahmen der gleichen preußischen Legislaturperiode die neugegründete, einheitliche „Fortschrittliche Volkspartei". Von 1912 bis 1918 war er Mitglied des 13. Reichstags.[941] Die überlange Dauer seines Mandats im Reichstag erklärt sich dadurch, dass die Mandatlänge während des Krieges ausnahmsweise auf 6 Jahre erhöht wurde. 1918 beteiligte sich *Liszt* am Aufruf für die Gründung der „Deutschen Demokratischen Partei".[942] Sie vereinigte unterschiedliche liberale Kräfte des Kaiserreichs unter dem Ausschluss des rechten Flügels der Nationalliberalen Partei und trug in der Koalition mit der SPD grundsätzlich zur Reform des Rechts in den ersten Jahren der Weimarer Republik bei.[943]

4. Liszts Stellungnahmen im Preußischen Haus der Abgeordneten

Der nachstehende Überblick gewährt eine Einsicht in *Liszts* öffentliche Arbeit im Preußischen Haus der Abgeordneten. Die Übersicht enthält ein indexiertes Verzeichnis seiner Reden im Plenum, die sich für die Erkundung seiner politischen Orientierung viel besser eignen als die mittlerweile viel leichter zugänglichen Reden im Reichstag. Anders als die Arbeitsgepflogenheiten im Reichstag, bietet das preußische Haus der Abgeordneten ein persönlich und thematisch überschaubares

---

[940] Vgl. *B. Haunfelder*, Die liberalen Abgeordneten des deutschen Reichstags 1871–1918, 2004, S. 260 f.; *B. Mann*, Biographisches Handbuch für das preussische Abgeordnetenhaus, 1988, S. 379.

[941] Vgl. *B. Haunfelder*, a.a.O. (2004), S. 260 f.; B. *Mann*, a.a.O. (1988), S. 379.

[942] Berliner Tageblatt, Morgenausgabe v. 16.11.1918, S. 1 (Gründungsaufruf mit Liszts Namen).

[943] Die bürgerlichen Parteien in Deutschland, Bd. 1, 1968, S. 302 ff.; *L. Albertin*, a.a.O. (1972).

Plenum, bei dem die Individualität der Abgeordneten viel stärker zum Ausdruck kam als in den Sitzungen des Reichstags. Wichtig ist dabei, dass im Gegensatz zum Reichstag, das preußische Abgeordnetenhaus tatsächlich als ein parlamentarisches Gegengewicht zur Regierung konzipiert wurde. In ihm wurden ständig auf eine lebendige Art und Weise politische Debatten über Tagesfragen angestrebt, während dem Reichstag in Anbetracht der angestrebten Konsolidierung des nationalen Staates – im Vergleich mit den Länderparlamenten – die Rolle eines „industrialisierten" Gesetzgebungsapparates zukam.[944]

Übersicht 16

Liszts Reden und Meldungen in Stenographischen Berichten des Preußischen Hauses der Abgeordneten

21. Legislaturperiode, I. Session 1908, S. 13	Konstituierung.
21. Legislaturperiode, II. Session 1908/09, 20. Sitzung, Bd. I., S. 1408 ff.	Finanzielle Stellung von Assistenten und Professoren; Reform der Amtsanwaltschaft.
28. Sitzung, Bd. II., S. 2041	Prügelstrafe; Juristenausbildung; Unterschied zwischen Erschwerung und Verbesserung des Examens; Repetitoren; Einrichtung der Jugendgerichte.
45. Sitzung, Bd. III., S. 3329 ff., 3365	Statistik; Notwendigkeit der Reform des Strafrechts; Jugendrecht; Minderwertige; Familienunterbringung anstatt Anstaltsunterbringung.
77. Sitzung, Bd. IV., S. 5604 f.	„Fall Kuhlenbeck" (Vereitelung der Berufung des Rassentheoretikers Kuhlenbeck an preußische Universitäten); Einrichtung eines Lehrstuhls für Hochschulpädagogik; Forderung eines Universitätsgesetzes (Zurückdrängung der Verwaltungsvorschriften, „Beseitigung der Geheimniskrämerei"); rechtliche Stellung von Studierenden und Forderung der Versammlungsfreiheit; die „Universitätsausdehnungsbewegung" (Popularisierung der Universität).
98. Sitzung, Bd. V., S. 7379	Immunität der Abgeordneten (Berichterstatter).

[944] *Liszts* politische Reden in der Stadtverordnetenversammlung Charlottenburg, im preußischen Abgeordnetenhaus und im Reichstag sind bei *Herrmann* systematisch dokumentiert worden. *F. Herrmann*, a.a.O. (2001), S. 80 ff.

100. Sitzung, Bd. V, S. 7592 f.	Änderung des Disziplinarrechts an den Universitäten.
21. Legislaturperiode, III. Session 1910, 17. Sitzung, Bd. I., S. 1382	Juristenausbildung; Repetitoren; Notwendigkeit der Beschäftigung von Professoren als Richter.
57. Sitzung, Bd. IV., S. 4663 ff.	Gegen Beschränkung von Ausländerquoten an Universitäten; Fachspezialisierung von einzelnen Universitäten („Zentralstellen" und Fachbibliotheken); Hochschulpädagogik; Sonderprofessur für Völkerrecht; Universitätsgesetz; Stellung von Privatdozenten.
85. Sitzung, Bd. V., S. 7117 ff., 7130	Gesetz über die Rechtsstellung von Studenten; Sicherung der Vereinigungsfreiheit.
21. Legislaturperiode, IV. Session 1911, 29. Sitzung, Bd. II., S. 2255 ff.	Fürsorgeerziehung; Jugendliche; Umgang mit Statistik; Prostitution; staatliche „Oberaufsicht" über Erziehungsanstalten; weitmöglichste Vermeidung der Fürsorgeerziehung; Schutzaufsicht.
83. Sitzung, Bd. V., S. 6875 ff., 6903 ff.	Durch Liszt eingelegte Interpellation anlässlich des „Falls Dobrowsky" (politische „Zuverlässigkeitsprüfung" von ausländischen Studenten); Frage nach Bestehen der geheimen Verwaltungserlassen an Universitätsbehörden; Forderung eines Universitätsgesetzes.
21. Legislaturperiode, V. Session 1912/13, 78. Sitzung, Bd. V., S. 6487, 6525 ff.	Vorgehen bei Verletzung der Unterhaltspflicht; Verhältnis zwischen Strafrecht und Verwaltungsrecht; Bedeutung der Verwaltungsgerichtsbarkeit bei Beschränkung der persönlichen Freiheit.

Liszts Reden im preußischen Abgeordnetenhaus bilden eine organische Einheit mit seinem wissenschaftlichen System, und zwar nicht nur in jenem Sinne, dass Themen wie die Universitätsreform sich mit seinem beruflichen Werdegang gegenseitig verbinden würden. Man erkennt vielmehr die gleichen Prinzipien über die Ordnung in einem „Verfassungsstaat", wie beispielsweise, wenn eine „Geheimniskrämerei" sowohl im politisch brisanten Fall *Kuhlenbeck* (Session 1908/09, 77. Sitzung, Bd. IV., S. 5604), als auch zu gleicher Zeit in Bezug auf die Strafverfahrensreform angegriffen wird.[945] Die sorgsame Aufwertung eines gesetzlich bestimmten Rechts gegenüber der freien Entscheidung der Verwaltung und die Auf-

[945] *Liszt*, Die Reform des Strafverfahrens (1906), AuV III, Nr. 3, S. 64.

wertung der richterlichen gegenüber der administrativen Entscheidung sind ein gleichwertiger Topos in seinen politischen Reden (Session 1908/09, 77. Sitzung, Bd. IV., S. 5604 f.; Session 1911, 83. Sitzung, Bd. V., S. 6875 ff., 6903 ff.; Session 1912/13, 78. Sitzung, Bd. V., S. 6525 ff.) und in dem wissenschaftlichen System, in dem zu dieser Zeit immer wieder auch das Stichwort der „Magna Charta" auftaucht.[946]

Diesem Umstand kommt eine hohe Bedeutung für die Interpretation von *Liszts* Werk zu, weil seine aktive Forderung nach einem gesetzlichen und richterlichen Prärogativ zusätzliche Zweifel an marxistischer und radikaler Liszt-Kritik aufwerfen, die dazu tendieren, in dem „Magna Charta" Gedanken einen bloß taktischen oder leeren Zusatz in *Liszts* Konzept zu sehen (Punkt B.III. im 12. Kapitel; Punkt C. im 14. Kapitel). Die Auffassung und Bewertung der Bedeutung einer Stellungnahme im Werk eines Autors kann nicht gründlich ohne Kenntnis der historischen Bezüge seines Handelns erfolgen. Wenn Disziplinen wie die Aristoteles-Forschung oder vielleicht auch die Kant-Forschung wegen des mangelnden Quellenstands vielleicht gezwungen sind, teilweise anders zu verfahren, dann ist ihre Methode in den Besonderheiten des Stoffes begründet und kann nicht die gleiche Art von Wissenschaftlichkeit in Bezug auf einen anderen Quellenstand beanspruchen.

II. Liszt als Mitglied des Vereins zur Abwehr des Antisemitismus

Liszts Tätigkeit im „Verein zur Abwehr (= Bekämpfung) des Antisemitismus" ist dokumentiert in den „Mitteilungen" des Vereins von 1906 bis 1919, die bisher in der Liszt-Forschung völlig unbeachtet geblieben sind.[947] Seine kritische Haltung gegenüber dem Antisemitismus, der Eugenik und den Versuchen, die Juden gesellschaftlich auszusondern, sind für die Liszt-Forschung aus mehreren Gründen bedeutend. Diese Stellungnahmen bilden erstens eine kontinuierliche Einheit mit der im 2. Kapitel bezeichneten deutschnationalen Gesinnung in Wien, welche in *Liszts* Jahrgang oft noch aufgeschlossen gegenüber dem Judentum war. Ferner bildet sein Kampf gegen Antisemitismus, wie auch dem unteren Zitat näher zu entnehmen ist, eine organische Einheit mit seiner liberalen Haltung. Damit stabilisiert die Erforschung von *Liszts* Tätigkeit im „Verein", die in manchen Teilen der Liszt-Kritik, etwa unter Marxisten und radikalen Kritikern (12. Kapitel, 14. Kapitel), in Frage gestellte

---

[946] *Liszt*, Schutz der Gesellschaft von den gemeingefährlichen Geisteskranken (1904/05), AuV III, Nr. 1, S. 6 ff.; Bedingte Verurteilung und bedingte Begnadigung, in: Vergleichende Darstellung AT, Bd. 3, 1908, S. 61 f.; Der Entwicklungsgedanke im Strafrecht, Mitt. IKV 16 (1909), S. 500 f.; Die „Sichernden Maßnahmen" in den drei neuen Strafgesetzentwürfen (1909/10), AuV III, Nr. 8, S. 231 f.; Strafrechtsreform (1914), AuV III, Nr. 13, S. 344. Für Richterprärogativ in einem anderen Begründungszusammenhang *Liszt*, Kriminalpolitische Aufgaben (1889–1892), AuV I, Nr. 11, S. 369; Die Reform der Freiheitsstrafe (1890), Nr. 13, S. 527, 529.

[947] Mitteilungen aus dem Verein zur Abwehr des Antisemitismus 1905, 59; 1906, 31; 1909, 139, 159; 1910, 151, 207, 367; 1913, 187, 198; 1919, 111.

Berechtigung einer Wahrnehmung von *Liszt* als ein liberaler Strafrechtler. Schließlich ist darauf hinzuweisen, dass *Liszts* Kampf gegen den Antisemitismus in einer Vereinsstruktur sich wechselseitig mit Schwerpunktsetzungen in seinem Unterricht und in seiner Forschung bedingte. Es ist ein gutes Beispiel für die Kontinuität und Tätigkeitsbreite der aktiven gesellschaftlichen Rolle eines Professors in Deutschland.

Die Gründe für *Liszts* Parteinahme gegen Antisemitismus können vor allem in seiner frühesten Erfahrung gesucht werden. Das an sich katholische Schotten-Gymnasium in Wien, welches *Liszt* besucht hat, wurde von zahlreichen jüdischen Familien bevorzugt. Aus *Liszts* unmittelbarem Umfeld darf hier wieder an *Victor Adler* erinnert werden (Punkt B.I. im 2. Kapitel). Nicht gering war auch die Zahl von sogenannten Konvertiten in *Liszts* früherer akademischer Umgebung. Zu nennen wären etwa seine Lehrer *Julius (Joshua) Glaser* und *Joseph Unger*, die in Österreich neben akademischen Würden auch Ministerposten innehatten (vgl. A.II.2. im 2. Kapitel, mit Hinweisen auf *Glasers* Biographien). – Eine weitere Rolle könnte den Ereignissen in Hessen-Darmstadt (Gießen) und Preußen (Marburg) in den frühen 1880er Jahren während *Liszts* Aufenthalt in diesen Gebieten zukommen. Anfang der 1880er Jahre wurde diese Region zu einem einmaligen Schauplatz einer neuen, parteipolitischen Art des Antisemitismus. Anlässlich der Reichstagswahlen 1881 haben die Konservativen zum ersten Mal mit antisemitischen Versprechungen geworben. Möglichweiser hängt damit zusammen, dass sich *Liszt* 1881/82 geweigert hat, dem Programm der Konservativen beizutreten. 1884 kam es vor dem Gericht in Marburg zu einem im Kaiserreich aufsehenerregenden Freispruch im „Nordecker Judenmord“-Prozess (Freispruch des Angeklagten in einem Fall des Doppelmords an einem jüdischen Ehepaar).[948] Zeitlich übereinstimmend fand in demselben Jahr *Liszts* endgültiger Abschied von den Konservativen statt (vgl. oben im Punkt B.I.).

Einem Nachruf auf *Liszt* ist zu entnehmen, dass im Verein zur Abwehr des Antisemitismus die Wahrnehmung vorhanden war, dass die „Bekämpfung des Antisemitismus“ das „Hauptinteresse“ in *Liszts* politischer Tätigkeit bildete, wegen dem er „mannigfache Anfeindungen seiner altdeutschen, antisemitischen und reaktionären Gegner“ auf sich zog.[949] Folgende Verdienste *Liszts* wurden in den „Mitteilungen“ des Vereins besonders gewürdigt: die Veröffentlichung und Vertretung einer soziologischen im Gegensatz zur eugenischen oder rassischen Deutung der Kriminalität der Juden;[950] die Vereitelung der Berufung des Rassentheoretikers *Kuhlenbeck* in die juristischen Fakultäten der preußischen Universitäten;[951] die Hervorhebung der Bedeutung der Massensuggestion und der Einwirkung der Presse als dem damals

---

[948] Vgl. *T. Klein*, Der preußisch-deutsche Konservativismus und die Entstehung des politischen Antisemitismus in Hessen-Kassel (1866–1893), 1995.

[949] Nachruf auf Liszt, in: Mitteilungen des Vereins zur Abwehr des Antisemitismus 1919, S. 111.

[950] Mitteilungen aus dem Verein zur Abwehr des Antisemitismus, 1907, 376.

[951] Mitteilungen aus dem Verein zur Abwehr des Antisemitismus, 1909, S. 159 f.; 1919, S. 111.

wichtigstem Massenmedium bei der Aufarbeitung von den sogenannten „Ritualmordtaten“ mit jüdischen Angeschuldigten.[952] Spätestens seit dem Vorfall mit *Kuhlenbeck* prägte man im Kaiserreich einen offenen Vorwurf gegen *Liszt*, dass er judenfreundlich oder sogar selbst jüdisch wäre. Die konservative Presse hat ihn, obwohl die Familie *Liszt* bekanntermaßen katholisch war, als Juden diffamiert.[953] Ähnlich wurde *Liszt* später von der nationalsozialistischen ethnischen Systematik zu den Verrätern der Rasse gerechnet, die in das „nicht-arische“ Lager „übergingen“.[954]

Für das Verständnis der Bedeutung des Liberalismus bei *Liszt* sind vor allem seine Darlegungen über massenpsychologische Mechanismen der Meinungsbeeinflussung und Erinnerungsbildung bei den „Ritualmordprozessen“ von Interesse.[955] Unter diesem Stichwort fasste man in dieser Zeit mehrere in Europa durchgeführte Strafverfahren zusammen, bei welchen im Klima einer gesellschaftlichen Panik ausgewählte Mitglieder der jüdischen Gemeinschaft beschuldigt wurden, Ritualmorde an unbeteiligten Dritten/Christen durchgeführt zu haben („Polnaer“, „Konitzer“, „Kiewer“ Ritualmordprozess).[956] Die ersten bekannten Äußerungen *Liszts* zum Thema beziehen sich auf den böhmischen Polnaer Ritualmordprozess und stammen aus dem Jahre 1906.[957] Die Thematik wird von ihm wieder 1913 in der Ansprache in der Generalversammlung des Vereins aufgegriffen. Dort warnte er, in Anbetracht der aktuellen Ritualmordaufarbeitung in Kiew, dass sich entgegen verbreiteter Überzeugung vergleichbare, von Antisemitismus getriebene massenpsychologische Erscheinungen und Justizirrtümer jederzeit auch in Deutschland wiederholen könnten. Als tragenden Faktor nennt *Liszt* ausdrücklich den Einfluss der Presse, womit er zu den frühen Theoretikern und Kritikern der für die Moderne charakteristischen Medienlandschaft gehört.

> „Da ist die Grundlage gelegt in der verbreitetsten *antisemitischen Presse*, auf der sich in jedem Augenblick, wenn die Masse fanatisiert wird, ein *neuer Ritualmordprozeß aufbauen* läßt. (Zustimmung). Das möchte ich Sie bitten, nicht aus dem Auge zu lassen und mitzunehmen als Lehre aus dem heutigen Abend, daß wir vor einer Gefahr stehen, die jeden Augenblick im Deutschen Reiche wieder von Bedeutung werden kann. Und da fragt es sich, und darauf

---

[952] Mitteilungen aus dem Verein zur Abwehr des Antisemitismus, 1906, 31.

[953] Mitteilungen aus dem Verein zur Abwehr des Antisemitismus, 1909, 139; 1919, S. 111. Vgl. noch die Bezeichnung der von *Liszt* veranlassten DDP als „Judenpartei“.

[954] *K. Klee*, Das Judentum im Strafrecht, in: Das Judentum in der Rechtswissenschaft, Teil 4, 1936, S. 8: „Mit fliegenden Fahnen gingen, wie in so mancher kriminalpolitischen Frage, auch hier arische Schriftsteller, vor allem Franz Liszt, in das nichtarische Lager über“.

[955] Vgl. *Liszts* Vorwort zu *A. Nußbaum*, Über den Polnaer Ritualmordprozess, 1906; ebenso erschienen in: Mitteilungen aus dem Verein zur Abwehr des Antisemitismus, 1906, 31; *Liszt* Vortrag „Über den Werth der Zeugenaussagen“, in Auszügen erhalten in Mitteilungen aus dem Verein zur Abwehr des Antisemitismus, 1907.

[956] *J. T. Gross*, Ritualmordbeschuldigungen gegen Juden im Deutschen Kaiserreich (1871–1914), 2002; *B. C. Hett*, Justice is Blind: Crowds, Irrationality, and Criminal Law in the Late Kaiserreich, in: R. Wetzell (Hrsg.), Crime and Criminal Justice in Modern Germany 2014, S. 34 ff.; *D. M. Vyleta*, Crime, Jews and News, 2007, S. 203 ff.

[957] Vgl. Mitteilungen aus dem Verein zur Abwehr des Antisemitismus, 1906, 31.

komme ich hinaus: was soll demgegenüber geschehen? Ich möchte zunächst einmal den Satz formulieren: der Weg zu glücklichen Zuständen, zu einem Zustand, in dem derartige Erscheinungen unmöglich und ausgeschlossen sind, der führt hindurch durch die *politische Macht*, und es gibt keinen anderen Weg, um dauernd diesen Zustand zu erreichen. (Lebhafte Zustimmung). Wie lange haben wir den Antisemitismus in Deutschland? Wenn wir seine Geburtsstunde feststellen sollen, so um das Jahr 1880 herum, so können wir sagen, daß es genau zu der selben Zeit war, zu der der *reaktionäre Umschwung* in unserer ganzen deutschen Politik erfolgt ist, und seit dieser Zeit sind die Kreise der Bevölkerung bei uns am Ruder, die ihrerseits genau wissen, warum sie den fanatischen Haß gegen das Judentum schüren. Und dann möchte ich meinen Satz – fassen Sie das nicht als eine Unbescheidenheit eines liberalen Politikers auf – noch näher dahin präzisieren: der Weg zu diesen besseren, glücklicheren Zuständen führt hindurch durch den *politischen Liberalismus*. Ich weiß keinen anderen Weg. Das Wesen des Liberalismus ist die tief im Herzen wohnende, nicht bloß intellektuell erfaßte Überzeugung von der Gleichberechtigung aller Rassen, von der wirklichen *Gleichwertigkeit all dessen, was Menschenantlitz trägt*. (Lebhafte Zustimmung). Und es liegt auch im Wesen des Liberalismus der Glaube, die feste Zuversicht an eine bessere Zukunft. Aber freilich muß eine solche Zukunft, die die bisherigen traurigen Zustände beseitigt, erst errungen werden, und deshalb möchte ich das, was ich Ihnen sagen wollte, in die Bitte zusammenschließen: Glauben Sie mit uns an die bessere Zukunft auch in unserem Volke, aber kämpfen Sie auch mit uns für diese Zukunft. (Stürmischer, langanhaltender Beifall).“[958]

Zwischen *Liszts* Kampf gegen den Antisemitismus und seinen in der Forschung gesetzten Schwerpunkten besteht eine wechselseitige Beziehung. 1907 erschien sein Aufsatz über Kriminalität der Juden, in welchem er die Besonderheiten dieser Kriminalität in einem Stufenschema auf die besondere soziologische Situation von Juden (Stadtbevölkerung statt ländliche Bevölkerung, historisch beschränkte Berufszulassung) zurückgeführt hat.[959] Ein vergleichbares Schema wurde im Grunde, freilich ohne Berufung auf *Liszt*, in der antirassistischen Phase von *Max Weber* empfohlen.[960] Interessanterweise hat man in der 2. Hälfte des 20. Jahrhunderts, als *Liszts* Tätigkeit im „Verein zur Abwehr des Antisemitismus“ in Vergessenheit geriet, mehrfach versucht, seinen Aufsatz über die Kriminalität der Juden oder allgemein

[958] Auszüge aus der Ansprache *Liszts* in der Generalversammlung des Vereins zur Abwehr des Antisemitismus am 18. November 1913, Mitteilungen aus dem Verein zur Abwehr des Antisemitismus 1913, S. 194.

[959] Vgl. *W. Bonger*, Race and Crime, 1943; *H. Mannheim*, Vergleichende Kriminologie, 1974, S. 681 ff.; *H. Karitzky*, Eduard Kohlrausch, 2002, S. 193, S. 205 f.; *F. Streng*, Franz v. Liszt als Kriminologe und seine Schule, in: A. Koch/M. Löhnig (Hrsg.), Die Schule Franz von Liszts 2016, S. 141 f.; *M. Löhnig*, Die v. Liszt-Schule im totalitären Kontext, ebendort (2016), S. 190. Zum Themenkomplex noch *K.-L. Ay*, Max Weber und der Begriff der Rasse, Aschkenas – Zeitschrift für Geschichte und Kultur der Juden 3 (1993), S. 189 ff.; *S. L. Gilman*, Reading Freud's Reading, 1994, S. 47 ff.; *D. Mayenburg*, Kriminologie und Strafrecht, 2006, S. 168 ff.; *D. Vyleta*, a.a.O. (2007), S. 48 ff.; *M. Berkowitz*, The Crime of my Very Existence: Nazism and the Myth of Jewish Criminality, 2007, S. 12.

[960] Vgl. *K.-L. Ay*, a.a.O. (1993), S. 189 ff. *K. Bayertz*, Darwinismus als Politik, Stapfia 131 (1998), S. 251.

sein Umwelt-Anlage-Thema als Teil eines Interesses für Rassismus oder sogar für die Teilnahme an der Hochkonjunktur des Antisemitismus darzustellen.[961]

Besonders bezeichnend ist der verhältnismäßig neuere Versuch *Mayenburgs, Liszts* Beiträge nach der Jahrhundertwende als Teil der Entwicklung einer „rassenhygienischen Debatte" zu lesen.[962] Er unterstellt *Liszt*, dass für ihn nach 1902 „die Demontage der Gleichheitsidee auf dem Forschungsprogramm" stand.[963] *Liszt* hätte im Ergebnis durch „Einbeziehung der Juden als Rasse in das kriminologische Forschungsprogramm" zur Verwissenschaftlichung dieser Konzepte beigetragen.[964] Der Prozess wird als „Verbreitung rassistischer Konzepte in der Kriminalsoziologie" bezeichnet.[965] Die Disparität zwischen *Liszts* Anliegen und Engagement einerseits und der Interpretation seiner Fachtexte andererseits zeigt deutlich, dass das Werk eines Autors nicht unabhängig vom gesamten Wertesystem des Autors richtig interpretiert werden kann, und dass dieses Wertesystem – gerade in politischen Gemeinschaften mit starker ziviler Gesellschaft und politischer Rollenverflechtung der akademischen Gemeinschaft – zwar den Inhalt der Fachtexte bestimmt, aber nicht allein durch ihre Lektüre vollständig ermittelt werden kann.

Ein weiteres wichtiges Beispiel für die Wechselbeziehung zwischen Engagement und Forschung bilden *Liszts* Untersuchungen zum Wert der Zeugenaussagen einerseits und seine Warnungen vor den Ritualmordprozessen andererseits. Bei *Liszts* Ausführungen über die Macht der Massensuggestion und die Beliebigkeit von Zeugenaussagen in den Ritualmordverfahren handelt es sich um eine Variation jener Einsichten, die *Liszt* seit dem Jahr 1902 wissenschaftlich in einer Reihe von Experimenten mit Studenten gewonnen hat. Die bekannten, zuerst mit dem Psychologen *Stern* im „kriminalistischen Seminar" durchgeführten Experimente erfreuen sich teilweise noch heute einer internationalen Erwähnung.[966] In dem bekanntesten

---

961 Vgl. *J. Renneberg*, a.a.O. (1956), S. 38 ff. (12. Kapitel); *D. Mayenbrug*, a.a.O. (2006), S. 168 ff., 188 ff.

962 *D. Mayenburg*, a.a.O. (2006), S. 169.

963 *D. Mayenburg*, a.a.O. (2006), S. 170.

964 *D. Mayenburg*, a.a.O. (2006), S. 174.

965 *D. Mayenburg*, a.a.O. (2006), S. 174.

966 *Liszt*, Strafrecht und Psychologie, Deutsche Juristenzeitung 7 (1902), 16; *W. Stern*, Psychologie der Aussage: Experimentelle Untersuchungen über Erinnerungstreue, ZStW 22 (1902), 315; *S. Jaffa*, Ein psychologisches Experiment im kriminalistischen Seminar der Universität Berlin, Beiträge zur Psychologie der Aussage 1 (1903), 79; *R. Hennig*, Wunder und Wissenschaft, 1904, S. 71 ff.; *H. Münsterberg*, On the Witness Stand, Essays on Psychology and Crime, 1909, S. 50 ff.; *C. B. de Quirós*, Modern Theories of Criminality, 1912, S. 225; Zeitschrift für die Geschichte der Juden 2 (1965), S. 162. *C. R. Bartol/A. M. Bartol*, History of Forensic Psychology, in: The Handbook of Forensic Psychology, 3. Aufl. 2006, S. 6; *M. Lang*, Karl Loewenstein, 2007, S. 98 (Nachweis, dass Liszt das Experiment auch später durchgeführt hat); *M. Schmoeckel*, Der Einfluss der Psychologie auf die Entwicklung des Zeugenbeweises, in: ders. (Hrsg.), Psychologie als Argument in der juristischen Literatur des Kaiserreichs, 2009, S. 69 ff. (auch über andere Experimente in *Liszts* Seminar); *D. Mayenburg*, Die Rolle psychologischen Wissens in Strafrecht und Kriminologie bei Franz von Liszt, in demselben Band (2009), S. 112 f.; *W. Chambliss*, Courts, Law, and Justice, 2011, S. 102.

unter mehreren unterschiedlich gesteuerten Experimenten haben *Liszt* und *Stern* mit ausgewählten Seminarteilnehmern eine im Vorfeld nicht angekündigte Schießerei vorgespielt. Daraufhin bestand die Aufgabe von Zeugen – gleich nach dem Angriff oder zu späteren Zeitpunkten – darin, das Geschehen und die Details zu schildern. Das Experiment hat unüberwindbare Zweifel an der prinzipiellen Zuverlässigkeit von Aussagen und Zeugenbeweisen aufgebracht. *Liszts* Kampf gegen die Massensuggestion in Ritualmordprozessen stützte sich auf die genannten Experimente, die ihn zur Überzeugung brachten, dass dank der Massensuggestion auch ein sogar durch mehrere Zeugen ähnlich oder gleich geschilderter Sachverhalt der Geschehniswahrheit entbehren kann.

6. Kapitel

Konzepte des Reformgedankens bei Liszt

Die im 1. Kapitel geschilderte kritische Grundhaltung gegenüber der intellektuellen Vergangenheit verlangt, dass das Werk eines Autors nicht künstlich unter der Perspektive einer Einheit gedacht wird. Die Stellungnahmen eines Autors bilden lebendige Äußerungen innerhalb eines nationalen oder internationalen, disziplinären oder allgemein-populären Denksystems. Sie können nicht als stabile und abstrakte Denkeinheit beurteilt werden, die unabhängig vom konkreten Äußerungsrahmen in der wissenschaftlichen Diskussion und sich ändernden gesellschaftlichen Herausforderungen erfolgen würden. In diesem Kapitel werden unterschiedliche Argumentations- und Legitimationsmuster aufgezeichnet, die für *Liszts* Verständnis der Reform des Strafrechts und der Maßstäbe ihres Gelingens charakteristisch waren. Seine Stellungnahmen während seiner Dozentur in Graz und den Professuren in Gießen, Marburg, Halle und Berlin zeichnen sich durch verschiedene Ideenakzente aus. Sie reichen von der Nachahmung eines im Kodifikationsstreit am Anfang des 19. Jahrhunderts entwickelten Gegensatzes zwischen „französischem" und „eigenem" Recht (im Punkt B.) bis zu Versuchen, die „Entwicklungstendenzen" in der ausländischen Gesetzgebung als den maßgeblichen Maßstab für „richtiges Recht" im eigenen Land zu postulieren (im Punkt C.).

Den Hauptbezugspunkt bei der Entwicklung von Reformforderungen bildet bei *Liszt* der *Zweck*, der in der allgemeinen Form des Zweckgedankens bisher vielfältig mit *Liszts* Reformanliegen überhaupt gleichgesetzt wurde. Anders als bisher in der Liszt-Forschung, die zur Erklärung des Zweckgedankens in der Regel mechanisch auf *Jherings* Zwecktheorie verwiesen hat, wird hier der Zweckgedanke bei *Liszt* auch mit älteren Schichten der Rechtswissenschaft in Verbindung gebracht (im Punkt D.). Auch insoweit wird sich der im 3. Kapitel ausgearbeitete Kontinuitätskontext zwischen dem Strafrecht des Vormärzes und *Liszts* Reformstrafrecht – natürlich in spezifisch transitorischer Form in Wien – bestätigen. Die Pluralität der Begründungsmuster, wird sie einmal erkannt, stellt gleichzeitig der Forschung die Aufgabe, nachzuprüfen, in welchem Verhältnis die Begründungsmuster zueinander stehen. Logisch sind dabei mehrere Kombinationen denkbar: es kann beispielsweise sein, dass jedes Begründungsmuster einen abgegrenzten Zeitabschnitt beherrscht, in welchem es „produktiv" gilt. Die Begründungsmuster können auch gleichzeitig auftreten, was andersherum entweder auf eine innere Verbindung hindeutet oder den Sachverhalt verdeutlicht, dass unter Begründungsmustern auch *Scheinbegründungen* vorhanden sein können, die zwar eine wichtige Rolle in der Argumentation haben, aber die Reformforderungen nicht produktiv hervorbringen. Das wird besonders deutlich, wenn die von *Liszt* für die „vergleichende Rechtswissenschaft" postulierte Bedeutung von „Entwicklungstendenzen" mit seinem tatsächlichen Vorgehen in rechtsvergleichenden Untersuchungen verglichen wird.

A. Die Reform als altes Anliegen

I. Grundsätzlich

Für das Verständnis von *Liszts* früher Haltung gegenüber der Reform des Strafrechts ist von wesentlicher Bedeutung, dass *Liszt* zu einer Zeit in Österreich studiert und doziert hat, als die Reform des materiellen Strafrechts und des Strafverfahrens Gegenstand einer anhaltenden Auseinandersetzung war. Die hauptsächlich von *Liszts* Lehrer *Glaser* vorangetriebenen Reformbemühungen (Entwurf Glaser StPO von 1867; Entwurf Glaser StGB von 1874) waren nicht als modernistische Erneuerungen des Strafrechts gedacht und insofern nicht von geistigen Strömungen außerhalb der Rechtswissenschaft motiviert. Es handelte sich um Anpassungen von einzelnen Tatbeständen und Instituten, die ihrem Umfang nach dem bereits bestehenden Reformrhytmus des Strafrechts entsprochen haben. Sie spielten sich – für Wien charakteristisch – in Anlehnung an die Reformdiskussion in einzelnen deutschen Staaten vor 1848/49 ab.[967] Jedoch mit dem wichtigen Unterschied, dass die Grundforderungen, etwa an die Struktur des Strafverfahrens, nicht – wie vor 1848 – politisch diskutiert, sondern als wissenschaftliche Konzepte aufgegriffen und befürwortet wurden. *Liszts* erste Aufsätze sind parallel der Reform des materiellen Strafrechts und des Strafverfahrens gewidmet, und sind als eine lebendige Enkulturation von *Liszt* in die in Gang gesetzte Reform aufzugreifen. Der Kontinuität der Reformbemühungen entsprechend, lassen sich *Liszts* Beiträge als Teil einer Diskussion lesen, deren Themen maßgeblich bereits im Vormärz gesetzt wurden.

Die besagten Umstände lassen sich an *Liszts* Aufsatz über das „Amerikanische Duell" verfolgen (1875).[968] Er fügt sich in die Thematik des „Zweikampfs" ein, die zuerst von *Beccaria* und im Vormärz mehrmals von *Mittermaier* aufgriffen wurde.[969] Ein ähnliches Urteil lässt sich über *Liszts* erste prozessualistische Aufsätze fällen, in welchen *Liszt* das Opportunitätsprinzip und die allgemeine subsidiäre „staatsbür-

---

[967] Vgl. für die Reformdiskussion im Vormärz *S. Kesper-Biermann*, Einheit und Recht, Strafgesetzgebung und Kriminalrechtsexperten in Deutschland vom Beginn des 19. Jahrhunderts bis zum Reichsstrafgesetzbuch von 1871, 2009, S. 96ff.

[968] *Liszt*, Das „amerikanische Duell" im österreichischen Strafgesetzentwürfe (1875), AuV I, Nr. 1, S. 1.

[969] Allein von *Mittermaier* sind von 1820 bis 1850 zehn Aufsätze zum Duell erschienen. Vgl. *C. J. A. Mittermaier*, Der gegenwärtige Zustand der Gesetzgebung und der Rechtsanwendung in Bezug auf Zweikampf, mit Nachweisung der Erfahrungen einzelner Länder, Archiv des Criminarechts 12 (1845), 329; *ders.*, Der neuste Zustand der Gesetzgebung in England und Frankreich über den Zweikampf, Archiv des Criminalrechts 17 (1850), 616.

gerliche Privatklage" (Popularklage) vorgeschlagen hat (1877, 1878).[970] Die Aufsätze plädieren zwar für neue Lösungen, aber sie sind Ergebnis einer Auseinandersetzung des Autors mit thematischen Schwerpunkten und einem System von Argumenten, die sich bereits in mehreren Jahrzehnten vor *Liszts* Stellungnahmen konsolidiert hatten (vgl. für das gleiche Vorgehen beim Meineid, Punkt D.II. im 3. Kapitel). Die Forderung des Opportunitätsprinzips begegnet uns inhaltlich bereits bei *Mittermaier*, wo sie einerseits durch seine richterfreundliche Quellenlehre begünstigt wird (vgl. Punkt B.III.2. im 3. Kapitel), und gleichzeitig ausdrücklich auch im Rahmen von autonomen Erwähnungen prozessualistischer Art gestellt wird.[971] Ähnlich war auch *Liszts* Lehrer *Glaser* ein energischer Vertreter des Opportunitätsprinzips.[972] Die Idee einer allgemeinen, subsidiären „staatsbürgerlichen Privatklage", die *Liszt* vertritt, fügte sich in die allgemeine Diskussion über die Zulässigkeit der Privatklage, die bereits im Vormärz unter diversen Gesichtspunkten geprüft wurde und in Österreich durch *Glaser* eine Fortbildung erfuhr.[973]

Liszts Teilnahme an einem bereits bestehenden Diskurs über die Gestaltung des Strafgesetzbuchs und an der Schaffung einer modernisierten Strafprozessordnung dürfte besonders aus der heutigen juristischen Perspektive nicht überraschend erscheinen. Der scheinbar redundante Hinweis verdient jedoch aus zwei wichtigen, spezifisch mit der Liszt-Forschung zusammenhängenden Gründen eine Hervorhebung. Erstens hat *Liszt* selbst die genannten Aufsätze aus den 1870er Jahren in die Sammlung seiner „Aufsätze und Vorträge" aufgenommen. Die bisherige Liszt-Forschung hat diese Sammlung oft oder sogar in der Regel als Sammlung seiner wichtigsten Aufsätze aufgefasst (Punkt A.II. im 15. Kapitel). Die Sammlung war jedoch von *Liszt* nicht als eine allgemeine Sammlung aller oder der prominentesten Veröffentlichungen konzipiert, sondern sollte nach *Liszts* Wunsch jene Beiträge vereinen, die eine „Chronologie der Reformbewegung" erstellen.[974] *Liszt* betrachtete dementsprechend seine späteren Reformbemühungen und die Strafrechtsreform am Anfang des 20. Jahrhundert nicht als eine von außerhalb der Rechtswissenschaft inspirierte Neuerung, sondern als Vervollkommnung und Weiterführung einer bereits bestehenden reformatorischen Stimmung.

Der zweite Grund für die Hervorhebung von *Liszts* früher Anbindung an bestehende Reformbemühungen ist nah mit dem ersten verwandt und besteht im Umstand, dass die Liszt-Forschung bisher nicht auf die älteren Reformbemühungen Rücksicht

---

970 *Liszt*, Das Prinzip der Strafverfolgung nach dem österreichischen Strafgesetzentwurfe (1877), AuV I, Nr. 2, 8; Die Privatklage in Österreich (1877), AuV I, Nr. 3, 36. Vgl. noch *Liszt*, Die falsche Aussage vor Gericht, 1877, S. 63, 80.

971 *C. J. A. Mittermaier*, Der deutsche Strafprozeß, Archiv des Criminalrechts (1842), S. 449 f.; *ders.*, Die Gesetzgebung und Rechtsübung über Strafverfahren nach ihrer neuesten Fortbildung, 1856, S. 185 f., 297.

972 *J. Glaser*, Das Princip der Strafverfolgung (1860), Kleinere Schriften, Bd. 1, 1868, S. 436 ff., 449 ff.

973 *J. Glaser*, a.a.O. (1860), S. 432.

974 *Liszt*, AuV I, Vorwort, S. III.

genommen hat. Bereits in der Weimarer Republik war bei Liszt-freundlichen Äußerungen die Tendenz zu verzeichnen, *Liszt* als einen Pionier der Strafrechtsreform aufzugreifen, was die Kontinuität mit Diskursen des Vormärzes verschleiert hat (vgl. Punkt A. im 9. Kapitel). In der neueren Zeit ist besonders auf jene Teile der Forschung hinzuweisen, die nicht aus dem Bereich der Rechtswissenschaft stammen, sondern aus zahlreichen, an sich wertvollen Beiträgen von Geschichtswissenschaftlern, Literaturhistorikern, Kriminologen und Sozialwissenschaftlern bestehen. Jener Teil der Forschung (Punkt E. im 15. Kapitel) bildet in aller Regel seine Urteile über die Reform des Strafrechts auf einer spezifischen *Prämisse*. In diesen Studien stellt das Urteil, dass Juristen wie *Liszt* die Reformdiskurse des Strafrechts erst unter dem äußeren Druck der Moderne und der neuen naturwissenschaftlichen Disziplinen entwickelt haben, keinen empirischen Befund der Untersuchung dar, sondern eine *logische Deduktion aus der Forschungsprämisse*, dass die Beschäftigung der Rechtswissenschaft mit Inhalten, die nicht in Gesetzen bereits vorgeschrieben sind, am Ausgang des 19. Jahrhunderts ein Novum sein musste. Auf diesem Weg entstanden und entstehen plausible und interessante, aber nicht zutreffende Behauptungen über den Stellenwert des Reformgedankens. Sie werden dann als abgesicherte „Funde" der allgemeinen Kriminalitätsforschung und Kriminologiegeschichte in einem weiteren Schritt auch in der Rechtswissenschaft übernommen.

Der Vorwurf einer mangelnden Erörterung des innerlich-fachlichen Charakters der Reform im Bereich der Rechtswissenschaft trifft teilweise bereits die zeitgenössischen Liszt-Kritiker im ausgehenden 19. Jahrhundert, soweit sie keine Juristen waren und soweit sie unter besonderen, heute vergessenen Umständen gearbeitet haben. Man erwähne an der ersten Stelle den einflussreichen Jesuiten *Cathrein*, dem die Hinweise auf die Kontinuität des Reformanliegens aus Gründen der kirchlichen Zensur von älteren kriminalistischen Schriften im Grunde verwehrt sein mussten (Punkt B. im 8. Kapitel). Besonders ausgeprägte Missverständnisse sind jedoch in unserer Zeit zu beobachten, wo wertvolle Bücher über die Geschichte der Kriminalpolitik und Kriminologie unter der Prämisse geschrieben wurden, dass es einen universellen, für jedes Zeitalter gültigen und operablen Begriff der „Strafrechtswissenschaft" gibt. Die „Strafrechtswissenschaft" aus dem 19. Jahrhundert wird nicht tatsächlich an ihrem eigenen Stoff analysiert, sondern als eine Deduktion, als ein „empirisches" Exemplar der abstrakten soziologischen Definitionen der Rechtswissenschaft aus den 1970er Jahren aufgefasst.

Man vergleiche als Beispiel das Verfahren bei *Galassi* in ihrem einflussreichen Buch über die Kriminologie im Kaiserreich. Sie definiert in Anlehnung an abstrakte soziologische Literatur die „Strafrechtswissenschaft" als eine Disziplin, die, begriffsnotwendig, nur die „Gesetztexte als Grundlage fraglos akzeptiert" und als solche auf „unhinterfragbaren Prämissen" beruht (Punkt E.IV. im 15. Kapitel).[975] Die naheliegende und insofern nachvollziehbare Folge dieser Bestimmung ist, dass

[975] *S. Galassi*, Kriminologie im Deutschen Kaiserreich: Geschichte einer gebrochenen Verwissenschaftlichung, 2004, S. 19.

bereits auf der Begriffsebene, die vor dem eigentlichen Forschungsgang bestimmt wird, ein *Befund erfolgt*, der sonst erst in dem Forschungsgang selbst bewiesen oder verworfen werden müsste. Wird in der Rechtswissenschaft von Reform gesprochen, wird in ihr mit einer offenen, teilweise empirisch begründeten Fallmenge gearbeitet und werden die Vorschläge für Lösungen juristischer Streitigkeiten aus der Sicht der gesellschaftlichen Bedürfnisse diskutiert und abgeleitet, dann sollen das im System der „Forschungsergebnisse" bei *Galassi* alles Zeichen des Einflusses eines *außerjuristischen* Diskurses sein, weil man unabhängig von den tatsächlichen Inhalten der Strafrechtswissenschaft bereits am Anfang definiert hat, dass sie abgeschottet von der Gesellschaft die „Gesetztexte als Grundlage fraglos akzeptiert". So werden die wesentlichen Teile der an gesellschaftlichen Problemen interessierten Strafrechtswissenschaft, wie sie seit dem Anfang des 19. Jahrhunderts etabliert war, durch eine methodologisch-theoretische Konstruktion umgedeutet, und erscheinen im Ergebnis als bloße außerjuristische Zusätze, die durch die Entwicklung der Naturwissenschaften und Soziologie unmittelbar vor dem Fin de Siècle induziert wurden.

II. Ersatz der kurzen Freiheitsstrafen und sicherndes Vorgehen gegen Unverbesserliche

Die oben genannten Beispiele aus dem materiellen Recht und dem Verfahrensrecht bezogen sich noch auf die Diskussion in Österreich, an welcher *Liszt* als junger Dozent in Graz teilnahm. Als Beispiel der Kontinuität des Reformgedankens aus der späteren Zeit können besonders der Ersatz der kurzen Freiheitsstrafe wegen ihrer schädlichen Wirkung[976] und die Einführung eines besonderen bzw. sichernden Vorgehens gegen Unverbesserliche genannt werden.[977] Diese zwei Punkte sind nicht

[976] *Liszt*, Der italienische Strafgesetzentwurf von 1887 (1888), AuV I, Nr. 10, S. 265 ff., 268; Welche Maßregeln können dem Gesetzgeber zur Einschränkung der kurzzeitigen Freiheitsstrafen empfohlen werden, Mitt. IKV 1 (1889), 44; Kriminalpolitischen Aufgaben (1889–1892), AuV I, Nr. 11, S. 350 ff.; Die Reform der Freiheitsstrafe (1890), AuV I, Nr. 13, S. 514 ff.; Die Zukunft des Strafrechts (1892), AuV II, Nr. 15, S. 21 f.; Die deterministischen Gegner der Zweckstrafe (1893), AuV II, Nr. 16, S. 32; Die Forderungen der Kriminalpolitik und Vorentwurf eines schweizerischen Strafgesetzbuchs (1893), AuV II, Nr. 18, S. 115 ff.; Die psychologischen Grundlagen der Kriminalpolitik (1896), AuV II, Nr. 21, S. 208 f.; Die Kriminalität der Jugendlichen (1900), AuV II, Nr. 28, S. 351 ff.; Strafrecht und Strafprozeßrecht (1906), AuV III, Nr. 2, S. 38. Und allgemein die Diskussion über die bedingte Verurteilung (als Mittel zur Umgehung der kurzen Freiheitsstrafen): Die Gutachten der Präsidenten der Oberlandesgerichte (1890), AuV I, Nr. 12, S. 468 ff.; Kriminalpolitischen Aufgaben (1889–1892), AuV I, Nr. 11, S. 360 ff.; Verbrechen und Vergehen wider das Leben, in: Vergleichende Darstellung, BT, Bd. 5, 1905, S. 5 ff.; Strafrechtsreform (1914), AuV III, Nr. 13, S. 346. Für die IKV: *F. Berolzheimer*, System der Rechts- und Wirtschaftsphilosophie, Bd. 5, 1907, S. 231 ff.

[977] *Liszt*, Der Zweckgedanke im Strafrecht, 1882, S. 23 ff.; *Liszt*, Der italienische Strafgesetzentwurf von 1887 (1888). AuV I, Nr. 10, S. 284 ff.; Kriminalpolitischen Aufgaben (1889–1892), AuV I, Nr. 11, S. 398 ff.; Die Zukunft des Strafrechts (1892), AuV II, Nr. 15, S. 17 ff.; Die Forderungen der Kriminalpolitik und Vorentwurf eines schweizerischen Strafgesetzbuchs (1893), AuV II, Nr. 18, S. 123 ff.; Die psychologischen Grundlagen der Krimi-

aus *Liszts* eigener Theorie deduziert und stellen auch keine Deduktion aus einem modernistischen Programm dar, sondern sind Versuche der Verwirklichung von Einsichten und Forderungen, die bereits im Rahmen der älteren kriminalistischen Diskussion vorbereitet wurden. Dieser Umstand ist eigentlich bereits aus *Liszts* eigenen Schriften ersichtlich. Er würdigt sowohl die Zurückdrängung der kurzen Freiheitsstrafe als auch ein besonderes Vorgehen gegen Gewohnheitsverbrecher in der Analyse des italienischen StGB-Entwurfs von 1887 (1888).[978] Dort können aber die Vorschläge zur Umgehung der kurzen Freiheitsstrafe und eine auf den Sicherungsgedanken ausgerichtete Behandlung der Unverbesserlichen selbstverständlich nicht auf *Liszt* oder die IKV zurückgehen, die erst später gegründet wurde. Auch *Liszt* selbst betrachtet in der genannten Untersuchung die legislativen Vorschläge aus Italien nicht als einen Ausfluss seiner Position, sondern als eine kriminalpolitische Übereinstimmung in dem allgemeinen Prozess der Fortentwicklung der europäischen Gesetzgebungen auf dem Gebiet des Strafrechts.

Die Abschaffung der kurzen Freiheitsstrafe ist organisch mit dem Diskurs der schädlichen Wirkung der Haft verbunden. Die Wurzeln dieses Diskurses reichen auf *John Howard* und damit auf den letzten Abschnitt des 18. Jahrhundert zurück. Sie sind Teil der empirisch interessierten Diskussion der Aufklärung (Punkt D. im 1. Kapitel). Im Vormärz ist das Thema maßgeblich vertreten. Aus dem Kreis der in Wien wichtigen Autoren dürfen hier besonders Graf *Thun* und *Mittermaier* hervorgehoben werden. *Thun* hat, mit ähnlicher Formulierung wie *Liszt*, die vorgefundenen Gefängniszustände als „wahre Schule der Verbrecher" kritisiert.[979] Bei *Mittermaier* findet sich bereits der später von *Liszt* vertretene Gedanke, dass die Zustände in den Gefängnissen und die dort stattfindende moralische Ansteckung die Hauptursachen des Rückfalls darstellen.[980] Während es *Howard* noch oft um die Ansteckungsgefahr durch Krankheiten ging (wobei viele Krankheiten noch nicht biologisch aufgefasst wurden), hat *Mittermaier* den Topos vor allem im Sinne einer

---

nalpolitik (1896), AuV II, Nr. 21, S. 207 ff.; Die strafrechtliche Zurechnungsfähigkeit (1896), AuV II, Nr. 22, 214; Das gewerbsmäßige Verbrechen (1898), Nr. 23, S. 308; Nach welchen Grundsätzen ist die Revision (1902), AuV II, Nr. 29, S. 400 ff.; Strafrecht und Strafprozess (1906), AuV III, Nr. 2, S. 38; Strafbemessung (1910), AuV III, Nr. 9, S. 254 ff.; Strafrechtsreform (1914), AuV III, Nr. 13, S. 345; Die sichernden Maßnahmen im Strafverfahren (1914), AuV III, Nr. 15, S. 378 f.; Das neue Arbeitsprogramm der IKV (1914), AuV III, Nr. 16, S. 381 ff. Verwandt mit der Problematik sind auch die Aufsätze über Geisteskrankheit und Maßregeln der Sicherung: Schutz der Gesellschaft gegen Gemeingefährliche Geisteskranke (1904/05), AuV III, Nr. 1, 3; Die sichernden Maßnahmen in drei neuen Strafgesetzentwürfen (1909/1910), AuV III, Nr. 8, 223. Für die IKV: *R. F. Wetzell*, Franz v. Liszt und die internationale Strafrechtsreformbewegung, in: A. Koch/M. Löhnig (Hrsg.), Die Schule Franz von Liszts, 2016, S. 215 ff.

[978] *Liszt*, Der italienische Strafgesetzentwurf von 1887 (1888), AuV I, Nr. 10, S. 266, 285.

[979] *L. Thun*, Die Nothwendigkeit der moralischen Reform der Gefängnisse, 1836, S. 7, 43.

[980] *C. J. A. Mittermaier*, Beiträge zur Criminalstatistik, 1830, S. 216; *ders.* Praktische Ergebnisse der Criminalstatistik zur Aufhellung wichtiger Fragen des Strafrechts und Strafverfahrens, Der Gerichtssaal 13 (1861), S. 23 ff. *Liszt*, Die Kriminalität der Jugendlichen (1900), AuV II, Nr. 28, S. 351 ff.; Strafrecht und Strafprozess (1906), AuV III, Nr. 2, S. 38.

„moralischen Ansteckung" bzw. moralischen Ansteckungsgefahr in der Haft verstanden.[981]

Für den Themenkomplex der Unschädlichmachung von Unverbesserlichen ist von Interesse erstens die Begrifflichkeit von „Gewohnheitsverbrechern" und ihre Unterscheidung von „Gelegenheitsverbrechern". In der bisherigen Liszt-Forschung wurde als maßgeblicher Punkt der Einführung dieser Begrifflichkeit entweder der Vortrag „Der Zweckgedanke im Strafrecht" (= „Marburger Programm") bezeichnet, oder es wurde höchstens auf *Liszts* Lehrer *Wahlberg* verwiesen.[982] Der „Gewohnheitsverbrecher" ist jedoch weder *Liszts* noch *Wahlbergs* Schöpfung. Es handelt es sich um eine Begriffsbildung, die bereits über mehrere Jahrzehnte oder sogar Jahrhunderte vollzogen wurde. Sie geht als Bezeichnungspraxis auf das 16. Jahrhundert zurück und wurde im Wesentlichen durch die philosophische Psychologie der Aufklärung wissenschaftlich verfestigt.[983] Sogar im engeren kriminalpolitischen Sinne kann keine Rede davon sein, dass der Gedanke des Gewohnheitsverbrechers und seiner Unterscheidung vom Gelegenheitsverbrecher von *Liszt* oder seinem Wiener Lehrer *Wahlberg* in einem Nullpunkt der Moderne aufgegriffen wurde. Beide Autoren nahmen Teil an einem vorhandenen kriminalpolitischen Diskurs, der bereits damals feste gesetzgeberische Produkte geliefert hat, wie beispielsweise das Ge-

---

[981] *C. J. A. Mittermaier*, Die Strafgesetzgebung in ihrer Fortbildung, Bd. 2, 1841, S. 54 f.; *ders.*, Eintrag „Strafarten", in Rotteck-Welckerschen Staats-Lexikon, Bd. 12, 1848, S. 461.

[982] Vgl. *M. Frommel*, Präventionsmodelle in der dt. Strafzweck-Diskussion, 1987, S. 89 ff. Vgl. noch *J. Renneberg*, Die kriminalsoziologischen und kriminalbiologischen Lehren und Strafrechtsreformvorschläge Liszts und die Zerstörung der Gesetzlichkeit im bürgerlichen Strafrecht, 1956, S. 55, der behauptet, dass gerade *Wahlberg* die Unterscheidung (Gewohnheitsverbrecher, Gelegenheitsverbrecher) durchgeführt habe; *H. Müller-Dietz*, Das Marburger Programm aus der Sicht des Strafvollzugs, ZStW 94 (1982), S. 602; *J. Jäger*, Internationales Verbrechen – Internationale Polizeikooperation 1880–1930, in: D. Schauz/S. Freitag (Hrsg.), Verbrecher im Visier der Experten, 2007, S. 303; *C. O. Kreher*, Herkunft und Entwicklung des Zweckgedankens bei Franz von Liszt, 2015, S. 44 f.; *J. Kasper*, Die „Unschädlichmachung der Unverbesserlichen" – die v. Liszt-Schule und der Umgang mit gefährlichen Gewohnheitsverbrechern, A. Koch/M. Löhnig (Hrsg.), Die Schule Franz von Liszts, 2016, 120. Charakteristisch ist noch, wenn *Frommel*, Internationale Reformbewegung zwischen 1880 und 1920, in: J. Schönert (Hrsg.), Erzählte Kriminalität, 1991, S. 468, behauptet, dass das Schlagwort „Gewohnheitsverbrecher" insbesondere die Diskussion in Deutschland beherrschte.

[983] Man vgl. *C. Steltzer*, Über den Willen: Eine psychologische Untersuchung für das Criminalrecht, 1817, S. 388 f., 394 f. Man vgl. bei *B. Rush* den Stellenwert von sog. „habits", in seinem: An Enquiry into the Effects of Public Punishments upon Criminals and upon Society, 1787, S. 4; und *I. Kleeberg*, Mentale Spuren der Gewohnheit, in: B. Kleeberg (Hrsg.), Schlechte Angewohnheiten, 2012, 213. Für *Wahlbergs* Anlehnung an ältere Psychologie vid. *D. Mayenburg*, Die Rolle psychologischen Wissens in Strafrecht und Kriminologie bei Franz von Liszt, in: M. Schmoeckel (Hrsg.), Psychologie als Argument in der juristischen Literatur des Kaiserreichs, 2009, S. 106 ff. Für England *S. Freitag*, Kriminologie in der Zivilgesellschaft, 2014, S. 83 ff., 130 f. Für die Carolina und die Bambergensis *W. E. Wahlberg*, Das gewohnheitsmäßige Verbrechen mit besonderer Rücksicht auf den Gewohnheitsdiebstahl (1859), Kleinere Schriften, Bd. 1, 136.

wohnheitsverbrechergesetz des Vereinigten Königreichs v. 11.8.1869 („The Habitual Criminals Act“).[984]

Den Ausführungen im Vortrag „Der Zweckgedanke im Strafrecht“ liegt der Gedanke zugrunde, dass die Strafe unterschiedliche Zwecke erreichen soll, jeweils von den mit dem Tätertypus verbundenen Herausforderungen abhängig. *Liszt* forderte die Besserung der „besserungsbedürftigen und besserungsfähigen Verbrecher“ und die Unschädlichmachung der „unverbesserlichen Verbrecher“.[985] Die besondere Kategorie der „nicht besserungsbedürftigen Verbrecher“, die nur abgeschreckt werden sollten, entfiel in der späteren Systematik, weil *Liszt* diese Gruppe unter einem anderen Aspekt behandelt hat.[986] Die Unterscheidung wird näher weiter unten, unter dem Aspekt des „Zwecks“ behandelt (im Punkt D.). Hier soll auf den Umstand hingewiesen werden, dass sich der Gedanke einer differenzierten, zweckbewussten Behandlung, die auch eine radikale Aufteilung auf Verbrechergruppen voraussetzt, nicht von *Liszt* stammt. Auch in diesem Bereich lohnt sich ein Rückblick auf die späte Aufklärung und den Vormärz.

In Preußen wurde 1804 ein „General-Plan“ zur Reform der gesamten Strafrechtspflege entworfen, in welchem die Forderung für den Strafvollzug aufgestellt wurde, „ein genaueres Verhältniß des Strafübels zum Zweck der Strafe her(zu) stellen“ (vgl. bereits Punkt D.II. im 1. Kapitel).[987] Der „General-Plan“ unterscheidet die „incorrigiblen Verbrecher“ (= *Liszts* unverbesserliche Verbrecher), bei denen die Sicherung im Vordergrund stehen soll, die „unverdorbenen Verbrecher“ (= nicht besserungsbedürftige Verbrecher) und eine Gruppe des „großen Heers aller übrigen Verbrecher“.[988] Zwischen dem General-Plan und *Liszt* liegt keine Beziehung in dem Sinne vor, dass *Liszt* um die Verwirklichung des „General-Plans“ bemüht wäre. Beide Äußerungen, die im „General-Plan“ sowie diejenige bei *Liszt*, sind Teil einer breiteren kriminalpolitischen Diskussion, die spätestens mit den Schriften von *Benjamin Rush* angesetzt hat.[989] Dass sich die Autoren dabei, nicht wie im Verhältnis zwischen größeren und kleineren Philosophen, bemüht haben, ihre Ansichten einer bereits bestehenden Ansicht unterzuordnen, sondern die Thematik jeweils argumentativ neu aufzugreifen, versteht sich von selbst.

---

[984] Vgl. für England *S. Freitag*, a.a.O. (2014), S. 83ff., 130f.

[985] *Liszt*, Der Zweckgedanke im Strafrecht, 1882, S. 23ff.

[986] *Liszt*, Strafbemessung (1910), AuV III, Nr. 9, S. 259.

[987] „General-Plan zur Einführung einer besseren Criminal-Gerichts-Verfassung und zur Verbesserung der Gefängnis- und Straf-Anstalten“, in: (Klein's) Annalen der Gesetzgebung und Rechtsgelehrsamkeit in den preussischen Staaten 23 (1805), 213.

[988] General-Plan, a.a.O. (1805), S. 230f.

[989] Vgl. *G. Kaiser*, Rang, Recht und Wirklichkeit des Strafvollzuges in der hundertjährigen Entwicklung der Zeitschrift für die gesamte Strafrechtswissenschaft, ZStW 1981 (93), 241. *B. Rush*, Untersuchung der Wirkungen öffentlicher Strafen auf die Verbrecher und auf die Gesellschaft, 1792, S. 9f. („Absichten“/„Intentions“ „der Strafen“: Besserung des Täters, Abschreckung der Öffentlichkeit; Unschädlichmachung).

Fasst man die Bemühungen um eine differenzierte Zweckgestaltung der Strafrechtspflege und die damit zusammenhängende Unterscheidung von unterschiedlichem Interventionsbedarf als ein Thema des 19. Jahrhunderts zusammen, so begegnet uns die Thematik nicht als *Liszts* Innovation um 1880, sondern als ein etablierter Bestandteil der Überlegungen, der, mit Ausnahme der nur spekulativ-philosophisch ausgerichteten Autoren, in verschiedenen Denkrichtungen anzutreffen ist. Man darf verweisen: auf die Forderungen von Graf *Thun* aus den 1830er Jahren für das Gefängniswesen,[990] auf *Glasers* Systematik der Interventionspflichten des Staates aus 1849,[991] auf einen neukantianisch-positivistisch fundierten, auf rechtswissenschaftliche Tradition gestützten Beitrag über Strafe und Vergeltung von *Laas* aus 1881,[992] und auf die sozialistische Presse aus den 1870er Jahren, wo, mit dem Wunsch, den Besserungszweck soweit wie möglich zu fördern, ein differenzierter Umgang nach dem Maßstab der „Unschädlichmachung", Warnung und „Besserung" gefordert wurde.[993]

In diesem Kontext darf an das feste wie zugleich auch ambivalente Verhältnis von *Liszt* zur Gefängnislehre erinnert werden (Punkt C.I.1. im 3. Kapitel). In Wien war *Liszt* sowohl in die Strafrechtswissenschaft als auch in die Gefängniskunde durch Teilnahme an *Wahlbergs* „Seminar" enkulturiert worden. Im Ausland, sowie in den späteren Phasen seines Schaffens, insbesondere nach 1900, ließ *Liszt* seinen Vortrag „Der Zweckgedanke im Strafrecht" als eine abstrakte Überlegung über den Zweck der Strafe gelten.[994] Jedoch zeigt sowohl die Struktur des Vortrags als auch der Umstand, dass mit dem Vortrag eine Teilnahme an der Diskussion über die „Freiheitsstrafe" intendiert war (vgl. im Punkt D.), dass der Vortrag eigentlich von der Gefängnisstrafe oder allgemein „Freiheitsstrafe" und ihren Vollzugsarten handelt und nicht von der Strafe überhaupt.[995] Die Kategorie von „nicht besserungsbedürftigen" Verbrechern wird bei *Liszt* im Vortrag nicht von der Freiheitsstrafe verschont, sondern allein einer anderen Vollzugsart untergeordnet.[996] Mit anderen Worten, der Vortrag „Der Zweckgedanke im Strafrecht" war gegenüber der älteren und synchronen Gefängnisdiskussion *inklusiv*, und verhält sich nur in Bezug auf eine ge-

---

[990] *L. Thun*, Die Nothwendigkeit der moralischen Reform der Gefängnisse, 1836.

[991] *J. Glaser*, Vergeltung und Strafe: Beitrag zur Philosophie des Rechts, 1849.

[992] *E. Laas*, Vergeltung und Zurechnung, Vierteljahresschrift für die wissenschaftliche Philosophie 5 (1881), 137, mit mehreren Fortsetzungen.

[993] *N.N.*, Strafrecht, Strafverfahren und Strafvollzug im Lichte des Socialismus, Die Zukunft 1 (1877/78), 634, Teil 2, 706, Teil 3, 756, insb. S. 643 ff.

[994] *Liszt*, Strafbemessung (1910), AuV III, Nr. 9, S. 259; Strafrechtsreform (1914), AuV III, S. 345; *Liszt*, JW 1919, 284.

[995] Man vergleiche noch, dass in der zweiten Auflage des „Lehrbuchs", die eine Paraphrase oder sogar teilweise die gründlichere Fassung des Vortrags „Der Zweckgedanke im Strafrecht" enthält, von drei „Wirkungen des Strafvollzuges" gesprochen wird. *Liszt*, Lehrbuch des Deutschen Strafrechts, 2. Aufl. 1884, S. 7 f.

[996] *Liszt*, Der Zweckgedanke im Strafrecht, 1882, S. 28 f.

schichtlich begrenzte idealistische Phase der Strafrechtswissenschaft als ein *aliud*, das aber keine Neuerung, sondern eine Rücketablierung der älteren Diskussion ist.

III. Positive Bewertung der Anbindung an ältere Diskurse aus heutiger Sicht

Die Anbindung *Liszts* an ältere Reformdiskurse hatte sich, betrachtet aus dem heutigen System der Wissenschaft und der Werte in zeitgenössischen europäischen Staaten, sowohl positiv als auch negativ auf *Liszts* Auffassungen ausgewirkt. Positiv kann beurteilt werden, dass *Liszt* durch die Anbindung an die ältere kriminalpolitische Diskussion eine Art soziologische Resistenz gegenüber *Lombroso* und seiner kriminalbiologischen Auffassung entwickelt hat. Unter dem Aspekt der Kontinuität erscheint die Immunität gegenüber dem Biologismus bei *Liszt* nicht als eine dunkle Neuerung oder eine bloß blinde Verpflichtung gegenüber zeitgenössischen soziologischen Lehren, sondern als eine Folge des politischen Diskurses der Aufklärung und des Vormärzes, in welchem der Einzelne in einer sozialen Lage aufging, die als Gegenstand einer guten oder schlechten Verwaltung betrachtet wurde. *Liszt* verweist ausdrücklich auf *Henke*, bei welchem – im Vormärz – der Satz gilt, dass die Verbrechen „ihren Grund oft weniger in einer moralischen Versunkenheit und Verderbtheit des Verbrechers haben, als in mangelhaften Anordnungen und Einrichtungen der bürgerlichen Gesellschaft, deren Mitglied er ist" (1823).[997]

Der energische Widerstand gegen *Lombroso* durch *Liszt* setzte sich aus einem literarischen und einem agitatorischen Teil zusammen. Zum ersten Bereich gehören *Liszts* negative Bewertungen von *Lombroso* und seiner Kriminalanthropologie.[998] Sie

[997] *Liszt*, Kriminalpolitischen Aufgaben (1889–1892), AuV I, Nr. 11, S. 291. – *E. Henke*, Handbuch des Criminalrechts und der Criminalpolitik, Bd. 1, 1823, S. 166. Vgl. noch *J. Glaser*, a.a.O. (1849), S. 23. Die transitive Bedeutung kommt dem Topos der „Mitschuld der Gesellschaft" für das Verbrechen zu, die als eine Folge der Bedingung des Verbrechens durch soziale Umstände rubriziert wird.

[998] *Liszt*, Brief an Kraepelin vom 28.4.1883 in: Emil Kraepelin: Kriminologische und forensische Schriften, 2001, S. 281 ff. („schwere Übertreibungen"); Besprechungen, ZStW 5 (1885), S. 244 f.; Kriminalpolitische Aufgaben (1889–1892), AuV I, Nr. 11, S. 302 ff.; Die sozialpolitische Auffassung des Verbrechens, Sozialpolitisches Centralblatt 1 (1892), S. 4 f.; Die Zukunft des Strafrechts (1892/1905), AuV II, Nr. 15, S. 8 f.; Die gesellschaftlichen Ursachen des Verbrechens, ebendort, S. 59 f.; Aperçu des applications de l'anthropologie criminelle, Actes du troisième Congrès International d'Anthropologie criminelle, 1893, 91; Die deterministischen Gegner der Zweckstrafe (1893), AuV II, Nr. 16, S. 27, 33 ff., 72; Über den Einfluss der soziologischen und anthropologischen Forschung (1893), AuV II, Nr. 17, S. 76; Strafrecht und Strafprozess, in: W. Lexis (Hrsg.), Die deutschen Universitäten, 1893, S. 359, 361; Zur Vorbereitung des Strafgesetzentwurfs (1902), AuV II, 29, S. 418; Die gesellschaftlichen Faktoren der Kriminalität (1902), AuV II, Nr. 31, S. 436 ff.; Strafrecht und Strafprozess (1906), AuV III, Nr. 2, 34 f.; Strafrechtsreform (1914), AuV III, Nr. 13, S. 345. Im „Lehrbuch" bereits seit der 2. Aufl. 1884, S. 4 f., 9, 14; 3. Aufl. 1888, S. 1 ff.; erneuerte Fassung in der 6. Aufl. 1894, S. 54 ff.; 21/22. Aufl. 1919, S. 8 ff.

konnten in den 1950er Jahren nur durch zugespitzte Künste einer willkürlichen Auslegung in der marxistischen Kritik als positive Würdigungen der italienischen Schule gedeutet werden (A.II.4. im 12. Kapitel). Der institutionelle Teil der Entgegensetzung setzte sich aus der aktiven Marginalisierung der Lehren *Lombrosos* auf internationalen Kongressen zusammen. Eine besondere Bedeutung kommt dabei den Ereignissen beim 3. Kongress der Kriminalanthropologie in Brüssel 1892 zu.[999] Es liegt ein ausgeprägtes Missverhältnis in der Liszt-Kritik vor, wenn gerade im Rahmen der Kritik an *Liszt* einerseits hervorgehoben wird, dass *Lombrosos* Lehre vom Verbrechermenschen am Kongress in Brüssel „begraben" wurde; andererseits gleichzeitig die Mitteilung unterdrückt wird, dass der Berichterstatter in Brüssel und wesentlicher Akteur dieses „Begräbnisses" *Liszt* war.[1000]

Wichtig für das Verständnis von *Liszts* Anliegen ist, dass er den Angriff gegen *Lombroso* auch *innerhalb Kriminalanthropologie* durchzuführen versuchte. *Liszt* hat nämlich zumindest bis ungefähr 1900 die „Anthropologie" vornehmlich im breiteren Sinne einer philosophisch systematisierten Unterdisziplin, die auch Psychologie umfasst, verstanden, und die Tendenz bestritten, dass nur für die biologizistisch-medizinische Richtung *Lombrosos* der Name Kriminalanthropologie verwendet werden soll.[1001] Diese weite Bestimmung der „Anthropologie" entspricht erstens dem philosophischen Disziplinen-System, das in Wien am Schottengymnasium gelehrt wurde (Punkt B.I.4. im 2. Kapitel). Mit der Anbindung an die „Kriminal-Psychologie" ist zweitens, und das ist das Entscheidende, die Anbindung an die Motivlehre und die Diskussion im Vormärz gewonnen. Damals war die Kriminalpsychologie, wie eine vorzügliche Untersuchung von *Greve* gezeigt hat, als eine lose organisierte Disziplin eine der führenden Foren für die Erkundung des Verbrechertums.[1002] (vgl. den Gegensatz von *Galassi* und *Greve*, Punkt E.III. im 15. Kapitel).

---

[999] Actes du troisième Congrès International d'Anthropologie criminelle, 1893, S. 90ff., 332ff., 356ff. Vgl. *M. Frommel*, a.a.O. (1987), S. 82, 97; *dies.*, Internationale Reformbewegung zwischen 1880 und 1920, in: J. Schönert (Hrsg.), Erzählte Kriminalität, 1991, S. 474f.; *M. Gadebusch Bondio*, Die Rezeption der kriminalanthropologischen Theorien von Cesare Lombroso in Deutschland, 1995, S. 127ff.; *R. Wetzell*, Inventing the Criminal, 2000, S. 31ff., 60ff.; *A. Schmidt-Recla/H. Steinberg*, Eine publizistische Debatte als Geburtsstunde des „Marburger Programms", ZStW 119 (2007), S. 209.

[1000] Vgl. *M. Frommel*, a.a.O. (1991), S. 474f., 481.

[1001] *Liszt*, Kriminalpolitischen Aufgaben (1889–1892), AuV I, Nr. 11, S. 291, 296; Die deterministischen Gegner der Zweckstrafe (1893), AuV II, Nr. 16, S. 34f. („Eine Kriminal-Anthropologie hat es (...) lange vor Lombroso gegeben"); Über den Einfluss der soziologischen und anthropologischen Forschung (1893), AuV II, Nr. 17, S. 78; Das Verbrechen als sozialpathologische Erscheinung (1898), AuV II, Nr. 23, S. 232. Danach: Zur Vorbereitung des Strafgesetzentwurfs (1902), AuV II, 29, S. 418; Strafrecht und Strafprozess (1906), AuV III, Nr. 2, S. 33f., 52; Strafrechtsreform (1914), AuV III, Nr. 13, S. 345. Man beachte auch, dass die Akten des Brüsseler Kongresses für Kriminalanthropologie unter dem Beisatz „Biologie et Sociologie" erschienen sind.

[1002] *Y. Greve*, Verbrechen und Krankheit, Die Entdeckung der „Criminalpsychologie" im 19. Jahrhundert, 2004.

IV. Negative Bewertung der Anbindung an ältere Diskurse aus heutiger Sicht

Negativ hat sich auf *Liszts* Werk die Anbindung an bestehende literarische Diskurse in jenem Teil ausgewirkt, wo *Liszt* die Diskussionspunkte, die einer älteren Zeit oder anderen Ländern angehörten, ohne Überprüfung ihrer Geltung im Kaiserreich als maßgebliche Urteile über die tatsächliche Lage der Kriminalität ausgegeben hat. Dieser Missstand seiner Empirie ist die Folge einer zu starken Anbindung an die *literarische Überlieferung über das Faktische* im Gegensatz zur selbstständigen Erkundung. Ein Beispiel mag das verdeutlichen, wenn auch in diesem Punkt noch keine genügende Klarheit zu erreichen ist: Es muss heute höchst kontrovers erscheinen, ob die von *Liszt* im Vortrag „Der Zweckgedanke im Strafrecht" fixierte und skandalisierte Verbrechergruppe der „Vagabunden", „Gauner" und „Prostituierten"[1003] tatsächlich ein zeitgenössisches deutsches Problem dargestellt hat, oder ob sie bloß als eine in der fremden Literatur ausgearbeitete Problemgruppe auch in *Liszts* Ausführungen Eingang gefunden hat. Zwischen *Liszts* Fixierung dieser Problemgruppe und der damaligen und heutigen Forschung über Kriminalität im Kaiserreich liegt eine Disparität vor.

Die eigentlich brennende Kriminalitätsbesorgnis im Kaiserreich war die steigende Gewaltdelinquenz unter Arbeitern,[1004] während *Liszt* sich scheinbar, ohne das zu vermerken, dem englischen Diskurs einer „Prädatoren-" oder „kriminellen Klasse" angeschlossen hat, bei welcher Vagabunden, Prostituierte, geübte Diebe und die sonstige „Halbwelt" der englischen Großstadt im Vordergrund standen.[1005] Darin kann vor allem ein Mangel gesehen werden, den empirischen Diskurs konsequent zu ergründen, im Gegensatz zu einem bloß literarischen Diskurs, der nur fremde Erfahrungen sammelt. Die alternative Deutung wäre, dass *Liszt* künstlich und absichtlich eine Problemgruppe der „Halbwelt" herausgestellt hat, um die Forderung eines strengen Umgangs mit Raufereien unter Arbeitern und einer moralisch-religiösen Umerziehung der ganzen Bevölkerung aus dem Ring der aktuellen Reformideen abzuweisen.

Für die letzte Deutung würde der Umstand sprechen, dass die von *Stursberg* Ende der 1870er Jahre eingeleitete Diskussion über die angebliche Explosion der Verbrechenszahlen als ein moralisierender Diskurs eingeleitet wurde, in dem man den

---

1003 *Liszt*, Der Zweckgedanke im Strafrecht, 1882, S. 21.

1004 Vgl. *H. Stursberg*, Die Zunahme von Verbrechen und Vergehen, 1879 (mehrere Auflagen); *R. Jessen*, Gewaltkriminalität im Ruhrgebiet zwischen bürgerlicher Panik und proletarischer Subkultur (1870–1914), in: D. Kift (Hrsg.), Kirmes – Kneipe – Kino: Arbeiterkultur im Ruhrgebiet zwischen Kommerz und Kontrolle (1850–1914), 1992, S. 226 ff.; *M. Frommel*, a.a.O. (1987), S. 17 ff.; *E. A. Johnson*, Urbanization and Crime: Germany 1871–1914, 1995, S. 116 ff., 158 ff. (Urbanisierung an sich ohne bedeutende Folgen für die Kriminalität in Deutschland); *D. Mayenburg*, Kriminologie und Strafrecht zwischen Kaiserreich und Nationalsozialismus, 2006, S. 96 f.; *D. Schauz*, Strafen als moralische Besserung, 2008, S. 251 ff.

1005 Vgl. zum englischen Diskurs *C. J. A. Mittermaier*, Praktische Ergebnisse der Criminalstatistik, 1861, S. 26 f.; *S. Freitag*, a.a.O. (2014), S. 84 ff., 131 f.

Ausweg in einer allgemeinen Rückkehr der Gesellschaft zu „alten Werten“ und der früher etablierten freiheitseingrenzenden Frömmigkeit sah.[1006] *Liszts* Bestimmung dieser besonderen Verbrecherklasse hätte in diesem Kontext die Funktion, die Behauptung einer moralischen Totalverrottung der Gesellschaft und die Wünsche nach moralischem Reaktionismus in der Politik abzuweisen. Hierbei läge auch eine Übereinstimmung mit dem Stellenwert der Dreiteilung des Zwecks im Vortrag „Der Zweckgedanke im Strafrecht“ vor, die, wie unten noch zu zeigen ist, deutlich *auf eine Reduktion* der von damaligen Diskussionsteilnehmern geforderten allgemeinen Strafverschärfung ausgerichtet war, und nicht umgekehrt erst ein Neuland für das Strafrecht erobern sollte (im Punkt D.II.).

B. Historistische Begründungsmuster

I. Reform als formell-nationales Anliegen

In der Liszt-Forschung wurde bisher nicht beachtet, dass *Liszts* erste abstrakte Bewertungen der Reform in einem Rahmen erfolgt sind, der zuerst maßgeblich von der Historischen Rechtsschule und ihren Sichtweisen geprägt wurde. In den 1880er Jahren arbeitete *Liszt* die Kritik an zwei StGB-Entwürfen aus, bei welchen er davon ausging, dass ihr wesentlicher Vorzug dort liegen würde, wo sie ein eigenständig-nationales Recht darbieten. Verhältnismäßig bekannt, aber in diesem Punkt bisher nicht gewürdigt, sind sowohl *Liszts* Kritik des russischen AT-Entwurfs von 1883,[1007] als auch seine Bemerkungen zum italienischen StGB-Entwurf von 1887 (Entwurf Zanardelli), die als erstes Heft der „Abhandlungen des kriminalistischen Seminars zu Marburg“ erschienen (vgl. Punkt A.III.2. im 3. Kapitel).[1008] Beide Studien würdigen positiv die Leistung der für die Entwürfe verantwortlichen Kommissionen dafür, dass sie die bloße Rezeption des französischen Code pénal von 1810 vermieden haben. Damit ist eine Brücke zu jenen Überlegungen in der Historischen Rechtsschule geschlagen, die die Aufgabe der Pflege des nationalen Rechts als Teil eines Kampfes gegen Napoleon und seine Gesetzgebung aufgefasst haben.[1009]

In der Kritik des russischen AT-Entwurfs wird von *Liszt* mehrfach die Bedeutung von „sozial-nationalen Verhältnissen“ hervorgehoben.[1010] Die Kriminalgesetzge-

---

[1006] Vgl. *D. Schauz*, a.a.O. (2008), S. 251. Vgl. für *Liszts* negative Beurteilung des Quäkertums seine Schrift Die Reform der Freiheitsstrafe (1890), AuV I, Nr. 13, S. 527f.

[1007] *Liszt*, Bemerkungen zum Entwurfe des Allgemeinen Teiles eines Strafgesetzbuches für Russland (1883), AuV I, Nr. 8, 180.

[1008] *Liszt*, Der italienische Strafgesetzentwurf von 1887 (1888), AuV I, Nr. 10, S. 253.

[1009] Vgl. *D. Reither*, Rechtsgeschichte und Rechtsgeschichten, 2009, S. 22ff. Vgl. für die Nachahmung *F. C. Savigny*, System des heutigen Römischen Rechts, Bd. 1, 1840, S. XIX, XXXf.

[1010] *Liszt*, Bemerkungen zum Entwurfe des Allgemeinen Teiles eines Strafgesetzbuches für Russland (1883), AuV I, Nr. 8, S. 182.

bung würde, so *Liszt*, immer einen starken „volkstümlichen Charakter", das „nationale Gepräge" beinhalten.[1011] In seiner Untersuchung des italienischen Entwurfs macht *Liszt* eine Unterscheidung jener Gesetzbücher, die sich an französisches Recht anlehnen (Code pénal von 1810) und jener, die ein eigenständig-nationales Recht hervorbringen würden.[1012] Der italienische Entwurf wird dafür gewürdigt, dass er „die Bedürfnisse des *italienischen* Rechtslebens zu befriedigen" sucht, und für die Bewältigung dieser Aufgabe „aus dem *italienischen* Geiste" geschöpft habe.[1013] Die Verfasser hätten sich ein großes Verdienst dadurch erworben, dass sie „vermieden, fremde Vorbilder nachzuahmen".[1014] Die negativen Beispiele würden das RStGB von 1871, die österreichischen Entwürfe von 1874 und 1881 und der ungarische Entwurf von 1888 bilden, die sich an altes französisches Recht angelehnt hätten.[1015] Im positiven Lichte werden noch das niederländische StGB von 1881 und der norwegische Entwurf von 1887 erwähnt, die sich durch „Selbstständigkeit und Zeitgemäßheit" auszeichnen.[1016]

Umgekehrt proportional zu der Aufdringlichkeit des „nationalen" Topos in *Liszts* Überlegungen liegt jedoch in beiden Studien die Bedeutung dieses Topos für die Bewertung der einzelnen vorgeschlagenen legislatorischen Lösungen. Man sucht in Bezug auf Einrichtungen wie die Notwehr[1017] oder die Teilnahme,[1018] in Bezug auf die Definitionen der Schuldarten,[1019] und in Bezug auf den gelobten Umgang der italienischen Redaktion mit der Vermeidung der kurzen Freiheitsstrafe[1020] vergeblich eine nationale oder kulturelle Analyse. Vielmehr geht es, wie *Liszt* einmal in besonderem Kontext erwähnt, um die „Fortschritte in der zweckentsprechenden Ausgestaltung".[1021] Dort, wo die vorgeschlagenen legislatorischen Lösungen getadelt werden, erfolgt der Tadel nicht wegen einer Unvereinbarkeit mit dem Volkscharakter. Der besondere Grund des Tadels liegt vielmehr immer in dem Umstand, dass sich die Redaktoren, man nehme als Beispiel die Bestimmung von mildernden Umständen, von dem französischen Vorbild, wie es bei *Liszt* heißt, „nicht freimachen" konnten.[1022]

1011 *Liszt*, Bemerkungen zum Entwurfe des Allgemeinen Teiles eines Strafgesetzbuches für Russland (1883), AuV I, Nr. 8, S. 182.

1012 Vgl. *Liszt*, Der italienische Strafgesetzentwurf von 1887 (1888), AuV I, Nr. 10, S. 253 ff., 277 f.

1013 *Liszt*, Der italienische Strafgesetzentwurf von 1887 (1888), AuV I, Nr. 10, S. 254.

1014 *Liszt*, Der italienische Strafgesetzentwurf von 1887 (1888), AuV I, Nr. 10, S. 254.

1015 *Liszt*, Der italienische Strafgesetzentwurf von 1887 (1888), AuV I, Nr. 10, S. 254.

1016 *Liszt*, Der italienische Strafgesetzentwurf von 1887 (1888), AuV I, Nr. 10, S. 254.

1017 Vgl. *Liszt*, Der italienische Strafgesetzentwurf von 1887 (1888), AuV I, Nr. 10, S. 275.

1018 Vgl. *Liszt*, Der italienische Strafgesetzentwurf von 1887 (1888), AuV I, Nr. 10, S. 281.

1019 Vgl. *Liszt*, Der italienische Strafgesetzentwurf von 1887 (1888), AuV I, Nr. 10, S. 252 ff.

1020 *Liszt*, Der italienische Strafgesetzentwurf von 1887 (1888), AuV I, Nr. 10, S. 266 ff.

1021 Vgl. *Liszt*, Der italienische Strafgesetzentwurf von 1887 (1888), AuV I, Nr. 10, S. 267.

1022 Vgl. *Liszt*, Der italienische Strafgesetzentwurf von 1887 (1888), AuV I, Nr. 10, S. 277 f.

Dem Gesagten entsprechend hat die Idee eines „nationalen“ Rechts in *Liszts* früher Konzeptualisierung der Reform nicht einen materiellen Charakter. Der Gedanke wird vielmehr im formellen Sinne verstanden, als ein produktives, den Umständen und dem gesetzten Zweck angemessenes Vorgehen, im Gegensatz zu der bloßen, für die Realität wie für den Zweckgedanken blinden Wiederholung von alten Bestimmungen. „Freigemacht“ im Sinne von *Liszts* Ausführungen wird vor allem der Sinn für den Zweckgedanken und eine zweckhafte Ausgestaltung in der Gesetzgebung. Sie würde ohne den Zweckgedanken konzeptuell leiden und in eine nicht mehr berechtigte Form der Begriffsjurisprudenz („erstarrte Begriffsjurisprudenz“) entarten, wenn sich die Redaktion nicht von bereits bestehenden Vorbildern frei macht.[1023] In *Liszts* Beispielen wird mit emotiven Präferenzen der Historischen Rechtsschule die gedankliche Freimachung des Zweckgedankens als Freimachung von dem „fremden“, „französischen“ Recht artikuliert. Das Schicksal dieser Kritik war in der Folgezeit nicht einheitlich: nach 1890 geht die Kritik am Code pénal nicht vollständig verloren.[1024] Der Code wird in späteren Phasen von *Liszts* Werk aber von ihm nicht mehr wegen seiner Fremdheit kritisiert, sondern schlicht als ein veraltetes Werk (1894),[1025] als ein „altersschwach gewordener Baum“ verworfen, an welchem sich die frischen Gedanken nur schwer „aufzupfropfen“ eignen (1914).[1026]

II. Die Bedeutung der Begründung

Dem Umstand, dass *Liszt* die Reform in den 1880er Jahren als ein nationales Anliegen begründet hat, kommt eine besondere Bedeutung für die Bewertung des Stellenwerts der Strafrechtsreform zu. Man wird nicht überrascht sein, dass dieser Aspekt des Reformgedankens von seinen Kritikern in den 1930er Jahren nicht verwertet wurde. Sie wollten sowohl den Idealismus (Hegel) als auch die national geprägten Elemente des Schaffens exklusiv für sich in Anspruch nehmen und waren bemüht, mit sorgsamer Auswahl von Zitaten *Liszt* als einen logisch vollkommenen, positivistischen und anationalen Gegensatz zu porträtieren. Dafür waren besonders die Hinweise auf einen angeblich „französisch-englischen“ Einfluss bei *Liszt* geeignet (vgl. Punkt D. im 9. Kapitel). Die Neuauswertung des Gedankens einer nationalen Reform und die Schaffung eines selbstständigen Rechtssystems des nationalen Staates kann ein neues Licht auf *Liszts* Motivation werfen. Er betrachtete das Erzeugnis eines kriminalpolitisch verantwortbaren Gesetzbuchs nicht unmittelbar

---

[1023] *Liszt*, Der italienische Strafgesetzentwurf von 1887 (1888), AuV I, Nr. 10, S. 253.

[1024] Vgl. *Liszt*, Die Forderungen der Kriminalpolitik (1893), AuV II, Nr. 18, S. 96 f.; Zur Einführung: Rückblick und Zukunftspläne, in: Die Strafgesetzgebung der Gegenwart, Bd. 1, 1894, S XIII; E. F. Klein und die unbestimmte Verurteilung (1894), AuV II, Nr. 19, S. 135; Strafrecht und Strafprozessrecht (1906), AuV III, Nr. 2, S. 13; Strafrechtsreform (1914), AuV III, Nr. 13, S. 349.

[1025] *Liszt*, E. F. Klein und die unbestimmte Verurteilung (1894), AuV II, Nr. 19, S. 135.

[1026] *Liszt*, Strafrechtsreform (1914), AuV III, Nr. 13, S. 349.

als Forderung einer wissenschaftlichen Ideologie, sondern als Verwirklichung einer der großen nationalen Aufgaben, die im Bereich der Rechtswissenschaft, etwa in Form der Kritik an fremdem Recht und seiner Nachahmung, bereits im frühen 19. Jahrhundert gestellt wurden.[1027]

Eine wichtige Aufgabe für die Erforschung der europäischen und amerikanischen Reformbewegung wäre in der Zukunft die Erörterung der Frage, inwiefern die Reform des Strafrechts, vielleicht auch dort, wo sie wie im Rahmen der IKV äußerlich gleiche Schwerpunkte hatte, nicht in einzelnen geographischen Einheiten oder sogar bei einzelnen Autoren einer anderen „Emotionalität" entsprach. Das 19. und das beginnende 20. Jahrhundert zeigen sich dabei viel bunter, als in den verengten Vorstellungen, die falscherweise davon ausgehen, dass die Zeit des ausgehenden 19. Jahrhunderts nur für die Naturwissenschaften und die Naturalisierung aller Bereiche Verständnis und Interesse hatte. Man kann grundsätzlich drei Typen des Reformbestrebens betrachten: Ein bekannter Typus, der aus der bisherigen Betrachtung andere ungerechterweise zurückgedrängt hat, findet sich bei *Ferri.* Soweit bisherigen Ferri-Studien beizupflichten ist, scheint die Motivation für energische Reformforderungen bei *Ferri* tatsächlich aus dem Gedanken abgeleitet zu sein, dass durch die Reform des Strafrechts das positivistische Programm der Konstruktion einer neuen Gesellschaft in dem „Anwendungsfall Strafrecht" verwirklicht wird.[1028] In Ländern wie dem Königreich Serbien oder dem Kaiserreich Japan und vielleicht auch in Russland wurde die Strafrechtsreform als Teil eines breiteren *Rechtstransfers* gefördert, bei welchem fremde Erzeugnisse als Bausteine einer staatlich geleiteten Modernisierung übernommen werden, ohne dass eine eigenständige ideologische oder theoretische Vertiefung stattfinden würde.[1029] Die Wiener Studenten im Rahmen von Graf *Thuns* Reform hingegen standen auf eine besondere Weise mit dem Gedankengut der Historischen Rechtsschule in einer lebendigen Beziehung. Dort stand der Gedanke einer nationalen politischen Vervollkommnung im Gegensatz zum fremden Recht im Vordergrund. Welche von diesen Typen tatsächlich vorhanden waren und wo sie genau Wirkung entfalteten, ist eine empirische Frage, die sich nicht allgemein beantworten lässt. Der Mannigfaltigkeit des Stoffes wird aber Unrecht getan, wenn er mit der Sensibilität für nur eine Art der Motivation durchgemustert wird.

[1027] Vgl. für den Gegensatz international und national noch das „Vorwort" in der Vergleichenden Darstellung des deutschen und ausländischen Strafrechts, Besonderer Teil, Bd. 5, 1905, S. V.

[1028] *M. Nese*, Soziologie und Positivismus im präfaschistischen Italien 1870–1922, 1993, S. 85 ff.; *M. Pifferi*, Reinventing Punishment, 2016, S. 13 ff. (Eine entscheidende Klarheit wird in diesem Punkt die Studie von *S. Selter* über *Ferri* und scuola positiva geben können, in Vorbereitung).

[1029] Vgl. mit spezifischen, nicht strafrechtlichen Akzenten *T. Giaro*, Modernisierung durch Transfer: Schwund osteuropäischer Rechtstraditionen, in: ders. (Hrsg.), Modernisierung durch Transfer im 19. und frühen 20. Jahrhundert, 2006, 275.

III. Die spätere Vermeidung der Begründung

Die formell-nationale Legitimierung der Reform verschwand in *Liszts* Werk um 1890. Soweit die sprachliche Barriere die Einsicht erlaubt, fehlt sie bereits in *Liszts* 1889 erfolgter, in der deutschen Literatur bisher kaum beachteten, Beurteilung des norwegischen Entwurfs.[1030] Dort wird zwar, wie auch später, die Notwendigkeit der Würdigung von lokalen Umständen erwähnt, aber es fehlt der charakteristische Gedanke, dass diese Arbeit als eine *nationale Arbeit im Ringen um ein nicht nachgeahmtes Recht erfolgen soll.*[1031] Für die veränderte Sichtweise dürften zwei Umstände von Bedeutung gewesen sein. Beide zeigen zugleich, dass bei *Liszt* der Gedanke einer nationalen Rechtsneuerung nur äußerlich die Reform bzw. den Zweckgedanken im oben erwähnten Sinne legitimierte, und nicht der inhaltlich maßgebliche Kern des Reformgedankens war.

Erstens ist zu berücksichtigen, dass in das Ende der 1880er Jahre auch die Gründung der IKV fällt (1888/1889). Verständlicherweise wird in dieser Zeit, wie die Beurteilung des norwegischen Gesetzesentwurfs zeigt, der Schwerpunkt auf die Bedürfnisse der internationalen Zusammenarbeit gesetzt (1889).[1032] In der Einleitung der „Strafgesetzgebung der Gegenwart" wird von *Liszt* ausdrücklich ein anationales Konzept der wissenschaftlichen Inhalte bzw. der allgemeinen Verbrechenslehre befürwortet (1894).[1033] Der vielleicht entscheidende Grund für die Reduktion der Argumentation im begrifflichen Rahmen der Historischen Rechtsschule dürfte jedoch in der Veröffentlichung der scharfen Kritik an der Historischen Rechtsschule durch *Liszts* Marburger Fakultätskollegen *Rudolf Stammler* liegen (1888).[1034] *Liszt* musste spätestens seit diesem Zeitpunkt klar sein, dass der bloßen Anlehnung an die Historische Rechtsschule durch Verwendung eines für sie charakteristischen Wertrahmens in Deutschland nicht eine ähnlich positive Konnotation zukommt, wie das einst zur Zeit seines Studiums in Österreich der Fall war.

IV. Andere Variationen im historistischen Gewand

Nach 1890 wird das Bündel von Gedanken, die in der Tradition der Historischen Rechtsschule liegen, von *Liszt* nur selektiv und nur dort, wo die Argumentation für seine Position förderlich ist, verwendet. Er hat, wie bereits im vorherigen Kapitel angedeutet, mehrfach dem Gedanken zur Geltung verholfen, dass das Recht dem „Rechtsbewusstsein" des Volkes entsprechen muss (vgl. für die Stellen Punkt C.II.1.

[1030] *Liszt*, Kritik af det norske Straffelovudkast, Tidsskrift for Retsvidenskab 1889, 356.

[1031] *Liszt*, Kritik af det norske Straffelovudkast, Tidsskrift for Retsvidenskab 1889, S. 356 f.

[1032] *Liszt*, Kritik af det norske Straffelovudkast, Tidsskrift for Retsvidenskab 1889, S. 356 f.

[1033] *Liszt*, Zur Einführung: Rückblick und Zukunftspläne, in: Die Strafgesetzgebung der Gegenwart, Bd. 1, 1894, S. XXII ff.

[1034] *R. Stammler*, Über die Methode der geschichtlichen Rechtstheorie, FS Windscheid, 1888, 1.

im 3. Kapitel). Im umgekehrten Fall, wie etwa bei dem Rachebedürfnis der Bevölkerung, hat er jedoch auf eine evolutionistische und daher nicht-konservative Weise argumentiert, die das Argument des Rechtsbewusstseins nicht mehr gelten lässt, weil die Rache einer unteren Stufe der Entwicklung des Politischen angehören würde. In dieser Konstellation greift *Liszt* das Rechtsbewusstsein als eine modifizierbare Materie auf und möchte nur noch jene Lösungen tadeln, die dem Volksbewusstsein nicht genügend Übergangszeit lassen, sich an die fortschrittlichen Einrichtungen stufenweise zu gewöhnen.[1035]

Abgesehen von dem nationalen Topos bis 1889/1890, der nach dieser Zeit nicht mehr anzutreffen ist, findet sich eine abgerundete Argumentation im Geiste der Historischen Rechtsschule bei *Liszt* nur noch 1906 in seinen Aufsätzen und in seiner Monographie über die Reform des Strafverfahrens – auch dort gerade weil und sofern sie in dieser spezifischen Materie für *Liszts* eigene Forderungen förderlich war. *Liszt* ging es im Bereich des Strafprozesses darum, die bereits in einer Auseinandersetzung des Liberalismus mit Länderregierungen errungenen Absicherungen für die Unabhängigkeit der Entscheidungen im Strafverfahren gegen die aktuellen Reformpläne der Regierung zu verteidigen, die er, bezeichnenderweise, eine *beträchtliche Verschlechterung* nannte.[1036] In diesem Kontext wird von ihm verhältnismäßig ausführlich erörtert, dass das Schwurgericht nicht einfach durch einen Reformplan, wie es dem Wunsch der Reichsregierung entsprach, beseitigt werden kann. Es sei nicht, so *Liszt*, „willkürliche Erfindung irgendeiner legislativen Potenz", sondern das Ergebnis einer „Jahrhunderte alten geschichtlich-politischen Entwicklung".[1037] Das Schwurgericht als solches habe sich „eingewurzelt" und dürfe deswegen nicht einfach weggestrichen werden.[1038] „Eingelebte Rechtsinstitute wechselt man aber nicht wie die Kleider".[1039] Eine Beseitigung des Schwurgerichtes käme, die Frage wird offenbar wertend entschieden, dementsprechend nur dort in Betracht, wo man den Nachweis erbringt, dass die ernsten Mängel nicht unter Beibehaltung oder Besserung des Instituts, bevor es ganz abgeschafft wird, behoben werden können.[1040] Der Kommission, die sich für die Beseitigung der Schwurgerichte und zahlreicher weiterer liberaler Elemente des Strafverfahrens ausgesprochen hat, sei der Vorwurf zu machen, dass „die Anknüpfung an geschichtlich Gewordenes" nicht in ihrem Arbeitsplan stand.[1041] Der Wert des „geschichtlich Gewordenen" ist ein bekannter Topos bei *Savigny*.[1042]

[1035] *Liszt*, Die deterministischen Gegner der Zweckstrafe (1893), AuV II, Nr. 16, S. 52.

[1036] *Liszt*, Die Reform des Strafverfahrens (1906), AuV III, Nr. 3, S. 57.

[1037] *Liszt*, Die Reform des Strafverfahrens (1906), AuV III, Nr. 3, S. 65 f.

[1038] *Liszt*, Die Reform des Strafverfahrens (1906), AuV III, Nr. 3, 66.

[1039] *Liszt*, Die Reform des Strafverfahrens (1906), AuV III, Nr. 3, 66.

[1040] *Liszt*, Die Reform des Strafverfahrens (1906), AuV III, Nr. 3, 66.

[1041] *Liszt*, Die Reform des Strafverfahrens (1906), AuV III, Nr. 3, 77.

[1042] Vgl. *F. C. Savigny*, Über den Zweck dieser Zeitschrift, Zeitschrift für die geschichtliche Rechtswissenschaft 1 (1815), S. 1 ff.

C. Der Evolutionismus

I. Evolutionsgedanke und Bestimmung des „richtigen Rechts“

Ein weiteres Element in *Liszts* Reformkonzept bilden die Äußerungen, die man unter dem Stichwort eines „Evolutionismus“ zusammenfassen kann. Anders als die historistischen Begründungsmuster, die im letzten Punkt angesprochen wurden, bildeten die evolutionistischen Äußerungen ein reges Interesse in der Liszt-Forschung, weil sie – allzu abstrakt genommen – auch als feste Nachweise eines wissenschaftlichen Positivismus im Sinne von *Comte* gelesen werden können. Maßgeblich für diese Deutung war die Untersuchung von *Welzel* aus dem Jahre 1935 (vgl. Punkt D. im 9. Kapitel). Die Studie stellt auch in diesem Punkt ein gutes Beispiel dafür dar, dass die Ergebnisse des Forschungsgangs maßgeblich von der gewählten Methode und den theoretischen Prämissen abhängen können. *Welzels* Untersuchung war als ein Abgleich zwischen einem abstrakt gedachten Positivismus[1043] und *Liszts* Werk gedacht.[1044] Er hatte im Grunde in *Liszts* Werk nur die Nachweise für das positivistische Paradigma *aufgesucht*, und wie ein Arzt bei der Erkenntnis eines schädlichen Keimes, durch den erbrachten Nachweis des Keimes die Erkrankung des Untersuchten bestätigt.

Diese Methode ist aus der Sicht von *Welzels* Kampf gegen den Naturalismus paradox, weil sie selbst im Kern naturalistisch mit sozialen Sachverhalten umgeht. Sie eignet sich nicht für die Analyse von wissenschaftlichen Äußerungen und Agitationen oder überhaupt für die Analyse von Sozialerscheinungen. Denn anders als die Cholera-Erkrankung, die nur durch die Cholera-Bakterie entstehen kann, können Äußerungen im Text eines Autors vielfältig motiviert sein; sie können verschiedene Zwecke erfüllen, die unterschiedliche theoretische Durchdringung des Autors widerspiegeln und beim genauen Hinschauen in einem dynamischen Mix, der für das Anliegen des Autors genügend Sinn ergibt, auch unterschiedlichen Paradigmen entlehnt sein. *Welzels* Herangehensweise und Befund leiden auch an weiteren Spezifika und Problemen, die darauf hinweisen, dass sein Buch mit dem heutigen zeitlichen Abstand nur äußerst vorsichtig gelesen werden sollte. Für die erhöhte Vorsicht spricht vor allem noch der merkwürdige Umstand, dass bei *Welzel* ein Hinweis darauf fehlt, dass der Entwicklungsgedanke in der Rechtswissenschaft um 1900 oft auf dem Boden des Hegelianismus erwachsen ist, obwohl solche Hinweise bereits in der zeitgenössischen Literatur gut etabliert waren. In *Welzels* Untersuchung musste *Liszt* unbedingt einem fremden „französisch-englischen“ geistigen Kontext zugerechnet werden,[1045] während man *Hegel* als nationales

[1043] *H. Welzel*, a.a.O. (1935), S. 1 ff.

[1044] *H. Welzel*, a.a.O. (1935), S. 22 ff., 31 ff.

[1045] Vgl. *H. Welzel*, a.a.O. (1935), S. 2 ff., 22.

Schlüsselwort exklusiv für die eigenen Konzepte der 1930er Jahre bewundern wollte.[1046]

Umgekehrt als *Welzel*, der künstlich den Evolutionsgedanken bei *Liszt* heraushebt, um den Positivismus und den fremden Einfluss bei *Liszt* zu beweisen, verfährt die marxistische Kritik, die den Umstand, dass bei *Liszt* „Entwicklungstendenzen" in wichtigen Abschnitten des Werks eine Erörterung finden, ganz unerwähnt lässt. Der Entwicklungsgedanke erschien diesen Autoren allzu nah an die eigene hegelianische und posthegelianisch-marxistische Tradition angebunden, als dass es für ihr wissenschaftliches Verständnis angebracht war, die gleiche Tradition auch bei dem stark kritisierten *Liszt* wiederzufinden (A.II.2. im 12. Kapitel). Die verhältnismäßig neueren Studien, wie diejenigen von *Frommel* (1987) und *Stier* (2006), weisen den idealistischen Charakter des Entwicklungsgedankens in der Diskussion unmittelbar vor und nach 1900 offen auf.[1047] Diese Nachweise stellen aber, wie oben in Bezug auf *Welzels* Methode erwähnt, keine neuen Erkenntnisse dar. Es handelt sich um eine Wiederaufwertung der zeitgenössischen Literatur um 1900, die keinen Zweifel daran hatte, dass im Diskurs einer gesellschaftlichen Stufenentwicklung und auch in dem von *Liszt* vertretenen theoretischen Monismus im Gegensatz zu dem neukantianischen Dualismus, eine Wiederbewertung und kleine Renaissance der hegelianischen Denkweise zu erblicken war (vgl. die große Studie von *Hurwicz* [1911], Punkt C. im 8. Kapitel).

Den Kern der evolutionistischen Äußerungen bei *Liszt* bildet der Gedanke, dass sich die Entfaltung von gesellschaftlichen Einrichtungen durch eine gesetzmäßige oder fest kausale Entwicklung auszeichnet. Die Welt ist in eine ständige „Werdung" eingebunden, die sich auch durch eine allgemeine Entwicklung des Rechts auf dem Erdball auszeichnet. Da sich die „Entwicklung", wie *Liszt* sagt, bei „verschiedenen Völkern nicht in demselben Tempo vollzieht", wird „die geschrittene Entwicklung des einen für die übrigen das Ziel weisen, auf das sie gleichfalls, wenn auch langsamer, sich hinbewegen".[1048] Damit, und das ist der zentrale Punkt des Gedankens für die Rechtswissenschaft und die Strafrechtsreform, ließe sich die Frage nach dem „richtigen Recht" in der Reform durch eine Untersuchung der Entwicklungstendenz beantworten. Während im oben (in Punkt B.) geschilderten Begründungsschema erst ein nationales im Gegensatz zum nachgeahmt-französischen Recht das richtige Recht sein sollte, wird in der evolutionistischen Denkweise das richtige Recht mit jenem gleichgesetzt, dass der kulturellen Entwicklungstendenz entspricht: „Werdendes und Seinsollendes sind insoweit identische Begriffe. Nur die erkannte Entwicklungstendenz gibt uns über das Seinsollende Aufschluss".[1049]

[1046] Vgl. *H. Welzel*, a.a.O. (1935), Vorwort S. IX und S. 1 ff., 10, 52, 57.

[1047] *M. Frommel*, a.a.O. (1987), S. 43, 178 ff.; *A. B. Stier*, „Richtiges Recht" zwischen Entwicklungs- und Kulturgedanken, 2006, S. 64 ff. 80 ff.,121 ff.

[1048] Vgl. *Liszt*, Verbrechen und Vergehen wider das Leben, BT, Bd. 5, 1905, S. 5.

[1049] *Liszt*, Das „richtiges Recht" in der Strafgesetzgebung (1906), AuV III, Nr. 4, S. 112.

Praktisch würde das heißen, dass Einrichtungen wie die bedingte Verurteilung oder überhaupt eine Zweckstrafe im Gegensatz zur Vergeltungsstrafe deswegen positives Recht werden sollen, weil im internationalen Vergleich die Entwicklung in diese Richtung festgestellt werden kann. Ein anschauliches Beispiel wäre die Strategie, die Preisgabe der Unterscheidung zwischen Mord und Totschlag mit dem Hinweis zu begründen, dass diese Unterscheidung von den modernen Rechten aufgegeben wird (Punkt C.II.4. unten). Diese Sichtweise stellt, wie leicht ersichtlich, einen auffälligen Gegensatz zu historistischen Argumenten dar, die bei *Liszt* im Bereich des Strafverfahrens sogar zeitgleich in der Reformdiskussion herangezogen werden. Es sei hier daran erinnert, dass er im Jahr 1906 die Einrichtung der Schwurgerichte gegen eine geplante Abschaffung mit dem Hinweis verteidigt hat, dass sie eine eingewurzelte Einrichtung sind (= Schwurgerichte sind „richtiges Recht", weil sie geschichtlich gewachsene und eingewurzelte Einrichtungen sind; oben Punkt B.IV.). Das erlaubt die Vermutung, dass ähnlich wie die historistische Argumentation auch die Legitimation durch den Entwicklungsgedanken von *Liszt* nur dort eingesetzt wurde, wo sie seinen Sichtweisen entsprach und bereits auf anderem Wege gewonnene und positiv bewertete Forderungen förderte.

Die evolutionistischen Äußerungen treten in *Liszts* Werk in zwei zeitlich abgrenzbaren Abschnitten auf, und beide Male in nahem Zusammenhang mit seinen Bemühungen, die Methode der Rechtsvergleichung zu rechtfertigen. Das erste kleine Kontingent von Äußerungen erschöpft sich in *Liszts* 1894 veröffentlichter Einführung zum rechtsvergleichenden Sammelwerk „Strafgesetzgebung der Gegenwart".[1050] Den Kern des zweiten Kontingents bilden *Liszts* Überlegungen über die Bedeutung der Rechtsvergleichung im 5. Band des Besonderen Teils der „Vergleichenden Darstellung des deutschen und ausländischen Strafrechts", das als zeitlich erster und einführender Band des ganzen Sammelwerks erschienen ist (1905).[1051] Dort unterscheidet *Liszt* bezeichnenderweise auch begrifflich eine bloße „Rechtsvergleichung" von einer „vergleichenden Rechtswissenschaft".[1052] Zu dem Kontingent gehören noch zwei kurze rechtstheoretische Meldungen, die *Liszt* als Anregung für weitere Auseinandersetzung verfasst hat (1906, 1907),[1053] die rechtsvergleichende Note zur Studie über die bedingte Verurteilung (1908),[1054] ferner sein politischer Aufsatz über die Bedeutung des Liberalismus in Deutschland, ebenso aus

---

[1050] *Liszt*, Zur Einführung: Rückblick und Zukunftspläne, in: Die Strafgesetzgebung der Gegenwart in rechtsvergleichender Darstellung, Bd. 1: Das Strafrecht der Staaten Europas, 1894, S. XVIII ff.

[1051] *Liszt*, Verbrechen und Vergehen wider das Leben, in: Vergleichende Darstellung des deutschen und ausländischen Strafrechts: Vorabreiten zur deutschen Strafrechtsreform, BT, Bd. 5, 1905, S. 4 ff.

[1052] *Liszt*, Verbrechen und Vergehen wider das Leben, in: Vergleichende Darstellung, BT, Bd. 5, 1905, S. 5.

[1053] *Liszt*, Das „richtige Recht" in der Strafgesetzgebung (1906), AuV III, Nr. 4, 109; Das „richtige Recht" in der Strafgesetzgebung (II.), ZStW 27 (1907), 91.

[1054] *Liszt*, Bedingte Verurteilung und bedingte Begnadigung, in: Vergleichende Darstellung, AT, Bd. 3, 1908, S. 90 f.

dem Jahre 1908,[1055] und eine kleine Rede über den „Entwicklungsgedanken im Strafrecht“ in der Hauptversammlung der IKV (1909).[1056]

Die Frage der Stellung des Vortrags „Der Zweckgedanke im Strafrecht“ aus 1882 (= „Marburger Programm“) wird besonders im nächsten Punkt unter dem Aspekt der Entwicklung des Zweckgedankens bei *Liszt* geschildert. Die Thematik ist sicher auf einer abstrakten Ebene verwandt und es fehlt auch in den genannten Schriften aus den Jahren 1905–1909 nicht an Verbindungslinien.[1057] Hier wird jedoch die Ansicht vertreten, dass der Vortrag aus dem Jahre 1882 besser beleuchtet werden kann, wenn er in den Kontext der Entwicklung des Zweckgedankens bei *Liszt* gesetzt wird. Es ist ein Thema, bei welchem äußerst vorsichtig zwischen dem Zweckgedanken im Sinne eines verbindlichen teleologischen Schemas der Gesellschafts- und Staatsentwicklung und dem Zweck im Sinne einer voluntaristischen Stringenz bei der Gestaltung der Einrichtungen und Rechtssetzung unterschieden werden sollte.

II. Einfache und komplexe Einordnung

1. Vernachlässigung der Komplexität bei Welzel

Im Unterschied zu *Welzels* naturalistischer Methode für die Auffassung der intellektuellen Geschichte, soll hier für die Analyse und Einordnung des evolutionistischen Gedankenschatzes bei *Liszt* ähnlich wie im 4. Kapitel eine Methode angewendet werden, die sich fähig zeigt, bei denselben oder vergleichbaren Äußerungen unterschiedliche Schichten der Motivation für die Verwendung der evolutionistischen Maßstäbe und vielleicht auch die Zugehörigkeit des äußerlich verwandten Materials zu unterschiedlichen Paradigmen zu erkennen. *Welzel* war diese Sichtweise durch seinen exklusiven Anspruch auf *Hegels* Erbschaft und durch die innere Ausrichtung seiner Analyse verwehrt geblieben. Er hat in *Liszts* Text eine vollständige Deduktion aus dem positivistischen Programm gefunden, bei welcher für alle konkreten Äußerungen nur der Wunsch des Positivisten, die positivistische Weltanschauung zu verwirklichen, maßgeblich sein durfte. Jede einzelne Äußerung, in der auch nur vage von einer „Gesetzmäßigkeit“ des Geschehens oder der Entwicklung die Rede war, ist für *Welzel* das deduzierte Ergebnis aus positivistischen Prämissen und in umgekehrter Richtung zugleich ein linearer Nachweis des Positivismus.

Für die Analyse der bedeutenden Frage des Kontextes und des Inhalts von evolutionistischen Äußerungen bei *Liszt* werden hier drei Fragestellungen auseinan-

---

1055 *Liszt*, Die Zukunft des deutschen Liberalismus, in vier Teilen in der Zeitschrift „Der Tag“, v. 8., 9., 16. und 26. Mai 1908.

1056 *Liszt*, Der Entwicklungsgedanke im Strafrecht, Mitt. IKV 16 (1909), 501.

1057 Vgl. insb. *Liszt*, Verbrechen und Vergehen wider das Leben, in: Vergleichende Darstellung, BT, Bd. 5, 1905, S. 6; Das „richtige Recht“ in der Strafgesetzgebung (II.), ZStW 27 (1907), S. 95; Der Entwicklungsgedanke im Strafrecht, Mitt. IKV 16 (1909), S. 499.

dergehalten. Die erste Frage bezieht sich auf die Kontexte, die für eine Verwendung der evolutionistischen Äußerungen maßgeblich waren. Während für *Welzel* schon als Prämisse ein Wunsch des Autors maßgeblich gewesen sein musste, das Programm des Positivismus zu verwirklichen, wird hier auf unterschiedliche Umstände hingewiesen: Die rechtsvergleichende Arbeit und vor allem die Übersiedlung nach Berlin legten eine Anbindung an *Kohlers* „vergleichende Rechtswissenschaft" nahe, die als eine besonders kulturgeschichtlich ausgerichtete Lehre in sich bereits zahlreiche hegelianische Denkmuster und teilweise ein älteres positivistisches Vokabular der ethnologischen Rechtsvergleichung verkörperte, ohne dass *Kohler* auch selbst bloß ein Anhänger einer Schulphilosophie oder sogar der positivistische Ideologe wäre. Man beachte im Kreis der wichtigen Kontexte der Zeit des Weiteren, dass durch eine explosive Auseinandersetzung des Biologen und Evolutionstheoretikers *Haeckel* mit der katholischen Kirche 1905 eine neue Frontbildung zwischen „Wissenschaft" und „Religion" veranlasst wurde, bei welcher zahlreiche Intellektuelle ihre Zuneigung zu säkularen Bestrebungen des Positivismus und des von *Haeckels* vertretenen Monismus bekundet haben, ohne dass sie unbedingt sonst exklusive Positivisten oder Monisten wären. Schließlich ist Rücksicht auch auf die praktischen Umstände, die zu einer Verwertung des Entwicklungsgedankens gedrängt haben, zu nehmen. *Liszt* musste in den von ihm konzipierten rechtsvergleichenden Sammelwerken 1894 und 1905 ein wissenschaftliches Konzept anbieten, dass nicht nur das geltende Recht anderer Länder ernst und vertieft behandelt. Das eigentlich Wertvolle aus dem Ausland waren oft *Entwürfe*, die nur mit wechselnden Chancen in naher Zeit als Gesetze angenommen zu werden ausgestattet waren. Denen konnte bei der Rechtsvergleichung eine Konnotation des Nicht-Rechts nicht abgesprochen werden, es sei denn, dass man auch das „Werdende" als eine Art des rechtlichen Bestandes des Landes auffasst. Diese und weitere Umstände werden im nächsten Punkt vertieft dargestellt.

Eine verwandte, aber nicht gleiche Frage ist jene, mit welchen theoretischen Bausteinen *Liszt* sich im angedeuteten Kontext erfolgreich bedient hat; welchen breiten Diskursen entsprechen die Begründungsmuster und die Begriffswahl, mit welchen er die Impulse aufgearbeitet hat? Welche charakteristischen Kombinationen treten auf? *Welzels* Methode lässt auch hier im Stich, weil er von einem kausalen Verhältnis aller Erwägungen des Evolutionismus im Werk auf einer Seite und eines angenommenen positivistischen Hintergrunds andererseits ausgeht. Es liegt jedoch nahe, dass ein und derselbe Gedanke unter Heranziehung von verschiedenen Ideen und begrifflichen Lösungen entwickelt werden kann, und dass letztendlich auch die spezifische Stringenz bei der Mischung eine Auskunft über die Bedeutung des Grundkonzepts für den Autor geben kann. Damit ist auch die dritte Frage gestellt, für welche *Welzels* System eines kausalen Nachweises des Positivismus keinen Platz lässt: hat *Liszt* tatsächlich, also auch in seiner wissenschaftlichen Praxis, die Forderungen an das „richtige Recht" durch Ermittlung von Entwicklungstendenzen auf der Welt bestimmt oder bildeten sie einen nie wirklich angewendeten theoretischen Zusatz zu seinen Reformüberlegungen?

2. Kontexte des Evolutionismus zwischen 1890 und 1910

a) Allgemeine Rechtswissenschaft und vergleichende Rechtswissenschaft

Den ersten wichtigen Impuls für eine positive Verwertung des Entwicklungsgedankens bildete seine Prominenz in der Theorie der Rechtsvergleichung, die bereits ab den 1880er Jahren den Anspruch erhoben hat, eine allgemeine Theorie des Rechts auf Tatsachenbasis zu bieten. Dieses Programm verband die ältere, metaphysische Stufenlehre der Entwicklung des Staats und Rechts mit der Absicht einer sorgsameren Erkundung der einzelnen Rechte. Es zeigte insofern ein charakteristisches Doppelgesicht: Aus dem Blickwinkel einer orthodoxen Philosophie war es eine empirische Abkehr von derselben; aus dem Blickwinkel der modernen Wissenschaft war es nur eine „positivierte" Stufe der philosophischen Tradition. Das verlangt eine besondere Vorsicht bei der Bewertung der älteren Sekundärliteratur, denn es kann immer wieder vorkommen, dass die Masse von neuen Veröffentlichungen, die damals als Hinwendung zu den Tatsachen bzw. als „positive" Wende und Übereinstimmung mit den Naturwissenschaften beurteilt wurden, für die heutige Betrachtung – etwa der Ethnologie, Literaturwissenschaft oder Sozialwissenschaft – in der Geschichte des Idealismus und seiner Umwälzungen und nicht in der Geschichte einer stabilen hermeneutisch-kritischen Wissenschaft anzusiedeln ist.[1058]

In der ersten Phase dominierten die „Zeitschrift für die vergleichende Rechtswissenschaft" (ab 1878) und die Schriften von *Albert Hermann Post*, für dessen Konzept die Stichwörter der „ethnologischen Jurisprudenz" und der „Allgemeinen Rechtswissenschaft" stehen.[1059] In dem Manifest der Zeitschrift wird dafür geworben, durch die Rechtsvergleichung „Gesetze der Entwicklung des Rechts" festzustellen.[1060] Wichtig für die akademische Motivation ist dabei, dass diese Forderung nicht in Anlehnung an die Naturwissenschaften erfolgt ist, sondern als Versuch, die in der Sprachwissenschaft etablierte Methode der Vergleichung der Sprachsysteme als geistige Erzeugnisse auf das Gebiet des Rechts zu übernehmen (vgl. „Lautgeset-

---

[1058] So bereits die Analyse in der Weimarer Republik von *E. Rothacker*, Einleitung in die Geisteswissenschaften, 2. Aufl. 1930. Die Chronologie von *Rothackers* Studien ist ein weiterer Nachweis, dass *Welzels* Beurteilungsmuster eine rückwirkend eingeführte Einseitigkeit darstellten und nicht als Missverständnisse bei der Betretung des Neulands gewertet werden können.

[1059] *A. H. Post*, Bausteine für eine allgemeine Rechtswissenschaft auf vergleichend-ethnologischer Basis, 1880; *ders.*, Die Grundlagen des Rechts und die Grundzüge seiner Entwickelungsgeschichte: Leitgedanken für den Aufbau einer allgemeinen Rechtswissenschaft auf sociologischer Basis, 1884; *ders.*, Über die Aufgaben einer allgemeinen Rechtswissenschaft, 1891; *ders.*, Ethnologische Jurisprudenz, Bd. 1, 1893, Bd. 2, 1895; *ders.*, Grundriss der ethnologischen Jurisprudenz, 1894.

[1060] *F. Bernhöft*, Über Zweck und Mittel der vergleichenden Rechtswissenschaft, Zeitschrift für die vergleichende Rechtswissenschaft 1 (1878), S. 4. Für ein älteres Konzept von *Liszts* Wiener Lehrer *Stein* vgl. *S. Koslowski*, Zur Philosophie von Wirtschaft und Recht, 2005, S. 154 ff.

ze").[1061] *Post* baut seine Untersuchungen auf einer parallelen Aufwertung der Naturwissenschaften und ihrer Ausdrucksweise („gesetzmäßig")[1062] einerseits, und den Topoi der älteren Tradition andererseits auf, für welche eine Frage nach den „Ursachen" und die Aufwertung des hegelianisch mitbestimmten Konzepts der „Universalgeschichte" stehen.[1063] Interessant ist in diesem Zusammenhang ein spezifisches Nebeneinander von positiver Würdigung einer „rein mechanischen Weltauffassung" unter gleichzeitigem Vermerk, dass sie nicht allein den Vorzug verdienen kann.[1064] An dieser Stelle wird am besten ersichtlich, dass in *Posts* System die positivistischen Denkweisen als ein methodologisches Modul der Faktensammlung und nicht als Basis für die vollkommene Aufhebung des älteren Gedankenschatzes aufgefasst werden. *Posts* Untersuchungen standen im Mittelpunkt der theoretischen Äußerungen über Rechtsvergleichung, als *Liszt* 1894 in Halle seinen ersten vergleichenden Sammelband „Die Strafgesetzgebung der Gegenwart" vorbereitete.

Den allgemeinen Durchbruch der auf die Entwicklung ausgerichteten Rechtsvergleichung hat *Josef Kohler* durch seine Werbung für die „vergleichende Rechtswissenschaft" ermöglicht. Anders als in Halle, wo man nur von einer literarischen Anknüpfung von *Liszt* an *Post* ausgehen kann, kann in Berlin die Hinwendung *Liszts* zu Entwicklungstendenzen und zum Monismus von *Kohler* auch als eine institutionell bedingte Annäherung analysiert werden, da beide Berliner Professoren, *Kohler* und *Liszt*, gleiche Fächer vertreten haben. Nämlich Strafrecht, Rechtsphilosophie und Völkerrecht (vgl. Punkt A.II.4. im 5. Kapitel). Sie förderten, unter anderem, gemeinsam die Erörterung der Frage nach der Notwendigkeit der Gründung eines „Instituts für Rechtsphilosophie und soziologische Forschung".[1065] Die zentrale Stelle in *Kohlers* System bildet der Gedanke einer absoluten Einheit der Welt, in welcher sich die Entwicklung abspielt. Es ist eine Variante des geisteswissenschaftlichen Monismus, die für *Kohler*, in Anlehnung an *Hegel*,[1066] von fließenden Übergängen der verschiedenen Entwicklungsstufen auszugehen hat, sodass jede erreichte Stufe in Wahrheit die Elemente der vergangenen und der zukünftigen-höheren Entwicklungsstufe aufweist.

In Bezug auf die Möglichkeit, aus der Rechtsvergleichung und Entwicklungsuntersuchung Folgen für die Rechtspolitik zu ziehen, äußerte sich *Kohler* vorsich-

---

[1061] *F. Bernhöft*, a.a.O. (1878), S. 4 f.

[1062] *A. H. Post*, a.a.O. (1880), S. 1 ff., 8 ff.; *ders.*, a.a.O. (1884), S. III ff.; *ders.*, a.a.O. (1893), S. 3 ff.

[1063] *A. H. Post*, a.a.O. (1880), S. 1 ff., 10 ff.; *ders.*, a.a.O. (1891), S. 17, 19, 123.

[1064] *A. H. Post*, a.a.O. (1880), S. 4 f.; *ders.*, a.a.O. (1884), S. 2 ff.

[1065] *Liszt/J. Kohler/F. Berolzheimer*, Ein deutsches Institut für Rechtsphilosophie und soziologische Forschung? Eine Enquête, Archiv für Rechts- und Wirtschaftsphilosophie (ARSP) 4 (1910/11), 190.

[1066] Vgl. *J. Kohler*, Rechtsphilosophie und Universalrechtsgeschichte, in: (Holtzendorffs) Encyklopädie der Rechtswissenschaft, 6. Aufl., Bd. 1, 1904, S. 4, 8, 9, 10 ff.; *ders.*, Lehrbuch der Rechtsphilosophie, 1909, S. 8 ff., 13 („tragische Mannigfaltigkeit").

tiger als *Liszt*, aber im Grunde in gleichem Sinne.[1067] Er vertrat die Auffassung, dass der „Kultur und (dem) Kulturbedürfnis“ im Sinne des Typus einer Stufe ein „Ideal“ entnehmbar ist, dem „das Recht einer bestimmten Zeit möglichst genügen soll“.[1068] Dieses Konzept hat *Kohler* nicht als eine modernistische neue Weisheit aufgefasst, sondern als einen Rückgriff auf die durch *Aristoteles* erkannten, vermeintlichen Grundwahrheiten des sozialen Zusammenseins.[1069] Der Umstand, dass auch an dieser Stelle eine Anknüpfung an die ältere Tradition und keine modernistische Systembildung vorliegt, verdeutlicht erneut, dass die Konzepte, die am Anfang des 20. Jahrhunderts als *modern* aufgefasst wurden, keinesfalls linear in der geistigen Welt einer naturwissenschaftlichen Neuerung oder sogar des Positivismus von *Comte* begründet sein mussten.

Die Verwertung von *Kohlers* Konzept dürfte für *Liszt* aus zwei Gründen eine besondere Anziehungskraft ausgeübt haben. Erstens überwindet *Kohlers* Auffassung den alten Gegensatz zwischen der Historischen Rechtsschule und der Philosophie auf eine Art und Weise, durch die es *Liszt* möglich erscheinen konnte, einzelne Punkte der hegelianisch gefärbten Sichtweise und sogar die „universalgeschichtliche“ Betrachtung[1070] zu übernehmen, ohne in einen Loyalitätskonflikt mit der Historischen Rechtsschule, die für ihn in Wien besonders aufgewertet worden war, zu geraten. *Kohler* gehörte nämlich zu jenen Autoren, die *Hegel* und *Savigny* als eine geistesgeschichtliche Einheit betrachtet haben.[1071] Die Kritik dieser um 1900 herrschenden Gesamtbetrachtung bildete erst in den 1920er Jahren den Schwerpunkt der geistesgeschichtlichen Untersuchung von *Rothacker.*[1072] Vereinfacht gesagt, konnte sich *Liszt* im System von *Kohlers* Auffassungen als ein Würdiger *Savignys* auch dann behaupten, wenn er den charakteristisch hegelianisch gefärbten Diskurs von Entwicklungsstufen und geschichtlicher Entwicklung vertreten hat.

Zu der Möglichkeit einer gemeinsamen Interpretation von *Savigny* und *Hegel* hat nicht zuletzt, wie in der Liszt-Forschung bereits vermerkt, auch *Merkel* beigetragen, der *Savigny* für den Stifter oder Vorläufer aller evolutionistischen Ansätze gehalten hat, inklusive jener fachexotischen wie der Artenlehre (Entwicklungstheorie) von *Darwin.*[1073] Damit stimmt überein, wenn *Liszt* in seiner Begründung der Bedeutung von Entwicklung für „richtiges Recht“ unter anderem mahnt, dass es sich beim Entwicklungskonzept letztendlich um die Lehre *Savignys* handelt, und nicht allein von *Marx* oder *Darwin*, wie seine Kritiker vermerkt haben (vgl. noch Punkt B.II. im

---

1067 *J. Kohler*, a.a.O. (1904), S. 6; *ders.*, a.a.O. (1909), S. 3 f.

1068 *J. Kohler*, a.a.O. (1904), S. 6.

1069 *J. Kohler*, a.a.O. (1909), S. 3 f.

1070 *Liszt*, Das „richtiges Recht“ in der Strafgesetzgebung (1906), AuV III, Nr. 4, S. 112 f.

1071 Vgl. *J. Kohler*, a.a.O. (1904), S. 4, 6, 8. Vgl. bereits *A. H. Post*, a.a.O. (1884), Vorwort, S. X; *ders.*, a.a.O. (1893), S. 1 f. *A. B. Stier*, a.a.O. (2006), S. 64.

1072 *E. Rothacker*, a.a.O. (1930) (vgl. Punkt C. im 1. Kapitel).

1073 *M. Frommel*, a.a.O. (1987), S. 43 ff.; *A. B. Stier*, a.a.O. (2006), S. 83. Vgl. für die Synthese von *Goethe* und *Darwin: G. Hübinger*, Die monistische Bewegung, in: Kultur und Kulturwissenschaften um 1900, Bd. 2, 1997, S. 248.

4. Kapitel).[1074] *Darwin* und seine Untersuchungen treten in diesem Diskurs nicht als eine empirische Basis auf, von welcher die Evolutionstheorie erst entwickelt und der Evolutionsbegriff erst aufgewertet wird. Er ist vielmehr nur in einem abstrakten Sinne der Gewährsmann aus dem Bereich der Empirie für die bereits vorhandene, ältere philosophische Entwicklungsdiskussion. Seine Forschung bestätigte für die Zeitgenossen den Entwicklungssachverhalt in der empirischen Welt und figurierte dann mittelbar als Argument für die Berechtigung der gesamten älteren Entwicklungsdiskussion in der Philosophie und Wissenschaft – unabhängig von ihrem Inhalt.

Für die Attraktivität, die *Kohlers* Sichtweise für Autoren der Zeit besaß, ist zweitens zu beachten, dass eine Annäherung an *Kohlers* Konzept im System der damals vertretenen rechtstheoretischen Positionen nicht unbedingt als Verpflichtung zu jeder Einzelheit, die das Konzept beinhaltet hat, gedeutet werden muss. Vielmehr kann auch eine abstrakte oder lose Beipflichtung als ein Bekenntnis gegen die konkurrierenden Modelle erscheinen. *Kohler* leitete durch eine offene Anlehnung an *Hegel* wieder die Entgegensetzung von *Hegel* und *Kant* ein, die in den 1870er Jahren deutlich zu Gunsten *Kants* entschieden wurde. Seine Rechtstheorie konkurrierte damit nach 1900 schlagwortartig mit einer neuen Welle der Anwendung der neukantianischen Grundprämissen im Bereich des Rechts, die durch *Rickerts* Schüler *Lask* und auch durch mehrere Teilnehmer von *Liszts* Seminar wie *Radbruch* eingeleitet wurde.[1075]

Radbruch hat in der Überzeugung, im Sinne von *Kants* Kritizismus zu handeln, die Position vertreten, dass die Frage nach dem „richtigen Recht" nicht wissenschaftlich entschieden werden kann, weil die Bewertung des Inhaltes des Rechts „Sache der wissenschaftlich undiskutierbaren persönlichen Überzeugung" ist, sodass die Inhalte nur politisch gesetzt und nicht wissenschaftlich bestimmbar sind.[1076] Die Entscheidung für oder gegen Strafbarkeit und über die Einzelheiten der Strafbarkeit wäre in der entsprechenden Formulierung von *Kohlrausch* „in der Sprache des Gesamtorganismus und Parlamentarismus" eine „Macht- und Majoritätsentscheidung" und kein Resort der wissenschaftlichen Methode.[1077] Im Gegensatz dazu war für *Liszt* diese rechtspositivistische Einengung der Disziplin, für welche *Radbruch* und *Kohlrausch* eingetreten sind, die „Bankrotterklärung der ‚normativen' Wissenschaft".[1078] Das verdeutlicht plastisch, dass *Liszt* nicht etwa eine Rechtstheorie wie diejenige *Kohlers* aufsuchen musste, um aus ihr neue Konzepte zu konstruieren. Er hatte vielmehr ein bereits bestehendes Konzept der Wissenschaft einem theoretischen Diskurs (*Kohlers* Monismus) und seinen Einzelheiten unter-

---

1074 *Liszt*, Das „richtige Recht" in der Strafgesetzgebung (II.), ZStW 27 (1907), S. 92.

1075 Vgl. *U. Neumann*, „Methodendualismus" in der Rechtsphilosophie des Neukantianismus, ARSP Beiheft 145 (2015), S. 25 ff.

1076 *G. Radbruch*, Über die Methode der Rechtsvergleichung, Aschaffenburgs Monatsschrift 2 (1905/06), S. 423 f.

1077 *E. Kohlrausch*, Zweikampf, in: Vergleichende Darstellung BT, Bd. 1, 1906, S. 132.

1078 *Liszt*, Das „richtige Recht" in der Strafgesetzgebung (II.), ZStW 27 (1907), S. 92. Vgl. noch Das „richtiges Recht" in der Strafgesetzgebung (1906), AuV III, Nr. 4, S. 111.

geordnet, die, anders als der Neukantianismus nach 1900, förderlich für die Aufrechterhaltung und Legitimierung eines bereits bestehenden Aufgabenbereichs und einer bereits bestehenden Arbeitsweise der Rechtswissenschaft waren.[1079]

Die letztgenannte intellektuelle Entgegensetzung verdeutlicht die Notwendigkeit, *Liszts* Verhältnis zum Neukantianismus differenziert zu beurteilen. In den frühen Jahren der akademischen Tätigkeit war *Liszt* in Graz und vielleicht auch in Gießen und Marburg noch mit einem Typus der parallelen und verschmolzenen positivistisch-neukantianischen Argumentation in Kontakt gekommen (Punkt A. im 4. Kapitel). Die Charakteristik jenes Neukantianismus war eine theoretische Bestrebung allgemeiner Art, die die besonderen Wissenschaften von philosophisch-metaphysischen Inhalten im Sinne von umfangreichen philosophischen Natur- und Sozialsystemen befreien wollte. In diesem Anliegen stimmte der Neukantianismus sowohl mit dem Positivismus als auch mit älteren Bestrebungen der Historischen Rechtsschule überein und durfte, wenn auch im begrenzten Maße, mit der Sympathie *Liszts* rechnen. Der Diskussion der 1870er entspricht es, wenn *Liszts* parallel seine Argumentation *auch*, aber nicht exklusiv, mit dem Hinweis auf *Kants* Sichtweisen untermauert (Punkt A.III.–IV. im 4. Kapitel). In dem Sinne der Diskussion am Anfang des 20. Jahrhunderts[1080] hingegen ist *Liszt* ein *Gegner* des Neukantianismus, der in den besonderen Umständen einer verbundenen Auffassung von *Savigny* und *Hegel* zumindest äußerlich den Anschluss an den Neuhegelianismus gefunden hat.

b) Monismus und Positivismus als politische Symbole

Einen wichtigen Kontext der Zeit für die Aufwertung des evolutionistischen Gedankens bildete die Auseinandersetzung zwischen dem Biologen *Haeckel* und religiösen Kreisen. Mit dem Beginn des 20. Jahrhunderts beginnt eine neue Phase der Konstruktion von alternativen „Weltanschauungen“, die nicht nur auf eine autonomwissenschaftliche Auffassung der Naturwelt, die frei von kirchlich-christlichen Dogmen wäre, abzielte, sondern eine umfangreiche Ersetzung der Deutungskompetenz der Kirche durch laizistische, wissenschaftlich begründete, politische Konzepte forderte. Anders als der Positivismus, der im Grunde auf ein kausal-mechanisches Bild der Welt bestand, löste *Haeckel* die Disparität zwischen der unorganischen und der organischen Welt im Sinne eines Spiritualismus auf (= die ganze unorganische Welt ist beseelt wie die organische). Während der Positivismus die Phänomene des Willens, Mögens, Wollens, Gutfindens usw. im Ergebnis als metaphysische Konstrukte leugnet, hat *Haeckel* der weltanschaulich verunsicherten Öffentlichkeit als Lösung der „Welträtsel“ das Postulat angeboten, dass, nicht anders als Menschen, nur in einem kleineren Umfang, sogar jeder Stein, Atom und Kristall

[1079] Vgl. *G. Radbruch*, Franz v. Liszt – Anlage und Umwelt (1938), Gesamtausgabe Bd. 16, S. 36 ff.; *E. Wolf*, Große Rechtdenker, 4. Aufl. 1963, S. 721 f.

[1080] Vgl. insb. *U. Neumann*, a.a.O. (2015), S. 25 ff.

einen Komplex des Willens („Seele") besitzen würde.[1081] Das ist der Monismus im eigentlichen Sinne der Jahrhundertwende.

Für die Bedeutung des Monismus um 1905 ist wichtig, Einsicht in die Chronologie der zwischen *Haeckel* und den konservativen, darunter insb. katholischen Schriftstellern, geführten Kontroverse zu nehmen. Die hier plakativ zu nennenden Umstände dürfen die Problematik annähernd auffassen, natürlich aber nicht in ihrer Allgemeinheit mit einer als für jedes Forschungsinteresse ausführlichen Schilderung der Zeit verwechselt werden: *Haeckel* hat bereits in den 1860er/1870er Jahren an dem alten „Darwinismus-Streit" teilgenommen,[1082] der in den 1880er und 1890er Jahren zu einer vorübergehenden Abkühlung kam. 1904 entbrannte der Streit wieder in einer neuen Form, in welcher nicht mehr nur die epistemologischen Literaten wie einst *Albert Lange*, den kirchlichen Kreationismus und Machtanspruch in der Gesellschaft bekämpft haben. Durch die verschiedenen Bemühungen der Kirche, *Haeckels* Stellung an der Universität zu beeinträchtigen und ihn als Person zu diffamieren, wurde eine Massenbewegung hervorgerufen, die sich unter anderem durch hohe Austrittsquoten aus der Kirche und durch die öffentliche Verteidigung der Wissenschaft ausgezeichnet hat.[1083] *Haeckels* philosophischer „Monismus" erwuchs zu einem Stichwort und zu einer Kampfplattform für zahlreiche laizistische sozialkulturelle Forderungen, wie beispielsweise die Säkularisierung des Schulwesens, die Frauenemanzipation oder die liberale Regelung der Sterbehilfe. Allerdings war der Monismus, 1905 institutionalisiert im „Deutschen Monisten-Bund",[1084] nicht die einzige Richtung, die im Kontext der neuen Polarisierung der Weltanschauungen, für eine Neuordnung der Gesellschaft und des Staates auf säkularer Basis plädierte.[1085]

Die Intellektuellen haben sich weltanschaulichen Alternativ-Richtungen *aus politischen bzw. gesellschaftlichen* Motiven teilweise auch parallel angeschlossen, ohne dass sie auf die Unterschiede zwischen den Richtungen genau achteten oder den letzten erkenntnistheoretischen Hintergrund jener Vereinigungen teilen mussten. Dafür spricht gerade bildhaft der Umstand, dass *Liszt* einerseits in seinen Schriften

---

[1081] *H. Weber*, Der Monismus als Theorie einer einheitlichen Weltanschauung am Beispiel der Positionen von Ernst Haeckel und August Forel, in: P. Ziche (Hrsg.), Monismus um „1900", 2000, S. 85 ff.; *U. Dankmeier*, Naturwissenschaft und Christentum im Konflikt, 2007, S. 130 ff., 170 ff.

[1082] *K. Bayertz*, Darwinismus als Politik, Stapfia 131 (1998), S. 230 ff.; *U. Dankmeier*, a.a.O. (2007), S. 29 ff. (Haeckel-Virchow Kontroverse), 111 ff.

[1083] *U. Dankmeier*, a.a.O. (2007), S. 115 ff. *U. Hoßfeld*, Vom Christ zum Atheist: Der Kirchenaustritt Ernst Haeckels im Jahr 1910, in: U. Kutschera (Hrsg.), Kreationismus in Deutschland, 2007, S. 45 ff., 55 ff. Im ersten Jahrzehnt des 20. Jahrhunderts versuchte die Römische Kurie mehrfach, durch Zensur, Exkommunikationsdrohungen und die Bildung von „Aufsichtsgremien" in jeder Diözese, die Meinungsfreiheit einzuschränken. Vgl. *U. Dankmeier*, a.a.O. (2007), S. 81 f.

[1084] *U. Dankmeier*, a.a.O. (2007), S. 111 ff.

[1085] *G. Hübinger*, a.a.O. (1997), S. 246 ff; *U. Dankmeier*, a.a.O. (2007), S. 105 ff.

mehrfach auf die monistische Position verwiesen hat,[1086] uns andererseits 1911 als Unterzeichner eines Aufrufs für die Gründung einer „Gesellschaft für die positivistische Philosophie“ begegnet.[1087] Im Kreis von etwas mehr als 30 Unterzeichnern, die oft mit Wien und den österreichischen Universitäten verbunden waren, finden sich sowohl namhafte Physiker wie *Einstein* und *Ernst Mach*, als auch Berühmtheiten wie *Freud*, dessen Psychologie sich seit der Jahrhundertwende stark von der positivistisch-kausalen Denkweise distanziert hat.[1088] Die positivistische Gesellschaft hatte ähnlich wie der „Monisten-Bund“ die Absicht, „eine umfassende Weltanschauung auf Grund des Tatsachenstoffes vorzubereiten“.[1089] Die Disparität zwischen *Liszts* theoretischen Erklärungen im Sinne des Monismus und einer Vereinsaffinität für den Positivismus, verdeutlichen den Umstand, dass das Bekenntnis zu laizistischen weltanschaulichen Neuentwürfen in der Zeit den Charakter eines Signals (= Zeichen der Parteinahme gegen Konservativismus und kirchliche Einflüsse auf die Gesellschaft) hatte, der heute nicht aus sich selbst erschließbar ist.

c) Entwicklung als allgemeiner Gegenstand

Die im letzten Unterpunkt genannte intellektuelle Auseinandersetzung um 1905 wird abgerundet mit der spezifischen Perspektive, welche sich *Liszt* auf den Diskussionswert der Begrifflichkeit der „Entwicklung“ angeboten hat. Die „Entwicklung“ war um 1900 oder 1905 für den Auffassungshorizont der Zeitgenossen keine deduzierte Behauptung *einer* exotischen Theorie, sondern ähnlich wie heute „Stadt“, „Arbeit“ oder „Gentrification“, eine zum Begriff erwachsene Tatsache, welcher sich verschiedene Konzepte angenähert haben. Im Bereich der Rechtswissenschaft verdienen eine Hervorhebung die gängigen Konzepte in der Rechtsgeschichte und im Völkerrecht. Gerade die nationale Rechtsgeschichte des ausgehenden 19. Jahrhunderts, die unter einem einheitlichen Konzept („Nation“) die Epochen aus mehreren Jahrhunderten oder sogar Jahrtausenden aufgreifen musste, konstruierte überall, um die Einheit zu schaffen, eine *Entwicklung*, auch wenn sie von verschiedenen Autoren ganz anders bewertet wurde.[1090] Im Völkerrecht, das von *Liszt* zu dieser Zeit ununterbrochen fachlich vertreten wurde, waren Überlegungen vorhanden, ob „Entwicklungsgesetze“, die die „Staatenbildung und Staatengeschichte kausal bestimmen“, auch spezifische Rechte wie die Ausdehnung des Staates zum Meer statuieren

---

[1086] *Liszt*, Das „richtige Recht“ in der Strafgesetzgebung (II.), ZStW 27 (1907), S. 91; Der Entwicklungsgedanke im Strafrecht, Mitt. IKV 16 (1909), S. 497.

[1087] *G. Holton*, Wissenschaft und Anti-Wissenschaft, 2000, S. 15 f.

[1088] *G. Holton*, a.a.O. (2000), S. 15 f.

[1089] Aufruf-Plakat vor der Gesellschaftsgründung, veröffentlicht bei *G. Holton*, a.a.O. (2000), S. 16. Vgl. für die „wissenschaftliche Weltauffassung“ des Wiener Kreises *E. Hilgendorf*, Kritischer Rationalismus und Positivismus, in: ders. (Hrsg.), Kritischer Rationalismus und Einzelwissenschaften, 2017, S. 50 ff.

[1090] Vgl. *D. Reither*, Rechtsgeschichte und Rechtsgeschichte: Die Forschung über Fehde, autonome Gewalt und Krieg in Deutschland im 19. Jahrhundert, 2009.

können. *Liszt* hat in seinem System des Völkerrechts solche „Entwicklungsgesetze" nicht verneint, aber ihnen, charakteristisch für seine schwankende Stellung zu kausalen Gedanken (vgl. Punkt C.II.4. unten), den Charakter einer „Rechtsquelle" abgesprochen.[1091]

Auch außerhalb der Rechtswissenschaft gehörte „Entwicklung" zu den Grundbegriffen verschiedener Theorien und ganz verschiedenen Bewertungen. Das betrifft erstens die Entwicklungslehre (Artenlehre) von *Darwin*, bei welcher einerseits grundsätzlich der Evolutionismus mit dem Kreationismus konkurrierte und damit den oben geschilderten weltanschaulichen Aspekt traf. Andererseits wurde der Rekurs auf *Darwin* für die Signalisierung von untereinander so gegensätzlichen politischen Erwartungen verwendet, wie einerseits der Glaube auf die baldige Entwicklung in Richtung einer Demokratie und andererseits für die Legitimierung der bestehenden Schichtenverteilung, für die Deutung der internationalen politischen Machtlage, für die Erwartungen der gesellschaftlichen Gleichstellung in der Sozialdemokratie, und nicht zuletzt auch für die Phantasien über geregelte Geburtenhäuser und andere Einrichtungen für rassische Hygiene (Punkt B.I. im 4. Kapitel). Die Unterschiede waren auch im Monismus-Bund spürbar, dessen „weltanschauliche" und „philosophische" Vorschläge einen linken und einen rechten Flügel unterscheiden lassen (Linksmonismus und Rechtsmonismus).[1092]

d) Praktische Impulse: Recht im Entwurfsstadium und stille Reform

Die bisherige Untersuchung zeichnete verschiedene Konzepte nach, die den Entwicklungsgedanken und die dazugehörende Begrifflichkeit als eine produktive Denkfigur verwendet haben. Die Motive für die Annäherung etwa an das Konzept der „vergleichenden Rechtswissenschaft" oder des ideologischen „Monismus" können und konnten ganz unterschiedlich sein. In Frage kommen nicht nur eine innerlich vollkommene Übereinstimmung mit den Grundsätzen dieser Richtungen, sondern auch einfachere alltägliche Motive, wie die Zusammenarbeit an der Berliner Universität oder der Wunsch, durch Förderung des Monismus subtil an dem Streit einer weltlichen mit der kirchlichen Weltauffassung nach 1905 teilzunehmen. Bisher nicht behandelt wurden jene inneren Motive, bei welchen speziell im Bereich des Reformgedankens eine argumentative Verortung im Rahmen einer „Entwicklung" besonders naheliegend war. Sie können mit der erstgenannten Gruppe von konzeptuell-äußeren Umständen als „innere" Umstände zusammen aufgefasst oder jeweils getrennt bewertet werden.

1091 Vgl. *Liszt*, Das Völkerrecht, 1. Aufl. 1898, S. 8; und aus der Zeit 1905–1909 die 4. Aufl. 1906, S. 13.

1092 *G. Hübinger*, a.a.O. (1997), S. 250 f.; *U. Dankmeier*, a.a.O. (2007), S. 208 ff.

Auf den ersten wichtigen Impuls für die Verwendung des Entwicklungsgedanken, den die rechtliche Materie selbst von sich gab, hat *Kantorowicz* hingewiesen.[1093] Streng genommen durften verschiedene Entwürfe, die oft subtilste und fortschrittlichste Neuerungen auf dem Gebiet der Kriminalgesetzgebung erhalten haben, nicht im Rahmen einer rechtsvergleichenden Untersuchung als „Recht" aufgefasst werden.[1094] Jedoch würde ein Konzept der Rechtsvergleichung, das sich nur mit geltendem Recht befasst, gerade jene Konzepte hervorheben, die eine (veraltete) gesetzgeberische Note des alten Schlags hatten. Aus der Sicht der Modernen Schule und von *Liszt* müsste diese Möglichkeit als eine ernste Gefahr für die Auseinandersetzung über die Reform in Deutschland erscheinen. Man beachte besonders, dass die „Vergleichende Darstellung" in einem öffentlichen Auftrag der Regierung zusammengestellt wurde und als Sammlung der „Vorarbeiten für die deutsche Strafrechtsreform" gedacht war.

Im genannten Kontext konnte ein breites „Entwicklungskonzept", das durch den Gedanken einer „Werdung"[1095] akzentuiert wurde, theoretisch bruchlos die ausländischen Entwürfe in die Vergleichung miteinbeziehen und damit die Berücksichtig der wertvollsten „legislativ"-technischen Leistungen gestatten. Als Beispiel darf auf folgende Projekte hingewiesen werden: mehrere österreichische Entwürfe von E I. von 1874 (= Entwurf Glaser) bis E VII. von 1891; die schweizerische Vorentwürfe von 1893/94 (= Entwurf Stooß) und 1903; der US-amerikanische Entwurf eines gemeinen Bundes-StGB von 1901; der japanische StGB-Entwurf von 1903.[1096] Auch das aus der Sicht der modernen Forderungen besonders vorzügliche norwegische StGB von 1902 war bis 1905, also zur Zeit der Bestimmung der Prinzipien des Werks und der Vorbereitung der erstveröffentlichten Bände der „Vergleichenden Darstellung", noch nicht in Kraft getreten.

Aus der heutigen Perspektive lässt sich nur künstlich, durch eine geschichtliche Rekonstruktion, der Umstand erschließen, dass für den Auffassungshorizont der Zeitgenossen auch in Deutschland die Reform bereits in ihrer „Werdung" begriffen war, als sich 1902 die Regierung und die Vertreter der Wissenschaft über die Arbeit an einem neuen Reichs-Strafgesetzbuch geeinigt hatten. Die heute übliche Gleichstellung der Reform des Strafrechts mit dem Erlass eines neuen Strafgesetzbuchs[1097] entspricht weitgehend Reformbemühungen in der Weimarer Republik, aber nicht der originalen Perspektive, die *Liszt* und seine Zeitgenossen vor oder nach 1900 hatten. Ein Abgleich mit den Auffassungen *Liszts* zeigt, dass nach seiner Sichtweise der Staat nur nicht die Fähigkeit zeigte, ein modernes oder modernisiertes *Strafgesetz-*

[1093] *H. Kantorowicz*, Probleme der Strafrechtsvergleichung, Aschaffenburgs Monatsschrift 4 (1907/08), 65.

[1094] *H. Kantorowicz*, a.a.O. (1907/08), S. 68 ff. Dazu noch kritisch *A. Hegler*, a.a.O. (1907/08), S. 337.

[1095] *Liszt*, Das „richtiges Recht" in der Strafgesetzgebung (1906), AuV III, Nr. 4, S. 112.

[1096] *Liszt*, Verbrechen und Vergehen wider das Leben, in: Vergleichende Darstellung, BT, Bd. 5, 1905, S. 36, 52 ff.

[1097] *T. Vormbaum*, Einführung, 3. Aufl. 2016, S. 141 ff.

buch zu erlassen, während wichtige Reformforderungen bereits nach 1895 verwirklicht wurden. Zwei große Beispiele, das Schicksal der Forderung einer „bedingten Begnadigung" nach 1895 und die Einführung von besonderen prozessualen Vorkehrungen im Verfahren gegen Jugendliche nach 1910, mögen die Lage verdeutlichen.

Eine der Hauptforderung der Reformbewegung war die Einführung der Möglichkeit der Strafaussetzung zur Vermeidung der schädlichen Wirkungen der kurzen Freiheitsstrafe. Oben wurde in diesem Kapitel bereits hervorgehoben, dass sich diese Forderung an eine ältere Diskussion anschloss und nicht bloß einer modernistischen Sichtweise entlehnt war (Punkt A. in diesem Kapitel). Die Forderung wurde nach der heftigen Diskussion Anfang der 1890er Jahre *praktisch* auf der Ebene des einzelstaatlichen Erlassens durch Einführung einer routinemäßig zu erfolgenden „bedingten Begnadigung" erfüllt.[1098] Nachdem zuerst Sachsen eine entsprechende Verordnung im März 1895 erlassen hat, folgten im gleichen Jahr Hessen, Preußen und Schwarzburg-Sonderhausen. Weitere Länder, Schwarzburg-Rudolstadt, Baden, Bayern, Sachsen-Coburg-Gotha, Elsass-Lothringen, Württemberg, Sachsen-Meiningen, Hamburg, Lübeck, Mecklenburg-Schwerin, Bremen und Oldenburg erließen 1896 eine vergleichbare Verordnung. Im nächsten Jahr folgte Anhalt, im Jahr 1898 Schaumburg-Lippe, im Folgejahr Lippe, und schließlich 1902 als letzte Einzelstaaten Sachsen-Weimar, Braunschweig und Sachsen-Altenburg.[1099] *Liszt* hat die Entwicklung in den Einzelstaaten als einen „Sieg der Reformbewegung" bezeichnet.[1100]

Eine ähnliche Auffassung der Entwicklung findet sich später in Bezug auf die um 1910 erlassenen Anordnungen über die Vorgehensweise im Verfahren gegen Jugendliche. In seinem Urteil von 1917 wären alle „Einrichtungen, die wir heute als wünschenswert bezeichnet haben", bereits in Erlassen der führenden deutschen Bundesstaaten seit 1908 „durchgeführt oder doch wenigstens angebahnt".[1101] Der erste Teil der Anordnungen, die in einzelnen oder in allen Ländern in der Form der Erlasse vorgesehen wurden, betraf in grundlegender Weise die Gerichtsverfassung. Folgende Einrichtungen wurden in den Erlassen vorgesehen: „die Personalunion zwischen dem Vormundschaftsrichter und dem Strafrichter"; „die Überweisung der Jugendstrafsachen an ein- und dieselbe Strafkammer"; „die Besetzung der Jugendstrafkammer mit Personen, die in der Jugendpflege bewandert sind"; besondere Zuständigkeit eines Jugendrichters für die Untersuchungsphase; besondere Zuständigkeit eines Staatsanwalts in Jugendsachen; „die Überweisung sämtlicher

---

1098 *Liszt*, Bedingte Verurteilung und bedingte Begnadigung, in: Vergleichende Darstellung, AT, Bd. 3, 1908, S. 45.

1099 *Liszt*, Bedingte Verurteilung und bedingte Begnadigung, in: Vergleichende Darstellung, AT, Bd. 3, 1908, S. 45 ff.

1100 *Liszt*, Bedingte Verurteilung und bedingte Begnadigung, in: Vergleichende Darstellung, AT, Bd. 3, 1908, S. 51.

1101 *Liszt*, Jugendgerichtsverfahren in Gegenwart und Zukunft, in: Kriegstagung der Deutschen Jugendgerichtshilfen, 1918, S. 73.

Untersuchungssachen an ein und denselben Untersuchungsrichter"; die Bevorzugung des Gerichtstandes des Wohnsitzes im Gegensatz zum Gerichtsstand der Tat bei jugendlichen Beschuldigten; die Zuständigkeit der Jugendkammer auch in Fällen, wenn Erwachsene mitangeklagt sind; die Zuständigkeit der Jugendkammer in den Strafsachen, in welchen ein Jugendlicher als Verletzter auftritt.[1102]

Ein zweiter Teil der getroffenen Anordnungen betraf die Verfahrensfragen im engeren Sinne, und sogar materielle Aspekte wie die Privilegierung des Erziehungsaspekts und die Förderung des milden Umgangs durch die Forderung des Absehens von einer Rechtsmitteleinlegung zum Nachteil des Angeklagten. Folgende Bestimmungen wurden in Erlassen vorgesehen: Erforschung der persönlichen Verhältnisse des Jugendlichen im Vorverfahren; die Entscheidung der Frage über die Strafverantwortlichkeit im Vorverfahren anstatt im Hauptverfahren; nur ausnahmsweise Gestattung der Verhängung der Untersuchungshaft gegen Jugendliche; besondere Mitteilungspflichten (Inkenntnissetzung der Erziehungsberechtigten über den Verfahrensstand); die vornehmliche Ausrichtung der Hauptverhandlung an dem erzieherischen Ideal des Verfahrens; Pflicht einer besonderen Schonung des „Ehrgefühls" des Angeklagten; Obliegenheit, in der Hauptverhandlung durch Hinzuziehen der Eltern „den Ton" einer „familiären Vertraulichkeit" festzuhalten; Absehen von der Notwendigkeit, dass der Jugendliche „auf der Anklagebank Platz" nimmt; Erlaubnis für die Richter, im Verfahren in nicht amtlicher Kleidung zu erscheinen; Bestimmungen über Hinzuziehung von den „Beiständen" aus den „Fürsorgevereinen"; Aufforderung an die Staatsanwaltschaft in leichteren Sachen gegebenenfalls „vorsichtig" Rechtsmittel einzulegen.[1103]

Für die Betrachtung aus heutiger Perspektive sind *Liszts* einzelne Angaben besonders wertvoll, weil sie in allgemeinen Darstellungen über die Geschichte des Strafrechts, die von einer Gleichsetzung der Strafgesetzgebung mit dem Recht überhaupt ausgehen, nicht enthalten sind. Die realistische Perspektive auf die Verwirklichung der Reform ist aber auch von Interesse für die Beurteilung der Bedeutung des Entwicklungsgedankens bei *Liszt*. Sie kann dem heutigen Leser die Berechtigung von *Liszts* Eindruck vermitteln, dass man durch die Aussetzung einer modernen Reform des StGB gegen eine vorhandene Entwicklung gearbeitet hat oder zumindest an ihr nicht, in dem Sinne, wie es von einem modernen nationalen Gesetzgeber am Anfang des 20. Jahrhunderts erwartet wurde, teilnahm. *Liszts* Eindruck einer „Entwicklung" und die Verwendung der dazugehörigen Begrifflichkeit ist aus dieser Sicht ein Eindruck, der sich aus der Beobachtung einer lebendigen Bewegung ableitet, ähnlich wie wir ihn heute im Bereich von neuen wirtschaftlichen Gründungen oder der Entwicklung von Mitteln für die Abhilfe bei der neuen Wohnraumnot erleben. Er erlebte „Entwicklung" nicht als abstrakt-metaphysisch gebildete

---

[1102] *Liszt*, Jugendgerichtsverfahren in Gegenwart und Zukunft, a.a.O. (1918), S. 73 ff. Vgl. noch mit einzelnen Angaben *Liszts* „Bericht der 13. Kommission über den Entwurf eines Gesetzes über das Verfahren gegen Jugendliche", Reichstag: Aktenstücke Nr. 1054, Abhandlungen des Reichstags, Bd. 302 (XIII. Legislaturperiode, 1912/14, Bd. 20), S. 1796 ff.

[1103] *Liszt*, Jugendgerichtsverfahren in Gegenwart und Zukunft, a.a.O. (1918), S. 74.

Erwartung an die Erfüllung eines nirgendwo in Luft und Raum angehängten Forderungsbündels, sondern vielmehr, wenn man sich pathetisch wie *Savigny* ausdrücken möchte, als einen durch wirkliche, äußere Umstände gebildeten „Beruf" der Zeit.

3. Polymorphe Bausteine von Liszts Ausführungen

Die Mannigfaltigkeit der oben angeführten unterschiedlichen Kontexte, die zu einer Steigerung des diskursiven Werts des Entwicklungsgedankens führen konnten, erlaubt es auch, ohne Überraschung den Umstand hinzunehmen, dass die Bausteine, mit welchen *Liszt* seine Überlegungen über die Entwicklung aufzubauen suchte, unterschiedlichen Paradigmen entnommen wurden. Der Mangel von *Welzels* Untersuchung besteht nicht darin, dass er in der Vielfältigkeit von *Liszts* Äußerungen auch Begriffe und Denkmuster erkannt hat, die dem Positivismus entsprechen, sondern darin, dass er, bedingt durch seine Methode, mit diesen vereinzelten Nachweisen auch zur Feststellung gekommen ist, dass *Liszt* seine Gedanken schlicht aus dem Positivismus deduziert hat und dass er folglich nur als ein bloßer Vertreter *Comtes* auf dem besonderen Gebiet des Strafrechts aufzufassen ist. Dieser Kurzschluss hat ihm die Einsicht verwehrt, dass *Liszt* sein Konzept von „Entwicklungstendenzen" mit einer Reihe von begrifflichen Präparaten und Denkschablonen abgerundet hat, die *parallel* so unterschiedlichen Paradigmen wie Positivismus, Historismus, Marxismus, Hegelianismus und Monismus entnommen wurden.

a) Positivismus

Dem positivistischen Diskurs im oben geschilderten Sinne (Punkt A.II. im 4. Kapitel) entsprechen jene Stellen, wo die Geschehnisse der Welt so dargestellt werden, als ob sie einem Gesetz der Entwicklung entsprechen würden.[1104] Auch die *Prognose der Weiterentwicklung* aufgrund von Vorentwicklung und ihr zugrunde liegenden Gesetzen[1105] ist ein Topos, der prinzipiell zur Klassik des Positivismus gehört (Punkt A.II.1. im 4. Kapitel). Freilich finden sich die dokumentierten Stellen, in welchen *Liszt* „Gesetze" und den Gedanken der Prognose verwendet, nirgendwo in einer Reinheit, die einen versierten positivistischen Autor offenbaren würde. Es

---

[1104] *Liszt*, Zur Einführung: Rückblick und Zukunftspläne, in: Die Strafgesetzgebung der Gegenwart, 1894, S. XIV („mit unwiderstehlichen Kraft eines Naturgesetzes"), S. XX („Hinter der wechselnden Erscheinung des jeweils geltenden Rechts können wir nach den *Gesetzen*, die sein Werden und Wachsen bestimmen"); Die Zukunft des deutschen Liberalismus, Der Tag v. 8.5.1908, S. 1 („streng kausale Gesetzmäßigkeit"); Verbrechen und Vergehen wider das Leben, in: Vergleichende Darstellung, BT, Bd. 5, 1905, S. 4f. („Begriff eines Gesetzes der geschichtlichen Entwicklung"); Bedingte Verurteilung und bedingte Begnadigung, in: Vergleichende Darstellung, AT, Bd. 3, 1908, S. 90f.

[1105] Vgl. Die Zukunft des deutschen Liberalismus, Der Tag v. 26.5.1908 („politische Wetterprognose"); Verbrechen und Vergehen wider das Leben, in: Vergleichende Darstellung, BT, Bd. 5, 1905, S. 4, 6.

herrscht eine begriffliche Inkonsistenz, so etwa, wenn anstatt von äußerlich wirkenden kausalen Zusammenhängen („Druck- und Spannungsverhältnisse“),[1106] an zwei Stellen der idealistisch-romantische Gedanke einer „inneren“ und „immanenten Gesetzmäßigkeit“ auftaucht.[1107] Dieser setzt eine Wesenheit von Erscheinungen voraus, und ist als solcher für den Hegelianismus und für seine Abzweigungen, nicht aber für den Positivismus charakteristisch. Ähnlich kann auch der Begriff der „Ursache“, den *Liszt* parallel mit dem Gedanken der „Gesetzmäßigkeit“ verwendet, nur schwer oder überhaupt nicht mit dem Positivismus vereinbart werden. Das betrifft erstens prinzipiell die Verwendung des Ursachenbegriffs, den *Comte* ausdrücklich als ein Auffassungsinstrument der metaphysischen Philosophie verworfen hat.[1108] Die Diskrepanz dürfte aber vor allem als ein inneres Problem der Argumentation auffallen: Die Welt der Geschehnisse in *Liszts* gesellschaftskritischen Ausführungen ist nicht wirklich einem unüberschaubaren kausalen Fluss überlassen, sondern ist in ein System von „Ursachen“ aufgegliedert, von welchen manche „tiefgreifend“ sind, die anderen nicht.[1109] Das ist kein empirisches kausales Verständnis, sondern eine metaphysisch geleitete Selektion, wie sie auch für den objektiven Idealismus und den Marxismus charakteristisch ist. Die Problematik und der vorkritische Charakter dieses Ursachenbegriffs werden später noch in einem anderen Kontext, bei der Kritik des Marxismus, wieder angesprochen (Punkt A.II.2. im 12. Kapitel).

b) Historische Rechtsschule und Darwin

Eine weitere Zahl von Äußerungen, mit welchen der Entwicklungsgedanke bei *Liszt* gestaltet wird, setzt sich entweder aus den Gedanken der Historischen Rechtsschule zusammen, oder weist unmittelbar auf die Bedeutung der Historischen Rechtsschule für den Entwicklungsgedanken hin. Eine wichtige historistische Einfügung oder „Intarsie“ im Text liegt an der Stelle vor, wo *Liszt* das „Seiende“ mit dem „geschichtlich Gewordenen“ gleichsetzt.[1110] Allerdings ist inhaltlich eine Verschiebung aus dem historistischen Rahmen bemerkbar, weswegen der Zusatz abstrahiert ist und eben nur als eine – nicht schöne – Intarsie bezeichnet werden kann. Der Topos des „geschichtlich Gewordenen“ ist in dem historistischen Gedankengang dazu berufen, auf die Relativität des untersuchten Gegenstandes (etwa einer Staatsform oder einer rechtlichen Einrichtung) hinzuweisen, während er bei *Liszt* im Kontext der Entwicklungstendenzen das Vorhandensein der historischen Bedingtheit

---

[1106] *Liszt*, Die Zukunft des deutschen Liberalismus, Der Tag v. 8.5.1908, S. 1.

[1107] *Liszt*, Verbrechen und Vergehen wider das Leben, in: Vergleichende Darstellung, BT, Bd. 5, 1905, S. 4.

[1108] Vgl. Enzyklopädie Philosophie und Wissenschaftstheorie, s.v. Positivismus, Bd. 3, S. 303.

[1109] *Liszt*, Die Zukunft des deutschen Liberalismus, Der Tag v. 8.5.1908, S. 1; 9.5.1908, S. 1.

[1110] *Liszt*, Das „richtiges Recht“ in der Strafgesetzgebung (1906), AuV III, Nr. 4, S. 112.

im Sinne einer Vorbedingung der Vergangenheit, Gegenwart und Zukunft durch die gleichen Gesetze signalisieren soll („die immanente Gesetzmäßigkeit alles geschichtlich gewordenen“).[1111]

Liszts Urteil, dass die Geschichte mehr sein muss als bloß eine „Sammlung lehrreicher Beispiele für die großen politischen Kinder“[1112] deckt sich mit *Savignys*, in seiner eigenen Auffassung des Evolutionismus begründetem Urteil, dass die Geschichte mehr als bloß eine „moralisch-politische Beispiels-Sammlung“ sei.[1113] *Savigny* hat freilich diesen Gedanken so verwendet wie *Liszt* bei der Begründung der Notwendigkeit der Beibehaltung der Schwurgerichte (= die geschichtliche Werdungsprozesse ergeben den nicht beliebig manipulierbaren Kontext von heute), und nicht in jenem Sinne, dass Geschichte festgeschriebenen Szenarien der Entwicklung folgt, die ihr abgewonnen werden können. Solche Verschiebungen der Bedeutungen, bei gleichzeitiger Beibehaltung der Redeweise, offenbaren einen Autor, der vielleicht nicht in jeder Einzelheit des Gedankengangs spekulativ-dialektisch vorgeht, aber offenbar auch über die Fähigkeit verfügt, künstlich einer Richtung zugleich Genüge zu tun und ihr zu widersprechen. Der Aufsatz aus dem Jahr 1907 enthält eine unmittelbare Anknüpfung an *Savigny*, indem *Liszt* in Anlehnung an *Merkel* ihm und nicht „Darwin und Naturwissenschaftlern“ eine primäre Bedeutung für den „Entwicklungsbegriff“ zuspricht.[1114]

Die Anlehnungen an *Darwin* bilden einen weiteren Teilbereich von *Liszts* Bausteinen. Sie sind nur metaphorischer Art, was im Großen und Ganzen der Art und Weise entspricht, wie man seit den 1860er Jahren in Deutschland mit *Darwins* Lehre in den Geisteswissenschaften umgegangen ist. *Darwin* stellt mit seiner Untersuchung einen „modernen Gewährmann“ für die philosophische Entwicklungslehre dar. Er bestätigt die Berechtigung der Entwicklung als philosophische Spekulation durch ihre zufällige, aber empirisch angeblich nachgewiesene Auffindung in einem ganz kleinen faktischen Bereich. Seine Untersuchung gibt damit dem rein Spekulativen ein Etikett der modernen Wissenschaft. Die Verwendung des Themas des „Kampfs ums Dasein“ bei *Liszts* Werbung für die bedingte Verurteilung bzw. Strafaussetzung zur Bewährung ist eine monumentale und eigenständige Metapher, der jedwede Berechtigung in *Darwins* Beobachtungen und System fehlen. Die bedingte Verurteilung und die Strafaussetzung zur Bewährung würden sich, so inhaltlich das Argument bei *Liszt*, nicht nur wegen ihrer gedanklichen Kohärenz empfehlen. Sie begegnen uns in allen Staaten und daher als eine „Entwicklungsrichtung“, weil sie in der Konkurrenz mehrerer Institute in der Praxis anderer Länder gezeigt haben, dass

---

[1111] *Liszt*, Das „richtige Recht“ in der Strafgesetzgebung (II.), ZStW 27 (1907), S. 92; vgl. noch zur „immanenten Vernunft der Geschichte“ einen Brief *Liszts* bei *G. Radbruch*, a.a.O. (1938), S. 29.

[1112] *Liszt*, Das „richtige Recht“ in der Strafgesetzgebung (II.), ZStW 27 (1907), S. 92.

[1113] *F. C. Savigny*, Über die Zweck dieser Zeitschrift, Zeitschrift für geschichtliche Rechtswissenschaft 1 (1815), S. 3.

[1114] *Liszt*, Das „richtige Recht“ in der Strafgesetzgebung (II.), ZStW 27 (1907), S. 92.

sie tüchtig ihre Aufgaben erfüllen (= Kampf der rechtlichen Institute ums Dasein).[1115]

c) Hegelianismus und Marxismus

Im Sinne einer Hegelianisierung ist vor allem die Anknüpfung an *Kohlers* „vergleichende Rechtswissenschaft" zu deuten, für die *Liszt* gleich wie *Kohler* hervorhebt, dass sie mehr als bloß Rechtsvergleichung sein soll.[1116] Dieses logische „mehr" im Vergleich mit der Rechtsvergleichung gründet sich unmittelbar auf *Hegels* Gedanken der kulturellen Stufen der Entwicklung. Die Fortbildung von *Hegel* in diesem Punkt dürfte für Zeitgenossen so offensichtlich gewesen sein, dass der Neukantianer *Schoetensack* die Auffassung vertrat, dass *Liszts* Konzept mit einer gelungenen Kritik an *Hegel* fallen muss.[1117] Zum Kontext des älteren Hegelianismus in der Rechtswissenschaft gehört die Aufwertung der „Universalgeschichte" und ihre Gleichsetzung mit der vergleichenden Rechtswissenschaft im engeren Sinne.[1118] Die „Universalgeschichte" wurde während *Liszts* Studienzeit in Wien tabuisiert, weil sie für die damalige Auffassung noch einen lebendigen Konkurrenzentwurf im Vergleich zur Analyse der Historischen Rechtsschule darstellte (vgl. Punkt D.I.2. im 3. Kapitel). In der spezifischen Verbindung von *Savigny* und *Hegel* bei *Kohler* hat sie, wie ersichtlich, auch bei *Liszt* am Anfang des 20. Jahrhunderts eine positive Würdigung erfahren.

Für *Liszts* Hauptsatz über das „geschichtlich Gewordene", „Werdende" und „Seinsollende" kann auf noch eine ungewöhnliche Quelle verwiesen werden. Bei *Liszt* steht, vollständig wiedergegeben: „Indem wir das Seiende als ein geschichtlich Gewordenes betrachten und darnach das *Werdend*e bestimmen, erkennen wir das *Seinsollende*".[1119] Dieser Satz, der bei *Welzel* als Grundbeweis des „evolutionistischen Positivismus" gedeutet wurde, findet sich in einer Sammlung von *Feuerbachs* Werken aus 1833: „Aus dem *was* geworden und wie es geworden, erkennen wir das Werdende und dieses sagt uns, was wir handelnd sollen und dürfen".[1120] Er steht im Text eines Nachdrucks von *Feuerbachs* Flugschrift „Über die Unterdrückung und Wiederbefreiung Europens" von 1813. Eine inhaltliche Analyse hat bereits früher gezeigt, dass diese Art des Denkens nur unter Vorbehalt den Grundsätzen *Feuerbachs*

[1115] *Liszt*, Bedingte Verurteilung und bedingte Begnadigung, in: Vergleichende Darstellung, AT, Bd. 3, 1908, S. 90 f.

[1116] *Liszt*, Verbrechen und Vergehen wider das Leben, in: Vergleichende Darstellung, BT, Bd. 5, 1905, S. 6.

[1117] *A. Schoetensack*, Über Rechtsvergleichung und Strafrechtsreform, Gerichtssaal 70 (1907), 110.

[1118] *Liszt*, Das „richtige Recht" in der Strafgesetzgebung (1906), AuV III, Nr. 4, S. 112 f.

[1119] *Liszt*, Das „richtige Recht" in der Strafgesetzgebung (1906), AuV III, Nr. 4, S. 112.

[1120] Die Sammlung „Anselm von Feuerbach: kleine Schriften vermischten Inhalts", Bd. 1, 1833, S. 3.

entspricht.[1121] Der Satz findet sich im zitierten Gewand nicht in der originalen, anonym veröffentlichten Fassung der Flugschrift (1813) und auch nicht in der unter *Feuerbachs* Namen gedruckten Fassung aus dem gleichen Jahr. Es müsste sich dementsprechend um eine nachträgliche Einfügung des durch die Gedankenwelt von *Hegels* Idealismus inspirierten Jahres 1833 und nicht um einen originalen Teil von *Feuerbachs* Analyse aus 1813 handeln.[1122] Den universalgeschichtlichen und insoweit hegelianischen Charakter der Stelle hat *Radbruch* hervorgehoben.[1123]

Bei der Bewertung von marxistischen Topoi bei *Liszt* muss hervorgehoben werden, dass für *Liszt* die Marx'sche Analyse und der historische Materialismus noch ein gleichwertiges Stück der Sozialwissenschaft waren und keine Summe von Schriften, die dogmatisch gewürdigt werden sollen.[1124] Ihre Verwendung weist dementsprechend nicht ohne weiteres auf die politische Orientierung des Autors im Sinne des Marxismus hin. Es ist nur unter diesem Vorbehalt richtig zu verstehen, dass für *Liszt Marx* ausdrücklich zu der Gruppe der „klardenkenden Anhänger" der Entwicklungstheorie zählt.[1125] *Radbruch* ging sogar davon aus, dass bei *Liszt* der Gedanke der Entwicklung und der Entwicklungstendenzen auf eine Rezeption von *Marx* zurückzuführen ist.[1126] Für dieses Urteil dürfte neben der Verwendung der „Ursache"-Begrifflichkeit noch die Bedeutung der wirtschaftlichen Entwicklung für das Rechtssystem in *Liszts* Überlegungen ausschlaggebend gewesen sein.[1127] Für eine Annäherung an die marxistische Gedankenwelt spricht noch *Liszts* Urteil, dass der faktische Gegensatz zwischen Interessen des kleinen und des Großkapitalismus – in der Öffentlichkeit – „verschleiert" wird.[1128] Das ist der bekannte Topos der Verschleierung der gesellschaftlichen Antagonismen im Marxismus.[1129]

Wie oben angedeutet, fällt es bei einigen Stellen nicht leicht zu entscheiden, ob sie dem Bereich des Hegelianismus, dem Bereich des Marxismus als einer hegelianischen Modifikation oder vielleicht noch älteren geistesgeschichtlichen Schichten

---

[1121] Vgl. *L. Greco*, Lebendiges und Todes in Feuerbachs Straftheorie, 2009, S. 22.

[1122] Vgl. *Anonymus*, Über die Unterdrückung und Wiederbefreiung Europens, 1813, S. [2] (Bayerische Staatsbibliothek); *P. J. A. Feuerbach*, Über die Unterdrückung und Wiederbefreiung Europens, 1813, S. 5 (= „Aus dem was ist und wie es geworden, müssen wir lernen, was zu fürchten und zu hoffen; und hieraus, was wir handelnd sollen oder dürfen").

[1123] *G. Radbruch*, Paul Johann Anselm Feuerbach: ein Juristenleben (1934), Gesamtausgabe, Bd. 6, S. 141.

[1124] *Liszt*, Die Zukunft des deutschen Liberalismus, Der Tag v. 9.5.1908, S. 2; 9.5.1908, S. 1.

[1125] *Liszt*, Das „richtiges Recht" in der Strafgesetzgebung (1906), AuV III, Nr. 4, S. 112.

[1126] *G. Radbruch*, a.a.O. (1905/06), S. 423f. Vgl. dazu noch *U. Neumann*, a.a.O. (2015), S. 27, 29.

[1127] Vgl. *Liszt*, Verbrechen und Vergehen wider das Leben, in: Vergleichende Darstellung, BT, Bd. 5, 1905, S. 6.

[1128] *Liszt*, Die Zukunft des deutschen Liberalismus, Der Tag v. 9.5.1908, S. 2.

[1129] Vgl. *G. Aßman* (Hrsg.), Wörterbuch der marxistisch-leninistischen Soziologie, 2. Aufl. 1978, S. 201. Vgl. für den primären Stellenwert des „Verschleierungs"-Topos im Marxismus auch die marxistische Kritik an *Liszt* im 12. Kapitel.

und Vorbildern angehören. So hört sich beispielsweise die Redeweise, dass ein gesellschaftlicher Druck den Gegendruck erzeugt, sogar wie ein naturalistischer Vergleich an.[1130] Aber der Gedanke kann ebenso von *Hegel, Marx* und sogar von *Rousseau* stammen.[1131] Es ist ebenso unklar, wie *Liszts* dialektische Einschübe, bei welchen die Entwicklung durch Gegensätze von produktiven Extremen bestimmt wird, die zu einer maßvollen Einheit werden, eingeordnet werden sollen.[1132] In Frage kommt sowohl die Übernahme der dialektischen Denkart von *Hegel*, als auch der Dialektik im Sinne des historischen Materialismus von *Marx*. Die Frage der letzten Zuordnung verliert ihr Gewicht, wenn man sich vergewissert, dass man mit der Zuordnung nicht den Autor als Marxisten, Positivisten oder Hegelianer nachweist, sondern lediglich die Feststellung erfolgt, mit welchen Bausteinen der Autor lebendig und eigenständig seine Entwicklungsüberlegungen konzipiert hat.

d) Monismus

Verhältnismäßig eindeutig zuordenbar sind jene Ausführungen, die sowohl inhaltlich als auch nach dem Bekenntnis von *Liszt* als Teile der monistischen Theorie aufzufassen sind. Das betrifft *Liszts* Kritik an der Unterscheidung von „Leib und Seele“,[1133] die von ihm gelobte Überbrückung des Gegensatzes zwischen „Natur und Geist“,[1134] und die positive Würdigung der „monistischen Weltanschauung“, für die er plädiert.[1135] Frei ausgetauscht wird der Begriff der „immanenten Gesetzmäßigkeit“ des Seins im Rahmen der monistischen Ausführungen mit der „immanenten Zweckmäßigkeit allen kausalen Geschehens“.[1136] *Welzel* hat bemerkenswerterweise auch die Hinweise auf Monismus in *Liszts* Werk als Nachweise eines „kausal-monistischen Grunddogmas des Positivismus“ gedeutet.[1137] Dem liegt eine begriffliche Verwechselung zugrunde, denn der Positivismus kann tatsächlich als eine „monistische“ (nur auf Kausal-Mechanik der Gesetze) ausgerichtete Lehre bezeichnet werden, aber der Monismus im Sinne der Auseinandersetzung am Anfang des 20. Jahrhunderts, sei es bei *Kohler* oder bei *Haeckel*, stellt eine Gegenposition zum Positivismus dar. *Welzels* Zuordnung liegt – unter verschiedenen Mängeln – also auch die Verwechselung von Ausdrücken zu Grunde. Es sei denn, man nimmt an,

---

[1130] *Liszt*, Die Zukunft des deutschen Liberalismus, Der Tag v. 26.5.1908, S. 1.

[1131] Vgl. *P. Gehring*, Körper und die Macht, in: M. Rölli/R. Krause (Hrsg.), Macht: Begriff und Wirkung in der politischen Philosophie der Gegenwart, 2008, S. 177.

[1132] *Liszt*, Die Zukunft des deutschen Liberalismus, Der Tag v. 26.5.1908, S. 1. Vgl. noch *Liszt*, Die „Sichernden Maßnahmen“ in den drei neuen Strafgesetzentwürfen (1909/10), AuV III, Nr. 8, S. 233.

[1133] *Liszt*, Das „richtige Recht“ in der Strafgesetzgebung (II.), ZStW 27 (1907), S. 91.

[1134] *Liszt*, Der Entwicklungsgedanke im Strafrecht, Mitt. IKV 16 (1909), S. 497.

[1135] *Liszt*, Der Entwicklungsgedanke im Strafrecht, Mitt. IKV 16 (1909), S. 497.

[1136] *Liszt*, Bedingte Verurteilung und bedingte Begnadigung, Vergleichende Darstellung, AT, Bd. 3, 1908, S. 90 f.; Der Entwicklungsgedanke im Strafrecht, Mitt. IKV 16 (1909), S. 498.

[1137] *H. Welzel*, a.a.O. (1935), S. 22 ff.

dass er auch in diesem Bereich in seinen Ausführungen die für seine These ungünstigen philosophischen Einflüsse *Hegels* durch eine Manipulation der Begrifflichkeit übergehen wollte.

4. Praktische Inkonsequenz bei der Verwertung der Entwicklungstendenzen und des Entwicklungsgedankens

Die Verbindung von „Entwicklungstendenzen“ mit den Forderungen an das „richtige Recht“ bei *Liszt* hat eine Reihe von Liszt-Schülern, aber auch kriminalpolitische Opponenten wie *Beling* zur Teilnahme an der Diskussion über den Wert der Rechtsvergleichung und die Aufgaben der Rechtswissenschaft bewogen.[1138] Die detailreichste Kritik hat *Kantorowicz* geübt,[1139] der im Sinne seiner Biographien auch als Liszt-Schüler und vor allem als ein langjähriger Mitarbeiter im Liszt’schen Seminar bezeichnet werden kann.[1140] Anders als bei anderen Autoren, die sich vornehmlich nur über den theoretischen Stellenwert der Rechtsvergleichung geäußert haben, bildete bei *Kantorowicz* den Schwerpunkt seiner Überlegung, ob sich *Liszt* selbst an seine evolutionistischen Richtlinien für die Ermittlung des „richtigen Rechts“ gehalten hat.[1141] Insoweit zeigt sich *Kantorowicz*’ Untersuchung nicht nur im Vergleich mit zeitgenössischen, sondern auch im Vergleich mit *Welzels* Untersuchung aus den 1930er Jahren als durchdachter und feiner. *Kantorowicz* setzte die bloße Erwägung von einem Gesichtspunkt nicht mit seiner Bedeutung für die Überlegungen des untersuchten Autors gleich, während *Welzel*, weil er selbst im Grunde kausal dachte, ein Analysemuster bot, in welchem immer davon ausgegangen werden muss, dass mit dem Nachweise einer Klasse von Äußerungen (beispielsweise von Entwicklungstendenzen als Maßstab des „richtigen Rechts“) zugleich eine gültige Aussage über die eigentliche Arbeitsmethode des Autors getroffen wird.

Der praktische Verdienst der Studie von *Kantorowicz* liegt daran, dass er anhand einer erschöpfenden Auswertung der Argumentation in *Liszts* rechtsvergleichenden Überlegungen zeigte, dass der Gedanke der „Entwicklungstendenzen“ als Maßstab des „richtigen Rechts“ bei *Liszt* nur eine „dekorative Rolle“ hat,[1142] während in Wahrheit das Hauptgewicht bei der Abwägung von Vorschlägen einer komplexen

---

[1138] *G. Radbruch*, a.a.O. (1905/6), 422; *E. Beling*, Strafrechtsreform und „richtiges Recht“, ZStW 26 (1906), 693; *A. Thomsen*, Das „richtiges Recht“ in der Strafgesetzgebung, ZStW 26 (1906), 696; *Ed. Kohlrausch*, a.a.O. (1906), S. 129 ff.; *E. Hafter*, Die vergleichende Darstellung des deutschen und ausländischen Rechts, SchwZStR 19 (1906), S. 134 ff.; *H. Kantorowicz*, a.a.O. (1907/08), 65; *A. Schoetensack*, a.a.O. (1907), 110; *A. Hegler*, a.a.O. (1907/08), 337. *M. Frommel*, a.a.O. (1987), S. 184 f.; *U. Neumann*, Einleitung, in: Gustav Radbruch Gesamtausgabe, Bd. 11, 2001, S. 10.

[1139] *H. Kantorowicz*, a.a.O. (1907/08), 65.

[1140] *K. Muscheler*, Hermann Ulrich Kantorowicz, 1984, S. 17, 20.

[1141] *H. Kantorowicz*, a.a.O. (1907/08), S. 79, 92 ff.

[1142] *H. Kantorowicz*, a.a.O. (1907/08), S. 92.

Wertung zukommt.[1143] Die „Entwicklungstendenzen" als Begründungsmuster für die Reform verhalten sich damit in *Liszts* Werk genau wie die historistischen Argumente: sie werden dort eingesetzt, wo sie eine bereits herausgebildete Ansicht fördern und umgekehrt verschwiegen, desavouiert oder überhaupt nicht zu Rate gezogen, wo sie eine andere Entwicklung als vom Autor gewünscht nahelegen würden. *Liszt* lässt der Entwicklung bei seinem Vorgehen „teils gar keinen, teils einen nur scheinbaren, teils einen nur nebensächlichen Einfluss".[1144] In *Kantorowicz'* dicht belegtem *Urteil* schreitet *Liszt* „wenn es sein muss" der Entwicklung zum Trotz „furchtlos auf der Bahn kühner Neurungen" fort.[1145]

Ein einleuchtendes Beispiel stellen *Liszts* Ansichten über die Reform der einfachen und qualifizierten Tötung dar, wo er sich für die Abschaffung der Unterscheidung von Mord und Totschlag ausgesprochen hat.[1146] In seiner vergleichenden Darstellung werden die Entwicklungstendenzen in Erwägung gezogen, aber die Entscheidung für die Abschaffung der Unterscheidung ergeht auf Grund „einer ganzen Reihe von Gründen", die für sie sprechen (Unklarheit des Merkmals der Überlegung; Schwierigkeiten bei der Teilnahmelehre; Indifferenz in Bezug auf die antisoziale Gesinnung des Täters; Überwiegende Ablehnung der Unterscheidung in der Literatur u. a. auch bei *Mittermaier*; Offenheit und Inkonsequenz des Volksrechtsbewusstsein; Überfälligkeit der für die Genese der Unterscheidung einst maßgeblichen Motive; Übereinstimmung der Folgeseite der beiden Delikte unter der Prämisse, dass die Todesstrafe abgeschafft wird).[1147] Dem Topos der Entwicklungstendenz kommt, umgekehrt proportional zu seiner äußeren Herausstellung, nur die Rolle eines unter mehreren Gesichtspunkten zu. Die „Entwicklungstendenz" wird in einem künstlichen Prozess dort hervorgehoben und aktiv geschaffen, wo sie für *Liszts* Ansichten fördernd ist: die geeigneten legislativen Neuerungen im Ausland werden dort, wo sie der kriminalpolitischen Wertung von *Liszt* entsprechen, überbewertet.[1148] Andererseits wird in umgekehrter Konstellation eine Reihe von Gesetzbüchern aus 1881 bis 1902 nicht erwähnt,[1149] sobald sie, ungünstig für *Liszts* Auffassung, auf dem sonderdeliktischen Merkmal der Überlegung beharren.[1150]

In *Liszts* rechtsvergleichenden Studien lassen sich auch Fälle finden, in welchen *Liszt* klar gegen eine selbst festgestellte Entwicklungstendenz entscheidet. Man

---

[1143] *H. Kantorowicz*, a.a.O. (1907/08), S. 92 ff.

[1144] *H. Kantorowicz*, a.a.O. (1907/08), S. 95.

[1145] *H. Kantorowicz*, a.a.O. (1907/08), S. 95.

[1146] Vgl. § 211 RStGB 1871: „Wer vorsätzlich einen Menschen tödtet, wird, wenn er die Tödtung mit Ueberlegung ausgeführt hat, wegen Mordes mit dem Tode bestraft".

[1147] *Liszt*, Verbrechen und Vergehen wider das Leben, in: Vergleichende Darstellung, BT, Bd. 5, 1905, S. 62 ff., 68 ff.

[1148] *Liszt*, Verbrechen und Vergehen wider das Leben, in: Vergleichende Darstellung, BT, Bd. 5, 1905, S. 61.

[1149] *Liszt*, Verbrechen und Vergehen wider das Leben, in: Vergleichende Darstellung, BT, Bd. 5, 1905, S. 61.

[1150] Vgl. *H. Kantorowicz*, a.a.O. (1907/08), S. 95 ff.

beachte die damals international favorisierte Umstellung des Mordtatbestandes vom Merkmal der Überlegung auf das Merkmal der „besonderen Verwerflichkeit“ oder „Unehrlichkeit“ der Tötung, und wie *Liszt* diese Lösung verwirft. Die neue legislative Mode, den Mord als besonders und komplex bestimmte verwerfliche Tötung aufzufassen, zeichnete sich im bulgarischen StGB von 1896, im russischen StGB von 1903, in einigen österreichischen Entwürfen und in dem schweizerischen Vorentwurf ab (= „wenn der Täter aus Mordlust, aus Habgier, unter Verübung von Grausamkeit, heimtückisch oder mittels Gift, Sprengstoffen oder Feuer oder, um die Begehung eines anderen Verbrechens zu verdecken oder zu erleichtern, getötet hat“). In *Liszts* vergleichender Darstellung findet sich erwartungswidrig in Bezug auf diese neue Entwicklung keine Hervorhebung der Entwicklungstendenz. Die Lösung, insbesondere von *Stooß*, wird stattdessen als eine mit der Unfähigkeit der Gesetzgeber zusammenhängende Kasuistik diffamiert.[1151] Es werden Zweifel geäußert, dass die Lösung dem Volksbewusstsein entspricht.[1152] Auf ein ähnliches Verfahren trifft man bei *Liszts* Überlegungen zur Strafbarkeit der Teilnahme am Selbstmord. Dort wird unter dem Titel „Gründe für und gegen die Strafbarkeit“ die ganz eindeutige internationale Tendenz, die Teilnahme zu bestrafen, durch die Aufwertung von Gegengründen schlicht verworfen.[1153]

In Ergänzung zu *Kantorowicz'* Urteil, dass *Liszt* abstrakt-theoretisch, aber nicht inhaltlich die „Entwicklungstendenzen“ als maßgeblichen Gesichtspunkt des „richtigen Rechts“ würdigte, ist hervorzuheben, dass eine Spaltung in *Liszts* Werk bereits auf der abstrakt-theoretischen Ebene vorhanden ist. In den oben genannten Schriften aus den Jahren 1905–1909 wird die Entwicklung nur teilweise und oft widersprüchlich als ein Kausalphänomen dargestellt, das von Gesetzen der gesellschaftlichen und rechtlichen Entwicklung zeugen würde, welche sich unabhängig vom menschlichen Wirken verwirklichen würden. Man wird in *Liszts* Texten enttäuscht, wenn man zuerst bei der Betrachtung eines am Anfang gestellten Satzes glaubt, dass der Autor kausal denkt, und umgekehrt auch ständig durch kausale Einschübe irritiert, wenn man davon ausgeht, dass man im Autor einen Mitkämpfer für eine bessere aktive Gestaltung der Zukunft sehen darf.

Die besten Beispiele für diese Inkonsequenz finden sich im Text über den Beruf der liberalen Partei in der Gesellschaft aus dem Jahr 1908.[1154] Dort wird zuerst durch Analyse der Entwicklung bestritten, dass die politischen Parteien und ihre Erfolge Ergebnisse einer aktiven Wirkung von Politikern sind; sie sind vielmehr nur als Ergebnisse der „kausal wirkenden Ursachen“ aufzufassen.[1155] Diese positivistische

---

1151 *Liszt*, Verbrechen und Vergehen wider das Leben, in: Vergleichende Darstellung, BT, Bd. 5, 1905, S. 67 f.

1152 *Liszt*, Verbrechen und Vergehen wider das Leben, in: Vergleichende Darstellung, BT, Bd. 5, 1905, S. 67.

1153 *Liszt*, Verbrechen und Vergehen wider das Leben, in: Vergleichende Darstellung, BT, Bd. 5, 1905, S. 139 ff.

1154 *Liszt*, Die Zukunft des deutschen Liberalismus, Der Tag, v. 8., 9., 16. und 26. Mai 1908.

1155 *Liszt*, Die Zukunft des deutschen Liberalismus, Der Tag, 8.5.1908, S. 1.

oder kausale Auffassung wird aber wesentlich relativiert, wenn im Text parallel die Notwendigkeit für die Parteien hervorgehoben wird, eine Idee dafür zu haben, welcher Zustand – wohl aktiv – anstelle des vorhandenen „gesetzt werden soll".[1156] Die politischen Parteien seien einerseits kausal nur der „Ausdruck" von großen und kleinen Strömungen und werden durch sie „bedingt und bestimmt".[1157] Damit steht die Behauptung im Einklang, dass die „agitatorischen Bemühungen auch des begabtesten Politikers" für oder gegen eine durch diese Strömungen hervorgerufene politische Partei immer sinnlos wären;[1158] widersprüchlich ist aber, wenn *Liszt* im gleichen Aufsatz etwas später klare Forderungen an die „agitatorische Kraft Theodor Barths und seiner Freunde" stellt.[1159]

Besonders auffällig ist ein Auseinanderklaffen zwischen dem kausalen und dem nicht kausalen Denken bei der Bewertung der Bedeutung von großen Politikern und kleinen Beamten.[1160] Auch *Liszts* Äußerungen über die Prognose zeugen von einem Verfahren, das keine nötige gedankliche Vervollkommnung im Sinne des Positivismus bzw. im Sinne einer kausalen Analyse erreicht. Positivistisch liest sich der Satz, dass „die kausale Verknüpfung zwischen den Zuständen der Gegenwart und der Vergangenheit uns die Möglichkeit (gewährt), die Umgestaltungen vorauszusehen, die uns die nächste Zukunft bringen wird".[1161] Jedoch wird der Gedanke unmittelbar an seine Ausführung durch den Zusatz relativiert, dass die Prognose in dem genannten Sinn (nur) eine „wissenschaftliche Grundlage für die menschliche Zwecksetzung, für zielbewusstes Eingreifen des Gesetzgebers" liefern soll.[1162] Wenn unterschiedliche Zwecksetzungen möglich sind, dann erscheint es nicht plausibel, dass die Zukunft voraussehbar ist; wenn die Zukunft voraussehbar ist, weil sie gerade unabhängig vom „zielbewussten Eingreifen" erfolgt, dann ist die Zwecksetzung gegenstandslos.

III. Die Aussetzung der evolutionistischen Begründungsmuster

Nach 1909 sind in *Liszts* Werk keine Hinweise auf die unmittelbare Bedeutung von „Entwicklungstendenzen" für die Bestimmung des „richtigen Rechts" nachzuweisen, obwohl zentrale literarische Kontexte, wie etwa die Ausführungen über das Jugendstrafrecht und die Reform des allgemeinen Strafrechts dafür an sich auf

---

[1156] *Liszt*, Die Zukunft des deutschen Liberalismus, Der Tag, 8.5.1908, S. 1.

[1157] *Liszt*, Die Zukunft des deutschen Liberalismus, Der Tag, 8.5.1908, S. 1.

[1158] *Liszt*, Die Zukunft des deutschen Liberalismus, Der Tag, 8.5.1908, S. 1.

[1159] *Liszt*, Die Zukunft des deutschen Liberalismus, Der Tag, 26.5.1908, S. 1.

[1160] Vgl. dazu *Liszt*, Die Zukunft des deutschen Liberalismus, Der Tag, Der Tag, 8.5.1908, S. 1, 2; Der Tag, 16.5.1908, S. 2.

[1161] *Liszt*, Verbrechen und Vergehen wider das Leben, in: Vergleichende Darstellung, BT, Bd. 5, 1905, S. 4.

[1162] *Liszt*, Verbrechen und Vergehen wider das Leben, in: Vergleichende Darstellung, BT, Bd. 5, 1905, S. 4.

gleiche Art und Weise Anlass gegeben hätten, wie die Diskussion zwischen 1905 und 1909. Der Akzent ist, etwa im Text über die sichernden Maßnahmen aus dem Jahr 1909/10 und in der Untersuchung zum Gesetzentwurf über das Verfahren gegen Jugendliche aus 1913, deutlich (wieder) auf den Zweck im Sinne einer zielbewussten kriminalpolitischen Wahl verschoben.[1163] Es geht in der Kriminalpolitik um die „zielbewusste Zwecksetzung",[1164] es wird die Unterscheidung eines „Voluntarismus", der aktiv die Zwecke setzt, im Gegensatz zu einem „Intellektualismus", der nur den Erscheinungen die Deutungen zuschreibt, gefordert.[1165] Die „kausale Gesetzmäßigkeit" wird im Kontext der Lehre vom Verbrechen und von Wirkungen der Strafe erwähnt, aber nicht als stiller Gestalter der rechtlichen Einrichtungen und Neuerungen.[1166]

Liszts Aussetzung des Entwicklungsgedankens nach 1909 kann im Kontext der Veröffentlichung der Kritik von *Kantorowicz* aufgefasst werden. Hinter diesem allgemeinen Urteil zeichnen sich aber mehrere Ebenen der Diskussion zwischen 1905 und 1909 und ihre Bedeutung für *Liszt* ab. Es ist erstens zu beachten, dass *Kantorowicz* den Nachweis erbracht hat, dass der Topos der Entwicklung in den Darlegungen bei *Liszt* nur gelegentlich verkündet wird, aber nicht innerlich bei der Bestimmung des „richtigen Rechts" wirkt. Der Topos war damit kompromittiert und seine Weiterverwendung musste allen Teilnehmern der Diskussion unerwünscht erscheinen. *Kantorowicz'* Kritik darf aber auch in einem inhaltlichen Sinne eine Bedeutung zugemessen werden. Sie öffnete *Liszt* den Weg, eine Versöhnung mit dem Relativismus anzustreben. 1913 führte *Liszt*, wieder unter dem Stichwort des „richtigen Rechts", die Überlegung über die Bedeutung des Gedankens der „Relativität des Rechts" in seine Ausführungen ein.[1167] Für das Verständnis dieser Entwicklung ist von wesentlicher Bedeutung, dass *Kantorowicz*, anders als *Radbruch* und *Kohlrausch*, mit der Kritik der „Entwicklungstendenzen" nicht vollständig die Berechtigung der „normativen Wissenschaft" verwerfen wollte, sondern nur durch genaueres Sezieren ihrer Bestandteile und ihrer Berechtigung sie zu einer „Wissenschaft vom Normativen" umwandeln wollte.

Zwischen dem Relativismus bei *Radbruch* und dem Relativismus bei *Kantorowicz* bestehen so große Unterschiede, dass es fraglich erscheint, ob man beide Rechtstheorien tatsächlich unter dem gleichen Stichwort erörtern sollte. *Radbruch*

[1163] *Liszt*, Die „Sichernden Maßnahmen" in den drei neuen Strafgesetzentwürfen (1909/10), AuV III, Nr. 8, S. 223 ff.; Der Gesetzentwurf über das Verfahren gegen Jugendliche (1913), AuV III, Nr. 12, S. 322 f.

[1164] *Liszt*, Die „Sichernden Maßnahmen" in den drei neuen Strafgesetzentwürfen (1909/10), AuV III, Nr. 8, S. 223.

[1165] *Liszt*, Die „Sichernden Maßnahmen" in den drei neuen Strafgesetzentwürfen (1909/10), AuV III, Nr. 8, S. 226.

[1166] Vgl. *Liszt*, Die „Sichernden Maßnahmen" in den drei neuen Strafgesetzentwürfen (1909/10), AuV III, Nr. 8, S. 225.

[1167] *Liszt*, Der Gesetzentwurf über das Verfahren gegen Jugendliche, AuV III, Nr. 12, S. 323.

hat, es darf seine oben geschilderte Position wiederholt werden, jede wissenschaftliche Entscheidung über das „Seinsollende" prinzipiell ausgeschlossen, und den Grundsatz postuliert, dass das „Seinsollende" nur durch die persönliche Überzeugung bestimmbar wäre. Die Kritik an *Liszts* „normativer Wissenschaft" war bei *Radbruch* in jenem Sinne vollständig, dass ihr die Berechtigung umfassend abgesprochen wurde. Anders verfuhr *Kantorowicz*, der die Frage nach dem „richtigen Recht" nur insofern als eine unwissenschaftliche betrachten möchte, solange es um die Frage nach *einem, gemeinen* „richtigen Recht" geht. Das Urteil über das „richtige Recht" ist abhängig vom System der „letzten Werturteile".[1168] In dieser Form des Relativismus wäre die Konstruktion des passenden Rechts für jedes Set von Grundwerten die genuin wissenschaftliche Aufgabe, die eine „Wissenschaft vom Normativen" zu übernehmen hat.[1169] Anders als bei *Radbruch*, dessen Forderungen eigentlich mehr dem Typus des Dezisionismus als dem des Relativismus entsprechen, wird bei *Kantorowicz* durch eine abgestufte Analyse *Liszt* im Ergebnis Recht gegeben, dass die Rechtswissenschaft vor der Frage des „richtigen Rechts" nicht Bankrott erklären muss.

Dass für *Liszt* die Postulierung von „Entwicklungstendenzen" als Maßstab des „richtigen Rechts" keine praktische Bedeutung hatte, wurde oben anhand seiner Herangehensweise in rechtsvergleichenden Untersuchungen dargestellt. Dieser Befund eröffnet auch die Möglichkeit, *Liszts* Behauptung einer linearen Bedeutung der „Entwicklungstendenzen" für die Bestimmung des „richtigen Rechts" als einen funktionalen Schachzug zu betrachten, bei welchem der Kern des Anliegens nicht in der prominent hervorgehobenen Aufwertung von Entwicklungstendenzen, sondern in der intendierten Aufwertung der fremden StGB-Entwürfe und des Zweckgedankens liegen würde. Alle Teilnehmer an der Debatte über die „Entwicklungstendenzen", die *Liszt* angesetzt hat, haben viel Kraft in den Nachweis investiert, dass den „Entwicklungstendenzen" keine unmittelbare Relevanz für die Bestimmung des „richtigen Rechts" zukommen kann. Aber gerade in dieser theoretisch weit herausgerückten Debatte war, wie es *Kantorowicz* erkannt hat, überhaupt nicht mehr diskutabel, dass die fremden Rechte, auch wenn sie in einem Entwurfsstadium sind, für die eigenen Wertungen und Einsichten auf gleiche Weise herangezogen werden müssen wie das bereits geltende Recht.[1170] In einem Aspekt müsste das Ergebnis der Debatte *Liszt* besonders gut gefallen haben: durch seine im Grunde metaphysische Behauptung, dass die Inhalte des Rechts durch Entwicklungstendenzen bestimmt werden (sollen), wurden sogar die Gegner der Modernen Schule dazu bewogen, die Bedeutung der bewussten und freien Zwecksetzung im Recht zu verteidigen. So schrieb *Beling* in *der Erwiderung* (!) auf *Liszt:*

[1168] *H. Kantorowicz*, a.a.O. (1907/08), S. 82, 102 f.

[1169] *H. Kantorowicz*, a.a.O. (1907/08), S. 102 f.

[1170] *H. Kantorowicz*, Probleme der Strafrechtsvergleichung, Aschaffenburgs Monatsschrift 4 (1907/08), S. 69 f.

„Die Entwicklungstendenz ruht auf *Beobachtung* und gibt Anlass zur *Prophezeiung*, zu Wahrscheinlichkeitsurteilen; sie kann Anlass geben zu Gewissheitsurteilen, wo es sich um Zustände handelt, die nicht menschliche Zwecksetzung gestaltet. Aber alle Beobachtung der bisherigen Evolution bleibt stumm, wo es sich um Zwecksetzung für die Zukunft handelt. Aus Zwecken, die man bisher verfolgt *hat*, ergibt sich mit nichten, dass man fortan dieselben Zwecke in „entwickelter" Gestalt verfolgen *soll.*"[1171]

Das Beispiel der marxistischen Kritik an *Liszt* zeigt und lehrt deutlich (Punkt B.II. im 12. Kapitel), zu welchen Missgriffen die Interpretation führen kann, wenn sie davon ausgehen möchte, dass ein Autor seine theoretischen Erörterungen und Vorschläge vielleicht nur durch Überlegungen taktischer Natur motiviert angestellt hat. Für die Behauptung, dass *Liszt* die Debatte über eine lineare Bedeutung der „Entwicklungstendenzen" für die Bestimmung des „richtigen Rechts" nur deswegen eingeleitet oder einseitig gestaltet hat, damit er das Ergebnis der Debatte (= Bedeutung des Zwecks) fördert, fehlen ideale Nachweise. Im Idealfall sind die hintergründigen Absichten durch Privatkorrespondenz oder durch Verwertung des Nachlasses erschließbar, und wo sie fehlen, sollte man von Spekulation Abstand nehmen. Jedoch spricht im vorliegenden Fall ein wichtiger Umstand für die Mitberücksichtigung von taktischen Überlegungen. In *Liszts* Aufforderungen zur Debatte sind nämlich zwei Stellen vorhanden, die ohne die Annahme, dass *Liszt* für die Entwicklungstendenzen theoretisch stringent nur zur Forderung des Zweckgedankens geworben hat, nicht verständlich wären.

Die erste Stelle betrifft *Liszts* Bewertung der Kritik, die *Beling* geübt hat. *Beling* hat, wie zitiert, in Bezug auf die Bedeutung der Entwicklung, eine genau umgekehrte Auffassung als *Liszt* vertreten. Gleichzeitig hob er aber, um die Kritik an Entwicklungstendenzen konstruieren zu können, die Bedeutung des Zwecks hervor. Als sein Beitrag veröffentlicht wurde, kommentierte *Liszt*, dass er auf *Belings* sowie *Thomsens* Erwiderung „mit Befriedigung" hinweise.[1172] Zweitens und vielleicht gewichtiger: *Liszt* leitete die Debatte über das „richtige Recht" mit üppigen Auslassungen ein, in deren Kern die Mahnung steht, dass die künstlerische und wissenschaftliche Arbeitsweise immer unmittelbar am Werk des Künstlers bzw. Wissenschaftlers beobachtet werden muss, und dass sie nicht den gegebenenfalls veröffentlichten theoretischen Überlegungen, die der Autor über die Arbeitsmethode anstellt, entnommen werden sollte.[1173] Falls dieser Vermerk tatsächlich auf die Absichten *Liszts* hindeutet, etwas Anderes als wirklich Gewolltes theoretisch zu behaupten, dann bleiben auch für die Bewertung der Bedeutung von „Gesetzen", „Entwicklungstendenzen", „objektiven Ursachen" in seinen Ausführungen, seine Mahnung und sein Wunsch geltend: „Aber wenn wir die Methode ihres Schaffens

[1171] *E. Beling*, a.a.O. (1906), S. 694.

[1172] *Liszt*, Das „richtige Recht" in der Strafgesetzgebung (II.), ZStW 27 (1907), S. 91.

[1173] *Liszt*, Das „richtige Recht" in der Strafgesetzgebung (1906), AuV III, Nr. 4, S. 109f.

kennenlernen wollen, dann werden wir wohl besser tun, nicht ihren Worten, sondern ihren Werken zu glauben".[1174]

D. Der Zweck

I. Der Zweck als voluntaristisches Konzept bei Liszt

1. Liszt und Jhering

Als wichtigstes Begründungsmuster der Reformvorschläge bei *Liszt* findet sich der *Zweck*. Er bildet sowohl im Titel als auch inhaltlich die zentrale Rolle in *Liszts* 1882 gehaltenem und veröffentlichtem Vortrag „Der Zweckgedanke im Strafrecht", der ungefähr erst seit der Weimarer Zeit vornehmlich unter dem Titel „Marburger Programm" in der Kritik herangezogen wird. Oben wurde in der Darstellung über *Liszts* universitäre Tätigkeit bereits auf den interessanten Umstand hingewiesen, dass *Liszt* im Wintersemester 1882/1883 neben dem Vortrag am Anfang des akademischen Jahrs auch eine ganze öffentliche Vorlesung mit vergleichbarem Titel angeboten hat („Über den Zweckgedanken im Strafrecht"/„de teleologia in iure criminali"; Punkt A.I.2.b) im 5. Kapitel). Der Vortrag, der anders als die Inhalte der Semestervorlesung erhalten ist, statuiert eine vom Zweck geleitete Unterscheidung von drei Bereichen der strafrechtlichen Reaktion, die bisher Gegenstand von zahlreichen, auch vorzüglichen Schilderungen war.[1175]

Der *Zweck* als Maßstab und als Begründungsmuster für die Reform beansprucht im System von *Liszts* Begründungen nicht eine zeitlich abgeschlossene Periode, sondern konkurriert mit den oben dargestellten historistischen und evolutionistischen Begründungsmustern. Bei dem historistischen Argument ging es *Liszt* darum, ein national gesetztes Recht als gutes Recht im Gegensatz zu fremd-französischem Recht hervorzuheben. In einer anderen Spielart der historistischen Gedanken werden

---

[1174] *Liszt*, Das „richtige Recht" in der Strafgesetzgebung (1906), AuV III, Nr. 4, S. 109.

[1175] Vgl. für Analysen des „Marburger Programms" *E. Hurwicz*, Rudolf von Ihering und die deutsche Rechtswissenschaft, 1911, S. 108 ff.; *H. Krüger*, Rechtsgedanke und Rechtstechnik im liberalen Strafrecht, ZStW 55 (1936), S. 109 ff.; *J. Georgakis*, Geistesgeschichtliche Studien zur Kriminalpolitik und Dogmatik Franz von Liszts, 1940, S. 22 ff.; *H. Ostendorf*, Von der Rache zur Zweckstrafe, 1982, S. 10 ff.; *W. Naucke*, Die Kriminalpolitik des Marburger Programms 1982, ZStW 94 (1982), 525; *H. Schöch*, Das Marburger Programm aus der Sicht der modernen Kriminologie, ZStW 94 (1982), S. 869 ff.; *S. Ehret*, Franz von Liszt und das Gesetzlichkeitsprinzip, 1996, S. 103 ff.; *E. Lang*, Der Zweckgedanke im Strafrecht, in: G. Korte (Hrsg.), Politische Strafjustiz und politische Betätigung in Deutschland, 1999, 13; *T. Müller*, a.a.O. (2000), S. 218 ff.; *O. Hein*, Vom Rohen zum Hohen, 2001, S. 124 ff.; *R. Wetzell*, Inventing the Criminal, 2000, S. 31 ff.; *S. Galassi*, a.a.O. (2004), 124 ff., 344, 352; *A. Koch*, Binding vs. v. Liszt, in: E. Hilgendorf/J. Weitzel, Der Strafgedanke in seiner historischen Entwicklung, 2007, S. 129 ff.; *C. O. Kreher*, a.a.O. (2015), S. 12 ff.; *W. Frisch*, Franz v. Liszt – Werk und Wirkung, 2016, in: A. Koch/M. Löhnig, Die Schule Franz v. Liszts, 2016, S. 16 ff.; *M. Pifferi*, a.a.O. (2016), S. 53 ff.; *T. Vormbaum*, Einführung, 3. Aufl. 2016, S. 118 ff.

1906 die Schwurgerichte von *Liszt* deswegen als „richtiges Recht" hingestellt, weil sie eine historisch gewachsene und eingewurzelte Einrichtung sind. In dem evolutionistischen Begründungsmuster wird in der Rechtsentwicklung, vor allem im Ausland, eine Tendenz erkannt und diese Tendenz auch als maßgeblicher Inhaltsfüller für die bevorstehende Reform aufgefasst. Bei dem „Zweck" geht es um den Mechanismus eines rationalen Umgangs mit dem Verbrechertum und den Verbrechern. Die Strafe wird als eine zweckvolle Maßnahme zum postdeliktischen „Rechtsgüterschutz"[1176] konzipiert, was in Anbetracht der Mannigfaltigkeit des Interventionsbedarfs dreier Arten von Mitteln bedarf:

– „Besserung der besserungsfähigen und besserungsbedürftigen Verbrecher";
– „Abschreckung der nicht besserungsbedürftigen Verbrecher";
– „Unschädlichmachung der nicht besserungsfähigen Verbrecher".[1177]

Dass dieses Schema gleichzeitig und verflochten mit anderen Begründungen erscheint, ist am besten in *Liszts* Kritik des italienischen Strafgesetzentwurfs von 1887 nachzuverfolgen. In der Studie über diesen Entwurf bilden die nationalen Überlegungen im oben genannten Sinne den Hauptteil der Einführung.[1178] In dem besonderen Abschnitt über die Sanktionen im Entwurf werden sie jedoch nicht, wie es nationalen Überlegungen entsprechen würde, nach den kulturellen Maßstäben, sondern nach dem Kriterium der Zweckmäßigkeit anhand der oben angeführten Dreiteilung geprüft.[1179] Bei einer genaueren Betrachtung kommt aber in *Liszts* Werk den historistischen und evolutionistischen Begründungsmustern einerseits und dem Zweckgedanken andererseits auch allgemein nicht der gleiche Stellenwert zu. Die Forderung eines nationalen im Gegensatz zu einem fremd-französischen Recht, wird bei *Liszt* in einem formellen Sinne verstanden: der Gesetzgeber muss, anstatt die bestehenden französischen Lösungen abzuschreiben, selbst ein Gesetzbuch konzipieren, so wie man es hundert oder fünfzig Jahre vorher auch in Frankreich selbstständig konzipiert hat. Auf dieser Weise wertet das historistische Argument letztendlich mittelbar den Zweck auf, weil die Forderung eines nationalen Rechts nur so viel bedeutet, dass sich ein jeder Gesetzgeber von dem Gedanken der Zweckmäßigkeit und nicht der Nachahmung leiten lassen soll. Für die evolutionistischen Begründungsmuster hat *Kantorowicz* detailreich nachgewiesen, dass sie nur als ein „Dekor" an den Schauplatz der Argumente herantreten (oben im Punkt C.II.4.). Fragt man, welcher Gedanke genau mit den evolutionistischen Sätzen dekoriert wird, so kommt man wiederum zu einer rationalen Gestaltung des Rechtsgüterschutzes, für welche bei *Liszt* mannigfaltige Arten von Wertungen vorgenommen und systematisiert werden.

[1176] *Liszt*, Der Zweckgedanke im Strafrecht, 1882, S. 23.

[1177] *Liszt*, Der Zweckgedanke im Strafrecht, 1882, S. 17, 22, 24.

[1178] *Liszt*, Der italienische Strafgesetzentwurf von 1887 (1888). AuV I, Nr. 10, S. 252 ff.

[1179] *Liszt*, Der italienische Strafgesetzentwurf von 1887 (1888). AuV I, Nr. 10, S. 261 ff.

Ein bedeutender Teil der Liszt-Forschung hat vorgeschlagen, das Zweckkonzept bei *Liszt* als eine Entlehnung aus der Zwecklehre von *Jhering* zu deuten. Interessanterweise war dieser Topos unter älteren Autoren selten,[1180] während die neueren Autoren gerne die Vorzüge, die mit seiner Allgemeinheit verbunden sind, nutzen.[1181] Die Zuordnung zur Gedankenwelt *Jherings* gründete sich auf dem Umstand, dass *Jhering* in Wien zum Kreis von *Liszts* Lehrern gehörte (vgl. Punkt B.II. im 2. Kapitel) und dass *Liszt* selbst vereinzelt bei abstrakten Überlegungen, wenn nicht ausschließlich, so doch auch *Jhering* erwähnt hat.[1182] Gleichwohl ist die Zuordnung missverständlich. Sie ist erstens schlecht mit dem äußeren Umstand vereinbar, dass

---

[1180] Vgl. mit jeweils unterschiedlichen Schwerpunkten den Jhering-Topos bei *E. Hurwicz*, Rudolf von Ihering und die deutsche Rechtswissenschaft, 1911; *J. Goldschmidt*, Franz von Liszt, Archiv für Kriminologie 73 (1921), S. 82; *H. Welzel*, Naturalismus und Wertphilosophie, 1935, S. 27; *H. Wedel*, Franz v. Liszts geschichtliche Bedeutung als Überwinder des strafrechtlichen Positivismus, SchwZStR 47 (1933), S. 329; *O. Knetsch*, Die Täterpersönlichkeit bei Franz von Liszt, 1936, S. 9; *G. Radbruch*, Franz v. Liszt – Anlage und Umwelt (1938), Gesamtausgabe Bd. 16, S. 33; *Eb. Schmidt*, Einführung, 3. Auflage 1965, S. 357; *H. Mayer*, Strafrechtsreform für heute und morgen, 1962, S. 34; *W. Stammberger*, Die Geschichte der Strafrechtsreform bis zum Strafgesetzbuchentwurf 1962, in: Probleme der Strafrechtsreform, 1963, S. 21; *E. Wolf*, Große Rechtsdenker, 4. Aufl. 1963, S. 720; *F. Wieacker*, Privatrechtsgeschichte der Neuzeit, 2. Aufl. 1967, S. 537; *R. Moos*, Franz von Liszt als Österreicher, GS Liszt, 1969, S. 120 ff.

[1181] Vgl. *H. Ostendorf*, a.a.O. (1982), S. 7; *W. Naucke*, a.a.O. (1982), S. 537 f.; *H. Müller-Dietz*, Das Marburger Programm aus der Sicht des Strafvollzugs, ZStW 94 (1982), S. 599; *H. Müller*, Der Begriff der Generalprävention im 19. Jahrhundert, 1984, S. 339, 342; *M. Frommel*, Die Rolle der Erfahrungswissenschaften in Franz von Liszt's „gesamter Strafrechtswissenschaft", Kriminalsoziologische Bibliografie 11 (1984), S. 42 ff.; *dies.*, a.a.O. (1987), S. 179 ff.; *S. Ehret*, Strafrechtsbegrenzung durch das Gesetzlichkeitsprinzip bei Franz von Liszt?, KritVJ 117 (1996), S. 347 f.; *dies.*, Gesetzlichkeitsprinzip, 1996, S. 120 ff.; *T. Vormbaum*, „Politisches" Strafrecht, ZStW 107 (1995), S. 735; *ders.*, Eduard Kohlrausch (1874–1948), FS Humboldt-Universität, 2010, S. 532 („Franz von Liszt bricht den ‚Zweck im Recht' herunter auf den ‚Zweckgedanken im Strafrecht'"); *ders.*, Einführung, 3. Aufl. 2016, S. 119; *M. Köhler*, in seiner Ausgabe des Vortrags Der Zweckgedanke im Strafrecht, 2002, S. VI („auf das Strafrecht übertragen"); *S. Galassi*, Kriminologie im Deutschen Kaiserreich, 2004, S. 124; *D. Mayenburg*, a.a.O. (2006), S. 99, 417; *ders.*, a.a.O. (2009), S. 106, 116; *A. Schmidt-Recla/H. Steinberg*, Eine publizistische Debatte als Geburtsstunde des „Marburger Programms", ZStW 119 (2007), S. 199; *dies.*, „Da wir köpfen und hängen nicht wollen und deportieren nicht können …", Nervenarzt 79 (2008), S. 295 f.; *K. Acham*, Wien und Graz als Stätten einer frühen soziologischen Forschungs- und Vereinstätigkeit, in: K. Acham (Hrsg.), Rechts-, Sozial- und Wirtschaftswissenschaften aus Graz, 2011, S. 422; *C. O. Kreher*, a.a.O. (2015), S. 12, 25 ff., 31 f. („Übernahme des Zweckgedankens"); *A. Kaufmann/D. v. d. Pfordten*, in: W. Hassemer/U. Neumann/F. Saliger, Einführung in die Rechtsphilosphie und Rechtstheorie der Gegenwart, 9. Aufl. 2016, S. 68 f. („auf Rudolf v. Jherings Zwecktheorie fußende ‚moderne' (soziologische) Strafrechtsschule"); *M. Pawlik*, v. Liszt im Kontext zeitgenössischer philosophischer Strömungen, in: A. Koch/M. Löhnig (Hrsg.), Die Schule Franz von Liszts, 2016, S. 58 f., 66 ff.; *B. Zabel*, Franz v. Liszt und die Reformbewegung des Strafrechts, in gleichem Sammelband (2016), S. 88.

[1182] *Liszt*, Der Zweckgedanke im Strafrecht, 1882, S. 7, 23, 30; Strafrecht und Strafprozess, in: W. Lexis (Hrsg.), Die deutschen Universitäten, 1893, S. 359; Die „Sichernden Maßnahmen" in den drei neuen Strafgesetzentwürfen (1909/10), AuV III, Nr. 8, S. 224; Strafrechtsreform (1914), AuV III, Nr. 13, S. 345.

auch bei *Jhering* die Zwecktheorie einen Teil seiner Wiener Erfahrung darstellte. Der chronologische Sachverhalt deutet darauf hin, dass *Liszt* und *Jhering* einfach gleichmäßig der Würdigung des legislativen „Zwecks“ in Wien ausgesetzt waren, und dass die Sonderleistung *Jherings* nur darin bestand, dass er für den Zweck eine anspruchsvolle, nichtjuristische Theorie in seinem „zweiten“ Magnum Opus entwickelt hat.[1183] Zu berücksichtigen ist dabei, dass auch die neuere Jhering-Forschung davon ausgeht, dass *Jherings* Rolle für den Zweckgedanken in der Rechtswissenschaft bisher oft überbewertet wurde. Es herrscht heute keine Unklarheit darüber, dass der teleologische Gedanke bereits vor *Jhering* geläufig war.[1184]

Entscheidend für die Scheidung von *Liszt* und *Jhering* ist der inhaltliche Umstand, dass der Zweck bei *Liszt* immer und ausnahmslos ein voluntaristisches Konzept ist. Es geht, mit einer Formulierung, die gleich wieder anzusprechen ist, um eine „scharfe Bestimmung der nächsten praktischen Ziele jeglichen Thuns“.[1185] Der Zweck im Vortrag „Der Zweckgedanke im Strafrecht“ ist Teil einer Entgegensetzung zwischen einer Welt des Irrationalen (auch: „Trieb“)[1186] und des rationalen Handelns, das über seine Gründe aufgeklärt ist.[1187] Es gibt für *Liszt keinen* unbewussten Zweck, der einer Einrichtung immanent wäre.[1188] Demgegenüber ist *Jherings* Zwecktheorie eine sozialphilosophische Lehre, bei welcher, das ist die wesentliche Prämisse, hinter rechtlichen und sozialen Einrichtungen, unabhängig wie sie entstanden sind, immanente Zwecke der Weltvernunft entdeckt werden.[1189] Seine Lehre ist nicht teleologisch im Sinne eines Voluntarismus, sondern *final* im Sinne einer metaphysischen Erklärung aller Welteinrichtungen durch die Voraussetzung, dass ihnen feste Konzepte einer immanenten Vernunft zugrunde liegen. Das bekannte Motto „Der Zweck ist der Schöpfer des ganzen Rechts“[1190] hat bei *Jhering* und *Liszt* eine unterschiedliche Bedeutung. Für *Liszt* enthält der Satz eine normative Erwartung an gutes Recht,[1191] bei *Jhering* ist der Satz eine faktische Behauptung und soll heißen,

---

1183 *R. Jhering*, Der Zweck im Recht, Bd. 1, 1877, Bd. 2, 1883. Während seiner Lehrtätigkeit in Wien (1868–1872), stand im Vordergrund noch sein erstes Magnum Opus „Der Geist des römischen Rechts auf verschiedenen Stufen seiner Entwicklung”, mehrere Bände, 1852–1865, das auch als ein Lehrbuch der konstruktiven Jurisprudenz begriffen werden kann. Die „Institutionen”, die *Liszt* bei *Jhering* gehört hat (Punkt A.II. im 2. Kapitel), wurden von *Jhering*, sollte keine Ausnahme vorliegen, nach *Puchtas* „Cursus“ gelesen.

1184 *O. Behrends*, Jherings Evolutionstheorie des Rechts zwischen Historischer Schule und Moderne, 1998, S. 154 ff. Vgl. für älteres Schrifttum und seine Bewertungen *W. Stammberger*, a.a.O. (1963), S. 21 („... Ihering, der den Gedanken des Zwecks in das Recht eingeführt hatte“).

1185 So *O. Mittelstädt*, Gegen die Freiheitsstrafen, 2. Aufl. 1879, S. 18.

1186 *Liszt*, Der Zweckgedanke im Strafrecht, 1882, S. 11 ff.

1187 *Liszt*, Der Zweckgedanke im Strafrecht, 1882, S. 11 ff.

1188 *Liszt*, Der Zweckgedanke im Strafrecht, 1882, S. 11 ff. Vgl. für verschiedene Deutungen *W. Naucke*, a.a.O. (ZStW 1982), S. 525 ff.; *H. Ostendorf*, a.a.O. (1982), S. 14.

1189 *R. Jhering*, Der Zweck im Recht, Bd. 1, 1878, S. V ff.

1190 *R. Jhering*, Der Zweck im Recht, Bd. 1, 1878, S. I, S. 9.

1191 *Liszt*, Die „Sichernden Maßnahmen“ in den drei neuen Strafgesetzentwürfen (1909/10), AuV III, Nr. 8, S. 224.

dass es „keinen Rechtssatz gibt, der nicht einem Zweck seinen Ursprung verdankt“.[1192]

Auf die grundlegende Unterscheidung zwischen dem Zweckkonzept bei *Liszt* und der metaphysisch beladenen Zwecktheorie bei *Jhering* wurde bereits geschickt bei *Frommel* und anderen neueren Autoren wie *Stier* hingewiesen.[1193] Jedoch führte diese Feststellung nicht zu einer zufriedenstellenden und festen Bestimmung des Verhältnisses zwischen *Jhering* und *Liszt*. Für die nur partielle Beleuchtung des Verhältnisses waren nach den 1980er Jahren zwei Gründe maßgeblich. Erstens wurden die wichtigen neuen Funde, die auf ein ausgewogeneres Bild von *Liszt* hindeuten würden, in die Hauptteile der Liszt-Kritik nicht ihrem Gewicht angemessen eingearbeitet. Vielmehr wird in der radikalen Liszt-Kritik seitdem eine geschichtsphilosophische Zuspitzung der alten Thesen angestrebt, bei welcher man, je mehr sich das empirische Bild von *Liszt* von der apriorisch gewonnenen Vorstellung entfernt hat, umso mehr diese Vorstellung selbst reiner, einseitiger und stoffunabhängiger konzeptualisiert hat. Dafür steht beispielhaft der Versuch von *Vormbaum*, seinen Lesern die Bedeutung von *Darwin* für *Jhering* und dann auch von *Jhering* für *Liszt* dadurch näher zu bringen, dass er losgelöst von jedweden inhaltlichen Aspekten, die Verbindung durch den Nachweis eines vergleichbaren Stichworts im Werk von allen drei Autoren erstellt (Punkt D.II. im 14. Kapitel).

Der zweite und wichtigste Grund für die nur partielle Beleuchtung des Verhältnisses von *Liszt* und *Jhering* durfte in dem Umstand liegen, dass, auch in *Frommels* Deutung, *Liszt* nicht vollständig von *Jhering* abgekoppelt wird, sondern die Unterschiede zwischen dem Zweckkonzept bei *Liszt* und der Zwecktheorie bei *Jhering* als eine *Reduktion* interpretiert werden, die *Liszt* in der Theorie *Jherings* nachträglich vorgenommen habe.[1194] *Liszt* hätte in dieser Deutung, vereinfacht gesagt, vom Zweckkomplex und seiner Bedeutung für die Wissenschaft tatsächlich erste Impulse von seinem Wiener Lehrer *Jhering* erhalten. Er nahm „Jherings Programm“ auf, setzte es aber, wie *Frommel* weiter schreibt, „für juristisch-praktische Zwecke“ um und führte damit auf der Grundlage von *Jhering* eine voluntaristische Wende herbei.[1195] Diese Deutung, obwohl sie zweifelsohne einen großen Fortschritt in der Liszt-Forschung darstellt, blieb jedoch auf halbem Weg stehen. Sie würdigt nicht den Umstand, dass das Zweckkonzept in der Rechtswissenschaft auch vor *Jhering* einen Stellenwert hatte, der bereits mit dem Stellenwert bei *Liszt* identisch war. Die These einer bloßen „Reduktion“ ermöglichte nach wie vor, dass in allgemeinen und be-

---

[1192] *R. Jhering*, Der Zweck im Recht, Bd. 1, 1878, S. 9, S. XII („Zweckgesetz als höchstens weltbildendes Prinzip“). Umgekehrt gibt es Stellen bei *Jhering*, die entsprechend seiner losen Bestimmung des Zwecks, die Möglichkeit einer aktiven Ordnung des Rechtsstoffs nach dem Zweck, verneinen. Vgl. Geist des römischen Rechts, Bd. 2, Teilband 2, 2. Aufl. 1869, S. 349. Kommentiert von *J. Schröder*, Recht als Wissenschaft, 2. Aufl. 2012, S. 274.

[1193] *M. Frommel*, a.a.O. (1987), S. 48 f., 179 ff.; *A. B. Stier*, a.a.O. (2006), S. 74 ff.

[1194] *M. Frommel*, a.a.O. (1987), S. 179 ff.

[1195] *M. Frommel*, a.a.O. (1987), S. 182.

sonderen Darstellungen der Jhering-Topos als ein Schlüsselwort für die Strafrechtswissenschaft von *Liszt* verwendet wird.[1196]

Hier soll, auch im Einklang mit der neueren Jhering-Forschung, ein neues Bild von *Liszts* Zweckkonzept entworfen werden. Es ist weder eine literarische Übernahme, noch eine bloße literarische Innovation in einer theoretischen Nullstunde, sondern stellt einen integralen Bestandteil von *Liszts* wissenschaftlicher und strafrechtlicher Enkulturation in Wien dar. *Liszts* weitschweifige Äußerungen zum Zweck 1882 werden dabei nicht als Entstehungsstunde des Zwecks in der Strafrechtswissenschaft interpretiert, sondern als Bemühungen, ein bereits gewachsenes Konzept zu *verteidigen.* Das ändert auch gründlich den Charakter der von *Liszt* gelegentlich durchgeführten Verweise auf *Jherings* Zwecktheorie. Sie stellen keine Basis dar, aus welcher eigene Konzepte deduziert werden oder die zu einer Modifikation aufgenommen wird, sondern *eine* von mannigfaltigen Referenzen höherer Art im Vortrag „Der Zweckgedanke im Strafrecht", mit welchen konkrete Auseinandersetzungen literarisch komplettiert werden.

2. Bedeutung der publizistischen Geschichte des „Marburger Programms"

Die Konjunktur der Deutungen, die *Liszts* Strafrechtswissenschaft als einen besonderen Anwendungsfall von *Jherings* Zwecklehre deuten, kann auch als ein literarisches Nebenprodukt der Publikationsgeschichte des Vortrags „Der Zweckgedanke im Strafrecht" aufgefasst werden. Die älteren Autoren, vor allem vor dem Zweiten Weltkrieg, hatten vor sich entweder die originale Ausgabe von 1882 oder die mit minimalen typographischen Änderungen veröffentlichte Version aus der „ZStW" (Bd. 3, 1883). Für den Leser dieser Ausgaben musste es nicht zu übersehen gewesen sein, dass *Liszt* in seinem Vortrag auf so mannigfaltige Autoren wie *Fichte, Laas, Jhering, Wahlberg* hinweist, und an einer entscheidenden Stelle mit genauen Zitaten sogar *Plato* und *Aristoteles* als Gewährsmänner für eine differenzierte Zwecktheorie anführt.[1197]

Das ist jedoch nicht das Bild des Vortrags, das nach dem Zweiten Weltkrieg den meisten Lesern vorlag. Verbreitet waren die drei von 1943 bis 1968 gedruckten Ausgaben von *Erik Wolf,* in welchen redaktionell die „polemischen Teile" des Vortrags und *alle* Fußnotenangaben spurlos entfernt waren (vgl. D.I.1. im 15. Ka-

[1196] Vgl. insb. *M. Köhler,* in seiner Ausgabe von *Liszts* Der Zweckgedanke im Strafrecht, 2002, S. VI („Der Titel der Schrift benennt ihre leitende These: den Zweckgedanken. Damit wird Rudolf von Iherings ‚Zweck im Recht' zitiert und auf das Strafrecht übertragen."); *T. Vormbaum,* a.a.O. (2010), S. 532 („Franz von Liszt bricht den ‚Zweck im Recht' herunter auf den ‚Zweckgedanken im Strafrecht'"); *C. O. Kreher,* a.a.O. (2015), S. 12 („Liszt basiert auf Jhering"), 25; *A. Kaufmann/D. v. d. Pfordten,* in: W. Hassemer/U. Neumann/F. Saliger, Einführung in die Rechtsphilosphie und Rechtstheorie der Gegenwart, 9. Aufl. 2016, S. 68 f. („auf Rudolf v. Jherings Zwecktheorie fußende ‚moderne' (soziologische) Strafrechtsschule").

[1197] *Liszt,* Der Zweckgedanke im Strafrecht, 1882, S. 23.

pitel). Es ist vielleicht auf diese Ausgaben als Grundlage für die Interpretation zurückzuführen, dass bei *Naucke* die Stellen, die in den Originalausgaben als Sätze von *Fichte* und *Laas* ausgewiesen werden, so wiedergegeben werden, als würden sie *Liszts* eigene Gedanken darstellen (Punkt B.II.–III. im 14. Kapitel). *Wolfs* Ausgaben förderten eine Auffassung des Vortrags als ein im „Nullpunkt", ohne Anbindung an ältere Literatur und an zeitgemäße Diskussion sich selbst entwickeltes „Novum". Den vernichteten Fußnoten konnte nicht mehr entnommen werden, dass ein älterer kriminalpolitischer Schatz verarbeitet wurde, und dass der Autor in verschiedenen theoretischen Richtungen versiert ist. So könnte auch die täuschende, erst nach dem Zweiten Weltkrieg allgemein überbewertete Anbindung von *Liszt* an *Jhering* entstanden sein.

II. Der Zweck bei Liszt 1882

1. Diachroner Diskurs

Für *Liszts* Wiener Erfahrung darf daran erinnert werden, dass die Universität Wien und überhaupt die österreichische Rechtswissenschaft durch Graf *Thuns* Reform eine besondere Ausrichtung auf die älteren Diskurse erfahren haben. In den deutschen Ländern nördlich von Österreich war die Historische Rechtsschule, besonders so, wie sie in Texten von *Savigny* verstanden wurde, in den 1850er Jahren bereits antiquiert und musste sich vielfach gegen die konkurrierenden Richtungen behaupten. Demgegenüber wurde, anachronistisch für deutsche Verhältnisse, in Österreich seit den 1850er Jahren eine Anbindung an *Savigny*, an die Historische Rechtsschule und das Strafrecht des Vormärzes angestrebt (2. Kapitel; 3. Kapitel). Folglich ist von Interesse, ob der Zweckgedanke in der Strafrechtswissenschaft des Vormärz eine Rolle gespielt hat und welchen Stellenwert er in der allgemeinen juristischen Auffassung in Österreich genossen hat.

Mittermaier hat im Vormärz bereits 1820 ausdrücklich die Meinung vertreten, dass dem Zweck bei der Strafgesetzgebung eine entscheidende Rolle zukommen muss. Seine charakteristische antiphilosophische Haltung wird mit dem Hinweis abgerundet, dass die Bestimmung eines einzigen „Strafprinzips" verfehlt ist.[1198] Die Strafe und ihre Funktion könne man nicht, so *Mittermaier*, philosophisch bestimmen: man kann stattdessen „dem Strafinstitute im Staate nur den Zweck zuschreiben" (1820).[1199] Für die Beurteilung der Gefängnisstrafe und die Einrichtung der Gefängnisse forderte Graf *Thun* selbst, wie oben angedeutet, primär die Untersuchung des „Zwecks, den man dadurch zu erreichen wünscht" (1836).[1200] *Abegg* sprach im Vormärz über die „gewöhnliche Weise der Begründung des Strafrechts, insbesondere

[1198] *C. J. A. Mittermaier*, Über den neusten Zustand der Criminalrechtswissenschaft in Deutschland, Neues Archiv des Criminalrechts 4 (1820), S. 96.

[1199] *C. J. A. Mittermaier*, a.a.O. (1820), S. 96.

[1200] *L. Thun*, a.a.O. (1836), S. 4.

durch Beziehung desselben auf einen Zweck“ (1835).[1201] Auch im Bereich des Strafprozesses hat man beispielsweise in *Mittermaiers* „Archiv“ die Frage nach den Aufgaben und Zuständigkeiten des Richters unter dem Stichwort der Vermeidung der „zweckwidrigen Beschränkungen“ diskutiert (1820).[1202]

Liszt selbst hat bei der Konzipierung der Zweckstrafe nirgendwo die Auffassung vertreten, dass er ein Novum dargeboten habe. Entsprechend seiner Perspektive, nach welcher durch die zeitgenössische idealistische Philosophie ein chronologisch eingrenzbarer *Übergriff* auf die Strafrechtswissenschaft ausgeübt wurde, positionierte er sich als ein Anhänger des *älteren* Gedankenschatzes. In der zweiten Auflage des „Lehrbuchs“ (1884) finden sich breite Ausführungen, die teilweise als Ergänzungen oder als erweiterte Grundlagen des Vortrags „Der Zweckgedanke im Strafrecht“ (1882) gelesen werden können. Dort begegnet uns *Liszt* als ein fein und humanistisch gewandter Autor, der sein Konzept des Zwecks im Rahmen der vollständigen literarischen Erfahrung des Abendlandes seit dem Altertum entwickelt. Er betrachtet seine Zwecktheorie nur als einen Teil der literarischen Entwicklung, die durch Anhänger der Zweckstrafe wie *Hobbes, Spinoza, Bentham, Feuerbach, Schopenhauer, Bauer, Stelzer, Groos, Krause, Ahrens, Schleiermacher, Röder, Servin, Rossi, Martin, Franck, Carmignani, Carrara, Romagnosi, Welcker* vertreten wurde.[1203] Die Unterscheidung zwischen drei Zwecken der Besserung, Abschreckung und Unschädlichmachung möchte *Liszt* im Vortrag und im Lehrbuch als Errungenschaft von *Plato* und *Aristoteles* würdigen.[1204]

> „Dass der *Zweck* der Strafe der Schutz rechtlich anerkannter Interessen und dass in und mit dieser Zweckbestimmung das *Wesen* der Strafe gegeben ist, war die fast unbestrittene herrschende Auffassung der Wissenschaft wie der Gesetzgebung bis zu demjenigen Zeitpunkte, in welchem die spekulative Philosophie die Herrschaft über die deutsche und bald auch die außerdeutsche Wissenschaft gewann.“[1205]

Neben der symbolischen Aufwertung des „Zwecks“ in der strafrechtlichen Diskussion ist besonders noch auf die allgemeine Auslegungslehre *Savignys* und den für

---

[1201] *J. F. H. Abegg*, Die verschiedenen Straftheorien in ihrem Verhältnis zu einander, 1835, S. 9.

[1202] Vgl. etwa *Puchtas* Untersuchung Über zweckwidrige Beschränkungen der freien Thätigkeit des Inquirenten, Neues Archiv des Criminalrechts 4 (1820), 436.

[1203] *Liszt*, Lehrbuch des Deutschen Strafrechts, 2. Aufl. 1884, S. 14 ff.

[1204] *Liszt*, Lehrbuch des Deutschen Strafrechts, 2. Aufl. 1884, S. 7. Sowohl im Vortrag von 1882, der mit altgriechischen Wendungen beginnt, als auch in den zeitlich nahen Auflagen des „Lehrbuchs“ wird dem griechischen Gedankenreich ein Primat gegeben, der nur unter Voraussetzung der humanistischen Bildung verständlich ist und einen groben Gegensatz zum positivistischen Verständnis der Wissenschaft darstellt. Nicht in einem Nullpunkt wird Wissen aus einem theoretischen Paradigma heraus, etwa „induktiv“, konstruiert, sondern es findet eine Pflege des in zwei oder drei Jahrtausenden angesammelten Gedankenschatzes des Abendlandes statt. Vgl. noch *Liszt*, Lehrbuch des Deutschen Strafrechts, 2. Aufl. 1884, S. 7, 9, 16; 3. Aufl. 1888, S. 6 ff.; Psychologie des Verbrechens, in: Festgabe zum 100jährigen Jubiläum des Schottengymnasiums, 1907, 173.

[1205] *Liszt*, Lehrbuch des Deutschen Strafrechts, 5. Aufl. 1892, S. 15 f.

ihre Rezeption in Wien wichtigen Umstand der Eingrenzung der Rechtquellen auf die Gesetzgebung in Österreich hinzuweisen. Für *Savignys* Auffassung ist charakteristisch, dass er das Volksrecht dem gesetzten Recht entgegengesetzt hat. Beide können beim Rechtsphänomen unterschiedliche Funktionen erfüllen. Der Vorzug und die eigentliche Aufgabe des gesetzten Rechts wäre nicht eine Wiederholung des ganzen Rechtsstoffes in Paragraphen, sondern die Möglichkeit einer strengen Zweckverwirklichung im Gegensatz zu dem manchmal allzu spontanen und widersprüchlichen Volksrecht. Anders als das eigentliche Volksrecht, das aus der Handlung heraus, sei es in Verkehrsverhältnissen oder in der Gerichtsübung, erwächst, ist die Gesetzgebung *eine plangesteuerte* Gestaltung des Rechts. Sie erfährt als Eingriff in das Bestehende ihre Berechtigung nach dem Maßstab des verfolgten Zwecks und der Gelegenheit seiner Verwirklichung. Entsprechend setzt *Savigny* für die Interpretation fest:

> „(...) dem Gesetzgeber [muß] die vollständige Anschauung des organischen Rechtsinstituts vorschweben, wenn das Gesetz seinem Zweck entsprechen soll, und er muß durch einen künstlichen Prozeß aus dieser Totalanschauung die abstracte Vorschrift des Gesetzes bilden: eben so muß derjenige, der das Gesetz anwenden soll, durch einen umgekehrten Prozeß den organischen Zusammenhang hinzufügen, aus welchem das Gesetz gleichsam einen einzelnen Durchschnitt darstellt.“[1206]

In Wien ist eine Kultur des Zweckgedankens nachweisbar, lange bevor *Jhering* den Ruf an die dortige Universität angenommen und seine Zweckideologie literarisch ausgeführt hat. Es ist charakteristisch für die aufgeklärten Diskurse des Absolutismus, die Zwecksetzung und das zweckbestimmte Handeln als vernünftige und damit vollkommenste Form des Handelns vorzuschreiben. *Liszts* Lehrer *Glaser* hat als eine Besonderheit der Aufklärung die Forderung des Nachweises eines vernünftigen Zwecks in jeder Angelegenheit hervorgehoben (1854).[1207] Es ist zu vermuten, dass diese für die Regierungslehre (Gesetzeslehre) charakteristische Sichtweise in *Savignys* oben wiedergegebener Bestimmung der Auslegung, während der Rezeption der Historischen Rechtschule in Wien der Zweckauffassung neue Durchsetzungskraft gegeben hat. Für diese Deutung ist wichtig, nicht das Spezifikum der Wiener Historischen Rechtsschule außer Acht zu lassen, die, anders als *Savigny*, das Gesetz als die einzige Rechtsquelle würdigte. *Savignys* eng mit der Sphäre der Gesetzgebung verknüpfte Zweckdiskussion konnte kurzerhand zum Maßstab des Rechts überhaupt erwachsen. Als Prämisse der Auslegung wird der Zweck bereits vor *Jhering* in *Ungers* „System des österreichischen Privatrechts“ (1856), das in Wien im Mittelpunkt der dogmatischen Bildung stand, an mehreren Stellen erwähnt.[1208]

[1206] *F. C. Savigny*, System des heutigen Römischen Rechts, Bd. 1, 1840, S. 44.

[1207] *J. Glaser*, Über Aufgabe und Behandlung der Wissenschaft des österreichischen Strafrechts (1854), in: Kleinere Schriften, 1868, S. 14.

[1208] *J. Unger*, System des österr. Privatrechts, Bd. 1, 1856, S. 86, 91.

Die Beispiele aus dem Strafrecht des Vormärzes und der Auslegungslehre zeigen, dass es zu allgemein und damit verfehlt ist, wenn in der Liszt-Forschung *Liszts* Zweckgedanke auf *Jhering* zurückgeführt wird. Der Zweck im Sinne einer unmittelbaren Bestimmung der Ziel-Mittel Relation gehörte zu dem Grundstock der Rechtswissenschaft in ihrer spezifischen Wiener Ausprägung der 1850er, 1860er und 1870er Jahre. In *Liszts* „praktisch-juristischem" Charakter des Zwecks liegt keine Innovation, sondern ein Tradierungszusammenhang vor. Umgekehrt ist *Jherings* Zwecklehre keine „Basis" von einem „praktisch-juristischen" Zweckkonzept, sondern eine eigenständige wie gleichzeitig eigenwillige Vermischung des „praktisch-juristischen" Aspekts mit weiten theoretischen Auslassungen über die immanente Vernunft. Dass *Liszt* selbst um 1909 und 1914 auf die Bedeutung *Jherings* verwiesen hat,[1209] dürfte wesentlich damit zusammenhängen, dass *Liszts* Schüler *Hurwicz* zu dieser Zeit eine spezielle Deutung von *Jherings* Werk entwickelt hat, die bemüht war, zu beweisen, dass auch *Jhering* „im Grunde" immer ein Realist war und ein voluntaristisches Konzept des Zwecks vertreten hat (Punkt C. im 8. Kapitel).

2. Synchroner Diskurs

a) Die Spaltung der Liszt-Forschung

Für die Aufarbeitung des synchronen Diskurses, also der zeitgenössischen Diskussionsplattformen, die für die Bestimmung des Stellenwerts von „Zweck" in *Liszts* Vortrag aus dem Jahr 1882 maßgeblich sind, muss zuerst auf die Spaltung in der Liszt-Forschung seit den 1980er Jahren hingewiesen werden. Auf der einen Seite steht die radikale Liszt-Kritik, die theoretisch betrachtet bei der Verwertung von Texten eine phänomenologische Methode verwendet (14. Kapitel). Das ist natürlich eine Verallgemeinerung, aber sie entspricht nicht nur vielen Stellen dieser Kritik, sondern auch dem methodologischen Grundprogramm von *Naucke*, dessen vorzüglich detailreicher Text von 1982 allen anderen Autoren als Orientierungspunkt der Kritik diente. Für die phänomenologische Methode kann der Inhalt von Texten, auch die Bedeutung von einzelnen Wendungen und Konzepten, selbst aus dem Text heraus bestimmt werden (vgl. Punkt A.II.1. im 14. Kapitel). Das logische Gegenprogramm bietet die Diskursanalyse seit den 1980er Jahren, für die der Inhalt von Texten nur als Teilnahme des Autors an einem strukturierten, gesellschaftlich und wissenschaftlich vorgeprägten Gespräch verständlich ist (Punkt D.–E. im 15. Kapitel).

Die phänomenologische Herangehensweise würde heißen, dass die Bedeutung des „Zwecks" in *Liszts* Werk oder im Vortrag „Der Zweckgedanke im Strafrecht" unabhängig von seinem Stellenwert in der Diskussion der Zeit erfolgen kann. Im günstigeren Fall läuft diese Methode auf eine streng vom Kontext und Diskussion der

---

[1209] *Liszt*, Die „Sichernden Maßnahmen" in den drei neuen Strafgesetzentwürfen (1909/10), AuV III, Nr. 8, S. 224; Strafrechtsreform (1914), AuV III, Nr. 13, S. 345.

Zeit abgekoppelte „Textexegese" hinaus (so bei *Ehret*, Punkt C. im 14. Kapitel). Dabei wird grundsätzlich verkannt, dass die inner-systematische Textexegese dort, wo sie ihre Berechtigung hat, entweder von einer *verborgenen* Bedeutung der äußeren Mitteilung ausgeht oder eine geschichtlich gewachsene Methode für den Umgang mit *mangelnden* Quellen, aber kein Ideal der Auslegung darstellt. Das erstere wäre der Fall in der Theologie, das letztere in manchen Teilen der Philosophiegeschichte. Bei einer weiteren, zweiten Ausformung der phänomenologischen Methode müsste der Kritiker, sozusagen, einfach in einer Gesamtschau die „Energie" des Ausdrucks als Textphänomen spüren und sie mit dem spezifischen Gehalt eines theoretischen Konzepts wie des Naturalismus oder des Comte'schen Positivismus vergleichen. Dort, wo die Übereinstimmung der Impulse, die die Phänomene (Einzelphänomene und Konzepte) von sich geben, besteht, darf man *Liszts* Äußerungen mit entsprechenden Phänomenen der Theorie verbinden. Bildhaft hat in den 1980er Jahren *Baurmann*, wohl in dem genannten Sinne, seine These, dass *Liszt* nah bei den nationalsozialistischen Vernichtungspraktiken stand, mit dem Aufspüren von „destruktiven Emotionen und einem Vernichtungswillen gegenüber allem ‚Andersartigen'" in *Liszts* Texten begründet.[1210]

Anders verfährt die Diskursanalyse, die sich langsam aber fortschreitend seit den 1980er Jahren als methodologisches Gegenprogramm zur radikalen Liszt-Kritik etabliert hat (Punkt D. im 15. Kapitel). Hier haben die Textumgebung, die sprachliche Erfahrung, die der Autor haben konnte, der Wille und die Notwendigkeit des Autors, sich im System eines fremdbestimmten Anliegens im Sinne einer bereits bestehenden Diskussion und Wissenschaft zu äußern, nicht allein eine *parallele* Bedeutung für die Forschung, in dem Sinne, dass man alle diese Zusammenhänge unabhängig von Texten des untersuchten Autors als besondere Forschungsgegenstände erforschen könnte. Dem geschichtlichen, interaktionistisch auffassbaren Textumfeld kommt vielmehr ein *konstitutiver* Charakter für das Verständnis der untersuchten Texte überhaupt zu (Punkt D.I.2. im 15. Kapitel). Kann etwa nachgewiesen werden, dass der Zweckbegriff oder der Zweckgedanke in der Literatur der Zeit *in einem bestimmten Sinne* angegriffen wurde, so muss sich die Deutung und Bestimmung des Inhalts des Zweckgedankens bei *Liszt* an dieser Diskussion orientieren.

Die Diskurs-Analyse hat einen besonderen Schwung in den Texten von *Schmidt-Recla* und *Steinberg* erfahren, die gezeigt haben, dass der Vortrag „Der Zweckgedanke im Strafrecht" keine kriminalpolitische Programmierung enthielt, sondern in seiner Zeit ein Beitrag zu einer inhaltlich schon vollständig vorgeformten Diskussion war (2007/2008).[1211] Durch eine ähnliche Herangehensweise, die das textuelle Umfeld erkundet, zeichnen sich auch die Untersuchungen von *Koch* und *Kreher*

[1210] *M. Baurmann*, Kriminalpolitik ohne Maß – Zum Marburger Programm Franz von Liszts, Kriminalsoziologische Bibliografie 11 (1984), S. 65.

[1211] *A. Schmidt-Recla/H. Steinberg*, a.a.O. (2007), S. 195; *dies.*, a.a.O. (2008), 295.

aus.[1212] Im Grunde genommen ist der Befund, dass *Liszt* an der Diskussion mit *Mittelstädt, Kraepelin* und weiteren Autoren teilgenommen hat, nicht überraschend. *Liszt* selbst hat die Diskussion der Zeit im Vortrag mit der Angabe der damals aktuellen Veröffentlichungen als eine neue „Bewegung" bezeichnet.[1213] Vielleicht geht auch die Tatsache, dass man 2007 im Aufsatz von *Schmidt-Recla* und *Steinberg* die lokalisierte kriminalpolitische Debatte als eine Neuheit in der Forschung empfunden hat, darauf zurück, dass man bis dahin die gekürzten Wolf'schen Ausgaben von *Liszts* Vortrag verwendet hat.

b) Mittelstädt und Liszt als Diskutanten in der Strafzweckdiskussion

Die vorliegende Darstellung soll beispielhaft zeigen, wie sich der Begriff des Zwecks bei *Liszt* und sein Anliegen, über den Zweck zu theorisieren, inhaltlich durch Beachtung der laufenden Entwicklung der Diskussion in der Zeit bestimmen lassen. Aus dem Vergleich mit der Schrift von *Mittelstädt* „Gegen die Freiheitsstrafen" wird sowohl die Bedeutung des Zweckgedankens bestimmt, als auch gezeigt, dass *Liszts* Vorschläge, wie immer sie abstrakt genommen aus der heutigen Perspektive streng oder nicht streng erscheinen, in der damaligen Zeit den Charakter einer *mildernden und deeskalierenden* Position in der Auseinandersetzung hatten. Wenn aber die einzelnen Forderungen, wie es offenbar ist, und wie es im Rahmen der Diskursanalyse bereits *Müller* gezeigt hat, ihren Wert vollständig ändern können, sobald sie im System von fremden Äußerungen betrachten werden (Punkt D.III.1. im 15. Kapitel), dann bedeutet das, dass im Rahmen der Liszt-Forschung die phänomenologische Methode völlig unangebracht ist, mag sie sich auch in anderen Wissenschaften oder in Teilbereichen der Rechtsgeschichte einer Etablierung erfreuen.

In *Mittelstädts* Schrift „Gegen die Freiheitsstrafen" aus 1879 geht es, entgegen dem Titel, *nicht* um die Abschaffung der Freiheitsstrafe, sondern um die Kritik und Abschaffung einer nutzlosen und kontraproduktiven Freiheitsstrafe, wie sie in *Mittelstädts* strengem Urteil, in Anlehnung an ältere humanistische Rehabilitierungsvorstellungen (Strafe als Besserung) in der Gegenwart praktiziert wurde.[1214] Der Kampf wird von ihm nicht gegen die Freiheitsstrafe als solche geführt, sondern gegen eine inhaltlich ausgehöhlte Freiheitsstrafe, die begrifflich nur auf die „Negation der Freiheit" zurückgeschraubt wäre, während sie die bildhaften Brandmarkungen und „empfindlichen Pein, Entbehrungen und Schmerz"[1215] vermissen lässt.[1216] Als Alternative schlägt *Mittelstädt* eine *allseitige* Verschärfung der Frei-

---

[1212] *A. Koch*, a.a.O. (2007), 127; *C. O. Kreher* (a.a.O.), 2015, S. 72 ff.

[1213] *Liszt*, Der Zweckgedanke im Strafrecht, 1882, S. 3.

[1214] Vgl. *O. Mittelstädt*, a.a.O. (1879), S. 9, 13 ff., 20 ff., 26 f., 61, 64 f. (gegen Besserungsgedanken). Vgl. noch *ders.*, Schuld und Strafe, Gerichtssaal 46 (1892), S. 238 f.

[1215] *O. Mittelstädt*, a.a.O. (1879), S. 10.

[1216] Vgl. insb. *O. Mittelstädt*, a.a.O. (1879), S. 1 ff., 9 ff., 65.

heitsstrafe vor, sowie, als weitere Maßnahmen, die Wiederbelebung und erweiterte Anwendung der Todesstrafe,[1217] die Einführung von modernen Pranger-Formen als selbstständige Ehrenstrafen,[1218] und die Prügelstrafe.[1219] Die Gefängnisstrafe müsse sich durch „strenge, erbarmungslose Herrschaft der Entbehrungen, Duldungen und Schmerzen“ auszeichnen.[1220] Es ist eine intensive Steigerung der Zwangsarbeit angezeigt und zwar in schwerer Form, die unter dem Druck der traditionellen Reformüberlegungen außer Brauch gekommen ist („Bergwerk-“ und „schwere landwirtschaftliche Arbeiten“).[1221] In der Palette der proaktiven Strafübelzufügung im Gefängnis ist auch der Hunger „am Platz“.[1222] Die „gewerbsmäßigen Verbrecher“, die bisher „unter Auspicien des spezifisch juristischen Liberalismus“ vor die Richterbank kamen, sollten in der Zukunft zu einer rein administrativen Angelegenheit der Landespolizeigewalt werden.[1223]

Die radikale Kritik an *Liszt* seit den 1980er Jahren war und ist bemüht zu zeigen, dass das tradierte Verständnis von *Liszt*, nach welchem er ein ausgewogener Autor mit sozial-liberalem Reflex wäre, grundsätzlich falsch ist. Man hat für die Begründung der neuen Auffassung empfohlen, dass *Liszts* Texte „noch einmal genau studiert“ werden sollen[1224] und ist durch diese abstrakte, durch keinen geschichtlichen Maßstab geleitete Neuauswertung, zum mahnenden Ergebnis gekommen, dass die Forschung und Kritik bisher in *Liszts* Texten Erwägungen und Forderungen, die „gemessen an einer einfachen Vorstellung von der Humanität im Strafrecht, Widerstand auslösen“, übersehen habe.[1225] Neben einer – angeblich – positiven Würdigung der Todesstrafe bei *Liszt*, und seiner Hervorhebung von einzelnen Gruppen der Kriminellen, wird als zentraler Nachweis einer „Schärfe“, abstrakt, ohne jeden Vergleich, auf den Umstand hingewiesen, dass *Liszts* Programm prominent einen besonders strengen Umgang mit Unverbesserlichen gefordert habe.[1226] Wird jedoch *Liszts* Vortrag von 1882 nicht abstrakt für sich phänomenologisch gelesen, sondern im genannten akademisch-kriminalpolitischen Kontext als ein Beitrag zur Diskussion aufgefasst, so zeigt die parallele Analyse von verschiedenen Stellungnahmen, dass *Liszts* Forderungen im Vortrag „Der Zweckgedanke im Strafrecht“ nicht die Schärfe forderten, sondern den klaren Zweck hatten, eine Deeskalierungstendenz zu fördern und die alten rehabilitiven Ideale so weit wie möglich gegen den grundle-

[1217] *O. Mittelstädt*, a.a.O. (1879), S. 73 ff.

[1218] *O. Mittelstädt*, a.a.O. (1879), S. 84 ff.

[1219] *O. Mittelstädt*, a.a.O. (1879), S. 81 ff.

[1220] *O. Mittelstädt*, a.a.O. (1879), S. 65 f.

[1221] *O. Mittelstädt*, a.a.O. (1879), S. 66.

[1222] *O. Mittelstädt*, a.a.O. (1879), S. 66.

[1223] *O. Mittelstädt*, a.a.O. (1879), S. 72.

[1224] *W. Naucke*, a.a.O. (1982), S. 547.

[1225] *W. Naucke*, a.a.O. (1982), S. 547.

[1226] *W. Naucke*, a.a.O. (1982), S. 547 f.

genden Angriff *Mittelstädts* zu bewahren. In dieser sensiblen Angelegenheit ist eine detailreiche Gegenüberstellung angebracht:

- Bei *Liszt* soll erstens, die Besserung als Strafzweck nicht pauschal verworfen werden, sondern dort angestrebt werden, wo sie möglich und notwendig ist. *Liszts* Dreiteilung des Strafzwecks und der Verbrecher stellt sich so als ein charakteristisches „ius suum cuique tribuendi", dar. Es wird nicht die Härte für alle Verurteilten oder Unverbesserlichen aus dem Zweckgedanken heraus konstruiert, sondern es werden die „nicht besserungsbedürftigen" und die „besserungsfähigen" vor *Mittelstädts* prinzipiellem Angriff gegen das Besserungsideal in Schutz genommen.

- Zweitens fällt ins Auge, dass, während *Mittelstädt* die Unverbesserlichen mit administrativen Maßnahmen, ganz außerhalb des justiziellen Systems, für immer unschädlich machen möchte,[1227] bei *Liszt* für eine Unschädlichmachung eine *dreifache Verurteilung* im Justizsystem gefordert wird.[1228] Man beachte außerdem, dass in *Liszts* Vorschlag das Landgericht den auf Dauer eingesperrten „nicht besserungsfähigen Verbrecher" bei einer (erwartungswidrigen) Besserung entlassen sollte.[1229]

- Drittens verwirft *Liszt* in seinem Vortrag die Todesstrafe („da wir köpfen und hängen nicht wollen und deportieren nicht können"[1230]), während *Mittelstädt* noch in einem voraufklärerischen Schwung[1231] „Beil und Fallbeil"[1232] als gelungenste Strafschöpfungen preist.[1233] Auch in diesem Zusammenhang hätte die Unschädlichmachung gegen die angeblich Unverbesserlichen bei *Mittelstädt* und *Liszt* einen ganz anderen Charakter.

- Viertens kennt *Liszt* scheinbar ähnlich wie *Mittelstädt* Hunger und Dunkelarrest als Maßnahmen im Vollzug.[1234] Jedoch liegt der wichtige Unterschied darin, dass diese Maßnahmen für *Mittelstädt* den Kernmechanismus der Strafe bilden sollen, während *Liszt* sie nur als Disziplinarmaßnahmen, also als besondere Reaktionen

---

[1227] *O. Mittelstädt*, a.a.O. (1879), S. 70ff., 70 („absurde Proceduren"); 72 („Die Strafgerichte wollen endlich entlastet sein zu Gunsten der Landespolizeigewalt. Man mag versuchen, die letztere durch Rechtskontrollen und Rechtsbehelfe einzuschränken, soweit es geht. Schließlich wird man sich auch ohne solche Schranken behelfen müssen.").

[1228] *Liszt*, Der Zweckgedanke im Strafrecht, 1882, S. 27, 28. Vgl. noch S. 29: „(...) ohne dass an den Fundamentalgrundsätzen des in den Kulturländern geltenden Strafrechts gerüttelt zu werden braucht".

[1229] *Liszt*, Der Zweckgedanke im Strafrecht, 1882, S. 27.

[1230] *Liszt*, Der Zweckgedanke im Strafrecht, 1882, S. 26.

[1231] Vgl. *Mittelstädt*, a.a.O. (1879), S. III, S. 7 (gegen „landläufigen Liberalismus lieb gewordene Vorstellung von Humanität und von irdischer Strafgerechtigkeit"); 13 („Besserungssucht der Philanthropen"), 81 („edukatorische Weisheit", „selbstgefällige, kränkliche Humanität"), 87 („Steckenpferde moderner Philanthropie").

[1232] *O. Mittelstädt*, a.a.O. (1879), S. 77.

[1233] *O. Mittelstädt*, a.a.O. (1879), S. 73ff., 77ff.

[1234] *Liszt*, Der Zweckgedanke im Strafrecht, 1882, S. 27.

auf verschuldetes Verhalten in der Einrichtung zulassen möchte. Diese Lösung ist keine Innovation von *Liszt*, die er etwa selbst durch Zwecküberlegungen vorgeschlagen hätte, sondern ein Plädoyer für den status quo in der Gefängniswissenschaft und in der älteren Gesetzgebung.[1235]

- Fünftens fordert *Mittelstädt* die Ehrenstrafen (also Übelszufügung durch Ehrenkränkung), während bei *Liszt* nur ein formalistischer Ehrenverlust (also die politische Verkürzung der bürgerschaftlichen Ehrenrechte) erwähnt wird.[1236]
- Während *Mittelstädt* knechtschaftliche und erniedrigende Zwangsarbeit für *alle* Häftlinge verlangt, soll die Arbeit bei *Liszt* nur bei Unverbesserlichen als Zwangsarbeit gestaltet werden, dagegen soll bei besserungsbedürftigen Verbrechern in der humanistischen Tradition die edukatorische Arbeit („zur Stärkung der Widerstandskraft") fortbestehen, bei nicht besserungsbedürftigen Verbrechern entfallen.[1237]

Die Wechselwirkungen zwischen *Mittelstädts* und *Liszts* Schriften sind aber, und das interessiert für das Verständnis des Stellenwerts des Zwecks bei *Liszt* besonders, auch allgemeiner Art. In *Mittelstädts* Schrift aus 1879 wird der Zweck als ein tragender Gesichtspunkt der kriminalistischen Reform stark angegriffen. Er kritisiert die „Vorherrschaft des Zweckmäßigkeitsbegriffs"[1238] und versteht darunter „die scharfe Bestimmung der nächsten praktischen Ziele jeglichen Thuns mit endgültiger Zurückstellung aller letzten Fragen metaphysischer Finalität".[1239] Wenn man auch in diesem Bereich die Äußerungen um 1880 als eine „Diskussion" aufgreift, und wenn man *Liszts* Vortrag, was chronologisch geboten ist, als eine Erwiderung, eine nachträgliche Positionierung innerhalb des begrifflich schon geprägten Diskurses

---

1235 Man vgl. aus der Reform der Freiheitsstrafe in Württemberg, in Verhandlungen der Württembergischen Kammer der Abgeordneten, 1854/55, Bd. 1, S. 616: „Der Dunkelarrest, einzeln oder mit schmaler Kost verbunden"; Regelungsangabe bei *A. Weeber*, Die Grundprinzipien des Strafprozeßes, 1861, S. 219: „Außerdem hat derselbe die Disziplinargewalt, jeden Gefangenen wegen Störung der Hausordnung oder unangemessenen Betragen in Einzelhaft oder Dunkelarrest unter Beschränkung auf Wasser und Brod, jedoch nicht auf länger, als bis zur nächsten gerichtlichen Überwachungsinspektion abführen zu lassen". Für das Strafrecht des Vormärzes *C. Häberlin*, Grundsätze des Criminalrechts nach den neuen deutschen Strafgesetzbüchern, Bd. 1, 1845, S. 124. Für Österreich vergleiche *F. O. Schwarze*, Bemerkungen zu dem Entwurfe des Strafgesetzbuchs für das Kaiserthum Oesterreich, 1875, S. 11 („Schärfungen bei lebenslänglichen Freiheitsstrafe: Fasten, hartes Lager, Einzelhaft, Dunkelarrest" [Art. X des Einführungsgesetzes zu dem sog. Ersten österreichischen StGB-Entwurf von *Glaser* aus 1874]). Aus einem österreichischen statistischen Überblick geht hervor, dass in „Zwangsarbeitsanstalten" u.a. folgende disziplinäre Maßnahmen bereits durchgeführt wurden: „Dunkelarrest, verschärft mit Fasten"; „Arrest, verschärft mit Dunkelhaft und Fasten", „Einfacher Arrest, verschärft mit Fasten", „Dunkelarrest ohne Verschärfung". – Bericht des nieder-österr. Landesausschusses über seine Amtswirksamkeit vom 1. Juni 1870 bis 31. Mai 1871, s.a., S. 121.

1236 *Liszt*, Der Zweckgedanke im Strafrecht, 1882, S. 27.

1237 *Liszt*, Der Zweckgedanke im Strafrecht, 1882, S. 27 ff.

1238 *O. Mittelstädt*, a.a.O. (1879), S. 18. Vgl. noch S. 7, 12, 51.

1239 *O. Mittelstädt*, a.a.O. (1879), S. 18.

aufgreift, dann liegt der folgende Schluss nahe: Bei der Erörterung des Zweckgedankens bei *Liszt* geht es um die Erwiderung auf die Verwerfung des Zweckgedankens bei *Mittelstädt*. Beim Begriff des Zwecks geht es in dieser Auseinandersetzung um die „scharfe Bestimmung der nächsten praktischen Ziele jeglichen Thuns". Nicht um den Jhering'schen philosophischen Telos, der das Weltgeschehen regiert und gerade selbst der Metaphysik angehört. Der Verweis auf *Jherings* Philosophie in *Liszts* Vortrag hätte dementsprechend höchstens den Charakter eines Verweises auf eine höhere Theorie, die den eigenen Text schmückt und den eigenen Rücken durch Autoritäten absichert, nicht aber inhaltlich bestimmt.

III. Der Zweck bei Liszt in der Diskussion zwischen 1882 und 1919

Im weiteren Verlauf der Zeit finden sich bei *Liszt* Stellen zum „Zweck", die nicht nur einen thematisch-dokumentarischen Wert haben, sondern als weitere Nachweise dafür dienen können, dass *Liszt* den Zweck im Sinn einer unmittelbaren Bestimmung der Ziel-Mittel Relation begriffen hat. Zeitlich an erster Stelle nach 1882 ist seine *Haller* Rektoratsrede über *Ferdinand Klein* und die preußische Kriminalpolitik am Beginn des 19. Jahrhunderts von Interesse (1894).[1240] Daneben wird das Zweckkonzept bei *Liszt* in seiner Untersuchung über die Gefängnisarbeit (1900)[1241] und in mehreren Veröffentlichungen zwischen 1905 und 1919 stichwortartig diskutiert.[1242] Als positiver Maßstab wird gesetzt: „ruhige, gewissenhafte Beobachtung der Tatsachen, wie sie das Leben uns gibt, und nüchterne Beurteilung der Zweckmäßigkeitsfrage".[1243] In der „Vergleichenden Darstellung" wird von der „bewussten Zwecksetzung" gesprochen.[1244] In einem Aufsatz über die Hochschulpädagogik wird allgemein als Arbeitsweise der „angewandten Wissenschaft" die „teleologische" Arbeit bezeichnet, d. h. die Arbeit „mit Zwecken und Zielen" (1910).[1245] Im Aufsatz über die „Sichernden Maßnahmen" aus 1909/10 wird der eigene Ansatz eindeutig als Voluntarismus bezeichnet.[1246] 1918/1919 wird erneut eine konsequente Ausrichtung

[1240] *Liszt*, E. F. Klein und die unbestimmte Verurteilung (1894), AuV II, Nr. 19.

[1241] *Liszt*, Die Gefängnisarbeit, 1900, S. 20

[1242] *Liszt*, Verbrechen und Vergehen wider das Leben, in: Vergleichende Darstellung, BT, Bd. 5, 1905, S. 5; Strafrecht und Strafprozessrecht (1906), AuV III, Nr. 2, S. 38; Die „Sichernden Maßnahmen" in den drei neuen Strafgesetzentwürfen (1909/10), AuV III, Nr. 8, S. 224; Ansprache des Vorsitzenden der Gesellschaft für Hochschuldpädagogik, Zeitschrift für Hochschulpädagogik, 1910, 53; Gefängnisrecht (1914), AuV III, Nr. 18, S. 387.

[1243] *Liszt*, Die Gefängnisarbeit, 1900, S. 20.

[1244] *Liszt*, Verbrechen und Vergehen wider das Leben, in: Vergleichende Darstellung, BT, Bd. 5, 1905, S. 5.

[1245] *Liszt*, Ansprache des Vorsitzendes der Gesellschaft für Hochschuldpädagogik, Mitt. für Hochschulpädagogik 1910, S. 53.

[1246] *Liszt*, Die „Sichernden Maßnahmen" in den drei neuen Strafgesetzentwürfen (1909/10), AuV III, Nr. 8, S. 224.

des Strafsystems, der Strafrahmen und der Strafzumessung an den Zweckgedanken gefordert.[1247]

Der Haller Rektoratsrede kommt für eine Perspektive, die in *Liszts* Gedankengut Kontinuität hervorhebt, eine besondere Bedeutung zu. *Liszts* historisch gut dokumentierte Ausführungen über die ältere preußische Kriminalpolitik und die Kriminalwissenschaft sind ein weiterer Beweis dafür, dass *Liszt* ein Zusammenhang zwischen der älteren Kriminalpolitik der Aufklärung und des Vormärz einerseits und seinem eigenen Konzept andererseits bekannt war.[1248] In dem Kontext des Übergangs vom 18. in das 19. Jahrhundert konnten natürlich die auf Zweck ausgerichteten Straftheorien nicht eine Schöpfung *Jherings* sein. Die Haller Kriminalisten und alte Regenten werden von *Liszt* zwischen zwei Polen verortet, bei welchen auf einer Seite „der Vater der Kriminalpolitik"[1249] *Montesquieu* stehe, auf der anderen die Philosophie *Christan Wolffs*.[1250] Es ist der gleiche Gegensatz, der *Savignys* Position in der „Beruf"-Schrift bestimmt hat (vgl. Punkt B.I. – II. im 3. Kapitel). Die Haller Juristen, *Liszt* nennt sie die „Haller Schule", stellten eine spezifische antiphilosophische Gruppierung dar, die zu den „Gegnern des Schlagworts von der vergeltenden Gerechtigkeit und folgerichtigen Anhängern des Zweckgedankens" gehörte.[1251] Eine besondere Bedeutung kommt dem Umstand zu, dass *Liszt* in dieser Rede selbst hervorhebt, dass die „Haller Schule" eine „nüchterne, von den Erwägungen des Staatzweckes getragene politisch-juristische Reformpartei" war.[1252]

Die Kontinuität der Erwähnung und Anwendung des Zweckkonzepts bei den Reformüberlegungen und den theoretischen Bestimmungen zwischen 1882 und 1919, sollte nicht zu dem Urteil verleiten, dass *Liszts* Konzept ohne Änderungen, gleichsam einem früh gefundenen Mechanismus für die Bestimmung des „richtigen Rechts" statisch von 1882 bis 1919 vorhanden war. *Liszts* Zweckkonzept zeichnet sich *im Grunde* durch eine verkürzte Wertung aus, die in seinen Überlegungen erst langsam, durch äußerliche Herausforderungen am Anfang des 20. Jahrhunderts überwunden wurde. Es ist nicht leicht und vielleicht auch nicht möglich, zu beurteilen, ob sich *Liszt* des verkürzten Charakters seiner Schlüsse von Anfang an bewusst war und die Verkürzung still hingenommen hat, oder selbst erst später erstmalig erkannt hat, dass im Grunde das, was er bei der „Haller Schule" als „Erwägungen des Staatzweckes" betrachtete, im System seiner Forderungen politisch indiskutable Postulate der Strafrechtswissenschaft waren.

[1247] *Liszt*, Die Rückwirkung der November-Revolution auf Strafrecht und Strafverfahren (1918), AuV III, Nr. 21, 453.

[1248] *Liszt*, E. F. Klein und die unbestimmte Verurteilung, AuV II, Nr. 19, S. 135 f. Vgl. noch *Liszt*, Die Zukunft des Strafrechts (1892/1905), AuV II, Nr. 15, S. 23; Strafrechtsreform (1914), AuV III, Nr. 13, S. 344 f.

[1249] *Liszt*, E. F. Klein und die unbestimmte Verurteilung, AuV II, Nr. 19, S. 138.

[1250] *Liszt*, E. F. Klein und die unbestimmte Verurteilung, AuV II, Nr. 19, S. 138.

[1251] *Liszt*, E. F. Klein und die unbestimmte Verurteilung, AuV II, Nr. 19, S. 140.

[1252] *Liszt*, E. F. Klein und die unbestimmte Verurteilung, AuV II, Nr. 19, S. 137.

Es können drei Phasen unterschieden werden. Die *verkürzte* Wertung der ersten Phase war bisher zurecht, wenn auch aus einer besonderen epistemologischen Perspektive, Gegenstand der Verwunderung und der Kritik in der Liszt-Forschung. Die zweite Phase, die ungefähr 1900 ansetzt, zeichnet sich durch die Anreicherung des Zweckkonzepts durch einen offenen Wertbezug aus. Der Maßstab für die Wertung wird jedoch nicht in einer Auseinandersetzung gefunden, sondern das richtige Wertgefüge durch eine Konstruktion des *Kulturstaates* postuliert. Erst in der dritten Phase, die sich literarisch ab 1913 abzeichnet und 1918/1919 vollständig nachgewiesen werden kann, begegnet uns ein Zweckkonzept, in welchem nicht nur der Aspekt des Mittels, sondern auch die verfolgten Ziele Teil einer offenen rechtspolitischen Wertung sind, und das damit in einem Sinn erscheint, der auch in der heutigen kriminalpolitischen Diskussion operabel wäre.

Die erste Phase ist die Phase des Vortrags „Der Zweckgedanke im Strafrecht". Die Dreigliederung der Intervention, wie sie von *Liszt* im Vortrag vorgeschlagen wurde, setzt eine positive Bewertung der gesellschaftlichen Grundposition des Einzelnen voraus. Wäre das nicht der Fall, könnte man unter dem Schirm des Zweckkonzepts an die Intervention Forderungen ganz anderer Art als *Liszt* aufstellen.[1253] Einem Zweckkonzept im formellen Sinne, wo es nur um ein richtiges Verhältnis zwischen *Ziel* und *Mittel*, aber nicht um Ziele selbst als oberste Wertung geht, entspräche beispielsweise auch, die Auslöschung des Lebens aller Täter zu fordern. Man könnte auch die Hinrichtung jener Täter fordern, die wegen besonderer öffentlicher Bekanntheit der Hingerichteten die Mitbürger berühren und abschrecken würde. Man könnte sogar einfach die Hinrichtung aller Täter verlangen, deren Hinrichtung den reagierenden Staat zu einer Prominenz oder Anerkenntnis in der Völkergemeinschaft verhelfen würde. Es ist nicht an sich, aus Besonderheiten des Täters ersichtlich, dass er, wenn er „besserungsfähig" ist, auch gebessert werden soll, und nicht etwa durch reine Verwahrung unschädlich gemacht werden sollte.

Die von *Liszt* vorgeschlagenen Lösungen fußen maßgeblich auf dem Umstand, dass die *Wertungen über das Verhältnis zwischen der Gesamtheit und dem Einzelnen*, die in der Aufklärung und in dem Vormärz als politisches (staatstheoretisches) Thema diskutiert wurden, uns in *Liszts* Konzept der Strafrechtswissenschaft als innere Postulate der Strafrechtswissenschaft wiederbegegnen. Man vergleiche folgende Bestimmungen in seinem Lehrbuch, die teilweise sogar unter dem Etikett der „Grundbegriffe" des Strafrechts erfolgen:

> „Staat und Recht sind um der Menschen willen da. Das Recht bezweckt den Schutz derjenigen Interessen, zu deren Schutz und Förderung die Einzelnen zur staatlichen Gemeinschaft zusammengetreten sind".[1254]

> „Alle Rechtsgüter sind Lebensinteressen, Interessen des Einzelnen, der Gesellschaft, des Staats. (…) Damit nicht der Krieg Aller gegen Alle entbrenne, bedarf es einer Friedens-

[1253] Vgl. *W. Frisch*, a.a.O. (2016), S. 15.

[1254] *Liszt*, Das deutsche Reichsstrafrecht (1. Auflage des „Lehrbuchs"), 1881, S. 2.

ordnung, einer Abgrenzung der Machtkreise, des Schutzes dieser und der Zurückweisung jener Interessen."[1255]

„Der Staat ist, wie jede Gesellschaft, ein *Zweckverband* von *Menschen* (...). Alles Recht ist mithin um der Menschen willen da. Es bezweckt den *Schutz* menschlicher Lebensinteressen."[1256]

Eng mit dem Umstand der verkürzten Wertung ist eine innere Störung in *Liszts* Vorschlägen verwandt, auf welche, mit unterschiedlicher theoretischer Bewertung, bereits große Teile der Liszt-Forschung hingewiesen haben.[1257] *Liszt* vertrat 1882 und 1896 die Auffassung, dass die Übereinstimmung zwischen „Zwecken" und drei „Tätergruppen", die beste Gewähr für die Richtigkeit seiner kriminalpolitischen Forderungen darstellt. Während der Wertungsbezugspunkt bzw. das Ziel in der Konstruktion der Strafrechtswissenschaft einbezogen war, analysierte *Liszt* scheinbar seine drei Hauptforderungen als bloße normative Spiegelbilder der Verbrechertypen – und umgekehrt, die Verbrechertypen als bloße Spiegelbilder der Forderungen. Die Herangehensweise kann man als eine „scheinrationalistische" Konstruktion und damit als Störung in der Empirie erläutern.[1258] Insofern wäre es problematisch, dass *Liszt* das tatsächliche Vorhandensein von Tätergruppen in der Realität voraussetzt, die seinen Forderungen entsprechen (vgl. Punkt C.IV.4.b) im 3. Kapitel). Die Konstruktion ist jedoch auch in umgekehrter Weise nicht einwandfrei. Die Faktizität eines Umstands kann nie allein aus sich heraus eine Forderung ergeben, es sei denn, dass das Ziel, an welchem die Forderung gemessen ist, als vorbestimmt und in diesem Sinne als indiskutabel gilt. Man kann beispielsweise nicht dem kalten Wetter entnehmen, dass man sich warm anziehen soll, es sei denn, dass das Ziel, mit einem angenehmen Gefühl gekleidet auf die Straße zu gehen, vorausgesetzt wird.

1255 *Liszt*, Lehrbuch des Deutschen Strafrechts, 3. Aufl. 1888, S. 20.

1256 *Liszt*, Lehrbuch des Deutschen Strafrechts, 21/22. Aufl. 1919, S. 4. Vgl. noch *Liszt*, Rechtsgut und Handlungsbegriff im *Binding*schen Handbuche (1886), AuV I, Nr. 9, S. 223; Der Begriff des Rechtsguts im Strafrecht und in der Enzyklopädie der Rechtswissenschaft, ZStW 8 (1888), S 133 ff. Vgl. für die neuere Diskussion über den Wert des Topos „der Menschen willen da": *K. Altenhain*, Das Anschlußdelikt, 2002, S. 137; *W. Frisch*, a.a.O. (2016), S. 6 ff., 12 (mit dem interessanten Ausruf: „das ist Aufklärung pur!"); *M. Pawlik*, a.a.O. (2016), S. 71 ff. (mit Abneigung, jedoch nur mit philosophisch-idealistischer, und keiner staatstheoretischen Perspektive); *ders.*, Unrecht des Bürgers, 2012, S. 131 ff. *Liszt* hat u.a. auf *Christian Thomasius* verwiesen („non est homo propter poenam, sed poena propter hominem"); vgl. *Liszt*, Lehrbuch des Deutschen Strafrechts, 2. Aufl. 1884, S. 16.

1257 Vgl. insb. *Eb. Schmidt*, Einführung, 3. Aufl. 1965, S. 376 f.; *W. Frisch*, Das Marburger Programm und die Maßregeln der Besserung und Sicherung, ZStW 94 (1982), S. 575 f., 589 f.; *H. Schöch*, a.a.O. (1982), S. 870 f.; *M. Frommel*, a.a.O. (1987), S. 87 f.; *R. Wetzell*, a.a.O. (2000), S. 35 f.; *T. Müller*, v. Liszt und die Folgen, in: G. Jerouschek/H. Rüping (Hrsg.), „Aus liebe der gerechtigkeit", 2000, S. 221; *Ch. Müller*, Verbrechensbekämpfung im Anstaltsstaat, 2004, S. 131, 285, 300 f.; *S. Galassi*, Kriminologie im Dt. Kaiserreich, 2004, S. 351 ff.; *A. Koch*, a.a.O. (2007), S. 140; *T. Stäcker*, Die Franz v. Liszt-Schule, 2012, S. 35 f., 39 ff.; *J. Kasper*, a.a.O. (2016), S. 125; *J. Menne*, „Lombroso redivivus", 2017, S. 26 f.

1258 Vgl. insb. *Eb. Schmidt*, Einführung, 3. Aufl. 1965, S. 376 f.; *W. Frisch*, a.a.O. (1982), S. 575 f., 589 f.; *H. Schöch*, a.a.O. (1982), S. 870 f. („scheinrationalistische Konstruktion").

Die zweite Phase zeichnet sich durch eine langsame Abspaltung und Überführung des Wertbezugs aus dem Bereich der indisponiblen Inhalte der Strafrechtswissenschaft zum Stock der offenen Auseinandersetzung aus. Man ist nicht überrascht, dass allem Anschein nach diese Phase ungefähr um 1900 ansetzt. Während *Liszt* 1882 seine Strafrechtswissenschaft *und* den Zweckgedanken der Philosophie und der Vergeltung gegenübergestellt hat, musste er sich um 1900 mit dem Umstand konfrontiert sehen, dass anders gewertete und anders kalibrierte Forderungen unter der Firma sowohl der Strafrechtswissenschaft als auch des Zweckgedankens erschienen sind. Zu nennen ist Forderung der „Bewährung" der „Herrlichkeit" des Staates durch Strafe, die *Beling* verlangt hat.[1259] Auch ist in dem Kontext das Auftauchen der empirischen Vergeltungslehre von Interesse, die die Vergeltung nicht mehr als eine metaphysische Forderung konzipiert hat, sondern als ein zweckhaftes Konzept zur Befriedigung der empirischen Vergeltungslüste in der Bevölkerung.[1260]

In dieser Phase hat *Liszt* in Anlehnung an *Stammler* erkannt, dass das Zweckkonzept an sich nur einen „formellen Maßstab" für die Ermittlung des „richtigen Rechts" darstellt.[1261] Die Ausführungen sind in dieser Hinsicht, wie die Thematik des „richtigen Rechts" bei *Liszt* zu jener Zeit, eng mit seinen Forderungen der Erforschung der „Entwicklungstendenzen" im Bereich der vergleichenden Rechtswissenschaft verwandt. Ihre losgelöste Darstellung soll die Übersichtlichkeit in der komplizierten Materie fördern und nicht die vollständige Irrelevanz der beiden Aspekte füreinander verkünden. Neben der allgemeinen Erkenntnis, dass Zweckmäßigkeit nur ein formales Kriterium hergibt, ist als ein besonderes Zeichen der gesteigerten Transparenz der Wertung der Umstand hervorzuheben, dass *Liszt* 1900 an entscheidenden Stellen eine Abwägung zwischen den Interessen der Gemeinschaft und denen des Einzelnen verlangt: es geht bei kriminalpolitischen Fragen um „gleichmäßige Berücksichtigung der einander entgegenstehenden Interessen: des Schutzbedürfnisses der Gesellschaft, einerseits, der bürgerlichen Freiheit andererseits" (1904/05);[1262] lebenslange Beaufsichtigung (Sicherungsverwahrung) oder länger währende Zwangsheilung sind nur dann gerechtfertigt, wenn „der Zustand des Individuums eine dringende Gefahr für das gemeinschaftliche Zusammenleben" darstellt (1909);[1263] präsent ist das Problem, „das Schutzbedürfnis der Gesellschaft zu versöhnen mit dem Prinzip der individuellen Freiheit" (1909/10).[1264]

In diesen besonderen Umständen wird das Zweckkonzept bei *Liszt* in zwei unterschiedliche Fragestellungen geteilt. Es sei an sich nach wie vor richtig, das

---

1259 *E. Beling*, Die Vergeltungsidee, 1908, S. 35 ff., 40, 43, 53, 127.

1260 Vgl. *J. Nagler*, Verbrechensprophylaxe und Strafrecht, 1911, S. 123 ff.

1261 *Liszt*, Das „richtige Recht" in der Strafgesetzgebung (1906), AuV III, Nr. 4, S. 111.

1262 *Liszt*, Schutz der Gesellschaft von den gemeingefährlichen Geisteskranken (1904/05), AuV III, Nr. 1, S. 6 ff.

1263 *Liszt*, Der Entwicklungsgedanke im Strafrecht, Mitt. IKV 16 (1909), S. 501.

1264 *Liszt*, Die „Sichernden Maßnahmen" in den drei neuen Strafgesetzentwürfen (1909/10), AuV III, Nr. 8, S. 231.

Zweckkonzept im Sinne des „formellen Maßstabs" zu verwenden. Den materiellen Bezugspunkt im Sinne des richtigen Zwecks geben die Begriffe des „Verfassungsstaates"[1265] und des „Kulturstaates".[1266] Die Bestimmung dieser Begriffe fällt aus der heutigen Perspektive nicht leicht. Wenn man sich an *Liszts* Bestimmung von Kulturstaaten in seinem System des Völkerrechts halten darf, so wäre ein Kulturstaat jeder Staat, in welchem „die Grenzlinie zwischen der Macht der Staatsgewalt und der Freiheit des Einzelnen in Gesetzgebung, Rechtspflege und Verwaltung gegen willkürliche Verrückung, sei es durch den Herrscher, sei es durch die Beherrschten, gesichert sei".[1267]

Die dritte Phase dürfte mittelbar mit *Kantorowicz*' Kritik an *Liszts* Bestimmungen des „richtigen Rechts" verbunden sein. *Kantorowicz* vertrat, wie oben geschildert, eine spezifische Form des Relativismus, für welche, anders als bei *Radbruch*, die Bestimmung des „richtigen Rechts" nicht per se ausgeschlossen war. Er schloss jedoch aus, dass es *ein* „richtiges Recht" im Staat gibt und plädierte stattdessen dafür, dass man die wissenschaftliche Arbeit als Prüfung von Ziel-Mittel Relationen in verschiedenen Systemen von Werten aufgreift. *Hegler* hat diesen Gedanken plastisch so formuliert, dass es nach *Kantorowicz* und nach den Relativisten jeweils unterschiedliche „ideale Strafgesetzbücher für Katholiken, Protestanten und Freidenker; für Konservative, Liberale, Sozialdemokraten und Anarchisten; für Frauenrechtler und Gegner der Frauenemanzipation" nebeneinander geben müsste.[1268]

Die Kritik von *Kantorowicz* scheint bei *Liszt* zu einer Bereicherung des Zweckkonzepts durch eine weitere offene Wertung geführt zu haben. Eine interessante theoretische Äußerung hierzu enthält *Liszts* Aufsatz über den JGG-Entwurf aus 1913. Dort weist *Liszt* auf die „Relativität" des Rechts hin,[1269] und hebt hervor, dass die „Frage nach dem richtigen Recht in Wahrheit doch der noch unklare, mühsam über die Schwelle des Bewusstseins sich emporringende Gedanke an einem Maßstab der richtigen Politik des Staates" ist. Praktisch wurde dieser Gedanke von *Liszt* erst 1918/1919 verwertet. In seinen letzten Veröffentlichungen, deren Inhalt im nächsten Punkt wiedergegeben wird, setzte *Liszt* die Forderungen an die Reform als „Rückwirkungen" der neuen demokratischen und republikanischen (Republik als Freistaat) Ordnung dar. Dort ist der Bezugspunkt der Wertung nicht mehr implizit in einer Anschauung der brennenden Realität der Strafrechtspflege oder in einem schwebenden System der Erwartungen an die Kulturstufe des Verfassungsstaats erfasst, sondern umgekehrt als ein wesentlich offener, durch Erstellung der demokratischen

---

[1265] Vgl. *Liszt*, Das „richtige Recht" in der Strafgesetzgebung (II.), ZStW 27 (1907), S. 95; *Liszt*, Der Entwicklungsgedanke im Strafrecht, Mitt. IKV 16 (1909), S. 505.

[1266] Vgl. *Liszt*, Strafrechtsreform (1914), AuV III, Nr. 13, S. 344. Vgl. bereits die Verwendung des Begriffs in Strafgesetzgebung der Gegenwart, Bd. 1, 1894, S. XX.

[1267] *Liszt*, Das Völkerrecht, 1898, S. 2; 4. Aufl. 1906, S. 2.

[1268] *A. Hegler*, a.a.O. (1907/08), S. 348.

[1269] *Liszt*, Der Gesetzentwurf über das Verfahren gegen Jugendliche (1913), AuV III, Nr. 12, S. 322.

und republikanischen Ordnung festgesetzter Richtpunkt für die Anstellung von Zweck-Mittel Relationen promulgiert.

IV. Die volle Stufe des Zweckkonzepts: 1918/1919

Aus der heutigen Perspektive, also mit einem unbefangenen Abstand von den Belangen der damaligen Diskussionen, kann man sagen, dass Bezugswerte des Strafrechts als Hauptpunkt des kriminalpolitischen Forderungssystems: a. entweder in der Strafrechtswissenschaft implizit vorhanden sein können (etwa in ihren Denkmustern wie „Rechtsgutslehre“; „Gott ist kein Rechtsgut im Staat“; „keine Erfolgshaftung“; Besserungsgedanke in der Gefängniskunde; „über Freiheit entscheidet der Richter“); oder b. willkürlich in einem staatsphilosophischen System aufgestellt werden können (etwa: Pflichten des Staates, die vom Wesen des Staates abgeleitet werden); c. oder durch den gesellschaftlichen Vertrag postuliert werden können, wobei diese letzte Variante in zwei Formen denkbar ist: c.aa. die Wertungen des gesellschaftlichen Vertrags und er selbst sind ein theoretischer Konsens und werden als solche in das System der Zwecke eingefügt (hier ist eine formale Nähe zu Punkt b. vorhanden); c.bb. oder der gesellschaftliche Vertrag und seine Wertungen sind eine übergeordnete Rechtsquelle im Sinne der heutigen Auffassung des Verfassungsrechts und werden als normativ vorgelagerte Bestimmungen in das System der kriminalpolitischen Überlegungen eingeführt.

Das genannte Typenschema würde in Anbetracht von *Liszts* Anwendung des Zweckkonzepts implizieren, dass die Strafrechtswissenschaft von Beginn des 19. Jahrhunderts bis 1919, das letzte Jahr *Liszts* Schaffens, einen vollen Kreis gemacht hat. Am Anfang standen noch Schriftsteller wie *Tittmann* oder *Mittermaier*, die entscheidende Wertungen offen im Rahmen eines „Rechtsdiskurses“ im Sinne des Gesellschaftsvertrags oder im Sinne von Überlegungen über bürgerliche Freiheit gestaltet haben (vgl. für *Mittermaier*, C.III.1. im 3. Kapitel). Auch *Liszt* nannte im verwandten Kontext die „Haller Schule“ des Kriminalrechts in Preußen am Anfang des 19. Jahrhunderts eine „nüchterne, von den Erwägungen des Staatzweckes getragene politisch-juristische Reformpartei“.[1270] Im letzten Augenblick des Vormärz vertrat *Glaser* die Forderung eines differenzierten Umgangs mit Verbrechen und sogar die Sozialpolitik als einen Teil der philosophischen Bestimmung der Staatspflichten.[1271] Bei *Mittermaier* und *Tittmann* entspräche die Stellung von der Aufwertung des Einzelnen und der Gemeinschaft dem Typus „c.“ bzw. „c.a.“, bei *Glaser* dem Typus „b.“.

In *Liszts* Fall waren am Anfang seiner Auseinandersetzung mit den Straftheorien die tragenden Bestimmungen des Verhältnisses zwischen dem Einzelnen und der Gemeinschaft als innere Postulate der Strafrechtswissenschaft und nicht als leben-

[1270] *Liszt*, E. F. Klein und die unbestimmte Verurteilung, AuV II, Nr. 19, S. 137.

[1271] *J. Glaser*, Vergeltung und Strafe: Beitrag zur Philosophie des Rechts, 1849.

dige Teile einer politischen oder staatsphilosophischen Auseinandersetzung mitenthalten. Es mag zutreffen, dass *Liszt* von diesem Charakter seiner Wissenschaft das Bewusstsein fehlte.[1272] Durch die fortschreitende Diskussion wurde aber das Politische im gewissen Sinne revitalisiert oder gerade rerationalisiert. In der Mittelphase wurde das System an einer allgemeinen Vorstellung des Kulturstaats und an der lebendigen Balancierung zwischen gleichwertigen Werten des Einzelnen und der Gemeinschaft ausgerichtet (ungefähr zwischen 1900 und 1910). In der letzten Phase werden die Forderungen, wie einst bei *Mittermaier*, aus dem gewählten Grundprinzip der politischen Ordnung – Demokratie und Freistaat – deduziert, mit dem Unterschied, dass die Wertteilchen nicht der Theorie des Gesellschaftsvertrags, sondern der faktischen festgesetzten politischen Ordnung entnommen werden (nach 1910/1913 und bis einschließlich 1918/1919).

Als Beispiel für das Phänomen der Revitalisierung des Politischen in der zeitlichen Abfolge kann das Schicksal von Elementen hervorgehoben werden, durch welche der Zweckgedanke begrenzt wird. In der ersten Auflage des Lehrbuchs (1881), erscheint der Begrenzungsgedanke nicht in den allgemeinen Ausführungen über den Rechtsgüterschutz oder über die Kriminalpolitik, sondern als eine technische Anweisung in dem Abschnitt über die Bildung des Strafrahmens und der Strafzumessung. Dort wird die Frage aufgeworfen, welche „Gesichtspunkte" den Gesetzgeber bei der „Aufstellung seiner Strafrahmen" zu leiten haben.[1273] Es müssen, so *Liszt*, zwei Maßstäbe berücksichtigt werden. Erstens ist es der Zweck der Strafe, und das heißt „das Bedürfnis der Rechtsordnung nach Schutz ihrer Rechtsgüter".[1274] (Dass *Liszt* dabei die Rechtsordnung nicht als staatliche Herrlichkeit, sondern als Friedensordnung im Sinne eines zweckhaften Ordnungsoptimums in der Tradition des Gesellschaftsvertrages verstanden hat, wurde schon mehrmals hervorgehoben). Jedenfalls muss für *Liszt* ein zweiter Maßstab zu dem Grundzweck hinzutreten: er „ergibt sich daraus, dass Mittel und Zweck im richtigen Verhältnis zu einander stehen müssen; daß das Mittel nicht tiefere Wunden schlagen darf als die Vereitelung des Zweckes".[1275]

Ab der dritten Auflage (1888), wird der Zweckgedanke an der zentralen Stelle, nämlich bei den Grundlagen, in ein „Notwendigkeitsdenken" integriert. Es wird hervorgehoben, dass es den „Anhängern der relativen Theorien" niemals eingefallen ist, „in der Zweckmäßigkeit der Strafe den Rechtsgrund derselben" erblicken zu wollen.[1276] Sie hätten stattdessen „in allen Tonarten" den Satz wiederholt „die Strafe ist gerecht (berechtigt), wenn und soweit sie notwendig" ist.[1277] Damit wurde die Problematik im „Lehrbuch" an einer zentralen Stelle, den Grundlagen, offen mit dem

---

[1272] Vgl. *G. Radbruch*, a.a.O. (1938), S. 30 f.

[1273] *Liszt*, Das deutsche Reichsstrafrecht (1. Auflage des „Lehrbuchs"), 1881, S. 208.

[1274] *Liszt*, Das deutsche Reichsstrafrecht (1. Auflage des „Lehrbuchs"), 1881, S. 208.

[1275] *Liszt*, Das deutsche Reichsstrafrecht (1. Auflage des „Lehrbuchs"), 1881, S. 208.

[1276] *Liszt*, Lehrbuch des Deutschen Strafrechts, 3. Aufl. 1888, S. 18 f.

[1277] *Liszt*, Lehrbuch des Deutschen Strafrechts, 3. Aufl. 1888, S. 18 f.

dortigen Rekurs auf den Gesellschaftsvertrag und den Interessensschutz in Verbindung gebracht.[1278] Bereits ab der sechsten Auflage (1894), in welcher *Liszt* den kriminalpolitischen Forderungen mehr Platz eingeräumt hat, werden jene unter dem doppelten Gesichtspunkt der Zweckausrichtungen und wichtigen Topoi ihrer Einschränkung diskutiert.[1279] In der 16/17. Auflage (1908) wird von *Liszt* ausdrücklich die Ansicht verworfen, dass, sollte die Unterscheidung von Notwendigkeits- und Zweckmäßigkeitstheorien überhaupt richtig sein, seine Theorie als eine „Zweckmäßigkeitstheorie" bezeichnet werden darf.[1280] Er geht davon aus, dass seine Theorie immer in der Tradition des Notwendigkeitsgedankens entwickelt war (vgl. Punkt C.III.1. im 3. Kapitel).

Der Umstand, dass *Liszt* einen älteren Begriffsschatz systematisiert und ggf. verteidigt, nicht aber von einem wissenschaftlichen Nullpunkt aus konstruiert, entspricht auch einer wichtigen, zutreffend von *Frisch* hervorgehobenen Charakteristik seiner Verbrechenslehre.[1281] In seinem System im „Lehrbuch" bleibt nämlich – für den heutigen Leser befremdend –, die innere Berechtigung von einzelnen Erfordernissen der Tat ganz unersichtlich.[1282] Es fehle eine von „legitimationsbezogenen Erwägungen ausgehende inhaltliche Bestimmung der entsprechenden Kategorien",[1283] die Institute erscheinen insoweit wie unmotivierte Lehrsätze. Es werde bei *Liszt* nicht erörtert, *warum* bestimmte Erfordernisse der Straftat wie die Handlung oder die Schuld gefordert werden müssen.[1284] Gleichzeitig sind seine Kategorien jedoch, wie *Frisch* richtig hervorhebt, und was das Problem der inkorporierten Wertungen in *Liszt* Strafrechtswissenschaft unmittelbar anspricht, offenbar „philosophisch und legitimationsbezogen vorgefilterte Begriffe".[1285] Insoweit hat auch *Liszts* dogmatisches System von Anfang an ein dogmatisches Erbe mitgetragen, das wesentlich in seiner Entstehung durch die Wertung über den Eigenwert und Stellenwert des Einzelnen mitgeprägt wurden.

Für die genannte Entwicklung, die davon ausgeht, dass bei *Liszt* die politischen Wertungsmomente zuerst in tradierten Instituten und Sätzen der Strafrechtswissenschaft inkorporiert waren, bevor die Frage ihrer Vor-Wertung in Bezug auf die freiheitlichen Werte im weiteren Verlauf wieder explizit gestellt wurde, dürfte vielleicht auch das Schicksal des „Richterprärogativs" in *Liszts* Veröffentlichungen

---

[1278] Vgl. noch, *Liszt*, Lehrbuch des Deutschen Strafrechts, 8. Aufl. 1897, S. 63; 9. Aufl. 1899, S. 63; 10. Aufl. 1900, S. 56.

[1279] *Liszt*, Lehrbuch des Deutschen Strafrechts, 6. Aufl. 1894, S. 57 ff.; 8. Aufl. 1897, S. 69 f.

[1280] *Liszt*, Lehrbuch des Deutschen Strafrechts, 16./17. Aufl. 1908, S. 80.

[1281] *W. Frisch*, a.a.O. (2016), S. 14 f.

[1282] *W. Frisch*, a.a.O. (2016), S. 15.

[1283] *W. Frisch*, a.a.O. (2016), S. 15.

[1284] *W. Frisch*, a.a.O. (2016), S. 15.

[1285] *W. Frisch*, a.a.O. (2016), S. 15. Man trifft vielleicht nicht gerade das Lieblingswort von *Liszt*, wenn man von „philosophisch und legitimationsbezogen vorgefilterten Begriffen" spricht, aber die Einschätzung ist im Grunde ganz richtig.

sprechen. Die Forderung einer richterlichen Entscheidung im Gegensatz zu einer administrativen Handhabung findet sich in allen Etappen von *Liszts* Werk wieder. Er hat in dem Vortrag „Der Zweckgedanke im Strafrecht" auf einer dreifachen Verurteilung der „nicht besserungsfähigen Verbrecher" beharrt (1882),[1286] und eine ähnliche Privilegierung des Richterspruchs findet sich noch in seinen Ausführungen zur Auslieferung (1882),[1287] in den „Kriminalpolitischen Aufgaben" (1889–1892)[1288] und in der Untersuchung über die Freiheitsstrafe wieder (1890).[1289] Fragt man nach der Herkunft des Gedankens des Richterprärogativs in diesen Schriften, so bleibt sie entweder unausgesprochen, oder es werden für den Richterspruch ad hoc Argumente gefunden, die nicht wirklich systematisch überzeugen. Es ist besonders auffallend, dass im Vortrag „Der Zweckgedanke im Strafrecht", die Gründe für ein Richterprärogativ überhaupt nicht angeführt werden. In anderen Veröffentlichungen fällt es auf, wenn irgendwelche „juristischen Gründe" erwähnt, aber nicht dargelegt werden,[1290] oder wenn das Richterprärogativ zumindest, aber das heißt auch nicht nur und nicht entscheidend, wegen Rücksichtnahmen auf die Rechtsanschauung der Bevölkerung verlangt wird.[1291]

Anders werden nach 1900 bei *Liszt* offene politische Überlegungen, im Sinne der Hervorhebung der Belange des Einzelnen und der Gemeinschaft, in das Zweckschema aufgenommen. Das Idealbild des entscheidenden Richters wird unmittelbar mit den Freiheitsinteressen des Einzelnen begründet. Im „Schutz der Gesellschaft gegen gemeingefährliche Geisteskranke" (1904/05), wird nicht nur die richterliche Entscheidung über die Verwahrung von Geisteskranken gefordert, sondern es wird sogar versucht, Argumente für eine Entscheidung außerhalb des Strafverfahrens, durch das Vormundschaftsgericht, zu finden. Die Entscheidung müsste nach *Liszt* besonders sensibel erfolgen, weil die „dauernde Verwahrung" ungleich „tiefer in die Freiheit des einzelnen eingreift als die milden Strafen", sodass der Einzelne nicht seinem „ordentlichen Richter" (Vormundschaftsgericht) entzogen werden darf (1904/05).[1292] In der Studie „Bedingte Verurteilung und bedingte Begnadigung" heißt es: „Dass die Ausübung der Strafgerichtsbarkeit in die Hand unabhängiger, nur durch das Gesetz gebundener Richter zu legen ist, zählt zu den Fundamentalsätzen

---

1286 *Liszt*, Der Zweckgedanke im Strafrecht, 1882, S. 27 f., 29 (dreifache Verurteilung durch Richter im Gegensatz zu *Mittelstädts* Forderung einer administrativen Erledigung).

1287 *Liszt*, Sind gleiche Grundsätze des internationalen Strafrechts für europäische Staaten anzuwenden und eventuell welche? (1882), AuV I, Nr. 6, S. 105, 118.

1288 *Liszt*, Kriminalpolitische Aufgaben (1889–1892), AuV I, Nr. 11, S. 369 („wenigstens" deswegen, weil ein Freiheitsentzug ohne Urteil der deutschen Rechtsanschauung widersprechen würde).

1289 *Liszt*, Die Reform der Freiheitsstrafe (1890), AuV I, Nr. 13, S. 527, 529.

1290 *Liszt*, Sind gleiche Grundsätze des internationalen Strafrechts für europäische Staaten anzuwenden und eventuell welche? (1882), AuV I, Nr. 6, S. 105.

1291 *Liszt*, Kriminalpolitische Aufgaben (1889–1892), AuV I, Nr. 11, S. 369; Die Reform der Freiheitsstrafe (1890), AuV I, Nr. 13, S. 527.

1292 *Liszt*, Schutz der Gesellschaft gegen gemeingefährliche Geisteskranke (1904/05), AuV III, Nr. 1, S. 6 ff.

des Verfassungsstaates“, was im Grunde dem Typus der Argumentation zu dieser Zeit entspricht (= Verfassungs- oder Kulturstaat als Wertbezug).[1293] In dem Vortrag „Der Entwicklungsgedanke im Strafrecht“, sollen für die Verhängung der Maßregeln der Besserung und Sicherung gleiche Verfahrensgrundsätze gelten wie für die Verhängung der Strafe. Das „richterliche Ermessen“ wird dabei vorausgesetzt, soll aber verschiedentlich durch das Gesetz eingegrenzt werden, und zwar „je intensiver der Eingriff in die individuelle Freiheit“, desto „sorgfältiger“ müssen auch Art und Maß des Eingriffs im Gesetz umgrenzt werden.[1294] Man vergleiche auch *Liszts* gleichzeitige Kritik an administrativen Entscheidungen im Preußischen Landtag. Er verband in einer Angelegenheit die Notwendigkeit, dass der Weg zu den Verwaltungsgerichten offen sein muss, mit Umstand, dass die vom Gesetzgeber vorgeschlagenen administrativen Maßnahmen „aufs schlimmste in die persönliche Freiheit des einzelnen eingreifen“.[1295]

Im revolutionären Jahr 1918/1919 begegnet uns bei *Liszt* das erste Mal die Gestaltung der Forderungen anhand des „Zweckkonzepts“, bei welchen der zugrunde gelegte materielle Richtpunkt (Ziel) offen und vollständig dargelegt wird und den eigentlichen Forderungen logisch vorgegeben ist. Es wird nicht geprüft, was einem abstrakten Konzept des Kulturstaats entspricht, sondern die Forderungen werden als Deduktionen aus den verfassungsimmanten Maßstäben hingestellt. Die geforderten Neuerungen der Strafgesetzgebung werden von *Liszt* als „notwendige Maßnahmen“ in einer „demokratischen Republik“ postuliert; es bestehe die Notwendigkeit der „Demokratisierung unserer Strafgesetzgebung“.[1296] Für das Gelingen der Reform, das wäre die Lehre des Relativismus bei *Liszt*, muss auf der Teilnahme von „Vertrauensmännern aus entscheidend demokratischen Parteien“ beharrt werden.[1297] Welches System von Forderungen hat *Liszt* 1918/1919 in Bezug auf die demokratische Ordnung und die Republik, oder wie man sich damals ausdrückte, den „deutschen demokratischen Freistaat“,[1298] aufgestellt?

Als erste Hauptaufgabe wird die Überprüfung der Tatbestände der einzelnen Deliktsgruppen genannt, damit sie den „alten Forderungen, die der *Liberalismus*

1293 *Liszt*, Bedingte Verurteilung und bedingte Begnadigung, in: Vergleichende Darstellung AT, Bd. 3, 1908, S. 61 f.

1294 *Liszt*, Der Entwicklungsgedanke im Strafrecht, Mitt. IKV 16 (1909), S. 500 f.

1295 Session 1912/13, 78. Sitzung, Bd. V., S. 6530. Vgl. noch Punkt B.I.4. im 5. Kapitel.

1296 *Liszt*, Die Rückwirkung der November-Revolution auf Strafrecht und Strafverfahren, AuV III, Nr. 21, 452; *Liszt*, Die Novemberrevolution und das Strafrecht, in: ZStW-„Kriminalistischer Umschau“ vom 1. 1. 1919, ZStW 40 (1919), 378; Besprechung von Hugo Heinemanns „Die Reform des deutschen Strafrechts“, JW 1919, S. 283; Demokratisierung des Strafprozesses, Hamburger Fremdenblatt: Abendausgabe v. 24. 02. 1919, 1; Die Strafrechtsreform in der deutschen Republik, Hamburger Fremdenblatt: Abendausgabe v. 02. 04. 1919, 1.

1297 *Liszt*, Die Rückwirkung der November-Revolution auf Strafrecht und Strafverfahren (1918), AuV III, Nr. 21, 452.

1298 *Liszt*, Besprechung von Hugo Heinemanns „Die Reform des deutschen Strafrechts“, JW 1919, S. 284.

gegen den Obrigkeitsstaat erhoben hatte, endlich einmal wirklich gerecht werden".[1299] Unter diesem Aspekt behandelt *Liszt* die Beseitigung der „Kautschukbegriffe" aus den politischen Delikten, die Sicherung der freien Meinungsäußerung, Neuregelung des Presserechts, systematische Durchprüfung der Amtsdelikte, eine Reinigung der Religions- und Sittlichkeitsdelikte von „allen das Staatsinteresse nicht berührenden Bestandteilen", die Einführung von neuen Strafdrohungen gegen die Verhetzung der Völker untereinander.[1300] Die zweite Hauptaufgabe für die demokratisch-freistaatliche Gesetzgebung wäre nach *Liszt* die konsequente Ausrichtung des Strafsystems, der Strafrahmen und der Strafzumessung an dem *Zweckgedanken.*[1301] Die Todesstrafe muss, wenn nicht aufgehoben, so jedenfalls zurückgedrängt werden.[1302] Alle Strafdrohungen durch bzw. in Nebengesetzen sollen wegen der Rechtsgewissheit der Staatsbürger beseitigt werden.[1303]

Der Strafvollzug muss gesetzlich geregelt werden, und es ist daran „unbedingt festzuhalten", dass „die Strafgefangenschaft ein Rechtverhältnis zwischen den Gefangenen und der Staatsgewalt begründet".[1304] Das Strafverfahren hat als ein „volkstümliches Strafverfahren" aus dem „demokratischen Standpunkte" aus reformiert zu werden.[1305] Dies schließt die alte Forderung mit ein, dass in jeder Tatsacheninstanz Laien mitwirken, sei es als Schöffen, sei es als Geschworene. Ebenso erscheint in einer demokratischen Republik die Forderung von „folgerichtigen Durchführungen des Anklageprozesses" als notwendig; es muss die Unmittelbarkeit der von einem unbefangenen Vorsitzenden geleiteten kontradiktorischen Hauptverhandlung gesichert werden.[1306]

Bei der feindlichen Stellung gegenüber Religionsdelikten ist eine Anknüpfung an das Konzept der Rechtsgutsdiskussion im „Meineid" wiederzuerkennen, die *Liszt* 1876, wie im einschlägigen Kapitel oben dargelegt, in der säkularen Tradition der Aufklärung geführt hat (Punkt D.II.2. im 3. Kapitel). Möchte man einen festen Bogen zum Vormärz schlagen, so darf, zur Erklärung von *Liszts* Wendung der „alten

---

[1299] *Liszt*, Die Rückwirkung der November-Revolution auf Strafrecht und Strafverfahren (1918), AuV III, Nr. 21, 452.

[1300] *Liszt*, Die Rückwirkung der November-Revolution auf Strafrecht und Strafverfahren (1918), AuV III, Nr. 21, 452.

[1301] *Liszt*, Die Rückwirkung der November-Revolution auf Strafrecht und Strafverfahren (1918), AuV III, Nr. 21, 453.

[1302] *Liszt*, Die Rückwirkung der November-Revolution auf Strafrecht und Strafverfahren (1918), AuV III, Nr. 21, 453.

[1303] *Liszt*, Die Rückwirkung der November-Revolution auf Strafrecht und Strafverfahren (1918), AuV III, Nr. 21, 453.

[1304] *Liszt*, Die Rückwirkung der November-Revolution auf Strafrecht und Strafverfahren (1918), AuV III, Nr. 21, 453

[1305] *Liszt*, Die Rückwirkung der November-Revolution auf Strafrecht und Strafverfahren (1918), AuV III, Nr. 21, 453.

[1306] *Liszt*, Die Rückwirkung der November-Revolution auf Strafrecht und Strafverfahren (1918), AuV III, Nr. 21, 453.

Forderungen" des Liberalismus darauf hingewiesen werden, dass *Mittermaier* 1820 als eines der damals aktuellen Probleme der Gesetzgebung die „Unbestimmtheit der Gesetze über Staatsverbrechen" nannte, die als solche eine „immerwährende Gefahr für jeden Rechtlichen begründen".[1307] So gesehen gehören *Liszts* Forderungen in den Jahren 1918 und 1919 gleichzeitig dem Neuen und dem Alten an. Neu ist, dass sie offen als notwendige Folgerungen in einer demokratischen und freistaatlichen Ordnung hingestellt werden, in welcher der Stellung des Einzelnen eindeutig ein konstitutioneller Wert zukommt. Im Einzelnen sind aber Schichten von Konzepten, die *Liszt* seit seiner ersten Teilnahme an der Diskussion der Reform des Strafrechts, in den 1870er Jahren in Österreich, begleitet haben, wiederzuerkennen.

[1307] *C. J. A. Mittermaier*, Über den neusten Zustand der Criminalrechtswissenschaft in Deutschland, Neues Archiv des Criminalrechts 4 (1820), S. 83 f.

7. Kapitel

Juristen und Jugendrechtler in der Familie Liszt: Eduard Liszt der Vater, Eduard Liszt der Bruder, Elsa Liszt die Tochter

A. Die Familie Liszt

Der Stammbaum der Familie *Liszt* ist vor allem dank dem Interesse für den bekannten Musiker Abbé *Franz Liszt* bisher detailreich erkundet und dargestellt worden.[1308] In diesem Punkt werden Verbindungen zu den nächsten Familienmitgliedern von unserem *Franz Liszt*, dem Strafrechtler, dargestellt, die sich entweder als Juristen (Vater, Bruder) oder im Rahmen von anderen Professionen (Tochter *Elsa*) an den allgemeinen juristischen und an den juristischen Reformdiskursen beteiligt haben. Die Darstellung leistet nur zum Teil einen abstrakten Überblick über fremde Karrieren, und soll vor allem als eine zusätzliche Substantiierung von *Liszts* Werdegang und Betätigungsumfeld verstanden werden. Die Verbindungen zwischen *Liszt* und seinem Vater *Eduard* Senior waren nah; ebenso zu seiner Tochter *Elsa Liszt*, die eine bekannte Jugendrechtlerin war. Für *Liszts* (Halb)Bruder *Eduard* Junior ist nachweisbar, dass er zur Zeit von *Liszts* Professur in Marburg in der dortigen Juristischen Fakultät immatrikuliert war.[1309] Man beachte, dass unser *Liszt*, der Strafrechtler, bis in die 1880er Jahre hinein in der Regel, wenn auch nicht immer, unter dem Namen „Franz Eduard von Liszt" publiziert hat.[1310] Es ist zu vermuten, dass die Reduktion auf „Franz von Liszt" mit der Entscheidung von *Eduard Liszt*

[1308] Vid. *Eduard Liszt* (Jun.), Franz Liszt: Abstammung, Familie, Begebenheiten, 1. Aufl. 1937, S. 45 ff., 62 f.; 3. Aufl. 1938, S. 45 ff., 62 f.; *R. Moos*, Franz von Liszt als Österreicher, GS Liszt, 1969, 116; *V. Liebscher*, Franz von Liszt – familiengeschichtlich gesehen, ZStW 94 (1982), 619; Die großen Deutschen: Deutsche Biographie, Bd. 5, 1957, 407 (*Eb. Schmidt*); Österreichisches Biographisches Lexikon, Bd. 5, 1972, 248 *(B. Böck);* Neue Deutsche Biographie, Bd. 14, 1985, 704 (*M. Frommel*); Deutsche biographische Enzyklopädie, 2. Aufl., Bd. 6, 2006, 490 (*J. Bohnert*).

[1309] Verzeichnis des Personals und der Studirenden auf der Königl. Preußischen Universität Marburg, WS 1886, S. 26. Dort wird auch als seine Wohnung genannt: „Prof. Dr. v. Liszt, Schwanallee 12".

[1310] Vgl. Meineid und falsches Zeugnis (1876): Franz Eduard von Liszt; Die falsche Aussage vor Gericht (1877): Franz Eduard v. Liszt; Lehrbuch des österreichischen Preßrechts (1878): Franz von Liszt; Das deutsche Reichs-Preßrecht (1880): Franz Eduard von Liszt; Das Deutsche Reichsstrafrecht (1881): Franz Eduard von Liszt; Der Zweckgedanke im Strafrecht (1882): Fr. E. v. Liszt.

Junior für die juristische Karriere und in diesem Zusammenhang mit Verwechselungsgefahr zu suchen ist.

B. Eduard Liszt der Vater und österreichische Gerichte

Der Vater von unserem *Franz Liszt, Eduard Liszt* Senior (1817 – 1879), war ein hochangesehener österreichischer Beamter und hat unter anderem das Amt des k.k. Generalprokurators beim Obersten Gerichts- und Kassationshof bekleidet (= oberster Beamte der Staatsanwaltschaft).[1311] Unter seiner Amtsführung wurde das Sträflingswesen in den Aufgabenbereich der Oberstaatsanwaltschaft überführt. Seine entsprechenden Verdienste auf dem Gebiet des Gefängniswesens wurden in Nachrufen und biographischen Einträgen in Österreich hochgeschätzt.[1312] Er war als Nachfolger von *Julius Glaser* als k.k. Justizminister „ausersehen", konnte aber wegen Erkrankung, in vergleichbarem Alter, in welchem *Liszt* starb, den Posten nicht mehr antreten.[1313] *Eduards* Bedeutung für die Entwicklung der Strafrechtswissenschaft lässt sich nur unter dem Aspekt erschließen, dass in Österreich lange Zeit die Praktiker die Aufgaben der theoretischen Fortentwicklung wahrgenommen haben, die in deutschen Ländern nördlich von Österreich zum akademisch-universitären Bereich zählten.

Das Amt des k.k. Generalprokurators war mit der Idee des persönlichen Verdienstes in einem Maße verbunden, das sich aus der reichs- oder bundesdeutschen Perspektive nicht leicht erschließen kann. Die Generalprokuratoren waren öffentliche Persönlichkeiten und Virtuosen der juristischen Dogmatik, die eine Art wissenschaftlicher Beratung für Revisionsverfahren in Form von Stellungnahmen vorbereitet haben.[1314] Mit etwas Vereinfachung lässt sich sagen, dass vor Graf *Thuns* Reform, das Verhältnis zwischen Professoren und Praktikern in Österreich umgekehrt war als in Deutschland. Man hat den Professoren eine bloße „Buchmacherei" vorgeworfen,[1315] sie waren praxisfremd, und erhielten, anders als ihre Kollegen nördlich von Österreich, keine Gerichtsakten zur Entscheidung. Die eigentliche theoretische Arbeit war auf verschiedenen anderen institutionellen Ebenen – wie

---

[1311] Österreichisches Biographisches Lexikon, Bd. 5, 1972, 247 (*B. Böck*); Dr. Eduard Ritter von Liszt: eine Gedenkschrift, 1906; *Ed. Liszt (Junior)*, Franz Liszt: Abstammung, Familie, Begebenheiten, 1937, S. 45 ff.; *G. Radbruch*, Franz von Liszt – Anlage und Umwelt (1938), Gesamtausgabe, Bd. 16, S. 32.

[1312] *B. Böck*, a.a.O. (ÖBL 1972), Bd. 5, S. 247 f.; Dr. Eduard Ritter von Liszt: eine Gedenkschrift, 1906, S. 5 f.

[1313] *B. Böck*, a.a.O. (ÖBL 1972), Bd. 5, S. 247 f.; Dr. Eduard Ritter von Liszt: eine Gedenkschrift, 1906, S. 11.

[1314] Vgl. *J. Makarewicz*, Idealkonkurrenz im österreichischen Strafgesetze?, Allg. österr. Gerichtszeitung 57 (1906), S. 347.

[1315] *H. Lammasch*, Julius Glaser: Eine Charakteristik, Grünhut's Zeitschrift 14 (1887), S. 677 („Oberflächlichkeit, Unwissenschaftlichkeit und Buchmacherei").

Akademien und Rechtspraxis – zerstreut. Insofern liegt zwischen der Karriere von *Liszt* und der Karriere seines Vaters eine auf den ersten Blick nicht sichtbare materielle Kontinuität vor.

C. Eduard Liszt, der Bruder – Grazer Strafrechtler

Liszts Halbbruder *Eduard* (1869–1961) widmete sich, nach dem juristischen Abschluss, literarisch zuerst dem Schnittpunkt zwischen Zoologie und Jurisprudenz.[1316] In drei Auflagen der Kampfschrift „Das wissenschaftliche Tierfolter" (von 1899 bis 1901) setzte er sich für die „wirkliche Einschränkung und möglich(st) gänzliche Abschaffung der Vivisection" (Experimente an lebenden Tieren) ein.[1317] Nach der Jahrhundertwende erschienen von ihm zwei große Monographien: „Die kriminelle Fruchtabtreibung I–II" (1910, 1911), „Die vorsätzlichen Tötungen: eine kriminalpolitische Studie" (1919), sowie eine lange Reihe von kleineren Aufsätzen,[1318] die, soweit ersichtlich, einmalig in einem Sonderkonvolut in der Bayerischen Staatsbibliothek zusammengestellt sind. 1925 erschienen seine „Vorlesungen über die allgemeinen Lehren des materiellen Strafrechts".[1319] Die Studie „Die kriminelle Fruchtabtreibung" fügt sich in die Tradition der von *Liszt* in Berlin herausgegebenen „Vergleichenden Darstellung des deutschen und ausländischen Strafrechts".

Die Karriere von *Eduard* Junior war keine reine Professorenkarriere. Er war als Richter tätig und habilitierte sich 1912 bei *Hans Gross* in Graz.[1320] Lange Zeit als Privatdozent engagiert, wurde er 1925 in Graz zum außerordentlichen Professor ernannt. Nach dem Anschluss Österreichs 1938 hat sich *Eduard* als Anwalt angeblich durch illegale Mittel (Bestechung) für Entlassung der Schutzhäftlinge eingesetzt, weshalb er in Ungnade des Regimes fiel und anschließlich seine Professur im Dritten Reich verlor.[1321] Charakteristisch für die Aufsätze von *Eduard* Junior ist eine modernistische Haltung, die eigentlich vor dem Zweiten Weltkrieg noch nicht zum allgemein verbreiteten Kanon der Tatbestandsanalyse und -Konstruktion gehörte. An vielen Stellen in seinen Texten ist ein Fetischisieren der rational analysierten Schutzrichtung (Rechtsgutsgedanke) als Zentrum des Verbots und der Kriminalisierung klar erkennbar.[1322]

[1316] Vgl. *H. A. L. Degener*, Unsere Zeitgenossen (Wer ist's), 5. Aufl. 1911, 872; *K. Probst*, Geschichte der Rechtswissenschaftlichen Fakultät der Universität Graz, Bd. 3, 1987, S. 83 ff.

[1317] *Eduard Liszt* (Jun.), Das wissenschaftliche Tierfolter, 1889, S. 1.

[1318] Vgl. *H. A. L. Degener*, Unsere Zeitgenossen (Wer ist's), 5. Aufl. 1911, S. 872.

[1319] *Eduard Liszt* (Jun.), Vorlesungen über die allgemeinen Lehren des materiellen Strafrechts, 1925.

[1320] *K. Probst*, a.a.O. (1987), S. 83.

[1321] *K. Probst*, a.a.O. (1987), S. 85.

[1322] Vgl. *Eduard Liszt* (Jun.), Kriminelle Fruchtabtreibung, Bd. 1, 1910, S. 21 ff. („Strafrecht hat Rechtsgüter zu schützen (...). Wo ein solches Interesse, ein solches Recht nicht verletzt

D. Elsa Liszt, die Tochter – Berliner Jugendrechtlerin

Eine Ergänzung dieser Herrenmannschaft bildet *Liszts* ältere Tochter *Elsa Liszt* (1878–1946).[1323] Aus der Ehe *Liszts* mit *Rudolfine Freiin Drotleff von Friedenfels* (1855–1926), gingen zwei Töchter hervor, *Elsa*, die noch in Graz geboren wurde, und *Greta*, die in Marburg auf die Welt kam (1883– nicht vor 1951). *Elsa* ist am Anfang des 20. Jahrhunderts durch literarische Anzeigen und Einsichten in die jugendwohlfahrtliche und jugendstrafrechtliche Literatur aus den USA aufgetreten.[1324] Sie hat, wohl wie einst die Reformer im Vormärz, unter dem Vorzeichen eines „Reiseberichts" eine Reihe von Einsichten in die Praxis der Jugendhilfe in den USA als Monographie veröffentlicht.[1325] Es spricht Vieles dafür, dass sich *Liszts* Erwägungen über die Kriminalität der Jugendlichen und über das Jugendstrafverfahren parallel mit dem ehrenamtlichen und professionellen Engagement seiner Tochter *Elsa* entwickelt haben.[1326] In keinem Bereich wird bei *Liszt* wie im Jugendstrafrecht ein theoretischer Diskurs, der sich durch Bündel von kriminalpolitischen Deduktionen und einer Systematisierung von Einsichten auszeichnet, durch einen Zugang ersetzt, der sich oft darauf beschränkt, die Impulse und die gewachsenen Einrichtungen aus der Praxis zu begründen und zu fördern (vgl. zur *Liszts* Haltung Punkt C.II.2.b) im 6. Kapitel).[1327]

Elsa war jahrlange in der Geschäftsführung der DVJJ in ihrer damaligen Fassung tätig. In der Weimarer Republik hat sie sich als Leiterin der Jugendgerichtshilfe beim Landesjugendamt Berlin nach dem Inkrafttreten des JGG (1. 7. 1923) durch regelmäßige Berichte über die Entwicklung der Jugendkriminalität in Berlin verdient gemacht. Sie stellen im Ergebnis eine für die Zeit sehr gelungene Analyse der „Auswirkung" des Gesetzes dar.[1328] Das Leitmotiv ihrer Ausführungen scheint

---

oder gefährdet ist, hat das Strafrecht nichts zu suchen (…). Der Begriff des ‚Rechtsgutes' soll dabei liberalste Auslegung finden." – in Anlehnung an Lehrbuch von seinem Bruder), 48 ff. (Ablehnung des Kollektivismus und des von *Jhering, Radbruch, Jellinek* u. a. vertretenen Standpunkts, dass das Interesse an Bevölkerungsvermehrung das Verbot der Abtreibung rechtfertige). Vgl. noch *Eduard Liszt* (Jun.), Ist in der Strafrechtspflege Schlagwort oder Rechtsgüterschutz wichtiger?, 1949.

[1323] *S. Günzel*, Die geschichtliche Entwicklung des Jugendstrafrechts und des Erziehungsgedankens, 2001, S. 51; *H. Cornel*, Festvortrag „100 Jahre Jugendgerichte: Die Zeit war reif", 2008; *B. Manthe*, Richter in der nationalsozialistischen Kriegsgesellschaft, 2013, S. 189; *R. Fikentscher*, Liebe, Arbeit, Einsamkeit: Ein Gelehrtenpaar in zwei Diktaturen, 2014, S. 361; *L. Piepelow*, Verteidigung im Jugendstrafverfahren, in: Berliner Symposium zum Jugendkriminalrecht, 2017, S. 95.

[1324] Vgl. *Elsa Liszt*, „Children's Courts in the United States", Gross' Archiv 26 (1906), 81.

[1325] *Elsa Liszt*, Soziale Fürsorgetätigkeit in den Vereinigten Staaten: Reiseskizzen, 1907.

[1326] Vgl. *S. Günzel*, a.a.O. (2001), S. 51; *B. Manthe*, a.a.O. (2013), S. 189; *L. Piepelow*, a.a.O. (2017), S. 95.

[1327] Vgl. *Liszt*, Jugendgerichtverfahren in Gegenwart und Zukunft, in: Kriegstagung der deutschen Jugendgerichtshilfen, 1918, 73.

[1328] *Elsa Liszt*, Berliner Jugendgerichtshilfe 1923 und 1924, ZStW 46 (1925), 300; Die Kriminalität der Jugendlichen in Berlin: Bericht der Jugendgerichtshilfe des Landesjugendüberall zu sein, dass die Ursachen der Kriminalität „zu einem wesentlichen Teil in äußeren Umständen zu suchen" sind.[1329] Methodologisch betrachtet stellt ihre Analyse eine auffällige Mischung zwischen lebendigen Einsichten in das Leben der Berliner Jugend („Ethnographie" im heutigem Sinne) und des statistischen Materials dar. Man kann in dem Zugang eine Fortentwicklung von Liszt'schen Grundsätzen der Kriminalitätsanalyse sehen, welche die Umweltaspekte akzentuiert und methodologisch die Statistik dem Belang einer lebendigen Auffassung von geographisch-kulturell geschlossenen Einheiten unterordnet (vgl. für Methode in *Liszts* Seminar Punkt A.III.4.c) im 5. Kapitel).

amtes Berlin 1.1.1925–31.12.1925, ZStW 47 (1927), 459; Die Kriminalität der Jugendlichen in Berlin in den Jahren 1926 und 1927, ZStW 50 (1930), 505; Die Kriminalität der Jugendlichen in Berlin in den Jahren 1928, 1929 und 1930, ZStW 52 (1932), 250.

[1329] Vgl. *Elsa Liszt*, a.a.O. (1927), S. 459.

2. Teil

Liszt in Analyse und Urteil der Liszt-Forschung

8. Kapitel

Zuordnungen vor dem Ersten Weltkrieg

A. Erste Ansätze im polemischen Schrifttum (Mittelstädt 1892; Merkel 1892)

In der heutigen Liszt-Forschung wird die Zuordnung des Werks *Liszts* zum intellektuellen Milieu des Comte'schen Positivismus in der Regel mit der bekannten geistesgeschichtlichen Untersuchung von *Welzel* aus dem Jahr 1935 in Verbindung gebracht. Wichtige Vorboten einer solchen Zuordnung finden sich aber bereits in zwei Aufsätzen von *Mittelstädt* und *Merkel*, die 1892 anlässlich der kriminalpolitischen Debatte über die bedingte Verurteilung erschienen sind.[1] Im Vergleich zum späteren Schrifttum, handelt es sich bei den genannten Aufsätzen von *Liszts* Zeitgenossen um *rudimentäre Formen* der Zuordnung, bei welchen die Zuordnungsmuster noch sehr unscharf profiliert sind,[2] und bei welchen die Kritik nicht ausreichend klar mitteilt, welche Kritikpunkte sich auf *Liszt* und welche sich etwa auf andere Richtungen beziehen. Diese Eigenschaft, sowohl von *Mittelstädts* als auch von *Merkels* Kritik, könnte auf die Unschärfe der Auffassung zurückgehen, aber auch als Teil einer rhetorischen Bemühung gedeutet werden, *Liszt* mit radikaleren Richtungen, wie der italienischen Schule *Lombrosos*, künstlich in Verbindung zu setzen, um das strafrechtliche Reformanliegen vor dem allgemeinen Publikum zu kompromittieren.

---

[1] *O. Mittelstädt*, Schuld und Strafe: Zur Kritik der heutigen Reformbestrebungen, Gerichtsaal 46 (1892), 237, Teil 2, 388, Teil 3, Bd. 47 (1892), 1; *A. Merkel*, Vergeltungsidee und Zweckgedanke im Strafrecht: Zur Beleuchtung der „neuen Horizonte" in der Strafrechtswissenschaft, 1892.

[2] Vgl. *O. Mittelstädt*, a.a.O. (1892), Teil 1, S. 240 ff., Teil 2, S. 397, 410. Es ist gleichzeitig die Rede von der „positiven Philosophie A. Comte's" und der „Darwin'schen Evolutionstheorie". Unspezifisch und undefiniert werden auch „Realismus", „Rationalismus" und die „materialistische Weltanschauung" erwähnt. Der „Naturalismus" taucht als ein Kraftausdruck ohne einer strengen methodologischen Bedeutung auf (Teil 1, S. 242, Teil 2, S. 388, 390, 398, 409) und wird – auf einer Stelle – mit dem Determinismus gleichgesetzt (Teil 3, S. 3).

Das Bedürfnis um 1892, eine breitere Zuordnung von einem lebenden Autor (hier *Liszt*) zu erhalten, kann sich am Besten im Rahmen der Entwicklung des Diskurses in jenen Jahren erklären, in denen die Bahnen einer innerstrafrechtswissenschaftlichen Diskussion verlassen wurden und allmählich breitere Schichten der Öffentlichkeit für eine kriminalpolitische Stellungnahme mobilisiert wurden. Dafür spricht der Umstand, dass sowohl *Mittelstädt* als auch *Merkel* seinerzeit mit einem leicht zu popularisierenden, binären Code des *Einheimischen* und *Fremden* arbeiteten. Sie wollen ihre Leser überzeugen, dass es sich bei den Vertretern des Reformgedankens um einen verächtlichen „Hinüberdrang" oder die „Sturzwelle" des national fremden Gedankengutes geht.[3] Der Ansatz *Liszts* sollte hier, insbesondere bei *Mittelstädt*, als verfehlt, weil fremd, kritisiert werden.

Die Kritik des Fremden erinnert in gewissem Grade an *Liszts* frühe negative Bewertung des Einflusses des französischen Rechts auf die ausländische Strafgesetzgebung (Punkt B. im 6. Kapitel). Jedoch werden Einfluss und Übernahme bei *Liszt* einerseits und bei den Kritikern der Reformbewegung andererseits aus unterschiedlichen Gründen kritisiert. Bei *Liszt* wird im Ergebnis das *Gesetzgebungsverfahren* kritisiert, das sich nicht um lebendige Bedürfnisse und gewachsene Rechtseinrichtungen im Lande kümmert, sondern en bloc die fremden, auf andere Verhältnisse und intellektuelle Kontexte zugeschnittene Paragraphen abschreibt. Dementsprechend ist es bei *Liszt* kein Paradox, dass die Reformbewegung einen internationalen Charakter haben kann, solange ein Grundschatz an Prinzipien und Forderungen landesspezifisch geprüft wird. Demgegenüber wird die Übernahme bei *Mittelstädt* aus kulturontologisch-„rassischen" Gründen kritisiert („Charakterzüge angelsächsischer Race");[4] und als Skepsis gegenüber freiheitlichen politischen Systemen, wie dem republikanischen in den USA, geäußert.[5]

Anders als *Merkel*, welchem es um die Vergeltung als ethischen Grundwert geht,[6] sind bei *Mittelstädts* Kritik auch Keime jenes staatstheoretischen Konzeptes zu erkennen, das, eng mit der Normentheorie und dem Sühnegedanken[7] verwandt, in der Vergeltung die Möglichkeit und Chance für eine Autoritätsstabilisierung des Staates erachtet. Die rechtsextreme Kritik an *Liszt* aus den 1930er Jahren wurde also nicht nur in Bezug auf den Positivismus-Vorwurf, sondern auch im politischen Aspekt bereits im polemischen Schrifttum der 1890er Jahre vorweggenommen. Die „Hu-

---

[3] Vgl. bereits *O. Mittelstädt*, Gegen die Freiheitsstrafe, 2. Aufl. 1879, S. 11 („hinüberdrang", „Charakterzüge angelsächsischer Race"); *ders.*, a.a.O. (1892), Teil 1, S. 238, 240 („Allerlei vom Ausland importierte"), 242 („fremdartige Lehrmeinungen, welche ... in Deutschland eindrangen"); *M. Buri*, Schuld und Strafe, Gerichtssaal 47 (1892), S. 241 („Warnung vor dem Eindringen der Sociologie in das Strafrecht"); *A. Merkel*, a.a.O. (1892), S. 53 („Sturzwelle").

[4] Vgl. *O. Mittelstädt*, a.a.O. (1892), Teil 1, S. 241, Teil 2, S. 409.

[5] Vgl. *O. Mittelstädt*, a.a.O. (1892), Teil 1, S. 247 ff.

[6] *A. Merkel*, a.a.O. (1892), S. 44 ff.

[7] *O. Mittelstädt*, a.a.O. (1892), Teil 1, S. 256.

manität und Philanthropie",[8] die „Quacksalber und Kurpfuscher humanitärer Menschenerziehung" hätten durch ihre Forderungen und Sichtweisen im Bereich des Gefängniswesens Gefahren für „das gesamte Staatsleben" geschaffen.[9] Das Volk habe verlernt, „die Strafdrohungen zu fürchten".[10] Es sei zu einer „Verwirrung der Tätigkeit der Staatsgewalt" und zur „Lähmung des Staatswillens" gekommen.[11] Die bedingte Verurteilung habe sich, das ist bei *Mittelstädt* als ein Vorwurf an die Einrichtung gemeint, in der Stadt Boston „naturwüchsig unter den Händen republikanischer Richtergewalt" entwickelt.[12]

Merkel arbeitet mit einem breiten Begriff der kriminalistischen „Reformbewegung" und unterscheidet am Anfang seines Aufsatzes streng zwischen der „anthropologischen Kriminalistenschule Italiens", die er auch „Schule Lombrosos" nennt, und der deutschen Reformbewegung um die damals noch ganz junge IKV.[13] In seinem Aufsatz bezieht sich jedoch die intellektuelle Kontextualisierung inhaltlich fast ausschließlich auf die italienischen „Träger" der Reformbewegung, sodass man über den Kontext von deutschen Bemühungen nur mittelbar – nämlich unter dem Vorbehalt der Vernachlässigung der von *Merkel* selbst geprägten Unterscheidung zwischen mehreren Reform-Richtungen – etwas erfahren kann. In einzelnen Ausführungen, etwa in Bezug auf strafprozessuale Garantien[14] und auf den „Sozialismus" und „Materialismus"[15] werden die eigentlich kritisierten Autoren kaum namhaft gemacht, und es herrscht überall der Eindruck, dass sich die Kritik pointiert gegen Extreme wie die italienische Anthropologie wendet, nicht aber ausdrücklich auf diese Richtung begrenzt wird. Für *Liszt* lagen die Wurzeln der Vermengung von verschiedenen Schulen und Richtungen bei *Mittelstädt* und *Merkel* in der „Unkenntnis der einschlägigen Literatur".[16]

B. Das Zentrum der frühen Positivismus-Kritik (Cathrein 1896, 1905)

Die wichtigste Verdichtung des Positivismus-Vorwurfs zu Lebzeiten *Liszts* und vor den geistesgeschichtlichen Zuordnungen in den 1930er Jahren findet sich bei dem Jesuiten *Victor Cathrein*, der in mehreren Schüben aktiv an der Reformdis-

[8] *O. Mittelstädt*, a.a.O. (1892), Teil 1, S. 238.

[9] *O. Mittelstädt*, a.a.O. (1892), Teil 1, S. 239.

[10] *O. Mittelstädt*, a.a.O. (1892), Teil 1, S. 239.

[11] *O. Mittelstädt*, a.a.O. (1892), Teil 1, S. 240.

[12] *O. Mittelstädt*, a.a.O. (1892), Teil 1, S. 247.

[13] *A. Merkel*, a.a.O. (1892), S. 7ff. Diese Richtungen seien nur zwei „Träger" der Reformbewegung, die *Merkel* „unter Anderen" (S. 8) nennt.

[14] *A. Merkel*, a.a.O. (1892), S. 42ff.

[15] *A. Merkel*, a.a.O. (1892), S. 45ff., 52ff.

[16] Vgl. namentlich *Liszt*, Die deterministischen Gegner der Zweckstrafe (1893), AuV II, Nr. 16, S. 27, 31, 35, 37, 66.

kussion teilgenommen hat. Seine Kritik an *Liszt* im Aufsatz über das „Strafrecht der Zukunft“ aus dem Jahre 1896 wendete sich an das religiöse Publikum der katholischen Publizistik.[17] *Liszt* und sein Werk werden in dem Aufsatz auf charakteristische Weise als „pars pro toto“ für die ganze Reformbewegung genommen. *Liszts* Werk stellt für *Cathrein* nur eine Konkretisierung des „modernen Positivismus“ dar.[18] Dieses Etikett erhält bei *Cathrein*, anders als bei *Mittelstädt* oder *Merkel*, eine feste und technische Bestimmung: Positivismus sei eine Richtung, die nach „Gesetzen“ suche, die die ganze Wissenschaft auf die „Mechanik“ reduziere, „ausschließlich“ die „greifbaren Thatsachen und Erfahrung“ betone.[19] Die „positive Philosophie“ kämpfe im Grunde mit dem älteren Wertesystem der christlichen Welt. Das berechtigt die Vorstellung, dass der „moderne Positivismus“ in das Gebiet der Kriminalpolitik „eindringe“.[20] – Es ist im Grunde das gleiche binäre Denkschema wie bei *Mittelstädt* und *Merkel*, nur dass hier miteinander nicht die nationalen Formen des Wissens und der Politik, sondern religionstreue und religionsabgeneigte Erkenntnismodelle miteinander kämpfen. Der charakteristische Topos eines „Hinüberdrangs“/„Einbruchs“, der bereits in den 1890ern mit unterschiedlichen Akzenten bei *Mittelstädt, Merkel* und *Cathrein* eine Rolle spielte, erfuhr später eine Konjunktur im Nationalsozialismus.[21]

Bei *Cathrein* werden das üppige Schaffen und die ausdifferenzierten Forderungspaletten der Reform-Bewegung als bloßer Anwendungsfall des „modernen Positivismus“ auf dem speziellen Gebiet des Strafrechts dargestellt. Jedoch findet sich bei ihm neben der antipositivistischen Kritikspur und Zuordnung *Liszts* in *Comtes* geistigen Machtbereich, auch ein bedeutender Hinweis auf den hegelianischen bzw. metaphysisch-idealistischen Charakter von *Liszts* Verbrechenslehre.[22] Damit gehört *Cathrein* mit *Hurwicz* (1911, unten im Punkt C.), *Schwarzschild* (1933, Punkt E.I. im 9. Kapitel) und zum Teil auch mit *Georgakis* (1940, Punkt G.V. im 9. Kapitel) und *H. Mayer* (1936, Punkt F. im 9. Kapitel; 1962, Punkt B. im 11. Kapitel) zu den Autoren, die in *Liszts* Werk wichtige Reminiszenzen oder Reste eines kategorialen bzw.

---

[17] *V. Cathrein*, Das Strafrecht der Zukunft, Stimmen aus Maria-Laach 50 (1896), 361, Teil 2, 489.

[18] S. für die Bezeichnungen explizit *V. Cathrein*, a.a.O. (1896), Teil 1, S. 361, 363.

[19] *V. Cathrein*, a.a.O. (1896), Teil 1, S. 361 ff.

[20] *V. Cathrein*, a.a.O. (1896), Teil 1, S. 363.

[21] Vgl. neben angeführten Stellen bei *O. Mittelstädt* („Hinüberdrang“), *A. Merkel* („Sturzwelle“) und *M. Buri* („Eindringen“) noch: *E. Wolf*, Krisis und Neubau der Strafrechtsreform, 1933, S. 25 („erfolgreicher Einbruch des Internationalismus“); *J. Nagler*, Anlage, Umwelt und Persönlichkeit des Verbrechers, Gerichtssaal 102 (1933), S. 412 f. (Deutschland als „Kolonialland der westlichen Geistesmächte“); *H. Welzel*, a.a.O. (1935), S. 2, 22 („einbrechen“), und – mit latenter Kritik an *Welzel* – *H. Mayer*, a.a.O. (1936), S. 13 („Einbruch der naturwissenschaftlichen Neuaufklärung“). Vgl. noch *R. Maurach*, Dt. Strafrecht AT, 3. Aufl. 1965, S. 136 (die „vornaturalistische“ Betrachtung fiel „dem Einbruch des *Liszt*schen Handlungsbegriffs zum Opfer“).

[22] *V. Cathrein*, a.a.O. (1896), Teil 1, S. 369 f.

objektiv-idealistischen Denkens hervorheben (vgl. zur Problematik des idealistischen Hintergrunds des Evolutionismus bei *Liszt* Punkt C. im 6. Kapitel).

Die subsumtionsartige Zuordnung von *Liszt* und der Reformbewegung in die geistige Welt des Positivismus findet sich auch in *Cathreins* späteren, unter dem Titel „Die Grundbegriffe des Strafrechts" 1905 veröffentlichten Ausführungen wieder.[23] *Liszts* Reaktion auf dieses Buch ist charakteristisch für seine antiklerikale Haltung, die ein wichtiger Teil seiner akademischen Sozialisierung in Österreich war (Punkt B.I.1. im 2. Kapitel; Punkt D.II. im 3. Kapitel). Anlässlich der bevorstehenden Reichstagswahlen äußerte *Liszt* 1907 in der „Frankfurter Zeitung", dass eine Steuerung der Regierung nach „links" mit der katholisch geprägten Zentrumspartei, für deren kriminalpolitisches Programm *Cathreins* Buch stehe, nicht zu erwarten sei.[24] Man müsse sich darüber im Klaren sein, dass die Reform der Strafgesetzgebung „niemals mit Zentrum, sondern nur *gegen* Zentrum durchzuführen ist".[25] *Cathreins* Konzept wird von *Liszt* aus diesem Anlass als Neuthomismus und seine Äußerungen über den Grund des Strafens werden als „Gedanken eines jesuitisch gedrillten Kopfes" bezeichnet.[26]

Die Kritik *Cathreins* an der Reformbewegung ist mit einer reflektierten Stellungnahme gegen die Lehre vom Gesellschaftsvertrag und dem Staat als bloßer Anstalt verbunden. Auch hier wird wie bei *Mittelstädt* ersichtlich, dass die Topik der politischen Kritik an den Forderungen der Reformbewegung (= sie sei nicht kompatibel mit dem Staatsverständnis) bereits wesentlich vor der Diskussion in der Weimarer Republik und in den 1930er Jahren vorentwickelt wurde.[27] Die Autoren konnten im Kaiserreich, dessen Verfassung nur einen staatsorganisationellen Charakter hatte, noch verschiedene Staatskonzepte als legitime Konzepte der Gegenwart vertreten. Im ersten Teil der Untersuchung wurde gezeigt, dass in *Liszts* Konzept des Strafrechts die Lehre vom Gesellschaftsvertrag größtenteils vorausgesetzt war (Punkt D. im 6. Kapitel). Damit zeichneten sich *Liszts* Konzept des Strafrechts und *Cathreins* Konzept des Staates durch das gleiche Spannungsver-

---

[23] *V. Cathrein*, Die Grundbegriffe des Strafrechts, 1905. Dazu *G. Radbruch*, Die politische Prognose der Strafrechtsreform (1908/09), Gesamtausgabe, Bd. 9, S. 164, mit Anmerkung *R. Wassermans*, ebd., S. 360.

[24] *Liszt*, Zentrum und Strafrechtsreform, Frankfurter Zeitung, Erste Morgenausgabe v. 19.01.1907, 1. Zu *Cathrein* noch *Liszt*, Birkmeyers „Warnung vor der modernen Richtung im Strafrecht" (1907), AuV III, Nr. 6, S. 129.

[25] *Liszt*, Zentrum und Strafrechtsreform, Frankfurter Zeitung, Erste Morgenausgabe v. 19.01.1907, S. 1, 3.

[26] *Liszt*, Zentrum und Strafrechtsreform, Frankfurter Zeitung, Erste Morgenausgabe v. 19.01.1907, S. 1. Vgl. für den Antijesuiten-Topos *M. Pammer*, Handbuch der Religionsgeschichte, Bd. 5, 2007, S. 96 f.

[27] Vgl. *G. Radbruch*, a.a.O. (1908/09), Gesamtausgabe, Bd. 9, S. 161 ff.; vgl. noch *ders.*, Grundzüge der Rechtsphilosophie, 1. Aufl. 1914, S. 127; *ders.*, Autoritäres oder soziales Strafrecht (1933), Gesamtausgabe, Bd. 8, S. 237; *U. Neumann*, Gustav Radbruchs Beitrag zur Strafrechtsreform, KritJ 2004, S. 432. *C. Bohnert*, Zu Straftheorie und Staatsverständnis im Schulenstreit um Jahrhundertwende, 1992.

hältnis aus, welches einst die kriminalistischen Auseinandersetzungen in der Aufklärung kennzeichnete.

Liszt wird bei *Cathrein* vorgeworfen, dass er – seinem wissenschaftlichen Verständnis konsequent entsprechend – im Bereich des „Wissens“ bzw. der „Wissenschaft“ von „Gott und Unsterblichkeit (…) nichts wissen“ möchte.[28] Die Begründung und Zurückführung der Strafe auf den göttlichen Willen müssen, so *Cathrein*, aus *Liszts* Blickwinkel tatsächlich verfehlt erscheinen.[29] Der Staat und seine Strafpraktiken legitimieren sich nach *Cathrein* nicht aus einer Notwendigkeit des Zusammenlebens (wie bei *Liszt*), sondern es soll in seinem Konzept mittelbar aus der Natur des Menschen erkannt werden, dass „der Urheber derselben das Zusammenleben der Menschen im Staate will“.[30] Die Strafgewalt als solche, so ausdrücklich *Cathrein* in seiner Kritik an der politischen Auffassung *Liszts*, kommt „unmittelbar von Gott“.[31] In der Sühne, nicht in einem erfassbaren Zweck der Gestaltung des Zusammenseins, besteht die Hauptfunktion der Strafe. Derjenige, welcher sich der „rechtmäßigen Obrigkeit in ihrem Gebiet widersetzt“, verfehlt sich „gegen die Anordnung Gottes“.[32]

[28] *V. Cathrein*, a.a.O. (1896), Teil 2, S. 490.
[29] *V. Cathrein*, a.a.O. (1896), Teil 2, S. 490.
[30] *V. Cathrein*, a.a.O. (1896), Teil 2, S. 490.
[31] *V. Cathrein*, a.a.O. (1896), Teil 2, S. 490.
[32] *V. Cathrein*, a.a.O. (1896), Teil 2, S. 491.

Übersicht 17

Gegenüberstellung der politisch valenten Aussagen bei Mittelstädt, Cathrein, Beling sowie Nagler (= bekannte Vertreter der Vergeltung von 1880 bis 1919) und Liszt

O. Mittelstädt *1879, 1892*	*V. Cathrein* *1896, 1905*	*E. Beling* *1908*	*J. Nagler* *1933*	*F. Liszt* *1881, 1886/88, 1919*
„[der Staat] will dabei zunächst (…) seinen eigenen Bestand vor Schaden und Gefahr schützen“.[33] Das Volk habe verlernt „die Strafdrohungen zu fürchten“.[34]	„(…) derjenige der sich der rechtmäßigen Obrigkeit in ihrem Gebiet widersetzt, [verfehlt sich] gegen die Anordnung Gottes“.[35] „Nur auf diesem Felsengrunde des unwandelbaren göttlichen Willens erhält die Staatsgewalt Dauer und Festigkeit und jene Würde und innere Berechtigung, die bewirkt, daß wir ihr nicht bloß aus Furcht, sondern um des Gewissens willen unterthan sind.“[36]	„der Staat hat nach Maßgabe der Notwendigkeit die Bewährung seiner Herrlichkeit zu vergelten.“[37] Staatsautorität als einziges Rechtsgut; Kritik des Satzes, dass das Strafrecht Rechtsgüter verletzt, um Rechtsgüter zu schützen, da die Positionen des Einzelnen keine Rechtsgüter sind.[38]	„unbedingter Autoritätsschutz.“[39] „Nicht die Interessen der Gesellschaft soll das Strafrecht schützen, sondern die Beleidigung der Würde des Staates sühnen.“[40]	„Staat und Recht sind um der Menschen willlen da. Das Recht bezweckt den *Schutz* derjenigen Interessen, zu deren Schutz und Förderung die Einzelnen zur staatlichen Gemeinschaft zusammengetreten sind. Wir können diese vom Recht, dem Gesamtwillen der Gemeinschaft, geschützten Interessen als *Rechtsgüter* bezeichnen. (…) [Die Strafe ist] Rechtsgüterschutz durch Rechtsgüter*verletzung*; indem sie be stimmte Rechtsgüter, deren Träger der Verbrecher ist, schmälert oder vernichtet, sichert sie die Rechtsgüter der übrigen.“[41] „Der Staat ist, wie jede Gesellschaft, ein *Zweckverband* von *Menschen* (…). Alles Recht ist mithin um der [sic!] Menschen willlen da. Es bezweckt den *Schutz* menschlicher Lebensinteressen“.[42]

33 *O. Mittelstädt*, a.a.O. (1879), S. 22 ff.
34 *O. Mittelstädt*, a.a.O. (1892), S. 239.
35 Anknüpfung an *Paulus* bei *Cathrein*, a.a.O. (1896), Teil 2, S. 491.
36 *V. Cathrein*, a.a.O. (1896), Teil 2, S. 491. Vgl. Handbuch der Religionsgeschichte, Bd. 5, 2007, S. 96 f.
37 *E. Beling*, Die Vergeltungsidee, 1908, S. 35 ff., 40, 43, 53, 127.
38 *E. Beling*, a.a.O. (1908), S. 43, 53, 127.
39 *J. Nagler*, Staatsidee und Strafrecht, Der Gerichtssaal 103 (1933), S. XXII.
40 *J. Nagler*, a.a.O. (1933), S. XXII.
41 *Liszt*, Das deutsche Reichsstrafrecht (1. Auflage des „Lehrbuchs“), 1881, S. 2 f.
42 *Liszt*, Lehrbuch des Deutschen Strafrechts, 21/22. Aufl. 1919, S. 4. Vgl. Punkt D. im 6. Kapitel; 13. Kapitel.

Der ausgeprägte Charakter und die dezidierte Stoßrichtung der Kritik am Positivismus hängen in *Cathreins* Fall entscheidend mit dessen theologischer Bildung zusammen. Aus theologischer Sichtweise muss es immer *kohärent* erscheinen, alle Ansätze, die im Sinne der modernen Wissenschaft arbeiten, als einen einheitlichen Gegenpol der eigenen Weltauffassung zu betrachten. Es ist die spezifische Entgegensetzung oder Frontstellung der religiösen und säkularen Weltanschauung, die bei *Cathrein* und in ähnlichen Denksystemen eine gemeinsame Behandlung von sonst verschiedensten Ansätzen plausibel erscheinen lässt. Nicht eine *Methode* innerhalb der Wissenschaft im heutigen Sinne verbindet bei *Cathrein* so verschiedene Autoren wie *Comte, Darwin* oder *Liszt.* Seine Klassifizierung ist vielmehr ein Ansatz, in welchem alle Autoren immer dann gemeinsam – als Positivisten – abgehandelt werden, wenn sie nicht die biblischen Grundüberzeugungen teilen. So wird *nicht nur* ein Positivist im Sinne der methodologischen Debatte zum Positivisten, sondern jeder Autor, der die Wissenschaft auf die Prämisse gründen möchte, dass die Erde mehr als sechstausend Jahre alt ist. Das ermöglicht, gedanklich beliebige Astronomen, Biologen, Archäologen, Kunsthistoriker, Anthropologen und Rechtswissenschaftler zusammenzustellen, ohne dass man sich in eine unkontrollierte Abstraktion verliert. Die von *Pius IX.* (1846–1878) mehrfach verurteilten Lehren des „Liberalismus", „Rationalismus", „Materialismus", „Naturalismus"[43] waren in der konservativen öffentlichen Diskussion der Zeit, anders als für die heutige säkulare Diskussion, keine Finessen der methodologischen Orientierung innerhalb der modernen Welt, sondern fatale Plattformen für die Leugnung einer transzendenten Wirklichkeit.

Der spezifische, religiös motivierte Charakter der frühen Kritik am Positivismus im Kaiserreich wurde im späteren Schrifttum, bis hin zur heutigen Zeit, radikal verkannt. Die gemeinsame Betrachtung von Autoren wie *Darwin* und *Liszt*, oder *Lombroso* und *Liszt* als Klischee der Kritik an *Liszt* bei *Cathrein*, entspringt nicht einer Auseinandersetzung mit tiefen Schichten und Verbindungen zwischen den genannten Autoren, sondern der bloß begrifflich geschaffenen Möglichkeit, durch die hohe Abstraktion die Autoren als Teil einer und derselben Gattung zu betrachten. Besonders in der radikalen Kritik seit den 1980er Jahren, die teilweise den Positivismus-Vorwurf wiederbelebt, wird die Bedeutung der im älteren Schrifttum vorausgesetzten und durchgeführten erkenntnistheoretischen Gegenüberstellungen zum großen Teil verkannt (vgl. Punkt D.II. im 14. Kapitel). Sie verkennt nämlich, dass die abstrakte Grenze zwischen Positivismus und Nicht-Positivismus in weltanschauungsbeladenen Konzepten wie bei *Cathrein*, oder in den irrationalistisch-phänomenologischen Konzepten der 1930er Jahre anders verläuft, als in der (späteren) abstrakten wissenschafts-methodologischen Debatte. Es ist ein radikaler Fehler, wenn *Comte, Liszt* und *Lombroso* auch dann gemeinsam behandelt werden, wenn die Wissenschaft des Abendlandes, anders als bei *Cathrein* und in den 1930er Jahren,

---

[43] Vgl. Handbuch der Kirchengeschichte, Bd. 6/1; *V. Seifert*, Pius IX.: Der Immaculata-Papst, 2013, S. 64 f. m.w.N.

nicht mehr als ein einheitliches Phänomen betrachtet wird, von welchem man sich distanzieren möchte.

Dass *Cathrein* in seinen Ausführungen im Stande war, die Kritik begrifflich deutlich zu artikulieren, hängt entscheidend mit dem Umstand zusammen, dass er auf bereits vorhandene literarische Auseinandersetzung der Kirche mit den modernen Wissenschaften zurückgreifen konnte. Seine Kritik ist nicht selbstwüchsig, sondern verwendet eine etablierte Art, ein Konkurrenzprojekt zu bekämpfen, wie sie beispielsweise in den Etappen des Materialismus-Streits oder des in Deutschland besonders stark und mit vielen grundsätzlichen Missverständnissen geführten Darwinismus-Streits bereits üblich wurde.[44] Daraus erwächst für die Liszt-Forschung die Schwierigkeit, zu unterscheiden, inwieweit es sich bei *Cathreins* Zuordnungen tatsächlich um eine Analyse von *Liszts* Werk handelt. In Frage kommt nämlich auch, dass seine Aufsatzreihe nicht als tiefe Kritik des strafrechtlichen Modernismus, sondern als Pflege und künstliche Aufrechterhaltung einer bereits gewachsenen allgemeinen Frontstellung gegen antireligiöse Bestrebungen an einem neuen Gegenstand gedeutet werden sollte.[45]

Der Anfang der Kritik an den strafrechtlichen Forderungen befindet sich in den religiös geprägten Auseinandersetzungen natürlich nicht bei *Cathrein*, sondern in dem bekannten Antagonismus, durch welchen sich der Streit zwischen den Lehren und der politischen Einflussnahme der katholischen Kirche einerseits und der politischen Aufklärung andererseits in der 2. Hälfte des 18. Jahrhunderts ausgeprägt hat. *Voltairs* scharfe Kritik an der Strafrechtspflege war im Wesentlichen durch den Einfluss der Kirche auf die französische Strafrechtspflege provoziert. Die katholische Kirche hatte die bedeutende Symbolschrift der strafrechtlichen Aufklärung, „Dei delitti e delle pene" von *Beccaria* bereits 1766 in das Verzeichnis der verbotenen Bücher aufgenommen, und sie hat das Verbot erst 1962 aufgehoben.[46] Dieser Umstand ist von Bedeutung auch für die Liszt-Forschung, denn er vermag die

---

[44] Vgl. *A. Lange*, Geschichte des Materialismus, Bd. 2, 2. Aufl. 1875, S. 240 ff.; *A. Stoeckl*, Der Darwinismus, Der Katholik 32 (1874), 37, Teil 2, 172, Teil 3, 284, abgedruckt nebst anderen signifikanten Texten in K. Bayertz/M. Gerhard/W. Jaeschke (Hrsg.), Der Darwinismus-Streit, 2012, S. 141 ff. *K. Bayertz*, Darwinismus und Politik, Stapfia 56 (1998), S. 253 ff., 265 ff.

[45] Die Frage ist auch deswegen interessant, weil die um 1880 einsetzende moralische Panik, in deren Mittelpunkt die Vorstellung stand, dass sich das Verbrechen vermehrt, im Wesentlichen durch die Schrift von *H. Stursberg*, Die Zunahme von Verbrechen und Vergehen, 1879 (mehrere Auflagen), angestiftet wurde. *Stursberg* war ein evangelischer Pfarrer, für welchen das Verbrechen und seine Vermehrung einen moralischen Verfall darstellten. Es wäre einer Untersuchung wert, nachzuprüfen, inwieweit die Kirchen in der Möglichkeit der Strafschärfung und Akzentuierung des Schuld- und Vergeltungsgedankens einfach ein Betätigungsfeld für die Stärkung eigener Stellung ersahen. Vgl. für den religiösen Topos bei *Mittelstädt* seine Schrift Gegen die Freiheitsstrafen, 1879, S. 6, 17, 19, 25, 31, 65.

[46] *S. Seminara*, Das Werk „Von den Verbrechen und von den Strafen", JZ 2014, S. 1121 (1962: Abschaffung des Verzeichnisses der verbotenen Bücher nach dem Zweiten Vatikanischen Konzil). Für den geistesgeschichtlichen Hintergrund vgl. eine Wahrnehmung um 1850 bei *J. Glaser*, Über Aufgabe und Behandlung der Wissenschaft des österreichischen Strafrechts (1854), in seinen Kleineren Schriften, 1868, S. 13 f.

Tendenz der frühen Liszt-Kritik zu erklären, die ältere kriminalpolitische Literatur auch dort nicht zu zitieren, wo sie einschlägig wäre.

Es besteht eine plausible Vermutung, dass der Gang der Untersuchung bei *Cathrein* wesentlich durch die Unzulässigkeit, die Schriften von *Beccaria* und vielen anderen Aufklärern heranzuziehen, vorbestimmt war.[47] *Cathrein* bietet eine charakteristisch historisch verkürzte Sichtweise, bei welcher die Vorgeschichte der Reformbewegung ganz ausgeblendet wird und bei welcher *Liszt* nur noch als Repräsentant einer neuesten technischen und naturwissenschaftlichen Entwicklung analysiert wird. Es dürfte kein Fehler sein, davon auszugehen, dass *Cathrein* in der zensurbedingten Ermangelung der Möglichkeit, ältere Literatur und längere Kontinuitäten zu erkunden, den Schwerpunkt der Zuordnung auf Schriften von zeitgenössischen Autoren wie *Spencer* und *Darwin* verlagerte. Die Verkürzung der geschichtlichen Perspektive ermöglichte gleichzeitig, dass die eigenen Verfehlungen des kirchlich-katholisch beeinflussten Strafrechts außerhalb der Diskussion gelassen werden. Während *Liszts* Kriminalpolitik als dehumanisiert-technisch interpretiert wird, wird die eigene Position, weit von ihren wirklichen Erträgen in der Geschichte entfernt, als ein humaner Ansatz vorgestellt, der für den Menschen als Begriff und als Schöpfung besorgt ist und ihn gegen die Beleidigungen der säkularen Auffassung und des Empirismus in Schutz nehmen möchte.

C. Bestimmung des Verhältnisses zu Jhering (Hurwicz 1911)

Die zweite verhältnismäßig systematisch erfolgte Kontextualisierung von *Liszts* Werk vor dem Ersten Weltkrieg erschien in der Untersuchung von *Hurwicz:* „Rudolf von Ihering und die deutsche Rechtswissenschaft. Mit besonderer Berücksichtigung des Strafrechts". Die Untersuchung wurde, was für die Bestimmung ihrer Bedeutung von Interesse ist, in den „Abhandlungen des kriminalistischen Seminars" veröffentlicht. *Hurwicz* hat, wie anhand des Titels und der Reihe zu erahnen ist, besondere Aufmerksamkeit dem Verhältnis zwischen *Jhering* und der „soziologischen Schule" im Strafrecht gewidmet.[48] *Liszt* wird bei *Hurwicz* im Ergebnis, durch die Erstellung eines Zusammenhangs mit *Jhering*, mit einigen Zügen des Hegelianismus, aber vor allem mit der modernen Entwicklung des kritischen und zweckorientierten Umgangs mit den Begriffen in Verbindung gebracht. Die Schrift lässt sich insoweit auch als ein Gegenprogramm zu einer positivistisch-naturalistischen Zuordnung lesen, denn im Mittelpunkt steht der Zweckgedanke im Sinne eines streng durchdachten Maßstabs für jede Handlung.

Den Hauptgegenstand der literarischen Aufmerksamkeit von *Hurwicz* bilden zwei große Werke *Jherings*, sein erstes Magnum Opus „Der Geist des römischen

[47] Vgl. „imprimatur" in seinen „Grundbegriffen des Strafrechts", 1905, S. IV.

[48] *E. Hurwicz*, Rudolf von Ihering und die deutsche Rechtswissenschaft, 1911, S. 105 ff.

Rechts auf verschiedenen Stufen seiner Entwicklung" (1852–1865) und sein zweites Magnum Opus „Der Zweck im Recht" (1877–1883). Die inhaltlichen Unterschiede in diesen zwei Werken werden, das ist eine wichtige Eigenschaft von *Hurwicz'* Untersuchung, stark durch eine willkürliche Hervorhebung von voluntaristischen Aussagen zum Nachteil von *Jherings* Metaphysik eingeebnet (vgl. für die Problematik Punkt D.I. im 6. Kapitel). Der vermeintlich für beide Werke charakteristische Zweckgedanke im Sinne des Voluntarismus wird bei *Hurwicz* unter dem Stichwort des „finalen Prinzips" zu einem wichtigen Punkt von *Jherings* System erhoben.[49] Gelungen und weitsichtig erscheint demgegenüber, dass *Jhering* zu den Autoren gezählt wird, die sich einerseits bemüht haben, von *Hegel* Abstand zu nehmen, andererseits in mehrerer Hinsicht die eigenen Lehren auf dem Boden des Hegelianismus entwickelt haben.[50]

Für die Liszt-Forschung ist von unmittelbarer Bedeutung, dass der Leser für die möglichen Verbindungen der „Strafrechtsphilosophie und Methode der soziologischen Strafrechtsschule" einerseits und *Jherings* „Rechtsphilosophie" andererseits sensibilisiert wird. Thematisch hervorzuheben sind die Ausführungen zum Zweckgedanken,[51] zur Allgemeinen Rechtslehre,[52] zur Umdeutung der subjektiven Rechte in rechtlich „geschützte Interessen",[53] zur Bedeutung der Rechtsvergleichung,[54] zum Gesetz als Mittel zur (Selbst)Bindung der Staatsgewalt,[55] zur Sicherung der Lebensbedingungen als Zweck des Rechts,[56] zur Gleichstellung des zivilrechtlichen und strafrechtlichen Unrechts,[57] zu nationalökonomischen Bezügen des Strafens,[58] zur Strafe als Mittel der Sozialpolitik.[59]

Die Herausforderung, das Verhältnis zwischen *Liszt* einerseits und *Jhering* andererseits stoffnah zu prüfen, haben jedoch weder *Hurwicz* noch die modernen Autoren unserer Zeit wirklich erfüllen können (vgl. Punkt D.I. im 6. Kapitel). Inhaltlich betrachtet sind bei *Hurwicz* die Hinweise auf die Übereinstimmungen der Modernen Schule im Strafrecht einerseits und *Jhering* andererseits überraschen-

---

49 *E. Hurwicz*, a.a.O. (1911), S. 73 ff., 85 ff. Vgl. für die – umgekehrte – Hervorhebung der alten Sichtweisen auch in *Jherings* späterem Werk *O. Behrends*, Rudolph von Jhering, in: Göttinger Juristen aus 250 Jahren, 1987, S. 256.

50 *E. Hurwicz*, a.a.O. (1911), S. 72 f. Auch einige Tendenzen der „soziologischen Strafrechtsschule" nach 1900 werden unter dem Hinweis auf eine neue Welle des Hegelianismus erörtert (S. 10 ff., 80).

51 *E. Hurwicz*, a.a.O. (1911), S. 60 ff., 90 ff., 115 ff.

52 *E. Hurwicz*, a.a.O. (1911), S. 47.

53 *E. Hurwicz*, a.a.O. (1911), S. 57.

54 *E. Hurwicz*, a.a.O. (1911), S. 59, 88.

55 *E. Hurwicz*, a.a.O. (1911), S. 63, 108.

56 *E. Hurwicz*, a.a.O. (1911), S. 65.

57 *E. Hurwicz*, a.a.O. (1911), S. 110 ff.

58 *E. Hurwicz*, a.a.O. (1911), S. 109 f.

59 *E. Hurwicz*, a.a.O. (1911), S. 112.

derweise in der Regel nur pauschal.[60] Problematisch ist seine Methode. Sobald eine minimal ähnliche Äußerung bei einem späteren Autor und bei *Jhering* vorhanden ist, wird das gemeinsame Gedankengut bei *Hurwicz* immer als Gedanke *Jherings* behandelt. Andersherum wird auf diese Weise *Jherings* System übermodernisiert und die nachjheringische Entwicklung bei *Liszt* oder in der zivilistischen Interessensjurisprudenz in *Jherings* frühe Schriften rückblickend hineininterpretiert. Eine Diskursanalyse, die auch literarisch-wissenschaftliche Bezüge von *Jhering* erläutern würde, fehlt vollständig. Stattdessen wird im Sinne der idealistischen Biographien, ein Bild eines genialen Autors konstruiert, der als ein logischer Anfang der ganzen modernen Jurisprudenz zu betrachten wäre.

Hurwicz' Vorgehen verschafft, ohne entscheidende Nachweise zu liefern, den täuschenden Eindruck, dass zwischen multiplen Ansätzen, die um 1910 aktuell waren, wie Interessensjurisprudenz, „Rechtspolitik", Freirechtsschule und „soziologischer Strafrechtsschule", einerseits und *Jhering* andererseits ein linearer Einflusszusammenhang des letzteren auf alle einzelnen Gebiete bestehe. Eine solche Darstellung fügt sich in die Mode der Zeit, in welcher *Jhering* nach seinem Tode (1892) zu einer akademischen Figur erwuchs, in deren Tradition man sich – wenn nötig auch künstlich – gerne stellte, und zu jemandem, der als Kurzwort die ganze Pointe der neueren Entwicklung in der Jurisprudenz *symbolisieren* sollte. Ein überraschender Ausgleich für diese wohlwollende, übertriebene Würdigung *Jherings* findet sich in der abschließenden Betrachtung von *Hurwicz*, in der er, anders als in der Hauptuntersuchung, hervorhebt, dass die „soziologische Strafrechtschule" gleichwohl nicht als ein bloßer Mandatar von *Jherings* Lehren angesehen werden kann. „Jherings Rechtsphilosophie" bzw. „Jherings System", die Schlussfolgerung ist viel bescheidener als die Hauptteile der Untersuchung, hätten eine „anregende und befruchtende Wirkung" auf die „Grundgedanken der Strafrechtswissenschaft" gehabt.[61]

Das letztgenannte, zurückhaltende Urteil von *Hurwicz* entspricht im Wesentlichen der hier im ersten Teil der Untersuchung vertretenen Sichtweise über das Verhältnis zwischen *Jhering* und *Liszt*. Beide Autoren gehören in Bezug auf die Aufarbeitung des geschichtlichen Stoffes nicht einer einheitlichen Tradition an. *Liszt* erarbeitet Detailuntersuchungen in der philologischen und historistischen Tradition, *Jhering* arrangiert den Stoff in festen Analysen der Entwicklung eines Völkergeistes und der Universalgeschichte (Punkt D.I. im 3. Kapitel). *Liszt* hat auf *Jhering* zwecks einer abstrakttheoretischen Absicherung gerne verwiesen, und in diesem Sinne war *Jherings* Zwecktheorie eine bedeutende Befruchtung und Unterstützung für *Liszts* strafrechtliches Konzept. Inhaltlich hat er jedoch sein Zweckkonzept losgelöst und oft mit einem

[60] Vgl. noch die Bemerkungen bei *A. Merkel*, Ihering (Nachruf), Jahrbücher für Dogmatik 32 (1893), S. 31; *O. Gierke*, Deutsches Privatrecht, Bd. 1, 1895, S. 121; *J. Kohler*, Die sog. klassische und die sog. neue Strafrechtsschule, GA 54 (1907), S. 1; *F. Berolzheimer*, System der Rechts- und Wirtschaftsphilosophie, Bd. 5, 1907, S. 20 ff.; *ders.*, Professor Franz von Liszt, Die Woche 1909, S. 2016.

[61] *E. Hurwicz*, a.a.O. (1911), S. 105.

auffallend anderen Inhalt als *Jhering* entwickelt. Während für *Jhering* der Zweck noch ein metaphysischer Gründer von jedem Recht ist, der nur am Rande in ein voluntaristisches Konzept hinübergeführt wird, wird bei *Liszt* der Zweck ausschließlich voluntaristisch im Sinne der Verwirklichung einer konkreten gestalterischen Absicht des unmittelbar bevorstehenden Tuns verstanden (Punkt D.I.–II. im 6. Kapitel).

D. Zur Entwicklung des „pars pro toto"-Zugangs

Für die Wahrnehmung von *Liszt* durch andere Autoren und durch die Öffentlichkeit scheint dem kriminalpolitischen Streit um die bedingte Verurteilung 1890–1892 eine entscheidende Bedeutung zuzukommen. Vor 1890 und vor dem Höhepunkt des Streits war *Liszt* in den von Zeitgenossen gelieferten literarischen Stellungnahmen nur ein Glied in den zahlreichen reformatorischen Betätigungskontexten. Seinem Vortrag „Der Zweckgedanke im Strafrecht" von 1882 (= „Marburger Programm") kam im Verständnis der Zeitgenossen nur eine nachrangige oder gleichwertige Bedeutung mit anderen Publikationen in der allgemeinen Reformkonjuktur zu. Der Vortrag (das „Marburger Programm") wird unter Zeitgenossen als ein Diskussionsbeitrag gewertet, nicht aber im Sinne eines „Programms" interpretiert. Es finden sich auch keine Nachweise, dass *Liszts* einsemestriger Vorlesung über „Über den Zweckgedanken im Strafrecht" im Wintersemester 1882/83 (Punkt A.II.2.b) im 5. Kapitel) eine besondere Aufmerksamkeit geschenkt wurde, und auch *Liszt* hat die Vorlesung nie als einen besonderen Punkt in der Entwicklung der Modernen Schule hervorgehoben.

Es ist für die Frage nach dem Stellenwert des Vortrags von 1882 (des „Marburger Programms") interessant, dass *Liszt* in dem Sanktionssystem des russischen Strafgesetzentwurfs von 1883 die im Vortrag profilierten Forderungen einer dreifachen Aufteilung des Zwecks bei Sanktionierung (vgl. Punkt D.I. im 6. Kapitel) bereits „im allgemeinen" als *erfüllt* betrachtete. Er kommt zu diesem Schluss, ohne eine besondere Stellung für seine Systematisierung zu beanspruchen.[62] Das heißt, dass *Liszt* selbst seine Forderungen nur als eine Zusammenfassung der bereits anlaufenden Diskussion und keine urhebermäßige Schöpfung im Nullpunkt begriffen hat. Nach der offenbar lange Zeit allgemeinen Auffassung gehörte der Vortrag „Der Zweckgedanke im Strafrecht" zu einem Komplex von mehreren Stellungnahmen, die durch die Veröffentlichung von *Mittelstädts* Schrift „Gegen die Freiheitsstrafen" 1879 angeregt waren.[63] Die Liszt-Forschung hat für die diskursive Interdependenz und Gleichwertigkeit von damals publizierten Vorträgen und Kampfschriften erst in

---

[62] *Liszt*, Bemerkungen zum Entwurf des Allgemeinen Teils eines Strafgesetzbuches für Russland (1883), AuV I, Nr. 8, S. 183f.

[63] Vgl. *O. Mittelstädt*, a.a.O. (1892), S. 237ff.; *Liszt*, Die deterministischen Gegner der Zweckstrafe, AuV I, Nr. 16, S. 23ff.; *Liszt/B. Freudenthal*, Strafrechtsreform, in: Handbuch der Politik, 3. Aufl., Bd. 3, 1921, S. 205.

neuerer Zeit, in den Schriften von *Schmidt-Recla* und *Steinberg*, wieder die notwendige Aufmerksamkeit gezeigt (Punkt D.II. im 15. Kapitel).

Ein deutlich anderer Stellenwert kommt dem Werk und der Person *Liszts* nach 1890 zu. Es entwickelten sich eine Wahrnehmung und ein Darstellungsstil im Schrifttum, die eine herausragende, zentrale Bedeutung von *Liszt* voraussetzen. *Liszts* Schriften und Stellungnahmen werden zum ersten Mal als „pars pro toto“ für die ganze Reformbewegung genommen. Diese Wandlung war zu der Zeit durch einen doppelten Hintergrund mitbestimmt und gefördert. Erstens ist die Gründung der IKV (Frühjahr 1889) zu beachten, und die Tatsache, dass die IKV, obwohl *Liszt* in ihr eigentlich eine gleichberechtigte Rolle mit *Prins* und *Hamel* hatte, aus deutscher Sicht freilich als ein exklusives Betätigungsfeld von *Liszt* aufgefasst wurde. Zweitens darf eine große Bedeutung der Diskussion über die bedingte Verurteilung beigemessen werden, in welcher *Liszts* Ansätze mehrfach ungünstig von der Regierung bewertet wurden. *Liszt* hatte nämlich 1890 einen Gesetzesentwurf über die Strafaussetzung veröffentlicht, was zu der – verfehlten – Auffassung führte, dass die bedingte Verurteilung ein persönlich von ihm vorangetriebenes Reformanliegen ist.[64]

Anders als von *Liszt* intendiert, wurde in der Öffentlichkeit und auch von den staatlichen Stellen in Preußen der Entwurf nicht als ein Diskussionsbeitrag, sondern als eine feste Forderung der Gesetzesänderung und damit als eine private Anmaßung der staatlichen Kompetenzen interpretiert.[65] Es ist zu vermuten, dass *Liszt* in dieser sensiblen Angelegenheit allzu leicht verkannte, dass die Stellung von Gelehrten zur Gesetzgebung in Deutschland nicht die gleiche wie in Österreich war. Während in Deutschland die Professoren traditionell ein nahes Verhältnis zu den Gerichten pflegten (Aktenversendung), war in Österreich eine der Hauptfunktionen von akademischen Juristen, die Gesetze und einzelne Paragraphen in einem vermischten politisch-wissenschaftlichen Diskurs vorzubereiten. In diesem Diskurs wurden von einzelnen Gelehrten, als ob es sich um ein Gesetzgebungsverfahren handeln würde, Forderungen oder Vorschläge als „Anträge“ zusammengefasst.[66] Kennzeichnend ist noch die Biographie von *Glaser*, in dessen Werk der beruflich-akademische Bereich von einer Teilnahme an der Reform durch die Herausarbeitung von Entwürfen und letztendlich auch durch die Ausübung des Justizministersamtes nicht getrennt werden kann.

Die erste Veröffentlichung, in der die „pars pro toto“-Handhabung deutlich erkennbar ist, war die Stellungnahme des preußischen Justizministeriums vom Juni 1890 zur bedingten Verurteilung. In den Ausführungen des Ministeriums werden

---

[64] „Gesetzvorschlag, betr. die Einführung des bedingten Aufschubs der Strafvollstreckung“, ZStW 10 (1890), 81.

[65] *Liszt*, Die Gutachten der Präsidenten der Oberlandesgerichte und der Oberstaatsanwälte (Preussens) über die sogenannte „bedingte Verurteilung“ (1890), AuV I, Nr. 12, S. 490 f.

[66] Vgl. *Liszt*, Das „amerikanische Duell“ (1875), AuV I, Nr. 1, S. 7 („Ich schließe mit dem bereits oben gestellten Antrage, die §§ 221 und 221 des Entwurfs schlechthin zu streichen.“).

nur die IKV und *Liszt* unter den Anhängern der bedingten Verurteilung namhaft gemacht.[67] Es heißt „der von Liszt'sche Gesetzesentwurf gehe viel zu weit und sei nicht annehmbar".[68] Auch in der Endbetrachtung der Stellungnahme werden die Vorschläge zur Einführung der bedingten Verurteilung in der einen oder anderen Form so erwähnt, als ob es sich tatsächlich nur allein um das Gedankengut von *Liszt* handeln würde.[69] Entsprechend wird in der Folgezeit *Liszt* auch im juristischen Schrifttum eine herausragende Rolle zugesprochen.[70] *Liszt* selbst hat sich der privilegierten Stellung, die ihm zugeschrieben wurde, damals noch ausdrücklich widersetzt.

> „Da diese Darstellung wiederholt und zwar auch dort, wo es durch die Sachlage keineswegs geboten ist, an die ‚Vorschläge des Professors von Liszt' anknüpft, darf ich wohl dem Wiederabdruck einige persönliche und sachliche Bemerkungen anfügen. (...) Den Fachgenossen also habe ich meine Vorschläge unterbreitet; den Lesern der Zeitschrift, den theoretischen und praktischen Juristen der Vereinigung habe ich sie vorgelegt zur Prüfung. Weder an die verbündeten Regierungen, noch an den preußischen Justizminister, noch an irgend eine Volksvertretung habe ich mich gewendet, um die gesetzliche Durchführung meiner Vorschläge zu bewirken. Dazu war die Zeit noch nicht gekommen. Daß die ‚Norddeutsche Allgemeine Zeitung' den Gesetzesentwurf abdruckte und daß die verbreitetsten Tagesblätter ihrem Beispiel folgten, habe ich weder unmittelbar noch mittelbar veranlaßt."[71]

Bei *Cathrein* findet sich 1896 die „pars pro toto"-Handhabung in einem noch vollkommeneren Gewand, mit einer ausdrücklichen, längeren Rechtfertigung versehen. Er beschäftigt sich in seiner oben näher dargestellten Untersuchung beinah ausschließlich mit Stellungnahmen von *Liszt* und leitet die Berechtigung für die „pars pro toto"-Handhabung aus der Bedeutung her, die *Liszt* durch seinen Unterricht und sein Lehr*buch* ausübe.[72] Entscheidend sei nach *Cathrein*, dass *Liszt* „die Seele" der IKV sei.[73] *Liszts* Rolle wird dabei mit einem Klischee aufgegriffen, das auf die Tätigkeit von Evangelisten oder bedeutenden Priestern zugeschnitten ist. Es werden also theologische Auffassungsmuster auf die disziplinären Verhältnisse der Strafrechtswissenschaft projiziert.

Eine „pars pro toto"-Handhabung findet sich auch in der Weimarer Zeit und bei *Welzel* (Punkt D.II. im 9. Kapitel), in der marxistischen Kritik an *Liszt* (12. Kapitel) und in der radikalen Liszt-Kritik seit den 1980er Jahren (14. Kapitel), wogegen

---

67 Vgl. den Abdruck bei *Liszt*, AuV, Nr. 12, S. 468 f.

68 Vgl. den Abdruck bei *Liszt*, AuV, Nr. 12, S. 487.

69 Vgl. den Abdruck bei *Liszt*, AuV, Nr. 12, S. 489.

70 Vgl. die oben behandelte Polemik mit Mittelstädt aus 1892, die unmittelbar von der Problematik der bedingten Verurteilung angestoßen war. *O. Mittelstädt*, a.a.O. (1892), S. 244 f., 250 f.

71 *Liszt*, Die Gutachten der Präsidenten der Oberlandesgerichte und der Oberstaatsanwälte (Preussens) über die sogenannte „bedingte Verurteilung" (1890), AuV I, Nr. 12, S. 490 f.

72 *V. Cathrein*, a.a.O. (1892), S. 362 ff.

73 *V. Cathrein*, a.a.O. (1892), S. 362

einige Richtungen und Autoren wie *Bauer* (Punkt D. im 11. Kapitel) oder *Schreiber* (Punkt B.II. im 13. Kapitel), und die diskursiv orientierte Kritik seit dem Beginn des 21. Jahrhunderts (Punkt D. im 15. Kapitel) mit der Breite des eigenen Forschungsansatzes gegen den „pars pro toto"-Zugang gewirkt haben. Die Handhabung war jahrzehntelang ein Hindernis für die Verortung von *Liszts* Werk und seinen Verdiensten. In der Tradition von *Savigny* lag es nahe, die Rechtswissenschaft vornehmlich als eine Diskussionskultur, mit Teilnahme von einzelnen Forschern an einer gemeinsam geprägten Diskussion zu verstehen, und nicht, wie es in den Naturwissenschaften am Ende des 19. Jahrhunderts üblich war, die einzelnen Forscher als für sich genügende, geniale Entdecker und Schöpfer zu stilisieren (vgl. Punkt C.IV.1. im 3. Kapitel). In der älteren juristischen Tradition bestand auch *Liszt* ausdrücklich immer auf einer Zusammenarbeit, und wehrte sich lange Zeit gegen die Versuche, die Bedeutung der gemeinsamen Arbeit in der Reformbewegung zu schmälern.[74] Die Kontexte dieser Zusammenarbeit und die Bedeutung *der längeren wissenschaftlichen Entwicklung* für das Verständnis der Moderne Schule sind erst in der neueren Zeit wiedergewonnen worden.[75]

[74] Für *Liszts* eigenes Verständnis der Zusammenarbeit an der Reform s. seinen Aufsatz Die Reform der Freiheitsstrafe (1890), AuV I, Nr. 13, S. 511 ff.; den Aufsatz gegen *Mittelstädt* und *Merkel* (Die deterministischen Gegner), AuV II, Nr. 16; den Aufsatz gegen *Birkmeyer* (Birkmeyers Warnung), AuV III, Nr. 6, 123; sowie die kritisch-rationalistisch anklingende theoretische Note in seinem Lehrbuch des österreichischen Preßrechts, 1878, Einleitung, S. VIII. Für Stellenwert der gemeinsamen Arbeit in der Jurisprudenz vgl. *Savignys* Überlegungen, Punkt D. im 3. Kapitel; für die österreichische Sichtweise vgl. noch *A. Helfert*, Graf Leo Thun: Lehr und Wanderjahre, Österreichisches Jahrbuch 15 (1891), S. 125; *V. Becker*, Der Einbruch der Naturwissenschaft in die Medizin, 2008, S. 42 f.

[75] Vgl. zu *Liszts* „Schule" aus der Sicht der institutionellen Theorie *A. Koch*, „v. Liszt-Schule" – Personen, Institutionen, Gegner, in: A. Koch/M. Löhnig (Hrsg.), Die Schule Franz von Liszts, 2016, S. 46 f.; für Auffassungsform des Netzwerks vid. insb. *B. Zabel*, Franz v. Liszt und die Reformbewegung des Strafrechts, in gleichem Sammelband (2016), S. 93 ff. und die näheren Angaben zum Gedanken des Netzwerks im Punkt D.I.1. im 15. Kapitel. Für die Diskursanalyse Punkt D.–E. im 15. Kapitel.

9. Kapitel

Weimarer Republik und nationalsozialistische Entwicklung

A. Diskursive Verortung in den sozialdemokratischen Reformbemühungen

I. Die Grundmarkierungen

Am Anfang der Weimarer Republik kommt es zu zentralen Markierungen, die die ganze Breite der Diskussion in den 1920er und 1930er Jahren beherrscht haben. *Liszt* wird ab 1919 als ein liberal-demokratischer und sogar republikanischer Akteur wahrgenommen; sein Ansatz trage für dieses Verständnis im Grunde auch ein sozialistisches Vorzeichen. Die „pars pro toto"-Handhabung, die im 8. Kapitel geschildert wurde, erfährt in dieser Zeit eine Umwandlung im Vergleich mit dem ausgehenden 19. Jahrhundert und mit den Debatten am Anfang des 20. Jahrhunderts. Während in älteren Diskussionen die „pars pro toto"-Handhabung als diskussionstechnische Vereinfachung, etwa bei *Merkel*, erscheint, oder wie bei *Cathrein*, die Berechtigung, nur *Liszt* zu kritisieren, dem herausgehobenen Stellenwert seines „Lehrbuchs" entnommen wird, wird der „pars pro toto"-Ansatz in der Weimarer Republik auf eine besondere Weise materialisiert: *Liszt* wird bei den Autoren nach 1919 als der eigentliche Urheber des Reformgedankens gewürdigt. Ihm wird eine *Pionierrolle* in Bezug auf die Erneuerung der Rechtswissenschaft und der Kriminalpolitik attestiert, die auch eine alleinige Auseinandersetzung mit seinem Werk rechtfertigt.

Übersicht 18

Markierungen von Liszt um 1920

Pionierrolle
human
wahrhaft liberal
Beccaria-Howard-Liszt (Aufklärung)
soziale Zustände, Jugenddelinquenz (kompatibel mit sozialistischen Forderungen)
Freund der demokratischen Republik

Maßgeblich für die Herausbildung der angeführten Markierungen war in erster Linie *Liszts* Tätigkeit in Berlin (1899–1919), die sich einerseits durch eine aktive Mitgestaltung der Reform, andererseits durch politische Teilnahme ausgezeichnet hat. Im ersten Teil der Untersuchung wurde geschildert, dass die zwei Aspekte, Strafrechtswissenschaft und gesellschaftliches Engagement, nicht getrennt voneinander betrachtet werden dürfen, wie es den Maßstäben der späteren Zeit entsprochen hat. Vielmehr sind zwischen *Liszts* Strafrechtswissenschaft und seiner Tätigkeit in der bürgerlichen Gesellschaft Wechselwirkungen vorhanden, wie etwa in Bezug auf seine rassismuskritische Haltung oder auf die Erkundung der psychologischen Aussageprozesse (Punkt B.II. im 5. Kapitel). Den Zeitgenossen nach 1919 begegnete *Liszts* Tätigkeit in Berlin als eine Einheit aus dem Kampf gegen die Zensur im Theaterrecht, dem Kampf gegen das Verbot der Vereinigungsfreiheit von Studenten und dem Kampf gegen eine freiheitsbeschränkende Reform des Strafverfahrens, und damit als insgesamt *liberales* Engagement.

Damit soll nicht behauptet werden, dass die Wahrnehmungen nach 1919 einfach linear *Liszts* Tätigkeit entsprochen haben. Beispielsweise war die Zuschreibung eines sozialistischen Prädikats zu *Liszts* Anliegen in der Annäherung der Fortschrittlichen Volkspartei und der SPD wohl zumindest grundsätzlich begründet. Diese Zuschreibung führte jedoch unausweichlich zu einer Herausnahme und Entfernung von *Liszts* Forderungen aus ihrem ursprünglichen System. Besonders bedeutend war die Konstruktion einer „Pionierrolle" von *Liszt*, die im Ergebnis den Abschied von *Liszts* Strafrechtswissenschaft bedeutete. Denn während *Liszt* selbst das höchste Gewicht auf den freien Diskurs legte, erschien er für die Politik und für seine Schüler in der Weimarer Republik als Gewährsmann, aus dessen Werk die konkreten Forderungen an die Reform geschöpft werden. Somit gelangte die Strafrechtswissenschaft in eine innere Krise, die institutionell um 1930 kulminierte. Das Bedürfnis von rechtsextremen Autoren in den 1930er Jahren, ihren Kampf gegen alle modernen Ideen mit dem Kampf gegen *Liszt* gleichzusetzen, erklärt sich zum großen Teil mit der doktrinär-dogmatischen Rolle, die *Liszt* in den Reformbemühungen während der Weimarer Republik zugebilligt wurde.

II. Das Bild des Nachrufs von H. Heinemann (1919)

Die erste wichtige Etappe für die Entstehung des für die Weimarer Republik charakteristischen Liszt-Bildes war der Nachruf auf *Liszt* von dem bekannten Sozialdemokraten und langjährigen IKV-Mitglied *Hugo Heinemann.* Anders als in den übrigen Nachrufen, die auf zeitlich zurückliegende Aspekte von *Liszts* Werdegang konzentriert waren,[76] setzte *Heinemann* in seiner Würdigung den Akzent auf *Liszts*

---

[76] *R. Hippel*, ZStW 40 (1919), S. 529; *K. Lilienthal*, ZStW 40 (1919), 535; *A. Löffler*, Juristische Blätter (1919), 222; *A. Grabovsky*, Das neue Deutschland 7 (1918/19), 417; *G. Radbruch*, ebendort (1918/1919), Gesamtausgabe, Bd. 16, S. 25; *E. Bum*, Juristische Blätter (1919), 206; *H. Lindenau*, Deutsche Strafrechts-Zeitung 6 (1919), 209; *J. Thyrén*, Svensk

Reformbestrebungen in den Jahren 1918 und 1919.[77] Von diesem Hintergrund aus wird im Text die Vorstellung begünstigt, dass die Strafrechtsreform vorantreiben im Wesentlichen heiße, die Forderungen und Anliegen von *Liszt* zu verwirklichen.[78] In *Heinemanns* Darstellung wird, unter Vernachlässigung der Strafrechtsgeschichte, *Liszt* nicht nur eine institutionell prominente Rolle in der Reform-Bewegung zugebilligt, sondern eine allgemeine *Pionierleistung* auf dem Gebiet des Strafrechts bescheinigt.[79] So wird *Liszt* beispielsweise als der Schöpfer der Wissenschaft der Rechtsvergleichung auf dem Gebiet des Strafrechts bezeichnet.[80] Vor ihm, so *Heinemann*, gab es nur „wissenschaftlich unrichtig zusammengesetzte Brocken".[81] Ebenso falsch aber auch bezeichnend ist es, wenn *Heinemann* die Behauptung aufstellt, dass gerade *Liszt* „nachgewiesen" habe, dass die kurzen Freiheitsstrafen die Verbrechen nicht mindern, sondern fördern.[82] Die Darstellung ist im Grunde der Prototyp der später öfter anzutreffenden Behauptung, dass sich *Liszts* Vorgehensweise durch Tatsachenbeobachtung oder durch eine kriminologische Würdigung der empirischen Leistungen anderer Autoren auszeichnete.[83] Diese verfehlte Perspektive ist bei mehreren Autoren in den 1930er Jahren als ein wichtiger Punkt der theoretischen Diskussion über die Bedeutung der Empirie wieder anzutreffen (Punkt F.III.–IV. in diesem Kapitel) und beeinflusste wesentlich die Ausführungen von *Eb. Schmidt* nach dem Zweiten Weltkrieg (Punkt B. im 10. Kapitel).

Im Anschluss an *Liszts* positiv besetzte Erwartungen an die neue Demokratie und die Kritik der unfähigen Autokratie in den Jahren 1918 und 1919 (vgl. Punkt D.4. im 6. Kapitel) wird bei *Heinemann* der Boden für das Verständnis geebnet, dass *Liszts* Forderungen besonders gut mit einem bewussten freiheitlichen republikanischen System korrelieren.[84] *Liszt* wird als „humaner, wahrhaft liberaler Mann" mit be-

---

Juristtidning, 1919, 250; *J. Goldschmidt*, Deutsche Juristenzeitung, 1919, 570; *ders.*, Franz von Liszt, Archiv für Kriminologie 73 (1921), 81.

[77] *H. Heinemann*, Franz v. Liszt (Nachruf), JW 1919, 545.

[78] *H. Heinemann*, a.a.O. (1919), S. 545.

[79] Vgl. auch *Liszt/B. Freudenthal*, Strafrechtsreform, in: Handbuch der Politik, 3. Aufl., Bd. 3, 1921, S. 205.

[80] *H. Heinemann*, a.a.O. (1919), S. 546. *Liszt* selbst nennt *Mittermaier* der „Begründer" der Rechtsvergleichung, in: Strafrecht und Strafprozess, W. Lexis (Hrsg.), Die Deutschen Universitäten, 1893, S. 354.

[81] *H. Heinemann*, a.a.O. (1919), S. 546.

[82] *H. Heinemann*, a.a.O. (1919), S. 546. Die Behauptung von *Heinemann* widerspricht dem Umstand, dass es sich bei den schädlichen Wirkungen der kurzen Freiheitsstrafen um einen Teil des Topos handelt, der seit *Howard* bzw. seit dem 18. Jahrhundert in der Gefängniskunde prominent war. Empirisch begründete Ausführungen zur „moralischen Ansteckung" in Gefängnissen und zur schädlichen Wirkung der kurzen Freiheitsstrafen wurden im 19. Jahrhundert von verschiedenen Seiten angesammelt, ohne dass nur ein originaler empirischer Beitrag von *Liszt* bekannt wäre. Vgl. *Liszt*, Kriminalpolitische Aufgaben (1889–1892), AuV I, Nr. 11, S. 340 ff. und Punkt A. im 6. Kapitel.

[83] Vgl. noch *H. Lindenau*, a.a.O. (1919), S. 569 („Nachweis erbrachte, daß das Verbrechen ein Produkt aus der persönlichen Eigenart des Täters und den Einflüssen der Umwelt ist").

[84] *H. Heinemann*, a.a.O. (1919), S. 546.

sonderer Sympathie und systematischem Verständnis für das Anliegen der Verteidigung im Strafverfahren bezeichnet.[85] *Liszt* habe sich, „mit dem, was von dem sozialen Freistaat zu verlangen ist", beschäftigt.[86] Damit sind im Wesentlichen alle oben zusammengetragenen Markierungen angesprochen, die dann in den 1920er und 1930er Jahren, sowohl bei *Liszt*-Verehrern, als auch bei seinen Kritikern anzutreffen sind. Das strenge bürgerliche Verständnis vom Staat, das für *Liszt* eigentümlich war, wird durch eine abstrakte Auswertung der einzelnen Forderungen, wie im Jugendstrafrecht (Jugendfrage als soziale Frage), als eine Mischung zwischen bürgerlichen und sozialistischen Forderungen (neu)interpretiert.

III. Besonders zu sozialistischen Forderungen

Für die Inanspruchnahme von *Liszt* durch das *sozialdemokratische* Lager sprach nicht nur seine befürwortende Haltung gegenüber der (für politisch verfolgte Sozialdemokraten wichtigen) Reform des Strafverfahrens und der Jugendwohlfahrtpflege während des Ersten Weltkrieges, sondern bereits eine längere, fortschreitende Annäherung des sozialdemokratischen Parteiprogramms an die strafrechtliche Reformbewegung. Das ist wichtig hervorzuheben, weil in der Liszt-Forschung die Nähe zwischen *Liszt* und der SPD, soweit das Thema überhaupt aufgegriffen wird, als ein politisches Täuschungsmanöver von *Liszt* dargestellt wird.[87] Diese Sichtweise leidet bei einer genaueren Betrachtung an einer *idealistischen Prämisse*, nach welcher sowohl Erscheinungen als auch Annäherungen von zwei Richtungen als Verwirklichungen einer schlechten oder guten, aber jedenfalls ausgeprägten *Absicht* gedeutet werden müssen. Demgegenüber soll hier die Annäherung als ein diversifizierter, gegenseitiger Prozess aufgegriffen werden, der über mehrere Jahrzehnte hindurch verfolgt werden kann und keiner, wie in der idealistischen Vorstellung, einheitlichen Absicht entsprach.

Zum Prozess der Annäherung zwischen *Liszt*, der Reformbewegung und der Sozialdemokratie gehören ganz unterschiedliche Punkte wie die Sensibilisierung der

---

[85] *H. Heinemann*, a.a.O. (1919), S. 545. Vgl. zur öffentlichen Wahrnehmung der Wendung „ein Mann von wahrhaft freier und humaner Gesinnung", *H. Jäckel*, Menschen in Berlin, 3. Auflage 2001, S. 227.

[86] *H. Heinemann*, a.a.O. (1919), S. 547.

[87] Vgl. die idealistische Deutung des Zusammenhangs bei *T. Vormbaum*, Einführung in die moderne Strafrechtsgeschichte, 3. Aufl. 2016, S. 132 (*Liszt* bezeichnete sich selbst als Sozialist mit zweifelhaftem Recht, aber er machte damit bei Sozialdemokraten „den Eindruck"). Vgl. noch *Vormbaum*, Die Sozialdemokratie und die Entstehung des Bürgerlichen Gesetzbuchs, 2. Aufl. 1997, S. LXVIf.; *W. Naucke*, Die Kriminalpolitik des Marburger Programms, ZStW 94 (1982), S. 547; *H. Ostendorf*, Franz von Liszt als Kriminalpolitiker, Kriminalsoziologische Bibliografie 11 (1984), S. 5 ff.; *K. Wegner*, Theodor Barth und die Freisinnige Vereinigung, 1968, S. 13 ff.; Die bürgerlichen Parteien in Deutschland, Bd. 1, 1968, S. 799 ff.; *L. Elm*, Zwischen Fortschritt und Reaktion, 1968, S. 109 ff.; *A. Fleiter*, Punishment on the Path to Socialism, in: R. Wetzell (Hrsg.), Crime and Criminal Justice in Modern Germany, 2014, S. 68 ff.

progressiven Öffentlichkeit für das Anliegen der Reform-Bewegung seit 1891 in „Meyers Konversations-Lexikon“[88] oder die Führung der IKV durch *Liszt, Prins* und *van Hamel*, von welchen besonders der zweite in den deutschen sozialdemokratischen Kreisen unmittelbar positiv rezipiert wurde.[89] Inhaltlich ist bereits am Anfang des 20. Jahrhunderts in Äußerungen der sozialdemokratischen Schriftsteller und in den Beschlüssen der SPD auf der Mannheimer Tagung von 1906 sowohl eine substantielle, als auch eine begriffliche Annäherung an die rechtspolitischen Forderungen der Reformbewegung um die IKV festzustellen.[90] Gleiches trifft auf die Inhalte bei der Beratung des Görlitzer Programms von 1921 zu.[91] Umgekehrt hat *Liszt* bereits seit den 1890er Jahren immer wieder Akzente auf wirtschaftliche Aspekte der Kriminalität gesetzt und 1905–1909 seine Auffassung der Gesellschaft teilweise mit Anlehnungen an *Marx* begründet. Dabei ist freilich zu beachten, dass *Liszt* keinen ideologischen Bezug zu *Marx'* Werk hatte, sondern die ökonomisch-gesellschaftliche Analyse von *Marx* wie eine unter vielen sozialen Untersuchungen aufgefasst hat (Punkt C.II.3.c) im 6. Kapitel).

Unter dem parteipolitischen Gesichtspunkt ist an den Umstand zu erinnern, dass *Liszts* „Fortschrittliche Volkspartei“ vor dem Ersten Weltkrieg punktuell stark mit der SPD kollaborierte, und nicht selten diese Parteien eine gemeinsame Front gegen die konservativen Parteien bildeten.[92] 1907 schloss sich *Liszt* dem *„Rechts* steht der eigentliche Feind des Liberalismus!“-Grundsatz von *Naumann* und *Barth* an, die gleichzeitig auch ihren Willen zur Annäherung an die Arbeiterpartei artikuliert haben.[93] Nach der Neuordnung der politischen Kräfte und der Auflösung der

[88] Es erschienen im 17. Band der 4. Aufl. die Artikel: „Franz Liszt“ (S. 532), „Adolphe S. Prins“ (S. 672); und namentlich im 18. (Supplement-)Band der 4. Aufl. eine Reihe von positiv konnotierten Artikeln, die Reform-Bewegung betreffen: „Bedingte Verurteilung“ (S. 97 f.), „Kriminalanthropologie“ (S. 516), [Internationale] „Kriminalistische Vereinigung“ (S. 516 f.), „Kriminalität“ (S. 517 ff.), mit langen Ausführungen zu „sozialen Ursachen“ (S. 519 ff.); im 19. Band der 4. Aufl. erschien ein Bericht über Osloer Kongress der IKV (S. 555 f.), die Artikel „Gefängniskongresse“ (S. 354 f.) und „Gefängnisvereine“ (S. 355 ff.).

[89] Für *Prins* und deutsche Sozialdemokratie s. *F. Bauer*, Gedanken zur Strafrechtsreform (1959), im Sammelband seiner Schriften „Humanität der Rechtsordnung“, 1998, S. 235.

[90] Zu sozialdemokratischen Schriftstellern und Mannheimer Tagung vgl. *G. Radbruch*, Die politische Prognose der Strafrechtsreform (1908/09), Gesamtausgabe Bd. 9, S. 166 f. Für eine tiefere Stufe der programmatischen Übereinstimmung (funktionales Verpönen der Rohheit des Lumpenproletariats) vgl. einführend *R. Jessen*, Gewaltkriminalität in Ruhrgebiet zwischen bürgerlicher Panik und proletarischer Subkultur (1870–1914), in: D. Kift (Hrsg.), Kirmes – Kneipe – Kino: Arbeiterkultur im Ruhrgebiet, 1992, S. 251 ff.

[91] Vid. *F. Bauer*, a.a.O. (1959), S. 235 f.; für spätere Sicht vor Allen *M. Worm*, SPD und Strafrechtsreform, 1968, S. 49 ff.

[92] *L. Elm*, Zwischen Fortschritt und Reaktion, 1968, S. 108 ff.; *J. J. Sheehan*, Der deutsche Liberalismus, 1983, S. 315 ff.

[93] *L. Elm*, a.a.O. (1968), S. 108 f., 110. Für Topos der Übernahme der sozialistischen Wählerschaft vgl. bei *Liszt*, Die Zukunft des deutschen Liberalismus, 3./4. Teil in der Zeitung „Der Tag“, v. 26.05.1903, S. 1. Vgl. noch *R. Luxemburg*, Was weiter? (1910), in ihren Gesammelten Werken, Bd. 2, 1972, S. 292 f. (über bürgerliche und *Liszts* Aufrufe zur Demonstration).

„Fortschrittlichen Partei“ gehörte *Liszt* 1918 zum Gründerkreis der ebenso linksliberalen, bürgerlichen „Deutschen Demokratischen Partei“ (DDP). Diese Partei hatte mit der SPD seit 1919 auf der Fraktionsebene im Reichstag kooperiert. Die beiden Parteien haben später in der Koalition maßgeblich die ersten Jahre des Weimarer politischen Lebens bestimmt.[94] In diesem Licht ist auch eine positive, von *Hurwicz* 1919 verfasste Empfehlung der „soziologischen Strafrechtsschule“ an die Sozialdemokratie in dem Parteiwochenblatt „Neue Zeit“ zu begreifen.[95]

IV. Amtliche und halbamtliche Hervorhebungen von Liszts Bedeutung

Das von *Heinemann* konstituierte Narrativ findet sich, wie teilweise erst später gedruckten Quellen zu entnehmen ist, im Grunde auch in den Stellungnahmen wieder, die im Rahmen der amtlichen Vorbereitung der Gesetzesentwürfe erfolgt sind. In *Radbruchs* Entwurf von 1922 wird in der „Begründung“ eine kleine Vorgeschichte der Reform geschildert, in welcher *Liszt*, gleich nach *Beccaria* und *Howard*, eine ganz prominente Rolle am Ausgang des 19. Jahrhunderts und in der Reformbewegung zugesprochen wird.[96] Es begann am Ende des 19. Jahrhunderts, so *Radbruch* in der Begründung, „eine strafrechtliche Reformbewegung, nicht minder bedeutsam als die zuletzt vorangegangene der Aufklärungszeit“.[97] Diese sei „in Deutschland vor allem in dem großen Strafrechtslehrer Franz v. Liszt verkörpert“ gewesen und durch die Gründung der „ZStW“ im Jahr 1881 und die Gründung der IKV im Jahr 1889 „zeitlich bestimmbar“.[98] Ausschlaggebend waren die „naturwissenschaftlichen und sozialwissenschaftlichen Einsichten“, „ungünstige Erfah-

---

[94] *D. Peukert*, Die Weimarer Republik, 1987, S. 32 ff.

[95] *E. Hurwicz*, Franz v. Liszt und die soziologische Strafrechtsschule, Neue Zeit 38 (1919), 79.

[96] Entwurf 1922, Bemerkungen (sog. „Begründung“ von *Radbruch*), S. 44 (W. Schubert et al. (Hrsg.), Quellen zur Reform, Bd. I/1, 188; Radbruchs Gesamtausgabe, Bd. 9, S. 136). Auch *G. Radbruch*, Die Reform des Strafrechts (1919), Gesamtausgabe, Bd. 9, S. 187 f. Zu *Liszt* und Weimarer „Teilreformgesetzgebung“ *T. Stäcker*, Die Franz v. Liszt-Schule, 2012, S. 97 ff. Für die Glitzer des Selbstverständnisses von *Radbruch* vgl. seinen Brief an Vater aus Kiel im Frühjahr 1920, in seiner Gesamtausgabe, Bd. 18, S. 34 („Die neue Strafprozessordnung, das neue Strafgesetzbuch, eine Umarbeitung des BGB und sonst noch unübersehbar Vieles auf dem Gebiet der Justizgesetze wird gerade von diesem Reichstag zu machen sein – all das und mehr, um deswillen sich Liszt in die Politik überhaupt hineingab und daran ich nun als sein getreuer Testamentvolstrekker mitarbeiten könnte“). Zum Vollstreckungstopos vgl. noch *Radbruchs* Reichstagsreden am 25.1, 19.11. und die zweite Rede am 17.12.1921, Gesamtausgabe, Bd. 19, S. 60, 81, 89.

[97] Entwurf 1922, Bemerkungen (sog. „Begründung“ von *Radbruch*), S. 44 (= W. Schubert et al. (Hrsg.), Quellen zur Reform, Bd. I/1, 188; Radbruchs Gesamtausgabe, Bd. 9, S. 136).

[98] Entwurf 1922, Bemerkungen S. 44 (Quellen Bd. I/1, 188; Radbruchs Gesamtausgabe, Bd. 9, S. 136).

rungen“ und die „vertieften sozialethischen Gesinnungen“.[99] Vergleichbare Sichtweisen wurden von *Radbruch* als Erläuterungen des Reichsjustizministers zum Jugendgerichtsgesetz 1923 veröffentlicht.[100] Wie bei *Cathrein*, so wird auch bei *Radbruch Liszt* in der Diskussion als ein „pars pro toto“ für die Reformbewegung aufgegriffen. In der nächsten großen Reformetappe wurden 1927 die Beratungen des damals aktuellen StGB Entwurfs (1925/1927) am Todestag *Liszts* eröffnet und mit einer unmittelbaren Besinnung auf seine Bedeutung eingeleitet.[101]

Die Erhebung von *Liszt* und seinem Werk zum Symbol der Reform hing anscheinend im Wesentlichen mit der Arbeitsweise der Strafrechtswissenschaft in der Weimarer Republik zusammen. Sie ist gerade *nicht „lisztisch“* in dem Sinne, dass sie Lösungen in Ergebnissen einer Debatte suchen und als Konsensus von Mitstreitern annehmen würde. Stattdessen zeichnet sich eine klare Tendenz ab, die Reform wieder aus dem Forum der Öffentlichkeit in die innendisziplinäre Kompilationsarbeit zurückzuziehen. Die demokratischen Potenziale der Republik werden, ähnlich wie manchmal heute in europäischen Bezügen, dezent aber unumgänglich dadurch ausgespielt, dass die Reformbemühungen als eine zwischenstaatliche Angelegenheit – zwischen Deutschland und Österreich – aufgefasst werden. Die Sitzungen der IKV, soweit man anhand der berühmten letzten Versammlung in Frankfurt 1932 urteilen darf (unten B.II.), wandelten sich von einem Kongress von verschiedenen Erfahrungsträgern zu einem Delegatengremium der strafrechtlichen Lehrstühle. In diesem Kontext konnte *Liszt* als Symbol eine charakteristische Rolle in der schwachen Demokratie einnehmen: Die Forderungen und die vorgeschlagenen Lösungen konnten diskursiv in die Vergangenheit verlagert werden. Sie wurden dargestellt, als es ob es sich nur um die Verwirklichung oder die Vollstreckung eines bereits bestehenden, zu *Liszts* Zeit empirisch gesicherten und normativ kohärenten Universalprogramms handeln würde. Durch die Leistung der Vorzeit sollte die Notwendigkeit einer synchronen Auseinandersetzung und damit der politische Prozess soweit wie möglich entfallen. Die Vorträge wie *Kohlrauschs* Rede „Über Strafrechtsreform“ von 1927 zeugen von einem sehr hohen Doktrinierungsgrad der einst diskursiv und im lebendigen Wettbewerb gesicherten Forderungen der Reformbewegung.[102]

---

[99] Entwurf 1922, Bemerkungen S. 44 (Quellen Bd. I/1, 188; Radbruchs Gesamtausgabe, Bd. 9, S. 137). In der Begründung des Entwurf 1925 wird ausdrücklicher vom „Vordringen des sozialen Gedankens“ gesprochen (Amtlicher Entwurf 1925, S. 241; Quellen Bd. I/1, 241).

[100] Erläuterungen des Jugendgerichtsgesetzes v. 16.02.1923 durch *Radbruch* als Reichsjustizminister (1923), abgedruckt in seiner Gesamtausgabe, Bd. 8, S. 16.

[101] Reichstagsrede von *W. Kahl* in der Eröffnung der ersten Beratung des Entwurfs 1925/1927 am 21.06.1927 (= *Liszts* Todestag), abgedruckt in *M. Alsberg*, Wilhelm Kahl, 1929, S. 100, 116.

[102] Vgl. noch *G. Radbruch*, Die IKV in Karlsruhe (1927/1928), in seiner Gesamtausgabe, Bd. 10, 53.

B. Die Herausbildung der Antithese durch die politische Theorie des Nationalsozialismus: Günther (1932), Dahm/Schaffstein (1933)

Die Kritik an *Liszt* im rechtsextremen Schrifttum der 1930er orientierte sich an dem Bild von ihm, wie es während der Weimarer Republik, im Rahmen der Reformbestrebungen, zusammengetragen wurde. *Liszt* figuriert in diesem Schrifttum nicht nur weiterhin als „pars pro toto" für die ganze Reformbewegung und als ihr Pionier, sondern wird zusätzlich noch als der eigentliche Urheber der um 1932 vorgefundenen, wie man es empfunden hat, in zahlreichen Bereichen zu milden oder aufgeweichten, schwach-humanistischen Kriminalpolitik der Weimarer Republik, kritisiert.[103] Die dabei kritisierte Rechtslage und der ihr zugrunde liegende Gedanke wurden unter dem Stichwort „sozial-liberales Strafrecht" aufgefasst.[104] Galt es für das Selbstverständnis der Weimarer Zeit als vornehm, die Verbindungslinien zwischen *Liszt* und der *Aufklärung* ausschließlich im positiven Licht hervorzuheben (man beachte die aufgestellte Reihe: *Beccaria, Howard, Liszt* im Entwurf Radbruch 1922), produzierte das theoretische Bedürfnis des Nationalsozialismus im Kampf gegen *Liszts* Reformanliegen eine umgekehrte Bewertung der Kontinuität. Es ging jetzt, wie *Dahm* und *Schaffstein* in ihrer bekannten Schrift pointiert hervorgehoben haben, um einen Kampf gegen „Individualismus, Rationalismus, Materialismus", „Liberalismus", „rationalistisch-individualistisches Denken", „liberalistische und sozialistische Gedankengänge", „naturalistischen Positivismus", „seichte Sentimentalität", „Humanitätsduselei"; das Ziel war – auch bei Kritik an *Liszt* – die „Überwindung der Aufklärung" bzw. die „Abkehr (...) von Aufklärung und Liberalismus".[105]

Bei einem prominenten Theoretiker des nationalsozialistischen Strafrechts, *Günther*, stoßen wir auf eine direkte Ablehnung der differenzierten, für *Liszt* charakteristischen Analyse des Verbrechens, die Umwelt- und Anlageaspekte zugleich würdigt. In seinen frühen Äußerungen favorisiert *Günther* einseitig, ohne tragfähige

[103] *A. E. Günther*, Reform oder Auflösung des Strafrechts?, Widerstand 5 (1930), S. 244 f.; *W. Gallas*, Die Krise des Strafrechts und ihre Überwindung im Staatsgedanken, ZStW 51 (1933), S. 13; *E. Wolf*, Krisis und Neubau der Strafrechtsreform, 1933, S. 21 („Feminisierung" und „Knochenerweichung"); *G. Dahm/F. Schaffstein*, a.a.O. (1933), S. 18 ff., 26, 54; Deutschland-Bericht der Sopade 2 (1935), S. B1 („Humanitätsdusel der Republik"); *J. Georgakis*, Geistesgeschichtliche Studien zur Kriminalpolitik und Dogmatik Franz von Liszts, 1940, S. 39 ff.; *Eb. Schmidt*, Anselm von Feuerbach und Franz von Liszt, MschrKrim 33 (1942), S. 221 f.

[104] *G. Dahm/F. Schaffstein*, a.a.O. (1933), S. 13 ff. Für die fortschreitende Stabilisierung des „pars-pro-toto"-Narratives vgl. noch *M. Grünhut*, Strafrechtswissenschaft und Strafrechtspraxis, 1932, S. 10; sowie die diversen Ausführungen auf der Frankfurter Tagung der deutschen Landesgruppe der IKV (1932), Mitteilungen der IKV, n.F. 6 (1932), S. 145 ff., etwa von *G. Radbruch*, S. 175; *Eb. Schmidt*, Literaturbericht (Besprechung von Radbruchs „Elegantiae"), ZStW 61 (1942), S. 534.

[105] *G. Dahm/F. Schaffstein*, a.a.O. (1933), S. 3, 4, 9, 15, 37 f.

Funde aus der Forschung anführen zu können, die *Anlage*.[106] In späteren Ausführungen im bekannten Sammelband „Was wir vom Nationalsozialismus erwarten", wird die Anlage-Umwelt-Problematik durch einen Pflichtdiskurs ersetzt, in welchem weder der Anlage noch der Umwelt die Rolle einer tragenden kriminalpolitischen Größe zuerkannt wird.[107] Für den „Liberalismus" stehe, so *Günther*, im Mittelpunkt die Person des Täters: „seine natürliche Anlage, die Umwelt, in der er aufwuchs und in der er sich später straffrei behaupten soll, seine Entwicklung und die Schäden, die sie mit sich brachte, die Möglichkeiten, die dadurch nicht zur Entfaltung gekommen sind".[108] Die genannten Umstände müssen, so *Günther*, in jenem Konzept, „soziologisch, biologisch, psychologisch durchgeforscht werden".[109] Dem sei eine „altdeutsche", ganzheitliche, also nicht differenzierte Erfassung der Persönlichkeit entgegenzuhalten, in deren Mittelpunkt die Pflichterfüllung als wesentliche kriminorelevante Größe stehen soll.[110]

Charakteristisch für die Zeit ist die Erweiterung des Bedeutungsfeldes des Ausdrucks „liberal", die auch in der Liszt-Forschung zu verzeichnen ist. Die Wendung „liberal sein" heißt im Anschluss an das nationalsozialistische rechtspolitische Schrifttum so viel wie: das Staats- und Rechtsleben den demokratischen, unkalkulierbaren Mächten überlassen. Von diesem Sinne ausgehend wird als Antonym zu „liberal" der Ausdruck „autoritär" gesetzt. Dem Idealtypus des liberalen Staates wird der Typus des autoritären Obrigkeitsstaates entgegengesetzt. Daneben heißt aber „liberal" offenbar nach wie vor auch: die (individuelle) Freiheit als sozialen und politischen Grundtatbestand anerkennen. Im rechtsextremen Schrifttum jener Jahre überlagern sich diese zwei Bedeutungen unsystematisch im ausgedehnten Bedeutungsfeld des Wortes. So entsteht an manchen Stellen der bereits damals verzeichnete Eindruck, dass es bei der Bezeichnung „liberal" einfach um eine affektive Attribuierung mit einem übel konnotierten Ausdruck geht.[111]

---

[106] *E. A. Günther*, a.a.O. (1930), S. 244 ff.; aus dieser Zeit auch von *E. A. Günther*, Der Ursprung des Strafrechts aus dem Imperium, Widerstand 5 (1930), 262. Zum irrationellen Charakter der Hinwendung zur Anlage *G. Radbruch*, Autoritäres oder soziales Strafrecht? (1933), Gesamtausgabe, Bd. 8, S. 232 f.; *ders.*, Strafrechtsreform und Nationalsozialismus (1933), Gesamtausgabe, Bd. 9, S. 332 f.

[107] *E. A. Günther*, Liberale und autoritäre Strafrechtsreform, in: ders. (Hrsg.), Was wir vom Nationalsozialismus erwarten, 1932, S. 100 ff. Vgl. zur Elimination von Anlage und Umwelt *G. Radbruch*, Autoritäres oder soziales Strafrecht (1933), Gesamtausgabe, Bd. 8, S. 233.

[108] *E. A. Günther*, a.a.O. (1932), S. 101.

[109] *E. A. Günther*, a.a.O. (1932), S. 101.

[110] *E. A. Günther*, a.a.O. (1932), S. 103. Vgl. dazu noch *E. A. Günther*, a.a.O. (1930), 262; *F. Schaffstein*, Verbrechen als Pflichtverletzung, 1935, mit Differenzierungen und weiteren Nachweisen; Begründung zum Entwurf eines Deutschen Strafgesetzbuchs v. 1936, S. 1 (= W. Schubert et al. (Hrsg.), Quellen zur Reform des Straf- und Strafprozeßrechts, II/1/2, S. 1).

[111] *W. Gallas*, a.a.O. (1933), S. 21 f. („ein ausfüllungsbedürftiges Unwerturteil"). Überblick bei *K. Marxen*, Der Kampf gegen das liberale Strafrecht, 1975, S. 20 ff. Vgl. noch *H.-P. Haferkamp*, Rechtsgeschichte und Evolutionstheorie, in: L. Siep (Hrsg.), Evolution und Kultur, 2011, S. 48 (Deutung des Darwinismus als ein „wissenschaftlicher Mantel" des Liberalismus in

Übersicht 19

Alte Markierungen und Gegentopoi

Markierungen von Liszt um 1920	**Gegentopoi des Reformschrifttums der 1930er**
Pionierrolle	
human	„transpersonalistisch" (Volksinteresse vor Einzelinteressen).
wahrhaft liberal	Autoritärer Staatsgedanke.
Beccaria-Howard-Liszt (Aufklärung)	Verwerfung der Aufklärung (und des Positivismus) als eine „französisch-englische", undeutsche Erscheinung.
Soziale Zustände, Jugenddelinquenz (kompatibel mit sozialistischen Forderungen)	Verwerfung des Sozialismus als eine internationale Bewegung und eine Form des verkappten Individualismus. National-Sozialismus.
Freund der demokratischen Republik	Abstraktes Obrigkeitsprimat vor dem Gesellschaftsvertrag.

Das von *Günther* verlangte nationalsozialistische Strafrecht möchte sein Vorbild in überlieferten germanischen Zuständen finden, wie sie sich beispielsweise lange auf Island erhalten haben sollen.[112] Das Urbild des Staates entspricht in dieser Vorstellung ausdrücklich einer Lagerordnung, in welcher „nach dem ordnungsgemäß verkündeten Befehl geurteilt und gerichtet wird".[113] Dort sei „das Verbrechen zunächst ein Verstoß gegen die Lagerordnung, und damit unabhängig von seinem speziellen kriminellen Inhalt, *Ungehorsam*, der *Verbrecher Rebell*".[114] Dieser Pflicht-Diskurs macht die wissenschaftlichen Koordinaten des „liberalen" Strafrechts, die Soziologie, Biologie, Psychologie, entbehrlich. Das ist ein wichtiger

den 1930ern). Für die Überfrachtung des Bedeutungsfelds des Adjektivs „liberal" musste unter anderem entscheidend gewesen sein, dass für die politischen Akteure aus den nationalsozialistischen Kreisen nur eingeschränkt die Möglichkeit bestand, sich des Ausdrucks „demokratisch", „demokratischer Staat" als mögliches Antonym zum „autoritären" Obrigkeitsstaat zu bedienen. In der Weimarer Republik wurde nämlich das Wort „demokratisch" oft synonym mit „volkstümlich" verwendet (vgl. *H. Preuß*, Vom Obrigkeitsstaat zum Volksstaat, in: Handbuch der Politik, 3. Aufl., Bd. 3, 1921, 16; *Eb. Schmidt*, Strafrechtsreform und Kulturkrise, 1931, 21; *E. Wolf*, Krisis und Neubau der Strafrechtsreform, 1933, S. 5 ff., 20; *W. Gallas*, a.a.O. (1933), S. 23 f.). Deswegen verlagerte man sprachlich die inhaltliche Kritik an der Demokratie in die Bedeutungssphäre des „Liberalismus".

[112] *E. A. Günther*, a.a.O. (1932), S. 104.

[113] *E. A. Günther*, a.a.O. (1932), S. 104.

[114] *E. A. Günther*, a.a.O. (1932), S. 104.

Punkt, denn *Welzels* etwas spätere Kritik an *Liszt* kann nicht ganz verstanden werden, wenn man nicht mitberücksichtigt, dass es auch *Welzel* bei der Kritik des Positivismus in einem besonderen Sinne um eine Kritik der Wissenschaftlichkeit überhaupt ging.

„Mit der Deutung des Verbrechens als Ungehorsam, des Verbrechers als Rebellen überwinden wir die moralisierende, soziologische, biologische, psychologische Analyse des Verbrechers im Urteil und die individualpsychologische und sozialpädagogische Begründung des Strafvollzugs, die den Richter zwang, eine Diagnose zu stellen, anstatt ein Urteil zu fällen. Wir finden nun als Strafgrund die Verletzung der Würde des Staates durch den Ungehorsam des normunterworfenen Untertanen, als Strafzweck die Wiederherstellung dieser verletzten Würde“.[115]

Feinere, aber in der Grundrichtung ähnliche Ausführungen finden sich mit starkem Bezug zu *Liszt* bei *Dahm* und *Schaffstein*. Für *Günther* wird mit der Bestrafung „ein Exempel statuiert“, „am *Beispiele* des Rechtsverbrechers stellt der Staat dem Normunterworfenen die Erzwingbarkeit seiner Rechtsordnung vor Augen“.[116] In Worten von *Dahm* und *Schaffstein:* Nicht der Einzelne, sondern die Gemeinschaft wird durch das Strafrecht erzogen.[117] In der Strafe „offenbart sich symbolisch die Würde des Staates“.[118] Diese Haltung im rechtsextremen Schrifttum war nicht neu. Sie gründete sich vielmehr auf die alten Entgegensetzungen um 1900, bei welchen schon *Liszt* erkannt hat, dass der Schwerpunkt der Diskussion bezüglich Vergeltung oder Prävention auf den Streit verschoben wurde, ob der Vorzug der General- oder der Spezialprävention gewährt werden sollte (vgl. für den Nachweis Punkt A.III.1.c) dd) im 4. Kapitel).

C. Die Kritik am neuen Punitivismus von Gallas (1933) und das Bedürfnis der Delegitimierung der bürgerlichen Wissenschaften

Der autoritären und neonormativistischen Stimmung hat sich, mit ausdrücklicher Sorge um die Kontextualisierung und Bewertung von *Liszt, Gallas* in seiner Antrittsvorlesung aus dem Jahr 1933 entgegengestellt.[119] Er sieht in *Liszts* Kampf für die moderne Kriminalpolitik einen Kampf gegen „vermeintliche Vorurteile der Überlieferung“.[120] Mit dem Stichwort der „Vorurteile“ waren in jener Zeit zwei Themenkreise angesprochen: einerseits wurde das Anliegen der Aufklärung als ein

---

115 *E. A. Günther*, a.a.O. (1932), S. 105.

116 *E. A. Günther*, a.a.O. (1932), S. 105.

117 *G. Dahm/F. Schaffstein*, a.a.O. (1933), S. 41.

118 *G. Dahm/F. Schaffstein*, a.a.O. (1933), S. 41.

119 *W. Gallas*, a.a.O. (1933), S. 11.

120 *W. Gallas*, a.a.O. (1933), S. 11.

Kampf gegen Vorurteil und Überlieferung aufgefasst; andererseits entsprach es der Tendenz im späten neukantianischen Schrifttum, die irrationalistische Mode und Phänomenologie als eine Vorurteilsphilosophie zu bekämpfen. Die neue Zeit, in welcher sich die Forderungen von *Günther* und *Dahm/Schaffstein* behaupten, steht für *Gallas* „im Zeichen einer Rehabilitierung des *Vorurteils*".[121] *Liszts* Programm der „wirksamen und humanen" Verbrechensbekämpfung werde wegen der Nachsicht und Milde, die es produziere, zu Unrecht für die Erschütterung der staatlichen Autorität verantwortlich gemacht. Im Einzelnen:

> „Jahrzehnte hindurch hatte das *Lisztsche* Programm der deutschen Strafrechtsreform Antrieb und Schwung verliehen, hatte der Gedanke, daß man im Interesse einer zugleich wirksamen und humanen Verbrechensbekämpfung über eine starre Tatvergeltung hinaus zu einer zweckmäßigen Behandlung des Täters gelangen müsse, alle lebendigen und fortschrittlichen Kräfte beherrscht. Heute hat dieses Programm nicht nur an Werbekraft verloren. Man beginnt es verantwortlich zu machen für eine Gestaltung unserer Strafrechtspflege, in der man eine Erschütterung staatlicher Autorität, die Vernachlässigung wesentlicher staatspolitischer Bedürfnisse erblicken zu müssen glaubt."[122]

Gallas kritisiert ausdrücklich *Günthers* und die *Dahm/Schaffsteinsche* Auffassung, nach welcher man *Liszts* „Programm" für eine „Gestaltung unserer Strafrechtspflege, in der man eine Erschütterung staatlicher Autorität und die Vernachlässigung wesentlicher staatspolitischer Bedürfnisse erblicken zu müssen glaubt", verantwortlich macht.[123] Dem Hinweis auf den Kampf gegen Vorurteile entsprechend, beschäftigt er sich ausführlich und verdienstvoll mit dem Topos der „Milde der Justiz", welcher in der Wissenschaft, aber auch in der Bevölkerung, auf den „Einfluss einer modernen Auffassung von Verbrechen und Strafe" bzw. der Modernen Schule zurückgeführt werde.[124] Auf die Einsichten der Modernen Schule gehe eine „Verweichlichung" in der Praxis zurück, der die Kritiker die Forderung nach „Strenge" und „Autorität des Rechtsspruchs" entgegensetzen.[125] Die Kritiker machen *Liszts* Gedanken für die Missstände in der Strafrechtspflege verantwortlich und sehen sie, so fasst *Gallas* den Zeitgeist zusammen, als ein Produkt der „individua-

---

[121] *W. Gallas*, a.a.O. (1933), S. 11.

[122] *W. Gallas*, a.a.O. (1933), S. 12.

[123] *W. Gallas*, a.a.O. (1933), S. 12 f.

[124] *W. Gallas*, a.a.O. (1933), S. 13. Vgl. *E. A. Günther*, a.a.O. (1930), S. 244 f.; *E. Wolf*, a.a.O. (1933), S. 21 („Feminisierung" und „Knochenerweichung"); *G. Dahm/F. Schaffstein*, a.a.O. (1933), S. 18 ff., 26, 54; Deutschland-Bericht der Sopade, 2 (1935), S. B1 („Humanitätsdusel der Republik"); *J. Georgakis*, a.a.O. (1940), S. 39 ff.; *Eb. Schmidt*, a.a.O. (1942), S. 221 f.; *ders.*, Einführung, 1. Aufl. 1947, S. 396 ff.; *W. Rosenblum*, Welfare and Justice: The Battle over Gerichtshilfe in the Weimar Republic, in: R. Wetzell (Hrsg.), Crime and Criminal Justice in Modern Germany, 2014, S. 169 ff. Für „Verweichlichung" als älteren Kritik-Topos im autoritär orientierten Schrifttum vgl. schon *O. Mittelstädt*, Gegen die [weichen] Freiheitsstrafen, 2. Aufl. 1879, S. 11 („Weichlichkeit"), 65, 83 („grenzlose Verweichlichung"); *H. Stursberg*, Die Zunahme von Verbrechen und Vergehen, 1879, S. 26.

[125] *W. Gallas*, a.a.O. (1933), S. 12.

listisch-liberalen Geisteshaltung", die „überwunden sei, oder die es zu überwinden gelte".[126]

Die (Gegen)Kritik von *Gallas* an der Zurückführung der geläufigen „Milde der Justiz" auf *Liszt* und an den Forderungen nach einer allumfassenden Generalprävention in den nationalsozialistisch orientierten Schriften ist auf zwei Schienen verteilt. (1) *Gallas* bemüht sich um einen *empirischen Nachweis* dafür, dass die Kriminalitätsraten von der Strafschärfe und damit von der gewünschten generalpräventiven Wirkung eines strengen und autoritären Strafens unabhängig sind. (2) Außerdem bemüht er sich, die wissenschaftlichen, „naturwissenschaftlichen und soziologischen" Verdienste der Modernen Schule den politisierenden Angriffen zu entziehen. *Liszt* und die Moderne Schule hätten eine Reihe von wissenschaftlichen Kenntnissen gefördert und hervorgebracht, die aus dem Bewusstsein nicht mehr eliminierbar seien. Aus ihnen ließen sich sowohl mildernde, humane Forderungen als auch Forderungen einer pointierten Strafschärfung ableiten.

Durch den Kampf gegen das Vorurteil sicherte man in vergangenen Jahrzehnten ein „Fortschreiten wissenschaftlicher Erkenntnis".[127] Aus der so entstanden wissenschaftlichen Basis, das ist der Kern des zweiten Kritikpunkts von *Gallas*, sind von *Liszt* und von der Modernen Schule Forderungen abgeleitet worden, die, wenn man das tradierte System als Ausgangspunkt nimmt, sowohl eine vom Zweck des Eingreifens geleitete *allgemeine* Milderung und Humanisierung, als auch eine zweckvolle Zuspitzung der Sanktionierung in Bezug auf „Gewerbs- und Gewohnheitsverbrecher" zu beinhalten hätten.[128] Die allgemeine, für jene Zeit charakteristische Milderung, die Humanisierung ohne eine Vervollständigung des Zweckgedankens auf der Seite, auf welcher eine Schärfung notwendig erscheint, wird daher irrtümlich auf *Liszt* und das Programm der Modernen Schule zurückgeführt. Das sogenannte autoritäre Strafrecht, welches sich durch eine allgemeine Verschärfung und daher auch durch eine allgemeine Abschaffung der zurecht erfolgten Milderung und Humanisierung auszeichnen würde, sei *nicht die einzige Art* des Strafrechts, in welchem eine zugespitzte Reaktion gegen Verbrecher mit erhöhtem Interventionsbedarf erfolgen kann.[129]

Die Überlegungen von *Gallas* haben einen hohen Wert für das Verständnis der späteren Diskussion und des Anliegens von *Welzel*. Denn *Gallas*' zentrale These war, dass die Verschärfung, dort wo sie notwendig ist, auch in einem empirischen und liberalen, tradierten Diskurs stattfinden kann, sodass sich das Konzept des autoritären Strafrechts nicht nur durch die Forderung der Schärfung begründen lässt. Ein autoritäres Strafrecht, wie es von rechtsextremen Schriftstellern gefordert wird, müsste,

[126] *W. Gallas*, a.a.O. (1933), S. 12.

[127] *W. Gallas*, a.a.O. (1933), S. 12

[128] *W. Gallas*, a.a.O. (1933), S. 16 ff. Vgl. dazu noch *G. Dahm* und *F. Schaffstein*, a.a.O. (1933), S. 14 ff., 20 ff., 31, sowie *G. Radbruch*, Die geistesgeschichtliche Lage der Strafrechtsreform (1932), Gesamtausgabe, Bd. 9, S. 325 ff.

[129] *W. Gallas*, a.a.O. (1933), S. 18 ff.

so *Gallas*, die „Erfolge jahrzehntelangen wissenschaftlicher Bemühungen",[130] die sowohl zu Humanisierung als auch zu Verschärfung zwingen, grundsätzlich missachten. Es sind empirische Erkenntnisse vorhanden, die nachweisen, dass die Strafe als Mittel der Generalprävention nicht wirksam sei. Während *Gallas* für den Nachweis der Aktualität der Modernen Schule auf dem Umstand bestand, dass die naturwissenschaftlichen und soziologischen Erkenntnisse „nicht mehr aus der Welt" zu schaffen sind,[131] bestand im rechtsextremen Schrifttum umgekehrt ein Bedarf an entwickelten Strategien, diese Erkenntnisse zwecks der Legitimierung des eigenen kriminalpolitischen und staatlichen Verständnisses aus der Welt zu schaffen. Neben der Verlagerung der Problematik in empirisch resistente Glaubensdiskurse, bot sich als Strategie innerhalb der Wissenschaft die Delegitimierung des wissenschaftlichen Programms und der Erkenntnisse der Epoche an, für welche *Liszt* stand. Das bekannteste Buch der Liszt-Forschung, *Welzels* „Naturalismus und Wertphilosophie im Strafrecht" von 1935, kann als Erfüllung dieses Desiderats betrachtet werden. Es enthält einen Versuch der Delegitimierung der individualistisch-liberalen kriminalpolitischen Forderungen durch Delegitimierung ihrer wissenschaftlichen Basis.

D. Die geistesgeschichtliche Aufarbeitung bei Wolf und Welzel

I. Wolf (1932, 1933, 1939)

Die Vorarbeiten für eine wissenschaftskritische Delegitimierung der, wie man es empfand, vom Liszt'schen Gedanken beherrschten Strafrechtsdiskurse wurden von *Erik Wolf* in seiner Freiburger Antrittsvorlesung aus dem Jahr 1932 geleistet.[132] *Wolf* spricht von besonderen „geistesgeschichtlichen Hintergründen" der Reform-Bewegung und übernimmt, nicht nur stichwortartig, die Arbeitsweise der in der Weimarer Republik etablierten „geistesgeschichtlichen Forschung".[133] Jene war, wie im ersten Teil der Untersuchung bereits angedeutet, in *Rothackers* „Deutscher Vierteljahresschrift für Literaturwissenschaft und Geistesgeschichte" fokussiert (Punkt C. im 1. Kapitel). Bekannt und auch nach dem Krieg gerne gelesen, wurde das Buch von *Wolf* „Große Rechtsdenker der deutschen Geistesgeschichte", dessen Titel ebenso das erwähnte Programm der Ausforschung der intellektuellen Geschichte unmittelbar zum Ausdruck bringt (1939).[134]

---

130 *W. Gallas*, a.a.O. (1933), S. 12.

131 *W. Gallas*, a.a.O. (1933), S. 16.

132 *E. Wolf*, Vom Wesen des Täters, 1932.

133 *Wolf* spricht insofern, a.a.O. (1932), S. 8, 11 von „moderner Geistesgeschichte" und „Wissenssoziologie", von „ideengeschichtlichen Gebilden".

134 *E. Wolf*, Große Rechtsdenker der deutschen Geistesgeschichte, 1. Aufl. 1939; 2. Aufl. 1944; 3. Aufl. (erste Nachkriegsauflage) 1951; 4. Aufl. (letzte Auflage) 1963.

Das Stichwort „Geistesgeschichte“ begegnet uns als Modewort der zeitgenössischen Wissenschaft in mehreren strafrechtlichen Werken der Zeit, ohne dass bis zu *Wolfs* Veröffentlichungen von einer tatsächlichen Anlehnung an das Forschungsprogramm der Richtung „Geistesgeschichte“ gesprochen werden kann.[135] Die besondere „geistesgeschichtliche“ Methode für die Verortung von Literaten, aber auch wissenschaftlicher Leistungen, sah in jedem literarischen sowie wissenschaftlichen Erzeugnis letzten Endes eine geistige Konstruktion im Rahmen von äußeren und vor allem durch die Denkart des Autors oder der Epoche bestimmten Bedingungen. Diese Methode ist im Bereich der intellektuellen Erfassung der Vergangenheit zweifelsohne als großer Fortschritt zu werten. Jedoch entartete sie im Bereich der Strafrechtswissenschaft zu einem Gebiet, in welchem allzu schnell die Autoren nicht mehr *innerhalb* ihrer Epoche und den darin möglichen vielfältigen Denkarten betrachtet wurden, sondern mit idealisiert vorgestellten abgeschlossenen Epochen identifiziert und diesen subsumiert wurden. Damit wurde im Bereich des Strafrechts die von *Wiese* oben geschilderte Mahnung an die Erforscher der Geistesgeschichte, die sich gerade gegen die Missstände um 1930 wendete, missachtet (Punkt C. im 1. Kapitel).

Die Kritik von *Wolf* bewegt sich im Vortrag von 1932 auf neukantianischem Boden. Als zentral wird in der Untersuchung die seit *Rickert* verfestigte Unterscheidung zwischen einer generalisierenden (= naturwissenschaftlichen) und individualisierenden („historischen“, idiographischen) Herangehensweise unterstellt.[136] Durch das kausale Vorverständnis für die Anlage-Umwelt-Problematik habe *Liszt* den Täter generalisierend aufzufassen gesucht und habe dadurch, so *Wolf*, ein „methodologisch verfehltes Bemühen“ unternommen.[137] Dieser von *Liszt* begangene Fehler vermöge nicht zu erstaunen, denn er erscheine „folgerichtig im Zusammenhang der allgemeinen Struktur des wissenschaftlichen Denkens jener Zeit: der Epoche des Empirismus und Positivismus“.[138] Die „geistigen Wurzelgründe“ dieser Haltung, des „wissenschaftlichen Positivismus“, seien: „politischer Liberalismus“, „ethischer Individualismus“, „religiöser [rigoroser] Naturalismus“.[139] Es sind damit, so *Wolf*, die „Gedanken der Spätaufklärung, die in *Franz von Liszt* und seinen Anhängern ihre Stimme gefunden haben“, die Gedanken einer Epoche welcher „humanitäres Pathos“ und „naiver Fortschrittsglaube“ anhaften.[140]

„Der Mensch, den *Franz von Liszt* im Täter entdeckt haben wollte, ist also der abstrakte Idealtypus ‚Mensch‘ der Ideologie des 18. und der Politik des 19. Jahrhunderts. Zwar nicht

---

[135] Vgl. *Eb. Schmidt*, Strafrechtsreform und Kulturkrise, 1931, S. 5 f.; *G. Radbruch*, Die geistesgeschichtliche Lage der Strafrechtsreform (1932), Gesamtausgabe, Bd. 9, 323; *E. Kohlrausch*, Die geistesgeschichtliche Lage der Strafrechtsreform, 1932, S. 3 ff.; *H. Henkel*, Strafrichter und Gesetz im neuen Staat: Die geistigen Grundlagen, 1934, S. 24.

[136] *E. Wolf*, a.a.O. (1932), S. 9.

[137] *E. Wolf*, a.a.O. (1932), S. 10.

[138] *E. Wolf*, a.a.O. (1932), S. 10.

[139] *E. Wolf*, a.a.O. (1932), S. 11.

[140] *E. Wolf*, a.a.O. (1932), S. 11.

mehr ‚l'homme machine' *Lamettries* und des französischen Materialismus der Hochaufklärungszeit, auch nicht bloß der seelenlose Mensch des anatomischen Atlas, wohl aber der im Grunde schicksalslose, individuell-beliebige Mensch des psychologischen Romans und der psychoanalytischen Diagnostik. Diese Auffassung vom Menschen ist es, die wir Heutigen nicht mehr teilen. Die Einsicht in ihre historische Einmaligkeit ist es, die uns zwingt, vom *Lisztschen* Täterbegriff das Zeitliche, für uns Unzeitgemäße abzulösen (…), sind doch die Wurzelgründe unseres geistigen Daseins völlig andere als die des ausgehenden 19. Jahrhunderts. An die Stelle des liberal-parteistaatlichen ist ein sozial-gliedstaatliches politisches Denken getreten; immer mehr wird der ethisch indifferente positivistische Individualismus durch einen phänomenologischen Personalismus verdrängt und die Zeit des Naturalismus ist einer Epoche des Normativismus – zumindest im Ansatz des Wollens – gewichen."[141]

In diesen Äußerungen kommt die besondere eliminatorische Rolle der Geistesgeschichte in den 1930ern zum Ausdruck. Durch die Nachzeichnung des geistesgeschichtlichen Kontextes wird die historische Einmaligkeit und dadurch die Irrelevanz der jeweils untersuchten Erscheinung für die Gegenwart bekundet. In einem weiteren Vortrag von 1933 wird durch *Wolf* diese kritisch-eliminierende Funktion der geistesgeschichtlichen Analyse noch stärker hervorgehoben. Sie habe, so heißt es dort, die „geistesgeschichtlichen Wurzeln unseres geltenden Strafrechts bloßgelegt".[142] Deswegen können im Ergebnis die gewohnten Denkmuster ohne Rücksicht und ohne schlechtes Gewissen verlassen werden, und die einzig richtige Entwicklung sei ein *Neubau* des Strafrechts.[143] Um die geistesgeschichtlichen Wurzeln *Liszts* (Positivismus als „Verfallserscheinung innerhalb der alt, reif und müde gewordenen abendländischen Kulturwelt") geht es auch in *Wolfs* „Große Rechtsdenker der deutschen Geistesgeschichte".[144] Später wird noch hervorzuheben sein, dass *Wolf* nach dem Zweiten Weltkrieg, in der 4. Auflage seiner „Großen Rechtsdenker" (1963), ein anderes, im Wesentlichen positives Bild von *Liszt* zu prägen versuchte (Punkt C.III. im 11. Kapitel).

II. Welzel (1935)

Den weiteren und entscheidenden Schritt in der geistesgeschichtlichen Erfassung der Strafrechtswissenschaft in den 1930er Jahren bildete *Welzels* 1935 erschienene Studie „Naturalismus und Wertphilosophie im Strafrecht: Untersuchungen über die ideologischen Grundlagen der Strafrechtswissenschaft".[145] Das „ungeheure politische Geschehen der nationalsozialistischen Revolution" habe allen „die Frage nach

---

[141] *E. Wolf*, a.a.O. (1932), S. 11 f.

[142] *E. Wolf*, Krisis und Neubau der Strafrechtsreform, 1933, S. 6.

[143] *E. Wolf*, a.a.O. (1933), S. 24; vgl. für den Eliminierungstopos und die Geistesgeschichte insb. noch *Henkel*, a.a.O. (1934), S. 24 f., 34 f.

[144] *E. Wolf*, Große Rechtsdenker, 1. Aufl. 1939, S. 492, 501.

[145] *H. Welzel*, a.a.O. (1935).

unserem geschichtlichen Standort und die Auseinandersetzung mit dem Vergangenen" aufgezwungen.[146] Es war „die Kraft dieses Umbruchs", die *Welzel* den „Mut gab, irgendwo in den Ring der Probleme hineinzuspringen".[147] Die Studie weist eine parallele Struktur auf, in welcher zuerst der Positivismus allgemein dargestellt und dann in einem weiteren Abschnitt, mit thematischen Parallelen, *Liszts* Zugehörigkeit zur positivistischen Gattung demonstriert wird.[148] Im ersten Teil der Untersuchung wurde mehrmals auf den Umstand hingewiesen, dass diese Art der Auffassung, wo die Autoren als Exemplare der Gattung auftreten, letztendlich die wissenschaftliche Interaktion als einen sozialen Sachverhalt vergewaltigt und im Ergebnis, paradox für *Welzels* Anliegen, den untersuchten Autor naturalistisch auffasst (vgl. Punkt A.II.–III. im 4. Kapitel; Punkt C.II. im 6. Kapitel).

Nach dem Zusammenbruch des Hegel'schen Lehrgebäudes entstand eine „Lücke deutschen Geistes", in welche „umso ungehemmter" das „ausländische, westeuropäische Gedankengut" hineinströmte.[149] *Kant* habe nämlich die deutsche Philosophie vom „westeuropäischen Denken" „abgehängt", worauf, „nach dem Zusammenbruch des deutschen Idealismus" die „französische und englische Philosophie" sich angeschickt haben „ihre alte Machtstellung wiederherzustellen".[150] Dieser groben Vorstellung gemäß handelt *Welzel* gar nicht von der eigentlichen deutschen Entwicklung nach dem Zusammenbruch des Hegelianismus. *Welzel* unterlässt es beispielsweise, den Leser über die komplizierte Form des positivistisch-neukantianischen Amalgams im 19. Jahrhundert zu unterrichten; auch wird von ihm verschwiegen, dass bereits am Ausgang des 19. Jahrhunderts *Hegel* eine Neuwürdigung erhielt, an welcher auch *Liszt* nicht unwesentlich in der Zeit von 1905–1909 beteiligt war (vgl. Punkt C. im 6. Kapitel). *Welzel* erwähnt den bekannten, positivistisch orientierten französisch-belgischen Statistiker *Quetelet*, nicht aber die Kritik, die *Quetelet* in Deutschland durch *Oettingen*, und zwar gerade auch in der „ZStW", erfahren hat.[151] Der Positivismus sei, so die vereinfachte Erzählung *Welzels*, zuerst von *Comte* in Frankreich „begründet" worden; er überquerte dann den Kanal nach England und wurde dort, ohne den Comte'schen Charakter zu verlieren, durch *John St. Mill* und *Hebert Spencer* zugespitzt. In einem dritten Schritt breitete er sich schließlich, ohne seinen Charakter zu ändern und ohne auf Alternativkonzepte zu stoßen, in Deutschland als eine kompakte landesfremde, wie es heißt „westeuropäische", Gedankenmasse aus.[152]

Der geschilderte Umgang mit der intellektuellen Vergangenheit bei *Welzel* entspricht vollständig der Art und Weise der geistesgeschichtlichen Verortung, welche

[146] *H. Welzel*, a.a.O. (1935), Vorwort, S. VII.

[147] *H. Welzel*, a.a.O. (1935), Vorwort, S. VII.

[148] *H. Welzel*, a.a.O. (1935), Vorwort, S. VII.

[149] *H. Welzel*, a.a.O. (1935), S. 1 f.

[150] *H. Welzel*, a.a.O. (1935), S. 1 f.

[151] Vgl. *H. Welzel*, a.a.O. (1935), S. 5, 10 f.

[152] *H. Welzel*, a.a.O. (1935), S. 2, 22.

Wiese 1932/1933 kritisiert hat (Punkt C. im 1. Kapitel). Die intellektuelle Richtung, in diesem Fall der Positivismus, wird verdinglicht und es herrscht der Eindruck, dass sich die Richtung wie eine Seuche verbreitet und lediglich in verschiedenen Ländern ihre Vertreter, wie gleiche Exemplare einer Gattung, hinterlassen hat. In *Welzels* Schilderungen wären dies neben *Mill, Buckle* und *Spencer*, der Biologe *Darwin* in England und der Kriminalist *Liszt* in Deutschland.[153] Damit gibt es auf der einen Seite der Entwicklungsache *Comte* und auf der anderen, späteren den *Liszt*; zwischen ihnen besteht nach diesem Verständnis eine vollständige logische Übereinstimmung, die es nur durch treffende Zitate zu belegen gilt, so ähnlich wie ein und dieselbe Krankheit durch eine beliebige Gewebeprobe belegt wird.

Die genannte, im Grunde naturalistische Deutung der intellektuellen Vergangenheit kann abstrakt als verfehlt bezeichnet werden. Kann man aber auch von einer Verfehlung *Welzels* sprechen? Die Methode eignet sich nicht für die Erfassung von vielschichtigen Motivationsstufen und wissenschaftlichen Kompositionen, die eine komplizierte, polymorphe Struktur aufweisen (Punkt C. im 6. Kapitel). Das Fairnessgebot verlangt aber, dass die Herangehensweise eines Autors, auch dann, wenn sie aus der aktuellen Perspektive als schlicht verfehlt erscheinen mag, nicht nur abstrakt, sondern auch im Zusammenhang mit dem methodologischen Bewusstsein und dem Wissensstand der Zeit bewertet wird. Es macht dabei einen grundsätzlichen Unterschied für die Bewertung des Autors und seiner Methode, ob eine verfehlte Methode, wie die subsumtionsartige Analyse des Positivismus bei *Welzel*, bei dem Betreten von Neuland, bei dem ersten Versuch, überhaupt das Thema zu behandeln, entwickelt wird, oder ob sie im Vergleich mit älteren Vorbildern der Bearbeitung bewusst eine feinere Sichtweise diskreditiert. In *Welzels* Fall kann nur von dem zweiten Szenario ausgegangen werden. Seine Untersuchung ist nicht nur abstrakt, sondern gerade auch aus dem Blickwinkel der subjektiven Orientierung als besonders verfehlt zu beurteilen.

In der frühen Literatur, welche die Positivismus-Problematik anspricht, war sowohl bei nicht systematisch vorgehenden Autoren in der Rechtswissenschaft, als auch in der neukantianisch ausgebildeten Philosophiegeschichte ein solides älteres methodologisches Muster vorhanden, das sich mit dem positivistischen oder etwa auch einem „englischen“ Einfluss befasste, ohne in eine naturalistische Subsumierung der einzelnen Autoren unter fertige Gattungsschablonen zu entgleisen.[154] Bei *Welzels* Herangehensweise handelt es sich dementsprechend nicht um einen methodologischen Irrweg bei der Erkundung eines Neulands, sondern um eine nach-

---

[153] Vgl. *H. Welzel*, a.a.O. (1935), S. 2, 3 f., 8.

[154] Vgl. *O. Mittelstädt*, a.a.O. (1879), S. 10 ff., 22 ff.; *J. Nagler*, Anlage, Umwelt und Persönlichkeit des Verbrechers, Der Gerichtssaal 102 (1933), S. 409 ff.; *T. K. Österreich*, Die deutsche Philosophie des XIX. Jahrhunderts und der Gegenwart, 12. Aufl. 1923, S. 285 ff.; *E. Rothacker*, Einleitung in die Geisteswissenschaften, 2. Aufl. 1930, S. 130 ff., 190 ff., 225, 244 ff. Ähnlich wie bei *Welzel* bereits kirchlich-konservativ ausgerichtetes Schrifttum: *V. Cathrein*, Das Strafrecht der Zukunft, Stimmen aus Maria-Laach 50 (1896), S. 361 ff. (vgl. Punkt B. im 8. Kapitel).

trägliche Vereinfachung der bereits subtiler vorgehenden Analyse. Seine Methode kann weder nach den abstrakten Kriterien, noch aus der Perspektive der damaligen wissenschaftlichen Herausforderungen für die Erfassung des Themas positiv bewertet werden. Sie ist ein weiterer Hinweis dafür, dass seine Studie über den intellektuellen Kontext der Strafrechtswissenschaft stark funktional aufgeladen war und dass er sie, wie sich neulich *Pawlik* ausgedrückt hat, „wohl in durchaus denunziatorischer Absicht" verfasst hat.[155]

Welzel gehört zu jenen Autoren, die, wie *Cathrein*, den Positivismus nicht nur als ein negativ konnotiertes Schlagwort verwenden, sondern die Bemühung unterstellen, eine festere begriffliche Bestimmung zu geben. Als maßgebliches Merkmal des Positivismus hebt *Welzel* den Glauben an die „Gesetzmäßigkeit der Erscheinungen"[156] und an die „Gesetze des sozialen Lebens" hervor.[157] Das ist der Punkt, der unter offensichtlicher Anlehnung an *Rickert*, im begrifflichen Bereich des generalisierenden Übergriffs ins Soziale und unter dem Namen des „Naturalismus" im Titel von *Welzels* Studie figuriert.[158] In der Art der Wissenschaft, die *Welzel* kritisiert, wird eine „blind-kausale" und „mechanisch-technische Blickrichtung" vertreten.[159] Die aufzufindenden „Gesetze" bilden den Gegenstand der „sozialen Physik" bzw. der „Soziologie", welche, so *Welzel*, „bezeichnenderweise nicht Volk oder Staat, sondern die Gesellschaft" als „Grundbegriff" führt.[160] Dementsprechend ist das Korrelat des positivistischen Gesellschaftsbegriffs ein bloßer „Apparaturstaat".[161] Charakteristisch für die Untersuchung ist eine positive Aufwertung von *Hegel*.[162] Bei *Hegel* erscheine der Staat als eine „gegliederte und durchstrahlte Einheit des gesamten materiellen und geistigen Lebens einer Nation".[163] Demgegenüber *müsse* die positivistische Staatsidee „individualistisch-liberalistisch sein".[164] Der Staat habe im positivistischen Kontext nur dafür zu sorgen, dass „sich die Persönlichkeit frei entfalten kann, lediglich beschränkt durch die Rücksichtnahme auf die gleiche Freiheit der Mitmenschen".[165] Die Staatsgewalt wird auf dem Boden der positivistischen Prämissen „in fest berechenbare Grenzen eingespannt", und ihre Ausübung „wird zur wissenschaftlichen Politik erhoben, die jede Willkür ausschließen soll".[166]

---

155 So jetzt *M. Pawlik*, v. Liszt im Kontext zeitgenössischer philosophischer Strömungen, in: A. Koch/M. Löhnig (Hrsg.), Die Schule Franz von Liszts, 2016, S. 63.

156 *H. Welzel*, a.a.O. (1935), S. 2

157 *H. Welzel*, a.a.O. (1935), S. 2.

158 Vgl. noch *H. Welzel*, a.a.O. (1935), S. 37, 64, 70, 71, 89.

159 *H. Welzel*, a.a.O. (1935), S. 5.

160 *H. Welzel*, a.a.O. (1935), S. 8, 35.

161 *H. Welzel*, a.a.O. (1935), S. 9, 21.

162 Vgl. *W. Schild*, Zwischen Hegel und Hitler, in: FS Vormbaum, 2014, 119.

163 *H. Welzel*, a.a.O. (1935), S. 9.

164 *H. Welzel*, a.a.O. (1935), S. 13.

165 *H. Welzel*, a.a.O. (1935), S. 13.

166 *H. Welzel*, a.a.O. (1935), S. 13.

Die – von *Welzel* mit Sympathie versehenen – germanischen Auffassungen und die theologisch verfeinerte „mittelalterliche Weltauffassung und ihre Herrschaftsformen" brachen in seinem Urteil „unter den Schlägen kausal-mechanischer Naturwissenschaften und der an ihnen orientierten Philosophie der ‚ratio'" zusammen.[167] In dem alten Konzept vor dem Positivismus herrschte „vor allem der blut- und traditionsmäßige fundierte Treuegedanke", der den Gefolgsmann und den Gefolgsherrn wechselseitig verband.[168] Der Positivismus ist die „Machtideologie des kapitalistischen Bürgertums". Die Entwicklung „des liberal-bürgerlichen Denkens über Staat und Recht" ist, genauso wenig wie der ausdrücklich erwähnter Marxismus, nicht richtig oder falsch, sondern ein geschichtlich bedingtes Konzept, „nur ein kleiner Ausschnitt aus dem gewaltigem Technizierungsprozess", welcher durch den Positivismus vorangetrieben wurde.[169]

Auch bei *Welzel* wird, nicht anders als bei *Wolf*, eine Kontinuität der geistigen Entwicklung zwischen dem 19. Jahrhundert und dem „was Jahrhunderte vor ihm geistig, politisch und materiell gerungen haben" behauptet, womit in einem Zug der alte englische Empirismus, die französische politische Aufklärung und das „Naturrecht" angesprochen werden.[170] Neu und äußerst interessant bei *Welzel* ist, dass er auch den Neukantianismus bzw. die in der Strafrechtswissenschaft oft behauptete „Wertphilosophie" zu einer Art Positivismus zählt.[171] Durch diese Zuordnung scheidet auch der Neukantianismus aus dem Kreis der legitimen Wissenssysteme aus, seine Anhänger verfehlen sich auf gleiche Weise wie die Positivisten, sie vertreten eine verkappte Form des Positivismus. So bleibt im Ergebnis für eine positive Würdigung nur noch der „deutsche Idealismus" übrig, der zeitlich bei *Kant* anfange und bis zum Metaphysik-Zusammenbruch um 1850 andauere. Er habe, trotz den auch von *Welzel* anerkannten Schwächen, charakteristische bedeutende Persönlichkeiten wie *Hegel* hinterlassen, die es verdienen, in einem positiven Licht hervorgehoben zu werden. So zum Beispiel in Bezug auf ihre Staatsauffassung und die monistischen Denkfiguren.[172] Unterlassen wird jedoch der Hinweis, dass gerade *Liszt* nach 1900 durch die Anlehnung an *Kohlers* „vergleichende Rechtswissenschaft" auch einige typische Positionen des Neuhegelianismus vertreten hat (vgl. Punkt C.II. im 6. Kapitel).

Indem der Neukantianismus, so der Schluss bei *Welzel*, streng das „Sein" vom „Sollen" trenne, versetze er die Werte in ein „abstraktes irreales Reich" und das „reale Sein" werde, wie es ausdrücklich heißt, „positivistisch" zu einem „sinnfreien,

---

[167] *H. Welzel*, a.a.O. (1935), S. 19.

[168] *H. Welzel*, a.a.O. (1935), S. 18.

[169] *H. Welzel*, a.a.O. (1935), S. 20, vgl. noch S. 18, im Vorwort, S. VIII. Ähnlich, aber deutlich zurückhaltender *E. Wolf*, a.a.O. (1933), S. 17.

[170] Vgl. *H. Welzel*, a.a.O. (1935), Vorwort, S. VII.

[171] *H. Welzel*, a.a.O. (1935), Vorwort, S. VII ff., S. 41 ff.

[172] Vgl. *H. Welzel*, a.a.O. (1935), Vorwort. S. IX, S. 1 ff., 10, 52, 57.

blindmechanischen Geschehen depraviert".[173] Der „blindmechanische Wirklichkeitsbegriff" werde „fast unverändert in die Werttheorie eingesogen".[174] – In welchem Umfang kann dieses radikale Urteil zutreffen? Es kann sehr wohl sein, dass *Welzels* Kritik auf einen punktuellen Aspekt der neukantianisch markierten Bemühungen innerhalb der Rechtswissenschaft zutrifft;[175] mit der eigentlichen Erkenntnistheorie des Neukantianismus und der Wertphilosophie im Windelband-Rickert'schen Sinne, wie sie im 4. Kapitel geschildert wurde, hat der Hinweis auf ein positivistisch aufgefasstes „Sein" und ein ins „irreale" versetztes „Sollen" aber nicht das Geringste zu tun. Für die Bewertung der Untersuchung von *Welzel* und ihres Anliegens ist jedoch das Ergebnis seiner Subsumtion des Neukantianismus unter den Positivismus wichtiger, als ihre (fehlende) Berechtigung. Der potentielle Erfolg der Subsumtion des Neukantianismus unter den Positivismus erfüllt das Grundanliegen der Geistesgeschichte, wie sie im Nationalsozialismus geprägt wurde: Es werden alle Ansätze und Denkrichtungen, die vor dem Nationalsozialismus entwickelt wurden und welche ihm entweder selbst oder in der Form von abgeleiteten und konkordanten Forderungen entgegengestellt sind, durch die Delegitimierung ihrer intellektuellen Grundlage, durch die Freilegung der, wie *Wolf* sagt, „geistesgeschichtlichen Wurzeln" und der „historischen Einmaligkeit" von Wissenschaft und ihrer Forderungen für die neuen Denkweisen und Wertungen aus dem Weg geräumt.

Das Urteil über *Welzels* Untersuchung muss besonders ungünstig ausfallen, wenn man die Stellen und Ausführungen von *Liszt* mitberücksichtigt, die *Welzel* nicht mitberücksichtigen wollte. Das bezieht sich nicht nur auf die hegelianischen Elemente bei *Liszt*, sondern auch auf grundlegende Aspekte von *Liszts* politischer Auffassung.[176] In *Welzels* Untersuchung wird nicht ein historisches Bild *Liszts* dargeboten, sondern vielmehr *Liszts* Orientierung mit der abstrakten Vorstellung über einen individualistischen Liberalismus ausgefüllt, eben als ob *Liszt* allein ein Exemplar einer ewig gleichen liberalen Gattung wäre. Dabei wird außer Acht gelassen, dass *Liszt* zwar liberal war, und dass er sich vielfach liberal engagiert hat, dass er aber gleichzeitig in seinem Wertesystem nicht einfach von dem Gedanken eines *freiheitlichen* Staates, sondern von dem Gedanken eines *freiheitlichen nationalen Kulturstaates* ausgegangen ist. Das kann besonders überzeugend durch seine frühe Wiener Erfahrung erklärt werden, und durch eine nähere Analyse seiner Forderungen oder des Zweckkonzeptes auch im späteren Werk nachgewiesen werden (vgl. B. im 2. Kapitel; Punkt D.III. im 6. Kapitel). Man wird entgegen *Welzel* auch heute behaupten dürfen, dass man eine sinnvolle Kulturgemeinschaft auch auf dem frei-

---

[173] *H. Welzel*, a.a.O. (1935), Vorwort, S. VIII.

[174] *H. Welzel*, a.a.O. (1935), Vorwort, S. VIII.

[175] Besonders zur Lask-Kritik bei *Welzel* siehe a.a.O. (1935), S. 61 ff. Zur Kritik des Neukantianismus in der Strafrechtswissenschaft insb. a.a.O. (1935), S. 64 ff. Soweit „Methodendualismus" im Sinne einer Unterscheidung von Sein und Sollen, Wirklichkeit und Recht (Kultur) legitim als neukantianisch markiert werden kann (vgl. *U. Neumann*, a.a.O. (2015), 25) hat *Welzel* im Grunde Recht.

[176] Vgl. *H. Welzel*, a.a.O. (1935), S. 23 f., 35 f. *E. Wolf*, a.a.O. (1933), S. 16 f.

heitlichen Ideal gründen kann und nicht nur auf dem Boden der durch die Aufklärung und den französisch-englischen Geist zerstörten „mittelalterlichen Weltauffassung und Herrschaftsformen".

Ein charakteristisches Merkmal der Untersuchung bei *Welzel* ist die radikale, in der Geschichte der tieferen Befassung mit *Liszt* zum ersten Mal aufgetretene Verkürzung der Primärquellen auf *Liszts* Sammlung „Aufsätze und Vorträge" (und das Lehrbuch). *Welzel* führt seine Suche nach positivistisch indizierten Stellen zwar pedantisch durch, aber nur im Rahmen einer eingegrenzten Quellenbasis. Bei früheren Kritikern wie etwa *Cathrein* begegnet man noch den virtuosen Kennern der IKV-Schriften, auf denen ein großer Teil der Diskussion in den „Mittheilungen der IKV" aufbaut. Die Quellenverkürzung bei *Welzel* korreliert mit seiner naturalistischen Methode. Er hat *nur genügende Nachweise* für eine als Hypothese gestellte Diagnose aufgesucht, so wie ein Arzt mit aufgefunden Keimen die Krankheit beweist. Das Verfahren kann aber nicht überzeugen, weil die Verbreiterung der Quellenbasis beispielsweise klare soziale Sachverhalte, wie die Zwecke oder besondere Motive hinter einer theoretischen Erörterung, nachweisen kann.

E. Die Zwiespältigkeitsthese bei Schwarzschild und Radbruch

I. Schwarzschild (1933)

Außerhalb solcher spezifisch geistesgeschichtlicher Bemühungen steht die Untersuchung „Franz v. Liszt als Strafrechtsdogmatiker" aus dem Jahr 1933 von *Agnes Schwarzschild.*[177] Innovativ für die Liszt-Forschung ist in dieser Studie eine nähere Beschäftigung mit dem logischen Charakter der Liszt'schen Dogmatik. *Schwarzschild* hat dabei als erste in voller Klarheit die These einer „Zwiespältigkeit" in *Liszts* Werk aufgestellt. Die 1930er und die frühen 1940er Jahre kennen, in der Regel angelehnt an *Schwarzschilds* Untersuchung, eine Reihe von Hinweisen auf die Zwiespältigkeit von *Liszts* Werk (insbesondere *Wedel, Baumgarten, Radbruch* und *Georgakis*), ohne dass der Inhalt der Zwiespältigkeitsthese bei allen Autoren stabil und derselbe geblieben wäre. Man kann so in der „Zwiespältigkeit" eine *Auffassungsform* sehen, die an verschiedenen Stellen eingesetzt wurde, um die durch starre Zuordnungsversuche, aber auch durch widersprüchliche Stellen hervorgerufenen Spannungen in der Deutung von *Liszts* Werk abzuschwächen.

[177] *A. Schwarzschild*, Franz v. Liszt als Strafrechtsdogmatiker, 1933. Eine im Jahr 1933 an der Universität Frankfurt a.M. verteidigte Dissertation (Referenten: *A. Baumgarten* und *I. Heimberger*). Die Arbeit ist *H. Engelhard* und *G. Radbruch*, an dessen Seminaren in Heidelberg *Schwarzschild* teilnahm, gewidmet. Nach der Ausrichtung ist die Studie stark an *E. Schwinge*, Teleologische Begriffsbildung im Strafrecht, 1930 angelehnt. S. noch *H. Göppinger*, Juristen jüdischer Abstammung im „Dritten Reich", 2. Aufl. 1990, S. 169 (zur Ablehnung der Aufnahme in die Reihe „Strafrechtliche Abhandlungen" wegen der Abstammung).

Bei *Schwarzschild* bezieht sich das Urteil einer „Zwiespältigkeit" zuerst auf den Sachverhalt, dass in *Liszts* Wissenschaft, *soweit sie als Ganzes betrachtet wird*, mindestens zwei theoretische Zugänge erkennbar sind. Der Zweckgedanke beherrsche das kriminalpolitische Gedankengut, während die Dogmatik bei *Liszt* im Großen und Ganzen formalistisch und begriffsjuristisch sei, und dadurch gerade nicht durch eine dem Zweck verpflichtete, teleologische Aufarbeitung charakterisiert sei.[178] Ihren eigentlichen Beitrag zur Diskussion sieht *Schwarzschild* darin, dass sie erkannt hat, dass die strenge Verbindung des eines Ansatzes mit kriminalpolitischen Forderungen und des anderen mit der Dogmatik zu schematisch ist. Auch die Dogmatik von *Liszt* für sich betrachtet zeichne sich durch *zwei* Zugänge, zwei Massen der Bestimmungen aus, von welchen ein Teil tatsächlich als formalistisch-begriffsjuristisch und der andere Teil als keimende Teleologie zu betrachten sei. Es handelt sich um eine Zwiespältigkeit in der strafrechtlichen Begriffsbildung selbst: „kategoriale Systematik" und „teleologische Systematik" nebeneinander.[179]

Fehlen der strengen Einheitlichkeit,[180] Schwankung,[181] „gequälte Unsicherheit",[182] Widersprüche,[183] das „Noch-nicht-ganz-Geklärtsein"[184] bei den Begriffsbestimmungen in *Liszts* Werk – alle diese Erscheinungen seien darauf zurückzuführen, dass *Liszts* Dogmatik teils kategorial und teils teleologisch war.[185] Der Versuch werde bei *Liszt* parallel einerseits als Erscheinungsform des Verbrechens und andererseits als Rechtsgütergefährdung bestimmt.[186] Die Strafe sei, auch bei *Liszt*, einerseits „Vergeltung", was *Schwarzschild* auf die Bemühungen um die Allgemeine Rechtslehre zurückführt, die auf kategoriale Arbeit ausgerichtet sei. Andererseits sei die Strafe gleichzeitig bei *Liszt* die zweckgeleitete Abschreckungsstrafe für den Augenblicksverbrecher, die Besserungsstrafe für den besserungsfähigen Täter und die Sicherungsstrafe für den unverbesserlichen Zustandsverbrecher.[187] Die Zurechnungsfähigkeit sei einmal die spezifische strafrechtliche Handlungsfähigkeit, das andere Mal die normale Bestimmbarkeit durch Motive und

---

[178] Vgl. *A. Schwarzschild*, a.a.O. (1933), S. 12. Sowie die Untersuchung von *M. Frommel*, a.a.O. (1987), S. 78 ff.

[179] *A. Schwarzschild*, a.a.O. (1933), S. 9 ff. Zur „kategorialen" und „teleologischen" Systembildung, ein Unterschied, der damals besonders in *Radbruchs* „Einführung in die Rechtswissenschaft" akzentuiert wurde, vgl. *K. Larenz*, Methodenlehre der Rechtswissenschaft, 6. Aufl. 1991, S. 100. Aus dem späteren Liszt-Schrifttum *M. Pawlik*, v. Liszt im Kontext zeitgenössischer philosophischer Strömungen, in: A. Koch/M. Löhnig (Hrsg.), Die Schule Franz von Liszts, 2016, S. 69 ff.

[180] *A. Schwarzschild*, a.a.O. (1933), S. 9.

[181] *A. Schwarzschild*, a.a.O. (1933), S. 9.

[182] *A. Schwarzschild*, a.a.O. (1933), S. 28.

[183] *A. Schwarzschild*, a.a.O. (1933), S. 10, 26.

[184] *A. Schwarzschild*, a.a.O. (1933), S. 10.

[185] *A. Schwarzschild*, a.a.O. (1933), S. 8 ff.

[186] *A. Schwarzschild*, a.a.O. (1933), S. 9.

[187] *A. Schwarzschild*, a.a.O. (1933), S. 9.

in manchen Äußerungen vielleicht im Grunde die Strafempfänglichkeit.[188] Das Verbrechen sei für *Liszt* zugleich rechtswidrige, schuldhafte mit Strafe bedrohte Handlung (im Sinne der Allgemeinen Rechtslehre) und andererseits Rechtsgüterverletzung oder -gefährdung im Sinne einer der Teleologie verpflichteten Anschauung.[189]

Ähnlich wie die Schrift von *Hurwicz* (1911) erfährt die Behandlung von *Liszts* wissenschaftlichen Äußerungen bei *Schwarzschild* eine neukantianische Überformung. Nicht nur das Werk von *Liszt* wird in einer neukantianischen Manier „verstehend nachformend“[190] aufgefasst. Vielmehr werden auch den dogmatischen Äußerungen von *Liszt*, in einem hermeneutischen Austausch mit theoretischen Prämissen des Neukantianismus, ein neukantianischer Inhalt und eine neukantianische Absicht zugeschrieben.[191] Die geistesgeschichtlichen oder schlicht philosophischen Grundlagen einer „kategorialen“ Dogmatik, als ihr Musterbeispiel wird auch *Radbruchs* Handlungslehre erwähnt,[192] werden bei *Schwarzschild* nicht ausdrücklich genannt. Man sucht vergebens nach einem naheliegenden Hinweis auf den hegelianischen Einfluss auf die Strafrechtswissenschaft. Die ausdrückliche Zuordnung erfolgt bei *Schwarzschild* nur systematisch: Bei dem Typus der Dogmatik, die teilweise ein Selbstzweck zu sein scheint[193] und bei den Bemühungen um eine Allgemeine Rechtslehre, in deren systematischen Krallen die strafrechtliche Systematik zu „entleerten, rein formalen“ Begriffen führe, handele es sich um einen Fall der „platonisch-aristotelischen Begriffsphilosophie“.[194]

II. Radbruch (1938)

Ein für die Prägung der strafrechtlichen Fronten der Zeit äußerst wichtiger Autor begegnet dem Forscher in *Radbruch*, dessen zeitgenössische Arbeiten bereits oben, bei der Darstellung der rechtsextremen Position erwähnt wurden. *Radbruch* hatte, wie bekannt, von 1921 bis 1922 und dann wiederum 1923 das Amt des Reichsjustizministers inne. Zahlreiche Äußerungen von rechtsextremen Autoren lassen sich als eine nicht näher durch Stellenangaben aus dem Opus *Radbruchs* belegte Ausbildung einer Gegenfront zu *Radbruch* begreifen. So korreliert etwa der Hinweis von *Dahm* und *Schaffstein*, dass es sich bei dem Sozialismus um eine Form des Individualismus handelt, mit *Radbruchs* bereits 1908/09 erfolgten Ausführungen zum

188 *A. Schwarzschild*, a.a.O. (1933), S. 9.

189 *A. Schwarzschild*, a.a.O. (1933), S. 9.

190 *A. Schwarzschild*, a.a.O. (1933), S. 1.

191 Vgl. für beide Aspekte bei *A. Schwarzschild*, a.a.O. (1933), bereits S. 5 f.

192 *A. Schwarzschild*, a.a.O. (1933), S. 7.

193 *A. Schwarzschild*, a.a.O. (1933), S. 6.

194 *A. Schwarzschild*, a.a.O. (1933), S. 10.

Thema Sozialismus und Strafrechtsreform.[195] Die staats-kultischen Züge des Strafrechtsverständnisses, in welchen das Strafrecht vornehmlich als Mittel der Machtdemonstration eingesetzt wird, fügen sich in die bereits 1908/09 von *Radbruch* als Idealtypus kritisierte „konservative" Lehre von einem überindividualistischen Etatismus ein, in dem die Strafrechtspflege als „staatliches Sakrament" zur „Bewährung der Herrlichkeit des Staates im Leiden des Empörers" eingesetzt werde.[196] Neben den am Anfang der 1930er Jahre erschienenen Aufsätzen „Die Geistesgeschichtliche Lage der Strafrechtsreform", „Strafrechtsreform und Nationalsozialismus", „Autoritäres oder soziales Strafrecht",[197] hat vor allem die bedrückende Diskussion zwischen *Radbruch* und anderen Teilnehmern auf der letzten, Frankfurter Tagung der IKV (12.–13.09.1932) einen hohen Wert für die Erkundung darüber, wie sich der Diskurs entwickelt hat.[198]

Bekannt in der Liszt-Forschung ist vor allem *Radbruchs* Darstellung „Franz v. Liszt – Anlage und Umwelt", die 1938 als Teil seiner „Elegantiae Juris Criminalis" erschien.[199] Bezeichnend für das literarische Klima in Deutschland dieser Zeit ist, dass die Sammlung „Elegantiae", ähnlich wie die Liszt-freundlichen Aufsätze von *Wedel* und *Baumgarten*, in der Schweiz veröffentlicht wurde. Die Zwiespältigkeitsthese wird in der Darstellung von *Radbruch* in einem selbstständigen Gedankengang fortgeführt. Im Urteil *Radbruchs* war *Liszt* „in seinen ganzen rechtspolitischen Gedanken an Zweckgedanken orientiert" gewesen. Andererseits war er in „seiner Dogmatik oft so unteleologisch"; dort stelle er „immer wieder den Begriff dem Menschen gegenüber" und bisweilen verfalle er „in die reinste Begriffsjuris-

---

[195] *G. Radbruch*, a.a.O. (1908/09), Gesamtausgabe 9, S. 166; vgl. noch *ders.*, a.a.O. (1933), Gesamtausgabe, Bd. 8, S. 237.

[196] *G. Radbruch*, a.a.O. (1908/09), S. 161 f. Vid. *U. Neumann*, a.a.O. (2004), S. 432. Vgl. noch *Radbruch*, Grundzüge der Rechtsphilosophie, 1. Aufl. 1914, S. 127.

[197] *G. Radbruch*, Die Geistesgeschichtliche Lage der Strafrechtsreform (1932), Gesamtausgabe, Bd. 9, 323; Strafrechtsreform und Nationalsozialismus (1933), Gesamtausgabe, Bd. 9, 331; Autoritäres oder soziales Strafrecht (1933), Gesamtausgabe, Bd. 8, 236.

[198] Vgl. Mitteilungen der IKV, n.F. Bd. 6 (1933), S. 145 ff., mit Berichten von *Kohlrausch* und *Graf Gleispach* zur Strafrechtsreform, sowie anschließender Diskussion u.a. zwischen *Eb. Schmidt, Radbruch, Engisch, Wolf, Schaffstein. K. Marxen*, a.a.O. (1975), S. 91 ff.; *E. Bellmann*, Die IKV, 1994, S. 182 ff.; *D. Mayenburg*, Kriminologie und Strafrecht zwischen Kaiserreich und Nationalsozialismus, 2006, S. 389 ff.; *S. Gräfin von Hardenberg*, Eberhard Schmidt (1891–1977), 2008, S. 199 ff., 364 ff.; *T. Stäcker*, a.a.O. (2012), S. 105 f., 134 f.; *A. Koch*, „v. Liszt-Schule" – Personen, Institutionen, Gegner, in: A. Koch/M. Löhnig (Hrsg.), Die Schule Franz von Liszts, 2016, S. 28 f. Vgl. noch die Ereignisse am 11. Internationalen Strafrechts- und Gefängniskongress in Berlin 1935 (etwa: *G. H. C. Bing*, The International Penal and Penitentiary Congress, Berlin 1935, Howard Journal 4 (1935), 195; Comment on the Berlin Congress, Journal of Criminal Law and Criminology 26 (1936), 786; *S. Freitag*, Kriminologie in der Zivilgesellschaft, 2014, S. 271 ff.).

[199] *G. Radbruch*, Franz v. Liszt – Anlage und Umwelt, in seiner Gesamtausgabe, Bd. 16, 27. Elegantiae juris criminalis: Sieben Studien zur Geschichte des Strafrechts, 1. Aufl. 1938 (Basel), 2. Aufl. 1950.

prudenz".[200] Der inkonsequente und lebensfremde Charakter von *Liszts* Verbrechenslehre wird, anders als bei *Schwarzschild*, bei *Radbruch* nicht entscheidend mit einer vorkritischen, kategorialen Aufarbeitung, sondern mit der Rechtssicherheit, und damit mit der Tendenz einer Bevorzugung der objektiven vor den subjektiven Kriterien, in Verbindung gebracht.[201] Diese Deutung hatte mit auffallenden Missverständnissen nach dem Zweiten Weltkrieg wesentlich die Darstellungen bei *Eb. Schmidt* geprägt (Punkt A. im 10. Kapitel).

Neben der Zwiespältigkeit bildet die Anlage-Umwelt-Problematik einen weiteren zentralen Topos in *Radbruchs* Aufsatz. Dieser Schwerpunkt lässt sich nur teilweise anhand der Prominenz des Themas in *Liszts* Werk erklären, wo es in der Regel mit anderen Begriffen behandelt wird (vgl. Punkt A.III.2. im 4. Kapitel). Vielmehr ist das Aufgreifen der Schlagwörter „Anlage" und „Umwelt" bei *Radbruch* als Antwort auf die Tendenz im nationalsozialistischen Schrifttum zu deuten, entweder einseitig die Anlage hervorzuheben oder die Bedeutung der Umweltaspekte, die für *Liszt* wichtig waren, aktiv zu leugnen.[202] Insofern stellt *Radbruchs* Aufsatz keine abstrakte Darstellung von *Liszts* Werdegang dar, wie er später in der Literatur aufgenommen wurde, sondern eine engagierte Stellungnahme gegen die literarischen Neuheiten der Zeit. Etwas ungewöhnlich erscheint, wegen *Radbruchs* Nähe zum Neukantianismus, eine nicht stringente Verwendung des Wortes „Naturalismus", obwohl ein Versuch der begrifflichen Klärung nicht fehlt.[203] Das Wort wird bei *Radbruch* in drei unterschiedlichen Bedeutungen verwendet: es wird auf den „Naturalismus" in der Kunst verwiesen,[204] was eine dunkle Parallele ist; es wird der „Naturalismus" im Sinne der Übertragung der „in den Naturwissenschaften ausgebildeten Methode in Geistes- und Gesellschaftswissenschaft" diskutiert;[205] und es wird schließlich der „Naturalismus" als Kürzel für eine kulturlose, nur auf die Natur ausgerichtete Er-

---

[200] *G. Radbruch*, a.a.O. (1938), Gesamtausgabe, Bd. 16, S. 47.

[201] *G. Radbruch*, a.a.O. (1938), Gesamtausgabe, Bd. 16, S. 47 f. Vgl. bereits *seine* Besprechung des Lisztschen Lehrbuchs, in der Deutschen Literaturzeitung 1919, S. 685, Gesamtausgabe Bd. 7, S. 253.

[202] Neben den oben mitgeteilten Ausführungen von *Günther*, vgl. noch die in den geistesgeschichtlichen Erörterungen erfolgten, verhältnismäßig subtileren aber unzweifelhaft anlagefreundlichen Ausführungen von *Dahm/Schaffstein*, a.a.O. (1933), S. 17 f.; *H. Specht*, Das Strafzweck bei Feuerbach und Liszt und die strafrechtliche Lage der Gegenwart, 1933, S. 52 f. und *H. Welzel*, a.a.O. (1935), S. 30 f., 72, 77. Ein Klassiker der Anlage-Befürwortung war *H. Nicolai*, Die rassengesetzliche Rechtslehre, 1932, S. 41 ff. Für *Radbruchs* Stellungnahme zur nationalsozialistischen Anlage-Wende vgl. die ebenso oben, in den Ausführungen zu *Günther*, mitgeteilten Stellen. Veraltet und ideologisch gefärbt, aber im historischen Detail für die Entwicklung vor 1933 unübertroffen ist die Studie von *J. Nagler*, a.a.O. (1933), 409.

[203] *G. Radbruch*, a.a.O. (1938), Gesamtausgabe, Bd. 16, S. 33 ff., 38 ff.

[204] *G. Radbruch*, a.a.O. (1938), Gesamtausgabe, Bd. 16, S. 34.

[205] *G. Radbruch*, a.a.O. (1938), Gesamtausgabe, Bd. 16, S. 38.

klärung des Verhaltens von Menschen eingesetzt, das, wie bei *Lombroso*, nur durch den Anlage-Aspekt bestimmt ist.[206]

Der Aufsatz enthält in wichtigen Punkten viele apodiktisch vorgetragene Sätze, denen jedoch ein spekulativer Charakter schwer aberkannt werden kann. Das betrifft sowohl die Schilderung der geistesgeschichtlichen Zustände in Deutschland um 1870 als auch eine, aus der Sicht der hier im ersten Teil der Untersuchung vorgenommenen Analyse, willkürliche Gleichsetzung des Liszt'schen Zweckgedankens mit *Jherings* Zweckbegriff.[207] Man beachte ferner noch eine psychologisierend-charakterologisierende Tendenz bei der Schilderung und Erklärung von *Liszts* Stellungnahmen („Lessingischer Geist", „guter Redner" usw.).[208] Diesen Einsichten in *Liszts* Persönlichkeit wurden später, besonders bei Jubiläen, oft hohe Achtung geschenkt. Es handelt sich aber offenbar um eng mit dem Charakter der Veröffentlichung zusammenhängende Stimmungsäußerungen, die keine förderlichen Punkte für die wissenschaftliche Diskussion aufgeworfen haben.

Der psychologisierende Ansatz stellt im Grunde eine theoretische Gegenposition zu jenen Ansätzen dar, die mehr Gewicht auf die Interaktion, auf die kulturellen und im Umfeld zusammengewachsenen Einstellungen und verbreiteten Betätigungsmuster legen. Heute lässt sich nicht leicht erschließen, wieso *Radbruch* in seinem Aufsatz, anscheinend widersprüchlich, die Bedeutung des Umwelt-Gedankens mit einer Schilderung des Werks eines Autors verteidigt hat, dessen Tätigkeit und Einstellungen maßgeblich als Produkte einer besonderen *Veranlagung* oder eines jenseits der Interaktion festgesetzten „Geistes" hingestellt werden. Dass *Radbruch* selbst darin keine Inkonsequenz und kein historisches Unrecht gegenüber *Liszt* sah, dürfte ein weiter Nachweis dafür sein, dass auch *Liszt* bei der individuellen Schilderung der Täterpersönlichkeit und überhaupt bei der Analyse von Lebensbetätigungen der Menschen, von der Berechtigung eines *psychologischen* Ansatzes ausging, während er erst für die Makroebene und Makrountersuchungen im heutigen Sinne die soziologischen Deutungsmuster herangezogen hat (Punkt A.III.2. und B.II. im 4. Kapitel).

Ähnlich wie *Gallas* hatte auch *Radbruch* energisch den Standpunkt vertreten, dass es bei *Liszt* nicht um eine Milderung des Eingreifens ging, sondern um eine konsequente allgemeine Milderung des Strafrechts („Humanisierung"), dort wo sie angebracht ist und zugleich um eine Schärfung in Bereichen, wo ein energisches Eingreifen notwendig ist. Bei *Radbruch* wird dieser Standpunkt mit der Wendung auf den Punkt gebracht, dass es bei *Liszt* nicht um eine Humanisierung an sich, sondern

---

[206] *G. Radbruch*, a.a.O. (1938), Gesamtausgabe, Bd. 16, S. 38. In dieser Bedeutung könnte sich der Sprachgebrauch an die Polemik aus 1890er anlehnen, vgl. *O. Mittelstädt*, a.a.O. (1892), Teil 1, S. 242.

[207] *G. Radbruch*, a.a.O. (1938), Gesamtausgabe, Bd. 16, S. 33, 39, 42.

[208] Vgl. *G. Radbruch*, a.a.O. (1938), Gesamtausgabe, Bd. 16, S. 30 ff. Die Großzahl von Eigenschaften und Bewertungen, die sich in dieser Schilderung auf *Liszt* beziehen erinnern an *Liszts* eigene Darstellungen über *Ferdinand Klein* (AuV I, Nr. 13) und *van Hamel* (ZStW 38 (1917), S. 553 ff.).

allgemein um eine Rationalisierung des Strafrechts gehe.[209] Die Forderungen der Rationalisierung können jeweils nach Verhältnis zum vorgefundenen Zustand als Humanisierung, Milderung, Verschärfung, Intensivierung u. Ä. erscheinen. In „Anlage und Umwelt" wird dieser Standpunkt unter dem Hinweis auf den „Kampf gegen Sinnlosigkeit, Vorurteil und Schwerfälligkeit" weiter erörtert:

> „Liszts Kampf für ein neues Strafrecht war wie die strafrechtliche Reformbewegung des Zeitalters der Aufklärung ein Kampf gegen Sinnlosigkeit, Vorurteil und Schwerfälligkeit (was alles dasselbe unter verschiedenen Aspekten ist) und nur, indem er sich damit notwendig auch gegen zweck- und nutzlose Härte wendete, mittelbar zugleich ein Kampf für Humanität."[210]

F. Der „Neoklassizismus" in H. Mayers „Das Strafrecht des deutschen Volkes" (1936)

Eine besondere Berücksichtigung verdienen die Ausführungen von *Hellmuth Mayer* aus dem Jahr 1936, der nicht zu einem negativ-generalpräventiv ausgerichteten, sondern zu einem von *Liszt* bekämpften *Vergeltungsstrafrecht* zurück wollte.[211] Dieses hätte jedoch eine teils soziologisch, teils metaphysisch-völkisch begründete generalpräventive Funktion zu übernehmen. Die unmittelbare Auseinandersetzung mit *Liszt* tritt im Vergleich mit den strafrechtlichen Schriften der Zeit, die oben behandelt wurden, vollständig zugunsten einer Polemik in der Sache zurück, was nicht zuletzt auch in der Überzeugung *Mayers* begründet ist, dass eine geistesgeschichtliche Aufarbeitung, die nur Antithesen kennt, verfehlt ist.[212] Auf diesem Boden wird die in der Zeit etablierte „pars pro toto"-Handhabung relativiert und die modernistischen Reformforderungen werden in einem differenzierten Spektrum der Kontexte beurteilt, in welchen Aufklärung und Materialismus nur einige und keine ausschließlichen Größen sind.[213] Namentlich wird *Liszts* Dogmatik als ein auf dem idealistischen Boden gewachsenes Phänomen beurteilt.[214]

---

[209] *G. Radbruch*, a.a.O. (1932), Gesamtausgabe, Bd. 9, S. 324 ff.; *ders.*, a.a.O. (1933), Gesamtausgabe, Bd. 8, S. 230 f. *G. Simson*, Einführung in die Kriminalgesetzgebung Schwedens, in: Das schwedische Kriminalgesetzbuch vom 21. Dezember 1962, 1976, S. 32 („*Liszt* hat seine kriminalpolitischen Postulate nie humanitär, sondern stets utilitaristisch und rationalistisch begründet"). Dieser Akzent kann Licht auf den Umstand werfen, dass für *Radbruch* eine Nähe zwischen *Feuerbach* und *Liszt* bestand (*G. Radbruch*, Franz von Liszt, Gesamtausgabe, Bd. 16, S. 25 f.; Einführung in die Rechtswissenschaft, 3. Aufl. 1919, Vorwort). Vgl. für den Topos von *Feuerbachs* Kampf gegen die „principlose Milde": *C. J. A. Mittermaier*, Feuerbach, in Bluntschlis Staatslexikon, Bd. 3, 1858, S. 508.

[210] *G. Radbruch*, a.a.O. (1938), Gesamtausgabe, Bd. 16, S. 43.

[211] *H. Mayer*, Strafrecht des deutschen Volkes, 1936.

[212] *H. Mayer*, a.a.O. (1936), S. 11 ff., 16, 46.

[213] Vgl. *H. Mayer*, a.a.O. (1936), S. 13 ff., S. 13 („Neuaufklärung"). Zum letzteren Topos vgl. auch *J. Nagler*, a.a.O. (1933), S. 412 f., 446 („Renaissance der Aufklärung") und Punkt B. im 8. Kapitel.

Trotz *Mayers* Überzeugung, dass es bei seinen Darlegungen über den Strafzweck nicht um Metaphysik geht, sind seine Ausführungen über die „Möglichkeit zu einem Volke“ im Wesentlichen metaphysisch und allein mit dubiosem anthropologisch-ethnologischem und historischem Schrifttum belegt. Die wesentliche Voraussetzung des Volkes sei eine Landschaft, in „welcher ein einheitliches völkisches Leben sich entfalten kann“.[215] Die „Blutgemeinschaft der Bevölkerung“, muss „hinreichend artverwandt sein“, damit sich überhaupt „eine tiefere Gemeinschaft des Verstehens bilden kann“.[216] Gerade auf die „deutsche Volkwerdung“ trifft das Urteil zu, dass sie ein „naturhaftes Wachstum geistiger Welt und der staatlichen Willensbildung“ aus den „gegebenen biologischen Anlagen“ war.[217] Die Figur vom „Volksgeist“ wird von verschiedenen angeblichen Missverständnissen gereinigt, und es findet ein Durchbruch zu einem neuen Modell statt, in welchem „der Geist in diesem Sinne das Blut in sich begreift.“[218] Die begrifflich so vorbereitete (Über)Bewertung des Volkes ist die entscheidende Voraussetzung, um zu verstehen, auf welchem gedanklichen Weg *Mayer* zur Verwerfung der positiven Spezialprävention und zum Fokussieren auf die generalpräventiven Effekte kommt. Das Volk ist als „übergreifende Einheit“ nicht dazu da, um in der Gestalt der „Geschlechterfolgen“ glücklich zu sein, sondern dazu, um als Einheit „seine geschichtliche Bestimmung zu erfüllen“.[219] Deswegen kann das Strafrecht „nicht als Schutzeinrichtung zugunsten individueller Interesse gedacht werden“.[220]

Während für die Postulierung der im Buch zugrunde gelegten nationalsozialistischen Grundprogrammatik die geschichtsphilosophische Plausibilität, und nicht eine empirische Fundiertheit, relevant ist,[221] wird, insoweit umgekehrt, die Theorie der Spezialprävention, für welche in der Diskussion der 1930er Jahre *Liszts* Konzept steht, mit einem Set an Hinweisen (Überzeugungen) zur *empirischen Wirkung* spezialpräventiver Maßnahmen kritisiert. Die (positive) Spezialprävention könne nie „der wesentliche Zweck des Strafrechts“ sein und zwar „weil spezialpräventive Möglichkeiten praktisch nur in ganz geringem Umfange bestehen“.[222] Im Einzelnen stößt man bei seinen empirischen Argumenten, neben der Verwendung der Rückfallstatistik, im Wesentlichen auf die alten empirischen Topoi der Modernen Schule, die jedoch bei *Mayer* nicht *für*, sondern *gegen* die Forderungen, die einst die Reformbewegung aufgestellt hat, verwendet werden. *Mayer* verfährt insoweit ganz

214 *H. Mayer*, a.a.O. (1936), S. 16.

215 *H. Mayer*, a.a.O. (1936), S. 3.

216 *H. Mayer*, a.a.O. (1936), S. 3.

217 *H. Mayer*, a.a.O. (1936), S. 3.

218 *H. Mayer*, a.a.O. (1936), S. 3.

219 *H. Mayer*, a.a.O. (1936), S. 9.

220 *H. Mayer*, a.a.O. (1936), S. 9.

221 Für zahlreiche Hinweise auf *Hegel* bei *Meyer* vgl. a.a.O., Vorwort, S. VI, S. 3, 8, 14, 51.

222 *H. Mayer*, a.a.O. (1936), S. 18, 18 ff.

anders als *Welzel*. Während *Welzel* die Funde älterer Wissenschaft delegitimiert, versucht *Mayer* sie für ein neues Anliegen in Anspruch zu nehmen.

Man beachte die zuletzt genannte, interessante Erscheinung in dem folgenden Punkt: Die Freiheitsstrafe „verschlechtert die soziale Lage" des Sträflings in „durchschnittlich unheilbarer" Weise.[223] Während das für die alte Gefängniskunde und die Reformbewegung noch der Hinweis dafür war, dass die Freiheitsstrafe anders gestaltet oder durch klügere spezialpräventive Maßnahmen ersetzt werden sollte, beweist der Befund der Schädlichkeit für *Mayer* die *Unmöglichkeit* der Spezialprävention und die Notwendigkeit, einen anderen Zweck der Freiheitsstrafe zu bestimmen.[224] Oder man beachte ein weiteres Beispiel: Die Mehrzahl der Menschen sei „nach Ablauf der eigentlichen Jugendzeit erzieherischen Einwirkungen nicht mehr zugänglich".[225] Es sei „ein biologisches Gesetz", dass der erwachsene Mensch die „Bildsamkeit der Anlage verliert".[226] Aus diesem Befund leitet *Mayer* nicht etwa die Forderung eines besonders kostenintensiv gestalteten Jugendstrafrechts ab, sondern er verwendet ihn in seiner empirischen Argumentation als den Nachweis für die Unmöglichkeit der Spezialprävention im Erwachsenenstrafrecht.[227]

Die Folgerung von verschiedenen Forderungen, ja eines ganz anderen kriminalpolitischen Programms, aus gleichen oder verwandten empirischen Einwänden, stimmt bei *Mayer* mit dem Umstand überein, dass er vornehmlich mit *Mehrheits-* und *Durchschnittsfunden* arbeitet. Die Frage der „Möglichkeit der Spezialprävention" wird bei ihm anhand von sprachlich-begrifflichen Figuren wie „die Mehrzahl der Menschen", „durchschnittlich unheilbar", „praktisch nur in ganz geringem Umfange" aufgegriffen. Es wird nirgendwo im Text behauptet, dass die positiv-spezialpräventiven Maßnahmen in keinem Einzelfall wirken. Jedoch erscheint bei *Mayer* der Täter nicht als Träger eines gesellschaftlichen Anspruches auf eine effiziente Maßnahme, sondern als wertloses Individuum eines Kollektives, weswegen auch die Entscheidungen nicht von einer – vielleicht doch vorhandenen – Möglichkeit der individuellen Einwirkung im Sinne der Besserung abhängig gemacht werden sollen, sondern das Strafrecht nach den Vor- und Nachteilen des Kollektivs abgemessen wird. Das verdeutlicht wiederum, dass sich die Komplexe der „Menschenrechte" oder des gesellschaftlichen Vertrages sich gegenseitig mit dem Komplex der Spezialprävention anziehen, und dass die kriminalpolitische Programmatik der 1930er Jahre erst dann möglich war, als man die Notwendigkeit jenes politischen Standpunkts verworfen hat, der in *Liszts* Strafrechtswissenschaft vorausgesetzt war.

Die positive Generalprävention biete sich als die eigentlich sinnvolle Funktion der Strafe im Staat an. In Bezug auf sie werden jedoch nicht die eigentlich modernen Argumente der Psychologie oder Erfahrungen aus der Praxis dargeboten. Im Mit-

---

223 *H. Mayer*, a.a.O. (1936), S. 19.

224 *H. Mayer*, a.a.O. (1936), S. 18 ff.

225 *H. Mayer*, a.a.O. (1936), S. 19.

226 *H. Mayer*, a.a.O. (1936), 20.

227 *H. Mayer*, a.a.O. (1936), 20.

telpunkt dieses Konzeptes stehen die Strafe als „Unwerturteil“,[228] ein „Vergeltungsstrafrecht“, das „als Propaganda der Tat das Verbrechen mit einer Tabuvorstellung belegt“.[229] Dadurch erscheint das Strafrecht, wie es am Anfang des Buchs heißt, auch als „Mittel der Volkwerdung“.[230] Die Generalprävention wird jedoch bei *Mayer* als der Haupteffekt eines als Vergeltungsstrafrecht vorgestellten Interventionsmechanismus aufgefasst. Dieses Vergeltungsstrafrecht bleibt aber im Text im Vergleich mit anderen Ausführungen ungewöhnlich unbegründet. Die klassische Kritik an der Vergeltungsstrafe wird durch einen ad-hoc-Übergang in den politischen Diskurs, in dessen Mittelpunkt die „Berechtigung“ steht, zur Seite geschoben:[231]

> „Der Staat ist jedenfalls dann berechtigt, eine hervorragend nützliche Einrichtung [die Vergeltungsstrafe] beizubehalten und wieder stärker auszubauen, wenn nicht nur die große religiöse, sondern ebenso die große profane Philosophie unseres Volkes von Kant bis Hegel die Vergeltungsstrafe als sittlich berechtigt ja notwendig darstellt.“[232]

Mayer ist für die Liszt-Forschung ein sehr wichtiger Autor, weil er auch in den 1960er Jahren, in seinem Buch „Kriminalpolitik für heute und morgen“ sein kriminalpolitisches Konzept stark gegen *Liszt* ausgerichtet hat (11. Kapitel). Seine Position ist außerdem wesentlich für das Verständnis des Anliegens und die Struktur der radikalen Liszt-Kritik seit den 1980er Jahren (14. Kapitel). Zwar baut diese Kritik nicht belegmäßig auf *Mayer* auf, sie teilt aber das oben im Zitat sichtbare mystische Verhältnis zu *Kant* und zum deutschen Idealismus, die für sie als abstrakte Autoritätsgrößen Geltung beanspruchen, und nicht als bloße Teilnehmer einer offenen wissenschaftlichen Entwicklung verstanden werden. Auch *Liszt* selbst erhält in der radikalen Kritik seit den 1980er Jahren eine ähnliche Würdigung als eine schöpferische Oberautorität, die allein in sich und für sich begriffen werden kann. Es besteht eine Kontinuität der Zuneigung für die phänomenologische Aufarbeitung. Schließlich wird man noch feststellen dürfen, dass die äußerst geschichtsphilosophisch geprägten Bemühungen der radikalen Liszt-Kritik seit den 1980er Jahren sich im Wesentlichen aus dem Umstand herleiten, dass diese Kritik übersehen hat, dass die älteren Autoren, wie *Welzel* und *Mayer*, Positivismus und Aufklärung als geistesgeschichtliche Einheit verstehen.

---

[228] *H. Mayer*, a.a.O. (1936), S. 33.

[229] *H. Mayer*, a.a.O. (1936), S. 34.

[230] *H. Mayer*, a.a.O. (1936), S. 4.

[231] *H. Mayer*, a.a.O. (1936), S. 51.

[232] *H. Mayer*, a.a.O. (1936), S. 51.

G. Weitere Schriften der „Liszt-Gegner“ und „Liszt-Freunde“

I. Wedel (1933)

In einem in der Schweiz 1933 veröffentlichten Aufsatz bemühte sich *Wedel*, *Liszt* als Überwinder des „strafrechtlichen Positivismus“ darzustellen.[233] Für diese Perspektive finden sich Vorläufer bereits im Nachruf-Schriftum, bei *Hurwicz*.[234] Die Ausführungen beziehen sich hauptsächlich auf die Kritik, die *Liszt* durch *Birkmeyer* am Anfang des 20. Jahrhunderts erfahren hat. Es wird ein Zwiespalt in *Liszts* Werk festgestellt: durchgesetzt hatte sich im Urteil von *Wedel* in Lehre und Praxis „Liszts Grundhaltung zu Recht und Strafe“, nicht aber seine „naturalistische Fassung der Begriffe“.[235] Hervorgehoben wird die Abhängigkeit des richtigen Rechts von realen Umständen: „Für Liszt ist Recht nicht nur eine ideale Beziehung von Tatbestand und Rechtserfolg, von Normen zueinander, die in ihrer logischen Folge begriffen werden wollen. (...) Liszt geht für die Bewertung von Recht und Strafe von den Folgen, den Wirkungen aus. Auf seine verursachende, tatsächlich wirkende Kraft wird Recht von ihm befragt, aus dieser Kraft wird es gerechtfertigt.“[236]

Der Listz'schen Rechtsauffassung entspricht gemäß dieser Gegenüberstellung das Verständnis, dass das Recht „eine tatsächlich wirkende Kraft“ ist, die als solche „immer teleologisch begriffen werden kann“.[237] Nicht „reine Normlogik“, sondern „zweckhaftes Denken ist ihre Methode“.[238] Die möglichen Wurzeln dieser Auffassung werden bei *Wedel* nicht thematisiert, was nicht etwa mit einer praktischen Begrenzung seiner Ausführungen zusammenhängt. Vielmehr kommt hier wiederum die Grundprämisse der Zeit zum Ausdruck, dass es sich bei *Liszts* Ansatz um eine Pionierleistung (ohne Wurzeln) handle. In dieser Betrachtung ist der rechtswissenschaftliche Positivismus eine alte und ewige Erscheinung, die erst im späten 19. Jahrhundert und insbesondere durch die avantgardistischen Richtungen des 20. Jahrhunderts in einem damals nicht abgeschlossenen Prozess langsam abgelöst wurde. Deswegen kommt als Einflussgröße auch nach *Wedel* höchstens *Jhering* in Betracht.[239]

---

[233] *H. Wedel*, Franz v. Liszts geschichtliche Bedeutung als Überwinder des strafrechtlichen Positivismus, SchwZStR 47 (1933), 324.

[234] *E. Hurwicz*, a.a.O. (1919), S. 80.

[235] *H. Wedel*, a.a.O. (1933), S. 338f.

[236] *H. Wedel*, a.a.O. (1933), S. 331.

[237] *H. Wedel*, a.a.O. (1933), S. 332.

[238] *H. Wedel*, a.a.O. (1933), S. 336.

[239] Vgl. *H. Wedel*, a.a.O. (1933), S. 329ff.

II. Specht (1933)

Ein Bündel interessanter Äußerungen findet sich in der von *Eb. Schmidt* betreuten Dissertation *Spechts* über den „Strafzweck bei Feuerbach und Liszt" aus dem Jahr 1933.[240] *Specht* ist, wie es scheint, der einzige nationalsozialistisch orientierte Autor, der für die eigene und die nationalsozialistische Auffassung *Liszt* positiv in Anspruch nimmt. Er konstituiert die These, dass sich das Denken *Feuerbachs* durch einen besonderen „Liberalismus" auszeichnet, dessen Ablösung sich dann bei *Liszt* allmählich anzudeuten begann, „um in der Weltanschauung des Nationalsozialismus endlich ihren charakteristischen Niederschlag zu finden".[241] Diese interessante Gegenüberstellung von *Feuerbach* und *Liszt* wurde erst auf einer äußersten Abstraktionsstufe möglich, in welcher der „Liberalismus" mit einer Sichtweise gleichgesetzt wird, die den Bürger nur logisch als ein Element des Sozialvertrags sieht und jeden Unterschied zwischen den Individuen leugnet. *Liszt* steht in dieser Gegenüberstellung auf der anderen Seite der Entwicklung, die den Menschen „in der Wirklichkeit des täglichen Lebens", also als einen empirischen Akteur zu sehen begann.[242] Unter Berücksichtigung dieses besonderen Inhalts der Gegenüberstellung ist bei den Ausführungen von *Specht* nur das Schlagwort „Liberalismus" in einer besonderen Bedeutung neu, während in der Sache keine neue Feststellung vorliegt.

Ein weiterer Umstand, aus dem sich die grundsätzliche These über die Kompatibilität der Liszt'schen Auffassungen mit dem Nationalsozialismus bei *Specht* speist, ist sein eingeschränktes und eigenwilliges Verständnis des Wesens des Nationalsozialismus. Nach *Spechts* Ansicht steht der Nationalsozialismus zwar dem Konzept eines totalitären Staats nahe, darf aber nicht im Sinne des Kollektivismus verstanden werden. Nationalsozialismus erkenne, so war *Specht* überzeugt, den „nulla poena sine lege"-Satz aus dem Inneren seiner Ideologie nicht weniger als *Liszt* an.[243] Die „Rechtsstaatlichkeit" und die „Erhaltung des eigentlichen Strafrechts" entsprächen, im Konzept von *Specht*, unmittelbar dem „Wesen des Nationalsozialismus".[244] Die Liszt-Forschung muss mitberücksichtigen, dass sich bei *Specht* der Versuch, Nationalsozialismus und *Liszt* als nahe Erscheinungen zu betrachten, aus Erwartungen und Verständnissen des Nationalsozialismus ableitet, die ihm als geschichtlichem Modell nicht zukommen können. Erst von diesem besonderen Verständnis aus konnte sich bei *Specht*, umgekehrt als in der üblichen rechtsextremen

240 *H. Specht*, Der Strafzweck bei Feuerbach und Liszt und die strafrechtliche Lage der Gegenwart, 1933.

241 *H. Specht*, a.a.O. (1933), S. 25.

242 Vid. *H. Specht*, a.a.O. (1933), S. 25, 17 ff., 40 ff., 57 f. Die Grundlegung für diese Abstraktion findet sich in Ausführungen zu *Radbruchs* Idealtypen des Liberalismus und Sozialismus in seiner Rechtsphilosophie, 3. Aufl. 1932, S. 58 ff., 122 ff. *U. Neumann*, a.a.O. (2004), S. 434 f. Vgl. noch *G. Radbruch*, Sozialismus und Strafrechtsreform (1927), Gesamtausgabe, Bd. 9, S. 270 ff.; *ders.*, a.a.O. (1932), Gesamtausgabe, Bd. 9, S. 324 f.; *ders.*, a.a.O. (1933), Gesamtausgabe, Bd. 8, S. 229 f.

243 *H. Specht*, a.a.O. (1933), S. 42.

244 *H. Specht*, a.a.O. (1933), S. 53.

Literatur, das Urteil ergeben, dass *Liszts* Grundgedanken dazu berufen sind auch das „Strafrecht der Zukunft" des Nationalsozialismus zu bestimmen.

III. Knetsch (1936); Krüger (1936)

Die Studie von *Knetsch*, „Die Täterpersönlichkeit bei Franz v. Liszt und im kommenden Strafrecht", bringt keine neuen Aspekte ans Licht.[245] Sie kann als ein wichtiges Beispiel dafür genommen werden, dass sich bereits unmittelbar nach 1935 der Positivismus-Topos zu einem integralen Bestandteil des wissenschaftlichen Bewusstseins verfestigt hat. Er kommt bei *Knetsch* ohne eingehende Erörterung im Zusammenhang mit der Entwicklung von freiheitlichen Staaten vor.[246] *Liszts* krimanalpolitische Richtung wird durch die Wendung auf den Begriff gebracht, dass es sich um Verwendung der kriminologischen Lehren unter rechtsstaatlichen Beschränkungen gehandelt habe.[247] Damit ist auch im Kreise der *Liszt* nicht zugeneigten Schriftsteller anerkannt worden, dass in *Liszts* Strafrecht nicht eine Inkonsequenz zu sehen ist, sondern eine Überlagerung einer Problemebene durch eine weitere Wertungsstufe. Man beachte diesbezüglich noch die im gleichen Jahre erschienene Darstellung der inneren Logik des Zweckgedankens von *Krüger*.[248] *Liszt* wird bei *Knetsch* als Kriminologe stilisiert, indem in seiner Untersuchung von den „Ergebnissen" von *Liszts* „kriminologischer Forschung" gesprochen wird.[249]

IV. Baumgarten (1937)

Eine ähnliche Richtung der Bewertung wie bei *Wedel* findet sich 1937 bei *Baumgarten*, der vor dem schweizerischen Exil auch die Dissertation von *Schwarzschild* in Frankfurt betreute.[250] *Baumgarten*, ein Liszt-Schüler, suchte im Sachverhalt, welcher in *Welzels* Buch als schroffer Positivismus gedeutet wurde, vor allem eine Reaktion von *Liszt* gegen den Hegelianismus in der Strafrechtswissenschaft zu sehen. *Liszt* stehe in der Tradition der Aufklärung, die kriminalpolitischen Reformforderungen seien an sich nicht neu, aber neu sei bei *Liszt* die „empiristische Methode".[251] Die Behauptung einer Neuheit ist angesichts der Entwicklung im 18. Jahrhundert und im Strafrecht des Vormärzes zwar nicht zutreffend. Sie ent-

---

245 *O. Knetsch*, Die Täterpersönlichkeit bei Franz von Liszt und im kommenden Strafrecht, 1936.

246 *O. Knetsch*, a.a.O. (1936), S. 49.

247 *O. Knetsch*, a.a.O. (1936), S. 16.

248 *H. Krüger*, Rechtsgedanke und Rechtstechnik im liberalen Strafrecht, ZStW 55 (1936), S. 107 ff. (rechtsstaatliche Forderungen finden im System von *Liszt* ihren „natürlichen Platz").

249 *O. Knetsch*, a.a.O. (1936), S. 17.

250 *A. Baumgarten*, Die Lisztsche Strafrechtsschule und ihre Bedeutung für die Gegenwart, SchwZStR 51 (1937), 1.

251 *A. Baumgarten*, a.a.O. (1937), S. 4 f.

spricht aber der Vorstellung von der Vergangenheit der Strafrechtspflege und Strafrechtswissenschaft, die damals herrschend war und die auch Raum für die Konstruktion einer „Pionierrolle" *Liszts* zuließ. Die Schrift ist in jenem Teil komplementär mit den Ausführungen *Wedels*, in welchem sie, in etwas breiterem philosophiegeschichtlichen Zusammenhang, die Bedeutung der Erforschung der „Ursachen und Erscheinungsformen des Verbrechens sowie der verschiedenen Strafmittel und ihrer Wirkungen auf den Sträfling" für die Ausbildung der praktischen Forderungen, hervorhebt.[252] Die auf dem Boden solcher Feststellungen (vgl. oben Darstellung zu *Knetsch*) erwachsene Vorstellung, dass *Liszt* tatsächlich als empirischer Forscher und Kriminologe zu betrachten sei, wurde nach dem Krieg in den Darstellungen von *Eb. Schmidt* verfestigt und erst 1968/1969 durch *Kempe* zu Recht und energisch abgewiesen (Punkt B. im 10. Kapitel).[253]

V. „Geistesgeschichtliche Studien" von Georgakis (1940)

Für das Verständnis des Buches von *Georgakis*[254] ist von entscheidender Bedeutung, dass er seine Untersuchung als ausländischer Forscher in Deutschland verfasst hat, sodass er bei der Zuordnung nicht unter derselben Art von Druck stand, wie die rechtsextremen Autoren und Liszt-Verteidiger in den 1930er Jahren.[255] Auch seine Methode erscheint eigenwillig, denn sie ist ausgeprägt in jenem Sinne hegelianisch, den man als Dialektik bezeichnet. *Georgakis* übernimmt in groben Zügen die positivistisch-naturalistische Zuordnung von *Welzel*,[256] sucht sie aber mit weiteren, aus seiner Sicht tragenden Gesichtspunkten zu kombinieren. War bei *Welzel* noch die Behauptung enthalten, dass in *Liszts Evolutionismus eine Konkretisierung des Positivismus zu sehen ist*, so erfährt diese Sichtweise bei *Georgakis* eine schüchterne, aber bedeutende Ergänzung. Er sieht nämlich in *Liszts* Evolutionismus Wertungsaspekte. Seine Analyse ist eine Vorstufe der Zuordnung des Entwicklungsgedankens in objektiv-idealistischen Gedanken.[257] *Georgakis* bringt sein Urteil über die theoretische Stellung *Liszts* auf ein aus der Literaturwissenschaft bekanntes geflügeltes Wort: *Liszt* wäre „wie so viele deutsche Denker dieser Zeit" nicht so sehr „ein idealer Positivist, als vielmehr ein positivistischer Idealist" gewesen.[258]

---

[252] *A. Baumgarten*, a.a.O. (1937), S. 5.

[253] Vgl. für die Epoche neben *Knetsch* und *Baumgarten* noch *G. Radbruch*, a.a.O. (1938), Gesamtausgabe, Bd. 16, S. 35; *J. Georgakis*, a.a.O. (1940), S. 25 („ungeheuer weitreichende Wirklichkeitsbetrachtung").

[254] *J. Georgakis*, Geistesgeschichtliche Studien zur Kriminalpolitik und Dogmatik Franz von Liszts, 1940.

[255] Vgl. die eigene Note von *J. Georgakis*, a.a.O. (1940), S. 1 ff.

[256] *J. Georgakis*, a.a.O. (1940), S. 7 f., 9 ff.

[257] Vgl. *J. Georgakis*, a.a.O. (1940), S. 15 ff.

[258] *J. Georgakis*, a.a.O. (1940), S. 8.

VI. Eb. Schmidt (1942)

Der Kriegsaufsatz von *Eb. Schmidt:* „Anselm von Feuerbach und Franz von Liszt“[259] beinhaltet im Kern die Zusammenfassung der Ausführungen des Schmidt-Schülers *Specht* aus 1933. Ähnlich wie bei *Specht* ist auch bei *Schmidt* eine Tendenz zu verzeichnen, *Liszts* Werk auch in Bezug auf seine vermeintliche Komptabilität mit der nationalsozialistischen Wende aufzufassen. Den Gestalten von *Feuerbach* und *Liszt* begegnet man in dieser Untersuchung beinah wie zwei unbewegten Bewegern, die aus ihrem Genius heraus unterschiedliche Neuordnungen der Wissenschaft produzieren.[260] Ihre Ansätze werden also auf ihre innere Genialität oder auf ein inneres System, nicht aber auf äußere Kontexte und Entwicklungen geprüft. Es handelt sich um einen charakteristischen Zug von *Schmidts* Geschichtsschreibung, der an das Konzept der Zuordnung von hervorragenden (politischen) Persönlichkeiten aus der allgemeinen Geschichtsschreibung erinnert. Es gibt zwischen älteren Darstellungen vom Leben und der Wirkung von großen Königen und *Schmidts* Darstellungen über *Liszt* und *Feuerbach* keinen methodologischen Unterschied, was allein schon deswegen verfehlt ist, weil sich die Wissenschaftler notorisch in einem Diskurs bewegen, und die Konzepte der Könige, zumindest im Rahmen des älteren Stereotyps, als ganz individuelle Willensäußerungen verstanden wurden.

Die Strafrechtswissenschaft ist in der Erzählung *Schmidts* nicht etwa durch *Feuerbach*, sondern erst durch die Hegelianer übertrieben metaphysisch geworden. Sie hätten nach *Schmidt*, was dem geschichtlichen Sachverhalt widerspricht, auf dem Gebiete des Strafrechts unmittelbar *Feuerbach* abgelöst. Die hegelianische Handhabung von *Feuerbachs* Strafrecht, insbesondere die Verbindung des tradierten Strafrechts mit „dialektischen Vergeltungsformeln“, führten das Strafrecht „nicht in die Tiefen der Hegelschen Philosophie, sondern in den luftleerem Raum des Begriffshimmels“.[261] *Liszt* erscheint in diesem Zusammenhang als Verantwortlicher dafür, dass „Strafrecht und Strafrechtswissenschaft aus diesem Begriffshimmel“ den Weg zur Erde wiedergefunden haben.[262] Er habe sich in diesem Sinne *neben* der Jurisprudenz um die Auffassung der Verbrechensrealität bemüht, und führte das Strafrechtsdenken aus „den rationalistisch-formalistischen Erstarrungen der Spätliberalen Epoche“ zu Verbrechenbekämpfungsmethoden.[263] Dem Zeitgeist, wie ihn *Schmidt* versteht, entsprechend geschah die Hinwendung auf der Grundlage eines „positivistischen Naturalismus“, der jedoch, so *Schmidt*, einen wesentlich *partielleren* Einfluss auf *Liszt* hatte als bei *Welzel* angenommen.[264]

---

[259] *Eb. Schmidt*, a.a.O. (1942), 205.

[260] Vgl. *Eb. Schmidt*, a.a.O. (1942), S. 206: „Urheber“, S. 213: „der Begründer der Kriminalpolitik“; 221: Genietopos.

[261] *Eb. Schmidt*, a.a.O. (1942), S. 210.

[262] *Eb. Schmidt*, a.a.O. (1942), S. 211.

[263] *Eb. Schmidt*, a.a.O. (1942), S. 206.

[264] *Eb. Schmidt*, a.a.O. (1942), S. 214.

Die Ausführungen sind, sowohl in Bezug auf *Feuerbach* als auch in Bezug auf *Liszt*, oft mit spekulativen Elementen durchzogen. Die dargebotenen Erklärungen sind zwar allgemein plausibel und spiegeln die wissenschaftliche Entwicklung und Verbindungen wider, wie sie, ohne innerer Logik zu entbehren, hätten zu Stande kommen *können*. Es fehlt aber durchgehend der Nachweis, dass die vorgestellte Entwicklung in der geschilderten Weise tatsächlich verlaufen ist, und nicht bloß ein harmonisch-literarisches Narrativ darstellt. Beispielsweise findet sich bei *Schmidt* in Form einer Feststellung die Behauptung wieder, dass die 1880er und 1890er Jahre für die Entwicklung des Liszt'schen Lebenswerks entscheidend gewesen waren. Von dieser Prämisse ausgehend wird das Interesse von *Liszt* für ausländisches Recht geschildert und es wird behauptet, dass *Liszt* in jener Zeit „in bedeutsamen Besprechungen des russischen und des italienischen Strafgesetzgebungsentwurfs in die ausländische Literatur und Rechtswelt ein[drang]".[265] Das ist in Anbetracht der genannten Aufsätze und postulierten kritischen Zeitspanne *plausibel*, dennoch geschichtlich *nicht richtig*. Tatsächlich beherrschte *Liszt* bereits in seiner Frühphase, in seiner Habilitationsschrift „Meineid und falsches Zeugnis" und ihrem Annex „Die falsche Aussage" hervorragend die Literatur verschiedener Epochen und Länder.[266] Außerdem war es bereits in allen älteren Reformbemühungen im Vormärz und nach 1850 auch in Österreich üblich keine Rechtsfrage ohne Darlegung des Rechtszustands im Ausland zu diskutieren.

Nimmt man zur Kenntnis, dass die zwei genannten Untersuchungen von *Liszt* 1876 bzw. 1877 erschienen sind, so müsste offensichtlich, zumindest für das Interesse am ausländischen Recht, eine andere Phase für *Liszts* Entwicklung entscheidend gewesen sein, als die 1880er und 1890er Jahre, auf welche *Schmidt* seinen Leser ohne Vorbehalte hinweist. Im genannten Fall geht es um viel mehr als nur eine chronologische Korrektur. Denn eine Verlagerung des Schwerpunkts in die 1870er Jahre müsste zugleich den Schwerpunkt der Untersuchung von Umständen an den deutschen Universitäten auf die österreichische Geistesgeschichte mit sich bringen, da *Liszt* erst 1879 dem Ruf nach Deutschland folgte. *Schmidts* Hinweis ist dementsprechend mit der Chronologie von Inhalten in *Liszts* Werk nicht vereinbar. Er konstruiert eine beliebige intellektuelle Situation im Kaiserreich und hindert die Sicht auf die Umstände, die für *Liszt* tatsächlich prägend waren.

---

[265] *Eb. Schmidt*, a.a.O. (1942), S. 211.

[266] Man vgl. *Liszt*, Die falsche Aussage vor Gericht, 1877, S. 11, 21, 61 (Italien), 35, 96 (England), 56, 59 f. (Frankreich), 93 ff. (Italien, Holland), 45, 57 (verschiedene). Vgl. noch Punkt A. und C. im 6. Kapitel.

10. Kapitel

Liszts Bild in der Großen Strafrechtsreform (1): Eb. Schmidt (1947, 1956–7, 1965), konservative Kritik, Roxin (1969), weitere Autoren in der GS Liszt (1969)

A. Synthetische Verschiebungen bei Schmidt

Die Kontextualisierung von *Liszts* Werk nach dem 2. Weltkrieg erfolgte zuerst, grosso modo, in dem begrifflichen Repertoire der Vorkriegsdiskussion. Bei genauerer Betrachtung kennen jedoch schon die 1950er und 1960er Jahre eine Zahl von bedeutenden Akzentverschiebungen. Ähnlich wie in der Weimarer Republik erfolgte im Diskurs eine Funktionalisierung von *Liszt* und seiner Strafrechtswissenschaft in Bezug auf die Reformbemühungen. Aber insgesamt trat im Vergleich zur Weimarer Republik die Vorstellung, dass man ein konkretes Set von früher ausgearbeiteten Reformforderung *nachholt*, zu Gunsten eines dezenten Renaissance-Gedankens zurück, in welchem man in *Liszts* Haltung einen klassischen „Stil" und ein Vorbild für strafrechtswissenschaftliches Arbeiten sah. Es ist die Arbeitshaltung, die in den Worten *Roxins* bedeutet, dass die gesellschaftspolitischen Aufgaben des Gelehrten aktiv wahrgenommen werden, dass die Kriminalpolitik als vordringlicher Gegenstand der wissenschaftlichen Betätigung etabliert wird, dass die fachliche Diskussion über die Grenzen des Landes ausgeweitet und in gemeinsamer Arbeit fruchtbar gemacht wird, und nicht zuletzt dass die „gesamte Strafrechtswissenschaft" einschließlich des Strafvollzugs zu einer auf unmittelbare legislatorische Verwirklichung abzielende Konzeption aktiv zusammengefasst wird.[267]

Kennzeichnend für die Entwicklung nach dem 2. Weltkrieg waren zuerst die bekannten Darstellungen von *Eb. Schmidt*, der in seiner „Einführung in die Geschichte der deutschen Strafrechtspflege", 1. Aufl. bereits 1947, praktisch alle wichtigen Aspekte der Liszt-Forschung aus der Vorkriegszeit – mehr synthetisch als

---

[267] *C. Roxin*, Franz von Liszt und die kriminalpolitische Konzeption des Alternativentwurfs, GS Liszt, 1969, S. 70f. Damit war systematisch nicht nur eine Anknüpfung an das Vorbild des deutschen Gelehrten des 19. Jahrhunderts gewonnen, sondern zugleich eine Verbindungsmöglichkeit mit der Angelegenheit der kritisch-wissenschaftlichen Arbeit in republikanischen und demokratischen Verhältnissen, wie sie in US-amerikanischen Diskursen der Zeit thematisiert wurden, zumindest prinzipiell eröffnet. Vgl. *H. Becker*, Outsiders, 2. Aufl. 1973, S. 199ff.

kritisch – für die zeitgenössische Diskussion aufbereitet hat.[268] *Schmidt* übernimmt von *Radbruch* die Analyse von *Liszts* österreichischer Herkunft und den Hinweis auf dessen politische Billigung von *Bismarcks* Politik.[269] Er übernimmt ferner *Radbruchs* These, dass die Begriffsjurisprudenz bei *Liszt* mit Belangen der Rechtssicherheit eng zusammenhängt.[270] Und vor allem: er setzt die Liszt'sche Wissenschaft unmittelbar in den Kontext eines „Aufschwungs der Naturwissenschaften in der zweiten Hälfte des 19. Jahrhunderts".[271] Es tauchen in *Schmidts* Darstellungen, nicht anders als vor dem Krieg, jedoch unbestimmbarer als etwa bei *Welzel*, die Begriffe des Naturalismus und Positivismus, des Entwicklungsgedankens und die Ansiedlung von *Liszt* in der unmittelbaren Nähe von *Darwin* auf.[272] Im Vordergrund steht die Wahrnehmung von *Liszt* als Empiriker; es galt angeblich bei *Liszt* „soweit das empirische Beobachten möglich ist, die ganze Wirklichkeit abzutasten".[273]

Bei einer genaueren Betrachtung erhalten die von *Schmidt* aufgegriffenen Punkte der Vorkriegsdiskussion bedeutsame inhaltliche Verschiebungen, die sich nicht als Ausfluss einer ausdifferenzierten Handhabung des Stoffes begreifen lassen. Vielmehr handelt es sich um synthetische Generalisierungen und Umdeutungen der älteren Topoi, die unabhängig vom Stoff und ohne seine Beteiligung zustande gekommen sind. Liest man noch bei *Radbruch* über den österreichischen Hintergrund und über die Sympathie für *Bismarck* bei *Liszt* in den 1870er Jahren, so ist der besondere Kontext dieser Sympathie bei *Radbruch* noch deutlich ersichtlich: *Liszts* Sympathie sei ein Verehren eines *deutschnationalen Österreichers* für die Außenpolitik *Bismarcks*, der eine mögliche Einigung oder kulturelle Eintracht von Deutschland und Österreich in Aussicht stellt.[274] Dieser Kontext geht bei *Schmidt* verloren und seine Passagen, sowohl in der „Einführung" als auch in seinem Berliner DJT-Festvortrag von 1956, lassen sich auch so lesen, als würde *Liszt* gerade jene Aspekte *Bismarcks* besonders anerkennen, die aus innendeutscher Sicht von maßgeblicher Bedeutung waren.[275] Später wird, auf gleicher Linie mit der synthetischen

---

[268] *Eb. Schmidt*, Einführung in die Geschichte der deutschen Strafrechtspflege, 1. Aufl. 1947. Die Ausführungen über *Liszt* sind im Wesentlichen auch in der 3. Aufl. 1965 gleichgeblieben. Sie finden sich – mit diversen rechtspolitischen Gesichtspunkten durchmischt – auch bei *ders.*, Franz von Liszt und die heutige Problematik des Strafrechts, FS J. Gierke, 1950, 201, wieder.

[269] *Eb. Schmidt*, Einführung, 1. Aufl. 1947, S. 327 ff.; 3. Aufl. 1965, S. 357 ff.

[270] *Eb. Schmidt*, Einführung, 1. Aufl. 1947, S. 353 ff.; 3. Aufl. 1965, S. 383 ff.

[271] *Eb. Schmidt*, Einführung, 1. Aufl. 1947, S. 327, 335 ff.; 3. Aufl. 1965, S. 356 f., 365 ff.

[272] *Eb. Schmidt*, Einführung, 1. Aufl. 1947, S. 327, 335 ff.; 3. Aufl. 1965, S. 356, 365 ff. Vgl. die Ausführungen von *Schmidts* Schüler *J. Georgakis*, Geistesgeschichtliche Studien zur Kriminalpolitik und Dogmatik Franz v. Liszts, 1940, S. 9 ff.

[273] *Eb. Schmidt*, Einführung, 1. Aufl. 1947, S. 340; 3. Aufl. 1965, S. 370.

[274] *G. Radbruch*, Franz v. Liszt – Anlage und Umwelt (1938), Gesamtausgabe, Bd. 16, S. 28, 30. Vgl. die kritischen Bemerkungen von *H. Ostendorf*, Franz von Liszt als Kriminalpolitiker, Kriminalsoziologische Bibliografie 11 (1984), S. 2 f., 9.

[275] *Eb. Schmidt*, Einführung, 3. Aufl. 1965, S. 358, 361; ferner *ders.*, a.a.O. (1956), B9 (*Liszt* und *Kahl* haben „dem Politiker Bismarck das Wesen aller Politik abgelauscht").

Umdeutung und der Aufhebung der Präzision in der Darstellung *Schmidts*, bei *Renneberg* und *Kempe* der Reichskanzler sogar für *Liszts* Idol erklärt (1969).[276] *Liszt* wird auf dieser Grundlage ein angeblich in der Forschung übersehener Konservativismus des bismarckischen Typus attestiert (vgl. Punkt B.I.1. im 5. Kapitel).

Die scheinbar an *Radbruch* angelehnte Behauptung, dass *Liszts* begriffsjuristische Handhabung im Bereich der Verbrechenslehre „nur aus dem Gedanken der *Rechtssicherheit* und *-bestimmtheit* heraus" zu verstehen sei,[277] taucht bei *Radbruch* so nicht auf. *Radbruch* begrenzt sich in seinem Aufsatz von 1938 („Anlage und Umwelt") auf die Frage der Bevorzugung von objektiven vor psychologischen und axiologischen Kriterien.[278] Das Thema erscheint bei *Radbruch* bereits in seinen zwei Besprechungen des Liszt'schen strafrechtlichen Lehrbuchs und bezieht sich dort eindeutig auf die Bevorzugung des „materialistischen" (1905/06) bzw. „naturalistischen" (1919) Handlungsbegriffs.[279] Der Urgrund des materialistischen oder naturalistischen Handlungsbegriffs bei *Liszt* sei nicht der Materialismus/Naturalismus an sich, sondern ein Bemühen, vorwiegend mit sinnfälligen, objektiven Kriterien zu arbeiten. Erst bei *Schmidt* erhält die These einen generellen Charakter und bezieht sich nicht mehr nur auf die Problematik des einzelnen „Objektiven" im Erkenntnisgang, sondern auf den begriffsjuristischen Aufbau der Verbrechenslehre, auf die übertriebene Tendenz zum System und auf die Bemühung, zu immer höheren Abstraktionen aufzusteigen. Der Grund für diese Generalisierung scheint auch in diesem Punkt nicht in dem angeschauten Stoff, sondern allein in einer synthetischen, hermeneutisch nicht fundierten Erweiterung des Urteils aus der älteren Literatur zu liegen.

B. Der Topos „Liszt als Empiriker"

Auch die zum Leitgedanken der „Einführung" erhobene Behauptung von *Schmidt*, dass *Liszt* ein Empiriker gewesen sei, lässt sich im Gewand der bei *Schmidt* periodisch auftretenden vollständigen Abstraktheit mit dem Werk *Liszts* nicht positiv abgleichen. Bei *Liszt* fand eine grundsätzliche[280] bzw. entscheidende „Hinwendung

---

[276] *J. Renneberg*, Die kriminalsoziologischen und kriminalbiologischen Lehren und Strafrechtsreformvorschläge Liszts und die Zerstörung der Gesetzlichkeit im bürgerlichen Strafrecht, 1956, S. 24, 44, 93; *G. T. Kempe*, Franz von Liszt und die Kriminologie, GS Liszt, 1969, S. 266 ff. Vgl. für weitere Nachweise des Bismarck-Topos Punkt B.I. im 5. Kapitel.

[277] *Eb. Schmidt*, Einführung, 3. Aufl. 1965, S. 383.

[278] *G. Radbruch*, a.a.O. (1938), Gesamtausgabe, Bd. 16, S. 47 f. *Eb. Schmidt*, Literaturbericht (Besprechung von Radbruchs „Elegantiae"), ZStW 61 (1942), S. 534.

[279] *G. Radbruch*, Franz v. Liszts Strafrechtslehrbuch (1919), Gesamtausgabe Bd. 7, S. 270 f.; sowie *ders.*, Besprechung der 14/15. Aufl. von 1905 (1905/06), Gesamtausgabe Bd. 7, S. 253 ff.

[280] *Eb. Schmidt*, a.a.O. (1956), S. 413.

zur Empirie" statt;[281] es geht um „immer exaktere Feststellungen bezüglich der Wirklichkeit verbrecherischen Wesens und Wirkens".[282] Daraus ergebe sich eine „Notwendigkeit kriminologischen Forschens im Sinne kriminal-biologischer und kriminal-soziologischer Erkenntnisgewinnung".[283] *Liszt* tritt auf den „Boden der Empirie",[284] er erörtere Probleme „von empirischen Grundlagen" aus,[285] er fasst die „Realitäten der Bestrafungsvorgänge" rücksichtslos ins Auge,[286] er appelliere an die Empirie.[287] Es gehe bei *Liszt* um einen „nüchternen",[288] „bewährten",[289] „herzhaften Realismus",[290] der die „Probleme der Kriminalpolitik von den Realitäten des sozialen Lebens und des menschlichen Seins her" betrachtet.[291] *Liszt* trat „als Empirist" dem einzelnen Verbrecher und seiner Tat gegenüber.[292] Solche Hinweise lassen sich in Texten von *Schmidt* teilweise als Hervorhebungen einer bloßen Metaphysikkritik verstehen; teilweise lesen sich aber seine Passagen so, als ob *Liszt* tatsächlich ein aufdringlich empirischer Forscher gewesen war.

Der Empirismus-Topos bei *Schmidt* lässt sich einerseits als Zuspitzung der in den 1930er Jahren entwickelten Fehlvorstellung, dass *Liszt* ein „Kriminologe" gewesen ist, aufgreifen, andererseits auch im festen Zusammenhang der kriminalpolitischen Positionierung der Zeit gut verstehen. Für den ersten Aspekt ist daran zu erinnern, dass in den 1930er Jahren die disziplinär-wissenschaftliche Betrachtung der modernen Reform-Bewegung im Gegensatz zu einer „ganzheitlichen", stark metaphysisch belasteten Betrachtung der Vertreter eines „autoritären Strafrechts" getreten ist. Für die Erschließung der Einzelheiten dieser Gegenüberstellung sind die Ausführungen von *Gallas* (1932), *Wolf* (1932) und *Welzel* (1935) besonders geeignet (Punkt C.–D. im 9. Kapitel). Während *Liszts* Zeitgenossen ihm eine eigenständige empirische Leistung in der Regel aberkannt haben,[293] mehrten sich in den späten 1930er Jahren – von der *besonderen Kontrastierung* mit nationalsozialistischem Irrationalismus und autoritärem Dezisionismus getragen – die pauschalen Hinweise auf „Liszts Kriminologie" und seine angebliche kriminologische oder empirische Auffassung. So insbesondere bei *Knetsch* (1936), *Baumgarten* (1937) und *Radbruch*

---

281 *Eb. Schmidt*, a.a.O. (1956), S. 410.

282 *Eb. Schmidt*, a.a.O. (1956), S. 411.

283 *Eb. Schmidt*, a.a.O. (1956), S. 411.

284 *Eb. Schmidt*, a.a.O. (1956), S. 413.

285 *Eb. Schmidt*, a.a.O. (1957), S. B14.

286 *Eb. Schmidt*, a.a.O. (1957), S. B13.

287 *Eb. Schmidt*, a.a.O. (1957), S. B12.

288 *Eb. Schmidt*, a.a.O. (1957), S. B13.

289 *Eb. Schmidt*, a.a.O. (1957), S. B16.

290 *Eb. Schmidt*, a.a.O. (1957), S. B16.

291 *Eb. Schmidt*, a.a.O. (1957), S. B16.

292 *Eb. Schmidt*, Einführung, 3. Aufl. 1965, S. 365.

293 *J. Goldschmidt*, Franz von Liszt, Archiv für Kriminologie 73 (1921), S. 92: *Liszt* habe selbst empfunden, dass es ihm nicht gelungen ist in Bezug auf kausale Erklärung, Kriminologie und Poenologie, Schule zu machen.

(1938) (Punkt E.II. und F.III.–IV. im 9. Kapitel).[294] Es ist gerade diese Vorstellung, welche bei *Schmidt* nach dem Krieg eine Zuspitzung erfuhr, während andersherum *Kempe* in einem bedeutenden Vortrag von 1968/1969, der auch in der Gedächtnisschrift für *Liszt* erschienen ist, eindrücklich zeigen konnte, dass *Liszt*, was die Kriminologie (und empirische Wissenschaft) angeht, ein *Laie* war.[295]

Es ist interessant, dass *Schmidt* die Reinheit seiner empiristischen These auch dadurch aufrechtzuerhalten sucht, dass er einen Idealismus-Vorwurf an *Liszt* auch dort verwirft, wo er ganz nahe liegt. So im bereits oben angesprochenen Rahmen der Verbrechenslehre, in Bezug auf welche die sorgfältig ausgearbeitete Zwiespältigkeitsthese von *Schwarzschild* (1933) bei *Schmidt* zugunsten einer Zurückführung der übertriebenen Systembildung und Begriffsjurisprudenz auf die Belange der Rechtssicherheit aufgegeben wird.[296] Der bei *Schwarzschild* theoretisch reif ausgearbeitete Gedanke, dass es sich bei *Liszts* Verbrechenslehre vornehmlich um ein Phänomen der kategorialen Systembildung handelt (Punkt E.I. im 9. Kapitel), wird bei *Schmidt* durch eine rein funktionale Deutung von *Liszts* Dogmatik (Topos der Rechtssicherheit) vollständig ausgeblendet. Eine Begünstigung des Empirismus begegnet dem Leser auch bei *Schmidts* Verhältnis zur Liszt'schen frühen Lehre vom *Verbrecher.* In Bezug auf die bekannte Stelle im „Marburger Programm", in welcher *Liszt* eine lineare Übereinstimmung zwischen drei Verbrecherkategorien einerseits und der Abschreckung, Besserung und Unschädlichmachung andererseits behauptet (Punkt C.IV.1.b) im 3. Kapitel), gibt *Schmidt* selbst zu, dass es sich um einen „seltsam rationalistisch anmutenden Satz" handelt.[297] Jedoch weist er den Vorwurf des Rationalismus ausdrücklich zurück: auch hinter der linearen Kategorisierung und beinah frappierenden Behauptung *Liszts*, dass *jeweils immer nur einer von drei Strafzwecken auf einen Täter zutrifft*, steht bei *Liszt* im Urteil von *Schmidt* letztendlich empirisches Wissen im Hintergrund.[298]

---

[294] Der Reihe schließt sich an, neben dem „Empiriker"-Topos bei *Schmidt*, noch die Bezeichnung „Kriminologe", bei *E. Wolf*, Große Rechtsdenker, 4. Aufl. 1963, S. 720; sowie unterschiedliche Hinweise auf „Schöpfung" der Kriminologie durch *Liszt* bei *F. Wieacker*, Privatrechtsgeschichte der Neuzeit, 2. Aufl. 1967, S. 573; *K. Böhmer*, Liszt und Lombroso, 1953, S. 10, und *F. Bauer*, Das Verbrechen und die Gesellschaft, 1957, S. 149 f. (Verwerfung der Willensfreiheit „auf Grund der kriminologischen Ursachenforschung"; Mitbegründer der Kriminologie).

[295] So ausdrücklich *G. T. Kempe*, a.a.O. (1969), S. 279. (Original dieses Aufsatzes erschien in der Mitteilungen der niederländischen Akademie: Mededeelingen der Koninklijke Nederlandsche Akademie van Wetenschappen, Afdeeling Letterkunde, n.F. 31 (1968), 62).

[296] *Eb. Schmidt*, Einführung, 3. Aufl. 1965, S. 383.

[297] *Eb. Schmidt*, Einführung, 3. Aufl. 1965, S. 376.

[298] *Eb. Schmidt*, Einführung, 3. Aufl. 1965, S. 376 f.

C. Der Topos „Liszt als Politiker“

Die vielleicht folgenreichste Verschiebung in der Rezeption von *Radbruchs* Analyse bei *Schmidt* erfuhren die Begriffe der Politik und des Politischen. *Radbruch* hat im spezifischen Sinne der relativistischen Debatte nach 1900 von „politischen Motiven“ gesprochen, die bei *Liszt* mal weniger und mal mehr bewusst für seine wissenschaftlichen Forderungen ausschlaggebend waren.[299] Die Bedeutung dieses Topos bei *Radbruch* ist, dass dieser Teil von *Liszts* wissenschaftlichem Konzept auch eine grundsätzliche Vorstellung über das Verhältnis zwischen dem Gemeinwesen und dem Einzelnen enthielt. Einige Aspekte dieser Problematik wurden hier im ersten Teil der Untersuchung in Bezug auf den Zweckgedanken und die verkürzte Wertung vermerkt, die bei *Liszt* bei der Beurteilung des Zwecks anzutreffen ist (Punkt D.III. im 6. Kapitel). Der Inhalt von *Radbruchs* Analyse erschließt sich vielleicht nicht vollständig aus seinem Diktum im Aufsatz „Anlage und Umwelt“, kann aber seinen Verweisen auf das zeitgenössische Schrifttum vom Beginn des 20. Jahrhunderts eindeutig entnommen werden.[300]

Bei *Schmidt* wird die Problematik des Politischen in *Liszts* Werk deutlich verkürzt und es kommt zu einer folgenreichen Akzentverschiebung. *Liszts* vermeintliche Vermischung von „Politik“ und „Wissenschaft“, die als theoretischer Vorwurf nur aus der besonderen wissenschaftlichen Perspektive *Radbruchs* verständlich ist, erwächst bei *Schmidt* zur Behauptung, dass bei *Liszt* ein psychologischer „politischer Zug“ seiner Persönlichkeit[301] auch seine wissenschaftliche Haltung bestimmt hat. Uns begegnet, durch die psychologisierende Methode und durch die Akzentverschiebung der Darstellung, auf einmal nicht mehr ein verkappter Theoretiker des Gesellschaftsvertrags, sondern ein politischer Geschäftsmann, der, unbesorgt für jede Art der höheren Konstruktion, die wissenschaftliche Haltung allein aus dem Bündel der täglichen Anschauung von öffentlich-politischen Streitigkeiten gleichsam wie eine nützliche Wahlversprechung stanzen würde.[302] Diese Auffassung erfuhr ihre vollkommene Zuspitzung einerseits in der marxistischen Kritik und andererseits in der radikalen Liszt-Kritik seit den 1980er Jahren. Die erstere hat versucht, *Liszt* als einen bloßen bürgerlichen politischen Taktiker zu analysieren, der seine wahren politischen (Unterdrückungs)Absichten in wissenschaftlichen Texten verschleiert habe (Punkt B.III. im 12. Kapitel). Die radikale Liszt-Kritik schlug vor, den Verlust eines reinen Gelehrten-Typus zu bedauern, der im Bereich der Strafrechtswissenschaft angeblich erst durch *Liszts* Verquickung von Wissenschaft und Politik abgelöst wurde (Punkt B.IV. im 14. Kapitel).

---

[299] *G. Radbruch*, a.a.O. (1938), S. 30.

[300] Vgl. *G. Radbruch*, a.a.O. (1938), S. 30.

[301] *Eb. Schmidt*, Einführung, 3. Aufl. 1965, S. 358.

[302] Vgl. *Eb. Schmidt*, Einführung, 3. Aufl. 1964, S. 358 ff.

D. Konservative Reform und Liszts Stellenwert im Alternativkreis

Der Empirismus-Topos bei *Schmidt* war zugleich auf das Engste mit den Reformbestrebungen der Zeit verknüpft. *Schmidt* suchte durch eine prominente Forderung der „Empirie" die Vergeltungsstrafe zu bekämpfen. Gerade die Eliminierung des Idealismus-Vorwurfs aus allen Aspekten des Liszt'schen Werkes führte bei *Schmidt* zu einer Gleichstellung von Empirie und Empirismus einerseits mit der Bevorzugung des Zweckgedankens, und so auch der Zweckstrafe gegenüber der Vergeltungsstrafe, andererseits. Für die Lösung von staatlichen Aufgaben, und so auch der Aufgaben der Reform des Strafrechts, bot sich in *Liszts* Tradition nur die „Entfaltung des empirischen Wissens" und *damit* die Hinwendung zu einer Zweckstrafe an.[303] Eine damals angebahnte Distanz zur Empirie führe zum Doktrinarismus und damit zum Wiederaufgreifen des Vergeltungsgedankens in der Diskussion, so *Schmidt.*

> „Eine seltsame Restauration des Vergeltungsgedankens bedeutet für Deutschland gegenwärtig die Gefahr, daß die grundsätzliche Wendung zur Empirie, die Liszt und Kahl vollzogen haben, wieder verkümmert. Liszt wird von der heutigen deutschen Strafrechtswissenschaft im Gegensatz zu der des Auslandes vielfach nur noch historisch genommen. Die deutsche Neigung zum Doktrinarismus flüchtet sich schon wieder in den Idealismus eines Vergeltungsdenkens hinein, wo es doch gerade so nötig wäre, von dem inzwischen reich vermehrten kriminologischen Tatsachenwissen aus alle Fragen der Kriminalpolitik, vor allem die Fragen des dringend reformbedürftigen Strafvollzugswesens anzugehen. (...) Entweder wird das, was dieser Geist uns in grundsätzlich methodischer Beziehung für eine Strafrechtsreform rechtsstaatlich-sozialen Gepräges gewiesen hat, in einer herzhaften kriminalpolitischen Neuorientierung und einer gründlichen Neugestaltung des Vollzugs verwirklicht, oder die deutsche Strafrechtspflege wird in der stickigen Luft trüben Vergeltungsdenkens rückständig und erfolglos bleiben."[304]

Freilich konnte sich auf der Grundlage der Forderung nach Empirie, vielleicht anders als zu *Liszts* Zeit, keine spezifische progressiv-liberale Reformrichtung ausbilden. Anders als noch in den 1880er Jahren waren die Forderungen und Bemühungen um „Empirie" in den 1950er und 1960er Jahren auch bei Vertretern der Vergeltung favorisiert. Die Generalprävention, die sich als Strafzweck im Grunde sowohl im klassischen Absolutismus als auch in Schriften von *Günther*, *Dahm* und *Schaffstein* innerhalb eines antiempirischen Gefüges behaupten konnte, erlangte durch die radikale und argumentativ in vielerlei Hinsicht konsequente Verlagerung von der Abschreckung auf die positive Generalprävention einen anderen, empirievalenteren Charakter.[305] *Schmidt* verfährt in diesem Punkt, streng betrachtet auch

---

[303] *Eb. Schmidt*, a.a.O. (1957), S. B7.

[304] *Eb. Schmidt*, a.a.O. (1956), S. 413 f. Vgl. *Liszts* Der Zweckgedanke im Strafrecht, 1882, S. 25.

[305] Zum Nachweis des neuen Verhältnisses zur Empirie bei Autoren, die für Vergeltung und Generalprävention plädierten, sei hier auf folgende Erörterung von *Lange* verwiesen, *R. Lange*,

nicht „lisztisch", denn bei *Liszt* war bereits am Anfang des 20. Jahrhunderts das Bewusstsein vorhanden, dass auch die konservativen kriminalpolitischen Gegner nicht mehr metaphysisch argumentieren (vgl. Punkt A.III.1.c)dd) im 4. Kapitel).

Für die empirische Argumentation im Rahmen der konservativen Reformbemühungen nach dem Zweiten Weltkrieg darf auf die Reformschriften von *Mayer* und *Lange* verwiesen werden, die beide neben dem kriminalistischen Selbstbild im engeren Sinne auch ein empirisch-kriminologisches Selbstverständnis prägten, sich deswegen aber nicht minder als Anhänger der Vergeltungsstrafe und der positiven Generalprävention geäußert haben.[306] *Lange* war auch Mitglied der Großen Strafrechtskommission.[307] Es ist charakteristisch für die Zeit, dass *Mayer* und *Lange* bewusst der in den 1930er Jahren sowohl in Liszt-freundlichen als auch in Liszt-feindlichen Lagern gepflegten Einschätzung über das Liszt'sche Tat-Strafrecht entgegentreten (vgl. Schriften von *Wedel, Knetsch, Krüger*, Punkt F.I. und F.III. im 9. Kapitel). Sie betrachten die Forderung der „Tat" bei *Liszt* nicht als eine bewusst getroffene Interessenbalance, sondern suchen den veralteten Vorwurf[308] der logischen Inkonsequenz anzubringen. Die nicht weiter erörterte Wiederbelebung des Inkonsequenz-Streites lässt den Verdacht zu, dass es sich um einen strategischen Kunstgriff für die Aufwertung der konservativen Reform handelte. Mit dem Vorwurf der Inkonsequenz konnte im nicht progressiven Reform-Lager der Aspekt des Individualschutzes, der Rechtssicherheit, des Tatstrafrechts wieder nur *für das eigene System* (bzw. für das althergebrachte Vergeltungsstrafrecht) behauptet werden, während die Forderung des Tatstrafrechts bei *Liszt* und bei den progressiven Teilnehmern der Diskussion als logische Inkonsequenz diffamiert wurde.[309]

a.a.O. (1972), S. 9 f.: „Das Strafgesetzbuch von 1871 ging noch von der Vorstellung aus, das Strafrecht sei rein normativ zu orientieren. Zur Legitimation der Strafe schien es zu genügen, daß die idealistische Philosophie sie als absolutes Gebot postuliere: *Kant* als kategorischen imperativ, *Hegel* als logisches Postulat, nach dem das Verbrechen die Negation der Rechtsordnung, die vergeltende Strafe die Negation dieser Negation ist, die die Rechtsordnung in ihrer Unantastbarkeit bewahrt. Solche Begründungen ‚von oben' tragen ein modernes Strafrecht nicht. Es muß ‚von unten', als empirisch erkannte soziale Notwendigkeit, legitimiert, kriminologisch ergründbar sein." Im ähnlichen Sinne auch: *H. Mayer*, a.a.O. (1962), S. 1 ff.; *R. Lange*, Wandlungen in den kriminologischen Grundlagen (1960), Summa Criminologica, Bd. 1, S. 35 ff.; *ders.*, Die Strafrechtsreform und die Wissenschaft vom Menschen (1965), Summa Criminologica, Bd. 1, S. 168.

306 Zur Straftheorie von *Mayer* und *Lange* s. *H. Mayer*, a.a.O. (1962), S. 31 ff., 42; *R. Lange*, Grundfragen der neuen deutschen Strafrechtsreform (1955), in seinen Summa Criminologica, Bd. 1, insb. S. 31; *ders.*, a.a.O. (1972), S. 78 ff.

307 S. mit zahlreichen Hinweisen auf den Gang der Reformbemühungen *C. Roxin*, Strafrecht AT, Bd. 1, 4. Aufl. 2006, § 4, Rn. 15 ff.; *U. Scheffler*, Das Reformzeitalter 1953–1975, in: Vormbaum/Welp (Hrsg.), Das Strafgesetzbuch, Supplementband 1, 2004, S. 176 ff.; *T. Stäcker*, Die Franz von Liszt-Schule, 2012, S. 170 ff.

308 Ursprünglich *K. Birkmeyer*, Was lässt von Liszt vom Strafrecht übrig?, 1907. Vgl. für weitere frühe Anläufe dieser Kritik *H.-W. Schreiber*, Gesetz und Richter, 1976, S. 178 f.

309 *H. Mayer*, a.a.O. (1962), S. 35 f., 45; *R. Lange*, a.a.O. (1960), S. 37; *ders.*, a.a.O. (1972), S. 81 ff.

In Anbetracht der vereinfachten Zurückführung kriminalpolitischer Differenzen auf die Empirie bei *Schmidt*, musste es gerade als eine Restauration des historischen Bildes der Liszt'schen Kriminalpolitik erscheinen, als *Roxin* in seinem Liszt-Aufsatz von 1969 ausführte, dass ein grundlegender Vergleich der Konzeption und der Regelungen des AE 1966 mit den einstigen Liszt'schen Stellungnahmen zeigt, dass sich *Liszts* Strafrechtswissenschaft im Kontext eines modernen demokratischen Staates nicht allein aus dem Konzept des „Empirismus" begreifen lässt. Vielmehr drängen sich als zentrale Punkte auf: die Favorisierung der Spezialprävention und die Ausschaltung der Vergeltung,[310] der Gedanke des Rechtsgüterschützes,[311] die Abwägung zwischen den Belangen der Reaktion und der Rechtssicherheit,[312] sowie der Topos einer „Mitschuld der Gesellschaft".[313] Vor allem erfuhr der dritte Punkt, die Abwägung zwischen den widerstreitenden Belangen, eine erhellende Erörterung, die dem konservativen Lager wieder den Boden entzog, Aspekte wie das „Tatstrafrecht" allein für sich in Anspruch zu nehmen.[314]

Durch die Stimmung im Alternativkreis und die Untersuchung *Roxins* wurde eine Annäherung an *Liszt*, so wie er in der Weimarer Republik verstanden wurde, gewonnen, wo er vor allem als liberaler Akteur mit ausgeprägtem sozialen Takt galt. Jedoch mit dem Unterschied, dass sich die Vorstellungen der Weimarer Zeit in ihren Grundzügen an *Liszts* unerfüllten Reformforderungen der Jahre 1900–1919 orientierten, während man in der Diskussion um den E 1962 und den AE 1966 den Akzent auf eine systematische Übereinstimmung der Grundpositionen, vor allem über die *Tätigkeit und Aufgabe der Strafrechtswissenschaft*, setzte. Im Vergleich mit der trockenen Darstellung bei *Schmidt*, in welcher *Liszt* als zwar nicht persönlich ver-

---

310 *C. Roxin*, a.a.O. (1969), S. 72 ff.

311 *C. Roxin*, a.a.O. (1969), S. 78 ff.

312 *C. Roxin*, a.a.O. (1969), S. 93 ff.

313 *C. Roxin*, a.a.O. (1969), S. 103. Für *Liszt* als Orientierungstopos im Alternativkreis und in progressiveren Reformbestrebungen s. noch *C. Roxin*, Sinn und Grenzen staatlicher Strafe, JuS 1966, S. 377, 379; *W. Maihofer*, Menschenbild und Strafrechtsreform, in: Gesellschaftliche Wirklichkeit im 20. Jahrhundert und Strafrechtsreform, 1964, 5, insb. S. 12 ff.; *H. Gollwitzer*, Das Wesen der Strafe in theologischer Sicht, in gleichem Sammelband (1964), 29 (in der Sache Übereinstimmung mit Forderungen der Modernen Schule); Vorwort von *L. Reinisch* im Band „Die deutsche Strafrechtsreform", 1967, S. 7; *W. Maihofer*, Die Reform des Besonderen Teils des Strafrechts, im gleichen Sammelband (1967), S. 74; *J. Baumanns* Vorwort in dem von ihm herausgegebenen Band „Programm für ein neues Strafgesetzbuch", 1968, S. 7; *R. Sieverts*, Besprechung AE, MSchrKrim 1968, S. 377; Artikel „Recht – Strafrechtsreform: Welcher Friede", in Dem Spiegel v. 10. 04. 1967, sowie Artikel „Strafrechtsreform: nicht gesprungen", in dem gleichen Magazin v. 12. 05. 1969. Aus der Sicht der Liszt-Kritik *W. Naucke*, Kriminalpolitik des Marburger Programms, ZStW 94 (1982), S. 557 ff.; *H. Müller-Dietz*, Das Marburger Programm aus der Sicht des Strafvollzugs, ZStW 94 (1982), S. 600; *H. Ostendorf*, Franz von Liszt als Kriminalpolitiker, Kriminalsoziologische Bibliografie 11 (1984), S. 1; *T. Stäcker*, a.a.O. (2012), S. 217 ff.; *M. Frommel*, Was bedeutet uns heute noch Franz von Liszt?, NK 2012, S. 152 f.; *dies.*, Jahrbuch der Juristischen Zeitgeschichte 14 (2013), S. 291 f. Für die Front gegen den „Zweckgedanken" am Anfang der Reform *P. Gödecke*, Criminal Law after National Socialism, in: R. Wetzell (Hrsg.), Crime and Criminal Justice in Modern Germany, 2014, S. 287 ff.

314 *C. Roxin*, a.a.O. (1969), S. 93 ff.

tauschbares, aber grundsätzlich ersetzbares Medium des Empirismus erscheint, ermöglichte die im Alternativkreis verbreitete Auseinandersetzung mit *Liszts* Schriften und Lebenswerk die Verbreitung eines kompakten akademischen Selbstverständnisses in der Tradition von *Liszt*, der in dieser Richtung als ein einmalig allseitig orientierter, kooperierender, politisch bewusster Forscher erscheint, in dessen „Nachfolge“ man sich gerne stellte, die „als Vergegenwärtigung und zeitgerechte Transposition des Vorbildhaften das eigene Tun in einen leitenden Traditionszusammenhang stellt, im Heutigen das Vergangene wiedererkennt und aus seinen überdauernden Impulsen das Künftige legitimiert“.[315] Eine solche „mehr oder minder bewusste Nachfolge“ hat eine „schaffensfördernde Kraft, deren Bedeutung für den Prozeß wissenschaftlicher Produktion man nicht unterschätzen sollte“.[316]

Diese Grundstimmung im Alternativkreis kann, anders als die Haltung von Reformern in der Weimarer Republik, als schöpferisch bezeichnet werden (vgl. die Schlussbetrachtung im 16. Kapitel). Die Kontinuität mit *Liszt* wird in den 1960er Jahren grundsätzlich durch die Wahl der Methode und die vergleichbare Verantwortung für die Entwicklung des Rechts und der Gesellschaft, und nicht durch die Subsumtion von zeitgenössischen Forderungen unter Forderungspaletten von *Liszt* herbeigeführt. Erst später, in den 1980er Jahren, wird diese Einstellung wieder zu Gunsten der Tendenz verlassen, die Kontinuität mit *Liszts* Gedanken durch eine Subsumtion der aktuellen Forderungen unter seine alten Sichtweisen herbeizuführen (Punkt B. im 15. Kapitel). *Frommels* Bezeichnung der von *Roxin* theoretisch begründeten Herangehensweise als „Steinbruchtheorie“[317] vernachlässigt das schöpferische Element bei den Liszt-Verehrern in den 1960er und 1970er Jahren. Möchte man in ihrer Metaphorik bleiben: Es handelte sich im Alternativkreis um einen „Werkstattansatz“, nicht um die Auswahl zwischen fertigen Bausteinen für ein neues „Haus“.

Die Einschätzung von *Liszt* im Alternativkreis, *vor allem die Hervorhebungen der politischen Vorentscheidungen in seinem Werk*, hat, wie auch die ausländischen Arbeiten in der Gedächtnisschrift für *Liszt* von 1969 bezeugen,[318] eine Harmonie zwischen der üblichen Auffassung von *Liszt* im In- und Ausland wiederhergestellt, die in den 1930er Jahren in Deutschland durch eine radikale Distanzierung von *Liszt* und die Reduktion seines Werkes auf den Positivismus-Naturalismus Topos, verloren gegangen war.[319] Die meisten Staaten der Welt prägten, viel stärker als es in

---

315 *C. Roxin*, a.a.O. (1969), S. 71.

316 *C. Roxin*, a.a.O. (1969), S. 71.

317 Vgl. *M. Frommel*, a.a.O. (2012), S. 153:, *dies.* a.a.O. (2013), S. 294 f.; vgl. noch *dies.*, a.a.O. (1987), S. 84 f.

318 Franz von Liszt zum Gedächtnis: Zur 50. Widerkehr seines Todestages am 21. Juni 1919, 1969. Die Sammlung ist zugleich als ZStW 81 (1969), Heft 3 erschienen.

319 Namentlich aufschlussreich sind die Beiträge zum lateinamerikanischen StGB Musterentwurf von *Ed. Novoa Monreal*, GS Liszt, 1969, 208; zu „Jugoslawien“ von *B. Zlatarić*, ebendort, 220; zu „Schweden“ von *A. Nelson*, ebendort, 281. Daneben erschienen in der GS auch Beiträge zu „Portugal“ von *Ed. Correia*, ebendort (1969), 179; zu „Schweiz“ von

Deutschland jemals der Fall war, einen Diskurs der aktiven Modernisierung der Gesellschaft durch den Staat. Dort sind das staatliche Recht und die private Moral nicht (unvollkommen) aufgeteilt durch nachträgliche philosophische Einsicht, politische Belehrung und Verfassungsnorm, sondern durch den Umstand der Entstehung der staatlichen Tradition erst in Kontexten, in welchen diese Verquickung gar nicht mehr zu erwarten war. In diesen Staaten steht *Liszt* nicht so sehr für einzelne kriminalpolitische Forderungen,[320] sondern als musterhafter Befürworter und Vertreter eines progressiven, rationalen, „modernen" Reformgedankens, dazu noch mit einer ausgeprägten Blockade („Magna Charta") der in Bezug auf die Strafverfahren und die Reaktion auf Kriminalität so naheliegenden Neigungen zur Willkür. Er wird nicht als Theoretiker der Kontrolle, sondern als Theoretiker der rechtsstaatlichen Verbrechenskontrolle geschätzt.

Aus der Geschichte der politischen Tradition erscheint u. a. die Rolle von *Thomas Dehler* erwähnenswert. Die Einzelheiten sind noch aufarbeitungsbedürftig, aber es steht fest, dass *Dehler* als Justizminister nach dem Krieg (1949–1953) die Reform des Strafrechts im Geiste von *Liszt* und der modernen Schule einleiten wollte.[321] Er hat 1967 maßgeblich dazu beigetragen, dass seine Partei, die FDP, den Alternativ-Entwurf als Gesetzesvorlage in den Bundestag einbrachte.[322] Damit war auch parteimäßig eine Brücke zu *Liszt* geschlagen. *Dehler* hat nämlich vor dem Krieg der Deutschen Demokratischen Partei angehört, deren Mitbegründer *Liszt* war und die in den Anfängen der Weimarer Republik – in charakteristischem sozialliberalen Gewand – zusammen mit der SPD die fortschrittlichen Grundsätze der Kriminalpolitik vertreten hat (vgl. Punkt B.I. im 5. Kapitel). Während die FDP bei dem Aufbau ihres geschichtlichen Selbstverständnisses unmittelbar auf *Liszt* zurückgreifen konnte, eröffnete sich für die SPD ein mittelbarer, aber vergleichbarer Bezug zu *Liszt* und der Modernen Schule über *Radbruch*.

H. Schultz, ebendort, 243. Vgl. noch *S. Hurwitz*, Franz von Liszt og vor tids kriminalpolitik, Nordisk tidsskrift for kriminalvidenskab (1951), 10; *F. Bauer*, Das Verbrechen und die Gesellschaft, 1957, S. 148 f.; *G. Simson*, Franz von Liszt und die schwedische Kriminalpolitik, FS K. Schlyter, 1949, 308; sowie die nicht lange nach dem 2. Welktrieg erschienenen Festbeiträge von *J. Andenes, K. Schlyter, O. Kinberg, F. Wetter, R. Bergendal, I. Agge*, in: Svensk Juristtidning 1951, 169 ff. und Revue internationale de droit pénal 22 (1951).

[320] Für diese Sichtweise s. *P. Bockelmann*, Franz von Liszt und die kriminalpolitische Konzeption des allgemeinen Teils, GS Liszt, 1969, 53.

[321] Vgl. dazu *Eb. Schmidt*, Freiheitsstrafe, Ersatzfreiheitsstrafe und Strafzumessung im Alternativ-Entwurf eines Strafgesetzbuchs, NJW 1967, S. 1931.

[322] *C. Roxin*, a.a.O. (1969), S. 71; *ders.*, Strafzweck und Strafrechtsreform, in: J. Baumann (Hrsg.), Programm für ein neues Strafgesetzbuch, 1968, S. 72, 92; *J. Baumann*, Thomas Dehler – der liberale Rechtspolitiker, in: Thomas Dehler: Begegnungen, Gedanken, Entscheidungen, 1978, S. 172 ff. *H. Maassen/E. Hucko*, Thomas Dehler: der erste Bundesminister der Justiz, 1977, S. 15 ff.

11. Kapitel

Liszts Bild in der Großen Strafrechtsreform (2): Die Diskontinuität und Kontinuität des Naturalismus-Topos

A. Naturalismus in der Verbrechenslehre

Die besonders von *Welzel* tief ausgearbeitete Zuordnung von *Liszts* Werk in der geistigen Welt des Positivismus (1935), wird in der Zeit nach dem Krieg nicht verworfen, aber wesentlich selektiver wahrgenommen und umdefiniert. Während *Welzel* noch die ganze Person *Liszts* in die Epoche des Naturalismus und letztendlich unter den Begriff des durch *Comte* begründeten Positivismus einordnete, figurierte der Naturalismus nach dem 2. Weltkrieg als eine immer wiederkehrende *plausible Erklärungsgröße* dort, wo ein Determinismus-, Materialismus- oder Naturalismus-vorwurf in Bezug auf konkrete Äußerungen *Liszts* nahelagen. In diesem Sinne trifft man nach dem Zweiten Weltkrieg auf den Positivismus- oder Naturalismus-Hinweis auch bei jenen Autoren, die sonst *Liszts* wissenschaftliche Leistung durchaus oder zumindest in der Tendenz positiv bewerten. So etwa in *Roxins* „Täterschaft und Tatherrschaft“[323] und in *Heinitz'* besonderer Untersuchung über *Liszts* Dogmatik.[324]

Überhaupt ist *Liszts* Verbrechenslehre eine Enklave des Naturalismus-Topos, in welcher er, insbesondere in Bezug auf die Handlung („naturalistischer“ aber auch „natürlicher“, „kausaler Handlungsbegriff“) ständig anzutreffen ist.[325] Das muss bis

---

323 *C. Roxin*, Täterschaft und Tatherrschaft, 9. Aufl. 2015 (1963), S. 4 f.

324 *E. Heinitz*, Franz von Liszt als Dogmatiker, GS Liszt, 1969, S. 32.

325 Vgl. diesbezüglich die geläufigen Übersichte in den 1960er Jahren von *R. Maurach*, Deutsches Strafrecht AT, 3. Aufl. 1965, S. 136 ff., 145 f.; *H. Welzel*, Das dt. Strafrecht, 10. Aufl. 1969, S. 39 ff.; *H.-H. Jescheck*, Lehrbuch des Strafrechts AT, 1. Aufl. 1969, S. 140 f.; *Eb. Schmidhäuser*, Strafrecht AT, 1. Aufl. 1970, Kap. 7/1 ff. (S. 128 ff.) [unterrepräsentiert ist der Naturalismustopos noch bei Autoren, die einer „neoklassischen“ und begriffsjuristischen Tradition nah stehen: *E. Metzger/H. Blei*, Strafrecht AT, 11. Aufl. 1965, S. 50 ff; *J. Baumann*, Strafrecht AT, 4. Aufl. 1966, S. 168 ff.]. Die Kommentarliteratur der Zeit ist viel theoretisch-historisch bescheidener: vgl. *A. Dalcke/E. Fuhrmann/K. Schäfer*, Strafrecht und Strafverfahren, 37. Aufl. 1961, S. 4 f.; *E. Kohlrausch/R. Lange*, StGB, 43. Aufl. 1961; *O. Schwarz/E. Dreher*, StGB, 26. Aufl. 1964, vor § 1 StGB (S. 8 ff.); *K. Lackner/H. Maassen*, StGB, 4. Aufl. 1967, S. 1; *A. Schönke/H. Schröder*, StGB Kommentar, 14. Aufl. 1969, Vorbemerkung, Rn. 25 ff. Insoweit ganz anders die spätere Kommentar-Literatur mit fortgeschrittener Kanonisierung des Naturalismus-Topos, vgl. heute: *G. Freund*, Münchener Kommentar StGB, 3. Aufl. (Bd. 1, 2017), Vor §§ 13 ff., Rn. 5 ff.; *T. Walter*, Leipziger Kommentar, 12. Aufl. (Bd. 1,

zu einem gewissen Grade überraschen, weil vor dem Krieg wichtige alternative Deutungen ausgearbeitet waren und nicht zuletzt gerade *Radbruch* (schon 1905/06) und nach ihm *Eb. Schmidt* (zuletzt 1965) die These vertreten haben, dass der logische Schwerpunkt der „Sinnfälligkeit" der Liszt'schen Verbrechenslehre, und bei *Radbruch* auch insbesondere des Handlungsbegriffs, *nicht* im Geiste des Naturalismus oder Positivismus, sondern in den Belangen der Rechtssicherheit liegt. Der Topos einer „aristotelisch-platonischen Begriffsbildung" von *Schwarzschild* und ihre Verbindung von *Liszts* Dogmatik mit dem Themenkomplex der Allgemeinen Rechtslehre (1933) werden zwar in der Nachkriegsdiskussion gelegentlich übernommen.[326] Es herrscht aber der Eindruck, dass der hinter ihm verborgene Hinweis auf eine metaphysisch-idealistische Struktur der Verbrechenslehre nicht näher aufgegriffen wird. Zwar konnte in Ergänzung zu der Untersuchung von *Bubnoff*[327] in der Liszt-Forschung nachgewiesen werden, dass zwischen *Liszts* Definitionen von Handlung und älteren, deutlich hegelianisch mitgeprägten Bestimmungen, insbesondere von *Bekker* (1859), gewisse Übereinstimmungen bestehen.[328] Dieser Umstand wurde aber im gewissen Sinne rückwärtsgewandt interpretiert, sodass man nicht *Liszts* Begriffe als mögliche Neuerungen im idealistischen System diskutierte, sondern davon ausging, dass sich „also auch" bei *Bekker* der „naturalistische Einschlag der *von Liszt*schen Handlungslehre" findet.[329]

Unterschieden wird in dieser Zeit die Diagnose eines rechtswissenschaftlichen Positivismus von der Diagnose eines Comte'schen wissenschaftstheoretischen oder philosophischen Positivismus. Bei *Welzel* bildeten noch beide als „Positivismus" bezeichneten Phänomene eine Einheit: der juristische Positivismus war bei ihm noch nur eine Bestrebung, die für die Naturwelt charakteristische Determiniertheit und Kausalbetrachtung in die sozialen Verhältnissen künstlich, wohl durch *Gesetze* des Staates, in welchem die *Gesetze* der Natur fehlen, zu integrieren.[330] Demgegenüber wird nach dem Krieg in der Liszt-Kritik der juristische Positivismus streng vom Naturalismustopos getrennt. Das Verbrechenssystem von *Liszt* wird als eine Ausprägung des rechtswissenschaftlichen Positivismus gesehen, die innerlich mit der Theorie des liberalen Rechtsstaates und den damit einhergehenden Wertungen zu-

2007), Vor § 13, Rn. 21 ff.; *I. Puppe*, im Nomos-Kommentar StGB, 5. Aufl. (Bd. 1, 2017), Vor 13 ff., Rn. 41; *J. Eisele*, in Schönke/Schröder, 30. Aufl. 2019, Vorbemerkungen §§ 13 ff., Rn. 26 f.; *T. Fischer*, StGB, 65. Aufl. 2018, Vor §13, Rn. 4. Starke Anlehnung an *Welzels* Zuordnungen kommt in der anscheinend aus der Mode gekommenen aber traditionsreichen Metatheorie des Verbrechenssystems vor, wie musterhaft noch vertreten von *B. Schünemann*, Einführung in das strafrechtliche Systemdenken, in: ders. (Hrsg.), Grundfragen des modernen Strafrechtssystems, 1984, S. 18 ff.

[326] *E. Heinitz*, a.a.O. (1969), S. 31.

[327] *E. Bubnoff*, Die Entwicklung des strafrechtlichen Handlungsbegriffes von Feuerbach bis Liszt, 1966, insb. S. 137.

[328] *E. Heinitz*, a.a.O. (1969), S. 32; *E.I. Bekker*, Theorie des heutigen deutschen Strafrechts, Bd. 1, 1859, S. 86 ff.

[329] *E. Heinitz*, a.a.O. (1969), S. 32.

[330] *H. Welzel*, Naturalismus und Wertphilosophie im Strafrecht, 1935, S. 37.

sammenhängt.[331] Auch für diese Deutung bestanden Ansätze bei *Welzel*, jedoch stand bei ihm auch der Gedanke der bürgerlichen Freiheit unter dem Kennzeichen des Positivismus bzw. der „Machtideologie der positivistischen bürgerlichen Gesellschaft".[332] Mit dem Hinweis auf den Rechtspositivismus und seine liberale Funktion war zugleich eine Brücke zu den Ausführungen im Standardwerk von *Schmidt* geschlagen, in welchem, wie oben gezeigt, die Begriffsjurisprudenz bei *Liszt*, wenn auch aus anderen Prämissen, ebenso als eine Folge der Bemühung um Rechtssicherheit interpretiert wurde (Punkt A. im 10. Kapitel). Äußerlich trat durch die Verbindung von *Liszts* Rechtswissenschaft mit dem Rechtspositivismus eine Entfernung von jenen Positionen auf, die, wie *Hurwicz* (1919) oder *Wedel* (1933), in *Liszts* Leistung eine Kriegserklärung an die Begriffsjurisprudenz[333] oder Überwindung des Positivismus[334] sahen (Punkt G.I. im 9. Kapitel).

B. Dekonstruktion des „Naturalismus" und eigene Positionierung bei H. Mayer (1962); Moos (1969)

In inhaltlicher Hinsicht, besonders im Bereich *außerhalb* der Verbrechenslehre, darf man in Bezug auf die 1950er und 1960er Jahre von einer zumindest partiellen Diskontinuität der Welzel'schen Zuordnung *Liszts* zur geistigen Welt des Naturalismus und des Comte'schen Positivismus sprechen. Zwar fehlt es nicht an einer monographischen Untersuchung, in welcher die Zuordnungsmuster von *Welzel* einfach bausteinartig übernommen und durch zahlreiche Vereinfachungen sogar verfestigt werden.[335] Aber in dem Teil der Forschung, der sich durch einen eigenen theoretischen Beitrag auszeichnet, ist eine Neuordnung des Sachverhaltes erkennbar. Die erste, sehr kurz gefasste Relativierung enthielt bereits 1948 der wichtige Aufsatz „Das Erbe Franz v. Liszts" von *Clever*, der später kaum rezipierte wurde.[336] *Clever* geht zwar von einem positivistischen Zug von *Liszts* Schaffen aus, aber im Gegensatz zu *Welzel* verwirft er die Verknüpfung mit positivistischer Orthodoxie und die

---

331 *C. Roxin*, Kriminalpolitik und Strafrechtssystem, 2. Aufl. 1973 (1970), S. 6 ff., 11 ff.

332 *H. Welzel*, a.a.O. (1935), S. 37. Im Übrigen entsprach die Vorstellung eines Rechtspositivismus bei *Liszt* in den 1960er und 1970er Jahren dem damals herrschenden, von *Larenz* und *Wieacker* konstruierten Verständnis einer immer formaler werdenden Jurisprudenz im 19. Jahrhundert. Vgl. für die eindeutig andere Auffassung seit den späten 1980er Jahren: *H.-P. Haferkamp*, Georg Friedrich Puchta, 2004, S. 97.

333 *E. Hurwicz*, Franz v. Liszt und die soziologische Strafrechtsschule, Die Neue Zeit 38 (1919), S. 80.

334 Vgl. schon den Titel: *H. Wedel*, Franz v. Liszts geschichtliche Bedeutung als Überwinder des strafrechtlichen Positivismus, Schweizerische Zeitschrift für Strafrecht 47 (1933), 324. (vgl. Punkt F.I. im 9. Kapitel).

335 *A. Rebhan*, Franz v. Liszt und die moderne défense sociale, 1962, S. 15 ff.

336 *W. Clever*, Das Erbe Franz v. Liszts, in: Beiträge zur Kultur- und Rechtsphilosophie (FS Radbruch), 1948, 139.

Gleichstellung von *Liszt* mit Musterautoren des Positivismus wie *Spencer.*[337] Das besondere Verdienst bei der Überwindung der einseitig auf den Comte'schen Positivismus gerichteten Perspektive hat sich dann 1962 *Mayer* erworben, der auch vor dem Krieg (1936) ein bemerkenswertes Gefühl für die intellektuelle Kontextualisierung des Strafrechts gezeigt hat und sich – damals noch absichtlich ohne Namen zu nennen – gerade aus methodologischen Gründen gegen die Zuordnungsversuche von *Wolf* (1932, 1933) und *Welzel* (1935) gewendet hat. Über seine Stellungnahme vor dem 2. Weltkrieg erfolgte bereits oben ein Hinweis (Punkt F. im 9. Kapitel).

In *Mayers* zentralem Urteil nach dem Krieg waren die „führenden Köpfe“ der „deutschen soziologischen Strafrechtsschule“, aber auch der italienischen „scuola positiva“, viel weniger der „eigentlichen positivistischen Philosophie verpflichtet“ als dem älteren Materialismus.[338] *Welzel* hatte 1935, daran sei hier erinnert, die Comte'sche „positivistische Philosophie“ in den Mittelpunkt gestellt und auch wesentliche Erscheinungen der vorherigen Zeit, den Rationalismus und Empirismus der Aufklärung, und sogar den später auftretenden Neukantianismus unter dem Aspekt der positivistischen Philosophie behandelt. Demgegenüber verortet *Mayer* 1962 zeitlich und systematisch sensibler *Liszts* Werk in die begriffliche Nähe des *Materialismus*, der in vieler Hinsicht von dem Comte'schen Positivismus zu unterscheiden ist. Materialismus[339] ist eine mit der Entwicklung in der Psychologie eng verknüpfte Erscheinung, die bereits im 18. Jahrhundert, also in der Aufklärung, ausgeprägt war. Er wurde, nachdem er bereits zahlreiche Ankerpunkte in der politischen Philosophie und Psychologie gefunden hatte, um 1850 in Deutschland zu einem wichtigen Streitgegenstand in der wissenschaftlichen Diskussion, wo er besonders durch das berühmte Buch von *Albert Lange* bekämpft wurde (vgl. Punkt A.III.1. im 4. Kapitel).

Anders als im Positivismus, der in der methodologischen Diskussion unter dem Stichwort des Naturalismus erfasst wurde, besteht der Schwerpunkt des „Materialismus“ nicht in dem Aufsuchen der Gesetze der sozialen Erscheinungen, und es geht nicht, wie beispielsweise bei *Rickert* und allgemein im Neukantianismus, um ein methodologisches Postulat des Generalisierens, das die Naturwissenschaften auszeichnen würde. In den materialistischen Auffassungen liegt der Schwerpunkt darin, dass das einzeln aufgefasste Verhalten des Individuums „analog dem Mechanismus der durch Schwerkraft bewegten Körper“ gedacht wird.[340] Man sucht nicht etwa wie im soziologischen Positivismus nach den Gesetzen, die das Vorkommen der Kriminalität in der Gesellschaft bestimmen, sondern fasst die psychischen Momente als ein materielles Ereignis auf. Im „Materialismus“, der verschiedenste Ausprägungen in der ganzen Geschichte des menschlichen Denkens hat, werden die „geistespsychologischen Abläufe“ mit „materiellen Gegebenheiten“ verknüpft.[341]

---

337 *W. Clever*, a.a.O. (1948), S. 140.

338 *H. Mayer*, a.a.O. (1962), S. 1 f.

339 Für diese Bezeichnung s. bei *H. Mayer*, a.a.O. (1962), S. 2.

340 *H. Mayer*, a.a.O. (1962), S. 2.

341 *H. Mayer*, a.a.O. (1962), S. 3.

Aus dieser Perspektive eröffneten sich auch für *Mayer* bei der Analyse von *Liszts* Werk notwendig Parallelen zu der Entwicklung im 18. Jahrhundert: ähnlich wie vor dem Krieg (1936), spricht *Mayer* auch in seinen neuen Ausführungen in Bezug auf den „Naturalismus" bei *Liszt* von einer „Neuaufklärung".[342] *Liszts* „Kriminologie" wird nicht, wie bei *Schmidt*, in einem realistisch-empirischen Zusammenhang gesehen, sondern wird als eine „Konstruktion more geometrico im Sinne des 18. Jahrhunderts",[343] als ein Bündel von „deduktiven Spekulationen",[344] als eine „deduktive Kriminologie" aufgefasst.[345] Eine angestrebte „kausale Naturbeobachtung" werde bei *Liszt* „nicht ernstlich durchgeführt".[346] Insoweit besteht Übereinstimmung mit dem oben dargestellten Urteil von *Kempe* (1968/69 = *Liszt* war ein kriminologischer Laie), wenn auch die Ausführungen von *Mayer*, angeregt durch die Positionierung von eigenen kriminologischen Vorstellungen, nicht frei von Übertreibungen sind.[347]

Die Ausführungen von *Mayer* haben, dem Charakter seiner Schrift entsprechend („Strafrechtsreform für heute und morgen"), *zwei Dimensionen*. Einerseits wird – angeblich unmittelbar – über *Liszt* und die „moderne Schule" gesprochen, andererseits aber sind alle Ausführungen in der Schrift im Kontext der Bemühungen um die Durchsetzung der eigenen kriminalpolitischen Positionen in der Reform verortet. Dies lässt eine doppelte Bewertung seines Buches zu. Große Vereinfachungen, Fehlen jedweder unmittelbarer Analyse von *Liszts* Werk und nicht zuletzt ein suspektes Aufgreifen von bereits analytisch überholten Interpretationen (vgl. Punkt D. im 10. Kapitel), lassen sich einerseits als Verfehlungen in der Auseinandersetzung mit *Liszts* Erbe lesen, andererseits aber auch als eine herausfordernde und gelungene, zugespitzte Positionierung der eigenen Bestrebungen innerhalb der Reformdiskussion.

Trotz kriminalpolitisch bedingten Nachteilen der Untersuchung, darf in der grundsätzlichen Verlagerung des Schwerpunkts von einem Positivismus/Naturalismus Vorwurf auf einen Materialismusvorwurf ein wichtiger Punkt in der Entwicklung der Liszt-Forschung gesehen werden. Durch die neue, geschichtliche Perspektive wurde zumindest der Weg eröffnet, dass man, anstelle von abstrakten, von Stichwörtern und Plausibilitätsüberlegungen geleiteten Zuordnungen zu großen Epochen auszugehen, die eigentlichen geistesgeschichtlichen Wurzeln von *Liszts* Denken in konkreten älteren psychologischen Systemen und methodologischen Auseinandersetzungen der Zeit verortet. Diesen Weg hat *Moos* in beachtlichem Umfang in seinem Liszt-Aufsatz von 1969 beschritten (vgl. noch Punkt A.I.1. im

---

[342] *H. Mayer*, a.a.O. (1962), S. 3, 33.

[343] *H. Mayer*, a.a.O. (1962), S. 3.

[344] *H. Mayer*, a.a.O. (1962), S. 2.

[345] *H. Mayer*, a.a.O. (1962), S. 4, 34.

[346] *H. Mayer*, a.a.O. (1962), S. 3.

[347] Vgl. zur Kontrastierungen mit zeitgenössischen Kriminologie *H. Mayer*, a.a.O. (1962), S. 3 ff.

4. Kapitel).[348] Eine monographische Untersuchung des Werdegangs *Liszts*, die *Moos* selbst im Aufsatz angekündigt hat, ist leider nicht erschienen.[349] Die Liszt-Forschung seit den 1980er Jahren hat sich erwartungswidrig nach wie vor auf die Stichwörter von *Welzel* und nicht auf die konkreten Untersuchungen zur intellektuellen Geschichte verlassen (Punkt D.II. im 14. Kapitel).

Die durch Verlagerung des Naturalismusvorwurfs auf den Topos des Materialismus ermöglichte zusätzliche Hervorhebung von Ähnlichkeiten zwischen der Aufklärung und *Liszt* („Neuaufklärung") hat sich bei *Mayer*, der Leser ist zuerst etwas überrascht, nicht zu Gunsten der Bewertung von *Liszt* und von seinem Werk ausgewirkt. Denn *Mayer* bewertet sowohl die „alte" als auch Versuche der „neuen" Aufklärung, ähnlich wie die herrschende Meinung in den 1930er Jahren, prinzipiell negativ. Im Hintergrund steht seine Auffassung, dass der Nationalsozialismus in *Hitlers* Gewand, eine *undeutsche* Erscheinung war, die, so lesen sich im Ergebnis die verwickelten Ausführungen, dem französischen Liberalismus näher als dem deutschen Geist stehe.[350] Die „deutsche klassische Philosophie und Dichtung" hat „in der Auseinandersetzung mit und in Überwindung der Aufklärung" ein spezifisches Freiheitsverständnis entwickelt, bei welchem die Freiheit nicht als „naturhafte individuelle Ungebundenheit", sondern als „Freiheit zu sittlicher Selbstverantwortung" verstanden wird.[351] „Die mit Kant begonnene Wendung des deutsche Geistes", schreibt *Mayer*, „hat unser Volk auf einen besonderen Weg geführt".[352] „Hitler", so *Mayer*, ist kein Nachfahre des deutschen Idealismus, er bezeichnet vielmehr den Übergang von „dem späteren naturalistisch verstandenen Individualismus in den Kollektivismus".[353] *Liszts* Denken sei, solange *Liszt* die Tatbestandbestimmung im Gesetz als „Magna Charta" betrachtet, nur eine glückliche Inkonsequenz gewesen, die freilich im Rahmen der tradierten liberalen Überzeugungen der Zeit (und von *Liszt*) ihre sinnvolle Einbettung finde;[354] die Konsequenzen des naturalistischen Denkens „mussten sich" dennoch schließlich, in den 1930er Jahren, durchsetzen.[355]

Die Verbindung von *Liszt* zum Nationalsozialismus bzw. den Lebensausrottungspraktiken des nationalsozialistischen Regimes wird einerseits durch eine metaphysische Überfrachtung des realen Geschehens, andererseits durch willkürliche Vertauschung von Bedeutungsinhalten gleicher oder ähnlich lautender Bezeich-

---

348 *R. Moos*, Franz von Liszt als Österreicher, GS Liszt, 1969, 116. Der Aufsatz erweitert die virtuose Monographie *R. Moos*, Der Verbrechensbegriff in Österreich im 18. und 19. Jahrhundert, 1968.

349 Vgl. *R. Moos*, a.a.O. (1969), Anmerkung 5 (spezielle Liszt-Monografie).

350 *H. Mayer*, a.a.O. (1962), S. 25 ff.

351 *H. Mayer*, a.a.O. (1962), S. 26 ff., 28. Vgl. für verwandte Kritik an den Freiheitsbegriff in der NS-Zeit *K. Marxen*, Der Kampf gegen das liberale Strafrecht, 1975, S. 63 f.

352 *H. Mayer*, a.a.O. (1962), S. 29.

353 *H. Mayer*, a.a.O. (1962), S. 30, sowie S. 27.

354 *H. Mayer*, a.a.O. (1962), S. 35 ff., 38.

355 *H. Mayer*, a.a.O. (1962), S. 35 ff., 38.

nungen gewährleistet („Gattung").[356] *Liszt* Werk und Einstellung werden liberale Aspekte zugestanden, und es wird ihm – anders als in der marxistischen DDR-Literatur (12. Kapitel) – eine Gutgläubigkeit, nämlich das Fehlen der Absicht, die Institute der bürgerlichen Freiheit zu zerstören, nicht bestritten.[357] Die Verbindung zwischen *Liszt* einerseits und *Hitlers* Konzept des Nationalsozialismus andererseits wird in diesem Kontext vor allem durch eine offenbar hegelianisch gemünzte Auffassung der Geschichte herausgebildet, bei welcher man von einer „Entfaltung" der Idee ausgeht und in unterschiedlichen Erscheinungen nur einen Entfaltungsfall ein und desselben „Geistes" bzw. der Idee sieht. Diese, geschichtsphilosophische Art der Analyse des geschichtlichen Zusammenhangs zerstört jedoch gerade die für *Mayer* so wichtige Freiheit. Anstatt der Analyse einer individuellen Verantwortung und Gestaltung der Diskurse wird das unerwünschte Geschehen als ein abstrakter, von Menschen unabhängiger Fall einer Anwendung der verfehlten französischen Philosophie dargestellt.

C. Neubestimmungen und Selbstkritik bei Wieacker, Lange und Wolf

I. Alte und neue Auffassung bei Wieacker (1952, 1967)

Die „Privatrechtsgeschichte der Neuzeit" *Wieackers*, die das eigentliche Standardwerk der juristischen Geschichtsschreibung der Zeit war, beinhaltet in der ersten Auflage von 1952 und in der letzten, zweiten Auflage von 1967, anders akzentuierte Ausführungen zu *Liszt* und zu dem Wert des „juristischen Naturalismus".[358] Im Vergleich zur ersten Auflage zeigt die zweite eine differenzierende Sichtweise, welche, entsprechend der methodologischen Grundhaltung von *Wieacker*, den Umstand in den Vordergrund rückt, dass an sich „naturalistische" Verschiebungen im Denken bei verschiedenen Autoren und in verschiedenen Feldern zu geschichtlichen Erscheinungen mit unterschiedlichem Inhalt und Wert führen können. Diese Methode der individualisierenden Auffassung wurde bereits in der ersten Auflage angewendet, aber erst in der zweiten Auflage wurde eine Trennung zwischen den „Verdiensten" des Naturalismus für die Rechtswissenschaft und Gesetzgebung einerseits und seinen „Anteilen" an der Zerstörung des Rechtgedankens andererseits vollkommen durchgeführt.[359]

---

[356] Vgl. *H. Mayer*, a.a.O. (1962), S. 34, 37ff.

[357] *H. Mayer*, a.a.O. (1962), S. 25.

[358] *F. Wieacker*, Privatrechtsgeschichte, 1. Aufl. 1952, S. 332ff.; 2. Aufl. 1967, S. 558ff.

[359] *F. Wieacker*, Privatrechtsgeschichte, 2. Aufl. 1967, S. 569ff., 581ff. Die Kenner späterer Diskussion mögen hier die Voraussetzungen für eine differenzierte Betrachtung des Modernismus erkennen, die sich in der allgemeinen Geschichtswissenschaft erst einige Jahre bzw. Jahrzehnte später als theoretischer Rahmen etabliert haben. Vgl. über den Ansatz von *Detlev Peukert* bei *R. Wetzell*, Inventing the Criminal, 2000, S. 7f.; *F. Bajohr*, Der National-

Die besondere Auffassung und Darstellung der Geschichte bei *Wieacker* setzt voraus, dass die Autoren nicht als Gattungsexemplare einer Epoche gedacht werden, sondern vielmehr die einzelnen Gegenstände der Untersuchung, wie die Jhering'sche Zweckideologie, die Interessensjurisprudenz von *Philipp Heck*, die Rechtssoziologie von *Eugen Ehrlich* und letztendlich auch die „Kriminologie" von *Liszt* als jeweils in sich schlüssige und nur durch die Betrachtung der Eigenentwicklung verstehbare wissenschaftliche Leistungen erfasst und mitgeteilt werden. Diese Auffassung wird besonders dadurch hervorgehoben, dass der Wert und Unwert des Naturalismus jeweils in die Abhängigkeit vom *Handelnden* gesetzt werden: „Als Prinzip des Handelns trägt daher die naturalistische Rechtsauffassung je nach der Art des Handelnden alle Möglichkeiten von edelstem sittlichen (wenn schon rechtblinden) Wollen oder fruchtbarster gesellschaftlicher und politischer Schöpferkraft bis zur offenen Verhöhnung des Rechts in sich".[360] Jenes reinere Wollen „tritt mehr in den Gedanken der naturalistischen Rechtdenker, Philosophen und Sozialreformer hervor", der „Rechtszynismus mehr in der massiven Wirklichkeit der entarteten Rechtspolitik menschenverachtender Diktaturen".[361]

In der ersten Auflage liegt der Schwerpunkt der Bestimmung des „juristischen Naturalismus" in der für diesen charakteristischen Auffassung, dass die „geschichtlichen Phänomene, scheinbar geschichtliches Handeln frei wollender Menschen", eigentlich „in Wahrheit kausal determiniert sind".[362] Diesbezüglich wird der Einfluss des Naturalismus in der Rechtswissenschaft *bei Liszt* dort gesehen, wo er im Verbrechen eine determinierte Gesellschaftserscheinung sieht und daher eine Verbrechensbekämpfung mit kausalen Mitteln sucht.[363] Der „Schutz der Gesellschaft durch Zweckstrafe", das Verständnis, dass die Strafe eine „reine Zweckfunktion" hat, hat sich „nach Zerstörung des Rechtsstaats, d.h. der Rückstände des Gerechtigkeitsgedankens" mit „fürchterlicher Wucht gegen den Rechtsbrecher und den ihm gleichgestellten gemeinschädlichen Unschuldigen" gekehrt.[364] Diese Behauptung[365] ähnelt den Ausführungen von *Mayer*, nur dass sie im Kontext einer allgemeinen individualisierenden Betrachtung bei *Wieacker* eine andere Bedeutung erhält. Nicht etwa *Liszts* Gedankenmassen sind im Nationalsozialismus konsequent verwirklicht, sondern es finden sich in der Geschichte mannigfaltige, durch selbstständige Überzeugungen und Gestaltungen hervorgerufene Variationen einer naturalistischen Idee vor.

---

sozialismus als „Krankengeschichte der Moderne", in: R. Hachtmann/S. Reichardt (Hrsg.), Detlev Peukert und die NS-Forschung, 2015, 146.

[360] *F. Wieacker*, Privatrechtsgeschichte, 2. Aufl. 1967, S. 583.

[361] *F. Wieacker*, Privatrechtsgeschichte, 2. Aufl. 1967, S. 583.

[362] *F. Wieacker*, Privatrechtsgeschichte, 1. Aufl. 1952, S. 335.

[363] *F. Wieacker*, Privatrechtsgeschichte, 1. Aufl. 1952, 335.

[364] *F. Wieacker*, Privatrechtsgeschichte, 1. Aufl. 1952, S. 346.

[365] Vgl. noch 2. Aufl. 1967, S. 584.

Die Änderungen in der zweiten Auflage (1967) sind, wie verstreuten Hinweisen entnommen werden kann, allermeist durch Fehlentwicklungen in der Strafrechtswissenschaft der Bundesrepublik und in der spezifischen Reformdiskussion der 1960er Jahre angeregt worden.[366] Es wird in diesem Zusammenhang mit jedem möglichen Nachdruck hervorgehoben, dass der „juristische Naturalismus" eine äußerst positive Funktion in der Geschichte der Rechtswissenschaft hatte. Nämlich als kraftvolle Basis für die Überwindung von „Doktrinarismus und Borniertheit", die „so oft Fluch einer selbstgefälligen Fachjurisprudenz oder Rechtsphilosophie geworden" sind.[367] Die „Besinnung auf die sozialethische Verantwortung der positiven Rechtsordnung" beruhte „zuletzt auf der Naturalisierung der Rechtsanschauung und einem Durchbruch zur unmittelbaren Wahrnehmung der gesellschaftlichen Realitäten und Aufgaben".[368] Zu diesem Naturalismus haben „Denker von höchstem sittlichen Ernst ebenso wie später die gewissenlose Verachtung des Rechts ihre Zuflucht genommen".[369]

II. Neue Auffassung bei Lange (1969)

Die rechtsgeschichtlichen Darstellungen *Wieackers*, insbesondere seine sorgsam differenzierte Darstellung einzelner naturalistischer Erscheinungen in der zweiten Auflage der „Privatrechtsgeschichte", hat auch in der strafrechtlichen Liszt-Forschung Widerhall gefunden. Unmittelbar auf der Grundlage von *Wieackers* differenzierten Bewertungen hat *Lange* in seinem Liszt-Gedächtnisvortrag von 1969 ein eklektisches Bild von *Liszt* entwickelt, und sich ausdrücklich gegen eine starre Zuordnung von *Liszt* in die geistige Welt des Naturalismus ausgesprochen. *Liszt* war durch den Positivismus-Hinweis „voreilig an einen bestimmten geistesgeschichtlichen Ort fixiert".[370] Er lässt sich nicht in „ein einziges abgegrenztes Feld einordnen".[371] Gleichwohl ist die Übernahme der Kritik *Wieackers* bei *Lange*, Zeugnis eines methodologischen Missverständnisses, in welchem *Lange*, der sich allgemein bemüht hat gegen Positivismus und ein positivistisches Bild des Menschen zu kämpfen, nicht geschickt zeigte bei der Bewertung *Liszts* Gedanken anders als positivistisch zu verfahren.

„Gerade darin liegt *Liszts* Größe und von daher wird seine lebendige Nachwirkung in unsere Tage hinein überhaupt erst verständlich, daß eine Forscherpersönlichkeit seines Maßes auch gegenläufige und sich ablösende Strömungen in sich aufzunehmen und durch ihre Bändigung zu einer einzigartigen geistesgeschichtlichen Leistung umzugestalten vermochte. Das,

[366] Vgl. *F. Wieacker*, Privatrechtsgeschichte, 2. Aufl. 1967, S. 569 f.

[367] *F. Wieacker*, Privatrechtsgeschichte, 2. Aufl. 1967, S. 582.

[368] *F. Wieacker*, Privatrechtsgeschichte, 2. Aufl. 1967, S. 558.

[369] *F. Wieacker*, Privatrechtsgeschichte, 2. Aufl. 1967, S. 563.

[370] *R. Lange*, a.a.O. (1969), S. 13.

[371] *R. Lange*, a.a.O. (1969), S. 16. Vgl. noch S. 17: „Wo der Kriminalpolitiker *Liszt* mit dem Positivismus in Konflikt gerät, siegt der erstere".

was er selbst als kriminalpolitisches Kompromiß bezeichnet, war, wie gerade *Wieackers* scharfe Kontraste deutlich machen, in Wirklichkeit die Resultante zweier Komponenten seines Zeitalters, die sich in ihm trafen und brachen. Wenn *Radbruch* von *Liszt* als von einem ‚aufgeräumten Geist' gesprochen hat, so trifft dieses schöne Bild auch in der Sicht des späteren Nachfahren etwas Wesentliches. Indessen war *Liszt* kein ‚aufgeräumter Geist' in dem Sinne, daß alles Mobiliar derselben Stilrichtung entstammte und nach Einheitsmaßen geformt war. Viel eher gleicht sein Geist einem Kampfplatz mehrerer Epochen. Auch Kohlrauschs Wort, *Liszt* sei der Liberale mit dem sozialen Ideal im Herzen gewesen, sagt noch nicht alles Entscheidende. Wenn man die Aufsätze und Vorträge durchgeht, spürt man, wie der Zeitgeist in *Liszt* seine Kämpfe austrug: der naturalistische Zweckgedanke mit der Rechtsidee.“ [372]

Die Ausführungen *Langes* trifft im Grunde der gleiche Naturalismus-Vorwurf wie die Analyse von *Welzel.* Die Anlehnung an *Wieacker* bei *Lange* ist nur eine inhaltliche und keine methodologische, und daher nur äußerlich. Die „Geistesströmungen“ von welchen *Lange* spricht, werden bei ihm nicht als Kategorien der geschichtlichen Analyse und „Theorie“ des Zeitalters begriffen, wie es den kritischen Einwänden von *Wiese* (Punkt C. im 1. Kapitel) und der tatsächlichen Handhabung bei *Wieacker* entsprochen hätte. Vielmehr werden bei *Lange* die Epochen oder die Erkenntnistypen als physisch vorhandene Einwirkungsgrößen gehandhabt, die das Zeitalter selbst durchströmen und im Raum auf verschiedene Autoren einwirken. Anders als bei *Wieacker,* bei welchem die Frage aufgewertet wird, wie der einzelne Autor im vorgefundenen System und in der vorgefundenen wissenschaftlichen und gesellschaftlichen Kultur schafft bzw. gestaltet, bleiben bei *Lange* die Autoren nur untergeordnete Erscheinungen eines intellektuellen Wechselspiels der Epochen.

Es ist überraschend, wenn gerade die radikalen und anerkannten Kritiker des Positivismus wie *Lange*[373] bei der Erforschung der Geistesgeschichte die Befriedigung gerade in einer charakteristisch positivistischen Analyse finden. *Lange* meint, das Bildnis könnte kaum mehr naturalistisch sein, dass die von *Liszt* gestellten Forderungen und Auffassungen „in Wirklichkeit die Resultante zweier Komponenten seines Zeitalters“ gewesen seien.[374] Der Unterschied zwischen *Lange* und *Welzel* besteht nur darin, dass *Welzel* nur *eine* Größe kennt, nämlich den Comte'schen Positivismus, während *Lange* mehreren Größen als Komponenten des Kräftespiels ins Auge fassen möchte. Während bei *Wieacker* letztendlich die Starrheit der Zuordnung, wenn man so will, durch Anerkennung eines „Freiheitsraums“ für jeden Forscher entfällt, wird bei *Lange* die Starrheit einer monistischen Zuordnung dadurch abgebaut, dass an die Stelle einer monistischen eine komplexe Zuordnung in einem mechanischen Bündel von mehreren Richtungen erfolgt.

---

372 *R. Lange*, a.a.O. (1969), S. 16.

373 Vgl. für *Lange*, a.a.O. (1960), S. 56 ff.; *ders.*, a.a.O. (Die Krise, 1969), Summa Criminologica, Bd. 1, S. 253 ff.

374 *R. Lange*, a.a.O. (1969), S. 16.

III. Neue Auffassung bei Erik Wolf (4. Aufl. 1963)

Eine starre Zuordnung zur geistigen Welt des Naturalismus wurde in den 1960er Jahren auch von *E. Wolf* aufgegeben. Seine Neuauffassung wurde (vgl. für die alte Auffassung Punkt D.I. im 9. Kapitel) auf einem *mittelbaren* Weg mitgeteilt. In den ersten drei Auflagen seiner bekannten „Großen Rechtdenker der deutschen Geistesgeschichte" (1939–1951) behandelte *Wolf* zuerst *Liszt* allein im Kontext des „naturalistischen Positivismus", und zwar nur kurz innerhalb von Ausführungen, die *Jhering* gewidmet waren.[375] Die letzte, vierte Auflage von 1963 enthält ein neues Radbruch-Kapitel, in welchem *Liszts* Werk und die Moderne Schule mehrmals in positivem Licht erwähnt werden.[376] Es wird hervorgehoben, dass *Liszt* neben einem „kausal-empirisch" ausgerichteten Strafrechtsdenken gleichzeitig am liberalen Rechtsschutzgedanken festhielt.[377] Bei *Liszt* war, so das neue Kompliment von *Wolf*, eine charakteristische, zeittypische „liberal-soziale" Mischung vorhanden.[378] Die strafrechtliche und rechtspolitische Zuordnung von *Liszt* müsse auch seine Anforderungen an das Strafverfahren in den Blick nehmen.[379] Die Einschätzung von *Liszt* dürfe nicht mit der Bewertung seiner Schüler vermengt werden. Erst einige von den medizinisch orientierten Schülern *Liszts*, aber nicht *Liszt* selbst, kamen „in Kontakt" mit einer „in Westeuropa seit *Comte* und *Spencer*" zur Durchsetzung gelangten Denkart.[380] Die „klaren Begriffe" von *Liszt* und sein „geschlossenes System", bzw. die Verbrechenslehre und ihr begriffsjuristischer Charakter, werden bei *Wolf* auf eine Ineinssetzung von Sein und Sollen zurückgeführt.[381] Der Hintergrund dieses Kritikpunkts ist nicht ganz klar, denn die Kritik an der Vermengung von Sein und Sollen bezog sich historisch, nach 1900, nicht auf *Liszts* Dogmatik, sondern auf den Themenkomplex des „richtigen Rechts" (vgl. Punkt C. im 6. Kapitel).

---

[375] Vgl. dazu *E. Wolf*, Großen Rechtdenker, 4. Aufl. 1963, S. 660.

[376] *E. Wolf*, Große Rechtdenker, 4. Aufl. 1963, S. 713 ff., 720 ff.

[377] *E. Wolf*, Große Rechtdenker, 4. Aufl. 1963, S. 721.

[378] *E. Wolf*, Große Rechtdenker, 4. Aufl. 1963, S. 721.

[379] *E. Wolf*, Große Rechtdenker, 4. Aufl. 1963, S. 721. Vgl. auch *F. Wieacker*, Privatrechtsgeschichte, 1. Aufl. 1952, S. 346, 2. Aufl. 1967, S. 584 (magna charta des Verbrechers als magna charta des Angeschuldigten).

[380] *E. Wolf*, Große Rechtdenker, 4. Aufl. 1963, S. 721.

[381] *E. Wolf*, Große Rechtdenker, 4. Aufl. 1963, S. 721 f.

D. Perspektivenwechsel: Schicksal des „pars pro toto"-Zugangs bei Rebhan (1962) und Bauer (1957 bis 1968)

Die Untersuchung über *Liszt* und die „Défense social" von *Rebhan* von 1962 einerseits[382] und verschiedene Veröffentlichungen von *Fritz Bauer* aus den 1950er und 1960er Jahren andererseits[383] zeigen exemplarisch zwei Wege, die für die Weiterentwicklung der Kontextualisierung von *Liszt* nach dem Zweiten Weltkrieg offen waren. *Rebhans* Untersuchung ist rigide an *Welzels* Sichtweisen angebunden; er übernimmt praktisch alle wesentlichen Befunde von *Welzel* und mit ihnen auch die spezifische *Methode* des Gattungsdenkens. Besonders auffällig ist, dass er nach dem Zweiten Weltkrieg, ähnlich wie *Welzel*, aber ohne den spezifischen Hintergrund der kriminalpolitischen Debatte in den frühen 1930er Jahren, *Liszt* als „pars pro toto" für die ganze Reformbewegung behandelt. Umgekehrt verfährt *Bauer*, der, unbekümmert um *Welzels* Perspektiven, selbstständig die intellektuelle Geschichte der Reformforderungen erschließt. Die „pars pro toto"-Handhabung wird vollständig zu Gunsten eines Zugangs verlassen, in welchem *Liszt* nur als einer unter vielen legitimen Teilnehmern der vorhandenen Diskurse begriffen wird.

Am Anfang der Untersuchungen von *Bauer* steht seine „Kriminologie" von 1957,[384] am Ende sein Aufsatz über *Schopenhauer* und die Strafrechtsproblematik aus dem Jahr seines Todes 1968.[385] *Bauers* Buch von 1957 betrachtet die großen kriminalpolitischen Strömungen nicht aus der eingeengten Perspektive nationalsozialistischer Rechtspolitik, sondern mit Interesse für verschiedene internationale Fortschrittsbemühungen, insbesondere in Skandinavien, wo *Bauer* während des Zweiten Weltkriegs Zuflucht nahm. Das Buch enthält eine Reihe von Argumentationsmustern, die sich auch im Vortrag „Der Zweckgedanke im Strafrecht" (= „Marburger Programm") finden: insbesondere wird von einem allmählichen Rationalisierungsprozess der Reaktion gegen die „Schuldigen", sei es gegen Tiere, Sachen oder Menschen, gesprochen;[386] der freie Wille wird in seiner verantwortungshyperstasierenden Bestimmung (es ist nur eine Frage des Willens, ob man Gutes tut) angegriffen.[387]

---

[382] *A. Rebhan*, a.a.O. (1962).

[383] *F. Bauer*, Das Verbrechen und die Gesellschaft, 1957. Vgl. noch *F. Bauer*, Gedanken zur Strafrechtsreform (1959), in: Die Humanität der Rechtsordnung, 1998, 233; *ders.*, Die Schuld im Strafrecht (1962), ebendort, S. 249; *ders.*, Das Strafrecht und das heutige Bild des Menschen, in: L. Reinisch (Hrsg.), Die deutsche Strafrechtsreform, 1967, S. 15f.; *ders.*, Schopenhauer und die Strafrechtsproblematik (1968), Humanität der Rechtsordnung, 1998, 341.

[384] *F. Bauer*, a.a.O. (1957) (vgl. zum Titel „Kriminologie" sein Vorwort).

[385] *F. Bauer*, a.a.O. (1968), 341.

[386] *F. Bauer*, a.a.O. (1957), S. 23.

[387] *F. Bauer*, a.a.O. (1957), S. 20ff.

Im Einzelnen werden im Buch an mannigfachen Schauplätzen der Philosophie und Wissenschaft von der Antike bis zu den modernen Diskussionen in Skandinavien und in den USA die diskursiven Elemente hervorgehoben, die immer wieder in der Auseinandersetzung um *Liszts* Forderungen aktuell waren. Hingewiesen sei auf die Anlage- und Umwelt-Problematik,[388] auf den Determinismus,[389] auf die Kritik an der Generalprävention und auf die Forderung der Resozialisierung.[390] *Liszt* erscheint in dieser Darstellung nicht mehr nur in der unmittelbaren Nähe von *Lombroso* und *Ferri*, wie bei *Welzel*, sondern auch in der Gesellschaft von *Voltaire* und *Bentham, Beccaria, Sonnenfels* und *Friedrich dem Großen.*[391] Der Leser wird mittelbar in den Genuss der Einsicht geführt, dass es sich bei den großen Wellen der Rationalisierung des Strafens nicht um eine blinde Verehrung der Naturwissenschaften und die Übernahme ihrer methodologischen Postulate gehandelt hat, sondern um in großer Breite aufgetretene Kulturerscheinungen des politisch besonnenen, aufgeklärten Abendlandes.

Mit den Schriften *Bauers* waren alle Voraussetzungen geschaffen, dass auch die komplizierten Erscheinungen in *Liszts* Werk wie der Determinismus in Bezug auf polyvalente Kontexte geprüft werden, und nicht einfach, wie bei *Welzel*, nur aus der Sicht eines theoretischen Paradigmas des Positivismus analysiert werden. Beispielsweise hat bereits *Bauer* auf den Umstand hingewiesen, dass der Determinismus im 19. Jahrhundert nicht nur dem Konzept von *Comtes* Positivismus angehörte, sondern zugleich, oft mit kriminalpolitischen Gedanken, in Werken der Philosophie, beispielsweise bei *Nietzsche* und bei *Schopenhauer,* anzutreffen ist.[392] Die radikale Kritik an *Liszt* seit den 1980er Jahren übergeht jedoch *Bauers* Argumente und Untersuchungen, und zeichnet sich durch eine Neuorientierung an den einfachen Zuordnungsmustern sowie eine Teilrevitalisierung von alten, in *Welzels* Buch herausgearbeiteten Vorwürfen (Punkt D.II. im 14. Kapitel) aus.

---

388 *F. Bauer*, a.a.O. (1957), S. 29 ff., 55 ff.

389 *F. Bauer*, a.a.O. (1957), S. 17 ff.

390 *F. Bauer*, a.a.O. (1957), S. 127 ff., 188 ff.

391 *F. Bauer*, a.a.O. (1957), S. 134.

392 *F. Bauer*, a.a.O. (1962), S. 249 ff.; *ders.*, a.a.O. (1967), S. 15 f.; *ders.*, a.a.O. (1968), S. 341. Vgl. für eine ähnliche Art der Analyse den ersten Teil der Untersuchung (Punkt A.III. im 4. Kapitel; C.II. im 6. Kapitel).

12. Kapitel

Marxistische Kritik an Liszt

A. Grundzüge der marxistischen Kritik

I. Überblick

Die marxistische Kritik an *Liszt* in der DDR stellt einen der kompliziertesten Teile der Liszt-Forschung dar. Das liegt einerseits an dem theoretischen Charakter des Marxismus, der, obgleich für seine Gründungszeit eine moderne und antihegelische Richtung, im Grunde in weiten Abschnitten des 20. Jahrhunderts weiter eine idealistisch vorbelastete Epistemologie vertrat, die gleichzeitig im allgemeinen wissenschaftlichen Bereich überwunden wurde (vgl. zum „Ursachenbegriff" unten im Punkt A.II.2.). Andererseits besteht eine besondere Schwierigkeit, die Strafrechtswissenschaft in der DDR und den Charakter ihrer Einordnung von *Liszt* richtig einzuschätzen. In den heutigen Darstellungen der Entwicklung des Strafrechts in der DDR wird nämlich besonders der eigenständige kritische Charakter der dortigen strafrechtswissenschaftlichen Diskurse in den 1950er Jahren hervorgehoben. Das würde im Bereich der Liszt-Forschung implizieren, dass die Autoren damals in einem unmittelbaren Kontakt mit *Liszts* Texten die Stellen wiedererkannt haben, deren reaktionärer und unwürdiger Charakter bis dahin, in der allgemeinen Wissenschaft, verkannt wurde (unten im Punkt B.).

1. Die Arbeiten von Polak (1951) und Renneberg (1951, 1956)

Das Werk *Liszts* hatte in den Erwägungen zur Neugestaltung des Rechts in der DDR, ähnlich wie in der Bundesrepublik in den 1960er Jahren, eine zentrale Bedeutung. Anders jedoch als in der Bundesrepublik, wo *Liszt*, vor allem im Alternativ-Kreis, als ein positiver Orientierungspunkt diente, kam in der DDR *Liszts* Werk, insoweit ähnlich wie in den 1930er Jahren, der Charakter einer Distanzierungsplattform zu. Man versuchte nachzuweisen, dass *Liszts* Gedanken und sein Erbe mit den Wertungen und Belangen der sozialistischen Lehr- und Reformpläne unvereinbar sind. Die charakteristische, marxistische Kritik an *Liszt* wurde schwerpunktmäßig durch *Joachim Renneberg* ausgearbeitet. Für die Liszt-Forschung sind sein Aufsatz „Über den Charakter der Soziologischen Strafrechtsschule" von 1951

(= *Liszts* hundertster Geburtstag)[393] und seine monographische Studie mit dem Titel „Die kriminalsoziologischen und kriminalbiologischen Lehren und Strafrechtsreformvorschläge Liszts und die Zerstörung der Gesetzlichkeit im bürgerlichen Strafrecht“ von 1956 von Interesse. Daneben erschien eine vergleichbare Liszt-Kritik noch in weiteren, teilweise auch früheren, aber kleineren Veröffentlichungen. Als Beispiel darf der bereits 1951 veröffentlichte Aufsatz „Franz von Liszt und der Zerfall der bürgerlichen Gesetzlichkeit“ von *Karl Polak* genannt werden, in welchem die Hauptthesen von *Renneberg* vorweggenommen wurden.[394]

Die Mitberücksichtigung der Liszt-Forschung aus der DDR unter Autoren des Auslands kann im Werk von *Kempe* (1968/69) unmittelbar nachgewiesen werden.[395] Auch in der radikalen Liszt-Kritik seit den 1980er Jahren können verschiedene Übereinstimmungen mit der marxistischen Kritik festgestellt werden. Es ist aber nicht leicht, über die Grenze einer Vermutung hinaus zu bestimmen, ob die Überstimmungen in der Bundesrepublik auf eine Rezeption der prominenten marxistischen Kritik oder auf einen Zufall zurückzuführen sind: Einerseits wird in der radikalen Kritik seit den 1980er Jahren die DDR-Literatur auch dort, wo sie thematisch einschlägig wäre, nicht erwähnt. Insoweit liegt die Vermutung nahe, dass keine Rezeption stattfand. Andererseits findet sich aber bei den prominenten Autoren der radikalen Kritik ein ähnlicher Umgang mit Quellen wie in der DDR-Literatur wieder, und eine weitgehende Übereinstimmung von wichtigen Ergebnissen, die manchmal nur in der marxistischen Kritik, nicht aber auch in der radikalen Kritik argumentativ nachvollziehbar sind. Man darf insbesondere als Beispiel die große Untersuchung über das Gesetzlichkeitsprinzip von *Ehret* nennen, die einige wichtige Übereinstimmungen mit der – thematisch identischen – Untersuchung von *Renneberg* aufweist (Punkt C. im 14. Kapitel).[396]

2. Zwei Hauptkritikpunkte

Der erste marxistische Kritikpunkt an *Liszt* bezieht sich auf die Berechtigung der „soziologischen Schule“ (Modernen Schule) diesen Namen zu führen. Indem diese Schule, so die Argumentation, die Ursache des Verbrechertums in unmittelbaren sozialen Kontexten wie Armut, Hunger, Wohnungsnot, Alkoholismus sieht und eine Besserung der individuellen Lage innerhalb dieses Kontextes verlangt, verdecke und „verschleiere“ sie unter dem Etikett des Soziologischen die eigentlichen gesellschaftlichen Ursachen der Kriminalität. Diese lägen nicht in den verfestigten Pro-

[393] *J. Renneberg*, Über den Charakter der „Soziologischen Strafrechtsschule“ als Strafrechtstheorie des Imperialismus, Neue Justiz 5 (1951), 205.

[394] *K. Polak*, Franz von Liszt und der Zerfall der bürgerlichen Gesetzlichkeit, Neue Justiz 5 (1951), 97.

[395] *G. T. Kempe*, a.a.O. (GS Liszt 1969), S. 271, 272.

[396] Vgl. noch für die formelle Rezeption: *W. Naucke*, Die Kriminalpolitik des Marburger Programms, ZStW 94 (1982), S. 560 f.; *Ch. Müller*, Verbrechensbekämpfung im Anstaltsstaat, 2004, S. 20 f.; *T. Stäcker*, Die Franz von Liszt-Schule, 2012, S. 285 ff.

blemfeldern der bürgerlichen Ordnung (wie Wohnungsnot oder Alkoholismus), sondern in den grundsätzlich unerträglichen Verteilungsmustern der Produktionsmittel und des Reichtums in der kapitalistischen Gesellschaft.[397] Durch ihre kriminalpolitischen Forderungen konserviere die „soziologische" bzw. die Moderne Schule insofern die vorgefundene, aber ungerechte Gesellschaftsordnung. Unter der Prämisse, dass das späte 19. Jahrhundert den Fortschritt der bürgerlichen Revolution abbaut, tritt die „soziologische Schule" für die marxistische Kritik als ein *reaktionärer* Akteur des imperialistischen Bürgertums des Fin de Siècle hervor.[398] Sie müsse in der Zeit des Übergangs vom vormonopolistischen Kapitalismus zum Monopolkapitalismus als „ideologischer Vertreter des reaktionären imperialistischen Flügels der Bourgeoisie" beurteilt werden.[399]

Im zweiten Hauptpunkt der marxistischen Kritik wird in *Liszts* Werk und Anliegen eine Unterdrückung der Gesetzlichkeit im Strafrecht gesehen. Diese Deutung eröffnet die Möglichkeit, *Liszt* mit der Strafpraxis des Nationalsozialismus zu verbinden. Die frühe marxistische Kritik kennt zwei Ausprägungen dieses Gedankens: In der zurückhaltenderen Variante bei *Polak* wird der Akzent auf die sogenannte objektive Rolle gesetzt, die *Liszts* Gedanken, unabhängig von seinen empirischen Absichten, hatte. *Liszt* habe in dieser Deutung durch die Auflösung der „Gesetzlichkeit im Strafrecht" lediglich „Tür und Tor" für die Willkür aufgemacht; „was er persönlich wollte, ist gleichgültig".[400] In der extremen Variante des Vorwurfs bei *Renneberg* fehlen die theoretischen Kautelen: Dort ist einfach die Rede von der „Verwirklichung des Liszts Reformplans unter der faschistischen Diktatur".[401] Die nationalsozialistischen Praktiken seien bereits in *Liszts* Werk vorprogrammiert gewesen und seien lediglich gesetzgeberisch in der NS-Zeit verwirklicht worden. *Liszt* habe eigentlich die physische Vernichtung von unerwünschten Gesellschaftsschichten gefordert, er habe es aber lediglich in den meisten seiner Schriften aus taktischen Gründen nicht klar ausgesprochen.[402]

---

[397] *J. Renneberg*, a.a.O. (1956), S. 26 f., 34 ff., 47 ff., 60 ff.

[398] Vgl. *J. Renneberg*, a.a.O. (1956), S. 7: „fortschrittliche", „demokratische" und „humanistische" Tradition der bürgerlichen Revolution und „reaktionäre", „antidemokratische", „antihumane" der imperialistischen Strafrechtstheorie (von Liszt); 43 f.

[399] *J. Renneberg*, a.a.O. (1956), S. 91.

[400] *K. Polak*, a.a.O. (1951), S. 99.

[401] *J. Renneberg*, a.a.O. (1956), S. 102.

[402] *J. Renneberg*, a.a.O. (1956), S. 53 ff, 97 ff.

II. Inhalt und Methode der Kritik im Einzelnen

1. Die „pars pro toto"-Handhabung und die Verengung der Quellenbasis

In einem der früheren Kapitel wurde bereits angedeutet, dass die Liszt-Forschung oft mit einem „pars pro toto"-Schema arbeitet, in welchem *Liszt* an der Stelle der ganzen Reformbewegung kritisiert wird (Punkt D. im 8. Kapitel). Die unterschiedlichen Teile der Liszt-Kritik kennen aber unterschiedliche Begründungsmuster für den Umstand, dass sie nur *Liszts* Werk in den Blick nehmen. Bei *Renneberg* begründen sich die „pars pro toto"-Handhabungen in der Vorstellung, dass im Kaiserreich eine autoritative Wissensstruktur vorhanden war, in welcher die Autoren einem vorgesetzten Werk logisch untergeordnet waren. *Liszts* Werk wird die gleiche Rolle zugeschrieben, welche im dogmatischen Marxismus den Klassikern und Ideologen des Marxismus zugesprochen wird. Er war, in *Rennebergs* Auffassung, „Sprecher und ideologischer Führer" aller übrigen „Anhänger der Reformbewegung".[403] Die eigenständigen Ansätze anderer Autoren werden als – unwichtige – „Abweichungen" von *Liszt* bezeichnet.[404] *Liszts* Werk soll sogar prospektiv die Rolle eines Maßstabs zukommen, sodass unter dem Schirm der „pars pro toto"-Handhabung auch die amerikanische Kriminologie kritisiert wird.[405]

Auffällig ist die Quellenbasis der marxistischen Kritik. *Renneberg* arbeitet – insofern gleich wie *Welzel* – vornehmlich mit der Sammlung „Aufsätze und Vorträge", führt aber zusätzlich auch innerhalb dieser Auswahl eine hochgradige inhaltliche Selektion durch. Herangezogen werden nur diejenigen Aufsätze und Stellen bei *Liszt*, die mit der Behauptung korrelieren, dass *Liszts* „Reformplan" „vor allem der Unterdrückung der ‚grundsätzlichen Gegner' der bürgerlichen Ordnung" gewidmet war.[406] Ausführungen, die sich in dieses Paradigma nicht einfügen, werden bewusst nicht in die Untersuchung miteinbezogen. Das betrifft beispielsweise die Forderung der bedingten Verurteilung oder die Ausführungen über die weiteren Ersatzmittel für die kurzzeitige Freiheitsstrafe.[407] Ein solches Vorgehen ist höchst problematisch, weil die einzelnen Forderungen bei *Liszt* nicht einfach nebeneinander stehen, sondern Teil eines einheitlichen Wertungssystems sind, aus welchem Rückschlüsse auf die Bedeutung der einzelnen Forderungen bei ihrer Interpretation gezogen werden müssen.

Ähnlich wie später in der radikalen Kritik von *Naucke* wird auch bei *Renneberg* die Bedeutung der älteren Sekundärliteratur relativiert und zwar in einer extremen

---

[403] *J. Renneberg*, a.a.O. (1956), S. 23.

[404] *J. Renneberg*, a.a.O. (1956), S. 23.

[405] Beispielsweise erfährt auf diesem Weg in der Untersuchung über Kritik an *Liszt* auch die moderne „Mehrfaktorentheorie" aus den USA eine negative Beurteilung. Vgl. *J. Renneberg*, a.a.O. (1956), S. 47 f.

[406] *J. Renneberg*, a.a.O. (1956), S. 9.

[407] Vgl. *J. Renneberg*, a.a.O. (1956), S. 9.

Form. In seiner Untersuchung werden bewusst die sogenannten „bürgerlichen“ Studien über *Liszt*, mit Ausnahme von *Birkmeyers* Programmschriften und *Radbruchs* „Anlage-Umwelt“-Aufsatz, als Verzerrungsfaktoren außer Betracht gelassen.[408] So fehlen etwa, nur um einige größere Studien herauszugreifen, die Jhering-Untersuchung von *Hurwicz* (1911), *Schwarzschilds* Studie über die Logik der Begriffsbildung bei *Liszt* (1933) und *Welzels* Untersuchung über den Naturalismus (1935). Das verdeutlicht zusätzlich, dass die marxistische Kritik, auch dort, wo sie zu wichtigen und plausiblen Ergebnissen kommt, nur mit äußerster Vorsicht gelesen und verwertet werden darf. Der Umgang mit Quellen und mit der Literatur in dieser Kritik zeugt von einem insgesamt anderen methodologischen und institutionellen Verständnis der Wissenschaft, als es heute und zu *Liszts* Zeit in vielen Ländern üblich ist und war.

2. Die Bedeutung des marxistischen Entwicklungsgedankens

Dem Umstand entsprechend, dass die große Untersuchung *Welzels* von 1935 nicht herangezogen wird, erfährt die Kritik an Positivismus-Naturalismus bei *Renneberg* nicht ihre charakteristische Ausprägung, welche man sonst oft in Anlehnung an *Welzel* findet.[409] Der Entwicklungsgedanke, der häufig in der Liszt-Forschung mit dem Positivismus in Verbindung gebracht wird, ist in der marxistischen Kritik für den Marxismus und seine eigene Entwicklungslehre reserviert. *Liszts* Entwicklungsansatz wird, weil *Liszt* als Autor ausnahmslos negativ dargestellt werden soll, ganz außer Betracht gelassen. Für die marxistische Sichtweise und Kritik geht es bei der „Entwicklung“ um die Entwicklung des Zusammenseins von einer feudalen über die kapitalistische zu einer kommunistischen Gesellschaftsordnung. Die zentrale Bedeutung soll dabei der von den Klassikern des Marxismus aufgedeckten „objektiven historischen Gesetzmäßigkeit“ der Entwicklung und der Idee einer „historischen Notwendigkeit“ der Kriminalität im Entwicklungsstadium des Kapitalismus zukommen.[410]

Der Nicht-Erwähnung von notorisch evolutionistischen Stellen bei *Liszt* kommt in der marxistischen Darstellung eine zweifache Bedeutung zu. Erstens setzt sich *Liszts* eigenes Entwicklungskonzept, wie oben gezeigt, auch aus marxistischen Bausteinen zusammen (Punkt C.II.3.c) im 6. Kapitel). Indem der Entwicklungsgedanke bei *Liszt* nicht erörtert wird, entfällt für die marxistische Kritik die unangenehme Aufgabe, die Elemente aus der Lehre von *Marx* bei einem Autor, den sie ganz verwerfen möchte, zu erörtern. Zweitens ermöglicht das vollständige Verschweigen der Evolutionsproblematik in *Liszts* Werk die Konstruktion von einem sauberen Bild eines „reaktionären“ Autors, der eine bereits angesetzte Entwicklung zurückschrauben möchte. Die Bestimmung „reaktionär“ setzt nämlich begriffsnotwendig voraus, dass

---

408 *J. Renneberg*, a.a.O. (1956), S. 10.

409 Vgl. nur die kurze Andeutung bei *J. Renneberg*, a.a.O. (1956), S. 44.

410 Vgl. etwa bei *J. Renneberg*, a.a.O. (1956), S. 7, 49.

sich der kritisierte Autor gegen Fortschritt und Entwicklung – diese zwei Aspekte werden im Marxismus nicht unterschieden – engagiert.[411]

Dem spezifisch marxistischen Entwicklungsgedanken kommt bei *Renneberg* eine entscheidende Rolle für die Konstituierung und Aufrechterhaltung der Kontinuitätsthese zu, bei welcher *Liszt* und die Moderne Schule eine Haftung für das nationalsozialistische Unrecht treffen würde. Bei der Bewertung der Nähe von *Liszts* Lehre zum Nationalsozialismus geht es nicht um eine historische Verknüpfung von Konzepten oder Ereignissen im Sinne einer theoretisch nicht belasteten Geschichtswissenschaft, sondern um die metaphysisch bestimmten „Notwendigkeits"-Zusammenhänge der in der Entwicklung begriffenen reifen kapitalistischen Gesellschaft. Das NS-Unrecht ist in diesem Schema weder nur Folge noch eine Ausarbeitung der Grundgedanken der Modernen Schule, sondern eine Bestätigung einer im transzendenten Szenario der Entwicklung verfassten Notwendigkeit des Verfalles der kapitalistischen Gesellschaftsordnung. Der kausale Gedanke der Entwicklung erlaubt es dabei, chronologisch umgekehrt als es angezeigt ist, die theoretische Unhaltbarkeit einer früheren Phase (Kaiserreich, Moderne Schule) durch die Charakteristika des späteren Stadiums, zu beweisen.[412]

Eine weitere prinzipielle Rolle für die Etablierung der Kritik an *Liszt* bildete das bis in die 1960er Jahre herrschende Entwicklungsdogma, das besagt, dass es in der kommunistischen Gesellschaft der Zukunft kein Verbrechen geben wird.[413] Diese Prämisse lässt es konsequent erscheinen, dass *in jeder* Kriminalpolitik ein Herrschaftsanliegen gesehen wird, welches in der kommunistischen Ordnung, wie das Verbrechen selbst, verschwinden werde. Eine Anpassung des strafrechtlichen Apparats an die Verbrecherwelt und die Herausforderungen der Kriminalitätssteuerung in der modernen Gesellschaft *könne* in diesem Denkschema *nicht* eine gelungenere, humanere, altersgerechtere, mehr gesellschaftsbewusste und fördernde Absicht haben, weil dort, wo diese Absichten nach dem marxistischen Kriterium tatsächlich bestehen, die Kriminalität nicht existieren werde.[414] Die Bemühungen von *Liszt*, kriminalpolitische Grundsätze *für den Staat* auszuarbeiten, werden mit Hilfe der genannten Prämisse notwendig als Grundsätze interpretiert, die *Liszt* für die herr-

---

[411] Vgl. wie der Punkt später begrifflich in der gemäßigten marxistischen Kritik aufgearbeitet wird, *J. Lekschas/U. Ewald*, Die Widersprüchlichkeit des Liszt'schen Konzepts vom Strafrecht und ihre historisch-materialistische Erklärung, Kriminalsoziologische Bibliografie 11 (1984), S. 94 f.

[412] *J. Renneberg*, a.a.O. (1956), S. 97.

[413] Vgl. den Überblick bei *G. Kaiser*, Kriminologie, 3. Aufl., 1996, § 18, Rn. 16 ff.; *E. Buchholz/R. Hartmann/J. Lekschas*, Sozialistische Kriminologie, 1. Aufl. 1966, S. 130; *Ch. Mahlmann*, Die Strafrechtswissenschaft der DDR, 2002, S. 9 ff.; *G. Schmelz*, Sozialistische Kriminalistik und Kriminologie in der DDR, 2010, S. 35 ff.; *T. Stäcker*, a.a.O. (2012), S. 314 ff.

[414] Vgl. *J. Renneberg*, a.a.O. (1956), S. 35 ff. (Kritik der Lisztschen Auffassung, dass Kriminalität eine notwendige Nebenerscheinung der modernen Kulturentwicklung ist), S. 36: „Diese fatalistische These Liszts von der Ewigkeit des Verbrechens ist in höchstem Maße reaktionär, weil sie eine Apologie der imperialistischen Ordnung ist", S. 43.

schende Klasse ausarbeitet.[415] Das sind interessante, logisch schlüssige Zusammenhänge, die freilich eine Legitimität als Erklärungsgrößen nur in engen spezialbegrifflichen Grenzen des Marxismus haben können, wie er in den 1950er Jahren in praktischen Wissenschaften verstanden wurde.[416]

3. Interpretation als methodologischer Vorgang im Einzelnen

Eine besondere Hervorhebung verdient die Art der Interpretation von einzelnen Stellen aus *Liszts* Werk in der marxistischen Kritik. Ähnlich wie in der radikalen Liszt-Kritik seit den 1980er Jahren herrscht auch in der marxistischen Kritik ein Missverhältnis zwischen Text und Interpretation, sodass öfter der Text der gewünschten Interpretation angeglichen wird, als umgekehrt. Die marxistische Kritik verkennt grundlegend den Charakter von *Liszts* Rhetorik, bei welcher nicht ein am Anfang des Texts gestellter Grundsatz entfaltet wird, sondern eine am Anfang des Texts wohlwollend hervorgehobene These im Verlauf des Textes zu Gunsten einer ausgewogeneren oder sogar ganz entgegengesetzten Meinung verworfen wird (vgl. Punkt B.II.4. im 2. Kapitel). Die dadurch zustande gekommenen Bedeutungsentstellungen und ihre Problematik kann nur anhand eines unmittelbaren und lebendigen Vergleichs der Interpretation in der Kritik mit den Originalstellen bei *Liszt* demonstriert werden. Man nehme als Beispiel *Liszts* Budapester Vortrag über die „Zukunft des Strafrechts" aus dem Jahre 1892, in welchem *Liszt* mit einer großen Zahl von Kritikpunkten Stellung gegen die Lehre von *Lombroso* nahm, und im Ergebnis ausdrücklich die Forderung der Sanktionierung im prädeliktischen Stadium (= ohne Tat) verwarf:

> „Wir wollen, daß der Täter bestraft werde *wegen der durch seine Tat dokumentierten verbrecherischen Gesinnung* und nach Maßgabe derselben. Aber beachten wir es, meine Herren: wegen der *durch seine Tat* dokumentierten verbrecherischen Gesinnung. Von diesem Erfordernisse können wir nicht abgehen. Ich muß zugeben, daß es vielleicht in der Konsequenz unserer Anschauung wäre, nur auf die Gesinnung Rücksicht zu nehmen, und nicht erst die Tat abzuwarten; wie ja auch der Hausarzt nicht wartet, bis ein Leiden zum Ausbruche kommt, sondern demselben vorzubeugen trachtet.
>
> Und in der Tat scheuen wir uns nicht, diese Konsequenz zu ziehen, wenn wir Kinder, die noch kein Verbrechen begangen haben, aber sittlich verwahrlost sind, um sie vor weiterer

---

[415] *J. Renneberg*, a.a.O. (1956), S. 25.

[416] Die marxistische Kritik steht in der negativen Bewertung von *Liszts* politischer Einstellung nicht allein. In den 1980er Jahren hat auch *Naucke Liszt* dafür kritisiert, dass er mit seiner Wissenschaft und seinen Forderungen aktiv am Ausbau der staatlichen Ordnung teilgenommen hat. (*W. Naucke*, a.a.O. (1982), S. 528 ff., 536 ff.; vgl. 14. Kapitel). Die marxistische Kritik arbeitete mit der These, dass die Kriminalität in der neuen Ordnung nicht vorhanden sein wird, und plante auch für die neue Ordnung eine unbegrenzte Palette von gesellschaftlichen Einrichtungen und Bestimmungen, wollte nur diese Einrichtungen nicht „Staat" oder „Recht" nennen, da diese Ausdrücke im Marxismus für die Bezeichnung von Herrschaftsinstrumenten der bürgerlichen Klasse reserviert sind. Der Ansatz der marxistischen Kritik an *Liszt* ist insofern logisch konsistent.

Verwahrlosung zu bewahren, der Zwangserziehung überweisen. Anders dem Erwachsenen gegenüber. Die Strafe bedeutet einen so tiefen Eingriff in die individuelle Freiheit des einzelnen, daß wir sie nicht verhängen dürfen, wenn nicht die Gewißheit, sondern bloß der Verdacht, nicht die Tat, sondern nur die verbrecherische Gesinnung gegeben wird.“[417]

Das gleiche Konzept wurde von *Liszt* zu gleicher Zeit auch wesentlich feiner in seinem bekannten Gutachten für die IKV aus dem Jahr 1893 unter dem Motto des Strafrechts als „Magna Charta“ des Verbrechers bevorzugt.[418] Die bekannten Ausführungen aus dem IKV-Gutachten haben das freiheitliche Ethos von Generationen von Strafrechtlern im In- und Ausland geprägt und gehören zum großen Komplex der Wahrnehmung von *Liszt* als einem liberalen Strafrechtler. Wie verfährt aber die marxistische Kritik bei der Dekonstruktion dieser Wahrnehmung? Wie wird trotz klarer Stellen im Text ein reaktionärer Autor und Vertreter *Lombrosos* und der sozialen Hygiene wiedererkannt? Die marxistische Kritik behandelt den Budapester Vortrag und das IKV-Gutachten nicht als eine Sinneinheit, sondern versucht lediglich aufgrund der komprimierten Darstellung im Budapester Vortrag *Liszt* als einen Theoretiker des reinen Täterstrafrechts hinzustellen. Den entscheidenden Punkt der Methode bildet der Umgang mit einzelnen Textstellen und Zitaten. In der Darstellung von *Polak* werden die beiden oben zitierten Passagen nicht vollständig erwähnt, sondern nur ein Satz aus der ersten Passage:

> „Ich muß zugeben, daß es vielleicht in der Konsequenz unserer Anschauung wäre, nur auf die Gesinnung Rücksicht zu nehmen, und nicht erst die Tat abzuwarten; wie ja auch der Hausarzt nicht wartet, bis eine Leiden zum Ausbruche kommt, sondern demselben vorzubeugen trachtet.“[419]

Das herausgefaserte Zitat würde im Urteil von *Polak* belegen, dass *Liszt* der „Urvater des ‚Gesinnungs-Strafrechts‘“ sei.[420] *Liszt* spreche durch den Satz die „bittere Wahrheit“ aus, die die „deutsche Strafrechtspflege und Strafrechtswissenschaft in den Abgrund der faschistischen Barbarei hineinzog“.[421] Aus der Sicht einer ausgewogenen Interpretation muss aber hervorgehoben werden, dass das genannte Zitat am Anfang eines Gedankengangs steht und nicht, wie bei *Polak* suggeriert, seinen Höhepunkt und vermeintliches Ergebnis darstellt. Es ist kein Diktum, das in dem Vortrag entfaltet wird, sondern ein Mittel, bei den Zuhörern des Vortrags rhetorisch Interesse für das kontroverse Thema und den späteren Lösungsvorschlag hervorzurufen. Die eigenen Gedankengänge und das Ergebnis des Vortrags verlangen kein „rücksichtloses Gesinnungsstrafrecht“[422] im Sinne von einem tatunge-

---

[417] *Liszt*, Die Zukunft des Strafrechts (1892), AuV II, Nr. 15, S. 16.

[418] *Liszt*, Über den Einfluß der soziologischen und anthropologischen Forschungen auf die Grundbegriffe des Strafrechts (1893), AuV II, Nr. 17.

[419] *K. Polak*, a.a.O. (1951), S. 99.

[420] *K. Polak*, a.a.O. (1951), S. 99.

[421] *K. Polak*, a.a.O. (1951), S. 99.

[422] *J. Renneberg*, a.a.O. (1956), S. 51 f.

bundenen Täterstrafrecht, sondern einen festen Konsens über die gesetzlich bestimmte Tat als den einzigen legitimen Auslöser der strafrechtlichen Reaktion.

4. Konstruktion des Biologismus bei Liszt

Eine ähnliche Verwechselung des Diktums und der Einführung findet sich in der marxistischen Kritik bei der Interpretation von *Liszts* Verhältnis zur Anlage-Umwelt-Problematik. Oben wurde bereits im Abschnitt über den Positivismus und den Neukantianismus darauf hingewiesen, dass die parallele Auffassung von Anlage und Umwelt mit der Favorisierung der Umwelt ein Charakteristikum von *Liszts* Werk ist, das teilweise mittelbar auf den französischen Positivismus zurückzuführen ist, teilweise aber auch als eine spezifische Wertung aus dem Vormärz begriffen werden kann (Punkt A.II.2. im 4. Kapitel; Punkt A. im 6. Kapitel). Im Urteil von *Renneberg* war das soziologische Moment bei *Liszt* nur eine Pose. *Liszt* sei, das ist einer der Hauptbefunde der marxistischen Kritik, eigentlich ein Anhänger des Anlagediskurses gewesen. Er habe, „um die Tat selbst als das einzige objektive und vom Gesetz fassbare Kriterium loszuwerden", ganz „ähnlich wie die Anthropologen, die biologische Eigenart des Täters zur entscheidenden Triebfeder des Verbrechens und auch zum ausschlaggebenden Kriterium für die Gefährlichkeit des Täters für die kapitalistische Staats- und Gesellschaftsordnung sowie für seine Bestrafung" gemacht.[423] Überprüft man in *Liszts* Texten die Stellen, auf welche sich *Renneberg* beruft, so stellt sich wiederholt heraus, dass die marxistische Kritik zwar einen isolierten Satz richtig liest, dem Leser aber die Mitteilung vorenthält, dass in diesem Satz nicht die Meinung *Liszts*, sondern lediglich der Ausgangspunkt seiner Untersuchung zusammengefasst wurde.

Liszt hat nämlich in dem Aufsatz „Die psychologischen Grundlagen der Kriminalpolitik" (1896) am Anfang behauptet, dass die moderne Kriminalpolitik von dem Grundgedanken ausgeht, dass „den Gegenstand der Bestrafung nicht das Verbrechen, sondern der Verbrecher, nicht der Begriff, sondern der Mensch bildet".[424] Daraus folgt nach *Liszt* der Grundsatz, dass „für Art und Maß der Strafe nicht die begriffliche Unterscheidung innerhalb der juristischen Tatbestände entscheidend ist, wie sie das Strafgesetzbuch aufstellt, sondern die biologische Unterscheidung innerhalb der verbrecherischen Menschen".[425] Hätte der Aufsatz von *Liszt* nur diese zwei Sätze, dann wäre auch die Interpretation von *Renneberg* valid (= Liszt als Anhänger des Biologismus). Das eigentliche Problem von *Rennebergs* Interpretation besteht nicht in der Deutung eines einzelnen Satzes, sondern darin, dass *Liszt* bereits auf der nächsten Seite des Aufsatzes eine alleinige Beschäftigung mit dem Biolo-

---

[423] *J. Renneberg*, a.a.O. (1956), S. 51 f.

[424] *Liszt*, Die psychologischen Grundlagen der Kriminalpolitik (1896), AuV II, Nr. 21, S. 170.

[425] *Liszt*, Die psychologischen Grundlagen der Kriminalpolitik (1896), AuV II, Nr. 21, S. 170.

gischen ein „Missverständnis“ nennt. Die „vollständige wissenschaftliche Erkenntnis der Kriminalität setzt“, so *Liszt* nur einige Zeilen weiter, „neben und über der biologischen (psycho-physiologischen) die soziologische Untersuchung voraus“.[426] Es sei nur am Rande erwähnt, dass, anders als in der DDR, bei westeuropäischen Marxisten *Liszts* Ansatz immer im Sinne eines soziologischen oder dualen Anlage-Umwelt-Ansatzes interpretiert, und nie mit lombrosianischem Biologismus gleichgestellt wurde.[427]

Zwischen der marxistischen Kritik und anderen ätiologischen Ansätzen, mit welchen sie sich befasst, herrscht ein gegenseitiges Missverständnis. Die marxistische Ätiologielehre wirft allen Autoren, die nicht *nur* die gesellschaftlichen Ursachen anerkennen, einen Biologismus vor. In diesem Sinne ist *Liszt* als Anhänger eines ausgewogenen Anlage-Umwelt Schemas, wie auch zahlreiche Autoren der Gegenwart, schon durch die genannte Prämisse auf einen Biologismus vorverurteilt. Anders als die nach-marx'schen, etwa neukantianisch inspirierten Richtungen, kennt der Marxismus noch keine Relativierung des Ursachenbegriffs und bezeichnet stattdessen nur ausgewählte Bedingungen als Ursachen. Die wissenschaftliche Deutung von gesellschaftlichen Erscheinungen hat nicht die „möglicherweise mitwirkenden Faktoren“, sondern den „bestimmenden Faktor“ aufzudecken, nicht alle Ursachen herauszufinden, sondern die „Hauptursachen“, jene „die für das Wesen dieser Erscheinung und die Gesetzmäßigkeit seiner Entwicklung bestimmend“ sind.[428] Die Anlagefaktoren werden in diesem logischen Konzept nicht in ihrem physischen Dasein (= als Bedingungen) geleugnet, ihnen wird aber, durch Manipulation des Begriffs der Ursache, die Kausalität abgesprochen, während sie gleichzeitig den sozialen Faktoren exklusiv zugeschrieben wird.[429]

---

426 *Liszt*, Die psychologischen Grundlagen der Kriminalpolitik (1896), AuV II, Nr. 21, S. 171.

427 *Bonger* hatte *Liszt* auf Grundlage seiner Äußerungen aus den 1890er Jahren zuerst unter die Anhänger der dualen, „bio-sozialen“ Deutung des Verbrechens gezählt; nach der Veröffentlichung von *Liszts* Aufsatz „Die gesellschaftlichen Faktoren der Kriminalität“ im Jahr 1902, rechnete ihn *Bonger* zu den von ihm bevorzugten „Partisanen der Umweltschule (partisans of environmental school)“. *W. A. Bonger*, Criminality and Economic Conditions, 1916, S. 189 (vgl. dort noch das Bestreiten des sozialen Elements beim frühen und späten *Lombroso*, S. 88 ff.); *G. T. Kempe*, a.a.O. (1969), S. 275 f.

428 *J. Renneberg*, a.a.O. (1956), S. 49.

429 Als Forschungsanaliegen und Figur des Denkens wurde die Suche nach „bestimmenden Ursachen“ bei *Renneberg* unmittelbar den „Fragen des Leninismus“ von *Stalin* entnommen. Vgl. *J. Renneberg*, a.a.O. (1956), S. 49 f. Im Übrigen geht aus *Rennebergs* Ausführungen über den Gelegenheits- und Gewohnheitstäter hervor, dass er zwei Stufen von *Liszts* Systematisierung von Anlage und Umwelt entweder übersehen hat, oder dass er sie, um den Nachweis zu erbringen, dass bei *Liszt* die Anlage und Biologie eine Hauptrolle spielen, in seiner Darstellung nicht beachtet hat. Auf den mehrschichtigen Charakter der Anlage und Umwelt Problematik bei *Liszt* hat neulich *Streng* mit aller Deutlichkeit hingewiesen. Vgl. *F. Streng*, Franz v. Liszt als Kriminologe und seine Schule, in: A. Koch/M. Löhnig (Hrsg.), Die Schule Franz von Liszts, 2016, S. 138.

Eine mit diesem Themenkomplex verwandte begriffliche Manipulation bei der Interpretation und Darstellung von *Liszts* Forderungen findet sich bei der Analyse der Forderung der „Unschädlichmachung".[430] Dem Leser wird nicht mitgeteilt, dass in der Kritik das Wort in einem Sinne genommen wird, der in *Liszts* Text nicht vorkommt. *Liszt* hat in Anlehnung an das ältere Verwaltungsrecht die „Unschädlichmachung" als Ausschluss der Schadensgefahr verstanden. Die marxistische Kritik nimmt die „Unschädlichmachung" immer im Sinne einer physischen Auslöschung, und zitiert die lexikalisch einschlägigen Stellen bei *Liszt* so, als würden sie sich *in Liszts Text* ebenso auf eine physische Vernichtung beziehen. Für die Kritik von *Renneberg* scheint es dabei ohne Bedeutung zu sein, dass die physische Vernichtung nirgendwo in *Liszts* Werk erwähnt oder erwogen wird. Die Gleichsetzung der „Unschädlichmachung" mit der physischen Tötung würde sich aus der „objektiven Notwendigkeit" der Geschichte, beziehungsweise aus den späteren Praktiken, die wie eine Kontinuität mit *Liszt* aufgefasst werden, ergeben. *Liszt* habe die „notwendige" Forderung der Tötung von Unverbesserlichen schlicht aus taktischen Gründen verschwiegen.[431]

B. Wissenschaftlicher Hintergrund der marxistischen Kritik an Liszt

I. Die sozialistische Kritik an Liszt

Die Frage nach der Entstehung und nach der Originalität von *Rennebergs* Erklärungsmustern verdient besondere Aufmerksamkeit. Der äußere Wert von *Rennebergs* großer Untersuchung hängt entscheidend von dem Umstand ab, ob es sich bei seiner Kritikrichtung um eine eigenständige Entwicklung in der DDR-Wissenschaft handelt oder um eine Rezeption der Ideen und der Vorstellungen aus der sowjetischen Rechtswissenschaft. Im ersten Falle läge der Gedanke nahe, dass die marxistische Kritik an *Liszt* in der DDR im Rahmen einer besonders intensiven Vertrautheit mit deutschen Gegebenheiten und mit der deutschsprachigen Literatur aus der Reform-Zeit entwickelt wurde. Eine solche Art der Untersuchung hätte einen einmaligen Wert in der marxistischen Welt, der für die Forscher in anderen Ländern aus sprachlichen oder forschungsökonomischen Gründen nie oder nur ausnahmsweise erreichbar gewesen wäre. Die Untersuchung kann aber diesen Wert nicht in Anspruch nehmen, sollte es sich nur um eine lineare Entfaltung der Strafrechtskritik aus der Sowjetunion handeln, die mit deutschen Gegebenheiten im Kaiserreich, mit der Reformzeit und mit der ganzen Palette der Literatur in der NS-Zeit nicht wirklich vertraut war.

---

430 *J. Renneberg*, a.a.O. (1956), S. 64 f., 70, 74.

431 *J. Renneberg*, a.a.O. (1956), S. 74.

Bereits zu Zeiten der DDR war ein Bewusstsein verbreitet, dass es sich bei der einheimischen marxistischen Kritik an *Liszt* um eine spezifische Leistung der Strafrechtswissenschaft in der DDR handelt. Diese Kritik wurde, so das Selbstverständnis, *gegen* den weiten Strom der freundlichen Äußerungen über *Liszt* und die Moderne Schule in den übrigen sozialistischen Ländern gepflegt. Man liest etwa in einem einheimischen Aufsatz aus den 1980er Jahren, dass die Kritik an *Liszts* Auffassungen zum Verbrechen und zum Strafrecht „in der DDR mit einer grundlegenden Schrift von J. Renneberg eingeleitet wurde".[432] *Renneberg* habe, so heißt es, das Klassenwesen der Theorie von *Liszt* „aufgedeckt".[433] Ähnliches ist auch einer neueren Schilderung der Geschichte des Strafrechts in der DDR von *Buchholz* zu entnehmen. *Liszt* war „sowohl bei linken Juristen in der Weimarer Zeit und noch viel stärker in der Sowjetunion", so heißt es bei *Buchholz*, „sehr angesehen, hoch geachtet".[434] Man habe ihn in der Sowjetunion als „progressiv angesehen"[435] und seine kriminalpolitischen Sichtweisen begrüßt.[436] Im Unterschied dazu waren die frühen Strafrechtswissenschaftler der DDR, unter jenen auch *Renneberg*, nicht um eine Übertragung der sowjetischen Gesetzgebung und der sowjetischen Sichtweisen bemüht. Sie suchten vielmehr in der DDR eine eigenständige, kritisch haltbare „antifaschistisch-demokratische Strafrechtwissenschaft" zu entwickeln.[437]

Ein Ergebnis dieser eigenständigen Arbeit, die auf „deutliche Abgrenzungen" von Anleihen der fertigen bzw. positiven Bewertungen *Liszts* aus der Sowjetunion abzielte, war im Urteil von *Buchholz* auch die Kritik *Rennebergs*, der „zur Erkenntnis kam", dass *Liszt* „vielleicht ungewollt, strafrechtswissenschaftliche Vorarbeit für spätere nazistische Regelungen erbracht hatte".[438] Man habe sich in den 1950er Jahren allgemein mit der sowjetischen Strafrechtwissenschaft nur sporadisch vertraut gemacht. Es erfolgte stattdessen ein Bemühen um die Etablierung des „Tatprinzips" und der „Strafgesetzlichkeit", weil die deutsche Strafrechtswissenschaft des ausgehenden 19. und der ersten Hälfte des 20. Jahrhunderts zu subjektivistisch gewesen und diese Prinzipien also in der Sphäre der eigenen nationalen Erfahrung vernachlässigt gewesen seien. Die zwar unsystematische aber dennoch eigenständige Suche nach Alternativen, zeichnete sich in der DDR im Ergebnis, so die Erklärung von *Buchholz*, durch einen Rückgriff auf *Beccaria, Feuerbach* und *Marx* aus.[439]

---

432 *U. Ewald*, Die Notwendigkeit vertiefter Kritik der Auffassungen des Franz Eduard von Liszt zu Verbrechen und Strafrecht, Staat und Recht 32 (1983), S. 463.

433 *U. Ewald*, a.a.O. (1983), S. 463.

434 *E. Buchholz*, Zur Herausbildung einer eigenständigen Strafrechtswissenschaft in der DDR, Journal der Juristischen Zeitgeschichte 5 (2011), S. 106. Vgl. über *Liszt* noch *E. Buchholz*, Strafrecht im Osten, [Bd. 1], 2008, S. 300 ff., [Bd. 2], 2009, S. 807 f.

435 *E. Buchholz*, a.a.O. (2011), S. 106, 108.

436 *E. Buchholz*, a.a.O. (2011), S. 108.

437 *E. Buchholz*, a.a.O. (2011), S. 106.

438 *E. Buchholz*, a.a.O. (2011), S. 108.

439 *E. Buchholz*, a.a.O. (2011), S. 102 ff., 107 ff.

Die geschilderte Sichtweise über die Entwicklung der Strafrechtswissenschaft in der DDR, nach welcher die Kritik an *Liszt* aus der Lehre der eigenen Geschichte erfolgte, ist einleuchtend, kann aber einer kritischen Überprüfung nicht stand halten. *Zlatarić* hat bereits 1969, in der Gedächtnisschrift für *Liszt*, darauf hingewiesen, dass eine negative Einschätzung von *Liszt* zuerst zum Kanon der Strafrechtsgeschichte in der Sowjetunion gehörte, und dass sich ähnliche negative Einschätzungen wie in den 1940er Jahren in der Sowjetunion, erst sukzessiv in den sozialistischen Ländern des Warschauer Paktes fanden. Namentlich in der DDR, in Polen und in der Tschechoslowakei, während Jugoslawien als sozialistisches Land außerhalb des Paktes dieser Entwicklung nicht folgte.[440] *Liszt* werde, so *Zlatarić*, in den sozialistischen Ländern in Europa, mit Ausnahme Jugoslawiens, „allgemein *negativ* gewertet".[441]

Für die Chronologie der Kritik an *Liszt* darf hier auf folgende Akzente aus der sowjetischen Originalliteratur verwiesen werden: Der erste Punkt der Kritik an der „soziologischen Schule", nämlich der Vorwurf der Verdeckung der wahren gesellschaftlichen Ursachen der Kriminalität, wurde bereits 1926 vom späteren Rechtsberater der UdSSR-Delegaten in Nürnberg *Aron Trajnin* in einer Untersuchung über die „Krisis des Strafrechts" entwickelt.[442] Die Verbindung *Liszts* mit der Zerstörung der bürgerlichen Gesetzlichkeit und der Vorprogrammierung des faschistischen Unrechts findet sich ausdrücklich in *Trajnins* „Tatbestandslehre", die erstmals unmittelbar nach dem Krieg veröffentlicht wurde und eine Art offizieller Verbreitung in sozialistischen Ländern erfahren hat.[443] Man vergleiche ebenso die Kritik in den ersten Nachkriegsauflagen des offiziell zugelassenen sowjetischen Lehrbuchs des Strafrechts, wo die Ausführungen zu *Liszt* von *B.S. Utevski* besorgt wurden (1948).[444] Die charakteristische negative Bewertung von *Liszt* findet sich zudem noch in *Wyschinskis* „Theorie der gerichtlichen Beweise im sowjetischen Recht" (1946), dessen deutsche Übersetzung 1955 in Berlin erschien.[445] Damit ist das Urteil von *Buchholtz* widerlegt, wonach die negative Bewertung *Liszts* als Teil einer Sonderentwicklung in der DDR zu betrachten wäre.

Zwischen den frühen Ausführungen von *Trajnin* und *Utevski* einerseits und *Rennebergs* Darstellung andererseits, bestehen sowohl inhaltliche, als auch methodologische Übereinstimmungen. Man beachte insbesondere die gefühlte Not-

---

[440] *B. Zlatarić*, Die Ideen Franz von Liszts im früheren und heutigen Jugoslawien, GS Liszt, 1969, S. 230 ff. Vgl. insb. für DDR archivalische Nachweise bei *R. Fikentscher*, Liebe, Arbeit, Einsamkeit: Ein Gelehrtenpaar in zwei Diktaturen, 2013, S. 359 f. *Ch. Mahlmann*, a.a.O. (2002), S. 7 ff. (Annäherung an Strafrechtwissenschaft der UdSSR als Parteivorgabe), 33 (*Polaks* Studium in Moskau).

[441] *B. Zlatarić*, a.a.O. (1969), S. 230.

[442] *A. Trajnin (Трайнин)*, Кризис науки уголовного права, 1926, S. 25 ff.

[443] *A. Trajnin*, a.a.O. (1946), S. 24 ff.

[444] *B. S. Utevski (Утевски)*, in: V. D. Menjšagin (Hrsg.), Уголовное право: общая часть, 4. Aufl. 1948, S. 187 ff., 192 ff.

[445] *A. J. Wyschnski*, Theorie der gerichtlichen Beweise im sowjetischen Recht, 1955, S. 59 ff.

wendigkeit, *Liszts* Lehre als biologistische darzustellen; die unbegründete Behauptung, dass die „soziologische Schule" auf das Taterfordernis verzichte; die durchgehende Vernachlässigung der Forderungen an das Strafverfahren, die bei *Liszt* als ein Topos des Kontrollgleichgewichts figurierte. Im Bereich der Interpretation der einzelnen Stellen ist von Bedeutung die Art und Weise, wie *Liszts* Stellungnahmen eine beliebige Bedeutung unterlegt wird. *Trajnin* kritisiert *Liszt* dafür, dass er die Idee für nicht absurd erachtet habe, dass das ganze Strafgesetzbuch mit einer Bestimmung nach der Art der Generalklausel „Der Gemeingefährliche wird unschädlich gemacht" ersetzt wird.[446] Gerade diese und ähnliche Äußerungen *Liszts* haben, nach *Trajnin*, für Gericht und Verwaltung, für die ganze Strafrechtspflege des imperialistischen Staates einen „unbegrenzten Handlungsraum eröffnet".[447] Ihm folgt wohl *Renneberg*, wenn er in seiner Analyse behauptet, dass die „nicht absurd"-Stelle eine „unverkennbare Sympathie" *Liszts* für die Aufgabe der einzelnen Tatbestände zu Gunsten der Generalklausel („Der Gemeingefährliche wird unschädlich gemacht") verkünde.[448]

Dem Leser treten jedoch ein anderes Bild und eine andere Äußerungsfülle entgegen, wenn er den einschlägigen Aufsatz, aus welchem *Trajnin* und *Renneberg* zitieren, aufschlägt. In der Kritik von *Trajnin* wird nur mitgeteilt, dass *Liszt* die Absurdität der Generalklausel bestritten hat, aber nicht, dass die Absurdität bei ihm nur im *streng logischen* Sinn aufgefasst wurde. *Liszt* hält den sogenannten „Schurkenparagraphen" für *logisch* nicht absurd und es ist auch schwer, einen Grund dafür zu finden, wieso der Gedanke der Bestrafung nach einem allgemeinen Paragraphen (oder sogar ohne einen Paragraphen!) unlogisch wäre. Bei *Liszt* ist jedoch mit dem Urteil über die logische Stichhaltigkeit noch kein Urteil über die normative Güte der Forderung verbunden, weil offenbar nicht alles, was logisch ist, auch gut für die Gemeinschaft und die Rechtspolitik sein muss. Das Festhalten an den klassischen Gesetzbüchern und an der tradierten juristischen Arbeit wird bei *Liszt* nicht der Logik wegen, sondern *aus einer weiteren analytisch-wertenden Ebene*, nämlich aus Gründen des Individualschutzes und der Begrenzung der staatlichen Gewalt, für notwendig gehalten.[449] Die offenkundige Illoyalität zu den Quellen der Kritik in der sowjetischen Tradition hat bereits *Zlatarić* pointiert kritisiert.[450]

[446] *A. Trajnin*, a.a.O. (1946), S. 25.

[447] *A. Trajnin*, a.a.O. (1946), S. 25.

[448] *J. Renneberg*, a.a.O. (1956), S. 93.

[449] Vgl. die Gesamtheit seiner Ausführungen in *Liszt*, Die deterministischen Gegner der Zweckstrafe (1893), AuV II, Nr. 16, S. 59 ff.

[450] *B. Zlatarić*, a.a.O. (GS Liszt 1969), S. 235.

II. Der funktionelle Hintergrund der Kritik

Bereits *Zlatarić* hat sich bemüht, auch die möglichen Hintergründe der Kritik an *Liszt* in der Sowjetunion zu erfassen. Für ihn war neben dem Umstand, dass die tragenden Thesen der Liszt-Kritik nur durch die Entstellung von Zitaten unterstützt wurden, auch der Umstand von Bedeutung, dass sich gerade das frühe sowjetische Rechtssystem durch die Unterdrückung der Legalität und die außerinstitutionelle Verfolgung ausgezeichnet hat. Trifft diese Vermutung zu, dann muss die Leistung der DDR-Wissenschaft, die die tragenden Thesen aus der Sowjetunion bekräftigt hat, ohne in gleichem funktionalen Zusammenhang zu arbeiten, als besonders verfehlt bewertet werden. Nach *Zlatarić* sollte vermutet werden, dass die sozialistischen, allen voran sowjetischen Autoren „bei der Unmöglichkeit solche [eigene] Zustände einer direkten Kritik zu unterziehen, das auf dem indirekten Wege einer Kritik der Liszt'schen Ideen erreichen wollten."[451] Sie hätten dann, durch die Zuschreibung der Unterdrückung der Legalität zu einem „imperialistischen Autor" bzw. *Liszt*, auf dem Umweg erzwingen wollen, dass die tatsächliche Unterdrückung der Gesetzlichkeit und Lockerung der Rechtssicherheit im sozialistischen Rechtssystem als „imperialistisches Ideengut" verlassen wird.

Die Vermutung von *Zlatarić* findet in ihrem Kerngedanken (= äußerlich bedingte Erscheinung innerhalb der sowjetischen Wissenschaft) Unterstützung in der neueren Forschung über die Strafrechtspflege unter *Stalin*, die nachgezeichnet hat, dass unter *Stalins* Billigung seit der Mitte der 1930er Jahre die sogenannte „sozialistische Gesetzlichkeit" als einer der Hauptwerte der sozialistischen Verfassung proklamiert werden sollte.[452] Der Hauptprotagonist der Wende, die zahlreiche politische Nebenschauplätze hatte und Widersprüche in sich trug, war der Kritiker der „soziologischen Schule" *Wyschinski*, dessen Buch zum Beweisrecht und seine deutsche Übersetzung bereits oben erwähnt wurden.[453] Für die sowjetischen Autoren war es wichtig, einen Modus zu finden, die „Gesetzlichkeit" als eine exzeptionelle Eigenschaft des neuen Sozialismus darzustellen, durch welchen sich das sozialistische Recht von der „imperialistischen" Entwicklung im russischen Kaiserreich oder in den USA unterscheiden würde.

Im Einzelnen wäre also die Verpönung *Liszts* in der Sowjetunion zwar nicht wissenschaftlich zu billigen, aber vielleicht im Sinne einer verdeckten liberalen Taktik – wie sie auch *Liszt* manchmal eingesetzt hat – zu begrüßen. Die Wiedereinführung des in der frühen Sowjetunion zuerst verlassenen Konzepts der „Gesetzlichkeit" müsste geschichtlich betrachtet eigentlich eine *reaktionäre Maßnahme* und Rückeroberung eines Prinzips der bürgerlichen Gesellschaft bedeuten. Um diesem Urteil auszuweichen, erschien für die Neuetablierung der „Gesetzlichkeit" der Beweis notwendig, dass die bürgerlichen Strafrechtler keine wirklichen Befür-

---

451 *B. Zlatarić*, a.a.O. (1969), S. 236.

452 *P. H. Solomon*, Soviet Criminal Justice under Stalin, 1996, S. 111 f.

453 *P. H. Solomon*, a.a.O. (1996), S. 156 ff.

worter des Legalitätsprinzips waren. Auf diese Weise konnte die Politik die Einführung der „Gesetzlichkeit" als die Erreichung eines höheren Entwicklungsstadiums des ideologisch gesicherten Fortschritts und nicht als eine konterrevolutionäre Maßnahme, die die alten Verhältnisse wiedererrichtet, interpretieren. Der Nachweis, dass eine soziologisch kompetente und dem Gesetzlichkeitsprinzip verpflichtete Haltung der alten Ordnung und Wissenschaft fremd bzw. wesensfremd war (= *Liszt* war kein richtiger Soziologe und kein richtiger Anhänger des Legalitätsprinzips), wurde zur tragenden dogmatischen Voraussetzung für die Restaurierung der Gesetzlichkeit in der Sowjetunion.

III. Die synthetisch bedingten Überspitzungen

1. Die Verschleierungsthese

Trifft die Vermutung von *Zlatarić* in ihren Einzelheiten oder nach der hier vorgenommenen Modifikation zu, so müsste man davon ausgehen, dass der Charakter des äußerlich theoretischen Impulses aus der Sowjetunion bei *Polak* und *Renneberg* völlig verkannt wurde. Die Autoren in der DDR wurden vor eine besondere Herausforderung gestellt, die im Vergleich mit anderen sozialistischen Ländern einmalig gewesen sein dürfte. Denn für die Wissenschaftler und Leser in der DDR waren die Schriften von *Liszt* viel besser zugänglich als in der Sowjetunion oder in der Tschechoslowakei. Die einzige logische Möglichkeit, eine Übereinstimmung zwischen den Originalquellen, vor allem den Arbeiten *Liszts* einerseits, und der offiziellen Strafrechtsgeschichtsschreibung aus der Sowjetunion andererseits, aufrechtzuerhalten, bestand in einer breiten Ausnutzung des selten weiterführenden Gedankens, dass der untersuchte Autor bzw. *Liszt seine wahren „Absichten" und Bewertungen in seinen Texten* aus taktischen Gründen *getarnt hat.*

Bereits in *Trajnins* Ausführungen finden sich die ersten Ansätze für die These, dass *Liszt* seine eigentlichen Ansichten aktiv verschleiert habe. Nach ihm liegt der Schlüssel dafür, dass man den „Soziologen" eine Hinwendung zum „Täter" bzw. zum Verbrecher nicht klar vorwerfen kann, in ihrer besonderen geschichtlichen Rolle. Auf sie würde nämlich vollkommen das bekannte Urteil von *Lenin* über die „Kadettenpartei" zutreffen. Es handelt sich um eine Wendung *Lenins*, nach welcher die spezifische Funktion der unter dem Namen „Kadettenpartei" zusammengefassten Intelligenz in der bürgerlichen Ordnung darin bestehen würde, die „Verhüllung der Reaktion und Imperialismus" durch „vielfältige demokratische Phrasen, Zusicherungen, Sophismen und Finten" zu leisten.[454] Im strafrechtlichen Bereich haben die „Soziologen" beispielsweise ihre Absichten, den „Täter" und nicht die „Tat" zu bestrafen, dadurch verhüllt, dass sie es vorzogen, nicht von Strafen, sondern von

[454] *A. Trajnin*, a.a.O. (1946), S. 20.

„Maßnahmen der sozialen Verteidigung“ und „Sicherungsmaßregeln“ zu sprechen.[455]

Die Ausgestaltung des Tarnungs- und Verschleierungstopos bei *Renneberg* ist viel radikaler: *Liszts* These von Umwelt und Anlage wird in „ihrem reaktionären Wesen“, also als etwas anderes als wofür sie sich ausgibt, „entlarvt“;[456] ebenso „vollends entlarvt“ wird das reaktionäre, antidemokratische und antihumane Wesen der von „Liszt und Soziologen“ entwickelten Lehre vom „gemeingefährlichen Zustandsverbrecher“;[457] Die „Reform des Strafrechts“ wurde, weil sie eigentlich rückschrittlich war, unter dem Namen einer Reform „schamhaft und fortschrittlich“ getarnt;[458]*Liszt* drückt sich nur „in sehr verschleierter und allgemeiner Form aus“, „um der Entlarvung (...) zu entgehen“;[459] *Liszt* „umschreibt“ die kapitalistische Ausbeuterordnung „verschleiernd“ als „geregeltes menschliches Zusammenleben“;[460] die kapitalistische Gesellschafts- und Staatsordnung wird von *Liszt* als Rechtsordnung „getarnt“;[461] Die Forderungen des Gesetzlichkeitsprinzips und des „Magna Charta“ Gedankens sind, weil sie sich mit dem von *Renneberg* aufgedeckten wirklichen Willen und mit den Absichten *Liszts* nicht decken, folglich bei *Liszt* nur eine „Farce“;[462] *Liszts* philanthropische Betrachtungen über die Mitschuld und die Mitverantwortung der Gesellschaft für die Kriminalität, mit denen *Liszt* „seine subjektivistischen Theorien“ „umgibt“, können nicht darüber hinwegtäuschen, dass *Liszts* Strafrechtskonzeption eine subjektivistische ist und dem imperialistischen Strafrecht eine eindeutige Orientierung auf das Gesinnungs- und Willkürstrafrecht gegeben hat;[463] *Liszt* und die Soziologen geben vor, viel von sozialen Ursachen des Verbrechens zu halten – davon bleibt bei *Liszt* „nichts weiter übrig als die Phrase selbst“;[464] *Liszt* verschleiert „geflissentlich“ den ausbeuterischen und antagonistischen Charakter von sozialen Verhältnissen;[465] *Liszt* habe es in späteren Jahren nach dem Vortrag „Der Zweckgedanke im Strafrecht“, der seine „erste Programmschrift“[466] ist, aus taktischen Gründen vermieden, seine Pläne und Vorschläge zum Vollzug der Terrormaßnahmen (physische Vernichtung der Zustandsverbrechers) unverhohlen und ohne Hemmungen kundzutun;[467] spätere, verhältnismäßig zu-

---

[455] *A. Trajnin*, a.a.O. (1946), S. 25.

[456] *J. Renneberg*, a.a.O. (1956), S. 48.

[457] *J. Renneberg*, a.a.O. (1956), S. 68.

[458] *J. Renneberg*, a.a.O. (1956), S. 23.

[459] *J. Renneberg*, a.a.O. (1956), S. 72.

[460] *J. Renneberg*, a.a.O. (1956), S. 52.

[461] *J. Renneberg*, a.a.O. (1956), S. 52 f.

[462] *J. Renneberg*, a.a.O. (1956), S. 54.

[463] *J. Renneberg*, a.a.O. (1956), S. 54 f.

[464] *J. Renneberg*, a.a.O. (1956), S. 56.

[465] *J. Renneberg*, a.a.O. (1956), S. 57.

[466] *J. Renneberg*, a.a.O. (1956), S. 75, 76.

[467] *J. Renneberg*, a.a.O. (1956), S. 76.

rückhaltende Äußerungen seien allein „taktische Operationen", mit welchen *Liszt* anstrebte, „die legislative Durchsetzung seines Gesinnungsstrafrechtprogramms" nicht zu gefährden;[468] zwar hat *Radbruch* auf „Liszts Fähigkeiten als Taktiker" hingewiesen, aber er hat es vermieden, das oft Demagogische und Prinzipienlose an dieser Taktik zu „entdecken";[469] *Liszts* Festhalten am Gesetzlichkeitsprinzip ist ein „verbalistisches".[470]

Eine andere Methode der Angleichung von *Liszts* Werk an die Prämissen seiner geschichtlichen Stellung findet sich in der Erstellung von „Scheinbelegen". Die Führung von Scheinbelegen in den Fußnoten erfolgt auf die Weise, dass für die radikale Behauptung im Text eine Fußnote als Beleg gesetzt wird, welche dann aber gerade die radikale Aussage aus dem Haupttext nicht bestätigt, sondern eingrenzt und widerruft. Damit wird ein wissenschaftlicher Apparat nur nachgeahmt und der Leser wird mit einer Reihe von Informationen konfrontiert, die zwar im weiteren Text und in den Fußnoten selbst dementiert werden, aber unter dem Effekt der „Erstmeldung" maßgeblicher als der widersprüchliche Nachtrag die Inhalte des zur Kenntnis genommenen Wissensstandes prägen. So wird etwa bezüglich des delikaten Falles *Liebknecht* im Text geschrieben (Verurteilung des Sozialisten *Karl Liebknecht* wegen Hochverrat), dass *Liszt* es „bekanntlich" versucht hat, dem Angeklagten *Liebknecht* die „Eigenschaften zuzuschreiben, wie er sie in anderem Zusammenhang als biologische Eigenschaften" aufführt.[471] In der dazugehörenden Fußnote erfährt man neben der angeblichen Fundstelle überraschenderweise, dass es sich dabei nur um eine freie Vervollständigung von *Liszts* Gedankengang handelt: „Allerdings wagt es sich Liszt nicht, an dieser Stelle diese Schlußfolgerung zu ziehen".[472]

In einem weiteren Beispiel erfährt der Leser zuerst im Haupttext, dass *Liszt* „persönlich die Todesstrafe für das wirksamste Mittel" für die Unschädlichmachung der gefährlichen und unverbesserlichen Gewohnheitsverbrecher gehalten hat.[473] Allerdings wird die Aussage schon in den nächsten Sätzen relativiert. Es wird hinzugefügt, dass *Liszt* „um sich jedoch keinen Angriffen wegen eines solchen offen terroristischen Vorschlags" auszusetzen, darauf „verzichtet", eine solche Forderung „nachdrücklich geltend zu machen".[474] In der dazugehörenden Fußnote fehlt schließlich sogar selbst der Hinweis auf die Stelle, wo die Forderung der Todesstrafe (unter dem Verzicht des „Nachdrücklichen") angeblich erfolgte. Die Fußnote setzt sich allein und überraschenderweise aus einem dünnen Hinweis, dass *Liszt* die Forderung nicht „ausdrücklich" mache, zusammen.[475] Beziehungsweise: *Liszt* hat

---

[468] *J. Renneberg*, a.a.O. (1956), S. 76.

[469] *J. Renneberg*, a.a.O. (1956), S. 76.

[470] *J. Renneberg*, a.a.O. (1956), S. 91 f., 94.

[471] *J. Renneberg*, a.a.O. (1956), S. 74.

[472] *J. Renneberg*, a.a.O. (1956), S. 74 (Fußnote 75).

[473] *J. Renneberg*, a.a.O. (1956), S. 74.

[474] *J. Renneberg*, a.a.O. (1956), S. 74.

[475] *J. Renneberg*, a.a.O. (1956), S. 77.

eine entsprechende Forderung der Todesstrafe nach dem Maßstab einer mit Texten arbeitenden Wissenschaften nie gestellt: sie erscheint lediglich in Ausführungen von *Renneberg* zuerst als eine nicht „ausdrückliche“ Forderung, sodann als eine nicht „nachdrücklich geltend gemachte“ Forderung und schließlich bzw. im Text an der ersten Stelle als ein Mittel, das *Liszt* „persönlich“ für das wirksamste Mittel gegen unverbesserliche Gewohnheitsverbrecher hielt.

2. Finale und systemtheoretische Deutung

Die Ausführungen in der marxistischen Kritik leiden an der für den Marxismus des 20. Jahrhunderts charakteristischen Vermengung der systemtheoretischen und finalistischen Analyse. Dem systemtheoretischen Diskurs würde es entsprechen, wenn sich gelegentlich und vereinzelt Hinweise finden, dass es bei der Kritik nicht um Absichten und tatsächliche Ansichten von *Liszt* und seinen Anhängern geht, sondern um deren objektive gesellschaftliche Rolle.[476] Aber es überwiegt ganz entscheidend ein finalistisches und insoweit widersprüchliches Vokabular,[477] mit welchem auch der Diskurs einer Entlarvung der wahren „Absichten“ organisch zusammenhängt. Bei der finalistischen Betrachtung werden Phrasen wie der „Wille“ der herrschenden Klassen nicht mehr in ihrem systematisch-entwicklungsbezogenen Gehalt, sondern als historische, psychologische Wahrheiten genommen. Weil der „Wille“ als etwas Wahres, das hinter den eigentlichen Bestrebungen steht, vorausgesetzt wird, sollen die gegenläufigen Behauptungen und Forderungen als „Demagogie“ oder bloße Phrasen entschleiert werden. Die höchste Entwicklungsstufe dieser Analyse des verschleierten „Willens“ und böser Absicht bildet die Charakterdiffamierung des Autors, der auch *Liszt* subtil in der DDR ausgesetzt war.[478]

---

[476] *K. Polak*, a.a.O. (1951), S. 99, *J. Renneberg*, a.a.O. (1956), S. 44 f., 116 f.

[477] Vgl. bei *J. Renneberg*, a.a.O. (1956), S. 1956, S. 34 („gerichtet“), 34 „(Vertreter der Bourgeoisie“), 35 („Apologet“), 47 („um“), 50 (verschleiern), 54 („entwickelten“), 60 („umzudeuten sucht“), 65 („zur Vernichtung bestimmten“), 74 („angestrebtes Resultat“).

[478] *A. Wegner*, Die rechtsschöpferische Kraft der Arbeiterklasse und ihr geschichtliches Recht auf ein Strafgesetzbuch des Volkes, Staat und Recht 12 (1963), S. 2017 („... Als ich in dem von ihm gegründeten Kriminalistischen Institut unter seinem Nachfolger Eduard Kohlrausch zu arbeiten begann, sagte auch ich einmal in einer solchen Anwandlung zu meinem Lehrer Kohlrausch: Liszt sei doch wohl ein gütiger Mensch gewesen. Kohlrausch lächelte fein und mit einer Wehmut, die den Menschen und Dingen sehr nahe war. Seine Antwort war leise, aber deutlich verneinend. Von jener Güte, die einige aus manchen Worten Liszts heraushörten, kann gar keine Rede sein.“)

IV. Korrektur von Rennebergs Kritik in der DDR bei Ewald und Lekschas (1983, 1984)

In der DDR geriet *Renneberg* als Anhänger einer stalinistischen Kriminalpolitik im Laufe der Zeit ins Kreuzfeuer der politischen Kritik.[479] Die 1980er Jahre brachten dort eine Art Rehabilitierung von *Liszt* in der (Ost)Berliner Dissertation von *Uwe Ewald*, dessen vergleichsweise ausgewogene, im Erzählungskern immer noch marxistische Sichtweise, *Liszts* „weltanschaulich-philosophischen Ansatz" schwerpunktmäßig im Bestreben des Neukantianismus sieht.[480] Freilich wird der deutsche Neukantianismus sehr breit aufgefasst, sodass interessanterweise der „Positivismus" und der „Realismus" als Spielarten des Neukantianismus beurteilt werden.[481] Tragende Gesichtspunkte wurden von *Ewald* zusammen mit *Lekschas* auch in einem bedeutenden Aufsatz mit bundesdeutschen Kollegen in Österreich veröffentlicht.[482] In diesem werden die Verallgemeinerungen von *Renneberg*, die „Liszt als Vorläufer der faschistischen Strafrechtsideologie erscheinen lassen", im Kontext der zeitlich bedingten „spezifischen Sicht" von *Renneberg* im Rahmen der Auseinandersetzungen mit dem Erbe des Nationalsozialismus unmittelbar nach dem Krieg beurteilt.[483] In der Sowjetunion war, soweit ersichtlich, die Untersuchung von *Renneberg* nie rezipiert worden. Die negativen Äußerungen über *Liszt* wurden dort bereits in den 1960er und 1970er Jahren durch neue, neutrale Ausführungen vollständig ersetzt.[484]

---

479 *M. Vormbaum*, Das Strafrecht der DDR, 2015, S. 241 f.; *Ch. Mahlmann*, a.a.O. (2002), S. 33 ff.

480 *U. Ewald*, Theoretische Probleme und Ideologie des „Täterstrafrechts" in imperialistischen Deutschland, 1983, S. 110 ff.; *ders.*, Staat und Recht 1983, S. 464.

481 *U. Ewald*, a.a.O. (1983), S. 464 f. („Positivismus", „Realismus", „neukantianischer Positivismus").

482 *J. Lekschas/U. Ewald*, Die Widersprüchlichkeit des Liszt'schen Konzepts vom Strafrecht und ihre historisch-materialistische Erklärung, Kriminalsoziologische Bibliografie 11 (1984), 80.

483 *J. Lekschas/U. Ewald*, a.a.O. (1984), S. 96. Vgl. auch *U. Ewald*, a.a.O. (Theoretische Probleme, 1983), S. 132 ff.

484 *N. D. Durmanov (Дурманов)*, in: V. D. Menjšagin/N. D. Durmanov (Hrsg.), Советское уголовное право: часть общая, 1962, S. 436 ff.; *N. D. Durmanov (Дурманов)*, in: V. D. Menjšagin/N. D. Durmanov/G. A. Kriger (Hrsg.), Советское уголовное право: общая часть, 1974, S. 437 ff.

13. Kapitel

Erweiterte Perspektiven in den 1970ern: Marxen (1975); Schreiber (1976)

A. Grundlegend neue Sichtweise

Die siebziger Jahre des 20. Jahrhunderts brachten eine für die Erforschung der intellektuellen Geschichte des Strafrechts förderliche Entspannung im Umgang mit *Liszts* Werk. Er ist – vorübergehend – nicht mehr eine vorangestellte Zentralfigur der Geschichte, um welche in den meisten bisherigen Darstellungen die Vor- und Nachentwicklung nur herumwächst, sondern ein Glied in den mannigfaltigen und reichen Etappen des Rechtsdenkens in Europa und Deutschland. Das Bedürfnis, zwecks Förderung der eigenen kriminalpolitischen Ansichten *Liszt* mit einem gedachten – schlechten oder guten – Idealtyp gleichzusetzen, scheint vorübergehend abgeklungen zu sein. Die Ausführungen von *Welzel* (1935), *H. Mayer* (1962) oder auch die einflussreiche „Einführung" von *Eb. Schmidt* (1. Aufl. 1947) erscheinen aus der neuen Perspektive der 1970er Jahre als „übernarrativisierte" Analysen, in welchen wichtige Einzelheiten zu Gunsten einer einfachen Erzählung und Positionierung im kriminalpolitischen Streit weggelassen wurden.

Zur Entwicklung der neuen Beurteilungstendenzen hat die Reformdiskussion der 1960er Jahre mittelbar und dennoch wesentlich beigetragen. Aus dem progressiven Lager der Diskussionsteilnehmer wurde ein Argumentationsstil verbreitet, dem es nicht nur in dogmatischen Einzelheiten, sondern auch in Bezug auf die kriminalpolitischen Forderungen wesentlich um die Abwägung der konkreten, begrifflich fassbaren Umstände und Interessen ging, und zwar unter der Prämisse der Entfaltung einer freiheitlichen Gesellschaftsordnung. Da in einem solchen Diskurs die Qualität der einzelnen Forderungen von ihrer sachlichen Richtigkeit und nicht von einer Anbindung an eine Autorität abhängt, fiel strukturell das Bedürfnis weg, die gewünschten Stellungnahmen bei dem als Autorität geltenden Autor wiederzufinden. *Liszt* diente im Großen und Ganzen zwar als *Vorbild*, aber vornehmlich wegen seiner Art der Argumentation, wegen seiner Bemühungen, die Kontexte des Lebens mit kriminalpolitischen Forderungen zu verbinden, und nicht als eine äußere Autorität, deren konkreten Aussagen und Forderungen zu folgen ist und die zu verwirklichen sind (Punkt D. im 10. Kapitel).

B. Zwei wichtige Studien

I. Unterschiede zwischen der marxistischen Kontinuitätsthese und Kontinuitätsaspekten bei Marxen (1975)

Kennzeichnend für die neue Bearbeitung sind die Untersuchung über das NS-Strafrecht von *Marxen*[485] und *Schreibers* Studie zur „geschichtlichen Entwicklung" des „nullum crimen sine lege"-Grundsatzes.[486] Die Ausführungen von *Marxen* weisen auf den ersten Blick eine gewisse Nähe zu *Renneberg* und zu der marxistischen Kontinuitätsthese (12. Kapitel) auf. *Marxens* Ausgangspunkt bildet die These, dass die nationalsozialistische Machteroberung im Bereich der Strafrechtswissenschaft „keinen Umbruch herbeiführte, sondern lediglich Entwicklungstendenzen stark forcierte", die in der vergangenen Epoche „schon angelegt waren".[487] In der getroffenen Wahl von Ausdrücken lässt sich – vor allem in allgemeinen Teilen der Untersuchung – gelegentlich eine Naturalisierung oder Transzendierung des geschichtlichen Sachverhaltes wiedererkennen: Das Konzept der Besserungs- und Sicherungsstrafe enthielt, so *Marxen, im Keim* illiberales Gedankengut.[488]

Das Keim- und Entfaltungsdenken wird der Begrifflichkeit für die Erfassung der Pflanzenentwicklung entlehnt und impliziert insoweit die Vorstellung einer Determinierung und Notwendigkeit der Entwicklung. Es begegnet dem Leser jedoch nur in allgemeiner, theoretischer Form, während die konkreten Untersuchungen und Darstellungen bei *Marxen* einen deutlich moderneren Charakter haben: Im konkreten Teil der Untersuchung werden einzelne Kontinuitäts- sowie Diskontinuitätsaspekte und keine metaphysischen Zusammenhänge erkundet. Im Vordergrund stehen die Strategien für die Fortführung und/oder Distanzierung vom älteren strafrechtlichen Gedankengut, die in den 1930er Jahren im Bereich der Strafrechtsrechtswissenschaft und Gesetzgebung eingesetzt wurden. Die Aspekte der Kontinuität und Diskontinuität werden dabei sowohl in Bezug auf die „klassische",[489] als auch in Bezug auf die „moderne Schule" hervorgehoben.[490] Es werden sorgsam verschiedene Zäsuren zwischen den antiliberalen Theoretikern des Strafrechts und dem, was jene als *Liszts* Erbe im Umgang mit Individualismus, Liberalismus und Rationalismus kritisiert haben, ausgearbeitet.[491]

---

485 *K. Marxen*, Der Kampf gegen das liberale Strafrecht: Eine Studie zum Antiliberalismus in der Strafrechtswissenschaft der zwanziger und dreißiger Jahre, 1975.

486 *H.-W. Schreiber*, Gesetz und Richter: zur geschichtlichen Entwicklung des Satzes nullum crimen, nulla poena sine lege, 1976.

487 *K. Marxen*, a.a.O. (1975), S. 18.

488 *K. Marxen*, a.a.O. (1975), S. 248.

489 *K. Marxen*, a.a.O. (1975), S. 247.

490 *K. Marxen*, a.a.O. (1975), S. 248 ff.

491 *K. Marxen*, a.a.O. (1975), S. 47 ff., 118 ff., 167 ff.

Die einzelnen, für die Liszt-Forschung interessanten Kontinuitätsaspekte werden summarisch in der „Schlußbetrachtung" aufgezählt.[492] Es wird durch *Marxen* an konkreten Beispielen wie „Berufs- und Gewohnheitsverbrechertum" oder „Erziehungsgedanke" untersucht, wie die nationalsozialistischen Schriftsteller den tradierten strafrechtswissenschaftlichen Stoff in ihrem eigenen Sinne umgearbeitet haben. Durch diese Analyseart wird der Kontinuitätszusammenhang losgelöst von dem Verantwortungszusammenhang begriffen, denn es kann keine Schuld *Liszts* vorliegen, wenn von ihm geforderte Institute – wie etwa die „Erziehungsstrafe" für die Jugendlichen – nach der nationalsozialistischen Machtergreifung in einem ganz anderen Sinne verstanden und mit fremden Schwerpunkten in der Praxis umgesetzt wurden.

Rennebergs Ansatz wird einer unmittelbaren Kritik unterzogen, weil *Renneberg*, so *Marxen*, die Gegnerschaft nationalsozialistischer Strafrechtswissenschaftler zur „liberalen" Reform der Modernen Schule „unterschlägt".[493] Bei *Marxen* wird nicht abstrakt *Liszt* mit dem nationalsozialistischen Unrecht verbunden, sondern es wird konkret der Stand der Institute und Forderungen in der „modernen Schule" in den 1920er Jahren und den frühen 1930er Jahren einerseits und bei den autoritären Schriftstellern in den 1930er Jahren andererseits untersucht. *Liszt* erfährt in der Tendenz eine deutlich günstigere Bewertung als seine „Nachfolger", die aus *Marxens* Sicht bei der Verteidigung der Reform nach den Grundsätzen der Modernen Schule gegen die autoritären Angriffe im Prinzip nur die Auffassungen, die bereits *Liszt* vertreten hat, wiederholt haben, jedoch unter Verkennung des Umstands, dass sich *Liszt* bei Entwicklung seiner Gedankengänge in völlig anderen politischen Machtkonstellationen bewegt hat.[494]

„(…) von Liszt entwickelte seine Gedankengänge in einer Zeit, in der dem Staat ein wirtschaftlich mächtiges Bürgertum gegenüberstand, dessen Position konstitutionell durch eine Begrenzung der Staatsgewalt abgesichert war. Die außen- und innerpolitische Situation gab keinen Anlaß, einen politischen Umsturz zu befürchten. Von daher mußte von Liszt nicht unbedingt mit einem Mißbrauch seiner Ideen rechnen, wenngleich ihm die Gefahren seines Programms von seinen Gegnern immer wieder vor Augen geführt wurden. Außerdem zeigen seine Äußerungen über die Tragweite des Zweckgedankens im Strafrecht, daß er die zweckhafte Strafe als eine zum Schutze der individuellen Freiheit gebundene Strafe betrachtete (…). Zwar hat sich im Laufe der Zeit der Optimismus als verfehlt erwiesen, die Orientierung am Zweck der Strafe erlaube eine eindeutige und sichere Grenzziehung zwischen den zur Einwirkung auf den Strafgefangenen erforderlichen Maßnahmen und einer übermäßigen Beschneidung seines Freiheitsraumes; dennoch ist nicht zu übersehen, daß von Liszt die Einführung des Zweckgedankens in das Strafrecht nicht als einen antiliberalen Vorgang betrachtete. Im übrigen schuf er mit seinen methodischen und systematischen Arbeiten ein Gegengewicht zu transpersonalistischen Zielsetzungen der Besserung- und Sicherungsstrafe. Er erreichte eine gewisse Ausgewogenheit in seinem System,

---

[492] *K. Marxen*, a.a.O. (1975), S. 248.

[493] *K. Marxen*, a.a.O. (1975), S. 162.

[494] *K. Marxen*, a.a.O. (1975), S. 160 ff.

indem er in dogmatischen Fragen den in dem Satz „nullum crimen et nulla poena sine lege" enthaltenen Forderungen nachzukommen versuchte und den Richter bei der Prüfung von Verbrechensmerkmale auf strenge Begrifflichkeit und auf weitgehende Ausschaltung subjektiver Wertungen verpflichtete."[495]

Den Ausführungen von *Marxen* kommt in Bezug auf die geschichtliche Auffassung der Konstituierung des NS-Rechts und -Unrechts eine große Relevanz zu. Sie weisen darauf hin, dass der Nationalsozialismus keineswegs als eine Eroberungsmacht aus dem All aufgefasst werden kann, die auf dieser Welt mit ihr völlig unbekannten Begriffen und Werten gelandet wäre. Insoweit hat *Marxen* die „empirische Wende" der 1980er Jahre im Umgang mit dem Nationalsozialismus und seinem Recht und Unrecht prinzipiell vorweggenommen. Für die intellektuelle Geschichte wäre es überraschend, wenn ein Forscher in seinen Untersuchungen gar keine Kontinuitätsaspekte zwischen zwei nahe zusammenliegenden zeitlichen Abschnitten ein und derselben Gesellschaft fände. Die Stärke der Studie von *Marxen* liegt nicht (nur) in einzelnen Aspekten, die vorgetragen werden, sondern in der vollzogenen grundsätzlichen, epistemologischen Wende hin zur Erforschung von konkreten Handlungsspielräumen und Gestaltungen.[496] In der radikalen Liszt-Kritik wird später, seit den 1980er Jahren, wieder Akzent auf die spekulativ und synthetisch gewonnenen Einsichten gesetzt und damit die Entwicklung bei *Marxen* rückabgewickelt (14. Kapitel).[497]

II. Das Politische im Strafrecht bei Schreiber (1976)

Schreiber bereicherte die Diskussion um eine Darstellung der Entwicklung und geschichtlichen Ausgestaltung des Gesetzlichkeitsprinzips von vormodernen Zeiten über Aufklärung bis zur Nachkriegsdiskussion. Seine Studie brachte auf diesem sensiblen, früher oft durch nationalistische Vereinfachungen befrachteten Gebiet, einen frischen theoretischen Rahmen, der – überraschenderweise – die Vertreter der Klassischen und der Modernen Schule in neuem Licht erscheinen ließ, obwohl die Einordnung von einzelnen Autoren nicht das eigentliche Anliegen *Schreibers* war. *Schreibers* Studie gehört, ähnlich wie jene von *Marxen*, zu einem spezifischen Intermezzo der Liszt-Forschung, in welchem Besonderheiten der Ansätze von einzelnen Autoren und von den geschichtlichen Kontexten der intellektuellen Tätigkeit sorgsam aufgegriffen wurden, bevor die radikale Kritik in den 1980er Jahren wieder die Kämpfe auf dem geschichtsphilosophischen Feld eröffnet hat.

---

495 *K. Marxen*, a.a.O. (1975), S. 161 f.

496 Vgl. dazu *H. Lüthy*, Wozu Geschichte (1969), in seinem Sammelband: Wo liegt Europa, 1991, S. 119.

497 Vgl. für *Marxens* spätere Auffassung der Kontinuitätsproblematik *K. Marxen*, Das Problem der Kontinuität in der neueren deutschen Strafrechtsgeschichte, KritV, 73 (1990), 287.

Man hat im Anschluss an *Birkmeyer* im Kreise der *Liszt*-Kritiker immer wieder versucht, die Forderung *Liszts* nach dem Satz „nullum crimen sine lege“ als eine Inkonsequenz oder sogar geistige Schwäche aufzufassen (vgl. Punkt D. im 10. Kapitel).[498] Die Untersuchung von *Schreiber* hat die Grundlagen für eine andere Bewertung gelegt. Sie zeigt sorgsam auf, dass der Satz im 18. und frühen 19. Jahrhundert maßgeblich nicht unter dem Gesichtspunkt einer inneren Logik der Straftheorie, sondern im Rahmen staatstheoretischer Überlegungen entwickelt wurde. Als solcher konnte er sich gegen eine unmittelbare Strafbedürfnis- und Strafergebnislogik in zahlreichen Gesetzwerken und Verfassungsinstrumenten bereits seit Ende des 18. Jahrhunderts behaupten, ebenso in der kriminalistischen Literatur, wie in dem spezialpräventiv orientierten kriminalpolitischen System von *Grolmann* (1775–1829).[499] Die Untersuchung entlastet damit *Liszt* von dem Vorwurf einer zusammengebastelten, auf eine logische Schwäche zurückgehenden, in sich unhaltbaren Lösung. *Liszt* hat nach Ansicht von *Schreiber* deutlich erkannt, dass das Gesetzlichkeitsprinzip mit seinen straftheoretischen Zielen „keineswegs konform ist“.[500] Er akzeptierte es aber als „übergeordnetes politisches Prinzip“ und vollzieht dabei im Ergebnis die gleiche Wertung, die man bereits früher, etwa bei *Grolmann*, antraf.[501]

Liszts Haltung zur Gesetzlichkeit im Strafrecht erscheint bei *Schreiber* in einem *seit dem ausgehenden 18. Jahrhundert in der Entwicklung begriffenen Wertesystem*, welchem auch Topoi wie Gesellschaftsvertrag, bürgerliche Rechte sowie erste Positivierungen des Prinzips in Strafgesetzbüchern und Verfassungen angehören.[502] Tauscht man die Richtung des Forschungsinteresses aus, und fragt man, welche Wertorientierung bei *Liszts* zeitgenössischen Gegnern vorhanden war, so kommt man zu überraschenden Ergebnissen, die der oft anzutreffenden Gleichsetzung des Anliegens der Klassischen Schule mit dem politischen Liberalismus zuwiderlaufen. Man wird durch eine konkrete Darstellung dafür sensibilisiert, dass die *Liszt*-Gegner aus dem kirchlichen Lager, aus dem speziellen Lager *Bindings* und aus dem Kreis der engsten Vertreter der Klassischen Schule ein autoritäres und zum Teil transzendentes Staatsverständnis verbindet, während *Liszt* in den Koordinaten des diesseitigen Kontraktstaates verbleibt, die Rechtsgüter des Einzelnen an erster Stelle nennt und – in seinem ersten Anti-Binding-Aufsatz – hervorhebt, dass „alles Recht [um] der Menschen willen“ da ist (vgl. Punkt D.II.–IV. im 6. Kapitel; sowie die Gegenüberstellung im Punkt B. im 8. Kapitel).

Allein schon die zeitliche Verschiebung der Problematik einer parallelen Existenz von spezialpräventiven Überlegungen und Gesetzlichkeitsprinzip vom ausgehenden

[498] Vgl. zu *K. Birkmeyer*, Was lässt von Liszt vom Strafrecht übrig?, 1907; für weitere frühe Anläufe dieser Kritik s. *H.-W. Schreiber*, a.a.O. (1976), S. 178 f.

[499] *H.-W. Schreiber*, a.a.O. (1976), S. 62 ff., 112 ff.

[500] *H.-W. Schreiber*, a.a.O. (1976), S. 179.

[501] *H.-W. Schreiber*, a.a.O. (1976), S. 179.

[502] Vgl. *H.-W. Schreiber*, a.a.O. (1976), S. 38 ff.

19. auf den Übergang vom 18. zum 19. Jahrhundert, delegitimiert wichtige Teile der negativen Kritik an *Liszt*. Das kann gut am Beispiel *Rennebergs* Kritik verfolgt werden. Für *Renneberg* war, und das ist eines der entscheidenden Urteile in seinen Ausführungen, *Liszts* Haltung zum „nullum crimen sine lege"-Satz eine *spezifische* Erscheinung der späten, imperialistischen bürgerlichen Gesellschaft *des ausgehenden* 19. Jahrhunderts.[503] Diese Verbindung ergibt in der marxistischen Argumentation *Rennebergs* nur solange Sinn, solange man annehmen kann, dass sich ähnliche Lösungen (Verbindung von Spezialprävention mit Gesetzlichkeitsprinzip) nicht in früheren Jahrzehnten des 19. Jahrhunderts finden. Die sogenannten, vom Marxismus aufgefundenen „Notwendigkeiten" in der Entwicklung der kapitalistischen Ordnung (Punkt A.II.2. im 12. Kapitel) können, wenn man die Untersuchung von *Schreiber* ins Visier nimmt, nicht mit den tatsächlichen Zeitpunkten des Auftretens der kriminalpolitischen Konzepte in Einklang gebracht werden.[504]

[503] Vgl. wieder *J. Renneberg*, a.a.O. (1956), S. 91 (*Liszt* als Erscheinung des imperialistischen im Gegensatz zum alten, vormonopolistischem Kapitalismus).

[504] Vgl. zu *Grolmann* bei *Schreiber*, a.a.O. (1976), S. 112 ff.

14. Kapitel

Spaltung der Liszt-Forschung seit den 1980ern (1): Die radikale Kritik seit den 1980er Jahren von Naucke, Vormbaum u. a.

A. Die radikale Kritik

I. Gemeinsamkeiten und Besonderheiten

Die in diesem Kapitel erörterte radikale Kritik an *Liszt* seit den 1980er Jahren wird hier unter einem inhaltlichen und einem methodologischen Kriterium als ein Typus behandelt. Den Autoren, die hier als Vertreter der radikalen Kritik vorgestellt werden, geht es in der Regel um den Nachweis der Kontinuität zwischen der Modernen Schule, des präventiven Gedankens und *Liszt* einerseits und den repressiven Unrechtspraktiken des Nationalsozialismus andererseits. Methodologische Hauptmerkmale dieser Aufarbeitung sind ein phänomenologischer Zugang zu Texten und eine deutlich geschichtsphilosophisch ausgerichtete Auffassung des Stoffes. Neben *Liszts* Werken erfahren auch die Teile der wohlwollenden Sekundärliteratur starke Kritik. Oft geht es dementsprechend um die Gewinnung einer *alternativen wissenschaftlichen Deutung* in Bezug auf die freundliche Liszt-Rezeption nach dem Zweiten Weltkrieg.[505]

Zeitlich am Anfang von radikal-kritischen Deutungen steht *Nauckes* Jubiläums-Aufsatz über die Kriminalpolitik des „Marburger Programms“ aus dem Jahr 1982.[506] Bei weiteren Autoren herrscht typischerweise eine starke Anlehnung an diesen Aufsatz und es wird – ebenso typischerweise – der alternative, kritische Charakter der eigenen Deutung hervorgehoben. Inhaltlich wird entweder festgestellt, dass *Liszts* Programmatik mit nationalsozialistischen Geschehnissen vorverwandt ist (*Naucke*,[507] *Vormbaum*[508]). Oder es wird ein Akzent auf begrenzte Aspekte gesetzt, die sich in das Grundnarrativ eines Kontinuitätsschemas einfügen. So wird beispielsweise bei einer Autorin aus den 1990er Jahren hervorgehoben, dass das Ge-

---

[505] Vgl. dazu insb. *W. Naucke*, Die Kriminalpolitik des Marburger Programms 1882, ZStW 94 (1982), S. 557 ff.; *M. Frommel*, Was bedeutet uns heute noch Franz von Liszt?, Jahrbuch der juristischen Zeitgeschichte 14 (2013), S. 152 ff.

[506] *W. Naucke*, a.a.O. (1982), S. 525.

[507] Vgl. *W. Naucke*, a.a.O. (1982), S. 554.

[508] Vgl. programmatische Note bei *T. Vormbaum*, Einführung in die moderne Strafrechtsgeschichte, 3. Aufl. 2016, S. 131.

setzlichkeitsprinzip bei *Liszt* nur ein Lippenbekenntnis war (*Ehret*,[509] *Naucke*[510]). Oder es wird behauptet, dass bei *Liszt* der Gedanke des Schutzes vor Strafgewalt durch Gesetze inhaltsneutral konzipiert wurde. Die Gesetze seien bei *Liszt* folglich für jede Programmatik offen und hätten nur zufällig, im gegebenen Zeitpunkt, den Charakter von liberalen Errungenschaften (z. B. *Naucke*,[511] *Frommel*,[512] *Ehret*,[513] *Vormbaum*[514]).

Nauckes Jubiläumstext ist, anders als in der Regel die Schriften von Autoren, die ihm folgen, mit zahlreichen Kautelen versetzt, die hervorheben, dass mannigfaltige Zusammenhänge noch nicht hinreichend untersucht sind. Im Einzelnen wären es folgende wichtige Punkte, die *Nauckes* Text den Charakter einer sorgsamen Vorüberlegung und einer, wie es jeweils an einer Stelle heißt, „Diskussionsmöglichkeit"[515] und einer „vagen Assoziation"[516] verleihen: Die Entwicklung der Diskussion des Marburger Programms „vor allem in den achtziger und neunziger" Jahren des 19. Jahrhunderts sei wenig geklärt;[517] die Vorstellung, welche die üblichen Datensammlungen zu *Liszts* Leben hervorrufen, bedürfe der Kontrolle;[518] es empfehle sich für eine zutreffende Bewertung die Erforschung der „Persönlichkeit" von *Liszt*, ihrer „politischen Ausstattung" und ihrer „wissenschaftlichen Moral";[519] „es wäre richtig", Material über *Liszts* Konzept „nicht allein vom Strafrecht, sondern vom Recht überhaupt, von der Gesellschaft und ihrem Verhältnis zum Staat" zu sammeln;[520] „Welcher Partei oder welchen Parteien hat er zu welchen Zeiten nahegestanden und angehört?";[521] was würde ein „genauerer Vergleich" zwischen Parteiprogrammen und dem „Marburger Programm" ergeben?;[522] die Arbeit in politischen Institutionen wie dem Reichstag „müsste in Einzelheiten geschildert werden";[523] es wäre „interessant", die „nicht leicht zugänglichen allgemein-politischen Stellungnahmen v. Liszts wieder verfügbar zu haben";[524] es bestehe die Notwendigkeit einer Be-

---

[509] *S. Ehret*, Franz von Liszt und das Gesetzlichkeitsprinzip, 1996, S. 212.

[510] *W. Naucke*, „Schulenstreit"?, FS Hassemer, 2010, S. 566.

[511] *W. Naucke*, a.a.O. (1982), S. 539 ff.

[512] *M. Frommel*, Präventionsmodelle in der deutschen Strafzweck-Diskussion, 1987, S. 119 ff.

[513] *S. Ehret*, a.a.O. (1996), S. 168, 211 f.

[514] *T. Vormbaum*, Einführung, 3. Aufl. 2016, S. 125.

[515] *W. Naucke*, a.a.O. (1982), S. 529.

[516] *W. Naucke*, a.a.O. (1982), S. 552.

[517] *W. Naucke*, a.a.O. (1982), S. 528.

[518] *W. Naucke*, a.a.O. (1982), S, 530.

[519] *W. Naucke*, a.a.O. (1982), S. 531.

[520] *W. Naucke*, a.a.O. (1982), S. 531.

[521] *W. Naucke*, a.a.O. (1982), S.531 f.

[522] *W. Naucke*, a.a.O. (1982), S. 532.

[523] *W. Naucke*, a.a.O. (1982), S. 532.

[524] *W. Naucke*, a.a.O. (1982), S. 532.

schäftigung mit dem sonst weniger beachteten und schwer zugänglichen späten Werk aus der Zeit des Ersten Weltkriegs.[525]

Eine Sonderstellung in der Kritik an *Liszt* und präventiven Theorien des Strafrechts im 19. und 20. Jahrhundert nimmt *Frommel* ein. Sie zeigt im Vergleich zu anderen Schriftstellern den unvoreingenommenen Willen, auch positive Aspekte in der Entwicklung des präventiven Strafgedankens hervorzuheben.[526] Wichtig sind die kleinen historischen Reminiszenzen, wie etwa die Erhellung der vergessenen theoretischen Lage um 1800[527] und die Neubewertung des Streits um das Rechtsgutkonzept zwischen *Liszt* und *Binding*.[528] Sie arbeitet im Grunde mit einem gegenüber der Geschichtsphilosophie kritischen Forschungsprogramm,[529] im Unterschied insoweit zu *Naucke*, der die Abkehr von der Geschichtsphilosophie moniert.[530] Andererseits zeigen die Ausführungen von *Frommel* aus einer ausreichend weiten Entfernung eine diskursive Nähe zu anderen kritischen Autoren seit den 1980er Jahren, die sich im Laufe der Zeit durch gegenseitige Zitate gegen Kritik auch äußerlich abgesichert haben. *Frommel* gehört zu den wenigen Autoren, die in der Welzel'schen Positivismus-Zuordnung einen größtenteils unberechtigten Vorwurf sehen und stattdessen die idealistische Tradition bei *Liszt* hervorheben.[531]

II. Die Methode

1. Versuch der Etablierung eines phänomenologischen Umgangs mit Texten?

Die Hauptmethode der Richtung in der Tradition von *Naucke* bei dem Umgang mit Quellen ist eine intensive Auslegung der Texte aus ihnen selbst heraus. Es ist eine bemerkenswerte Methode, die von *Naucke* in verschiedenen Werken, nicht nur in der Liszt-Kritik, entwickelt wurde. Der Forscher sollte sich, das darf man als den Kern der Methode bezeichnen, um eine unbefangene, durch den Wall von der Sekun-

[525] *W. Naucke*, a.a.O. (1982), S. 532, 548.

[526] Vgl. *M. Frommel*, Welzels finale Handlungslehre, in: U. Reifner/B. Sonnen (Hrsg.), Strafjustiz und Polizei im Dritten Reich, 1984, 86; *dies.*, Die Rolle der Erfahrungswissenschaften in Franz von Liszt's „gesamter Strafrechtswissenschaft", Kriminalsoziologische Bibliografie 1984, 36; *dies.*, Präventionsmodelle, 1987; *dies.*, Eintrag „Franz von Liszt", in: Juristen in Österreich, 1987, 223; *dies.*, Internationale Reformbewegung zwischen 1880 und 1920, in: J. Schönert (Hrsg.), Erzählte Kriminalität, 1991, 467; *dies.*, Was bedeutet uns heute noch Franz von Liszt?, NK 2012, 152; *dies.*, a.a.O. (2013), 291. Sowie ihre Liszt-Biographie in der „Neuen Deutschen Biographie", Bd. 14 (1985).

[527] *M. Frommel*, Präventionsmodelle, 1987, S. 13 ff., 135 ff.

[528] *M. Frommel*, a.a.O. (1984), S. 37; dies., a.a.O., Präventionsmodelle, 1987 S. 62 ff.

[529] Vgl. *M. Frommel*, a.a.O. (1984), S. 48; sowie die Herangehensweise in *Frommel*, Präventionsmodelle (1987), und die Kritik dort an der S. 85, 87.

[530] Vgl. *W. Naucke*, a.a.O. (1982), S. 535.

[531] *M. Frommel*, Präventionsmodelle, 1987, S. 177 ff.

därliteratur nicht gebremste Annäherung an den Text des kritisierten Autors bemühen.[532] Diese Forderung kann freilich, jeweils wie sie näher verstanden wird, unterschiedlich bewertet werden. Es lässt sich nicht bestreiten, dass in Anbetracht einer übertriebenen Voreingenommenheit durch „Sekundärliteratur" der Durchbruch zum Werk eines Autors *eine* entscheidende Voraussetzung für den Erkenntnisgewinn und die Qualität der Wissenschaft ist.[533] Das Werk eines jeden Autors wird durch jede Analyse und wissenschaftliche Aufarbeitung hochselektiert. Die Sekundärliteratur kann oft auch dort, wo sie keine atheoretischen Nebenabsichten hat, die Urteile aus der älteren Literatur im Laufe der Zeit zuspitzen oder sogar gedanklich verstellen (vgl. *Eb. Schmidt*, Punkt A.–C. im 10. Kapitel). Es ist insoweit hermeneutisch notwendig und berechtigt, *unmittelbar die Texte des kritisierten Autors* anzuschauen.

Umgekehrt liegt ein Missverständnis des eigenen Anliegens vor, wenn man ein methodologisch gestütztes unmittelbares Interesse für das Werk eines Autors so versteht, dass die Texte des kritisierten Autors allein aus sich valide Inhalte freigeben würden. Die Bedeutung von einem Text und die tragenden Wertungen für den Autor können nicht unabhängig von den *Diskursen*, in welchen der Autor seine Gedanken entwickelt hat, bestimmt werden. In dem ersten Teil der Untersuchung wurde oben bereits angedeutet, dass *Nauckes* sorgfältige, aber isolierte Lektüre des Vortrags „Der Zweckgedanke des Strafrechts" (= „Marburger Programm") die Kenntnisse von der Reformbewegung und ihres Anliegens nicht vertieft, sondern kulturell entstellt hat. Die Ergebnisse der Interpretation und die allgemeine Einschätzung des Vortrags „Der Zweckgedanke im Strafrecht" hängen bei einer isolierten Lektüre entscheidend mit den Vorurteilen und Vorkenntnissen des Autors zusammen, sodass der Vortrag aus der heutigen Sicht eine unverkennbare repressive Note hat. Wird er jedoch im Zusammenhang mit den Debatten der Zeit gelesen, so tritt er als ein Versuch von *Liszt* auf, den Besserungsgedanken und andere ausgewogene Lösungen in neuen Umständen zu legitimieren (Punkt D.II. im 6. Kapitel).

2. Die Rückabwicklung des in den 1960ern und 1970ern angesetzten Zugangs

Man hat nach den späten 1950er Jahren in Aufsätzen und Monographien zahlreiche Ventile zu Konkreta der Geschichte geöffnet, die bedeutende Chance geschaffen haben, dass *Liszts* Werk im tatsächlichen Kontext seines Schaffens begriffen wird. *Mayer* (1962) hat den Blick vom abstrakten Naturalismus zum Materialismus als tatsächlich-prägende geschichtliche Größe gewendet (Punkt B. im 11. Kapitel).

[532] Vgl. dazu in Bezug auf das Grundgesetz *W. Naucke*, Eine leblose Vorschrift: Art. 103 II GG, KritV Sonderheft (2000), S. 132; mit Hinweisen zur Feuerbach-Forschung *Naucke*, Kant und die psychologische Zwangstheorie Feuerbachs, 1962, S. 4 ff. Theoretisch zur Methode: *H. Karitzky*, Eduard Kohlrausch, 2001, S. 189. *Ehret* verwendet in diesem Kontext für die eigene Analyse zutreffend den Ausdruck „Textexegese" (vgl. verschiedene Untertitel in ihrem Buch zum Gesetzlichkeitsprinzip, a.a.O., 1996).

[533] Vgl. *H. Karitzky*, a.a.O. (2001), S. 189.

Moos hatte auf dieser Linie *Liszts* Werk eindeutig in Verbindung mit *Herbart* gebracht (1969). *Bauer* hat in mehreren Veröffentlichungen (seit 1957) einen offenen Zugang vorweggenommen, in welchem *Liszt* nur als einer unter zahlreichen Trägern des Reformgedankens behandelt wird (Punkt D. im 11. Kapitel). *Marxen* hat den abstrakten Vergleich zwischen *Liszt* und dem *Nationalsozialismus* (1975) zugunsten einer sorgsameren Untersuchung der Verbindungen und Differenzen aufgegeben, die zwischen den breit verstandenen Anhängern der Modernen Schule in den 1920er und 1930er Jahren einerseits und einer konkreten Entwicklung im rechtsextremen und nationalsozialistischen Schrifttum und Gesetzgebung andererseits bestanden (Punkt B.I. im 13. Kapitel).

Die bezeichnete Entwicklung wurde in der radikalen Kritik seit den 1980er Jahren nicht fortgeführt. Der Trend wurde vielmehr umgekehrt, und man findet im Bereich der Liszt-Forschung seit den 1980er Jahren wieder eine entscheidende Vorliebe für die Auffassung ganzer Epochen oder Richtungen durch die Erfassung einiger hervorstechender Namen. Soweit – wie bei *Vormbaum* – eine Wiederbelebung des Interesses für Positivismus und Naturalismus besteht, kann auch gegen diese Kritik der Vorwurf der Paradoxie erhoben werden. Sie ist nämlich bemüht, den Naturalismus in der Strafrechtswissenschaft zu kritisieren, und vollzieht gleichzeitig die Kritik in einem theoretischen Rahmen, der eine unverkennbar naturalistische Note hat (Punkt D.II. im 9. Kapitel; C.II. im 11. Kapitel; und hier Punkt D.II.). Durch die Umkehrung des Trends der methodologischen Modernisierung aus den 1960er und 1970er Jahren verlor die Strafrechtswissenschaft die enge Verbindung sowohl mit der geschichtlichen Tradition in der Zivilistik als auch mit den methodologischen Fortschritten in der allgemeinen Geschichtswissenschaft. Dementsprechend werden bei einigen methodisch bewussten Autoren – in der zivilistischen und in der allgemein-geschichtswissenschaftlichen Diskussion – die Grundkonzepte der radikalen Kritik als verfehlt oder veraltet begriffen.[534]

B. Bekannte und neue Aufarbeitungsmuster und einige Übereinstimmungen mit der älteren Kritik

I. Die Kontinuitätsthese

Der Gedanke, dass zwischen *Liszt* und dem *Nationalsozialismus* Kontinuitätszusammenhänge bestehen könnten, ist am stärksten in den Texten von *Naucke* und *Vormbaum* ausgeprägt. Bei ersterem erinnert die These noch am meisten an *Helmuth Mayer* (Punkt B. im 11. Kapitel). Sie ist sorgsam vorgetragen, und es wird hervor-

---

[534] Vgl. *J. Rückert*, Strafrechtliche Zeitgeschichten – Vermutungen und Widerlegungen, KritV 84 (2001), S. 230 ff.; *Ch. Müller*, „Modernes" Strafrecht im Nationalsozialismus, in: Themen juristische Zeitgeschichte, Bd. 3, 1999, S. 46; *ders.*, Verbrechensbekämpfung im Anstaltsstaat, 2004, S. 18. Vgl. noch *L. Greco*, Lebendiges und Totes in Feuerbachs Straftheorie, 2009, S. 25 f.

gehoben, dass das Urteil über *Liszts* Bedeutung jeweils einen anderen Inhalt annehmen muss, wenn man den Schwerpunkt der strafrechtlichen Diskussion der Weimarer Zeit „in einem sozial und liberal aufgefassten und nur so aufzufassenden Marburger Programm" setzt, als wenn man – das wäre die zweite Alternative – die „Wendung des Marburger Programms gegen Verbrecher überhaupt, insbesondere gegen den Unverbesserlichen sieht".[535] Im ersten Fall wäre die NS-Zeit „ein Abfall" von *Liszt*, im zweiten müsste man in „einem Teil des NS-Strafrechts konsequente Kriminalpolitik im Sinne des Marburger Programms" sehen.[536] Der Zusammenhang ist insoweit nur systematisch, weil das „Marburger Programm" hier anscheinend mit beliebigen Forderungen des Zweckgedankens austauschbar ist.[537]

Diese zuerst systematische Warte wird an anderen Stellen, wie ein Vortrag von *Naucke* aus 1991 zeigt, auch in Richtung einer tatsächlichen Kontinuitätslinie substantiiert, freilich ohne dass in diesem Kontext die Rolle der Modernen Schule unmittelbar aufgegriffen wird. Nicht „plötzlich und unerwartet" brach der mutmaßliche Rechtsstaat in den 1930er Jahren zusammen.[538] Nicht die Politik habe das – rechtsstaatlich gegründete – Strafrecht überwältigt.[539] Das wäre „tatsächlich nicht richtig".[540] Vielmehr: „Das Strafrecht war vorbereitet auf das Umkippen des Rechtsstaates in den Anti-Rechtsstaat, wenn man es so nennen will; es hat diesen Vorgang geübt".[541] *Naucke* kann sich dabei auf das Beispiel der Entwicklung innerhalb der Strafrechtsgesetzgebung berufen, wie etwa – in seiner Ansicht – auf das Strafrecht der revolutionären Schreckensherrschaft in Frankreich oder auf das sog. Kolonialstrafrecht zwischen 1886 und 1918, sowie auf die Entwicklung des Strafrechts während des Ersten Weltkrieges. Diese Art von Analyse ähnelt jener von *Renneberg*, insoweit die einzelnen Ereignisse nicht geschichtlich in einem kausalen Zusammenhang als Teil der tatsächlichen historischen Sequenz beurteilt, sondern lediglich durch die Prämisse der stufenweise erfolgten Entfaltung einer Idee zusammengehalten werden (vgl. Punkt A.II.2. im 12. Kapitel).

Gegen die genannte Auffassung kann eingewendet werden, dass der Umstand, dass man auf einer zeitlichen Achse Beispiele von angeblich gleichartigen Fällen der verwerflichen Kriminalpolitik setzen und verteilen kann, an sich noch nichts über das Zustandekommen und die Verbindung zwischen diesen Einzelfällen besagt. Das hat bereits *Rückert* in seiner Kritik an dem Vorgehen *Nauckes* und *Vormbaums* zutreffend

---

535 *W. Naucke*, a.a.O. (1982), S. 554. Vgl. noch die Anwendung dieses Schemas bei *M. Neugebauer*, Der Weg in das Jugendschutzlager Moringen, 1997, S. 47 f.

536 *W. Naucke*, a.a.O. (1982), S. 554.

537 Vgl. *W. Naucke*, a.a.O. (1982), S. 554 ff., 561.; vgl. noch in dieser Tradition *E. Lang*, Der Zweckgedanke im Strafrecht, in: G. Korte (Hrsg.), Politische Strafjustiz und politische Betätigung in Deutschland, 1999, S. 26 f., 43.

538 *W. Naucke*, NS-Strafrecht: Perversion oder Anwendungsfall moderner Kriminalpolitik? (1991), in: Über die Zerbrechlichkeit des rechtsstaatlichen Strafrechts, 2000, S. 362 ff.

539 *W. Naucke*, a.a.O. (1991), S. 367.

540 *W. Naucke*, a.a.O. (1991), S. 367.

541 *W. Naucke*, a.a.O. (1991), S. 367 f.

hervorgehoben.[542] Die Feststellung von verschiedenen Erscheinungen als Beweis für Kontinuität ergibt nur Sinn in einer Denkweise, die von dem marxistischen oder idealistischen Entwicklungsgedanken beherrscht wird, in welchem ein äußeres Szenario der Entwicklung der Geschichte es legitimieren würde, auch die konkreten historischen Erscheinungen unabhängig von ihrem Zustandekommen und gegenläufigen Äußerungen als Zeichen, Emanationen und Verwirklichungen der vorausgesetzten, metaskribierten und insoweit „gesetzmäßigen" Entwicklung zu behandeln. Außerhalb von einem entwicklungstheoretischen, evolutionistischen Kontext im Sinne von *Marx* oder *Hegel* ist die Verbindung zwischen angeblich gleichartigen Fällen vielleicht äußerlich plausibel, aber praktisch zufällig und willkürlich.

Bei *Vormbaums* Bewertung der Kontinuitätsproblematik spielen plakative Umstände eine entscheidende Rolle. Sehr wichtig sei zum Beispiel, dass der „Begriff des Gewohnheitsverbrechertums", den *Liszt* verwendet hat, im 20. Jahrhundert Karriere gemacht habe und „einem der ersten Gesetze des nationalsozialistischen Gesetzgebers die Überschrift" geliefert habe.[543] Für nationalsozialistisches Strafrecht sei die Typenlehre charakteristisch, welche, unbeschadet des auch von *Vormbaum* hervorgehobenen funktionalen Unterschieds, ihren „Vorläufer" in dem Gedanken der Typisierung bei *Liszt* habe.[544] Auch im Bereich des Willensstrafrechts und der Inbezugnahme der „Gesinnung" vollzog sich eine „Radikalisierung bereits bekannter Gedanken", wobei *Vormbaum* auch hier eine Brücke zu *Liszt* auf der begrifflichen Ebene schlägt (Berücksichtigung der Gesinnung bei der Strafverhängung).[545] Es liegt der Gedanke nahe, dass solche Verbindungsassoziationen lediglich das eigentliche Erkenntnisparadigma des Autors, der die Kritik vorbringt, wiederspiegeln. Das Schöpferische in der Gestaltung der Erkenntnis und der kriminalpolitischen Instrumente wird völlig negiert. Die kriminalpolitischen Instrumente müssen unbedingt eine literarische Autorität *hinter sich* im Gewand eines Autors haben, der die tragenden Begriffe schafft; sie leiten sich aus der Anbindung an den Autor ab und nicht etwa aus Gestaltungsabsichten und bewerteten Lebenssachverhalten, die *vor ihnen* stehen.

In einem besonderen Gewand findet man den Kontinuitätsgedanken 1984 bei *Baurmann*. Bei ihm wird eine Nähe zwischen *Liszt* und dem Nationalsozialismus durch das Aufspüren von „destruktiven Emotionen und einem Vernichtungswillen gegenüber allem ‚Andersartigem'" in *Liszts* Text dargelegt.[546] Es ist dieser Wille der „bereits ahnen lässt", dass sich „das Marburger kriminalpolitische Programm auch vor dem Hintergrund einer nationalsozialistischen Ideologie denken lässt".[547] In den

---

542 *J. Rückert*, a.a.O. (2001), S. 232 f.

543 *T. Vormbaum*, Einführung, 3. Aufl. 2016, S. 122.

544 *T. Vormbaum*, Einführung, 3. Aufl. 2016, S. 181.

545 *T. Vormbaum*, Einführung, 3. Aufl. 2016, S. 181.

546 *M. Baurmann*, Kriminalpolitik ohne Maß – Zum Marburger Programm Franz von Liszts, Kriminalsoziologische Bibliografie 11 (1984), S. 65.

547 *M. Baurmann*, a.a.O. (1984), S. 65.

1990er Jahren wurde die Kontinuitätsproblematik mittelbar von *Ehret* wieder aufgegriffen. Sie bemüht sich um eine Dekonstruktion des liberalen *Liszts* und behauptet, insoweit wieder im Ergebnis wie *Renneberg*, dass das Gesetzlichkeitsprinzip bei *Liszt* als Teil und Ausfluss seiner Kompromissbereitschaft im politischen Kampfe zu verstehen ist.[548] Der wahre *Liszt*, das scheint die Botschaft zu sein, soll insoweit der *Liszt* ohne Gesetzlichkeitsprinzip sein (vgl. zu *Ehret*, unten im Punkt C.).

II. Umgang mit Quellen an Beispielen

Ähnlich wie in der marxistischen Kritik, herrscht auch in der radikalen Liszt-Kritik die Tendenz vor, durch die beliebige Auswahl aus einem organisch gewachsenen Text den Eindruck zu erwecken, dass man über feste Textnachweise verfügt, welche anschaulich beweisen, dass bei *Liszt* das Gesetzlichkeitsprinzip unbeliebt war. Hier sollen die Originalstellen näher und kompakt angeschaut werden, damit das Zustandekommen und der hinreichende Verdacht einer Willkür der vorgeschlagenen Deutungen gut ersichtlich wird. Beide unten gewählte Beispiele beziehen sich auf eine jeweils bekannte Stelle aus *Liszts* Aufsätzen, von welchen die erste in Anlehnung an *Radbruch* als Topos des „Schurkenparagraphen" bezeichnet werden kann,[549] die zweite, in welcher *Liszt* Stellungnahme zu sozialistischen Forderungen genommen hat, als die „Sozialistenstelle".

548 *S. Ehret*, a.a.O. (1996), S. 84 ff., 96.

549 *G. Radbruch*, Besprechung von *Cathreins* „Grundbegriffe des Strafrechts", in seiner Gesamtausgabe, Bd. 7, S. 257 f.

Ausschnitt

Liszt, Über den Einfluß der soziologischen und anthropologischen Forschungen auf die Grundbegriffe des Strafrechts (1893), AuV II, S. 80

Berücksichtigt bei der Interpretation werden Absätze Nr. 1–3.	*Unmittelbar folgende Absätze Nr. 4–5, die nicht berücksichtigt werden.*
1. Absatz „ (...) so lautet die große Frage: *Welcher ist der Einfluß dieser unserer kriminal-politischen Grundanschauung auf die juristischen Grundbegriffe des Strafrechts?*“ Wir hätten ebenso fragen können: Was verlangt die I.K.V. von der Strafgesetzgebung? 2. Vor allem muß ein naheliegendes Bedenken beseitigt werden: bedarf es denn noch jener *Kunst des Juristen?* sollen wir wirklich jenes veraltete Gebäude verwickelter *Begriffe*, das wir *Strafrecht* nennen, noch weiter mit abergläubischer Scheu betrachten und mühsam vor dem Einsturz bewahren, statt mit frischem Mute die morsch gewordenen Mauern niederzubrechen, um Platz für den kühnen Neubau der Kriminalpolitik zu gewinnen? Wenn wir den Mut hätten, unsere Strafgesetzbücher durch den einzigen Paragraphen zu ersetzen: „Jeder gemeingefährliche Mensch ist im Interesse der Gesamtheit so lange als nötig unschädlich zu machen“ – so hätten wir mit einem Schlag den ganzen Wust von Lehrbüchern und Handbüchern, von Kommentaren und Monographien, von Streitfragen und Gerichtentscheidungen hinweggefegt; die Juristen hätten abgedankt zu Gunsten des „sozial Hygienikers“; ohne all den Formel-Krimskrams der „klassischen Kriminalisten“ könnte im Einzelfalle die Entscheidung gefällt werden, die der Gesamtheit frommt. 3. Wird es so kommen? soll es so kommen?“ → es folgt unmittelbar:	← es knüpft sich unmittelbar an: 4. „Mir liegt die Antwort auf diese Frage sehr am Herzen. Sie muß ganz klar beantwortet werden, ehe wir weiter gehen können. Und ich habe bisher nirgends eine klare Antwort gefunden. Auf dem Brüsseler Kongreß [der I.K.V.] habe ich meine eigene Ansicht ausgesprochen; aber ich fürchte, nicht völlig verstanden worden zu sein. Ich darf also wohl noch einmal sagen, weshalb mir die Zukunft der *juristischen* Schule des Strafrechts *neben* soziologischen Kriminalpolitik zweifellos erscheint. 5. Nach meiner Meinung ist, so paradox es klingen mag, *das Strafgesetzbuch die magna charta des Verbrechers.* Es schützt nicht die Rechtsordnung, nicht die Gesamtheit, sondern den gegen diese sich auflehnenden Einzelnen. Es verbrieft ihm das Recht, nur unter den gesetzlichen Voraussetzungen und nur innerhalb der gesetzlichen Grenzen bestraft zu werden. Der Doppelsatz: nullum crimen sine lege, nulla poena sine lege – ist das Bollwerk des Staatsbürgers gegenüber der staatlichen Allgewalt gegenüber der rücksichtslosen Macht der Mehrheit, gegenüber dem „Leviathan“. Ich habe seit Jahren das Strafrecht gekennzeichnet als die „die *rechtlich begrenzte* Strafgewalt des Staates“. Ich kann jetzt auch sagen: *das Strafrecht ist die unübersteigbare Schranke der Kriminalpolitik.* Und es wird und soll das bleiben, was es heute ist.“

Für die Zwecke der Analyse werden hier jene Absätze, die in der radikalen Kritik *berücksichtigt werden* links dargestellt und jene, unmittelbar folgende Absätze, die bei der radikal-kritischen Interpretation *nicht gewürdigt sind*, in der rechten Spalte der Gegenüberstellung gedruckt. Die linke Spalte enthält den ersten rhetorischen

„Strich“ oder „Zug“ von *Liszts* Plädoyer. *Liszts* Plädoyer hat hier eine aufwendige rhetorische Struktur, bei welcher zum Zweck der Dramatisierung die problematisierende Forderung auf den ersten Blick gebilligt oder zumindest in einem sinnvollen Zusammenhang dargestellt wird, bevor sie dann entschlossen und endgültig eine Widerlegung und Verwerfung erfährt. Bei diesem Vorgang handelt es sich vermutlich um ein Erbe der humanistischen Rhetorik, die in *Liszts* Schulalter eine wichtige Rolle gespielt hat (Punkt B.II.4. im 2. Kapitel; A.II.3. und 4. im 12. Kapitel).

Bereits die marxistische Kritik hat die Aufsätze, in welchen sich *Liszt gegen* die Reduktion des Strafrechts auf den „Schurkenparagraphen“ gewendet hat, verkehrt gelesen, als ob sich *Liszt* an den einschlägigen Stellen günstig zur Reduktion geäußert hätte (Punkt B.I. im 12. Kapitel). Bei *Naucke* werden wichtige Inhalte, die Worte von *Liszt* aus dem ersten „Zug“, so hingestellt, als ob in ihnen – und nicht im zweiten „Zug“ – die tragenden Aussagen von *Liszt* enthalten sind.[550] Angeblich werde gerade von *Liszt* der Mut gewünscht, dass Strafgesetzbücher durch einen einzigen Paragraphen ersetzt werden.[551] Dem Wunsch nach dem Mut dazu „schließt sich“ nach *Naucke* bei *Liszt* „die Hoffnung und Besorgnis mischende Frage an, ob der erforderliche Mut wohl aufgebracht werde“![552] *Liszt* gibt zwar, wie im Original ersichtlich, eine negative Antwort, aber *Naucke* glaubt dem Text trotzdem ablesen zu können, dass eine solche Antwort – bei *Liszt* – „pessimistisch gestimmt“ ist.[553]

Es ist problematisch, wenn in der Auslegung das rhetorische Spiel mit Zuneigung und Abneigung ganz außer Acht gelassen wird. Die in der radikalen Kritik angebotene Auslegung und die Zitatenausschnitte, die sie verwendet, sind suggestiv und versuchen, den Leser davon zu überzeugen, dass *Liszt* die negative Antwort, den fehlenden Mut bedauert habe, und dass es gerade seinem Anliegen entsprochen habe, dass man das Strafgesetzbuch durch einen Schurkenparagraphen ersetzt. Die zwei „Züge“ der Stellungnahme bilden eine organische rhetorische Einheit, in welcher die auf den ersten Blick günstige Bewertung des „Schurkenparagraphen“ die Funktion hat, den Autor als einen urteilenden Beobachter hinzustellen, der auch der Idee, die er verwerfen möchte, wohlwollend begegnet und daher die Forderung in seiner innersten Logik – wie sie bei Menschen, die solche Forderungen tatsächlich stellen, vorhanden ist – begreift. Ist ein Einverleiben gewonnen, ist der Respekt für die fremde Sichtweise durch die Auffassung des Geistes der Forderung nachgewiesen

---

[550] *W. Naucke*, a.a.O. (1982), S. 540; vgl. noch *W. Naucke*, a.a.O. (2010), S. 566.

[551] *W. Naucke*, a.a.O. (ZStW 1982), S. 540, 553; und *S. Ehret*, a.a.O. (1996), S. 80; *H. Karitzky*, a.a.O. (2002), S. 151 f.; wohl durch unvorsichtige Übernahme der fertigen Interpretation auch *A. Schmidt-Recla/H. Steinberg*, Eine publizistische Debatte als Geburtsstunde des „Marburger Programms“, ZStW 119 (2007), S. 211; *dies.*, „Da wir köpfen und hängen nicht wollen und deportieren nicht können“, Nervenarzt 79 (2008), S. 302; *W. Naucke*, a.a.O. (2010), S. 566.

[552] *W. Naucke*, a.a.O. (1982), S. 540 f.

[553] *W. Naucke*, a.a.O. (1982), S. 541. Vgl. für die Gefühlsermittlungen durch die phänomenologische Methode noch *W. Naucke*, Die Modernisierung des Strafrechts durch Beccaria, in: G. Deimling (Hrsg.), Die Anfänge moderner Strafrechtspflege in Europa, 1989, S. 53.

worden, so folgt im zweiten Strich eine schneidige und konsequente Abweisung aus weiteren, tragenden Gründen.[554]

Ein weiteres Beispiel der problematischen Texthandhabung findet sich in *Baurmanns* und *H. Müllers* Analyse der sog. „Sozialistenstelle“ aus *Liszts* Aufsatz „Über den Einfluss der soziologischen und anthropologischen Forschung auf die Grundbegriffe des Strafrechts“.[555] Diese interessante Stelle wurde in der marxistischen Kritik in der Regel übergegangen, weil sie entgegen dem sowjetischen Dogma aus den 1940er Jahren, nach welcher *Liszt* alle sozialistischen Einsichten fremd waren, von einer Sympathie *Liszts* für den „Sozialismus“ zeugen könnte. Im ersten Teil der Untersuchung wurde prinzipiell darauf hingewiesen, dass *Liszt* dem sozialistischen und marxistischen Gedankengut offen gegenüber stand. In seinem Konzept der „Entwicklung“ finden sich auch marxistische Bausteine wieder. Für *Liszt* war jedoch die Marx-Literatur noch ein gewöhnlicher Teil der soziologischen und wirtschaftlichen Diskussion, der wie jeder andere zitiert wurde, und kein System von doktrinären Einsichten, das nur positiv entfaltet werden kann (Punkt C.II.3.c) im 6. Kapitel).

Ausschnitt

Liszt, Über den Einfluß der soziologischen und anthropologischen Forschungen auf die Grundbegriffe des Strafrechts (1893), AuV II, S. 80

„Im Straf*recht* verteidigen wir die individuelle Freiheit gegenüber den Interessen der Gesamtheit. Nicht wer ‚gemeingefährlich‘ ist, sondern nur, wer ganz bestimmte, im Gesetze genau bezeichnete gemeingefährliche Handlungen begangen hat, verfällt der Staatsgewalt. Das ist der Sinn des Satzes: nullum *crimen* sine lege. Und wer aus diesem Grunde der Staatsgewalt verfällt, der ist nicht vogelfrei, nicht recht- und schutzlos, sondern auch das Übel, das ihn treffen kann, ist gesetzlich ein für allemal bestimmt. Das ist der Sinn des Satzes: nulla *poena* sine lege. So bleiben auch für den Kriminalpolitiker der Zukunft die Begriffe *Verbrechen* und *Strafe* unantastbar.

Und so lange sie bestehen bleiben, haben die *Juristen* in alter Weise ihr Handwerk zu üben. (...)

Oder täusche ich mich über den Zug der Zeit? Der liberale Individualismus, der die Interessen des einzelnen gegenüber jenen der Gesamtheit in erster Linie betonte, der Geist der Aufklärungszeit und der aus dieser hervorgegangenen großen französischen Revolution hat uns

[554] Vgl. für traditionelle Auslegung der Stelle neben *Radbruch* a.a.O., noch *F. Bauer*, Das Verbrechen und die Gesellschaft, 1957, S. 149, 211; *C. Roxin*, Franz von Liszt und die kriminalpolitische Konzeption des Alternativentwurfs, GS Liszt 1969, S. 93 f. („Sätze, die klassischen Rang haben“); *B. Zlatarić*, Die Ideen Franz von Liszts im früheren und heutigen Jugoslawien, GS Liszt, 1969, S. 234 ff.; *H.-L. Schreiber*, Gesetz und Richter, 1976, S. 179; und mehr zurückhaltend *A. Koch*, Binding vs. v. Liszt, in: E. Hilgendorf/J. Weitzel (Hrsg.), Der Strafgedanke in seiner historischen Entwicklung, 2007, S. 137 f.

[555] *Liszt*, Über den Einfluss der soziologischen und anthropologischen Forschung auf die Grundbegriffe des Strafrechts (1893), AuV II, Nr. 17, S. 81 f.

die scharfe Begrenzung der staatlichen Gewalt gebracht; wird diese der hereinbrechenden sozialistischen Strömung Widerstand zu leisten vermögen?

Ich begrüße die Strömung; und ich würde sie selbst dann begrüßen, wenn sie das Strafgesetzbuch samt seinen Erklärern und Anwendern hinwegspülen sollte. Aber ich bin überzeugt, daß sie es *nicht* tun wird. Dem sozialistischen Staat wird die Strafe ebenso unentbehrlich sein, wie unserer heutigen Rechtsordnung, mag auch das Gesamtbild der Kriminalität ein anderes werden. Aber eben darum, weil er die Interessen der Gesamtheit schärfer betont als wir es heute tun, weil er intensiver, zielbewußter und rücksichtsloser gegen den sich auflehnenden einzelnen vorgehen muß, wird er um so genauer die Voraussetzungen feststellen müssen, unter welchen der einzelne der Gesamtheit verfällt, und die Grenzen bestimmen müssen, bis zu welchen die Einbuße an Rechtsschutz gehen darf. Die Begriffe Verbrechen und Strafe werden trotz aller Wandlungen unseres Rechtslebens unentbehrlich bleiben und mit ihnen das Strafrecht."

Liszt bekundet in der „Sozialistenstelle" sein positives Verhältnis zur sozialistischen Bewegung, die er „begrüßen" möchte.[556] Die entscheidende Frage muss für die Forschung dabei lauten: aus welchen Gründen? Wie ist die Stelle funktional und rhetorisch zu analysieren? *Baurmann*, und etwas eingeschränkter *Müller*, zerschneidet und montiert die Stelle so, dass der Leser den Eindruck gewinnt, dass es *Liszt* im Kern darum geht, jene Richtung auszuwählen und zu begrüßen, die „intensiver, zielbewußter und rücksichtsloser" mit den Verbrechern umgehen wird.[557] Der Umstand, dass *Liszt* die Bewegung „begrüßt", wird so hingestellt, dass er zu einem Nachweis der Rechtsfeindlichkeit *Liszts* wird. Für diese Interpretation und die Systematisierung der Äußerungen im Text ist entscheidend, dass *Baurmann* für seine Leser den folgenden Satz aus der „Sozialistenstelle" textunabhängig als *Liszts* „Resümee" bezeichnet:[558]

> „Ich begrüße diese Strömung; und ich würde sie selbst dann begrüßen, wenn sie das Strafgesetzbuch samt seinen Erklärern und Anwendern hinwegspülen sollte."[559]

Ein einfacher Blick auf den Text und die „Sozialistenstelle" widerlegt jedoch die von *Baurmann* suggerierte Vorstellung, dass es sich um ein „Resümee" handelt. Der Satz steht nicht wie ein Resümee am Ende, sondern *am Anfang* der Ausführungen zur sozialistischen Strömung und ist organisch mit den vorausgegangenen Absätzen gewachsen. Am Anfang, in den ersten Sätzen, wird zuerst ein Wohlwollen, eine *delectatio*, gegenüber der sozialistischen Bewegung bekundet. Und zwar auch für den Fall, das ist der Sinn des Satzes, dass der Preis ihres Sieges wäre, dass die Juristen ohne Arbeit und Beruf bleiben. Dadurch wird auf einem Umweg die eigene Befangenheit ausgeschlossen und ein Wohlwollen bekundet: dem Autor geht es bei

---

[556] *Liszt*, Über den Einfluss der soziologischen und anthropologischen Forschung auf die Grundbegriffe des Strafrechts (1893), AuV II, Nr. 17, S. 81.

[557] *M. Baurmann*, a.a.O. (1984). S. 66 f.; *H. Müller*, a.a.O. (1984), S. 339.

[558] *M. Baurmann*, a.a.O. (1984). S. 66 f. („resümiert von Liszt schließlich").

[559] *Liszt*, Über den Einfluss der soziologischen und anthropologischen Forschung auf die Grundbegriffe des Strafrechts (1893), AuV II, Nr. 17, S. 81.

Positionierung nicht um das private oder Standesinteresse der Juristen. Nicht wegen eigner Lebenssicherung und Kommodität will er als Jurist, dass auch im sozialistischen Staat die Grundsätze „nullum crimen sine lege“ und „nulla poena sine lege“ notwendige Bestandteile bleiben, sondern es ist allein der politische Wert dieser Institute im Leben des Einzelnen und der Gesamtheit entscheidend.[560]

Bei der hiesigen Analyse der Interpretation in der radikalen Liszt-Kritik geht es nicht darum, einzelne Ergebnisse der Interpretationen zu widerlegen, sondern um die Verdeutlichung des Problematischen bei dem methodologischen Zugang in jener Kritik. Der Leser von Aufsätzen von *Naucke, Baurmann* oder *Ehret* erhält keine Einsicht in die Fülle von Interpretationsmöglichkeiten, die sich aus der immanenten Offenheit von Texten und der Tatsache ergibt, dass sich bereits zahlreiche andere Deutungen in der älteren Literatur verfestigt haben. Es wird nicht diskursiv, am Text und in der Auseinandersetzung mit anderen Deutungsbehauptungen, die Entscheidung getroffen, welche Deutung als die stabilste gefördert werden sollte. Stattdessen erhält der *Leser* zerschnittene und zu einer neuen Einheit umgeschnittene Textstellen als Produkt einer sog. unbefangenen Annäherung an den Text. Es wird ihm *eine* Interpretation der Textstelle als eine Notwendigkeit der Kritik dargeboten.

Ob sich für die genannte Vorgehensweise beim Umgang mit komplexen Stellen Vorbilder in anderen Wissenschaften finden, ist für die Qualität der Behandlung von Liszt-Texten unerheblich. Bei einem Text, wie etwa der Bibel oder der *Aristotelischen* „Politik“, mit welchem alle Diskussionsteilnehmer bis aufs kleinste Detail vertraut sind, schadet ein Collagieren zum Zweck der Gewinnung der kritischen oder sogar transzendentalen Einsichten nicht. Bei Texten und Autoren, die, wenn überhaupt, dann nur ausnahmsweise gelesen werden, verwandelt sich die Methode in eine Irreführung des Lesers. Er kann, weil ihm anders als einem Kenner der Bibel oder des *Aristoteles* die Textmasse nicht vertraut ist, zwischen dem Tatsächlichen und dem Theoretischen in den Untersuchungen nicht unterscheiden, wenn der Autor der Kritik das selbst nicht tut.

---

560 Für die „Sozialistenstelle“ vgl. insb. *W. Clever*, Das Erbe Franz v. Liszts, in: Beiträge zur Kultur- und Rechtsphilosophie (FS Radbruch), 1948, S. 155 f.; *Eb. Schmidt*, Franz von Liszt und die heutige Problematik des Strafrechts, FS J. Gierke, 1950, S. 215 f.; *B. Zlatarić*, a.a.O. (1969), S. 234; *C. Bohnert*, Zu Straftheorie und Staatsverständnis im Schulenstreit, 1992, S. 190; *Ch. Müller*, a.a.O. (2004), S. 138 f. („unverkennbare Verschränkung des Rechtsstaatsarguments mit den juristischen Standesinteressen“). Im Übrigen: Es ist schwer zu bestimmen, inwiefern vielleicht auch der Witz in diese Äußerung verwickelt war. So berichtet *V. Bogišić*, der nicht viel früher als *Liszt* in Wien Recht studiert hat, von folgender Anekdote: ein Professor des Völkerrechts hat in der Vorlesung die Unmöglichkeit eines, die ganze Welt umfassenden Universaalstaates bestritten; eines von seinen Argumenten für die Evidenz der Unmöglichkeit war: „dann gäbe es keine Völkerrechtswissenschaft mehr“. Schade, meint aber *Bogišić*, dass der Völkerrechtler es unterlassen hat gleich hinzufügen: „wohl auch nicht seines Lehrstuhls“. *V. Bogišić*, Na „Ocjenu“, in der österreichisch-dalmatischen Zeitschrift Právo 5 (1877), S. 58.

III. Weitere Interpretationsprobleme

In der radikalen Kritik seit den 1980er Jahren werden teilweise die Wendungen, die *Liszt* als Zitate von anderen Autoren übernimmt, als integrativer Teil seiner Äußerungen behandelt. Diese Herangehensweise ist dort anzutreffen, wo die so gewonnene Interpretation ein zusätzliches negatives Licht auf *Liszts* Werk werfen kann. Das erste Beispiel findet sich bei der Behandlung von *Liszts* Ausführungen über die Objektivierung der Strafe, denen zufolge für *Liszt* der rationale Zusammenhang zwischen Rechtsgüterwelt, Verbrechen und Strafe erst durch „unbefangene, affektlose Betrachtung der gemachten Erfahrung" möglich ist.[561] Nach *Liszts* Auffassung kommt es zu einer „Objektivierung" der Strafe und zwar durch den fortschreitenden Übergang „von den zunächst beteiligten auf unbeteiligte, unbefangen prüfende Organe".[562] Dieser Übergang, eine „gewisse Objektivierung", findet sich bereits in der „primitiven Strafe" (also in den einfachen Strafpraktiken), aber der entscheidende Schritt ist aus der Sicht *Liszts* erst mit dem Übergang des Strafvorgangs auf den Staat getan. Hier befindet sich die entscheidende Stelle, die in der radikalen Kritik nicht präzise wiedergegeben wird:

> „Aber erst mit dem vollen Übergang der Strafe auf den Staat, dessen ‚hoheitsvolle Übermacht und affektlose Objektivität' (Laas) die unbefangene Prüfung ermöglicht und sicherstellt, ist der entscheidende Schritt getan".[563]

Die zitierte Stelle wird in der radikalen Kritik so wiedergegeben, als ob die – in die Stimmung der 1980er Jahre nicht passende – Redeweise von „hoheitsvoller Übermacht und affektloser Objektivität" von *Liszt* stammt, obwohl sie ausgewiesener Weise von *Emil Laas* stammt und in *Liszts* Text lediglich einphrasiert wird.[564] Dem Leser wird der Eindruck vermittelt, dass gerade die Wahl von Begriffen einen Etatismus in *Liszts* Denken nahelegen sollen, aber diskursiv macht es natürlich einen großen Unterschied, ob man eine Wendung aus eigener Ansicht als sprachlich gelungen findet, oder ob man sich nur einer bekannten oder wohlklingenden Wendung anderer Autoren bedient. Man beachte auch, dass in der Kritik bei *Naucke* die „hoheitsvolle Übermacht und affektlose Objektivität" nicht wie bei *Liszt* als eines der Attribute des Staates, sondern als eine *Definition* des Staates hingestellt wird.[565]

---

[561] *Liszt*, Der Zweckgedanke im Strafrecht, 1882, S. 13.

[562] *Liszt*, Der Zweckgedanke im Strafrecht, 1882, S. 13.

[563] *Liszt*, Der Zweckgedanke im Strafrecht, 1882, S. 13.

[564] *W. Naucke*, a.a.O. (1982), S. 527. Vgl. noch *H. Müller*, a.a.O. (1984), S. 339.

[565] *Naucke* verwendet nämlich die hier vollständig wiedergegebene Stelle für folgende Behauptung: „Den Staat faßt das Marburger Programm als ‚hoheitsvolle Übermacht und affektlose Objektivität' auf" (*W. Naucke*, a.a.O. (1982), S. 527). Es kommt dabei zu einer Akzentverschiebung, weil einem Staat gleichzeitig mehrere Attribute, wie etwa Gewaltmonopol, affektlose Objektivität, Demokratie, zukommen können. Die Erwähnung von einzelnen Attributen schließt an sich weitere Attribute bzw. Auszeichnungen nicht aus. Anders verhält es sich, wenn der Staat selbst als die „hoheitsvolle Übermacht und affektlose Objektivität" definiert wird. Solche Definitionen bestimmen abschließend den Gegenstand; es wird der Ein-

Ähnliche Behandlung erfahren die Textstellen, in denen *Liszt* mit ausdrücklichen Hinweisen und teilweise mit Anführungszeichen die Gedanken von *Jhering* und *Fichte* wiedergibt.[566] Man vergleiche etwa das folgende Referat über *Fichtes* „Grundlagen der Naturlehre" bei *Liszt:* „Die Folge des im Verbrechen liegenden Rechtes des Bürgervertrags ist die Ausstoßung aus der Rechtsgemeinschaft; der Verbrecher ist vogelfrei".[567] Bei *Naucke* wird dieser Rapport der Lehre *Fichtes* zum festen Inhalt des „Marburger Programmes". Er unterdrückt vor seinen Lesern, dass es sich um eine Darstellung des Werks *Fichtes* (!) handelt und fasst angeblich *Liszts* (!) Meinung zusammen: „Der Verbrecher ist eigentlich immer ‚vogelfrei'".[568] Hier wird eine bereits damals antiquierte *fremde* Wendung über die Vogelfreiheit des Verbrechers nach der Tat – die man auch bei *Kant* antrifft[569] und die unzertrennlich mit der Problematik des Gesellschaftsvertrags zusammenhängt –, mit einem textfremden Zusatz „immer" („immer ‚vogelfrei'") kombiniert, und durch einen alleinigen Verweis auf das „Marburger Programm" so hingestellt, als ob es sich tatsächlich um einen Teil der von *Liszt* entwickelten Gedanken und Begrifflichkeit handeln würde.[570]

Einen weiteren Schwachpunkt der Auslegung im Rahmen der radikalen Liszt-Kritik bilden die „Scheinzitate" in dem Sinne, in welchem sie bereits oben bei der Behandlung der marxistischen Kritik theoretisch erörtert wurden (Punkt B.III. im 12. Kapitel). *Naucke* suggeriert seinen Lesern, dass bei *Liszt* in Bezug auf die Begrenzung des Strafens eine „dunkle Ergänzung" vorhanden ist.[571] Jene besagt, die „zweckmäßige Sanktionierung könne sich nur aus sich selbst begrenzen".[572] Diesen Satz gibt es aber in *Liszts* Texten nicht. *Nauckes* Leser darf anschließend erst in der Fußnote, die den Satz bestätigen soll, erfahren, dass die „wörtliche Fassung" der Ergänzung eine andere ist: „der Zweckgedanke begrenzt und schützt sich selbst".[573] Der im Haupttext bloßgestellte Satz und die zitierte Stelle in der Fußnote verhalten sich zueinander natürlich nicht wie eine „nicht wörtliche" und eine „wörtliche Fassung", sondern wie ein fremder und der eigene Gedanke des Autors, der kritisiert wird.

---

druck erweckt, dass (in der Auffassung von *Liszt*) der Staat selbst und abschließend eine „hoheitsvolle Übermacht und affektlose Objektivität" sei.

[566] Vgl. *W. Naucke*, a.a.O. (1982), zum Begriff des Zwecks der angeblich als eine „objektive Macht erscheint, der zu widerstehen nicht möglich ist", S. 538.

[567] *Liszt*, Der Zweckgedanke im Strafrecht, 1882, S. 17.

[568] *W. Naucke*, a.a.O. (1982), S. 538 f.

[569] Vgl. oben Punkt D.IV. im 1. Kapitel: „Der Bürger hat nicht, wie Beccaria glaubt, das recht über sein Leben (...) es kommt gar nicht auf sein Belieben an, ob er wolle gestraft werden, sondern er verliert den *statum civilem* und ist vogelfrey".

[570] Vgl. *W. Naucke*, a.a.O. (1982), S. 538, 541.

[571] *W. Naucke*, a.a.O. (2010), S. 567.

[572] *W. Naucke*, a.a.O. (2010), S. 567.

[573] *W. Naucke*, a.a.O. (2010), S. 567 (Fußnote 43).

Dass die Wendung von der Selbstbegrenzung des Zweckgedankens dunkel erscheint, hängt im Wesentlichen nicht nur mit der willkürlichen Änderung der genauen Phrase, sondern auf das Engste mit der Umdeutung des Zweckgedankens bei *Naucke*, zusammen. In *Nauckes* „Zusammenfassung" des „Marburger Programms" wird durch eine vage Wiedergabe der Hauptbegriffe der Eindruck erweckt, als ob in *Liszts* Ausführungen der Trieb die Objektivierung der Strafe leitet. Es heißt, der Trieb formuliere die Bedingungen als Lebensbedingungen und objektiviere sie zu „Rechtsgütern".[574] Die Ausformulierung der Rechtsgüter – als Teil der Objektivierungsleistung im Vergleich mit affektivem Schutz von Lebensbedingungen durch den Trieb – sei eine, so *Nauckes* Zusammenfassung von *Liszt*, „Selbstbeschränkung des Straftriebes".[575] Das Straf*recht* schützt, im Verhältnis zum Straf*trieb*, die Lebensbedingungen auf „zweckmäßige, d.h. wirkungsvolle aber auch nur auf wirkungsvolle" Weise.[576] Diese Darstellungskette ist plausibel, beinhaltet aber eine Reihe von begrifflichen Verschiebungen, die nicht dem Text *Liszts* eigen sind.

Die verfehlte phänomenologische Methodologie der affektiven Verknüpfung von Textbausteinen mit einem voreingenommenen Bedeutungsinhalt führt in dem genannten Fall zu Missverständnissen des Zweckkonzepts. In *Liszts* Konzept formuliert und objektiviert sich nicht der Straftrieb selbst zu Rechtsgütern. Man kann auch im Rahmen von *Liszts* Konzept nicht behaupten, dass der Straftrieb sich selbst durch Objektivierung begrenzen würde. Die Begrenzung ist bei *Liszt* eine menschliche Leistung *eigener Art*, die sich dem bloßen Trieb *widersetzt*. Die Begrenzungsleistung gerät in Kollision mit dem Trieb, verlässt ihn zugunsten eines nachvollziehbaren und zielbewussten Handlungsschemas, des Zweckgedankens (vgl. Punkt D.I. im 6. Kapitel). Der Trieb bei *Liszt* hat keine, wie *Naucke* mit Elementen einer idealistischen Umdeutung schreibt, „Absicht, nämlich eine Selbstbehauptung des Individuums und Arterhaltung",[577] sondern er ist, gerade wie in der Stelle bei *Liszt*, auf die *Naucke* hinweist, ein „blindes, instinktmäßiges Walten" von dessen Willen oder Absicht bei *Liszt* überhaupt keine Rede ist. Die primitive Strafe sei für *Liszt* unabhängig von der Ethik und insoweit unabhängig von der *ratio:* Sie sei eine „Triebhandlung" und keine „Willenshandlung".[578] Die Strafe als Triebhandlung liege „vor dem sittlichen Werturteil".[579] Die zweckmäßig prävenierende Strafe ist bei *Liszt* nicht, wie *Naucke* auf den Punkt zu bringen sucht, „die Rechtsform des unvermeidlichen Straftriebs",[580] sondern der non-Trieb.[581]

---

574 *W. Naucke*, a.a.O. (1982), S. 527.

575 *W. Naucke*, a.a.O. (1982), S. 527.

576 *W. Naucke*, a.a.O. (1982), S. 527.

577 *W. Naucke*, a.a.O. (1982), S. 525 f.

578 *Liszt*, Der Zweckgedanke im Strafrecht, 1882, S. 11.

579 *Liszt*, Der Zweckgedanke im Strafrecht, 1882, S. 11.

580 *W. Naucke*, a.a.O. (1982), S. 528.

581 Besagte Unterschiede bei der Bestimmung des Triebs sind für die Bewertung und Zuordnung von *Liszts* Werk zumindest aus zwei Gründen wichtig. Erstens fällt mit dem Wegfall der Fehlinterpretation ein tragender Balken von *Nauckes* Narrativ, in welchem es bei *Liszt*

Eine weitere Umwandlung erfährt *Liszts* Erwähnung der Sozialpolitik. Die Maßnahmen der Sozialpolitik wären den Zwecken der Kriminalpolitik untergeordnet.[582] Es wird dem Leser der Eindruck vermittelt, dass es sich bei der Sozialpolitik um ein allein von Zwecken der herrschenden Klasse geprägtes Gebilde und nicht um eine genuine Palette für die gerechte Lösung der sozialen Frage handeln würde.[583] Als Beispiele der konkreten „sozialpolitischen Vorschläge" nennt *Naucke* Notverpflegungsstationen für Bettler und Landstreicher, Arbeiterkolonien, Arbeitsnachweisungsstellen, die langwierige Bestrafung der Unverbesserlichen, die Ausgestaltung der Trunksucht als selbstständiges Vergehen und als Mittel der Reaktion gegen Trunksucht und Arbeitsscheu.[584] Diese „sozialpolitischen Vorschläge" passen zu *Nauckes* Deutung des Stellenwerts der „Sozialpolitik" bei *Liszt*, aber es ist nicht klar, welchen Stellen bei *Liszt* sie entnommen sind. Sicher ist, dass in diesen Beispielen die „Sozialpolitik" stillschweigend mit dem Begriff der Sozialhygiene ausgetauscht wird, und dass beim Leser der Eindruck entstehen soll, dass gerade die Idee einer „Sozialpolitik", welche die beste *Kriminalpolitk* sei, bei *Liszt* mit dunklen Einrichtungen wie fokussierten Maßnahmen gegen Bettler und Landstreicher oder Arbeiterkolonien verbunden war. Für *Liszt*, und überhaupt für das ausgehende 19. Jahrhundert ging es, in Anbetracht der wachsenden „Sozialfrage", bei der Sozialpolitik um ganz andere Anliegen. Man vergleiche für die Begrifflichkeit etwa nur den Inhalt des „Sozialpolitischen Centralblatts", in dem auch *Liszt* publiziert hat.[585]

---

angeblich dauernd um flache Anleihen aus den Naturwissenschaften geht. Der Gedanke, dass die Strafe im „Marburger Programm" allein „ein Problem naturwissenschaftlich betriebener Anthropologie und naturwissenschaftlich betriebener Evolutionslehre" ist (*W. Naucke*, a.a.O. (1982), S. 526), erscheint nur solange haltbar, als Trieb und Zweck bei *Naucke* nicht als entgegengesetzte Begriffe unterschieden werden und der Zweckgedanke für eine Vervollkommnung des Triebes gehalten wird. Die Trennung von Trieb und Zweck ist für jeden wohlwollenden Leser ein Schlüssel zum Vergleich mit dem Grundanliegen des 18. Jahrhunderts und mit bekannten Künstlern der *ratio* (vgl. Punkt D.II. im 6. Kapitel). Dieser Vergleich wird aber durch *Nauckes* begriffliche Umdeutungen blockiert.

[582] *W. Naucke*, a.a.O. (1982), S. 542 f.

[583] Vgl. auch die marxistische Analyse bei *J. Renneberg*, a.a.O. (1956), S. 45.

[584] *W. Naucke*, a.a.O. (1982), S. 543.

[585] Sozialpolitisches Centralblatt, 1892 ff. Ein originaler Katalog von *Liszts* sozialpolitischen Forderungen, welcher *Naucke* angesichts eines Zitats im Text offensichtlich bekannt war, aber dem Leser nicht mitgeteilt wird, sieht folgendermaßen aus: „Die ‚wirtschaftliche Lage', deren günstige oder ungünstige Gestaltung heute in erster Linie für die Entwicklung der Kriminalität in Betracht kommt, das ist die *Gesamtlage der arbeitenden Klassen*, ihre Lage nicht nur in finanzieller, sondern auch in körperlicher, geistiger, sittlicher, politischer Beziehung. Arbeitsunfähigkeit infolge Alter, Krankheit, Invalidität; Arbeitslosigkeit, mag sie unverschuldet oder verschuldet sein; Arbeitslöhne und Arbeitszeiten, die eine vollständige Erhaltung der Kräfte und zugleich die Weiterentwicklung des Individuums nicht gestatten; Wohnungsverhältnisse, die nicht nur die Gesundheit der Familienglieder, sondern durch das Unwesen der Schafburschen und Schlafmädchen und das enge Zusammenleben heranwachsender Kinder untereinander und mit den Eltern auch die Sittlichkeit untergraben; Arbeitsverhältnisse, die mit dem Familienleben zugleich die wichtigste Grundlage unserer ganzen heutigen Gesellschaftsordnung vernichten: diese und zahlreiche einschlagende weitere Umstände bilden nach meiner Überzeugung die mächtigste Gruppe der die Kriminalität ungünstig beeinflussenden

IV. Spezifische Vorannahmen

Einigen für die Kritik wichtigen Vorannahmen in der radikalen Liszt-Kritik fehlt ein haltbarer empirischer Bezug. *Naucke* fragt sich, ob sich „möglicherweise v. Liszt“ als „Ablösung jenes Gelehrtentyps, der sich in Feuerbach, Köstlin und auch noch in Binding findet“ auffassen ließe.[586] Es wäre der Typus eines „frei nachdenkenden Wissenschaftlers, der auf politische Wirkung mehr zufällig stößt“, und der dann – durch Auftritt *Liszts* – durch den Gelehrten ersetzt werde, „der die Zeitströmung bewußt und kraftvoll ausformuliert und in sein Spezialfach umsetzt“.[587] Diese Gegenüberstellung, die im Text offenbar *Liszt* als eine Verfallserscheinung im Vergleich zu einem einheitlich gedachten älteren Gelehrten-Typus hinstellen soll, ist schon im Prinzip verdächtig, weil der „Typus“ des Gelehrten nicht unabhängig von den vorgegebenen Herausforderungen der Zeit gedacht werden kann. Wenn, um bei den von *Naucke* erwähnten Autoren zu bleiben, *Feuerbach* im Zeitalter des Absolutismus und *Binding* im Vorhof der Demokratie und des zugespitzten Konstitutionalismus lebten, dann können diese Autoren mit einem angeblich „zufälligen“ Interesse oder einer Teilhabe am politischen Leben nicht zu dem gleichen Typus gehören.

Der Kern von *Nauckes* Überlegung, nämlich, dass der klassische Gelehrtentypus des 19. Jahrhunderts, den *Liszt* „abgelöst“ habe, sich durch eine apolitische Haltung auszeichnen würde, ist eine unhistorische, in der Empirie des 19. Jahrhunderts durch keinen Anhaltspunkt begründete Behauptung. Anders als von *Naucke* frei konstruiert, gehörte *Liszt* zu einem älteren Typus des politisch aktiven Professors, der nach den revolutionären Ereignissen aus 1848/49 durch Furcht und Terror der Repression unterdrückt war (Punkt B.I.1. im 5. Kapitel). Dementsprechend erscheint es zutreffender, wenn bei den Autoren, die die Überzeugung über den Gang der Geschichte nicht aus einem Einzelfall und aus vorgefertigten Rollenverteilungen, sondern aus dem Stoff gewinnen, *Liszts* politisches Interesse und seine politische Tätigkeit unter der Prämisse analysiert werden, dass der „politische Professor“ am Ende des 19. Jahrhunderts eine „aussterbende Spezies“ war und dass *Liszt* zu dieser alten Spezies gehörte.[588]

Faktoren. Damit ist zugleich gesagt, daß eine auf Hebung der gesamten Lage der arbeitenden Klassen ruhig, aber sicher abzielende *Sozialpolitik* zugleich auch die beste und die wirksamste Kriminalpolitik darstellt. Und es ist damit zugleich angedeutet, daß neben dem, was die Gesetzgebung des Deutschen Reiches in dieser Richtung bereits getan hat, doch noch viel mehr uns zu tun übrig bleibt. Eine gründliche Beseitigung der Mißstände, die heute fast überall, nicht nur in den Großstädten, mit dem Wohnungswesen der arbeitenden Klassen verbunden sind, wird sich ganz zweifellos als ein wirksamer Mittel zur Verminderung der Kriminalität erweisen, als eine ganze Anzahl von neuen Paragraphen im Strafgesetzbuch.“ (*Liszt*, Das Verbrechen als sozial-pathologische Erscheinung (1898), AuV II, Nr. 23, S. 246).

[586] *W. Naucke*, a.a.O. (1982), S. 532.

[587] *W. Naucke*, a.a.O. (1982), S. 532.

[588] *F. Herrmann*, a.a.O. (2001), S. 67 ff.

Im Grunde genommen stehen hinter der radikalen Kritik an *Liszt* paradigmatische Unterschiede zwischen *Liszt* und seinen Konzepten einerseits und seinen Kritikern andererseits, die es Autoren wie *Naucke* verwehren, *Liszts* Stellungnahmen und Konzepte gerade in Bezug auf jene Vor- und Nachteile aufzufassen, die *Liszts* Überlegungen eigen waren. Das negative Gesamtbild von *Liszt* in der radikalen Kritik entsteht so auf einem grundlegenden wissenschaftlichen Missverständnis. Man beachte folgendes Beispiel: Bei *Naucke* wird positiv ein spezielles Sentiment der „metaphysischen Strafbegründungen" konnotiert, die immer die Hoffnung „mitführen", die „Strafe könne irgendwann einmal überflüssig werden, weil das Verbrechen aufhöre als Konsequenz der Nutzung der Freiheit".[589] Demgegenüber stünde das negativ konnotierte Auffassungsschema von *Liszt:* „Die Hoffnung, das Verbrechen werde aufhören und damit werde Strafe überflüssig werden, findet in den empirischen Wissenschaften, die das Marburger Programm aufnimmt, keine Stütze".[590] Der Gedanke ist kohärent unter der Prämisse, dass die Strafe nur durch Ausbleiben des Verbrechens überflüssig werden kann. Gerade aber durch diese Annahme wird der eigentliche Wert von *Liszts* Stellungnahmen, wie in Folge eines blinden Flecks, gründlich verkannt.

Richtig ist an dem Gedankengang *Nauckes* nur, dass in einem *metaphysischen* Vergeltungsstrafrecht das Verschwinden des Strafens von der Voraussetzung abhängt, dass das Verbrechen verschwindet. Anders verhält es sich jedoch mit dem Zweckkonzept des Strafrechts, bei welchem, ohne einen theoretischen Bruch, die Strafpraxis auch dann zurückgehen kann, wenn die Zahl von Verbrechen gleich bleibt oder sogar steigt. Für sie ist zentral der sonst für die metaphysischen Vorannahmen gerade fehlende Gedanke, dass das Strafen auch durch die Einsicht verschwinden kann, dass das Verbrechen eine sozial-rechtliche Konstruktion ist, dass nicht jedes Verbrechen im Sinne eines Tatbestandsabstraktums bestraft werden muss, dass es Fälle gibt, in welchen überhaupt nicht durch Strafe oder eine Maßnahme auf Verbrechen reagiert werden soll. Dass dieser Aspekt von *Naucke* übersehen wird und dass er letztendlich die Moderne Schule nur aus der Sicht der Gestaltungsfreiräume, welche in seinem strafrechtlichen Konzept bestehen, betrachtet (Paradigmamonismus), ist ein wichtiges Kennzeichen der radikalen Kritik an *Liszt* überhaupt.

Für die allgemeine Auffassung der Geschichte des Strafens in der radikalen Kritik ist die chronologische Vorstellung charakteristisch und bestimmend, dass durch die Modernisierung des Strafrechts ein neuer Kontrollmechanismus in einem bis dahin „nur Rechtsstaat" erst eingeführt wurde. *Müller* beispielsweise geht in ihrer umfangreichen Untersuchung von den „Wenden" in den tragenden Staatskonzepten oder real gedachten Arten des Staats aus („Wende vom absoluten Wohlfahrtsstaat zum liberalen Rechtsstaat", „Wende zum interventionistischen Staat"),[591] ohne den Staat in seinem organischen gesellschaftlichen und politischen Zusammenhang

---

[589] *W. Naucke*, a.a.O. (1982), S. 535.

[590] *W. Naucke*, a.a.O. (1982), S. 535.

[591] *H. Müller*, a.a.O. (1984), S. 64 ff., 296 ff.

aufzugreifen. Die sogenannten „Wenden", etwa zum „Wohlfahrtsstaat" oder dem „interventionistischen" Staat, werden so gedacht und interpretiert, als ob es vor diesen Wenden die Wohlfahrtspflege oder die zweckbeförderten Eingriffe, etwa zur Sicherung oder Besserung, überhaupt nicht gab. Es wird außer Acht gelassen, dass die Geschichte des modernen Staates immer zugleich die Geschichte der Neuordnung der politischen Kompetenzen ist. Kommt es im 19. Jahrhundert zur Übernahme der verschiedenen, früher in der lokalen Bürgerverwaltung beheimateten Funktionen in das Zweckgefüge des „Staates", so handelt es sich nicht einfach um eine abstrakte Wandelung des Staates und um eine Ur-Einführung von Interventionsprogrammen, sondern um ein natürliches Nebenprodukt der Demokratisierung (sei es einer wirklichen, sei es einer im Rahmen der komplizierten Ideologie des nationalen Staates).

Die Angelegenheit ist für das Verständnis der modernen Kriminalpolitik nicht bedeutungslos, weil durch eine Erzählung, in der der „Staat" die Intervention in seiner Konzeptualisierung erst im Rahmen einer Wende zum ersten Mal einführt, der Sachverhalt immer als eine Kontroll*erweiterung* interpretiert werden muss (= keine Kontrolle vor dem staatlichen Interventionismus). Geht man andererseits davon aus, dass es im 19. Jahrhundert nur zu einer Kompetenzverlagerung gekommen ist (= Übersiedlung der Kontrolle aus dem lokalen und informellen Bereich in die Hände eines neuen Interventionsstaates), so kann man die Entwicklung in vielerlei Hinsicht als eine Kontroll*einschränkung* interpretieren. Denn der neue Staat führt nicht erst den Gedanken und die Praxis der Intervention ein, sondern übernimmt eine bereits vorher durch andere Entitäten ausgeübte Rolle. Diese Übernahme ist im Vergleich zu vorherigen Kontrollpraktiken von *einschränkenden* Maßnahmen begleitet wie die Rechtsangleichung von partikularen Mikrorechten (erhöhte Rechtssicherheit), der Abschaffung von subjektiven Standesprivilegien, der Schaffung von intellektuell und machtmäßig überlegeneren gerichtlichen Prüfinstanzen, der Abstraktion des Strafvorgangs vom Totaleindruck der unmittelbar betroffenen lokalen Gemeinschaft, der Einrichtung von Anstalten mit erhöhten und standardisierten Anforderungen.

C. Besonders zu Ehret (1996)

In der Frankfurter Monographie „Franz von Liszt und das Gesetzlichkeitsprinzip" von *Ehret* finden sich keine Hinweise auf die marxistische DDR-Kritik und ihre Standarduntersuchung über das Gesetzlichkeitsprinzip von *Renneberg*.[592] Das verwundert, weil die Monographien von *Ehret* und *Renneberg* den gleichen Untersuchungsgegenstand haben und das Buch von *Renneberg* bereits 1982 von *Naucke* ins

---

[592] *S. Ehret*, Franz von Liszt und das Gesetzlichkeitsprinzip, Zugleich ein Beitrag wider die Gleichsetzung von Magna-charta-Formel und Nullum-crimen-Grundsatz, 1996.

Visier genommen wurde.[593] Beide Autoren, *Renneberg* und *Ehret*, kommen zu ähnlichen Ergebnissen und bewegen sich teilweise in nah verwandten Denkmustern. Charakteristisch für die Untersuchung von *Ehret* ist, wie für den großen Teil der radikalen Kritik seit den 1980er Jahren, dass sie die in den 1970er Jahren entwickelten differenzierten Auffassungen weitgehend außer Acht lässt. So wird bei *Ehret* auf *Schreibers* Monographie über das Gesetzlichkeitsprinzip aus 1976 zwar im Prinzip verwiesen. Jedoch wird *Schreiber* nur als ein Gewährsmann für die Entwicklung *vor Feuerbach* heranzogen.[594] Die Analyse von *Feuerbachs Epoche* und der Zeit *nach Feuerbach* wird durch metaphysische Aufarbeitung des Stoffes auf den Kenntnisstand und das analytische Niveau vor *Schreibers* Untersuchung zurückgesetzt. Es werden nicht mehr Konkreta der Entwicklung untersucht, sondern die rein nach dem Maßstab des Guten und Schlechten gedachten Autoren mit tatsächlichen Persönlichkeiten gleichgestellt. Auf der Spanne des „Guten" und des „Schlechten" erscheint auf einer Seite *Feuerbach* und auf der anderen Seite *Liszt*.[595]

Gemeinsamkeiten bestehen zwischen *Rennebergs* und *Ehrets* Hauptbefund über den Stellenwert des Gesetzlichkeitsprinzips bei *Liszt*. *Renneberg* meint in der Kulmination seiner Untersuchung, dass *Liszts* Festhalten am Gesetzlichkeitsprinzip ein rein „verbalistisches" ist.[596] *Ehret* urteilt in ihrem Schluss, dass es sich beim Gesetzlichkeitsprinzip bei *Liszt* nur um ein „Lippenbekenntnis" handele.[597] Das Urteil ist gut nachvollziehbar in der marxistischen Kritik, weil sie offen davon ausgeht, dass *Liszt* seine wahre Persönlichkeit und seine klassenspezifischen Ansichten in seinen Texten taktisch verhüllt hat (Punkt B.III.1. im 12. Kapitel). Es ist aber nicht ganz nachvollziehbar, wie dasselbe Urteil ohne die tragende Prämisse einer taktischen Verhüllung haltbar sein könnte. Die genauere Analyse zeigt, dass auch *Ehret*, davon ausgeht, dass es einen wahren *Liszt* einerseits und einen davon unterschiedlichen *Liszt* seiner Äußerungen andererseits gibt. Sie meint durch eine chronologische Analyse von *Liszts* Werk den Nachweis aufgespürt zu haben, dass sich *Liszt* für das Gesetzlichkeitsprinzip nur im Rahmen der anstehenden Reformbemühungen in den Grenzen seiner „Kompromissbereitschaft" eingesetzt hat.[598]

---

593 Vgl. *W. Naucke*, a.a.O. (1982), S. 560f.

594 *S. Ehret*, a.a.O. (Gesetzlichkeitsprinzip, 1996), S. 22.

595 Eine solche radikale Gegenüberstellung, die keine Nuancen und keine Schritte der Eigenentwicklung anerkennt, hat im Marxismus einen besonderen Sinn, weil dort auf der zeitlich-gesetzmäßigen Entwicklungsachse der Geschichte *Feuerbach* einer revolutionären Gattung des Bürgertums des frühen 19. Jahrhunderts und *Liszt* einer imperialistisch-reaktionären Gattung des Bürgertums aus dem Ende des 19. Jahrhunderts zugeordnet wird (vgl. *J. Renneberg*, a.a.O. (1956), S. 11ff.). Die Akzentsetzung bei *Ehret* auf die „historische Würdigung der Person *Liszts*" (*S. Ehret*, a.a.O., S. 23) und das Beklagen über die angeblich übliche „Verkennung der historischen Person *Liszts*" (*S. Ehret*, a.a.O., S. 22, 211) sind Topoi der marxistischen Kritik, deren Stellenwert außerhalb der marxistischen Analyse der Geschichte und ihrer spezifischen Methodik (Aufdeckung von listigen Verhüllungen) nicht klar ist.

596 *J. Renneberg*, a.a.O. (1956), 91.

597 *S. Ehret*, a.a.O. (Gesetzlichkeitsprinzip, 1996), S. 212.

598 *S. Ehret*, a.a.O. (Gesetzlichkeitsprinzip, 1996), S. 71ff.

Die methodologische Qualität von *Ehrets* Nachweis der These, dass es bei den liberalen Elementen bei *Liszt* nur um Taktik ging, ist aus mehreren Gründen äußerst fragwürdig. Erstens erscheint die Chronologie, die *Ehret* für den Nachweis (voraus)gesetzt hat, bei einer unbefangenen Würdigung als vollständig willkürlich. Zum „frühen" Werk wird aus zuerst schwer durchschaubaren Gründen das Werk *Liszts* von 1882–1889 erklärt, während seine tatsächlich frühen Werke (1875–1880) und die erste Auflage des „Lehrbuchs" (1881) überhaupt nicht in Erwägung gezogen werden. Ebenso wird die Analyse des Spätwerks willkürlich etwa um 1910/1912 abgebrochen. *Liszt* lebte nämlich, das ist die salvatorische Klausel bei *Ehret*, seit dem er 1916 pensioniert war „zurückgezogen in Seeheim an der Bergstraße, wo er am 21. Juni 1919 verstarb".[599] Das würde implizieren, dass *Liszt* nach 1912 oder 1916 nicht mehr geschrieben hat.

Beide zeitlichen Bestimmungen, des Frühwerks und des Spätwerks, sind nicht nur chronologisch bzw. biographisch problematisch, sondern zugleich wesentlich fördernd für die kritischen Thesen von *Ehret*. Die willkürliche Eingrenzung der untersuchten Quellengrundlagen ermöglichte *Ehret*, einerseits die erste Auflage des „Lehrbuchs" und *Liszt*s prozessualistische Schriften aus den 1870er Jahren, andererseits die fortschrittlich-republikanischen Schriften von 1918 und 1919 außerhalb der Analyse zu lassen. Erst durch Vernachlässigung der kleinen politischen Manifeste *Liszts* von 1918/19 (die vorher bereits *Naucke* im Rahmen seines Aufsatzes von 1982 bekannt waren), wird die Hauptthese *Ehrets* haltbar, dass es *Liszt* bei der Mitberücksichtigung des Gesetzlichkeitsprinzips nur um eine „Kompromißbereitschaft (...) angesichts der anstehenden Strafrechtsreform" ging (vgl. für *Liszts* Spätwerk Punkt D.IV. im 6. Kapitel).[600]

Eine spezifische methodologische Schwäche der Untersuchung liegt in der weitläufigen Unfairness beim Beweis- und Nachweismaßstab, wenn einerseits geschätzte und andererseits nicht geschätzte Autoren gewürdigt werden. *Feuerbach* soll beispielsweise auch zugutekommen, was er am Rande eines Briefes, niemand errät in welcher Stimmung, seinem Vater mitgeteilt hat.[601] Die klaren Stellen in wissenschaftlichen Arbeiten von *Liszt*, in denen er das Gesetzlichkeitsprinzip befürwortet, werden aber mit einem ganz anderen Lesemaßstab als bloßes „Schattendasein" des Prinzips abgetan.[602] Bei den Stellen, an welchen *Liszt* mit üblichen Ausdrücken für die Bewertung eines *zukünftigen* Sachverhaltes, wie „ich glaube", hervortritt, wird durch *Ehret* wie bei einem schlechteren Kreuzverhör *Liszt* sofort der Vorwurf gemacht, er würde unglaubwürdig aussagen.[603] Methodologisch ist auch

---

599 *S. Ehret*, a.a.O. (Gesetzlichkeitsprinzip, 1996), S. 88.

600 *S. Ehret*, a.a.O. (Gesetzlichkeitsprinzip, 1996), S. 96. Ähnlich sind die älteren Schriften auch bei *M. Baurmann*, a.a.O. (1984), S. 68 f. nicht verwertet.

601 Vgl. *S. Ehret*, a.a.O. (Gesetzlichkeitsprinzip, 1996), S. 33.

602 *S. Ehret*, a.a.O. (Gesetzlichkeitsprinzip, 1996), S. 77.

603 *S. Ehret*, a.a.O. (Gesetzlichkeitsprinzip, 1996), S. 79 („Sicher ist sich *Liszt* jedoch nicht. Er glaubt es, und er hofft es"). Liszt, AuV II, Nr. 16, S. 61 f. („Die Strafgewalt auch des so-

äußerst zweifelhaft, ob die Zählung der Zeilen, in denen das Gesetzlichkeitsprinzip erwähnt wird, eine legitime Methode für die Beurteilung seiner Wichtigkeit für den Autor sein kann.[604]

D. Zwei wichtige neue Elemente der Deutung

I. Das „Marburger Programm" und weitere „Programme"

In der radikalen Kritik seit den 1980er Jahren sind ein langsamer Bedeutungswandel und eine Wahrnehmungsänderung des „Marburger Programmes" zum Abschluss gekommen. Zwar wird bereits im früheren Schrifttum (besonders in den 1930er Jahren) der Vortrag „Der Zweckgedanke im Strafrecht" (= „Marburger Programm") gelegentlich als eine „Programmschrift" aufgefasst. Aber erst in der radikalen Kritik seit den 1980er Jahren sind aus dem begrifflichen „Programmkonzept" Maßstäbe für die Interpretation gezogen worden: Was in diesem/einem *Programm* nicht steht, muss *Liszt* unwichtig gewesen sein.[605] Für die Abfassung des/eines *Programms* sind besondere Motive notwendig.[606] Anders als eine ungestörte Haltungswandlung eines Autors in zwei Aufsätzen bräuchte eine Abweichung von dem/von einem *Programm* besondere Gründe.[607] Die späteren Texte hätten den Charakter der „Ausführungen" des *Programms* von 1882,[608] was im Ergebnis nicht

---

zialistischen Staates *wird* gesetzlich begrenzt bleiben nach Voraussetzung und Inhalt. Die Strafgesetzbücher werden *nicht* ersetzt werden durch den einzigen Paragraphen: ‚Der Gemeingefährliche wird unschädlich gemacht'. Nach wie vor werden wir die Voraussetzungen einzeln aufzählen, unter welchen allein staatliche Strafe eintreten darf; werden also die Begriffsbestimmungen der einzelnen Verbrechen im Gesetzbuch festgelegt, von der Wissenschaft nach der juristisch logischen Methode zergliedert, vom Richter nach derselben Methoden angewandt werden. Nach wie vor werden wir Art und Maß der Strafe im Gesetz und im Richterspruch bestimmen. Das Straf*recht* wird [auch im vermeintlich zukünftigen sozialistischen Staat] bleiben und mit ihm die Strafrechts*wissenschaft* wie die Straf*rechtspflege.* Wir werden [im vermeintlich zukünftigen sozialistischen Staat] weder das Strafgesetzbuch verbrennen; und der Strafrichter wird an Bedeutung nicht verlieren, sondern gewaltig gewinnen. Das glaube ich, das hoffe ich im Interesse der persönlichen Freiheit, die ich nicht schutzlos der ‚sozialen Hygiene' preisgeben mag; das habe ich auch stets auf die Gefahr hin und mit dem Erfolge öffentlich gefordert, von den Stimmführern beider Heerlager des Eklektizismus geziehen zu werden.").

[604] Vgl. *S. Ehret*, a.a.O. (Gesetzlichkeitsprinzip, 1996), S. 76, 211, sowie für die gleiche quantitative Methode *M. Baurmann*, a.a.O. (1984), S. 56 f.

[605] Vgl. *S. Ehret*, a.a.O. (Gesetzlichkeitsprinzip, 1996), S. 77 (Gesetzlichkeitsprinzip); vgl. auch *St. Günzel*, Die geschichtliche Entwicklung des Jugendstrafrechts und des Erziehungsgedankens, 2001, S. 35 (Jugendstrafrecht).

[606] Vgl. *W. Naucke*, a.a.O. (1982), S. 540.

[607] Vgl. *W. Naucke*, a.a.O. (1982), S. 548 ff. (Wandlung Liszts); *S. Ehret*, a.a.O. (Gesetzlichkeitsprinzip, 1996), S. 77 ff. (Eingehung auf politisches Kompromiss).

[608] *W. Naucke*, a.a.O. (1982), S. 547.

nur den Charakter des Vortrags „Der Zweckgedanke im Strafrecht" bestimmt, sondern auch die Maßstäbe für die Interpretation der breiten Strecken des Werks im Sinne eines einheitlichen Anliegens impliziert.

Die eigentliche Stärkung der Vorstellung, dass es um ein festes Programm im materiellen Sinne geht, fand im Jahr 1982 („hundert Jahre Marburger Programm") statt, als eine Reihe von – nicht nur kritischen – Jubiläumsaufsätzen erschien, die das „Marburger Programm" vornehmlich als einen innovativen Durchbruch und eine Urquelle aller modernen kriminalpolitischen Gedanken behandelt haben. Es verfestigte sich, wie *Schmidt-Recla* und *Steinberg* für das heutige Verständnis vor kurzem feststellen konnten, eine charakteristische, problematische Wahrnehmung, nach der es sich bei *Liszts* Vortrag aus 1882 um *den* Aufbruch in die kriminalpolitische Moderne handelt.[609] Diese Vorstellung bekräftigte sich im Milieu der radikalen Liszt-Kritik, weil sie gerade durch ihre unhistorische Einfachheit dem Bedürfnis nach Geschichtsphilosophie und der Herstellung von beliebigen synthetischen Einsichten gut nachkommen konnte.

Das eigentliche Genre des Programms in Kunst und Wissenschaft weist darauf hin, dass hinter einem Programm eines Autors mehr Überlegung und Last als hinter Gelegenheitsreden und Schriften steht. Das ist der Hintergrund des Umstands, dass bei vielen Autoren der radikalen Kritik die große Bedeutung von *Liszts* „Marburger Programm" hervorgehoben wird. *Ehret* meint mit ihrer „Textexegese" das „Marburger Programm" als „zentrale Schrift Liszts" analysiert zu haben.[610] *Naucke* meint, obwohl er den Leser am Anfang belehrt, dass der Titel „Marburger (Universitäts) Programm" der Titel des Erscheinungsperiodikums und nicht des Vortrags von *Liszt* war, man müsse das „Marburger Programm" als Teil eines „innenpolitischen Programms"[611] auffassen und mit unterschiedlichen „Parteiprogrammen" vergleichen.[612] Er spricht in Bezug auf das „Marburger Programm" von „vergleichbaren Programmen".[613] *Baurmann* spricht vom „Marburger kriminalpolitischem Programm" und verfestigt es dadurch sprachlich eindeutig im Genre von Programmen.[614] Für *Frommel* war das „Marburger Programm" eine „prominente Programmschrift".[615]

Auch die Leser von *Vormbaums* „Einführung in die moderne Strafrechtsgeschichte" werden im Ergebnis mit einem „geozentrischen" System konfrontiert, in welchem *Liszts* Werk und das „Marburger Programm" als logischer Mittelpunkt der

[609] *A. Schmidt-Recla/H. Steinberg*, a.a.O. (2007), S. 195; *dieselben*, a.a.O. (2008), 295.

[610] *S. Ehret*, a.a.O. (KritV 1996). S. 348.

[611] *W. Naucke*, a.a.O. (1982), S. 540.

[612] *W. Naucke*, a.a.O. (1982), S. 532.

[613] *W. Naucke*, a.a.O. (1982), S. 529.

[614] *M. Baurmann*, a.a.O. (1984), S. 65.

[615] *M. Frommel*, a.a.O. (2012), S. S. 154; a.a.O. (2013), S. 295. Vgl. noch *M. Frommel*, Präventionsmodelle, 1987, S. 42, 97 (überraschendes Fehlen der zeitgenössischen Reaktionen auf das „Programm").

Reformbewegungen gedacht werden. Abgesehen von einigen Zusätzen steht in seiner „Einführung in die moderne Strafrechtsgeschichte“ eine verhältnismäßig eingehende Darstellung des „Marburger Programms“ für die ganze Fülle der Reform-Bewegung und der Modernen Schule.[616] Es kommt zu einer Verfestigung der „pars pro toto“-Handhabung, die aus der älteren Literatur bekannt ist, aber in den 1960er und 1970er Jahren teilweise gelockert werden konnte. Die Kontinuitäten zwischen Reform-Zeit und Nationalsozialismus werden bei *Vormbaum* ausschließlich unter Rückgriff auf den Begriff der „Lisztschen Kriminalpolitik“ konstruiert.[617] Das ungewöhnliche an der Reform(Kritik) in den 1960er und 1970er Jahren war, dass *Liszt* „ungeachtet der Erfahrung mit dem nationalsozialistischen Strafrecht und seinem hemmungslosen Zweckgedanken“ „abermals die Stunde regierte“.[618]

In engem Zusammenhang mit der Umbewertung des „Marburger Programms“ zu einer aprioristischen Programmschrift kann auch die seit den 1980er Jahren fortschreitende Kritik an *Liszts* Ausdrucksweise gesehen werden.[619] Die Kritik an seiner Ausdruckswahl erfolgt, wie es scheint, immer unter der Voraannahme, dass es sich um 1880 um eine innovative Programmatik handeln musste. Bezeichnend ist etwa, wenn *Köhler* in seiner Ausgabe des Vortrags „Der Zweckgedanke im Strafrecht“ („Marburger Programm“) schreibt, dass die Schrift einen „revolutionären Ton“ hat, der sich der „Überlegenheits- und Fortschrittsgewissheit“ der Naturwissenschaften verdankt.[620] Es wird in Erwägung gezogen, dass die sprachlich befremdlichen Wendungen zur „Unschädlichmachung der Unverbesserlichen“ einer charakteristischen „Unvermitteltheit des Neuanfangs“ bei *Liszt* geschuldet waren.[621] *Köhlers* Urteil über

---

[616] *T. Vormbaum*, Einführung, 3. Aufl. 2016, S. 118ff.

[617] Vgl. *T. Vormbaum*, Einführung, 3. Aufl. 2016, S. 176ff.

[618] *T. Vormbaum*, Einführung, 3. Aufl. 2016, S. 242.

[619] Vgl. *W. Naucke*, a.a.O. (1982), S. 529; *W. Frisch*, Das Marburger Programm und die Maßregeln der Besserung und Sicherung, ZStW 94 (1982), S. 591; *H. Ostendorf*, in: ders. (Hrsg.), Von der Rache zur Zweckstrafe, 1982, S. 16; *ders.*, Franz von Liszt als Kriminalpolitiker, Kriminalsoziologische Bibliografie 11 (1984), S. 13, 24; *M. Frommel*, a.a.O. (1987), S. 85f.; *J. Linder*, Strafjustiz, Strafrechtsreform und Justizkritik im „März“, in: J. Schönert (Hrsg.), Erzählte Kriminalität, 1991, S. 549f.; *F. Herrmann*, a.a.O. (2001), S. 121; *M. Kubink*, Strafen und ihre Alternativen im zeitlichen Wandel, 2002, S. 94f.; *M. Köhler*, Einführung in: F. Liszt, Der Zweckgedanke im Strafrecht, 2002, S. VII; *S. Galassi*, Kriminologie im Dt. Kaiserreich, 2004, S. 82ff.; *T. Vormbaum*, Beccaria und die strafrechtliche Aufklärung, in: H. Jacobs (Hrsg.), Gegen Folter und Todesstrafe, 2007, S. 309; *ders.*, Einführung, 3. Aufl. 2016, S. 121; *A. Koch*, a.a.O. (2007), S. 135f.; *T. Stäcker*, Die Franz von Liszt-Schule, 2012, S. 20; *A. Koch* und *M. Löhnig*, Vorwort in ihrem Sammelband: Die Schule Franz v. Liszts, 2016, S. V (nebeneinander von „mild-verständnisvoller und menschenverachtend-brutaler Sprache“); *W. Frisch*, Franz v. Liszt – Werk und Wirkung, in demselben Sammelband (2016), S. 23 („Neigung, seine Zweckentwürfe in markigen, nicht immer angemessenen Worten zu präsentieren“); *J. Kasper*, Die Unschädlichmachung des Unverbesserlichen, ebendort (2016), S. 122f., 130; *M. Löhnig*, Die v. Liszt-Schule im totalitären Kontext, ebendort (2016), S. 195 („rohe Sprache“).

[620] *M. Köhler*, a.a.O. (2002), S. VII.

[621] *M. Köhler*, a.a.O. (2002), S. VII.

eine „Unvermitteltheit des Neuanfangs“ wird auch in *Vormbaums* „Einführung“ mitgeteilt; für *Vormbaum* ist *Liszts* Sprache nichtsdestoweniger „verwahrlost“, es sei ein „populistisch-rüder Jargon“.[622]

Bezeichnungen wie „verwahrlost“ oder „populistisch-rüde“ verorten symbolisch die gewählte Ausdrucksweise in der Domäne des täglichen Handelns und versperren allzu schnell den Zugang zur älteren Benennungstradition. *Naucke* möchte *Liszts* Ausdrucksweise als „bismarckisch“ bezeichnen.[623] Zwar ist dieses Attribut bei ihm mehr systematisch als historisch gedacht, aber für einen Durchschnittsleser wird durch diesen Hinweis bereits auf der symbolischen Ebene der Zugang zum Gedanken verbaut, dass es sich möglicherweise bei der gewählten Ausdrucksweise bei *Liszt* um eine Brücke zur älteren Tradition und nicht zur Bismarck'schen Gegenwart handelt.Die Vorschläge bei *Liszt* würden, so wiederum *Naucke*, „polizeilich und technisch-militärisch“ klingen.[624] Es ist eine „bürokratische“ Sprache mit „heiklen emotionalen Untertönen (vor allem bei der Benutzung medizinischer und militärischer Vergleiche)“.[625] *Frommel* spricht von „irritierendem Vokabular“[626] und „seiner“, gemeint ist *Liszt*, „autoritären Rhetorik“.[627]

Den genannten Bewertungen kommt natürlich ein anderer Stellenwert zu, je nachdem, ob man annimmt, dass sich die Kriminalpolitik und die moderne Strafrechtswissenschaft bei *Liszt* von einem Nullpunkt aus entwickelt haben, oder ob man – wie hier im ersten Teil der Untersuchung – davon ausgeht, dass seine Konzepte in die Begriffs- und Forderungswelt der älteren Kriminalpolitik eingebettet waren. Im ersten Fall wäre jeder Ausdruck als Schöpfungspräferenz des Autors um 1880 zu bewerten, im zweiten als die Verwendung einer Sprache, die ohne analytische Absicht eine Anbindung an die bestehenden Traditionen der Problematisierung signalisiert. Es ist schade, dass die Kritik in der Regel nicht unmittelbar die Redeweisen ausweist, die sie abstoßend findet. Man kann aber gerade für die „verwahrlosesten“ Ausdrücke aus einem angeblich „populistisch-rüdem Jargon“ nachweisen, dass sie keineswegs ad hoc Schöpfungen *Liszts*, sondern Referenzen auf ältere kriminalpolitische Diskurse und Gesetzeswerke darstellen (vgl. Punkt A. und D.II.2.b) im 6. Kapitel). Dafür ist jedoch eine andere Methode notwendig als die phänomenologische, die allein den Text aus sich heraus zu bewerten sucht. Eine „unbefangene Annäherung“ an die isolierte Textmasse kann vielleicht abstrakt plausible Behauptungen ans Licht bringen, aber nicht die Feststellung des eigentlichen Sachverhaltes gewährleisten.

---

622 *T. Vormbaum*, Einführung, 3. Aufl. 2016, S. 121.

623 *W. Naucke*, a.a.O. (1982), S. 529.

624 *W. Naucke*, a.a.O. (1982), S. 529.

625 *W. Naucke*, a.a.O. (1982), S. 529.

626 *M. Frommel*, a.a.O. (1987), S. 85.

627 *M. Frommel*, a.a.O. (1987), S. 86; *W. Frisch*, a.a.O. (1982), S. 591 („Unschädlichmachung“).

II. Eine täuschende Wiederkehr des „Positivismus"-Topos

Im bisherigen Verlauf der Untersuchung wurde bereits mehrmals angedeutet, dass die radikale Kritik in der Darstellung von *Vormbaum* wieder zentral mit der Einordnung *Liszts* in die geistige Welt des Positivismus und Naturalismus arbeitet. *Vormbaum* stützt sich in seiner „Einführung" nicht ausdrücklich auf die Untersuchung über den Naturalismus von *Welzel.* Trotzdem bildet die Idee, dass der „Zweckgedanke" im Kontext eines sich modisch verbreitenden Comte'schen Positivismus zu sehen ist, einen tragenden Baustein seiner mit dem Stichwort „Hintergrund" betitelten Ausführungen über den Kontext, in welchem die Moderne Schule und die Forderungen *Liszts* zu Stande kamen.[628] Mit der erneuten Zuwendung zur Positivismus- und Naturalismus-Analyse im Stile von *Welzel* liegt in diesem Teil der radikalen Kritik eine weitere eindeutige Rückentwicklung des nach dem 2. Weltkrieg erreichten Forschungsstandes.

Sowohl die Untersuchung von *Welzel* als auch die „Einführung" von *Vormbaum* legen einen besonderen Wert auf das Studium des geistigen Kontextes, in welchem der Positivismus angeblich eine zentrale Rolle oder sogar monopolistische Bedeutung in Deutschland erlangte. Man vergleiche für *Welzel* die oben erfolgten Darstellungen und Kritik (Punkt A.II.–III. im 4. Kapitel; C.II. im 6. Kapitel; B.II. im 9. Kapitel), und für *Vormbaum* insb. den vierten Paragraphen seiner „Einführung".[629] Ähnlich wie *Welzel* nimmt *Vormbaum* den einflussreichen *Auguste Comte* als Zentralfigur für seine Analyse und Darstellung.[630] Bei beiden Autoren besteht die Tendenz, das „Naturwissenschaftliche" und „Technische" am Zeitalter hervorzuheben.[631] Insoweit besteht auf den ersten Blick eine topische Grundübereinstimmung zwischen den Ausführungen *Welzels* und *Vormbaums.* Und dennoch sind die Zuordnungsmuster dieser Autoren, wie gleich näher darzulegen ist, eigentlich ganz unterschiedlich. Diese innere Unterscheidung führt nach der hier vertretenen Auffassung zum charakteristisch vagen und metaphysischen Charakter der Verknüpfung von *Liszt* und wichtigen geistesgeschichtlichen Erscheinungen wie dem Positivismus in der radikalen Kritik.

Welzels Einordnungsmuster stellen, zusammen mit ähnlichen Sichtweisen bei *Nagler* (1933) und *H. Mayer* (1936), eine typische Sichtweise der 1930er Jahren dar, in der sowohl *Liszt* als auch die Aufklärung negativ markiert waren.[632] Für alle drei genannten Autoren bilden der Positivismus und die Aufklärung noch eine *geistesgeschichtliche Einheit.* Die gemeinsame Behandlung konstruiert den tragenden Zuordnungsrahmen und hat damit einen theoretischen Charakter. Sie ermöglichte

[628] *T. Vormbaum* (Einführung), 3. Aufl. 2016, S. 113 ff.

[629] *T. Vormbaum* (Einführung), 3. Aufl. 2016, S. 113 ff.

[630] *T. Vormbaum* (Einführung), 3. Aufl. 2016, S. 115.

[631] Vgl. *H. Welzel,* Naturalismus und Wertphilosophie im Strafrecht, 1935, S. 2 ff.; *T. Vormbaum,* Einführung, 3. Aufl. 2016, S. 113 f.

[632] S. *J. Nagler,* Anlage, Umwelt und Persönlichkeit des Verbrechers, Der Gerichtssaal 1933, S. 412 ff., 445 ff. Für *Mayer* vgl. Darstellung im 11. Kapitel.

Welzel eine verhältnismäßig glatte Zuordnung vom Werk *Liszts* in die geistige Welt des „Positivismus". Die Beurteilung des Täters in seinem Milieu, die staatstheoretisch geprägten Anforderungen an das Strafrecht oder die Weitertradierung der in den Diskursen der Aufklärung ausgebildeten Themen der Gefängniskunde *bildeten bei Welzel keine Kontraindikation* für eine alleinige Zuordnung innerhalb der geistigen Welt des Positivismus, weil er auch die tragenden Elemente der Aufklärung als Teil eines positivistischen Kontinuums aufgefasst hat.

Es gibt wichtige Punkte, denen wegen des unterschiedlichen theoretischen Rahmens bei *Welzel* Sinn und Berechtigung und bei *Vormbaum* keine vergleichbare Berechtigung zukommen kann. Man nehme als Beispiel den Punkt der Entwicklung der Naturwissenschaften und der Technik, die für sich in Anspruch genommen haben, das Spezifikum der Epoche zu sein.[633] Der Topos erscheint in *Welzels* Ausführungen potenziell zutreffend, weil sich *Welzels* Erzählung ohne Zäsur auf die ganze Spanne vom 18. Jahrhundert bis zum Anfang des 20. Jahrhunderts und darüber hinaus erstreckt. Das Ende des 19. Jahrhunderts, sollte es für sich betrachtet werden, erscheint uns aber heute viel bunter, sowohl in theoretischer Hinsicht (Neukantianismus), als auch in Bezug auf den offeneren Umgang mit Fortschritt und Verfall und Erscheinungen außerhalb des naturszientistischen Paradigmas, wie die Arbeiterfrage und die Kunst.[634] Der Topos einer naturwissenschaftlichen Fortschrittsfaszination würde dementsprechend, soweit er bei *Welzel* erscheint, potenziell richtig sein (weil *Welzel* sich einheitlich auf den Durchschnitt der Stellungnahmen aus mehreren Jahrzehnten und Jahrhunderten bezieht); der gleiche Topos könnte sich aber bei *Vormbaum* als latenter Anachronismus herausstellen.[635]

Sollte es bei *Liszt* um eine blinde Bewunderung der Naturwissenschaften gehen, so genügt als Beweis für diese Behauptung nicht allein ein Hinweis auf den Zeitgeist, der äußerst polyvalent war. Es ist biographisch nachweisbar, dass in Kreisen von *Liszts* Kameraden die soziale Frage, der Aufschwung der Universitätsfreiheit, der Neukantianismus und an *Schopenhauer* angelehnte pessimistische Meditationen die geistige Basis seiner Generation bildeten (Punkt B. im 2. Kapitel). In diesem Gefüge kann natürlich auch den Schriften von *Spence*r oder *Comte* eine Rolle zukommen, wie sie auch den Schriften des *Heiligen Augustinus*, einer Rede *Ciceros*, einem Zitat von *Goethe* oder *Einsteins* Überlegungen zur Relativität zukommen kann. Es ist aber die entscheidende Frage, in welchem Verhältnis, für welche Zwecke und in welcher Ausformung im Rahmen des sozialen Totalkontextes einige Elemente, für welche der einheimische und internationale Diskurs werben, übernommen oder verworfen wurden (Punkt A.III. und B.I.–II. im 4. Kapitel; C.II. im 6. Kapitel).

---

[633] Vgl. *H. Welzel*, a.a.O. (1935), S. 2 ff.; *T. Vormbaum*, Einführung, 3. Aufl. 2016, S. 114.

[634] Vgl. *W. Windelband*, Lehrbuch der Geschichte der Philosophie (6. Aufl. 1912), 18. Aufl. 1993, S. 444 ff.; *H. Holzey/W. Röd*, Die Philosophie des ausgehenden 19. und des 20. Jahrhunderts (Röds Geschichte der Philosophie, Bd. 12), 2004, S. 15 ff.; *S. Freitag*, Kriminologie in der Zivilgesellschaft, 2014, S. 50; *D. Schauz*, Strafen als moralische Besserung, 2008, S. 196, 250.

[635] Vgl. für potentiell ähnliche Missdeutung der „Aufklärung" und des „Positivismus" bei *Welzel* bereits *A. Rebhan*, a.a.O. (1962), S. 15.

Die Auslöschung der Differenzen oder die Darstellung von Autoren als Produkte nur einer geistigen Strömung kann entweder in einer geschichtsphilosophischen Aufarbeitung geschehen, die willkürlich einige Elemente und Bedingungen zu Ursachen erklärt und anderen diese Qualität auf Begriffsebene abspricht, oder, wie bei *Welzel*, im Gefüge einer besonders breit aufgefassten theoretischen Zusammenfassung, deren konstruktive Berechtigung erst und nur im Kontext einer Kontrastierung alles Wissenschaftlichen, Rationalen und Freiheitlichen mit dem Irrationalismus und totalitären Tendenzen der 1930er Jahre begründet wird. Wer beispielsweise im Unterschied zu *Welzel* nicht davon ausgehen möchte, dass der Neukantianismus eine Untererscheinung in der geistigen Welt des Positivismus ist, der muss auch in der Zeit seit den 1860er und 1870er Jahren die spezifischen neukantianischen Interventionen in positivistischen Diskursen (wie etwa im Bereich der Kriminalstatistik) beachten und dem Leser eindeutig mitteilen. Dies lässt sich damit begründen, dass diese Aspekte des Kritizismus für *Welzel* „Positivismus" waren, für die heutigen, nicht durch Belange der 1930er Jahre besetzten Auffassungsmuster aber sonderbare, dem Positivismus meistens entgegengesetzte Erscheinungen sind (vgl. Punkt A.II. im 4. Kapitel).

Liszts Ausführungen zur Kriminalpolitik, Bildungspolitik und Sozialpolitik waren zumindest in gleichem Maße wie durch die Erwägungen der *fortschreitenden* Modernität von der Überzeugung eines eintretenden *Verfalls* der Gesellschaft getragen. Diese Stimmung entspricht im Wesentlichen dem charakteristischen Pessimismus von *Liszts* Jahren in Wien (Punkt B. im 2. Kapitel). Wenn die ältere Literatur aus den 1930er Jahren das übersieht, so kann diese Erscheinung im gewissen Grade mit der Breite der Perspektive erklärt und gerechtfertigt werden. In jener treten die Finessen von drei oder vier Jahrzehnten im Vergleich mit zwei Jahrhunderten, die einheitlich unter dem Stichwort „Positivismus" ins Visier genommen werden, als unwichtig zurück. Wenn aber auch die neueren Ansätze der Deutung von *Liszts* Werk davon ausgehen, dass für sein Wirken eine *Prämisse des gesetzmäßigen Fortschritts* entscheidend war, so erweist sich diese Behauptung nicht nur als Vernachlässigung des Stoffes und Werks *Liszts*, sondern zugleich als grundsätzliches Missverständnis der Perspektive, aus welcher die ältere Literatur ihre Kritikpunkte produziert hat.[636]

Auf ähnliche Weise erhält bei *Vormbaum* auch der Topos einer Nähe *Liszts* zu *Darwin* und vielleicht auch zu *Lombroso* eine andere Qualität, als er sie noch bei *Welzel* hatte. *Welzel* fällt es leicht, viele Autoren als Gattungsexemplare einer Erscheinung (nämlich des Positivismus) zu betrachten, weil er den Positivismus sehr

[636] Vgl. *M. Köhler*, a.a.O. (2002), S. VII („Fortschrittsgewissheit"); *M. Ortner*, Von Freiheit zur Strafe, 2010, S. 275. Ein charakteristischer und äußerst politisch geladener Topos der Aufklärungskritik in den 1930ern; vgl. *E. Wolf*, Vom Wesen des Täters, 1932, S. 11 („naiver Fortschrittsglaube"); *H. Welzel*, a.a.O. (1935), S. 31 („unaufhaltsam nach aufwärts"); *J. Georgakis*, Geistesgeschichtliche Studien zur Kriminalpolitik und Dogmatik Franz von Liszts (1940), S. 15 ff. („im Sinne eines dauernden Fortschreitens", „progressistisch"). Für die Fortschrittsgewissheit als charakteristischen Topos des 18. Jahrhunderts vgl. *L. A. Coser*, Masters of Sociological Thought, 2. Aufl. 1977, 21 f.; und als Schwerpunkt des italienischen Positivismus *M. Nese*, Soziologie und Positivismus im präfaschistischen Italien, 1993, S. 11 f., 55 ff.

weit auffasst und praktisch alle Erscheinungen, die irgendwie auf Rationalität oder Empirie aufbauen, unter diesen Begriff bringt. *Vormbaum* stand eine ähnliche Verknüpfungsmöglichkeit aus begrifflichen Gründen nicht zur Verfügung, sodass seine Verknüpfungen nur einen rein äußerlichen Charakter haben. Sie legen gerade als solche die Vermutung nahe, dass seine Ausführungen auf verkürzte, radikal unkritische Weise die Sichtweise von *Welzel* tradieren.

Man beachte als Beispiel, wie die Verbindung zwischen *Darwin* und *Liszt* einerseits bei *Welzel*, andererseits bei *Vormbaum* hergestellt wird. Bei *Welzel* sind sowohl *Darwin* als auch *Liszt* zwei Exemplare der positiv-empirisch arbeitenden Menschen. Beide vollziehen jeweils auf ihrem eigenen Gebiet das verwerfliche Programm des Empirismus und Rationalismus, und das verbindet sie in der Geschichte.[637] Die Nähe zwischen *Liszt* und *Darwin* oder zwischen *Liszt* und *Spencer* wird in diesem analytischen Schema bereits dadurch dicht substantiiert, dass man für jeden Autor einzeln den Nachweis erbringt, dass er rationalistisch und empirisch orientiert war. – Diese Art der Verknüpfung leuchtet in dem Kontext der konkurrierenden Ansätze der 1930er Jahren ein, kann aber bei einer anderen, etwa zeitgenössischen Bewertung des Rationalen und Empirischen nicht wiederholt werden. Trotzdem finden sich auch bei *Vormbaum* Bemühungen, die Zusammenfassung der genannten Autoren aufrechtzuerhalten. Dies geschieht auf zweifache Weise, von denen keine wirklich überzeugt. Der Leser findet erstens im Kapitel über die „Wende vom 19. zum 20. Jahrhundert" einen allgemeinen Hinweis auf eine überragende Bedeutung des Positivismus und *Darwins* Evolutionstheorie für die Zeit.[638] Im zweiten Schritt erfolgt dann eine begriffliche, bloß formelle Verknüpfung:

> „Rudolf v. Jhering (1818–1892), der bereits mit dem Titel seiner Schrift Der Kampf ums Recht (1872) unüberhörbar auf Darwins ‚Kampf ums Dasein' angespielt hatte, lieferte mit seinem zweibändigem Werk der Zweck im Recht (1877/1884) das Stichwort für die Programmschrift des neuen Strafrechtsdenkens, das sog. Marburger Programm Franz v. Liszts (1851–1919)".[639]

Im Grunde genommen wird in der „Einführung" von *Vormbaum* dem Leser an solchen Stellen überlassen, entweder durch eigenes Studium der Materie den rein äußerlichen Charakter der Verknüpfung zu erkennen, oder die dargebotenen Verknüpfungen als eine inhaltlich wahre Aussage hinzunehmen und sie mit beliebigen assoziativ-synthetischen Inhalten zu füllen. Im obigen Beispiel mit *Darwin, Jhering* und *Liszt* obliegt es dem Leser, sich nach dem Inhalt von *Jherings* Schrift zu erkundigen. Ist es eine Einfügung in *Darwins* Programm oder ein bewusstes Kontraprogramm für die Rettung des Rechtswerts? Man kann nämlich, wie vielleicht *Jhering*, auch auf einen bestimmten Titel anspielen, um ein Kontraprogramm anzubieten. Die Figur des „Kampfes ums Daseins" impliziert in der zweiten Hälfte des

---

[637] Vgl. *Welzel*, a.a.O. (1935) S. 3 f., 12, 22 ff. Wichtig ist die Parallelität zwischen erstem und zweitem Kapitel bei *Welzel.*

[638] *T. Vormbaum*, Einführung, 3. Aufl. 2016, S. 113 ff.

[639] *T. Vormbaum*, Einführung, 3. Aufl. 2016, S. 119.

19. Jahrhunderts weder notwendig den Darwinismus, noch die Rechtfertigung des Kampfs als soziales Phänomen (vgl. Punkt B. im 4. Kapitel).[640] Die entscheidenden Gründe für die Deutung können also nicht durch einen Eindruck vom isoliert angeschauten Titel gewonnen werden.

Wenn der „Zweck im Recht“ nur ein Stichwort ist, welchen Inhalt hat es bei *Jhering* und welchen bei *Liszt?* Welchen wissenschaftlichen Wert kann es für die Feststellung des intellektuellen Kapitals von moderner Kriminalpolitik oder die Interpretationen des Werkes von *Liszt* haben, dass ein Autor einem anderen Werk das Stichwort abgenommen hat, und dass dann ein weiteres Stichwort von diesem Autor ein wichtiges Stichwort bei einem dritten Autor ist? Die Verknüpfung bei *Vormbaum* bleibt nur suggestiv und ist vor allem nicht diskursiv. Im ersten Teil der Untersuchung wurde nämlich dargestellt, dass die Frage, ob *Jhering* und *Liszt* überhaupt vom gleichen Zweckbegriff ausgehen, höchst kontrovers ist (Punkt D.I. im 6. Kapitel). *Frommel* hat bereits in den 1980er Jahren die Identität verneint (ebenso im Punkt D.I. im 6. Kapitel), aber die „Einführung“ von *Vormbaum* stellt den Sachverhalt so hin, als ob sich die Forschung zum Thema nie geäußert hat. Der Leser erhält keinen Stoff für die Bildung der eigenen Überzeugung im sokratischen Sinne, sondern wird, wie im religiösen Unterricht, eingeladen, durch eine Teilnahme an der Harmonie der gedichteten Sätze jeweils gute oder schlechte Gefühle gegenüber einem Autor oder einer Richtung zu verfestigen.

Eine ähnliche Vorgehensweise findet sich in der „Einführung“ an der Stelle, an welcher es um die Verbindung zwischen der italienischen „scuola positiva“ und *Liszt* geht. Auch diese Frage ist äußerst kontrovers, nicht zuletzt deswegen, weil das Phänomen der „scuola positiva“ vielschichtig ist und weil *Liszt* lebenslang die Berechtigung der „Kriminalanthropologie“ im Sinne von *Lombroso* bestritten hat (Punkt A.III. im 6. Kapitel). Bei den älteren Richtungen, wie der marxistischen Kritik, gründete sich die Behauptung, dass *Liszt* im Grunde die gleichen Thesen wie *Lombroso* vertreten hat, einerseits auf ihr ständiges Bemühen, die gesellschaftliche Warte des Sozialismus als geschichtlich einmalige Theorie darzustellen, andererseits auf den besonderen Ursachenbegriff des Marxismus, bei welchem alle dualen Ätiologie-Ansätze, die von der parallelen Bedeutung der Anlage und Umwelt ausgehen, als Biologismus bezeichnet werden können (Punkt A.II.4. im 12. Kapitel). In *Vormbaums* „Einführung“ aus dem Jahr 2016 wird mitgeteilt:

> „Ähnliche Gedanken wuchsen während jener Zeit in Italien heran, und es ist nicht unwahrscheinlich, dass Liszt – bewusst oder unbewusst – von ihnen beeinflusst worden ist. *Cesare Lombroso* (1835 – 1909), der einen kriminal anthropologischen Tätertyp entdeckt zu haben glaubte, wurde von seinem Schüler *Enrico Ferri* (1856 – 1929) und anderen Vertretern der italischen rechtspositivistischen Schule (scuola positiva) wie *Raffaelle Garofalo* (1851 – 1934) in die Straftheorie überführt. Liszts Einteilung der Straftäter in Kategorien, von der sogleich die Rede sein wird, findet sich bei ihm vorgeformt. Ferri hat später (1921) im

[640] Vgl. *K. Bayertz*, Darwinismus als Politik, Stapfia 131 (1998), S. 251.

Auftrag des (faschistischen) Justizministeriums den Allgemeinen Teil eines allein auf die Gefährlichkeit abstellenden Strafgesetzbuchs vorgelegt (sog. *progetto Ferri*).“[641]

Die Zeilen sind charakteristisch für die Ausführungen *Vormbaums*. Es wird eine Austauschbarkeit zwischen *Liszt, Lombroso, Ferri* und *Garofalo* suggeriert. Es heißt, *Ferri* und *Garofalo* hätten *Lombroso* in die Straftheorie „überführt“. Im Grunde liest sich die Passage, als ob alle drei Autoren (*Liszt, Ferri, Garofalo*) im Zeichen der biologischen oder kriminalanthropologischen Lehren des Anlage-Princeps *Lombroso* stünden. In diesem Teil der „Einführung“ kommt es zu einer bemerkenswerten Ablösung der Ausführungen vom geschichtlichen Stoff. Der Ausdruck „Überführen“ suggeriert, dass man in die Rechtslehren oder Gesetze die Lehre vom geborenen Verbrecher, die Anthropometrie und die Schädellehre, die prinzipielle Annahme der Unverbesserlichkeit übernommen hat. Das stimmt nicht mit der eigentlichen Leistung von *Ferri* überein, der sich als prominenter Sozialist vor allem für die kriminalsoziologische Warte und durch die Kritik an *Lombrosos* Kriminalanthropologie Verdienste erworben hat. *Ferris* Kritik zwang auch *Lombroso*, die rigiden Auffassungen aus den frühen Auflagen seiner Werke zu modifizieren.[642] Wenn Übereinstimmungen zwischen *Liszt* und der „scuola positiva“ (die, nota bene, keine rechtspositivistische, sondern wissenschaftspositivistische Schule ist) bestehen, dann können das nur Übereinstimmungen zwischen dem soziologisch-sozialistischen Gedankengut *Ferris* und *Liszts* und nicht zwischen dem biologischen Gedankengut *Lombrosos* und dem umweltorientierten Gedankengut *Liszts* sein.

Das Ergebnis der dargestellten Herangehensweise ist, dass der Leser nicht eine Einführung in die Geschichte des Strafrechts durch Sezierung von Diskursen und Offenlegung von Deutungsmöglichkeiten, sondern eine Einführung in ein spekulatives Denksystem durch selektive Indoktrination erhält. In diesem System werden einzelne Autoren um jeden Preis negativ oder positiv bewertet. Sollte auch in *einer einzelnen* Betrachtung *der einzelnen* Aussagen alles, was von *Vormbaum* vorgetragen wird, richtig sein, bzw. so interpretierbar sein, dass es eine tragfähige Analyse der Strafrechtsgeschichte darstellt, so ist die Gesamtkomposition von einem solchen Charakter, dass ein beliebiger Leser, der nicht bereits „eingeführt“ wurde, zu einem Set von Vorstellungen und Assoziationen verleitet wird, zu welchem er ohne eine Unterdrückung von entscheidenden Punkten und Distinktionen in der „Einführung“ nie gekommen wäre.

Im obigen Beispiel ist der Hinweis auf *Ferri* und das faschistische Recht leer und *nur dazu geeignet*, abstrakt gegenüber *Ferri*, und auf dieser Grundlage mittelbar auch gegenüber *Liszt*, ein negatives Etikett herbeizuführen. Dort stört nicht nur der

---

[641] *T. Vormbaum*, Einführung, 3. Aufl. 2016, S. 119 f. Vgl. zum Thema noch *ders.*, Italienische Einflüsse auf die deutsche Strafrechtsreform, Journal der Juristischen Zeitgeschichte 7 (2013), 93.

[642] Dazu erfährt Leser in einem anderen Kontext bei *T. Vormbaum*, Einführung, 3. Aufl. 2016, S. 127 f. Vgl. für *Ferri* noch *L. Radzinowicz*, Adventures in Criminology, 1999, S. 1 ff.; *M. Nese*, a.a.O. (1993), S. 113 ff.

Umstand, dass die Faschisten in Italien erst im Jahr 1922 an die Macht kamen und für *Vormbaum* bereits das Projekt von *Ferri* aus dem Jahr 1921 vom faschistischen Ministerium in Auftrag gegeben wurde.[643] Das wirklich Problematische ist, dass wichtige Diskussionsmöglichkeiten unterdrückt werden und stattdessen allein ein von außen aufgebrachtes System negativ konnotierter Mitteilungen vorgelegt wird. Mit einem bloßen Hinweis auf den italienischen Faschismus kann nicht einmal andeutungsweise geklärt werden, was diese Form des Faschismus – im Vergleich zum Nationalsozialismus[644] – war und inwiefern die in den 1920er und 1930er Jahren unter seinen Auspizien erarbeiteten Gesetze einer faschistischen Programmatik entsprochen haben.[645] Es werden durch nicht offen diskutierte und nicht substantiierte Hinweise weite Partien der Geschichte stigmatisiert und im Ergebnis wird eine rein äußerlich kohärente Plausibilität an die Stelle von Auskunft und Wissen gesetzt.

Ein weiteres Problem der „Einführung" stellt der Umstand dar, dass die kontraindizierten Stellen, an welchen *Liszt* hätte liberaler erscheinen können, dem Leser vorenthalten werden. Man beachte etwa für diese Art der Unterlassung die Einzelheiten der verhältnismäßig vertieft thematisierten Unterscheidung zwischen verschiedenen Teilen des Bürgertums im ausgehenden 19. Jahrhundert bei *Vormbaum*. Anders als in der marxistischen Kritik, hebt *Vormbaum* hervor, dass es im Kaiserreich und in der frühen Weimarer Republik eine wichtige Spaltung *innerhalb* des „liberalen Bürgertums" gab.[646] Die (rechtsliberalen) Nationalliberalen sind von (linksliberalen) Freisinnigen im Kaiserreich zu unterscheiden; und in der Weimarer Republik soll zwischen der rechts orientierten Deutschen Volkspartei und der linksliberalen Deutschen Demokratischen Partei unterschieden werden.[647] Der linke Habitus war derjenige, der sich für die freiheitliche Sicherung und ein Strafrecht mit sozialbewusster Komponente eingesetzt hat. Die genannten Parteien bleiben aber in der „Einführung" ein Abstraktum. Es wird nicht erörtert, dass gerade *Liszt* einer der führenden Politiker der Freisinnigen Vereinigung und Gründungsmitglied der Deutschen Demokratischen Partei war.

---

643 Vgl. für eine progressiv-positiv konnotierte Einstufung von Progetto Ferri die Besprechung der neulich erschienenen deutschen Ausgabe bei *C. Roxin*, GA 2015, 301; oder *G. Radbruch*, Autoritäres oder soziales Strafrecht? (1933), in seiner Gesamtausgabe, Bd. 8, S. 228.

644 Vgl. aus der Sicht der Kritik der rechtsgeschichtlichen Erfassung *J. Rückert*, Unrecht durch Recht – zum Profil der Rechtsgeschichte der NS-Zeit, JZ 2015, S. 797; zur theoretischen Notwendigkeit des Vergleichs und Differenzierung *H. Mohnhaupt*, Europäische Rechtsgeschichte als Zeitgeschichte: Norm und sozialistische Gesetzlichkeit als Forschungsgegenstand, in: G. Bender/U. Falk (Hrsg.), Recht im Sozialismus, 1999, S. 207 f., 221 ff.

645 Vgl. *S. Seminara*, Einführung, in: Vorentwurf eines italienischen Strafgesetzbuchs über Verbrechen von 1921 („Progetto Ferri"), 2014, S. VII ff.; *E. Musumeci*, The Positivist School of Criminology and Italian Fascist Criminal Law, in: St. Skinner (Hrsg.), Fascism and Criminal Law, 2015, S. 43 ff.; *M. Pifferi*, Reinventing Punishment, 2016, S. 33, 231 ff.

646 *T. Vormbaum*, Einführung, 3. Aufl. 2016, S. 111.

647 *T. Vormbaum*, Einführung, 3. Aufl. 2016, S. 111.

15. Kapitel

Spaltung der Liszt-Forschung seit den 1980ern (2): systematisch-interpretative Bearbeitung und Durchbrüche zu tatsächlichen Diskursen

A. Jenseits der radikalen Kritik und Geschichtsphilosophie

I. Überblick

In diesem Kapitel werden weitere Herangehensweisen in der Forschung seit den 1980er Jahren zusammengestellt, die nicht bereits unter dem Aspekt der radikalen Kritik behandelt wurden (14. Kapitel). In einem Teil der Literatur stehen oft nur *kleinere Sachverhalte* im Vordergrund, teilweise auch die Erschließung von Mikrozusammenhängen wie der Korrespondenz zwischen *Liszt* und dem bekannten Satire-Redakteur *Karl Kraus*.[648] Jedoch zeichnete sich bereits in den frühen 1980er Jahren eine Entwicklung ab, die als ein methodologischer Gegenpol zu der radikalen Kritik aufgefasst werden kann. Zuerst in den Werken von *Ostendorf* (1982) sowie von *Linder* und *Schönert* (1991), dann aber auch bei mehreren Autoren nach 2000 kann deutlich eine Wende *zur Diskursanalyse* verzeichnet werden. In ihr erscheint *Liszt* nicht mehr kraft einer willkürlichen geschichtsphilosophischen Zuordnung als Urheber des gesamten modernen kriminalpolitischen Gedankenguts, um welchen sich die weiteren Autoren nur reihen würden, sondern als ein „Mitdiskutant" in der nationalen und internationalen kriminalpolitischen Debatte, der lebendig in einem bereits gewachsenen Forderungs- und Begriffsreichtum eine eigenständige Positionierung anstrebt.

Im Sinne einer Diskursanalyse wurde bereits oben im ersten Teil der Untersuchung demonstriert, dass sich die Bedeutung von Texten und Forderungen eines Autors nur durch die Mitberücksichtigung der begrifflichen Welt und durch Auseinandersetzungen, an welchen er teilnahm, valid bestimmen lässt. Die radikale Liszt-Kritik hat versucht, den Vortrag „Der Zweckgedanke im Strafrecht" (= „Marburger Programm") nur phänomenologisch zu deuten, und das heißt dem Vortrag allein, ohne Berücksichtigung der kriminalpolitischen Tradition und der kriminalpolitischen Diskussion die Bedeutung und den Stellenwert von *Liszts* For-

---

[648] Vgl. *R. Merkel*, Franz von Liszt und Karl Kraus, ZStW 105 (1993), 871; *ders.*, Strafrecht und Satire im Werk von Karl Kraus, 1994, S. 173 ff.

derungen abzugewinnen. Wichtige Unterstützung fand sie dabei in ihrer eigenen ahistorischen Voraussetzung, dass der Vortrag „Der Zweckgedanke im Strafrecht" eine modernistische Aufstellung von Richtlinien wäre, die von einem Nullpunkt aus durch den reinen Kontakt zwischen *Liszt* und der außerstrafrechtlichen Moderne zustande gekommen wären (vgl. Punkt D.I. im 14. Kapitel). Demgegenüber zeigt eine Analyse, die die diskursive Wende würdigt, erstens, dass *Liszt* wesentlich einen älteren kriminalpolitischen Habitus verteidigt und ihn nicht neugeschaffen hat, und zweitens, dass seine einzelnen Forderungen an das Strafrecht in der explosiven Stimmung der frühen 1880er Jahren keinen schöpferisch-repressiven, sondern einen mildernden und deeskalierenden Charakter hatten (Punkt D.II. im 6. Kapitel).

II. Fehlen einer gemeinsamen „Philologie" und geordneter Diskussionsplattform

Anders als in der Zivilistik, wo es der Rechtswissenschaft gelang, in Bezug auf viele neuzeitliche Autoren, wie *Savigny* oder *Jhering*, eine vereinheitlichte Philologie der Werke zu bilden und die Erträge in einem bewusst fortschreitendem Diskurs hervorzubringen, prävaliert in der Liszt-Forschung, einschließlich der neusten Veröffentlichungen von 2016, der Eindruck, dass jeder Autor Bemühungen anzustellen hat, *einen eigenen Zugang* zum Werk des untersuchten Autors bzw. *Liszts* zu erschließen. Es fehlt beispielsweise eine geteilte Vorstellung, welche Auflagen des „Lehrbuchs" von *Liszt* wichtig sind und für welches Forschungsinteresse. Das völkerrechtliche Oeuvre *Liszts* wird völlig ausgeschlossen, obwohl dortige Bestimmungen über den Staat und den Frieden wichtige Anhaltspunkte auch für die Bestimmung der kriminalpolitischen Wertungen geben können. Oft wird im Geiste eines linearen Entwicklungsgedankens und nach den Regeln, die sich nur für eine dogmatische Auseinandersetzung dringlich empfehlen, die letzte von *Liszt* herausgegebene Auflage des strafrechtlichen Lehrbuchs (1919) als die maßgebliche Stellungnahme *Liszts* zu allen Fragen erörtert.

Die Sammlung „Aufsätze und Vorträge" (Bd. 1–2, 1905) wird teilweise immer noch als Sammlung „wichtigster" Aufsätze von *Liszt* aufgefasst,[649] obwohl ihr von *Liszt* selbst ein ganz anderer Zweck zugedacht war (vgl. für die Bedeutung dieses Aspektes Punkt A. im 6. Kapitel); das Erscheinen eines dritten Bandes der „Aufsätze und Vorträge" im Jahr 2000 wird bei den Liszt-Forschern meist übersehen. Als Ersterscheinungsort des „Marburger Programms" wird fälschlicherweise die

[649] *D. Mayenbrug*, Die Rolle psychologischen Wissens in Strafrecht und Kriminologie bei Franz von Liszt, in: M. Schmoeckel (Hrsg.), Psychologie als Argument in der juristischen Literatur des Kaiserreichs, 2009, S. 105 („Sammlung wichtigster Aufsätze"); *W. Frisch*, Franz v. Liszt – Werk und Wirkung, in: A. Koch/M. Löhnig (Hrsg.), Die Schule Franz von Liszts, 2016, S. 2 („wichtigsten"); *H. Jung*, Saleilles und der Grundsatz der Individualisierung, GA 2017, S. 60 („zentralen"). Für ein besonderes Verhältnis zu „Aufsätzen und Vorträgen" vgl. noch *M. Kubink*, Strafen und ihre Alternativen im zeitlichen Wandel, 2002, S. 46.

„ZStW"[650] und teilweise sogar ein falsches Jahr (1883 statt 1882; 1881 statt 1882) genannt.[651] Bei manchen Autoren wie *Kreher* führt das zu Hinweisen auf die Bedeutung von fremden Werken für das „Marburger Programm", die zum Zeitpunkt der Veröffentlichung des „Marburger Programms" noch nicht erschienen waren.[652] *Liszts* Aufsätze tauchen gelegentlich in der Forschung ausschließlich unter willkürlichen „Spitznamen" auf, die beim Leser einen falschen Eindruck über die publizistische Tätigkeit erwecken können.[653]

In den allermeisten Fällen fehlt bei Autoren, die sich mit *Liszt* auseinandersetzen, auch ein systematischer Zugang zur älteren Forschung: Jene wird nicht in ihrer „Werdung" aufgegriffen und kritisch gesichtet, sondern oft als eine Summe von Aussagen aufgefasst, die zeit- und kontextunabhängig rezipiert oder verworfen werden können. Diese Art der Orientierung am älteren Schrifttum führte teilweise zu einem neuen Blühen der positivistischen These, wie sie bei *Welzel* vertreten war,[654] teilweise aber auch zu einer Hypostasierung von stark zeitlich und persönlich beladenen, in vielerlei Hinsicht mehr psychologisierenden als erleuch-

---

[650] Vgl. *W. Frisch*, a.a.O. (2016), S. 16 („ZStW 3 (1882)"); *B. Zabel*, Franz v. Liszt und die Reformbewegung des Strafrechts, in: A. Koch/M. Löhnig (Hrsg.), Die Schule Franz von Liszts, 2016, S. 88 („Abgedruckt wurde ‚Der Zweckgedanke im Strafrecht' zuerst in: ZStW 3 (1882)"); *C. Promnitz*, „Besserung" und „Sicherung", 2016, S. 30 („Im Band 3. der ZStW wurde sie zum ersten Mal veröffentlicht: ZStW 3 (1883)"). Sogar bei *Kreher*, der der Tatsache, dass er mit einer Erstveröffentlichung arbeitete, einen hohen Wert beimisst, wird als Ersterscheinungsort „ZStW" genannt: *C. O. Kreher*, Herkunft und Entwicklung des Zweckgedankens bei Franz von Liszt, Eine rechtshistorische Analyse des Marburger Programms, 2015, S. 12 („zuerst erschienen in ZStW 3 (1883)". Das „Marburger Programm" erschien nicht – wie bei *Frisch* und *Zabel* zu lesen ist – in der „ZStW 3 (1882)", sondern in der ZStW 3 (1883), mit folgendem erläuternden Titelhinweis: „Zuerst (mit einzelnen Abweichungen) als Marburger Universitätsprogramm gedruckt".

[651] Vgl. *G. Kaiser*, Rang, Recht und Wirklichkeit des Strafvollzuges in der hundertjährigen Entwicklung der Zeitschrift für die gesamte Strafrechtswissenschaft, ZStW 93 (1981), S. 241 („Marburger Programm 1881"); *M.* Fromm*el*, Präventionsmodelle, 1987, S. 43 („1883"); *O. Kreher*, a.a.O. (2015), S. 12 („1883"); *C. Promnitz*, a.a.O. (2016), S. 30 („1883"), S. 7 („1882"); *J. Kasper*, Die „Unschädlichmachung der Unverbesserlichen", in gleichem Sammelband wie Frisch und Zabel (2016), S. 121 („1883"); *T. Vormbaum*, Norland als juristischer Tagtraum, 2016, S. 21 („1883").

[652] Bei *C. O. Kreher*, a.a.O. (2016), S. 31 werden die Einflüsse des *zweiten* Bands von *Jherings* „Zweck im Recht" auf *Liszt* diskutiert, was nach der Vergewisserung, dass das „Marburger Programm" 1882 und der zweite Band des „Zweck im Recht" erst 1883 erschien, chronologisch inkohärent ist.

[653] Vgl. *D. Mayenburg*, a.a.O. (2009), S. 115 (*Liszts* Aufsatz „Über den Einfluss der soziologischen und anthropologischen Forschung auf die Grundbegriffe des Strafrechts" wird „Einfluß Kraepelins" genannt).

[654] Man vgl. *B. Schünemann*, Einführung in das strafrechtliche Systemdenken, in: ders. (Hrsg.), Grundfragen des modernen Strafrechtssystems, 1984, S. 18 ff.; *E. Belmmann*, Die IKV, 1994, S. 12 ff.; *M. Kubink*, a.a.O. (2002), S. 46 ff., 55; *U. Murmann*, Die Selbstverantwortung des Opfers im Strafrecht, 2005, S. 93 ff.; *S. Ziemann*, Neukantianisches Strafrechtsdenken, 2009, 66, 94 ff.; *T. Stäcker*, Die Schule Franz v. Liszts, 2012, S. 19. Und mit einer breiten Metaebene auch *J. Vogel*, Einflüsse des Nationalsozialismus auf das Strafrecht, 2004, S. 12 ff.

tenden, Äußerungen von *Radbruch* (1938/1952) und *Eb. Schmidt* (1947, 1965) zu einem vermeintlich objektiven Portrait *Liszts.*[655] Erst in der neusten Zeit werden die Zuordnungserzählungen und Bewertungen von *Welzel* und *Schmidt*, die wichtig, aber wohl bereits bei ihrem Erscheinen veraltet waren, zentral methodologisch desavouiert.[656]

Auch die langsame Entwicklung des diskursiven Zugangs in der Liszt-Forschung, weist auf einen zerstreuten Charakter von einzelnen Bemühungen und insoweit auf eine andere Herangehensweise als in der Zivilistik hin. Die Hinwendung zur Diskursanalyse erfolgte nicht in einer gemeinsamen Erforschung, aus einer geteilten theoretischen Stimmung heraus, sondern tritt dem interessierten Leser vielmehr als Summe von eigenständigen Ansätzen entgegen, die entweder einer spezifischen individuellen methodologischen Vorerfahrung entspringen, oder spontane Ergebnisse von konkreten, streng gegenstandsgebundenen Einsichten sind. Für die erste Konstellation dürfen die Bemühungen *Schönerts* als Beispiel genannt werden, der die Diskursivität der Kriminalpolitik als ein literaturwissenschaftlicher Theoretiker des Diskurses aufgegriffen hat (unten im Punkt D.). Ein Beispiel für die zweite Konstellation geben die Untersuchung von *Schmidt-Recla* und *Steinberg* oder ein neuer Liszt-Aufsatz von *Frisch*, in welchen die Hervorhebung der Bedeutung des zeitgenössischen Stands der Wissenschaft ein Ausfluss einer allgemeinen wissenschaftlichen Sorgfalt beim Umgang mit dem Stoff ist (unten im Punkt D., G.).

B. Dreifaches Jubiläumsmosaik (1981, 1982 und 1984)

Ein dichtes Netz von Aufsätzen, die sich mit *Liszts* Werk beschäftigen, erschien zum 100. Jahrestag seit dem Erscheinen des ersten Hefts der „ZStW" (1981) und aus Anlass des 100. Jahrs seit der Erscheinung des „Marburger Programms" (1982). Dem durch Jubiläen verstärkten Interesse an *Liszts* Werk und Bedeutung suchte man auch

[655] Vgl. *W. Frisch*, a.a.O. (2016), S. 2 („Ein Lebenslauf von Franz v. Liszt findet sich bei Eb. Schmidt"). *Schmidts* Darstellung (ursprünglich in seiner „Einführung", 1. Aufl. 1947) wird dem Begriff der Biographie kaum gerecht und ist in seiner „Einführung" vor allem als eine unglückliche, zweckgelöste Übernahme der biographischen Intarsien („biographische Annotationen") aus der politischen Geschichte aufzufassen. Spätestens in den 1960er Jahren wurde die Darstellung von *Schmidt* durch Darlegungen von *Moos* auch inhaltlich veraltet. Unumgänglich war bisher eigentlich *F. Herrmanns* Liszt-Biografie auf über 100 Seiten, in: *F. Herrmanns*, Das Standardwerk: Franz von Liszt und das Völkerrecht, 2001, S. 11 ff.

[656] Man vgl. *Ch. Müller*, Verbrechensbekämpfung im Anstaltsstaat, 2004, S. 18 (gegen *Schmidt*); *M. Frommel*, Jahrbuch der Juristischen Zeitgeschichte 14 (2013), S. 292 ff., 306 (sehr kritisch gegen *Schmidt*); *B. Zabel*, a.a.O. (2016), S. 90 (gegen *Schmidt*); gegen *Welzel* jetzt *M. Pawlik*, v. Liszt im Kontext zeitgenössischer philosophischer Strömungen, in: A. Koch/ M. Löhnig (Hrsg.), Die Schule Franz von Liszts, 2016, S. 63 (*Welzel* stempelte *Liszt* als schroffen Positivisten „wohl in durchaus denunziatorischer Absicht"). Vgl. für die alte Tradition noch *S. Gräfin von Hardenberg*, Eberhard Schmidt (1891–1977), 2008, S. 364 ff. (eine impulsive, nicht weiterführende Würdigung).

mit einem Sonderheft einer österreichischen Fachzeitschrift, und zwar unter dem interessanten Titel „Liszt der Vernunft“, nachzukommen („Kriminalsoziologische Bibliografie“, 1984). Mit dem Heft „Liszt der Vernunft“ hat sich auch *Liszts* Heimatland Österreich, wenn auch mit Verspätung, an der Jubiläumsstimmung beteiligt. Die Aufsätze aus diesen drei Jahren beschäftigen sich entweder unmittelbar mit *Liszt* und dem „Marburger Programm“ oder nehmen in der Darstellung von *mehreren* Epochen *Liszt* als die zentrale Gestalt *seiner* Epoche wahr.

Die Anbindung an *Liszt* bei dem ersten Jubiläum, die an sich auch nur formell denkbar war (*Liszt* als Begründer der „ZStW“), war stark von materiellen Gesichtspunkten durchzogen. *Jescheck* schrieb zum Jubiläumsheft der „ZStW“, dass die Zeitschrift „seit hundert Jahren“ ein getreues „Spiegelbild der deutschen und internationalen Kriminalpolitik“ sei und damit die Brücke „zwischen Auffassungen *Franz v. Liszts* und unserer Zeit“ bilde.[657] Teilweise scheint eine Überzeugung präsent gewesen zu sein, dass die Jubiläen zu einer festlich-wohlwollenden Behandlung des Stoffes verpflichten. Eine gelungene Behandlung hätte, nach den Kriterien des jeweils aktuellen Bewusstseins, nur oder vornehmlich das Positive beim behandelten Autor hervorzuheben.[658] Diese Einstellung hat an manchen Stellen zu charakteristisch apologetischen Akzenten geführt, die sich unabhängig von Jubiläen auch in den späteren Texten als Modelle der Aufarbeitung oder linear übernommene Inhalte wiederfinden.

Die Anbindung an aktuell positiv bewertete Bewusstseinsinhalte und ausgewählte rechtspolitische Wertungen führte bereits in den 1980er Jahren zu einer starken Kritik an der Liszt-Rezeption in der zeitgenössischen Strafrechtswissenschaft durch *Frommel*.[659] Ihre Kritik ist besonders dann berechtigt, wenn man mitberücksichtigt, dass die in den angesprochenen Aufsätzen getroffenen Wertungen in der Folgezeit als jubiläums*unabhängige* Inhalte, also maßgebliche Wahrheitsfeststellungen, anzutreffen sind. Man kann andererseits der wissenschaftlichen Gemeinschaft nicht die

[657] Vgl. *H.-H. Jescheck*, Freiheitsstrafe bei Franz v. Liszt im Lichte der modernen Kriminalpolitik, Gießener rechtswiss. Abhandlungen 1 (1982), S. 20.

[658] Vgl. *Langes* 1981 geübte Kritik an *Kempes* vermeintlichem Jubiläumsaufsatz aus 1969: *R. Lange*, Die Entwicklung der Kriminologie im Spiegel der Zeitschrift für die gesamte Strafrechtswissenschaft, ZStW 93 (1981), S. 155: „Ganz unqualifizierbar ist, was Kempe (...) ausgerechnet zu *v. Liszts* 100. Geburtstage einfällt“ (wohl nicht zum 100. Geburtstag, sondern zum 50. Todestag; *Lange* hätte noch beachten können, dass *Kempes* Jubiläumsbeitrag einfach eine Übersetzung eines älteren niederländisch verfassten Aufsatzes war). Vgl. auch *W. Frisch*, a.a.O. (ZStW 1982), S. 589 („Diese Mängel [des Ansatzes von *Liszt*] hier im Einzelnen auszuführen, scheint mir indes ebensowenig sinnvoll wie dem Anlaß unserer Untersuchung entsprechend“). Die *Radikalität* in *Nauckes* Kritik („der zum 100jährigen Jubiläum des Marburger Programms nicht feierte, sondern zur Vergangenheitsbewältigung mahnte“ [*Frommel*, NK 2012, S. 294]), kann insoweit auch folgendermaßen gedeutet werden: es war notwendig, dass man radikal kritisiert, damit eine Kritikveröffentlichung im Jubiläumskontext überhaupt als berechtigt erscheint. Für die Verbreitung einer ähnlichen Jubiläumsstimmung im Ausland in den 1950ern vgl. die Beiträge zum hundertsten Geburtstag von *Liszt* in „Revue internationale de droit pénal“, 22 (1951).

[659] *M. Frommel*, Präventionsmodelle, 1987, S. 84 ff.

Berechtigung versagen, mit ausgewählten Themen zu großen Jubiläen, etwa wie üblich in der Universitätsgeschichte, romantisierend umzugehen.

Übersicht 20

Jubiläen und Sonderausgaben

hundert Jahre „ZStW" (1981)	*Jescheck*, Grundfragen der Dogmatik und Kriminalpolitik im Spiegel der Zeitschrift für die gesamte Strafrechtswissenschaft, ZStW 93 (1981), 3.
	Bockelmann, Der ärztliche Heilangriff in Beiträgen zur Zeitschrift für die gesamte Strafrechtswissenschaft im ersten Jahrhundert ihres Bestehens, ZStW 93 (1981), 105.
	Lange, Die Entwicklung der Kriminologie im Spiegel der Zeitschrift für die gesamte Strafrechtswissenschaft, ZStW 93 (1981), 151.
	Leferenz, Rückkehr zur gesamten Strafrechtswissenschaft?, ZStW 93 (1981), 199.
	Kaiser, Rang, Recht und Wirklichkeit des Strafvollzuges in der hundertjährigen Entwicklung der Zeitschrift für die gesamte Strafrechtswissenschaft, ZStW 93 (1981), 222.
hundert Jahre „Marburger Programm" (1982)	*Ostendorf*, Jubiläumsausgabe des „Marburger Programms", unter dem Titel „Von der Rache zur Zweckstrafe".
	Naucke, Die Kriminalpolitik des Marburger Programms 1882, ZStW 94 (1982), 525.
	Frisch, Das Marburger Programm und die Maßregeln der Besserung und Sicherung, ZStW 94 (1982), 565.
	Müller-Dietz, Das Marburger Programm aus der Sicht des Strafvollzugs, ZStW 94 (1982), 599.
	Liebscher, Franz von Liszt – familiengeschichtlich gesehen, ZStW 94 (1982), 619.

	Schöch, Das Marburger Programm aus der Sicht der modernen Kriminologie, ZStW 94 (1982), 864.
„Liszt der Vernunft" (1984)	*Ostendorf*, Franz von Liszt als Kriminalpolitiker, Kriminalsoziologische Bibliografie 11 (1984), 1.
	Frommel, Die Rolle der Erfahrungswissenschaften in Franz von Liszt's „gesamter Strafrechtswissenschaft", Kriminalsoziologische Bibliografie 11 (1984), 36.
	Baurmann, Kriminalpolitik ohne Maß – Zum Marburger Programm Franz von Liszts, Kriminalsoziologische Bibliografie 11 (1984), 54.
	Lekschas/Ewald, Die Widersprüchlichkeit des Liszt'schen Konzepts vom Strafrecht und ihre historisch-materialistische Erklärung, Kriminalsoziologische Bibliografie 11 (1984), 80.

Als ein Treffpunkt von verschiedenen Aufarbeitungstaktiken können besonders die Jahre 1982 und 1984 genannt werden. Im Jahr 1982 erfolgt die Grundlegung der radikalen Liszt-Kritik *(Naucke)*, aber zugleich auch der Aufruf zu einer konkreten, dem Diskurs verpflichteten Aufarbeitung *(Ostendorf)*.[660] Im Jahr 1984 erscheint neben der musterhaften Erschließung des politischen Diskurses von *Ostendorf* die extreme Kritik von *Baurmann*, die wesentlich ausgewogenere und theoretisch bewusstere Kritik von *Frommel*, und die marxistische Kritik von *Lekschas/Ewald*.[661] Letztere hat zwar versucht, zahlreiche ältere Sichtweisen von *Renneberg* (1956) als zeitgenössisches politisches Agieren in der DDR zu relativieren. Sie blieb aber im Wesentlichen weiterhin der üblichen Positionierung des dialektischen Materialismus verpflichtet und ist deshalb als marxistisch aufzufassen.

Unabhängig von der Strategie der Aufarbeitung des Stoffes zeichnen sich die Texte, die 1982 in der „ZStW" erschienen sind, durch eine wichtige, redaktionell herbeigeführte Übereinstimmung aus. Die vereinheitlichte Benennung von Aufsät-

[660] *H. Ostendorf*, „Von der Rache zur Zweckstrafe", 1982.

[661] *H. Ostendorf*, Franz von Liszt als Kriminalpolitiker, Kriminalsoziologische Bibliografie 11 (1984), 1; *M. Frommel*, Die Rolle der Erfahrungswissenschaften in Franz von Liszt's „gesamter Strafrechtswissenschaft", in der gleichen Zeitschrift (1984), 36; *M. Baurmann*, Kriminalpolitik ohne Maß – Zum Marburger Programm Franz von Liszts, ebendort (1984), 54; *J. Lekschas/U. Ewald*, Die Widersprüchlichkeit des Liszt'schen Konzepts vom Strafrecht und ihre historisch-materialistische Erklärung, ebendort (1984), 80.

zen („Die Kriminalpolitik des Marburger Programms"; „Das Marburger Programm und die Maßregeln der Besserung und Sicherung"; „Das Marburger Programm aus der Sicht des Strafvollzuges"; „Das Marburger Programm aus der Sicht der modernen Kriminologie") hat die durch die Interpretation zu leistenden Ergebnisse in beachtlichem Maße vorbestimmt. Es wird durch den Titel und dann auch durch die Art der Bearbeitung nahegelegt, dass der Vortrag „Der Zweckgedanke im Strafrecht" (= „Marburger Programm") tatsächlich als ein Programm aufzufassen ist. Entsprechend würde der Auftrag an die Forschung hundert Jahre später darin bestehen, seine *Verwirklichung* darzustellen oder die *Fundierung* aus der Sicht der neuen Ergebnisse der Kriminologie oder Strafrechtswissenschaft zu hinterfragen.

Die genannte symbolische Umdeutung oder Zuspitzung des Vortrags „Der Zweckgedanke im Strafrecht" zu einem *Programm* wurde am breitesten in der radikalen Liszt-Kritik ausgebeutet (Punkt D.I. im 14. Kapitel). Aber es dürfte ebenso mit der Programmbegrifflichkeit zusammenhängen, dass sich keiner von den in der Übersicht oben angeführten Beiträgen aus dem Jahr 1982 mit *der Kontextualität* von *Liszts* Positionierung im „Marburger Programm" auseinandersetzte. Das verwundert umso mehr, als schon die zahlreichen Verweise bei *Liszt* selbst belegen, dass er nicht „aus dem Nichts" geschöpft oder aus einer philosophischen Programmatik des schroffen Positivismus deduziert hat. Bis zu den Untersuchungen von *Schmidt-Recla* und *Steinberg* wurde die Struktur der Verweise im „Marburger Programm", die nachweist, dass *Liszt* eine lebendige Stellungnahme, Wertung, Auswahl und Neuprofilierung der bestehenden Sichtweisen und Forderungen in der Palette der Sichtweisen von verschiedenen Kreisen von der Philosophie bis zur Psychiatrie suchte, ganz außer Acht gelassen (unten im Punkt D.).

C. Wechsel vom impressionistischen zum systematisch-interpretativen Umgang mit „Aussagen": Leferenz (1981), Frisch (1982), Kubink (2002), Stäcker (2012), u. a.

I. Impressionistische Methode bei Jescheck

Obwohl alle Texte in der Spanne von 1981 bis 2016 eine hohe methodologische Individualität zeigen, ist gleichzeitig unverkennbar, dass einige Konjunkturen der Bearbeitungsart vorhanden sind. Ein erster, älterer Typus der Aufarbeitung findet sich noch bei *Jescheck*. Er hat, in formaler Anlehnung an *Radbruch* und *Eb. Schmidt*, eine impressionistische Aufarbeitung angeboten, die im Ergebnis *Liszts* Gedanken nur als weise Aphorismen aufwertet.[662] Sie werden in dieser Eigenschaft zeit- und kontextunspezifisch wiedergegeben, kommen als Zitatenschatz den zeitgenössi-

---

[662] Vgl. *H.-H. Jescheck*, a.a.O. (1982), S. 21 ff.

schen Gedanken dort zu Gute, wo sie ihnen äußerlich ähnlich sind, und erwecken insgesamt den Eindruck, gerade weil mit ihnen beliebige Inhalte aus der Folgezeit verbunden werden, in ihrer Epoche „zukunftsweisend" gewesen zu sein.[663] Die Anlehnung an *Radbruch* oder *Schmidt* ist nur formell, weil die letzteren Autoren *Liszt* persönlich kannten und nur bestrebt waren, ihren breiten akademischen Totaleindruck mit beliebigen passenden Stellen aus dem schriftlichen Werk zu illustrieren. Fehlt es, wie im Verhältnis von *Jescheck* zu *Liszt*, an dem persönlichen Bezug, dann fehlt es auch an der Berechtigung der Methode.

II. Der systematisch-interpretative Umgang

Gegenüber der Methode von *Jescheck* verfestigte sich in der Liszt-Forschung seit dem Aufsatz von *Leferenz* (1981) eine systematisch-interpretative Handhabung.[664] Diese Herangehensweise überwindet die impressionistische insoweit, als sie die Auswahl von zitierten Stellen nicht mehr frei, nach dem Kriterium der vertretenen kriminalpolitischen Richtung und Mode der Zeit durchführt. Es werden *nach thematischen Kriterien* sorgsam einschlägige Stellen gesammelt. Prinzipiell liegt insoweit ein beachtenswerter Fortschritt vor. Jedoch blieb die Wende, worauf gleich zurückzukommen ist, auf halbem Weg stehen. Durch die neue Methode wird der Raum für eine neue Gefahr geschaffen: Die thematisch gesammelten und damit oft auch widersprüchlichen oder inkohärenten Aussagen werden künstlich, durch das Aufsuchen einer transzendenten Systematik in eine innere Ordnung gebracht, die zwar abstrakt betrachtet einleuchtend sein kann, aber *Liszts* Gedanken im Einzelnen nicht tatsächlich beherrscht hat.

Eines unter vielen Zeichen dieser Handhabung ist ein Zitationsstil, dem – weil die Stellen, auf die hingewiesen wird, nur in der Sammlung „Aufsätze und Vorträge" verortet werden – nicht entnommen werden kann, in welchem Jahr und damit in welchem Zeitkontext welche der zitierten Aussagen erfolgt ist. Teilweise wird sogar auf die Angabe der Titel der Aufsätze verzichtet, sodass man nur davon Kenntnis erhält, dass die „Aussage" an dieser oder jener Seite der „Aufsätze und Vorträge" gedruckt wurde.[665] Die so erfolgte Dekontextualisierung hängt organisch mit Versuchen der Bildung einer inneren Systematik zusammen. Durch die vollständige Herauslösung von Aussagen aus dem Textkomplex wird es möglich, dass die Aussagen als richtige oder falsche Aussagen eines *synchronen* Systems behandelt werden, dem in einem weiteren Schritt der systematischen Analyse auch die ganze

---

[663] *H.-H. Jescheck*, a.a.O. (1982), S. 24.

[664] *H. Leferenz*, Rückkehr zur gesamten Strafrechtswissenschaft?, ZStW 93 (1981), 199. Vielleicht in Anlehnung an *K.-H. Hering*, Der Weg der Kriminologie zur selbständigen Wissenschaft, 1966, S. 173 ff.

[665] Vgl. *W. Frisch*, a.a.O. (ZStW 1982), S. 565 ff.; *T. Stäcker*, a.a.O. (2012), S. 19 ff.; oder *M. Pawlik*, a.a.O. (2016), S. 57 ff.

Palette von unseren zeitgenössischen kriminalpolitischen Sätzen und Forderungen beigefügt wird.

Die breite Wende von einem impressionistischen zu einem systematischen Umgang mit Aussagen führte in der Forschung zur Berücksichtigung einer größeren Zahl von Textstellen; gleichzeitig arbeitete man aber nach wie vor mit einer schmalen Quellenbasis, die charakteristisch für die ältere Forschung und ihre geistesgeschichtliche Methode war (vgl. für *Welzel* Punkt C.II. im 6. Kapitel). Auch diese Eigenschaft dürfte eng mit den systematischen Prämissen zusammenhängen, denn unter der Voraussetzung, dass die „Aussagen" des Autors nur Spuren eines kohärenten gedanklichen Systems sind, erscheint es plausibel, dass außerhalb eines Grundstocks der „Aussagen"[666] weitere Stellen als redundante Äußerungen des gleichen Systems außerhalb des Interesses bleiben. Es werden sorgfältig die Sammlung „Aufsätze und Vorträge" und das „Lehrbuch" exzerpiert, aber ein Durchbruch zu zerstreuten Aufsätzen in heute vergessenen Zeitschriften (*Ostendorf, Schönert*), in den IKV-Mitteilungen (*Rotsch, Wetzell*), oder Äußerungen in Briefen (*Schmidt-Recla/Steinberg*), wie er charakteristisch für die diskursive Analyse ist (unten Punkt D.), findet nicht statt.

Der sich in der Mitte von *Frommels* Kritik befindende Frisch-Aufsatz (1982) ist ein anschauliches Beispiel der Übertragung der interpretativ-systematischen Methode der Jurisprudenz auf das Gebiet der Erfassung der intellektuellen Vergangenheit der Strafrechtswissenschaft.[667] Man beachte beispielsweise, wie bei *Frisch* den Liszt'schen Texten Grundsätze über den Inhalt der „Unschädlichmachung" und „Besserung" im „Marburger Programm" eigentlich anhand der erst später erfolgten „Aussagen" entnommen werden.[668] Der Aussagenstoff des „Marburger Programmes" und die späteren Äußerungen werden zeitlich unabhängig so aufgefasst, als ob sie sich inhaltlich im Rahmen ein und desselben geschlossenen Systems bewegen würden: die späteren Aussagen in einem gewissen Sinne X legitimieren, dass auch die früheren Aussagen, die an sich Inhalt Y aufweisen, im Sinne von X gedeutet werden. Insoweit erinnert die Methode an eine dogmatische Reflexion, die den gleichen Nenner in verschiedenen Teilen des Rechtsstoffes sucht.

III. Der systematisch-interpretative Umgang in der neueren Literatur

Die Entwicklung in einer Reihe von Monographien und Büchern der Folgezeit zeigt, dass in der Forschung seit den 1980er Jahren kleine, stille „Wandermodelle"

---

666 Vgl. für diesen zentralen Begriff *H. Leferenz*, a.a.O. (ZStW 1981), S. 206; *W. Frisch*, a.a.O. (1982), S. 565, 566, 567, 569, 580. Insgesamt ist charakteristisch die Aufarbeitung von *T. Stäcker*, a.a.O. (2012), vgl. insb. S. 27 ff.

667 Vgl. *M. Frommel*, a.a.O. (1987), S. 84 f.

668 *W. Frisch*, a.a.O. (1982), S. 577.

der Aufarbeitung vorhanden sind. Sie zirkulieren unabhängig von ihrem Entstehungszusammenhang als reflektierte oder laufend angeeignete Vorbilder der Bearbeitung. Durch sie werden sowohl die Darstellung als auch der Forschungsprozess und die allererste Orientierung der Forscher in der Thematik beherrscht. Man vergleiche für das Eigenleben der systematisch-interpretativen Handhabung die umfangreiche, ganz „aussagenah" gehaltenen Ausführungen zu *Liszt* in *Kubinks* „Strafen und ihre Alternativen im zeitlichen Wandel" (2002).[669] Auch die oben beschriebene zeitneutrale Zitierweise wandert wie ein kleines Modell durch die Forschung. Sie ist auch bei Autoren anzutreffen, die eigentlich diskursiv den Stoff aufarbeiten und bei denen eine Jahresangabe der Veröffentlichung und Bezeichnung des Titels der Veröffentlichung offensichtlich auch die Überzeugungskraft der Darstellung abrunden würde.[670]

Von größeren Werken neueren Datums ist als eine Fortbildung der interpretativ-systematischen Bearbeitung besonders die Untersuchung „Die Franz von Liszt-Schule" von *Stäcker* zu nennen (2012).[671] Das Buch verfolgt die Verwirklichung einiger Stellungnahmen und Forderungen *Liszts* bis zum Anfang des 21. Jahrhunderts. Seine ganze Systematik wurde erst durch eine Abstrahierung der „Aussagen" durch eine systematisch-interpretative Methode möglich. Die Untersuchung hat, wie einst die Entwicklung in Jubiläumstexten in den 1980er Jahren, starke Kritik durch *Frommel* erfahren, die freilich sorgsam auch den großen in das Buch investierten dokumentarischen Aufwand gewürdigt hat.[672] Teile der Texte im Augsburger Band „Die Schule Franz von Liszts" aus dem Jahr 2016 zeigen ebenso eine charakteristisch interpretativ-systematische Handhabung auf, wenn auch der Band insgesamt für einen neuen Schritt in der Liszt-Forschung steht und seine Beiträge vornehmlich im Rahmen des Durchbruchs zu tatsächlichen Diskursen aufzufassen sind (unten im Punkt F.).

Die interpretativ-systematische Methode leistet im Einzelnen einen sorgsamen Umgang mit dem Zitatenschatz. Ihr gelingt aber, solange sie in ihrer eigenen Methodik bleibt, nicht die Rekonstruktion des eigentlichen Stellenwerts der „Aussagen" in der Zeit, in welcher sie erfolgt waren. Die Sätze, wie etwa, dass die Strafrechtswissenschaft die Lehrmeisterin des Gesetzgebers sein muss,[673] oder dass nur die notwendige Strafe gerecht ist[674] oder dass die kurze Freiheitsstrafe nutzlos oder

---

[669] Vgl. *M. Kubink*, a.a.O. (2002), S. 46 ff. 65 ff., 80 ff., 89 ff.

[670] Vgl. *M. Pawlik*, a.a.O. (2016), S. 57 ff. Vgl. ferner *F. Streng*, Franz v. Liszt als Kriminologe und seine Schule, in: A. Koch/M. Löhnig (Hrsg.), Die Schule Franz von Liszts, 2016, S. 135 ff.

[671] *T. Stäcker*, a.a.O. (2012).

[672] *M. Frommel*, Was bedeutet uns heute noch Franz von Liszt?, NK 2012, 152; mit kleinen Abweichungen auch *dies.*, Was bedeutet uns heute noch Franz von Liszt, Jahrbuch der juristischen Zeitgeschichte 14 (2013), 291.

[673] *T. Stäcker*, a.a.O. (2012), S. 27.

[674] *T. Stäcker*, a.a.O. (2012), S. 29.

schädlich ist,[675] werden bei Autoren wie *Stäcker* nicht im Diskurs ihrer Zeit begriffen und als Innovationen oder Subprofilierungen gewürdigt, sondern als „Aussagen" in einem Vakuum begriffen, in welchem sie nur einen vermeintlich logischen Wert oder Unwert aufweisen. Für diesen Zugang ist beispielsweise charakteristisch, wenn der Satz „Die kurze Freiheitsstrafe ist nutzlos" so gedacht wird, als ob er heute ausgesprochen wäre. Der historische Autor wird dann nach dem Maßstab bewertet, ob uns dieser Satz heute gefällt oder nicht. Aber sowohl hinter unserer heutigen Sympathie für den Satz wie auch hinter ähnlichen Aussagen im 19. Jahrhundert steht keine einheitliche Logik, sondern jeweils spezifische Schichten der Vorstellung über die Freiheitsstrafe, ihre Zwecke und Wirklichkeit, assoziative Bilder zum Leben im Gefängnis, Wissen über die möglichen Alternativen, die heute und damals andere waren.

IV. Nur äußere Übereinstimmung mit der Liszt-Rezeption in den 1960er Jahren

Im zuletzt angesprochenen Punkt liegt der wesentliche Unterschied zwischen der Liszt-Renaissance in den 1960er Jahren und seiner interpretativ-systematischen Würdigung seit den 1980er Jahren: im ersten Paradigma wird seine *Herangehensweise* „nachgemacht", was prinzipiell im Vergleich mit *Liszt* oder im Kreis der aktuellen Autoren zu entgegengesetzten Ergebnissen bzw. kriminalpolitischen Forderungen führen kann, ohne dass die Anlehnung an *Liszt* verloren geht. Mehrere sogar widersprüchliche Lösungen können „lisztisch" sein, solange sie auf eine für seine Strafrechtswissenschaft charakteristische Art des Engagements und der Wertung erfolgen. Im zweiten Paradigma (interpretativ-systematische Handhabung) werden *Liszts* konkrete Forderungen zu Abstraktionen und es wird dann *Liszts* Sieg dort gesehen, wo eine heutige Erscheinung oder gesetzliche Lösung unter der Abstraktion irgendwie – oft in einer freien Manier – subsumiert werden kann.

D. Fortschreitender Durchbruch zu tatsächlichen Diskursen

I. Erste Ansätze bei Ostendorf, Schönert und Linder

1. Wichtige erste Hinweise bei Ostendorf (1982, 1984)

Als Gegenstück zu *Nauckes* Analyse aus dem Jahr 1982 kann, wenn auch im Umfang nicht vergleichbar, *Ostendorfs* Begleittext zum Neudruck des Vortrags „Der Zweckgedanke im Strafrecht" (= „Marburger Programm") aus 1982 genannt wer-

---

[675] *T. Stäcker*, a.a.O. (2012), S. 43.

den.[676] Dem Publikum wurde mit dieser Ausgabe zum ersten Mal nach vielen Jahrzehnten die Originalfassung wieder zugänglich gemacht. Es ist ein besonderes Zeichen der Ermangelung einer verfestigten Liszt-Philologie, wenn trotz dieser sorgsam vorbereiteten photomechanischen Ausgabe noch in den Jahren 2015 und 2016 behauptet wird, dass die Originalfassung des Vortrags in der „ZStW" erschienen ist (vgl. Punkt A.II. in diesem Kapitel). Inhaltlich fällt bei *Ostendorf* auf, dass er, im Gegensatz zu *Naucke*, die Bemühung unternimmt, den „Zweck" bei *Liszt* in jenem semantischen und strukturellen Inhalt aufzufassen, mit welchem der Zweckgedanke gerade in *Liszts* Text auftritt.

Dieses Verfahren ist insoweit im Vergleich zum Verfahren der radikalen Kritik ein hermeneutisches, weil der Inhalt reflexiv in einem sorgsamen Austausch mit Einzelheiten des Texts gewonnen wird und nicht einfach anhand eines vorgefertigten geistesgeschichtlichen Erzählmusters im Text phänomenologisch wiedererkannt wird. *Naucke* nahm, wie oben erörtert, allein schon die gemeinsame Erwägung des Triebs und Zwecks in einem nahen Äußerungskontext zum Anlass, *Liszts* Gedankengang als Unterfall einer naturalistischen Wende darzustellen. Der „Zweck" bei *Liszt* sollte nach *Naucke* nur eine Daseinsform des Triebes und insoweit ein Begriff der Naturlehre sein (Punkt B.II. im 14. Kapitel). Demgegenüber wird der Liszt'sche „Zweck" von *Ostendorf* in jenem Sinne wie bei *Liszt* genommen, und das heißt nicht als eine Triebstufe aufgefasst, sondern als eine rationale Entgegensetzung zum Trieb.[677] War noch bei *Naucke* die Möglichkeit, *Liszts* Werk in Bezügen des Rationalisierungsbestrebens der Aufklärung zu interpretieren, völlig verschlossen, so wird bei *Ostendorf* die Verbindung hervorgehoben: es geht um Zweckrationalismus und damit eine Straffunktion, die auf *Vernunft* begründet sein soll.[678]

Entscheidend für die Beurteilung der Hinwendung zur Erschließung von Diskursen bei *Ostendorf* ist, dass er auf die Notwendigkeit einer diskursiven Analyse verwiesen hat. Die in der Zeit von 1943 bis 1968 veröffentlichten Ausgaben des „Marburger Programms" (*E. Wolfs* Ausgaben, Punkt D.I.2. im 6. Kapitel) erfahren bei *Ostendorf* eine entscheidende Kritik wegen der in ihnen enthaltenen Dekontextualisierung. Es werden zwei Grundprinzipien der Wolf'schen Ausgaben moniert: erstens *Wolfs* Entscheidung, den Text des „Marburger Programmes" um „rein polemische Teile" zu kürzen, und zweitens das Weglassen aller Anmerkungen, die *Liszt* in von ihm betreuten Ausgaben in den Fußnoten gemacht hat.[679] Im Ergebnis war die Leserschaft durch die Wolf'schen Ausgaben mehrere Jahrzehnte lang mit einer Ausgabe des „Marburger Programms" versorgt, die die diskursive Eingebundenheit

---

[676] „Vorbemerkung" und „Einführung" von *H. Ostendorf* in der von ihm herausgegebenen Jubiläumsausgabe des Marburger Programms: Von der Rache zur Zweckstrafe – 100 Jahre Marburger Programm von Franz von Liszt, 1982, S. 5 ff.

[677] *H. Ostendorf*, a.a.O. (1982), S. 14.

[678] *H. Ostendorf*, a.a.O. (1982), S. 14.

[679] Vgl. *Wolfs* Auflagen unter dem Titel „Der Zweckgedanke im Strafrecht": 1. Aufl. 1943 (Deutsches Rechtsdenken, Bd. 6), 2. Aufl. 1948 (Deutsches Rechtsdenken, Bd. 11), 3. Aufl. 1968 (Deutsches Rechtsdenken, Bd. 11). *H. Ostendorf*, a.a.O. (1982), S. 5.

(Polemik; Verweise auf weitere Autoren) durch die radikalen Eingriffe des Herausgebers vertuscht hat. „Gerade auch die Fußnoten“, so *Ostendorf*, „geben Aufschluß auf den damaligen wissenschaftlichen Fundus, auf den sich Franz von Liszt stützen mußte, und erlauben erst eine gerechte Bewertung“.[680]

Mit den genannten kurzen Ausführungen zum „wissenschaftlichen Fundus“ waren die Bausteine für einen Zugang gesetzt, in welchem nicht die Welt des Strafrechts durch *Liszt* zu begreifen wäre, sondern umgekehrt der Stellenwert von *Liszt* und seiner Konzepte aus konkreten Positionierungen innerhalb der intellektuellen Entwicklungen bestimmt werden muss. *Ostendorf* selbst hat diesen Zugang gelungen am Gegenstand des politischen Engagements *Liszts* in einer Untersuchung von 1984 demonstriert.[681] Er kommt in dem sensiblen Bereich der Parteiengagement-Analyse, bei einem vollständig gleichen Grundstock der politologischen Sekundärliteratur, zu völlig anderen Akzenten und Bewertungen als *Naucke* in seiner Analyse der politischen Tätigkeit *Liszts.* Für *Naucke* stand noch der Gedanke im Vordergrund, dass man durch die politische Beteiligung die Strafrechtswissenschaft kompromittiert hat. Bei *Ostendorf* wird *Liszt* in seiner politischen Orientierung und seinem Entscheidungsspektrum als politisch verantwortlicher Bürger und Strafrechtler gewürdigt.[682] Der Unterschied zwischen zwei Ansätzen beziehungsweise Sichtweisen ist nicht verwunderlich, insoweit als die Methodenunterschiede und letztendlich die Unterscheidung zwischen Geschichte und Geschichtsphilosophie in markanten Fällen zu einer ganz anderen Auffassung des Stoffes führen.

Auch ausgewählte weitere Beiträge über *Liszt* seit den 1980er Jahren können als eine bescheidenere oder konsequentere Orientierung auf die Erkundung des Diskurses aufgefasst werden. Man beachte jedoch, dass dem Text von *Ostendorf* aus dem Jahr 1982 in dem diskursiv verfahrenden Teil der Forschung nicht ein vergleichbarer Wert zukommt wie *Nauckes* Text in dem radikal-kritischen Teil der Forschung, etwa bei *Baurmann, Ehret* oder *Vormbaum.* Dies liegt an dem Wesen der Sensibilität von Autoren, die bei der Erfassung von *Liszts* Werk diskursiv verfahren. Den Untersuchungen, die auf den Diskurs orientiert sind, geht es um das theoretische Aufgreifen eines mannigfaltigen, sich vor unserem geschichtlichen Auge sozial entfaltenden Stoffes, und nicht um die Zuspitzung und die immerwährende Demonstration von ausgesprochenen Postulaten oder eine Verfestigung einer Doktrin unabhängig vom Widerstand des Stoffes. Folglich kennen diese Texte keine inhaltlichen Ausgangsbestimmungen und Vorverfestigungen, um deren Willen und nach welchen der Stoff aufzuarbeiten ist.

---

[680] *H. Ostendorf*, a.a.O. (1982), S. 5.

[681] *H. Ostendorf*, Franz von Liszt als Kriminalpolitiker, Kriminalsoziologische Bibliografie 11 (1984), 1.

[682] Man vgl. einerseits *W. Naucke*, a.a.O. (1982), S. 532 wo wichtige Werke, in welchen *Liszts* politisches Engagement erwähnt wird, nur bibliographisch erwähnt werden – anders wird bei *H. Ostendorf*, a.a.O. (1984), S. 2 ff. das Schrifttum lebendig ausgewertet.

Nur in vereinzelten Fällen zeichnet sich die diskursive Behandlung des Stoffes durch eine feste epistemologisch offen dargelegte Basis aus. Ein solcher Fall liegt beim großen Meister der Diskursanalyse *Schönert* (1991) vor.[683] Mit fortschreitender Zeit zeigt sich die Vorliebe für die Erschließung des Diskurses bei den meisten Autoren als Übernahme von fertigen Analysepräparaten aus der modernen Wissenschaftssoziologie und Wissenschaftsgeschichte (etwa: „Netzwerkanalyse“[684]). Oder es liegt ein einfacher Fall des elementaren Bemühens von Autoren vor, literarisch und theoretisch gerecht auf die Impulse und Konturen des Stoffs zu antworten, anstatt ihn für die Zwecke metaphysischer Gleichnisse zu nutzen. Für die Fruchtbarmachung der Netzwerkanalyse kann exemplarisch auf den Aufsatz von *Zabel* verwiesen werden (2016);[685] für die konturengerechte Aufarbeitung des vorgefundenen Stoffes auf die diskursive Erfassung des „Marburger Programms“ bei *Schmidt-Recla* und *Steinberg* (2007, 2008) (unten im Punkt E.).[686]

2. Der Diskurs bei Schönert und Linder (1991)

Im Sammelband „Erzählte Kriminalität“ aus 1991 tritt in *Schönerts*[687] und *Linders*[688] Beiträgen im vollem Umfang die Diskrepanz zwischen der radikalen Kritik und dem hermeneutischen Zugang auf, der sich im Milieu der Literatur- und Kommunikationswissenschaften seit den 1960er Jahren reflexiv verfestigt hat. Ähnlich wie in der zivilistischen Tradition der Rechtsgeschichte wird der Stoff bei *Schönert* und *Linder* nicht geschichtsphilosophisch überfrachtet, sondern es wird streng und kritisch eine Auffassung der Mannigfaltigkeit des geschichtlichen Stoffes angestrebt. Während die radikale Liszt-Kritik die Geschichte des Strafrechts und der

---

683 *J. Schönert*, Bilder vom „Verbrechensmenschen“ in den rechtkulturellen Diskursen um 1900: Zum Erzählen über Kriminalität und zum Statuts kriminologischen Wissens, in: J. Schönert (Hrsg.), Erzählte Kriminalität, 1991, 497.

684 Bei der „Netzwerkanalyse“ wird das Zustandekommen von wissenschaftlichen und fachlichen Konzepten als ein Prozess von, etwa durch Korrespondenz, verknüpften Autoren (= Netz) erfasst. Für Kritik des Ansatzes vgl. unten Punkt G. Für „Materialaustausch“, „kollektive“ Empirie und Strukturen vgl. die Darstellung von *L. H. Riemer*, Das Netzwerk der „Gefängnisfreunde“ (1830–1872), 2005, S. 24 ff.; *M. Henze*, Netzwerk, Kongressbewegung, Stiftung, in: D. Schauz/S. Freitag (Hrsg.), Verbrecher im Visier der Experten, 2007, 55; *S. Kesper-Biermann*, Einheit und Recht: Strafgesetzgebung und Kriminalrechtsexperten in Deutschland vom Beginn des 19. Jahrhunderts bis zum Reichsstrafgesetzbuch von 1871, 2009, S. 78 ff.

685 *B. Zabel*, a.a.O. (2016), S. 87 ff.

686 *A. Schmidt-Recla/H. Steinberg*, Eine publizistische Debatte als Geburtsstunde des „Marburger Programms“, ZStW 119 (2007), 195; und *dies.*, „Da wir köpfen und hängen nicht wollen und deportieren nicht können …“: Über Emil Kraepelins Einfluss auf Franz von Liszt, Nervenarzt 79 (2008), 295.

687 *J. Schönert*, a.a.O. (1991), 497.

688 *J. Linder*, Strafjustiz, Strafrechtsreform und Justizkritik im „März“, in: J. Schönert (Hrsg.), Erzählte Kriminalität, 1991, 533. Auch in *Linders* Sammelband „Wissen über Kriminalität“, 2013, 351.

Kriminalpolitik durch *Liszts* Werk aufgreift und höchstens sporadisch über die Grenzen seines Werks hinausschaut, erscheint *Liszts* Werk in der Diskursanalyse als eine zwar sehr wichtige, aber nur *molekulare Positionierung* innerhalb eines gewaltigen öffentlichen und disziplinären Diskurses. Der Inhalt wird seinen Gedanken nicht phänomenologisch entnommen („unbefangene Annäherung" an den Text), sondern sorgsam im Gefüge der vorhandenen Handlungs- und Positionierungsmuster bestimmt und bewertet. Der Diskurs selbst als Forschungsgegenstand enthält bei *Schönert* eine erläuternde theoretische Bestimmung:

> „Dabei geht es um symbolische Ordnung für das Denken, Reden und Handeln von Kollektiven. (…) Der so verwendete Diskurs-Begriff eröffnet – als analytische Größe – eine Doppelperspektive, die Untersuchungen sowohl für den Bereich der gesellschaftlichen Handlungssysteme (‚Sozialsysteme') als auch für den Bereich der kulturellen symbolischen Ordnungen (‚Kultursysteme') verlangt und die Zusammenhänge zwischen Denken, Reden und Handeln (oder Wissen, Sprache und gesellschaftlicher Praxis) erfaßt. Als entscheidende Bezugsgröße gelten dann die institutionell organisierten Erfahrungs- und Handlungszusammenhänge (als ausdifferenzierte Felder der gesellschaftlichen Praxis mit bestimmten Rollenmustern, Einstellungen, Verhaltensnormen und Wissenselementen), die Diskurse hervorbringen und zugleich unter Beteiligung dieser Diskurse konstituiert werden. Ich spreche also von kriminologischem und psychiatrischem Diskurs oder dem Diskurs der gerichtsprozeßlichen Strafrechtspraxis sowie vom literarischen Diskurs (als vereinheitlichender Abstraktion für die unterschiedlichen Typen literarischer Sinnverständigung)."[689]

Es entspricht der Höhe der theoretischen Grundbesinnung, wenn *Schönert* einen besonderen Akzent auf die Interdependenz von verschiedenen Diskursen setzt.

> „Der literarische Diskurs ist – wie auch die anderen Diskurse – in ‚Spezialdiskurse' zu differenzieren; zudem bildet er mit anderen Diskursen bestimmte ‚Diskurszusammenhänge' und schließlich werden Diskurse in dem besonderen ‚Interdiskurs' der Literatur thematisiert und verbunden. (…) In jedem Diskurs werden bestimmte (‚diskursspezifische') Wahrnehmungs-, Darstellungs- und Deutungsmuster ausgebildet; dafür ist hier der zusammenfassende Begriff ‚Bilder' eingesetzt. Werden Diskurszusammenhänge oder ‚Interdiskurse' betrachtet, können sich die ‚Bilder' bestätigen, verstärken, modifizieren, ergänzen, überlagern oder zu neuen ‚Bildern' verbinden."[690]

Der Grundgedanke ist dabei, dass die Autoren sich in einem bestehenden, wenn auch keinesfalls statischen Repertoire von Assoziationen, üblichen Gedankengängen und Themen äußern und folglich sowohl der Inhalt als auch der Wert der Äußerung von diesem Repertoire abhängen. Man bewertet damit die einzelnen Forderungen oder sogar einfache Wendungen in der Strafrechtswissenschaft nicht mehr nach dem Kontext, der uns heute vertraut ist, sondern nach dem spezifischen Handlungsinhalt und Handlungswert und -Unwert jener Zeit. Die Untersuchungen von Autoren wie

---

689 *J. Schönert*, a.a.O. (1991), S. 498. Vgl. noch die Einführungsstudie von demselben, S. 11 ff.

690 *J. Schönert*, a.a.O. (1991), S. 498 f.

Müller (2004)[691] oder *Rotsch* (2009)[692] haben später an konkreten Fällen gezeigt, dass diese Herangehensweise in markanten Konstellationen eine einfache, anachronistisch-diskursferne Bewertung von einzelnen Forderungen oder Orientierungen praktisch *ganz oder im beachtlichen Maße umkehren kann* (Punkt F.).

Bei der gemeinsamen Erkundung von verschiedenen Diskursen geht es nicht um eine kleindisziplinäre (literaturwissenschaftliche) Demonstration, die zeigen sollte, dass die Juristen zum Beispiel ihre Institute oder Forderungen den Literaten entnommen haben. Diese Deutung würde das Grundanliegen von *Schönert*, verschiedene Diskurse miteinander zu verbinden und gemeinsam zu betrachten, verfehlen. Die gemeinsame Anschauung soll erstens eine prinzipielle Rekonstruktion der Denkmodi der Zeit ermöglichen. Zweitens soll sie, nicht prinzipiell-deduktiv sondern gegenstandsgebunden, die Voraussetzungen für die Rekonstruktion von gemeinsamen Begegnungsorten von Literatur und Wissenschaft schaffen. Sie waren um 1900 für beide „literarische" Felder charakteristisch, dürften aber aus der Sicht des heutigen Verständnisses der Disziplin, ohne eine künstliche geschichtliche Rekonstruktion, sogar befremdend erscheinen.

Besonders interessant erscheint die Möglichkeit, die theoretische Spannung zu verfolgen, die in dem Sammelband „Erzählte Kriminalität" zwischen den Aufsätzen von *Schönert* und *Linder* einerseits und der Sichtweise von *Frommel* andererseits entstanden ist. *Frommel* hat in ihrem Aufsatz in dem Sammelband die Berechtigung der diskursiven Herangehensweise und insbesondere *Schönerts* Verbindung von wissenschaftlichen und literarischen Auseinandersetzungen in einer Analyse, einzugrenzen gesucht.[693] Sie fragt sich kritisch, jedoch ohne Verständnis für das Grundanliegen von *Schönert:* „Aber würde es sehr viel besagen, wenn man den [schönliterarischen] Lesestoff eines so definitionsmächtigen Mannes wie v. Liszt kennen würde?".[694] Anders als bei *Schönert* wird also die Verflechtung vom literarischen und vom strafrechtswissenschaftlichen Diskurs, als Verflechtung von zwei parallelen Gedankenbehältern verstanden, sodass es jeweils nur darum ginge, eventuell in einem Diskurs ein Element, das aus dem anderen entlehnt wurde, wiederzuerkennen. Die Umdeutung der Diskursanalyse bei *Frommel* wurde zurecht auch bereits von *Becker* beanstandet.[695]

Es ist für *Frommels* „Behälter-Verständnis" konsequent, wenn sie die Krux der Analyse am Querschnitt des Rechts und der Literatur in der Frage sehen möchte, *welche Entlehnungen gemacht werden* und welche nicht. Sie versucht vor dem Hintergrund einer rationalistischen Prämisse die *Motive* des Entleihers zu finden und

---

[691] *Ch. Müller*, Verbrechenbekämpfung im Anstaltsstaat: Psychiatrie, Kriminologie und Strafrechtsreform in Deutschland 1871–1933, 2004.

[692] *T. Rotsch*, „Einheitstäterschaft" statt Tatherrschaft, 2009.

[693] *M. Frommel*, Internationale Reformbewegung zwischen 1880 und 1920, in: J. Schönert (Hrsg.), Erzählte Kriminalität, 1991, 467.

[694] *M. Frommel*, a.a.O. (1991), S. 472.

[695] *P. Becker*, Verderbnis und Entartung, 2002, S. 263.

kommt zum Schluss, dass die „Entlehnungen“ nur als Beiwerk oder als angeeignete Verstärker der bereits vorhandenen, rational und innerdisziplinär (= juristisch) erschlossenen Programmatik erscheinen.[696] Die „vorhandenen Deutungsmuster“ sind jene der juristischen Diskurse, in welchen sich, charakteristisch für *Frommels* Analyse, alles durch eine verkomplizierte Dialektik einiger sehr bekannter Namen wie *Liszt, Binding* und *Merkel* ergeben soll. Alle anderen Äußerungen wären bei Juristen nur eine Bagatellisierung für die Verständigung mit der zeitgenössischen Öffentlichkeit. Die Rechtswissenschaft wird als ein geschlossenes Argumentationssystem vorgestellt, bei welchem die „externen Faktoren“ (= das Leben) nur als Störgrößen einer vorgestellten fundamentalen wissenschaftlichen Rationalität, „hinzu“ kämen.[697]

Bei einer genaueren Analyse von *Schönerts* Anliegen kann die Kritik bzw. die Korrektur der einzelwissenschaftlichen Reviere durch *Frommel* nicht überzeugen. Der Sinn einer Diskursanalyse besteht nicht darin, dass man den Eigenwert und eine gewisse Abgeschlossenheit der juristischen Argumentation negiert oder die Behauptung aufstellt, dass die Juristen von Literaten etwas Konkretes, etwa eine Straftheorie, gelernt oder entlehnt haben. Eine allgemeine Diskursanalyse löst die einzelnen Wissenschaften wie die Rechtswissenschaft nicht auf. Ihre Aufgabe liegt in einem anderen Feld: Sie erschließt – mit der für sie notwendigen Mitberücksichtigung der allgemeinen Behandlung des Abweichenden, Sensationellen, Kriminellen und Justiziellen außerhalb von gewachsenen Fachkreisen – die konkreten, symbolischen Drehscheiben der Zeit („Ritualmord“, internationale „Zusammenarbeit“, „liberal“, „Gauner“, „Darwin“, „Zweikampf“, „Maßregeln“, „Schutz“, „Institut“). Es werden Strukturen des „Wichtigen“ in und für eine Gesellschaft erforscht, die bei jedem Autor lange vor einer Behandlung des juristischen Stoffs und der fundamentalen wissenschaftlichen Rationalität vorhanden waren.[698]

Die Zurückhaltung gegenüber einer integrativen Diskursanalyse bei *Frommel* muss aus noch einem weiteren wichtigen Grund verworfen werden. *Schönert* und *Linder* ist es nämlich gelungen zu zeigen, dass im Rahmen eines ungeheuren Publikationsaufschwungs seit 1870 (Einführung der Reichspressefreiheit, Senkung von Papierpreisen um das Mehrfache) die juristischen und literarischen Diskurse nicht nur in einem gemeinsamen begrifflichen Rahmen produziert wurden, sondern teilweise einem nicht streng unterscheidbaren Auffassungskontinuum angehörten. Davon zeugen auch unmittelbar *Liszts* Texte, in welchen die wissenschaftliche Diskussion über Motive des Verbrechens in Anlehnung an die Dichtung/schöne

[696] Vgl. *M. Frommel*, a.a.O. (1991), S. 472, 492.

[697] Vgl. *M. Frommel*, a.a.O. (1991), S. 472.

[698] Die Verbindung mit Literaturwissenschaft soll also keine inhaltliche Felderweiterung bringen, sondern einen methodologischen Vorzug. Vgl. *W. Müller-Funk*, Die Kultur und ihre Narrative, 2. Aufl. 2008, S. 201. *F. Beckerhoff*, Monster und Menschen: Verbrechererzählungen zwischen Literatur und Wissenschaft, 2007, S. 12 ff.

Literatur etabliert werden soll (Punkt A.III.2. im 4. Kapitel).[699] Die Untersuchung über die intellektuelle Vergangenheit des Strafrechts muss die Frage, ob eine Verflechtung mit der Literatur vorhanden war, streng von der Frage, ob die Verflechtung zu billigen ist, unterscheiden. War die Verflechtung faktisch vorhanden, so kommt es bei der Erforschung der Vergangenheit nicht darauf an, wie bei *Frommel*, ob man das praktische Kontinuum des Wissens in der Literatur und Wissenschaft billigen oder nicht billigen möchte. Die für die Zeit um 1900 vorhandene Verflechtung ist ein empirisches Faktum, und die Wissenschaft muss sich mit ihm auseinandersetzen, auch wenn es ihr als nicht haltbares Modell erscheint.

II. Das „Marburger Programm" im Diskurs: Schmidt-Recla und Steinberg (2007/08), Koch (2007), Kreher (2015)

Einen weiteren Schritt nach 1991 zur Erfassung von konkreten Diskursen unternahmen mehrere Autoren am Anfang des 21. Jahrhunderts in Bezug auf den Vortrag „Der Zweckgedanke im Strafrecht" bzw. das „Marburger Programm". Es erschienen zwei gemeinsam verfasste Studien von *Schmidt-Recla* und *Steinberg*, in welchen das „Marburger Programm" nicht mehr, wie bei der radikalen Liszt-Kritik, aber auch in der interpretativ-systematisierenden Manier des Jubiläumsschrifttums, als eine innovative, selbstinspirierte Programmatik aufgefasst wird.[700] Vielmehr wird der Vortrag von *Liszt* jetzt als eine lebendige Positionierung im zeitlichen Brennpunkt um 1880 gelesen. Es wird zum ersten Mal in der Liszt-Forschung sorgsam der Bezug von *Liszt* zu einzelnen „Diskutanten"[701] herausgearbeitet: zum Psychiater

---

[699] *J. Schönert*, a.a.O. (1991), S. 501 ff. Für eine – vom Autor verkannte – Einarbeitung eines tatsächlichen Kriminalfalls in der Literatur vgl. *S. Andriopoulos*, Unfall und Verbrechen: Konfigurationen zwischen juristischem und literarischem Diskurs um 1900, 1996. Dichter und Literaten der Zeit um 1900 sind oft Organe der lebendigen Auffassung der Stadtmisere; sie fassen wirkliche Fälle geschickter, schneller und bodenständiger als akademische Disziplinen auf; sie sind durch Zufall oder Lebensstil näher am Verbrechen als Akademiker; es bestehen nur sanfte Übergänge zwischen einer stilisierten Schilderung eines traurigen Schicksals in der Gerichtsberichtserstattung und einer freien Konstruktion des Falles. Heute erscheint es befremdend, die schöne Literatur um 1900 als eine empirische Größe aufzufassen, aber man möge beachten, dass jede Zeit spezifische Perspektiven hat und dass sich beispielsweise heute wenige Orientalisten finden würden, die in dem Filmrepertoire des Nahen Ostens nicht eine monumentale Verfestigung der dortigen gesellschaftlichen Spannungen sehen, die, obwohl die Akteure phantastisch sind, den Darstellungen in der Sozialwissenschaft überlegen sind. Vgl. grundsätzlich *M. Föcking*, Pathologia litteralis: Erzählte Wissenschaft und wissenschaftliches Erzählen im französischen 19. Jahrhundert, 2002; *H. Kuzmics/G. Mozetič*, Literatur als Soziologie: Zum Verhältnis von literarischer und gesellschaftlicher Wirklichkeit, 2003; *R. Nicolosi*, Degeneration erzählen: Literatur und Psychiatrie im Russland der 1880er und 1890er Jahre, 2018.

[700] *A. Schmidt-Recla/H. Steinberg*, a.a.O. (2007), 195; *dies.*, a.a.O. (2008), 295.

[701] *A. Schmidt-Recla/H. Steinberg*, a.a.O. (2007), S. 196.

Kraepelin und seiner Schrift „Die Abschaffung des Strafmaßes: Ein Vorschlag zur Reform der heutigen Strafrechtspflege" (1880), zu *Mittelstädts* gegen humanistische Gestaltungen im Gefängnis gerichtete Schrift „Gegen die Freiheitsstrafen" (1879), zur Schrift „Über die Rückfälligkeit der Verbrecher und über die Mittel für deren Bekämpfung" vom Juristen und Strafvollzugspraktiker *Sichart* (1881) und zu *Sontags* „Beiträge zu der Lehre von der Strafe" (1881).

Die Wende, die *Schmidt-Recla* und *Steinberg* herbeigeführt haben, war auch für die Analyse des Vortrags „Der Zweckgedanke im Strafrecht" (= „Marburger Programm") im ersten Teil der Untersuchung ausschlaggebend. Dort konnte gezeigt werden, dass *Liszts* wesentliche Forderungen im Vortrag als eine Entgegnung auf *Mittelstädt* konzipiert wurden. Sogar die Bestimmung des Begriffs des „Zwecks" bei *Liszt* kann von einem Vergleich mit *Mittelstädt* gewinnen, da in seiner chronologisch älteren Schrift das Zweckkonzept angegriffen wurde (Punkt D.II. im 6. Kapitel). Den Schwerpunkt der Analyse in den Beiträgen von *Schmidt-Recla* und *Steinberg* bildet das Verhältnis zwischen *Liszt* und dem Psychiater *Kraepelin.* Sie erbrachten den Nachweis, dass zahlreiche Punkte, die in der älteren Forschung und insbesondere in der radikalen Kritik als bloße Innovationen *Liszts* gedeutet wurden, eigentlich als Billigung, Modifizierung oder Verwerfung des Gedankenschatzes von *Kraepelin* gedeutet werden können. Erst in der Perspektive einer Diskussion mit Psychiatern und einer Entwicklung der außerjuristischen Konkurrenzprojekte erscheint es nachvollziehbar, dass *Liszt* in dem Vortrag „Der Zweckgedanke im Strafrecht" nachdrücklich hervorhebt, dass eine Erforschung „des Verbrechens als sozial-ethische Erscheinung", „der Strafe als gesellschaftliche Funktion" innerhalb *„unserer Wissenschaft"* erfolgen müsse.[702]

Zeitgleich mit der Kontextualisierung von *Schmidt-Recla/Steinberg* erschien auch der Aufsatz „Binding vs. v. Liszt" von *Koch.*[703] Der Aufsatz stellt bei genauerer Betrachtung eine transitive Form zwischen der in den 1980er Jahren verfestigten Überzeugung, dass es sich beim Vortrag „Marburger Programm" um eine innovative Programmschrift handelt und der diskursiven Erschließung dar. Für den begrifflichen Rekurs auf das „Programm" in dem Aufsatz spricht noch der Umstand, dass *Koch* von einer „Vorgeschichte"[704] und „Vorläufern"[705] des Programms spricht und es damit symbolisch im Sinne einer programmatischen Zäsur besonders aufwertet. Ähnlich wie *Schmidt-Recla* und *Steinberg* verweist auch *Koch* auf einen Diskussionszusammenhang mit *Mittelstädt* und *Kraepelin* hin.[706] Aber das Liszt'sche Schaffen auf den veröffentlichten Seiten des „Marburger Programms" wird nicht als eine diskursive Auswahl und Positionierung gedeutet, sondern es werden vorhandene

[702] *Liszt*, Der Zweckgedanke im Strafrecht, 1882, S. 32.

[703] *A. Koch*, a.a.O. 2007, 127.

[704] *A. Koch*, a.a.O. (2007), S. 129.

[705] *A. Koch*, a.a.O. (2007), S. 130.

[706] *A. Koch*, a.a.O. (2007), S. 130.

Übereinstimmungen mit zeitgenössischer Literatur als „Anleihen" im „Programm" aus einem anderen, nicht-programmatischen Genre hervorgehoben.[707]

Das Buch des schweizerischen Autors *Kreher* „Herkunft und Entwicklung des Zweckgedankens bei Franz von Liszt" kann nur in begrenztem Maße als ein Durchbruch zu tatsächlichen Diskursen gewertet werden.[708] In seinem Vordergrund steht eine breite Kontextualisierung in das System von großen Strömungen und wichtigen Namen der Zeit. Es hat sich seit *Hurwicz*' Studie (1911) kein Autor mit dem Zusammenhang von *Jhering* und *Liszt* so nah beschäftigt wie *Kreher*. Aber es ist im Großen und Ganzen eine Geschichte der (theoretisch verfassten) geistesgeschichtlichen Gattungen, welchen *Liszt* an die Seite gestellt wird, ohne dass lebendig und transparent demonstriert wird, wie sich die einzelnen Gedanken zum Vorstoff und in ihrer Individualität, sowohl bei *Liszt* als auch bei anderen Autoren, verhalten. Es verwundert daher nicht, dass *Kreher*, obwohl er im Grunde an Diskursen interessiert ist, die Diskursanalyse nur dafür verwendet, die bereits bestehenden Sichtweisen, wie die Bestimmung des Verhältnisses zwischen *Liszt* und *Jhering*, zu verfestigen (vgl. Punkt D.I. im 6. Kapitel).

In gewissem Grade muss es verwundern, dass *Schmidt-Recla* und *Steinberg* die Tatsache, dass sich *Liszt* innerhalb eines lebendigen Diskurses positioniert hat, als einen sensationellen Fund hervorheben.[709] *Liszt* hat seine „Mitdiskutanten" nicht vor den Lesern verborgen; das ganze „Marburger Programm" ist von der Einleitung über die Hauptteile bis zum Schluss als eine Sortierung und Sichtung der bestehenden Auffassungen aufgebaut. Sowohl die Schriften von *Mittelstädt* und *Kraepelin*, als auch die Veröffentlichungen von anderen „Diskutanten" sind ausdrücklich in *Liszts* Verweisen erwähnt. Man musste nicht getrennt die Veröffentlichungen der Jahre auffinden, um zu dem Urteil zu kommen, dass ein diskursiver Zusammenhang vorhanden war. Was die Leser und Autoren wie *Schmidt-Recla* und *Steinberg* zuerst zu einem anderen Urteil und dann zur Feststellung einer „Überraschung" verleitet, ist die geläufige geschichtsphilosophische Interpretation, die seit den 1980er Jahren *Liszts* Werk als eine modernistische, aus dem Nichts erwachsene Demonstration des Zweckgedankens auffasst. Nicht zu unterschätzen ist auch die publizistische Geschichte des „Marburger Programms". Das Gefühl, beim Auffinden von „Mitdiskutanten" einer Forschungssensation auf der Spur zu sein, kann nämlich auch in jenen Fällen entstehen, in denen der Diskurs-Fund zuerst an jenen (Wolf'schen) Ausgaben des „Marburger Programms" gemacht wird, die keine Verweise auf andere Autoren und Fußnoten enthalten.

---

[707] *A. Koch*, a.a.O. (2007), S. 130.

[708] *C. O. Kreher*, Herkunft und Entwicklung des Zweckgedankens bei Franz von Liszt: Eine rechtshistorische Analyse des Marburger Programms, 2015.

[709] Vgl. *Schmidt-Recla/Steinberg*, a.a.O. (2007), S. 195.

III. Weitere Schritte zum Diskurs: Erschließung von tatsächlichen Handlungsfolien und zeitspezifischen Bewertungen

1. Bedeutung der Erschließung von breiteren Motivlagen

Aus der Sicht des symbolischen Interaktionismus geht es bei der Erfassung von Diskursen und damit auch von Stellungnahmen von einzelnen Autoren um wandernde bzw. vorhandene Mikrokonnotationen und Mikrobewertungen von Menschen, Situationen, Handlungsalternativen, geläufigen Phrasen, die alle Menschen und so auch die Strafrechtswissenschaftler außerhalb von einem transzendenten Vakuum im Leben domestizieren. Dieses Leben, die sog. „externen Faktoren" bei *Frommel* (Punkt D.I.2. in diesem Kapitel), ist keine Störgröße, sondern der eigentliche Boden, auf dem die Gedanken gedeihen. Die Kenntnis dieses Bodens ist für das Verstehen unerlässlich; die Bedeutung lässt sich nicht anhand bloß semantisch-lexikalisch beurteilter Aussagenexzerpte rekonstruieren, sondern ist vielmehr immer eine einmalige, dem Kontext der Äußerung entsprungene kommunikative Individualität.

Die Liszt-Forschung neigte allzu oft dazu, einige Aussagenexzerpte aus dem Werk *Liszts* mit später entstanden oder dialektisch konstruierten Konnotationen und Assoziationen zu verbinden. Beispielsweise wurde bei *Renneberg* (1956), aber auch bei *Mayenburg* (2006) die Erwähnung der Rasse anno 1900 oder anno 1910 mit üblichen Inhalten und Distanzierungen von der Rassenbegrifflichkeit nach dem Zweiten Weltkrieg verbunden.[710] Das Beispiel von *Nauckes* Bestimmung des Zweckgedankens (1982) wurde schon an anderer Stelle behandelt. Bei ihm wird *Liszts* „Zweck" nicht in dem Liszt'schen Sinne genommen, sondern unter einem im Voraus negativ konnotierten, naturwissenschaftlichen Konzept subsumiert (Punkt B.III. im 14. Kapitel). Auch die zentrale Schrift von *Welzel* (1935) behandelt alle möglichen Phrasen (Textteile), die auch nur von Ferne positivistisch anklingen können, als eindeutige Nachweise, dass der Autor seine Forderungen aus einem positivistischen Programm deduziert hat. Die Polyvalenz der Ausdrücke wie „Entwicklung", die so unterschiedlichen Richtungen wie Positivismus, Hegelianismus und Marxismus angehören können, wird nicht nachgeprüft. Stattdessen wird der Ausdruck, unabhängig von der Bedeutung beim Autor, als ein Nachweis des Positivismus genommen (Punkt C. im 6. Kapitel).

Die Behandlung von Wörtern und Redeweisen im Diskurs erlaubt in Bezug auf eine prinzipiell unbegrenzte Zahl der Fälle zu einer anderen Bestimmung und Bewertung zu kommen, als wenn man den Sätzen einfach phänomenologisch eine Bedeutung zumisst. Man kann etwa der Studie von *Beckerhoff* entnehmen, dass die

---

[710] Vgl. *J. Renneberg*, Die kriminalsoziologischen und kriminalbiologischen Lehren und Strafrechtsreformvorschläge Liszts und die Zerstörung der Gesetzlichkeit im bürgerlichen Strafrecht, 1956, S. 38 ff.; *D. Mayenbrug*, a.a.O. (2006), S. 168 ff., 188 ff. Oben Punkt B.I. im 5. Kapitel.

Bezeichnung des Verbrechers als Monster oder Raubtier eine schon vorgefertigte, literarisch stark beladene Handlungsfolie war, und dass daher solche Bezeichnungen in einem Text am Ausgang des 19. Jahrhunderts nicht als beschreibende Designate oder abstrakte, ad hoc entwickelte Äußerungen der Missachtung gelesen werden dürfen.[711] Ähnlich verhält es sich mit Ausdrücken wie „Kampf ums Dasein". Es lässt sich unschwer beweisen, dass die Phrase um 1880 eine geläufige, nicht biologizistisch gedachte Bezeichnung des „schweren Lebens" des Menschen auf der Erde war. Sie kommt in dieser Bedeutung in der kriminalpolitischen „Diskussion" im Sinne von *Schmidt-Recla/Steinberg* vor;[712] sie kommt in dieser Bedeutung etwa auch in der sinfonischen Dichtung von *Liszts* bekanntem Vetter „Von der Wiege bis zum Grabe" aus 1881 vor.[713] Ob die Phrase bei einem Strafrechtler im spezifischen Sinne von *Darwin*, oder mit einer für verschiedene Darwinismen charakteristischen Konnotation verwendet wird, lässt sich also nicht auf Grund ihres einfachen Vorkommens an einer beliebigen Textstelle beurteilen, sondern verlangt ein Verstehen des Textes. Wird beim untersuchten Autor eine Brücke zu *Darwin* tatsächlich geschlagen, so ist für die Wissenschaft nicht (nur) von Interesse, die Erwähnung *Darwins* festzustellen, sondern genau zu untersuchen, welche Funktion *Darwin* oder der Darwinismus im Interferieren von gleichklingenden Begriffsschemen hat (= es gibt verschiedene Darwinismen, Punkt B. im 4. Kapitel).

2. Müller (2004)

Müllers beachtete Untersuchung über Recht und Psychiatrie aus 2004 zeigt musterhaft, dass in einem günstigen Fall die Diskursanalyse nicht nur einzelne begriffliche Stützpunkte, sondern ganze Handlungsfolien und Motivlagen erschließen kann, die zwar für die Zeitgenossen selbstverständlich und durchsichtig sein können, gerade aber deswegen für die zukünftigen Lesergenerationen einer künstlichen (wissenschaftlichen) Rekonstruktion bedürfen.[714] Der Leser erfährt durch eine sorgsame Verbuchung der berufsspezifischen Interessen in der Zeit, dass zwischen Juristen und Psychiatern ein Konkurrenzverhältnis bestand. *Liszts* modernistische Operationalisierung des Strafrechts wird insoweit in dem Sinne nicht einfach als ein Versuch gelesen, die strafrechtliche Reaktion zu erweitern, sondern als Versuch, ein Konzept zu entwickeln, in welchem in Bezug auf den gesellschaftlich anerkannten Handlungsbedarf ein System entwickelt wird, in welchem die Strafrichter befähigt

[711] Vgl. *F. Beckerhoff*, a.a.O. (2007); sowie *S. Andriopoulos*, Unfall und Verbrechen, 1996, S. 23 ff.; *Ch. Müller*, a.a.O. (2004), S. 134. Vgl. für die Redeweisen vom „Krieg" oder „Seuchen" *S. Galassi*, a.a.O. (2004), S. 82 ff.

[712] *O. Mittelstädt*, a.a.O. (1879), S. 32 („Die fortdauernde Entwöhnung vom großen Getriebe der Welt und den kleinen Kämpfen um das Dasein schützt freilich [den Gefängnisinsassen] auch von der Welt [der] Versuchungen und den Begierden der Selbstsucht."), 80, 81.

[713] Vgl. die Titeln von drei Teilen seines Stücks: „Die Wiege", „Der Kampf ums Dasein", „Zum Grabe: die Wiege des zukünftigen Lebens".

[714] *Ch. Müller*, a.a.O. (2004).

werden, „ohne Hinzuziehung eines psychiatrischen oder kriminologischen Sachverständigen, allein anhand der aktuellen Straftat und des Vorstrafenkontos die nicht besserungsfähigen, also dauerhaft einzusperrenden Gewohnheitsverbrecher“ zu erkennen und zweckmäßig zu sanktionieren.[715] Durch eine „utilitaristische“ Umgestaltung des Strafrechts sollte die juristische Definitionsmacht beibehalten werden und zugleich den naturwissenschaftlich ausgerichteten Strafrechts-Kritikern der Wind aus den Segeln genommen werden.[716]

Zwar schweben *Müller* für die Motive dieser „Rettung“ der Stellung der Rechtswissenschaft starke fachegoistische Erwägungen vor Augen.[717] Gleichzeitig gelangt er aber durch den Vergleich von Stellungnahmen aus den Bereichen der Modernen und der Klassischen Schule zur Einsicht, dass, unabhängig von der eigentlichen Motivlage, der Versuch der Modernen Schule, die Deutungshoheit von Juristen aufrechtzuerhalten, für die Betroffenen zugleich ein Plädieren für die rechtsstaatlich *schonendere* Lösung bedeutete. Es zeigt sich, insoweit ähnlich wie in der „Diskussion“ mit *Mittelstädt* (Punkt D.II. im 6. Kapitel), dass das Plädoyer der Modernen Schule für die Unschädlichmachung der Unverbesserlichen nur scheinbar als Forderung einer Repressionserweiterung gedeutet werden kann.[718] Diese neue Einsicht, die aufs *Liszts* Werk zusätzlich ein liberales Licht wirft, ist kein bloßes Ergebnis einer weiteren Auseinandersetzung mit *Liszts* Werk. Sie gründet vielmehr im Umstand, dass von *Müller* eine andere Methode, die Diskursanalyse angewendet wird, im Gegensatz zum phänomenologischen Zugang der radikalen Liszt-Kritik, die *Liszts* Texte nur isoliert anschaut.

3. Rotsch (2009)

Ein interessantes Beispiel für den Wert einer diskursnahen Analyse, die nicht nur aus der heutigen Sicht bekannte Autoren und Schriften berücksichtigt, sondern durch Mitberücksichtigung aller Äußerungen das Anliegen einer sich in Diskussion befindlichen Gruppe zu erschließen versucht, findet sich in *Rotschs* Buch über die Einheitstäterschaft aus 2009.[719] Ein wichtiger Teil des Buches besteht aus einer instruktiven und breit angelegten Analyse von zwei Generalversammlungen der IKV (Linz 1895, Petersburg 1902) und der Dresdner Tagung der deutschen IKV-Landesgruppe (1903), also von jenen IKV-Symposien, die sich vertieft mit der Problematik der Teilnahme auseinandergesetzt haben.[720] Für *Rotschs* Analyse sind methodisch zwei Prämissen besonders fruchtbar gewesen. Erstens hat er vorausgesetzt, dass es nicht nur ein einheitliches Einheitstätersystem gibt und dass folglich

---

715 *Ch. Müller*, a.a.O. (2004), S. 135.

716 *Ch. Müller*, a.a.O. (2004), S. 134 f.

717 Vgl. *Ch. Müller*, a.a.O. (2004), S. 128, 135, 138 f., 291 f., 300.

718 Vgl. *Ch. Müller*, a.a.O. (2004), S. 125 ff., 140, 291 ff.

719 *T. Rotsch*, a.a.O. (2009).

720 *T. Rotsch*, a.a.O. (2009), S. 13 ff.

verschiedene Vor- und Nachteile jeweils konzeptspezifisch geprüft werden können.[721] Zweitens war für *Rotsch* die Einstellung wichtig, dass „jede Diskussion nur in ihrem historischen Kontext" zu verstehen ist.[722]

Üblicherweise wird davon ausgegangen, dass die Einheitstäterschaft eine organische Einheit mit den Bemühungen um das Täterstrafrecht bildet,[723] dass sie dem Einfluss des „naturalistischen Positivismus" in der Strafrechtswissenschaft zuzurechnen ist,[724] und dass sie folglich für die Werte wie Rechtssicherheit blind ist und sowohl ihrem Konzept nach als auch dem Grundanliegen ihrer Autoren nach als ein Ansatz für die Haftungserweiterung zu deuten ist. Die Analyse von *Rotsch* lässt zu, dass auch weitere Handlungsfolien rekonstruiert werden, in deren Anbetracht die beschriebene Bewertung des Ansatzes der Einheitstäterschaft mehr als eine Interpretation der späteren Zeit als das eigentliche Anliegen um 1900 erscheint. Die Mitdiskutanten um 1900 gingen nämlich davon aus, dass die herrschende (differenzierende) Ansicht, indem sie sich weigere, anerkannte Aussagen der Kausalitätslehre auf das Gebiet der Teilnahme zu übertragen (also die Differenzierung aufzugeben), die Verantwortung der Teilnehmer in unerträglicher Weise ausweite.[725]

Bei der Tagung der Landesgruppe 1903 in Dresden wurde die bestehende Unterscheidung zwischen Täterschaft und Teilnahme auch unter dem Gesichtspunkt der „beklagenswerten Rechtsunsicherheit" kritisiert, mit gleichzeitiger Befürwortung der Einheitstäterschaft.[726] Man könnte in Erweiterung von Schwerpunkten von *Rotsch* auch den Topos der Begriffsjurisprudenz einführen: es war offensichtlich auch eine Vorstellung präsent, dass man durch die Aufgabe der Unterscheidung von Täterschaft und Teilnahme eine wuchernde und leere Begriffsjurisprudenz aufgibt, und damit die Qualität der Rechtswissenschaft anhebt.[727] Das sind alles Kleinigkeiten, die nur teilweise die als tragend zu bezeichnenden Argumente erfassen, dafür aber das „Mitwissen", die vielleicht allzu schnell verworfenen, aber jedoch mitberücksichtigten Gesichtspunkte und die Stimmung, in der man sich als Teilnehmer an der dogmatischen Diskussion bewegt hat, rekonstruieren.

Es ist besonders in Bezug auf die später gebildete Auffassung, die Einheitstätertheorie sei dem „naturalistischen Positivismus" zuzurechnen, von Interesse, dass die Teilnehmer an der Diskussion um 1900 wohl wussten, dass sich wichtige Ansätze der Einheitstäterschaft bereits im bayerischen StGB von 1861 finden.[728] Auch der Umstand, dass sich die Idee der Einheitstäterschaft bis auf das Jahr 1828 und damit

---

[721] Vgl. *T. Rotsch*, a.a.O. (2009), S. 12, 482.

[722] *T. Rotsch*, a.a.O. (2009), S. 13.

[723] *T. Rotsch*, a.a.O. (2009), S. 131 ff., 459.

[724] *T. Rotsch*, a.a.O. (2009), S. 468 f.

[725] *T. Rotsch*, a.a.O. (2009), S. 47.

[726] Vgl. *T. Rotsch*, a.a.O. (2009), S. 30 f.

[727] Vgl. Mitt. IKV 5 (1896), 518 f. (*Frank* und *Bennecke*).

[728] Vgl. *T. Rotsch*, a.a.O. (2009), S. 30.

das Strafrecht des Vormärzes objektiv verfolgen lässt, ist von Interesse.[729] Weder dieser noch die oben erbrachten Aspekte bringen kein einziges Gramm Gewicht in die Waagschale für die heutige Implementierung der Idee der Einheitstäterschaft (es ist auffallend und widersprüchlich, dass *Rotsch* einerseits sorgsam geschichtliche Bewusstseinsinhalte erschließt, die kontemporären jedoch als „Bedeutungen im Volksmund" desavouiert[730]); sie erschließen aber die Konzepte in den spezifischen Bewusstseinsinhalten der Zeit, die Schritt um Schritt aufgespürt werden, Widersprüche zulassen, das Anliegen der Zeit umfangreicher zu verstehen ermöglichen, und nicht etwa allein aus einer Idee (des Eindringens des Positivismus am Ende des 19. Jahrhunderts) deduzieren.

4. Mittelbare Erweiterung der institutionellen Perspektive durch Diskursanalyse

Rotschs Mikroanalyse der Diskussion in der IKV ist auch aus einem weiteren Grund wichtig. *Liszts* internationale Orientierung wurde nach dem Zweiten Weltkrieg vornehmlich als ein *Zusatz* zu nationaler Befassung mit strafrechtlichen oder kriminalpolitischen Problemen gelesen. Die Standarddarstellung von *Eb. Schmidt* (1. Aufl. 1947) ist ein Musterbeispiel dafür, wie ein zeitgenössisches, stark in den 1930er Jahren ausgeformtes Verständnis zwischen „innen" und „außen", zwischen nationaler und internationaler Entwicklung, rückwirkend auf die vergangenen Epochen projiziert wird. Je tiefer man in das 19. und 18. Jahrhundert zurückgeht, desto mehr stellt sich der Grundgedanke einer „Geschichte der deutschen Strafrechtspflege" als eine Art Überschreibung der räumlich originell aufgeteilten Konzepte der Zeit mit viel später entstanden nationalen Betätigungsmustern.

Als ein weiterer, zweiter Störfaktor für die Auffassung des „Inneren" und „Äußeren" bei der Arbeit der IKV und von *Liszt* stellen sich, auf ihre eigene Art, die Auffassungsmuster aus der modernen Wissenschaftsgeschichte dar. Diese hat am Stoff der Naturwissenschaften („Science") beobachtet, wie zuerst in nationalen Herrschaftsbereichen ausgebaute Disziplinen international in die Kooperation und den Wettbewerb traten. Es geht insoweit und nur insoweit um „Internationalisierungsprozesse". Für den Bereich der Strafrechtswissenschaft und der Kriminalpolitik ist eine Auffassung von allen grenzübergreifenden Formen der Zusammenarbeit im 19. Jahrhundert unter dem Stichwort „Internationalisierung"[731] ungenau, weil große Abschnitte der für diese Bereiche relevanten Entwicklung im 19. Jahrhundert eine

---

[729] Vgl. *T. Rotsch*, a.a.O. (2009), S. 35 ff.

[730] Vgl. *T. Rotsch*, a.a.O. (2009), S. 467 f.

[731] Vgl. *S. Kesper-Biermann/P. Overath*, Internationalisierungsprozesse in der Geschichte von Strafrechtswissenschaft und Kriminalpolitik (1870–1930): Deutschland im internationalen Kontext, in: dies. (Hrsg.), Die Internationalisierung von Strafrechtswissenschaft und Kriminalpolitik (1870–1930). Deutschland im Vergleich, 2007, 3. Für einen sonderbaren Umgang mit „National"/„International" s. *M. Pifferi*, Reinventing Punishment, 2016, S. 22 ff.

„Nationalisierung" im Vergleich zu älteren Zuständen darstellen (vgl. Punkt C.III.2. im 3. Kapitel).

Eine nähere Auseinandersetzung mit der Diskussionskultur in der IKV vermag zu zeigen, dass die IKV kein Forum war, in dem man einfach auf einer künstlich konstruierten oberen, internationalen Ebene die fertigen Resultate oder eine einheimische Lösung in einem abstrakten Geist des Interesses für das Fremde präsentiert hat. Man hatte vielmehr, wie bei *Rotsch* am Beispiel der Täterschaft gezeigt, die Überzeugung, dass man mit Bedacht auf die mannigfachen lokalen Erfahrungen gemeinsam gültige Empfehlungen und dogmatische Sätze entwickelt, die im Rahmen des vernünftigen Fortschritts in allen Ländern zu berücksichtigen wären. Die Arbeitsweise entsprach im Wesentlichen jener der DJV, nur dass die Zusammenkunft international war: In der Linzer Hauptversammlung von 1895 wurden die Gutachten des Österreichers *Nicoladoni* und des Norwegers *Getz* präsentiert. Es kommen in der Diskussion bekannte deutsche Namen vor, *Foinitsky* aus St. Petersburg hatte den Vorsitz.[732] In 1902 in St. Petersburg waren wortführend zum Thema *Miler* aus Zagreb, *Garraud* aus Lyon sowie *Hamel.*[733] *Foinitsky* nahm, nicht anders als die einheimischen Autoren, parallel seinen Teil an der Diskussion zuerst in der „ZStW" dann auch in den „Mitteilungen der IKV" auf.[734]

Die Analyse der Diskussion in der IKV zeigt, dass von allen Teilnehmern eine große Zahl von lokalen bzw. staatlichen Gesetzgebungen in der Vergangenheit und in der Gegenwart überblickt und gleichwohl als eine inhaltlich für die Herausschälung der eigenen Meinung nicht bindende Materie behandelt wird. Das eigentliche Hoheitsforum ist unstaatlich. Die Gesetzgebungen der Einzelstaaten erscheinen nur als „Probestücke", in welchen hier und da zufällig bemerkenswerte Einzelregelungen dekretiert wurden, und die erst dadurch, dass sie stärker und konsequenter durch die Wissenschaft seziert werden, eine verbürgte Qualität erlangen können. Abstrahiert man von dem Umstand, dass Symposien veranstaltet werden, so erinnert inhaltlich die Arbeit in der IKV mehr an die *praeter staatliche* Wissenschaft des gemeinen Strafrechts (die neben eigenen Instituten verschiedene Landrechte überblickt) oder an den kriminalpolitischen Diskurs der späten Aufklärung, als an die stark nationalstaatlich ausgerichteten Wissenskondensierungen und Kooperationsformen.

IV. Augsburger Sammelband (2016)

Mit dem Erscheinen des Sammelbandes zur Augsburger Liszt-Tagung (Herbst 2014)[735] ist nach vielen Jahren die Vorherrschaft des radikal-kritischen Zugangs abgelöst worden: Freilich gilt dies zunächst nur für die unmittelbare Liszt-For-

---

[732] Vgl. *T. Rotsch*, a.a.O. (2009), S. 13 ff. Mitt. IKV 5 (1896), S. 513 ff.

[733] Vgl. *T. Rotsch*, a.a.O. (2009), S. 21 ff.

[734] Vgl. *T. Rotsch*, a.a.O. (2009), S. 45 ff.

[735] *A. Koch/M. Löhnig* (Hrsg.), Die Schule Franz von Liszts: Sozialpräventive Kriminalpolitik und die Entstehung des modernen Strafrechts, 2016.

schung, während eine Dekonstruktion von mannigfaltigen Vorurteilen in der allgemeinen strafrechtswissenschaftlichen Diskussion, die die radikale Liszt-Kritik produziert und verfestigt hat, erst stufenweise in der Zukunft erfolgen kann. Die Beiträge im Sammelband sind methodologisch nicht kohärent, lesen sich jedoch insgesamt in Anbetracht der angeführten Quellen und modernen wissenschaftsgeschichtlichen Konzepte als eine „neue Sachlichkeit" auf dem Feld der Liszt-Kritik. In vielen Texten ist die systematisch-interpretative Handhabung zu erkennen. Hier werden besonders nicht diese, sondern jene Partien von Aufsätzen hervorgehoben werden, die als weitere Durchbrüche zu den tatsächlichen Diskursen bewertet werden können.

Übersicht 21

Augsburger Sammelband von A. Koch/M. Löhnig (Hrsg.)

„Die Schule Franz von Liszts" (2016)	*Frisch*, Franz v. Liszt – Werk und Wirkung, 1.
	Koch, „v. Liszt-Schule" – Personen, Institutionen, Gegner, 27.
	Pawlik, v. Liszt im Kontext zeitgenössischer philosophischer Strömungen, 57.
	Zabel, Franz v. Liszt und die Reformbewegung des Strafrechts, 87.
	Kaspar, v. Liszt im Kontext zeitgenössischer philosophischer Strömungen, 119.
	Streng, Franz v. Liszt als Kriminologe und seine Schule, 135.
	Stuckenberg, Die v. Liszt-Schule und die Reform des Strafprozessrechts, 153.
	Löhnig, Die v. Liszt-Schule im totalitären Kontext, 185.
	Wetzell, Franz v. Liszt und die internationale Strafrechtsreformbewegung, 207.
	Kubiciel, Franz v. Liszt und das Europäische Strafrecht, 229.

Bereits im ersten Aufsatz von *Frisch* wird eine Wende in der Auffassung des Werks von *Liszt* durch die Einbeziehung der zeitgenössischen Positionen herbeigeführt. Der wichtige Grundgedanke der Analyse ist, dass *Liszts* Verdienste im Bereich der Verbrechenslehre und im Aufbau der systematischen Lehrdarstellungen heute nur deswegen unzureichend gewürdigt werden, weil viele von urhebermäßig ihm gehörenden Konzepten heute ubiquitär geworden sind und als selbstverständlich erscheinen. Das lasse sein Werk im Verhältnis zu der heutigen, aber nicht zu der damals zeitgenössischen Literatur, – als nicht innovativ und teilweise unterdifferenziert erscheinen.[736] In dem traditionsreichen Gebiet der Untersuchung der Liszt'schen Dogmatik, wird der Kernvorwurf an *Liszt* (naturalistische Handlungs- und Verbrechenslehre) einer näheren Prüfung unterzogen.[737] Die Kritik von *Frisch* sucht dabei normative Elemente in *Liszts* Verbrechenslehre hervorzuheben.[738] Sie kulminiert in der Hervorhebung, dass für *Liszt* das Unterlassen nicht einfach das Nicht-Tun sondern das Nicht-Tun von etwas Erwartetem war.[739] *Frischs* Analyse der Liszt'schen Verbrechenslehre in den Bezügen ihrer Zeit stellt unter dem Stichwort „falsche und richtige Maßstäbe" (gemeint sind: heutige und damalige Maßstäbe) einen wichtigen Beitrag zur diskursiven Auffassung und Bewertung von *Liszts* Werk dar.

Im philosophischen Bereich wird im Sammelband von *Pawlik* der Zugriff auf verschiedene philosophische Ebenen eröffnet, die zur Zeit *Liszts* Schaffens aktuell waren.[740] Die Hinwendung zum Diskurs erfolgt hier unter der Parole, dass die Gedanken von *Liszt* kein „Produkt individueller Willkür" seien.[741] Es geht um „Einflüsse", die nicht ausdrücklich bei *Liszt* genannt, aber anscheinend „subkutan präsent" sind.[742] Es tritt zum ersten Mal in der Liszt-Forschung eine offene und klare Kritik an *Welzel* zu Tage. Sein positivistisch-naturalistisches Zuordnungsmuster wird nicht nur in seiner Allgemeinheit als verfehlt verurteilt. Die durch *Welzel* erbrachte „Stempelung"[743] wird als eine „wissenschaftstypische Ungerechtigkeit" gegen *Liszt* erörtert, die im Fall *Welzel* „in durchaus denunziatorischer Absicht" erfolgt ist.[744] Die Distanzierung von *Hegel* und von dem objektiven Idealismus („Hegel-Verachtung") finde bei *Liszt*, das zeige die Miteinbeziehung der tatsächlichen zeitgenössischen Diskussion in der Philosophie, nicht von einer positivistischen Basis aus statt, sondern es handele sich um Abwandlungen des damals modernen neukantianischen Kritizismus.[745] Diese Einbettung in die geistige Welt des Neukantianismus ist nicht wirklich, wie *Pawlik* – zurückhaltend – hervorhebt, ein neuer Gedanke.[746] Neu ist aber bei *Pawlik* die Art und Weise, wie die Zuordnung erfolgt. *Liszts* Äußerungen zur Aufgabe der Wissenschaft werden, insoweit diskursiv, im Kontext von ähnlichen,

---

[736] *W. Frisch*, Franz v. Liszt – Werk und Wirkung, in: A. Koch/M. Löhnig (Hrsg.), Die Schule Franz von Liszts, 2016, S. 3 f.

[737] *W. Frisch*, a.a.O. (2016), S. 8 ff., 13 ff.

[738] *W. Frisch*, a.a.O. (2016), S. 8 ff.

[739] *W. Frisch*, a.a.O. (2016), S. 9 f.

[740] *M. Pawlik*, a.a.O. (2016), S. 57 f.

[741] *M. Pawlik*, a.a.O. (2016), S. 58.

[742] *M. Pawlik*, a.a.O. (2016), S. 58.

[743] Vgl. *M. Pawlik*, a.a.O. (2016), S. 63.

[744] *M. Pawlik*, a.a.O. (2016), S. 63.

[745] *M. Pawlik*, a.a.O. (2016), S. 63 ff.

[746] *M. Pawlik*, a.a.O. (2016), S. 63.

neukantianisch gefärbten Äußerungen der Zeit gesetzt. Sie werden als Teil eines tatsächlichen Theoriesierungszusammenhangs beurteilt, und nicht einfach unter beliebige geistesgeschichtliche Strömungen subsumiert (grundlegend zu *Liszt* und dem Neukantianismus hier, Punkt A.IV. im 4. Kapitel).

Sowohl *Frisch* als auch *Pawlik* schwebt der Gedanke vor, dass man, möchte man *Liszts* theoretische Orientierung begreifen, die Analyse nicht vornehmlich oder ausschließlich auf die ausdrücklich in *Liszts* Werken erwähnten Konzepte gründen darf.[747] Dies ist in Worten *Pawliks* notwendig, weil bei *Liszt* kein „nach allen Regeln der Zitierkunst abgesichertes philosophisches Fundament" besteht.[748] Insoweit ist das geforderte Verfahren der Analyse ein ganz anderes als in den frühen 1980er Jahren, wo man in zahlreichen Jubiläumsanalysen gerade davon ausgegangen ist, dass der Schlüssel für die Erschließung aller Verständnisebenen in wenigen, von *Liszt* in mannigfaltiger Weise sehr mechanisch mitgeteilten Definitionen der Begriffe wie „Wissenschaft", „Willensfreiheit", Jurisprudenz als „Kunst", „gesamte Strafrechtswissenschaft", „Kriminalsoziologie" zu suchen ist.[749]

Weitere wichtige Durchbrüche zur tatsächlichen Analyse sind beispielsweise in Aufsätzen von *Stuckenberg* (Strafverfahrensreform), *Kubiciel* (Rechtsvereinheitlichung), *Zabel* (Reformbewegung) und *Wetzell* (IKV, Rückfällige) vorhanden.[750] Es ist interessant, dass im Einzelnen diese Durchbrüche aus verschiedenen Strategien heraus erfolgen. Bei *Frisch* und *Pawlik*, aber auch bei *Stuckenberg* und *Kubiciel*, scheint für die Analyseoffenheit und ein sorgsames Aufspüren der Unterschiede vor allem der Stoff selbst ausschlaggebend gewesen zu sein. Insoweit gelingt die Wende

[747] *W. Frisch*, a.a.O. (2016), S. 14; *M. Pawlik*, a.a.O. (2016), S. 58.

[748] *M. Pawlik*, a.a.O. (2016), S. 58. Andererseits zeigt sich in diesem wichtigen Punkt die Bedeutung der Paradigmen-Analyse und der Sensiblität für den Umstand, dass man auf verschiedene Weise in verschiedenen Kontexten „verweisen" („zitieren") kann. Es gibt keine „Zitierkunst" als eine abstrakte Fertigkeit, sondern allein eine Zitierpragmatik. Eine Referenzverdichtung kann auch durch ausgewählte Stichworte oder Paraphrasen der geläufigen Parolen erfolgen. Für den mündlichen Vortrag und Vorlesungen – und viele von *Liszts* Texten sind gedruckte Vorträge – ist dies das kräftigste Mittel des Zitierens überhaupt. Es ist die Aufgabe jeder historischen Kritik, sollte es bei *Kant* oder bei *Liszt* sein, für die Leser, die durch Jahrhunderte von dem Werk des Autors getrennt sind, die angesprochenen Bezüge wiederherzustellen. So wie es auch eines Tages die Aufgabe historischer Kritik sein wird, zu ermitteln, welchen Stellenwert in einem tragenden Text unserer Zeit etwa ein Beispiel mit Flüchtlingen, der Hinweis auf „Europäisierung", die „Anbindung" an *Hegel*, die Erwähnung – ohne Zitat – eines „Feindstrafrechts" oder etwa die Bezeichnung eines Entwurfs als „Alternativentwurf", hat.

[749] Vgl. *R. Lange*, a.a.O. (1981), 159; *H. Leferenz*, a.a.O. (1981), 199. Vgl. noch *M. Frommel*, a.a.O. (1987), S. 65 ff.; *M. Vec*, Sichtbar/Unsichtbar: Entstehung und Scheitern von Kriminologie und Kiminalistik als semiotische Disziplinen, in: R. Habermas/G. Scherhoff (Hrsg.), Verbrechen im Blick, 2009, S. 391 ff.; und die neue Übersicht bei *H. Plank*, „Gesamte Strafrechtswissenshaft", 2017, S. 293 ff.

[750] *C.-F. Stuckenberg*, Die v. Liszt-Schule und die Reform des Strafprozessrechts, in: A. Koch/M. Löhnig (Hrsg.), Die Schule Franz von Liszts, 2016, 153; *Kubiciel*, Franz v. Liszt und das Europäische Strafrecht, ebendort (2016), 229; *B. Zabel*, a.a.O. (2016), 87; *R. Wetzell*, Franz v. Liszt und die internationale Strafrechtsreformbewegung, ebendort (2016), 207.

zu einer diskursgerechten Darstellung „von unten“, aus dem Stoff heraus. Andererseits wird bei *Zabel* der Durchbruch zur Diskursivität durch einen reichlichen Rekurs auf den Begriff der „Netzwerke“ aus der modernen Wissenschaftsgeschichte gewonnen (vgl. für den Begriff oben, Punkt D.I., Anmerkung).[751] Insoweit handelt es sich um jenen Fall, wo die Erkundung von Diskursen „von oben“, als Anwendungsfall eines breiteren Analyseverfahrens erfolgt. Ähnlich wie die Analyse von *Zabel*, stellt auch die Analyse *Wetzells* eine lege artis durchgeführte Analyse des Diskurses in der IKV mit den modernen Auffassungsmustern der Wissenschaftsgeschichte dar.[752] Fördernd ist bei *Wetzell*, nicht anders als bei *Schmidt-Recla/Steinberg*, das Stichwort „Debatte“, das die pragmatischen Komponenten von einzelnen Äußerungen hervorhebt und insoweit eine rein rationalistische Analyse zu Gunsten der Auffassung von tatsächlichen Sachverhalten und Stoßrichtungen verlässt.

Beide genannten Entwicklungen zum Diskurs haben ihre eigenen Vor- und Nachteile. Bei der Entwicklung aus dem Stoff erreicht man eine hochgradige, aber in Bezug auf potenziell analysierbare Inhalte des Stoffes nur partielle Stoffgerechtigkeit. Da man an den Stoff nicht mit einem Set von Theorien herangeht, werden viele Punkte, die sonst aus der Sicht eines systematischen Zugangs auffallen würden, unerörtert gelassen. Der Zugang „von oben“ verspricht eine Berücksichtigung von vielen Feldern des Stoffes, kann aber in manchen Fällen, sollte die Theorie nicht hermeneutisch nachgeprüft und angepasst werden, sogar zu einer Vergewaltigung des Stoffes führen. So passt zum Beispiel der „Netzwerk“-Gedanke, der von einer losen Vernetzung von Autoren geht, viel eher zu dem Ringen der Literaten im 18. Jahrhundert oder in der europäischen Strafrechtswissenschaft im Vormärz, als zu der Entwicklung am Ende des 19. Jahrhunderts. Der Begriff des „Netzwerks“ zeigt alle seine Vorteile dort, wo eine formale „Unterinstitutionalisierung“ vorhanden ist. Er hat sich besonders für die Analyse der umfangreichen wissenschaftlich-fachlichen Korrespondenzen sehr bewährt,[753] müsste aber bei formal institutionalisierten Foren, die sich durch gesteuerte kollektive Aktion auszeichnen (etwa DJT oder Kriminalistisches Seminar) wegen seiner begrifflichen Grenzen seine zentrale oder exklusive Rolle einbüßen.

Auch in Bezug auf den Augsburger Sammelband darf hervorgehoben werden, dass die Hinwendung zu und das Lob für eine Diskursanalyse nicht so verstanden werden soll, als ob man endlich zu festen und endgültigen Ergebnissen gekommen ist. Mit der Verabschiedung von dem geschichtsphilosophischen Gedanken, nach welchem Konzepte, Lehrsysteme, Agieren aus einer Gesinnung, die auf einen Begriff gebracht werden soll, aufgefasst werden können, geht auch die verfehlte Vorstellung verloren, dass eine abschließende Arbeit in dem Bereich der Erfassung der intel-

---

[751] *B. Zabel*, a.a.O. (2016), 87.

[752] *R. Wetzell*, a.a.O. (2016), 207. Vgl. für methodologische Aspekte P. Becker/R. Wetzell, Introduction, in ihrem Sammelband Criminals and their Scientists, 2006, S. 1 ff.

[753] Vgl. *L. H. Riemer*, a.a.O. (2005).

lektuellen Geschichte des Strafrechts durchgeführt werden kann. Die Forschung ist mit einer prinzipiell unendlichen Mannigfaltigkeit der Vergangenheit und ihren Hinterlassenschaften konfrontiert, die uns nur als ein teilweise vorgebildeter Stoff entgegenkommt. Jener wird immer durch das Interesse der Forschung geformt, es wird immer Bereiche geben, die untererläutert bleiben werden. Nur ein sehr günstiger Fall erlaubt es, dass sich verschiedene Forscher, vielleicht mehrere Generationen hindurch, mit den gleichen Schriften, Autoren, historischen Sachverhalten usw. beschäftigen. Mit unterschiedlichen Interessen, Begriffen und Forschern und aus Furcht vor Dogmatisierung des Wissens, muss auch der Stoff immer wieder neu und anders aufgefasst werden. Die größte Lehre, die eine Diskursanalyse bringt, sind nie konkrete Inhalte, sondern die elementare Einsicht, dass in geschichtlichen Sachverhalten die gleichen Handlungsaspekte aufgespürt und rekonstruiert werden müssen, die prinzipiell auch die heutige Betätigung von Menschen und besonders Forschern auszeichnen.

Aus dieser Warte kann man in zahlreicher Hinsicht potenziell über den Deutungsstand des Augsburger Sammelbandes hinausgehen. So könnte man etwa einwenden, dass die Einbeziehung von Mikrodiskursen teilweise in Bezug auf einen falschen Erdfleck erfolgt ist. Bei *Koch* etwa werden umfangreich die Umstände in Deutschland vor der Einigung 1871 geschildert.[754] Der Leser wird mit den wichtigen Topoi der Konkurrenz zwischen Gemeinem Recht und Partikulargesetzgebung und ihrer wissenschaftlichen Bearbeitung vertraut gemacht, was einen gewissen Sinn hat, wenn man *Liszt* als Reformator des juristischen Studiums in Deutschland betrachtet. Es fehlt jedoch eine vergleichbare Darstellung von Umständen in Österreich, wo etwa der zivilistische Kern der Rechtswissenschaft durch die frühe Kodifizierung 1811 (ABGB) vor ganz andere Herausforderungen gestellt wurde, wie auch die Strafrechtler in einem anderen Komplex der Herausforderungen und des zu analysierenden Stoffes aufwuchsen. Auch die Geschichte des Verfalls des Hegelianismus und des Aufstieges des Neukantianismus bei *Pawlik*[755] ist die Geschichte *des Neukantianismus und Hegelianismus an den deutschen Universitäten.* Sie könnte in österreichischen Verhältnissen völlig anders erörtert werden.

E. Umfassende Auffassung der Kriminologiegeschichte und Geschichte des Strafens (die „neue Welle“)

I. Die „Gesamtdarstellungen“

Es entspricht einer verbreiteten Einsicht, dass seit Beginn des 21. Jahrhunderts die Geschichte der Kriminologie und Kriminalpolitik, was Deutschland anbetrifft, systematischer als zuvor in einer Reihe von zeitlich nah aneinander erschienenen

[754] *A. Koch*, a.a.O. (2016), S. 29 ff.

[755] Vgl. insb. *M. Pawlik*, a.a.O. (2016), 59 ff.

Untersuchungen aufgefasst wurde. Teilweise sind es, wie im Falle des Standardwerks von *Wetzell*, sehr beachtete englischsprachige Untersuchungen über die Entwicklung in Deutschland. Teilweise sind es, wie im Falle des neueren und hochkarätigen Buches von *Freitag* über „Kriminologie in der Zivilgesellschaft", deutschsprachige Untersuchungen, die sich zwar auf ausländische Verhältnisse beziehen, durch welche aber der deutsche Diskurs über die Entwicklung der Kriminologie und der Kriminalpolitik wesentlich und unmittelbar bereichert wird. Gemeinsam ist allen diesen Untersuchungen, dass sie, zumindest im Titel, einen ausgeprägten Anspruch erheben, die Geschichte der Disziplin oder der Kriminalitätsauffassung in einer Epoche darzustellen. Damit wird der Eindruck gerechtfertigt, dass es sich um eine feste Gattung eigener Art von themenübergreifenden „historischen Grundlagewerken"[756] oder „verlässlichen Gesamtdarstellungen"[757] der Geschichte der Kriminologie und des Strafdiskurses handelt.

Übersicht 22

Monographien über disziplinäre Entwicklungen in Auswahl

2000	*Wetzell*, Inventing the Criminal: A History of German Criminology, 1880–1945.
2002	*Becker*, Verderbnis und Entartung: Eine Geschichte der Kriminologie des 19. Jahrhunderts als Diskurs und Praxis.
2004	*Galassi*, Kriminologie im Deutschen Kaiserreich: Geschichte einer gebrochenen Verwissenschaftlichung.
2006	*Mayenburg*, Kriminologie und Strafrecht zwischen Kaiserreich und Nationalsozialismus: Hans von Hentig (1887–1974).
2006	*Baumann*, Dem Verbrechen auf der Spur: Eine Geschichte der Kriminologie und Kriminalpolitik in Deutschland 1880 bis 1980.
2007	*Emsley*, Crime, Police, and Penal Policy: European Experiences 1750–1940.
2007	*Rosenblum*, Beyond the Prison Gates: Punishment and Welfare in Germany 1850–1933.
2014	*Freitag*, Kriminologie in der Zivilgesellschaft: Wissenschaftsdiskurse und die britische Öffentlichkeit, 1830–1945.

[756] *M. Bock*, Kriminologie, 5. Aufl. 2019, S. 409.

[757] *D. Mayenburg*, Kriminologie und Strafrecht zwischen Kaiserreich und Nationalsozialismus, 2006, S. 40 („verlässliche Gesamtdarstellung"), 41 („umfassende Darstellung des Panoptikums Kriminologie", „Gesamtgeschichte der Kriminologie").

2016	*Pifferi*, Reinventing Punishment, A Comparative History of Criminology and Penology in the Nineteenth and Twentieth Centuries.

Der Eindruck, dass man über eine Reihe von Grundlagenwerken verfügt, darf nicht über den Umstand hinwegtäuschen, dass die genannten monografischen Untersuchungen ein hoher Grad an Mannigfaltigkeit auszeichnet. Die Untersuchung von *Mayenburg* bewegt sich noch in der Reihe der semibiographischen Einzelauffassungen, wie sie mittlerweile in der Strafrechtswissenschaft für die Auffassung von Leben und Werk von prominenten Autoren öfters anzutreffen sind.[758] Die englischsprachigen Untersuchungen bauen auf den im englischen Sprachraum schon traditionellen Bemühungen um die historische Auffassung der Kriminalisierung auf. Das Buch von *Becker* greift die Analyse des Diskurses im Sinne der „Archäologie des Wissens" (*Foucault*) auf.[759] Unter dem oben mehrmals angesprochenen Aspekt des Durchbruchs zu tatsächlichen Diskursen sticht der Ansatz von *Freitag* hervor.[760] *Pifferis* Buch ist methodologisch betrachtet eine sehr interessante Erscheinung. Dort werden in gewissem Grade die Auffassungsgewohnheiten der juristischen Rechtsvergleichungslehre auf das Gebiet der Kriminologie und Kriminalpolitik übertragen.[761]

Hinter allgemeinen, im Einzelfall vielleicht auch auf Verlagswünsche zurückgehenden Titeln, die die umfassende Geschichte der Kriminologie, der Kriminalpolitik, der Interventionsdiskurse einer oder mehrerer Epochen versprechen, verbergen sich in der Regel streng thematisch und quellenmäßig sehr bewusst eingegrenzte Sondierungen des Stoffes. Damit gehören die genannten Untersuchungen im Einzelnen nicht wirklich einer besonderen Gattung der Gesamtdarstellungen an, die sich durch eine eigenständige innere Dynamik auszeichnen würde. Sie wachsen vielmehr aus der jeweils spezifischen Tradition der Geschichtsschreibung heraus. Dieser Umstand erlaubt es, die Monographienliste um eine Reihe von weiteren Untersuchungen sinnvoll zu ergänzen, die dem Titel nach nicht die gleiche Allgemeinheit erreichen, aber inhaltlich eine vergleichbare Vertiefung in einem Ausschnitt des Stoffes bieten. Man erwähne das Buch „Strafen als moralische Besserung: Eine Geschichte der Straffälligenfürsorge 1777–1933" von *Schauz*,[762] oder das bereits oben berücksichtigte Buch „Verbrechen im Anstaltsstaat: Psychiatrie, Kriminologie

[758] Man vgl. die kleine Aufzählung oben in der Einleitung vor dem ersten Teil der Untersuchung.

[759] *P. Becker*, Verderbnis und Entartung, 2002.

[760] *S. Freitag*, Kriminologie in der Zivilgesellschaft, 2014.

[761] *M. Pifferi*, Reinventing Punishment, A Comparative History of Criminology and Penology in the Nineteenth and Twentieth Centuries, 2016. Man vgl. den Untertitel („A Comparative History of Criminology") und eine sehr kategorial angestrebte Bemühung die Unterscheidung zwischen der amerikanischen und der europäischen Entwicklung zu konstatieren (wie man sonst common law/civil law auffasst).

[762] *D. Schauz*, Strafen als moralische Besserung, 2008.

und Strafrechtsreform in Deutschland 1871–1933" von *Müller.*[763] Oder, die sorgsam erstellte monografische Untersuchung „Verbrechen und Krankheit: die Entdeckung der ‚Criminalpsychologie' im 19. Jahrhundert" von *Greve.*[764]

Die Art der Beziehung, welche in diesem Teil der Forschung gegenüber *Liszt* gepflegt wird, ist unterschiedlich. Man vergleiche etwa zuerst *Mayenburg*, wo *Liszt* in eine für den Erkenntnisvorgang der gesamten Monographie zentrale Rolle hineingesetzt wird.[765] *Liszt* begegnet uns in dem Buch auf gut hundert Seiten, also in einem Viertel des Textes.[766] Am Gegenpol stünde die Untersuchung von *Becker*, in welcher *Liszt* nur an drei, nicht besonders wichtigen Stellen erwähnt wird.[767] In den meisten Untersuchungen kann man von einer deutlich gehobenen, aber für den Forschungsgang der Untersuchung nicht zentralen Rolle *Liszts* sprechen. *Liszt* wird in der Regel, je nach der Breite des Zugangs, als der wichtigste Reformator in Deutschland oder eine von vielen Figuren der internationalen Reformbewegung erwähnt. Sein Werk *wird als Teil* eines breiteren Kontextes, wie die Entwicklung der Disziplin Kriminologie („Verwissenschaftlichung"), der „Medikalisierung" der Verantwortungsdiskurse, der Kontrollpraktiken in der Gesellschaft oder allgemein der Modernisierung, betrachtet.[768]

II. Vorgehensweise und Herausforderungen

Der Genuss der in diesem Abschnitt angesprochenen Werke kann für den Leser am höchsten sein, wenn die Studien mit Sinn für spezifische, meist theoretische Herausforderungen der geschichtswissenschaftlichen Forschung gelesen werden. Wie die Rechtswissenschaft, so ist auch die Geschichtswissenschaft kein einheitliches Unternehmen. Sie spiegelt in unterschiedlichen Ländern, in unterschiedlichen Schulen, auch in unterschiedlichen Bereichen (wie antike Geschichte und Geschichte der Neuzeit), ganz verschiedene Traditionen wider. Man begegnet ver-

---

[763] *Ch. Müller*, a.a.O. (2004).

[764] *Y. Greve*, Verbrechen und Krankheit, 2004.

[765] Vgl. *D. Mayenburg*, a.a.O. (2006), S. 22, 38, 57.

[766] Vgl. noch *D. Mayenburg*, a.a.O. (2006), S. 74ff., 91ff., 116ff., 168ff.

[767] *P. Becker*, Verderbnis und Entartung, 2002, S. 26, 283, 357.

[768] Vgl. *R. Wetzell*, Inventing the Criminal, 2000, S. 31ff., 39ff., 75ff., 109, 234, 295; *U. Germann*, Psychiatrie und Strafjustiz: Entstehung, Praxis und Ausdifferenzierung der forensischen Psychiatrie in der deutschsprachigen Schweiz 1850–1950, 2004, S. 40, 88ff., 108, 134; *S. Galassi*, a.a.O. (2004), S. 123ff., 344ff.; *I. Baumann*, Dem Verbrechen auf der Spur, 2006, S. 11, 43, 73, 365; *S. Kesper-Biermann/P. Overath* (Hrsg.), Die Internationalisierung von Strafrechtswissenschaft und Kriminalpolitik (1870–1930): Deutschland im Vergleich, 2007, S. 5; *D. M. Vyleta*, Crime, Jews and News: Vienna 1895–1914, 2007, S. 19, 21; *D. Schauz*, a.a.O. (2008), S. 198ff., 224, 238, 335, 338; *W. Rosenblum*, Beyond the Prison Gates, 2008, S. 3, 4; *S. Freitag*, a.a.O. (2014), S. 111, 169; *R. Wetzell* (Hrsg.), Crime and Criminal Justice in Modern Germany, 2014, S. 4f., 41, 69ff., 90, 118, 153, 160, 358 („see also"); *M. Pifferi*, a.a.O. (2016), S. 7, 9, 14, 20, 39, 126f., 147, 247.

schiedenen Maßstäben für Qualitätssiegel, verschiedenen Spektren, in denen eine Durchdringung als gelungen oder nicht gelungen bewertet wird, und letztendlich auch verschiedenen Erwartungshorizonten des Publikums. Letztere können vom Aufgreifen der letzten erkundbaren Finesse in einem fest etablierten Forschungsdiskurs bis zur Erwartung einer sensationsartigen Dramatisierung und kurios-vereinfachten Erklärung des vergangenen Geschehens reichen.

In Bezug auf *Liszt* besteht im Schnittpunkt der rechtswissenschaftlichen und geschichtswissenschaftlichen Forschung eine prinzipielle Gefahr. Letztere Art der Forschung ist in allen Forschungsprozessen mit dem Umstand konfrontiert, dass in Bezug auf *Liszt* schon zahlreiche, meistens aus dem juristischen Bereich stammende Darstellungen und kritische Einordnungen vorliegen. Es entspräche einer nachvollziehbaren Taktik, dass man die zur Verfügung stehenden Ressourcen für die Erforschung von anderen Autoren und Zusammenhängen verwendet, während man sich in Bezug auf *Liszt* auf die blockartige Übernahme des bereits Geleisteten verlässt. In diesem Schnittpunkt kann für Nutzer der falsche Eindruck entstehen, dass es sich in einem prominenten Teil der Rechtswissenschaft, etwa in der radikalen Liszt-Kritik, um letzte Ergebnisse eines langen, wissenschaftlich reflektierten Diskurses über die Rolle *Liszts* handelt, während es tatsächlich um äußerst kontroverse und parteinehmende Sichtweisen geht, die nur im System und in einem ausgeglichenen Vergleich mit anderen Sichtweisen der Liszt-Forschung fruchtbar verwertet werden können.

Man beachte wie bei *Pifferi* auf die Autoren aus der radikalen Liszt-Kritik verwiesen wird: für seine Leser muss leicht der Eindruck entstehen, dass es sich bei *Vormbaum* und *Naucke* um Gewährsmänner für die ganze deutsche Diskussion handeln könnte.[769] Viel vorteilhafter ist die Handhabung etwa bei *Becker*, der sorgsam auf verschiedene Deutungsansätze im Sammelband „Liszt der Vernunft" aus dem Jahr 1984 verweist. Damit kommen so mannigfache Autoren und Deutungsansätze wie jene von *Ostendorf*, von *Baurmann* und *Frommel* und aus der marxistischen Kritik unmittelbar in den Blick.[770] In der Regel vermag eine breitere Perspektive und vertiefte historische Auskunft über das Gewicht von einzelnen geschichtlichen Erscheinungen wie „Liberalismus" oder „Moderne" die historische Forschung vor bloßer Übernahme von fertigen Inhalten und Bewertungen zu bewahren. Man beachte, wie sich die tieferen Einsichten in die positiven Modernisierungsaspekte im Kaiserreich in der Studie von *Lees* positiv auf die Einschätzung von *Liszt*, trotz seiner negativen Darstellung in der radikalen Kritik, ausgewirkt haben.[771]

Als eine besondere Folge der Überzeugung, dass man mittelbar, über andere Autoren, mit *Liszts* Werk gut vertraut werden kann, kann man die kleinen inhaltlichen Verschiebungen identifizieren, die leicht dort eintreten, wo eine in der Se-

---

[769] *M. Pifferi*, a.a.O. (2016), S. 53 f.

[770] *P. Becker*, a.a.O. (2002), S. 357.

[771] *A. Lees*, Cities, Sin, and Social Reform in Imperial Germany, 2002, S. 170 ff.

kundärliteratur gewonnene Vorstellung über den tatsächlichen Inhalt von *Liszts* Gedanken und Absichten nicht mit Originaltexten oder näheren Auskünften über Kontexte abgeglichen wurde. Uns begegnet bei *Rosenblum* nicht der wirkliche *Liszt*, sondern eine ahistorische Figur mit dem Namen „Liszt", die aus der Kenntnis des Zeitgeists deduktiv gewonnen zu werden scheint.[772] Auch die Stellung von anderen Größen, wie zum Beispiel der „Klassischen Schule", wird durch Spekulation und aus einem Missverständnis der älteren Literatur konstruiert.[773] Bei *Emsley* erfolgt die Wiedergabe der fremden Forschung und etablierten Topoi in einer Paraphrase, die in den Einzelheiten den eigentlichen historischen Sachverhalt nicht mehr umreißt. Man darf etwa in Bezug auf die Art der Mitteilung, dass „Liszt und sein Institut" nach Berlin umgezogen sind („transferred"), schließen, dass *Emsley* weder der Charakter des Kriminalistischen Seminars noch die Mechanismen und die soziale Gestaltung des Hochschulortswechsels im Kaiserreich bekannt waren.[774]

Bei dem schon mehrmals angesprochenen, insgesamt vortrefflichen Buch von *Pifferi*, besteht eine latente chronologische Unordnung von Gedanken, hinter welcher vielleicht ein objektiv-idealistischer Grundmodus des Denkens vermutet werden darf.[775] Einige Topoi, die eigentlich *Liszt* oder einer allgemeinen Diskussion zuzuordnen wären, werden gelegentlich als wichtige Beiträge von anderen Autoren oder als Zusammenfassungen späterer Kritiker (*Naucke*) hingestellt.[776] Die Auffassung des deutschen Diskurses in dem Buch bereichert zwar durch wichtige Schlagwörter wie „Rechtsstaat"[777] oder „Carl Josef Anton Mittermaier"[778] den Text. Sie werden aber auf eine forcierte Art eingeführt, die, um bei Beispielen zu bleiben, weder dem Verhältnis zwischen Entwicklung und Begriff beim Rechtsstaat noch der Positionierung *Mittermaiers*, der bei *Pifferi* im gleichem Atemzug mit *Birkmeyer* (!) erwähnt wird,[779] gerecht werden. Die Darstellung der deutschen Lage kann, anders als das Buch insgesamt, nur als sehr provisorisch bezeichnet werden.

---

[772] Vgl. *W. Rosenblum*, a.a.O. (2008), S. 68 f., 133, 138.

[773] Vgl. *W. Rosenblum*, a.a.O. (2008), S. 69.

[774] *C. Emsley*, Crime, Police, and Penal Policy, 2007, S. 194. Man beachte außerdem, dass *Liszt* nicht bereits 1889 sowohl IKV gründen als auch nach Berlin wechseln konnte (loc. cit.), sondern erst zehn Jahre später, 1899 (nicht 1889), nach Berlin berufen wurde. *Emsley* verwendet das angeblich gleiche Jahr von großen Ereignissen als ein wichtiges Mittel, um Lesern nahezubringen, dass *Liszt* sehr wichtig und hochgeschätzt war. Plausibel aber fantastisch.

[775] Man vgl. *M. Pifferi*, a.a.O. (2016), S. 69 f., 119 ff., 128 ff., 225 f., 241.

[776] Man vgl. *M. Pifferi*, a.a.O. (2016), S. 50, 97 f., 120.

[777] Vgl. *M. Pifferi*, a.a.O. (2016), u. a. S. 143 ff., 175.

[778] *M. Pifferi*, a.a.O. (2016), S. 19.

[779] *M. Pifferi*, a.a.O. (2016), S. 19.

III. Bestimmung des Gegenstandes zwischen Gründen und Begründung

Eine interessante Erscheinung in der Geschichtsforschung ist die Art und Weise, wie die Autoren die Eingrenzung und den Umriss des Gegenstandes begründen. Man kann in Termini der Argumentationslehre oft das Urteil rechtfertigen, dass in den Werken eine Disparität zwischen der angeführten Begründung und den tatsächlichen Gründen für die Einschränkung besteht. Man vergleiche etwa, mit welchem Argument in *Wetzells* Studie die Berücksichtigung des Diskurses über Jugenddelinquenz ausgeschlossen wird.[780] Die „Forschung" über die „Delinquenz Jugendlicher" und über die „verwahrloste Jugend" stellte 1880–1945 ein „getrenntes Feld der Untersuchung", mit „eigenen spezialisierten Zeitschriften" und „Vereinen" dar; sie war „viel anders (quite distinct)" als die „allgemeine Kriminologie" und zwar seit dem „Beginn der kriminologischen Forschung".[781] Die Thematik sei bereits an anderen Stellen heute gut erforscht.[782] Folglich wird der zentrale Vorgang der Entdeckung des Kriminellen („Inventing the Criminal") ohne Aspekte der Bewertung der Jugenddelinquenz geschildert. Diese Ausgrenzung ist nicht einwandfrei. Die Problematik des Jugendstrafrechts und der Jugenddelinquenz um 1900 in Deutschland kann nicht von der Problematik des allgemeinen Strafrechts und der allgemeinen Umwelt-Anlage Diskussion abgetrennt werden. *Liszts* Fokussierung auf Jugendliche ist Teil eines breiteren kriminalpolitischen wie theoretischen Programms, in welchem „Jugend" im Rahmen der Akzentuierung der „Umwelt" als eine formative Kategorie des (unverbesserlichen) Verbrechers wahrgenommen wird. Das Jugendstrafrecht ist in diesem Konzept die Verbeugung gegen Unverbesserlichkeit. Wo dieses Konzept und damit die Akzentuierung der Umwelt-Problematik vorhanden ist, ist es nicht möglich, eine getrennte Geschichte der „allgemeinen", nicht jugendspezifischen Profilierung des Verbrechensverständnisses und der Intervention zu schreiben.

Kommt man in erwähntem Zusammenhang und mit genannter Einschränkung in der eigenen Untersuchung des Zeitalters zum Schluss, dass Anlage-Deutungen und Phänomene wie „Medikalisierung" prävalieren, so könnte es sich leicht um einen täuschenden Befund handeln, der durch Begrenzung des Gegenstandes konstruiert wird, und damit erst in den künstlichen Reagenzgläsern der Forschung nicht auf den Widerstand des Stoffes stößt. Es kann leicht ein Schein von der Dominanz des Anlagediskurses entstehen, indem der wesentliche Entfaltungspunkt des Umweltgedankens ignoriert wird. Hier soll nicht das gute Recht jedes Autors bestritten werden, seine Forschung zu begrenzen. Natürlich kann man in jeder Untersuchung beliebige Teilaspekte, Jahre, „Klienten", Richtungen, Autoren, Literaturgattungen, mit gutem Gewissen ausgrenzen, weil jede Untersuchung schon prinzipiell nur eine Sondierung des Stoffes darbieten kann. Wogegen ein Einwand zu erheben ist, ist die Verlagerung der Begründung der taktisch erfolgten Einschränkungen in den ver-

---

[780] Vgl. *R. Wetzell*, a.a.O. (2000), S. 12.

[781] *R. Wetzell*, a.a.O. (2000), S. 12.

[782] *R. Wetzell*, a.a.O. (2000), S. 12.

meintlichen Strukturen des Stoffes, in die Gründe also, die angeblich in der Entwicklung selbst zu verorten sind.

Auch bei *Galassi* ist man mit einer Dialektik konfrontiert, in welcher der Ausschluss von wissenschaftlichen Diskursen aus der ersten Hälfte des 19. Jahrhunderts ontologisch gerechtfertigt wird. Die Untersuchungen und Äußerungen vor dem Kaiserreich werden wegen ihrer vermeintlichen Andersartigkeit zum untersuchten Gegenstand (wissenschaftliche Diskurse zwischen 1880–1914) bzw. wegen ihrer angeblichen Unterentwicklung und Randbedeutung ausgeschlossen.[783] Mit dem gleichen Argumentationsmuster wird die Studie auch räumlich begrenzt. Die internationale Entwicklung wird am Rande behandelt, nicht wegen Sprachbarrieren vor der skandinavischen, romanischen, russischen oder ungarischen wissenschaftlichen Landschaft, nicht wegen einer Übermenge des internationalen Stoffes oder aus der taktischen Notwendigkeit einer Fokussierung im Rahmen der zur Verfügung stehenden Zeit und Seitenzahl. Vielmehr soll sich die Studie nur mit der Entwicklung im deutschen Kaiserreich befassen, weil sich die „entscheidenden Diskussionen der Strafrechtsreformbewegung im nationalen Rahmen bewegten".[784] Solche Scheinbegründungen sind nicht harmlos. Sie üben Druck auf den Autor aus, die Kontinuitäten, auch dort wo sie sich aufdrängen, zu unterdrücken und den behandelten Abschnitt vorschnell mit der generellen/universalen Entwicklung zu identifizieren, anstatt eine wichtige „zeitliche" und „nationale" Probe des Stoffes zu liefern, die in den nächsten Jahrzehnten in dem wissenschaftlichen Diskurs nach allen räumlichen und zeitlichen Seiten hin gespiegelt, kontrolliert, weiterprofiliert, verbessert, bestätigt, widerrufen, ergänzt werden kann.

Die Untersuchung über „Die Entdeckung der ‚Criminalpsychologie' im 19. Jahrhundert" von *Greve* beschäftigt sich mit einem interessanten, hochentwickelten wissenschaftlichen Diskurs in der Zeitspanne zwischen 1780 und 1850.[785] Sie erschien in gleichem Jahr wie die Studie von *Galassi* und zeugt plakativ von der Willkürlichkeit der chronologischen Einschränkung auf das Kaiserreich. Für *Galassis* Handhabung war mitentscheidend, dass sie stark die positivistischen Erzählmuster von der späten Entwicklung der Wissenschaft rezipiert hat.[786] In einem komplexen Gefüge der theoretischen Bestimmung der Wissenschaft und Wissenschaftlichkeit werden zahlreiche disziplinäre Vorurteile eingebaut, die eine unbefangene Verwertung von Texten aus Wissenschaften wie die Strafrechtswissenschaft oder aus offenen Diskursen, die keinen Charakter einer „Disziplin" im Sinne der späten Institutionalisierung von *manchen* Wissenschaften haben, unmöglich machen.

783 *S. Galassi*, a.a.O. (2004), S. 14 f.

784 *S. Galassi*, a.a.O. (2004), S. 15, 32.

785 Vgl. *Y. Greve*, a.a.O. (2004), S. 430 ff.

786 *S. Galassi*, a.a.O. (2004), S. 16 ff.

IV. Lehren aus der Wissenschaftssoziologie und Diskurslehre

Charakteristisch für die wissenschaftspositivistische Phantasiefähigkeit ist es, wenn bei *Galassi* die Überzeugung vermittelt wird, dass es so etwas wie den universellen und zeitlich unabhängigen Begriff der „Strafrechtswissenschaft" gibt und dass es sich dabei *begriffsnotwendig* um eine Wissenschaft handelt, die „Gesetztexte als Grundlage fraglos akzeptiert" und auf „unhinterfragbaren Prämissen" beruht.[787] Nimmt man dieses zeitlich bedingte oder aus einer reinen abstrakten Systematik der Wissenschaftstheorie deduzierte Urteil, so versperrt man sich im Voraus die Einsicht in verschiedene Epochen, in welchen die „Strafrechtswissenschaft" eine Leistung anderer Art und Konglomerationen von Wissen anderer Herkunft angeboten hat. Es ist eindeutig, dass eine jahrtausendealte Disziplin, die in mannigfachen Schüben wissenschaftlich umgestaltet worden ist, nicht mit Zeiteinheiten und institutionellen Topoi gemessen werden kann, die etwa für die Historisierung der Schaffung der Lehrstühle für Biologie am Ende des 19. Jahrhunderts maßgeblich sein sollten. Es liegt eine ungewöhnliche Tendenz zum naturalistischen Denken vor, bei welcher die von der Wissenschaftssoziologie ausgearbeiteten Modelle der Verwissenschaftlichung nicht als theoretisches Aufgreifen der Entstehung von einzelnen Disziplinen und ggf. als ein Typus der Entwicklung wahrgenommen werden, sondern als Schilderungen des gesetzmäßigen Zustandekommens der Disziplinen, das im Grunde gegenüber jeder Disziplin „gilt".[788]

In einer anderen Tradition ist das Buch von *Becker* geschrieben. Ganz anders als *Galassi* arbeitet *Becker* nicht mit einem verengenden, auf das englische „science"[789] zugeschnittenen Begriff der Kriminologie als Wissenschaft, sondern sucht einen offenen kriminologischen Diskurs von verschiedenen Autoren aufzugreifen. Es soll interessieren, wie die Teilnehmer an diesem Diskurs, die „Kriminologen", ihre „Beiträge zum Wissen über Verbrechen" erbringen.[790] Im Mittelpunkt stehen „Kontinuität und Diskontinuität von Fragestellungen, Erklärungen und Konzepten", die als „wesentliche Merkmale des kriminologischen Diskurses" identifiziert werden.[791] Der kriminologische Diskurs erscheint als „Konglomerat von Beiträgen aus unterschiedlichen Diskursfeldern".[792] Im Einzelnen begegnet uns die Diskursanalyse

[787] *S. Galassi*, a.a.O. (2004), S. 19.

[788] Vgl. insb. *S. Galassi*, a.a.O. (2004), S. 20f., 35, 81f., 139.

[789] Vermehrt vorsichtige Autoren wie *A. Lees*, a.a.O. (2002), S. 10, 57, 133f., 361 verwenden für deutsches Kulturkonzept „Wissenschaft" nie „science", sondern Englisch „scholarship". Vgl. dazu *P. Vinogradoff*, The Teaching of Sir Henry Maine, 1904, S. 10; *W. Windelband*, Lehrbuch der Geschichte der Philosophie (6. Aufl. 1912), 18. Aufl. 1993, S. 1.

[790] *P. Becker*, a.a.O. (2002), S. 12ff., 264f. Vgl. noch *P. Becker*, The Criminologists' Gaze at the Underworld, in P. Becker/R. Wetzell (Hrsg.), Criminal and their Scientists, 2006, S. 105ff.

[791] *P. Becker*, a.a.O. (2002), S. 17.

[792] *P. Becker*, a.a.O. (2002), S. 19.

bei *Becker* vornehmlich als eine Harmonisierung von unterschiedlichen Äußerungen in sehr breiten, auch am Material der Philosophie herausgearbeiteten Rahmen („Frames“ im Sinne der empirischen Handlungslehre).[793] Die Unterscheidung zwischen Verfall und Verderbnis einerseits und Entartung andererseits ist sehr wichtig. Man kann sich gleichwohl schwer dem Eindruck entziehen, dass eine sehr hohe Harmonie zwischen Theorie und Stoff bei *Becker* dadurch herbeigeführt wurde, dass ein rigoros-biologizistischer Diskurs übermäßig zum Nachteil des soziologischen betont wird und dass allgemein, sowohl in Bezug auf das Strafrecht des Vormärzes als auch in Bezug auf die spätere Entwicklung bei *Liszt*, die Forderungen und Gedankenmuster in der Rechtswissenschaft zu wenig berücksichtigt werden.

Aus der Warte des Durchbruchs zu tatsächlichen Diskursen ist der hervorragende Ansatz von *Freitag* zu erwähnen, welcher nicht nur ihr Buch über die „Kriminologie in der Zivilgesellschaft“, sondern auch weitere Beiträge auszeichnet.[794] Während die Ausführungen bei *Becker*, trotz aller Kautelen, manchmal in die Nähe der Geschichtsphilosophie kommen und sich um die Demonstration der Epocheneinheit bemühen, wird der Akzent bei *Freitag* auf die tatsächliche Diversität von Ansätzen im Rahmen von begrifflich verwandten Themen gesetzt. Die zentrale Methode besteht in der Bestimmung von einzelnen „Protagonisten“ und „Diskursräumen“, denen sie angehören: Der Leser gewinnt einen geordneten sowie detaillierten Eindruck, wie sich verschiedene Vereine, Verwaltungsstellen, wissenschaftliche Gesellschaften, Zeitschriften, Disziplinen usw. in der Auseinandersetzung über die Kriminalität ätiologisch und kriminalpolitisch positioniert haben.[795] Die Erscheinungen wie „Eugenik“, „Statistik“ oder „environmentalism“ (soziale Deutung der Kriminalität) begegnen uns nicht wie Monolithe, sondern als Bezeichnungen, die auf verschiedene Differenzierungen innerhalb der gesellschaftlichen Debatten und innerhalb ihrer eigenen Diskurse hinweisen.

Freitag ist es wirklich gut gelungen, zu zeigen, dass eine zivile Gesellschaft wie die englische über ein sehr intensives Set von „Debatten“ über Ursachen des Verbrechens verfügt hat, und dass der Schein einer späten Entwicklung des Interesses für die Thematik und Zusammenfassung des Wissens über Kriminalität nur dadurch erzeugt wird, dass man praktisch stichwortartig die Debatten an dem falschen Ort, nämlich in damals nicht existenten Nomenklaturdisziplinen wie „Kriminologie“ gesucht hat.[796] Zwar bezieht sich die These von *Freitag* über die „Pluralität“ der Kriminalitätsdiskurse auf England und für England als eine charakteristische „auf

---

[793] Man vgl. sehr interessante Ausführungen über *Kant*, der durch seine Konzepte nach *Becker* dazu beitrug, die Trennung zwischen Recht und Moral *aufzuweichen: P. Becker*, a.a.O. (2002), S. 44 ff., 45 („Verzahnung von Recht und Moral“ bei *Kant*).

[794] Vgl. *S. Freitag/M. Löscher*, Vereine als Vermittler zwischen Wissenschaft und Öffentlichkeit, in S. Nikolow/A. Schirrmacher (Hrsg.), Wissenschaft und Öffentlichkeit als Ressourcen füreinander, 2007, 339.

[795] *S. Freitag*, a.a.O. (2014), S. 13 ff.

[796] Vgl. *S. Freitag*, a.a.O. (2014), S. 3 ff.

dem Weg zur Massendemokratie fortschreitende Zivilgesellschaft".[797] Die Fragestellung und die Befunde weisen aber ähnlich wie bei *Schönert* und *Linder* (1991) wiederholt auf dem Umstand hin, dass eine eingegrenzte Befassung mit „akademischen" Aussagen im Kaiserreich vielleicht eine Vergewaltigung des Stoffes mit institutionellen Rollenerwartungen der erst später, in absoluten und totalitären Regimen ausgeformten Verständnissen der Wissenschaft, darstellen kann.[798]

Besonders das 5. Kapitel im ersten Teil der hiesigen Untersuchung bemühte sich, *Liszt* auch als Teil der bürgerlichen Gesellschaft aufzufassen (Punkt B. im 5. Kapitel). Man wird sich aber andererseits davor hüten müssen, die Rollenbewertungen der „Zivilgesellschaft" aus anderen Kulturkreisen linear für die Erforschung des deutschen Sachverhalts zu übernehmen. Die zivile Gesellschaft als wichtiger Faktor darf nicht ausgeblendet werden, aber es widerspricht auch einer stoffgerechten Analyse, wenn man davon ausgeht, dass im Kaiserreich Erscheinungen wie „science" und juristische Forderungen einer vollständig zivilen Tradition gegenübergestellt worden wären.[799] Die deutsche Universität hat in den „Professoren" eine eigene öffentliche wie bürgerliche Gestalt geprägt, die beispielsweise in den englischen Zonen der Zivilgesellschaft vergeblich ihre Entsprechung suchen würde,[800] und die umgekehrt bei einer deutschen Darstellung als gesellschaftliche Rolle sui generis besonders berücksichtigt werden muss.[801] Ähnliches trifft auch auf die soziale Bedeutung der Rechtswissenschaft oder auf die Begrifflichkeit der „Vereine" zu. Letztere müssen nach der jeweils spezifischen deutschen oder österreichischen Entwicklung bestimmt werden, und sollen nicht einfach als Exemplare des „charity works"[802] begriffen werden.

---

[797] *S. Freitag*, a.a.O. (2014), S. 4.

[798] Für Diskurspluralität in Deutschland vgl. neben allgemeinen Angaben bei *S. Freitag*, a.a.O. (2014), auch ihren Sonderaufsatz *S. Freitag/M. Löscher*, a.a.O. (2007), 339; *P. Becker*, Verderbnis und Entartung, 2002, 11 ff. Für die Bedeutung der zivilen Gesellschaft und Vereinswesens in Deutschland insb. *C. Goschler*, Wissenschaft und Öffentlichkeit in Berlin (1870–1930), in: ders. (Hrsg.), Wissenschaft und Öffentlichkeit in Berlin: 1870–1930, 2000, 7; *ders.*, Wissenschaftliche Vereinsmenschen, in demselben Sammelband (2000), 31; *U. Felt*, Die Stadt als verdichteter Raum der Begegnung zwischen Wissenschaft und Öffentlichkeit, in gleichem Sammelband (2000), 185; *A. Lees*, a.a.O. (2002); *C. E. McClelland*, Öffentlicher Raum und politische Kultur: Politische Orientierung, Kontrolle und Disziplinierung, in: Geschichte der Universität Unter den Linden, Bd. 1, 2012, S. 592 ff.

[799] Vgl. die unbekümmerte Analogie bei *W. Rosenblum*, a.a.O. (2008), S. 5, 68 f.

[800] *S. Freitag*, a.a.O. (2014), S. 3 f.

[801] Vgl. *F. Herrmann*, a.a.O. (2001), S. 102 ff.

[802] Vgl. *W. Rosenblum*, a.a.O. (2008). „Charity work" ist als Typus die private, mit Motiven des Almosens und eines Transfers zwischen gesellschaftlichen Schichten motivierte private Wohlfahrtspflege.

Schlussbetrachtung

16. Kapitel

Die Bedeutung von Liszt für die wissenschaftliche Diskussion

Die Strafrechtswissenschaftler vergangener Epochen können auch für die zukünftige, etwa unsere heutige Wissenschaft und die zukünftige kriminalpolitische Diskussion eine Bedeutung haben. Die gerne wiederholte Redeweise vom „Lebendigen und Toten" bei einem Strafrechtler ist für die Bezeichnung dieses wichtigen Sachverhalts zwar üblich und bildhaft, aber methodologisch allzu vorbelastet.[1] In *Armin Kaufmanns* Fall, der diese Redeweise in unserer Wissenschaft etabliert hat, war ihre Verwendung in hohem Maße durch ontologische Prämissen bedingt, welche die hiesige Untersuchung über *Liszt* keineswegs teilt. Die bildhafte und gelehrte Figur verdeckt – das ist ihr Hauptnachteil – den Umstand, dass die Bedeutung eines Autors oder eines seiner Ansätze kein abstraktes Zeichen der Qualität seines Werks ist, das wegen einer inneren Kraft oder Berechtigung noch „lebensfähig" oder sogar „lebendig" wäre, sondern Ergebnis einer Wertung unserer Zeit und der Übereinstimmung (oder der Nicht-Übereinstimmung) ihrer Auffassungen und Tendenzen mit den Grundsätzen des untersuchten Autors.

Die Frage, inwiefern *Liszt* für die moderne, heutige Diskussion über Strafrecht und Kriminalität eine Bedeutung zukommen kann, kann nicht unabhängig von dem vorausgesetzten gesellschaftlichen Wertesystem und dem jeweiligen inneren Charakter der einzelnen Disziplinen wie Strafrechtswissenschaft oder Kriminologie beantwortet werden. Die Tatsache, dass bedeutende Richtungen wie das autoritäre Strafrecht der 1930er Jahre (9. Kapitel) oder die Alternativ-Reformer aus den 1960er Jahren (10. Kapitel) ein starkes Bedürfnis hatten, die Berechtigung von *Liszts* Gedankenschatz für ihre eigene Gegenwart und Reformbestrebungen zu verneinen oder – wie in den 1960er Jahren – stark hervorzuheben, spiegelt das jeweilige Werte-

[1] Vgl. *Arm. Kaufmann*, Lebendiges und Totes in Bindings Normentheorie, 1954; *E. Heinitz*, Franz von Liszt als Dogmatiker, GS Liszt, 1969, S. 28; *A. Hoyer*, Strafrechtsdogmatik nach Armin Kaufmann: Lebendiges und Todes in Armin Kaufmanns Normentheorie, 1997; *L. Greco*, Lebendiges und Totes in Feuerbachs Straftheorie, 2009; W. Frisch, G. Jakobs et al. (Hrsg.), Lebendiges und Totes in der Verbrechenslehre Hans Welzels, 2015. Aus dem älteren Schrifttum *F. C. Savigny*, System des heutigen römischen Rechts, Bd. 1, 1840, S. XIVf.; *B. Croce*, Lebendiges und Totes in Hegels Philosophie, 1909.

system, das Verständnis von Staat und Recht wider, das in der Strafrechtswissenschaft vorausgesetzt oder angestrebt wurde. Es ist auch evident, dass das Verhältnis zu *Liszt* in einer offenen Wissenschaft, die ihre Urteile vornehmlich auf sachliche Argumente stützt, anders aussehen muss als dort, wo die Erinnerung an vergangene Autoren vornehmlich der Konstruktion ihrer Autorität und ihrer „Geltung" in der Gegenwart dient.

A. Die Ablehnung und Anerkennung Liszts als Vorbild

In den 1930er Jahren war für den Umgang mit *Liszts* Werk die Vorstellung entscheidend gewesen, dass *Liszt* einem Komplex der „Neuaufklärung" angehört habe. Die autoritären Schriftsteller aus dieser Epoche haben *Liszt* und die Werte der Aufklärung typischerweise in ein und demselben Gedankenzug verworfen: Es ging, in den Worten von *Dahm* und *Schaffstein*, um die Abkehr von „Individualismus, Rationalismus, Materialismus", vom „Liberalismus", von „liberalistischen und sozialistischen Gedankengängen" und von der „Humanitätsduselei" (Punkt B. im 9. Kapitel). Neben der Ersetzung des Gedankens individueller Rechte und Interessen durch eine ganzheitliche Auffassung von Volk und von Individuum bloß als Teil des Volkes ohne Eigenwert, sind aus jener Zeit besonders die Versuche von Interesse, *die Wissenskultur des Abendlandes zu desavouieren.* Diesem Komplex gehört das Buch von *Welzel* über *Liszt* an. Dort wird im Grunde bestritten, dass die tatsächlich-empirische Auffassung der Ursachen des Verbrechens oder der Wirksamkeit der Strafe eine Bedeutung in der kriminalpolitischen Diskussion zukommen sollte (Punkt C.–D. im 9. Kapitel). An die Stelle von empirisch verantwortbaren Wissenselementen treten Glaubensüberzeugungen; die einst im Vormärz und später bei *Liszt* erkämpfte rechtswissenschaftliche Freiheit von der Philosophie wird vielfach durch eine neue Anbindung an *Hegels* Staatsphilosophie preisgegeben.

In den 1960er Jahren wird in *Liszt* eine wichtige Inspiration für das eigene Schaffen im Kreis der Alternativ-Reformer gesehen (Punkt D. im 10. Kapitel). Hier war wiederum eine Reihe von Wertungen entscheidend, die für die Reformer wichtig waren und die in dem Reformschrifttum vorausgesetzt oder diskutiert wurden. Die Strafrechtler aus dem Alternativ-Kreis wollten die strafrechtliche Reaktion nicht abschaffen, die Reform jedoch an eine sorgsame Diskussion über den Wert des Einzelnen in der Gemeinschaft anbinden und empirische Einsichten für die Erstellung von normativen Regelungen verwerten. Im Sinne des ersten Aspekts waren die Bestrebungen der Reform liberal, und im Sinne des zweiten Aspekts war die Stimmung in der Reform zumindest im Grundsatz empirisch. Zum liberalen und empirischen Aspekt trat noch ein weiterer wichtiger Aspekt hinzu: man hat in *Liszts* akademischer Tätigkeit, besonders in seinem Seminar und dem internationalen Takt, den er dort und im Rahmen der IKV prägte, ein wichtiges Vorbild erkannt, dessen Umgang mit Studenten, Kollegen und der rechtswissenschaftlichen Tradition des Auslands so anders war als die wissenschaftliche Kultur der 1930er Jahre, die eine

Zäsur in den akademischen Umgangsformen und eine bis dahin nicht gekannte nationale Verengung der Strafrechtswissenschaft brachte.

Der geschilderten Gegenüberstellung der Bedeutung von *Liszt* in den 1930er und 1960er Jahren liegt eine einfache innere Systematik zu Grunde: *Liszt* war tatsächlich liberal und in vielfacher Weise in der Tradition des Gesellschaftsvertrages und der Empirie der Aufklärung eingebunden, also wurde er von einer Richtung, die im Rahmen der Rechtswissenschaft anderen Grundsätzen verpflichtet war (= Nationalsozialismus) verworfen, und in einer Richtung, die im Rahmen der Geltung des Bonner Grundgesetzes und der gesellschaftlichen Entwicklung in Europa nach den 1950er Jahren ähnliche Werte und Staatsauffassung teilte, bewundert (= Alternativ-Kreis in den 1960er Jahren). Dieses Schema wurde freilich in den 1980er Jahren in der radikalen Kritik an *Liszt* stark in Zweifel gezogen. Die Angriffe erfolgten auf zwei Ebenen. Es wurden erstens Bemühungen angestellt, in *Liszts* Werk Elemente zu erkennen, die weitaus mehr dem autoritären und rassistischen Denken der 1930er Jahre entsprechen würden, als es die Liszt-Forschung bis dahin anerkannt hat (Punkt B.II. im 5. Kapitel; 14. Kapitel). Und zweitens wurde und wird bis zum heutigen Tag Liszt-Verehrern aus der Zeit nach dem Zweiten Weltkrieg vorgeworfen, dass sie allzu leicht ihre eigenen Vorstellungen als *Liszts* Vorstellungen oder als Vollstreckung der angeblich von *Liszt* aufgestellten Forderungen aufgefasst haben. Sie hätten demnach eine unhistorische Figur *Liszts* entwickelt, eine Legende, die den Belangen der modernen Reform nach dem Zweiten Weltkrieg, nicht aber dem Werk *Liszts* entsprechen würde (vgl. Punkt D. im 10. Kapitel; Punkt B. im 15. Kapitel).

Die erste These – die Behauptung *Liszt* sei irgendwie ein Vorläufer der nationalsozialistischen Straftheorie und von Vernichtungspraktiken gewesen – wurde hier in verschiedenen, aber stets miteinander verwandten Spielarten mehrmals im ersten und zweiten Teil der Untersuchung aufgegriffen (vgl. Punkt B. im 11. Kapitel; Punkt A. im 12. Kapitel; Punkt B.I. im 13. Kapitel; Punkt B.I. im 14. Kapitel). Die These lässt sich mit *Liszts* eigenen Vorstellungen, Wertungen und Handlungen nicht in Einklang bringen. Neben berührenden Tatsachen, wie etwa dass *Liszt* einen geordneten Einsatz in der Bekämpfung des Antisemitismus leistete (Punkt B.II. im 5. Kapitel), darf vor allem an den im ersten Teil der Untersuchung erörterten Umstand erinnert werden, dass *Liszts* politische Grundauffassung kontraktualistisch im Sinne der Lehre des Gesellschaftsvertrags war (Punkt C.III.1. im 3. Kapitel; Punkt D.III. im 6. Kapitel; Punkt A. im 8. Kapitel), wohingegen die autoritären Schriftsteller, in Anlehnung an *Hegel*, dem Staat einen Eigenwert zuerkannt haben (Punkt B. im 9. Kapitel). Diese wichtige Einsicht ist nicht neu, sie wurde bereits grundlegend in den 1970er Jahren von *Marxen* aufgearbeitet,[2] in der radikalen Liszt-Kritik aber ohne nähere Begründung bei der Erstellung von Zusammenhängen und der Gewinnung von Vorwürfen weitgehend vernachlässigt.

[2] *K. Marxen*, Der Kampf gegen das liberale Strafrecht: Eine Studie zum Antiliberalismus in der Strafrechtswissenschaft der zwanziger und dreißiger Jahre, 1975. Vgl. hier im zweiten Teil, 13. Kapitel.

Wichtig für die Beurteilung der ersten These ist neben dem geschichtlichen Stoff selbst auch noch der innere Charakter des Wegs, auf welchem die These erforscht und durch Nachweise bekräftigt wird. Welche Methode verwendet die radikale Kritik an *Liszt*, wenn sie in seinen Texten, wie sich etwa *Baurmann* ausgedrückt hat, destruktive Emotionen entdeckt, die der nationalsozialistischen Grundstimmung entsprechen würden?[3] Das ist ein entscheidender Punkt. Denn eine metaphysisch belastete Methode kann ebenso wortreiche Darstellungen liefern wie eine weniger idealistisch belastete und mehr dem Stoff verpflichtete Methode. Die Autoren der radikalen Liszt-Kritik bemühen sich in der Regel um eine Analyse von verselbständigt-isolierten Textstellen und verfahren insoweit phänomenologisch. Sie ordnen in einem zweiten Schritt den Stoff in die im Voraus gewonnenen Antagonismen ein und verfahren insoweit im Sinne der idealistischen Geschichtsphilosophie. Wer diese, im 14. Kapitel eingehend kritisierte Herangehensweise nicht als eine gelungene Methode auffassen möchte, der wird auch der Art und Weise der Bekräftigung der ersten These in der radikalen Kritik die Bedeutung absprechen müssen.

Die zweite These, dass Teile der Strafrechtswissenschaft nach dem Zweiten Weltkrieg ohne Berechtigung ihre eigenen Forderungen mit Liszt'schen gleichgesetzt haben, scheint zumindest in Bezug auf den Alternativ-Kreis auf einem Missverständnis zu beruhen. In der Weimarer Republik wurde während der strafrechtlichen Reform ein Argumentationsstil entwickelt, bei welchem – wohl aus dem damals bestehenden Bedürfnis heraus, die Forderungen nicht polemisch zu erörtern – die Reform des Strafrechts oft als eine bloße Vollstreckung von *Liszts* Sätzen hingestellt wurde (8. Kapitel). In den 1960er Jahren wurde vielleicht eine vergleichbare *Redeweise* hie und da beibehalten. Aber im Grunde sind die damals gestellten Forderungen *eigenständig* gewesen. Sie erfolgten nicht, weil *Liszt* sie vertrat. Im Gegenteil, sie widersprachen im Einzelnen häufig den Vorstellungen *Liszts*, was in dem grundlegenden Text der Zeit, in *Roxins* Bewertung der Bedeutung *Liszts* für die Reform, klar festgestellt wurde.[4] In welchem Sinne haben die Alternativ-Reformer aber dann die Bedeutung von *Liszt* hervorgehoben, wenn sie ihre eigenen Forderungen unbekümmert für eine bloße Geltung oder Vollstreckung von *Liszts* historischen Forderungen aufgestellt haben?[5]

Das ist ein zentraler Punkt, in welchem in der Diskussion um den Alternativ-Entwurf viel mehr wiedergewonnen wurde als lediglich eine liberale und empirische Grundauffassung. Die 1930er Jahre brachten allgemein, aber auch in der Wissenschaft in vielerlei Hinsicht ein Verhältnis zu Autorität, das der europäischen wis-

---

[3] Vgl. *M. Baurmann* Kriminalpolitik ohne Maß: Zum Marburger Programm Franz von Liszts, Kriminalsoziologische Bibliografie 11 (1984), S. 65. Vgl. hier im ersten Teil, Punkt D.II.2. im 6. Kapitel; im zweiten Teil, Punkt B.I. im 14. Kapitel.

[4] *C. Roxin*, Franz von Liszt und die kriminalpolitische Konzeption des Alternativentwurfs, GS Liszt, 1969, S. 71 f., 95.

[5] Vgl. für dieses Themenkomplex *M. Frommel*, Was bedeutet uns heute noch Franz von Liszt?, Neue Kriminalpolitik 2012, 152; *dies.*, Was bedeutet uns heute noch Franz von Liszt?, Jahrbuch der Juristischen Zeitgeschichte 14 (2013), 291.

senschaftlichen Tradition nur mit Vorbehalten entsprach. *Hegel* oder – ausnahmsweise – *Kant* sind in den 1930er Jahren keine Mitdiskutanten in den modernen akademischen Auseinandersetzungen gewesen, sondern postulierte nationale Autoritäten, deren Aussprüchen ein höherer Wert beigemessen wurde als zeitgenössischen Äußerungen (vgl. bei *H. Mayer* 1936, Punkt F. im 9. Kapitel). Demgegenüber ersetzten die 1960er Jahre dieses Modell durch ein älteres europäisches Renaissance-Denken, bei welchem die „Vorbilder" aufgesucht werden, um durch das Ablauschen ihrer Methode selbst übertroffen zu werden. Wie uns einst die Antike mit ihren Freiheitsmodellen und ihrer Kunst höherwertig erschien als alles, was spätere Despoten in Europa errichtet haben, so erschien auch *Liszt* in den 1960er Jahren nicht als eine fehlerfreie Figur, aber sein Werk war Teil einer vergangenen bürgerlichen Gesellschaft und einer in den 1930er Jahren durch totalitäre Tendenzen und Parteipolitik gestörten akademischen Kultur. Man bewunderte eine vergangene Epoche und ihre Ideen nicht, um sie bloß nachzuahmen, und auch nicht, um sie im Sinne einer geschichtlichen Untersuchung genau zu erkunden, sondern um mit ihr für die zeitgenössische Epoche über sie hinaus zu kommen und die vorausgesetzten Werte einer liberalen, empirischen und internationalen Rechtswissenschaft zu verwirklichen.

Der letztgenannte Sachverhalt wurde in der Kritik an den Alternativ-Reformern und ihrem Umgang mit *Liszt* in hohem Maße verkannt. Lehrreich ist die Kritik von *Frommel*, die einerseits die Besonderheiten und Eigenständigkeit der kriminalpolitischen Debatte im Alternativ-Kreis hervorhebt, andererseits aber *Roxins* Verhältnis zu *Liszt* mit einer „Steinbruch"-Metapher schildert und davon ausgeht, dass Autoren wie *Roxin* lediglich ausgewählte Bausteine von *Liszt* entlehnt und für ein neues Haus verwendet haben.[6] Das entspricht nicht dem schöpferischen Charakter der Forderungen in den 1960er Jahren, denn sie waren auch dort, wo eine Anknüpfung an *Liszt* diskutiert wurde, im Vergleich mit den Auffassungen *Liszts* immer umgestaltet. Man hat sich zwar erfreut über die Übereinstimmung mit *Liszt* und die ganze ältere Reformdiskussion brachte eine wichtige Inspirationsgrundlage. Man hat jedoch im Vergleich zum Forderungssystem *Liszts* einige Forderungen ausgelassen, andere modifiziert und einige neue eingeführt. Nicht etwa, weil man, nach der Art wie die Sensationsarchäologen beim Brechen von Befunden verfahren, das System von *Liszts* Forderungen in seiner Gesamtheit verkannt hätte oder nicht diskutieren wollte, sondern gerade weil man zu *Liszt* ein kritisches Verhältnis hatte, das immer voraussetzt, dass man von einem älteren Autor nicht bloß die Ergebnisse seiner Forschung und seine kriminalpolitischen Erwartungen blind übernehmen kann und darf.

In den Worten *Roxins* ging es bei dem Rekurs auf *Liszt* um die „Vergegenwärtigung und zeitgerechte Transposition des Vorbildhaften",[7] das eigene Tun wird schaffensfördernd in einen „leitenden Traditionszusammenhang" gestellt.[8] Gleich-

[6] Vgl. *M. Frommel*, a.a.O. (2012), S. 153:, *dies.* a.a.O. (2013), S. 294 f. Vgl. noch *M. Frommel*, Präventionsmodelle in der deutschen Strafzweck-Diskussion, 1987, S. 84 f.

[7] *C. Roxin*, a.a.O. (1969), S. 71.

[8] *C. Roxin*, a.a.O. (1969), S. 71.

zeitig wird aber gewarnt, dass man nicht von dem Missverständnis ausgehen darf, „als hätten die Verfasser des AE ihre Vorschläge unmittelbar aus der Arbeit *Liszts* gewonnen".[9] Im Einzelnen werden im Text eine Reihe von „erheblichen Unterschieden"[10] (z. B. in Bezug auf die unbestimmte Strafe und die Auffassung zur kurzen Freiheitsstrafe) und Übereinstimmungen festgestellt, wobei auch bei den letzteren dem aufmerksamen Leser nicht entgehen kann, dass die Gemeinsamkeiten auf einer abstrakten Ebene erstellt werden und die eigene Profilierung ganz klar von der Liszt'schen Auffassung unterschieden wird (Ausschaltung der Vergeltung; Vorrang der Spezial- vor Generalprävention; Anknüpfung an die Tradition der Notwendigkeit; die Begrenzung der Strafe auf Rechtsgüterschutz).[11] Bei drei großen Zusammenhängen – Willensfreiheit und Strafrecht; doppelter Interessenschutz des Einzelnen und der Gemeinschaft; Zweispurigkeit des Sanktionensystems – begegnen *Liszts* Auffassungen dem Leser als interessante geschichtliche Bemühungen, die jedoch von modernen Auffassungen und Argumenten weit übertroffen werden.[12]

B. Die Bedeutung von Liszt als Vorbild für ein liberales und nicht-apriorisches Strafrecht

Die historischen Wissenschaftler können jenseits der Figur des „Lebendigen und Toten" in vielfältiger Weise eine Bedeutung für die heutige Wissenschaft haben und die einzelnen Bedeutungssegmente können sich dabei auch jeweils miteinander überschneiden und verflechten. Die bereits diskutierte „Vorbildrolle" hängt spezifisch mit vornehmen, älteren europäischen Gewohnheiten im akademischen Umgang zusammen. Eine Auseinandersetzung mit *Liszts* Werk scheint nach wie vor sinnvoll zu sein, wenn man den Kontakt mit dem Ausland anstrebt, da *Liszt* und die IKV in vielen Ländern eine zentrale schaffensfördernde Rolle hatten und in diesem Zusammenhang das Stichwort „Liszt" immer noch wichtige Gemeinsamkeiten in der strafrechtlichen Tradition hervorheben kann. Neben diesen beiden Aspekten kommt *Liszts* Werk und dem zutreffenden Verständnis seiner Forderungen wie etwa der Abschaffung der kurzen Freiheitsstrafen nach wie vor eine hohe Bedeutung für die aktuelle kriminalpolitische Diskussion zu, die auch heute noch auf ähnlichen Begriffen und Grundlagen fußt. *Liszt* ist in diesem Sinne nach wie vor ein Teilnehmer der Diskussion und es ist nachdrücklich zu empfehlen, dass sein Werk auch in diesem Licht hermeneutisch erörtert und nicht auf eine Reihe von undurchsichtigen Aphorismen („kurze Freiheitsstrafen sind schädlich") heruntergebrochen wird.

Für einen Vorbild-Diskurs können im Prinzip die gleichen Zusammenhänge, Grundsätze und Akzente, die man in *Liszts* Werk in den 1960er Jahren hervorgehoben

---

[9] *C. Roxin*, a.a.O. (1969), S. 72.

[10] *C. Roxin*, a.a.O. (1969), S. 71 f, 95.

[11] *C. Roxin*, a.a.O. (1969), S. 72 ff., 74 ff., 76 ff, 78 ff.

[12] *C. Roxin*, a.a.O. (1969), S. 85 ff., 91 ff., 93 ff.

hat, auch heute für die Forschung, die Entwicklung von eigenen Ansätzen und die Lehre fruchtbar verwendet werden. Die damalige Perspektive kann freilich nach den Einsichten, die hier im ersten und zweiten Teil der Untersuchung gewonnen wurden, ergänzt werden. In den 1960er Jahren musste man aufgrund des damaligen Stands der Erforschung der Geschichte der Kriminalpolitik allgemein davon ausgehen, dass Erscheinungen wie etwa die Bemühungen, Strafrecht zweckvoll zu gestalten und der Philosophie weitgehend ein Mitspracherecht im Bereich der Strafrechtswissenschaft abzusprechen, Neuerungen waren, die auf *Liszts* Werk oder seine Agitation und Inspiration in den damaligen Naturwissenschaften zurückgehen. Demgegenüber wurde hier im ersten Teil der Untersuchung hervorgehoben, dass *Liszts* Werk in vielfältiger Hinsicht, und so auch in Bezug auf den Zweckgedanken und in Bezug auf die Ablehnung der Philosophie, einer älteren juristischen Tradition angehört.

Das betrifft erstens den Umstand, dass bei *Liszt* der Gegenstand der Wissenschaft im Sinne der Beobachtung und Analyse ein doppelter ist. In Anschluss an die ältere Tradition der Thematisierung der Kriminalität, erweist sich für *Liszt* die staatliche Reaktion auf das Verbrechen als immer ebenso interessant wie der Täter. Das ist eine Perspektive, die schon *Beccarias* Überlegungen auszeichnete und die dauerhaft die progressiven Diskussionen über die Strafrechtsreform und das klassische europäische kriminalpolitische Systemdenken geprägt hat (vgl. *Henkes* Handbuch des Criminalrechts und Criminalpolitik von 1826, Punkt A.III. im 6. Kapitel). Den Gegenstand von *Liszts* Interesse bilden nicht nur der *Verbrecher*, sondern zugleich auch die Gesellschaft und der *Staat*, als die Entität, die sich mit dem Verbrechertum befasst. Diese Sichtweise entspricht auch dem Charakter seines Studiums in Wien („Rechts- und Staatswissenschaften“) und in dieser Verdoppelung des Gegenstandes liegt eine charakteristische Kontinuität der kriminalistischen Diskurse seit dem Vormärz. Die moderne Strafrechtswissenschaft ist in diesem Verständnis kein bloßes Mittel zur Erforschung und Erstickung des Verbrechens nachdem alle Grundsätze für Verbrechensauslöschung und Staatserrichtung bereits entschieden wurden, sondern eine Disziplin, die gleichsam den Charakter und die Entwicklung des Verbrechers und der Reaktion auf das Verbrechertum in ihrer Faktizität und Relation zur Staatsauffassung untersucht.

Das eigentümliche an *Liszts* Wissenschaft besteht nicht darin, dass er diese doppelte Sichtweise erfunden hat, sondern, dass bei *Liszt*, getragen von den besonderen intellektuellen Kontexten, in welchen er herangewachsen ist und geschaffen hat, die einst in der Aufklärung und im Vormärz materiell begründete Verdoppelung des Gegenstandes zu einem abstrakten Grundsatz der Arbeitsweise der Strafrechtswissenschaft verfestigt wurde. Die Aufklärer betrachteten den Staat ihrer Zeit als eine von der Gesellschaft und den einfachen Bürgern abgetrennte Machtidentität, die es zu zügeln und zurückzudrängen galt. Und man kann mit einiger Vereinfachung sagen, dass die Aufklärer jede Form der Zurückdrängung des Staates begrüßten, weil es ihnen im Grunde nicht um die Träger der Staatsgewalt, sondern um die Bürger ging. Die zweite Hälfte des 19. Jahrhunderts brachte jedoch die Perspektive nahe, dass in einem „Nationalstaat“, in welchem die Beherrschten und Herrscher im Grunde gleich sind, die Kontrastierung zwischen Rechten des Einzelnen und Machtansprüchen des Staates wegfallen kann. Jedoch war in *Liszts* Strafrechtswissenschaft, bevor sich die Idee einer Nicht-Notwendigkeit des Schutzes des Einzelnen im nationalen oder demokratischen Staat etablieren konnte, bereits eine Grundspannung zwischen dem Einzelnen und dem Staat unabhängig von der politischen Ordnung verfestigt und aus dieser spezifisch strafrechtswissenschaftlichen Perspektive konnten im Laufe der Zeit, zwischen den 1880er und 1910er Jahren, zahlreiche Beispiele gesammelt werden, wie der Einzelne auch in einem nicht-absolutistischen Staat Gegenstand von Willkür in der Strafrechtspflege sein kann. Deswegen ist *auch das demokratisch-republikanische* Strafrecht, das *Liszt* 1918/19 vorgeschlagen hat (Punkt D.IV. im 6. Kapitel), ein *liberales* Strafrecht, mit zahlreichen Kautelen, die bereits seit der ersten Hälfte des 19. Jahrhunderts gefordert worden waren.

Das geschilderte Konzept einer Wissenschaft, die ständig sowohl die Möglichkeit der Rechtsverfehlung des Einzelnen als auch der Rechtsverfehlung des Staates vor Augen hat, wurde in der kriminologischen Kritik in fortschrittlichen Untersuchungen seit den 1970er Jahren größtenteils verkannt. Die Analysen, beispielsweise die sehr eloquenten von *Sack*, haben zwar die Vor- und Nachteile der deutschen Kriminologie und auch der Strafrechtswissenschaft in einigen Aspekten untersucht,[13] aber soweit ersichtlich wurde der Umstand, dass die Strafrechtswissenschaft in der Tradition von *Liszt* auch eine empirische und kritische Komponente in sich trug, und damit eine mögliche Ansprechpartnerin der modernen Kriminologie sein könnte, nicht besonders gewürdigt. So erschien in den Sozialwissenschaften als ein Novum die Tatsache, dass die Verbrechenstatbestände die Konstrukte der politischen Gemeinschaft sind, als ob die Rechtsgutslehre überhaupt auf einer anderen Basis denkbar wäre. Oder es wurde als Neuigkeit interpretiert, dass die Kriminalstatistiken nur die Erledigungspräferenzen der staatlichen Organe und nicht die eigentlichen Begehungszahlen einzelner Verbrechen belegen. Das war aber im Bereich der Strafrechtswissenschaft und daher im Diskurs über Kriminalität nichts Neues. Bereits für *Mittermaier* in den 1830er Jahren war der Einfluss von Erledigungsgewohnheiten auf die Statistiken selbstverständlich.[14] Die Vernachlässigung der Besonderheiten der

---

[13] Vgl. *F. Sack*, Probleme der Kriminalsoziologie, in: Wahlverhalten, Vorurteile, Kriminalität, 2. Aufl. 1978, 192; *ders.*, Die Chancen der Kooperation zwischen Strafrechtswissenschaft und Kriminologie, in: Seminar: Abweichendes Verhalten, Bd. 2, 1975, S. 349 f. („Der Sozialwissenschaftler, der sich um Erklärungen für kriminelles Handeln bemüht, steht beim Rechtswissenschaftler prinzipiell im Verdacht, das zu tun was für den Rechtswissenschaftler aus welchen Gründen auch immer tabu ist, nämlich eine Erklärung zu liefern, die der Norm schadet, d.h. die Fragwürdigkeit der Norm zu implizieren."), 357 ff. (Zurückweisung der Hinweise von *Lüderssen*).

[14] Vgl. *C. J. A. Mittermaier*, Beiträge zur Criminalstatistik: Mit vergleichenden Bemerkungen über die Verhältnisse der Verbrechen und der Criminal-Justiz in Frankreich, England, den Niederlanden, der Schweiz, Baiern, Baden und Lippe-Detmold, Berlin 1830. Es ist von Interesse, dass auch *Liszts* Grazer Mit-Dozent des Strafrechts *Vargha* ein entwickeltes System der Auffassung der Kriminalität vertreten hat, das in zahlreicher Hinsicht den Grundsätzen und

Strafrechtswissenschaft in der Tradition von *Liszt* in der kriminologischen Debatte in Deutschland führten zu einer Distanzierung von Strafrechtswissenschaft und Kriminologie, von der keine der beiden Disziplinen und keiner der beiden erwähnten Gegenstände des akademischen Interesses profitiert hat.

Für *Liszts* Verständnis der Philosophie darf zuerst an die neukantianische Warnung erinnert werden, dass es im Abendland keinen einheitlichen Begriff der Philosophie gibt.[15] Man kann nicht in jedem Sinne *Liszt* als einen unphilosophischen Akteur bezeichnen, und auch umgekehrt findet man es heute schwer, die philosophischen Bestrebungen in jedem wählbaren Sinne vorzüglich zu finden. Was es in den letzten dreitausend Jahren gegeben hat, sind verschiedene Denktraditionen, die sich in vollständig unterschiedlichen institutionellen Umständen, bei einer ganz anderen Dichte der Veröffentlichung und bei wechselndem Verhältnis zwischen mündlicher und schriftlicher Diskussionskultur, als Orientierung für eigene Bestrebungen oder das eigene Fach das Wort Philosophie angeeignet haben. Die griechische Philosophie etwa in der Überlieferung von *Aristoteles* ist *keine* Philosophie im heutigen Sinne des Wortes, sondern ein Urstadium der gesamten Wissenschaft des Abendlandes, also auch der empirischen Beobachtung, der Detailkenntnis der Natur und überhaupt der faktischen Untersuchungen jeglicher Art.[16]

Im Gegensatz zu besagtem Modell begegnet uns in der Neuzeit ein Typus von Philosophie als ein geschlossener literarischer Diskurs, der in der Tendenz gleichgültig oder sogar fahrlässig mit Beobachtungen umgeht, besonders wenn diese sich nicht einem vorausgesetzten „philosophischen" System einfügen lassen. Hier ist Stoff nicht mehr die Summe der Ereignisse und Tatsachen, sondern die Summe von literarischen Äußerungen. Die Tätigkeit wird zur einer weltfremden Gelehrsamkeit, wie sich *Liszt* ausdrückt, „am grünen Tische" (Punkt B.II. im 3. Kapitel). In Ermangelung einer offenen Auseinandersetzung mit konkreten Einsichten der Naturwissenschaften oder Erkenntnissen zu den realen gesellschaftlichen und staatlichen Verhältnissen wird die Bedeutung des „a priori" überschätzt. Man begnügt sich damit, Richtigkeit und Wahrheit mit einer systematisch-deduktiven Ableitbarkeit/ Plausibilität gleichzusetzen. Diese Art der Philosophie ist im Vergleich zur

Einsichten der kritischen Kriminologie und des Etikettierungsansatzes nahekommt. Vgl. *K. Probst*, Die moderne Kriminologie und Julius Vargha, MSchKrim 59 (1976), 335.

[15] *W. Windelband*, Lehrbuch der Geschichte der Philosophie (6. Aufl. 1912), 18. Aufl. 1993, S. 1 ff. Vgl. für verschiedene Bedeutungen der „Philosophie" im Streit mit „philosophischen Schulen" *J. Rückert*, Thibaut – Savigny – Gans: Der Streit zwischen „historischer" und „philosophischer" Rechtsschule, in: R. Blänkner et al. (Hrsg.), Eduard Gans (1797–1839), 2002, 247; *A. Bürge*, Der Streit zwischen „philosophischer" und „historischer" Rechtsschule aus französischer Sicht, ebendort (2002), 313; Punkt B. im 3. Kapitel.

[16] Vgl. für griechische Philosophie als „Wissenschaft" im deutschen Sinne, *W. Windelband*, a.a.O. (1912/1993), S. 1 („Während das erste literarische Auftreten der Wörter φιλοσοφεῖν und φιλοσοφία noch die einfache und zugleich unbestimmte Bedeutung des ‚Strebens nach Weisheit' erkennen lässt, hat das Wort ‚Philosophie' in der auf Sokrates folgenden Literatur und insbesondere in der platonisch-aristotelischen Schule den fest ausgeprägten Sinn erhalten, wonach es genau dasselbe bezeichnet wie im Deutschen ‚Wissenschaft'.").

Rechtswissenschaft ein Konkurrenzprojekt: sie möchte juristische, aber auch staatspolitische Fragestellungen durch ihre eigene Methode und ihre eigenen Ergebnisse ersetzen. Ein geschichtliches Beispiel hierfür aus Zeit von *Liszts* Studienjahren war die Tendenz bei philosophisch gebildeten Autoren, das subjektive Notwehrrecht mit dem Hinweis auf ein abstraktes Prinzip des „Missfallens am Streit" zu leugnen (Punkt B.IV. im 3. Kapitel).

Liszt hat die Philosophie nicht in jeder möglichen Bedeutung verworfen. Im Gegenteil. Sein Vortrag „Der Zweckgedanke im Strafrecht" (= „Marburger Programm") beinhaltet die These, dass die Zweckstrafe und feine Unterscheidungen zwischen einzelnen Zwecken auf *Plato* und *Aristoteles* zurückgehen (Punkt D. im 6. Kapitel). Auch in *Liszts* „Lehrbuch" ist sehr deutlich ersichtlich, dass er sein Zweckkonzept in eine abendländische Tradition stellt, zu welcher zahlreiche Schriftsteller – wie etwa *Hobbes*, *Montesquieu* und *Bentham* – gehören, die oft als Philosophen bezeichnet werden (ebendort; Punkt D.II. – III. im 6. Kapitel). Umgekehrt sieht der Sachverhalt bei der Bewertung der „idealistischen Philosophie" aus. Oben wurde im ersten Teil der Untersuchung, im 3. Kapitel, der Nachweis erbracht, dass die negativen Äußerungen *Liszts* gegen stark metaphysisch belastete Philosophie weder Folgen von *Liszts* bloßer Verwerfung der Vergeltungsstrafe, noch Folgen einer Anbindung an den Positivismus sind. Es ist vielmehr die spezifische rechtswissenschaftliche Tradition, die der Philosophie des ausgehenden 18. und des 19. Jahrhunderts einen Übergriff auf die rechtswissenschaftliche Materie vorwirft. *Kant* wird in dieser Tradition bei *Savigny* vorgeworfen, dass er philosophisch die Einsichten und Forderungen auf einem Gebiet bestimmen möchte, das ihm „fremd war und fremd blieb". *Feuerbach* wird, ebenso bei *Savigny*, vorgeworfen, dass dessen Werk die „Existenz", also eine Anbindung an Wirklichkeit vermissen lasse (Punkt B.I. im 3. Kapitel).

Es wäre von Interesse, einmal gemeinsam, mit Sinn für verschiedene Bestrebungen in der Strafrechtswissenschaft, zu überlegen, ob sich die heutige Strafrechtswissenschaft nicht vielleicht vor ähnlichen Herausforderungen und begrifflichen Unklarheiten befindet, mit welchen sich nach 1850 *Liszts* Lehrer, von welchen *Liszt* die anti-philosophische Haltung in Wien übernommen hat, konfrontiert sahen. Die philosophiefreundlichen Autoren griffen nämlich damals kurzerhand zur Philosophie in der Überzeugung, dass sie durch die Unterordnung der Rechtswissenschaft unter die Philosophie die erstere *als eine bloße Kunde von Gesetzesinhalten* mit inhaltlichen Überlegungen *bereichern*. Autoren wie *Savigny, Mittermaier, Glaser* und in dieser Tradition auch *Liszt* ging es jedoch nicht darum, die Rechtswissenschaft vor der Philosophie zu verteidigen, um eine inhaltliche Diskussion auszuschließen. Vielmehr ging es umgekehrt mittelbar gerade um eine Auseinandersetzung um inhaltliche Ergebnisse. Es ging darum, die Autonomie der Rechtswissenschaft als ein traditionsreiches Forum für Überlegungen über Recht und Unrecht zu erhalten, u. a. gerade weil man der Überzeugung war, dass die (spekulative) Philosophie eine Reihe von „ungünstigen Erscheinungen" im Rechtsleben hervorgerufen hat. Das war für die damaligen Juristen besonders im Bereich des

Strafrechts evident, wo der philosophisch konstruierte Gedanke der Generalprävention in manchen Gesetzbüchern ein unerhörtes Leiden in der Rechtsgemeinschaft dieser Zeit verursacht hat.[17]

Die Einsicht, dass *Liszts* Werk keine Forderungen und Konzepte in einem epistemologischen Nullpunkt erschaffen hat, sondern einer älteren juristischen, auch strafrechtlichen Tradition angehört hat, ermöglicht auch *Liszts* Verhältnis zur Empirie, als einem Gegenakzent zum Schließen „a priori", differenzierter zu würdigen, als dies bisher geschah. Er kann nach wie vor abstrakt als ein Vorbild für die Aufstellung der Forderung gelten, dass die empirischen Abläufe bei den kriminalpolitischen und strafrechtlichen Wertungen grundlegend mitberücksichtigt werden müssen. Es kann jedoch nicht die Rede davon sein, dass – wie bei *Eberhard Schmidt* (Punkt B. im 10. Kapitel) – *Liszt* selbst einwandfrei als ein empirisches Vorbild („Empiriker") gelten kann. *Liszts* Gedanke, dass die Empirie für die strafrechtliche Diskussion wichtig sein muss, war nicht neu, und die Mängel seiner Empirie sind als eine spezifische Störphase in der Entwicklung des am Ende des 18. Jahrhunderts angesetzten empirischen Diskurses aufzufassen. Es handelt sich bei den Defiziten seines empirischen Zugangs nicht um naive Nachteile einer jugendhaften Betretung des angeblichen Neulands, sondern um zeitbedingte Widersprüche, die im Rahmen eines älteren Konzepts aufgetreten sind.

In *Liszts* wissenschaftlichem Konzept war ein Verständnis von der Bedeutung der Empirie *tradiert*, nicht jedoch die ältere empirische Herangehensweise selbst. Die Empirie im Vormärz, wie sie in vergangenen 20 Jahren etwa in den Untersuchungen von *Riemer* und *Kesper-Biermann* angesprochen wurde,[18] gründete sich in einem Austausch von Erfahrungen und „Nachrichten", der in einem „Netz" von Gelehrten, Praktikern und Beamten erfolgte. Diese Netzstruktur, die in der Wissenschaftsgeschichte unter dem Stichwort „Netzwerk" erörtert wird, brach im Jahr 1848/49 bzw. in der darauf folgenden Reaktion zusammen. Was *Liszt* seinen Lesern in den 1880er angeboten hat, waren Zusammenfassungen der bereits abgeschlossenen bzw. abgebrochenen empirischen Debatten, keine Empirie selbst. Er bietet in der bekannten

---

[17] Vgl. die grundlegende Kritik bei *C. J. A. Mittermaier*, Über die Grundfehler der Behandlung des Criminalrechts in Lehr- und Strafgesetzbüchern, 1819; *ders.*, Über den neusten Zustand der Criminalrechtswissenschaft in Deutschland, Neues Archiv des Criminalrechts 4 (1820), 76; *ders.*, Die Strafgesetzgebung in ihrer Fortbildung: Geprüft nach den Forderungen der Wissenschaft und nach den Erfahrungen über den Werth neuer Gesetzgebungen und über die Schwierigkeiten der Codifikation, 1841, S. 18 ff.; *ders.*, Artikel „Feuerbach", in: Bluntschli's Deutsches Staatswörterbuch, Bd. 3, 1858, 505. Vgl. hier im ersten Teil, 3. Kapitel.

[18] *L. H. Riemer*, Das Netzwerk der „Gefängnisfreunde" (1830–1872), 2005, S. 94 ff.; *ders.*, „Die Welt regiert sich nicht durch Theorien": Strafrechtsvergleichung und Rechtspolitik in Karl Josef Anton Mittermaiers Konzept einer „praktischen Rechtswissenschaft", in: S. Kesper-Biermann/P. Overath (Hrsg.), Die Internationalisierung von Strafrechtswissenschaft und Kriminalpolitik (1870–1930), 2007, 19; *S. Kesper-Biermann*, Einheit und Recht: Strafgesetzgebung und Kriminalrechtsexperten in Deutschland vom Beginn des 19. Jahrhunderts bis zum Reichsstrafgesetzbuch von 1871, 2009, S. 35 ff., 106 ff. Vgl. oben, Punkt C.IV.4.a) im 3. Kapitel.

Aufsatzreihe über kriminalpolitische Aufgaben (1889–1892) ein umfassendes, systematisiertes Wissen über Verbrechen und strafrechtliche Reaktion, das an sich einen gründlichen Kontakt mit der Tatsächlichkeit des Verbrechens- und Bestrafungsphänomens voraussetzt, nicht jedoch unmittelbar für diese Aufsatzreihe gewonnen wird. Es ist, mit etwas Übertreibung und Abrundung gesagt, ein kriminalpolitisches *System*, keine Empirie.

Das ist jedoch der Punkt, an dem das „kriminalistische Seminar" als Einrichtung Bedeutung erlangt. Es ist ein Ort der Förderung einer neuen Empirie. Sie ist nicht aus *Comtes* Programm deduziert und möchte auch nicht beispielsweise der französischen „Kriminalstatistik" entsprechen. Vielmehr wird, wie die veröffentlichten Abhandlungen und die Äußerungen über das Seminar zeigen, themennah der empirische Stoff in einem zum konkreten Untersuchungsgegenstand passenden und insofern „intelligenten Design" aufgegriffen. Man trifft im Kreise von *Liszts* Bemühungen, die empirischen Zugänge wieder zu etablieren, teilweise auf altertümliche Praktiken wie „Reiseberichte" (vgl. Punkt D. im 7. Kapitel), teilweise sind es umfassende Studien über Kriminalität einer festen geographisch-kulturellen Einheit (Punkt A.III.4.c) im 5. Kapitel), und man trifft auch auf ein Experimentieren in Anlehnung an die Forderungen und Themen der modernen Fachwissenschaften wie der Psychologie (das Experiment mit Zeugenaussagen, Punkt B.II. im 5. Kapitel). Auch die Praxis, im Rahmen von Aufsätzen die Kriminalstatistik zu verwerten (vgl. C.IV.4.a) im 3. Kapitel) ist eine typische Herangehensweise des Vormärzes und keine Neuerung, die man erst bei *Liszt* antreffen kann. Diese Polimorphologie des empirischen Zugangs erscheint nur aus Sicht eines rigiden positivistischen Methodenprogramms als Schwäche. Wer hingegen einen breiten, heute bevorzugten Überblick über empirische Wissenschaft hält, der wird in der empirischen Vielfalt in *Liszts* Umfeld und Seminar keinen Nachteil, sondern einen Vorteil und ein Vorbild sehen.

Wenn wichtige Befunde bei *Liszt* nicht das Ergebnis eigenständiger oder gegenwärtiger empirischer Untersuchungen sind, sondern Verallgemeinerungen des älteren, in den faktischen Erkundungen gegründeten Gedankenschatzes waren, dann statuiert das die Pflicht bei dem Umgang mit *Liszt* in der kriminalpolitischen Diskussion, dessen *allgemeine Sätze und Forderungen* auch im Lichte, dass sie vielleicht bei *Liszt* zu unkritisch verallgemeinert worden sind, zu erforschen. Man kann beispielsweise nicht argumentativ sauber gegen die Forderungen oder Einrichtung des Warnschussarrestes in der Diskussion um JGG-Änderungen mit dem Hinweis kämpfen, dass bereits *Liszt* die schädliche Wirkung der kurzen freiheitsentziehenden Maßnahmen festgestellt habe.[19] *Liszt* hat die ältere Erfahrung über die schädlichen Wirkungen von „Haft" in Anbetracht der konkreten Möglichkeiten und Forderungen seiner Zeit zu einem abstrakten Satz, zu einer generellen Aussage über die schädliche

[19] Vgl. zum Warnschussarrest *B.-R. Sonnen*, in: H. Diemer/H. Schatz/B.-R. Sonnen, Jugendgerichtsgesetz, 7. Aufl. 2015, § 16a, mit literarischen Hinweisen. Vgl. zu kurzen Freiheitsstrafen und zum mangelnden Forschungsstand *U. Eisenberg/R. Kölbel*, Kriminologie, 7. Aufl. 2017, § 35, Rn. 13 ff. Für *Liszts* Stellungnahmen vgl. die Angaben im ersten Teil, Punkt A.II. im 6. Kapitel.

Wirkung von kurzen Freiheitsstrafen erhoben. Die Berechtigung dieser Aussage für die heutige Debatte hängt jedoch entscheidend von dem Umstand ab, ob in der heutigen „Haft" die gleichen interaktionistischen, medizinischen, hygienischen, räumlich-organisatorischen Verhältnisse herrschen wie zu der Zeit, in der dieser Satz etabliert wurde. Das ist eine empirische Frage, der immer wieder aufs Neue nachgegangen werden muss.

Es ist ein Verdienst der Untersuchung von *Stäcker*, dass sie hervorgehoben hat, dass es heute an solchen Überprüfungen im kriminalpolitischen Diskurs, der immer öfter einer nicht-empirischen Logik folgt, häufig fehlt.[20] Damit ist die große Frage verknüpft, inwiefern die heutige Strafrechtswissenschaft tatsächlich „lisztisch" ist, oder, anders als die 1960er, lediglich – ähnlich wie das philosophische Schrifttum die philosophischen Autoritäten – *Liszt* als eine Autorität verwendet. Nach der hier vertretenen Auffassung liegt in vielen Untersuchungen zu *Liszt* wohl kein Verhältnis zu ihm als zu einer abstrakten Autorität vor, aber – besonders betroffen ist das Jubiläumsschrifttum der 1980er Jahre –, es ist eine Tendenz in der Forschung ersichtlich, *frei* heutige Inhalte bereits in *Liszts* Werk wiederzuerkennen, und umgekehrt die Bedeutung von heutigen Ansätzen als Verwirklichung von *Liszts* Ansätzen hervorzuheben (Punkt C. im 15. Kapitel). Neben dieser Herangehensweise bieten aber zahlreiche neuere Untersuchungen, etwa im Augsburger Liszt-Sammelband von 2016, auch einen modernen, hermeneutischen Zugang, bei welchem sorgsam zwischen *Liszts* und den heutigen Vorstellungen unterschieden wird. Es kann keine Rede davon sein, dass in der Liszt-Forschung allgemein ein Missstand herrschen würde (vgl. 15. Kapitel). Und es muss, wie am Anfang dieses Kapitels geschehen, hervorgehoben werden, dass die Herangehensweise im Alternativ-Kreis nicht mit dem systematisch-dogmatischen Umgang mit *Liszts* Werk in den 1980er Jahren gleichgesetzt werden darf.

Man hat in den 1960er Jahren richtig erkannt, dass *Liszts* mögliche Rolle als Vorbild weitaus jene Potenziale übertrifft, die in *Liszts* Aufsätzen und Büchern literarisch festgemacht worden sind. *Liszt* gehörte einer Tradition der Wissenschaft an, in deren Mittelpunkt seit *Savigny* der Gedanke der *gemeinsamen Arbeit* stand (vgl. Punkt C.IV.1. im 3. Kapitel). Dieses Ideal – *Savigny* schwebte wohl vor allem ein gemeinsamer Aufbau der Diskussion im Gegensatz zum philosophischen Solipsismus vor – wurde bei *Liszt* institutionell im „kriminalistischem Seminar" und in der IKV neukonstituiert. Unser eigenes wissenschaftliches Zeitalter ist noch so nah an der Entwicklung dieser Intuitionen, dass man ihre Arbeitsweise auch heute noch ohne viel zusätzliche Erläuterungen als Vorbild nehmen kann, um darin – sofern das nach einer Vergewisserung über die eigenen Werte gewünscht sein sollte – einen Kern des „Vorbildhaften" und die zahlreichen kleinen Schritte, die dort in der Entwicklung unserer Wissenschaft erfolgt sind, zu bewundern. Umgekehrt wird in der Zukunft die Miteinbeziehung der Deutungen von *Liszts* Werk im Ausland, die hier in der Untersuchung weitgehend ausgeblendet wurden, die Verfehltheit der

---

[20] Vgl. *T. Stäcker*, Die Franz von Liszt Schule, 2012, S. 411 ff.

einseitig am deutschen Material durchgeführten Liszt-Kritik seit den 1980er Jahren zusätzlich hervorheben können.

Abschließend wird man sagen können, dass in *Liszts* Werk zwar nichts „lebendig" und auch nichts „tot" ist. Dieses bildhafte Begriffspaar ist methodologisch kompromittiert und verbirgt die Vielschichtigkeit der Bedeutung eines Autors für die spätere Zeit. Lebendig ist jedoch das Bedürfnis unserer Zeit, die strafrechtlichen und kriminalpolitischen Auffassungen der vergangenen Epochen unserer Kultur geordnet und offen zu erfassen. Nicht damit man sich selbst der Vergangenheit unterwirft, sondern damit man ihr Erbe frei für die Gegenwart und Zukunft umgestalten kann. Die Freiheit von eigener innerer Erstarrung des modernen Strafrechts muss immer wieder neu erkämpft werden. Es hört nämlich dort, wo lebendige, empirisch begründete Urteile zu abstrakten Grundsätzen verkrusten, auf, wirklich modern zu sein. Der vorsichtige Leser wird nicht übersehen haben können, dass auch *Liszt* dieser Vorwurf einer Entgleisung in Erstarrung manchmal nicht erspart werden konnte. So stellt das moderne Strafrecht ein logisch nicht erreichbares Ideal dar, an welchem alle Jahrgänge gemeinsam arbeiten müssen, die an ein liberales und nicht apriorisches Strafrecht glauben, das der höheren Idee des freien Menschen in der freiheitlichen staatlichen Gemeinschaft entsprechen kann.

Literaturverzeichnis

I. Literatur

Abegg, Julius Friedrich Heinrich, Die verschiedenen Strafrechtstheorieen in ihrem Verhältnisse zu einander und zu dem positiven Rechte und dessen Geschichte, Neustadt 1835.

Acham, Karl, Wien und Graz als Stätten einer frühen soziologischen Forschungs- und Vereinstätigkeit, in: ders. (Hrsg.), Rechts-, Sozial- und Wirtschaftswissenschaften aus Graz, Wien 2011, 409–431.

Adickes, Erich, Kant contra Haeckel: Für den Entwicklungsgedanken – gegen naturwissenschaftlichen Dogmatismus, 2. Aufl., Berlin 1906.

Akamatsu, Hidetake/*Rückert*, Joachim (Hrsg.), Friedrich Carl von Savigny: Politik und neuere Legislationen, Frankfurt a. M. 2000.

Alsberg, Max, Wilhelm Kahl, Berlin 1929.

Altenhain, Karsten, Das Anschlußdelikt: Grund, Grenzen und Schutz des staatlichen Strafanspruchs und Verfallrechts nach einer individualistischen Strafrechtsauffassung, Tübingen 2002.

Ambos, Kai, Cesare Beccaria und die Folter – Kritische Anmerkungen aus heutiger Sicht, Zeitschrift für die gesamte Strafrechtswissenschaft 122 (2010), S. 504–520.

Andriopoulos, Stefan, Unfall und Verbrechen: Konfigurationen zwischen juristischem und literarischem Diskurs um 1900, Pfaffenweiler 1996.

Appel, Kolja, Der Strafrechtler und Strafrechtsreformer Wilhelm Kahl (1849–1932), Berlin 2014.

Arnswaldt, Wolf-Christian von, Savigny als Strafrechtspraktiker: Ministerium für die Gesetzrevision (1842–1848), Baden-Baden 2003.

Ash, Mitchell G., Wurde ein „deutsches Universitätsmodell" nach Österreich importiert?, in: Mazohl, Brigitte/Aichner, Christof (Hrsg.), Die Thun-Hohenstein'schen Universitätsreformen 1849–1860, Wien 2017, S. 76–98.

Aßmann, Georg (Hrsg.), Wörterbuch der marxistisch-leninistischen Soziologie, 2. Aufl., Berlin 1978.

Aubert, Roger/*Jedin*, Hubert (Hrsg.), Die Kirche zwischen Revolution und Restauration (Handbuch der Kirchengeschichte VI/1), Freiburg 1971.

Ay, Karl-Ludwig, Max Weber und der Begriff der Rasse, Aschkenas: Zeitschrift für Geschichte und Kultur der Juden 3 (1993), S. 189–218.

Baasner, Rainer/*Zens*, Maria, Methoden und Modelle der Literaturwissenschaft, 3. Aufl., Berlin 2005.

Bajohr, Frank, Der Nationalsozialismus als „Krankengeschichte der Moderne", in: Hachtmann, Rüdiger/Reichardt, Sven (Hrsg.), Detlev Peukert und die NS-Forschung, Göttingen 2015, S. 146–158.

Bartol, Curt R./*Bartol*, Anne M., History of Forensic Psychology, in: Weiner, Irving B./Hess, Allen K. (Hrsg.), The Handbook of Forensic Psychology, 3. Aufl., New York 2006, S. 3–27.

Bauer, Fritz, Das Verbrechen und die Gesellschaft, München 1957.

Bauer, Fritz, Gedanken zur Strafrechtsreform (1959), in: Die Humanität der Rechtsordnung. Ausgewählte Schriften, Frankfurt a. M. 1998, S. 233–247.

Bauer, Fritz, Die Schuld im Strafrecht (1962), in: Die Humanität der Rechtsordnung: Ausgewählte Schriften, Frankfurt a. M. 1998, S. 249–278.

Bauer, Fritz, Das Strafrecht und das heutige Bild des Menschen, in: L. Reinisch (Hrsg.), Die deutsche Strafrechtsreform, München 1967, S. 11–23.

Bauer, Fritz, Schopenhauer und die Strafrechtsproblematik (1968), in: Die Humanität der Rechtsordnung: Ausgewählte Schriften, Frankfurt a. M. 1998, S. 341–362.

Baumann, Imanuel, Dem Verbrechen auf der Spur: Eine Geschichte der Kriminologie und Kriminalpolitik in Deutschland 1880 bis 1980, Göttingen 2006.

Baumann, Jürgen, Kleine Streitschriften zur Strafrechtsreform, Bielefeld 1965.

Baumann, Jürgen, Strafrecht: Allgemeiner Teil, 4. Aufl., Bielefeld 1966.

Baumann, Jürgen (Hrsg.), Programm für ein neues Strafgesetzbuch: Alternativ-Entwurf der Strafrechtslehrer, Frankfurt a. M. 1968.

Baumann, Jürgen, Thomas Dehler: der liberale Rechtspolitiker, in: Dorn, Wolfram (Hrsg.), Thomas Dehler, Bonn 1978, S. 172–174.

Baumgarten, Arthur, Die Lisztsche Strafrechtsschule und ihre Bedeutung für die Gegenwart, Schweizerische Zeitschrift für Strafrecht 51 (1937), S. 1–14.

Baumgarten, Marita, Professoren und Universitäten im 19. Jahrhundert: Zur Sozialgeschichte deutscher Geistes- und Naturwissenschaftler, Göttingen 1997.

Baurmann, Michael, Kriminalpolitik ohne Maß: Zum Marburger Programm Franz von Liszts, Kriminalsoziologische Bibliografie 11 (1984), S. 54–79.

Bayertz, Kurt, Darwinismus als Politik: Zur Genese des Sozialdarwinismus in Deutschland 1860–1900, Stapfia 131 (1998), S. 229–288.

Bayertz, Kurt/*Gerhard*, Myriam/*Jaeschke* Walter (Hrsg.), Der Darwinismus-Streit, Hamburg 2012.

Beccaria, Cesare, Des Herren Marquis von Beccaria unsterbliches Werk von Verbrechen und Strafen, übersetzt von Carl Ferdinand Hommel, Breslau 1778.

Beccaria, Cesare, Abhandlung über Verbrechen und Strafen, übersetzt von Johann Adam Bergk, Leipzig 1798.

Beccaria, Caesar [Cesare], Über Verbrechen und Strafen, übersetzt von Julius Glaser, 1. Aufl., Wien 1851, 2. Aufl., Wien 1876.

Beccaria, Cesare, Von den Verbrechen und von den Strafen (1764), übersetzt von Thomas Vormbaum, Berlin 2004.

Becker, Howard Saul, Outsiders: Studies in the Sociology of Deviance, 2. Aufl., New York 1973.

Becker, Peter, Verderbnis und Entartung: Eine Geschichte der Kriminologie des 19. Jahrhunderts als Diskurs und Praxis, Göttingen 2002.

Becker, Peter, The Criminologists' Gaze at the Underworld: Toward an Archaeology of Criminological Writing, in: Becker, Peter/Wetzell, Richard F. (Hrsg.), Criminals and Their Scientists, Cambridge 2006, S. 105–133.

Becker, Peter/*Wetzell*, Richard F., „Introduction", in: dies. (Hrsg.), Criminals and their Scientists, Cambridge 2006, S. 1–22.

Becker, Volker, Der Einbruch der Naturwissenschaft in die Medizin: Gedanken um, mit, über, zu Rudolf Virchow, Heidelberg 2008.

Beckerhoff, Florian, Monster und Menschen: Verbrechererzählungen zwischen Literatur und Wissenschaft: Frankreich 1830–1900, Würzburg 2007.

Behrends, Okko, Rudolph von Jhering (1818–1892): Der Durchbruch zum Zweck des Rechts, in: Loos, Fritz (Hrsg.), Rechtswissenschaft in Göttingen, Göttingen 1987, S. 229–269.

Behrends, Okko (Hrsg.), Eduard Gibbon's historische Übersicht des Römischen Rechts: Ausgabe von Gustav Hugo (1789), Göttingen 1996.

Behrends, Okko, Jherings Evolutionstheorie des Rechts zwischen Historischer Rechtsschule und Moderne, in: Jhering, Rudolf von, Ist die Jurisprudenz eine Wissenschaft, Göttingen 1998, S. 93–202.

Behrends, Okko, Savignys Geistigkeit und der Geist der justinianischen Kodifikation: Fortdauernde Wirkung trotz gravierender neuzeitlicher, nationalistischer und idealistischer Missdeutungen, in: Meder, Stephan/Mecke, Christoph-Eric (Hrsg.), Savigny global 1814–2014, Göttingen 2016, S. 25–63.

Beirne, Piers, Inventing Criminology, Albany 1993.

Beiser, Frederick C., The German Historicist Tradition, Oxford 2011.

Beiser, Frederick C., The Genesis of Neo-Kantianism: 1796–1880, Oxford 2014.

Bekker, Ernst Immanuel, Theorie des heutigen deutschen Strafrechts, Bd. 1, Leipzig 1859.

Beling, Ernst, Strafrechtsreform und „richtiges Recht", Zeitschrift für die gesamte Strafrechtswissenschaft 26 (1906), S. 693–696.

Beling, Ernst Ludwig, Die Vergeltungsidee und ihre Bedeutung für das Strafrecht, Leipzig 1908.

Bellmann, Elisabeth, Die Internationale Kriminalistische Vereinigung (1889–1933), Frankfurt a. M. 1994.

Benner, Dietrich/*Oelkers*, Jürgen, Historisches Wörterbuch der Pädagogik, Weinheim 2010.

Bentham, Jeremy, An Examination of the Declaration of the Rights of the Man and the Citizen Decreed by the Constituent Assembly in France, in: The Works of Jeremy Bentham, Bd. 2, Edinburgh 1843, S. 496–529.

Berkowitz, Michael, The Crime of my Very Existence: Nazism and the Myth of Jewish Criminality, Berkeley 2007.

Bernaldo de Quirós, Constancío, Modern Theories of Criminality, Boston 1912.

Berner, Albert Friedrich, Abschaffung der Todesstrafe, Dresden 1861.

Bernhöft, Franz, Über Zweck und Mittel der vergleichenden Rechtswissenschaft, Zeitschrift für die vergleichende Rechtswissenschaft 1 (1878), S. 1–38.

Berolzheimer, Fritz, System der Rechts- und Wirtschaftsphilosophie, Bd. 5: Strafrechtsphilosophie und Strafrechtsreform, München 1907.

Berolzheimer, Fritz, Professor Franz von Liszt, Die Woche: moderne illustrierte Zeitschrift (1909), S. 2015–2018.

Bing, Geoffrey H.C., The International Penal and Penitentiary Congress: Berlin 1935, Howard Journal 4 (1935), S. 195–198.

Birkmeyer, Carl, Was lässt von Liszt vom Strafrecht übrig?: Eine Warnung vor der modernen Richtung im Strafrecht, München 1907.

Bishop, Donna M./*Feld*, Barry C., Trend in Juvenile Justice Policy and Practice, in: Feld, Barry C./Bishop, Donna M. (Hrsg.), The Oxford Handbook of Juvenile Crime and Juvenile Justice, New York 2012, S. 898–926.

Blasius, Dirk, Bürgerliche Gesellschaft und Kriminalität: Zur Sozialgeschichte Preußens im Vormärz, Göttingen 1976.

Blau, Bruno, Besprechung: Franz v. Liszt, Kriminalität der Juden (1907), Mitteilungen aus dem Verein zur Abwehr des Antisemitismus 17 (1907), S. 376–377.

Bleuel, Hans Peter, Deutschlands Bekenner: Professoren zwischen Kaiserreich und Diktatur, Bern 1968.

Böck, B., Eduard von Liszt, in: Österreichisches Biographisches Lexikon 1815–1950, Bd. 5, 1971, S. 247.

Böck, B., Franz von Liszt (Jurist), in: Österreichisches Biographisches Lexikon 1815–1950, Bd. 5, 1971, S. 248–249.

Bock, Michael, Kriminologie als Wirklichkeitswissenschaft, Berlin 1984.

Bock, Michael, Hans Gross und Julius Vargha: Die Anfänge wissenschaftlicher Kriminalistik und Kriminalpolitik, in: Acham, Karl (Hrsg.), Rechts-, Sozial- und Wirtschaftswissenschaften aus Graz, Wien 2011, S. 329–342.

Bock, Michael, Auguste Comte (1798–1857), in: Käsler, Dirk (Hrsg.), Von Auguste Comte bis Alfred Schütz, 6. Aufl., München 2012, S. 39–57.

Bock, Michael, Kriminologie: Für Studium und Praxis, 5. Aufl., München 2019.

Bockelmann, Paul, Kritik der Strafrechtskritik, in: Festschrift für Richard Lange zum 70. Geburtstag, Berlin 1976, S. 1–7.

Bockelmann, Paul, Strafe und Erziehung, in: Festschrift für Julius von Gierke zu seinem goldenen Doktorjubiläum, Berlin 1950, S. 27–38.

Bockelmann, Paul, Franz von Liszt und die kriminalpolitische Konzeption des allgemeinen Teils, in: Franz von Liszt zum Gedächtnis, Berlin 1969, S. 53–67.

Bockelmann, Paul, Der ärztliche Heilangriff in Beiträgen zur Zeitschrift für die gesamte Strafrechtswissenschaft im ersten Jahrhundert ihres Bestehens, Zeitschrift für die gesamte Strafrechtswissenschaft 93 (1981), S. 105–150.

Bogišić, Valtazar, Über das wissenschaftliche Studium des slavischen Rechts (1869), in: W. Zimmermann, Valtazar Bogišić, Wiesbaden 1962, S. 386–413.

Bogišić, Valtazar, Zbornik sadašnjih pravnih običaja u južnih Slovena: Collectio consuetudinum juris apud Slavos meridionales etiamnum vigentium, Zagreb 1874.

Bogišić, Valtazar, Na „Ocjenu" Zbornika sadašnjih običaja u Južnih Slovena, Právo: pravničko-upravni list 5 (1877), S. 33–65.

Böhmer, Georg Wilhelm, Handbuch der Litteratur des Criminalrechts in seinen allgemeinen Beziehungen, mit besonderer Rücksicht auf Criminalpolitik nebst wissenschaftlichen Bemerkungen, Göttingen 1816.

Böhmer, Kurt, Liszt und Lombroso, s.l. 1953.

Bohnert, Cornelia, Zu Straftheorie und Staatsverständnis im Schulenstreit der Jahrhundertwende, Pfaffenweiler 1992.

Bonger, William Adrian, Criminality and Economic Conditions, Boston 1916.

Bonger, Willem Adriaan, Race and Crime, New York 1943.

Bortkiewitz, Ladislaus/*Lexis*, Wilhelm, Die Königlich Preußische Friedrich-Wilhelms-Universität zu Berlin, in: Lexis, Wilhelm (Hrsg.), Die Universitäten im Deutschen Reich, Berlin 1904, S. 313–329.

Braun, Johann, Der Besitzrechtstreit zwischen F. C. Savigny und Eduard Gans, Quaderni Fiorintini 9 (1980), S. 457–506.

Breneselović, Luka, Kann und soll die bevorstehende (Re)Rationalisierung des Strafrechts auf den Gedanken Franz von Liszts aufbauen?, in: Asholt, Martin et al. (Hrsg.), Grundlagen und Grenzen des Strafens, Baden-Baden 2015, S. 35–58.

Breneselović, Luka, Fortführung und Facetten der Savigny-Schule bei ihrem Anhänger Valtazar Bogišić (1834–1908), in: Meder, Stephan/Mecke, Christoph-Eric (Hrsg.), Savigny global 1814–2014, Göttingen 2016, S. 173–205.

Bretschneider, Falk, Gefangene Gesellschaft: Eine Geschichte der Einsperrung in Sachsen im 18. und 19. Jahrhundert, Konstanz 2008.

Brich, Christian, Criminalrecht und Criminaljustiz in Süd- und Neuostpreußen 1793–1806/07, Herbolzheim 2006.

Brocke, Bernhard, Professoren als Parlamentarier, in: Schwabe, Klaus (Hrsg.), Deutsche Hochschullehrer als Elite, 1815–1945, Boppard am Rhein 1988, S. 55–92.

Brown, James Baldwin, Memoirs of the Public and Private Life of John Howard, the Philanthropist, London 1818.

Bubnoff, Eckhart, Die Entwicklung des strafrechtlichen Handlungsbegriffes von Feuerbach bis Liszt, Heidelberg 1966.

Buchholz, Erich, Strafrecht im Osten: Ein Abriss über die Geschichte des Strafrechts in der DDR (= Bd. 1), Berlin 2008.

Buchholz, Erich, Strafrecht im Osten, Ein Abriss über die Geschichte des Strafrechts der DDR: Dokumentenband (= Bd. 2), Berlin 2009.

Buchholz, Erich, Zur Herausbildung einer eigenständigen Strafrechtswissenschaft in der DDR, Journal der Juristischen Zeitgeschichte 5 (2011), S. 102–109.

Buchholz, Erich/*Hartmann*, Richard/*Lekschas*, John, Sozialistische Kriminologie, 1. Aufl., Berlin 1966.

Bulmer, Martin, The Chicago School of Sociology, Chicago 1984.

Bum, Ernst (?), Franz von Liszt (Nachruf), Juristische Blätter 1919, S. 206.

Bürge, Alfons, Der Streit zwischen „philosophischer" und „historischer" Rechtsschule aus französischer Sicht, in: Blänkner, Reinhard/Göhler, Gerhard/Waszek Norbert (Hrsg.), Eduard Gans (1797–1839): Politischer Professor zwischen Restauration und Vormärz, Leipzig 2002, S. 313–337.

Buri, Maximilian, Schuld und Strafe, Der Gerichtssaal 47 (1892), S. 241–354.

Carmignani, Giovanni, redigiert von C.J.A. Mittermaier, Über die Schicksale der Todesstrafe in der Gesetzgebung von Toscana: Nach brieflichen Mittheilungen, Kritische Zeitschrift für Rechtswissenschaft und Gesetzgebung des Auslandes 2 (1830), S. 385–414.

Cathrein, Viktor, Das Strafrecht der Zukunft, Stimmen aus Maria-Laach: katholische Blätter 50 (1896), S. 361–374 (Teil 1), 489–505 (Teil 2).

Cathrein, Viktor, Die Grundbegriffe des Strafrechts: Eine rechtsphilosophische Studie, Freiburg i.B. 1905.

Cattaneo, Mario A., Aufklärung und Strafrecht: Beiträge zur deutschen Strafrechtsphilosophie des 18. Jahrhunderts, Baden-Baden 1998.

Chambliss, William J., Courts, Law, and Justice, Thousand Oaks 2011.

Chiari, Hans, Sapere aude! Eine Erinnerung an Prof. Sigismund Gschwandner, in: Festgabe zum 100jährigen Jubiläum des Schottengymnasiums, Wien 1907, S. 36–38.

Clark, William, Academic Charisma and the Origins of the Research University, Chicago 2006.

Clever, Wilhelm, Das Erbe Franz v. Liszts, in: Falkenberg, Erdmuthe/Hoffmann, Ernst (Hrsg.), Beiträge zur Kultur- und Rechtsphilosophie (FS Radbruch), Heidelberg 1948, S. 139–163.

Coing, Hemluth, Bentham's Importance in the Development of Interessenjurisprudenz and General Jurisprudence, The Irish Jurist 1967, S. 336–351.

Comte, Auguste, Rede über den Geist des Positivismus: Discours sur l'esprit positif, Hamburg 1956.

Coninx, Anna, Life within Parole for Preventive Reasons, in: van Zyl Smit, Dirk/Appleton, Catherine (Hrsg.), Life Inprisonment and Human Rights, Oxford 2016, S. 435–459.

Conrad, J., Allgemeine Statistik der deutschen Universitäten, in: Lexis, Wilhelm (Hrsg.), Die deutschen Universitäten: Für die Universitätsausstellung in Chicago, Bd. 1, Berlin 1893, S. 115–168.

Cordes, Albrecht et. al. (Hrsg.), Handwörterbuch zur deutschen Rechtsgeschichte, 2. Aufl., Bd. 2, Berlin 2008.

Cornel, Heinz, 100 Jahre Jugendgerichte: Die Zeit war reif (Festakt der Landesgruppe Berlin und EJF-Lazarus am 17. Juni 2008), Berlin 2008.

Correia, Eduardo, Der Einfluß Franz von Liszts auf die portugiesische Strafrechtsreform, in: Franz von Liszt zum Gedächtnis, Berlin 1969, S. 179–207.

Coser, Lewis A., Masters of Sociological Thought: Ideas in Historical and Social Context, 2. Aufl., New York 1977.

Croce, Benedetto, Lebendiges und Totes in Hegels Philosophie, Heidelberg 1909.

Dahm, Georg/*Schaffstein*, Friedrich, Liberales oder autoritäres Strafrecht?, Hamburg 1933.

Dalcke, Albert/*Fuhrmann*, Ernst/*Schäfer*, Karl, Strafrecht und Strafverfahren, 37. Aufl., Berlin 1961.

Dankmeier, Ulrich, Naturwissenschaft und Christentum im Konflikt: Die Konstruktion konkurrierender Weltanschauungen unter dem Einfluss des naturwissenschaftlichen Paradigmas durch den deutschen Monistenbund und den Keplerbund am Beginn des 20. Jahrhunderts, Frankfurt a.M. 2007.

Dedek, Helge, „Darwinian before Darwin“: Berufsschrift und Evolutionsgedanke, in: Meder, Stephan/Mecke, Christoph-Eric (Hrsg.), Savigny global 1814–2014, Göttingen 2016, S. 76–110.

Degener, Herrmann A. L., Unsere Zeitgenossen, Wer ist's?, 5. Aufl., Leipzig 1911.

Diemer, Herbert/*Schatz*, Holger/*Sonnen*, Bernd-Rüdeger, Jugendgerichtsgesetz: mit Jugendstrafvollzugsgesetzen, 7. Aufl., Heidelberg 2015.

Dreher, Eduard/*Schwarz*, Otto, Strafgesetzbuch, 25. Aufl., Berlin 1964.

Dufriche de Valazé (du Friche de Valazé), Charles Éléonore, Loix pénales, Alençon 1784.

Dufriche de Valazé (du Friche de Valazé), Charles Éléonore, Ueber die Strafgesetze oder Entwurf zu einem allgemeinen Strafkodex, Leipzig 1786.

Dünkel, Frieder, Jugendkriminalpolitik in Europa und den USA: Von Erziehung zu Strafe und zurück?, in: Jugend ohne Rettungsschirm: Herausforderungen annehmen!, Mönchengladbach 2015, S. 527–565.

Ehret, Susanne, Franz von Liszt und das Gesetzlichkeitsprinzip: Zugleich ein Beitrag wider die Gleichsetzung von Magna-charta-Formel und Nullum-crimen-Grundsatz, Frankfurt a.M. 1996.

Ehret, Susanne, Strafrechtsbegrenzung durch das Gesetzlichkeitsprinzip bei Franz von Liszt?, Kritische Vierteljahresschrift für Gesetzgebung und Rechtswissenschaft 117 (1996), S. 340–354.

Eisenberg, Ulrich/*Kölbel*, Ralf, Kriminologie, 7. Aufl., Tübingen 2017.

Elm, Ludwig, Zwischen Fortschritt und Reaktion: Geschichte der Parteien der liberalen Bourgeoisie in Deutschland 1893–1918, Berlin 1968.

Emsley, Clive, Crime, Police, and Penal Policy: European Experiences 1750–1940, Oxford 2007.

Erhard, Christian-Daniel, Betrachtungen über Leopolds des Weisen Gesetzgebung in Toskana, Dresden 1791.

Ewald, Uwe, Die Notwendigkeit vertiefter Kritik der Auffassungen des Franz Eduard von Liszt zu Verbrechen und Strafrecht, Staat und Recht 32 (1983), S. 462–469.

Ewald, Uwe, Theoretische Probleme und Ideologie des „Täterstrafrechts" im imperialistischen Deutschland, Berlin 1983.

Falk, Ulrich, Ein Gelehrter wie Windscheid: Erkundungen auf den Feldern der sogenannten Begriffsjurisprudenz, 2. Aufl., Frankfurt a. M. 1989.

Felt, Ulrike, Die Stadt als verdichteter Raum der Begegnung zwischen Wissenschaft und Öffentlichkeit, in: Goschler, Constantin (Hrsg.), Wissenschaft und Öffentlichkeit in Berlin: 1870–1930, Stuttgart 2000, S. 185–220.

Ferri, Enrico, La teorica dell' imputabilità e la negazione del libero arbitrio, Florenz 1878.

Ferri, Enrico, Die positive kriminalistische Schule in Italien, Frankfurt a. M. 1903.

Ferri, Enrico, The Positive School of Criminology, Chicago 1913.

Fetscher, Iring, Einleitung, in: Comte, Auguste, Rede über den Geist des Positivismus: Discours sur l'esprit positif, Hamburg 1956, S. XV–XLV.

Feuerbach, Paul Johann Anselm, Lehrbuch des gemeinen in Deutschland gültigen Peinlichen Rechts, 1. Aufl., Gießen 1801.

Feuerbach, Paul Johann Anselm, (als anonyme Flugschrift), Ueber die Unterdrückung und Wiederbefreiung Europens, s.l. 1813.

Feuerbach, Paul Johann Anselm, Ueber die Unterdrückung und Wiederbefreiung Europens (nicht-anonyme Parallelausgabe), München 1813.

Feuerbach, Paul Johann Anselm, Kleine Schriften vermischten Inhalts, Bd. 1, Nürnberg 1833.

Feuerbach, Paul Johann Anselm/*Mittermaier*, Carl Joseph Anton, Lehrbuch des gemeinen in Deutschland gültigen Peinlichen Rechts, 14. Aufl., Gießen 1847.

Feyl, Othmar, Zur Geschichte der öffentlichen Arbeit und Resonanz der Universitätsbibliothek Berlin, Berlin 1993.

Fijnaut, Cyrille, Die Fiktion einer integrierten Strafrechtswissenschaft gegen Ende des vergangenen Jahrhunderts, Zeitschrift für die gesamte Strafrechtswissenschaft 96 (1984), S. 135–171.

Fikentscher, Rüdiger, Liebe, Arbeit, Einsamkeit: Ein Gelehrtenpaar in zwei Diktaturen, Halle 2014.

Fillafer, Franz Leander, Leo Thun und die Aufklärung: Wissenschaftsideal, Berufungspolitik und Deutungskämpfe, in: Mazohl, Brigitte/Aichner, Christof (Hrsg.), Die Thun-Hohenstein'schen Universitätsreformen 1849–1860: Konzeption-Umsetzung-Nachwirkungen, Wien 2017, S. 55–75.

Finder, Gabriel N., The Medicalization of Wilhelmine and Weimar Juvenile Justice Reconsidered, in: Wetzell, Richard F. (Hrsg.), Crime and Criminal Justice in Modern Germany, New York 2014, S. 137–157.

Fischer, Kuno, Immanuel Kant, Bd. 1: Entstehung und Begründung der kritischen Philosophie: Die Kritik der reinen Vernunft; Bd. 2: Das Lehrgebäude der kritischen Philosophie: Das System der reinen Vernunft, Mannheim 1860.

Fischer, Thomas, Strafgesetzbuch mit Nebengesetzen, 65. Aufl., München 2018.

Fleck, Ludwik, Entstehung und Entwicklung einer wissenschaftlichen Tatsache: Einführung in die Lehre vom Denkstil und Denkkollektiv (1935), Frankfurt a. M. 1980.

Fleiter, Andreas, Punishment on the Path of Socialism, in: Wetzell, Richard F. (Hrsg.), Crime and Criminal Justice in Modern Germany, New York 2014, S. 56–85.

Föcking, Marc, Pathologia litteralis: Erzählte Wissenschaft und wissenschaftliches Erzählen im französischen 19. Jahrhundert, Tübingen 2002.

Frank, Reinhard von, Zwei Vorträge: 1. Vergeltungsstrafe und Schutzstrafe; 2. Die Lehre Lombrosos, Tübingen 1908.

Freitag, Sabine, Kriminologie in der Zivilgesellschaft: Wissenschaftsdiskurse und die britische Öffentlichkeit, 1830–1945, München 2014.

Fricke, Dieter (Hrsg.), Die bürgerlichen Parteien in Deutschland, Bd. 1–2, Berlin 1968.

Friederich, Maximiliane, John Howard und die Strafvollzugsreformen in Süddeutschland in der ersten Hälfte des 19. Jahrhunderts, Frankfurt a. M. 2013.

Frisch, Wolfgang, Das Marburger Programm und die Maßregeln der Besserung und Sicherung, Zeitschrift für die gesamte Strafrechtswissenschaft 94 (1982), S. 565–598.

Frisch, Wolfgang, Franz v. Liszt – Werk und Wirkung, in: Koch, Arnd/Löhnig, Martin (Hrsg.), Die Schule Franz von Liszts: Spezialpräventive Kriminalpolitik und die Entstehung des modernen Strafrechts, Tübingen 2016, S. 1–25.

Frisch, Wolfgang/*Jakobs*, Günther et al. (Hrsg.), Lebendiges und Totes in der Verbrechenslehre Hans Welzels, Tübingen 2015.

Frischeisen-Köhler, Max/*Moog*, Willy, Die Philosophie der Neuzeit bis zum Ende des XVIII. Jahrhunderts, (Ueberwegs Grundriss der Geschichte der Philosophie, Teil 3), 12. Aufl. 1924.

Frommel, Monika, Welzels finale Handlungslehre, in: Reifner, Udo/Sonnen, Bernd-Rüdeger (Hrsg.), Strafjustiz und Polizei im Dritten Reich, Frankfurt a. M. 1984, S. 86–96.

Frommel, Monika, Die Rolle der Erfahrungswissenschaften in Franz von Liszt's „gesamter Strafrechtswissenschaft", Kriminalsoziologische Bibliografie 11 (1984), S. 36–53.

Frommel, Monika, Franz von Liszt, in: Neue Deutsche Biographie, Bd. 14 (1985), S. 704–705.

Frommel, Monika, Präventionsmodelle in der deutschen Strafzweck-Diskussion: Beziehungen zwischen Rechtsphilosophie, Dogmatik, Rechtspolitik und Erfahrungswissenschaften, Berlin 1987.

Frommel, Monika, Franz von Liszt: 1851–1919, in: Brauneder, Wilhelm (Hrsg.), Juristen in Österreich: 1200–1980, Wien 1987, S. 223–228.

Frommel, Monika, Internationale Reformbewegung zwischen 1880 und 1920, in: Schönert, Jörg (Hrsg.), Erzählte Kriminalität: Zur Typologie und Funktion von narrativen Darstellungen in Strafrechtspflege, Publizistik und Literatur zwischen 1770 und 1920, Tübingen 1991, S. 467–495.

Frommel, Monika, Was bedeutet uns heute noch Franz von Liszt?, Neue Kriminalpolitik 2012, S. 152–160.

Frommel, Monika, Was bedeutet uns heute noch Franz von Liszt?, Jahrbuch der Juristischen Zeitgeschichte 14 (2013), S. 291–311.

Gadebusch Bondio, Mariacarla, Die Rezeption der kriminalanthropologischen Theorien von Cesare Lombroso in Deutschland, Husum 1995.

Gadomski, Christopher R., Die Rezeption der historischen Rechtsschule und der Pandektenwissenschaft in der italienischen Wissenschaft des 19. und beginnenden 20. Jahrhunderts, Frankfurt a. M. 2006.

Galassi, Silviana, Kriminologie im Deutschen Kaiserreich: Geschichte einer gebrochenen Verwissenschaftlichung, Stuttgart 2004.

Gallas, Wilhelm, Die Krise des Strafrechts und ihre Überwindung im Staatsgedanken, Zeitschrift für die gesamte Strafrechtswissenschaft 51 (1933), S. 11–28.

Gangolf, Hübinger, Die monistische Bewegung: Sozialingenieure und Kulturprediger, in: Hübinger, Hübinger et. al. (Hrsg.), Kultur und Kulturwissenschaften um 1900, Bd. 2: Idealismus und Positivismus, Weinheim 1997, S. 246–259.

Gans, Eduard, Das Erbrecht in weltgeschichtlicher Entwicklung, Stuttgart 1829.

Gasser, Reinhard, Nietzsche und Freud, Berlin 1997.

Gehring, Petra, Körper und die Macht, in: Rölli, Marc/Krause, Ralf (Hrsg.), Macht: Begriff und Wirkung in der politischen Philosophie der Gegenwart, Bielefeld 2008, S. 175–192.

Georgakis, Jannis A., Geistesgeschichtliche Studien zur Kriminalpolitik und Dogmatik Franz von Liszts, Leipzig 1940.

Gerhardt, Volker, Kants kopernikanische Wende, Kant-Studien 78 (1987), S. 133–152.

Germann, Urs, Psychiatrie und Strafjustiz: Entstehung, Praxis und Ausdifferenzierung der forensischen Psychiatrie in der deutschsprachigen Schweiz 1850–1950, Zürich 2004.

Geschwandner, Sigismund, Die Ziele des Gymnasiums: ein Ideal für die Jugend, Jahres-Bericht des kais.-kön. Ober-Gymnasiums zu den Schotten in Wien Schuljahr 1868 (1868), S. 1–37.

Gianni, Francesco Maria/*Crome*, August F., Die Staatsverwaltung von Toskana unter der Regierung seiner königlichen Majestät Leopold II., Leipzig 1797.

Giaro, Tomasz, Modernisierung durch Transfer: Schwund osteuropäischer Rechtstraditionen, in: ders. (Hrsg.), Modernisierung durch Transfer im 19. und frühen 20. Jahrhundert, Frankfurt a. M. 2006, S. 275–304.

Gierke, Otto, Deutsches Privatrecht, Band 1: Allgemeiner Teil und Personenrecht, Leipzig 1895.

Gilman, Sander L. (Hrsg.), Reading Freud's Reading, New York 1994.

Glaser, Julius, Vergeltung und Strafe: Beitrag zur Philosophie des Rechts, Horgen 1849.

Glaser, Julius, Das englisch-schottische Strafverfahren: Übersichtlich dargestellt zur Vergleichung mit der neuesten französisch-deutschen namentlich der österreichischen Legislation, Wien 1850.

Glaser, Julius, Über Aufgabe und Behandlung der Wissenschaft des österreichischen Strafrechts (1854), in: Gesammelte kleinere Schriften über Strafrecht, Civil- und Strafprocess, Bd. 1, Wien 1868, S. 3–18.

Glaser, Julius, Über das Verhältnis der Theorie und Praxis im Strafrecht (1857), in: Gesammelte kleinere Schriften über Strafrecht, Civil- und Strafprocess, Bd. 1, 1868, S. 63–72.

Glaser, Julius, Über Notwehr (1858), in: Gesammelte kleinere Schriften über Strafrecht, Civil- und Strafprocess, Bd. 1, Wien 1868, S. 195–211.

Glaser, Julius, Das Princip der Strafverfolgung (1860), in: Gesammelte kleinere Schriften über Strafrecht, Civil- und Strafprocess, Bd. 1, Wien 1868, S. 427–447.

Glaser, Julius, Über die Todesstrafe (1862), in: Gesammelte kleinere Schriften über Strafrecht, Civil- und Strafprocess, Bd. 1, Wien 1868, S. 179–192.

Glaser, Julius, Ausführungen in: Motiven-Darstellung zu dem Entwurfe eines vollständigen neuen Strafgesetzes über Verbrechen und Vergehen für die im engeren Reichsrathe des österreichischen Kaiserstaates vertretenen Königreiche und Länder, Wien 1863.

Glaser, Julius, Die Vorbereitung der Hauptverhandlung im französischen Schwurgerichtsverfahren, Wien 1866.

Glaser, Julius, Die geschichtlichen Grundlagen des neuen Deutschen Strafprozeßrechts, Berlin 1879.

Glettler, Monika, Die Wiener „Slovanská Beseda“ und Baltazar Bogišić, in: Spomenica Valtazara Bogišića: Gedächtnisschrift für Valtazar Bogišić, Belgrad 2011, S. 65–70.

Gödecke, Petra, Criminal Law after National Socialism, The Renaissance of Natural Law and the Beginnings of Penal Reform in West Germany, in: Wetzell, Richard F. (Hrsg.), Crime and Criminal Justice in Modern Germany, New York 2014, S. 270–301.

Goldschmidt, James, Die Reform des Strafverfahrens, Juristische Wochenschrift 1919, S. 66–69.

Goldschmidt, James, Franz von Liszt (Nachruf), Deutsche Juristenzeitung 1919, S. 570–572.

Goldschmidt, James, Franz von Liszt, Archiv für Kriminologie 73 (1921), S. 81–92.

Goll, August, Verbrecher bei Shakespeare, Stuttgart 1908.

Goller, Peter, Naturrecht, Rechtsphilosophie oder Rechtstheorie?: Zur Geschichte der Rechtsphilosophie an Österreichs Universitäten (1848–1945), Frankfurt a. M. 1997.

Goller, Peter, Rechtsphilosophie an der Universität Graz (1848–1945): Eine Disziplin im Sog kulturwissenschaftlicher Strömungen, in: Binder, Thomas et al. (Hrsg.), Bausteine zu einer Geschichte der Philosophie an der Universität Graz, Amsterdam 2001, S. 603–639.

Gollwitzer, Helmut, Das Wesen der Strafe in theologischer Sicht, in: Gesellschaftliche Wirklichkeit im 20. Jahrhundert und Strafrechtsformen, Berlin 1964, S. 29–55.

Göppinger, Hans, Die gegenwärtige Situation der Kriminologie, Tübingen 1964.

Göppinger, Hans, Kriminologie, 4. Aufl., München 1980.

Göppinger, Horst, Juristen jüdischer Abstammung im „Dritten Reich“: Entrechtung und Verfolgung, 2. Aufl., München 1990.

Goschler, Constantin, Wissenschaft und Öffentlichkeit in Berlin (1870–1930), in: ders. (Hrsg.), Wissenschaft und Öffentlichkeit in Berlin: 1870–1930, Stuttgart 2000, S. 7–29.

Goschler, Constantin, Wissenschaftliche „Vereinsmenschen“, in: ders. (Hrsg.), Wissenschaft und Öffentlichkeit in Berlin: 1870–1930, Stuttgart 2000, S. 31–63.

Gottschalk, Regina, Die Linksliberalen zwischen Kaiserreich und Weimarer Republik, Tübingen 1969.

Grabovsky, Adolf, Franz von Liszt (Nachruf), Das neue Deutschland 7 (1918/19), S. 417–422.

Grahl, Christian, Aus den Lebenserinnerungen des Juristen und Geschichtsforschers Adolf Stölzel, in: Behrends, Okko/Dreier, Ralf (Hrsg.), Gerechtigkeit und Geschichte, Göttingen 1996, S. 133–142.

Greco, Luís, Lebendiges und Totes in Feuerbachs Straftheorie, Berlin 2009.

Greve, Ylva, Verbrechen und Krankheit: Die Entdeckung der „Criminalpsychologie" im 19. Jahrhundert, Köln 2004.

Groß, Johannes T., Ritualmordbeschuldigungen gegen Juden im Deutschen Kaiserreich (1871–1914), Berlin 2002.

Grünhut, Max, Strafrechtswissenschaft und Strafrechtspraxis, Bonn 1932.

Günther, Albrecht Erich, Der Ursprung des Strafrechts aus dem Imperium, Widerstand: Zeitschrift für nationalrevolutionäre Politik 5 (1930), S. 262–267.

Günther, Albrecht Erich, Reform oder Auflösung des Strafrechts, Widerstand: Zeitschrift für nationalrevolutionäre Politik 5 (1930), S. 244–250.

Günther, Albrecht Erich, Liberale und autoritäre Strafrechtsreform, in: Günther, Albrecht Erich (Hrsg.), Was wir vom Nationalsozialismus erwarten: Zwanzig Antworten, Heilbronn 1932, S. 100–107.

Günzel, Stefanie, Die geschichtliche Entwicklung des Jugendstrafrechts und des Erziehungsgedankens, Marburg 2001.

Güßbacher, Heinrich, Hegels Psychologie der Intelligenz, Würzburg 1988.

Guzmán Dálbora, José Luis/*Vormbaum*, Thomas (Hrsg.), Zwei Aufsätze [von Johann Michael Franz Birnbaum], Münster 2011.

Haber, Leo, Die Denkschrift über die Errichtung kriminalistischer Institute, Deutsche Strafrechts-Zeitung 3 (1916), S. 212–214.

Häberlin, Carl Franz Wolff Jérôme, Grundsätze des Criminalrechts nach den neuen deutschen Strafgesetzbüchern, Leipzig 1845.

Haferkamp, Hans-Peter, Georg Friedrich Puchta und die „Begriffsjurisprudenz", Frankfurt a. M. 2004.

Haferkamp, Hans-Peter, Die sog. Begriffsjurisprudenz im 19. Jahrhundert – ein „reines" Recht?, in: Depenheuer, Otto (Hrsg.), Reinheit des Rechts, Kategorisches Prinzip oder regulative Idee?, Wiesbaden 2010, S. 79–99.

Haferkamp, Hans-Peter, Lebensbezüge in der Zivilrechtsdogmatik des 19. und 20. Jahrhunderts, in: Spomenica Valtazara Bogišića: Gedächtnisschrift für Valtazar Bogišić, Belgrad 2011, S. 302–313.

Haferkamp, Hans-Peter, Rechtsgeschichte und Evolutionstheorie, in: Siep, Ludwig (Hrsg.), Evolution und Kultur, Paderborn 2011, S. 35–59.

Haferkamp, Hans-Peter, Die Historische Rechtsschule, Frankfurt a. M. 2018.

Hafter, Ernst, Die vergleichende Darstellung des deutschen und ausländischen Strafrechts, Schweizerische Zeitschrift für Strafrecht 19 (1906), S. 133–159.

Hardenberg, Simone Gräfin von, Eberhard Schmidt (1891 – 1977): Ein Beitrag zur Geschichte unseres Rechtsstaats, Berlin 2009.

Hassemer, Winfried/*Neumann*, Ulfrid/*Saliger*, Frank (Hrsg.), Einführung in die Rechtsphilosophie und Rechtstheorie der Gegenwart, 9. Aufl., Heidelberg 2016.

Hattenhauer, Hans, Thibaut und Savigny: Ihre programmatischen Schriften, 2. Aufl., München 2002.

Haunfelder, Bernd, Die liberalen Abgeordneten des deutschen Reichstags 1871–1918: Ein biographisches Handbuch, Münster 2004.

Hegel, Georg Wilhelm Friedrich, Nürnberger und Heidelberger Schriften 1808–1817 (Werke 4), Frankfurt a. M. 1986.

Hegler, August, Zur Methode der legislativen Bearbeitung des Strafrechts, insbesondere auf rechtsvergleichender Grundlage, Monatsschrift für Kriminalpsychologie und Strafrechtsreform 4 (1907/08), S. 337–350.

Hein, Oliver, Vom Rohen zum Hohen: Öffentliches Strafrecht im Spiegel der Strafrechtsgeschichtsschreibung des 19. Jahrhunderts, Köln 2001.

Heinemann, Hugo, Franz v. Liszt (Nachruf), Juristische Wochenschrift 40 (1919), S. 545–549.

Heinitz, Ernst, Franz von Liszt als Dogmatiker, in: Franz von Liszt zum Gedächtnis, Berlin 1969, S. 28–52.

Helfert, Alexander, Graf Leo Thun: Lehr und Wanderjahre, (Helferts) Österreichisches Jahrbuch 15 (1891), S. 123–212.

Henke, Eduard, Handbuch des Criminalrechts und der Criminalpolitik, Bd. 1, Berlin 1823.

Henke, Ernst Ludwig Theodor, Jakob Friedrich Fries, Leipzig 1867.

Henkel, Heinrich, Strafrichter und Gesetz im neuen Staat: Die geistigen Grundlagen, Hamburg 1934.

Hennig, Richard, Wunder und Wissenschaft: Eine Kritik und Erklärung der okkulten Phänomene, Hamburg 1904.

Henze, Martina, Strafvollzugsreformen im 19. Jahrhundert: Gefängniskundlicher Diskurs und staatliche Praxis in Bayern und Hessen-Darmstadt, Darmstadt 2003.

Henze, Martina, Netzwerk, Kongressbewegung, Stiftung: Zur Wissenschaftsgeschichte der internationalen Gefängniskunde 1827 bis 1951, in: Schauz, Désirée/Freitag, Sabine (Hrsg.), Verbrecher im Visier der Experten, Stuttgart 2007, S. 55–77.

Herbart, Johann Friedrich, Psychologie als Wissenschaft, neu gegründet auf Erfahrung, Metaphysik, und Mathematik, Bd. 1, Königsberg 1824.

Hering, Karl-Heinz, Der Weg der Kriminologie zur selbständigen Wissenschaft, Hamburg 1966.

Hermann, Dieter, Werte und Kriminalität: Konzeption einer allgemeinen Kriminalitätstheorie, Wiesbaden 2003.

Herrmann, Florian, Das Standardwerk: Franz von Liszt und das Völkerrecht, Baden-Baden 2001.

Hertz, Eduard, Voltaire und die französische Strafrechtspflege im achtzehnten Jahrhundert, Ein Beitrag zur Geschichte des Aufklärungszeitalters, Stuttgart 1887.

Hett, Benjamin Carter, Justice is Blind: Crowds, Irrationality, and Criminal Law in the Late Kaiserreich, in: Wetzell, Richard F. (Hrsg.), Crime and Criminal Justice in Modern Germany, New York 2014, S. 31–55.

Hettinger, Michael, Carl Joseph Anton Mittermaier (1878–1867): Jurist zwischen zwei deutschen Reichen oder: auf der Suche nach einem neuen gemeinen Recht, Zeitschrift der Savigny-Stiftung für Rechtsgeschichte: Germanistische Abteilung 107 (1990), S. 433–461.

Hilgendorf, Eric, Naturalismus im (Straf-)Recht: Ein Beitrag zum Thema „Recht und Wissenschaft", Jahrbuch für Recht und Ethik 11 (2003), S. 83–102.

Hilgendorf, Eric, Eintrag „Aufklärung", in: Hilgendorf, Erich/Joerden, Jan C. (Hrsg.), Handbuch Rechtsphilosophie, Stuttgart 2017, S. 137–151.

Hilgendorf, Eric, Die Geburt des modernen Strafverfahrens aus der Erfahrung ungerechter Verfolgung – Friedrich von Spee und seine Nachfolger, in: Hilgendorf, Erich/Osthoff, Daniel/Weis-Dalal, Martina (Hrsg.), Vernunft gegen Hexenwahn, Würzburg 2017, S. 159–179.

Hilgendorf, Eric, Kritischer Rationalismus und Positivismus, in: ders. (Hrsg.), Kritischer Rationalismus und Einzelwissenschaften, 2017, S. 43–54.

Hiller, Albert, Der Leseverein der deutschen Studenten, in: Die Lesevereine der deutschen Hochschüler an der Wiener Universität, Wien 1912.

Hippel, Robert, Franz v. Liszt (Nachruf), Zeitschrift für die gesamte Strafrechtswissenschaft 40 (1919), S. 529–534.

Höflechner, Walter, Die Thun'schen Reformen im Kontext der Wissenschaftsentwicklung in Österreich, in: Mazohl, Brigitte/Aichner, Christof (Hrsg.), Die Thun-Hohenstein'schen Universitätsreformen 1849–1860: Konzeption-Umsetzung-Nachwirkungen, Wien 2017, S. 28–52.

Höfler, Alois, Sieben Thesen zu Professor Dr. Franz von Liszt's Vortrag „Die strafrechtliche Zurechnungsfähigkeit", Wien 1897.

Holton, Gerald, Wissenschaft und Anti-Wissenschaft, Wien 2000.

Holtzendorff, Franz von/*Baer*, Abraham Adolf (Hrsg.), Handbuch des Gefängnisswesens, Hamburg 1888.

Holtzendorff, Franz von/*Kohler*, Josef (Hrsg.), Encyklopädie der Rechtswissenschaft in systematischer Bearbeitung, 6. Aufl., Leipzig 1904.

Holzhey, Helmut/*Röd*, Wolfgang, Die Philosophie des ausgehenden 19. und des 20. Jahrhunderts, 2: Neukantianismus, Idealismus, Realismus, Phänomenologie, (Röds Geschichte der Philosophie, Bd. 12), München 2004.

Hoßfeld, Uwe, Vom Christ zum Atheist: Der Kirchenaustritt Ernst Haeckels im Jahr 1910, in: Kutschera, Ulrich (Hrsg.), Kreationismus in Deutschland: Fakten und Analysen, Berlin 2007, S. 45–70.

Howard, Derek Lionel, John Howard: Prison Reformer, London 1958.

Howard, John, The State of the Prisons in England and Wales, with Preliminary Observations and an Account of some Foreign Prisons and Hospitals, 4. Aufl., London 1792.

Howard, John, Prisons and Lazarettos, hrsg. von W. England, Montclair 1973.

Howard, William [John!], Ueber Gefängnisse und Zuchthäuser, Leipzig 1780.

Hoyer, Andreas, Strafrechtsdogmatik nach Armin Kaufmann: Lebendiges und Totes in Armin Kaufmanns Normentheorie, Berlin 1997.

Huebl, Albert, Zur Erinnerung an die Jahrhundertfeier des k.k. Schottengymnasiums in Wien, Wien 1908.

Humboldt, Wilhelm von, Ideen zu einem Versuch, die Gränzen der Wirksamkeit des Staats zu bestimmen, Breslau 1851.

Hurwicz, Elias, Rudolf von Ihering und die deutsche Rechtswissenschaft: Mit besonderer Berücksichtigung des Strafrechts, Berlin 1911.

Hurwicz, Elias, Franz v. Liszt und die soziologische Strafrechtsschule, Die Neue Zeit: Wochenschrift der Deutschen Sozialdemokratie 38 (1919), S. 79–86.

Hurwitz, Stephan, Franz von Liszt og vor tids kriminalpolitik, Nordisk tidsskrift for kriminalvidenskab (1951), S. 10–20.

Jäckel, Hartmut, Menschen in Berlin: Das letzte Telefonbuch der alten Reichshauptstadt 1941, 3. Aufl., Stuttgart 2001.

Jaffa, S., Ein psychologisches Experiment im kriminalistischen Seminar der Universität Berlin, Beiträge zur Psychologie der Aussage 1 (1903), S. 79–99.

Jäger, Jens, Internationales Verbrechen – Internationale Polizeikooperation 1880–1930: Konzepte und Praxis, in: Schauz, Désirée/Freitag, Sabine (Hrsg.), Verbrecher im Visier der Experten, Stuttgart 2007, S. 295–319.

Jansen, Nils, Methoden, Institutionen, Texte: Zur diskursiven Funktion und medialen Präsenz dogmatisierender Ordnungsvorstellungen und Deutungsmuster im normativen Diskurs, Zeitschrift der Savigny-Stiftung für Rechtsgeschichte: Germanistische Abteilung 128 (2011), S. 1–71.

Jellinek, Georg, Die socialethische Bedeutung von Recht, Unrecht und Strafe, 1. Aufl., Wien 1878.

Jescheck, Hans-Heinrich, Lehrbuch des Strafrechts: Allgemeiner Teil, 1. Aufl., Berlin 1969.

Jescheck, Hans-Heinrich, Grundfragen der Dogmatik und Kriminalpolitik im Spiegel der Zeitschrift für die gesamte Strafrechtswissenschaft, Zeitschrift für die gesamte Strafrechtswissenschaft 93 (1981), S. 3–67.

Jescheck, Hans-Heinrich, Die Freiheitsstrafe bei Franz von Liszt im Lichte der modernen Kriminalpolitik, Gießener rechtswissenschaftliche Abhandlungen 1 (1982), S. 15–36.

Jescheck, Hans-Heinrich, Freiheitsstrafe bei Franz v. Liszt im Lichte der modernen Kriminalpolitik, in: Festschrift für Ulrich Klug, Köln 1983, S. 258–276.

Jescheck, Hans-Heinrich, Eröffnungsansprache: Der XIV. Internationale Strafrechtskongress der Association Internationale de Droit Penal, Zeitschrift für die gesamte Strafrechtswissenschaft 102 (1990), S. 658–663.

Jescheck, Hans-Heinrich/*Weigend*, Thomas, Lehrbuch des Strafrechts, Allgemeiner Teil, 5. Aufl., Berlin 1996.

Jessen, Ralph, Gewaltkriminalität in Ruhrgebiet zwischen bürgerlicher Panik und proletarischer Subkultur (1870–1914), in: Kift, Dagmar (Hrsg.), Kirmes – Kneipe – Kino: Arbeiterkultur im Ruhrgebiet zwischen Kommerz und Kontrolle (1850–1914), Paderborn 1992, S. 226–255.

Jhering, Rudolf von, Geist des römischen Rechts auf den verschiedenen Stufen seiner Entwicklung, Bd. 1, Teilband 1, 2. Aufl., Leipzig 1866; Bd. 2, Teilband 2, 2. Aufl., Leipzig 1869.

Jhering, Rudolf von, Ist die Jurisprudenz eine Wissenschaft (Antrittsvorlesung 1868), hrsg. von Okko Behrends, Göttingen 1998.

Jhering, Rudolf von, Der Zweck im Recht, Bd. 1, Leipzig 1877; Bd. 2, Leipzig 1883.

Jhering, Rudolf von, Vorgeschichte der Indoeuropäer, Leipzig 1894.

Jiménez de Asúa, Luis, „Corsi e ricorsi“: Die Wiederkehr Franz von Liszts, in: Franz von Liszt zum Gedächtnis, Berlin 1969, S. 141–155.

Joas, Hans, Praktische Intersubjektivität: Die Entwicklung des Werkes von George Herbert Mead, Frankfurt a. M. 1980.

Joecks, Wolfgang/*Miebach*, Klaus (Hrsg.), Münchener Kommentar: Strafgesetzbuch, 3. Aufl., Bd. 1: §§ 1–37, München 2017.

Johnson, Eric Arthur, Urbanization and Crime: Germany 1871–1914, Cambridge 1995.

Jung, Heike, Saleilles und der Grundsatz der Individualisierung, Goltdammer's Archiv für Strafrecht 164 (2017), S. 57–66.

Kaiser, Günther, Rang, Recht und Wirklichkeit des Strafvollzuges in der hundertjährigen Entwicklung der Zeitschrift für die gesamte Strafrechtswissenschaft, Zeitschrift für die gesamte Strafrechtswissenschaft 93 (1981), S. 222–248.

Kant, Immanuel, Kritik der reinen Vernunft (A: 1. Aufl. 1781, B: 2. Aufl. 1787), Hamburg 1998.

Kant, Immanuel, Die Metaphysik der Sitten (1797), in: Akademie-Ausgabe, Bd. 6, 2. Aufl., Berlin 1914.

Kant, Immanuel, Handschriftlicher Nachlaß; Moralphilosophie, Rechtsphilosophie und Religionsphilosophie, Akademie-Ausgabe, Bd. 19, Berlin 1934.

Kantorowicz, Hermann, Probleme der Strafrechtsvergleichung, Monatsschrift für Kriminalpsychologie und Strafrechtsreform 4 (1907/08), S. 65–113.

Karitzky, Holger, Eduard Kohlrausch – Kriminalpolitik in vier Systemen: Eine strafrechtshistorische Biographie, Berlin 2002.

Kaser, Max, Das römische Privatrecht II: Die nachklassischen Entwicklungen, 2. Aufl., München 1975.

Kasper, Johannes, Die Unschädlichmachung des Unverbesserlichen: die v. Liszt-Schule und der Umgang mit gefährlichen Gewohnheitsverbrechern, in: Koch, Arnd/Löhnig, Martin (Hrsg.), Die Schule Franz von Liszts: Spezialpräventive Kriminalpolitik und die Entstehung des modernen Strafrechts, Tübingen 2016, S. 119–133.

Kaufmann, Armin, Lebendiges und Totes in Bindings Normentheorie: Normenlogik und moderne Strafrechtsdogmatik, Göttingen 1954.

Kaulbach, Friedrich, Die Copernicanische Denkfigur bei Kant, Kant-Studien 64 (1973), S. 30–48.

Kempe, Gerrit Theodoor, Franz von Liszt en de Criminologie, Mededeelingen der Koninklijke Nederlandsche Akademie van Wetenschappen, Afdeeling Letterkunde 31 (1968), S. 62–83.

Kempe, Gerrit Theodoor, Franz von Liszt und die Kriminologie, in: Franz von Liszt zum Gedächtnis, Berlin 1969, S. 260–280.

Kerbauer, Alois, Prinzipien, Pragmatismus und Innovation: die Umsetzung der Thun'schen Reform an der Universität Graz, in: Mazohl, Brigitte/Aichner, Christof (Hrsg.), Die Thun-Hohenstein'schen Universitätsreformen 1849–1860: Konzeption-Umsetzung-Nachwirkungen, Wien 2017, S. 121–152.

Kersten, Jens, Georg Jellinek und die klassische Staatslehre, Tübingen, 2000.

Kesper-Biermann, Sylvia, Wissenschaftlicher Ideenaustausch und „kriminalpolitische Propaganda“: Die Internationale Kriminalistische Vereinigung (1889–1937) und der Strafvollzug, in: Schauz, Désirée/Freitag, Sabine (Hrsg.), Verbrecher im Visier der Experten, Stuttgart 2007, S. 79–97.

Kesper-Biermann, Sylvia, Einheit und Recht: Strafgesetzgebung und Kriminalrechtsexperten in Deutschland vom Beginn des 19. Jahrhunderts bis zum Reichsstrafgesetzbuch von 1871, Frankfurt a. M. 2009.

Kesper-Biermann, Sylvia/*Overath*, Petra, Internationalisierungsprozesse in der Geschichte von Strafrechtswissenschaft und Kriminalpolitik (1870–1930): Deutschland im internationalen Kontext, in: dies. (Hrsg.), Die Internationalisierung von Strafrechtswissenschaft und Kriminalpolitik (1870–1930), Berlin 2007, S. 3–16.

Kindhäuser, Urs/*Neumann*, Ulfrid/*Paeffgen*, Hans-Ullrich (Hrsg.), Strafgesetzbuch (Nomos-Kommentar), 5. Aufl., Bd. 1–3, Baden-Baden 2017.

Kink, Rudolf, Über die neueste Regelung der rechts- und staatswissenschaftlichen Studien in Österreich, 1856.

Kitzinger, Friedrich, Die Internationale Kriminalistische Vereinigung: Betrachtungen über ihr Wesen und ihre bisherige Wirksamkeit, München 1905.

Klee, Karl, Das Judentum im Strafrecht, in: Das Judentum in der Rechtswissenschaft, Teil 4, Berlin 1936, S. 5–18.

Kleeberg, Ingrid, Mentale Spuren der Gewohnheit: Kommentar zu Joseph Priestley, in: Kleeberg, Bernhard (Hrsg.), Schlechte Angewohnheiten: Eine Anthologie 1750–1900, Berlin 2012, S. 213–224.

Klein, Thomas, Der preußisch-deutsche Konservatismus und die Entstehung des politischen Antisemitismus in Hessen-Kassel (1866–1893): Ein Beitrag zur hessischen Parteiengeschichte, Marburg 1995.

Klopsch, Angela, Die Geschichte der Juristischen Fakultät der Friedrich-Wilhelms-Universität zu Berlin im Umbruch von Weimar, Berlin 2009.

Knetsch, Otto, Die Täterpersönlichkeit bei Franz von Liszt und im kommenden Strafrecht, Gießen 1936.

Koch, Arnd, Binding vs. v. Liszt: Klassische und moderne Strafrechtsschule, in: Hilgendorf, Eric/Weitzel, Jürgen (Hrsg.), Der Strafgedanke in seiner historischen Entwicklung, Berlin 2007, S. 127–145.

Koch, Arnd, „v. Liszt-Schule" – Personen, Institutionen, Gegner, in: Koch, Arnd/Löhnig, Martin (Hrsg.), Die Schule Franz von Liszts: Spezialpräventive Kriminalpolitik und die Entstehung des modernen Strafrechts, Tübingen 2016, S. 27–56.

Koch, Arnd/*Löhnig*, Martin (Hrsg.), Die Schule Franz von Liszts: Spezialpräventive Kriminalpolitik und die Entstehung des modernen Strafrechts, Tübingen 2016.

Kohler, Josef, Shakespeare vor dem Forum der Jurisprudenz, Würzburg 1883.

Kohler, Josef, Rechtsphilosophie und Universalrechtsgeschichte, in: Holtzendorff, Franz von/Kohler, Josef (Hrsg.), Encyklopädie der Rechtswissenschaft in systematischer Bearbeitung, 6. Aufl., Leipzig 1904, S. 1–69.

Kohler, Josef, Die sog. klassische und die sog. neue Strafrechtsschule, (Goltdammer's) Archiv für Strafrecht und Strafprozessrecht 54 (1907), S. 1–16.

Kohler, Josef, Lehrbuch der Rechtsphilosophie, Berlin 1909.

Kohlrausch, Eduard, Zweikampf, in: Vergleichende Darstellung des deutschen und ausländischen Strafrechts. Besonderer Teil, Bd. 1, Berlin 1906, S. 125–201.

Kohlrausch, Eduard, Über Strafrechtsreform, Berlin 1927.

Kohlrausch, Eduard, Die geistesgeschichtliche Krise des Strafrechts, Berlin 1932.

Kohlrausch, Eduard/*Lange*, Richard, Strafgesetzbuch mit Erläuterungen und Nebengesetzen, 43. Aufl., Berlin 1961.

Köhnke, Klaus Christian, Entstehung und Aufstieg des Neukantianismus: Die deutsche Universitätsphilosophie zwischen Idealismus und Positivismus, Frankfurt a. M. 1986.

König, Christoph, „Made in Heidelberg": Erich Rothacker und die Anfänge der „Deutschen Vierteljahresschrift für Literaturwissenschaft und Geistesgeschichte", in: Treiber, Hubert/Sauerland, Karol (Hrsg.), Heidelberg im Schnittpunkt intellektueller Kreise, Opladen 1995, S. 170–182.

Kornmesser, Stephan/*Schurz*, Gerhard, Die multiparadigmatische Struktur der Wissenschaften: Einleitung und Übersicht, in: dies. (Hrsg.), Die multiparadigmatische Struktur der Wissenschaften: Koexistenz, Komplementarität und (In)Kommensurabilität, Wiesbaden 2014, S. 11–46.

Koslowski, Stefan, Zur Philosophie von Wirtschaft und Recht: Lorenz von Stein im Spannungsfeld zwischen Idealismus, Historismus und Positivismus, Berlin 2005.

Kraepelin, Emil, Kriminologische und forensische Schriften, München 2001.

Kraus, Hans-Christof, Bismarck und die preußischen Konservativen, Friedrichsruh 2000.

Krause, Friedhilde/*Müller-Jerina*, Alwin, Handbuch der historischen Buchbestände in Deutschland, Bd. 14: Berlin, Teil 1, Hildesheim 1995.

Krebs, Albert, Franz von Liszt zum Vollzug der Freiheitsstrafe, in, Kultur, Kriminalität, Strafrecht: Festschrift für Thomas Würtenberger, Berlin 1977, S. 397–411.

Kreher, Christian Oliver, Herkunft und Entwicklung des Zweckgedankens bei Franz von Liszt: Eine rechtshistorische Analyse des Marburger Programms, Zürich 2015.

Krenn, Karl Jürgen, Berlin-Chronik 1900 bis 1918, Berlin 2017.

Kroeschell, Karl, Deutsche Rechtsgeschichte, Bd. 3: Seit 1650, 5. Aufl., Köln u.a 2008.

Kruckis, Hans-Martin, Positivismus/Biographismus, in: Schneider, Jost (Hrsg.), Methodengeschichte der Germanistik, Berlin 2009, S. 573–596.

Krüger, Herbert, Rechtsgedanke und Rechtstechnik im liberalen Strafrecht, Zeitschrift für die gesamte Strafrechtswissenschaft, 54 (1935), S. 591–664 (Teil 1), 55 (1936), 77–123 (Teil 2).

Kubiciel, Michael, Franz v. Liszt und das Europäische Strafrecht, in: Koch, Arnd/Löhnig, Martin (Hrsg.), Die Schule Franz von Liszts: Spezialpräventive Kriminalpolitik und die Entstehung des modernen Strafrechts, Tübingen 2016, S. 229–246.

Kubink, Michael, Strafen und ihre Alternativen im zeitlichen Wandel, Berlin 2002.

Kühn, Ulrich, Die Reform des Rechtsstudiums zwischen 1848 und 1933 in Bayern und Preußen, Berlin 2000.

Küper, Wilfried, Cesare Beccaria und die kriminalpolitische Aufklärung des 18. Jahrhunderts, JuS 1968, S. 547–553.

Küper, Wilfried, Der Heidelberger Strafrechtslehrer Karl von Lilienthal, in: Semper apertus: 600 Jahre Ruprecht-Karls-Universität Heidelberg, Bd. 2, Berlin 1985, S. 375–405.

Kurze, Karl-Heinz, Theologische Aspekte der Kriminalstrafe: Ein Beitrag zur Strafrechtsreform, Bonn 1978.

Kuzmics, Helmut/*Mozetič*, Gerald, Literatur als Soziologie: Zum Verhältnis von literarischer und gesellschaftlicher Wirklichkeit, Konstanz 2003.

Laas, Ernst, Vergeltung und Zurechnung, Vierteljahresschrift für die wissenschaftliche Philosophie 5 (1881), S. 137–185 (Teil 1), 296–347 (Teil 2).

Lackner, Karl/*Maassen*, Hermann/*Dreher*, Eduard, Strafgesetzbuch mit Erläuterungen, 4. Aufl., München 1967.

Lammasch, Heinrich, Julius Glaser: Eine Charakteristik, Zeitschrift für das Privat- und öffentliche Recht der Gegenwart 14 (1887), S. 675–703.

Lammasch, Heinrich, Wilhelm Emil Wahlberg (Nachruf), Blätter für Gefängniskunde 35 (1901), S. 520–524.

Lammasch, Heinrich, Wilhelm Emil Wahlberg (Nachruf), Allgemeine österreichische Gerichtszeitung 52 (1901), S. 49–51.

Lang, Eckart, Der Zweckgedanke im Strafrecht: Das Marburger Programm Franz von Liszt's: Seine Bedeutung als Straftheorie und Strafvollzugsziel, in: Korte, Guido (Hrsg.), Politische Strafjustiz und politische Betätigung in Deutschland, Brühl/Rheinland 1999, S. 13–47.

Lang, Markus, Karl Loewenstein: transatlantischer Denker der Politik, Stuttgart 2007.

Lange, Friedrich Albert, Geschichte des Materialismus und Kritik seiner Bedeutung in der Gegenwart, Iserlohn 1866.

Lange, Friedrich Albert, Geschichte des Materialismus und Kritik seiner Bedeutung in der Gegenwart, Bd. 1: Geschichte des Materialismus bis auf Kant, 2. Aufl., Iserlohn 1873; Bd. 2: Geschichte des Materialismus seit Kant, 2. Aufl., Iserlohn 1875.

Lange, Richard, Grundfragen der deutschen Strafrechtsreform (1955), in: Summa Criminologica: Ausgewählte Schriften, Bd. 1, Marburg 1991, S. 15–34.

Lange, Richard, Wandlungen in den kriminologischen Grundlagen (1960), in: Summa Criminologica: Ausgewählte Schriften, Bd. 1, Marburg 1991, S. 35–73.

Lange, Richard, Die Strafrechtsreform und die Wissenschaft vom Menschen (1965), in: Summa Criminologica: Ausgewählte Schriften, Bd. 1, Marburg 1991, S. 161–173.

Lange, Richard, Die Krise des Strafrechts und seiner Wissenschaft (1969), in: Summa Criminologica: Ausgewählte Schriften, Bd. 1, Marburg 1991, S. 249–264.

Lange, Richard, Strafrechtsreform: Reform im Dilemma, München 1972.

Lange, Richard, Die Entwicklung der Kriminologie im Spiegel der Zeitschrift für die gesamte Strafrechtswissenschaft, Zeitschrift für die gesamte Strafrechtswissenschaft 93 (1981), S. 151–198.

Larenz, Karl, Methodenlehre der Rechtswissenschaft, 6. Aufl., Berlin 1991.

Laufhütte, Heinrich Wilhelm/*Rissing-van Saan*, Ruth/*Tiedemann*, Klaus (Hrsg.), Leipziger Kommentar: Strafgesetzbuch, 12. Aufl., Bd. 1: Einleitung; §§ 1 bis 31, 2007.

Lees, Andrew, Cities, Sin, and Social Reform in Imperial Germany, Ann Arbor 2002.

Leferenz, Heinz, Rückkehr zur Gesamten Strafrechtswissenschaft?, Zeitschrift für die gesamte Strafrechtswissenschaft 93 (1981), S. 199–221.

Leipziger Kommentar, s. *Laufhütte*, Heinrich Wilhelm/*Rissing-van Saan*, Ruth/*Tiedemann*, Klaus (Hrsg.).

Lekschas, John/*Ewald*, Uwe, Die Widersprüchlichkeit des Liszt'schen Konzepts vom Strafrecht und ihre historisch-materialistische Erklärung, Kriminalsoziologische Bibliografie 11 (1984), S. 80–99.

Lentz, Adolf, Die Denkschrift über die Errichtung kriminalistischer Institute, Deutsche Strafrechts-Zeitung 3 (1916), S. 208–212.

Lentze, Hans, Die Universitätsreform des Ministers Graf Leo Thun-Hohenstein, Graz 1962.

Lexis, Wilhelm (Hrsg.), Die deutschen Universitäten: Für die Universitätsausstellung in Chicago 1893, Bd. 1, Berlin 1893.

Lexis, Wilhelm (Hrsg.), Die Universitäten im Deutschen Reich, Berlin 1904.

Lichtenfels, Johann von, Lehrbuch zur Einleitung in die Philosophie: Allgemeine Einleitung, Psychologie, Logik, 5. Aufl., Wien 1863.

Liebscher, Viktor, Franz von Liszt – familiengeschichtlich gesehen, Zeitschrift für die gesamte Strafrechtswissenschaft 94 (1982), S. 619–631.

Lilienthal, Karl, Franz v. Liszt (Nachruf), Zeitschrift für die gesamte Strafrechtswissenschaft 40 (1919), S. 535–543.

Lindenau, Heinrich, Franz von Liszt (Nachruf), Deutsche Strafrechts-Zeitung 6 (1919), S. 209–210.

Lindenau, Heinrich/*Liszt*, Franz/*Straßmann*, Fritz, Denkschrift über die Errichtung kriminalistischer Institute: Den preußischen Ministern der Justiz, Deutsche Strafrechts-Zeitung 3 (1916), S. 97–104.

Linder, Joachim, Strafjustiz, Strafrechtsreform und Justizkritik im „März", in: Schönert, Jörg (Hrsg.), Erzählte Kriminalität: Zur Typologie und Funktion von narrativen Darstellungen in Strafrechtspflege, Publizistik und Literatur zwischen 1770 und 1920, Tübingen 1991, S. 533–570.

Linder, Joachim, Wissen über Kriminalität: Zur Medien- und Diskursgeschichte von Verbrechen und Strafjustiz vom 18. bis zum 21. Jahrhundert, Würzburg 2013.

Linnenbrink, Günter, Die Sozialethik Alexander von Oettingens, Münster 1961.

Lipmann, Otto, Grundriss der Psychologie für Juristen, 2. Aufl., Leipzig 1914.

Liszt, Eduard von, Die wissenschaftliche Thierfolter, 2. Auflage, Wien 1899.

Liszt, Eduard von, Weibliche Erwerbsfähigkeit und Prostitution, Rodaun bei Wien 1907.

Liszt, Eduard von, Die kriminelle Fruchtabtreibung, Bd. 1, Zürich 1910; Bd. 2, Zürich 1911.

Liszt, Eduard von, Vorlesungen über die allgemeinen Lehren des materiellen Strafrechts, Graz 1925.

Liszt, Eduard von, Franz Liszt: Abstammung, Familie, Begebenheiten, Wien 1937, 3. Aufl., Wien 1938.

Liszt, Eduard von, Ist in der Strafrechtspflege Schlagwort oder Rechtsgüterschutz wichtiger?, Wien 1949.

Liszt, Elsa, (Besprechung von Samuel J. Barrows:) Children(s)' Courts in the United States, Archiv für Kriminal-Anthropologie und Kriminalistik 26 (1906), S. 81–92.

Liszt, Elsa, Soziale Fürsorgetätigkeit in den Vereinigten Staaten: Reiseskizzen, Berlin 1910.

Liszt, Elsa, Berliner Jugendgerichtshilfe 1923 und 1924, Zeitschrift für die gesamte Strafrechtswissenschaft 46 (1925), S. 300–308.

Liszt, Elsa, Die Kriminalität der Jugendlichen in Berlin: Bericht der Jugendgerichtshilfe des Landesjugendamtes Berlin 1. 1. 1925–31. 12. 1925, Zeitschrift für die gesamte Strafrechtswissenschaft 47 (1927), S. 459–466.

Liszt, Elsa, Die Kriminalität der Jugendlichen in Berlin in den Jahren 1926 und 1927, Zeitschrift für die gesamte Strafrechtswissenschaft 50 (1930), S. 505–523.

Liszt, Elsa, Die Kriminalität der Jugendlichen in Berlin in den Jahren 1928, 1929 und 1930, Zeitschrift für die gesamte Strafrechtswissenschaft 52 (1932), S. 250–271.

Liszt, Franz von, Das „amerikanische Duell" im österreichischen Strafgesetzentwürfe (1875), Gesammelte Aufsätze und Vorträge, Bd. 1, Berlin 1905, Nr. 1, S. 1–7.

Liszt, Franz von, Meineid und falsches Zeugnis: Eine strafrechts-geschichtliche Studie, Wien 1876.

Liszt, Franz von, Die falsche Aussage vor Gericht oder öffentlicher Behörde nach deutschem und österreichischem Recht, Graz 1877.

Liszt, Franz von, Das Prinzip der Strafverfolgung nach dem österreichischen Strafgesetzentwurfe (1877), Strafrechtliche Aufsätze und Vorträge, Bd. 1, Berlin 1905, Nr. 2, S. 8–35.

Liszt, Franz von, Die Privatklage in Österreich (1877), Strafrechtliche Aufsätze und Vorträge, Bd. 1, Berlin 1905, Nr. 3, S. 36–63.

Liszt, Franz von, (Besprechung:) S. Mayer: Vergleichende Darstellung der strafrechtlichen Gesetze und Bestimmungen aller Culturvölker, von Moses, Solon etc. bis zur Gegenwart (...), Zeitschrift für das Privat- und öffentliche Recht der Gegenwart 4 (1877), S. 403–406.

Liszt, Franz von, Lehrbuch des österreichischen Preßrechts, Leipzig 1878.

Liszt, Franz von, (Besprechung:) H. Pfenninger: Der Begriff der Strafe, Zeitschrift für das Privat- und öffentliche Recht der Gegenwart 5 (1878), S. 191–195.

Liszt, Franz von, (Besprechung:) W. Rohland: Das internationale Strafrecht, Zeitschrift für das Privat- und öffentliche Recht der Gegenwart 6 (1879), S. 429–432.

Liszt, Franz von, Das deutsche Reichs-Pressrecht: unter Berücksichtigung der Literatur und der Rechtsprechung insbesondern des Berliner Obertribunals und des Reichsgerichtes systematisch dargestellt, Berlin 1880.

Liszt, Franz von, Das deutsche Reichsstrafrecht, (erste Auflage des „Lehrbuchs"), Berlin 1881.

Liszt, Franz von, Adolf Dochow: Ein Nachruf (1881), Strafrechtliche Aufsätze und Vorträge, Bd. 1, Berlin 1905, Nr. 5, S. 79–89.

Liszt, Franz von, Der Zweckgedanke im Strafrecht, (veröffentlicht als Festteil des Sonderperiodikums „Marburger Universitätsprogramm" für Winter 1882, S. 1–35), Marburg 1882.

Liszt, Franz von, Der Zweckgedanke im Strafrecht, mit Vermerk „Zuerst (mit einzelnen Abweichungen) als Marburger Universitätsprogramm gedruckt", Zeitschrift für die gesamte Strafrechtswissenschaft 3 (1883), S. 1–47.

Liszt, Franz von, Der Zweckgedanke im Strafrecht, nach Liszts Tod vorbereitete Ausgaben:

hrsg. von Erik Wolf, unter dem Titel „Der Zweckgedanke im Strafrecht", wesentlich verkürzt und geändert, 1. Aufl. 1943 (Deutsches Rechtsdenken, Bd. 6), 2. Aufl. 1948 (Deutsches Rechtsdenken, Bd. 11), 3. Aufl., Frankfurt a. M. 1968 (Deutsches Rechtsdenken, Bd. 11).

hrsg. von Heribert Ostendorf, als photomechanischer Nachdruck der Erstausgabe (1882), in: H. Ostendorf (Hrsg): Von der Rache zur Zweckstrafe: 100 Jahre Marburger Programm, Frankfurt a. M. 1982.

hrsg. von Michael Köhler, unter dem Titel „Der Zweckgedanke im Strafrecht: (1882/83)", Baden-Baden 2002.

Liszt, Franz von, Sind gleiche Grundsätze des internationalen Strafrechts für europäische Staaten anzuwenden und eventuell welche? (1882), Strafrechtliche Aufsätze und Vorträge, Bd. 1, Berlin 1905, Nr. 6, S. 90–125.

Liszt, Franz von, Bemerkungen zum Entwurfe des Allgemeinen Teiles eines Strafgesetzbuches für Russland (1883), Strafrechtliche Aufsätze und Vorträge, Bd. 1, Berlin 1905, Nr. 8, S. 180–211.

Liszt, Franz von, Literaturübersicht, Zeitschrift für die gesamte Strafrechtswissenschaft 3 (1883), S. 168–172.

Liszt, Franz von, Lehrbuch des Deutschen Strafrechts, 2. Aufl. 1884; 3. Aufl. 1888; 4. Aufl. 1891; 5. Aufl. 1892; 6. Aufl. 1894; 7. Aufl. 1896; 8. Aufl. 1897; 9. Aufl. 1899; 10. Aufl. 1900; (unveränderte 11. Aufl. 1902); 12./13. Aufl. 1903; 14./15. Aufl. 1905; 16./17. Aufl. 1908; 18. Aufl. 1911; 19. Aufl. 1912; 20. Aufl. 1914; 21./22. Aufl. 1919, jeweils in Berlin (für die 1. Auflage, s. Liszt, Franz von, „Das deutsche Reichsstrafrecht").

Liszt, Franz von, Die Reform des Juristischen Studiums in Preussen, Berlin 1886.

Liszt, Franz von, Rechtsgut und Handlungsbegriff im Bindingschen Handbuche (1886), Strafrechtliche Aufsätze und Vorträge, Bd. 1, Berlin 1905, Nr. 9, S. 212–251.

Liszt, Franz von, Der italienische Strafgesetzentwurf von 1887 (1888), Strafrechtliche Aufsätze und Vorträge, Bd. 1, Berlin 1905, Nr. 10, S. 252–289.

Liszt, Franz von, (Geschichte und Stand der Gefängniss-Reform:) Preußen, Königreich Sachsen und die übrigen Norddeutschen Staaten; Österreich-Ungarische Monarchie, Frankreich, Belgien und Niederlande, in: Holtzendorff, Franz von/Baer, Abraham Adolf (Hrsg.), Handbuch des Gefängnisswesens, Hamburg 1888, S. 161–186; 246–292.

Liszt, Franz von, Der Begriff des Rechtsguts im Strafrecht und in der Enzyklopädie der Rechtswissenschaft, Zeitschrift für die gesamte Strafrechtswissenschaft 8 (1888), S. 133–156.

Liszt, Franz von, Die kriminalpolitischen Aufgaben (1889–1892), Strafrechtliche Aufsätze und Vorträge, Bd. 1, Berlin 1905, Nr. 11, S. 290–467.

Liszt, Franz von, Kritik af det norske Straffelovudkast, Tidsskrift for Retsvidenskab 1889, S. 356–392.

Liszt, Franz von, Welche Maßregeln können dem Gesetzgeber zur Einschränkung der kurzzeitigen Freiheitsstrafen empfohlen werden?, Mitteilungen der IKV 1 (1889), S. 44–51.

Liszt, Franz von, Die Gutachten der Präsidenten der Oberlandesgerichte und der Oberstaatsanwälte (Preussens) über die sogenannte „bedingte Verurteilung" (1890), Gesammelte Aufsätze und Vorträge, Bd. 1, Nr. 12, S. 468–510.

Liszt, Franz von, Die Reform der Freiheitsstrafe (1890), Gesammelte Aufsätze und Vorträge, Bd. 1, Berlin 1905, Nr. 13, S. 510–536.

Liszt, Franz von, Läßt das Zwangserziehungs-Gesetz Verbesserungen wünschenswert erscheinen? (1891), Strafrechtliche Aufsätze und Vorträge, Bd. 1, Berlin 1905, Nr. 14, S. 537–560.

Liszt, Franz von, Die Zukunft des Strafrechts (1892), Aufsätze und Vorträge, Bd. 2, Nr. 15, S. 1–24.

Liszt, Franz von, Die gesellschaftlichen Ursachen des Verbrechens, Sozialpolitisches Centralblatt 1 (1892), S. 59–60.

Liszt, Franz von, Die sozialpolitische Auffassung des Verbrechens, Sozialpolitisches Centralblatt 1 (1892), S. 4–5.

Liszt, Franz von, Die Zukunft der Rechtsstrafe, Sozialpolitisches Centralblatt 1 (1892), S. 463–464.

Liszt, Franz von, Die deterministischen Gegner der Zweckstrafe (1893), Strafrechtliche Aufsätze und Vorträge Bd. 2, Berlin 1905, Nr. 16, S. 25–74.

Liszt, Franz von, Über den Einfluß der soziologischen und anthropologischen Forschungen auf die Grundbegriffe des Strafrechts (1893), Strafrechtliche Aufsätze und Vorträge, Bd. 2, Berlin 1905, Nr. 17, S. 75–93.

Liszt, Franz von, Die Forderungen der Kriminalpolitik und der Vorentwurf eines schweizerischen StGB (1893), Strafrechtliche Aufsätze und Vorträge, Bd. 2, 1905, Nr. 18, S. 94–132.

Liszt, Franz von, Aperçu des applications de l'anthropologie criminelle, in: Actes du troisième Congrès International d'Anthropologie criminelle: Biologie et Sociologie, Brüssel 1893, S. 91–96.

Liszt, Franz von, Strafrecht und Strafprozess, in: Lexis, Wilhelm (Hrsg.), Die deutschen Universitäten, Für die Universitätsausstellung in Chicago 1893, Bd. 1, Berlin 1893, S. 350–362.

Liszt, Franz von, E.F. Klein und die unbestimmte Verurteilung (1894), Strafrechtliche Aufsätze und Vorträge, Bd. 2, 1905, Nr. 19, S. 133–159.

Liszt, Franz von, Zur Einführung: Rückblick und Zukunftspläne, in: Die Strafgesetzgebung der Gegenwart in rechtsvergleichender Darstellung, Bd. 1: Das Strafrecht der Staaten Europas, Berlin 1894, S. XI–XXVII.

Liszt, Franz von, Die psychologischen Grundlagen der Kriminalpolitik (1896), Strafrechtliche Aufsätze und Vorträge, Bd. 2, Berlin 1905, Nr. 21, S. 170–213.

Liszt, Franz von, Die strafrechtliche Zurechnungsfähigkeit (1896), Strafrechtliche Aufsätze und Vorträge, Bd. 2, Berlin 1905, Nr. 22, S. 214–229.

Liszt, Franz von, Das Völkerrecht: Systematisch dargestellt, 1. Aufl., Berlin 1898; 4. Auflage, Berlin 1906; 11. Aufl., Berlin 1918.

Liszt, Franz von, Das Verbrechen als sozial-pathologische Erscheinung (1898), Strafrechtliche Aufsätze und Vorträge, Bd. 2, Berlin 1905, Nr. 23, S. 230–250.

Liszt, Franz von, Die Aufgaben und die Methode der Strafrechtswissenschaft (1899), Strafrechtliche Aufsätze und Vorträge, Bd. 2, Berlin 1905, Nr. 25, S. 284–298.

Liszt, Franz von, Die Gefängnisarbeit, Berlin 1900.

Liszt, Franz von, Die Kriminalität der Jugendlichen (1900), Strafrechtliche Aufsätze und Vorträge, Bd. 2, Berlin 1905, Nr. 28, S. 331–355.

Liszt, Franz von, Nach welchen Grundsätzen ist die Revision des Strafgesetzbuchs in Aussicht zu nehmen (1902), Strafrechtliche Aufsätze und Vorträge, Bd. 2, Berlin 1905, Nr. 29, S. 350–410.

Liszt, Franz von, Zur Vorbereitung des Strafgesetzentwurfs (1902), Strafrechtliche Aufsätze und Vorträge, Bd. 2, Berlin 1905, Nr. 30, S. 411–432.

Liszt, Franz von, Die gesellschaftlichen Faktoren der Kriminalität (1902), Strafrechtliche Aufsätze und Vorträge, Bd. 2, Berlin 1905, Nr. 31, S. 433–447.

Liszt, Franz von, Strafrecht und Psychologie, Deutsche Juristenzeitung 7 (1902), S. 16–18.

Liszt, Franz von, Der Strafvollzug auf der Anklagebank, Die Woche: moderne illustrierte Zeitschrift 5 (1903), S. 1909–1911.

Liszt, Franz von, (Rede gegen Theaterzensur), in: Die Theaterzensur, 5 Vorträge gehalten in der Versammlung des Berliner Goethebundes 1903, Berlin 1903, S. 48–54.

Liszt, Franz von, Schutz der Gesellschaft von den gemeingefährlichen Geisteskranken (1904/05), Aufsätze und kleinere Monographien (Ausgabe Olms), Bd. 3, Hildesheim 1999, (Nr. 1), S. 6–10.

Liszt, Franz von, Strafrechtliche Aufsätze und Vorträge, Bd. 1: 1875–1891; Bd. 2: 1892–1904, Berlin 1905.

Liszt, Franz von, Verbrechen und Vergehen wider das Leben: I. Tötung und Lebensgefährdung, in: Vergleichende Darstellung des deutschen und ausländischen Strafrechts: Vorarbeiten zur deutschen Strafrechtsreform, Besonderer Teil, Bd. 5, Berlin 1905, S. 1–158.

Liszt, Franz von, Strafrecht und Strafprozeßrecht (1906), Aufsätze und kleinere Monographien (Ausgabe Olms), Bd. 3, Hildesheim 1999, (Nr. 2), S. 11–52.

Liszt, Franz von, Die Reform des Strafverfahrens (1906), Aufsätze und kleinere Monographien (Ausgabe Olms), Bd. 3, Hildesheim 1999, (Nr. 3), S. 53–108.

Liszt, Franz von, Das „richtige Recht" in der Strafgesetzgebung (1906), Aufsätze und kleinere Monographien (Ausgabe Olms), Bd. 3, Hildesheim 1999, (Nr. 4), S. 109–113.

Liszt, Franz von, Vorwort in Artur Nussbaums „Der Polnaer Ritualmordprozeß", Berlin 1906.

Liszt, Franz von, Das Problem der Kriminalität der Juden (1907), Aufsätze und kleinere Monographien (Ausgabe Olms), Bd. 3, Hildesheim 1999, (Nr. 5), S. 114–122.

Liszt, Franz von, Liszt, Psychologie des Verbrechens, in: Festgabe zum 100jährigen Jubiläum des Schottengymnasiums, Gewidmet von ehemaligen Schottenschülern, Wien 1907, S. 173.

Liszt, Franz von, Das „richtige Recht" in der Strafgesetzgebung II., Zeitschrift für die gesamte Strafrechtswissenschaft 27 (1907), S. 91–96.

Liszt, Franz von, Zentrum und Strafrechtsreform, Frankfurter Zeitung, Erste Morgenausgabe v. 19. 01. 1907, S. 1–3.

Liszt, Franz von, Bedingte Verurteilung und bedingte Begnadigung, in: Vergleichende Darstellung des deutschen und ausländischen Strafrechts: Vorabreiten zur deutschen Strafrechtsreform, Allgemeiner Teil, Bd. 3, Berlin 1908, S. 1–94.

Liszt, Franz von, Vorwort in August Golls „Verbrecher bei Shakespeare", Stuttgart 1908.

Liszt, Franz, von, Die Zukunft des deutschen Liberalismus, in vier Teilen in der Zeitschrift „Der Tag", v. 8., 9., 16. und 26. Mai 1908, jeweils auf der Titelseite.

Liszt, Franz von, Der Entwicklungsgedanke im Strafrecht, Mitteilungen der IKV 16 (1909), S. 497–501.

Liszt, Franz von, Die „Sichernden Maßnahmen" in den drei neuen Strafgesetzentwürfen (1909/1910), Aufsätze und kleinere Monographien (Ausgabe Olms), Bd. 3, Hildesheim 1999, (Nr. 8), S. 223–233.

Liszt, Franz von, Strafbemessung (1910), Aufsätze und kleinere Monographien (Ausgabe Olms), Bd. 3, Hildesheim 1999, (Nr. 9), S. 234–260.

Liszt, Franz von, Das kriminalistische Seminar, in: Lenz, Max (Hrsg.), Geschichte der Königlichen Friedrich-Wilhelms-Universität zu Berlin, Halle 1910, S. 28–33.

Liszt, Franz von, Ein deutsches Institut für Rechtsphilosophie und soziologische Forschung?, s. unten Liszt, Franz von,/Kohler, Josef/Berolzheimer, Fritz, Ein deutsches Institut für Rechtsphilosophie und soziologische Forschung (1910/1911).

Liszt, Franz von, (Ansprache des Vorsitzenden der Gesellschaft für Hochschuldpädagogik), Mitteilungen für Hochschulpädagogik (1910), S. 53–54.

Liszt, Franz von, Der Gesetzentwurf über das Verfahren gegen Jugendliche (1913), Aufsätze und kleinere Monographien (Ausgabe Olms), Bd. 3, Hildesheim 1999, (Nr. 12), S. 322–342.

Liszt, Franz von, Rede in Generalversammlung des Vereins zur Abwehr des Antisemitismus am 18. 11. 1913, Mitteilungen aus dem Verein zur Abwehr des Antisemitismus 1913, S. 193–194.

Liszt, Franz von, Strafrechtsreform (1914), Aufsätze und kleinere Monographien (Ausgabe Olms), Bd. 3, Hildesheim 1999, (Nr. 13), S. 344–350.

Liszt, Franz von, Vorwort in Otto Lipmanns „Grundriss der Psychologie für Juristen", 2. Aufl., Leipzig 1914.

Liszt, Franz von, Die sichernden Maßnahmen im Strafverfahren (1914), Aufsätze und kleinere Monographien (Ausgabe Olms), Bd. 3, Hildesheim 1999, (Nr. 15), S. 375–383.

Liszt, Franz von, Gefängnisrecht (1914), Aufsätze und kleinere Monographien (Ausgabe Olms), Bd. 3, Hildesheim 1999, (Nr. 18), S. 386–408.

Liszt, Franz von, Bericht der 13. Kommission über den Entwurf eines Gesetzes über das Verfahren gegen Jugendliche, Reichstag: Aktenstücke Nr. 1054, in: Abhandlungen des Reichstags, Bd. 302 (XIII. Legislaturperiode, 1912/14, Bd. 20), S. 1733–1866 (mit Zusätzen).

Liszt, Franz von, Denkschrift über die Errichtung kriminalistischer Institute, s. oben Lindenau, Heinrich/Liszt, Franz/Straßmann, Fritz, Denkschrift über die Errichtung kriminalistischer Institute (1916).

Liszt, Franz von, G.A. van Hamel (Nachruf), Zeitschrift für die gesamte Strafrechtswissenschaft 38 (1917), S. 553–569.

Liszt, Franz von, Jugendgerichtsverfahren in Gegenwart und Zukunft, in: Kriegstagung der Deutschen Jugendgerichtshilfen am 12., 13. und 14. April 1917 zu Berlin, Berlin 1918, S. 72–81.

Liszt, Franz von, (Besprechung:) Leonard Nelson: Die Rechtswissenschaft ohne Recht, Juristische Wochenschrift (1918), S. 754–755.

Liszt, Franz von, Die Rückwirkung der November-Revolution auf Strafrecht und Strafverfahren (1918), Aufsätze und kleinere Monographien (Ausgabe Olms), Bd. 3, Hildesheim 1999, (Nr. 21), S. 452–453.

Liszt, Franz von, Liszt, Die Novemberrevolution und das Strafrecht, in: ZStW-„Kriminalistischer Umschau" vom 1. 1. 1919, Zeitschrift für die gesamte Strafrechtswissenschaft 40 (1919), S. 378–379.

Liszt, Franz von, (Besprechung:) Hugo Heinemann: Die Reform des deutschen Strafrechts, Berlin 1919, Juristische Wochenschrift 1919, S. 283–284.

Liszt, Franz von, Demokratisierung des Strafprozesses, Hamburger Fremdenblatt: Abend-Ausgabe v. 24. 02. 1919, S. 1.

Liszt, Franz von, Die Strafrechtsreform in der deutschen Republik, Hamburger Fremdenblatt: Abend-Ausgabe v. 02. 04. 1919, S. 1.

Liszt, Franz von, Aufsätze und kleinere Monographien, Bd. 1–3 (Nachdruck der 2 Bände der Sammlung „Strafrechtliche Aufsätze und Vorträge“ und ein „dritter“ Ergänzungsband von Olms-Verlag), Hildesheim 1999.

Liszt, Franz von/*Freudenthal*, Berthold, Strafrechtsreform, in: Handbuch der Politik, Bd. 3, 3. Aufl., Berlin 1921, S. 202–211.

Liszt, Franz von/*Kohler*, Josef/*Berolzheimer*, Fritz, Ein deutsches Institut für Rechtsphilosophie und soziologische Forschung?: Eine Enquête, Archiv für Rechts- und Wirtschaftsphilosophie 4 (1910/11), S. 190–224.

Liszt, Franz von/*Schmidt*, Eberhard, Lehrbuch des deutschen Strafrechts, 26. Auflage, Berlin, Leipzig 1932.

Löffler, Alexander, Franz v. Liszt (Nachruf), Juristische Blätter (1919), S. 222–223.

Löhnig, Martin, Die v. Liszt-Schule im totalitären Kontext, in: Koch, Arnd/Löhnig, Martin (Hrsg.), Die Schule Franz von Liszts: Spezialpräventive Kriminalpolitik und die Entstehung des modernen Strafrechts, Tübingen 2016, S. 185–205.

Luckemeyer, Ludwig, Die Deutsche Demokratische Partei von der Revolution bis zur Nationalversammlung: 1918–1919, Gießen 1975.

Lüderssen, Klaus, Karl Joseph Anton Mittermaier und der Empirismus in der Strafrechtswissenschaft, JuS 1967, S. 444–468.

Luther, Christoph, Ein Strafrecht der Gerechtigkeit und Menschenliebe: Einsendungen auf die Berner Preisfrage zur Strafgesetzgebung 1777, Potsdam 2014.

Luther, Christoph, Aufgeklärt strafen: Menschengerechtigkeit im 18. Jahrhundert, Frankfurt a.M. 2016.

Luxemburg, Rosa, Was weiter (1910), Gesammelte Werke, Bd. 2, Berlin 1972, S. 289–299.

Maassen, Hermann/*Hucko*, Elmar, Thomas Dehler: der erste Bundesminister der Justiz, Köln 1977.

Mahlmann, Christian, Die Strafrechtswissenschaft der DDR: Klassenkampftheorie und Verbrechenslehre, Frankfurt a.M. 2002.

Maihofer, Werner, Menschenbild und Strafrechtsreform: Das philosophische Problem der Strafe, in: Gesellschaftliche Wirklichkeit im 20. Jahrhundert und Strafrechtsformen, Berlin 1964, S. 5–28.

Maihofer, Werner, Die Reform des Besonderen Teils des Strafrechts, in: Reinisch, Leonhard (Hrsg.), Die deutsche Strafrechtsreform, München 1967, S. 72–88.

Maisel, Thomas, Lehr- und Lernfreiheit und die ersten Schritte zu einer Universitäts- und Studienreform im Revolutionsjahr 1848/49, in: Mazohl, Brigitte/Aichner, Christof (Hrsg.), Die Thun-Hohenstein'schen Universitätsreformen 1849–1860, Wien 2017, S. 99–117.

Makarewicz, Juliusz, Idealkonkurrenz im österreichischen Strafgesetze?, Allgemeine österreichische Gerichtszeitung 57 (1906), S. 337–342 (Teil 1), 345–349 (Teil 2).

Manigk, Alfred, Savigny und der Modernismus im Recht, Berlin 1914.

Mann, Bernhard, Biographisches Handbuch für das preussische Abgeordnetenhaus: 1867–1918, Düsseldorf 1988.

Mannheim, Hermann, Vergleichende Kriminologie, München 1974.

Manthe, Barbara, Richter in der nationalsozialistischen Kriegsgesellschaft: Beruflicher und privater Alltag von Richtern des Oberlandesgerichtsbezirks Köln, 1939–1945, Tübingen 2013.

Maren-Grisebach, Manon, Methoden der Literaturwissenschaft, 8. Aufl., München 1982.

Marxen, Klaus, Der Kampf gegen das liberale Strafrecht: Eine Studie zum Antiliberalismus in der Strafrechtswissenschaft der zwanziger und dreißiger Jahre, Berlin 1975.

Marxen, Klaus, Das Problem der Kontinuität in der neueren deutschen Strafrechtsgeschichte, Kritische Vierteljahresschrift für Gesetzgebung und Rechtswissenschaft 73 (1990), S. 287–298.

Maurach, Reinhart, Deutsches Strafrecht: Allgemeiner Teil, 3. Aufl., Heidelberg 1965.

Mayenburg, David von, Die Rolle psychologischen Wissens in Strafrecht und Kriminologie bei Franz von Liszt, in: Schmoeckel, Mathias (Hrsg.), Psychologie als Argument in der juristischen Literatur des Kaiserreichs, Baden-Baden 2009, S. 103–131.

Mayenburg, David von, Kriminologie und Strafrecht zwischen Kaiserreich und Nationalsozialismus: Hans von Hentig (1887–1974), Baden-Baden 2006.

Mayer, Hellmuth, Das Strafrecht des deutschen Volkes, Stuttgart 1936.

Mayer, Hellmuth, Strafrechtsreform für heute und morgen, Berlin 1962.

Mazzacane, Aldo, Friedrich Carl von Savigny: Vorlesungen über juristische Methodologie 1802–1842, 2. Aufl., Frankfurt a. M. 2004.

McClelland, Charles E., Die Professoren an der Friedrich-Wilhelms-Universität, in: Tenorth, Heinz-Elmar/McClelland, Charles E. (Hrsg.), Geschichte der Universität Unter den Linden 1810–2010, Bd. 1, Berlin 2012, S. 427–511.

McClelland, Charles E., Studium und Studenten: Die Studenten an der Friedrich-Wilhelms-Universität, in: Tenorth, Heinz-Elmar/McClelland, Charles E. (Hrsg.), Geschichte der Universität Unter den Linden 1810–2010, Bd. 1, Berlin 2012, S. 513–566.

McClelland, Charles E., Öffentlicher Raum und politische Kultur: Politische Orientierung, Kontrolle und Disziplinierung, in: Tenorth, Heinz-Elmar/McClelland, Charles E. (Hrsg.), Geschichte der Universität Unter den Linden 1810–2010, Bd. 1, Berlin 2012, S. 567–635.

McGrath, William J., Student Radicalism in Vienna, Journal of Contemporary History 2 (1967), S. 183–201.

McGrath, William J., Dionysian Art and Populist Politics in Austria, New Haven 1974.

McMurray, Orrin K., The Place of Research in the American Law School, American Law School Review 5 (1922–1926), S. 631–639.

Mecke, Christoph-Eric, Begriff und System des Rechts bei Georg Friedrich Puchta, Göttingen 2009.

Meder, Stephan, Missverstehen und Verstehen: Savignys Grundlegung der juristischen Hermeneutik, Tübingen 2004.

Meder, Stephan, Valtazar Bogišić und die Historische Rechtsschule, in: Spomenica Valtazara Bogišića: Gedächtnisschrift für Valtazar Bogišić, Bd. 1, Belgrad 2011, S. 517–537.

Meder, Stephan, Doppelte Körper im Recht: Traditionen des Pluralismus zwischen staatlicher Einheit und transnationaler Vielheit, Tübingen 2015.

Meder, Stephan, Rechtsgeschichte: Eine Einführung, 6. Aufl., Stuttgart 2017.

Menjšagin, Vladimir Dimitrievič (Hrsg.), Уголовное право: общая часть (Strafrecht AT), 4. Aufl., Moskau 1948.

Menjšagin, Vladimir Dimitrievič/*Durmanov*, N. D. (Hrsg.), Уголовное право: часть общая (Strafrecht AT), Moskau 1962.

Menjšagin, Vladimir Dimitrievič/*Durmanov*, N. D./*Kriger*, G. A. (Hrsg.), Уголовное право: общая часть (Strafrecht AT), Moskau 1974.

Menne, Jonas, „Lombroso redivivus?“: Biowissenschaften, Kriminologie und Kriminalpolitik von 1876 bis in die Gegenwart, Tübingen 2017.

Merkel, Adolf, Vergeltungsidee und Zweckgedanke im Strafrecht: Zur Beleuchtung der „neuen Horizonte“ in der Strafrechtswissenschaft, Straßburg 1892.

Merkel, Adolf, Ihering (Nachruf), Jahrbücher für Dogmatik des bürgerlichen Rechts 32 (1893), S. 6–40.

Merkel, Adolf, Rechtsphilosophie, in: Lexis, Wilhelm (Hrsg.), Die deutschen Universitäten, Bd. 1, Berlin 1893, S. 406–411.

Merkel, Reinhard, Franz von Liszt und Karl Kraus, Zeitschrift für die gesamte Strafrechtswissenschaft 105 (1993), S. 871–904.

Merkel, Reinhard, Strafrecht und Satire im Werk von Karl Kraus, Baden-Baden 1994.

Mertens, Bernd, Gesetzgebungskunst im Zeitalter der Kodifikationen, Tübingen 2004.

Meyers Konversations-Lexikon: eine Encyklopädie des allgemeinen Wissens, 4. Aufl., Bd. 17, Leipzig 1890; Bd. 18: Jahres-Supplement, Leipzig 1891, Bd. 19: Jahres-Supplement, Leipzig 1892.

Mezger, Edmund/*Blei*, Hermann, Strafrecht: Allgemeiner Teil, 11. Aufl., München 1965.

Mittelstädt, Otto, Gegen die Freiheitsstrafen: Ein Beitrag zur Kritik des heutigen Strafensystems, 2. Aufl., Leipzig 1879.

Mittelstädt, Otto, Schuld und Strafe: Zur Kritik der heutigen Reformbestrebungen, Der Gerichtssaal 46 (1892), S. 237–258 (Teil 1), 388–416 (Teil 2), 47 (1892), 1–31 (Teil 3).

Mittermaier, Carl Joseph Anton, Einleitung in das Studium der Geschichte des germanischen Rechts, Landshut 1812.

Mittermaier, Carl Joseph Anton, Anleitung zur Vertheidigungskunst im deutschen Criminalprozesse und in dem auf Oeffentlichkeit und Geschwornengerichte gebauten Strafverfahren, Landshut 1814.

Mittermaier, Carl Joseph Anton, Über den Meineid nach dem gemeinen Rechte und den Bestimmungen der neusten Strafgesetzbücher, Neues Archiv des Criminalrechts 2 (1818), S. 85–120.

Mittermaier, Carl Joseph Anton, Über die Grundfehler der Behandlung des Criminalrechts in Lehr- und Strafgesetzbüchern, Bonn 1819.

Mittermaier, Carl Joseph Anton, Über den neusten Zustand der Criminalrechtswissenschaft in Deutschland, Neues Archiv des Criminalrechts 4 (1820), S. 76–106 (Teil 1), 400–428 (Teil 2).

Mittermaier, Carl Joseph Anton, Über die neusten Fortschritte der Criminalgesetzgebung in Deutschland, Neues Archiv des Criminalrechts 4 (1821), S. 157–193 (Teil 1), 233–240 (Teil 2).

Mittermaier, Carl Joseph Anton, (Besprechung:) Feuerbach, „Betrachtungen ueber die Öffentlichkeit und Mündlichkeit der Gerechtigkeitspflege“, Heidelberger Jahrbücher für Literatur 11 (1822), S. 161–176 (Teil 1); 177–184 (Teil 2).

Mittermaier, Carl Joseph Anton, Beiträge zur Criminalstatistik: Mit vergleichenden Bemerkungen über die Verhältnisse der Verbrechen und der Criminal-Justiz in Frankreich, England, den Niederlanden, der Schweiz, Baiern, Baden und Lippe-Detmold, Berlin 1830. Hier nach dem Abdruck in den Annalen der deutschen und ausländischen Criminal-Rechts-Pflege 7 (1830), S. 197–232 (Teil 1); 8 (1830), 190–218 (Teil 2).

Mittermaier, Carl Joseph Anton, Blicke auf den Zustand der Ausbildung des Criminalrechts im Auslande: insbesondere in Italien, Frankreich, England, Spanien, Portugal und den Niederlanden, Kritische Zeitschrift für Rechtswissenschaft und Gesetzgebung des Auslandes 2 (1830), S. 328–360 (Teil 1); 3 (1831), 414–443 (Teil 2).

Mittermaier, Carl Joseph Anton, Die Lehre vom Beweise im deutschen Strafprozesse nach der Fortbildung durch Gerichtsgebrauch und deutsche Gesetzbücher in Vergleichung mit den Ansichten des englischen und französischen Strafverfahrens, Darmstadt 1834.

Mittermaier, Carl Joseph Anton, Die Strafgesetzgebung in ihrer Fortbildung: Geprüft nach den Forderungen der Wissenschaft und nach den Erfahrungen über den Werth neuer Gesetzgebungen, und über die Schwierigkeiten der Codifikation: mit vorzüglicher Rücksicht auf den Gang der Berathungen von Entwürfen der Strafgesetzgebung in constitutionellen Staaten, Heidelberg 1841.

Mittermaier, Carl Joseph Anton, Der deutsche Strafprozeß: verglichen mit dem auf Öffentlichkeit, Mündlichkeit und Anklageprincip gebauten Verfahren, Archiv des Criminalrechts 1842, S. 61–117 (Teil 1), 259–298 (Teil 2), 424–458 (Teil 3).

Mittermaier, Carl Joseph Anton, Über den gegenwärtigen Zustand des Gefängniswesens in Europa und Nordamerika, Archiv des Criminalrechts 10 (1843), S. 289–343 (Teil 1), 540–597 (Teil 2), 11 (1844), 95–149 (Teil 3).

Mittermaier, Carl Joseph Anton, Anleitung zur Vertheidigungskunst im deutschen Strafprocesse und in den auf Mündlichkeit und Oeffentlichkeit gebauten Strafverfahren, 4. Aufl., Regensburg 1845.

Mittermaier, Carl Joseph Anton, Die Mündlichkeit, das Anklageprinzip, die Oeffentlichkeit und das Geschwornengericht in ihrer Durchführung in den verschiedenen Gesetzgebungen: Dargestellt und nach den Forderungen des Rechts und der Zweckmäßigkeit mit Rücksicht auf die Erfahrungen der verschiedenen Länder, Stuttgart 1845.

Mittermaier, Carl Joseph Anton, Der gegenwärtige Zustand der Gesetzgebung und der Rechtsanwendung in Bezug auf Zweikampf, mit Nachweisung der Erfahrungen einzelner Länder, Archiv des Criminalrechts 12 (1845), S. 329–388.

Mittermaier, Carl Joseph Anton, Eintrag „Strafarten", in: (Rotteck-Welcker'sches) Das Staats-Lexikon: Encyklopädie der sämmtlichen Staatswissenschaften für alle Stände, Bd. 12, Altona 1848, S. 452–463.

Mittermaier, Carl Joseph Anton, Werth der Kenntniß der Rechtübung für die Gesetzgeber (1849), in: Feuerbachs Aktenmäßiger Darstellung merkwürdiger Verbrechen, 3. Aufl., Frankfurt a. M. 1849, S. 1–7.

Mittermaier, Carl Joseph Anton, Der neuste Zustand der Gesetzgebung in England und Frankreich über den Zweikampf, Archiv des Criminalrechts 17 (1850), S. 616–633.

Mittermaier, Carl Joseph Anton, Das englische, schottische und nordamerikanische Strafverfahren im Zusammenhang mit den politischen, sittlichen und socialen Zuständen und in den Einzelheiten der Rechtsübung; Frankreichs Criminal-Verfassung, Erlangen 1851.

Mittermaier, Carl Joseph Anton, Die Gesetzgebung und Rechtsübung über Strafverfahren nach ihrer neuesten Fortbildung, Erlangen 1856

Mittermaier, Carl Joseph Anton, Eintrag „Feuerbach", in: (Bluntschli's) Deutsches Staatswörterbuch, Bd. 3, Stuttgart 1858, S. 505–509.

Mittermaier, Carl Joseph Anton, Über Glaser's Abhandlungen aus dem österreichischen Strafrecht, Allgemeine österreichische Gerichtszeitung 9 (1858), S. 273–275 (Teil 1), 277–279 (Teil 2).

Mittermaier, Carl Joseph Anton, Praktische Ergebnisse der Criminalstatistik, Der Gerichtssaal 13 (1861), S. 23–42.

Mittermaier, Carl Joseph Anton, Die Todesstrafe nach den Ergebnissen der wissenschaftlichen Forschungen, der Fortschritte der Gesetzgebung und der Erfahrungen, Heidelberg 1862.

Mittermaier, Carl Joseph Anton, Erfahrungen über die Wirksamkeit der Schwurgerichte in Europa und Amerika über ihre Vorzüge, Mängel und Abhülfe, Erlangen 1864.

Miyazawa, Koichi, Der Gerichtssaal: Autorenverzeichnis, Tokyo 1976.

Mohnhaupt, Heinz, Europäische Rechtsgeschichte als Zeitgeschichte: Norm und sozialistische Gesetzlichkeit als Forschungsgegenstand, in: Bender, Gerd/Falk, Ulrich (Hrsg.), Recht im Sozialismus, Analysen zur Normdurchsetzung in osteuropäischen Nachkriegsgesellschaften (1944/45–1989), Frankfurt am Main 1999, S. 197–228.

Mohnhaupt, Heinz, Reform zwischen Reformation und Revolution, in: Kohl, Gerald (Hrsg.), Festschrift für Wilhelm Brauneder, Wien 2008, S. 345–361.

Mohnhaupt, Heinz, Zum Verhältnis zwischen Kodifikation und Rechtsprechung am Beispiel von Kommentaren und Rechtsprechungssammlungen zum ABGB, in: Dölemeyer, Barbara/ Mohnhaupt, Heinz (Hrsg.), 200 Jahre ABGB, Frankfurt a. M. 2012, S. 121–157.

Moos, Reinhard, Der Verbrechensbegriff in Österreich im 18. und 19. Jahrhundert: Sinn- und Strukturwandel, Bonn 1968.

Moos, Reinhard, Franz von Liszt als Österreicher, in: Franz von Liszt zum Gedächtnis, Berlin 1969, S. 116–138.

Moos, Reinhard, Die Reformbewegung des Strafrechts, in: Walter Wilburg zum 70. Geburtstag, Graz 1975, S. 253–288.

Morsey, Rudolf, Bismarck und das Zentrum, in: Gall, Lothar (Hrsg.), Otto von Bismarck und die Parteien, Paderborn 2001, S. 43–72.

Möser, Justus, Patriotische Phantasien: 2. Teil (1778), Justus Möser's sämtliche Werke, Bd. 2, Berlin 1858.

Mozetič, Gerald, Ludwig Gumplowicz – ein Grazer Pionier der Soziologie, in: Acham, Karl (Hrsg.), Rechts-, Sozial- und Wirtschaftswissenschaften aus Graz, Wien 2011, S. 433–447.

Mozetič, Gerald, Ludwig Gumplowicz auf dem Weg von der Jurisprudenz zur Soziologie: Ein Kapitel aus der Wissenschaftsgeschichte, in: Spomenica Valtazara Bogišića: Gedächtnisschrift für Valtazar Bogišić, Belgrad 2011, S. 149–163.

Müller, Christian, „Modernes" Strafrecht im Nationalsozialismus, Themen juristischer Zeitgeschichte 3 (1999), S. 46–70.

Müller, Christian, Verbrechensbekämpfung im Anstaltsstaat: Psychiatrie, Kriminologie und Strafrechtsform in Deutschland 1871–1933, Göttingen 2004.

Müller, Friedrich/*Christensen*, Ralph, Juristische Methodik, Bd. 1: Grundlegung für die Arbeitsmethoden der Rechtspraxis, 11. Aufl., Berlin 2013.

Müller, G. F., Einige Bemerkungen zu der Preisschrift des Hrn. Bergk im Archiv des Criminalrechts, Archiv des Criminarechts 4 (1801), S. 1–42.

Müller, Helga, Der Begriff der Generalprävention im 19. Jahrhundert: Von P. J. A. Feuerbach bis Franz v. Liszt, Frankfurt a. M. 1984.

Müller, Tobias, v. Liszt und die Folgen, in: Jerouschek, Günter/Rüping, Heinrich (Hrsg.), „Auss liebe der gerechtigkeit vnd umb gemeines nutz willenn" (sic!), Historische Beiträge zur Strafverfolgung, Tübingen 2000, S. 217–230.

Müller-Dietz, Heinz, Das Marburger Programm aus der Sicht des Strafvollzugs, Zeitschrift für die gesamte Strafrechtswissenschaft 94 (1982), S. 599–618.

Münchener Kommentar StGB, s. Joecks, Wolfgang/Klaus, Miebach (Hrsg.).

Münsterberg, Hugo, On the Witness Stand: Essays on Psychology and Crime, New York 1909.

Murmann, Uwe, Die Selbstverantwortung des Opfers im Strafrecht, Berlin 2005.

Muscheler, Karlheinz, Hermann Ulrich Kantorowicz: Eine Biographie, Berlin 1984.

Musumeci, Emilia, The Positivist School of Criminology and Italian Fascist Criminal Law: a Squandered Legacy?, in: Skinner, Stephen (Hrsg.), Fascism and Criminal Law: History, Theory, Continuity, Oxford 2015, S. 35–58.

Nagler, Johannes, Verbrechensprophylaxe und Strafrecht, Leipzig 1911.

Nagler, Johannes, Anlage, Umwelt und Persönlichkeit des Verbrechers, Der Gerichtssaal 102 (1933), S. 409–485.

Nagler, Johannes, Staatsidee und Strafrecht: Ein Beitrag zur Strafrechtsreform, Der Gerichtssaal 103 (1933), S. I–XL.

Naucke, Wolfgang, Kant und die psychologische Zwangstheorie Feuerbachs, Hamburg 1962.

Naucke, Wolfgang, Die Kriminalpolitik des Marburger Programms 1882, Zeitschrift für die gesamte Strafrechtswissenschaft 94 (1982), S. 525–564.

Naucke, Wolfgang, Die Modernisierung des Strafrechts durch Beccaria, in: Deimling, Gerhard (Hrsg.), Cesare Beccaria: Die Anfänge moderner Strafrechtspflege in Europa, Heidelberg 1989, S. 37–53.

Naucke, Wolfgang, NS-Strafrecht: Perversion oder Anwendungsfall moderner Kriminalpolitik? (1991), in: Über die Zerbrechlichkeit des rechtsstaatlichen Strafrechts, Baden-Baden 2000, S. 362–376.

Naucke, Wolfgang, Eine leblose Vorschrift: Art. 103 II GG, Kritische Vierteljahresschrift für Gesetzgebung und Rechtswissenschaft, Sonderheft (2000), S. 132–138.

Naucke, Wolfgang, „Schulenstreit"?, Festschrift für Winfried Hassemer, Heidelberg 2010, S. 559–572.

Nelson, Alvar, Franz von Liszt und die schwedische Strafrechtswissenschaft, in: Franz von Liszt zum Gedächtnis, Berlin 1969, S. 281–285.

Nese, Marco, Soziologie und Positivismus im präfaschistischen Italien 1870–1922: Denkverfassung und Ideologie einer gegenaufklärerischen Humanwissenschaft, Basel 1993.

Neubacher, Frank, Kriminologische Grundlagen einer internationalen Strafgerichtsbarkeit: Politische Ideen- und Dogmengeschichte, kriminalwissenschaftliche Legitimation, strafrechtliche Perspektiven, Tübingen 2005.

Neuendorff, Otto/*Ziesak*, Anne-Katrin, Repertorium der Briefe aus dem Archiv Walter de Gruyter, Berlin 1999.

Neugebauer, Manuela, Der Weg in das Jugendschutzlager Moringen: Eine entwicklungsgeschichtliche Analyse nationalsozialistischer Jugendpolitik, Godesberg 1997.

Neumann, Ulfrid, Einleitung, in: Kaufmann, Arthur (Hrsg.), Gustav Radbruch: Gesamtausgabe, Bd. 11, Heidelberg 2001, S. 1–18.

Neumann, Ulfrid, Gustav Radbruchs Beitrag zur Strafrechtsreform, Kritische Justiz 37 (2004), S. 432–441.

Neumann, Ulfrid, „Methodendualismus" in der Rechtsphilosophie des Neukantianismus, Archiv für Rechts- und Sozialphilosophie: Beiheft 145 (2015), S. 25–40.

Neyhouse, Teresa Jeanne, Positivism in Criminological Thought, New York 2012.

Nicolai, Helmut, Die rassengesetzliche Rechtslehre: Grundzüge einer nationalsozialistischen Rechtsphilosophie, München 1932.

Nicolosi, Riccardo, Degeneration erzählen: Literatur und Psychiatrie im Russland der 1880er und 1890er Jahre, Paderborn 2018.

N.N., s. unten am Ende des Verzeichnisses.

Nomos-Kommentar, s. *Kindhäuser*, Urs/*Neumann*, Ulfrid/*Paeffgen*, Hans-Ullrich (Hrsg.).

Novoa Monreal, Eduard, Franz von Liszt und der Entwurf eines lateinamerikanischen Strafgesetzbuches, in: Franz von Liszt zum Gedächtnis, Berlin 1969, S. 208–219.

Nutz, Thomas, Strafanstalt als Besserungsmaschine: Reformdiskurs und Gefängniswissenschaft 1775–1848, München 2001.

Nuzzo, Luigi, Bibliographie der Werke Karl Josef Anton Mittermaiers, Frankfurt a. M. 2004.

Oesterreich, Traugott Konstantin, Die deutsche Philosophie des XIX. Jahrhunderts und der Gegenwart, (Ueberwegs Grundriss der Geschichte der Philosophie, Teil 4), 12. Aufl. 1923.

Ostendorf, Heribert, Von der Rache zur Zweckstrafe: 100 Jahre Marburger Programm, Frankfurt a. M. 1982.

Ostendorf, Heribert, Franz von Liszt als Kriminalpolitiker, Kriminalsoziologische Bibliografie 11 (1984), S. 1–35.

Pammer, Michael/*Dinzelbacher*, Peter (Hrsg.), Handbuch der Religionsgeschichte im deutschsprachigen Raum, Paderborn 2007.

Pawlik, Michael, Das Unrecht des Bürgers: Grundlinien der allgemeinen Verbrechenslehre, Tübingen 2012.

Pawlik, Michael, v. Liszt im Kontext zeitgenössischer philosophischer Strömungen, in: Koch, Arnd/Löhnig, Martin (Hrsg.), Die Schule Franz von Liszts: Spezialpräventive Kriminalpolitik und die Entstehung des modernen Strafrechts, Tübingen 2016, S. 57–85.

Pereira, José Hygino Duarte, Vorwort in seiner Übersetzung: Liszt, Franz von, Tratado de direito penal alemão, Rio de Janeiro 1899.

Pernerstorfer, Engelbert, Aus jungen Tagen, Der Strom 2 (1912/13), S. 98–102.

Peters, Helge (Hrsg.), Muss Strafe sein?: Zur Analyse und Kritik strafrechtlicher Praxis, Opladen 1993.

Peukert, Detlev, Die Weimarer Republik: Krisenjahre der klassischen Moderne, Frankfurt a. M. 1987.

Pifferi, Michele, Reinventing Punishment: A Comparative History of Criminology and Penology in the Nineteenth and Twentieth Centuries, Oxford 2016.

Pilgram, Arno, Kriminalität in Österreich: Studien zur Soziologie der Kriminalitätsentwicklung, Wien 1980.

Plank, Holger, „Gesamte Strafrechtswissenschaft“: ein fallanalytischer Diskurs am Beispiel eines Kriminalromans, Holzkirchen 2017.

Platner, Eduard, Abhandlung über die wissenschaftliche Behandlung der römischen Alterthümer, Marburg 1812.

Platner, Eduard, Ueber die politischen Bestrebungen der gegenwärtigen Zeit, Marburg 1832.

Platner, Eduard, Die Idee und ihre Carricaturgestalten in der gegenwärtigen Zeit, Marburg 1837.

Platner, Eduard, Über die falsche Idealität, Marburg 1838.

Platner, Eduard, Über die Bedeutung und Realität des Rechtsbegriffs, 1839.

Platner, Eduard, Über die Entwickelung der Volksindividualität mit besonderer Rücksicht auf Deutschland, Marburg 1843.

Platner, Eduard, Ueber die politischen Bestrebungen in ihrer Berechtigung und in ihrer Verwirrung, Marburg 1848.

Platner, Eduard, Über die Idee der Gerechtigkeit in Aeschylus und Sophokles, Leipzig 1858.

Poggi, Stefano/*Röd*, Wolfgang, Die Philosophie der Neuzeit 4: Positivismus, Sozialismus und Spiritualismus im 19. Jahrhundert (Röds Geschichte der Philosophie, Bd. 10), München 1989.

Polak, Karl, Franz von Liszt und der Zerfall der bürgerlichen Gesetzlichkeit, Neue Justiz 5 (1951), S. 97–99.

Popper, Karl R., Das Elend des Historizismus, Tübingen 2003.

Pöppmann, Dirk, Die Pädagogisierung des Rechts: Historisch-politische Betrachtungen zum Streit zwischen „liberalem" und „sozialem" Strafrechtdenken, in: Rustemeyer, Dirk (Hrsg.), Erziehung in der Moderne, Würzburg 2003, S. 167–206.

Porter, Roy, Kleine Geschichte der Aufklärung, Berlin 1991.

Post, Albert Hermann, Bausteine für eine allgemeine Rechtswissenschaft auf vergleichend-ethnologischer Basis, Oldenburg 1880.

Post, Albert Hermann, Die Grundlagen des Rechts und die Grundzüge seiner Entwickelungsgeschichte: Leitgedanken für den Aufbau einer allgemeinen Rechtswissenschaft auf sociologischer Basis, Oldenburg 1884.

Post, Albert Hermann, Über die Aufgaben einer allgemeinen Rechtswissenschaft, Oldenburg 1891.

Post, Albert Hermann, Grundriss der ethnologischen Jurisprudenz, Oldenburg 1894.

Preuß, Hugo, Vom Obrigkeitsstaat zum Volksstaat, in: Handbuch der Politik, 3. Aufl., Bd. 3, Berlin 1921, S. 16–26.

Primoratz, Igor, Banquos Geist: Hegels Theorie der Strafe, Bonn 1986.

Prins, Adolphe, (Rede des Vorsitzenden), Mitteilungen der IKV 1 (1889), S. 172–177.

Probst, Karlheinz, Die moderne Kriminologie und Julius Vargha, Monatsschrift für Kriminalbiologie und Strafrechtsreform 59 (1976), S. 335–351.

Probst, Karlheinz, Geschichte der Rechtswissenschaftlichen Fakultät der Universität Graz, Teil 3: Strafrecht, Strafprozeßrecht, Kriminologie, Graz 1987.

Promnitz, Christin, „Besserung" und „Sicherung": Eine terminologisch-historische Untersuchung zur Bezeichnung der strafrechtlichen Maßregeln, Berlin 2016.

Puchta, Georg Friedrich, Über zweckwidrige Beschränkungen der freien Thätigkeit des Inquirenten bei dem ersten Verhöre des Angeschuldigten, Neues Archiv des Criminalrechts 4 (1820), S. 436–458.

Puchta, Georg Friedrich, Encyclopädie als Einleitung zu Institutionen-Vorlesungen, Berlin 1825.

Puchta, Georg Friedrich, (Rezension von Eduard Gans') Das Erbrecht in weltgeschichtlicher Entwicklung, Erlanger Jahrbücher 1 (1826), S. 1–43.

Puchta, Georg Friedrich/*Rudorff*, Adolf Friedrich, Cursus der Institutionen: Geschichte des Rechts bei dem römischen Volk, mit einer Einleitung in die Rechtswissenschaft, 6. Aufl., Leipzig 1865.

Radbruch, Gustav, Über die Methode der Rechtsvergleichung, Monatsschrift für Kriminalpsychologie und Strafrechtsreform 2 (1905/06), S. 422–425.

Radbruch, Gustav, Besprechung von F. Liszts Lehrbuch des dt. Strafrechts, 14/15. Aufl. von 1905 (1905/06), in: Gustav Radbruch: Gesamtausgabe, Bd. 7, Heidelberg 1995, S. 254.

Radbruch, Gustav, Besprechung von V. Cathreins Grundbegriffe des Strafrechts, in: Gustav Radbruch: Gesamtausgabe, Bd. 7, Heidelberg 1995, S. 257–258.

Radbruch, Gustav, Die politische Prognose der Strafrechtsreform (1908/1909), in: Gustav Radbruch: Gesamtausgabe, Bd. 9, Heidelberg 1992, S. 161–167.

Radbruch, Gustav, Grundzüge der Rechtsphilosophie, Leipzig 1914.

Radbruch, Gustav, Einführung in die Rechtswissenschaft, 3. Aufl., Leipzig 1919.

Radbruch, Gustav, Besprechung von F. Liszts Lehrbuch des dt. Strafrechts, 21/22. Aufl. von 1919 (1919), in: Gustav Radbruch: Gesamtausgabe, Bd. 7, Heidelberg 1995, S. 269.

Radbruch, Gustav, Die Reform des Strafrechts (1919), in: Gustav Radbruch: Gesamtausgabe, Bd. 9, Heidelberg 1992, S. 187–190.

Radbruch, Gustav, Franz von Liszt (Nachruf, 1919), in: Gustav Radbruch: Gesamtausgabe, Bd. 16, Heidelberg 1988, S. 25–26.

Radbruch, Gustav, Sozialismus und Strafrechtsreform (1927), in: Gustav Radbruch: Gesamtausgabe, Bd. 9, Heidelberg 1992, S. 270–275.

Radbruch, Gustav, Die IKV in Karlsruhe (1927/1928), in: Gustav Radbruch: Gesamtausgabe, Bd. 10, Heidelberg 1993, S. 53–56.

Radbruch, Gustav, Die geistesgeschichtliche Lage der Strafrechtsreform (1932), in: Gustav Radbruch: Gesamtausgabe, Bd. 9, Heidelberg 1992, S. 323–389.

Radbruch, Gustav, Autoritäres oder soziales Strafrecht (1933), in: Gustav Radbruch: Gesamtausgabe, Bd. 8, Heidelberg 1998, S. 226–237.

Radbruch, Gustav, Strafrechtsreform und Nationalsozialismus (1933), in: Gustav Radbruch: Gesamtausgabe, Bd. 9, Heidelberg 1992, S. 331–335.

Radbruch, Gustav, Paul Johann Anselm Feuerbach: ein Juristenleben (1934), in: Gustav Radbruch: Gesamtausgabe, Bd. 6, Heidelberg 1997, S. 27–274.

Radbruch, Gustav, Franz v. Liszt – Anlage und Umwelt (1938), in: Gustav Radbruch: Gesamtausgabe, Bd. 16, Heidelberg 1988, S. 27–48.

Radbruch, Gustav, Elegantiae juris criminalis: Sieben Studien zur Geschichte des Strafrechts, Basel 1938, 2. Aufl., Basel 1950.

Radbruch, Gustav, Der innere Weg (1951), in: Gustav Radbruch: Gesamtausgabe, Bd. 16, Heidelberg 1988, S. 167–297.

Radzinowicz, Leon, Strafrecht und Kriminologie, in: Strafrechtspflege und Strafrechtsreform, Wiesbaden 1961, S. 17–34.

Radzinowicz, Leon, The Roots of the International Association of Criminal Law and their Significance: A Tribute and a Re-Assessment on the Centenary of the IKV, Freiburg i. Br. 1991.

Ranieri, Silvio, Franz von Liszt und die positive Strafrechtsschule in Italien, in: Franz von Liszt zum Gedächtnis, Berlin 1969, S. 156–178.

Rebhan, Axel, Franz v. Liszt und die moderne défense sociale, Köln 1962.

Rehbinder, Manfred, Valtazar Bogišić in der Sicht des Rechtssoziologen Eugen Ehrlich, in: Spomenica Valtazara Bogišića: Gedächtnisschrift für Valtazar Bogišić, Bd. 1, Belgrad 2011, S. 165–172.

Reimann, Mathias, Historische Schule und Common Law: Die deutsche Rechtswissenschaft des 19. Jahrhunderts im amerikanischen Rechtsdenken, Berlin 1993.

Reinhold, Karl Leonhard, Über den Begriff der Geschichte der Philosophie, Beyträge zur Geschichte der Philosophie 1 (1791), S. 5–35.

Reinisch, Leonhard (Hrsg.), Die deutsche Strafrechtsreform, München 1967.

Reiter, Annette, Die Sammlung A.W. Heil: Politische Druckgraphik des Vormärz und der Revolution 1848/49, Stuttgart 1994.

Reither, Dominik, Rechtsgeschichte und Rechtsgeschichten, Marburg 2009.

Renneberg, Joachim, Über den Charakter der „Soziologischen Strafrechtsschule" als Strafrechtstheorie des Imperialismus, Neue Justiz 5 (1951), S. 205–209.

Renneberg, Joachim, Die kriminalsoziologischen und kriminalbiologischen Lehren und Strafrechtsreformvorschläge Liszts und die Zerstörung der Gesetzlichkeit im bürgerlichen Strafrecht, Berlin 1956.

Reutter, Wolfgang Paul, Objektiv Wirkliches in Friedrich Carl von Savignys Rechtsdenken, Rechtsquellen- und Methodenlehre, Frankfurt a. M. 2011.

Rickert, Heinrich, Die Grenzen der naturwissenschaftlichen Begriffsbildung: Eine logische Einleitung in die historischen Wissenschaften, 1. Aufl., Freiburg i. Br. 1896–1902; 5. Aufl., Tübingen 1929.

Rickert, Heinrich, Allgemeine Grundlegung der Philosophie (System der Philosophie, Bd. 1), Tübingen 1921.

Rickert, Heinrich, Die Heidelberger Tradition und Kants Kritizismus, (= Deutsche systematische Philosophie nach ihren Gestaltern, hrsg. von H. Schwarz, Bd. 2, 1934, S. 237–301), Berlin 1934.

Riehl, Alois, Der philosophische Kriticismus und seine Bedeutung für die positive Wissenschaft, Bd. 1: Geschichte und Methode des philosophische Kriticismus, Leipzig 1876.

Riehl, Alois, Hermann von Helmholtz in seinem Verhältnis zu Kant, Berlin 1904.

Riemer, Lars Hendrik, Das Netzwerk der „Gefängnisfreunde" (1830–1872): Karl Josef Anton Mittermaiers Briefwechsel mit europäischen Strafvollzugsexperten, Frankfurt a. M. 2005.

Riemer, Lars Hendrik, „Die Welt regiert sich nicht durch Theorien": Strafrechtsvergleichung und Rechtspolitik in Karl Josef Anton Mittermaiers Konzept einer „praktischen Rechtswissenschaft", in: Kesper-Biermann, Sylvia/Overath, Petra (Hrsg.), Die Internationalisierung von Strafrechtswissenschaft und Kriminalpolitik (1870–1930), Berlin 2007, S. 19–39.

Röd, Wolfgang, Die Philosophie der Neuzeit 2: Von Newton bis Rousseau (Röds Geschichte der Philosophie, Bd. 8), München 1984.

Rohbeck, Johannes/*Holzhey*, Helmut (Hrsg.), Grundriss der Geschichte der Philosophie (Der neue Ueberweg): Die Philosophie des 18. Jahrhunderts, Bd. 3: Italien, Basel 2011.

Rohbeck, Johannes/*Rother*, Wolfgang/*Holzhey*, Helmut (Hrsg.), Grundriss der Geschichte der Philosophie (Der neue Ueberweg): Die Philosophie des 18. Jahrhunderts, Bd. 2: Frankreich, Basel 2008.

Rosenblum, Warren, Beyond the Prison Gates: Punishment and Welfare in Germany, 1850–1933, Chapel Hill 2008.

Rosenblum, Warren, Welfare and Justice: The Battle over Gerichtshilfe in the Weimar Republic, in: Wetzell, Richard F. (Hrsg.), Crime and Criminal Justice in Modern Germany, New York 2014, S. 158–181.

Roth, Andreas, Strafrechtliche Zeitschriften im 19. Jahrhundert, in: Stolleis, Michael (Hrsg.), Juristische Zeitschriften: Die neuen Medien des 18.–20. Jahrhunderts, Frankfurt a. M. 1999, S. 303–329.

Rothacker, Erich, Einleitung in die Geisteswissenschaften, 1. Aufl., Tübingen 1920; 2. Aufl. Tübingen 1930.

Rothacker, Erich, Logik und Systematik der Geisteswissenschaften, München 1926.

Rothacker, Erich, Philosophiegeschichte und Geistesgeschichte, Deutsche Vierteljahresschrift für Literaturwissenschaft und Geistesgeschichte 18 (1940), S. 1–25.

Rothacker, Erich, Die deutsche Historische Schule (1950), in: Mensch und Geschichte: Studien zur Anthropologie und Wissenschaftsgeschichte, Bonn 1950, S. 9–19.

Rotsch, Thomas, „Einheitstäterschaft" statt Tatherrschaft: Zur Abkehr von einem differenzierenden Beteiligungsformensystem in einer normativ-funktionalen Straftatlehre, Tübingen 2009.

Roxin, Claus, Sinn und Grenzen staatlicher Strafe, Juristische Schulung 1966, S. 377–387.

Roxin, Claus, Strafzweck und Strafrechtsreform, in: J. Baumann (Hrsg.), Programm für ein neues Strafgesetzbuch, 1968, S. 72–99.

Roxin, Claus, Franz von Liszt und die kriminalpolitische Konzeption des Alternativentwurfs, in: Franz von Liszt zum Gedächtnis, Berlin 1969, S. 69–105.

Roxin, Claus, Kriminalpolitik und Strafrechtssystem, 2. Aufl., Berlin 1973.

Roxin, Claus, Strafrecht: Allgemeiner Teil, Band 1 (Grundlagen; Der Aufbau der Verbrechenslehre), 4. Aufl., München 2006.

Roxin, Claus, (Besprechung:) Thomas Vormbaum (Hrsg.),Vorentwurf zu einem italienischen Strafgesetzbuch über Verbrechen von 1921 („Progetto Ferri"), Goltdammer's Archiv für Strafrecht 2015, S. 301–303.

Roxin, Claus, Täterschaft und Tatherrschaft, 9. Auflage, Berlin 2015.

Rückert, Joachim, Idealismus, Jurisprudenz und Politik bei Friedrich Carl von Savigny, Ebelsbach 1984.

Rückert, Joachim, Strafrechtliche Zeitgeschichte: Vermutungen und Widerlegungen, Kritische Vierteljahresschrift für Gesetzgebung und Rechtswissenschaft 84 (2001), S. 223–264.

Rückert, Joachim, Thibaut – Savigny – Gans: Der Streit zwischen „historischer" und „philosophischer" Rechtsschule, in: Blänkner, Reinhard/Göhler, Gerhard/Waszek Norbert (Hrsg.), Eduard Gans (1797–1839): Politischer Professor zwischen Restauration und Vormärz, Leipzig 2002, S. 247–311.

Rückert, Joachim, Unrecht durch Recht – zum Profil der Rechtsgeschichte der NS-Zeit, Juristen Zeitung 70 (2015), S. 793–804.

Rückert, Joachim, Methode und Zivilrecht beim Klassiker Savigny, in: Rückert, Joachim/Seinecke, Ralf (Hrsg.), Methodik des Zivilrechts – von Savigny bis Teubner, 3. Aufl., Baden-Baden 2017, S. 53–95.

Rüping, Hinrich, Das leopoldinische Strafgesetzbuch und die strafrechtliche Aufklärung in Deutschland, in: Berlinguer, Luigi/Colao, Floriana (Hrsg.), La „Leopoldina", Nel diritto e nella giustizia in Toscana (= La „Leopoldina", Bd. 5), Mailand 1989, S. 535–560.

Rüping, Hinrich/*Jerouschek*, Günter, Grundriss der Strafrechtsgeschichte, 6. Aufl., München 2011.

Rüsen, Jörn, Konfigurationen des Historismus: Studien zur deutschen Wissenschaftskultur, Frankfurt a. M. 1993.

Rush, Benjamin, An Enquiry into the Effects of Public Punishments upon Criminals and upon Society, Philadelphia 1787.

Rush, Benjamin, Untersuchung der Wirkungen öffentlicher Strafen auf die Verbrecher und auf die Gesellschaft, Leipzig 1792.

Sack, Fritz, Die Chancen der Kooperation zwischen Strafrechtswissenschaft und Kriminologie, in: Lüderssen, Klaus/Sack, Fritz, Seminar: Abweichendes Verhalten, Bd. 2, 1975, 346–385.

Sack, Fritz, Probleme der Kriminalsoziologie, in: Wahlverhalten, Vorurteile, Kriminalität (Handbuch der empirischen Sozialforschung, Bd. 12), 2. Aufl. 1978, S. 192–389.

Sandkühler, Hans Jörg (Hrsg.), Enzyklopädie Philosophie, Bd. 1–3, 2. Aufl., Hamburg 2010.

Savigny, Friedrich Carl von, Vom Beruf unsrer Zeit für Gesetzgebung und Rechtswissenschaft, Heidelberg 1814; 2. Aufl., Heidelberg 1828.

Savigny, Friedrich Carl von, Über die Zweck dieser Zeitschrift, Zeitschrift für geschichtliche Rechtswissenschaft 1 (1815), S. 1–17.

Savigny, Friedrich Carl von, Geschichte des römischen Rechts im Mittelalter, Bd. 1, 2. Aufl., Heidelberg 1834.

Savigny, Friedrich Carl von, System des heutigen Römischen Rechts, Bd. 1, Berlin 1840; Bd. 7, Berlin 1848.

Savigny, Friedrich Carl von, Die Prinzipienfragen in Beziehung auf eine neue Strafprozeß-Ordnung: Ausgearbeitet im Justizministerium für die Gesetzrevision, hrsg. von Werner Schubert, Frankfurt a. M. 2011.

Schaffstein, Friedrich, Politische Strafrechtswissenschaft, Hamburg 1934.

Schaffstein, Friedrich, Das Verbrechen als Pflichtverletzung, Berlin 1935.

Schauz, Désirée, Strafen als moralische Besserung: Eine Geschichte der Straffälligenfürsorge 1777–1933, München 2008.

Scheerer, Sebastian, Die soziale Aufgabe des Strafrechts, in: Peters, Helge (Hrsg.), Muss Strafe sein?, Zur Analyse und Kritik strafrechtlicher Praxis, Opladen 1993, S. 71–90.

Scheffler, Uwe, Das Reformzeitalter 1953–1975, in: Vormbaum, Thomas/Welp, Jürgen (Hrsg.), Das Strafgesetzbuch: Sammlung der Änderungsgesetze und Neubekanntmachungen, Supplementband 1, Berlin 2004, S. 174–257.

Scherer, Wilhelm, Über das Nibelungenlied (1865), in: Vorträge und Aufsätze zur Geschichte des geistigen Lebens in Deutschland und Österreich, Berlin 1874, S. 100–123.

Scherer, Wilhelm, Die neue Generation (1874), in: Vorträge und Aufsätze zur Geschichte des geistigen Lebens in Deutschland und Österreich, Berlin 1874, S. 408–414.

Schild, Wolfgang, Zwischen Hegel und Hitler: Die Straftheorie von Karl Larenz 1936, in: Asholt, Martin (Hrsg.), Strafrecht und Juristische Zeitgeschichte, Baden-Baden 2014, S. 119–158.

Schlosser, Hans, Die toskanische „Leopoldina" von 1786, in: Ogris, Werner/Rechberger, Walter H. (Hrsg.), Gedächtnisschrift Herbert Hofmeister, Wien 1996, S. 461–661.

Schlosser, Hans, Methodische Konzeption und System der aufgeklärten toskanischen „Leopoldina" vom 30. November 1786, in: Schott, Clausdieter (Hrsg.), Juristische Methodenlehre zwischen Humanismus und Naturrecht, Wien 1999, S. 136–152.

Schlosser, Hans, Die „Leopoldina": Toskanisches Strafgesetzbuch vom 30. November 1786, Berlin 2010.

Schlyter, Karl, Franz von Liszt och den svenska kriminalpolitiken, Svensk Juristtidning 1951, S. 169–175.

Schmelz, Gerhard, Sozialistische Kriminalistik und Kriminologie in der DDR, Frankfurt a. M. 2010.

Schmidhäuser, Eberhard, Strafrecht: Allgemeiner Teil, Lehrbuch, 1. Aufl., Tübingen 1970.

Schmidt, Eberhard, Strafrechtsreform und Kulturkrise, Tübingen 1931.

Schmidt, Eberhard, Anselm von Feuerbach und Franz von Liszt, Monatsschrift für Kriminalbiologie und Strafrechtsreform 33 (1942), S. 205–223.

Schmidt, Eberhard, Literaturbericht: Rechtsgeschichte, Zeitschrift für die gesamte Strafrechtswissenschaft 61 (1942), S. 497–535.

Schmidt, Eberhard, Einführung in die Geschichte der deutschen Strafrechtspflege, 1. Aufl., Göttingen 1947; 3. Aufl., Göttingen 1965.

Schmidt, Eberhard, Franz von Liszt und die heutige Problematik des Strafrechts, Festschrift für Julius von Gierke, Berlin 1950, S. 201–233.

Schmidt, Eberhard, Die Reform des Strafrechts im Rückblick auf Berliner Impulse in der Geschichte der modernen Kriminalpolitik, Tübingen 1956.

Schmidt, Eberhard, Franz von Liszt: 1851–1919, in: Heimpel, Hermann/Heuss, Theodor/Reifenberg, Benno (Hrsg.), Die großen Deutschen: Deutsche Biographie, Bd. 5, Berlin 1957, S. 407–414.

Schmidt, Eberhard, Die geistesgeschichtliche Bedeutung der Aufklärung für die Entwicklung der Strafjustiz aus der Sicht des 20. Jahrhunderts, Schweizerische Zeitschrift für Strafrecht 73 (1958), S. 341–360.

Schmidt, Eberhard, Freiheitsstrafe, Ersatzfreiheitsstrafe und Strafzumessung im Alternativ-Entwurf eines Strafgesetzbuchs, Neue Juristische Wochenschrift 1967, S. 1929–1940.

Schmidt, Eberhard, Persönliche Erinnerungen an Franz von Liszt, in: Franz von Liszt zum Gedächtnis, Berlin 1969, S. 1–11.

Schmidt-Recla, Adrian/*Steinberg*, Holger, Eine publizistische Debatte als Geburtsstunde des „Marburger Programms", Zeitschrift für die gesamte Strafrechtswissenschaft 119 (2007), S. 195–213.

Schmidt-Recla, Adrian/*Steinberg*, Holger, „Da wir köpfen und hängen nicht wollen und deportieren nicht können …": Über Emil Kraepelins Einfluss auf Franz von Liszt, Nervenarzt 79 (2008), S. 295–304.

Schmuhl, Elisabeth, Richard Loening (1848–1913): Leben und Werk, Stuttgart 2011.

Schöch, Heinz, Das Marburger Programm aus der Sicht der modernen Kriminologie, Zeitschrift für die gesamte Strafrechtswissenschaft 94 (1982), S. 864–887.

Schoetensack, August, Über Rechtsvergleichung und Strafrechtsreform, Der Gerichtssaal 70 (1907), S. 110–114.

Schönert, Jörg, Bilder vom „Verbrechensmenschen" in den rechtkulturellen Diskursen um 1900: Zum Erzählen über Kriminalität und zum Statuts kriminologischen Wissens, in: ders. (Hrsg.), Erzählte Kriminalität: Zur Typologie und Funktion von narrativen Darstellungen in Strafrechtspflege, Publizistik und Literatur zwischen 1770 und 1920, Tübingen 1991, S. 497–531.

Schönke, Adolf/*Schröder*, Horst, Strafgesetzbuch, Kommentar, 14. Aufl., München 1969.

Schönke, Adolf/*Schröder*, Horst, Strafgesetzbuch Kommentar, 30. Aufl., bearbeitet von Albin Eser et al., München 2019.

Schreiber, Hans-Ludwig, Gesetz und Richter: zur geschichtlichen Entwicklung des Satzes nullum crimen, nulla poena sine lege, Frankfurt a. M. 1976.

Schröder, Jan, Zur Vorgeschichte der Volksgeistlehre: Gesetzgebungs- und Rechtsquellentheorie im 17. und 18. Jahrhundert, Zeitschrift der Savigny-Stiftung für Rechtsgeschichte: Germanistische Abteilung 109 (1991), S. 1–47.

Schröder, Jan, Recht als Wissenschaft: Geschichte der juristischen Methodenlehre in der Neuzeit (1500–1933), 2. Aufl., München 2012.

Schubert, Werner/*Regge*, Jürgen et al. (Hrsg.), Quellen zur Reform des Straf- und Strafprozeßrechts: Abteilung I: Weimarer Republik (1918–1932), Bd. 1: Entwürfe zu einem Strafgesetzbuch, Berlin 1995; Abteilung II: NS-Zeit (1933–1939) Strafgesetzbuch, Bd. 1: Entwürfe eines Strafgesetzbuchs, Berlin 1988.

Schultz, Hans, Das Erbe Franz von Liszts und die gegenwärtige Reformsituation in der Schweiz, in: Franz von Liszt zum Gedächtnis, Berlin 1969, S. 243–259.

Schünemann, Bernd, Einführung in das strafrechtliche Systemdenken, in: ders. (Hrsg.), Grundfragen des modernen Strafrechtssystems, Berlin 1984, S. 1–68.

Schwabe, Klaus, Wissenschaft und Kriegsmoral: Die deutschen Hochschullehrer und die politischen Grundfragen des Ersten Weltkrieges, Göttingen 1969.

Schwarze, Friedrich Oskar, Bemerkungen zu dem Entwurfe des Straf-Gesetzbuchs für das Kaiserthum Oesterreich, Wien 1875.

Schwarzschild, Agnes, Franz v. Liszt als Strafrechtsdogmatiker, Frankfurt a. M. 1933.

Schwinge, Erich, Teleologische Begriffsbildung im Strafrecht: Ein Beitrag zur strafrechtlichen Methodenlehre, Bonn 1930.

Seeber, Gustav, Zwischen Bebel und Bismarck: Zur Geschichte des Linksliberalismus in Deutschland 1871–1893, Berlin 1965.

Seifert, Arno, Cognitio historica: Die Geschichte als Namengeberin der frühneuzeitlichen Empirie, Berlin 1976.

Seifert, Veronika, Pius IX. – der Immaculata-Papst: Von der Marienverehrung Giovanni Maria Mastai Ferrettis zur Definierung des Immaculata-Dogmas, Göttingen 2013.

Seinecke, Ralf, Rudolf von Jhering anno 1858: Interpretation, Konstruktion und Recht der sog. „Begriffsjurisprudenz", Zeitschrift der Savigny-Stiftung für Rechtsgeschichte: Germanistische Abteilung 130 (2013), S. 238–280.

Seminara, Sergio, Einführung, in: Vorentwurf zu einem italienischen Strafgesetzbuch über Verbrechen von 1921 („Progetto Ferri"), 2014.

Seminara, Sergio, Das Werk „Von den Verbrechen und von den Strafen" von Cesare Beccaria zwischen Philosophie, Strafrecht und Kriminalpolitik, Juristenzeitung 69 (2014), S. 1121–1131.

Sheehan, James J., Der deutsche Liberalismus, München 1983.

Siemens, Daniel, Die „Vertrauenskrise der Justiz" in der Weimarer Republik, in: Föllmer, Moritz (Hrsg.), Die „Krise" der Weimarer Republik: Zur Kritik eines Deutungsmusters, Frankfurt a. M. 2005, S. 139–163.

Sieverts, Rudolf, (Besprechung des StGB Alternativentwurfs 1966), Monatsschrift für Kriminologie und Strafrechtsreform 51 (1968), S. 376–377.

Šilović, Josip, Liszt (Nachruf), Mjesečnik Pravničkoga društva u Zagrebu 45 (1919), S. 189–190.

Simon, Thomas, Die Thun-Hohensteinsche Universitätsreform und die Neuordnung der juristischen Studien- und Prüfungsordnung in Österreich, in: Pokrovac, Zoran (Hrsg.), Juristenausbildung in Osteuropa bis zum Ersten Weltkrieg, Frankfurt a. M. 2007, S. 1–36.

Simson, Gerhard, Franz von Liszt und die schwedische Kriminalpolitik, in: Festskrift tillägnad F.D. Presidenten, förutvarande statsradet Juris Doktor Karl Schlyter, Stockholm 1949, S. 308–320.

Simson, Gerhard, Einführung in die Kriminalgesetzgebung Schwedens, in: Das schwedische Kriminalgesetzbuch vom 21. Dezember 1962, Berlin 1976.

Solies, Dirk, Evolution oder Entwicklung?: Kritik und Rezeption eines Darwinistischen Grundbegriffs, in: Bayertz, Kurt/Gerhard, Myriam/Jaeschke, Walter (Hrsg.), Weltanschauung, Philosophie und Naturwissenschaft im 19. Jahrhundert, Bd. 2: Der Darwinismus-Streit, Hamburg 2007, S. 207–221.

Solomon, Peter H., Soviet Criminal Justice under Stalin, Cambridge 1996.

Specht, Heinz, Der Strafzweck bei Feuerbach und Liszt und die strafrechtliche Lage der Gegenwart, Hamburg 1933.

Spiess, Gerhard, Wenn nicht mehr, wenn nicht härtere Strafen – was dann?: Die Modernisierung des deutschen Sanktionensystems und die Befunde der Sanktions- und Rückfallforschung, Soziale Probleme 24 (2013), S. 87–117.

Stäcker, Therese, Die Franz von Liszt-Schule und ihre Auswirkungen auf die deutsche Strafrechtsentwicklung, Baden-Baden 2012.

Stammberger, Wolfgang, Die Geschichte der Strafrechtsreform bis zum Strafgesetzbuchentwurf 1962, in: Probleme der Strafrechtsreform, Stuttgart 1963, S. 11–29.

Stammler, Rudolf, Über die Methode der geschichtlichen Rechtstheorie, in: Stammler, Rudolf/Kipp, Theodor (Hrsg.), Festgabe zu Bernhard Windscheids fünfzigjährigem Doctorjubiläum, Halle 1888, S. 1–63.

Stephanitz, Dieter, Exakte Wissenschaft und Recht, Berlin 1970.

Stern, Wilhelm, Psychologie der Aussage: Experimentelle Untersuchungen über Erinnerungstreue, Zeitschrift für die gesamte Strafrechtswissenschaft 22 (1902), S. 315–370.

Stier, Anna Babette, „Richtiges Recht" zwischen Entwicklungs- und Kulturgedanken, Prinzipien der Rechtsgestaltung in der Rechtstheorie um 1900, Berlin 2006.

Stintzing, Roderich/*Landsberg*, Ernst, Geschichte der Deutschen Rechtswissenschaft, Dritte Abteilung, Erster und Zweiter Halbband, München 1910.

Stoeckl, Albert, Der Darwinismus, Der Katholik 32 (1874), S. 37–50 (Teil 1), 172–192 (Teil 2), 284–307 (Teil 3).

Stoll, Adolf, Der junge Savigny: Kinderjahre, Marburger und Landshuter Zeit Friedrich Karl von Savignys, Berlin 1927.

Streng, Franz, Franz v. Liszt als Kriminologe und seine Schule, in: Koch, Arnd/Löhnig, Martin (Hrsg.), Die Schule Franz von Liszts: Spezialpräventive Kriminalpolitik und die Entstehung des modernen Strafrechts, Tübingen 2016, S. 135–151.

Stübinger, Stephan, Das „idealisierte" Strafrecht: Über Freiheit und Wahrheit in der Straftheorie und Strafprozessrechtslehre, Frankfurt a. M. 2008.

Stuckenberg, Carl-Friedrich, Vorstudien zu Vorsatz und Irrtum im Völkerstrafrecht: Versuch einer Elementarlehre für eine übernationale Vorsatzdogmatik, Berlin 2007.

Stuckenberg, Carl-Friedrich, Willensfreiheit und strafrechtliche Schuld, Antrittsvorlesung (Im Archiv der Saarbrücker Bibliothek, http://archiv.jura.uni-saarland.de/projekte/Bibliothek/text.php?id=535), 2009.

Stuckenberg, Carl-Friedrich, Die v. Liszt-Schule und die Reform des Strafprozessrechts, in: Koch, Arnd/Löhnig, Martin (Hrsg.), Die Schule Franz von Liszts: Spezialpräventive Kriminalpolitik und die Entstehung des modernen Strafrechts, Tübingen 2016, S. 153–184.

Stursberg, [Hugo oder Hermann], Die Zunahme der Vergehen und Verbrechen und ihre Ursachen, [5. Aufl.], Düsseldorf 1879.

Summers, Robert S., Rudolf von Jhering's Influence on American Legal Theory, in: Behrends, Okko (Hrsg.), Jherings Rechtsdenken: Theorie und Pragmatik im Dienste evolutionärer Rechtsethik, Göttingen 1996, S. 61–76.

Thomsen, Andreas, Das „richtiges Recht" in der Strafgesetzgebung, Zeitschrift für die gesamte Strafrechtswissenschaft 26 (1906), S. 696–701.

Thulfaut, Gerit, Kriminalpolitik und Strafrechtslehre bei Edmund Mezger (1883–1962), Baden-Baden 2000.

Thun, Leo, Die Nothwendigkeit der moralischen Reform der Gefängnisse, Prag 1836.

Thun, Leo, Verein zum Wohle der entlassenen Züchtlinge, Jahrbücher der Gefängnisskunde und Besserungsanstalten 1 (1842), S. 278–294.

Thun und Hohenstein, Lars Maximilian Graf von, Bildungspolitik im Kaiserreich: Die Thun-Hohenstein'sche Universitätsreform insbesondere am Beispiel der Juristenausbildung in Österreich, Frankfurt a. M. 2015.

Thyrén, Johan C. W., Franz von Liszt (Nachruf), Svensk Juristtidning (1919), S. 250–253.

Titze, Heinrich, Die juristische Fakultät: Der Lehrbetrieb, in: Lexis, Wilhelm (Hrsg.), Die Universitäten im Deutschen Reich, Berlin 1904, S. 102–121.

Torp, Carl, Birkmeyer contra v. Liszt, Zeitschrift für die gesamte Strafrechtswissenschaft 28 (1908), S. 321–337.

Trajnin, Aron, Кризис науки уголовного права (Die Krise der Strafrechtswissenschaft), Moskau 1926.

Trajnin, Aron, Учение о составе преступления (Verbrechenslehre), Moskau 1946.

Unger, Joseph, Ueber die wissenschaftliche Behandlung des österreichischen gemeinen Privatrechts, Wien 1853.

Unger, Joseph, Über den Entwickelungsgang der österreichischen Civiljurisprudenz seit der Einführung des allgemeinen bürgerlichen Gesetzbuches (1855), Anhang in seinem System des österreichischen allgemeinen Privatrechts, Bd. 1, 3. Aufl., Leipzig 1868, S. 637–650.

Unger, Joseph, System des österreichischen allgemeinen Privatrechts, Bd. 1 (1856), 3. Aufl., Leipzig 1868.

Ungern-Sternberg, Jürgen von, Der Aufruf „An die Kulturwelt!“: Das Manifest der 93 und die Anfänge der Kriegspropaganda im Ersten Weltkrieg, Frankfurt a. M. 1996.

Valjavec, Fritz, Die Aufklärung (1960), in: Ausgewählte Aufsätze, München 1963, S. 270–293.

van der Linden, Wilhelmus H., The International Peace Movement During the First World War, Almere 2006.

Vargha, Julius, Die Abschaffung der Strafknechtschaft: Studien zur Strafrechtsreform, Bd. 1, Graz 1896; Bd. 2, Graz 1897.

Vec, Miloš, Sichtbar/Unsichtbar: Entstehung und Scheitern von Kriminologie und Kriminalistik als semiotische Disziplinen, in: Habermas, Rebekka/Scherhoff, Gerd (Hrsg.), Verbrechen im Blick: Perspektiven der neuzeitlichen Kriminalitätsgeschichte, Frankfurt a. M. 2009, S. 383–414.

Vinogradoff, Paul, The Teaching of Sir Henry Maine, London 1904.

Vogel, Joachim, Einflüsse des Nationalsozialismus auf das Strafrecht, Berlin 2004.

Volkelt, Johannes, Kant's kategorischer Imperativ und die Gegenwart, Wien 1875.

Voltaire, Kommentar zu dem Buch „Über Verbrechen und Strafen“ (1766), in: Republikanische Ideen: Schriften 2, Frankfurt a. M. 1979, S. 33–88.

Vom Bruch, Rüdiger, Gelehrtenpolitik, Sozialwissenschaften und akademische Diskurse in Deutschland im 19. und 20. Jahrhundert, Stuttgart 2006.

Vormbaum, Moritz, Das Strafrecht der Deutschen Demokratischen Republik, Tübingen 2015.

Vormbaum, Thomas, Die Sozialdemokratie und die Entstehung des Bürgerlichen Gesetzbuches: Quellen aus der Sozialdemokratischen Partei und Presse, 2. Aufl., Baden-Baden 1997.

Vormbaum, Thomas, Beccaria und die strafrechtliche Aufklärung in der gegenwärtigen strafrechtswissenschaftlichen Diskussion, in: Jacobs, Helmut C. (Hrsg.), Gegen Folter und Todesstrafe, Frankfurt a. M. 2007, S. 305–319.

Vormbaum, Thomas, Einführung in die moderne Strafrechtsgeschichte, 1. Aufl., Berlin 2009; 3. Aufl., Berlin 2016.

Vormbaum, Thomas, Eduard Kohlrausch (1874–1948): Opportunismus oder Kontinuität, in: Lück, Heiner et al. (Hrsg.), 200 Jahre Juristische Fakultät der Humboldt-Universität zu Berlin, Berlin 2010, S. 523–543.

Vormbaum, Thomas, Birnbaum und die Folgen, in: Guzmán Dálbora, José Luis/Vormbaum, Thomas (Hrsg.), Zwei Aufsätze [von Johann Michael Franz Birnbaum], Münster 2011, S. 93–117.

Vormbaum, Thomas, Italienische Einflüsse auf die deutsche Strafrechtsreform: Eine erste Skizze, Journal der Juristischen Zeitgeschichte 7 (2013), S. 93–101.

Vormbaum, Thomas, Norland als juristischer Tagtraum: Rechtsutopien und Rechtsdystopien in Karl Mays Roman „Scepter und Hammer“, Berlin 2016.

Vyleta, Daniel Mark, Crime, Jews and News: Vienna 1895–1914, New York 2007.

Wagner, Gerhard, Die Wissenschaftstheorie der Soziologie: Ein Grundriss, Berlin 2012.

Wagnitz, Heinrich Balthasar, Historische Nachrichten und Bemerkungen über die merkwürdigsten Zuchthäuser in Deutschland: Nebst einem Anhange über die zweckmässigste Einrichtung der Gefängnisse und Irrenanstalten, Halle 1794.

Wahlberg, Wilhelm Emil, Wien und Göttingen: Beitrag zur Schilderung deutscher Universitätszustände im 18. Jahrhundert (1855), in: Gesammelte kleinere Schriften und Bruchstücke über Strafrecht, Strafprocess, Gefängniskunde, Literatur und Dogmengeschichte der Rechtslehre im Österreich, Bd. 3, Wien 1882, S. 324–340.

Wahlberg, Wilhelm Emil, Das gewohnheitsmäßige Verbrechen mit besonderer Rücksicht auf den Gewohnheitsdiebstahl (1859), in: Gesammelte kleinere Schriften und Bruchstücke, Bd. 1, Wien 1875, S. 136–141.

Wahlberg, Wilhelm Emil, Das Princip der Individualisirung in der Strafrechtspflege, Wien 1869.

Wahlberg, Wilhelm Emil, Der Kampf ums Recht (1872), in: Gesammelte kleinere Schriften und Bruchstücke, Bd. 1, Wien 1875, S. 220–224.

Wahlberg, Wilhelm Emil, Die Reform der Rechtslehre an der Wiener Hochschule seit deren Umwandlung zu einer Staatsanstalt (1865), in: Gesammelte kleinere Schriften und Bruchstücke, Bd. 2, Wien 1877, S. 1–54.

Wahlberg, Wilhelm Emil, Rede beim Antritte des Rectorats (1874), in: Gesammelte kleinere Schriften und Bruchstücke, Bd. 1, Wien 1875, S. 225–240.

Wahlberg, Wilhelm Emil, Gutachten für den internationalen Pönitentiar-Congress zu Stockholm, über die Mittel zur Bekämpfung der Rückfälligkeit, in seinen Kleineren Schriften (1878), in: Gesammelte kleinere Schriften und Bruchstücke, Bd. 3, Wien 1882, S. 213–221.

Wassermann, Rudolf, Einleitung (1992), in: Kaufmann, Arthur (Hrsg.), Gustav Radbruch: Gesamtausgabe, Bd. 9, Heidelberg 1992, S. 1–45.

Weber, Heiko, Der Monismus als Theorie einer einheitlichen Weltanschauung am Beispiel der Positionen von Ernst Haeckel und August Forel, in: Ziche, Paul (Hrsg.), Monismus um 1900: Wissenschaftskultur und Weltanschauung, Berlin 2000, S. 81–127.

Wedel, Hasso, Franz v. Liszts geschichtliche Bedeutung als Überwinder des strafrechtlichen Positivismus, Schweizerische Zeitschrift für Strafrecht 47 (1933), S. 324–342.

Weeber, August, Die Grundprinzipien des Strafprozesses, Olmütz 1861.

Wegner, Arthur, Die rechtsschöpferische Kraft der Arbeiterklasse und ihr geschichtliches Recht auf ein Strafgesetzbuch des Volkes, Staat und Recht 12 (1963), S. 2011–2031.

Wegner, Konstanze, Theodor Barth und die Freisinnige Vereinigung: Studien zur Geschichte des Linksliberalismus im wilhelminischen Deutschland (1893–1910), Tübingen 1968.

Wehnert, Karl-Ernst, Das Juristische Seminar – von den Anfängen bis zur Gegenwart, in: Lück, Heiner/Schnelling, Heiner/Wehnert, Karl-Ernst (Hrsg.), 150 Jahre Juristisches Seminar der Martin-Luther-Universität Halle-Wittenberg, Halle 2005, S. 10–36.

Welzel, Hans, Naturalismus und Wertphilosophie im Strafrecht: Untersuchungen über die ideologischen Grundlagen der Strafrechtswissenschaft, Mannheim 1935.

Werle, Gerhard/*Vormbaum*, Moritz, Strafrecht an der Universität 1871–1945, in: Tenorth, Heinz-Elmar (Hrsg.), Geschichte der Universität Unter den Linden 1810–2010, Bd. 5, Berlin 2010, S. 109–127.

Wetzell, Richard F., The Medicalization of Criminal Law Reform in Imperial Germany, in: Finzsch, Norbert/Jütte, Robert (Hrsg.), Institutions of Confinement, Hospitals, Asylums, and Prisons in Western Europe and North America: 1500–1950, Cambridge 1996, S. 275–283.

Wetzell, Richard F., Inventing the Criminal: A History of German Criminology 1880–1945, Chapel Hill 2000.

Wetzell, Richard F., Die Rolle medizinischer Experten in Strafjustiz und Strafrechtsreformbewegung: Eine Medikalisierung des Strafrechts?, in: Kästner, Alexander/Kesper-Biermann, Sylvia (Hrsg.), Experten und Expertenwissen in der Strafjustiz von der Frühen Neuzeit bis zur Moderne, Leipzig 2008, S. 57–71.

Wetzell, Richard F., Franz v. Liszt und die internationale Strafrechtsreformbewegung, in: Koch, Arnd/Löhnig, Martin (Hrsg.), Die Schule Franz von Liszts: Spezialpräventive Kriminalpolitik und die Entstehung des modernen Strafrechts, Tübingen 2016, S. 207–227.

Wieacker, Franz, Privatrechtsgeschichte der Neuzeit: Unter besonderer Berücksichtigung der deutschen Entwicklung, 1. Aufl., Göttingen 1952; 2. Aufl., Göttingen 1967.

Wieacker, Franz, Das Naturrecht und die Aufklärung, Coimbra 1967.

Wieacker, Franz, Römische Rechtsgeschichte, Bd. 2, München 2006.

Wiese, Benno, Zur Kritik des geistesgeschichtlichen Epochenbegriffes, Deutsche Vierteljahresschrift für Literaturwissenschaft und Geistesgeschichte 11 (1933), S. 130–144.

Wilhelm, Uwe, Das Deutsche Kaiserreich und seine Justiz: Justizkritik – politische Strafrechtsprechung – Justizpolitik, Berlin 2010.

Windelband, Wilhelm, Was ist Philosophie? (1882), in: Präludien, Aufsätze und Reden zur Philosophie und ihrer Geschichte, Bd. 1, 9. Aufl., Tübingen 1924, S. 1–53.

Windelband, Wilhelm, Nach hundert Jahren (1904), in: Präludien, Aufsätze und Reden zur Philosophie und ihrer Geschichte, Bd. 1, 9. Aufl., Tübingen 1924, S. 147–167.

Windelband, Wilhelm, Über die gegenwärtige Lage und Aufgabe der Philosophie (1907), in: Präludien, Aufsätze und Reden zur Philosophie und ihrer Geschichte, Bd. 2, 9. Aufl., Tübingen 1924, S. 1–23.

Windelband, Wilhelm, Lehrbuch der Geschichte der Philosophie, 18. Aufl. (= 6. Aufl. 1912), Tübingen 1993.

Witte, Johann Heinrich, Über Freiheit des Willens: das sittliche Leben und seine Gesetze: Ein Beitrag zur Reform der Erkenntnistheorie, Psychologie und Moralphilosophie, Bonn 1882.

Wladika, Michael, Hitlers Vätergeneration: Die Ursprünge des Nationalsozialismus in der k.u.k. Monarchie, Wien 2005.

Wolf, Erik, Vom Wesen des Täters, Tübingen 1932.

Wolf, Erik, Krisis und Neubau der Strafrechtsreform, Tübingen 1933.

Wolf, Erik, Große Rechtsdenker der deutschen Geistesgeschichte: Ein Entwicklungsbild unserer Rechtsanschauung, 1. Aufl., Tübingen 1939; 2. Aufl., Tübingen 1944; 3. Aufl., Tübingen 1951; 4. Aufl., Tübingen 1963.

Worm, Manfred, SPD und Strafrechtsreform, München, Wien 1968.

Wright, Georg Henrik von/*Grewendorf*, Günther/*Meggle*, Georg, Erklären und Verstehen, 3. Aufl., Frankfurt a. M. 1991.

Wright, Jonathan, Gustav Stresemann 1887–1929: Weimars größter Staatsmann, München 2006.

Wundt, Wilhelm, Vorlesungen über die Menschen- und Thierseele, Leipzig 1863.

Wundt, Wilhelm, Grundriss der Psychologie, 13. Aufl., Leipzig 1918.

Wurzbach, Constantin von, Biographisches Lexikon des Kaiserthums Oesterreich, 40. Teil, Wien 1880; 52. Teil, Wien 1885.

Wyschinski, Andrej Januarjewitsch, Theorie der gerichtlichen Beweise im sowjetischen Recht, Berlin 1955.

Young, Jock, The Criminological Imagination, Cambridge 2011.

Zabel, Benno, Franz v. Liszt und die Reformbewegung des Strafrechts, in: Koch, Arnd/Löhnig, Martin (Hrsg.), Die Schule Franz von Liszts: Spezialpräventive Kriminalpolitik und die Entstehung des modernen Strafrechts, Tübingen 2016, S. 87–118.

Zeller, Eduard, Über die Bedeutung und Aufgabe der Erkenntnistheorie (1862–1877), in: Vorträge und Abhandlungen, Zweite Sammlung, Leipzig 1877, S. 479–526.

Zeller, Eduard, Über die gegenwärtige Stellung und Aufgabe der deutschen Philosophie, (1872), in: Vorträge und Abhandlungen, Zweite Sammlung, Leipzig 1877, S. 467–478.

Zeman, Herbert, Wilhelm Scherer (1841–1886) und Österreich, in: Kriegleder, Wynfried/ Fackelmann, Christoph (Hrsg.), Literatur – Geschichte – Österreich, Wien 2011, S. 44–128.

Zieler, Gustav/*Scheffer*, Theodor, Die juristischen Fakultäten (Das akademische Deutschland, Bd. 2), Leipzig 1905.

Ziemann, Sascha, Neukantianisches Strafrechtsdenken: Die Philosophie des Südwestdeutschen Neukantianismus und ihre Rezeption in der Strafrechtswissenschaft des frühen 20. Jahrhunderts, Baden-Baden 2009.

Zimmermann, Werner G., Valtazar Bogišić 1834–1908: ein Beitrag zur südslavischen Geistes- und Rechtsgeschichte im 19. Jahrhundert, Wiesbaden 1962.

Zlatarić, Bogdan, Die Ideen Franz von Liszts im früheren und heutigen Jugoslawien, in: Franz von Liszt zum Gedächtnis, Berlin 1969, S. 220–242.

N.N.-Werke

N.N., Strafrecht, Strafverfahren und Strafvollzug im Lichte des Socialismus, Die Zukunft: socialistische Revue 1 (1877/78), S. 634–645 (Teil 1), 706–716 (Teil 2), 738–756 (Teil 3).

N.N., Lex Heinze: Dargestellt nach den Verhandlungen des Reichstags, Berlin 1901.

N.N., Dr. Eduard Ritter von Liszt, k.k. Generalprokurator: Eine Gedenkschrift zur fünfundzwanzigsten Wiederkehr seines Todestages, Salzburg 1906.

N.N., Die Lesevereine der deutschen Hochschüler an der Wiener Universität, Wien 1912.

II. Archivquellen und gedruckte Werke, die dokumentarisch ausgewertet wurden

Wien: Jahres-Berichte des kais.-kön. Ober-Gymnasiums zu den Schotten in Wien; Öffentliche Vorlesungen an der k.k. Universität zu Wien; Nationalien (Liszts Studienbuch), Archiv der Universität Wien: AT-UAW/Studentenevidenz; Jahresberichte des Lesevereines der deutschen Studenten Wien's.

Gießen: Verzeichnis der Vorlesungen auf der Großherzoglich hessischen Ludewigs-Universität zu Gießen; Personal-Bestand der Großherzoglich Hessischen Ludewigs-Universität Gießen.

Marburg: Indices Lectionum in Academia Marburgensi; Verzeichnis der Vorlesungen auf der Universität Marburg; Verzeichnis des Personals und der Studirenden auf der Königl. Preußischen Universität Marburg.

Halle: Index scholarum in Universitate Litteraria Fridericiana Halensi; Verzeichnis der Vorlesungen auf der Königlichen vereinigten Friedrichs-Universität Halle-Wittenberg; Amtliches Verzeichnis des Personals und der Studirenden an der Königlichen vereinigten Universität Halle-Wittenberg; Chronik der Königlichen Vereinigten Friedrichs-Universität Halle-Wittenberg.

Berlin: Index lectionum in Universitate Litteraria Friderica Guilelma (Berlin); Verzeichniss der Vorlesungen, welche auf der Friedrich-Wilhelms-Universität zu Berlin gehalten werden; Amtliches Verzeichnis des Personals und der Studirenden an der Königlichen Friedrich-Wilhelms-Universität zu Berlin; Chronik der Königlichen Friedrich-Wilhelms-Universität zu Berlin.

Sonstiges: Stenographische Berichte über die Verhandlungen des Preußischen Hauses der Abgeordneten; Verhandlungen des Deutschen Reichstags; Mitteilungen aus dem Verein zur Abwehr des Antisemitismus; Zeitschrift für Hochschulpädagogik.

Sachregister

(Hier auch mit Autoren des 18. und der ersten Hälfte des 19. Jahrhunderts, die uns als ein Topos begegnen.)

FSC
www.fsc.org
MIX
Papier | Fördert
gute Waldnutzung
FSC® C083411

Kolibri 360 GmbH
Ferdinand-Jühlke-Straße 7
99095 Erfurt, Deutschland
produktsicherheit@kolibri360.de

Druck:
CPI Druckdienstleistungen GmbH
im Auftrag der
Kolibri 360 GmbH
Ferdinand-Jühlke-Str. 7
99095 Erfurt